上海市志

人民政府分志

1978—2010

上海市地方志编纂委员会　编

上海人民出版社

上海市人民政府（上海市人民委员会、上海市革命委员会）外滩中山东一路办公楼（1956 年 5 月—1995 年 7 月）

上海市人民政府人民大道办公楼（1995 年 7 月至今）

上海市人民政府文件

沪府发〔1985〕13号

上海市人民政府印发
《国务院批转关于上海经济发展
战略汇报提纲的通知》的通知

各区、县人民政府，市政府各委、办、局：

国务院以国发〔1985〕17号文，批转了关于上海经济发展战略汇报提纲。现印发给你们，请认真学习，遵照执行。

党中央、国务院十分关心上海经济和社会的发展。

—1—

1985年2月，市政府印发《〈国务院批转关于上海经济发展战略汇报提纲〉的通知》。国务院的通知中明确，同意上海“创造条件开发浦东、筹划新区建设”

中共上海市委文件

沪委〔1990〕12号

中共上海市委、市人民政府
转发《中共中央、国务院关于开发
和开放浦东问题的批复》的通知

各区、县、局，各部、委、办：

现将《中共中央、国务院关于开发和开放浦东问题的批复》转发给你们，请认真学习，遵照执行。

开发和开放浦东是党中央、国务院赋予上海人民的历史重任。充分利用上海的优势，有计划、有步骤、积极稳妥地开发和开放浦东，对上海和全国的政治稳定与经济发展都将产生极其重要的影响。

—1—

1990年6月，中共上海市委、市政府转发《中共中央、国务院关于开发和开放浦东问题的批复》的通知

2001 年 5 月，国务院批复同意《上海市城市总体规划（1999—2020）》，并指出：到 2020 年，要把上海建设成为经济繁荣、社会文明、环境优美的现代化国际大都市，国际经济、金融、贸易、航运中心之一。图为上海市中心城总体规划图

上海市人民政府公报

2001

第1期(总第1期)

为依法治市服务　为改革开放出力

——《上海市人民政府公报》发刊词

上海市市长　徐匡迪

我诚挚地祝贺《上海市人民政府公报》正式创刊。这是上海坚决贯彻《中华人民共和国立法法》、积极实践依法治国基本方略的实质性举措，显示了上海进一步推进依法行政、政务公开的决心和信心。

《上海市人民政府公报》是伴随着新世纪的来临而诞生的。新世纪的前50年，正是我国实施现代化建设第三步战略部署的重要历史时期，上海将更主动地加强与各省市之间的经济技术合作，更积极地参与国际经济竞争，更有力地实施“一个龙头、三个中心”的国家战略，率先基本实现现代化，在更高的起点上，创造新的辉煌。

治市必先治政。《上海市人民政府公报》的公开发行，对于促进各级行政机关认真贯彻执行党的路线、方针、政策和国家的法律、法规，提高政务工作透明度、推进制度创新具有重要意义。政府的政策法规以政府公报的形式向社会公布，将从制度上推动政务工作、经济管理和社会生活的民主化和法制化进程，充分依靠人民群众做好经济工作和社会发展各项工作，不断扩大与国际惯例相适应的对外开放，塑造和维护公正、公平、公开的市场竞争环境。把政务工作置于全社会的监督之下，必将促进政府强化服务功能，建立起廉洁勤政、务实高效、政令畅通、运转协调、行为规范的行政管理体制，使政府工作更加充满活力。

希望《上海市人民政府公报》认真肩负起市政府发布政策法规的重要责任，努力成为联系全社会的纽带和桥梁。

衷心祝愿《上海市人民政府公报》办出特色，办出水平，越办越好。

(2001年第1期)　— 3 —

2001年1月，《上海市人民政府公报》创刊，出版发行日期为每月5日、20日，在部分邮局、新华书店免费向市民发放，并在档案馆、图书馆、社区文化活动中心等处设置公共查阅点。上图为第1期公报封面，下图为市长徐匡迪所撰发刊词

2002 年 5 月“中国上海”政府网站开设政府公报栏后，同步网上公布。图为第一期上海市人民政府公报及一处发放点

2001 年 6 月 15 日，上海合作组织成员国元首理事会首次会议在中国上海举行。会上，中国、俄罗斯、哈萨克斯坦、吉尔吉斯斯坦、塔吉克斯坦、乌兹别克斯坦的六国元首签署《上海合作组织成立宣言》。图为 2006 年 6 月 15 日，庆祝上海合作组织成立 5 周年文艺晚会暨成员国艺术节开幕式在上海大剧院举行

2002 年 12 月 3 日，上海获得 2010 年世界博览会承办权。上海对标国际先进水平，高起点、高标准地推进城市规划、建设和管理，同时在行政管理体制和市场规则等方面加快与国际接轨的步伐，提升现代化国际大都市的形象。2010 年 4 月 30 日晚，举世瞩目的 2010 上海世博会正式开幕

2004 年 5 月 26 日，由世界银行和中国政府联合发起的首次全球扶贫大会在上海国际会议中心举行。会议的中心主题是“大规模增进减贫成效”，来自 120 多个国家和地区以及国际组织的 1200 多名代表参加

2010年10月1日，上海世博会期间，中国56个民族代表在中国馆前合影

体育产业已成为上海综合实力不断提升的鲜明标志，特奥会、女足世界杯、F1 大奖赛、网球大师赛等国际性体育赛事纷纷在上海举行。图为 2007 年 10 月 2—11 日，在上海举行的第十二届世界夏季特殊奥运会

2007 年 9 月 10—30 日，2007 女足世界杯在中国上海举行。图为在虹口体育场举行的开幕式

2009 年 10 月 11—18 日，网球大师赛在上海旗忠网球中心举办。图为决赛现场

2009 年 11 月 29 日，第十四届上海国际马拉松赛

2010 年 4 月 18 日，2010 世界一级方程式（F1）锦标赛中国大奖赛在上海国际赛车场举行

从 1991 年开始，上海国际电影节、上海艺术博览会、上海国际电视节、中国上海国际艺术节等先后创办。各个门类的国际艺术节成为上海文化交流的重要载体。图为 2007 年 6 月 23 日第十届上海国际电影节闭幕式

上海国际艺术节是中国首个国家级综合性国际艺术节，创办于 1999 年 11 月，每年举办一届。图为 2008 年 10 月举办的第十届中国上海国际艺术节舞台艺术表演现场

1986 年 8 月 29 日，国务院批准闵行经济技术开发区为第一批 14 个国家级经济技术开发区之一，重点发展出口创汇工业

1986 年 8 月 29 日，国务院批准虹桥经济技术开发区为第一批 14 个国家级经济技术开发区之一，是全国首个以第三产业为主导的经济技术开发区

1988 年 6 月 7 日，国务院批复同意将漕河泾微电子工业区扩建为漕河泾新兴技术开发区，为 14 个沿海城市经济技术开发区中唯一以发展高科技和新兴技术产业为主的外向型开发区

1990 年 6 月，经国务院批准设立的中国唯一以“金融贸易区”命名的国家级开发区——上海陆家嘴金融贸易区

1990 年 6 月，国务院批准设立的全国规模最大、启动最早的海关监管区域——上海外高桥保税区

1990 年 9 月，经国务院批准设立国家级上海金桥经济技术开发区，2001 年 9 月经海关总署批准，设立上海金桥出口加工区海关监管区

1992 年 7 月，经国务院批准建立的国家级高新技术园区——上海市张江高科技园区

2002 年 6 月 25 日奠基建设的上海紫竹高新技术产业园，是由上海市委、市政府批准成立的全市唯一一家由闵行区政府、上海交通大学、紫江集团等联合投资组建、政府主导市场化运作的新型科技园区

2009 年 7 月 3 日经国务院批准设立的全国首个实际运作的空港保税区——上海浦东机场综合保税区，2009 年 9 月 28 日运行

1990 年 12 月 19 日，中华人民共和国成立后的第一家证券交易所——上海证券交易所正式开业。图为上海证券交易所交易大厅

2005 年 8 月 10 日，中国人民银行上海总部正式挂牌成立。图为总部办公楼

1996 年 11 月 28 日，经国务院批准，由交通部和上海市政府共同组建全国唯一一家国家级航运交易所——上海航运交易所

建成于 1994 年 10 月底的外高桥港区集装箱码头

2010 年，上海港实现集装箱吞吐量全球第一

1999 年起开发建设成以服务外包企业集聚为主的太平桥国际商务集聚区

上海大力发展第三产业，积极建设商业中心和商业步行街。图为 2009 年 9 月，南京路步行街庆祝开街十周年

上海孙桥现代农业开发区于 1994 年 9 月 6 日成立，1995 年被国家计划委员会批准为全国第一个综合性现代化农业开发区

上海拓展以绿色、生态、休闲为特色的都市现代农业旅游。图为 2002 年 9 月开园的位于东海之滨滴水湖畔的上海鲜花港

2005 年 4 月，上海市经济委员会为 8 号桥等 18 个创意产业园区挂牌，成为第一批创意产业园区。图为 2003 年在上海汽车制动器公司旧厂房基础上建成的 8 号桥文化创意园区，为上海多功能时尚创作中心和创意产业集聚区的地标建筑

建于 1994 年的国家上海生物医药科技产业基地——张江生物医药基地，被誉为“张江药谷”

1979 年 12 月，全国首家地方外贸总公司——上海市对外贸易总公司成立

1980 年 7 月 5 日，上海第一家中外合资企业——中国迅达电梯有限公司成立

1984 年 11 月，改革开放后中国第一家股份有限公司——上海飞乐音响股份有限公司成立。图为市民排队购买上海飞乐音响公司股票

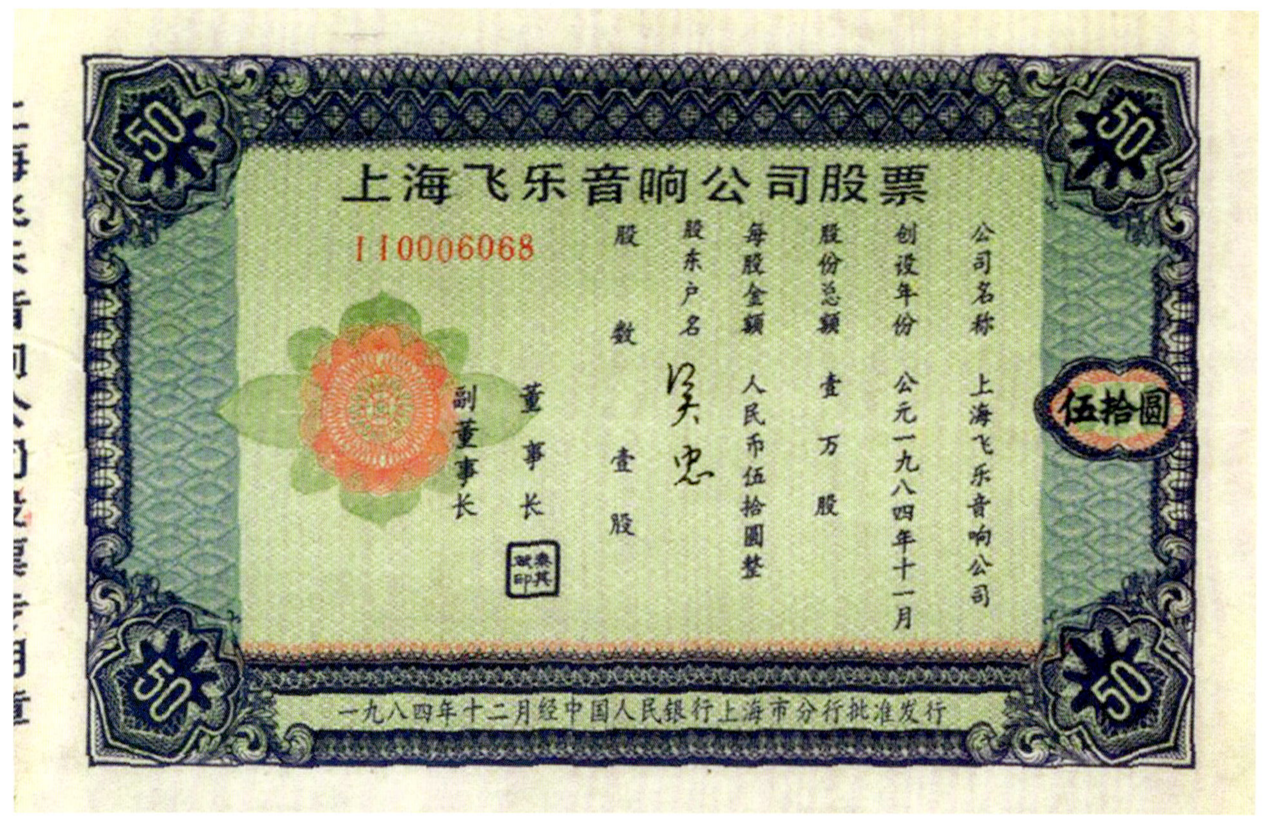

上海飞乐音响公司股票

I10006068

公司名称　上海飞乐音响公司

创设年份　公元一九八四年十一月

股份总额　壹万股

每股金额　人民币伍拾圆整

股东户名　吴忠

股　数　壹股

董事长

副董事长

秦其斌印

伍拾圆

50

一九八四年十二月经中国人民银行上海市分行批准发行

1984 年创设的“上海飞乐音响”股票，被称为“中国改革开放第一股”

1986 年 8 月，国务院以国函〔1986〕94 号文，批准上海提出举债建设的融资思路，同意上海间接利用外资用于加强城市基础设施建设、工业技术改造和发展第三产业，称为“94 专项”。图为 1986 年上海召开贯彻“94 专项”项目财税政策工作会议

1988 年 8 月 8 日，经过严格的公证程序，上海市人民政府宣布日本孙忠利企业有限公司以 2 805 万美元获得上海虹桥开发区 26 号地块 1.29 公顷土地 50 年的使用权。上海成为改革开放后中国大陆第一个按照国际标准开展土地批租的城市

上海实施“走出去”战略。2006 年 7 月，上海振华港口机械股份有限公司中标合同总价约 2.5 亿美元的美国旧金山新海湾大桥钢结构总承包工程。图为美国旧金山新海湾大桥钢塔钢箱梁第一船启航仪式（2007 年）

1997 年，由上海牵头长江三角洲地区的 15 个城市建立“长三角城市经济协调会”，形成区域城市间的协商协调机制。图为 2004 年 11 月举行的长江三角洲城市经济协调会第五次会议

1993 年上海国资改革启动后，组建上汽集团等大集团企业。图为 2006 年 10 月 12 日，全球工业 500 强企业上汽集团自主品牌“荣威（ROEWE）”系列轿车在临港基地下线

上海结合政府机构改革和产业结构调整，积极培育上海纺织控股（集团）公司、上海电气（集团）总公司等一批控股式大企业集团。图为联合组建的上海电气集团生产的全国第一台自主知识产权的 3.6 兆瓦海上风电机舱（2009 年）

2000 年 12 月，上海超级计算中心在浦东张江成立。图为 2009 年 6 月 15 日，该中心启用的中国首台国产百万亿次超级计算机曙光 5000A（“魔方”）

上海生物制品研究所于 2001 年率先在国内研制成功流行性感冒病毒裂解疫苗，2002 年正式投产，该研究所是国内第一家流感裂解疫苗生产企业。图为该所的国产甲型 H1N1 流感病毒裂解疫苗生产线

2010 年 1 月 19 日，在国际上性能指标领先的中能第三代同步辐射光源“上海光源”通过国家验收

90 年代，因产业结构调整，上海 50 多万名纺织女工面临下岗或转岗。在推进再就业工程中，市政府负责再就业中心职工各项社会保障，组织待岗职工就业培训，引导、帮助实现再就业。图为 1995 年 3 月 8 日，被上海航空公司招收的第一批“空嫂”——来自上海纺织系统的纺织女工

2001 年 3 月，市政府实施 4050 工程，帮助大龄就业困难群体实现再就业。图为首批“4050”项目招标会现场

1988 年 5 月，市政府召开副食品工作会议提出“菜篮子工程”后，上海大力改善和推进副食品生产与供应，抓好“放心菜”“放心肉”“放心奶”建设，保障和稳定城市供应。图为平价菜双休日进社区

市政府抓好“米袋子”工程建设，对50个重点产粮乡镇的100多万亩粮田统一规划，分批建设成为“三高”（高科技、高产量、高效益）粮田，并在黑龙江省等全国粮食产区建立长期粮食供应基地

1992年3月，卢湾区斜土路斜三基地动迁与旧区改造工作正式启动。斜三基地以批租方式开创了大规模成片改造旧区的范例。图为改造前后的对比

1986—2001 年，住宅建设被市政府列为每年为民办实事项目。1999 年起，上海逐年对城区“老公房”进行“平改坡”，将平屋顶改建成坡屋顶，对外立面进行整修粉刷

金山区廊下镇为上海新农村建设先行区。图为 21 世纪初该镇农民社区一角

2007 年底，上海市农村公路里程达到 7480 公里，全市所有行政村实现了“村村通等级公路”

1993 年首先从建立养老保险制度开始，上海逐步构建养老、医疗、失业、生育和工伤“五险合一”的社会保险制度。图为领到“社保卡”的上海农民

上海推进城乡社会救助体系建设，发展社会福利事业，解决好困难群众的生活问题。2001 年，慈善医疗卡项目启动。图为领到慈善医疗卡的特困老人

2004 年 11 月 16 日，上海市公共卫生中心在金山区落成启用，是上海市“公共卫生体系建设三年行动计划（2003—2005）”重点建设项目之一

2011 年起，上海在全国率先推行家庭医生制度。图为家庭医生上门为市民服务

2000 年 4 月 27 日，复旦大学与上海医科大学合并，组建新的复旦大学

上海实施高校布局调整，采取政府主导与社会参与相结合的方式，建设大学园区。图为占地 8 万亩的松江大学城（2005 年）

办现代化寄宿制高中是上海扩大优质高中教育资源的举措。图为 2003 年 9 月市政府在崇明投资建成的实验性、示范性和现代化寄宿制高级中学——上海市崇明中学

“八五”期间，上海基本建成上海影城、东方明珠电视塔、解放日报新闻大楼、上海博物馆新馆、上海图书馆新馆、上海大剧院、上海书城等文化设施。图为 1996 年 10 月 12 日建成开放的上海博物馆，总建筑面积 3.8 万平方米，馆藏文物近 102 万件

2006 年 9 月，上海文化广场改建工程全面启动。建成后，中间是一座 2010 个座位的多功能地下剧场，周边为大型开放式公共绿地

1991 年 11 月 15 日，采用 TOT 融资方式建成的南浦大桥，是上海市区第一座跨越黄浦江的大桥，也是 90 年代第一个竣工交付使用的特大市政工程

2005 年 5 月 25 日，全长 32.5 公里的东海大桥实现港桥全线贯通，成为连接芦潮港辅助区和小洋山码头的“大动脉”

1

2

❶ 1988 年 12 月，穿越黄浦江的延安东路隧道（北线）建成并试通车。1996 年 11 月，延安东路隧道复线（南线）建成通车，与北线隧道共同形成单向双车道，交通流量达到每小时 2400 辆

❷ 1995 年 4 月，上海第一条地下铁路——地铁 1 号线实现全线开通调试

❸ 2002 年 12 月 31 日，世界第一条商业运营的高架磁悬浮专线——上海磁浮示范运营线通车

❹ 1988 年 8 月，上海开始动工建设合流污水治理一期工程，以解决苏州河的黑臭问题。图为建成后的上海合流污水治理一期工程

❺ “申”字形高架道路网历时 7 年于 1999 年建成，耗资 182.7 亿元，动迁居民 3.6 万户、单位 2851 个。该高架道路网建成后，大大缓解了上海中心城区交通的拥堵状况。图为南北高架与延安高架交会处鸟瞰

3

4

5

90 年代起，上海相继完成新华路地区、和田路地区、桃浦工业区 3 个以工业废气为特征的大气污染严重地区综合整治，并于 2006 年 2 月摘掉吴淞工业区“上海最大的重工业污染地区”的帽子。图为吴淞工业区整治后全景

延中绿地是上海大型公共绿地建设的代表作，位于上海市“申”字形高架道路中心结合点，为上海城市生态公园之一

2005 年 7 月，经国务院批准，上海崇明东滩鸟类自然保护区升格为国家级自然保护区

1998 年 5 月，上海援建的新疆阿克苏地区首期人才培训班开学典礼举行

2009 年 5 月，上海援建的重庆万州职业教育中心电子实训楼（三峡库区）开工建设，2010 年 3 月投入使用

2009 年 8 月，上海援建的西藏日喀则地区上海实验学校高中部教学楼交付使用

2009 年 9 月，上海援建的云南莽人（布朗族）易地搬迁安置村竣工

2010 年 5 月 8 日，上海援建的都江堰市医疗中心投入使用

2010 年，上海对口支援新疆阿克苏地区调整为喀什地区巴楚、泽普、莎车、叶城四县。图为援建新疆泽普县修建群众抗震安居房

上海市地方志编纂委员会

上海市地方志编纂委员会

（2007.8—2018.6）

《上海市志·人民政府分志(1978—2010)》
编纂委员会及编纂人员

执行主编 郑辛逸

副 主 编 陆文兴 徐明亮

总　　纂 梅　森

政府志编辑部

主　　任 陆文兴

人　　员 （以姓名笔画为序）

方文辉　吴　渊　陈一川　项冶萍　徐　鹏　徐明亮　梅　森
蒋心和　裘苹苹

分　　纂 （以姓名笔画为序）

方文辉　吴　渊　陆文兴　陈一川　项冶萍　徐　鹏　徐明亮

撰　　稿 （以姓名笔画为序）

丁宪庭　于　炜　于晓菁　马远东　马丽敏　马家国　王　刚
王　侃　王　亮　王　祯　王　渝　王　磊　王　震　王一雄
王广平　王正玲　王立平　王永文　王亦蓉　王体法　王思昭
王新平　王溶江　方文辉　孔元中　左秀庆　石淇玮　过亦林
吕毅民　朱　军　朱　梁　朱天恩　任善根　全利平　全惟幸
刘　正　刘占一　刘立伟　刘雪芹　汤　琳　孙松涛　孙建龙
孙根兴　严　军　严　晨　严柏炎　严惠民　苏宗文　杜　勤
杜小强　杜东园　李　明（市统计局）　李　明（市税务局）
李　俊　李晓冉　杨　菊　杨立娟　杨焕敏　杨新华　吴　轩
吴　渊　吴　强　吴万根　吴小平　吴晓玲　吴慧全　吴德兴
何武鑫　何瑛颖　汪毛晖　汪其水　沙伟倩　沈思睿　宋　伟
宋赤民　张　凡　张　翼　张义春　张仁伟　张永刚　张杰福
张春桂　张梅梅　张啸江　张锁庆　张瑞山　陆　勤　陆文伟
陆文兴　陆寿海　陈　巍　陈一川　陈小勇　陈志民　陈峥嵘
陈顺申　陈禹志　陈祖民　陈晓非　陈雪萍　陈静宜　欧阳田军
欧阳鹤　罗东海　罗永勤　金　昊　金　炜　金一平　金一超
金亚萍　金志浩　金春林　周　凡　周义飞　周永祥　周建峥
项冶萍　赵先如　赵增辉　胡永龙　胡炎生　胡建之　柳国炎

信虹云　须和平　俞　璇　祖忠人　耿崇桑　顾士英　顾性泉
钱力彬　徐　君　徐　明　徐　鹏　徐正魁　徐存福　徐明亮
殷　明　高祥惠　郭一江　郭天中　郭长耀　郭月娟　浦　炜
陶　竦　陶永华　陶昌盛　陶雪麟　黄一飞　黄一欣　梅　森
曹　丹　曹丽荣　曹锦忠　康　芬　盖博华　梁文东　屠知力
蒋心和　锁晓东　程美华　傅国林　鲁　鸣　温任勇　蔡艺墅
蔡宝庆　蔡耀放　樊　华　颜建周　颜燕德　戴焱森

《上海市志·人民政府分志（1978—2010）》评议专家名单

组　长　冯国勤

成　员　（以姓名笔画为序）

丁伯婕　孙　颙　李关良　宋　超　张广生　张兆安　周振华

孟荣强　项　扬　葛剑雄　蔡来兴　蔡建国

《上海市志·人民政府分志（1978—2010）》审定专家名单

组　长　冯国勤

成　员　（以姓名笔画为序）

王为松　孙　颙　李关良　宋　超　张广生　张兆安　周振华

孟荣强　项　扬　袁荣根　葛剑雄　蔡来兴

《上海市志·人民政府分志（1978—2010）》验收单位和人员

验收单位　上海市地方志办公室

验收人员　洪民荣　王依群　黄晓明　过文瀚　唐长国

业务编辑　杨军益

序 言

欲就名山业，须倾精卫心。历经六年多的不懈努力，第二轮《上海市志·人民政府分志(1978—2010)》终于编纂完成，即将付梓出版。这标志着第二轮《上海市志》编纂工作取得了重大进展，可喜可贺。

地方志是传承中华文明的重要载体。习近平总书记指出，要高度重视修史修志，把历史智慧告诉人们，激发我们的民族自豪感和自信心，坚定全体人民振兴中华、实现中国梦的信心和决心。第二轮《上海市志·人民政府分志(1978—2010)》借鉴首轮《上海人民政府志》的编纂经验，实事求是、科学全面地记录了上海市人民政府在1978—2012年间的施政活动，从一个侧面生动展示了改革开放以来上海走过的波澜壮阔历程、发生的翻天覆地变化，具有鲜明的时代性、突出的地方性、翔实的史料性和较强的权威性，将发挥重要的存史、资政、育人作用。

今天的上海，正在习近平新时代中国特色社会主义思想指引下，按照当好新时代全国改革开放排头兵、创新发展先行者的要求，加快建设国际经济、金融、贸易、航运、科技创新中心，奋力迈向具有世界影响力的社会主义现代化国际大都市。目标在前，重任在肩。希望全市政府工作人员特别是各级领导干部在党中央、国务院和中共上海市委的坚强领导下，增强"四个意识"、坚定"四个自信"、做到"两个维护"，不忘初心、牢记使命，以史为鉴、弘扬传统，切实承担好推动经济社会发展、管理社会事务、服务人民群众的重大职责，奋力创造新时代新奇迹，为实现"两个一百年"奋斗目标和中华民族伟大复兴的中国梦作出应有的贡献！

衷心感谢所有参与、关心和支持本书编纂出版的同志们、朋友们！

上海市市长 应勇

2019年12月15日

《上海市志(1978—2010)》凡例

一、本志坚持以马克思主义为指导，遵循辩证唯物主义和历史唯物主义原理，实事求是记述上海市自然、政治、经济、文化和社会的历史与现状。

二、本志为上海市首轮社会主义新方志中《上海通志》《上海市专志系列丛刊》之续，续义不续例，体例方面创新调整，并对首轮志书补缺正误。采用小篇平列体，分别编纂，陆续出版，汇为全志。

三、本志记述地域范围，以2010年底上海市行政区划为准。由上海市辐射至全国其他地区及国外事物，兼及记述。

四、本志记述内容的时限，上起1978年，下讫2010年，反映这一时期上海改革开放全貌。首轮《上海市专志系列丛刊》所缺或记述内容不够丰富的分志、分卷，上溯至事物发端。中国共产党分志、人民代表大会分志、人民政府分志、人民政协分志、民主党派分志，为保持同一届次内容记述的完整性，下延至2010年后的首个换届年份。

五、本志按自然、政治、经济、文化和社会为序设置分志、分卷，事以类从，类为一志，并兼顾当代社会分工的原则。全志除总述外，中国共产党分志、农业分志、工业分志、商业分志、服务业分志、城乡建设分志、金融分志、口岸分志设置综述卷，并设经济综述分志，加强全志整体性。各分志、分卷采用篇章节体，卷首设概述、大事记，以专记、附录、索引殿后。

六、本志体裁以述、记、志、传、图、表、录为主，力求内容与形式统一。

七、本志人物传遵循"生不立传"原则。入传人物排列先后以卒年为序，在世人物以人物简介(排列以生年为序)、人物表(人物录)记载。

八、本志采用规范的语体文、记述体，行文按《〈上海市志(1978—2010)〉编纂行文规范》，力求严谨、朴实、简洁、流畅，以第三人称记述。

九、本志纪年,凡1949年5月27日上海市解放以前的用历史纪年,一般标示朝代、年号、年份,括注公元纪年;1949年5月27日上海市解放后,一律采用公元纪年。

十、本志所记述的地名、机构名称、职称及币种、计量单位,一般按当时称谓。

十一、本志所用统计资料,原则上根据统计部门公布的材料;未列入统计部门统计的,根据部门统计的材料。

十二、本志资料来源于国家档案馆、上海市及有关省市档案馆、部门档案馆(室),以及历史文献、口碑资料、社会调查、部门提供的材料等,均经考证核实,一般不注明出处。

本分志编纂说明

一、本分志以马克思列宁主义、毛泽东思想、邓小平理论、“三个代表”重要思想、科学发展观和习近平新时代中国特色社会主义思想为指导，记述改革开放以来，特别是浦东开发开放之后，在中共中央、国务院和中共上海市委的领导下，上海市政府施政的重大决策、重要政务活动和促进经济社会发展的主要政绩，以及政府机构沿革、人事更迭、机关自身建设等内容。

二、本分志为《上海人民政府志》(2004年版)的续志。前志下限为1998年，总述至2000年。根据《〈上海市志(1978—2010)〉编纂实施方案》的断限要求，1978年以前的内容作承前勾连，1978—1990年浦东开发开放前的内容作简明记述，1990年浦东开发开放至志书下限2010年的内容作详细记述。本分志概述、大事记、政府机构篇下限时间为2013年1月市十四届人大一次会议政府换届；其他各篇为市志总体下限2010年，个别内容为保持记述完整性，适当延伸；附录上限承接前志，收辑1999—2012年文献目录与政府工作规则。

三、本分志侧重记载政府施政决策和施政行为，扼要反映施政业绩，与整部市志其他分志、分卷涉及政府工作的相关内容详略互见。鉴于区县均编纂综合类区县志，本分志详记市政府工作内容，略记区县政府工作内容。凡不属政府管理的工作一般不记述。

四、本分志总体框架分为卷首、主体(志)与卷尾三大部分。卷首部分设图照、序、凡例、编纂说明、目录、概述、大事记；主体(志)部分设政府机构、政务建设、战略规划与重大改革、经济建设、社会发展、民生保障、城乡建设与管理、外事港澳台事务侨务、人物共9篇；卷尾部分设附录、索引、编后记。

五、本分志卷首图照的选编旨在体现改革开放后，上海发展的新气象、新面貌。内容有市政府历任领导人重要政务活动，经济社会发展和城市建设，社会保障和人民生活等方面图片。随文图照插入相关篇章。本志收集的照片大部分选自《科学发展在上海》(中央文献出版社2012年5月出版)和《百舸争流　奋楫者先——上海改革开放回顾与展望》(中央文献出版社、上海人民出版社2014年12月出版)。

六、本分志遵循上海市地方志编纂委员会2010年印发的《上海市志(1978—2010)编纂行文规范》。所记年代,凡未表明的均为20世纪年代;所记币种,凡未注明的均为人民币;事物演变,凡未交代到下限的,均为至下限时间无变化。

七、本分志所记机构、会议等名称,使用规范简称。如中国共产党上海市委员会、上海市人民代表大会常务委员会、上海市人民政府分别简称为"中共上海市委(或市委)""市人大常委会""市政府"。附录部分附有《历年上海市政府主要机构全称、简称对照表》。

八、本分志有关上海市地方决定的方针、政策内容,按照中共上海市委、市人大常委会、市政府发布的文件和领导讲话、报告进行记述;宏观统计数据,以市统计局公布和提供的为准;涉及专业门类的具体数据和资料,由市政府组成部门、直属机构提供。

目　　录

CONTENTS

概 述

上海位于北纬31°14′,东经121°29′;地处中国南北海岸线中部、长江三角洲前缘;东濒东海,南临杭州湾,西接江苏、浙江两省,北界长江,是江海良港。从近代起,上海一直在国家经济、政治、文化生活和对外交往中具有重要的地位,曾为“远东第一大都市”“亚洲最大的金融中心”。中华人民共和国成立后,上海成为全国最大的工商业城市;改革开放后,上海朝着建设多功能经济中心城市和现代化国际大都市的目标迈进。1949年5月上海解放时,全市总人口502.92万人,面积636平方公里;1958年,江苏省10个县划属上海市。截至2012年底,上海市常住人口2 380.43万人(其中外来常住人口960.24万人),面积6 340.5平方公里。全市辖浦东新区、黄浦、徐汇、长宁、静安、普陀、闸北、虹口、杨浦、闵行、宝山、嘉定、金山、松江、青浦、奉贤16个区和崇明1个县。崇明岛是中国第三大岛。

1949年5月27日上海解放,次日,上海市人民政府(简称“市政府”)宣告成立。1955年2月,市政府改称上海市人民委员会(简称“市人委”)。1966年5月“文化大革命”开始后,市人委被冲击,处于瘫痪状态。1967年2月,上海人民公社成立,同月改称上海市革命委员会(简称“市革委会”)。1976年“文化大革命”结束,同年10月25日,中共中央任命新的中共上海市委第一书记和市革委会主任。

1979年12月23—29日,上海市七届人大二次会议决定,将市革委会改为上海市人民政府,会议选举彭冲为市长。其后,汪道涵、江泽民、朱镕基、黄菊、徐匡迪、韩正、杨雄等先后担任市长。市政府实行市长负责制,市政府全体会议和常务会议是市政府集体决策的主要形式,讨论决定市政府工作中的重大问题。

根据《中华人民共和国宪法》精神,上海市政府是地方国家行政机关,也是上海市人民代表大会(简称“市人大”)执行机关。市政府接受国务院领导,向国务院和市人大报告工作。中共上海市委(简称“市委”)在市政府成立领导机构——中共上海市人民政府党组,由市政府领导成员中的中共党员组成;市政府党组对市委负责,市政府在市委“总揽全局、协调各方”的领导格局中施政。

1978年12月召开的中共十一届三中全会,开启了我国社会主义建设新的历史时期,上海社会主义现代化建设进入改革开放新阶段。市政府贯彻党的路线、方针和政策,执行国家法律、法规,坚持解放思想、实事求是,从实际出发,积极探索上海的发展新路,正确处理改革、发展、稳定三者关系,并加快政府职能转变,努力建设服务政府、责任政府、法治政府和廉洁政府。至2012年,上海取得了经济社会发展巨大成就,为建成国际经济、金融、贸易、航运中心和社会主义现代化国际大都市奠定了坚实基础。35年间,上海改革发展大致可以分为三个阶段:1978—1990年,中共十一届三中全会至浦东开发开放前,上海处于全国改革开放后卫;1991—2000年,上海全面推进浦东开发开放,走到全国改革开放的前沿;2001—2012年,进入新世纪,上海继续努力走在全国改革开放的前列,当好全国改革开放的排头兵。

一

1978年底起,上海将工作重心转移到经济建设上来,国民经济贯彻执行“调整、改革、整顿、提高”方针,通过制订实施上海经济发展战略和上海市城市发展总体规划,推进经济发展,也为浦东开发开放作了前期准备。浦东开发开放前,作为全国的工商业重镇、国家的主要财源地,上海服从中央的战略部署,担任全国改革开放的后卫。

70年代末,上海开始增加对轻纺、能源、交通的投资,加强国民经济薄弱环节的建设;开展企业整顿,加紧恢复生产,加强质量管理,增加优质品牌日用消费品的生产;建设先进工业、先进科学技术和对外贸易“三个基地”,进行宝钢一期、30万吨乙烯等重点项目建设。进入80年代后,上海着力推进改造振兴。但随着计划体制改革和生产资料、价格实行“双轨制”,计划供应的主要工业品的原材料从80%下降到80年代中后期的40%,上海调出的工业品出厂价格不能涨,而外来原材料既短缺又价格剧升,给上海工业发展带来双重冲击。面对世界新技术革命严峻挑战和国际国内两个市场的激烈竞争,以及城市发展本身资金不足、资源短缺、交通和住房紧张、环境污染等一系列困难的制约,为走出困境,市委、市政府组织开展上海向何处去的大讨论。在中共中央、国务院的关心和领导下,上海制定《关于上海经济发展战略的汇报提纲》。该汇报提纲提出了上海实行的方针:对国内外开放,起沟通内外桥梁作用;采用先进技术,加快传统工业改造;发展新技术,开拓新兴工业;发展第三产业,为全国服务;逐步改造老城区,积极建设新市区;在进行社会主义物质文明建设的同时,加强精神文明建设;创造条件开发浦东,筹划新区建设。1985年2月,国务院批复同意该汇报提纲,要求“力争到本世纪末,把上海建成为开放型、多功能、产业结构合理、科学技术先进、具有高度文明的社会主义现代化城市”。按照这一要求,“六五”计划末(1985年)和“七五”计划初(1986年),上海改造振兴全面启动,优先发展交通邮电、商业服务和金融保险业等第三产业,重点发展汽车、通信、电话设备等支柱产业和微电子、计算机及应用、现代生物与医药等新兴产业,大力开展企业技术改造,一系列大型骨干工程建设全面展开。同时,逐步推进城乡一体化发展,促进郊区副食品生产基地、城市工业扩散基地、外贸出口基地、科研中试基地建设。

70年代末,上海农村开始改革,郊区逐步推行以家庭经营为主体的联产承包责任制。1982年12月市委召开郊区党员干部会议,传达贯彻中共中央召开的全国农村工作会议精神,倡导在多数社队推广包干分配,即家庭联产承包责任制,得到了农村人民群众的拥护。改革农村“政社合一”体制,撤销人民公社,建立乡镇人民政府,设立经济联合社,建立健全农业生产服务体系。改革农副产品流通体制,放开价格,产加销贸工农一体,引导组织农民进入市场,部分农副产品由原来的统购、统销改为合同定购。改革调动了农民积极性,使得农业生产快速发展,乡镇企业迅速崛起,推动了农村经济发展。

1979年,上海国有企业改革起步,实行责、权、利相结合的经济责任制,扩大企业经营管理自主权,逐步进行企业利润留成和以税代利、税利并存的改革。1980年,上海开始逐步取消对日用品的统购包销,商品流通从单一渠道开始向多渠道转变。市政府按照政企分开原则,逐步转变政府职能,加强和改善宏观调控体系,减少指令性计划,增加指导性计划,撤销、改制行政性专业公司。1984年,根据国务院发布的《关于进一步扩大企业自主权的暂行规定》,市政府对部分工业企业实行厂长负责制、劳动合同制和工资分配制度等改革试点,并将试点范围逐步扩大到商业、建筑、交通、物资等系统。1984年,中共十二届三中全会作出《关于经济体制改革的决定》,上海围绕增强国有企业活力这个中心环节,进行企业股份制、税利分流、放开经营的试点。在大中型企业中,普遍推行各种形式的承包经营责任制,在小型企业中推广租赁经营制,推动企业兼并重组。同时,进行计划、财政、税收、金融、外贸、劳动工资、价格和流通体制等方面改革,培育和发展生产资料、资金、技术、建筑、劳务、信息和股票、债券等市场。通过一系列改革,上海由过去高度集中的计划经济体制逐步向计划经济与商品经济相结合的体制转变。

对外开放的起步始于外贸领域。上海抓住国家统一下放外贸经营权时机，改革高度集中的外贸经营体制，组建上海对外贸易总公司等地方外贸公司和有工业生产企业参与外贸经营的工贸公司，发展中外合资经营、对外工程承包业务和劳务输出。1980 年，上海第一家中外合资企业——中国迅达电梯有限公司成立。1984 年，中共中央、国务院决定进一步开放上海等沿海 14 个城市。市委、市政府加快扩大对外开放步伐，兴建闵行、虹桥和漕河泾等经济技术开发区。其间，经国务院批准，上海拓宽融资渠道，为解决钱从何来的问题，实施计划单列、自借自还方式，直接向国外融资 32 亿美元的"九四"专项，大力推进城市基础设施建设、工业技术改造和第三产业及旅游业发展。1985 年 3 月，国务院批准上海《进一步对外开放的初步方案》，要求上海逐步建成对国外客商具有巨大吸引力、对先进技术具有强大消化力、对国际市场具有敏捷应变能力的对外经济联系枢纽，成为发展出口、增加创汇的基地。按照中央的要求，上海制订一系列吸引外资的优惠政策和保护外商权益的涉外经济法规，发布《关于鼓励外商投资的若干规定》等规章，进一步提高政府办事效率，改善交通、通信、能源、外商办公及住宿条件等投资环境。同时，加强对外交流，先后与国外 20 多个城市（或地区）结为友好城市，外国来访的经济、企业界人士也逐渐增多。1988 年，创办上海市市长国际企业家咨询会议。上海对外经济由单一的外贸出口，向利用外资、引进技术、承包海外工程和输出劳务等多种形式发展。

为加强对内联合，市政府按照"扬长避短、形式多样、互惠互利、共同发展"的原则，积极发展横向经济联系，先后设立上海市政府驻哈尔滨、西安、重庆、武汉、广州等办事处，逐步在兄弟省市建立比较稳定的联合生产基地、科研产品系列开发基地、资源综合开发利用基地和出口货源配套加工基地。到 1990 年，上海的工业、科研、商贸等部门与市内外单位建立各类经济联合体 6 000 多个。上海经济的运行模式由过去的半封闭型逐步向开放型转变。

随着上海的发展，城市基础设施建设明显滞后，交通、住房等矛盾日趋突出。在财力极其有限的条件下，上海优先加强基础设施建设，改善人民生活。1982 年 11 月，市委、市政府决定加快住宅建设。"六五"期间（1981—1985 年）全市住宅投资总额是前 28 年投资总和的 3.8 倍，连续多年住宅建设竣工面积年均超过 400 万平方米，逐步缓解市民"住房难"。同时，对重要地段的棚户简屋分期分批进行改造。1986 年，市委、市政府向国务院上报《上海城市总体规划方案》并获批准。该方案提出，上海城市的布局是在改造和建设中心城区的过程中，重点开发浦东，充实和发展卫星城，有步骤地向杭州湾和长江口南北两翼展开，有计划地建设郊县小城镇。这一时期，市政府加大城市基础设施改造和建设投资力度，先后扩建了虹桥国际机场候机楼，建成铁路新客站、延安东路越江隧道，建成沪嘉和莘松高速公路、浦东煤气厂一期、黄浦江上游引水一期等工程，南浦大桥和地铁一号线先后开工建设，城市基础设施落后的状况有了初步改变。

改革开放后，上海各项社会事业取得长足发展。70 年代末，上海改革科研管理体制和科技投入模式，发展技术市场，扶持科技企业，推进科技发展与经济建设相结合。同时，以恢复高等学校招生制度为开端，提升市民受教育程度，推行小学至初中的九年义务教育，促进基础教育发展，恢复发展特殊教育、成人教育、技术教育等。探索文化发展新路，恢复建立文化艺术机构和团体，在部分文艺团体进行以承包经营责任制为主要内容的改革，推动文化事业的复苏和发展。此期间，逐年加大卫生事业投入力度，整顿社会医疗机构，规范医务人员管理，提高市民疾病防控能力，积极应对 1988 年甲肝疫情。在提高市民素质，开展群众体育运动的基础上，积极发展竞技体育，1983 年成功承办第五届全国运动会。

市政府坚持执政为民宗旨。1984年3月,市长汪道涵在《政府工作报告》中,提出当年要完成与人民生活密切相关的15件实事,以缓解市民最迫切需要解决的“看病难”“乘车难”“入学入托难”等矛盾。1986年初,市长江泽民进一步明确,每年要办若干件与人民生活密切相关的摸得着、看得见的实事,并形成制度。此后,历届市政府本着“实事求是,量力而行,统筹兼顾,确保重点”原则,围绕住房建设、“菜篮子”工程、道路交通、环境保护、医疗卫生、中小学教育、煤气供应、通讯设施建设等,坚持每年为民办若干件实事,深受市民好评。1988年初,市委、市政府明确“郊区农民口粮要立足自给,城市主要副食品供应要立足于郊区”,并提出实施“菜篮子”工程。同年4月,朱镕基任市长后,市政府采取扩大蔬菜种植面积,建设副食品生产基地,引进国外先进生产技术,推行产销一体化等措施,加强副食品生产供应,缓解了市民“买菜难”。此期间,市政府还努力增产日用工业品,恢复集贸市场,扩大流通渠道,日常生活用品供应逐步告别了单一短缺和凭证限量,促进了市民生活改善和社会的稳定。

根据市委部署,市政府加强对干部和群众“有理想、有道德、有文化、有纪律”教育,开展“做文明市民、建文明单位、创文明城市”活动,不断提高广大市民的思想道德素质和科学文化素质;严厉打击社会上的“黄赌毒”等丑恶现象,结合社区建设,开展社会治安综合治理。同时,加强干部廉政监督,市政府要求监察部门盯住全市506个局级干部,制定多项反腐倡廉的规章制度,在全市开展行风大检查,以促进政风、民风好转,为改革开放创造良好的社会环境。

1978年,上海市地区生产总值为272.81亿元,经过12年的改革开放建设发展,上海全面完成“六五”和“七五”计划,1990年,上海市地区生产总值达到781.66亿元,一般公共预算收入达到166.99亿元。全市经济和社会各项事业的发展都取得显著成就,人民生活有了较大改善,为90年代上海全面实施浦东开发开放战略打下了良好基础。

二

进入90年代后,面临新的国际国内形势,市委、市政府领导经过反复研究和论证,认为上海必须走发展外向型经济的道路,加快开发开放浦东。1990年2月,市委、市政府向中共中央、国务院上报开发开放浦东的请示。同年4月18日,国务院总理李鹏代表中共中央、国务院在上海宣布,同意上海开发开放浦东。1991年初,邓小平在考察上海时说:“开发浦东,这个影响就大了,不只是浦东问题,是关系上海发展的问题,是利用上海这个基地发展长江三角洲和长江流域的问题,抓紧浦东开发,不要动摇,一直到建成。”同年4月,市九届人大四次会议通过的上海“八五”计划明确提出“开发浦东,振兴上海,服务全国,面向世界”战略。9月,市委副书记、市长黄菊代表市委、市政府向中央作出“三个保证”(保证坚持社会主义方向、保证服从国家的宏观调控、保证每年超额完成财政上交);请求“三项改革”(自费改革、自主改革、率先改革)。1992年初,邓小平发表南方谈话后,中国的改革开放进入新的阶段。1992年10月,中共十四大报告提出,“以上海浦东开发开放为龙头,进一步开放长江沿岸城市,尽快把上海建成国际经济、金融、贸易中心之一”,进一步明确了浦东开发开放作为国家战略的地位,上海走向全国改革开放的前沿。根据中央的部署,市委、市政府积极探索具有中国特色、时代特征、上海特点的发展新路。围绕建设“一个龙头、三个中心”战略目标,上海着眼于率先建立社会主义市场经济体制的运行机制,并以浦东开发开放为契机,积极推进企业、市场、政府、社会四位一体的改革,进一步扩大对内对外开放,实施国民经济与社会发展“八五”和“九五”计划。

1991—2000年，是上海抓投入、抓建设、抓发展、抓改革的时期和经济持续高速增长时期。市委、市政府按照高起点、高层次、高速度的要求，抓紧实施浦东开发开放。从改善投资环境入手，进行十大基础设施建设；市人大、市政府制订了相应的涉外经济法规和规章；市政府简政放权，提高政府办事效率，为对外招商引资创造条件。经过头三年建设，南浦大桥等十大基础设施工程提前两年完成；陆家嘴、金桥、外高桥、张江等重点功能小区初具规模，开发面积达20平方公里。浦东从以基础开发为主转向基础开发与功能开发并举，呈现出良好发展势头。中央于1990年、1992年和1995年三次比较集中地赋予上海一系列扩大对外开放的特殊政策。市政府积极制订配套政策，采取各种措施引进外资，吸引国内兄弟省市来浦东投资办企业，取得较好效果。上海以金融、贸易、出口加工为主的外向型经济开始启动。同时，通过开发开放浦东，“东西联动”“以东促西”，在浦西进一步加大对外开放的力度，加强老市区改造和基础设施建设，使浦西与浦东同步发展。

上海的城市功能逐步实现由传统工商业城市向经济中心城市的转变。按照国际经济中心城市功能要求，实施产业结构战略性调整，上海城市功能明显增强，经济实力显著提升。1991年，市委、市政府提出上海调整产业结构按照“三、二、一”发展顺序，优先发展第三产业，积极调整第二产业，稳定提高第一产业。上海产业结构适应性调整开始转向战略性调整，经济发展由“调整中发展”转向“发展中调整”。经过不断推进和深化产业结构战略性调整和生产力布局整体性调整，上海经济增长从原来主要依靠第二产业推动转向依靠第二产业、第三产业共同推动，以金融保险、商品流通、交通信息、房地产、旅游和信息咨询为重点的第三产业发展迅速。2000年，第三产业实现增加值2 503.54亿元，占全市生产总值的比重超过50%。第二产业的纺织、轻工等行业，关、停、并、转了一批技术装备和产品落后的企业，重点发展汽车、通信信息设备、石油化工、钢铁、电站设备、家用电器等六大支柱产业，以及现代生物与医药、计算机和大规模集成电路、新材料等高新技术产业。高新技术产业和支柱工业产值在全市工业中的比重逐年提高。2000年，实现工业增加值2 022.53亿元，高新技术产业产值占全市工业总产值的比重由1990年的2%—3%提高到20.6%。第一产业重点发展集约化、产业化、设施化和现代化农业，建设“菜篮子”和“米袋子”工程，促进了城郊型农业向都市型农业的发展。经过调整，全市第一、第二、第三产业的比例由1978年的4.0∶77.4∶18.6和1995年的2.4∶56.8∶40.8，发展至2000年的1.6∶46.4∶52.0。在调整产业结构的同时，优化产业布局。中心城区“退二进三”，大力发展第三产业，确定了市级商业中心布局定位。南京路综合反映上海商业街繁华景象，淮海路商业街体现高雅购物环境，四川路商业面向大众，豫园商城突出小商品特色。第二产业逐步形成“东、西、南、北”四大产业基地和“1+3+9”产业空间布局。“东”是张江微电子基地，“西”是嘉定国际汽车城，“南”是金山石化基地，“北”是宝山精品钢基地。“1+3+9”工业区，即“1”是浦东新区，“3”是漕河泾新兴技术开发区、闵行经济技术开发区和上海化学工业区，“9”是莘庄、宝山、嘉定、康桥、松江、奉浦（上海市工业综合开发区）、金山嘴、青浦和崇明等工业区（以后增加了长兴岛造船基地、临港装备产业基地）。

积极发展外向型经济。上海以浦东开发开放为龙头，坚持打“长江牌”“中华牌”和“世界牌”战略，逐步形成辐射长江、服务全国、面向世界的对内对外开放新格局。对内，按照“优势互补、互惠互利、联合发展、共同繁荣”的原则，实施新一轮横向经济联合，加强与兄弟省市的经济合作，吸引了一批国内优势企业入驻上海。到2000年底，各地在沪企业超过1.5万家，上海在外省市投资的企业达到4 200多家。对外，在扩大利用外资规模基础上，重优化结构、质量和效益，开放的领域向金融、商业等第三产业倾斜，吸引了一批世界跨国公司地区总部、外资高技术企业和大型项目落户上海。“九五”期间，上海实际吸收外资突破193.7亿美元，相当于前3个五年计划期间总和的1.7倍。浦东新区成为金融、外贸企业和大工业项目集聚地,初步建成外向型、多功能、现代化的新城区,成为上海乃至全国对外开放的重要窗口。外贸出口实施"大经贸"战略,组建外贸企业集团和综合商社,优化出口产品结构,拓展多元化市场。全市外贸出口总额1995年达到115.77亿美元,2000年增至253.54亿美元。起步实施"走出去"战略,开始向海外投资。这一时期,上海坚持开放的高起点,引进了一批国际著名跨国公司地区总部,世界500强企业中有250多家在上海投资,世界最大的100家工业性跨国公司的企业有50多家在上海落户,外商投资的制造业项目属于世界先进水平的比较多;坚持开放的宽领域,把开放的重点由生产加工行业扩大到服务贸易行业,从经济领域拓展到文化、社会等多个领域,使金融、贸易、会展、旅游、房地产、信息服务等第三产业成为外商投资的新热点,增强了城市综合服务能力;坚持开放的全方位,对外开放从部分国家和地区拓展到世界各地,在上海投资的国家和地区已有90多个,城市的辐射集聚功能不断增强。

不断深化经济体制改革。90年代初,上海按照中央的部署,坚持不懈地推进以国有企业改革为中心环节的各项配套改革,按照改革是动力、发展是目标、稳定是前提的原则,正确处理改革、发展、稳定三者关系;在推进与人民群众关系密切的各项改革时,充分考虑各方面的承受能力,坚持走小步、不停步,年年有进步。着力推进国有大中型企业转换经营机制、放开经营、全员劳动合同制、上岗合同制和改为股份制企业等多种形式的改革。中共十四大之后,按照建立社会主义市场经济体制的要求,上海从1994年开始,推行以建立现代企业制度为重点的国有企业改革。按照"产权清晰、权责明确、政企分开、科学管理"的要求,采取增资减债,优化企业资本结构;实行"抓大放小",推行破产兼并、股权变动、强强联合组建大型企业集团等方式搞活大中型企业,并将部分小企业划交区县管理或改制为股份制合作企业;逐步减少企业富余人员,建立再就业服务中心,多渠道、多形式、多层次全面推进再就业工程,妥善解决百万职工下岗问题。

其间,上海改革国有资产管理体制,进一步转变政府职能,先后撤销或解体工业、商业、城建等系统的管理局,组建国有资产控股公司或生产型集团公司;建立国有资产管理机构,按照"国家所有、分级管理、授权经营、分工监管"原则,对经营性国有资产实行授权经营。减少政府对经济的直接干预,强化政府对企业的服务功能,取消、精简了一批行政审批项目;建立"五个机制",即企业优胜劣汰机制、国有资产的保值机制、职工能进能出的就业机制、经营者择优录用的竞争上岗机制、覆盖全社会的保障机制;推进"五个加强",即加强产品开发、加强技术改造、加强市场开拓、加强内部管理、加强队伍建设。现代企业制度建设取得阶段性成果。

上海坚持公有制为主体,促进集体、私营、个体、外资等多种所有制经济发展。1978年全市生产总值中,公有经济的比重高达99%,非公有制经济仅占1%。到2000年,国有经济在生产总值中的比重下降到55.1%,集体经济占16.3%,私营个体经济占13.1%,还有15.5%为外资(包括中国港澳台资)企业。上海初步形成以公有制经济为主体、多种所有制经济共同发展的新格局。与此同时,上海培育和发展证券、商品期货、外汇、技术、产权、人才等一批要素市场,逐步形成以金融市场为核心、地方性市场为基础、区域性市场为骨干、国家级市场为龙头的多功能、多层次的市场体系,促进了商品、资金、技术、人才、信息合理流动和组合,增强了城市对全国的服务能力。

稳步推进社会保障制度改革。1993年,市政府推出"城保"(后来又推出"农保""综保""镇保"),按照由国家、单位、个人三者合理负担,社会统筹和个人账户相结合的原则,逐步构建起以养老、失业、医疗保险和社会救助为主的社会保障体系,并鼓励购买商业保险。上海率先推出三条保障线,即职工最低工资标准线,失业和下岗人员最低生活保障线,以及城镇居民最低生活保障线。

80年代末至90年代,市政府进行了多项城市管理体制改革,简政放权,打破传统的集中管理模式。市政府向区县逐步下放部分人事、劳动、财税、基建、规划、土地、环保、工商行政、教育等事权，在此基础上，市区实行“两级政府、三级管理”，郊区实行“三级政府、三级管理”。同时，推进以有偿转让土地使用权即土地批租为主的土地使用制度改革，在坚持土地公有制基础上，城市土地变无偿使用为有偿使用，变无期限使用为有期限使用，变无流动使用为有流动使用。截至2000年，土地批租为上海带来了1 000多亿元的投资，相当于2000年当年上海地方财政收入的2倍。90年代初开始改革城建投融资体制，逐步推行城建投融资主体多元化。除政府投资外，还通过向国际资本市场融资、发行城建债券、组建上市公司、设立专项基金等方式进行筹资，改变城建资金由政府统包的投融资模式。实行这一改革，城建投资主体和资金来源发生巨大变化，有效缓解了城建资金不足的矛盾。上海还进行住房制度改革。90年代初，市政府制定了住房制度改革方案，采取推行公积金、提租发补贴、配房买债券、买房给优惠、建立房委会等措施，逐步推行住房商品化和住宅建设社会化，开始打破长期实行的住房无偿分配和低租金制度以及单位自筹资金自行建设住房制度。此期间，上海积极推进社会诚信体系建设。

1992年，市委、市政府作出《关于发展科学技术，依靠科技进步振兴上海的决定》，确立科学技术在经济建设中的战略地位。“八五”期间(1991—1995年)，高新技术发展速度高于工业平均增长速度，重点发展现代通讯技术、微电子技术、计算机和软件技术、激光技术、现代生物、新材料、机器人和柔性制造等七大高新技术领域。1998年2月，市长徐匡迪在《政府工作报告》中进一步明确，必须坚持“有所为、有所不为”，要集中力量加快发展信息、现代生物与医药、新材料三大产业。1998年6月，市政府发布《上海市促进高新技术成果转化的若干规定》。市政府加强技术创新体系建设力度，大力推进高新技术成果转化，加大人才队伍建设力度，加快高新技术开发区建设。“九五”期间(1996—2000年)，上海企业技术创新能力不断提高，科技成果产业化进程不断推进，取得了一批具有国内外先进水平和重大经济社会效益的科研成果。到2000年，上海高新技术企业超过千家，高新技术产业值1 400多亿元，科技进步对上海工业经济增长的贡献率提升到50.3%。教育是科技的基础。在1994年9月市教育工作会议上，市政府提出，“一流城市创一流教育”的目标。为此，“九五”期间，上海按照体制、机制、投资三位一体的方针，深化教育体制改革，实施教育“八大工程”①，完善教育硬件设施，优化教育资源配置，初步形成多渠道教育投入机制，办学条件显著改善，办学规模扩大，教育质量不断提高。全市新增劳动力平均受教育年限提高到12年，基本普及了九年义务教育，2000年，高中阶段教育新生入学率达到97.0%，普通高校招生录取率保持在60%以上。同时，建成英语能级考试和计算机考级的体系。

加快文化体制改革。文化市场向以块为主、条块结合的方式转变。市政府陆续发布文化市场管理规章，要求文艺界创作出一批与国际大都市相适应、具有优秀民族传统和鲜明时代特征的好作品；设立白玉兰戏剧表演艺术奖、上海文学艺术奖等专项奖励基金，扶持高雅艺术和优秀文艺作品。初步形成广播影视、报刊出版、文化娱乐三大文化产业发展的主体框架。剧院和艺术表演团体推行全员聘任制改革。完成以文广合流为重点的“撤二建一”机构改革。1999年，上海电视台、东方电视台和上海卫视合并。文汇报社和新民晚报社组建文汇新民联合报业集团；以解放日报社为龙头，组建解放日报报业集团。其间，积极推进文化设施十大工程建设，即东方明珠广播电视塔、上海博物馆新馆、上海图书馆新馆、上海广播电视新闻中心、解放日报新闻大楼、上海书城、上海影城、上海

① 教育八大工程：“211”实施工程，双培工程(紧急人才培养、培训)，三重工程(重点学科、实验室和课程建设)，中青年骨干教师培训工程，示范学校建设工程，薄弱学校更新工程，教师广厦工程，青少年科技教育中心工程。

大剧院、东海影视乐园、有线电视网络。

医疗卫生方面,市政府进一步完善三级医疗网分工制度,实行“一网多用”。成立上海市疾病预防控制中心。加快地段(街道)医院向社区卫生服务中心转换,为建立集社区预防、保健、医疗、康复、健康教育及计划生育技术指导“六位一体”的社区卫生服务体系打下基础。实施企业医院属地化管理和医疗机构联合重组两大改革。启动“上海市卫生系统百名跨世纪优秀学科带头人培养计划”。卫生事业单位实行聘用合同制。到2000年,相继建成上海儿童医学中心、市血液中心等现代化医疗卫生设施。

90年代以后,上海加快体育社会化、产业化步伐,体育事业经费由国家包办改为社会集资、国家拨款、经营筹措。1993年,上海承办东亚运动会,首创国内市场化体育赛事运作模式。此后,在各级政府的支持下,体育竞赛市场、健身娱乐市场、体育彩票市场、体育经纪咨询和培训市场逐步形成。市委、市政府倡导全民健身,百万市民健身活动被列入“上海市提高市民素质、提高城市文明程度工程计划”。市政府发布《全民健身实施计划》,对学校体育教学和锻炼达标提出明确目标。上海先后建立上海申花足球俱乐部和东方男、女篮球俱乐部,在全国率先推进职业化运作模式。同时,加快建设国际、亚洲和国家体育人才培训基地。此期间,上海承办了第八届全国运动会、第三届全国农民运动会、第五届全国残疾人运动会、第一届东亚运动会、第十一届世界中学生运动会,举办了上海国际马拉松赛。

上海的城市建设逐步实现由还历史欠账向建设现代城市基础设施体系的转变。90年代初,市政府开始修订城市发展总体规划。市长黄菊提出,上海未来的城市发展总体规划要立足于基本形成世界大都市的经济规模和综合实力,基本形成具有世界一流水平和现代化城市格局,基本形成与国内外有广泛经济联系的全方位开放格局。按照这个要求修订的城市发展总体规划,着眼于服务全国、面向世界,完善城市功能,城郊并进,和谐发展,并强调“建管并举、重在管理”。为改变上海基础设施建设滞后状况,市政府确定了3个三年计划,做到“一年一个样、三年大变样”。第1个三年计划(1992—1994年),着力推进以道路交通为重点的现代化城市基础设施建设,解决交通严重欠账问题,开始建高架道路。第2个三年计划(1995—1997年),以旧区改造为主,大规模拆迁棚户区,缓解市民住房问题。第3个三年计划(1998—2000年),以环境治理为主,按照让上海“天更蓝、水更清、地更绿”目标,市政府加大以治水、治气、增绿为重点的环境治理力度。市长徐匡迪提出,“九五”期间,将苏州河治理作为环境治理的“重中之重”,到2000年,苏州河干流黑臭基本消除。同时,基本完成对和田路、桃浦地区等严重污染地区的环境治理。为加强对废气的治理,优化一次能源结构,全市推行清洁能源替代工作,控制中心城区机动车尾气排放,并逐步推行固体废物处理减量化、无害化、资源化。绿化建设围绕改善上海城市生态环境的目标,逐步建设环城绿化带、干道河岸绿化、大块绿地与郊区平原绿化相配套的都市绿化系统。到2000年,全市绿化覆盖率达到22.2%,人均公共绿地面积4.6平方米。经过3个三年计划的实施,上海初步还清了城市基础设施建设的历史欠账。

到“九五”末期,上海现代化城市基础设施框架基本形成。在黄浦江上先后建成南浦、杨浦、奉浦、徐浦大桥,在市区基本建成内环线、成都路和延安路高架道路,轨道交通一、二、三号线以及外环线一期工程等重大项目。中心城区“申”字形高架道路、“十”字加半环的轨道交通线和“三横三纵”①

① “三横三纵”:上海市城市快速路,“三横”,北线虹桥枢纽—外高桥,中线虹桥枢纽—中环(金桥路),南线嘉闵高架路(九亭)—外环(金海路)。“三纵”,西线沪太路—龙水南路,中线南北高架—济阳路高架,东线逸仙高架——杨高南路。

的地面骨干道路，快速、立体的综合交通体系初步形成。以“三港两路”①为代表的连接国内外的功能性基础设施建设加快。沪宁、沪杭高速公路上海段和浦东国际机场一期工程、信息港主体工程相继建成。深水港工程加紧前期准备。此外，还实现全市电话网络自动化，城市通信水平大幅提高；改造重要商业街区，形成分地区、分层次商业中心新格局；建成浦东煤气厂二期，黄浦江上游引水二期，合流污水综合治理一、二期等重大工程。“九五”期间，全市累计住宅竣工建筑面积 9 471.41 万平方米，城镇人均居住面积提高到 11.8 平方米。

在大规模建设的同时，按照城市建设“建管并举、重在管理”原则，市政府增加对城市管理的投入，运用先进的管理技术和管理手段，逐步实现城市管理装备现代化，逐步提高城市管理现代化水平。以香港、澳门回归，迎接新世纪，举办国际会议等重大活动为契机，大规模地推进市容环境整治，使城市管理和环境建设跃上新的台阶。其间，上海进一步加强城市管理的立法、执法和普法工作，积极探索城市综合执法，使城市管理逐步走上法治化的轨道。

1991 年 12 月，市委五届十二次全会召开，审议通过《关于当前加强社会主义精神文明建设的若干实施意见》。按照市委部署，市政府在进行物质文明建设的同时，加强精神文明建设，大力加强思想道德教育；开展“七不”活动（不随地吐痰、不乱扔垃圾、不损坏公物、不破坏绿化、不乱穿马路、不在公共场所吸烟、不说粗话脏话）；开展文明小区、文明社区、文明城区和文明行业创建活动；以“五个一”工程（一部好电影、一部好电视剧、一台好戏、一部好书、一篇好文章）为抓手，进一步发展和繁荣社会主义文化事业。

1997 年 7 月，亚洲金融危机发生后，上海坚决执行中央决策部署，抵御亚洲金融危机的影响，保持上海经济社会稳定发展。至 2000 年，上海全面完成“八五”“九五”计划，经济发展连续 10 年保持两位数增速，生产总值达到 4 812.15 亿元，其中第三产业占国内生产总值的比重超过 50%，郊区的经济实力显著增强。一般公共预算收入完成 497.96 亿元，保持稳步增长。上海妥善解决百万职工下岗问题，建立再就业中心，鼓励扶持非正规就业劳动组织，政府购买公益性岗位，到 2001 年末，再就业服务中心累计分流安置 100 多万下岗职工。人民生活水平继续提高，全部取消商品凭证凭票供应，市场繁荣，物价稳定。市区民用燃气实现全气化。2000 年，上海人均生产总值达到 30 307 元，约合 3 661 美元。

三

2000—2012 年的十余年间，面对国内外环境的复杂变化和城市自身发展转型的考验，市委、市政府围绕建设国际经济、金融、贸易、航运中心和社会主义现代化国际大都市的奋斗目标，按照“四个率先”②要求，实施产业结构战略性调整，经济发展方式转变迈出实质性步伐。此期间，上海进一步发挥浦东开发开放引领作用，逐步完善社会主义市场经济体系，加快转变政府职能，大力提升市场能级，有序展开社会领域和公共部门改革。以举办上海世界博览会为契机，构筑现代化城市基础设施体系，全面提升城市文明程度和市民文明素质。顺利实施“十五”计划和“十一五”规划，促进经

① “三港”：国际集装箱枢纽港，亚太地区航空枢纽港，现代化信息港。“两路”：高速公路，高速铁路。

② “四个率先”：2006 年，中共中央总书记胡锦涛在参加十届全国人大四次会议上海代表团审议时，对上海提出的要求和期望。具体内容是：希望上海率先转变经济增长方式，把经济社会发展切实转入科学发展轨道；率先提高自主创新能力，为全面建设小康社会提供强有力的科技支撑；率先推进改革开放，继续当好全国改革开放的排头兵；率先构建社会主义和谐社会，切实保证社会主义现代化建设顺利进行。

济社会稳步发展,继续改善民生。

2002年12月3日,中国成功获得2010年中国上海世博会举办权。在中央的直接领导和全国各地的支持下,举全国之力,集世界智慧,承办了一届成功、精彩、难忘的上海世博会。市委、市政府按照中央的部署,坚持科学办博、勤俭办博、廉洁办博、安全办博的原则,经过8年艰辛筹备,高质量完成世博会场馆和城市基础设施配套建设,全面做好活动策划、招展布展、对外推介等筹办工作,实施迎世博600天行动计划。2010年5月1日至10月31日,在上海世博会举办的184天里,上海面对参观人流长时间高度聚集,不断改进园区服务和城市运行管理,周密细致做好安保、交通、外事、旅游、接待、宣传和志愿者服务等工作,经受住了连续高温天气和超大客流等严峻考验,创下了多个世博会历史之最,赢得了国内外宾客对上海世博会和上海这座城市的赞誉。上海世博会后,一批绿色、低碳、环保的科技成果得到应用,一批世博会期间行之有效的城市服务和管理措施制度化、常态化,一批世博场馆被改造成公共文化场馆对外开放,"城市,让生活更美好"的理念更加深入人心,上海世博会精神有力推动了上海进一步转型发展。

2001年5月,国务院批复的《上海市城市总体规划(1999—2020年)》明确,到2020年,上海要基本建成国际经济、金融、贸易和航运中心之一和社会主义现代化国际大都市。市委、市政府确定了"三步走"战略:到2005年,为"四个中心"打好基础;到2010年,"四个中心"基本形成框架;到2020年,基本建成"四个中心"。为此,市委、市政府坚持科学发展观,把贯彻中央宏观调控和应对国际金融危机决策与上海经济结构调整相结合;坚决执行中央深化改革保增长促内需调结构,以科技创新为支撑、以改善民生为根本的政策,克服经济风险,经济指标稳定增长;按照国际经济中心城市功能要求,提高自主创新能力,推进经济发展方式转变,保持速度与结构、质量、效益相统一。

加快国际金融中心建设,完善金融市场体系。经过10多年努力,上海基本形成了包括股票、债券、货币、外汇、期货、黄金等在内的全国性金融市场体系,同时股指期货等一批新的金融市场业态相继推出。中国人民银行上海总部等总部级金融机构、功能性金融机构、外资金融机构以及股权投资基金、风险投资基金机构加快向上海集聚。到2012年,在沪金融机构总数达1 200余家。推进金融创新先行先试,率先开展跨境贸易人民币结算试点,到2010年,结算量累计突破1 600亿元,占全国的13%左右。2010年与1992年相比,上海金融机构存款、贷款规模分别增长30倍和18倍;上海证券交易所有价证券成交总额增长1 200余倍,股票、黄金等市场成交规模进入全球前列。上海金融增加值占上海生产总值比重显著增加。上海成为全球金融市场体系比较完备的城市之一。

加快国际航运中心建设,推进洋山深水港建设。洋山深水港2002年开工,2005年一期正式开港(之后二、三期先后投入使用),集装箱吞吐量从2000年的500多万标准箱上升至2010年的2 907万标准箱,跃居全球第一(2011—2012年仍保持全球第一)。上海航空枢纽建设步伐加快,浦东国际机场货邮吞吐量连续4年(2009—2012年)位居世界第三。启运港退税等一批先行先试政策启动实施。积极探索促进高端航运服务业发展,到2010年,我国2/3航运保险业务集聚上海;船舶、飞机融资租赁试点在上海综合保税区开展;全球九大船级社均在上海开设代表处,开展船舶登记业务;经营国际海上运输的外商驻沪代表机构达到250家。

加快国际贸易中心建设,深化部市合作机制,不断提高市场开放度和贸易便利化程度。上海充分发挥口岸优势,推进"大通关"工程,完善"5+2天"通关工作制,优化"一门式"服务,建设"电子口岸平台",口岸通关效率不断提高。此期间,发展新型贸易业态,推进内贸与外贸结合、货物贸易与服务贸易结合、实体贸易与网上贸易结合的市场体系建设。2000年,上海关区进出口总额和上海市进出口总额分别为1 093亿美元和547亿美元,服务贸易总额79.1亿美元,商品销售总额7 475

亿元;2012 年,上海关区和上海市进出口总额分别达到 8 013 亿美元和 4 368 亿美元,服务贸易总额 1 358.22 亿美元,商品销售总额达到 70 022 亿元。

上海按照国际经济中心城市的功能要求,经过 20 多年努力,生产总值从 1992 年的 1 000 多亿元到 2012 年突破 2 万亿元,城市功能和经济实力显著增强,城市的国际竞争力和影响力显著提升。

依托“四个中心”功能建设,优先发展现代服务业和先进制造业。2004 年 1 月,市长韩正在《政府工作报告》中进一步明确,必须长期坚持“三、二、一”产业发展方针,长期坚持二、三产业共同推动经济发展,并提出要把握国际产业结构调整大趋势,优先发展现代服务业和先进制造业。2005 年,市政府印发《关于加速发展现代服务业的若干政策意见》。2007 年,市委书记习近平提出“三二一产业融合发展”,加快构建以现代服务业为主、战略性新兴产业引领、先进制造业支撑的新型产业体系。2009 年,国务院下发《关于推进上海加快发展现代服务业和先进制造业建设国际金融中心和国际航运中心的意见》,市政府制定相关实施意见并着力推进。此期间,金融、物流、信息服务、咨询、中介、会展和旅游等现代服务业得到较快发展,第三产业结构升级加快。2012 年,第三产业增加值占全市生产总值的比重提高到 60%。按照优先发展先进制造业要求,市政府加大自主创新力度,着力打造产业发展高地,提升制造业的水平、能级、竞争力。根据不同行业情况,采取培育、提升、淘汰并重原则,实现制造业战略升级。对接国家重点产业调整振兴规划,培育壮大战略性新兴产业。聚焦新能源、民用航空制造业、先进重大装备、海洋工程装备、新材料等重点领域,推进高新技术产业化,鼓励企业在工业领域核心技术、关键技术、基础技术等方面取得突破。市政府设立专项资金和创业投资引导基金,引导民间资金投入到高新技术产业化和战略性新兴产业领域。2012 年,全市战略性新兴产业规模突破 1 万亿元,ARJ 支线飞机、8500TEU 集装箱船、百万千瓦级核电设备等高端产品制造取得重大突破。上海注重产业本地转型升级和异地转移重组结合,提升发展上海有基础、有规模优势的重点产业和重大基地,电子信息、汽车、石化、钢铁、成套设备、生物医药等六大重点工业行业加快发展,产业竞争力显著提高。上海汽车集团汽车销量和国内市场占有率居全国第一;上海电气集团成为全国规模最大的发电设备制造企业。微电子产业基地、国际汽车城、上海化工区、精品钢铁基地技术能级显著提升,规模优势进一步发挥;临港重装备产业区和长兴岛造船基地的建立推进了一批重大装备项目的建设。市政府鼓励上海企业走出去兼并重组。同时,综合运用经济、法律、行政等手段,淘汰能耗高、污染重、占地多、效益低的落后产能。“十一五”期间(2006—2010 年),上海完成节能减排指标高于全国平均水平,实现节能能力 480 万吨标准煤。

改革开放后的前 20 多年,上海城市基础设施建设以还历史欠账为主。进入 21 世纪,根据《上海市城市总体规划(1999—2020 年)》,市委、市政府着力构筑现代化城市基础设施体系。2000 年以后,上海抓住举办世博会的契机,加大城市基础设施建设投入力度;全力推进枢纽型、功能性、网络化现代化城市基础设施建设,不断加大城市管理和环境保护力度;推进“三港”“三网”“三体系”建设。“三港”即空港、海港、信息港。在空港建设方面,上海增强联系世界、连接全国枢纽的能级。浦东国际机场第二航站楼、虹桥国际机场扩建工程先后投入运营。2010 年,上海空港旅客、货邮吞吐量分别达到 7 170 万人次、372 万吨,上海国际航空枢纽功能明显提升。在海港建设方面,洋山深水港区一、二、三期,外高桥四、五、六期工程相继投入使用。同时,加强同长江沿岸省市合作,共同推进长江黄金水道建设,长江口深水航道整治三期工程顺利竣工。在信息港方面,以建设“智慧城市”为目标,全力推进信息技术在经济社会各领域广泛运用,全面增强信息化基础设施服务能力,提升城市信息化水平。“三网”即轨道交通网、高速公路网、内河航道网。上海优先发展公共交通,改善城市交通环境,疏解城市交通拥堵。城市轨道交通运营线路 2012 年达到 13 条 468 公里。截至

2012年,黄浦江上建成越江大桥10座、越江隧道13条。虹桥综合交通枢纽投入使用。京沪高速铁路上海段、沪宁城际铁路、沪杭客运专线、金山铁路等建成通车。上海还相继建成申嘉湖上海段、杭浦上海段等高速公路,完成沪宁上海段、沪杭上海段高速公路拓宽工程、长江隧桥、外滩地区综合交通改造工程、崇启通道。"三体系"即能源保障体系、生态环境保护体系、城市安全应急体系。上海不断提高城市安全运行和保障能力。建设安全、清洁、高效的能源供应体系,形成西气、川气、东海气、进口LNG(液化天然气)多气源互补供应格局,并增强电力供应能力;坚持低碳绿色发展,加快构建资源节约、环境友好的生产方式和消费模式;出台《上海市节能减排工作实施方案》,出台单位生产总值综合能耗统计指标体系和监测体系、区县政府能耗考核体系、工业节能降耗体系等方案;设立节能减排专项基金,建立"批项目、核能耗"制度,重大项目平均核减能耗5%以上。2000年,上海开始滚动实施环境保护三年行动计划,突出抓好水环境治理。"十一五"期间,累计环保投资超过2 000亿元,占全市生产总值的比重保持在3%左右。环境保护坚持把好项目准入、污染企业监管、严格执法三个关口,继续抓好苏州河等水环境治理,完善污水管网收集与处理体系,加强对二氧化硫、氮氧化物等大气污染控制,完善固体废弃物收运处置体系,建立城乡一体的绿化系统。上海环境空气质量优良率从"十五"计划末(2005年)的88.2%提高到2010年的92.1%,建成区绿化覆盖率从2002年的30%提高到2010年的38%,人均公共绿地面积2010年达到13平方米,2004年建成国家园林城市。城市生态环境由"末端治理"转向"源头控制"。以数字化和网络化技术提升城市服务功能和管理水平,以市民广泛参与改进城市管理,推动世博会城市管理机制长效化。城市管理重心进一步下沉,管理方式向精细化、智能化转变,城市运行服务水平明显提高。针对各类风险隐患,上海制定完善突发事件应急预案,有效应对和处置危害城市安全的突发事件。

坚持把统筹城乡发展放在重要位置,促进建设重心和公共资源向郊区转移倾斜。着力推进郊区松江新城和朱家角、安亭、高桥、浦江、罗店、奉城、枫泾、周浦、堡镇等9个中心镇的"一城九镇"建设。上海"十一五"规划确定了"1966"城镇体系(1个中心城、9个新城、60个新市镇、600个中心村),市政府不断加大推进力度,科学规划和定位新城功能,鼓励新城优势互补。同时,郊区新城规划在建设发展中调整修编基本完成。统筹工业园区、产业基地和大型居住区与新城建设,强化产城融合,发挥新城在优化空间、集聚人口、带动发展中的作用。上海加快推进连接新城和中心城区的轨道交通、高速公路、越江工程建设,推进中心城区高质量中小学校、三级医院等优质社会资源向新城转移;鼓励符合功能导向的产业项目向新城集聚,使新城成为先进制造业和现代服务业集聚地;注重生态环境建设,使新城绿化覆盖率、水质、空气比中心城区更好;建设农村公路、农村生活污水处理设施,进行农村困难户危旧房改造。根据国务院全面推进农村税费改革试点精神,上海在2003年缓征农业税,2004年取消农村义务工和劳动积累工制度,2006年按照全国人大的决定,国家废止农业税,大大减轻了农民的负担。从2007年起,上海推进农村综合改革,"十一五"期间,完成乡镇机构和县乡财政管理体制等改革,稳定和完善农村土地承包关系,有序推进农村集体经济组织产权制度改革,开展农民宅基地置换试点。发展都市现代农业,推进农业科技创新体系和现代农业产业技术体系建设,提高农业生产机械化水平;推进农田水利设施和河道整治等工程建设;推进设施农业和标准化养殖场建设;加快崇明生态岛建设步伐。

加快社会事业改革发展。2003年12月,市委八届四次全会通过了《上海实施科教兴市战略行动纲要》,市政府全面组织落实,并制定实施配套政策,推动城市发展向创新驱动转变。2012年,上海全社会研发经费支出占全市生产总值的比例从2000年的1.59%提高到3.31%。2004—2006年,上海分三批确定科教兴市重大产业科技攻关项目63个,共投入专项资金38.64亿元。2004年

7月，市政府与科技部建立“部市合作”机制，积极参与国家重大科技项目攻关和国家级实验室、国家级工程研究中心建设。张江国家自主创新示范区启动建设，上海光源、光刻机研制等项目取得重大突破。实施《上海知识产权战略纲要(2004—2010年)》，知识产权创造、运用、保护、管理全面加强，每万人口发明专利拥有量达到17.2件。上海还加大对科技中小企业金融支持力度，推动科技保险、知识产权质押融资、投贷联动等金融创新业务试点，加快培育创新创业企业，鼓励科技人员创新创业；实施《上海市实施人才强市战略行动纲要》，人才发展环境进一步优化，高层次人才不断集聚。

推进教育综合改革试验。2003年初，教育部批准上海实施教育综合改革试验。2004年7月，市教育工作会议提出了推进教育综合改革的10项举措。2004年9月，市委、市政府下发《关于全面实施教育综合改革率先基本实现上海教育现代化的若干意见》，对全面实施教育综合改革和扩大教育对外开放作出部署。围绕构建现代教育体系，颁布实施上海市中长期教育改革和发展规划纲要。上海政府财政性教育投入从2007年的290亿元增加到2012年的724亿元。全市推动义务教育优质均衡发展，促进中心城区优质教育资源向郊区辐射，中小学课改、招生考试制度改革不断推进，城乡免费义务教育全面实现。深化高等教育内涵发展，加强重点学科建设，大学建设和教育国际化取得突破，上海纽约大学、上海科技大学建设顺利推进。上海坚持以就业为导向，探索校企合作、工学结合的职业教育模式，突出技能培养，构建现代职业教育体系。

推进医药卫生体制改革。2003年上半年，经受“非典”考验后，上海先后组织实施三轮“加强公共卫生体系建设三年行动计划”(2003—2005年、2007—2009年、2011—2013年)和“建设健康城市三年行动计划”(2003—2005年、2006—2008年、2009—2011年)。按照计划，市公共卫生中心、公共卫生应急指挥中心、疾病预防控制网络、卫生监督网络、医疗救治网络、卫生信息网络等一批项目先后建成，强化了市、区县疾病预防控制网络建设，公共卫生体系框架逐步完善，城市公共卫生安全网日益巩固。2005年起，上海突出政府主导、保障基本、确保公益，以社区卫生服务综合改革为切入点，推进医疗卫生改革。同时，改建和扩建一大批公立医院，在郊区新建4家三级医院，公共卫生应急处置能力进一步提高，医疗机构门急诊条件得到改善。2009年起，全市逐步完善预防保健机构、医疗机构、社区卫生服务中心“三位一体”防治结合模式。按照国家医改要求，上海医疗卫生系统建立统一的住院医师规范化培养制度，提高新增医务人员整体业务水平。全面实施基本药物制度，在国家307种基本药物基础上，上海增加了381种基本药物，并在基层卫生机构实行零差率销售，让市民得实惠。

“十五”期间(2001—2005年)，上海启动文化体制改革试点工作，推进公共文化服务体系和文化管理新体制建设；全面完成经营性出版单位转企改制等改革；制定落实文化产业发展政策，构建文化要素市场体系，搭建上海文化产权交易所等服务平台，加快形成张江国家数字出版基地等一批创意产业基地，推动文化产业与科技、金融、贸易、信息、旅游、体育、城市文脉保护等融合发展；充分运用数字、网络等高新技术，发展新媒体、动漫等文化创意产业。2005年，文化创意产业增加值占全市生产总值的比重超过10%。上海科技馆、东方艺术中心、中华艺术宫、当代艺术博物馆以及社区文化活动中心等一批文化教育设施建成；公共图书馆、博物馆等一批公共文化场馆免费开放基础服务项目；成功举办中国上海国际艺术节、上海国际电影节和各种中外文化交流活动。2011年，上海建立国家级对外文化贸易基地，加快国际文化交流中心城市建设步伐。上海大力发展竞技体育和群众体育，建成东方体育中心和近5 000处社区健身设施。上海成功举办F1汽车赛、第48届世乒赛、网球大师杯赛、世界夏季特奥会、第14届国际泳联世界锦标赛和第一届市民运动会等重要赛事。上海体育健儿在奥运会和全运会上取得优异成绩,涌现出一批优秀运动员。广泛开展“六个有”[①]标准创建活动,推进建立全民健身服务体系。还成功创建全国残疾人工作示范城市。

与此同时,妇女儿童、国防动员和双拥、档案、统计、史志等工作取得新进展,民族、宗教、外事、港澳、对台、侨务等工作得到加强。

坚持民生优先导向,把经济转型发展与改善民生有机结合起来,不断加大民生投入力度,市政府继续坚持每年为民办若干件实事。实施积极的就业政策,2007—2012年,每年新增就业岗位约60万个,城镇登记失业率保持在4.5%以内。继续加强郊区“菜园子”、市区“菜篮子”建设,增强粮食、蔬菜综合保障能力,物价总水平保持基本稳定。覆盖城乡的社会保障体系基本建立,2007—2012年,“职保”“镇保”“新农保”人均养老金分别提高90%、89%和192%,全市最低工资标准、城镇和农村低保标准分别提高73%、63%和84%。养老服务体系不断完善,2012年全市养老床位增加到10.6万张,社区居家养老服务覆盖27.2万人,人均期望寿命达到82.4岁。2001年以后,除经认定的旧区改造地块外,全市经营性项目土地出让一律实行招标拍卖。全市住房保障体系基本形成,积极开工建设和筹措各类保障房,不断推进拆除中心城区二级旧里以下房屋。上海贯彻国家房地产市场调控政策,遏制房价过快上涨势头。开展个人住房房产税改革试点。实有人口、实有房屋全覆盖管理基本实现。全市社会管理创新进一步加强,社区事务受理服务中心、卫生服务中心、文化活动中心实现街道乡镇全覆盖,重大事项社会稳定风险评估制度全面推行,分级分责化解社会矛盾、信访事项核查终结等制度建立并实施。

加强体制机制创新,重点领域和关键环节改革取得新突破。2005年6月,国务院批准浦东新区进行综合配套改革试点。按照中央要求,市政府围绕“全国能借鉴、上海能推广、浦东能突破”的结合点,先行先试,聚焦突破,充分发挥浦东在加快推进“四个率先”中的示范作用、在加快建设“四个中心”中的核心功能作用;积极推进政府管理创新,深化完善政府管理模式。2009年,国务院批复南汇并入浦东新区后,上海着力探索适应大区特点、体现扁平化特征的新型行政管理体制;推动金融、航运、贸易、科技等重大改革举措在浦东新区先行先试,探索形成符合国际惯例、有效促进功能建设和产业发展的制度环境;加快形成破除城乡二元结构体制机制,强化城乡公共资源统筹配置,努力实现城乡基础设施一体化、基本公共服务均衡化。按照市委《关于进一步推进上海国资国企改革发展的若干意见》,全市建立国有资产监管全覆盖体系,坚持国资有进有退,推进国有企业开放性、市场化重组,吸引中央企业、外省市企业、民营企业等参与上海本地企业重组。上海国有控股上市公司全部完成股权分置改革,一批企业集团实现整体上市或核心资产上市,实现了国有资产保值增值,完善了企业法人治理结构。市属经营性国有资产证券化率从2007年的17.6%提高到2012年的35.2%。按照“平等待遇、开放领域、引导产业、调整结构、创新服务”的思路,上海大力发展非公有制经济,市政府制定《贯彻〈国务院关于鼓励支持和引导个体私营等非公有制经济发展的若干意见〉的实施意见》,为非公有制经济发展创造公平的市场环境。2012年,非公有制经济增加值占全市生产总值增加值的比重超过50%。社会信用体系建设继续推进,人民银行征信中心落户上海。开放型经济达到新水平。2008—2012年,上海实际利用外资595亿美元,对外投资超过100亿美元,服务贸易进出口总额占全国30%以上,每年对外承包工程新签合同额均超过100亿美元。2012年,在沪跨国公司地区总部累计达403家。随着开放型经济水平的不断提升,在上海举行的重大国

① “六个有”:每个社区有一个健身苑点,每个街道有一个公共运动场、一个社区体育指导站、一批健身团队、一批公益性的社会体育指导员队伍、一个社区健身俱乐部。

际会议和活动增多。APEC会议、全球扶贫大会、世界工程师大会等重大国际性会议在上海成功举办。2012年底,上海有外国领事馆71家;与52个国家的73个城市和地区结为友好城市;在册外国人属196个国家共174 192人,是1950年上海在册外国人的14.6倍。上海与香港、澳门和台湾地区的经贸交流与合作进一步深化。贯彻落实国务院推进长江三角洲地区改革开放的指导意见,上海配合国家有关部委编制长江三角洲区域发展规划,共同推动长江三角洲地区人口、信息、规划、科技、旅游等合作和长江三角洲地区交通、创新、环保、能源四大平台建设,促进泛长江三角洲地区联动发展。积极参与实施中西部地区开发战略和东北地区等老工业基地振兴战略。2004年,市委、市政府印发《关于进一步服务全国加强上海国内合作交流工作的若干意见》,市财政设立合作交流与对口支援专项资金。上海不断加大对口支援力度,帮扶资源向对口支援地区集中、向贫困人口集聚,帮助当地开发人力资源,为对口地区到沪招商引资提供服务,与对口地区开展经贸合作。"十一五"期间,上海在云南、新疆、湖北等8个对口支援地区无偿投入资金21.96亿元,援建对口支援项目2 711个,组织实施人员交流、人力资源培训超过8.5万人次;支援都江堰市灾后重建117个项目全面完成,投入资金82.56亿元;与长江三角洲地区和其他地区的合作交流不断深化。

着力创新政府管理,改进政府服务。2003年,市长韩正提出建设服务政府、责任政府、法治政府的目标。2008年,根据中央关于行政管理体制改革的要求,韩正把这一目标扩充为服务政府、责任政府、法治政府、廉洁政府,并进一步提出建设行政效率最高、行政透明度最高、行政收费最少"两高一少"的行政区目标,市政府全力加以推进。2004年起,分批实施政府部门政企分开、政事分开、管办分离改革,市政府部门与所属企业脱钩,政府不直接干预微观经济运行。加强政府社会管理和公共服务职能,把扶持政策和财力保障重点转向改善民生、加强社会建设。按照政府职能转变方向,2003年和2008年开展两轮市、区县两级政府机构改革,黄浦区、卢湾区"撤二建一"顺利完成,建立新的黄浦区;政府精简机构,归并职能,强化职责,探索实行职能有机统一的大部门体制。创新政府管理体制机制,提高行政效率。市政府把深化行政审批制度改革作为提高行政效率突破口,先后取消和调整了一批审批事项。探索标准化审批、网上审批、并联审批、告知承诺、备案制度等审批方式,审批效率明显提高。构建覆盖市、区、街道的电子政务网络,开通运行政务内、外网,政府管理和服务更加便捷。完善"两级政府、三级管理"体制,强化社区建设,增强基层为民办事能力和活力。完善部门协调配合机制,对重大决策和重点工作落实责任制,并实行过程督查、结果公告、绩效考核和行政问责。2004年,市政府发布《上海市政府信息公开规定》,坚持"公开为原则,不公开为例外",以公权力大、公益性强、公众关注度高的部门为重点,主动公开群众普遍关心的政府信息。到2012年底,市政府向社会依法公开政府信息73.2万条,政府信息公开工作走在全国前列。清理规范行政事业性收费,2008—2010年,市政府共清理取消行政事业性收费305项,收费项目比2006年减少约60%,成为行政事业性收费占地方财政收入比重最小的省市之一。全市建立常态清理机制和收费目录管理制度,对保留的行政事业性收费项目全部纳入预算管理。规范行政权力运行,坚持依法行政,加强政府规章建设,强化政府立法工作。推进城市管理、文化市场、经济等领域的综合执法试点;建立规范性文件清理、有效期和备案审查制度,以及行政执法过错责任追究制度、行政自由裁量权基准制度等,加强行政复议和执法监督。有序推进财税管理体制改革,2004—2006年,上海分三步推进以"税收属地征管、地方税收分享"为目标模式的市与区县财税管理体制改革;2011年起,进一步完善税收征管关系;优化调整收入分享比例,深化完善市与区县财税体制。2012年,按照国家部署,上海在部分服务业先行开展营业税改征增值税试点,为全国扩大试点范围积累经验。深化预算管理制度改革,从2003年起,上海积极推进政府预算体系、部门预算、国库集中支付、政府采购制度、非税收入管理、行政事业单位国有资产管理等改革。全面加强财政监督,构建科学、高效的财政监督机制,确保财政运行规范、安全、有效;把重大政策执行、重大项目实施、财政资金运用以及领导干部经济责任等作为审计重点,加强对权力运行的审计监督,发挥审计的建设性作用。建立审计整改联席会议和经济责任审计工作联席会议制度,加强对审计整改情况的联合督查;逐步扩大审计公开,推动公共资金透明、规范运行。2008—2010 年,市审计部门共完成审计和审计调查项目 2 569 个。此期间,政府部门坚持廉洁自律,着力构建反腐倡廉制度体系和权力运行监控机制,按照"标本兼治、综合治理、惩防并举、注重预防"的方针,推进惩治与预防腐败体系建设。

在提升市民素质和城市文明程度的进程中,2003 年初,全市开展了"世博会与上海新一轮发展"大讨论。在大讨论的基础上,2003 年市精神文明建设工作会议提出,为海纳百川而服务全国,在艰苦奋斗中追求卓越,并第一次把"海纳百川、追求卓越"8 个字确定为上海城市精神。2007 年 5 月,市委书记习近平在中共上海市第九次党代会上,号召"与时俱进地培育城市精神,大力塑造海纳百川、追求卓越、开明睿智、大气谦和的新形象,使全市人民始终保持艰苦奋斗、昂扬向上的精神状态",把"海纳百川、追求卓越、开明睿智、大气谦和"16 个字作为上海城市精神,对上海城市精神做了新的提炼,以此引领城市的发展与进步。

2010 年以后,特别是 2012 年 12 月中共十八大后,上海努力当好全国改革开放排头兵、创新发展先行者。2012 年,上海在全面完成"十五"计划和"十一五"规划基础上,"十二五"规划实施取得良好开端。国民经济保持持续平稳健康发展,财政收入继续增长,人民生活水平不断提高,市场繁荣,物价总水平基本稳定,覆盖城乡的社会保障体系基本建立,住房保障体系基本形成,平安建设深入推进,社会保持和谐稳定。

四

经过 35 年的改革开放和社会主义现代化建设,上海初步实现了经济运行机制从计划体制向现代市场经济体制的重大转变,城市性质从传统工商业城市向经济中心城市的战略转变,经济发展方式从资源要素等大规模投资拉动向创新驱动发展的重要跨越。上海国际经济、金融、贸易、航运中心和社会主义现代化国际大都市建设取得重大进展,城市国际化、信息化、市场化、法治化水平明显提高,城市的国际竞争力和影响力显著提升。全市生产总值由 1978 年的 272.81 亿元,增加到 2012 年的 20 558.98 亿元;一般公共预算收入由 1978 年的 169.22 亿元,增加到 2012 年的 3 743.71 亿元。上海的建设和发展取得巨大成就,归功于中共中央、国务院的正确领导,全国各省、市、自治区的大力支持;归功于历届市委、市政府的决策施政,全市人民的共同奋斗。

上海在前进中也面临不少困难和问题。特别是作为一个超大型城市,随着经济社会发展,商务成本持续攀升,发展转型压力加大,交通、住房矛盾较多,生态环境需要改善。为破解发展中的这些难题,化解来自各方面的挑战,必须坚持产业结构高端发展方向,着力打造产业发展高地,处理好政府与市场的关系,依靠市场机制、企业主体,推进产业结构优化调整;压缩、淘汰落后低效产能和环境不友好的产业,引导调整转移不适合超大城市环境条件的产业;着力培育新的增长点,聚焦服务国家战略,在加快发展现代服务业同时,继续做大做强做优做精先进制造业。必须坚持不懈优先发展公共交通,持续不断完善轨道交通网络体系;依法加强综合交通管理,优化城市布局和基础设施体系。必须创新完善人才培养和使用机制,优化创新人才的结构,激发创新创业活力。必须进一步解决关系群众切身利益的住房、教育、医疗、社会保障、为老服务等方面的问题。坚持生态环境保护优先导向,坚决遏制环境恶化势头,保护好城市生态环境;持续增加环保的投入,抓住重点强化环境治理,保障上海天更蓝、水更清、地更绿。与此同时,政府职能仍要加快转变,依法行政能力有待进一步提高。

回顾上海走过的历程,所取得的每一个进步,都离不开坚持走具有中国特色、时代特征、上海特点的发展新路。尤其值得记取和传承的是:规划上海发展,要把准定位,把中央要求与上海的实际紧密结合起来,服从全国大局,把服务实施国家战略作为重中之重;做好上海工作,要有更大视野,面向全球,把握大势,适应国际通行规则,积极参与全球合作与竞争;推动上海前进,要有很强的机遇意识,解放思想,抢抓机遇,使上海的发展成为国家发展战略的重要内容;确保上海可持续发展,要尊重超大城市发展规律,一切从实际出发;推进上海各项事业发展,要坚持开创性、坚韧性、操作性有机结合,保持锐意创新的勇气、敢为人先的锐气、蓬勃向上的朝气。

面对新形势、新任务、新要求,市政府将深入学习贯彻习近平新时代中国特色社会主义思想,在中共中央、国务院和市委的领导下,率领全市人民为加快建设国际经济、金融、贸易、航运和科技创新"五个中心"和具有世界影响力的社会主义现代化国际大都市而努力奋斗!

大 事 记

1978 年

1月18日　上海市革命委员会(以下简称"市革委会")举行全体会议,根据中央领导要求经济建设"大干快上"的精神,决定采取措施,加快高速发展国民经济。

1月23—24日　法国总理雷蒙·巴尔访问上海。

2月4日　上海召开科学技术工作大会,提出要抢时间、争速度,把上海建成具有世界先进水平的工业和科学技术基地。

3月11日　国务院批准从国外引进技术,在上海宝山县新建钢铁厂。12月23日,上海宝山钢铁总厂建设工程开工。1993年7月,上海宝山钢铁总厂更名为"宝山钢铁集团公司";1998年11月17日,成立上海宝钢集团公司;2000年2月,成立宝山钢铁股份有限公司;2005年,改为宝钢集团有限公司。

4月1—2日　泰国总理江萨·差玛南访问上海。

4月27—28日　也门总理阿里·纳赛尔·穆罕默德访问上海。

5月2—4日　塞舌尔总统弗朗斯·阿尔贝·勒内访问上海。

5月29—31日　莫桑比克总统萨莫拉·莫伊塞斯·马谢尔访问上海。

6月12—14日　卢旺达总统朱韦纳尔·哈比亚利马纳访问上海。

6月14—15日　斐济总理卡米塞塞·马拉访问上海。

6月20—21日　西班牙国王胡安·卡洛斯一世访问上海。

6月23日　经中共中央批准,为中共上海市委书记处原书记、上海市原市长曹荻秋彻底平反昭雪,恢复名誉。

6月26—28日　利比里亚总统威廉·理查德·托尔伯特访问上海。

7月2日　上海召开全市教育工作会议,部署进一步加强和改进教育工作。

9月25—27日　乍得总统费利克斯·马卢姆·恩加库图·贝恩迪访问上海。

10月28—29日　墨西哥总统何塞·洛佩斯·波蒂略访问上海。

12月18—22日　中共十一届三中全会在北京举行。会议作出把全党工作重点转移到社会主义现代化建设上来,实行改革开放的历史性决策。

1979 年

1月4日　中共中央决定,苏振华不再兼任市革委会主任职务,任命彭冲为市革委会主任。

1月10日、2月23日　柬埔寨国家元首诺罗敦·西哈努克亲王两次访问上海。

1—2月　根据中央关于统筹解决知青问题的指示精神,市革委会采取措施,统筹解决上海在外地插队知青回沪等问题。

4月　中共中央召开全国边防工作会议。会议确定,上海对口支援云南省、宁夏回族自治区。

5月6—7日　马来西亚总理达图·侯赛因·奥恩访问上海。

5月30日　市公安局在江苏吴县销毁废旧弹药时,现场突然发生爆炸,市公安局副处长卫淑海等13名干警牺牲,3人受伤。市革委会批准13名牺牲干警为烈士。

6月25日　市革委会主任彭冲率上海市代表团访问意大利米兰等城市,出席上海市与米兰市结为友好城市的签字仪式。

6月27日　上海石油化工总厂一期工程竣工举行国家验收大会。1993年6月,上海石油化工总厂改制为上海石油化工股份有限公司;2000年10月,更名为中国石化上海石油化工股份有限公司。

7月16—25日　中共中央副主席邓小平考察上海,就选拔年轻干部和加强省市领导班子建设发表重要讲话,并接见上海市区、县、局以上负责干部。

7月25日　市革委会召开全市干部会议,贯彻中共十一届三中全会和五届全国人大二次会议精神,部署执行"调整、改革、整顿、提高"方针。

8月17—19日　斯里兰卡总理拉纳辛哈·普雷马达萨访问上海。

9月17日　丹麦女王玛格丽特二世访问上海。

9月25日　上海港与美国西雅图港在沪缔结为友好港,西雅图港是与上海港第一个结为友好港的外国港口。截至2010年7月9日,与上海港结为友好港的共有21个国家的23个港口。

11月23日　上海友好代表团赴荷兰访问。上海市与荷兰鹿特丹市签署协议,两市结为友好城市。

11月23—24日　巴勒斯坦全国委员会主席哈立德·法胡姆访问上海。

12月9日　日本首相大平正芳访问上海。

12月13—15日　吉布提总统、政府首脑哈桑·古莱德·阿普蒂敦访问上海。

12月23—29日　市七届人大二次会议在市革委会大礼堂举行,市革委会主任彭冲作《政府工作报告》。会议决定,将上海市革委会改为上海市人民政府。会议选举彭冲为市长。

12月28日　上海对外贸易总公司成立,1980年1月1日起正式营业。

1980年

1月4日　市政府批转《上海高等学校校(院)长试行工作条例》,明确高等学校领导体制实行党委领导下的校(院)长分工负责制。

1月28日　上海友好代表团访问美国旧金山。上海市与旧金山市签署协议,两市结为友好城市。

2月23日　上海市政府和江苏省政府联合向国务院上报《关于要求将苏州河污水治理列入国家重点基本建设项目的报告》。

3月5—8日　市政府召开农业科学大会,指出必须高度重视农业、重视科学、重视专家。

3月31日　上海召开环境保护工作先进表彰奖励大会,要求把治理工业"三废"作为环境保护的主要课题,力争在国民经济调整期间,达到"基本控制污染,力争有所改善"的目标。

3月　市长彭冲调离上海。

4月2日　市政府贯彻中央"调整、改革、整顿、提高"方针,决定停建、缓建234个项目和86个单项工程，压缩投资256亿元，基本建设战线缩短1/3。

5月7日　市政府批转市基本建设委、市政府侨务办公室《关于落实华侨私房政策的请示报告》，要求对在“文化大革命”中被侵占的华侨、归侨、侨眷私房，认真落实政策，抓紧清理退还。

5月16—18日　毛里塔尼亚救国军事委员会主席、国家元首、政府首脑兼国防部长穆罕默德·库纳·乌尔德·海德拉访问上海。

6月1—2日　中共中央主席、国务院总理华国锋在沪考察宝山钢铁总厂工程建设。

6月9—10日　阿根廷总统豪尔赫·拉斐尔·魏地拉访问上海。

6月18日　上海市与南斯拉夫萨格勒布市在沪签署协议，两市结为友好城市。

7月5日　上海解放后，第一家中外合资企业——迅达(中国)电梯有限公司成立。

8月16日　市政府批准上海开始试行由原来招用固定工改为招用合同工。

9月8日　上海工业优质产品授奖大会召开，对185项产品颁发市优质产品证书，并对其中90项同时颁发著名商标证书。

9月9—15日　柬埔寨首相诺罗敦·西哈努克亲王访问上海。

9月18—19日　肯尼亚总统尼尔·阿拉普·莫伊访问上海。

9月23—25日　意大利总统山德罗·佩尔蒂尼访问上海。

9月28—29日　挪威首相奥德瓦尔·努尔利访问上海。

10月16日　市七届人大常委会第九次会议决定，汪道涵任上海市代理市长。

10月20—21日　法国总统瓦莱里·吉斯卡尔·德斯坦访问上海。

10月30日　经国务院批准，上海市设立吴淞区，将宝钢地区办事处管辖的区域和宝山县城厢镇，以及宝钢与吴淞之间的地区划归吴淞区管辖。

10月　市政府批转《市工商行政管理局关于本市适当发展城镇个体经济的意见》，推进城镇个体经济发展。

11月13日　延安东路越江隧道开工建设，1988年12月29日建成并举行通车典礼。1994年，延安东路越江隧道复线开工建设，1996年11月建成通车。截至2010年底，上海共建成黄浦江越江隧道12条。除延安东路越江隧道外，分别为打浦路隧道、外环隧道、大连路隧道、复兴东路隧道、翔殷路隧道、上中路隧道、人民路隧道、新建路隧道、龙耀路隧道、外滩观光隧道、西藏路电力隧道。

11月21日　上海代表团访问日本大阪，与大阪府签署协议，两地结为友好城市。

11月29日—12月1日　罗马尼亚总理伊利耶·维尔德茨访问上海。

1981年

1月2日　市政府下发通知，决定成立市高级科学技术干部技术职称评定委员会。

2月22日　经国务院批准，上海市恢复闵行区建制，将徐汇区的闵行、吴泾地区和上海县的15个大队划归新闵行区管辖。

3月18—21日　市政府召开城市规划工作会议，讨论《上海市城市总体规划方案纲要(草案)》。1983年12月28日，市八届人大常委会第六次会议审议通过该纲要方案。1986年10月13日，国务院原则同意《上海市城市总体规划方案》。1986年11月5日，市委、市政府召开干部大会，号召全市人民为把上海的美好蓝图逐步变为现实而奋斗。

4月9—16日　市七届人大三次会议在上海体育馆举行。代理市长汪道涵作《政府工作报告》。

会议选举汪道涵为上海市市长。

4月13—14日　瑞典首相图尔比耶恩・费尔丁访问上海。

5月29日　国家名誉主席宋庆龄在北京逝世。6月4日，在上海万国公墓举行宋庆龄骨灰安葬仪式。

6月1—2日　比利时国王博杜安一世访问上海。

6月6日　上海印发《上海市高等教育自学考试暂行办法》，成立市高等教育自学考试委员会。

8月4日　上海解放后，第一家沪港合资企业——上海联合毛纺织有限公司成立。

9月20日　上海航天局研制生产的大型运载火箭准确地把一组不同用途的3颗空间物理探测卫星送入轨道，“一箭三星”发射成功。

9月21—23日　瑞典国王卡尔十六世・古斯塔夫访问上海。

10月18日　市长汪道涵应邀赴英国访问，并在回沪途中应邀访问香港，11月8日返回上海。

10月25日　丹麦首相安高・约恩森访问上海。

10月27—28日　委内瑞拉总统路易斯・埃雷拉・坎平斯访问上海。

11月21日—12月26日　首届“上海戏剧节”举行。

1982年

2月8—17日　市委、市政府召开市农业工作会议，要求切实贯彻“以农业为主、农副工协调发展”的方针。

2月20日　市政府印发《上海市农村改水十年规划(1981年—1990年)》。

2月23日　市政府下发《关于严格控制征用郊县土地的紧急通知》，明确有关审批权限收归市政府。

2月27—28日　摩洛哥首相马蒂・布阿比德访问上海。

3月29日—4月4日　市七届人大四次会议在上海体育馆举行。市长汪道涵作《政府工作报告》。

4月17—18日　几内亚比绍国家元首、革命委员会主席若奥・贝尔纳多・维埃拉访问上海。

4月21日　市委、市政府召开市劳动就业工作会议，要求实行劳动部门介绍就业、自愿组织起来就业和自谋职业相结合的“三结合”就业方针。

4月29日　阿尔及利亚总统、阿尔及利亚民族解放阵线总书记沙德利・本・杰迪德访问上海。

5月6—8日　利比里亚国家元首塞缪尔・卡尼翁・多伊访问上海。

6月15—18日　市长汪道涵率上海市友好代表团赴朝鲜咸兴市访问，上海市与咸兴市签署协议，两市结为友好城市。

7月1日　第三次全国人口普查时点为7月1日零时。根据国务院部署，上海开展第三次人口普查。普查结果：全市总人口1 185.97万人。

9月25—26日　英国首相玛格丽特・撒切尔夫人访问上海。

9月30日—10月1日　日本内阁总理大臣铃木善幸访问上海。

10月14日　市政府发布《上海市蔬菜生产保护区暂行规定》。

10月14—16日　德国总统卡尔・卡斯滕斯访问上海。

10月22—23日　巴基斯坦总统齐亚・哈克访问上海。

11 月 19 日　市委、市政府作出《关于加快住宅建设若干问题的决定》。

11 月 29 日—12 月 24 日　市长汪道涵率领上海市友好代表团访问日本大阪府、大阪市和横滨市。

12 月 14—24 日　市委、市政府召开郊区党员干部会议，宣布取消“不搞包产到户、不搞分田单干、不分口粮田”等限制，推广家庭联产承包责任制。

12 月 16—17 日　土耳其总统凯南·埃夫伦访问上海。

12 月 22 日　国务院决定建立上海经济区，以上海市为中心，包括江苏、浙江两省位于长江三角洲地区的 9 个市，这是国内第一个跨省市的综合性经济区。同时，成立国务院上海经济区规划办公室。1984 年 12 月 17 日，国务院决定将上海经济区的区域扩大为上海、江苏、浙江、安徽、江西四省一市。1986 年 8 月 24 日，经国务院批准，福建省正式加入上海经济区。1988 年 6 月 1 日，国家计委撤销国务院上海经济区规划办公室。

12 月 25—30 日　市七届人大第五次会议在上海体育馆举行。市长汪道涵作《关于当前上海经济和社会发展中几项主要工作的报告》。

1983 年

1 月 1 日　根据国务院批转的财政部制订的《关于国营企业利改税试行办法》，上海对国营企业实行第一步利改税。根据 1984 年 9 月 1 日国务院批准的财政部《关于在国营企业推选利改税第二步改革报告》和《国营企业第二步利改税试行办法》，上海从 1984 年 10 月 1 日起，在全市范围试行第二步利改税。

2 月 3 日　市长汪道涵主持召开市长办公会议，原则通过《关于改革商业体制的若干规定》。6 日，汪道涵出席市财贸系统干部大会，要求搞好以承包为中心的商业经营体制改革。

2 月 18—26 日　中共中央军委主席、中共中央顾问委员会主任邓小平考察上海。其间，考察胶州路农贸市场、曲阳新村等。

3 月 10 日　黑龙江省经济技术协作代表团到沪考察。上海市领导与黑龙江省代表团就加强两地经济协作进行座谈。

3 月 12—13 日　刚果总统、部长会议主席德尼·萨苏-恩格索访问上海。

4 月 3 日　市委、市政府决定，在嘉定县曹王乡进行改革人民公社体制试点，实行政社分开，建立乡政权，人民公社改为合作经济组织。至 1984 年 6 月，上海郊区全部改变了“政社合一”的体制，建立乡(镇)人民政府。

4 月 4 日　国务院批复上海市政府《关于上海发展对外经济贸易工作几个问题的请示》，同意在利用外资、引进技术、对外贸易、劳务输出等方面给予上海一定的自主权。

4 月 18—27 日　市八届人大一次会议在上海体育馆举行。市长汪道涵作《政府工作报告》。会议选举汪道涵为上海市市长。

4 月 30 日　市长汪道涵率上海市友好代表团访问美国旧金山市。

5 月 7 日　法国总统弗朗索瓦·密特朗访问上海。

5 月 16—17 日　莱索托首相莱布阿·乔纳森访问上海。

5 月 23—25 日　毛里求斯总理阿内罗德·贾格纳特访问上海。

6 月 8 日　市长汪道涵率上海市代表团访问菲律宾大马尼拉市。15 日，上海市与大马尼拉市签署协议,两市结为友好城市。

7月16—17日　巴基斯坦总统齐亚·哈克访问上海。

7月26—28日　安提瓜和巴布达总理维尔·康沃尔·伯德访问上海。

8月3日　上海评出首批18个名牌产品,命名为"上海市名牌产品"。此后,定期评选"上海市名牌产品"。

8月18—19日　津巴布韦总统卡南·巴纳纳访问上海。

8月31日　市政府同意,自1983年起对各县财政收入实行"定额留成,增收分成"的办法。

9月8—10日　约旦国王侯赛因·伊本·塔拉勒访问上海。

9月18日—10月1日　第五届全国运动会在上海江湾体育场举行,有8 943名运动员参赛。

10月14日　市政府发布《上海市蔬菜生产保护区暂行规定》。

10月15日　吉林省经济技术协作代表团到沪考察,形成上海市与吉林省经济技术协作会谈纪要。

11月19—21日　博茨瓦纳总统奎特·马西雷访问上海。

11月20—24日　国家主席李先念在上海考察。其间,考察宝山钢铁总厂和上海石油化工总厂等。

11月23—24日　罗马尼亚总理康斯坦丁·德斯克列斯库访问上海。

12月15日　上海浦东煤气厂举行开工典礼。1987年12月25日,上海浦东煤气厂一期工程建成投产,日产煤气100万立方米。1991年6月27日,上海浦东煤气厂二期工程一次投产成功,日产煤气100万立方米。

12月28日　市政府成立上海市大规模集成电路和计算机工作小组。

1984年

2月8—15日　市长汪道涵应邀率上海市代表团在巴基斯坦访问。15日,上海市与卡拉奇市签署协议,两市结为友好城市。

2月11—16日　中共中央军委主席、中共中央顾问委员会主任邓小平考察上海,指出"计算机的普及要从娃娃抓起"。

2月11—12日　澳大利亚总理罗伯特·霍克访问上海。

3月1—10日　首届上海对外贸易洽谈会举办,此后每年举行一次。1991年起,上海对外贸易洽谈会更名为"中国华东出口商品交易会"(简称"华交会")。

3月24—30日　市八届人大二次会议在上海展览中心举行。市长汪道涵作《政府工作报告》。

4月30日—5月1日　美国总统罗纳德·里根访问上海。

5月3日　市委、市政府批转市建设工作党委、市建设委员会《关于进一步完善住宅建设管理体制的报告》。

5月4日　中共中央、国务院批准《沿海部分城市座谈会纪要》,决定进一步开放上海等14个沿海港口城市。

5月18—19日　厄瓜多尔总统奥斯瓦尔多·乌尔塔多访问上海。

5月23—25日　斯里兰卡总统朱尼厄斯·理查德·贾亚瓦德纳访问上海。

5月27日　上海市与比利时安特卫普市在沪签署协议,两市结为友好城市。

5月28日　市政府批转《上海市出售商品住宅管理办法》，规定凡以自住为目的、有上海市常住户口的职工，均可申请购买商品住房。

5月29日　根据中共中央办公厅、国务院办公厅《关于认真搞好国营企业领导体制改革试点工作的通知》，市政府选择上海机床厂等61家企业为第一批改革试点单位。1986年9月起，进一步扩大实行厂长负责制的范围。

5月　上海市委第一书记陈国栋、市人大常委会主任胡立教、市长汪道涵率团赴江西省学习考察，两地签署经济技术协作会议纪要。

同月　市政府发布《关于华侨捐资举办公益事业的若干规定》。

6月29—30日　塞浦路斯总统斯皮罗斯·基普里亚努访问上海。

7月2日　市长办公会议决定筹建上海漕河泾微电子工业区。1986年9月26日，漕河泾微电子工业区市政工程开工建设。1988年6月7日，国务院批复同意将漕河泾微电子工业区扩建漕河泾新兴技术开发区。1991年3月6日，国务院批准漕河泾新兴技术开发区确定为国家高新技术产业开发区。

7月20日　市委办公厅、市政府办公厅发出《关于党政机关在职干部不要与群众合办企业的通知》，要求坚持“政企分开，官商、官工分开”的原则，停止党政机关的在职党政干部与群众合伙兴办经营企业。

7月28日　国务院批准上海调整扩大市区行政区划，将川沙县、上海县、嘉定县、宝山县靠近市区的部分乡镇划入市区管辖。调整后的上海市区总面积从230平方公里扩大到349平方公里。

8月8—10日　朝鲜政务院总理姜成山访问上海。

8月18—21日　赤道几内亚总统奥比昂·圭马·姆巴索戈访问上海。

8月27日　市政府批转市劳动局制订的《上海市国营企业实行劳动合同制的暂行规定》。

8月　市政府印发《关于发行股票的暂行管理办法》。

9月15日　市政府批转市经委、市物价局等8个部门《关于本市改革试点企业贯彻进一步扩大国营工业企业自主权的暂行规定若干实施意见》。

9月20日　上海铁路新客站建设工程举行开工典礼。1987年12月28日，上海铁路新客站建成投入使用。

9月22—26日　市委、市政府与国务院改造振兴上海调研组主持召开上海经济发展战略研讨会，提出改造上海、振兴上海应立足于上海，联合上海经济区，依靠和服务全国，面对太平洋，通向全世界，走“外挤、内联、改造、开发”的路子，逐步把上海建设成为一个产业结构合理、开放型、多功能的社会主义现代化的中心城市。

10月4日　市政府印发《关于兄弟地区来本市开店办厂的暂行办法》。

10月12—13日　联邦德国总理赫尔穆特·科尔访问上海。访问期间，中国和联邦德国合资的上海大众汽车厂工程在安亭举行奠基典礼。国务院副总理李鹏与科尔为上海大众奠基，市长汪道涵参加奠基典礼。

10月14日　中国人民银行上海分行正式批复设立上海飞乐音响公司，发行“飞乐音响”股票，成为中华人民共和国成立后第一只公开发行股票。1986年9月26日，“飞乐音响”股票在中国工商银行上海静安信托业务部首家柜台上市。1990年12月19日，“飞乐音响”股票在上海证券交易所上市交易。

10月　市政府规定，本市中外合资经营企业可在沪自行招用职工，并印发《上海外商投资企业劳动管理的实施办法(试行)》。

11月1日　缅甸总统吴山友访问上海。

11月9日　美国明尼苏达矿业制造公司(简称“3M公司”)在上海注册成立3M中国有限公司,成为上海改革开放后第一家外商独资企业。

11月21—22日　挪威首相科勒·维洛克访问上海。

11月28日　上海市经济体制改革领导小组成立。

12月6日　宁夏回族自治区经济技术代表团到沪考察。上海市政府与宁夏回族自治区政府签署经济技术合作协议。

12月20日　市政府批转市经济体制改革领导小组办公室等9个部门制定的《关于进一步扩大本市国营工业企业自主权的若干规定》。

12月21日　全长16公里的沪嘉高速公路(上海—嘉定)动工兴建。1988年10月31日,沪嘉高速公路(上海—嘉定)建成通车,为中华人民共和国成立后第一条高速公路。2012年1月1日起,沪嘉高速公路调整为城市快速路,并结束收费。

12月26日　市政府和国务院改造振兴上海调研组联合向国务院、中央财经领导小组上报《关于上海经济发展战略的汇报提纲》。1985年2月8日,国务院批准该汇报提纲,要求“力争到本世纪末,把上海建成开放型、多功能、产业结构合理、科学技术先进、具有高度文明的社会主义现代化城市”。

12月　上海港年吞吐量当年突破1亿吨大关,跻身世界亿吨大港行列。

1985年

1月1日　上海对外经济贸易实行政企职责分开。市对外经济贸易委员会为市政府归口管理全市对外经济贸易的工作部门,市对外贸易总公司改为地方性外贸企业。

1月9日　宁夏回族自治区经济协作代表团到沪考察,上海市与宁夏回族自治区签署进一步扩大经济技术联合协议。

1月19日—2月6日　上海市政府代表团前往江苏、安徽、江西、浙江省进行工作访问,上海市政府与安徽省、江西省政府分别签署加强经济协作意向协议和商谈纪要。

2月4—13日　中共中央军委主席、中共中央顾问委员会主任邓小平考察上海,其间考察了宝钢等。

2月8日　国务院批准上海市从1985年起,实行“核定基数,总额分成”的财政管理体制。

2月27日　上海解放后,全市最大的市政工程设施——黄浦江上游引水一期工程正式动工。1987年7月1日,黄浦江上游引水一期工程竣工通水,二期工程于1997年12月竣工。

3月8日　国务院批复同意上海市政府《关于上海进一步开放初步方案的请示》。

3月25日　上海第一个“五年普法”正式开始,此后持续进行。

4月2日　市政府召开全市干部大会,决定有步骤地开展上海科技体制改革,并提出了进一步开拓技术市场等具体措施。

4月5日　市政府召开会议,部署颁发居民身份证工作。11月,全市实行《居民身份证》制度,向年满16周岁以上居民颁发《居民身份证》。至1986年底,全市完成发证工作。

4月7日　市政府批准成立上海地铁公司,筹建上海轨道交通(地铁)1号线工程。1990年1月

19 日，国务院批准上海地铁 1 号线开工建设，1993 年 5 月 28 日，地铁 1 号线南段（锦江乐园—徐家汇）双线建成运营。2007 年 12 月 29 日，地铁 1 号线全线贯通运营。截至 2010 年底，上海共建成轨道交通 1 号线、2 号线、3 号线、4 号线、5 号线、6 号线、7 号线、8 号线、9 号线、10 号线、11 号线、13 号世博线等共 12 条，总里程 452.57 公里。

4 月 20—22 日　比利时首相维尔弗里德·马尔滕斯访问上海。

4 月 22—29 日　市八届人大三次会议在上海体育馆举行，市长汪道涵作题为《上海当前的经济工作》报告。

4 月 25—28 日　第四届世界杯跳水赛在上海游泳馆举行，来自 14 个国家和地区 76 名选手参赛，这是中华人民共和国成立后上海首次承办世界级运动比赛。

5 月 14 日　上海市与加拿大蒙特利尔市在沪签署协议，两市结为友好城市。

5 月 24—25 日　葡萄牙总统安东尼奥·多斯桑托斯·拉马略·埃亚内斯访问上海。

5 月 27 日　市政府批转市财政局《关于改进区财政体制报告》，向各区下放部分财权。

6 月 5 日　上海首次开展“六五”世界环境日宣传活动。此后，上海每年举行一次“六五”世界环境日宣传活动。

6 月 11 日　市政府批转市计委、市财政局、市物资局、市劳动局、市人事局《关于计划、财政、物资、人事方面市、区分工意见》，进一步向区、县下放事权。

6 月 24 日　上海友好代表团访问希腊，上海市与希腊比雷埃夫斯市签署协议，两市结为友好城市。

同日　中日国际轮渡有限公司（委托上海远洋运输公司代管）所属的“鉴真”号轮从上海启程，首航日本神户、大阪港，标志着中断 40 年的上海—日本海上客运恢复。

7 月 1—2 日　基里巴斯总统耶雷米亚·塔巴伊访问上海。

7 月 2 日　上海市土地管理局成立。半年后，各区县相继成立土地管理局。

7 月 3—4 日　土耳其总理图尔吉特·厄扎尔访问上海。

7 月 4 日　上海友好代表团访问波兰，上海市与波兰革但斯克省（1999 年改名滨海省）签署协议，两地结为友好省市。

7 月 9 日　中外合资上海大江有限公司举行合同签字仪式。8 月 10 日，上海大江有限公司正式成立，这是上海市郊第一家中外合资经营饲料和畜禽饲养的生产贸易项目的大型企业，也是当时全国最大的农牧业中外合资企业。

7 月 23—28 日　市八届人大四次会议在上海展览中心举行。会议接受汪道涵辞去上海市市长职务的请求，补选江泽民为上海市市长。

7 月 27 日　国家重点建设项目、华东电网主力电厂之一——上海石洞口发电厂一期工程举行开工典礼。1990 年 5 月 30 日，上海石洞口发电厂建成投产，发电设备总容量 120 万千瓦，成为上海最大的火力发电厂。

8 月 21—22 日　澳大利亚总督尼尼安·马丁·斯蒂芬访问上海。

8 月 28 日　马耳他总统阿加塔·巴巴拉访问上海。

9 月 4—5 日　莱索托国王康斯坦丁·贝伦·塞伊索·莫舒舒二世访问上海。

9 月 5 日　上海市与美国芝加哥市在沪签署协议，两市建立友好交流关系。

9 月 8—10 日　西班牙首相费利佩·冈萨雷斯·马克斯访问上海。

9 月 9 日　上海举行首届教师节大会，260 位教师荣获市政府授予的优秀教育工作者称号。

9月13—14日　新加坡总理李光耀访问上海。

11月21—23日　巴基斯坦总理穆罕默德·汗·居内久访问上海。

11月23—25日　马来西亚总理达图·斯里·马哈蒂尔·穆罕默德访问上海。

11月28日　市政府召开上海市振兴中医大会。165名行医50年、为继承发扬祖国医学传统作出重要贡献的老中医获得嘉奖。

12月6日　市政府召开市环境保护工作会议,宣布全市12个行政区全部实现基本无黑烟要求。

12月10日　市委、市政府召开上海市消灭血吸虫病庆功表彰大会,宣布经过反复防治,上海已消灭血吸虫病。市长江泽民出席大会并讲话。

12月16日　上海市首次科学技术进步奖评审工作正式开始。26日,市政府发布《上海市科学技术进步奖励规定》。

1986年

1月3日　市政府召开市外贸工作会议,要求逐步建立一批出口农副产品的生产基地和出口工业品的生产专厂。

1月20—25日　市委、市政府召开市农村工作会议。会议提出了"城乡一体化,两个立足点,农副工三业协调发展"的郊区工作方针,以及"稳粮、调棉、保菜、发展饲料和城市需要的经济作物"的种植结构调整原则。

1月29日　国务院办公厅转发《关于上海港下放问题的会议纪要》,决定上海港务局实行由交通部与上海市政府双重领导,以上海市为主的管理体制。

1月30日　上海在日本东京大仑饭店举行发行债券签字仪式,共发行250亿日元债券,期限为10年。这是中华人民共和国成立后上海首次在国外以发行债券形式筹募长期基金。

2月24—26日　毛里塔尼亚救国军事委员会主席、国家元首马维亚·乌尔德·西德·艾哈迈德·塔亚访问上海。

3月7日　市政府召开市长办公会议,讨论通过1986年要办成与人民生活密切相关的15件实事。市长江泽民提出,各级政府每年都要扎扎实实地为人民办几件看得见、摸得着的实事,全心全意为人民服务。

3月8日　市政府决定对年创汇500万元以上或有发展前途的重要出口产品,实行出口质量许可证制度。

3月21—24日　市委、市政府召开地区工作会议,明确地区工作方向是以经济建设为中心,两个文明一起抓,带动各项工作。

3月25—26日　新西兰总理戴维·拉赛尔·朗伊访问上海。

3月28—30日　丹麦首相保尔·施吕特访问上海。

4月24日—5月3日　市八届人大五次会议在上海展览中心举行。市长江泽民作《关于上海市国民经济和社会发展第七个五年计划(草案)的报告》。

4月29日　上海市与瑞典哥德堡市在沪签署协议,两市建立友好交流关系。

4月　市委、市政府组织3个经济技术贸易代表团,分赴中央有关部委及安徽、山东、四川、云南、贵州、内蒙古、广西等省、自治区进行学习访问。访问期间,上海分别与所到省、自治区形成经济技术合作纪要，共商定 154 个意向性项目。

5 月 27 日　市长江泽民率上海市友好代表团应邀赴德意志联邦共和国汉堡进行友好访问。29 日，市长江泽民与汉堡州州长签署《上海·汉堡建立友好合作关系声明》，上海市与汉堡州(市)结为友好城市。

6 月 10 日　市政府印发《上海市进一步推动横向经济联合的试行办法》。

6 月 10—17 日　湖南省经济技术代表团在沪考察，其间，形成上海市与湖南省关于全面加强经济技术协作的商谈纪要。

6 月 20 日　市八届人大常委会第二十二次会议审议通过《上海市滩涂管理暂行规定》。

6 月 28 日　河南省学习考察团到沪访问。上海市领导与河南省学习考察团就加强两地横向经济合作等方面进行了商谈。

7 月 11 日　下午，龙卷风袭击郊区南汇、川沙、奉贤等县，有 11 个乡、1 个镇遭受严重损失，死 24 人，伤 554 人，大批房屋被摧毁。市领导先后到灾区查看灾情、慰问灾民。市政府组织动员全市支援灾区，重建家园。

8 月 5 日　国务院以国函 94 号文，批准上海采取自借自还的方式扩大利用外资规模的方案，“七五”期间(1986—1990 年)上海可在国际金融市场直接筹措资金，自借自还，用于加强城市基础设施、加快工业技术改造、增加出口创汇能力、发展第三产业。该方案被称为“九四专项”。

8 月 29 日　国务院批复同意上海市建立闵行和虹桥两个经济技术开发区。

9 月 1 日　上海放开自行车、黑白电视机、电冰箱、洗衣机、收录机、80 支以上纯棉纱及其织物、中长纤维布等 7 种工业消费品价格。

9 月 8 日　上海市与摩洛哥卡萨布兰卡市在沪签署协议，两市结为友好城市。

9 月 16 日　广西壮族自治区代表团到沪考察。上海市领导与广西壮族自治区代表团就加强两地经济技术协作等方面进行商谈。

9 月 25 日　市政府印发《上海市全民所有制企业退休费统筹的暂行办法》，从 10 月 1 日起，上海的全民所有制企业职工的退休费由各企业自行解决转为实行全市社会统筹。

10 月 3 日　市政府印发《上海市税收管理暂行条例实施办法》。

10 月 15—16 日　英国女王伊丽莎白二世访问上海。

10 月 23 日　市政府发布《上海市关于鼓励外商投资的若干规定》。

10 月 25—26 日　德国统一社会党总书记、民主德国国务委员会主席埃里希·昂纳克访问上海。

10 月 30 日　市政府印发《上海市中外合资经营企业土地使用管理办法》。

11 月 20 日　上海市和法国罗纳·阿尔卑斯大区在沪签署协议，两地建立友好交流关系。

11 月 17—27 日　中共中央总书记胡耀邦在沪考察。26 日，胡耀邦在锦江小礼堂向全市党政负责干部发表重要讲话，希望上海有更大作为。

12 月 8 日　国务院宣布上海列为国家历史文化名城。

12 月 8—9 日　墨西哥总统米格尔·德拉马德里·乌尔塔多访问上海。

12 月 10—16 日　上海举行国际友好城市电视节，并设立“白玉兰奖”。这是全国最早举办的国际性电视节，每两年举办一届。1988 年，国际友好城市电视节更名为“上海电视节”，每年举办一届。

12 月 15 日　贝宁总统兼国防部长马蒂厄·克雷库访问上海。

1987 年

2 月 13 日　市委、市政府印发《关于上海文化发展战略的汇报提纲》,该汇报提纲提出了上海文化发展的近期目标、远期战略目标和主要任务。

2 月 18—19 日　加蓬总统哈吉·奥马尔·邦戈和总理梅比亚梅访问上海。

2 月 23—25 日　密克罗尼西亚总统托西沃·纳卡亚马访问上海。

3 月 23 日　市政府召开第十三次常务会议,讨论通过《上海市闵行、虹桥经济技术开发区外商投资优惠规定》,并于 4 月 3 日公布施行。

3 月 23—25 日　加拿大总督让·索维夫人访问上海。

3 月 26—31 日　柬埔寨主席诺罗敦·西哈努克亲王访问上海。

3 月 28—29 日　喀麦隆总统保罗·比亚访问上海。

4 月 1 日　交通银行总部由北京迁到上海。同日,交通银行上海分行正式营业。

4 月 7—9 日　瑞典首相英瓦尔·卡尔松访问上海。

4 月 10—13 日　伯利兹总理曼努埃尔·埃斯基韦尔访问上海。

4 月 15—16 日　葡萄牙总理卡瓦尔·席尔瓦访问上海。

4 月 19—20 日　刚果总统德尼·萨苏-恩格索访问上海。

4 月 21—29 日　市八届人大六次会议在上海展览中心举行。市长江泽民作题为《坚持四项基本原则,坚持改革开放,为推进上海经济和社会的稳定发展而奋斗》报告。

4 月 26—27 日　捷克斯洛伐克总理卢博米尔·什特劳加尔访问上海。

5 月 8—10 日　保加利亚共产党总书记、国务委员会主席托多尔·日夫科夫访问上海。

5 月 15—16 日　荷兰首相鲁道夫斯·弗兰西斯克斯·马里亚·吕贝尔斯访问上海。

5 月 26 日　上海市地方志编纂委员会成立。市长江泽民出席成立大会并讲话。上海第一轮社会主义新方志编纂工作全面启动。

5 月 31 日—6 月 17 日　上海国际艺术节举行。1999 年起,由文化部主办,上海市政府承办的中国上海国际艺术节,每年举办 1 届。

6 月 3—25 日　市长江泽民率领上海市友好代表团访问澳大利亚和美国。

6 月 30 日　市政府召开政府法制工作会议,会上宣布成立市政府法制办公室。

6 月　市政府成立有中外双方专家参加的开发浦东联合研究咨询小组,汪道涵任联合咨询组总顾问,进行开发浦东前期准备工作。

7 月 6 日　市长江泽民主持召开市政府常务会议,听取建造黄浦江大桥(后定名为南浦大桥)技术论证情况汇报。会议决定,将该大桥列为上海重大市政工程之一。1991 年 11 月 19 日,南浦大桥建成,为上海市区第一座跨越黄浦江的大桥。李鹏为大桥通车典礼剪彩。截至 2010 年底,除南浦大桥外,上海先后还在黄浦江上建起了松浦大桥、杨浦大桥、奉浦大桥、徐浦大桥、卢浦大桥、松浦二桥、闵浦大桥、闵浦二桥、松浦三桥共 10 座大桥。邓小平先后为南浦大桥、杨浦大桥题写桥名。江泽民先后为卢浦大桥、徐浦大桥题写桥名。

7 月 12 日　联邦德国总理赫尔穆特·科尔访问上海。

7 月 15 日　上海第二纺织机械厂在黄浦区体育馆召开"全员经营承包责任制签约仪式暨誓师大会",在全国第一个实施全员综合承包改革的企业。

7月18日—8月18日　上海举办首届“科普之夏”活动。

7月28日　市政府成立上海市安全工作委员会。

8月29日　市政府发布《上海市黄浦江上游水源保护条例实施细则》。

9月4日　市政府批准《市卫生局、市财政局〈关于全市推行公费医疗管理改革办法的请示〉》，决定自1988年元旦起全市推行该项改革。

9月18日　市委、市政府召开区县局以上负责干部会议，要求全面推行厂长负责制，对企业的生产指挥、经营管理和思想政治工作等负责。

10月26日　上海市与法国马赛市在沪签署协议，两市结为友好城市。

12月4日　内蒙古自治区政府代表团到沪考察。上海市政府领导与内蒙古自治区政府代表团就加强两地经济建设和横向联合等方面进行了商谈。

12月10日　清晨，浦东陆家嘴黄浦江轮渡码头因大雾停航，复航后数万名乘客蜂拥登船，以至发生踩死16人、伤60多人的重大事故。事故发生后，市领导赶赴现场组织抢救，慰问伤员，研究善后处理。市政府下发《关于加强轮渡管理，保障乘客安全的通告》。

12月22—24日　瓦努阿图总统阿蒂·乔治·索科马努访问上海。

1988年

1月4日　市政府印发《上海建设项目环境保护管理办法》和《上海市烟尘排放管理办法》。

1月7—16日　市委书记、市长江泽民率上海学习考察团到广东省广州、佛山、东莞等市县及珠海、深圳经济特区考察。23日，江泽民在全市干部大会上，作关于学习广东经验、加快上海经济向外向型转变的报告。

1月21日　国务院批复上海市政府，同意撤销宝山县和吴淞区，设立宝山区，以原宝山县和吴淞区的行政区域为宝山区的行政区域。

1月25日　市政府就上海发现部分市民因食用不洁毛蚶引起急性甲型肝炎暴发，紧急启动甲型肝炎防控应急预案，成立甲型肝炎防控指挥部，部署加强对甲型肝炎的防治工作。截至3月18日，全市累计发病人数29.23万人次，死亡11例(含有并发症)。3月21日，市卫生局对外宣布，上海甲型肝炎疫情已得到控制。

2月16日　中共中央军委主席邓小平由市委书记、市长江泽民等陪同，出席上海市各界人民1988年春节联欢会。1988—1994年，邓小平连续七次在沪过春节。

2月21日　国务院原则批准上海市政府《关于深化改革，扩大开放，加快上海经济向外向型转变的报告》，同意上海实行财政基数包干，一定五年(1988—1992)不变等措施。

2月　市政府批转《关于完善全民所有制工业企业承包经营责任制的意见》，决定在全民所有制工业企业中普遍推行综合承包。

3月10—12日　市委、市政府召开农村工作会议，提出要实施“菜篮子”工程。

3月13日—4月3日　市长江泽民率上海市友好代表团访问瑞典、荷兰、比利时和英国。

3月15日　苏州河合流污水治理工程指挥部成立。8月25日，苏州河合流污水治理第一期工程开工，1993年12月29日，一期主体工程建成通水。1999年12月25日二期工程竣工。2001年底，三期工程竣工。

3月20日　市政府印发《上海市外商投资房产企业商品住宅出售管理办法》。

4月12日　市政府批转市计委《关于进一步扩大区、县固定资产投资审批权限的请示》;还先后批转市建委、市政府财贸办、市人事局等部门关于市、区县分权的意见,向区、县下放部分事权。

4月19—30日　市九届人大一次会议在上海展览中心举行。市长江泽民作《政府工作报告》。会议决定,接受江泽民辞去上海市市长职务的请求,选举朱镕基为上海市市长。

4月22—24日　希腊总统赫里斯托斯・安・萨采塔基斯访问上海。

5月1日　上海对猪肉、蔬菜、鲜蛋和白糖4种主要副食品进行价格体制改革,由"暗补"改为"明补"。

5月2—4日　市政府举行上海市浦东新区开发国际研讨会,就开发浦东战略、浦东开放度和开发度等进行研讨。市委书记江泽民、市长朱镕基、国务院上海经济区规划办公室主任汪道涵等出席并讲话。

5月12日　市政府召开市民族团结进步表彰大会。市委书记江泽民,市长朱镕基出席会议。

5月13—15日　爱尔兰总统帕特里克・希勒里访问上海。

6月5—13日　首届上海曲艺艺术节举行。

6月10日　市政府召开新闻发布会,宣布上海市外国投资工作委员会正式成立,市长朱镕基兼主任,常务副市长黄菊兼副主任。

同日　市政府确定14个重点工业会战项目,成立上海市科技结合生产重点工业项目会战领导小组。项目主要是汽车、彩色显像管、计算机、发电机等。

6月13日　山东省经济技术协作代表团来沪考察。上海市政府领导与山东省代表团就加强两地横向经济技术协作进行商谈。

6月25—26日　埃塞俄比亚总统兼武装部队总司令门格斯图・海尔・马利亚姆访问上海。

7月7日　上海市与巴西圣保罗市在沪签署协议,两市结为友好城市。

7月7—8日　巴西总统若泽・萨尔内和夫人访问上海。

8月3日　市政府作出《关于近期改善市内道路交通的决定》,建设一批骨干工程,逐步解决市内交通拥挤的矛盾。

8月8日,上海市通过国际招标,有偿出让虹桥经济技术开发区的26号地块1.29万平方米,土地使用期为50年。

8月10日　市委、市政府召开"开展公开办事制度、廉洁为民教育活动"动员大会,部署在1 418个政府基层单位开展公开办事制度和廉洁为民教育活动。

9月6—12日　市长朱镕基率上海市友好代表团应邀赴朝鲜咸兴市访问。

9月16日　市政府选定上海第二纺织机械厂等18家国营工业企业为试行放开经营的试点企业。

9月27日　上海外汇调剂中心正式开业,这是中华人民共和国成立后第一个公开的外汇调剂市场。

10月5日　上海市与西班牙巴塞罗那市在沪签署协议,两市建立友好城市交流关系。

10月12日　市政府批准《上海市土地使用权有偿转让房产经营管理实施细则》《上海市土地使用权有偿转让房地产登记实施办法》。

11月22日　市委、市政府召开街道工作会议,宣布各区可将财权对街道实行财政包干、街道的人事管理权、部分市政建设管理权和经济管理权"四权"授予街道办事处。

12月15日　上海市与苏联列宁格勒市(现为俄罗斯圣彼得堡市)在沪签署协议,两市结为友好城市。

12月23日　印度总理拉吉夫·甘地访问上海。

12月　虹桥国际机场候机楼进行第三次扩建(1963—1984年,虹桥机场先后进行二次改扩建工程),于1991年12月26日竣工。2010年3月16日,虹桥国际机场2号航站楼及第二跑道正式启用。

1989年

1月24日　上海市蔬菜工作会议召开,市长朱镕基出席并讲话,提出要建设一个以"菜篮子工程"为主要内容的现代化农业系统工程。

1月26—27日　马里总统穆萨·特拉奥雷访问上海。

2月9—14日　国家主席杨尚昆在上海考察工作。其间,会见上海党、政、军负责人,并考察市政建设。

2月12—13日　巴基斯坦总理贝娜齐尔·布托访问上海。

2月22—23日　多哥总统纳辛贝·埃亚德马访问上海。

3月4日　上海决定建造上海东方明珠广播电视塔,并将其列为市重大工程。1995年5月1日,东方明珠广播电视塔建成启用。塔高468米,建成时为亚洲第一、世界第三高塔。

3月28日　市政府印发《上海市城镇土地使用税实施办法》。

4月14日　市长朱镕基主持召开市长办公会议,提出将发展轿车工业作为调整上海产业结构、摆脱困境的带头产业来抓。

4月16—24日　市九届人大二次会议在上海展览中心举行。市长朱镕基作《政府工作报告》。

4月23日—5月4日　市长朱镕基率上海市代表团访问日本大阪府、大阪市、横滨市。

5月2—17日　受北京发生春夏之交政治风波影响,上海部分高校学生上街游行。21日,市政府发出《告上海市民书》,要求停止一切游行、示威、请愿活动。22日,市长朱镕基发表《稳定上海、稳定大局》的电视讲话。24日,市政府发出《告全市职工书》,要求广大职工坚守岗位、坚持生产。6月4日,市委、市政府发出《告全市共产党员、市民书》,号召维护上海的稳定。5—7日,上海部分高校少数学生和部分社会闲杂人员在少数人的策划下连续上街游行,设置路障,拦截和毁坏车辆,造成数十万职工不能正常上班。6月8日晚,市长朱镕基发表电视讲话,号召全市人民动员起来,向各种破坏活动作坚决斗争。9日,市内交通恢复正常。

5月3日　甘肃省政府代表团到沪考察。其间,形成上海市政府与甘肃省政府代表团会谈纪要。

5月18日　苏共中央总书记、苏联最高苏维埃主席团主席米哈伊尔·谢尔盖耶维奇·戈尔巴乔夫访问上海。

5月24日　上海市与澳大利亚昆士兰州在沪签署协议,两地结为友好市州。

7月26日　市长朱镕基出席在吴泾化工厂召开的黄浦江上游水源保护现场会。会议确定,黄浦江上游地区12家有严重污染的企业到1990年底前必须完成规定的治理任务。朱镕基在讲话中指出,黄浦江是上海的母亲河,一定要治理好。

8月2—6日　中共中央总书记江泽民到沪考察,与各界人士见面谈话,并出席市公安局召开的制止动乱表彰大会,向广大公安干警表示慰问。

9月8—16日　市长朱镕基率领上海市政府代表团访问山西省和内蒙古自治区，感谢山西和内蒙古对上海的支援，并同两省、自治区领导人商谈进一步加强经济技术协作。

9月11—12日　布基纳法索国家元首、政府首脑布莱斯·孔波雷访问上海。

9月23日　在市九届人大常委会第十一次扩大会议上，副市长黄菊、顾传训、庄晓天分别汇报《关于1989年国民经济和社会发展计划执行情况报告》《上海市1989年1—8月财政收支情况的报告》和《关于进一步清理整顿公司和查处单位投机倒把的情况汇报》。此后，每年年中都举行一次市人大常委会扩大会议(又称"小人代会")，听取市政府上半年工作情况报告，邀请在沪全国人大代表和全体市人大代表列席，并逐步扩大到邀请在沪全国政协委员和市政协委员列席。

9月25日　市政府办公厅转发市建委、市文管会《关于报送列入市级文物保护单位的上海市首批优秀近代建筑的报告》，共有59处优秀近代建筑列入市级文物保护单位。

10月8—9日　老挝部长会议主席、老挝人民革命党中央总书记凯山·丰威汉访问上海。

10月9日　经中央领导同意，市政府召开"上海市市长国际企业家咨询会议"预备会(后改称为第一次会议)，通过会议章程，选举产生第一届上海市市长国际企业家咨询会会议主席。此后，该咨询会议每年召开一次。

10月12—14日　加纳部长委员会主席保罗·维克多·奥斌访问上海。

10月23日　上海市与土耳其伊斯坦布尔市在沪签署协议，两市结为友好城市。

11月12日　上海举行电话号码由6位制改为7位制割接仪式。1995年11月25日，上海本地电话网号码升为8位。

1990年

1月2日　山西省代表团到沪考察。上海市领导与山西省代表团就加强经济技术协作和加强两地相互交流等方面进行商谈。

2月9日　市政府召开市监察工作会议，宣布1990年廉政建设要从抓506名局级干部延伸到包括大中型企事业单位的2 000名局级干部，并延伸到2万名处级干部以及事业单位的领导干部。3月15日，市委、市政府发布《关于党政机关工作人员保持廉洁的规定》和《上海市企业事业单位领导干部保持廉洁的若干规定》。

2月26日　市委、市政府向中共中央、国务院上报《关于开发开放浦东的请示》。4月18日，中共中央政治局常委、国务院总理李鹏代表中共中央、国务院在沪宣布，同意上海加快浦东地区的开发开放，在浦东实行经济技术开发区和某些经济特区的政策。4月30日，上海举行开发开放浦东新闻发布会，市长朱镕基宣布成立上海市浦东开发领导小组及办公室。5月30日，上海市政府浦东开发办公室举行挂牌仪式。6月，中共中央、国务院下发《关于开发浦东、开放浦东问题的批复》。

3月28日　上海在漕河泾经济技术开发区有偿出让第一块工业用地50年的土地使用权，香港齐来贸易有限公司以1 088万美元的协议受让金获得。

4月17—20日　中非总统、中非民族联盟主席安德列·科林巴访问上海。

4月20—30日　市九届人大三次会议在上海展览中心举行。市长朱镕基作《政府工作报告》。

4月26日　市政府印发《上海市带征土地管理暂行办法》。1997年12月14日，市政府第53号令修正该办法并重新发布。2001年1月9日市政府第95号令将该办法废止。

5月9—12日　第一次促进海内外经济交流活动和上海市海外交流协会成立大会举行。市长朱镕基出席大会并讲话。

5月10—13日　阿联酋总统扎耶德·本·苏尔坦·阿勒纳哈扬访问上海。

6月8日　由市长朱镕基任团长、汪道涵为顾问的上海经济代表团抵香港访问，出席“90年代上海经济发展——沪港合作展望研讨会”。

6月15—20日　由市长朱镕基任团长的上海经济代表团访问新加坡。

6月22—27日　江苏省政府代表团到沪考察。其间，形成上海市人民政府与江苏省人民政府会谈纪要。

6月30日—7月1日　乍得总统哈吉·侯赛因·哈布雷访问上海。

6月　国务院批准设立上海外高桥保税区，同年9月正式启动，为中华人民共和国成立后设立的第一个保税区。

7月1日　第四次全国人口普查时点为7月1日零时。根据国务院部署，上海开展第四次人口普查。普查结果，全市总人口1 334.19万人。

7月10—11日　塞拉利昂总统约瑟夫·赛义杜·莫莫访问上海。

8月5—7日　浙江省代表团到沪考察。其间，形成上海市与浙江省关于进一步加强经济合作问题的会谈纪要。

8月17日　山东省代表团到沪考察。其间，形成上海市与山东省关于进一步加强经济合作问题的会谈纪要。

9月11日　经市政府批准，浦东外高桥保税区开发公司、金桥出口加工区开发公司和陆家嘴金融贸易区开发公司同时成立。

9月18日　市政府召开法制工作会议，部署贯彻实施《行政诉讼法》工作。

10月6日　首届上海黄浦旅游节开幕，此后每年举办1届。1996年，升级更名为“上海旅游节”。

10月6—7日　马来西亚最高元首苏丹·阿兹兰·沙阿陛下访问上海。

10月17日　市委、市政府召开“加强廉政建设、纠正行业不正之风动员大会”，市委书记、市长朱镕基主持大会并讲话。

10月23—25日　瓦努阿图总统弗雷德里克·卡罗穆阿纳·蒂马卡塔访问上海。

11月7日　密克罗尼西亚总统约翰·哈格莱尔加姆访问上海。

11月22日　湖南省政府代表团到沪考察。其间，形成上海市与湖南省继续扩大经济技术协作的会谈纪要。

11月27日　市政府印发《上海市证券交易管理办法》，12月1日起施行。

12月19日　上海证券交易所正式成立并举行开业典礼。

1991年

1月3日　市委书记、市长朱镕基察看中原住宅区建设情况，并慰问建设者。朱镕基强调，只有实行住房制度改革，才能加快上海住宅建设，解决市民住房难。

2月4—7日　上海经济发展国际研讨会开幕，市委书记、市长朱镕基出席并致欢迎词。

2月20—23日　市政府召开市商业工作会议，强调振兴上海必须大力发展商业，并明确建设交易中心、物流中心、信息中心和购物中心为上海商业发展的目标。

2月28日 上海举行“振兴上海汽车工业”誓师大会,提出上海要在“八五”期间(1991—1995年),把汽车工业发展成为上海的第一支柱产业。

3月5—14日 首届中国华东出口商品交易会(简称“华交会”)在上海举行。华交会由上海市、江苏省、浙江省、安徽省、福建省、江西省、山东省、南京市、宁波市等9省市联合主办,每年3月在上海举行。

3月6日 按照国务院《关于批准国家高新技术产业开发区和有关政策规定的通知》,上海实行对高新技术企业所得税减按15%的税率征收等优惠政策。

3月6—8日 市委、市政府召开农村工作会议,提出“加强农业、提高工业、开拓第三产业”的奋斗目标。

3月19—20日 帕劳总统恩基拉特凯尔·埃特皮森访问上海。

3月19—21日 马绍尔群岛总统阿马塔·卡布阿访问上海。

4月2—28日 市长朱镕基率上海市代表团应邀赴意大利、荷兰、比利时、法国、西班牙、德国访问。

4月9日 内蒙古自治区代表团到沪考察。上海市与内蒙古代表团签署继续扩大经济协作的会议纪要。

4月21—29日 市九届人大四次会议在上海展览中心举行。常务副市长黄菊作《关于上海市国民经济和社会发展十年规划和第八个五年计划纲要(草案)的报告》。会议通过关于接受朱镕基辞去上海市市长职务的请求,补选黄菊为上海市市长。

4月24—26日 斐济总统佩纳亚·卡纳坦巴图·加尼劳访问上海。

4月28日 突尼斯总统宰因·阿比丁·本·阿里访问上海。

5月1日 经国务院批准的《上海市住房制度改革实施方案》正式实施。

5月20日 市政府批转市计委等四个部门制订的《上海市鼓励外地投资浦东新区的暂行办法》,以推动扩大对内开放。

5月31日 市政府召开环境保护工作会议,确定上海今后10年环境保护的总目标是:大力削减污染物排放量;水、大气、噪声等环境质量有明显改善,为城市生态环境走上良性循环打下基础。

6月23日 安徽省政府代表团到沪考察。其间,形成上海市与安徽省关于进一步加强经济技术合作的会谈纪要。

6月26日 龙华烈士陵园、龙华烈士纪念碑及龙华烈士纪念馆揭幕。邓小平、陈云分别为龙华烈士陵园和龙华烈士纪念馆题词,江泽民为龙华烈士纪念碑题词:“丹心碧血为人民。”

7月1日 国家“八五”重点项目——上海港浦东外高桥港区一期工程正式开工兴建。1994年10月底,一期工程建成投产,并通过国家验收。2009年5月,国务院同意撤销南汇区,其行政区划并入浦东新区,浦东新区的外高桥港与原南汇区的洋山港两港“合二为一”。

7月9日 中共中央总书记、中央军委主席江泽民到上海考察防洪抗灾情况,肯定上海市顾全大局,牺牲局部,炸坝(青浦县大蒸河红旗塘坝)决堤,为江苏、浙江两省提供泄洪通道的壮举,并慰问抗灾第一线军民,嘱咐当地政府要做好善后工作。

7月19日 市政府发布《上海市城市房屋拆迁管理实施细则》。

7月30日 东方明珠广播电视塔奠基,1995年5月1日落成开播。

8月7日 上海遭特大暴雨袭击,松江、金山、青浦三县的部分乡镇还遭受龙卷风袭击。市领导分赴各处察看灾情,组织抗灾,并慰问受灾群众和坚持生产的职工。

9 月 6—7 日　纳米比亚总理哈格·根哥布访问上海。

9 月 12 日　马来西亚最高元首苏丹·阿兹兰·沙阿陛下访问上海。

9 月 17—18 日　意大利总理朱利奥·安德雷奥蒂访问上海。

9 月 18 日　上海举行新闻发布会，公布《上海市鼓励外地投资浦东新区的暂行办法》等浦东开发开放 3 个新的规章。

9 月 23—27 日　中央工作会议在北京召开。市委副书记、市长黄菊代表上海市委、市政府在会上提出并在实践中形成的“三个保证”(即保证坚持社会主义方向、保证服从国家宏观调控、保证完成财政上缴任务)和“三项改革”(即自费改革、自主改革、率先改革)。

9 月 24—25 日　泰国总理阿南·班耶拉春访问上海。

10 月 5—25 日　首届上海科技节举行，以后每两年举办一届。

10 月 31 日　市委、市政府召开治理太浦河水利工程动员大会，宣布成立上海市太湖治理领导小组。

11 月 2 日　市委书记吴邦国、市长黄菊主持召开专题会议，决定将通信产业列为上海市重点支柱产业，并成立上海市通信产业发展领导小组。

11 月 29 日　上海举行中外记者新闻发布会，宣布上海将首次向海外发行中华人民共和国成立后第一批总额 1 亿元的人民币特种股票。30 日晚举行发行签约仪式。

11 月　首届上海节能宣传周举办。以后每年举办一次。2004 年起，节能宣传周改为每年 6 月举行。

12 月 5 日　市政府印发《上海市优秀近代建筑保护管理办法》。

12 月 5—6 日　捷克和斯洛伐克联邦政府总理马里安·恰尔法访问上海。

12 月 10—12 日　马耳他总统文森特·塔博恩访问上海。

12 月 23 日　上海召开计划工作会议，市长黄菊出席并讲话，提出要调整一、二、三产业之间的比例关系，产业结构实现从适应性调整转向战略性调整。

12 月 25 日　沪杭铁路复线全线竣工通车。

1992 年

1 月 7—10 日　市委书记吴邦国、市长黄菊率领上海市代表团在浙江省学习考察。其间，形成上海市与浙江省关于进一步加强合作的会谈纪要。

1 月 15—18 日　中共中央总书记、中央军委主席江泽民在上海考察。其间，考察浦东新区、市政建设重点工程、宝山钢铁总厂等。

1 月 18 日　上海召开汽车行业万人誓师大会，市长黄菊出席并讲话，指出汽车工业是上海第一支柱产业。

1 月 19 日　市政府印发《上海市建设用地管理办法》。

1 月 28 日　市政府决定从即日起，对食糖、鲜蛋和食盐取消票证，敞开供应。

1 月 29 日　市长黄菊发表电视讲话，指出上海加快住宅建设，出路在于深化改革，扩大开放。

2 月 3 日　邓小平在沪会见上海市党、政、军主要负责人和部分老干部，发表一系列重要谈话，这些重要谈话后选入邓小平南方谈话中。

2 月 1—14 日　国家主席杨尚昆在上海考察，先后考察浦东新区、南浦大桥、上海证券交易所等。

2月18日　市政府办公厅发出《关于完善商业企业经营机制,推进“六自主”改革问题的通知》(“六自主”,即经营活动、商品定价、劳动用工、工资分配、投资发展、机构设置自主)。

2月29日　上海农村工作会议召开,提出要进一步明责放权,扩大县级综合协调功能,加大配套改革力度,郊区要依托大城市,增强农村经济实力,向城市化农村方向发展。市委书记吴邦国、市长黄菊参加。

3月10日　市政府举行1992年上海对外开放和浦东开发新闻发布会,市长黄菊出席并介绍中央对浦东开发开放的新政策和新措施。

3月14日　乌兹别克斯坦总统伊·卡里莫夫访问上海。

3月20日　国务院总理李鹏在七届全国人大五次会议上所作的《政府工作报告》中提出:“上海浦东新区是今后十年开放开发的重点。通过上海浦东的开放开发,带动长江三角洲地区乃至整个长江流域经济的发展,逐步使上海发展成为远东地区经济、金融、贸易中心之一。”

4月8—9日　柬埔寨总理洪森访问上海。

4月20—28日　市九届人大五次会议在上海展览中心举行。市长黄菊作《政府工作报告》。

4月26日　天津市政府代表团到沪考察。上海市政府领导与天津市政府代表团就加强两市经济技术合作等进行商谈。

4月27日　应美中协会邀请,以市长黄菊为团长的中国代表团前往美国,参加纪念中美《上海公报》发表20周年活动,并访问旧金山市。接着,还应邀访问日本大阪府、大阪市,顺访横滨和东京。

5月10日　蒙古国总统达希·宾巴苏伦访问上海。

5月15日　上海市与埃及亚历山大省在沪签署协议,两地结为友好省市。

同日　国务院批复上海同意兴办中日合资第一八佰伴有限公司,这是中华人民共和国成立后第一家大型中外合资商业零售企业。9月28日,上海第一八佰伴有限公司正式成立。

5月18日　市政府发布《上海市股份有限公司暂行规定》,6月1日起施行。

5月19日　内蒙古自治区政府代表团到沪考察。其间,形成上海市与内蒙古自治区关于进一步加强经济技术合作的会谈纪要。

5月22—24日　印度总统拉马斯瓦米·文卡塔拉曼访问上海。

5月26日　市政府批准《关于国营大中型商业企业扩大试行“税利分流,税后还贷,税后承包”的实施意见》,从1992年起,分3年实施。

5月30—31日　贝宁总统尼塞福尔·索格洛访问上海。

6月1日　吉林省考察团到沪考察,上海市领导与吉林省考察团就加强两地经济技术协作进行商谈。

6月2日　湖北省考察团到沪考察,上海市领导与湖北省考察团就加强两地经济技术协作进行商谈。

6月9—11日　市委、市政府举办干部学习班,要求上海各级干部认真学习邓小平视察南方的重要谈话,进一步解放思想,振奋精神,使上海经济更好更快地上一个台阶。

6月9日　市政府召开深化小型商业企业改革工作会议,要求各类小型商业企业运用“改、转、租、包、卖、连、股份合作制”等7种形式,转换经营机制。

6月　长江引水一期工程竣工。1996年6月5日,二期工程建成通水。2007年,完工三期工程。建设长江引水工程适应上海发展需要,可以满足市民改善水质的迫切愿望。

7月19日　福建省代表团到沪考察,上海市领导与福建省代表团就加强经济技术合作进行商谈。

7月27日　市政府发布《上海市鼓励出国留学人员来上海工作的若干规定》。

7月　张江高科技园区成立。

8月1日　甘肃省代表团到沪考察。上海市领导与甘肃省代表团就加强两地经济技术合作等进行商谈。

8月26—27日　坦桑尼亚总统阿里·哈桑·姆维尼访问上海。

8月27日　基里巴斯总统阿陶·蒂安纳吉访问上海。

8月28日　市委、市政府印发《关于发展科学技术、依靠科技进步振兴上海经济的决定》。

8月　国务院召开三峡工程库区移民对口支援工作会议,明确由上海对口支援四川省万县地区(今重庆市万州区)和湖北省宜昌市宜昌县(2001年更名为夷陵区)。当年,上海启动对口支援三峡库区移民工作;1993年2月,成立市对口支援三峡工程库区移民领导小组。

9月9日　人民广场综合改造工程启动,将改建为以绿化为主的现代化园林广场。1994年9月21日,人民广场综合改造工程竣工,市政府召开工程竣工庆典和总结表彰大会。

9月9—10日　纳米比亚总统萨姆·努乔马访问上海。

9月25日　内环线高架道路工程开工建设,2009年12月25日全线正式通车。

9月26日　国务院批复上海市政府,同意撤销上海县和闵行区,设立新的闵行区,以原上海县和闵行区的行政区域为新的闵行区行政区域。

9月30日　韩国总统卢泰愚访问上海。

9月　上海第一座5层互通式城市立交桥——浦东罗山路立交桥开工建设。1993年9月30日,浦东罗山路立交桥建成通车。

10月3日　市政府印发《上海市农村个人住房建设管理办法》。

10月8—10日　南非非洲人国民大会主席纳尔逊·曼德拉访问上海。

10月11日　国务院批复上海市政府,同意设立上海市浦东新区,撤销川沙县。浦东新区的行政区域包括原川沙县,新闵行区的三林乡,黄浦区、南市区、杨浦区的浦东部分。

同日　国务院批复上海市政府,同意撤销嘉定县,设立嘉定区。

10月12日　中共中央总书记江泽民在中共十四大报告中提出:"以上海浦东开发开放为龙头,进一步开放长江沿岸城市,尽快把上海建成国际经济、金融、贸易中心之一,带动长江三角洲和整个长江流域地区经济的新飞跃。"

10月15日　市政府发布《上海市待业保险暂行规定》,自1992年11月1日起施行。

10月27—28日　日本明仁天皇和皇后美智子访问上海。

11月2—3日　乌克兰总统克拉夫丘克访问上海。

11月7—9日　摩尔多瓦总统米尔恰·斯涅古尔访问上海。

11月15—22日　中共中央总书记、中央军委主席江泽民在上海考察工作,指出党的十四大把开发开放浦东列为中国90年代经济建设的重点,这是中国扩大对外开放的重要标志。

11月21—23日　土库曼斯坦总统萨·阿·尼亚佐夫访问上海。

11月26日　市九届人大常委会第三十二次会议,审议通过《上海市浦东新区总体规划方案》和《浦东新区国民经济和社会发展十年规划和"八五"计划纲要》。

12月4日　市长黄菊率上海市代表团应邀前往英国访问。

12月27—29日　以色列总统哈伊姆・赫尔佐克访问上海。

是年　在上海建立长江三角洲城市协作办(委)主任联席会议制度。1997年升格为长江三角洲城市经济协调会,形成区域内城市政府协商协调机制。

1993年

1月1日　中共上海市浦东新区工作委员会、上海市浦东新区管理委员会(简称"两委")成立。市委书记吴邦国、市长黄菊为"两委"揭牌,并要求"两委"能够真正形成高效、精干、廉洁的党政机构新格局。

1月4日　市委、市政府召开市党政负责干部会议,提出通过走"产、加、销一体化"路子稳定和提高农业等9条政策措施。

1月9日　上海浦东发展银行举行开业仪式。这是中华人民共和国成立后上海首家区域性、综合性、股份制商业银行。

2月1日　市政府印发《上海市全民所有制工业企业转换经营机制实施办法》。

2月11日　上海召开工业企业工作会议,市长黄菊要求重点发展一批新的支柱产业、进一步合理调整工业布局。

2月15—24日　市十届人大一次会议在上海展览中心举行,市长黄菊作《政府工作报告》。会议选举黄菊为上海市市长。

3月2日　市政府召开利用外资工作会议。会议宣布自4月1日起,区、县、局审批外商投资项目权限由原总投资500万美元以下扩大到1 000万美元以下,市规划、土地、工商等部门同步下放有关权限。

3月10—11日　塔吉克斯坦最高苏维埃主席埃・拉赫莫诺夫访问上海。

3月11日　上海召开改革养老保险制度动员大会,发布实施经市九届人大常委会第四十一次会议审议并原则批准的《上海市城镇职工养老保险制度改革实施方案》。9月1日起,在机关事业单位全面试行养老保险制度改革。10月29日,市政府批准《上海市机关事业单位基本养老保险费统筹暂行办法》。

3月12日　市政府下发《关于放开粮油购销和价格的通知》,决定从4月1日起,在全市范围内取消粮油票证,放开粮油购销和价格。

3月17—19日　瓦努阿图总理卡洛特・科尔曼访问上海。

4月2日　广东省代表团到沪考察。上海市领导与广东省代表团就加强两地经济技术协作进行商谈。

4月2—4日　奥地利总理弗朗茨・弗拉尼茨基访问上海。

4月13—18日　国务院总理李鹏在上海考察。其间,考察上海金属交易所、地铁、浦东新区、外高桥新港区、马桥乡旗忠村等。18日,李鹏出席上海市外高桥保税区封关运营仪式。

4月27日　上海市与俄罗斯符拉迪沃斯托克市在沪签署协议,两市建立友好交流关系。

4月27—29日　菲律宾总统菲德尔・拉莫斯访问上海。

5月9—18日　第一届东亚运动会在沪举行,国家主席江泽民出席开幕式。来自东亚9个国家(地区)的1 200余名运动员参赛。

5 月 11 日　中共中央总书记、国家主席江泽民考察浦东新区，慰问杨浦大桥的建设者，并重申中央开发开放浦东政策是坚定不移的，不会改变的。

5 月 17 日　新西兰总理吉姆·博尔格访问上海。

5 月 26—27 日　吉尔吉斯斯坦最高苏维埃主席梅尔特汗·舍利姆库洛夫访问上海。

5 月 26—27 日　市委、市政府召开市教育工作会议，指出上海要以一流城市，一流教育为定位，培养大批具有国际竞争力的外向型、复合型人才。

5 月 27 日　市政府下发《关于组织实施〈上海市城镇企业最低工资收入试行办法〉的通知》和《关于本市城镇居民最低生活保障线的通知》。

6 月 3 日　市政府召开决策咨询研究工作会议。会议宣布建立市政府决策咨询特聘专家制度，成立上海发展研究基金会，并设立上海市决策咨询研究优秀成果奖，汪道涵为上海市决策咨询研究优秀成果奖评审委员会主任。1994 年 4 月 1 日，市政府发布《上海市决策咨询研究成果奖励规定》。

6 月 5 日　经市政府批准的，上海市所辖范围内第一个自然保护区——上海金山三岛海洋生态自然保护区成立。1997 年市政府发布《上海市金山三岛海洋生态自然保护区管理办法》。

6 月 21 日　上海市与以色列海法市在沪签署协议，两市结为友好城市。

6 月 25—27 日　澳大利亚总理保罗·基廷访问上海。

6 月 29 日—7 月 1 日　市政府召开市城市规划工作会议。市长黄菊出席并讲话，对城市规划修订工作提出要求。

7 月 16 日　上海市国有资产管理委员会成立并举行第一次全体会议。市委书记吴邦国任市国有资产管理委员会主任，市长黄菊等任副主任。

8 月 24 日　市委、市政府印发《关于深化上海教育改革的若干意见》。

同日　上海市与韩国釜山市在沪签署协议，两市结为友好城市。

8 月 28—30 日　泰国总理川·立派访问上海。

8 月 28 日—9 月 11 日　市长黄菊率上海市代表团赴比利时、荷兰和瑞典进行友好访问。

10 月 7—14 日　第一届上海国际电影节举行，来自 33 个国家和地区的 167 部影片参展参赛。1994 年，国际电影制片人协会认可上海国际电影节为国际 A 类电影节，每两年举办一次。从第五届(2001 年)起，上海国际电影节改为每年举办一次。

10 月 13—14 日　以色列总理伊扎克·拉宾访问上海。

10 月 20—21 日　哈萨克斯坦总统努尔苏丹·阿比舍维奇·纳扎尔巴耶夫访问上海。

10 月 21 日　中共中央政治局常委、国务院副总理朱镕基和国务委员李铁映率中央工作组到沪，研究分税制方案。

10 月 25 日　南北高架路工程开工建设。1995 年 12 月 10 日，南北高架路建成通车。

11 月 7—8 日　文莱国家元首哈吉·哈桑纳尔·博尔基亚苏丹陛下访问上海。

11 月 11—13 日　越南国家主席黎德英访问上海。

11 月 17—19 日　德国总理赫尔穆特·科尔访问上海。

11 月 30 日　市政府立法专家咨询委员会成立。

12 月 1—2 日　乌拉圭东岸总统路易斯·阿尔韦托·拉卡列·埃雷拉访问上海。

12 月 18—19 日　墨西哥总统卡洛斯·萨利纳斯·德戈塔里访问上海。

12 月 23 日　市政府发布《上海市蓝印户口管理暂行规定》，1994 年 2 月 1 日起实施，1998 年进行修改。2002 年 3 月 25 日，市政府下发《关于本市停止受理蓝印户口的通知》，自 4 月 1 日起，上海停止受理申办蓝印户口。

12月27日　上海召开现代生物与医药产业发展动员大会,市委、市政府宣布把现代生物与医药产业列为上海支柱产业之一。

12月28日　市政府发布《上海市利用外资开发经营内销商品住宅暂行规定》。

12月　成立市计算机应用与产业发展领导小组,负责推进上海"金卡工程"。

是年　上海继证券交易所、金属交易所之后,相继建立农业生产资料交易所、化工原料交易所、石油交易所、煤炭交易所、粮油交易所、汽车交易所、建材交易所、技术交易所等8个国家级交易所,形成十大生产要素全部市场化。

1994年

1月1日　按照国务院《关于实行分税制财政管理体制的决定》,上海市实行分税制财政管理体制。

同日　上海城乡产权交易所正式成立。

1月22日　市政府发布《关于上海市人民政府规章制定程序规定》。

1月31日　市政府发布《上海市个体工商户管理规定》。

同日　市政府召开区、县分税制工作会议,会上宣布市与区、县实行财政分税制的原则和实施办法。3月5日,市政府发布《关于市与区、县实行分税制财政管理体制的决定》。

2月1日　上海召开计算机应用与产业发展动员大会,市委、市政府明确提出把计算机产业列为起带头作用的上海经济新一代支柱产业。

2月17—23日　市十届人大二次会议在上海展览中心举行。市长黄菊作《政府工作报告》。

2月20日　市政府办公厅发出通知,全市各单位实行每周44小时工作制。

2月22—24日　斯洛伐克总理弗拉基米尔・麦恰尔访问上海。

3月9日　市政府发布《关于加强政府立法工作的决定》。

3月9—10日　阿塞拜疆总统盖达尔・阿利耶夫访问上海。

3月18—19日　厄瓜多尔总统西斯托・杜兰-巴连・科多韦斯访问上海。

3月21日　日本首相细川护熙访问上海。

3月23日　市政府发布《上海市外滩地区公有房屋置换暂行规定》。

3月24日　市委书记吴邦国、市长黄菊率团赴山东省学习考察。

3月26—27日　韩国总统金泳三访问上海。

4月4日　中国外汇交易中心总部及上海外汇交易中心在上海成立,4月18日在外滩正式开业。

4月1—5日　'94上海商品博览会暨经济技术协作洽谈会在四川成都市举办。8月25—30日,该博览会暨洽谈会在哈尔滨市举行。其间,市长黄菊率团先后赴哈尔滨、长春、沈阳、大连市考察,并与四市的党政领导进行会谈。

4月4—17日　市长黄菊率上海市代表团访问意大利和德国。

4月6—8日　厄立特尼亚总统伊萨亚斯・阿费沃基访问上海。

4月7—8日　芬兰总理埃斯科・阿霍访问上海。

4月9—10日　法国总理爱德华・巴拉迪尔访问上海。

4月13—14日　葡萄牙总理阿尼巴尔·卡瓦科·席尔瓦访问上海。

4月20日　市政府作出《关于加强农业和发展农村经济的决定》。

4月22日　市政府发布《上海市住宅建设征用集体所有土地农业人口安置办法》。

4月26日—5月6日　中共中央总书记、国家主席江泽民在沪考察工作，强调要把浦东开发开放这项跨世纪的伟大工程搞好。其间，考察上海国有大中型企业。

4月27日　市政府发布《上海市城镇职工养老保险办法》(1997、1998年作了两次修改并重新发布)。

4月　市政府与国家教委签订共建复旦大学、上海交通大学、上海外国语大学三校的协议。1997年4月，市政府与国家教委又分别签署共建华东师范大学、华东理工大学的协议。同年10月，市政府与中国纺织总会签署共建中国纺织大学(1999年更名为东华大学)的协议。

5月14日　上海市与越南胡志明市在沪签署协议，两市结为友好城市。

同日　贵州省政府经济代表团到沪考察。上海市政府领导和贵州省政府经济代表团就积极探索联合发展的新途径，拓宽合作与交流的领域进行商谈。

5月16日　市委、市政府召开街道工作会议，市委书记吴邦国、市长黄菊出席并讲话，市委副书记王力平作报告。

5月18—19日　苏果南总统鲁纳多·费内希恩访问上海。

5月19日　上海召开对台经济工作会议，提出要按照“同等优先、适当放宽”的原则，做好吸引台商投资、办好现有台资企业、改善投资环境工作。

5月23—25日　国务院总理李鹏在上海考察工作，指出开发开放浦东是中央的重大决策，是国家整体发展的需要；全国要支持浦东的开发开放，浦东要为全国的改革开放和经济发展服务。

5月27日　经国家教委批准，由上海工业大学、上海科技大学、上海大学、上海科技高等专科学校合并组建的新的上海大学正式成立。江泽民为上海大学题写校名。

5月28—29日　俄罗斯联邦政府主席维·斯·切尔诺梅尔金访问上海。

6月7—10日　瓦努阿图总理马克西姆·卡洛特访问上海。8日，上海市和瓦努阿图维拉港市在沪签署协议，两市结为友好城市。

6月10日　我国第一座超高层大厦——金茂大厦于浦东陆家嘴地区正式开工。1998年8月28日建成，1999年8月28日开业迎客。建成时为全球第三高摩天大楼。

6月11—12日　秘鲁总统阿尔维托·滕森访问上海。

6月15—16日　爱沙尼亚总统伦纳特·梅里访问上海。

6月16日　欧盟委员会主席泽·曼努埃尔·巴罗佐访问上海。

6月28—29日　毛里求斯总统卡萨姆·乌蒂姆访问上海。

6月29日—7月9日　市长黄菊率上海市代表团赴湖北、湖南、江西、安徽4省学习考察，探讨如何加强上海与长江流域地区合作。

7月7—8日　吉布提总统哈桑·古莱德·阿普蒂敦访问上海。

7月14日　市政府举办“迈向21世纪的上海”发展战略研讨会，国务院有关部委办领导和全国各地的专家、学者200余人出席会议。市长黄菊作题为《运筹全局，拓展未来》的讲话。

7月20—23日　中共中央、国务院在京召开第三次西藏工作座谈会。会议确定“分片负责，对口支援，定期轮换”的援藏方针，明确上海市和山东省负责支援日喀则地区。援藏干部3年轮换一批，截至2010年底，上海共对日喀则派出6批援藏干部。

7月30日 福建省考察团到沪考察。上海市领导与福建省考察团就加强经济技术协作交换意见。

8月23日 市政府发布《流动人口卫生防疫管理暂行规定》。

8月29—30日 马里总统易卜拉欣・布巴卡尔・凯塔访问上海。

9月9—11日 加蓬总理西米尔・奥耶・姆巴访问上海。

9月15日 市政府发布《上海市流动人口计划生育管理暂行规定》。

9月16日 联合国秘书长布特罗斯・加利访问上海。

9月19日 市政府公布《上海市公共场所禁止吸烟暂行规定》。

9月22日 市政府下发《关于与人事部共同组建中国上海人才市场的通知》。10月20日,中国上海人才市场举行开业典礼。

9月29日 市政府批准建立上海市知识产权联席会议。

10月9—10日 捷克总理瓦茨拉夫・克劳斯访问上海。

10月10—14日 塞拉利昂国家元首瓦伦丁・斯特拉瑟主席访问上海。

10月17—19日 市政府召开第四次城市规划工作会议,部署编制新一轮上海市城市总体规划,市长黄菊出席会议并讲话。

10月18日—11月1日 市长黄菊率上海市代表团访问新西兰、澳大利亚。访问期间,上海市与新西兰达尼丁市签订协议,两市结为友好城市。

10月23—24日 扎伊尔总统蒙博托・塞塞・塞科・库库・恩关杜・瓦杜・邦加访问上海。

10月25—26日 乌兹别克斯坦总统伊斯拉姆・阿布加尼耶维奇・卡里莫夫访问上海。

10月27日 贵州省代表团到沪考察。上海市领导与贵州省代表团就加强两地合作进行商谈。

11月9—10日 加拿大总理让・克雷蒂访问上海。

11月11—12日 “迈向21世纪的上海”发展战略国际研讨会在沪召开。会上,提出上海到2010年基本建成国际经济、金融、贸易中心之一的战略目标。

11月23日 市政府召开市现代企业制度试点工作会议。市委、市政府决定,把建立现代企业制度作为新三年改革的中心环节。

同日 市政府召开农田水利基本建设会议,决定投入5亿元资金,为建设“高产、优质、高效”农业生产基地提供良好的水利条件。

12月1—3日 冰岛总理大卫・奥德松访问上海。

12月5日 市政府发布《上海市企业职工最低工资规定》,1997年12月修正并重新发布。

同日 市政府发布《上海市期货市场管理规定》。

12月5—6日 巴基斯坦总统法鲁克・艾哈迈德・莱加利访问上海。

12月15日 上海市与乌兹别克斯坦塔什干市在沪签署协议,结为友好城市。

12月17日 市政府印发《上海市公有住宅售后管理暂行办法》。

12月21—23日 拉脱维亚总统贡季斯・乌尔马尼斯访问上海。

1995年

1月6日 市政府印发《上海市城镇私营企业职工养老保险办法》和《上海市城镇个体工商户及其帮工养老保险办法》。

1月16日　经国务院批准，上海石油交易所、建筑材料交易所、农业生产资料交易所和化工商品交易所合并组建综合性的上海商品交易所。

1月18—19日　白俄罗斯总统亚历山大·卢卡申科访问上海。

2月16—24日　市十届人大三次会议在上海展览中心举行。市长黄菊作《政府工作报告》。会议接受黄菊辞去上海市市长职务的请求，补选徐匡迪为上海市市长。

3月31日　市政府办公厅发出《关于实施国务院关于职工工作时间规定的通知》，规定从5月1日起，全市职工实行每日工作8小时，每周工作40小时的标准工作制度。

4月8—10日　科威特王储兼首相谢赫·萨阿德·阿卜杜拉·萨利赫·萨巴赫访问上海。

4月14—17日　葡萄牙总统马里奥·阿尔贝托·诺雷博·洛佩斯·苏亚雷斯访问上海。

4月15日　上海市与葡萄牙波尔图市在沪签署协议，两市结为友好城市。

4月18—21日　国务院总理李鹏在上海考察，先后考察浦东新区、巨鹿路副食品商场等，并与国有企业负责人进行座谈。

4月19—20日　尼泊尔首相曼·莫汉·阿迪卡里访问上海。

4月21—22日　马绍尔总统阿马塔·卡布阿访问上海。

5月5—6日　日本首相村山富市访问上海。

5月14—15日　韩国总理李洪九访问上海。

5月16—23日　中共中央总书记、国家主席、中央军委主席江泽民在上海考察。其间，考察一批国有企业和现代企业制度试点单位，3次召开企业负责人座谈会。

5月19日　市政府第3号令公布《上海市宗教活动场所管理规定》。

5月19—21日　新加坡总理吴作栋访问上海。

5月25—27日　土耳其总统苏莱曼·德米雷尔访问上海。

5月29—30日　塞舌尔总统弗朗斯·阿尔贝·勒内访问上海。

6月6—9日　国务院召开全国扶贫开发工作会议，明确上海市与云南省建立对口帮扶关系。1996年，中央确定上海市对口帮扶云南省，重点帮扶红河、文山、思茅(普洱)三个地州国家级贫困县。

6月17—18日　荷兰首相维姆·科克访问上海。

6月25日　湖北省代表团到沪考察。上海市领导与湖北省代表团就加强两地经济技术协作进行座谈。

6月27日　安徽省代表团到沪考察。上海市领导与安徽省代表团就加强两地经济技术协作进行商讨。

7月1日　市政府机关从外滩中山东一路12号迁入人民大道200号人民大厦办公。

7月4日　市政府批转市劳动局《关于本市企业1995年年底前全面实行劳动合同制的若干意见》。

7月5—7日　罗马尼亚总理尼古拉·沃克罗尤访问上海。

7月16—28日　市长徐匡迪率上海经济文化代表团访问美国旧金山。

7月　上海在宝山、闵行、金山、青浦、崇明、南汇等9个区县28个乡镇进行农村城市化的小城镇改革。1998年7月，经市政府同意，市公安局根据《关于上海市小城镇户籍管理制度改革试点工作的实施意见》，继续在上述范围内进行户籍制度改革的试点。

8月9日　市政府发布《关于修改〈上海市待业保险暂行规定〉的决定》。

8月11—16日　上海举行以“抗日战争与上海”为主题的纪念抗战胜利50周年系列活动。

8月14日　市政府印发《全民健身实施计划》。

8月24日　市政府发布《上海市爱国卫生工作管理规定》。

8月26—27日　新加坡总统王鼎昌访问上海。

8月28日　市政府发布《上海市利用外资开发经营内销商品住宅规定》。

8月30—31日　上海市科学技术大会在上海展览中心举行,市委书记黄菊、市长徐匡迪出席并讲话。

9月2—3日　冰岛总统维格迪丝·芬博阿多苇尔访问上海。

9月11日　中华人民共和国成立后,第一家在沪外资银行——日本富士银行上海分行在浦东陆家嘴金融贸易区开业。

9月14日　上海市与也门亚丁省在沪签署协议,结为友好省市。

9月19—21日　奥地利总统托马斯·克莱斯蒂尔访问上海。

10月2日　上海市解决居住特困户项目获得1995年度联合国“人居奖”。

10月2—4日　阿根廷总统卡洛斯·萨乌尔·梅内姆访问上海。

10月13—14日　澳大利亚总督海登访问上海。

10月14日　江苏省代表团到沪考察。上海市领导与江苏省代表团就加强两地经济技术协作进行商讨。

10月17日　辽宁省代表团到沪考察。上海市领导与辽宁省代表团就加强两地经济技术合作进行座谈和交流。

10月25—27日　吉尔吉斯斯坦总理阿帕斯·朱马古洛夫访问上海。

11月1日　上海市与纳米比亚温得和克市在沪签署协议,两市结为友好城市。

11月2—3日　埃塞俄比亚总理梅莱斯·泽纳维访问上海。

11月8—10日　挪威首相格罗·哈莱姆·布伦特兰访问上海。

11月15日　四川省代表团到沪考察。上海市领导与四川省代表团就加强两地合作进行商谈。

11月26—27日　智利总统爱德华多·弗雷·鲁伊斯·塔格莱访问上海。

11月27日　山东省代表团到沪考察,上海市领导与山东省代表团就加强两地经济技术合作进行商讨。

11月28日　延安高架路动工建设。1996年12月2日,延安高架路(西段)工程建成通车。1997年11月28日,延安高架路(东段)工程建成通车。1999年9月15日,延安高架路(中段)工程建成通车。

12月3—5日　古巴国务委员会主席兼部长会议主席菲德尔·卡斯特罗访问上海。

12月15—17日　巴西总统费尔南多·卡多佐访问上海。

12月19日　市政府批转市建委等五部门制订的关于深化上海公交改革方案。1996年1月1日,上海市公交事业改革方案正式实施。

12月20—21日　南斯拉夫总统佐兰·利利奇访问上海。

12月23日　黑龙江省代表团到沪考察。上海市领导与黑龙江省代表团就加强经济技术合作进行商谈。

12月29日　上海城市合作银行成立,这是解放后上海市第一家拥有个人股东的地方股份制商业银行。1998年,上海城市合作银行更名为“上海银行”。

是年　上海民用燃气普及率超过80%，基本实现城市燃气化。

1996年

1月9—11日　缅甸恢复法律和秩序委员会主席兼政府总理丹瑞访问上海。

1月15日　市政府发布《上海市农村社会养老保险办法》，自2月1日起施行。

1月15—17日　国务院总理李鹏在上海考察，并主持召开浙江、江苏、上海和国务院有关部门负责人会议，讨论建设上海国际航运中心问题。

1月17—19日　阿尔巴尼亚总统萨利·贝里沙访问上海。

1月23日　市政府印发《关于进一步完善市与区"两级政府、两级管理"体制政策的意见》，进一步向区明责放权。

1月30日　市政府办公厅转发市工商行政管理局等七部门《关于加强本市私营经济开发区规范管理若干意见》。

1月31日—2月1日　乌干达总统约韦里·卡古塔·穆塞维尼访问上海。

2月1日　《上海市农村社会养老金保险办法》施行。

2月2—9日　市十届人大四次会议在上海展览中心举行。市长徐匡迪作《关于上海市国民经济和社会发展"九五"计划与2010年远景目标纲要报告》。

2月5日　云南省丽江发生强烈地震后，市委、市政府成立支援云南灾区工作领导小组，并向云南灾区提供应急援助款项和物品。

2月26日　沪宁高速公路全线贯通。其中，上海段全长25.89公里，于当年9月15日全线投入营运。

2月28—29日　卢森堡首相让-克洛德·容克访问上海。

3月18日　云南省党政代表团到沪考察。上海市委、市政府领导与云南省党政代表团就加强两地经济技术协作进行商讨。

3月21日　中国科学院与上海市全面合作首批项目之一——上海新材料研究中心成立。

3月21—22日　市委书记黄菊、市长徐匡迪率上海市代表团在浙江省考察。上海市代表团与浙江省领导就加强上海与浙江两地合作进行商讨。

3月25日　河北省代表团到沪考察。上海市领导与河北省代表团就加强两地经济技术合作交换意见。

3月27日　上海召开城区工作会议，市委、市政府下发《关于进一步完善"两级政府、三级管理"体制的政策意见》和《关于加强街道、居委会建设和社区管理的若干政策意见》。

3月27—28日　泰国总理班汉·西巴阿差访问上海。

4月8日　天津市代表团到沪考察。上海市领导与天津市代表团就加强两地合作进行交流。

4月9日　市政府印发《上海市城镇企业职工住院医疗保险暂行办法》，从5月1日起正式实施，7月1日起覆盖到外商投资企业中方职工。

4月11日　苏州河综合整治领导小组成立并召开第一次全体成员会议。1998年5月14日，苏州河环境综合整治一期工程正式启动，至2003年1月8日竣工。2003年4月11日，二期工程正式开工，2005年底完成。二期工程将苏州河综合整治范围拓宽至全流域。2006—2008年，实施苏州河环境综合整治三期暨防汛墙改造工程。

4月17—19日　芬兰总统马尔蒂·阿赫蒂萨里访问上海。

4月19日　上海市与韩国全罗南道在沪签署协议,两地建立友好交流关系。

4月25—26日　哈萨克斯坦总统努尔苏丹·纳扎尔巴耶夫访问上海。

4月25—26日　吉尔吉斯斯坦总统阿斯卡尔·阿卡耶夫访问上海。

4月25—27日　塔吉克斯坦总统莫马利·拉赫莫诺夫访问上海。

4月26—27日　俄罗斯总统鲍里斯·尼古拉耶维奇·叶利钦访问上海。

4月26日　中共中央总书记、国家主席、中央军委主席江泽民,俄罗斯总统叶利钦,哈萨克斯坦总统纳扎尔巴耶夫,吉尔吉斯斯坦总统阿卡耶夫,塔吉克斯坦总统拉赫莫诺夫在沪签订《关于在边境地区加强军事领域信任协定》。

4月27日—5月4日　中共中央总书记、国家主席江泽民在上海考察,并主持召开有四川、河北、辽宁、山东、上海等地企业负责人参加的国有企业改革座谈会。

5月1日　《上海市城镇企业职工住院医疗保险暂行办法》施行。

5月6—19日　市长徐匡迪率上海代表团赴英国、瑞典进行友好访问。

5月28日　市政府发布修订后的《上海市黄浦江上游水源保护条例实施细则》。

5月29日　上海儿童博物馆开馆。中共中央总书记江泽民题词:“缔造未来。”

6月6日　宁夏回族自治区政府代表团到沪考察。上海市政府领导与宁夏回族自治区政府代表团就加强两地经济技术协作进行座谈交流。

6月15—16日　黎巴嫩总理拉菲克·哈里里访问上海。

6月19日　重庆市党政代表团到沪考察。上海市委、市政府领导与重庆市党政代表团就加强长江经济带建设,发展两地经济协作方面达成共识。

同日　云南省代表团到沪考察。上海市领导与云南省代表团就加强合作与帮扶工作进行商谈。

6月21日　市政府发布《上海市外资投资企业土地使用管理办法》。

7月1日　《上海市住房公积金条例》施行。

7月11—13日　科特迪瓦总理达尼埃尔·卡布兰·敦坎访问上海。

7月15日　市委、市政府召开上海市信息港建设动员大会,上海信息港建设正式启动。2001年1月4日,上海信息港主体工程建成开通。

7月26日　根据市政府印发的《关于推进上海纺织、仪电控股(集团)公司再就业工程试点意见》,纺织、仪电两家再就业服务中心成立。12月6日,市政府召开推进再就业工程专题会议,决定自1997年起,再就业服务中心试点由纺织、仪电控股(集团)公司扩大到冶金、轻工、机电控股(集团)公司和华谊集团公司。1998年8月26日,市政府下发《关于进一步加强国有企业下岗职工管理和完成再就业服务中心建设有关问题的通知》。1998年9月1日,市政府召开深入推进再就业工程与社会保障工程会议,提出全市凡有下岗职工的国有企业都要建立再就业服务中心。

7月29—31日　圭亚那总理塞缪尔·海因兹访问上海。

8月2日　上海市政府与国家科委、卫生部、国家医药管理局签约,在浦东新区张江高科技园区合作建立“国家上海生物医药科技产业基地”。

8月9—18日　首届上海图书节举办。全国有500家出版社的10万种图书、音像制品、电子读物参展,参观者达30万人次。

8月28日　上海市与古巴圣地亚哥省在圣地亚哥签署协议,两地结为友好省市。

8月29—30日　加蓬总统哈吉·奥马尔·邦戈访问上海。

9月4日　上海市与英国伦敦金融城在沪签署协议，两地建立友好交流关系。

9月30日　市政府发布《关于深化本市公费医疗制度改革实施办法》。2001年5月21日，该《办法》第一次修正。2008年11月27日，该《办法》第二次修正。

10月9日　瑞士联邦主席让-帕斯卡尔·德拉姆拉访问上海。

10月12日　上海博物馆新馆建成并举行开馆典礼，正式对外开放。

10月12—19日　第三届全国农民运动会在沪举行，30个省市自治区组团参加13个项目的竞赛和表演赛。

10月14日　上海市与日本长崎县在沪签署协议，两地建立友好交流关系。

同日　海南省代表团到沪考察。上海市领导与海南省代表团就加强两地合作进行商谈。

10月16—18日　斯洛文尼亚总统米兰·库昌访问上海。

10月16—20日　市长徐匡迪率上海市学习考察团在云南省学习考察，两省市签署对口帮扶、加强经济协作的会谈纪要。

10月19—21日　阿尔及利亚总统拉明·泽鲁阿勒访问上海。

10月24日　山东省代表团到沪考察。上海市政府领导与山东省代表团就加强两地经济技术协作交换意见。

10月22—23日　哥伦比亚总统埃内斯托·桑佩尔·皮萨诺访问上海。

10月25—27日　纳米比亚总统萨姆·努乔马访问上海。

10月30日　市政府印发《上海市土地使用权出让办法》。

同日　市政府印发《关于划转部分市属工业小企业的若干政策意见》。1997年1月10日，市政府印发《关于本市放活小企业的若干政策意见》，将“放小”试点范围扩大到全市；6月24日，市体改委等10部门联合印发《关于本市放活小企业的若干政策意见的实施细则》；10月31日，市政府召开轻工系统首批小企业划转交接工作会议，把52家小企业划转虹口、卢湾、闵行区管理。

10月　中共中央组织部、人事部下发为新疆选派干部的通知，明确上海对口新疆阿克苏地区的阿克苏市、温宿县、阿凡提县。1997年2月，上海第一批援疆干部到达对口市县，正式开始上海援疆工作。2010年5月17—19日，中共中央、国务院在北京召开新疆工作座谈会，明确上海对口支援喀什地区巴楚县、莎车县、泽普县、叶城县。

11月4日　市政府发布《上海市社会救助办法》。

11月6—7日　瑞典首相约兰·佩尔松访问上海。

11月8—11日　首届亚太地区特殊奥林匹克运动会在上海举行。来自15个国家和地区的44个代表团、521名运动员参赛。

11月8—20日　市长徐匡迪率上海代表团在美国访问。

11月18日　东海平湖油气田海上工程开工，1999年4月建成，向上海浦东地区供应优质天然气。1999年8月10日，西气东输干线输气至上海，天然气进入浦西。

11月21日　列入市重大工程的上海虹桥国际机场国内候机楼改扩建工程竣工启用。

11月21—23日　德国总统罗曼·赫尔佐克访问上海。

11月23—24日　墨西哥总统埃内斯托·塞迪略访问上海。

11月26日　加拿大总理让·克雷蒂安访问上海。

11月26—29日　国务院总理李鹏在沪考察上海航运交易所、浦东新区，并为华虹微电子有限公司建设工程开工奠基。

11月28日　上海航运交易所正式开业。

12月20日　上海图书馆新馆竣工并开馆。

12月25日　市政府召开贯彻落实《国务院关于环境保护若干问题的决定》暨1994—1995年度环保先进表彰大会,市长徐匡迪作题为《加强环境保护实现可持续发展》的讲话。

1997年

1月3日　市政府召开全市社会帮困工作会议,提出要将解决困难企业的突出矛盾、部分职工的特殊困难作为帮困工作的重点来抓。

2月6日　浙江省代表团到沪考察。上海市领导与浙江省代表团就加强两地合作进行商谈。

2月17—23日　市十届人大五次会议在上海展览中心举行。市长徐匡迪作《政府工作报告》。

2月28日　上海市房地产交易中心揭幕开业。

2月28日—3月1日　葡萄牙总统若尔热·桑帕约访问上海。

3月10日　市政府召开国有企业改革工作会议,提出推进"五大机制"(即企业优胜劣汰机制、国有资产保值增值机制、职工能进能出的就业机制、经营者择优录用竞争上岗机制、覆盖全社会的保障机制)建设,年内形成现代企业制度基本框架。

3月18日　上海市政府与中国银行《关于"九五"计划期间共同落实浦东外汇贷款有关事项备忘录》签字仪式在沪举行。

3月25日　上汽集团与美国通用汽车公司合资项目的合同签字仪式在北京举行,国务院总理李鹏、上海市市长徐匡迪出席签字仪式。

3月28—30日　玻利维亚总统桑切斯·德洛萨达访问上海。

3月28—30日　澳大利亚总理约翰·霍华德访问上海。

4月4—5日　泰国总理差瓦立·永猜裕访问上海。

4月9—10日　国际商会第三十二届世界大会在沪举行,国务院总理李鹏应邀出席并讲话。共有74个国家和地区的1 000多名代表与会。

4月10日　市政府印发《关于上海市引进海外高层次留学人员若干规定》。

4月17—18日　毛里求斯总理纳文·拉姆古兰访问上海。

4月20—21日　埃及总理卡迈勒·艾哈迈德·哈迈德·詹祖里访问上海。

4月22日　四川省代表团到沪考察,上海市领导与四川省代表团就加强两地合作进行座谈。

4月22—24日　乌拉圭总统胡利奥·玛丽亚·桑吉内蒂访问上海。

4月29日　国务院批复上海市政府,同意撤销金山县,设立金山区。

5月4日　福建省代表团到沪考察。上海市领导与福建省代表团就加强两地合作进行座谈。

同日　甘肃省代表团到沪考察。上海市领导与甘肃省代表团就加强两地合作进行座谈。

5月6日　湖南省代表团到沪考察。上海市领导与湖南省代表团就加强两地合作进行座谈。

5月7—8日　科特迪瓦总统亨利·科南·贝迪埃访问上海。

5月9日　贵州省代表团到沪考察。上海市领导与贵州省代表团就加强两地合作进行座谈。

5月10—11日　联合国秘书长科菲·安南访问上海。

5月13日　吉林省政府代表团到沪考察。上海市政府领导与吉林省政府代表团就加强两地合作进行座谈和交流。

5月14—15日　帕劳总统中村邦夫访问上海。

5月17—18日　法国总统雅克·希拉克访问上海。

5月18日　市政府印发《上海市股份合作制暂行办法》。

5月20日　市政府召开贯彻实施《中国21世纪议程》工作会议。11月，国家计委和国家科委发文，将上海列为全国地方实施《中国21世纪议程》的5个省级试点之一。

同日　陕西省考察团到沪考察。上海市领导与陕西省考察团就加强两地合作进行座谈和交流。

5月28—30日　尼日尔总统易卜拉欣·迈纳萨拉·巴雷访问上海。

6月2日　市长徐匡迪授予7位外国友人"上海市荣誉市民"称号，这是上海市首次给予外国人这一称号。

同日　山东省党政代表团到沪考察。上海市委、市政府领导与山东省党政代表团就加强两地合作进行交流。

6月12日　市政府召开社会保障暨再就业工程工作会议，要求在着力解决最困难下岗人员的就业和帮困工作等方面有更大突破。8月2日，市再就业工程领导小组办公室、市劳动局等制定的《关于对本市两类特困人员进行重点帮助的暂行意见》《关于本市单位使用下岗人员从事劳务的补充意见》《关于本市下岗人员协议保留劳动关系的意见》和《关于本市非正规就业人员养老医疗保障问题的若干意见》开始实施。

6月12—13日　马其顿总统基罗·格利戈罗夫访问上海。

6月14日　为庆祝7月1日香港回归祖国，上海市政府赠送给香港特别行政区的礼品"浦江庆归"工艺品运送香港。

6月17日　上海市与阿根廷罗萨里奥市在罗萨里奥签署协议，两市结为友好城市。

6月18日　市政府召开首次全市房地产工作会议。

6月27日　上海启动市燃气行业体制改革，撤销上海煤气公司，成立上海煤气制气(集团)有限公司、上海煤气销售(集团)有限公司和上海焦化有限公司。这是继公交改革后，上海公用事业改革的又一重大举措。

7月13—15日　马来西亚最高元首瑞古·贾阿法·伊卜尼·瑞古·阿卜杜勒·拉赫曼访问上海。

7月15日　市政府召开大型企业集团工作会议，宣布将重点扶持54家大型企业集团。

7月21日—8月5日　市长徐匡迪率上海市代表团先后赴埃及、以色列和俄罗斯访问。

7月　外环高速公路开工，分成五段建设。西南段于1998年建成，西北段于2001年建成，浦东段一期、二期均于2002年建成，外环隧道于2003年6月竣工通车，实现整个上海外环高速公路全线贯通。

8月13日　市政府将提篮桥监狱中的原日本战犯关押、审判和执行处列为上海市抗日纪念地。

8月26日　市委、市政府召开上海市高科技产业工作会议，市委书记黄菊、市长徐匡迪参加并讲话。

8月27日　市政府印发《上海市质量振兴实施计划》。

9月10—11日　罗马尼亚总统埃米尔·康斯坦丁内斯库访问上海。

9月27—29日　巴哈马总理英格拉哈姆访问上海。

9月30日　现代化大型综合体育场——上海体育场(又称“8万人体育场”)建成。

10月8日　市政府批转《上海市农村土地整理暂行办法》。

10月10—11日　莫桑比克总理帕斯亚科·曼努埃尔·莫昆比访问上海。

10月12—18日　中共中央总书记、国家主席江泽民考察上海。其间,出席浦东国际机场开工仪式。

10月12—24日　中华人民共和国第八届全国运动会在沪举行。中共中央总书记、国家主席江泽民出席开幕式,国务院总理李鹏出席闭幕式。共有7 647名运动员参加本届全运会。

10月15日　浦东国际机场一期工程全面开工,1999年9月16日建成通航。2005年3月17日,浦东国际机场第二跑道正式启用。2008年3月26日,浦东国际机场扩建工程第二航站楼及第三跑道正式通航启用。

10月25日　广东省政府代表团到沪考察。上海市政府领导与广东省政府代表团就加强两地合作进行座谈交流。

10月25—27日　挪威国王哈拉尔五世访问上海。

10月30日—11月1日　中共中央政治局常委、国务院副总理朱镕基在沪考察工作,到纺织企业调查研究,并召开上海、江苏、浙江、山东等三省一市负责人座谈会,研究帮助纺织行业摆脱困境的政策措施。

11月14—15日　南斯拉夫总统斯洛博丹·米洛舍维奇访问上海。

11月19—20日　波兰总统亚历山大·克瓦希涅夫斯基访问上海。

11月21日　市政府发布《上海市加强高科技产业人才队伍建设的若干规定》。

12月3日　河北省政府代表团到沪考察。市政府领导与河北省政府代表团就加强两地合作进行座谈交流。

12月8日　市政府印发《上海市危棚简屋改造地块居住房屋拆迁补偿安置试行办法》。

12月24—25日　乌克兰总理瓦列里·帕夫洛维奇·普斯托沃伊坚科访问上海。

1998年

1月1日　据市统计局统计,1997年,上海市地区生产总值首次超过3 000亿元,人均地区生产总值在全国率先突破3 000美元。

1月19日　市政府召开房屋土地工作会议,提出1998年上海将出台住房分配货币化方案和试行土地租赁制度两项重大改革。

1月23日　上海纺织首批棉纺压锭现场会在浦东钢铁(集团)公司举行,敲响全国纺织业压锭1 000万第一锤,上海申新九厂等首批12万锭落后纱锭被压锭销毁,拉开上海纺织业脱困攻坚战的序幕。

1月27日　长江口深水航道整治一期工程正式开工,2001年3月竣工。2005年11月21日,二期工程通过国家验收,10米深水航道由长江口延至南京工程竣工。2010年3月14日,三期工程12.5米深水航道全线贯通。

2月6日　市农村工作会议召开,提出1998年要高标准建设好“菜篮子”“米袋子”工程,加快形成现代都市型农业的基本框架。

2月11日　市政府印发《上海市企业国有资产产权界定暂行办法》。

2 月 11—20 日　市十一届人大一次会议在上海展览中心举行。市长徐匡迪作《政府工作报告》。会议选举徐匡迪为市长。

2 月 18—19 日　也门总统阿里·阿卜杜拉·萨利赫访问上海。

2 月 27 日　国务院批复上海市政府，同意撤销松江县，设立松江区。

2 月 28 日　市政府召开科教兴农工作会议，要求加快农业生产集约化、产业化、科技化步伐。

4 月 1—3 日　莫桑比克总统若阿金·阿尔贝尔·希萨诺访问上海。

4 月 4 日　第三届沪港经济发展与合作会议暨沪港合作开发长江研讨会在上海举行，市长徐匡迪出席并发表演讲。

4 月 12—13 日　坦桑尼亚总统本杰明·威廉·姆卡帕访问上海。

4 月 19 日—5 月 4 日　市长徐匡迪率领上海市代表团赴日本、美国和加拿大访问。

4 月 20—21 日　葡萄牙总理安东尼奥·古特雷斯访问上海。

5 月 9 日　江西省代表团到沪考察，并与上海市相关方面举行经济合作项目洽谈会。

同日　福建省政府代表团到沪考察。上海市政府领导与福建省政府代表团就加强两地合作进行商谈。

5 月 10—12 日　哈萨克斯坦总理努尔兰·巴尔金巴耶夫访问上海。

5 月 12—13 日　保加利亚总统彼得·斯托杨诺夫访问上海。

5 月 20 日　宁夏回族自治区代表团到沪考察。上海市领导与宁夏回族自治区代表团就加强两地经济技术合作进行座谈。

5 月 21—22 日　苏里南总统尤勒斯·韦登博斯访问上海。

5 月 25 日　市政府印发《关于进一步服务全国扩大对内开放的若干政策意见》。

5 月 28 日　以色列总理本雅明·内塔尼亚胡访问上海。

6 月 6—9 日　市委书记黄菊、市长徐匡迪率上海市代表团赴云南省学习考察。其间，形成上海市与云南省关于进一步做好两地对口帮扶协作工作纪要。

6 月 9—10 日　市委书记黄菊、市长徐匡迪率上海市代表团赴重庆市学习考察，与重庆市领导进行座谈交流。

6 月 11—14 日　新疆维吾尔自治区政府代表团到沪考察。其间，形成上海市政府与新疆维吾尔自治区政府关于进一步加强沪新经济合作的会谈纪要。

6 月 12—13 日　意大利总统奥斯卡·路易杰·斯卡尔法罗访问上海。

6 月 19 日　市委、市政府召开城区工作会议，要求不断完善“两级政府、三级管理”的新体制，加快形成社区建设和管理的长效机制。

6 月 27 日　市政府发布《上海市促进高新技术成果转化的若干规定》。

6 月 29 日—7 月 2 日　美国总统威廉·杰斐逊·克林顿访问上海。

7 月 4 日　广东省代表团到沪考察。上海市领导与广东省代表团就加强两地合作进行交流和会谈。

7 月 25 日　文汇新民联合报业集团成立。

8 月 13 日　市政府印发《关于本市鼓励和引导非公有制经济健康发展若干意见》。

8 月 25 日　市政府印发《关于加快本市中心城区危棚简屋改造的实施办法》。28 日，市政府召开上海市推进中心城区危棚简屋改造工作会议，市长徐匡迪到会并讲话。

8 月 27 日　上海大剧院竣工并举行首场试演。

9月4日　上海市与芬兰埃斯波市在埃斯波签署协议,两市结为友好城市。

9月16—17日　爱尔兰总理伯蒂·埃亨访问上海。

9月17日　市政府印发《上海市外来流动人员计划生育管理办法》。

9月25—26日　法国总理利昂内尔·若斯潘访问上海。

9月30日—10月6日　中共中央总书记、国家主席、中央军委主席江泽民在沪考察。其间,考察上海大剧院、青浦县赵巷镇方东村、徐泾镇前明村的粮田丰产方和农村基层组织建设工作,并召开农业和农村工作座谈会。

10月8—9日　英国首相托尼·布莱尔访问上海。

10月11—12日　牙买加总理珀西瓦尔·帕特森访问上海。

10月14—16日　台湾海峡交流基金会董事长辜振甫率团抵沪。海峡两岸关系协会会长汪道涵会见辜振甫一行,开启了海峡两岸政治对话。

10月17—25日　市委书记黄菊、市长徐匡迪率上海市代表团赴广东省、福建省进行学习考察。其间,先后考察广州、深圳、珠海及福州、厦门等地,并与广东、福建两省领导座谈交流。

10月27—28日　芬兰总理帕沃·利波宁访问上海。

10月28日—11月1日　第一届中国国际旅游交易会在上海举行。从2001年起,中国国际旅游交易会分别在上海和昆明交替举办。

11月2日　欧盟委员会主席雅克·桑特访问上海。

11月4—6日　比利时首相让-吕克·德阿纳访问上海。

11月6日　市政府办公厅转发《关于对本市离退休人员养老金实行社会化发放的试行意见》,对离退休人员养老金实行社会化发放。

11月10日　吉林省代表团到沪考察。上海市领导与吉林省代表团就加强两地合作进行座谈。

11月14—15日　韩国总统金大中访问上海。

11月18日　上海市与墨西哥哈利斯科州在沪签署协议,两地结为友好州市。

同日　中华人民共和国成立后第一家跨行政区的中国人民银行上海分行宣告成立,分行在上海市、浙江省、福建省履行中央银行职责。2005年8月10日,正式成立中国人民银行上海总部。

11月20—22日　库克群岛总理杰弗里·亨利访问上海。

11月21—23日　上海市代表团赴江苏省学习考察。其间,重点考察南京、无锡、苏州等市,并与江苏省领导座谈交流。

11月28—30日　上海市代表团赴浙江省学习考察。其间,重点考察杭州、绍兴、嘉兴等市,并与浙江省领导座谈交流。

12月6—7日　摩洛哥首相阿卜杜勒-拉赫曼·尤素福访问上海。

12月10日　市委、市政府作出《关于实行政务公开制度,深入开展财务公开工作的决定》。

12月14日　市政府发布《上海市政府采购管理办法》。

12月18日　上海科技馆在浦东花木地区开工建设,2001年12月18日正式对外开放。

12月18—19日　巴布亚新几内亚总理比尔·斯卡特访问上海。

12月21日　内环线内面积最大、最集中的棚户区——普陀区潭子湾、潘家湾和王家宅地区改造工程举行开工典礼,一次性动迁居民家庭超出万户。经过近十年的商品房开发,在此建成了大型住宅区"中远两湾城"。

12月29日　沪杭高速公路上海段全线建成,并与沪杭高速公路浙江段同步正式通车。

12月30日　市政府召开上海市加强城市管理，整治违法建筑动员大会。

同日　上海书城建成开业。

1999年

1月14日　上海市政务公开信息上网暨公众信息服务网举行开通仪式。

2月2—6日　市十一届人大二次会议在上海展览中心举行。市长徐匡迪作《政府工作报告》。

2月4—6日　圣卢西亚总理肯·尼·安东尼访问上海。

2月7日　上海公共文化信息网在上海图书馆正式开通。

2月21日　云南省代表团到沪考察。上海市领导与云南省代表团就加强两地合作与对口帮扶工作进行商谈。

3月17日　内蒙古自治区代表团到沪考察。上海市领导与内蒙古自治区代表团就加强两地合作进行商谈。

3月18日　黑龙江省党政代表团到沪考察。上海市委、市政府领导与黑龙江省党政代表团就加强两地合作进行商谈。

3月23日　北京市党政代表团到沪考察。上海市委、市政府领导与北京市党政代表团就加强两地合作进行商谈。

3月24—30日　中共中央政治局常委、中央纪委书记、全国总工会主席尉健行在沪考察上海市建筑工程交易管理中心、市规划局政务公开现场等。

4月7—9日　埃及总统穆罕默德·胡斯尼·穆巴拉克访问上海。

4月14—16日　荷兰女王贝娅特丽克丝·威廉敏娜·阿姆加德陛下访问上海。

4月27—28日　泰国总理川·立派访问上海。

4月27—28日　以色列总统埃泽尔·魏茨曼访问上海。

4月28日　江苏省代表团到沪考察。上海市领导与江苏省代表团就加强两地合作进行座谈。

同日　浙江省代表团到沪考察。上海市领导与浙江省代表团就加强两地合作进行座谈。

5月2—4日　津巴布韦总统罗伯特·穆加贝访问上海。

5月12日　上海市政府采购中心成立。

5月15日　上海召开小企业贷款信用担保工作会议，宣布市政府推出小企业贷款信用担保试行办法。

5月16日　上海市社会福利中心成立。

5月29日　“中国上海”网站(政府网站)正式开通。

6月4—6日　塞拉利昂总统艾哈迈德·泰詹·卡巴访问上海。

6月7日　市委、市政府召开街道、乡镇信访工作会议，明确从7月开始，全市实行街道、乡镇党政领导每周四接待群众来访制度。

6月10—11日　塞浦路斯总统格拉夫科斯·克莱里季斯访问上海。

6月18—20日　中非总统昂热-菲利克斯·帕塔塞访问上海。

6月26—28日　市委书记黄菊、市长徐匡迪率上海市代表团在山东省学习考察。其间，考察青岛、威海和烟台等城市。

6月29日　卢湾区丽水路713弄第3121号“公用给水站”牌子被摘下，宣告市区彻底告别给水站供水方式,全部居民实现引水入屋。

6月30日　云南省代表团到沪考察。上海市领导与云南省代表团就加强两地合作进行商谈。

7月3—4日　纳米比亚总统萨姆·努乔马访问上海。

7月22日　市长徐匡迪会见到沪考察的澳门特别行政区首任行政长官何厚铧。

7月28日—8月13日　市长徐匡迪率上海市代表团赴澳大利亚、新西兰和巴西进行友好访问。

8月31日—9月2日　厄瓜多尔总统哈米尔·马瓦德·维特访问上海。

9月1日　内蒙古自治区代表团到沪考察。上海市领导与内蒙古自治区代表团就加强两地合作进行商谈。

9月15日　市政府作出《关于加强本市环境保护和建设若干问题的决定》。2000年3月29日,市政府转发市建委等六部门《关于加强本市环境保护和建设的实施意见》。

9月16日　国务院批复上海市政府,同意撤销青浦县,建立青浦区。

9月27—29日　'99《财富》全球论坛上海年会在上海国际会议中心举行,国家主席江泽民出席。23—28日,江泽民在沪考察华虹电子有限公司等企业和单位。

9月28日　吉林省党政代表团到沪考察。上海市委、市政府领导与吉林省党政代表团就加强两地合作进行商谈。

10月10日　委内瑞拉总统乌·查韦斯·弗里亚斯访问上海。

10月11—14日　汤加国王陶法阿豪·图普四世访问上海。

10月16—17日　莱索托国王莱齐耶三世访问上海。

10月18日　上海市与英国利物浦市在沪签署协议,两市结为友好城市。

10月25日　上海市与莫桑比克马普托市在沪签署协议,结为友好城市。

11月1—4日　中共中央政治局常委、国务院副总理李岚清在沪参加全国高等学校后勤社会化改革工作会议,并考察上海高校后勤社会化、素质教育、产学研和医疗卫生体制改革工作。

11月2—4日　德国总理格哈特·施罗德访问上海。

11月7日　黑龙江省党政代表团到沪访问考察。上海市委、市政府领导与黑龙江省党政代表团就加强两地合作进行商谈。

11月16日　上海市安置三峡库库区移民工作领导小组成立。2000年8月17日,首批三峡库区移民迁入上海市崇明县。至2002年9月,上海分三批接收三峡库区移民5 509人。根据国务院要求,2004年9月底上海再安置2 000名三峡库区移民。至此,国务院下达给上海的接收安置三峡库区外迁移民的任务全部完成。

11月26—27日　上海市技术创新大会在上海展览中心召开,市委书记黄菊、市长徐匡迪出席并讲话。12月31日,市委、市政府印发《加强技术创新、发展新科技、实现产业化的实施意见》。

11月30日—12月4日　市委书记黄菊、市长徐匡迪率上海市代表团在北京市和天津市学习考察。其间,考察北京市中关村、天津市和平区、高新技术产业园区等。

12月7日　江苏省党政代表团到沪考察。上海市委、市政府领导与江苏省党政代表团就加强两地合作进行商谈。

12月13—17日　首届上海国际工业博览会在上海展览中心举行。此后,每年举办一届上海国际工业博览会,2006年更名为中国国际工业博览会。

12月16—18日　斐济群岛总理马亨德拉·乔杜里访问上海。

12 月 17—18 日　阿尔巴尼亚总统雷杰普·迈达尼访问上海。

12 月 21 日　浙江省党政代表团到沪考察。上海市委、市政府领导与浙江省党政代表团就加强两地合作进行商谈。

同日　上海市社会保障卡网络系统开通。

12 月 27 日　上海市举行公共交通卡系统投入试运行和公共交通卡首发仪式，上海成为我国大陆首个实现公交、地铁、轮渡“一卡通”的城市。

2000 年

1 月 7 日　市政府印发、发布《关于进一步发展上海张江高科技园区的实施方案》《上海市促进张江高科技园区发展的若干规定》。2001 年 7 月 5 日，市政府印发《上海市促进张江高科技园区发展的若干意见》，同时废止《上海市促进张江高科技园区发展的若干规定》。

1 月 12 日　广西壮族自治区经贸代表团到沪考察。上海市领导与广西壮族自治区经贸代表团就加强两地合作进行商谈。

1 月　中环线五角场立交开工，标志着中环线建设开始。其中，中环线浦西段主线（军工路立交—虹梅路立交）于 2005 年前后陆地分段通车；上中路隧道及其连接线（虹梅路立交—上中路隧道—济阳路立交）于 2009 年通车；浦东段南段（济阳路立交—申江路立交）于 2010 年上海世博会前夕通车；军工路隧道及其连接线（军工路隧道浦东口—军工路立交）于 2011 年春节期间投入使用。

2 月 1 日　上海正式受理个人独资企业，市工商局颁发全市首批个人独资企业营业执照。

2 月 12—19 日　市十一届人大三次会议在上海展览中心举行。市长徐匡迪作《政府工作报告》。

2 月 23 日　上海大学、上海理工大学、上海师范大学等 8 所首批春季招生高校开始招生，打破了高考“一考定终身”。

2 月 25 日　上海城市规划馆建成并对外试开放。

2 月 28 日　市政府常务会议通过《关于以投资、建设、运营、监管“四分开”为核心的轨道交通投融资体制改革方案》。

3 月 21 日　重庆市党政代表团到沪考察。上海市委、市政府领导与重庆市党政代表团就加强两地合作进行商谈。

3 月 23 日　北京市党政代表团到沪考察。上海市委、市政府领导与北京市党政代表团就进一步加强两地经济合作进行座谈。

3 月 26—28 日　刚果总统德尼·萨苏-恩格索访问上海。

3 月 28—30 日　密克罗尼西亚总统利奥·法尔卡姆访问上海。

3 月 31 日　上海高速公路网举行首次项目招商会，宣布“十五”期间（2001—2005 年）全长 650 公里、总投资达 400 亿元的高速公路网十大项目将全部向国内外投资者招商。

4 月 2—4 日　中共中央政治局常委、全国人大常委会委员长李鹏在上海考察。其间，考察浦东新区、城市规划展示馆等。

4 月 2 日　上海市与泰国清迈府在沪签署建立友好市府协议书。

4 月 4 日　市政府印发《关于进一步完善“两级政府，三级管理”体制的若干意见》。

4 月 9 日　宁夏回族自治区党政代表团到沪考察。上海市委、市政府领导与宁夏回族自治区党政代表团就加强两地合作进行商谈。

4月10日　市政府召开机构改革工作部署会,市长徐匡迪对市政府机构改革工作进行部署。会议印发《关于上海市人民政府机构改革方案》。

4月13日　福建省代表团到沪考察。上海市领导与福建省代表团就加强两地合作进行商谈。

4月15—16日　新加坡总理吴作栋访问上海。

4月18—19日　"世界企业孵化与技术创新大会"在上海举行,市长徐匡迪作主题报告。

4月21—26日　市委书记黄菊、市长徐匡迪率上海市代表团在河南省、陕西省学习考察。其间,考察郑州市、西安市、延安市等。

4月27日　广西壮族自治区代表团到沪考察。上海市领导与广西壮族自治区代表团就加强两地合作进行商谈。

5月1日　市政府决定,自零时起取消黄浦江大桥、隧道的设卡收费。

5月6—14日　第五届全国残疾人运动会在沪举行。中共中央政治局常委、全国政协主席李瑞环出席开幕式,有1 800多名运动员参赛。

5月8—15日　中共中央总书记、国家主席江泽民在江苏、浙江、上海就加强新时期党的建设进行调研。

5月10—12日　丹麦首相波尔·尼鲁普·拉斯穆森访问上海。

5月15日　市政府召开建设"三港"服务全国研讨会,指出上海建设"三港"(信息港、航空港、深水港)是一项国家发展战略。

5月16日　青海省代表团到沪考察。上海市领导与青海省代表团就加强两地合作进行商谈。

5月17—19日　巴巴多斯总理欧文·阿瑟访问上海。

5月18—19日　菲律宾总统埃斯特拉达访问上海。

5月28日　甘肃省代表团到沪考察。上海市领导与甘肃省代表团就加强两地合作进行商谈。

同日　东方网(www. eastday. com)正式开通。

5月30日　上海市和阿联酋迪拜市在沪签署协议,两市结为友好城市。

6月2日　沪港大都市发展研讨会开幕。市长徐匡迪、香港特别行政区行政长官董建华在会上发表演讲。

6月3日　"中国金融发展战略研讨会"在上海举行。全国政协副主席经叔平参加会议。中国人民银行行长戴相龙、中国证监会主席周小川、中国保监会主席马永伟作主题发言。上海市市长徐匡迪在会上介绍了上海经济、金融发展形势。

6月13日　国务院批复上海市政府,同意撤销黄浦区南市区,设立新的黄浦区。

6月27日—7月10日　市长徐匡迪率上海市代表团访问法国、德国和土耳其。

6月27—28日　西班牙首相何塞·玛丽亚·阿斯纳尔访问上海。

7月3—8日　上海市代表团在宁夏、内蒙古学习考察。其间,上海与宁夏、内蒙古两地签署近百项合作协议。

7月24—26日　国务院在上海召开全国城镇职工基本医疗保险制度和医药卫生体制改革工作会议。国务院副总理李岚清出席会议并讲话。

8月14—20日　市长徐匡迪率上海市代表团在新疆学习考察。其间,考察乌鲁木齐市、石河子市、阿克苏地区等,形成上海与新疆加强合作的会谈纪要。

8月20—22日　市委书记黄菊、市长徐匡迪率上海市代表团在甘肃、青海学习考察。其间,上海与甘肃、青海分别签订一批两地合作项目,形成上海市与青海省全面加强合作的会谈纪要。

8月24日　市政府制定并公布《关于中国加入WTO上海行动计划纲要》。

9月3日　市政府印发《上海市城镇廉租住房试行办法》。

9月10—12日　阿根廷总统费尔南多·德拉鲁阿访问上海。

9月12—13日　几内亚总理拉明·西迪梅访问上海。

9月13—14日　瑞士联邦主席阿道夫·奥杰访问上海。

9月23日　华山路拓宽工程完工。至此,市中心“三纵三横”(三纵:东线、中线、西线;三横:南线、中线、北线)主道网络建设全面建成通车。

10月9日　解放日报报业集团成立。

10月13—14日　阿尔及利亚总统阿卡杜勒·阿齐兹·布特弗利卡访问上海。

10月16—18日　赞比亚总统弗雷德里克·雅各布·泰特斯·奇卢巴访问上海。

10月18日　云南省代表团到沪考察。上海市领导与云南省代表团就加强两地合作与对口帮扶进行商谈。

10月20日　市政府印发《上海市城镇职工基本医疗保险办法》。

11月1日　全国人口第五次普查时点为11月1日零时。根据国务院部署,上海开展第五次人口普查。普查结果,全市常住人口为1 640.77万人。

11月9—11日　瓦努阿图总理巴拉克·塔梅·索佩访问上海。

11月11—16日　中共中央政治局常委、国家副主席胡锦涛在沪考察。其间,考察上海通用汽车有限公司、张江高科技园区、东方网等。

11月14日　中共中央政治局常委、全国人大常委会委员长李鹏考察上海市对口支援三峡库区的重点项目——重庆(上海)汇丽建材有限公司。

11月17日　青海省代表团到沪考察。上海市领导与青海省代表团就加强两地合作进行商谈。

11月20日　河南省代表团到沪考察。上海市领导与河南省代表团就加强两地合作进行商谈。

11月22日　市政府印发《上海市服务参与西部大开发的实施意见》。

11月26—28日　纳米比亚总统萨姆·努乔马访问上海。

12月1日　上海医疗保险改革正式实施。

12月6—7日　亚美尼亚总理安德拉尼克·马尔加良访问上海。

12月8日　上海生活垃圾焚烧厂一期工程正式开工建设,2003年11月19日投产运行。上海生活垃圾焚烧厂二期工程2004年5月开工,2005年9月进入试运行,11月,一、二期合并投产,日处理生活垃圾1 500吨。

12月18日　京沪高速公路全线贯通。

12月27—28日　越南国家主席陈德良访问上海。

是年　上海启动建设社区事务受理中心,并列为市政府为民办实事项目之一。2001年起,社区事务受理中心的建设开始向郊区延伸。

是年　上海启动实施第一轮环境保护和建设“三年行动计划”(2000—2002)。至2011年,共实施四轮环保三年行动计划。

2001年

1月5日　市政府印发《上海市促进城镇发展试点的意见》,要求在“十五”期间(2001—2005

年),重点发展“一城九镇”(即松江新城,以及朱家角、安亭、高桥、浦江、罗店、枫泾、芦潮港、奉城、堡镇9个中心镇)。年内,启动安亭中心镇和松江新城开发建设。2002年,相继启动闵行区浦江镇、浦东新区高桥、青浦区朱家角、宝山区罗店中心镇开发建设。2003年6月,启动奉贤区奉城镇和金山区枫泾镇开发建设。

1月6日 上海化学工业区一期工程开工仪式在金山区漕泾地区举行。该工程第一阶段到2005年,建成3个主体项目:年产90万吨乙烯,MDI、TDI生产装置和聚碳酸酯工程。中共中央政治局委员、市委书记黄菊,全国政协副主席陈锦华出席开工仪式。

1月9日 国务院批复上海市政府,同意撤销南汇县、奉贤县,设立南汇区、奉贤区。

1月16—17日 意大利总理朱利亚诺·阿马托访问上海。

1月16—19日 朝鲜劳动党总书记金正日访问上海。

1月17日 市政府召开人事人才工作会议,决定建立海外人才上海居留证制度和上海市人才居住证制度,鼓励国内外优秀人才以柔性流动方式为上海服务。

2月7—12日 市十一届人大四次会议在上海展览中心举行。市长徐匡迪作《关于上海市国民经济和社会发展第十个五年计划纲要(草案)》的报告。

2月14—15日 加拿大总理让·克雷蒂安访问上海。

2月19日 上海21项科技成果在国家科学技术奖励大会上获国家奖,占全国获奖总数的7.2%。

2月28日 上海城市规划展示馆正式开馆。中共中央总书记江泽民题写馆名。

3月1日 上海磁悬浮列车示范运营线工程在浦东新区开工建设,2002年12月31日通车试运行。国务院总理朱镕基和德国总理格哈德·施罗德出席通车试运行典礼。2006年4月27日,上海磁悬浮列车示范运营线投入商业运营。

3月2—4日 尼泊尔国王比兰德拉·比尔·德瓦陛下访问上海。

3月3—4日 爱沙尼亚总统伦纳特·梅里访问上海。

3月6日 中共中央总书记、国家主席江泽民在参加全国九届人大四次会议上海代表团全体会议时指出,必须保持清醒和冷静,思考得更深一些,眼光更宽一些,要求更高一些,锐意开拓,不断前进。上海要力争实现生产力跨越式发展,率先基本实现现代化。同时,发挥中心城市的功能优势,服务全国,在西部大开发中发挥更大的作用。

3月22日 市政府召开卫生工作会议,决定在市级医疗卫生系统率先进行政府财政拨款改对下级投资的“拨改投”改革试点。同时,推进医疗机构联合重组和企业医院属地化管理改革。

4月12日 市委、市政府召开上海市人口资源工作座谈会。市委书记黄菊出席并讲话,市长徐匡迪主持会议。

4月16日 市委、市政府召开科学技术奖励大会。2007年起,上海市科技进步奖更名为“上海市科学技术奖”,下设科技功臣奖、自然科学奖、技术发明奖、科技进步奖和国际科技合作奖。除科技功臣奖两年评一次外,其余4个奖项每年一评。

4月16—18日 中共中央政治局常委、国务院总理朱镕基在沪考察上海大众汽车有限公司、上海国家会计学院、张江高科技园区等。

4月18—19日 新西兰总理海伦·克拉克访问上海。

4月19日 上海文化广播影视集团成立。

4月27—29日 马来西亚最高元首苏丹·萨拉赫丁·阿卜杜勒·阿齐兹·沙阿访问上海。

5 月 2 日　中国驻法大使吴建民在法国巴黎代表中国政府向国际展览局秘书长洛塞泰斯正式递交中国举办 2010 年上海世界博览会的申请函。

5 月 11 日　国务院批准《上海市城市总体规划(1999 年—2020 年)》,进一步明确上海建设社会主义现代化国际大都市和国际经济、金融、贸易、航运中心之一的功能定位。2003 年 12 月 4 日,市政府印发《上海市城市总体规划(1999 年—2020 年)中、近期建设行动计划》。12 月 24 日,市政府印发《关于进一步加强城市规划管理,实施〈上海市城市总体规划(1999 年—2020 年)〉的纲要》。

5 月 16 日　上海市与南非夸祖鲁—纳塔尔省在沪签署协议,两省市结为友好城市。

5 月 18—19 日　奥地利总统托马斯·克莱斯蒂尔访问上海。

5 月 30 日　市政府召开行政审批制度改革工作大会。6 月 27 日,市政府下发《关于本市行政审批制度改革的通知》,并于 10 月 25 日公布上海市第一批取消和不再审批的行政审批事项。

5 月　沪苏浙经济合作与发展座谈会首次会议在浙江省召开,此后每年轮流在上海市、江苏省、浙江省召开。

6 月 1—3 日　巴布亚新几内亚总理梅克雷·莫劳塔访问上海。

6 月 5—7 日　中共中央政治局常委、国务院副总理李岚清在沪考察联华超市、上海科技馆、正在建设中的松江大学城等。

6 月 8—9 日　墨西哥总统比森特·福克斯·克萨达访问上海。

6 月 12 日　中共中央总书记、国家主席江泽民在沪参观中共"一大"会址、考察宝钢集团等。

6 月 15 日　上海合作组织成员国元首会议在上海举行。会议宣告,成立欧亚大陆新的区域多边合作组织上海合作组织。

6 月 21—22 日　韩国国务总理李汉东访问上海。

7 月 4—6 日　马耳他总统圭多·德马科访问上海。

7 月 6 日　上海市与厄瓜多尔瓜亚基尔市结为友好城市。

7 月 7 日　江西省党政代表团到沪考察。其间,两地签署《上海市江西省加强全面合作协议》,签订共同推进 100 项重点合作项目协议。

7 月 8 日　市委、市政府印发《关于上海市区县机构改革的意见》,全面推进区县机构改革。

7 月 10 日　上海市与智利瓦尔帕莱索市在瓦尔帕莱索市签署协议,两市结为友好城市。

7 月 15 日　国务院三峡工程移民暨对口支援工作会议在湖北省宜昌市召开,上海市政府被授予对口支援三峡库区移民先进单位、崇明县被授予三峡工程移民工作先进单位。

7 月 16 日　市政府批转市计委等六部门《关于本市内外销商品房并轨的若干意见》。

7 月 26 日　市政府与中国工程院签署合作协议,成立上海市中国工程院院士合作委员会。双方联合组建的上海市中国工程院院士活动中心同时成立。

8 月 1 日　上海房地产内外销商品住房交易并轨,统一土地供应方式,用于商业、旅游、娱乐、金融、服务业、商品房等六类项目的土地使用权出让,实行招标、拍卖方式。

8 月 20 日　市委、市政府召开上海市对口支援工作会议,传达中央扶贫开发工作会议、中央第四次西藏工作座谈会、国务院三峡工程移民暨对口支援工作会议等三个会议精神,总结上海对口支援工作,布置下阶段全市对口支援工作任务,并表彰一批先进单位和个人。

8 月 27 日—9 月 11 日　市长徐匡迪率上海市代表团访问南非、摩洛哥、荷兰。

8 月 29 日　第八届 APEC 中小企业部长会议在沪开幕。

9 月 12 日　市政府批准建设上海紫竹高新技术产业开发区。该开发区由闵行区政府、交通大学、民营企业紫江集团,上海联合投资有限公司等各方面共同筹划。

9月17日　世界石油大会亚洲地区会议在沪开幕,这是世界石油大会首次举办的区域性会议。

9月18—22日　新加坡总统纳丹访问上海。

9月28日　上海市政府门户网站——"中国上海"(www.shanghai.gov.cn)正式建成并投入试运行,2002年1月1日起正式对外开通运行。

10月10日　上海市举行各界人士纪念辛亥革命90周年大会。中共中央政治局委员、市委书记黄菊出席并发表讲话,市长徐匡迪等市领导及各界人士1700余人出席。

同日　松江大学城建成开学。

10月17—20日　亚太经合组织(APEC)第13届部长级会议、工商咨询理事会(ABAC)第四次会议、工商领导人峰会分别在上海举行。

10月21日　2001年亚太经合组织(APEC)第九次领导人非正式会议在上海举行,中国国家主席江泽民主持会议。

同日　上海市与西班牙巴塞罗那市在巴塞罗那签署协议,两市结为友好城市。

11月2日　德国总理格哈德·施罗德访问上海。

11月10日　上海市与挪威奥斯陆市在沪签署协议,两市结为友好城市。

11月13—14日　卢旺达总统保罗·卡加梅访问上海。

11月23—24日　摩尔多瓦总理瓦西里·塔尔科夫访问上海。

11月24日　上海世贸组织(WTO)事务咨询中心顾问委员会成立及颁证仪式举行,市长徐匡迪向40名中外知名人士颁发顾问证书。

11月28日　上海黄金交易所开始试运行。

11月28日—12月3日　市长徐匡迪率企业家代表团访问法国、摩纳哥。

11月30日　市长徐匡迪在法国巴黎举行的国际展览局第130次全体会议上,作申办中国2010年上海世博会陈述。

12月5日　科技部批准上海市暨卫生部人类基因组学研究开放实验室为医学基因组学首个国家重点实验室。

12月6—7日　莱索托首相帕卡里塔·莫西西里访问上海。

12月7日　市十一届人大常委会第三十四次会议接受徐匡迪辞去上海市市长职务的请求,任命陈良宇为上海市代理市长。

同日　南非总统塔博·姆约·耶瓦尔·贝姆基访问上海。

12月20日　云南省党政代表团到沪考察。上海市委、市政府领导与云南省党政代表团就加强两地合作进行商谈。

2002年

1月10日　黄浦江两岸综合开发工程启动,其开发范围从吴淞口至徐浦大桥,规划面积2260公顷。2003年4月30日,市政府发布《上海市黄浦江两岸开发建设管理办法》。至2010年,上海国际客运中心、新十六铺码头,十六铺旅游中心等项目建成投入运营。滨江绿化带陆续建成并对公众开放。

1月10—11日　南斯拉夫总统沃伊斯拉夫·科什图尼察访问上海。

1月18—19日　约旦国王阿卜杜拉二世·本·侯赛因国王陛下访问上海。

1月22—23日　挪威首相谢尔·马格纳·邦德维克访问上海。

2月7—9日　摩洛哥国王穆罕默德六世访问上海。

2月10日　上海国际赛车场有限公司成立。10月21日，该公司与世界一级方程式管理协会(FOCA)签署合同，上海获“Fl”世界锦标赛2004—2010年中国大奖赛承办权。上海国际赛车场工程于10月17日正式开工，2004年3月底竣工。

2月22—26日　市十一届人大五次会议在上海展览中心举行。代市长陈良宇作《政府工作报告》。26日，会议补选陈良宇为上海市市长。

3月1日　上海市全面启动农村税费改革试点工作，市政府安排1.9亿元的转移支付资金，并重点向财力相对困难的区县倾斜。

3月12日　市政府批准《上海市绿化系统规划》。

3月23—24日　厄瓜多尔总统古斯塔夫·贝哈拉诺访问上海。

3月28日　上海市企业联合征信系统建成开通。

3月28—30日　比利时首相居依·伏思达访问上海。

3月　国务院正式批准上海国际航运中心洋山深水港区一期工程可行性研究报告。4月1日，上海市深水港工程建设指挥部、上海同盛投资(集团)有限公司成立。6月26日，洋山深水港区一期工程正式动工。2005年12月10日，洋山深水港区一期工程全面建成并启用。洋山深水港区二期工程于2006年12月10日竣工投用。洋山深水港区三期工程第一阶段于2007年12月10日竣工投用，三期工程第二阶段于2008年12月10日竣工投用。到2010年，得益于洋山深水港的建设，上海港成为世界第一大集装箱港。

4月2日　市委、市政府召开郊区工作会议，确立上海郊区“城乡一体化、农村城市化、农业现代化、农民市民化”的战略目标。

4月7—8日　卢森堡首相让-克洛德·容克访问上海。

4月10日　市政府印发《上海市征用集体土地拆迁房屋补偿安置若干规定》。

4月15日　上海市与罗马尼亚康斯坦察县在康斯坦察签署协议，两地结为友好市县。

4月19日　辽宁省代表团到沪考察。上海市领导与辽宁省代表团就加强两地合作进行商谈。

同日　上海贸易中心在俄罗斯圣彼得堡市开业。2003年，启动开发“波罗的海明珠”项目。2009年5月4日，上海海外联合投资股份有限公司与俄罗斯圣彼得堡市城市资产管理委员会签署《波罗的海明珠项目投资协议》，上海市市长韩正和圣彼得堡市市长马特维延科共同出席签字仪式。2007年6月9日，中共中央政治委员，国务院副总理吴仪，上海市市长韩正出席“俄罗斯中国年上海周”开幕式暨“波罗的海明珠”项目商务中心落成典礼。

4月25—26日　马其顿总统博里斯·特拉伊科夫斯基访问上海。

4月27—28日　科特迪瓦总统洛朗·巴博访问上海。

4月30日　市政府发布《引进人才实行〈上海市居住证〉制度暂行规定》，从2002年6月15日起施行。

5月10—12日　亚洲开发银行理事会第35届年会在上海举行。

5月13—15日　克罗地亚总统斯捷潘·梅西奇访问上海。

5月18日　天津市代表团到沪考察。上海市领导与天津市代表团就加强两地合作进行商谈。

5月22日　海关总署与上海市政府共同筹建的中国电子口岸数据中心上海分中心成立。

5月26日　湖南省代表团到沪考察。上海市领导与湖南省代表团就加强两地合作进行商谈。

5月28日　“上海合作组织”经贸部长会议在上海举行。

5月29日　亚太经合组织(APEC)第五次电信信息部长会议在上海举行。

5月29—30日　斐济总理莱塞尼亚・恩加拉塞访问上海。

6月6—7日　希腊总理康斯坦丁・西米蒂斯访问上海。

6月13日　第三届亚太地区城市信息化论坛在上海开幕。

6月15日　上海开始实行居住证制度。

6月20日　市政府发表《上海市城市交通白皮书》,这是中华人民共和国成立后第一部以地方政府名义公开发表的交通白皮书。

6月26日　上海陆地与洋山港连接的东海大桥开工建设,该大桥长32.5公里,是上海国际航运中心深水港工程的组成部分。2003年7月13日,国家主席江泽民为东海大桥题写桥名。2005年5月25日,大桥竣工通车。

7月1—2日　基里巴斯总统塞布罗罗・斯托访问上海。

7月2日　中国代表团在国际展览局代表大会上,介绍上海世博会主题、发展规划及上海作为申办城市的优势。

7月3—5日　毛里求斯总理阿内罗德・贾格纳特访问上海。

7月13—15日　尼泊尔国王贾南德拉・比尔・比克拉姆・沙阿・德瓦访问上海。

7月20日　市政府发布《上海市鼓励外国跨国公司设立地区总部的暂行规定》。9月30日,市政府举行首批跨国公司总部颁证仪式。2006年,成立上海总部经济促进中心。

7月22日　市政府印发《上海市外来从业人员综合保险暂行办法》,从9月1日起正式实行。

8月5日　市政府召开金融工作会议,提出上海将用10—20年的时间,基本建成国际金融中心之一。

8月21—23日　俄罗斯总理米哈伊尔・米哈伊诺维奇・卡西亚诺夫访问上海。22日,中俄总理第七次定期会晤在上海举行。国务院总理朱镕基与俄罗斯总理卡西亚诺夫签署中俄总理第七次定期会晤联合公报。

8月28日　市政府印发《上海市区域卫生规划(2001—2010)》,对医疗资源配置标准、医护比例、医疗机构布局等作出新规定。

8月30日　市政府发布《上海市社会抚养费征收管理若干规定》。2011年12月,市政府修改该《规定》并重新发布。

9月3日　上海获得联合国城市可持续发展贡献奖。

10月14—16日　莫桑比克总理帕斯科亚尔・曼努埃尔・莫昆比访问上海。

10月15日　第五届地方政府应对灾害和紧急事件(英文缩写LACDE)国际会议在沪开幕。

10月16—18日　乌拉圭总统豪尔赫・路易斯・巴特列・伊瓦涅斯访问上海。

10月22日　上海“城市森林”工程建设正式启动。

10月27—30日　加纳总统约翰・阿吉耶库姆・库福尔访问上海。

10月30日　上海黄金交易所开业。

11月2—3日　马耳他总理芬内克・阿达米访问上海。

11月7日　市政府下发《关于本市贯彻国务院所得税收入分享改革方案意见的通知》,实行企业所得税收入中央、市、区县分级分享改革。

11 月 12—17 日　2002 年网球大师杯赛在上海举行，该项赛事也是首次在亚洲、在发展中国家举行。中共中央政治局常委、全国政协主席李瑞环出席闭幕式并向冠军颁奖。2009 年，网球大师杯赛移到伦敦举办，上海转办上海 ATP1000 大师赛，为世界巡回赛九站之一，每年 10 月中旬在上海举办一次。

11 月 19 日　上海市获得由公共交通国际联会颁发的城市交通可持续发展奖。

11 月 20 日　崇明岛水系改造一期工程启动，2005 年竣工。

11 月 21 日　科技部、中科院、上海市政府联合在沪宣布，"国际水稻基因组计划"第四号染色体精确测序任务完成，这使我国对国际水稻基因组测序计划贡献率达到 10%，标志着我国对世界生命科学研究作出了重大贡献。

11 月 30 日　"百万市民百万树"全民义务植树活动在宝山区杨行镇举行，外环环城 400 米宽绿带建设全面启动。

12 月 3 日　在摩纳哥蒙特卡洛举行的国际展览局第 132 次大会上，经 4 轮投票，中国上海获得 2010 年世博会的主办权，这是世博会首次在发展中国家举行。

12 月 17—19 日　几内亚比绍总统昆巴・亚拉访问上海。

12 月 30—31 日　德国总理格哈德・施罗德访问上海。

2003 年

1 月 8—10 日　斯洛伐克总统鲁道夫・舒斯特访问上海。

2 月 16—23 日　市十二届人大一次会议在上海展览中心举行。市长陈良宇作《政府工作报告》。会议接受陈良宇辞去上海市市长职务的请求，选举韩正为上海市市长。

2 月 25—26 日　摩尔多瓦总统弗拉迪米尔・沃罗宁访问上海。

2 月 28 日—3 月 1 日　古巴国务委员会主席兼部长会议主席劳尔・卡斯特罗访问上海。

3 月 11 日　市政府同意民办上海思博职业技术学院、民办上海欧华职业技术学院、民办上海民远职业技术学院、民办上海立达职业技术学院、民办东方文化职业技术学院等 5 所学校正式建校。

3 月 22 日　浙江省代表团到沪考察。上海市领导与浙江省代表团就加强两地合作进行商谈。

3 月 25 日　市长韩正会见韩国釜山市市长安相英一行，并与安相英签署《上海—釜山共同宣言》。

3 月 27 日　市政府批准《上海市轨道交通基本网络规划》。

3 月 30 日　江苏省代表团到沪考察。上海市领导与江苏省代表团就加强两地合作进行商谈。

4 月 1—2 日　圭亚那合作总统巴拉特・贾格迪奥访问上海。

4 月 3 日　市政府印发《上海市崇明东滩鸟类自然保护区管理办法》，自 2003 年 12 月 1 日起施行。

4 月 4 日　四川省代表团到沪考察。上海市领导与四川省代表团就加强两地合作进行商谈。

4 月 16 日　市政府下发《关于制定防治"非典"措施的通知》。市政府办公厅印发《上海市预防和控制传染性非典型肺炎工作预案(试行)》，明确建立非典型肺炎防治联席会议制度。4 月 23 日，市政府发布《关于进一步加强传染性非典型肺炎防治工作的通告》，提出防治"非典"八项措施。5 月 6 日，国务院召开全国农村"非典"防治工作电视电话会议，会议结束后，市长韩正在上海分会场要求坚决控制疫情蔓延，切实做好农村和郊区的"非典"防治工作。8 日，市政府发布通告：对从发生传染性“非典”病例地区返沪人员实行医学观察、到沪人员实行健康检测。30日,市政府下发《关于调整本市防治非典型肺炎有关措施的通知》,决定逐步实现由应急措施转向常态管理。8月1日,市委、市政府召开全市防治“非典”工作会议,总结阶段性工作,部署下一步工作。

同日　山东省党政代表团到沪考察。上海市委、市政府领导与山东省党政代表团就加强两地合作进行商谈。

4月17日　上海市与韩国全罗北道在沪签署协议,两地建立友好交流关系。

4月19日　市长韩正会见美籍华裔科学家、诺贝尔奖获得者丁肇中博士。

5月9日　市政府发布《上海市房地产登记条例实施若干规定》。

6月3日　市政府举行首场新闻发布会,正式设立市政府新闻发言人制度。

6月5日　市长韩正发表世界环境日电视讲话。

6月22日　中国浦东干部学院在浦东新区开工建设。2005年3月,中国浦东干部学院正式开学。

6月22—23日　科摩罗总统阿扎利·阿苏马尼访问上海。

6月25—27日　印度总理阿塔尔·比哈里·瓦杰帕伊访问上海。

6月28日　市长韩正签署聘任书,聘请姚明担任上海市形象代言人。

6月30日—7月1日　瓦努阿图总理尼帕尔·爱德华·纳塔佩访问上海。

7月1日　轨道交通4号线(浦东南路—南浦大桥)越江隧道区间工程发生事故,引起地面大幅沉降,周边部分防汛墙坍塌,由于应对处置及时有效,未造成人员伤亡。事故发生后,市政府即成立由建设、公安、监察等部门组成的调查组。调查结果经市政府常务会议同意并提出处理意见后报至建设部。对这起事故的相关责任人受到司法追究,对相关单位追查领导责任;对相关责任单位作出处罚。

7月9—10日　韩国总统卢武铉访问上海。

7月22日　英国首相托尼·布莱尔访问上海。

8月9—10日　尼日尔总理哈马·阿马杜访问上海。

8月11日　上海市与斯里兰卡科伦坡市在北京签署协议,两市结为友好城市。

8月15日　市政府印发《上海市加强公共卫生体系建设三年行动计划(2003年—2005年)》。

8月23—24日　罗马尼亚总统杨·伊利埃斯库访问上海。

8月28日　市政府印发《上海市建设健康城市三年(2003年—2005年)行动计划》。至2011年,滚动实施3轮三年行动计划。

8月29—31日　中共中央政治局常委,国务院总理温家宝在上海考察。其间,考察松江新城、浦东新区、上海通用汽车,以及城市建设情况等。

8月31日—9月2日　厄瓜多尔总统卢西奥·古铁雷斯访问上海。

9月5日　市政府决定,授予本市高教系统王振义、李国豪、周小燕、谈家桢,普教系统万善正、刘京海、何金娣、顾泠沅、唐盛昌等9人“上海市教育功臣”荣誉称号。

9月11—12日　乌干达总理阿波罗·恩西班比访问上海。

9月13—15日　德国总统约翰内斯·劳访问上海。

9月15日　中国科学院与上海市政府签署合作共建国家级科学大工程——上海光源的会议纪要。2004年12月25日,上海光源工程开工建设。2009年4月29日,举行上海光源国家重大科学工程竣工典礼。中共中央政治局委员、国务委员刘延东,中共中央政治局委员、市委书记俞正声,全国人大常委会副委员长、中国科学院院长路甬祥，全国政协副主席、中国工程院院长徐匡迪共同启动竣工装置，并为上海光源国家科学中心（筹）揭牌。市长韩正与会并致辞。

9月16—18日　《福布斯》全球行政总裁会议在沪举行。

9月18日　市政府批准《上海市中心城市历史文化风貌区范围》，共划定12个历史文化风貌区。

9月20—22日　东帝汶总理马里·宾·阿穆德·阿尔卡蒂里访问上海。

9月24日　安徽省党政代表团到沪考察。上海市委、市政府领导与安徽省党政代表团就加强两地合作进行商谈。

9月24—25日　喀麦隆总统保罗·比亚访问上海。

9月24—26日　重庆市代表团到沪考察，上海市领导与重庆市代表团就加强两地经济合作进行商谈。

9月27日　市政府印发《上海市实施〈突发公共卫生事件应急条例〉细则》，自2003年11月1日起施行。

10月2—4日　刚果（布）总统德尼·萨苏-恩格索访问上海。

10月11—15日　爱尔兰总统玛丽·麦卡利斯访问上海。

10月18日　市政府印发《上海市小城镇社会保险暂行办法》，自2003年10月20日起施行。

同日　市政府印发《上海市被征用农民集体所有土地农业人员就业和社会保障管理办法》，自2003年10月20日起施行。

10月23日　上海市与瑞典哥德堡市在沪签署协议，两市由友好交流关系升格为友好城市。

10月23—24日　加拿大总理让·克雷蒂安访问上海。

10月26—28日　市长韩正率上海市代表团访问香港，贯彻落实中央政府与香港特别行政区政府签署《内地与香港关于建立更紧密经贸关系的安排》（CEPA），商讨进一步加强沪港经贸合作的措施。

10月31日—11月1日　意大利总理西尔维奥·贝卢斯科尼访问上海。

11月4—18日　市长韩正率领上海代表团访问英国、德国和奥地利。

11月9—10日　塞尔维亚总理佐兰·日夫科维奇访问上海。

11月10日　上海市与丹麦奥胡斯州（丹麦中部大区前身）在沪签署协议，两地结为友好市州。

同日　上海市与斯洛伐克布拉迪斯拉发州结为友好城市。

11月18日　中船江南长兴岛基地的前期工程开始启动。2005年6月3日，基地开工典礼在长兴岛举行。2008年6月3日，中国船舶工业总公司江南造船厂正式搬迁至中船长兴造船基地。

11月22日　陕西省代表团到沪考察。上海市领导与陕西省代表团就加强两地合作进行商谈。

11月23—24日　瑞士联邦主席帕斯卡尔·库什潘访问上海。

12月2日　市长韩正出席北京大学、清华大学、复旦大学与浦东新区政府合作签约仪式。

12月4—6日　斯洛文尼亚总理安东·罗普访问上海。

12月8日　市委、市政府领导率领上海市代表团赴江苏省，学习考察江苏招商引资、城市化建设和培养企业巨人方面的独创性思路和成功经验。10日，上海市代表团赴浙江省，学习考察浙江大力发展和积极引导非公有制经济的做法和经验等。

12月13—14日　印度尼西亚总统梅加瓦蒂访问上海。

12月18日　上海联合产权交易所成立。

12月23日　市政府召开财税体制改革专题工作会议，新一轮财税体制改革正式启动，自2004年1月1日起分3年实施。市长韩正出席会议并讲话。

12月26日　河南省党政代表团到沪考察。上海市委、市政府领导与河南省党政代表团就加强两地合作进行商谈。

12月28日　市政府印发《上海市个人信用征信管理试行办法》，自2004年2月1日起施行。

2004年

1月2日　市政府发布《本市实行"告知承诺"行政审批事项目录》(共38项)，自2004年4月1日起正式实施。

1月8日　市政府2004年实事之一，以社会公益服务为主体、以就业特困群众为主要对象的"万人就业项目"启动，市长韩正出席启动仪式。

1月12—16日　市十二届人大二次会议在上海展览中心举行。市长韩正作《政府工作报告》。

1月13日　经建设部批准，上海正式获得"国家园林城市"称号，2月2日举行揭牌仪式，建设部部长汪光焘、市长韩正出席。

1月15日　CEPA香港澳门(内地)推广周在上海开幕，从2004年1月1日起，CEPA(《内地与香港关于建立更紧密经贸关系的安排》《内地与澳门关于建立更紧密经贸关系的安排》)正式实施。

1月17日　上海铁路南站全面开工，2005年底全面建成，2006年7月1日正式投入运营。

1月25—28日　中共中央政治局常委、国务院副总理黄菊在上海考察。其间，考察上海国际汽车城、上海化工区、洋山深水港、东海大桥等。

2月11—12日　巴布亚新几内亚总理迈克尔·索马雷访问上海。

2月24—25日　丹麦首相安诺斯福格·拉斯穆森访问上海。

3月5日　上海市住房公积金管理委员会成立。

3月19—21日　密克罗尼西亚联邦总统约瑟夫·乌鲁塞马尔访问上海。

3月29日　市政府下发《关于本市扶持农业和粮食生产政策措施的通知》，要求坚决实行最严格的耕地保护制度。

3月31日　市政府印发《关于完善本市外来人口管理体制的若干意见》。

4月5日　市政府批准《临港新城总体规划》。新城规划面积约296.6平方公里(后扩展为311.6平方公里)，一期工程于2003年11月30日正式启动建设，2007年基本建成。

4月6—8日　市委、市政府领导率领上海市代表团在云南省学习考察，双方举行《上海—云南经济合作项目》签字仪式。

4月8—9日　莫桑比克总统若阿金·希萨诺访问上海。

4月9—11日　上海市代表团到江西省学习考察，双方签订《江西省与上海市进一步加强两省经济合作的协议》。

4月11—12日　拉脱维亚总统瓦伊拉·维凯·弗赖贝加访问上海。

4月15—16日　欧盟委员会主席罗马诺·普罗迪访问上海。

4月18—19日　捷克总统瓦茨拉夫·克劳斯访问上海。

4月19—20日　柬埔寨首相洪森访问上海。

4月20—28日　联合国亚太经社会(ESCAP)第60届会议在上海举行。

4 月 24—26 日　库克群岛总理罗伯特·温特访问上海。

4 月 24—27 日　中共中央政治局常委、国家副主席曾庆红在上海考察。其间，考察江南、沪东两家造船企业和浦东干部学院等。

4 月 24—27 日　瑙鲁总统勒内·哈里斯访问上海。

4 月 28 日　上海世博会首批园区企业迁建、国土收购补偿和部分居民搬迁基地框架协议签字仪式举行，市长韩正出席。

5 月 1 日　《上海市政府信息公开规定》施行。

5 月 15—18 日　马达加斯加总统马克·拉瓦卢马纳纳访问上海。

5 月 18 日　市政府印发《上海市全民健身发展纲要(2004 年—2010 年)》。

5 月 21 日　根据国务院《关于改革现行出口退税机制的决定》，经市政府批准，自 2004 年 1 月 1 日起，上海实行市、区县两级“退税基数共享，增量分级负担”的出口退税分担机制改革。

5 月 24—25 日　中共中央政治局常委、国务院总理温家宝在沪考察。其间，考察科技园区、港口、电力和造船企业等。

5 月 26—27 日　首届全球扶贫大会在沪举行，国务院总理温家宝、副总理回良玉出席会议。会议发表《上海宣言》和《上海减贫议程》。巴西总统路易斯·伊纳西奥·卢拉·达席尔瓦、坦桑尼亚总统本杰明·威廉·姆卡帕、孟加拉总理卡莉达·齐娅(女)、乌干达总统约韦里·卡古塔·穆塞韦亚和世界银行行长沃尔芬森与会并分别访问上海。

5 月 30—31 日　马来西亚总理达图·斯里·阿卜杜拉·哈吉·艾哈迈德·巴达维访问上海。

6 月 3 日　中国 2010 年上海世界博览会组委会成立暨第一次会议在京召开，国务院副总理、组委会主任委员吴仪出席并讲话，市长韩正等出席。至 2010 年 10 月 31 日上海世博会闭幕，组委会共召开 10 次会议。

6 月 9 日　市政府印发《上海市土地储备办法》，自 2004 年 8 月 1 日起施行。

6 月 16 日　中国 2010 年上海世博会执行委员会第一次会议在上海举行。至 2010 年 10 月 31 日上海世博会闭幕，执委会共召开 5 次会议，以及多次决策部署会、工作衔接会、专题研究会。

6 月 18—22 日　市长韩正率上海市代表团在吉林省、黑龙江省学习考察。其间，上海市与吉林省签署粮食产销合作协议，与黑龙江省签署进一步加强粮食购销长期合作协议。

6 月 28 日　国务院召开全国依法行政工作电视电话会议，市长韩正代表上海市政府作交流发言。

同日　中法互办文化年“上海周”活动在法国马赛市开幕。上海市政府向马赛市政府赠送具有永久纪念意义的中国特色园林——“上海园”。

6 月 30 日—7 月 1 日　阿根廷总统内斯托尔·卡洛斯·基什内尔访问上海。

7 月 1 日　市政府第 29 号令公布《上海市工伤保险实施办法》。

7 月 7—8 日　科威特首相萨巴赫·艾哈迈德·贾比尔·萨巴赫访问上海。

7 月 14 日　科技部部长徐冠华与市长韩正在上海签署《科学技术部与上海市人民政府工作会商制度议定书》。2008 年、2010 年，先后举行部市工作会商会议。

同日　江苏、浙江、上海三省市签署《江苏省、浙江省、上海市信用体系建设合作备忘录》。

7 月 14—16 日　缅甸总理钦纽访问上海。

7 月 17—18 日　马里总统阿马杜·图马尼·杜尔访问上海。

7 月 19 日　市长韩正与澳大利亚昆士兰州总理贝蒂在沪签署《上海市和昆士兰州友好合作交

流备忘录(2005—2007)》。

7月24—28日　纳米比亚总统萨姆·努乔马访问上海。

7月26—29日　中共中央总书记、国家主席胡锦涛在上海考察,希望上海人民继续努力,把上海建设成为国际经济、金融、贸易、航运中心和现代化国际大都市,率先全面建成小康社会,率先基本实现现代化,在建设中国特色社会主义的历史进程中继续走在全国前列。

7月28日　市政府批准《上海市城市雕塑总体规划(2004—2020年)》。

7月28日—8月2日　在上海展览中心举办以"我爱读书,我爱生活"为主题的2004上海书展。以后上海书展每年举办一届,至2010年,共举办七届。

8月4—12日　市委、市政府领导率领上海市代表团赴新疆维吾尔自治区、陕西省、重庆市、湖北省进行学习考察。其间,考察对口支援的新疆阿克苏地区、重庆万州五桥、湖北宜昌宜陵,并考察乌鲁木齐、伊犁、西安、重庆、武汉等地,瞻仰革命圣地延安,访问新疆生产建设兵团,慰问上海援疆干部。

8月19—21日　巴哈马总理佩里·克里斯蒂访问上海。

8月23—24日　中非总统弗朗索瓦·博齐泽访问上海。

8月28—29日　佛得角总理若泽·马里亚·佩雷拉·内韦斯访问上海。

8月28日—9月6日　第七届全国大学生运动会在沪举行。3 430名来自全国各地的优秀大学生运动员参加比赛。

8月30日　市政府印发《上海市居住证暂行办法》《上海市居住房屋租赁管理实施办法》,均自2004年10月1日起施行。

9月10—11日　加蓬总统哈吉·奥马尔·邦戈访问上海。

9月12—14日　圣卢西亚总督皮尔莱特·路易茜(女)访问上海。

9月14日　市政府印发《上海知识产权战略纲要(2004年—2010年)》。

9月17—19日　阿尔巴尼亚总理法托斯·纳诺访问上海。

9月24日　市政府印发《上海市贯彻实施国务院〈全面推进依法行政实施纲要〉的意见》。

9月28—30日　亚美尼亚总统罗伯特·谢德拉科维奇·科恰良访问上海。

9月30日　上海市应急联动中心正式启用。

10月1日　上海对境内到沪人员试行居住证制度,《居住证》有效期分别为1年、3年和5年。凡境内在沪居住3日以上者,应当办理居住登记,领取《上海市临时居住证》。

10月11—12日　法国总统雅克·希拉克访问上海。

10月14—16日　国际文化政策论坛第七届部长年会在上海举行。

10月20日　云南省代表团到沪考察。上海市领导与云南省代表团就加强两地合作与对口帮扶进行座谈。

11月1日　推进上海航空枢纽建设联合领导小组第二次工作会议在京召开,会议通过《上海航空枢纽战略规划》。

11月3日　上海市与奥地利萨尔茨堡市在沪签署协议,两市建立友好交流关系。

11月8—9日　卢森堡首相让-克罗德·容克访问上海。

11月10日　湖北省代表团到沪考察。上海市领导与湖北省代表团就加强两地合作进行座谈。

11月16日　上海市公共卫生中心落成启用。

11月19—22日　安提瓜和巴布达总理鲍德温·斯潘塞访问上海。

11月26日　市政府印发《上海市市民社区健康促进行动计划(2004年—2007年)》。

11月28—30日　吉尔吉斯斯坦总理尼古拉·塔纳耶夫访问上海。

12月6日　黑龙江省代表团到沪考察。上海市领导与黑龙江省代表团就加强两地合作进行座谈。

12月7—9日　意大利总统卡洛·阿泽利奥·钱皮访问上海。

12月13日　市政府发布《上海市行政许可办理规定》《上海市设定临时性行政许可程序规定》,均自2005年2月1日起施行。

12月15日　上海市政府与国家开发银行在沪举行开发性金融合作协议签字仪式。

12月16—18日　巴基斯坦总理肖卡特·阿齐兹访问上海。

12月21日　《上海人民政府志》(2004年版)在人民大厦举行首发仪式。

12月28日　上海长江隧桥(崇明越江通道)工程建设启动。2009年10月31日,上海长江隧桥建成通车,为当时世界最长的隧桥结合工程。

2005年

1月13日　市政府印发《上海加速发展现代服务业实施纲要》。

1月14—16日　葡萄牙总统若泽·桑帕约访问上海。

1月15—16日　安道尔首相马克·福尔内访问上海。

1月18—22日　市十二届人大三次会议在上海展览中心举行。市长韩正作《政府工作报告》。

1月19—21日　爱尔兰总理伯蒂·埃亨访问上海。

1月27—29日　毛里求斯总理保罗·雷蒙·贝朗热访问上海。

2月24日　市政府印发《上海优先发展先进制造业行动方案》。

2月28日　市长韩正等出席上海市优秀中国特色社会主义事业建设者表彰大会,会见非公有制经济人士优秀中国特色社会主义事业建设者奖章获得者。

3月3—6日　马来西亚最高元首端古·赛义德·西拉杰丁访问上海。

3月6日　市政府印发《关于当前加强房地产市场调控,促进房地产市场持续、健康发展若干意见》。

3月15日　市政府印发《上海市长江口中华鲟自然保护区管理办法》。

3月18—19日　阿塞拜疆总统伊利哈姆·阿利耶夫访问上海。

3月20—21日　刚果(金)总统约瑟夫·卡比拉访问上海。

3月22日　市政府设立的“上海市大学生科技创业基金”(简称“种子基金”)正式启动。

3月24—25日　朝鲜总理朴凤柱访问上海。

3月29日—4月11日　市长韩正率领上海市代表团访问美国和加拿大。

4月8—9日　哥伦比亚总统阿尔瓦罗·乌里韦·贝莱斯访问上海。

4月16—17日　尼日利亚总统奥卢塞贡·奥巴桑乔访问上海。

4月21—22日　奥地利总理沃尔福冈·许塞尔访问上海。

4月22—23日　法国总理让-皮埃尔·拉法兰访问上海。

4月30日—5月6日　第48届世界乒乓球锦标赛在上海举行。4月30日,中共中央政治局常委、全国人大常委会委员长吴邦国出席开幕式并宣布开幕。5月6日,中共中央政治局常委、国务院副总理黄菊出席闭幕式并致辞。

5月1—3日　中国国民党主席连战率领中国国民党大陆访问团到沪访问。7—8日，亲民党主席宋楚瑜率领亲民党大陆访问团到沪访问。5月2日和8日，海峡两岸关系协会会长汪道涵分别会见连战和宋楚瑜。

5月10日　内蒙古自治区代表团到沪考察。上海市领导与内蒙古自治区代表团就加强两地合作进行座谈。

5月11日　吉林省代表团到沪考察。上海市领导与吉林省代表团就加强两地合作进行座谈。

5月12—15日　萨摩亚总理图伊拉埃帕・萨伊莱莱・马利埃莱额奥伊访问上海。

5月17日　市长韩正参加中国代表团访问日本。其间，出席日本爱知世博会。

5月19日　上海市和爱尔兰科克市在科克市签署协议，两市结为友好城市。

5月19—20日　冰岛总统奥拉维尔・拉格纳・格里姆松访问上海。

5月20日　新疆维吾尔自治区党政代表团到沪考察。市委、市政府领导与新疆维吾尔自治区党政代表团就加强两地合作与对口支援工作举行会谈。

5月23日　第24届世界港口大会在上海举行。

5月29—31日　克罗地亚总理伊沃・萨纳戴尔访问上海。

5月30日　市政府印发《关于贯彻〈国务院关于鼓励支持和引导个体私营等非公有制经济发展的若干意见〉的实施意见》。

同日　市政府办公厅转发《国务院关于同意上海市调整宝山区和崇明县行政区划的批复》。崇明岛域规划也相应调整为崇明三岛(崇明岛、长兴岛、横沙岛)总体规划。10月17日，市政府常务会议通过《崇明三岛总体规划(2005—2020年)》。2006年3月27日，市政府批准《崇明三岛总体规划(崇明全区总体规划)2005—2020年》。

同日　市长韩正率团赴浙江省舟山市，出席沪浙两地座谈会。

6月2日　市政府与中国气象局在沪举行合作发展气象事业签约仪式。

6月4日　市长韩正出席上海国家会计学院(SNAI)第十届经济论坛，发表题为《抓住机遇、面向未来，用科学发展观指导上海发展实践》的演讲。

6月5—6日　秘鲁总统亚历杭德罗・托莱多・曼里克访问上海。

6月8—10日　比利时国王阿尔贝二世访问上海。

6月9日　商务部和上海市政府共同主办的世界服务贸易论坛在沪举行。

6月10日　教育部、上海市政府《关于上海交通大学、上海第二医科大学合并的原则意见》及《关于继续共建复旦大学、上海交通大学、同济大学的协议》签字仪式在沪举行，教育部部长周济、市长韩正等出席。7月8日，上海交通大学与上海第二医科大学合并组建新的交通大学成立，周济、韩正出席成立大会。

6月21日　国务院常务会议召开，批准上海浦东新区进行综合配套改革试点。市长韩正列席会议。9月29日，市政府召开专题会议，研究浦东新区综合配套改革试点工作，对浦东新区进行综合配套改革试点总体方案和三年行动计划的指导思路、目标、任务和重点作了进一步明确。10月14日，形成《浦东综合配套改革试点总体方案》和《2005～2007年浦东综合配套改革试点三年行动计划框架》。

6月22—24日　牙买加总理珀西瓦尔・帕特森访问上海。

6月25日　市政府印发《上海市人民政府工作规则》。

7月3—6日　中共中央政治局常委、中央纪委书记吴官正在上海考察。其间，考察浦东张江高新技术区、上海通用汽车、上海外高桥造船有限公司等。

7月8—14日　交通部、国防科工委、国家海洋局、上海市政府主办“郑和航海暨国际海洋博览会”，该博览会主题为“热爱祖国、睦邻友好、科学航海”。

7月10—11日　格林纳达总理基思·米切尔访问上海。

7月13日　市长韩正赴京，出席“中国改革高层论坛”活动。

7月16—17日　欧盟主席若泽·曼努埃尔·巴罗佐访问上海。

7月17日　湖北省党政代表团到沪考察。上海市委、市政府领导与湖北省党政代表团就加强两地合作进行座谈。

7月19—27日　市领导率领上海市代表团赴甘肃、青海、西藏、四川等西部四省区学习考察，并看望上海援藏干部。

7月25—27日　圭亚那总理塞缪尔·阿奇博尔德·安东尼·海因兹访问上海。

8月10日　中国人民银行上海总部揭牌仪式举行。

8月15—16日　肯尼亚总统姆瓦伊·齐贝吉访问上海。

8月24—25日　爱沙尼亚总统阿诺尔得·吕特尔访问上海。

8月25日　上海农村商业银行股份有限公司成立。

8月29日　市政府与中科院签订合作共建上海辰山植物园协议书，全国人大常委会副委员长、中科院院长路甬祥，市长韩正出席签字仪式。2011年1月20日，辰山植物园建成开园。

9月1日　斯里兰卡总统钱德里卡·班达拉奈克·库马拉通加夫人访问上海。

9月5日　市政府办公厅印发《上海市处置恐怖袭击事件专项应急预案》。

9月6—8日　科摩罗总统阿扎利·阿马苏尼访问上海。

9月7日　上海市突发公共事件应急管理委员会成立，市长韩正出席会议，要求加快构筑和完善符合上海特大型城市特点的应急管理体系。

9月11—15日　中共中央政治局常委、全国政协主席贾庆林在上海考察。其间，考察宝钢、国际汽车城、化工区等。

9月12—14日　芬兰总理马蒂·万哈宁访问上海。

9月21—23日　多米尼克总理罗斯福·斯凯里特访问上海。

9月23—25日　中共中央政治局常委、全国人大常委会委员长吴邦国在上海考察。其间，考察高等院校、科研院所及研发中心、时尚产业园等。

9月23—25日　吉布提总理迪莱塔·穆罕默德·迪莱塔访问上海。

9月29日　刚果(布)总统德尼·萨苏-恩格索访问上海。

10月12日　市长韩正赴重庆，出席“2005年亚太城市市长峰会”开幕式。

10月12—14日　澳大利亚总督迈克尔·杰弗里访问上海。

10月16日　国际奥委会主席罗格访问上海。

10月22—24日　赤道几内亚总统奥比昂·圭马·姆巴索戈访问上海。

10月23日　市政府批准《上海市郊区及浦东历史文化风貌区范围》，涉及10个区县共32片，总面积约14平方公里。

10月24日　海南省党政代表团到沪考察。上海市委、市政府领导与海南省党政代表团就加强两地合作进行座谈。

11 月 3 日　全国人大常委会副委员长李铁映率全国人大常委会劳动法执法检查组到沪,听取上海贯彻实施劳动法情况汇报。市长韩正作总体汇报。

11 月 9 日　市长韩正会见刘翔、孙海平、王励勤、吴敏霞、朱颖文等在全国十运会上取得佳绩的上海运动员、教练员代表。

11 月 23—24 日　市长韩正考察位于江苏盐城的上海三大农场(上海农场、川东农场、海丰农场)。

11 月 30 日　市政府印发《关于上海加速发展现代服务业若干政策意见》。

11—12 月　上海举办首届"上海国际当代戏剧季"。此后,每年举办 1 届。2012 年,"上海国际当代戏剧季"更名为"上海国际当代戏剧节"。

12 月 1—3 日　蒙古国总统那木巴尔·恩赫巴亚尔访问上海。

12 月 8 日　广西壮族自治区代表团到沪考察,并与市政协举行"上海—广西政协推动两地经济科技合作交流活动"。

同日　上海市地方志编纂委员会编纂的《上海通志》首发式在上海展览中心举行,标志着上海首轮社会主义新编地方志书规划内任务全面完成。

12 月 22 日　市领导出席庆祝中国电影百年华诞纪念活动,接见汤晓丹、舒适、张瑞芳、谢晋、孙道临、秦怡等老一辈电影艺术家,并为从影 50 年以上的老艺术家颁发荣誉证书。

12 月 25 日　在杭州市举行苏浙沪两省一市主要领导座谈会首次会议,共商长三角地区合作与交流,此后每年举行一次。2008 年该会议在宁波召开,安徽省主要领导首次应邀出席,并于 2009 年成为会议正式成员。

12 月 30 日　江泽民、曾庆红及上海市领导在沪出席海峡两岸关系协会会长、原中顾委委员、上海市委原第三书记、原市长汪道涵遗体送别仪式。

2006 年

1 月 5 日　市长韩正赴京出席上海合作组织峰会筹备委员会第一次全体会议。5 月 11 日,市政府专题会议研究上海合作组织峰会筹办工作。

1 月 13 日　市政府印发《上海中长期科学和技术发展规划纲要(2006—2020 年)》。

1 月 15—20 日　市十二届人大四次会议在上海展览中心召开。市长韩正作《关于上海市国民经济和社会发展第十一个五年总体规划纲要(草案)的报告》。

1 月 17 日　国家发展改革委批复同意《浦东综合配套改革试点总体方案》《2005—2007 年浦东综合配套改革试点三年行动计划框架》。3 月 25 日,市委、市政府召开浦东综合配套改革推进工作会议。

同日　市长韩正会见 2005 年度"国家最高科学技术奖"获得者、中科院院士、第二军医大学东方肝胆外科医院院长吴孟超。

1 月 20—21 日　希腊总理康斯坦丁·卡拉曼利斯访问上海。

1 月 25 日　市政府印发《上海市突发公共事件总体应急预案》。

2 月 5—8 日　中共中央政治局常委李长春在沪考察。其间,就推进青少年思想道德建设、深化文化体制改革等进行调研。

2 月 16—18 日　多哥总统福雷·埃索齐姆纳·纳辛贝访问上海。

2月19日　民航总局、上海市政府批准《上海虹桥国际机场总体规划》。

3月14日　上海世博会市场开发启动暨“世博号”起航仪式举行，民航总局局长杨元元、中国贸促会会长万季飞、市长韩正等出席。

3月23日　上海市科学技术大会召开，科技部部长徐冠华、市长韩正出席。会上为2005年度市科技功臣获奖者蒋锡夔院士和汤钊猷院士颁奖。

3月27—28日　罗马尼亚总统特拉扬·伯塞斯库访问上海。

3月29日　上海市政府、国家林业局、中国林业科学研究院在上海签订合作协议。

4月5—7日　土库曼斯坦总统尼亚佐夫·萨帕尔穆拉特·阿塔耶维奇访问上海。

4月7日　市长韩正出席加强城市管理网格化工作会议，强调加快推进符合上海城市特点的城市管理网格化。

4月9日　黑龙江省代表团访问上海。两省市签订了《上海市人民政府—黑龙江人民政府关于进一步加强合作交流意向书》。

4月13—14日　格鲁吉亚总统米哈伊尔·萨卡什维利访问上海。

4月17—29日　市长韩正率上海市代表团访问古巴、墨西哥。

4月18—22日　中共中央政治局常委、全国人大常委会委员长吴邦国在上海考察。其间，考察浦东新区、洋山深水港区、临港产业区、化学工业区、长兴岛港口机械和造船基地、金山区廊下镇等。

4月24—26日　斯里兰卡总理拉特纳西里·维克拉马纳亚克访问上海。

5月4—6日　国务委员、国务院秘书长华建敏在上海考察。其间，考察松江区、临港新城、东海大桥、洋山深水港等。

5月10日　国家知识产权局与上海市政府建立合作会商制度，并在沪举行签约仪式，市长韩正、国家知识产权局局长田力普出席。

同日　市政府作出《关于大力发展职业教育的决定》。

5月22—23日　德国总理安格拉·默克尔访问上海。

5月24日　全国人大常委会副委员长路甬祥率全国人大常委会专利法执法检查组到沪检查。市长韩正出席全国人大常委会专利法执法检查组专题汇报会。

6月12—13日　中共中央总书记、国家主席胡锦涛在上海考察。其间，考察东海大桥、洋山深水港区、上海振华港机、中船江南长兴造船基地、孙桥现代农业科技园区、浦东新区等，就贯彻落实科学发展观、转变经济增长方式进行调研。

6月14—16日　上海合作组织成员国元首理事会第六次会议暨成立五周年庆典在上海举行，中共中央总书记、国家主席胡锦涛发表重要讲话。会后，签署《上海合作组织五周年宣言》，发表《上海合作组织成员国元首理事会第六次会议联合公报》。俄罗斯总统弗拉基米尔·普京、哈萨克斯坦总统努尔苏丹·纳扎尔巴耶夫、塔吉克斯坦总统埃莫马利·拉赫莫诺夫、乌兹别克斯坦总统伊斯兰·卡里莫夫、吉尔吉斯斯坦总统库尔曼别克·巴基耶夫·萨·利雅维奇分别以上海合作组织成员国元首身份与会并访问上海。蒙古国总统那木巴尔·恩赫巴尼亚、伊朗总统马哈茂德·艾哈迈迪·内贾德、巴基斯坦总统佩尔韦兹·穆沙拉夫分别以观察员国元首身份与会并访问上海。

6月22日　山西省党政代表团到沪考察。上海市委、市政府领导与山西省党政代表团就加强两地合作进行商谈。

6月24—26日　塞内加尔总统阿卜杜拉耶·瓦德访问上海。

6月26日　山东省党政代表团到沪考察。上海市委、市政府领导与山东省党政代表团就加强两地合作进行商谈。

6月29—30日　老挝人民革命党中央委员会总书记、国家主席朱马里·赛雅颂访问上海。

7月17日　市劳动社保局局长祝钧一因涉嫌违规使用社保基金而被隔离审查。12月31日,市纪委、市监察委依据《中国共产党纪律处罚条例》《中华人民共和国公务员法》《企业职工奖惩条例》,对祝钧一等10多名涉上海社保基金案人员分别给予党纪、政纪处分,并移交司法机关处理。

8月2日　市政府下发《关于将本市城镇高龄无保障老人纳入社会保障的通知》,自9月1日起实施。

8月5—6日　萨摩亚国家元首图伊·阿图阿·图普阿·马塞塞·埃菲访问上海。

8月9日　市政府决定,授予跨栏运动员刘翔"上海体育功臣运动员"、孙海平"上海体育功臣教练员"荣誉称号。

同日　市政府印发《关于加强海洋管理工作的实施意见》。

8月10日　市政府印发《关于促进服务外包发展的若干意见》。

8月13—14日　斐济总理乔塞亚·白尼马拉马访问上海。

8月19日　比利时首相伊夫·莱特姆访问上海。

8月30日　上海与印度尼西亚东爪哇省在沪签署协议,两地结为友好省市。

8月　上海市大学生科技创业基金会成立,为中华人民共和国成立后首家推动大学生进行科技创业的非营利性公募基金会。

9月7日　安徽省党政代表团到沪考察。上海市委、市政府领导与安徽省党政代表团就加强两地合作进行座谈。

9月7—9日　卢森堡大公亨利访问上海。

9月8日　中国金融期货交易所在上海挂牌成立。

9月15—16日　意大利总理罗马诺·普罗迪访问上海

9月24—25日　立陶宛总统瓦尔达斯·阿达姆库斯访问上海。

9月24日　中共中央政治局会议审议了中央纪委《关于陈良宇同志有关问题初核情况的报告》,决定免去陈良宇上海市委书记、常委、委员职务,停止其担任的中共中央政治局委员、中央委员职务,由中央纪委对陈良宇涉嫌严重违纪的问题立案检查。

9月25日　市委、市政府召开党政负责干部大会,宣布中央关于市委主要领导调整的决定,通报陈良宇严重违纪问题。受中央委派,中共中央政治局委员、中央书记处书记、中央组织部部长贺国强出席会议并作重要讲话,宣布中央决定由韩正代理上海市委书记职务。

9月27日　市委代理书记、市长韩正出席第四届中国2010年上海世博会国际论坛并致开幕词,指出将中国2010年上海世博会举办得成功、精彩、难忘,是我们对世界的庄严承诺;上海将充分学习和认真借鉴既往世博会举办的有益经验,全力以赴做好上海世博会各项筹备工作。

9月28日　市委、市政府召开党政负责干部大会,市委代理书记、市长韩正出席并讲话,强调市委、市政府坚决拥护中央的决定;上海要按照胡锦涛总书记的要求,坚定不移反对腐败,坚定不移推进发展,全力以赴促稳定,确保团结、和谐、稳定的良好局面,确保上海经济社会发展良好势头,以优异成绩让党中央放心,让市民群众满意。

10月13日　市政府印发关于《上海市残疾人事业"十一五"发展纲要》。

10月15—20日　2006年特奥会上海国际邀请赛在上海举行,共有近20个国家和地区的近两千名运动员、教练员参加。15日举行开幕式,中央政治局委员、国务院副总理回良玉,市委代理书记、市长韩正，国家体育总局局长刘鹏，中国残联主席邓朴方，国际特奥会主席蒂姆·施莱佛等出席。

10 月 25 日　市政府印发《关于本市做好农民工工作的实施意见》。

10 月 27—28 日　印度尼西亚总统苏希洛·班邦·尤多约诺访问上海。

10 月 28 日　中国—印尼第二次能源论坛在上海举行，中共中央政治局常委、国务院副总理黄菊，印度尼西亚总统苏希洛，市委代理书记、市长韩正出席开幕式。

10 月 29—30 日　几内亚比绍总统若奥·贝尔纳多·维埃拉访问上海。

10 月 29—31 日　加蓬总统哈吉·奥马尔·邦戈访问上海。

10 月 31 日—11 月 2 日　安哥拉总理费尔南多·多斯桑托斯访问上海。

11 月 7—8 日　阿尔及利亚总统阿卜杜勒-阿齐兹·布特弗利卡访问上海。

11 月 21—23 日　保加利亚总理塞尔盖伊·斯塔尼舍夫访问上海。

12 月 4—6 日　塞浦路斯总统塔索斯·帕帕佐普洛斯访问上海。

12 月 26 日　市政府印发《上海海洋经济发展"十一五"规划》。

12 月 30 日　市政府下发《贯彻国务院关于加强土地调控有关问题的通知》。

2007 年

1 月 10 日　市政府批准《上海市综合客运交通枢纽布局规划》。

1 月 26 日　市政府印发《上海市突发公共事件总体应急预案》。

1 月 28 日—2 月 3 日　市十二届人大五次会议在上海展览中心举行。市长韩正作《政府工作报告》。

2 月 1—2 日　葡萄牙总理若泽·苏格拉底访问上海。

2 月 8 日　市政府印发《上海市在沪外国人集体宗教活动临时地点指定试行办法》《上海市固定宗教活动处所设立审批和登记试行办法》。

2 月 28 日　市政府印发《上海市土地交易市场管理办法》。

3 月 1—2 日　斯里兰卡总统马欣达·拉贾帕克萨访问上海。

3 月 23—27 日　萨摩亚总理图伊拉埃帕·卢佩索利艾·萨伊莱莱·马利埃莱额奥伊访问上海。

3 月 24 日　中共中央决定，习近平任中共上海市委书记，韩正不再代理上海市委书记职务。

3 月 30 日　西藏自治区党政代表团到沪考察。上海市委、市政府领导与西藏自治区党政代表团就加强两地合作和援藏工作进行商谈。

4 月 16 日　市政府办公厅发出《关于开展市政府规章清理工作的通知》。

5 月 10—11 日　中共中央政治局常委、国家副主席曾庆红在上海考察。其间，考察了东海大桥和洋山深水港等。

5 月 14 日　市政府印发《上海市服务全国和对口帮扶"十一五"规划》。

5 月 15 日　中共中央政治局常委、国务院总理温家宝在上海主持召开长江三角洲地区经济社会发展座谈会。

5 月 16—17 日　第 42 届非洲开发银行集团理事会年会在沪开幕，中共中央政治局常委、国务院总理温家宝出席开幕式并致辞。中国人民银行行长周小川、市委书记习近平、市长韩正出席开幕式。

5月20日　同济大学建校100周年庆典大会举行,中共中央总书记、国家主席胡锦涛发来贺电,国务委员陈至立代表国务院出席庆典大会并讲话,市长韩正出席。

5月25—26日　德国总统霍斯特・克勒访问上海。

5月30日　长三角区域大通关协作第一次联席会议暨签约仪式在沪举行,江苏、浙江、上海两省一市签署长三角区域大通关协作备忘录。

6月3日　云南省党政代表团到沪考察。上海市委、市政府领导与云南省党政代表团就加强两地合作和对口帮扶工作进行座谈。

6月5日　上海青草沙水源地原水工程启动,该工程是解决上海市饮用水水源的重大民生工程。2011年6月,上海青草沙水源地原水工程全面建成通水,其水质要求达到国家Ⅱ类标准,供水规模逾719万立方/每日,占上海原水供应总规模的50%以上;受水水厂16座,受益人口超过1 100万人。

同日　市政府下发《关于公布第一批上海市非物质文化遗产名录的通知》。

6月5—6日　纽埃总理米提塔伊昂伊梅尼・扬・维维安访问上海。

6月9—12日　市长韩正率上海市代表团访问俄罗斯,并参加圣彼得堡"上海周"活动。

6月16日　市长韩正会见日中青年世代友好代表团。

6月16—17日　国务委员陈至立在上海考察。其间,出席第10届上海国际电影节开幕式并颁奖。

6月24日　市委书记习近平、市长韩正出席特殊奥运会100天倒计时启动仪式。

6月24—26日　西班牙国王胡安・卡洛斯一世访问上海。

7月7日　市政府印发《关于进一步加强国内合作交流工作若干政策意见》。13日,市委、市政府召开全市合作交流与对口支援工作会议,市委书记习近平出席并讲话,市长韩正主持会议。

7月11—12日　毛里求斯总理纳文钱德拉・拉姆右兰访问上海。

7月19日　特奥会组委会在上海召开全体会议,中共中央政治局委员、国务院副总理、特奥会组委会名誉主席回良玉出席并讲话。8月27日,市委书记习近平、市长韩正出席上海世界特殊奥运会筹备工作动员大会。

7月22—23日　市委书记习近平、市长韩正率上海市代表团在浙江省学习考察。其间,考察杭州市、宁波市和义乌市等地。24—26日,上海市代表团在江苏省学习考察。其间,考察南京、无锡、苏州、昆山等地。

7月24日　市委书记习近平、市长韩正率上海市代表团赴南京军区,与南京军区司令员朱文泉、政委陈国令等进行会晤。

7月27日　市长韩正主持召开市政府全体会议,传达《中共中央关于陈良宇严重违纪问题审查情况和处理决定的通报》。

7月31日　市长韩正接见28位来自世界各地参加2007上海国际少儿文化艺术节的儿童代表。

8月5日　中国2010年上海世博会开幕倒计时1 000天。走进世博会——中国2010年上海世博会暨世博会历史回顾展览"大型巡展"在上海揭幕。市委书记习近平为展览揭幕,市长韩正致辞。

8月7日　市政府印发《上海市节能减排工作实施方案》。

8月8日　市政府印发《上海市土地资源节约集约利用“十一五”规划》。

8月14—15日　天津市党政代表团到沪考察。上海市委、市政府领导与天津市党政代表团就加强两地合作进行座谈。

8月18日　外滩综合改造工程开工。2010年3月18日，外滩综合改造工程全面完成。

8月21—25日　市长韩正率领上海市代表团在内蒙古自治区学习考察；25日，韩正出席在包头市举行的中国市长论坛开幕式。

8月22日　市政府与国家开发银行在上海签署《上海市人民政府和国家开发银行金融发展合作备忘录》。

9月4—5日　匈牙利总理久尔恰尼·费兰茨访问上海。

9月5日　市委、市政府召开全市信访工作会议。市委书记习近平、市长韩正出席会议并讲话。

9月10日　国务委员陈至立、市委书记习近平、市长韩正、国际足联主席布拉特等出席在上海开闭幕的2007FIFA中国女足世界杯开幕式。本届世界杯赛分别在中国的5个城市(成都、武汉、上海、天津和杭州)举办，30日在上海虹口足球场落下帷幕。

9月12日　中共中央政治局常委、国务院总理温家宝召开第191次国务院常务会议，市长韩正在会上汇报世博会筹备情况。

同日　四川省代表团到沪考察。上海市领导与四川省代表团就加强两地合作进行座谈。

9月18日　市长韩正出席市推进国际金融中心建设领导小组第一次会议并讲话。

9月20日　市政府办公厅发出《关于本市行政机关带头参与“公共交通周及无车日”活动的通知》。9月22日，首届上海公共交通周及无车日活动启动。

9月21—22日　浙江省党政代表团到沪考察。上海市委、市政府领导与浙江省党政代表团就加强两地合作进行座谈。

9月25日　2010年上海世博会国内参展动员会在上海召开，中共中央政治局委员、国务院副总理、世博会组委会主任委员吴仪主持，市委书记习近平，市长韩正等出席。

9月28—30日　库克群岛总理吉姆·马鲁雷访问上海。

9月29日　2007年世界夏季特殊奥林匹克运动会执法人员火炬跑上海迎圣火和起跑仪式在浦东滨江花园广场举行。市委书记习近平接过圣火，点燃圣火坛，并宣布火炬跑开始起跑。市长韩正等出席。

10月1—2日　中共中央总书记、国家主席、中央军委主席胡锦涛在上海考察，对上海工作提出“四个着力”要求：着力转变经济发展方式，着力推进改革开放，着力促进社会和谐，着力加强党的领导。

10月2—11日　2007年世界夏季特殊奥林匹克运动会在上海举行，共有来自全世界160多个国家和地区的1万多名特奥运动员、教练员参加。2日晚，在上海体育场举行开幕式，中共中央总书记、国家主席、中央军委主席胡锦涛出席并宣布运动会开幕。市委书记习近平、市长韩正等出席。11日，运动会闭幕，中共中央政治局委员、国务院副总理、上海世界特奥会组委会名誉主席回良玉出席并宣布运动会闭幕，市委书记习近平、国家体育总局局长刘鹏分别向本届特奥会教练员、裁判员、志愿者和工作人员代表等颁发纪念证书，市长韩正把会旗分别移交给2009年冬季特奥会举办地代表和2011年夏季特奥会举办地代表。中国残联主席、组委会执行主任邓朴方在闭幕式上致辞。菲律宾总统阿罗约和冰岛总统格里姆松参加特奥会并分别访问上海。

10月26—28日　哥斯达黎加总统奥斯卡·阿里亚斯访问上海。

10 月 27 日　中共中央决定,习近平不再兼任上海市委书记、常委、委员职务,俞正声兼任上海市委委员、常委、书记。

10 月 31 日—11 月 1 日　约旦国王阿卜杜拉二世・本・侯赛因访问上海。

11 月 3—4 日　国务委员华建敏在上海考察。其间,考察上海电力设备建设情况,主持召开上海劳动保障情况汇报会,市长韩正出席。

11 月 10—11 日　斯洛文尼亚总理雅奈兹・扬沙访问上海。

11 月 19 日　上海与瑞士巴塞尔州在沪签署协议,两地结为友好州市。

11 月 23—25 日　厄瓜多尔总统拉斐尔・科雷亚・德尔加多访问上海。

11 月 27 日　法国总统尼古拉・萨科齐访问上海。

11 月 30 日　中共中央政治局委员、市委书记俞正声,市长韩正出席在上海召开的长三角地区两省一市主要领导座谈会以及长三角地区金融协调发展框架协议签约仪式。

12 月 8 日　市政府印发《上海市城镇居民基本医疗保险试行办法》。

12 月 8—9 日　马其顿总统布兰科・茨尔文科夫斯基访问上海。

12 月 17 日　市长韩正主持召开市政府常务会议,决定在已全面取消义务教育阶段学生的学杂费基础上,从 2008 年春季起,免除全市义务教育阶段学生的课本和作业本费。

12 月 18 日　市长韩正宣布中国 2010 年上海世博会中国馆开工,并揭晓上海世博会吉祥物“海宝”。2010 年 2 月 8 日,上海世博会中国馆竣工。

12 月 18—19 日　密克罗尼西亚总统伊曼纽尔・莫里访问上海。

12 月 21 日　国务院副总理曾培炎、市委书记俞正声启动我国首架具有自主知识产权的喷气式支线客机 ARJ21 总装下线装置。国防科工委主任张庆伟、交通部部长李盛霖、国家民航总局局长杨元元、上海市市长韩正等出席启动仪式。22 日,曾培炎考察洋山保税港区、东海大桥和临港产业园区。2008 年 11 月 28 日,ARJ21—700 飞机在上海首飞成功。

12 月 28 日　上海市与美国芝加哥市在沪签署协议,双方由友好交流关系升格为友好城市。

12 月 29 日　上海轨道交通“三线两段”(轨道交通 6 号线、8 号线一期、9 号线一期、1 号线北延伸段、4 号线修复段)通车,标志着上海轨道交通网络运营基本形成。

2008 年

1 月 1 日　上海市内资外资企业统一实施《中华人民共和国企业所得税法》,取消原分别征收企业所得税制度。

1 月 18 日　市委书记俞正声、市长韩正出席上海市科学技术奖励大会。

1 月 19—20 日　英国首相戈登・布朗访问上海。

1 月 21 日　市政府印发《上海市解决城市低收入家庭住房困难发展规划(2008—2012 年)》的通知。

1 月 24—31 日　市十三届人大一次会议在上海展览中心举行。市长韩正作《政府工作报告》。30 日,会议选举韩正为市长。

2 月 17—18 日　广东省党政代表团到沪考察。上海市委、市政府领导与广东省党政代表团就加强两地合作交流进行座谈。

3 月 1 日　尼日利亚总统奥马鲁・穆萨・亚拉杜瓦访问上海。

同日　上海土地交易市场开业。

3月3日　市政府办公厅印发《上海市市长质量奖管理办法(试行)》。2009年10月30日，首届上海市市长质量奖颁奖仪式举行，市长韩正出席并讲话。

3月17日　上海市与丹麦中部大区在沪签署《上海市与丹麦中部大区建立友好市区关系协议书》。

3月29—30日　马拉维总统宾古·瓦·穆塔里卡访问上海。

4月1—3日　阿联酋副总统兼总理马克图姆·本·穆罕默德·本·拉希德·阿勒马克图姆访问上海。

4月6—8日　卡塔尔首相哈马德·本·贾西姆·本·贾布尔·阿勒萨尼访问上海。

4月14—15日　智利总统米歇尔·巴切莱特·赫里亚(女)访问上海。

4月16日　江西省党政代表团到沪考察。上海市委、市政府领导与江西省党政代表团就两地合作交流进行座谈。

4月17—20日　波黑部长会议主席(总理)尼科拉·什皮里奇访问上海。

4月18日　京沪高速铁路开工建设，2011年6月30日通车运营。

4月20日　重庆市党政代表团到沪考察。上海市委、市政府领导与重庆市党政代表团就两地合作交流进行座谈。

4月25—26日　市委书记俞正声、市长韩正率领上海代表团在北京学习考察。其间，考察奥运场馆建设和运行情况、社区工作、中关村、高新技术企业等。

5月4—5日　吉林省党政代表团在沪考察。上海市委、市政府领导与吉林省党政代表团就加强两地合作交流进行座谈。

5月6日　国家知识产权局和上海市政府部市合作会商会议在沪举行，国家知识产权局局长田力普、市长韩正出席并讲话。

5月7—9日　巴巴多斯总理戴维·汤普森访问上海。

5月9日　经国务院批准的金融领域专业性论坛——首届“2008陆家嘴论坛”开幕式举行。中共中央政治局委员、国务院副总理王岐山出席并作主题演讲，中共中央政治局委员、上海市委书记俞正声、中国人民银行行长周小川、银监会主席刘明康、证监会主席尚福林、保监会主席吴定富、市长韩正等出席。

5月10日　中共中央政治局委员、国务院副总理、上海世博会组委会主任委员王岐山考察中国2010年上海世博会筹办情况。

同日　辽宁省政府代表团到沪考察。上海市政府领导与辽宁省政府代表团就加强两地合作交流进行座谈。

5月11日　中共中央政治局委员、国务院副总理张德江，中共中央政治局委员、上海市委书记俞正声，科技部部长万钢、市长韩正等出席中国商用飞机有限责任公司成立大会。

5月12日　汶川8级特大地震发生。至6月底，上海先后向灾区派出各类专业救援人员1.5万人次，携带6万件套先进装备服务灾区；收治到沪灾区伤员300多人。上海人民捐款逾27亿元。此后，按照中共中央、国务院的部署，上海为灾区群众援建8万套过渡安置房，开展对口支援都江堰灾后恢复重建工作。2010年8月14日，上海支援都江堰灾后重建任务完成，总投资82.5亿元。

5月21日　上海市与法国罗纳—阿尔卑斯大区在沪签署《上海市与法国罗纳—阿尔卑斯大区升格为友好市区关系协议书》。

5月29日　长兴岛开发建设管委会揭牌仪式暨管委会第一次会议举行,市长韩正出席并讲话。9月23日,市政府发布《上海长兴岛开发建设管理办法》。

5月30—31日　香港特别行政区行政长官曾荫权访问上海。

5月30—31日　刚果(布)总统德尼·萨苏-恩格索访问上海。

5月31日　佛得角总统皮雷斯访问上海。

6月4日　市政府下发《关于公布本市取消和停止征收148项行政事业性收费项目的通知》。

6月6日　上海市推进浦东综合配套改革试点工作领导小组第一次会议召开,市长韩正出席并讲话。

6月16日　湖南省党政代表团到沪考察。上海市委、市政府领导与湖南省党政代表团就加强两地合作交流进行座谈。

6月20日　由全国人大常委会副委员长陈至立带队的全国人大《环境影响评价法》执法检查组在沪听取上海执行环评法情况汇报,市长韩正出席。

6月25—27日　希腊总统卡罗洛斯·帕普利亚斯访问上海。

6月26日　市长韩正会见台北市市长郝龙斌。

7月1日　沪宁城际高速铁路动工建设动员大会召开。铁道部、江苏省领导,市委书记俞正声、市长韩正出席。2010年7月1日,沪宁城际高速铁路正式通车。

7月5日　《商务部和上海市人民政府关于共同推进上海市服务贸易发展的合作协议》签字仪式在上海举行。市委书记俞正声、商务部部长陈德铭、市长韩正出席。

7月5—6日　中共中央政治局常委、国务院总理温家宝在上海考察。其间,考察洋山深水港、携程旅行网等。5日,温家宝听取上海市委、市政府工作汇报。

7月9—10日　墨西哥总统费利佩·卡尔德龙·伊诺霍萨访问上海。

7月16日　新闻出版总署、上海市政府部市合作第一次联席会议召开,新闻出版总署署长柳斌杰与上海市市长韩正出席,并签署部市合作框架协议。

7月20日　虹桥综合交通枢纽工程开工建设。该工程集航空、轨道交通、客运等功能为一体,2010年7月1日建成使用。

7月21—7月22日　国务委员刘延东在沪考察。22日,市长韩正主持会议,向刘延东汇报上海教育、科技、文化、体育工作。

8月1日　崇启大桥(起自上海市崇明区,终至江苏省启东市)奠基仪式举行。12月26日,崇启大桥上海段正式开工建设。2009年2月28日,江苏段开工建设。2011年12月24日,崇启大桥建成通车。

8月2日　市长韩正会见国际翻译家联盟主席毕德和到沪参加第18届世界翻译大会的各国会员代表。4—7日,第18届世界翻译大会在沪举行。

8月5—6日　萨摩亚国家元首图伊·阿图阿·图普阿·塔马塞塞·埃菲访问上海。

8月7—22日　由上海承办的北京奥运会京外赛区的12场奥运会足球赛在上海举行。

8月13—14日　斐济总理乔塞亚·白尼马拉马访问上海。

8月19日　比利时首相伊夫·莱特姆访问上海。

8月24日—9月4日　市长韩正率上海市代表团访问阿联酋、土耳其和西班牙。

8月25日　湖北省代表团到沪考察。上海市领导与湖北省代表团进行会谈。其间,两地签订一批合作框架协议。

8月27日　安徽省代表团到沪考察。上海市领导与安徽省代表团就加强两地合作交流进行座谈。

9月8日　市委、市政府印发《迎世博600天行动计划》。上海市迎世博600天行动计划动员大会举行，市委书记俞正声出席会议并讲话，市长韩正作工作部署。

9月26日　中国科学院和上海市《关于进一步深化部市合协议》签约仪式在上海举行。中共中央政治局委员、市委书记俞正声，全国人大常委会副委员长、中科院院长路甬祥，市长韩正出席。

9月27日　中共上海市委九届五次全会审议通过《上海市政府机构改革方案》。10月20日，中共中央、国务院批复上海市机构改革方案。经过调整，市政府设置工作部门44个。其中，办公厅和组成部门23个，直属机构21个，另设部门管理机构6个。

10月8日　上海市与柬埔寨金边市在金边签署协议，两市结为友好城市。

10月16日　市委、市政府印发《关于加快促进上海非公有制经济发展的若干意见》。

10月20日　新华社和上海市政府战略合作备忘录签字仪式在上海举行。

10月20—22日　丹麦首相安诺斯・福格・拉斯穆森访问上海。

10月21—22日　波兰共和国总理多纳德・图斯克访问上海。

10月22—25日　中共中央政治局委员、市委书记俞正声，市长韩正率领的上海市代表团在新疆维吾尔自治区进行学习考察。其间，分别与新疆维吾尔自治区和新疆生产建设兵团领导就加强合作交流进行座谈，考察乌鲁木齐市、阿克苏地区等地，慰问上海援疆干部。

10月27—29日　荷兰首相扬・比特・鲍肯内德访问上海。

10月29日　斯里兰卡总理维克拉马纳亚克访问上海。

11月22—23日　中共中央政治局常委、国务院总理温家宝在上海考察。其间，考察宝钢集团、上海外高桥造船有限公司、上汽集团、上海电气集团等。

12月12—13日　中共中央政治局常委、国务院副总理李克强在上海考察调研。其间，考察浦东新区、洋山深水港、携程网、杨浦区鞍山四村等。

12月15日　海峡两岸空中双向直达航路开通仪式在上海举行，首架直航班机东航MU2075航班8时整，由浦东国际机场飞往台北桃园机场，9时40分抵达。台湾复兴航空323航班由松山机场飞往浦东国际机场。同日，两岸海上直接通航上海至台湾首航启航仪式在洋山深水港举行。两岸正式迎来空运直航、海运直航、直接通邮。

12月19日　中共中央政治局常委、全国政协主席贾庆林在沪分别会见中国国民党主席吴伯雄、荣誉主席连战。20—21日，第四届两岸经贸文化论坛在沪召开，贾庆林、吴伯雄、连战出席，中共中央政治局委员、市委书记俞正声，中共中央台办主任王毅，市长韩正，海协会会长陈云林出席。

2009年

1月13—17日　市十三届人大二次会议在上海展览中心举行。市长韩正作《政府工作报告》。

1月18日　中航商用飞机发动机有限责任公司在沪揭牌。市长韩正出席该公司成立仪式。

2月4日　市政府印发《关于进一步推进本市旧区改造工作的若干意见》。

2月12日　市政府发布《持有〈上海市居住证〉人员申办本市常住户口试行办法》。

2月13日　上海市公共卫生应急指挥中心建成启用，突发公共卫生事件应急信息系统投入使用。

2月22—24日　巴基斯坦总统阿西夫·阿里·扎尔达里访问上海。

2月26—27日　“万国禁烟会”百年纪念活动在上海举行,国务委员孟建柱、市长韩正出席开幕式。

3月20日　上海市把农村村庄改造工作列入市政府实事项目,实行“一事一议”财政奖补政策,开展村庄改造。

3月24—26日　乌拉圭总统塔瓦雷·巴斯克斯访问上海。

3月25日　国务院常务会议审议通过《关于推进上海加快发展现代服务业和先进制造业建设国际金融中心和国际航运中心的意见》。5月8日,市政府印发《贯彻国务院关于推进上海加快发展现代服务业和先进制造业建设国际金融中心和国际航运中心意见的实施意见》。6月25日,市十三届人大常委会第十二次会议通过《上海市推进国际金融中心建设条例》。

3月31日　上海市与英国大伦敦市通过邮寄方式签署协议,两市结为友好城市。

4月13—17日　市长韩正率上海市政府代表团在湖南省、安徽省学习考察。其间,考察长沙、合肥、芜湖等市和企业,并专程前往韶山瞻仰毛泽东故居。

4月16—17日　新西兰总理约翰·基访问上海。

4月24日　国务院批复上海市政府,同意撤销上海市南汇区,将其行政区域并入上海市浦东新区。

同日　上海市政府与国家开发银行金融发展合作备忘录签字仪式在上海举行。

同日　苏浙沪两省一市在上海共同签署《长江三角洲地区知识产权发展与保护合作框架协议书》。

4月28日　市长韩正会见台湾海峡交流基金会董事长江丙坤及夫人陈美惠。

5月1日　中国2010年上海世博会倒计时一周年暨计时牌启动仪式在北京举行。中共中央政治局常委、全国人大常委会委员长吴邦国出席并启动计时牌,上海市委书记、上海世博会组委会第一副主任委员俞正声致辞,市长、上海世博会执委会执行主任韩正主持仪式。

5月15日　中国保监会与上海市政府关于推进上海保险业发展的合作备忘录签字仪式在沪举行。市委书记俞正声出席并致辞,中国保监会主席吴定富、上海市市长韩正签署合备忘录。

5月28日　广西壮族自治区代表团到沪考察。上海市领导与广西壮族自治区代表团就加强两地合作进行座谈。

5月28—30日　塞拉利昂总统欧内斯特·巴伊·科罗马访问上海。

5月31日　上海召开推进高新技术产业工作会议,市委书记俞正声出席并讲话,市长韩正作工作部署。会上印发《关于加快推进上海高新技术产业化的实施意见》。

6月7日　新加坡总理李显龙访问上海。

6月12日　商务部与上海市共同推进上海商务工作全面发展合作协议签字仪式在上海举行。商务部部长陈德铭和市长韩正签署协议。

6月15—19日　中共中央政治局常委李长春在上海考察。其间,考察东方网、上海文化信息产业园(东方慧谷)等。

6月25日　市政府印发《上海市经济适用住房管理试行办法》。

6月27日　“莲花河畔景苑”一楼房倒覆,事故发生后,市政府即组成事故调查组进行全过程进行详细调查。7月28日,市政府召开新闻发布会,公布事故的责任认定及处理结果,包括对相关责任人分别给予行政拘留、行政处分,对相关责任单位给予吊销资质等。

7月1日　江苏省党政代表团到沪考察。上海市委、市政府领导与江苏省党政代表团就加强两地合作进行座谈。

7月3日　国务院正式批准设立全国首个实际运作的空港保税区——上海浦东机场综合保税区。2010年9月28日该保税区正式运作。

同日　上海市政府与交通银行全面合作备忘录签字仪式在上海举行。上海市委书记俞正声出席并致辞，市长韩正与交通银行行长李军签署全面合作备忘录。

7月6日　跨境贸易人民币结算试点启动仪式在上海举行。

同日　市政府印发《贯彻国务院关于进一步推进长江三角洲地区改革开放和经济社会发展指导意见的实施意见》。

7月16日　国家工商总局局长周伯华与上海市市长韩正在沪签署《关于共同推进中国2010年上海世博会举办工作的合作协议》。

7月24—30日　市委书记俞正声、市长韩正率上海市代表团在四川省、西藏自治区、重庆市、湖北省学习考察。其间，检查上海对口支援工作，考察合作项目，与四省区市共商加强合作交流事宜。

7月27日　安徽省代表团到沪考察。上海市领导与安徽省代表团就加强两地合作进行座谈。

8月12日　中共中央政治局委员、市委书记俞正声，中国人民解放军总参谋长陈炳德、市长韩正出席上海世博会军队、武警部队安保任务部署会。

同日　外高桥国际贸易示范区挂牌。

8月22—25日　市委书记俞正声、市长韩正率上海市代表团在江苏省、浙江省学习考察。其间，考察杭州市、嘉兴市、湖州市、常州市、无锡市、苏州市等。

8月22—25日　塞尔维亚总统鲍里斯·塔迪奇访问上海。

9月2日　国家质监总局与上海市政府在沪签署《合作备忘录》。

9月3日　上海市与奥地利萨尔茨堡市在萨尔茨堡签署协议，两市结为友好城市。

9月5日　国土资源部与上海市政府共建保障和促进上海科学发展国土资源管理新机制合作备忘录签字仪式在上海举行。

9月10日　上海市与国家开发银行《推进上海市文化产业发展合作备忘录》签字仪式在上海举行。

9月17日　上海市政府与中国工商银行、中国银行、中国建设银行、中国进出口银行战略合作签字仪式在京举行。

9月20日　2009年上海国际田径黄金大奖赛在沪举行。

9月25日　市长韩正会见由金泰焕知事率领的韩国济州道代表团一行，并与金泰焕共同签署《中国上海市——韩国济州特别自治道友好交流协议书》。

10月15日　市长韩正会见台北县县长周锡玮。

10月18—20日　科特迪瓦总理纪尧姆·基格巴福里·索罗访问上海。

10月28日　北京市党政代表团到沪考察。上海市委、市政府领导与北京市党政代表团就加强两地合作进行座谈。

同日　国家发展改革委批复核准上海迪士尼乐园项目。2011年4月18日，上海迪士尼乐园举行开工典礼，市委书记俞正声出席，市长韩正致辞。

11月12—13日　智利总统米歇尔·巴切莱特·赫里亚(女)访问上海。

11月15—16日　美国总统巴拉克·侯赛因·奥巴马访问上海。

11月28日　中共中央政治局常委、国务院总理温家宝在沪考察世博园区、商飞公司和保障性住房工程等。

12月4—5日　加拿大总理斯蒂芬·哈珀访问上海。

12月28日　市长韩正会见台北县县长周锡玮。

12月30—31日　尼泊尔总理马达夫·库马尔·尼帕尔访问上海。

2010年

1月1日　2010中国世博旅游年启动仪式暨“2010走进世博”大型旅游主题晚会举行,市委书记俞正声宣布“2010中国世博旅游年”启动,市长韩正致辞。

1月6日　市政府印发《上海市虹桥商务区管理办法》。

1月11日　在2009年度国家科学技术奖励大会上,中国科学院院士、复旦大学教授谷超豪荣获国家最高科学技术奖。同日,市委书记俞正声、市长韩正向谷超豪院士致信祝贺。

1月14—17日　中共中央总书记、国家主席胡锦涛在沪考察,对上海世博会筹办工作提出“六个确保”:确保场馆设施建设和布展如期完成;确保运营服务保障全面到位;确保安保工作万无一失;确保外事工作落实到位;确保新闻宣传有声有色;确保社会氛围文明祥和。其间,胡锦涛还先后考察同步辐射光源工程、中国商飞、上海电气集团、8号桥创意园区等。

1月21日　中国2010年上海世博会倒计时100天誓师动员大会在沪举行。中共中央政治局常委、全国政协主席贾庆林,中共中央政治局委员、国务院副总理、上海世博组委会主任委员王岐山出席。中共中央政治局委员、市委书记、上海世博会组委会第一副主任委员俞正声作动员讲话。市长、上海世博会执委会执行主任韩正主持会议。

1月22日　奥地利总统海因茨·菲舍尔访问上海。

1月26—31日　市十三届人大三次会议在上海展览中心召开。市长韩正作《政府工作报告》。

1月28日　交通运输部与上海市在沪签署加快推进国际航运中心合作备忘录。

2月4日　海关总署与上海市政府在京签署合作备忘录。

2月12日　市政府印发《关于贯彻国务院推进城市和国有工矿棚户区改造会议精神加快旧区改造工作的意见》。

2月22日　市长、上海世博会主运行指挥部总指挥韩正召开世博会主运行指挥部第一次全体会议。至上海世博会闭幕,世博会主运行指挥部共召开9次全体会议。

2月25日　市政府印发《上海市主要饮用水水源保护区边界划定和调整专项规划》。

同日　浙江省代表团到沪考察。上海市领导与浙江省代表团就加强两地合作进行座谈。

2月26日　市政府批准实施《2010年上海世博会环境空气质量保障措施》。

3月3日　教育部与上海市在京签署共建国家教育综合改革试验区战略合作协议。

3月10日　市政府办公厅函告各省、自治区、直辖市政府办公厅,上海市实行蔬菜生猪及生猪产品市场准入制度。

3月21日　市政府发布《关于加强烟花爆竹安全管理的通告》。其后,市政府先后发布《关于加强养犬管理的通告》《关于加强食品安全的通告》等26个上海世博会期间加强管理的文件。

3月22日　安徽省党政代表团到沪考察。上海市委、市政府领导与安徽省党政代表团就加强两地合作进行座谈。

3 月 26 日　市委书记俞正声、市长韩正会见澳门特别行政区行政长官崔世安。

3 月 28 日　沪、苏、浙两省一市与中国人民银行在上海签署《共同推进长三角地区金融服务一体化发展合作备忘录》。

3 月 31 日　上海市政府与中国社会科学院在沪签署《战略合作协议》，市长韩正出席签署仪式并为中国社会科学院陆家嘴研究基地揭牌。

4 月 3 日　市政府印发《贯彻国务院关于进一步促进中小企业发展若干意见的实施意见》。5 月 12 日，市政府召开促进中小企业发展工作会议。

4 月 6—9 日　市长韩正率领上海市政府访问团在台湾访问。其间，韩正出席“2010 台北上海城市论坛”。

4 月 7—10 日　首届沃特金融峰会在上海举行。该峰会是聚首全球金融界人士的高端年度盛会，由沃特财务集团发起并主办，参会者包括世界顶级执行官、政府官员、金融专家、经济学家及投资者等。

4 月 8 日　广西壮族自治区党政代表团到沪考察。上海市委、市政府领导与广西壮族自治区党政代表团就加强两地合作进行座谈。

4 月 14 日　青海玉树发生 7.1 级地震。当日，市委、市政府致电青海省委、省政府，对地震灾区人民表示深切慰问，并捐款 1 000 万元，支援灾区抗震救灾。

4 月 28 日—5 月 3 日　马耳他总统乔治・阿贝拉访问上海。

4 月 29 日　中共中央总书记胡锦涛在上海会见中国国民党荣誉主席连战、吴伯雄和亲民党主席宋楚瑜等应邀出席上海世博会开幕式的台湾各界人士。中共中央政治局委员、国务院副总理王岐山，中共中央政治局委员、上海市委书记俞正声，中央书记处书记、中央政策研究室主任王沪宁，国务委员戴秉国，上海市市长韩正等参加会见。

4 月 29 日—5 月 1 日　越南总理阮晋勇、荷兰首相杨・彼德・鲍肯内德、朝鲜最高人民会议常任委员会委员长金永南分别访问上海，并出席上海世博会开幕式。

4 月 29 日—5 月 2 日　柬埔寨首相洪森、马里总统阿马杜・图马尼・杜尔、刚果布总统德尼・萨苏-恩格索、加蓬总统阿里・邦戈、马拉维总统宾古・瓦・穆塔里卡分别访问上海，并出席上海世博会开幕式。

4 月 29 日—5 月 3 日　肯尼亚总统姆瓦伊・齐贝吉、亚美尼亚总统谢尔日・阿扎多维奇・萨尔基相分别访问上海，并出席上海世博会开幕式。

4 月 30 日　中共中央总书记、国家主席胡锦涛出席中国 2010 年上海世界博览会开幕式并宣布上海世博会开幕。

同日　法国总统尼古拉・萨科奇、哈萨克斯坦总理卡里姆・马西莫夫分别访问上海，并出席上海世博会开幕式。

4 月 30 日—5 月 1 日　韩国总统李明博、蒙古总统里・额勒贝格道尔吉、巴勒斯坦总统马哈茂德・阿巴斯、欧盟委员会主席若泽・曼努埃尔・巴罗佐分别访问上海，并出席上海世博会开幕式。

4 月 30 日—5 月 2 日　塞舌尔总统詹姆斯・米歇尔、土库曼总统库尔班古力・别尔德穆哈梅多夫分别访问上海，并出席上海世博会开幕式。

4 月 30 日—5 月 4 日　密克罗尼西亚总统伊曼纽尔・莫里访问上海，并出席上海世博会开幕式。

5 月 1 日　中国 2010 年上海世界博览会正式开园。中共中央政治局常委、全国政协主席贾庆林,国际展览局主席蓝峰共同启动开园按钮。中共中央政治局委员、国务院副总理王岐山等出席开园仪式,市长韩正主持开园仪式。

5月1—2日　马尔代夫总统穆罕默德·纳希德访问上海,并出席上海世博会马尔代夫国家馆开馆仪式。

5月4日　北京市、上海市领导出席上海世博会北京活动周启动仪式。在上海世博会期间,全国各省、市、自治区及港、澳、台代表团先后在沪举行世博会活动周。

5月6—10日　塞拉利昂总统欧内斯特·巴伊·科罗马访问上海,并出席上海世博会塞拉利昂国家馆日活动。

5月8—10日　波黑部长会议主席尼古拉·什皮里奇访问上海,并出席上海世博会波黑国家馆日活动。

5月10日　国务院侨办主任李海峰、市长韩正出席“华人华侨回家看世博”系列活动启动仪式。

5月11日　市政府批准《虹桥商务区核心区控制性详细规划(2010年)(核心区一期暨城市设计)》。

5月14—17日　克罗地亚总统伊沃·约西波维奇访问上海,并出席上海世博会克罗地亚国家馆日活动。

5月18—21日　德国总统霍斯特·克勒访问上海,并出席上海世博会德国国家馆日活动。

5月20—22日　比利时首相伊夫·莱特姆访问上海,并参观上海世博会比利时·欧盟馆。

5月20—22日　奥地利总理维尔纳·菲曼访问上海,并出席上海世博会奥地利国家馆日活动。

5月22日　美国国务卿希拉里·克林顿访问上海,并参观上海世博会美国馆、中国馆等。

5月22—24日　瑞典国王卡尔十六世·古斯塔夫访问上海,并出席上海世博会瑞典国家馆日活动。

5月23—25日　坦桑尼亚总统卡鲁姆访问上海,并参观上海世博会。

5月24—27日　黑山总统菲利普·武亚诺维奇访问上海,并出席上海世博会黑山国家馆日活动。

5月26—27日　拉脱维亚总理瓦尔迪斯·托姆布洛访问上海,并参观上海世博会。

5月26—31日　芬兰总统塔里娅·哈洛宁访问上海,并出席上海世博会芬兰国家馆日活动。

5月28日　市政府印发《上海浦东机场综合保税区管理办法》。

5月29—31日　印度总统普拉蒂巴·德维辛格·帕蒂尔访问上海并参观上海世博会。

5月29日—6月1日　卢森堡大公储纪尧姆访问上海,并参观上海世博会。

6月1日　市政府印发《上海市临港产业区管理办法》。

6月4日　市长韩正会见世界自然基金会总干事詹姆斯·利普一行,并接受“自然保护领导者卓越贡献奖”。

6月7日　市政府印发《关于进一步规范和加强行政执法工作的意见》。

同日　市政府办公厅印发《上海市行政执法人员执法行为规范》。

6月6—9日　澳大利亚总督昆廷·布赖斯访问上海,并出席上海世博会澳大利亚国家馆日活动。

6月8—9日　菲律宾总统格格里亚·马卡帕加尔·阿罗约访问上海,并出席上海世博会菲律宾国家馆日活动。

6月10—11日　伊朗总统马哈茂德·艾哈迈迪·内贾德访问上海,并出席上海世博会伊朗国家馆日活动。

6月14日　市长韩正会见台北市市长郝龙斌。

6月16—18日　爱尔兰总统玛丽·麦卡利斯访问上海，并出席上海世博会爱尔兰国家馆日活动。

6月19日　市长韩正在无锡分别会见联合国贸易和发展会议秘书长素帕猜·巴尼巴滴、诺贝尔物理学奖得主李政道博士。

6月20—22日　莫桑比克总理艾雷斯·博尼法西奥·巴普蒂斯塔·阿里访问上海，并参观上海世博会非洲联合馆和中国馆等。

6月23—24日　斯洛文尼亚总理博鲁特·帕霍尔访问上海，并出席上海世博会斯洛文尼亚国家馆日活动。

6月26—28日　塞尔维亚总理米尔科·茨韦特科维奇访问上海，并出席上海世博会塞尔维亚国家馆日活动。

6月27日—7月2日　市长韩正率上海市代表团到新疆维吾尔自治区、新疆生产建设兵团学习考察，并赴上海对口支援的喀什地区考察调研。

6月29日—7月2日　加拿大总督米夏埃尔·让访问上海，并出席上海世博会加拿大国家馆日活动。

7月3日　国务院批复上海市政府，批准《上海市土地利用总体规划(2006—2020年)》。批复明确，到2020年，上海市耕地保有量不少于24.93万公顷；基本农田保护面积不少于21.87万公顷；城市建设用地规模控制在26万公顷以内；中心城区建设用地规模控制在800平方公里以内。

7月4日　民政部与上海市政府在沪签署共同建设国家现代民政示范区合作协议。

7月2—5日　卢旺达总理贝尔纳·马库扎访问上海，并出席上海世博会卢旺达国家馆日活动。

7月8—10日　新西兰总理约翰·基访问上海，并出席上海世博会新西兰国家馆日活动。

7月9—10日　巴基斯坦总统阿西夫·阿里·扎尔达里访问上海，并参观上海世博会。

7月11—16日　东帝汶总统若泽·拉莫斯·奥尔塔访问上海，并出席上海世博会东帝汶国家馆日活动。

7月14日　市政府与中国投资有限责任公司在沪签署《推进上海国际金融中心建设战略合作框架协议》。

7月14—15日　阿根廷总统克里斯蒂娜·费尔南德斯·德基什内尔访问上海，并参观上海世博会阿根廷馆等。

7月14—18日　圭亚那总统巴拉特·贾格迪奥访问上海，并出席上海世博会加勒比共同体日活动。

7月15—20日　多米尼克总统尼古拉斯·利物浦访问上海，并出席上海世博会加勒比共同体日活动。

7月16—20日　格林纳达总理蒂尔曼·托马斯访问上海，并出席上海世博会加勒比共同体日活动。

7月17—18日　斯里兰卡总理迪萨纳亚克·贾亚拉特纳访问上海，并出席上海世博会斯里兰卡国家馆日活动。

7月19日　市长韩正出席加强金融服务促进经济转型和结构调整工作会议，并为上海股权托管交易中心揭牌。

7月25日　上海市政府与国家电网公司在沪签署《智能电网建设战略合作协议》。

7月28日　上海推进高新技术产业化工作会议召开,市委书记俞正声、市长韩正出席并讲话。

7月29—31日　加蓬总理保罗·比约格·姆巴访问上海,并出席上海世博会加蓬国家馆日活动。

7月29日—8月1日　萨摩亚总理图伊拉埃帕·萨伊莱莱·马利埃莱额奥伊访问上海,并出席上海世博会萨摩亚国家馆日活动。

7月30日　国家技术创新工程上海市试点工作推进大会召开,上海市委书记俞正声、科技部部长万钢出席会议,市长韩正主持会议。

7月31日—8月12日　斐济总理萨亚·沃伦盖·姆拜尼马拉马访问上海,并出席上海世博会斐济国家馆日活动。

8月11—12日　津巴布韦总统罗伯特·加布里埃尔·穆加贝访问上海,并出席上海世博会津巴布韦国家馆日活动。

8月11—13日　瑞士联邦主席多丽丝·洛伊特哈德访问上海,并出席上海世博会瑞士国家馆日活动。

8月13—15日　市长韩正率领上海市代表团在四川省学习考察。

8月14—17日　赤道几内亚总统特奥多罗·奥比昂·恩奎马·姆巴索戈访问上海,并出席上海世博会赤道几内亚国家馆日活动。

8月19—22日　多哥总统福雷·埃索齐姆纳·纳辛贝访问上海,并出席上海世博会多哥国家馆日活动。

8月20—23日　新加坡总统纳丹访问上海,并参观上海世博会新加坡馆等。

8月25日　市政府举行2009年度上海市市长质量奖颁奖仪式,市长韩正强调,质量是上海的生命,是群众的根本利益所在。

8月25—26日　南非总统雅各布·祖马访问上海,并参观上海世博会南非馆。

8月29日　国际奥委会主席雅克·罗格访问上海,并参观上海世博会。

8月29—31日　西班牙首相何塞·路易斯·罗德里格斯·萨帕特罗访问上海,并出席上海世博会西班牙国家馆日活动。

8月30日—9月2日　毛里求斯总统阿内罗德·贾格纳特访问上海,并出席上海世博会毛里求斯国家馆日活动。

8月31日—9月3日　列支敦士登代理国家元首、摄政王储阿洛伊斯·列支敦士登访问上海,并出席上海世博会列支敦士登公国国家馆日活动。

9月2—5日　斯洛伐克总统伊万·加什帕罗维奇访问上海,并出席上海世博会斯洛伐克国家馆日活动。

9月4日　市政府印发《关于本市发展公共租赁住房的实施意见》。

9月4—5日　乌克兰总统维克多·亚努科维奇访问上海,并参观上海世博会乌克兰馆、中国馆。

9月4—5日　泰国总理阿披实·威差奇瓦访问上海,并出席上海世博会泰国国家馆日活动。

9月5—7日　市长韩正出席深圳经济特区建立30周年庆祝大会,并在广州市学习考察。

9月8—10日　2010年中国国际友好城市大会在上海举行。10日,中共中央政治局常委、全国政协主席贾庆林,中共中央政治局委员、市委书记俞正声,市长韩正出席大会闭幕式。

9月8—12日　冰岛总统奥拉维尔·拉格纳·格里姆松访问上海，并出席上海世博会冰岛国家馆日活动。

9月9日　中共中央政治局常委、全国政协主席贾庆林在上海会见中国国民党荣誉主席连战和夫人。中共中央政治局委员、市委书记俞正声，市长韩正参加会见。

9月9—10日　缅甸国家和平发展委员会主席丹瑞访问上海，并参观上海世博会缅甸馆、中国馆。

9月10日　中共中央政治局常委、全国政协主席贾庆林，中共中央政治局委员、市委书记俞正声，市长韩正出席在沪举行台胞社团论坛开幕式。

9月11—12日　摩尔多瓦总理弗拉基米尔·菲拉特访问上海，并出席上海世博会摩尔多瓦国家馆日活动。

9月11—13日　新加坡总理李显龙访问上海，并出席上海世博会新加坡馆“新加坡美食节”启动仪式。

9月15—17日　特立尼达和多巴哥总统乔治·理查兹访问上海，并参观上海世博会中国馆。

9月17日　市长韩正会见由海基会董事长江丙坤率领的海基会董监事访问团。

9月20日　市长韩正在沪会见美国芝加哥市市长理查德·戴利，双方共同签署《上海市和芝加哥市关于将两市关系升格为友好城市关系协议书》《上海市和芝加哥市关于建立能源和环境合作伙伴关系谅解备忘录》。

9月20—23日　亚美尼亚总理季格兰·萨尔基相、塔吉克斯坦总理阿基勒·阿基洛夫分别访问上海，并分别出席上海世博会本国国家馆日活动。

9月23日　加纳总统约翰·埃尔斯·阿塔·米尔斯访问上海，并参观上海世博会非洲联合馆和中国国家馆。

9月23—25日　几内亚比绍总理卡洛斯·戈梅斯·儒尼奥尔访问上海。

9月24—25日　中非总统弗朗索瓦·博齐泽·杨古翁达访问上海，并出席上海世博会中国国家馆日活动。

9月27—28日　俄罗斯总统德米特里·阿纳托利耶维奇·梅德韦杰夫访问上海，并与中共中央政治局常委、国家副主席习近平共同出席世博会俄罗斯国家馆日活动。

9月27日—10月2日　柬埔寨国王诺罗敦·西哈莫尼访问上海，并出席上海世博会中国国家馆日活动。

9月29日—10月2日　阿尔巴尼亚总统巴米尔·托皮访问上海，并出席上海世博会中国国家馆日活动。

9月30日—10月3日　斐济总统埃佩利·奈拉蒂考访问上海，并出席上海世博会中国国家馆日活动。

10月1日　上海世博会中国国家馆日仪式举行。中共中央政治局常委、全国人大常委会委员长吴邦国出席并致辞。

10月2—5日　莱索托国王莱齐耶三世访问上海，并出席上海世博会莱索托国家馆日活动。

10月4—9日　摩纳哥国家元首阿尔贝二世亲王访问上海，并出席上海世博会摩纳哥国家馆日活动。

10月6—8日　佛得角总统佩德罗·维罗纳·罗德里格斯·皮雷斯访问上海，并出席上海世博会佛得角国家馆日活动。

10月7日　市政府印发《关于进一步加强本市房地产市场调控加快推进住房保障工作的若干意见》,提出抑制投机性购房,满足市民合理住房需求。

10月7—9日　瓦努阿图总统尤路·约翰逊·阿尔比访问上海,并出席上海世博会瓦努阿图国家馆日活动。

10月8日　上海世博会上海活动周开幕式在世博园举行。

10月9—11日　卢森堡大公亨利访问上海,并出席上海世博会卢森堡国家馆日活动。

10月10日　白俄罗斯总统亚历山大·卢卡申科访问上海,并出席上海世博会白俄罗斯国家馆日活动。

10月11—14日　老挝总理波松·布帕万访问上海,并出席上海世博会老挝国家馆日活动。

10月18—20日　纽埃总理托克·塔拉吉访问上海,并出席上海世博会纽埃国家馆日活动。

10月20—21日　拉脱维亚总统瓦尔蒂斯·扎特列尔斯访问上海,并出席上海世博会拉脱维亚国家馆日活动。

10月23—25日　立陶宛总统达利娅·格里鲍斯凯婕访问上海,并出席上海世博会立陶宛国家馆日活动。

10月25—26日　印度尼西亚总统苏希洛·班邦·尤多约诺访问上海,并参观上海世博会印度尼西亚馆。

10月27—30日　格鲁吉亚总理尼卡·吉拉乌利访问上海,并出席上海世博会格鲁吉亚国家馆日活动。

10月28—29日　意大利总统乔治·纳波利塔诺访问上海,并参观上海世博会意大利馆和中国馆。

10月29日　中共中央政治局委员、市委书记俞正声,市长韩正会见前来参观上海世博会并出席上海世博会闭幕式的亲民党主席宋楚瑜。

同日　市长韩正出席第四届世博会主办城市和地区协会(英文缩写AVE)大会,大会推举韩正担任第四届AVE大会主席。

10月29日—11月1日　东帝汶总理夏纳纳·古斯芒,尼泊尔总统拉姆·巴兰·亚达夫,巴哈马总理休伯特·英格拉哈姆,莱索托首相帕卡利塔·莫西西利分别访问上海,并出席上海世博会闭幕式。

10月30日—11月1日　斯里兰卡总统马欣达·拉贾帕克萨,芬兰总理玛丽·基维涅米,匈牙利总理欧尔班·维克多分别访问上海,并出席上海世博会闭幕式。

10月31日　上海世博会高峰论坛在世博中心举行。中共中央政治局常委、国务院总理温家宝出席开幕式并发表主旨演讲,中共中央政治局委员、市委书记俞正声主持开幕式。中共中央政治局委员、国务院副总理王岐山,全国人大常委会副委员长路甬祥,国务委员兼国务院秘书长马凯,国务委员孟建柱,全国政协副主席万钢,市长韩正出席开幕式。论坛发布《上海宣言》,倡议将每年的10月31日定为“世界城市日”。2013年12月28日,“世界城市日”获得第68届联合国大会决议通过,这也是中国首次在联合国推动设立的国际日。

同日　上海世博会闭幕式在世博文化中心举行。国务院总理温家宝出席闭幕式并宣布上海世博会闭幕。世博会组委会主任、国务院副总理王岐山出席并致辞,市委书记俞正声主持闭幕式。市长韩正、国际展览局主席蓝峰出席闭幕式。上海世博会共吸引了世界246个国家和国际组织参展,参观人数达7 308万人次。

11月1日　第六次全国人口普查时点为2010年11月1日零时。根据国务院部署,市政府开展第六次人口普查。普查结果：全市常住人口为 2 301.91 万人。

11 月 7 日　国际博物馆协会第 22 届大会在沪开幕，中共中央政治局委员、国务委员刘延东出席开幕式并讲话，中共中央政治局委员、市委书记俞正声出席开幕式，文化部部长蔡武、市长韩正致辞。

11 月 10—15 日　市委书记俞正声率上海市党政代表团在新疆维吾尔自治区和新疆生产建设兵团学习考察，并到上海对口支援喀什地区的叶城、莎车、泽普、巴楚四县考察调研。

11 月 11—13 日　瑞典国王卡尔十六世·古斯塔夫率领的瑞典皇家工程科学院皇家技术考察团访问上海。

11 月 15 日　静安区胶州路 728 号一幢 28 层居民住宅楼发生特别重大火灾事故，造成 58 人死亡、71 人受伤。当日，国务委员、公安部部长孟建柱率国务院工作组抵沪，成立国务院上海市“11·15”特别重大火灾事故调查组。上海市成立“11·15”火灾事故善后处置领导小组。2011 年 6 月，国务院调查组公布对“11·15”特别重大火灾事故调查情况及处理决定，对 26 名责任人依法追究刑事责任，28 名责任人受到党纪政纪处分。

11 月 23 日　市政府与国际展览局在巴黎签署《世博会博物馆合作备忘录》。

12 月 20 日　长三角地区主要领导座谈会在沪举行。市委书记俞正声、市长韩正与江苏、浙江、安徽三省主要领导出席会议。

12 月 26 日　中国科学院上海高等研究院驻浦东科技园仪式、国家蛋白质科学研究（上海）设计开工仪式在张江高科技园区举行，市长韩正出席。

12 月 27 日　中共中央政治局委员、市委书记俞正声，市长韩正在京参加中国 2010 年上海世博会总结表彰大会。29 日，上海市召开上海世博会总结表彰大会，市委书记俞正声出席并讲话，市长韩正主持会议。

2011 年

1 月 9 日　商务部与上海市政府在沪举行“共建国家会展项目框架协议签字仪式”。

1 月 16—21 日　市十三届人大四次会议在世博中心举行。市长韩正作《政府工作报告》。

1 月 19 日　国务院批复同意上海张江高科技园区建设国家自主创新示范区。3 月 29 日，张江国家自主创新示范区建设动员大会召开，中共中央政治局委员、国务委员刘延东，中共中央政治局委员、上海市委书记俞正声，全国政协副主席、科技部部长万钢，上海市市长韩正出席会议。

1 月 25 日　上海市政府与华为技术公司在沪签署云计算战略合作协议。

1 月 27 日　市政府印发《上海市开展对部分个人住房征收房产税试点的暂行办法》。

2 月 12 日　市委、市政府印发《关于加快上海旅游业发展建设世界著名旅游城市的意见》。13 日，召开上海市旅游产业发展大会，市委书记俞正声、国家旅游局局长邵琪伟、市长韩正等出席。

2 月 12—14 日　瑞典国王卡尔十六世·古斯塔夫访问上海。

3 月 9 日　教育部与上海市政府在京签署《义务教育均衡发展备忘录》。

3 月 12 日　农业部与上海市政府在京签署《共同推进农业现代化建设合作备忘录》。

3 月 28 日　市长韩正出席上海纽约大学奠基仪式。2012 年 8 月 15 日，上海纽约大学正式挂牌成立。

3 月 29 日　中国大学生自主创业工作经验交流会暨全球创业周峰会在沪举行。会上，中共中央政治局委员、国务委员刘延东发表主旨演讲，并与中共中央政治局委员、市委书记俞正声一起开通“全国大学生创业服务网”;全国人大常委会副委员长严隽琪,全国政协副主席、科技部部长万钢,市长韩正分别致辞。

同日　市长韩正会见英国伦敦金融城市长白尔雅,并与白尔雅共同签署《上海市和伦敦金融城交流合作备忘录(2011—2014)》。

4月16—17日　乌克兰总理阿扎罗夫·尼古拉·亚诺维奇访问上海。

4月24日　新疆维吾尔自治区党政代表团到沪考察。上海市委、市政府领导与新疆维吾尔自治区党政代表团就加强两地合作进行座谈。

5月11日　第十二届世界俄语大会在沪开幕,中共中央政治局委员、国务委员刘延东出席开幕式并致辞。教育部部长袁贵仁出席大会。市长韩正出席并致辞。

5月12日　市长韩正会见海基会董事长江丙坤率领的海基会媒体参访团。

5月15日　中国人民银行与沪、苏、浙三省市在南京签署《共同推进长三角地区贷款转让市场发展合作备忘录》。

5月16日　上海经贸仲裁中心正式揭牌并投入运作。

5月17—18日　巴基斯坦总统赛义德·优素福·拉札·吉拉尼访问上海。

5月17—18日　欧洲理事会主席赫尔曼·范龙佩访问上海。

5月20日　国务院批复上海市政府,同意撤销黄浦区和卢湾区,设立新的黄浦区。

5月25日　“廉洁办世博、廉洁办亚运”总结大会在上海举行。中共中央政治局常委、中央纪委书记贺国强出席大会并讲话。中共中央政治局委员、广东省委书记汪洋,中共中央政治局委员、上海市委书记俞正声,上海市市长韩正出席。

5月27日　市政府印发《关于建立上海市食品安全委员会的决定》。

6月3日　江苏省党政代表团到沪考察。上海市委、市政府领导与江苏省党政代表团就加强两地合作进行座谈。

6月11—12日　山西省党政代表团在沪考察。上海市委、市政府领导与山西省党政代表团就加强两地合作进行座谈。

6月15日　市政府印发《关于加快推进上海国际贸易中心建设的意见》。

6月15—17日　巴巴多斯总理弗罗因德尔·斯图尔亚特访问上海。

7月3日　卫生部与上海市政府在沪签署《进一步深化部市合作协议书》以及《共建共管在沪卫生部管理单位补充协议》。

7月5—8日　毛里求斯总统阿内罗德·贾格纳特访问上海。

7月7日　市政府印发《上海市居住房屋租赁管理办法》。

7月13—15日　市长韩正率领上海市代表团赴黑龙江、辽宁两省学习考察。其间,上海市与黑龙江省签署关于深入发展粮食产销合作的协议。

7月13—31日　第14届国际泳联世界锦标赛在沪举行。中共中央政治局委员、市委书记俞正声,国际奥委会主席雅克·罗格出席开幕式。市长、本届世游赛组委会主任韩正致辞。

7月18日　市政府决定,授予姚明“上海市体育事业白玉兰终身成就奖”。20日,市长韩正会见姚明并向其颁奖。

7月19—21日　伊拉克总理努里·马利基访问上海。

7月25日　“2011上海—台北城市论坛”在沪开幕。上海市市长韩正、台北市市长郝龙斌出席并分别发表演讲。同日,两市签署教育、卫生医疗、旅游交流合作备忘录。

同日　福建省代表团到沪考察。上海市领导与福建省代表团就加强经济技术合作进行座谈。

7月28日　市长韩正会见台湾彰化县县长卓伯源。

7月29—30日　贵州省党政代表团到沪考察。上海市委、市政府领导与贵州省党政代表团就加强两地合作进行座谈。

8月5日　上海市政府与中国移动通信集团公司在沪签署《共建智慧城市合作框架协议》。

8月10—15日　市委书记俞正声、市长韩正率上海市党政代表团在云南省学习考察。其间，检查对口帮扶工作，考察文山、红河、普洱等地。

8月13—14日　玻利维亚总统胡安·埃沃·莫拉莱斯·艾玛访问上海。

8月17日　由新闻出版总署和上海市政府共同主办的2011上海书展暨“书香中国”上海周开幕。上海书展升格为全国性书展。

8月30日　市长韩正会见台湾花莲县议会、政府参访团。

9月1—3日　菲律宾总统贝尼尼奥·西米恩·阿基诺三世访问上海。

9月2日　上海市与加拿大魁北克省在上海签署协议，结为友好城市。

9月7日　上海市推进智慧城市建设动员大会召开。市委书记俞正声出席会议、市长韩正讲话。市政府公布《推进智慧城市建设2011—2013年行动计划》。

9月17—18日　几内亚总统阿尔法·孔戴访问上海。

9月17—26日　市长韩正率上海市代表团访问阿根廷、智利、美国。

9月20—23日　库克群岛总理亨利·普那访问上海。

9月27日　轨道交通10号线发生列车追尾事故，271人到医院就诊检查，无人员死亡。事发后，市政府要求全力救治伤员，彻查事故原因，并对12名事故责任人作出严肃处理。

9月28—29日　朝鲜劳动党中央政治局常委、总理崔永林访问上海。

10月9日　第四届长三角现代服务业合作与发展论坛在沪召开。十届全国政协副主席徐匡迪作主旨演讲，市长韩正致辞。

10月14—21日　斐济总理乔萨亚·沃伦盖·姆拜尼马拉马访问上海。

10月19日　市政府发布《上海市国有土地上房屋征收与补偿实施细则》。

10月21日　上海现代服务业综合试点启动仪式举行。财政部、商务部、上海市政府在沪签署《上海现代服务业综合试点合作协议》。

10月26日　国务院宣布在上海开展增值税改革试点。经国务院同意，上海市从2012年1月1日起，在交通运输业和部分现代服务业开展营业税改征增值税试点工作。

同日　白龙港污泥处理工程消化系统点火启动，标志着亚洲规模最大的污泥处理设施——白龙港污泥处理主体工程建成投运。

11月26日　市政府办公厅印发《浦东综合配套改革试点三年行动计划(2011—2013)》。

11月28日　市长韩正等出席“上海发布”微博平台上线启动仪式。

12月1日　市政府印发《上海市现代农业“十二五”规划》。

12月5日　市政府印发《上海市电力发展“十二五”规划》《上海市新能源发展“十二五”规划》。

12月11日　中共中央政治局常委李长春在沪出席钱学森图书馆开馆仪式。

12月18—19日　波兰总统博罗尼斯瓦夫·科莫罗夫斯基访问上海。

12月19日　市政府发布《上海市鼓励跨国公司设立地区总部的规定》。

12月21日　市长韩正会见美籍华裔科学家、诺贝尔奖获得者、华东师范大学名誉教授丁肇中院士。

12月22日　市政府发布《上海市流动人口计划生育工作规定》。

12月23日　市长韩正出席上海港集装箱吞吐量突破3 000万箱庆典仪式。

12月26日　中国(上海)国际贸易中心平台在上海开通,市委书记俞正声、商务部部长陈德铭、市长韩正共同启动中国(上海)国际贸易中心平台开通装置。

12月31日—2012年1月1日　圭亚那总理塞缪尔・海因兹访问上海。

2012年

1月1日　按照国务院部署,上海在全国率先在交通运输业和部分现代服务业探索实施"营改增"试点。

1月5日　沪港经贸合作会议第二次会议在上海召开。市长韩正、香港特别行政区行政长官曾荫权出席并分别致辞。

1月11—16日　市十三届人大五次会议在世博中心举行。市长韩正作《政府工作报告》。

1月16日　市政府印发《上海市国民经济和社会信息化"十二五"规划》。

1月　根据《国务院办公厅关于完善省级以下邮政监管体制的通知》、中央编办《关于省级以下邮政监管机构设置人员编制的通知》、中共中央组织部《关于完善邮政管理体制组织人事工作有关问题的通知》等文件精神,上海设置建6个跨区域的邮政监管派出机构。

2月13日　市政府印发《持有〈上海市居住证〉人员申办本市常住户口办法》。

2月15日　上海股权托管交易中心启动仪式举行。

2月16日　国家工商总局、上海市政府在沪召开政策发布会,发布《国家工商总局关于支持上海"十二五"时期创新驱动、转型发展的意见》。

2月16—17日　中共中央政治局常委、国务院副总理李克强在沪考察。其间,考察中船江南造船基地、同步辐射光源工程、保障房项目等。

2月24日　上海市政府与中国联通公司在沪签署战略合作协议,共建智慧城市。

3月12日　国家测绘地理信息局与上海市政府签署共建上海智慧城市地理空间框架协议。

3月16日　市政府印发《关于本市进一步鼓励软件产业和集成电路产业发展的若干政策》。

3月25—26日　爱尔兰总理恩达・肯尼访问上海。

3月26日　市政府常务会议研究部署深化推进市级财政信息公开,细化政府预算公开内容,扩大部门预算公开范围等工作。

4月5日　上海市政府与民航总局在沪签署《加快推进"十二五"上海民航发展合作协议》。

4月6日　市长韩正会见台湾桃园县县长吴志扬。

4月10—11日　土耳其总理雷杰普・塔伊普・埃尔多安访问上海。

4月20—21日　中共中央政治局委员、国务院副总理王岐山在上海考察,并主持召开保险业改革与发展座谈会。

4月23—24日　上海合作组织参与国最高审计机关领导人第二次会议在上海举行。

4月24日　湖北省党政代表团到沪考察。上海市委、市政府领导与湖北省党政代表团就加强两地合作进行座谈。

4月28日　市政府印发《上海市并联审批办法》《上海市行政审批告知承诺办法》。

5 月 10—12 日　哥伦比亚总统胡安・曼努埃尔・桑托斯・卡尔德龙访问上海。

5 月 14 日　中共中央政治局委员、国务委员刘延东出席在沪举行的第三届国际职业技术教育大会开幕式，并在上海部分企业和高校调研科教结合与国家创新体系建设。全国政协副主席、科技部部长万钢，教育部部长袁贵仁，市长韩正等参加。

5 月 16—17 日　马其顿总理尼科拉・格鲁埃夫斯基访问上海。

5 月 18 日　市政府批准《上海市基本生态网络规划》。到 2020 年，上海生态用地总面积将达到 3 500 平方公里。

6 月 8 日　市政府批转市住房保障房屋管理局等五部门制订的《关于保障性住房房源管理的若干规定(试行)》。

6 月 10 日—11 月 17 日　上海市第一届市民运动会举行。

6 月 18 日　市长韩正会见世界知识产权组织总干事弗朗西斯・高锐。

6 月 21 日　教育部同意“上海电视大学”更名为“上海开放大学”，作为国家教育体制改革试点单位。

7 月 10 日　市政府印发《上海知识产权战略纲要(2011 年—2020 年)》，提出建设亚太地区知识产权中心城市的发展目标。

7 月 13 日　辽宁省政府代表团到沪考察。上海市政府领导与辽宁省政府代表团就加强两地合作进行座谈。

7 月 15—16 日　老挝人民革命党中央总书记、国家主席朱马里・赛雅颂访问上海。

7 月 20 日　上海市与俄罗斯圣彼得堡市在圣彼得堡市签署旅游合作备忘录。

7 月 20—21 日　肯尼亚总理拉伊拉・阿莫洛・奥廷加访问上海。

7 月 21—22 日　尼日尔总统穆罕默杜・伊素福访问上海。

7 月 26—28 日　市委书记俞正声率上海市党政代表团在青海省学习考察。其间，检查对口支援工作，考察果洛州等。

7 月 27 日—8 月 3 日　市长韩正率领上海市代表团访问韩国和日本。

8 月 7 日　上海市政府与中国电信集团公司签署《共建智慧城市战略合作协议》。

8 月 12—14 日　哥斯达黎加总统劳拉・钦奇利亚・米兰达(女)访问上海。

8 月 15 日　上海市科技创新大会召开。市委书记俞正声、市长韩正出席并讲话。

8 月 20 日　市政府印发《关于做好“12345”市民服务热线工作的意见》。2013 年 1 月 7 日，“12345”市民服务热线正式开通运行，24 小时接听市民来电。

9 月 3—5 日　马尔代夫总统穆罕默德・瓦希德访问上海。

9 月 6 日　市政府印发《上海市深化改革“十二五”规划》。

9 月 25 日　市政府印发《上海市城镇居民基本医疗保险试行办法》。

10 月 23 日　市政府印发《关于推进本市“十二五”期间养老机构建设的若干意见》。

10 月 30—31 日　2012 全球 CEO 发展大会在上海举行。

11 月 20 日　上海召开党政负责干部大会，会上宣布中央关于上海市委书记调整的决定：俞正声不再兼任上海市委书记、常委、委员职务，韩正兼任上海市委书记。

12 月 26 日　市十三届人大常委会第三十八次会议接受韩正辞去上海市市长职务的请求，决定杨雄为上海市代理市长。2013 年 1 月 27 日—2 月 2 日，市十四届人大一次会议在世博中心举行，代理市长杨雄作《政府工作报告》。会议选举杨雄为上海市市长。

第一篇

政府机构

1949年5月27日上海解放，中国人民解放军上海市军事管制委员会成立，对上海实行军事管制，陈毅为市军管会主任，粟裕为市军管会副主任。5月28日，上海市人民政府成立。中国人民革命军事委员会任命陈毅为上海市市长，曾山、潘汉年、韦悫为副市长。8月18—26日，市政府先后任命各单位负责人。至1949年底，市政府设办公厅等23个工作部门。

1955年2月，依照《中华人民共和国宪法》和《中华人民共和国地方各级人民代表大会和地方各级人民委员会组织法》的规定，上海市人民政府改为上海市人民委员会(简称“市人委”)。市人委由市长、副市长和委员若干人组成。市人民法院和市人民检察院不再列入市人委工作部门序列，独立行使各自的职权。1955年末，市人委直属机构和工作部门共56个，经过1957年、1958年、1961—1962年三次机构调整，至1966年3月，市人委有常设机构60个。

“文化大革命”(1966—1976年)中，“上海工人革命造反总司令部”等组织于1967年1月夺取中共上海市委和上海市人委的领导权，2月5日成立“上海人民公社”，2月23日根据中央通知，上海人民公社临时委员会改称上海市革命委员会(简称“市革委会”)。截至1967年底，市革委会设办公室等28个机构。“文化大革命”结束后，1977年起市革委会内部经过近3年调整，至1979年12月，市革委会设置办公厅、综合计划委员会、基本建设委员会等48个机构。

1979年12月，市七届人大二次会议根据1979年9月五届全国人大常委会第十一次会议通过的决议，将市革委会改为市人民政府。同时，恢复并增设一批工作机构，共设置机构76个。进入90年代特别是1992年10月中共十四大之后，为适应经济管理体制改革，与国务院机构改革相适应，至2012年，上海共进行了5次市级政府机构改革。改革围绕完善政府经济调节、市场监管、社会管理和公共服务职能的目标，结合上海经济社会发展实际和城市建设特点，不断优化政府组织结构。其间，上海城市管理、经济管理、社会管理等领域的行政体制不断调整创新，通过精简机构，转变政府职能，政府经济管理由直接管理转向间接管理。2008年，根据中共中央、国务院统一部署，上海市政府机构迈出“大部制”改革第一步，设置机构45个，包括市政府办公厅、23个组成部门、21个直属机构，另设6个部门管理机构。该机构设置至2013年2月新一届市政府换届前未变。

第一章　市政府机构

截至1979年12月，市革委会常设机构有办公厅、综合计划委员会、基本建设委员会、民族事务委员会、科学技术委员会、工农教育委员会、农业办公室、工业交通办公室、国防工业办公室、航空工业办公室、财贸办公室、进出口办公室、集体事业办公室、教育卫生办公室、政法办公室、侨务办公室、人民防空办公室、征兵办公室、外事办公室、知识青年上山下乡办公室、建筑材料工业管理局、农业机械局、农业机械工业局、农场管理局、第一商业局、第二商业局、旅行游览事业管理局、物价局、对外经济联络局、城市规划建筑管理局、环境保护局、后方基地管理局、机关事务管理局、人事局、劳动局、统计局、教育局、高等教育局、宗教事务局、出版局、广播事业管理局、档案局、医药管理局、地震局、港口建设领导小组、参事室（与文史馆合署办公）、供销合作总社、上海驻北京办事处等48个。

1979年12月23—29日，市七届人大二次会议根据同年9月五届全国人大常委会第十一次会议通过的决议，将市革委会改为市人民政府，市政府机构设置76个。1982年12月，根据修改并重新公布的《中华人民共和国地方各级人民代表大会和地方各级人民政府组织法》精神，上海市人民政府是上海市人民代表大会的执行机关、上海市国家行政机关，对上海市人民代表大会和国务院负责并报告工作；市人代会闭会期间，对市人大常委会负责并报告工作。市政府由市长、副市长和秘书长及各委、办主任，各局局长等组成。市长领导市政府的全面工作。副市长协助市长工作，并按照分工负责处理分管范围内的工作；受市长委托，可牵头负责协调跨分管范围的工作或其他专项任务，并可代表市政府进行外事活动。秘书长在市长领导下，负责处理市政府日常事务。副秘书长按照分工，协助副市长联系、协调有关工作。市政府序列的各委、办主任和局长按照职责范围，对本部门的工作负责。

1982年修改的《中华人民共和国地方各级人民代表大会和地方各级人民政府组织法》颁布实施后，市政府职权主要包括：执行市人代会、市人大常委会的决议和国务院的决议、命令，规定行政措施，发布命令和决定；根据法律和行政法规，制定规章；领导所属各委、办、局和区、县政府的工作；改变或撤销所属各委、办、局和区、县政府不适当的决定事项；依照法律规定，任免和奖惩市政府工作人员；执行国家经济和社会发展规划、预算，管理全市经济、教育、科学、文化、卫生、体育事业、城乡建设事业和财政、民政、公安、民族事务、司法行政、监察、计划生育等行政工作；保护社会主义全民所有的财产和集体所有的财产，保护公民私人所有的合法财产；维护社会秩序，保障公民的人身权利、民主权利和其他权利；保障郊区集体经济组织应有的自主权；保障少数民族的权利，尊重少数民族的风俗习惯，帮助少数民族发展经济和文化事业；保障妇女同男子有平等的政治权利、劳动权利、同工同酬和其他权利；办理国务院交办的其他事项。

2005年5月30日市政府第七十三次常务会议修订通过的《上海市人民政府工作规则》明确，市政府在中共上海市委"总揽全局、协调各方"的领导格局中开展工作，实行科学民主决策，发挥综合行政效能，坚持依法行政，接受人民监督，建立规范、协调、透明、高效的运行机制。以推进依法行政为重点，进一步转变政府职能，在完善经济调节、市场监管的同时，更加注重社会管理和公共服务。进一步改进管理方式和工作作风，推进电子政务，简化办事程序，提高工作效率，确保市政府的各项工作落到实处。

第一节　市政府领导组成

一、市长　副市长　市政府顾问

【1979年12月市七届人大二次会议选举和其后增补的市长与副市长】

市　长: 彭　冲　1979年12月—1980年3月(调离上海)

汪道涵　1981年4月—1983年4月

代市长: 汪道涵　1980年10月—1981年4月

副市长:

汪道涵　1980年6月—1980年10月

王一平　1979年12月—1983年4月

韩哲一　1979年12月—1983年4月

陈锦华　1979年12月—1983年2月(调离上海)

赵行志　1979年12月—1983年4月

杨士法　1979年12月—1983年4月

赵祖康　1979年12月—1983年4月

王　鉴　1979年12月—1983年4月

陈宗烈　1979年12月—1983年3月(调离上海)

杨　恺　1979年12月—1983年4月

裴先白　1979年12月—1983年4月

杨　堤　1979年12月—1983年4月

忻元锡　1982年3月—1983年4月

【1983年4月市八届人大一次会议选举和其后增补的市长与副市长】

市　长: 汪道涵　1983年4月—1985年7月

江泽民　1985年7月—1988年4月

常务副市长: 阮崇武　1983年4月—1985年12月(调离上海)

朱宗葆　1985年12月—1986年10月(免职)

副市长:

朱宗葆　1983年4月—1985年12月

李肇基　1983年4月—1988年4月

刘振元　1983年4月—1988年4月

倪天增　1983年4月—1988年4月

叶公琦　1983年4月—1988年4月

谢丽娟(女)　1985年7月—1988年4月

黄　菊　1986年10月—1988年4月

钱学中　1986年10月—1988年4月

市政府顾问：

叶进明　1982年5月—1985年7月

杨光池　1982年6月—1985年7月

杨　恺　1983年5月—1985年7月

忻元锡　1983年5月—1985年7月

裴先白　1983年5月—1985年7月

汪道涵　1985年8月—2005年12月

李储文（外事顾问）　1988年10月—

1985年7月，市八届人大四次会议决定，接受汪道涵辞去上海市市长职务，补选江泽民为上海市市长，增选谢丽娟为上海市副市长。

市政府领导分工：江泽民主持市政府全面工作；阮崇武协助市长抓全面工作，并分管计划、财政、金融、人事、编制、法规等综合部门和办公厅、研究室、机关事务管理局的工作；朱宗葆分管工业、国防工业、交通（包括邮电、通信）、能源、物资、劳动、内联协作、无线电管理等方面的工作；李肇基分管外事、对外经贸、利用外资和引进技术（包括飞机、汽车制造项目）、侨务、旅游接待等方面的工作；刘振元分管科学技术、新兴产业、留学生和引进人才、体育，以及文化、电影、出版、广播电视和政法方面需要市政府出面办理的工作；倪天增分管城市建设和管理、城乡规划、公用事业、环境保护、江湖整治、防火防汛、园林绿化、人民防空、落实私房政策等方面的工作；叶公琦分管商业、物价、集体事业、农业、县政、水产和信访等方面的工作，并协助处理财政、银行、审计等方面的工作；谢丽娟分管教育、卫生（包括计划生育、爱国卫生等）、幼托、区政、社会、民政，以及民族、宗教、文史馆、参事室等方面需要市政府出面办理的工作。

1985年12月，市八届人大常委会第十九次会议决定免去阮崇武上海市副市长职务。

1986年10月，市八届人大常委会第二十四次会议决定任命黄菊、钱学中为上海市副市长，免去朱宗葆上海市副市长职务。

【1988年4月市九届人大一次会议选举和其后增补的市长与副市长】

市　长：朱镕基　1988年4月—1991年4月（辞职）

黄　菊　1991年4月—1993年2月

常务副市长：黄　菊　1988年4月—1991年4月

副市长：

顾传训　1988年4月—1993年2月

刘振元　1988年4月—1993年2月

倪天增　1988年4月—1992年6月（逝世）

谢丽娟（女）　1988年4月—1993年2月

庄晓天　1988年4月—1993年2月

倪鸿福　1988年4月—1989年11月（免职）

赵启正　1991年6月—1993年2月

徐匡迪　1992年8月—1993年2月

夏克强　1992年8月—1993年2月

市政府领导分工：朱镕基主持市政府全面工作；黄菊协助市长主持市政府常务工作，分管计划、财政、金融、审计、监察、劳动工资、对外经贸、利用外资,委办局以上领导干部出国审批;顾传训分管工业生产、物资能源、内联协作、安全生产,协助管理对外经贸、利用外资、经贸出国审批;刘振元分管科学技术、人才引进、外事交往、外事出国审批、旅游、侨务、文化、体育、电影、新闻、出版,联系群众团体与市政府有关的工作;倪天增分管城建管理、城乡规划、环境保护、防汛、防火、人防抗震、交通运输、邮电通信;谢丽娟分管教育、卫生、幼托、计划生育、民政、民族、宗教、文史馆、参事室;庄晓天分管区政工作、商业内贸、市场物价、工商管理、集体事业;倪鸿福分管县政工作、农副业生产、乡镇企业、人民武装、公安司法、法制建设、信访、档案工作。

1989 年 11 月,市九届人大常委会第十二次会议决定免去倪鸿福副市长职务。

1991 年 4 月,市九届人大四次会议决定,接受朱镕基辞去上海市市长职务,补选黄菊为上海市市长;6 月,市九届人大常委会第二十七次会议决定任命赵启正为上海市副市长。

市政府领导分工调整为: 黄菊领导市政府工作,兼管编制、计划、体改、财政、金融、审计、利用外资、信访工作;顾传训分管工业生产、物资能源、内联协作、安全生产、军工生产、乡镇企业,协助分管科技与生产相结合、对外经贸、利用外资工作;刘振元分管科技工作、科技与生产相结合、公安、政法、法制建设、人民武装、旅游、侨务、文化、体育、电影、新闻、出版、人才引进,协助分管外事,联系市委统战部、宣传部、驻沪部队、群众团体与市政府有关的工作;倪天增分管城建管理、城乡规划、环境保护、城市建设、市政管理、交通运输、邮电建设、防台防汛、人防抗震、防火防化、交通安全;谢丽娟分管教育、卫生、计划生育、民政、幼托、民族、宗教、文史、参事、市容卫生;庄晓天分管商业、农副业生产、物价、区政、县政、工商管理、集体事业、劳动工资、议案提案处理,协助分管财政、金融、审计、信访工作;赵启正分管监察、人事、办公厅、机关事务管理局、档案、保密、外事、对外经贸和局以上领导干部出国审批,协助分管信访工作。

1992 年 8 月,市九届人大常委会第三十六次会议决定任命徐匡迪、夏克强为上海市副市长。

【1993 年 2 月市十届人大一次会议选举和其后增补的市长与副市长】

市　长: 黄　菊　1993 年 2 月—1995 年 2 月
徐匡迪　1995 年 2 月—1998 年 2 月

副市长:

徐匡迪　1993 年 2 月—1995 年 2 月(主持市政府常务工作)
赵启正　1993 年 2 月—1998 年 1 月
华建敏　1994 年 12 月—1996 年 10 月
谢丽娟(女)　1993 年 2 月—1996 年 6 月
夏克强　1993 年 2 月—1998 年 2 月
孟建柱　1993 年 2 月—1996 年 10 月
蒋以任　1993 年 2 月—1998 年 2 月
沙　麟　1993 年 2 月—1996 年 2 月
龚学平　1993 年 2 月—1997 年 10 月
左焕琛(女)　1996 年 2 月—1998 年 2 月
陈良宇　1996 年 10 月—1998 年 2 月
冯国勤　1996 年 10 月—1998 年 2 月

市政府领导分工: 黄菊负责市政府全面工作,主管编制、体改、对台事务、审计、监察、信访、人民武装、市政府研究室；徐匡迪协助市长处理市政府日常工作，市长不在上海时，主持市政府工作，负责综合经济工作，分管计划、科技、财政、金融、物价、统计、劳动工资和社会保险、人事、档案、办公厅、法制办，协助分管体改、审计、监察；赵启正分管浦东新区的开发、开放，兼任浦东新区工委书记、浦东新区管委会主任；谢丽娟分管教育、卫生、计划生育、民政、幼托、参事、文史、市政管理（市容卫生），协助分管区政、县政；夏克强分管城市管理、城乡规划、环境保护、城市建设、市政管理、交通运输、邮电通信、防台防汛、人防抗震、防火防化、交通安全；孟建柱分管区政、县政、商业、农业、工商管理、公安、保密，协助分管财政、金融、物价、统计、劳动工资和社会保险，联系市委政法委、人民武装委员会；蒋以任分管工业生产、物资、能源、内联协作；沙麟分管外事、对外经贸、利用外资和局以上领导干部的出国审批，协助分管对台事务；龚学平分管文化、体育、电影、新闻、出版、旅游、宗教、民族、侨务，联系市委统战部、宣传部和群众团体。

1994 年 12 月，市十届人大常委会第十四次会议决定任命华建敏为上海市副市长。

1995 年 2 月，市十届人大三次会议决定，接受黄菊辞去上海市市长职务，补选徐匡迪为上海市市长。

市政府领导分工调整为： 徐匡迪负责市政府全面工作，主管编制、体改、国资、对台事务、审计、监察、信访、人民武装工作和市政府办公厅、研究室、法制办；华建敏分管计划、金融、证券、物价、统计、劳动工资、社会保险、科技、电力建设、档案工作和经济研究中心，协助分管财政、规划、国资、审计工作；其他副市长分工基本不变。

1996 年 2 月，市十届人大四次会议决定补选左焕琛为上海市副市长；同月，沙麟辞去上海市副市长职务。

1996 年 6 月谢丽娟辞去上海市副市长职务；10 月，市十届人大常委会第三十一次会议决定任命陈良宇、冯国勤为上海市副市长，免去孟建柱、华建敏上海市副市长职务。

1997 年 10 月，市十届人大常委会第三十九次会议决定免去龚学平上海市副市长职务。

【1998 年 2 月市十一届人大一次会议选举和其后增补的市长与副市长】

市　长： 徐匡迪　1998 年 2 月—2001 年 12 月
陈良宇　2002 年 2 月—2003 年 2 月

代市长： 陈良宇　2001 年 12 月—2002 年 2 月

常务副市长： 陈良宇　1998 年 2 月—2001 年 12 月
蒋以任　2002 年 3 月—2003 年 2 月
韩　正　2002 年 10 月—2003 年 2 月

副市长：

蒋以任　1998 年 2 月—2002 年 3 月
韩　正　1998 年 2 月—2002 年 10 月
左焕琛（女）　1998 年 2 月—2001 年 5 月
冯国勤　1998 年 2 月—2003 年 2 月
周禹鹏　1998 年 2 月—2003 年 2 月
周慕尧　1998 年 2 月—2003 年 2 月
杨晓渡　2001 年 5 月—2003 年 2 月
严隽琪（女）　2001 年 5 月—2003 年 2 月

姜斯宪　2002年8月—2003年2月

市政府领导分工：徐匡迪负责市政府全面工作，主管编制、体改、国资、对台事务、审计、监察、信访、人民武装工作和市政府办公厅、研究室、法制办；陈良宇协助市长主持市政府日常工作，分管计划、金融、证券、物价、统计、劳动工资、社会保障、电力建设、档案工作、建议提案工作和发展研究中心，协助分管体改、国资、财政、规划、审计、人事工作；蒋以任分管工业生产、对外经贸、利用外资、物资、能源、电力生产和管理、质量管理、内联协作工作；韩正分管城市管理、城乡规划、环境保护、城市建设、市政管理、交通运输、邮电通信、防台防震、防火防化、交通安全工作；左焕琛分管科技、卫生、计划生育、参事、文史、市容卫生工作；冯国勤分管区政、县政、民政、商业、农业、工商管理，宗教、民族和社会稳定，协助分管物价、统计、监察、劳动工资、社会保障工作，联系市委政法委、国防动员委员会；周禹鹏分管浦东新区工作；周慕尧分管教育、文化、体育、广播电影电视、新闻、出版、旅游、外事、侨务工作，负责局以上领导干部出国审批工作，协助分管对台事务工作，联系市委宣传部、统战部和群众团体。

2001年5月，市十一届人大常委会第二十八次会议决定任命杨晓渡、严隽琪为上海市副市长，免去左焕琛上海市副市长职务。

2001年12月，市十一届人大常委会第三十四次会议决定，接受徐匡迪辞去上海市市长职务，任命陈良宇为上海市代理市长。

2002年2月，市十一届人大五次会议补选陈良宇为上海市市长；8月，市十一届人大常委会第四十二次会议决定任命姜斯宪为上海市副市长。

【2003年2月市十二届人大一次会议选举和其后增补的市长与副市长】

市　长：韩　正　2003年2月—2008年1月

常务副市长：冯国勤　2005年7月—2008年1月

副市长：

冯国勤　2003年2月—2005年7月

周禹鹏　2003年2月—2007年2月

杨晓渡　2003年2月—2006年10月

严隽琪(女)　2003年2月—2007年2月

姜斯宪　2003年2月—2004年5月

杨　雄　2003年2月—2008年1月

周太彤　2003年2月—2008年1月

唐登杰　2003年2月—2008年1月

胡延照　2004年5月—2008年1月

杨定华(女)　2006年10月—2008年1月

屠光绍　2007年12月—2008年1月

艾宝俊　2007年12月—2008年1月

市政府领导分工：韩正领导市政府全面工作；冯国勤分管监察、国资、人事、行政学院、编制、对外协作、人民武装、建议提案办理、档案、金融等工作，协管财政、审计工作，联系部队；周禹鹏分管发展计划、人口综合管理、统计、物价、体改、外经贸、外资、能源建设(电力发展)等工作，协管规划、环保工作；杨晓渡分管卫生、人口和计划生育、文化广播影视、新闻出版、体育等工作，联系市委宣传部和工、青、妇群众团体；严隽琪分管科技、教育、知识产权、参事、文史、妇儿委等工作，协管国民经济和社会信息化工作；姜斯宪分管浦东新区、外事及涉港澳台事务、民族与宗教、侨务等工作，联系市委统战部；杨雄分管城市建设和管理、房地产发展、水务、交通、市容环卫、绿化（含林业）、民防（消防、防汛、防台、抗震）、交通安全等工作，协管国民经济和社会信息化、环保工作；周太彤分管劳动和社会保障、医保、工商行政管理、质量与技术监督、食品和药品监督、民政、区政、信访、社会稳定等工作，联系市委政法委；唐登杰分管工业、商业、旅游、农业、电力生产、安全生产等工作。

2004 年 5 月，市十二届人大常委会第十二次会议决定任命胡延照为上海市副市长，免去姜斯宪上海市副市长职务。

2006 年 10 月，市十二届人大常委会第三十一次会议决定任命杨定华为上海市副市长。

2007 年 1 月，市十二届人大五次会议决定免去周禹鹏、严隽琪副市长职务；12 月，市十二届人大常委会第四十一次会议决定任命屠光绍、艾宝俊为上海市副市长。

【2008 年 1 月市十三届人大一次会议选举和其后增补的市长与副市长】

市　长：韩　正　2008 年 1 月—2012 年 12 月

代市长：杨　雄　2012 年 12 月—2013 年 2 月

常务副市长：杨　雄　2008 年 1 月—2012 年 12 月

副市长：

屠光绍　2008 年 1 月—2013 年 2 月

唐登杰　2008 年 1 月—2011 年 4 月

胡延照　2008 年 1 月—2011 年 2 月

张学兵　2011 年 1 月—2013 年 2 月

艾宝俊　2008 年 1 月—2013 年 2 月

沈　骏　2008 年 1 月—2013 年 2 月

沈晓明　2008 年 1 月—2013 年 2 月

赵　雯（女）　2008 年 1 月—2013 年 2 月

姜　平　2011 年 4 月—2013 年 2 月

市政府领导分工：韩正领导市政府全面工作；杨雄分管发展改革、计划、人口综合管理、信息化、世博会筹备、统计、物价、能源建设、口岸、建议提案办理、信访、社会稳定等工作，联系市委政法委；屠光绍分管金融、人事、编制、监察、档案、行政学院等工作，协助分管财政、税务、审计工作；唐登杰分管外事、外经贸、外资、涉港澳台事务、民族与宗教、侨务等工作，联系市委统战部；胡延照分管农业、劳动和社会保障、医保、工商行政管理、民政、质量与技术监督、食品和药品监督、合作交流、区政、人民武装等工作，联系部队；艾宝俊分管工业、商业、国资管理、电力生产、安全生产、社会服务等工作；沈骏分管城市建设和管理（房地资源、水务、交通、市容环卫、绿化）、城市规划、环保、民防（消防、防台防汛、抗震）、交通安全等工作；沈晓明分管科技、教育、卫生、文化、广播影视、新闻出版等工作，联系市委宣传部，工、青、妇群众团体；赵雯分管体育、旅游、知识产权、人口和计划生育、文史、参事、妇儿委等工作。

2011 年 1 月，市十三届人大四次会议补选张学兵为上海市副市长；4 月，市十三届人大常委会第二十六次会议决定任命姜平为上海市副市长。

市政府领导分工调整为：韩正领导市政府全面工作；杨雄分管发展改革、计划、编制、人口综合管理、统计、物价、能源建设、口岸、建议提案办理、信访、社会稳定等工作;屠光绍分管金融、监察、外事、涉港澳事务、文化、广播影视、新闻出版、档案等工作,协助分管财政、税务、审计工作,联系市委宣传部;张学兵兼市公安局局长,分管消防、道路交通安全、社会治安综合治理等工作,联系市委政法委;艾宝俊分管工业、信息化、商务、外资外贸、国资管理、电力生产、安全生产等工作;沈骏分管城乡建设和管理、住房、国土资源、水务、交通、市容绿化、城乡规划、环保、民防、抗震等工作;沈晓明分管科技、教育、卫生、医保、食品和药品监督等工作,联系工、青、妇群众团体;赵雯分管体育、旅游、知识产权、人口和计划生育、文史、参事、妇儿委等工作;姜平分管农业、人力资源、社保、工商、民政、质量与技术监督、合作交流、区政、涉台事务、民族与宗教、侨务、行政学院、人民武装等工作,联系部队、市委统战部。

2012年12月,市十三届人大常委会第三十八次会议决定,接受韩正辞去上海市市长职务,任命杨雄为上海市代理市长。

2013年2月1日,市十四届人大一次会议选举杨雄为上海市市长。

二、市政府秘书长　副秘书长

【市政府秘书长】

张甦平　1979年12月—1984年5月
萧　车　1984年5月—1984年12月
钱学中　1984年12月—1986年8月
万学远　1988年11月—1992年8月
余永梁　1992年8月—1995年4月
冯国勤　1995年4月—1996年10月
周慕尧　1996年10月—1998年2月
黄跃金　1998年4月—2000年4月
姜斯宪　2000年4月—2003年4月
杜家毫　2003年4月—2004年5月
杨定华(女)　2004年5月—2007年2月
李良园　2007年2月—2008年2月
姜　平　2008年2月—2011年4月
洪　浩　2011年4月—

【市政府副秘书长】

萧　车　1979年12月—1984年5月
吴若岩　1980年1月—1984年5月
董家邦　1981年1月—1984年5月
马一行　1981年1月—1984年5月
陆　政　1981年10月—1984年5月
韦　明　1982年4月—1984年12月
张世珠　1984年1月—1984年12月
顾树桢　1984年3月—1984年12月
钱学中　1984年4月—1984年12月
侯旅适　1984年12月—1990年1月
夏克强　1984年12月—1992年8月
胡正昌　1984年12月—1993年2月
卢莹辉(女)　1984年12月—1993年3月
万学远　1984年12月—1988年11月
胡树衡　1986年2月—1991年6月
李开亚　1988年7月—1990年1月
施惠群　1988年7月—1990年1月
叶龙蜚　1988年9月—1990年1月
萧哲夫　1988年9月—1990年1月
陈祥麟　1991年6月—1992年8月
余永梁　1991年6月—1992年8月
陈正兴　1991年11月—1996年3月
孟建柱　1992年7月—1993年2月
沙　麟　1992年8月—1993年2月
吴祥明　1992年8月—1997年5月
蔡来兴　1992年8月—1995年5月
蒋以任　1992年10月—1993年2月

龚学平 1992年10月—1993年2月
刘云耕 1993年7月—1998年1月
周慕尧 1993年7月—1996年10月
冯国勤 1994年4月—1995年4月
黄奇帆 1995年7月—2001年10月
韩 正 1995年7月—1998年2月
黄跃金 1995年7月—1998年4月
朱晓明 1995年7月—2003年4月
姜光裕 1995年9月—2003年7月
周太彤 1997年2月—2003年2月
殷一璀(女) 1997年2月—2000年12月
易庆瑶 1998年4月—2000年7月
吴念祖 1998年4月—2003年4月
姜斯宪 1998年8月—2000年3月
李关良 2000年3月—2002年8月
胡 炜 2000年6月—2003年4月
柴俊勇 2000年7月—2006年3月
王荣华 2000年12月—2003年4月
杨 雄 2001年2月—2003年2月
江上舟 2001年10月—2003年6月
张惠民 2002年3月—2004年12月
吉晓辉 2002年8月—2007年4月
杜家毫 2003年2—4月
李良园 2003年4月—2007年2月
姜 樑 2003年4月—2004年6月
杨定华(女) 2003年4月—2004年5月
刘红薇(女) 2003年4月—2006年6月
沈 骏 2003年4月—2008年2月
洪 浩 2003年4月—2011年4月
薛沛建 2003年4月—2005年5月
钟燕群(女) 2003年6月—2004年5月
徐建国 2003年6月—2006年8月
姜 平 2004年6月—2008年2月
范希平 2004年12月—2010年7月
姚明宝 2005年5月—2008年2月
熊建平 2007年3月—2008年2月
李逸平 2007年3月—2010年7月
周 波 2007年3月—2013年2月
沙海林 2008年2月—2012年5月
蒋卓庆 2008年2月—2013年2月
王 伟 2008年2月—2012年5月
肖贵玉 2008年2月—
尹 弘 2008年2—2012年5月
翁铁慧(女) 2008年2月—2013年2月
薛 潮 2008年11月—2013年2月
陈 靖 2010年5月—

第二节 市政府机构组成

一、市政府办公厅

上海市人民政府办公厅是市政府办事机构，主要协助市政府领导处理市政府日常工作。

1979年12月市政府恢复成立，同时恢复设置市政府办公厅，下设一处、二处、三处、四处、总值班室。1984年5月，一处、二处分别改为秘书一处、秘书二处，三处、四处分别改为综合处、法制处；同年11月，成立政工处、新闻处。1985年9月，政工处更名为人事处，总值班室更名为联络处(保留总值班室牌子)。1986年7月，成立行政处、区政处。1989年6月，秘书二处更名为建议提案处。1990年5月，法制处从市政府办公厅划出，升格为市政府法制办公室；同年10月，市政府办公厅成立机关党委办公室，与人事处合署办公，秘书一处更名为秘书处。1993年8月，成立信息技术处。

1996年政府机构改革后，根据“三定”方案，市政府办公厅职责主要是：组织起草或审核以市政府、市政府办公厅名义发布的文件;负责市政府会议的准备工作,协助市政府领导组织实施会议决定的事项;督促检查市政府各部门和各区县政府贯彻执行国务院和市政府决定事项、领导批示的情况;负责市政府系统承办的市人大代表书面意见和市政协提案的督促办理;组织调查研究,掌握信息,反映情况,提出建议;负责市政府总值班室工作,指导本市政府系统值班工作;组织、协调和管理市政府的全市性大型活动;履行值守应急、信息汇总和综合协调职能等。按照职责,市政府办公厅设秘书处、督查室、建议提案处、综合处、区政处、联络处、信息技术处、人事处(机关党委)、后勤管理处等9个职能处,新闻处划归市政府新闻办。

2000年政府机构改革后,市政府接待工作职能从衡山(集团)公司划出,并入市政府办公厅,加挂市政府接待办牌子,市政府办公厅设立交际处,负责市政府接待工作,指导市政府各部门和各区县人民政府接待工作。督查室更名为市政府督查室,人事处加挂老干部工作处牌子。

2003年8月,市政府接待办(交际处)划归市政府合作交流办公室。

2005年8月,根据市委、市政府要求,市突发公共事件应急管理委员会办公室设在市政府办公厅,市应急办下设应急指挥联络处(与联络处合署办公)、应急管理协调处。

2009年,根据《上海市人民政府机构改革方案》,市政府办公厅职责作了调整,将原上海市信息化委员会承担的牵头推进政府信息公开职责划入市政府办公厅;加强电子政务工作;强化服务职责,加强督查工作。调整后,市政府办公厅职责主要是:根据市政府的要求,组织起草或审核以市政府、市政府办公厅名义发布的文件;负责市政府会议的准备工作,协助市政府领导组织实施会议决定的事项;研究审核市政府各部门和各区县政府向市政府请示的事项,并提出拟办意见报市政府领导审批;督促检查市政府各部门和各区县政府贯彻执行国务院和市政府重要文件、市政府会议决定事项、市政府领导重要批示的情况,及时向市政府领导同志报告;负责市政府系统承办的市人大代表书面意见和市政协提案的督促办理;根据市政府各个时期的中心工作和市政府领导的要求,组织调查研究,掌握信息,反映情况,提出建议;负责与市政府各部门和各区县政府的联络,协助市政府领导处理各部门和各区县政府向市政府反映的重要问题;督促市政府有关部门和各区县政府做好社会稳定工作,并根据市政府领导的要求,做好有关不安定因素的协调和疏解工作;负责市政府总值班室工作,指导全市政府系统值班工作;承担市突发公共事件应急管理委员会的日常工作,履行值守应急、信息汇总和综合协调职能。组织开展应急预案体系建设,协助市领导处置重特大突发公共事件;组织、协调和管理市政府系统的全市性大型活动;推进、指导、协调、监督全市的政府信息公开工作;会同有关部门推进、指导、协调、监督全市的电子政务工作;负责市政府办公信息系统的建设、应用和管理工作等。按照职责,市政府办公厅设秘书处、市政府督查室、建议提案处、综合处、区政处、联络处(市政府总值班室、应急联络处)、应急管理协调处、政务信息公开处、电子政务办公室、人事处(老干部工作处)、后勤管理处等11个职能处。

至2013年2月新一届政府换届,市政府办公厅历任主任为萧车、钱学中、万学远、胡正昌、余永梁、冯国勤、周慕尧、黄跃金、姜斯宪、杜家毫、沈希明、姜平、洪浩。

二、市政府组成部门

【上海市发展和改革委员会(上海市物价局)】

1977年11月,恢复成立市计划委员会。2000年4月,市政府决定将上海市计划委员会更名为上海市发展计划委员会,并将上海市物价局(1978年7月成立)职能并入市发展计划委员会,挂上海市物价局牌子。2003 年 8 月，市政府决定将上海市发展计划委员会改组为上海市发展和改革委员会，增挂上海市物价局牌子，并将上海市人民政府经济体制改革办公室的职能划入市发展和改革委员会。至 2013 年 2 月新一届政府换届，历任主任为陈锦华、马一行、阮崇武、陈祥麟、徐匡迪、华建敏、韩正、陈良宇、李良园、蒋应时、周波。

上海市物价局历任局长为陈竟平、李功豪、裴静之、程静萍、姜耀中、吴振国、吴建融、汤志平。

上海市人民政府经济体制改革办公室　1984 年 6 月，成立上海市经济体制改革办公室，与上海市经济研究中心办公室合署办公。1986 年 2 月，市经济体制改革办公室与市经济研究中心办公室分开设立，单独建制。1993 年 5 月，改为市经济体制改革委员会。1998 年 3 月，改为市经济体制改革办公室。2000 年 4 月，更名为上海市人民政府经济体制改革办公室。2003 年 8 月，市政府决定将市政府经济体制改革办公室的职能划入市发展和改革委员会，市政府经济体制改革办公室机构撤销。市政府经济体制改革办公室历任主任为贺镐圣、刘吉、孟建柱、陈良宇、周太彤。

【上海市经济和信息化委员会(上海市国防科技工业办公室)】

1979 年 12 月，原市革委会财政贸易办公室改为市政府财政贸易办公室。1996 年 1 月，该办公室更名为上海市商业委员会。1980 年 1 月，成立上海市经济委员会。2003 年 8 月，市政府决定在上海市经济委员会、上海市商业委员会的基础上，组建新的上海市经济委员会。2008 年 10 月，市政府决定组建上海市经济和信息化委员会，将原市经济委员会的工业行业管理职责、原上海市信息化委员会的职责、原上海市国防科技工业办公室的职责划入市经济和信息化委员会，挂上海市国防科技工业办公室牌子。至 2013 年 2 月新一届政府换届，上海市经济和信息化委员会(上海市国防科技工业办公室)历任主任为王坚、戴海波。

上海市经济委员会历任主任为周璧、李家镐、郁品方、蒋以任、徐志毅、黄奇帆、唐登杰、徐建国、王坚。

上海市商业委员会历任主任为裴先白、王光俭、张俊杰、张广生、蔡鸿生。

上海市信息化委员会　1996 年 5 月，市政府决定建立上海市信息港领导小组及其办公室。1998 年 6 月，成立上海市国民经济和社会信息化领导小组及其办公室。2000 年 2 月，更名为上海市信息化办公室。2003 年 8 月，更名为上海市信息化委员会。2008 年 10 月，市政府决定不再保留市信息化委员会，其职责划入上海市经济和信息化委员会。历任主任为夏钟瑞、范希平、傅文彪。

上海市国防科技工业办公室　1977 年 11 月，恢复成立上海市革委会国防工业办公室。1984 年 4 月，改为上海市政府国防科技工业办公室，1986 年 2 月撤销。2003 年 11 月，市政府决定上海市人民政府国防科技工业办公室设在上海市经济委员会。2004 年 11 月，更名为上海市国防科技工业办公室，市经济和信息化委员会挂市国防科技工业办公室牌子。至 2013 年 2 月新一届政府换届，历任主任为孙子宇、韩哲一、余琳、李晓航、徐建国、王坚、尚玉英。

上海市区县工业管理局　1977 年 12 月，成立上海市农业机械工业局。1990 年 3 月，更名为上海市郊县工业管理局。1997 年 1 月，改制为上海市区县工业管理局，业务工作归口上海市经济委员会。2000 年 4 月，市政府决定不再保留市区县工业管理局。历任局长为周叔康、钱璞、周文玄、王忠明。

【上海市商务委员会】

1983 年 11 月，将市进出口办公室、市对外贸易局、市对外经济联络局合并为上海市对外经济贸易委员会，1985 年 1 月正式成立。1988 年 6 月，市政府决定成立上海市外国投资工作委员会。

1995年3月,市政府决定上海市对外经济贸易委员会与上海市外国投资工作委员会实行一个机构、两块牌子。2003年8月,市政府决定,市外国投资工作委员会与市对外经济贸易委员会合署办公。2003年12月,市对外经济贸易委员会增挂市外国投资工作委员会牌子。2008年10月,市政府决定成立市商务委员会,不再保留市对外经济贸易委员会,其职能整合划入市商务委员会,主任为沙海林。市政府同时决定,不再保留市外国投资工作委员会。

上海市对外经济贸易委员会历任主任为卢国梁、沈被章、沙麟、王祖康、朱晓明、潘龙清、周波、杨国强。

上海市外国投资工作委员会历任主任为朱镕基、沙麟、王祖康、朱晓明、潘龙清、周波、杨国强。

【上海市教育委员会】

1979年12月,由市革委会教育卫生办公室改为市政府教育卫生办公室。1995年2月,市政府同意撤销市政府教育卫生办公室、市高教局、市教育局,组建上海市教育委员会。至2013年2月新一届政府换届,上海市政府教育卫生办公室、上海市教育委员会历任主任为杨恺、毛经权、王生洪、郑令德、张伟江、沈晓明、薛明扬。

【上海市科学技术委员会】

1977年11月,恢复成立上海市科学技术委员会。至2013年2月新一届政府换届,历任主任为杨士法、金柱青、华裕达、朱寄萍、李逸平、寿子琪。

【上海市民族和宗教事务委员会】

1978年11月,恢复成立上海市宗教事务局。1979年1月,恢复设立上海市民族事务委员会,与市宗教事务局合署办公。1980年12月,与市宗教事务局分开。2000年4月,市政府决定上海市民族事务委员会与上海市宗教事务局合并,组建上海市民族和宗教事务委员会。至2013年2月新一届政府换届,上海市民族和宗教事务委员会历任主任为杨奇庆、周富长、曹斌、赵卫星。

上海市宗教事务局历任局长为叶尚志、杨增年、王宏逵、何全刚、陶人观、孙金富。

上海市民族事务委员会历任主任为金学成、哈宝信、杨奇庆。

【上海市公安局】

1974年1月,上海市公安局撤销"军管",实行党政一元化领导。1978年8月,实行党政分开。至2013年2月新一届政府换届,上海市公安局历任局长为王鉴、杨堤、张汉滋、李晓航、朱达人、刘云耕、吴志明、张学兵。

【上海市国家安全局】

1984年1月,成立上海市国家安全局。至2013年2月新一届政府换届,历任局长为丁升烈、汪云章、蔡旭敏、吴中海、朱小超。

【上海市监察局(上海市预防腐败局)】

1987年9月,恢复设立上海市监察局。1993年3月,更名为上海市监察委员会,与中共上海市纪律检查委员会合署办公,实行一套工作机构、两个机关名称。2008年10月,更名为上海市监察局。2009 年 7 月，上海市监察局增挂上海市预防腐败局牌子。至 2013 年 2 月新一届政府换届，上海市监察局(上海市预防腐败局)历任主要负责人为吴德让、韩坤林、张惠新、李梅、顾国林。

【上海市民政局】

1978 年至 2013 年 2 月新一届政府换届，上海市民政局历任局长为张竹天、曹匡人、孙金富、施德容、徐麟、王伟、马伊里。

【上海市司法局】

1980 年 1 月，恢复建立上海市司法局。1994 年 5 月，市委同意组建上海市劳动教养工作管理局，1995 年 5 月成立。2009 年 8 月，市政府决定将上海市劳动教养工作管理局(上海市戒毒管理局)调整为上海市司法局内设机构，对外称上海市劳动教养工作管理局(上海市戒毒管理局)。至 2013 年 2 月新一届政府换届，上海市司法局历任局长为鞠华、李庸夫、薛明仁、缪晓宝、吴军营。

【上海市财政局】

1978 年 1 月，上海市财政局与人民银行上海市分行分开。同年 10 月，对外挂市财政局、市税务局两块牌子。1994 年 10 月，市税务局改称市地方税务局，市财政局和市地方税务局实行合署办公，实行两块牌子、一套班子。2008 年 10 月，调整财政、税务行政管理体制，财政、税务机构分别设置，不再合署办公。至 2013 年 2 月新一届政府换届，上海市财政局(市地方税务局)历任局长为王眉征、顾树桢、熊瑞祥、鲍友德、周有道、刘红薇、葛爱玲、蒋卓庆。

【上海市人力资源和社会保障局】

1979 年 3 月，恢复设立上海市人事局。1998 年 3 月，组建上海市劳动和社会保障局，撤销市劳动局、市社会保险管理局(1993 年 2 月成立)。1995 年 1 月，市政府决定组建上海市医疗保险局。2006 年 8 月，市医疗保险局业务上接受上海市劳动和社会保障局的指导。2008 年 10 月，市政府决定组建上海市人力资源和社会保障局。市人事局、市劳动和社会保障局、市医疗保险局，整合划入市人力资源和社会保障局，增挂上海市外国专家局、上海市医疗保险办公室牌子。至 2013 年 2 月新一届政府换届，上海市人力资源和社会保障局局长为周海洋。

上海市人事局历任局长为向叔保、石涛、黄耀文、孙路一、丁薛祥、肖贵玉、王瑜。

上海市劳动和社会保障局历任局长为祝均一、蒋卓庆、周海洋。

上海市医疗保险局历任局长为王龙兴、周海洋。

【上海市城乡建设和交通委员会】

1977 年 11 月，市革委会基建组改为上海市基本建设委员会。1986 年 4 月，改为上海市建设委员会。2000 年 4 月，市政府同意上海市市政管理委员会办公室与上海市建设委员会合并，组建上海市建设和管理委员会。2005 年 1 月，更名为上海市建设和交通委员会。2008 年 10 月，市政府决定组建上海市城乡建设和交通委员会，不再保留上海市建设和交通委员会。至 2013 年 2 月新一届政府换届，上海市城乡建设和交通委员会历任主任为鲁纪华、杨堤、张文韬、李春涛、吴祥明、杨小林、李春涛、黄跃金、张惠民、熊建平、黄融。

上海市市政工程管理局 1981 年 9 月，城市建设局改为上海市市政工程管理局(1983 年正式使用该名称)。2008年10月,将市政工程管理局的职责划入市城乡建设和交通委员会,不再保留市政工程管理局。上海市市政工程管理局历任局长为王泽华、王永良、钱达仁、吴念祖、应名洪、杨沛田、黄融、田赛男。

上海市市政管理委员会办公室 1990年6月,市政府决定成立上海市市政管理委员会,下设办公室,负责日常工作。1997年6月,市政府明确上海市市政管理委员会办公室是上海市市政管理委员会的办事机构。2000年4月,市政府决定不再保留市政管理委员会,市政管理委员会办公室与市建设委员会合并,组建上海市建设和管理委员会。上海市市政管理委员会办公室历任主任为陈正兴、景晨、黄跃金、吴念祖。

【上海市农业委员会】

1980年1月,成立上海市农业委员会。至2013年2月新一届政府换届,上海市农业委员会历任主任为陈宗烈、逄树春、张燕、范德官、袁以星、徐麟、孙雷。

【上海市环境保护局】

1979年,上海市环保办公室改为上海市环境保护局。至2013年2月新一届政府换届,上海市环境保护局历任局长为靳怀刚、陈江涛、陆福宽、吕淑萍、洪浩、徐祖信、张全。

【上海市规划和国土资源管理局】

1979年3月,成立上海市城市规划建筑管理局。1991年5月,更名为上海市城市规划管理局。2008年10月,市政府决定组建上海市规划和国土资源管理局,将市规划局职责、原市房地资源局部分职责划入。至2013年2月新一届政府换届,上海市规划和国土资源管理局历任局长为后奕斋、沈恭、史玉雪、张绍樑、夏丽卿、毛佳樑、冯经明。

【上海市水务局(上海市海洋局)】

1980年3月,上海市农田基本建设指挥部改为上海市水利局。2000年4月,市政府决定建立上海市水务局,撤销市水利局。2008年10月,市政府决定上海市海洋局与上海市水务局合署办公,实行一个机构、两块牌子。至2013年2月新一届政府换届,上海市水务局历任局长为王德明、范仲奕、朱家玺、徐其华、张嘉毅。

【上海市文化广播影视管理局(上海市文物局)】

1950年3月,成立市政府文化局。1952年8月,改为市政府文化事业管理局。1955年2月,改为市文化局。1958年10月,成立市电影局。1973年6月,成立市广播事业局。1984年1月,改为市广播电视局,与上海人民广播电台合署。1995年8月,市广播电视局与市电影局合并成立市广播电影电视局。2000年4月,市政府决定建立上海市文化广播影视管理局,撤销市文化局、市广播电影电视局,其职能划入市文化广播影视管理局。2009年6月,市政府决定上海市文化广播影视管理局增挂上海市文物局牌子。至2013年2月新一届政府换届,上海市文化广播影视管理局历任局长为叶志康、穆端正、朱咏雷、胡劲军。

上海市文化局历任局长为李太成、丁锡满、孙滨、马博敏。

上海市广播电影电视局历任局长为郑英年、邹凡扬、龚学平、叶志康。

上海市电影局历任局长为孟波、张骏祥、吴贻弓。

【上海市卫生局】

1949年9月,成立上海市卫生局。2009年2月,增挂上海市中医药发展办公室牌子,辖管上海市食品药品监督管理局和上海市干部保健局。至2013年2月新一届政府换届,上海市卫生局历任局长为何秋澄、王聿先、王道民、刘俊、陈志荣、徐建光。

【上海市人口和计划生育委员会】

1982年11月,市计划生育领导小组改为上海市计划生育委员会。2000年4月,更名为上海市人口和计划生育委员会。至2013年2月新一届政府换届,上海市人口和计划生育委员会历任主任为杨恺、谢丽娟、左焕琛、周剑萍、谢玲丽、黄红。

【上海市审计局】

1983年6月,成立上海市审计局。至2013年2月新一届政府换届,上海市审计局历任局长为赵洪元、汪宗熙、靳曾德、葛爱玲、宋依佳。

【上海市人民政府外事办公室】

1980年1月,市革委会外事办公室改为上海市人民政府外事办公室。至2013年2月新一届政府换届,上海市人民政府外事办公室历任主任为赵行志、李储文、石奇、赵云俊、徐兆春、夏守安、周明伟、周慕尧、杨国强、李铭俊。

三、市政府直属机构

【上海市国有资产监督管理委员会】

1992年1月,市政府决定成立上海市国有资产管理局。1993年7月,市政府决定撤销市国有资产管理局,成立上海市国有资产管理委员会,下设上海市国有资产管理办公室,为市政府工作机构。2003年8月,市委、市政府决定组建上海市国有资产监督管理委员会(简称"市国资委"),原市国资办的职责调整至市国资委。至2013年2月新一届政府换届,上海市国有资产监督管理委员会历任主任为郁子冲、陈步林、凌宝亨、杨国雄、王坚。

【上海市地方税务局(上海市国家税务局)】

1994年8月,上海市税务局分设为上海市国家税务局、上海市地方税务局,与上海市财政局合署办公。2008年10月,上海市调整财政、税务行政管理体制,上海市地方税务局(上海市国家税务局)单独设置,不再与市财政局合署办公,局长为顾炬。

上海市国家税务局历任局长为周杏英、谢华康、顾炬。

【上海市工商行政管理局】

1962年8月,恢复上海市工商行政管理局。至2013年2月新一届政府换届,上海市工商行政管理局历任局长为丛烈光、朱刚(代)、满建华、朱崇彬、崔善江、甘忠泽、张文蔚、方惠萍、吴振国。

【上海市质量技术监督局】

1977年9月,上海市计量标准管理局改为上海市标准计量管理局。1989年3月,市政府决定在市标准计量管理局、市经委质量处的基础上,成立上海市技术监督局。1999年9月,市政府决定市技术监督局更名为上海市质量技术监督局。至2013年2月新一届政府换届,上海市质量技术监督局历任局长为汤道林、贾文焕、李传卿、张嘉宝、俞国生、钱仲裘、翁祖亮、黄小路。

【上海市统计局】

1978年7月,恢复设立上海市统计局。至2013年2月新一届政府换届,上海市统计局历任局长为汪涛(主持工作)、李懋欢、陈步林、孙祖尧、潘建新、王志雄、王建平。

【上海市新闻出版局(上海市版权局)】

1978年1月,恢复建立上海市出版局。1987年5月,改为上海市新闻出版局。1997年10月,市政府明确市新闻出版局与市版权局实行一个机构、两块牌子。至2013年2月新一届政府换届,上海市新闻出版局历任局长为马飞海、宋原放、王国忠、袁是德、徐福生、孙颙、焦扬、方世忠。

【上海市体育局】

1979年,取消市体育运动委员会革委会名称,改为市体育运动委员会。2000年4月,上海市体育运动委员会更名为上海市体育局。至2013年2月新一届政府换届,上海市体育局历任主要负责人为杜前、沈家麟、金永昌、金国祥、于晨、李毓毅。

【上海市旅游局】

1978年10月,成立上海旅行游览事业管理局。1984年1月,改为上海市旅游局。1987年8月,改为上海市旅游事业管理局。1997年3月,成立市旅游管理委员会,保留市旅游事业管理局的牌子。2008年10月,市政府决定上海市旅游事业管理委员会更名为上海市旅游局。至2013年2月新一届政府换届,上海市旅游局历任主要负责人为齐维礼、严廷昌、王乃粒、龚学平、周慕尧、姚明宝、道书明。

【上海市知识产权局】

1984年6月,成立上海市专利管理局,为市科委下属事业单位。2000年4月,更名为上海市知识产权局,并调整为市政府直属机构。至2013年2月新一届政府换届,上海市知识产权局历任局长为曹余尧(副局长主持工作)、颜呈准、俞子清、钱永铭、陈志兴、吕国强。

【上海市绿化和市容管理局(上海市林业局、上海市城市管理行政执法局)】

1978年8月,市人委园林管理处改为上海市园林管理局。2000年4月,市政府决定将上海市园林管理局调整为部门管理机构,并更名为上海市绿化管理局。2004年7月,市政府同意撤销上海市绿化管理局、上海市农林局建制,组建新的上海市绿化管理局,并挂上海市林业局牌子,实行两块牌子、一套班子。2008年10月,市政府决定组建上海市绿化和市容管理局,将原来上海市绿化管理局和上海市市容环境卫生管理局的职责整合划入上海市绿化和市容管理局,不再保留市绿化管理局、市市容环境卫生管理局机构,增挂上海市林业局、上海市城市管理行政执法局牌子。至2013年

2 月新一届政府换届，上海市绿化和市容管理局历任局长为程绪珂、吴振千、胡运骅、冯经明、马云安。

上海市园林管理局历任局长为程绪珂、吴振千、胡运骅。

上海市农林局　1962 年 7 月，恢复成立上海市农业局。1997 年 2 月，更名为上海市农林局。2004 年 7 月，市政府同意撤销上海市农林局建制。上海市农林局历任局长为燕明、王洪熹、朱颂华、陈文泉。

上海市市容环境卫生管理局　1983 年 10 月，恢复建立市环境卫生管理局。2000 年 4 月，市政府决定在市环境卫生管理局的基础上，组建上海市市容环境卫生管理局(2008 年 10 月撤销)。上海市市容环境卫生管理局历任局长为施振国、胥传阳。

【上海市住房保障和房屋管理局】

1985 年 7 月，上海市房地产管理局改为上海市房产管理局，同时成立上海市土地管理局。1994 年 11 月，市政府同意撤销上海市房产管理局、上海市土地管理局和上海市住房制度改革办公室建制，组建上海市房屋土地管理局。2000 年 4 月，市政府决定上海市房屋土地管理局与上海市地质矿产局合并，组建上海市房屋土地资源管理局。2003 年 6 月，上海市住宅发展局建制撤销，其承担的住宅建设发展等行政职能划入市房屋土地资源管理局。2008 年 10 月，市政府决定组建上海市住房保障和房屋管理局，不再保留上海市房屋土地资源管理局，其部分职责划入上海市住房保障和房屋管理局、上海市规划和国土资源管理局。至 2013 年 2 月新一届政府换届，上海市住房保障和房屋管理局历任局长为张振华、韦锡琢、蒋如高、桑荣林、蔡育天、冯经明、刘海生。

上海市土地管理局历任局长为蒋如高、谭企坤。

上海市住宅发展局　1994 年 11 月，成立上海市住宅发展局(为事业单位，不列入市政府工作部门序列)。2003 年 6 月，撤销上海市住宅发展局，其承担的住宅建设发展等行政职能划入市房屋土地资源管理局。上海市住宅发展局历任局长为王文忠、毛佳樑、蔡育天(兼)。

上海市地质矿产局　1990 年 2 月，市政府同意上海地质矿产局更名为上海市地质矿产局，为市政府管理地质工作职能部门，继续实行地质矿产部与上海市人民政府双重领导、以地质矿产部为主的领导体制。1995 年 3 月，市政府决定上海市地质矿产局由垂直管理改为市政府管理。2000 年 4 月，上海市地质矿产局与上海市房屋土地管理局合并，组建上海市房屋土地资源管理局。上海市地质矿产局历任局长为辛本智、张阿根。

【上海市交通运输和港口管理局】

1981 年 10 月，成立上海市人民政府交通办公室。2000 年 4 月，市政府决定撤销上海市政府交通办公室、上海市公用事业管理局，组建上海市城市交通管理局。2008 年 10 月，市政府决定组建上海市交通运输和港口管理局，将原来上海市城市交通管理局、上海市港口管理局的职责和上海市市政工程管理局的路政管理职责等整合划入市交通运输和港口管理局，不再保留市城市交通管理局、市港口管理局。至 2013 年 2 月新一届政府换届，上海市交通办历任主任为韩克辛、邬福肇、葛步洲、钱云龙，上海市交通运输和港口管理局历任局长为刘桂林、卞百平、李文辉、孙建平。

上海市公用事业管理局历任局长为郭良、夏克强、蔡君时、王文忠、金鑫。

上海市港口管理局　1986 年 1 月，上海港务局实行交通部和上海市双重领导、以市为主的体制。2003 年 1 月，市政府决定建立上海市港口管理局，上海港务局改制为上海国际港务(集团)有限公司。2008年10月,市政府决定不再保留市港口管理局,其职责划入新组建的上海市交通运输和港口管理局。上海市港口管理局历任局长为严润田、张燕、屠德铭、陆海祜、许培星。

【上海市安全生产监督管理局】

2001年8月,市政府同意组建上海市安全生产监察局;2003年8月,更名为上海市安全生产监督管理局。至2013年2月新一届政府换届,上海市安全生产监督管理局历任局长为吴春源、谢黎明、齐峻。

【上海市人民政府机关事务管理局】

1979年12月,市革委会机关事务管理局改为市政府机关事务管理局。至2013年2月新一届政府换届,上海市人民政府机关事务管理局历任局长为李锦春、张益群、汪均益、孔长明、陈兆丰、薛晓峰。

【上海市民防办公室(上海市人民防空办公室)】

1979年12月,市革委会人民防空办公室改为上海市人民防空办公室;1992年7月,改称上海市民防办公室,原承担的任务和职责不变,保留市人民防空办公室名称。至2013年2月新一届政府换届,上海市民防办公室历任主任为柴书林、赵志良、姜仁奎、杨森、于根生、刘南山、沈晓苏。

【上海市人民政府合作交流办公室(上海市人民政府协作办公室、上海市人民政府接待办公室)】

1982年5月,成立上海市人民政府协作办公室。1984年3月,成立上海市人民政府旅游、接待办公室,1987年8月,更名为上海市人民政府接待办公室。1995年4月撤销,其业务并入衡山集团,保留上海市人民政府接待办公室牌子。2000年4月,上海市人民政府接待办公室从上海市衡山(集团)公司划归市政府办公厅领导。2003年8月,市政府决定,在上海市人民政府协作办公室、上海市人民政府接待办公室的基础上,组建上海市人民政府合作交流办公室,挂上海市人民政府协作办公室、上海市人民政府接待办公室牌子。至2013年2月新一届政府换届,上海市人民政府合作交流办公室历任主任为韦明、胡树衡(代)、孙明良、姜光裕、钟燕群、林湘。

上海市人民政府接待办公室历任主任为张世珠、胡裕茂(副主任,主持工作)、陈文禄。

【上海市人民政府侨务办公室】

1979年12月,上海市革委会侨务办公室改为上海市人民政府侨务办公室。至2013年2月新一届政府换届,上海市人民政府侨务办公室历任主任为李储文、凌荣、袁采、吕淑萍、崔明华。

【上海市人民政府法制办公室】

1987年6月,市政府办公厅法制处对外称市政府法制办公室(正处级)。1990年4月,升格为副局级单位。1993年7月,升格为正局级单位。至2013年2月新一届政府换届,上海市人民政府法制办公室历任主任为卢莹辉、谢天放、徐强、刘华。

【上海市人民政府研究室】

1984年6月,成立上海市人民政府研究室。历任主任为钟鸣(副主任,主持工作)、侯旅适、施惠群、蔡来兴、张广生、李关良、周伟、张道根。

【上海市金融服务办公室】

2002 年 9 月，市政府批准成立上海市金融服务办公室。至 2013 年 2 月新一届政府换届，上海市金融服务办公室历任主任为吉晓辉、方星海。

【上海市口岸服务办公室】

2005 年 3 月，建立上海口岸工作领导小组办公室。2008 年 10 月，更名为上海市口岸服务办公室。至 2013 年 2 月新一届政府换届，上海市口岸服务办公室历任主任为徐逸波、周厚文、张超美。

四、市政府部门管理机构

【上海市人民政府参事室】

1978 年 10 月，恢复设立上海市人民政府参事室（与市文史馆合署）。1984 年 1 月，与市文史馆分开办公。2000 年 4 月起，由市政府办公厅管理。至 2013 年 2 月新一届政府换届，历任主任为包善政（副主任，主持工作）、史说、张茵青（副主任，主持工作）、李昌道、白同朔、郑祖康、王新奎。

【上海市粮食局】

1960 年 6 月，恢复上海市粮食局。1998 年 7 月，根据政企分开的原则，市政府决定组建新的上海市粮食局，由市商务委员会管理。至 2013 年 2 月新一届政府换届，上海市粮食局历任局长为应飞、王树威、陈士家、陈海刚、张新生。

【上海市监狱管理局】

1980 年 7 月，市公安局劳改局改为上海市劳动改造工作管理局。1983 年 7 月，市劳动改造工作管理局整建制划归市司法局。1994 年 5 月，升格为正局级单位。1995 年 6 月，更名为上海市监狱管理局，由上海市司法局管理。至 2013 年 2 月新一届政府换届，上海市监狱管理局历任局长为盛辉、黄顺才、王飞、刘云耕、颜锦章（党委书记，主持工作）、朱济民、乔野生、桂晓民。

【上海市食品药品监督管理局】

1979 年，成立上海市医药管理局。1996 年 10 月，市政府同意撤销上海市医药管理局建制，组建上海医药（集团）总公司，同时组建新的上海市医药管理局。2000 年 4 月，市政府决定组建上海市药品监督管理局，市医药管理局部分职能划入上海市药品监督管理局，不再保留市医药管理局。2003 年 8 月，市政府决定在上海市药品监督管理局基础上，组建上海市食品药品监督管理局。2008 年 10 月，市政府决定上海市食品药品监督管理局，由上海市卫生局管理。至 2013 年 2 月新一届政府换届，上海市食品药品监督管理局历任局长为史毓民、孙仁同、谢天寿、李明轩、杨颖顺、王龙兴、徐建光。

【上海市社会团体管理局】

1999 年 6 月，市委同意成立上海市社会团体管理局，由市民政局管理。至 2013 年 2 月新一届政府换届,历任局长为谢玲丽、方国平。

【上海市公务员局】

2008年10月,市政府决定组建上海市公务员局,由上海市人力资源和社会保障局管理。至2013年2月新一届政府换届,上海市公务员局历任局长为薛晓峰、应雪云。

五、市政府派出机构

【驻外省(区、市)办事处】

上海市政府驻外省(区、市)办事处是市政府的派出机构,代表市政府协调、处理在外省(区、市)的有关事务,密切与外省(区、市)政府及有关部门之间的政务联系,做好上海市与外省(区、市)之间协作交流的联络、协调、服务工作,促进上海市与外省(区、市)的友好合作关系。另负责收集外省(区、市)政治、经济、科技等方面的综合情况,提供外省(区、市)先进工作经验、重大改革举措、社会动态、重大突发事件等信息和专题报告,配合做好上海市政府代表团出访外省(区、市)的联络工作。

1979年4月20日,经国务院批准,恢复成立上海驻北京办事处。1985年11月,改为上海市政府驻北京办事处,下设秘书处、业务处和接待处,负责中央各重要会议和全国性会议期间上海代表团的接待服务工作;加强上海市同中央、国务院各部委及北京市、华北地区的联系、沟通、交流。配合上海市有关部门和单位做好在京向党中央、国务院有关部委的汇报工作。

1986年,分别成立上海市政府驻哈尔滨、西安、广州、武汉、重庆办事处。1989年,分别成立上海市政府驻深圳、秦皇岛、山西办事处。1992年,成立上海市人民政府驻海南省办事处。1996年,成立上海市人民政府驻昆明办事处。2005年,分别成立上海市人民政府驻新疆、西藏办事处。2006年,成立上海市人民政府驻内蒙古办事处。各办事处下设秘书处、业务处,根据工作需要,在所在区域内设联络处。2010年8月13日,市委、市政府同意上海市人民政府驻海南、深圳办事处分别调整为联络处,划归上海市人民政府驻广州办事处管理。上海市人民政府驻秦皇岛办事处调整为联络处,划归上海市政府驻山西办事处管理。

上海市人民政府驻北京办事处归口上海市人民政府办公厅管理,其他驻外省(区、市)办事处归口上海市人民政府合作交流办管理。

表1-1-1 2010年上海市人民政府驻外办事处一览表

名 称	联络范围	附 注
驻北京办事处	中央、国务院各部委,北京市、华北地区	1985年11月之前由市计委管理
驻重庆办事处	重庆市、四川省	
驻哈尔滨办事处	黑龙江省、吉林省、辽宁省	
驻广州办事处	广东省、福建省、海南省、广西壮族自治区	辖深圳联络处、海南联络处
驻武汉办事处	湖北省、湖南省、河南省、安徽省、江西省	
驻西安办事处	陕西省、甘肃省、青海省、宁夏回族自治区	
驻山西办事处	山西省、山东省、河北省、天津市	辖秦皇岛联络处,2003年11月,划归市政府合作交流办管理,之前由市经委管理

（续表）

名　称	联 络 范 围	附　注
驻昆明办事处	云南省、贵州省	
驻西藏办事处	西藏自治区	重点做好日喀则地区对口支援工作
驻新疆办事处	新疆维吾尔自治区	重点做好阿克苏地区对口支援工作
驻内蒙古办事处	内蒙古自治区	

【管理委员会】

上海市外高桥保税区管理委员会　1992年4月，市委、市政府同意建立上海市外高桥保税区管理委员会，为市政府派出机构。2009年11月4日，上海综合保税区管理委员会成立，统一管理外高桥保税区（含外高桥保税物流园区）、洋山保税港区、浦东机场综合保税区范围内的行政事务，暂时保留外高桥保税区管委会。

上海市浦东新区管理委员会　1990年4月18日，中共中央、国务院宣布开发开放浦东。1992年10月1日，国务院批准设立浦东新区。1992年12月30日，市政府同意组建上海市浦东新区管理委员会，为市政府派出机构。2000年8月3日，浦东新区人民政府成立，浦东新区管理委员会自然撤销。

上海化学工业区管理委员会　1999年1月3日，经市政府同意，上海化学工业区列为市级工业区。2001年8月22日，市委、市政府同意建立上海化学工业区管理委员会，为市政府派出机构。

上海市临港地区开发建设管理委员会　2003年5月24日，市委、市政府同意建立上海临港综合经济开发区管理委员会。同年10月20日，经市委、市政府同意更名为上海临港新城管理委员会。2010年2月，更名为上海临港产业区管理委员会。2012年8月3日，市委、市政府同意将上海临港产业区管理委员会与南汇新城管理委员会合并成立上海市临港地区开发建设管理委员会，为市政府派出机构，委托浦东新区政府管理。

洋山保税港区管理委员会　2005年11月1日，市委、市政府同意建立上海洋山保税港区管理委员会，为市政府派出机构。2006年6月，经市委同意更名为洋山保税港区管理委员会。2009年11月4日，经市委、市政府同意与上海综合保税区管理委员会合署办公。

上海综合保税区管理委员会　2009年11月4日，市委、市政府同意建立上海综合保税区管理委员会，为市政府派出机构，委托浦东新区政府管理。综合保税区管委会统一管理外高桥保税区（含外高桥保税物流园区）、洋山保税港区、浦东机场综合保税区范围内的行政事务，暂保留外高桥保税区管委会。

上海虹桥商务区管理委员会　2009年7月10日，市委、市政府同意建立上海虹桥商务区管理委员会，为市政府派出机构。

上海市张江高新技术产业开发区管理委员会　2010年6月4日，市委、市政府同意建立上海市张江高新技术产业开发区管理委员会，为市政府派出机构，承担上海张江高新技术产业开发区领导小组日常工作。

上海国际旅游度假区管理委员会　2010年6月24日，市委、市政府同意建立上海国际旅游度假区管理委员会，为市政府派出机构。

图1-1-1 2009年11月18日,上海综合保税区管理委员会成立

六、市政府其他单位

【上海市人民政府新闻办公室】

1984年11月,市政府办公厅成立新闻处,并明确新闻处是代表市政府发布新闻的机构。1991年6月,市委决定设立对外宣传小组办公室。1994年4月,经市委决定,市委对外宣传小组办公室改称中共上海市委对外宣传办公室,同时挂上海市人民政府新闻办公室牌子,实行两块牌子、一个机构。1996年,市政府办公厅新闻处划归市政府新闻办。至2013年2月新一届政府换届,市政府新闻办历任主任为贾树枚、王仲伟、宋超、裘新、朱咏雷。

【上海市人民政府发展研究中心】

1980年12月,成立上海经济研究中心。1995年12月,更名为上海市人民政府发展研究中心,为市政府直属的政策咨询研究机构。至2013年2月新一届政府换届,历任主任为董家邦(常务干事、召集人)、陈敏之(常务干事、办公室主任)、黄大明(常务干事、办公室主任)、潘学敏(负责人)、侯旅适(总干事、办公室主任)、王战、周振华。

【上海世博会事务协调局】

2003年9月,市政府批复同意成立上海世博会事务协调局,为筹备、举办中国2010年上海世博会的组织者和各项事务的综合协调机构。历任局长为周禹鹏、洪浩。2012年3月,市政府同意撤销上海世博会事务协调局。

【上海市社会服务局】

2004年7月,市政府决定在上海市行业协会发展署和上海市市场中介发展署的基础上,设置上海市社会服务局,局长许德明。2008年10月,市政府决定不再保留市社会服务局。

注:市政府组成部门、直属机构等单位的职责及变化,见《上海市志(1978—2010)》各相关分志、分卷。

第三节　市政府机构改革

1979年12月,上海市七届人大二次会议将市革命委员会改为市人民政府。市人民政府恢复设立后至2013年2月新一届政府换届止,市政府在1983年、1995年、2000年、2003年、2008年共进行了5次政府机构改革。

一、1983年市政府机构改革

1982年中央政府机构改革完成后,1983年6月,市委、市政府参照国务院机构改革经验,从上海实际情况出发,以解决政企分开、减少行政机构领导层次、精简市级行政机构编制、调整干部结构为目标,结合经济体制改革的要求,制定机构改革方案。

改革的指导原则是:合并重复、分工过细的机构,减少层次,精简人员;调整各级机构的领导干部;明确各部门职责范围和管理权限,逐步下放部分经济管理权;结合进行经济体制改革,紧缩行政管理部门,扩大公司经营管理自主权。

改革的内容包括:新组建国家安全局、市政府研究室、经济体制改革办公室、城乡建设规划委员会。撤销进出口办公室、对外贸易局、对外经济联络局,组建对外经济贸易委员会;撤销生产技术局,其业务工作并入经济委员会;广播事业局改为广播电视局;旅行游览事业管理局改为旅游局;参事室与文史馆分开,独立建制;编制委员会办公室与人事局合署办公;国防工业办公室改为国防科学技术工业办公室,与经济委员会合署办公。此次机构改革工作均在1984年进行。

经调整,市政府机构设置76个。(详见表1-1-2)

二、1995年市政府机构改革

1992年10月,中共十四大提出,中国经济体制改革的目标是建立社会主义市场经济体制,要求用三年时间,"下决心进行行政管理体制和机构改革,切实做到转变职能,理顺关系,精兵简政,提高效率"。按照中共十四大精神,1993年3月召开的全国八届人大一次会议通过《国务院机构改革方案》。根据中央精神,1994年9月,市委、市政府向中共中央、国务院上报《上海市党政机构改革方案》。1995年3月,中共中央、国务院批复同意《上海市党政机构改革方案》。

《上海市党政机构改革方案》依据建立社会主义市场经济体制的要求,按照政企分开和精简、统一、效能的原则,从直辖市的功能特点和实际情况出发,转变政府职能、理顺关系、精兵简政、提高效率。

改革的内容包括:调整计划经济模式下的政府职能及其管理机构,与建立社会主义市场经济体制相适应。撤销房产管理局、土地管理局和住房制度改革办公室,组建房屋土地管理局(保留市住房制度改革办公室的牌子);撤销财贸办公室,组建商业委员会;撤销教育卫生办公室、高等教育局、教育局,组建教育委员会;撤销广播电视局、电影局,组建广播电影电视局。国有资产管理委员会办公室、社会保险事业管理局,列入市政府机构序列。

理顺工作部门之间的关系,梳理交叉重叠的职能。撤销农机局、畜牧局,在农委内分别组建农机办公室、畜牧办公室、蔬菜办公室,农业局改为农委委内机构;撤销劳动工资委员会及其办公室,其行政职能由计委承担。港务局改为交通办公室的办事机构。

政府部门转变职能,按照政企分开的原则,把属于企业的自主权切实下放给企业。园林管理局、港务局实行政企分开,园林管理局行政职能由建委内设机构承担。

改进行政运行机制,与国有资产管理体制改革和建立现代企业制度紧密结合。撤销建筑工程管理局、建筑材料工业管理局、第一商业局、第二商业局、水产局、农场管理局、交通运输局,分别改为经济实体;改革纺织、机电、冶金、轻工、二轻、化工、医药、仪表、郊县工业9个工业局以及物资局,成为经委委内机构。1994—1996年,以上各局除郊县工业局外,陆续改制为企业集团公司或控股公司。

经调整,市政府机构设置53个,比原有机构减少31个,精简36.9%,另设部委局管理机构4个。

三、2000年市政府机构改革

1997年12月,中共十五大提出,要按照发展社会主义市场经济的要求,积极推进机构改革。按照中共十五大精神,1998年3月召开的全国九届人大一次会议通过《国务院机构改革方案》。根据中央精神,1999年11月,市委、市政府向中共中央、国务院报送《上海市人民政府机构改革方案》。2000年2月,中共中央、国务院批复同意《上海市人民政府机构改革方案》。

改革的目标是:按照中共中央、国务院关于地方政府机构改革的方针、原则,结合上海特大型城市的功能、特点和社会经济发展状况,通过机构改革来转变政府职能,优化政府组织结构,完善行政运行机制,建立与国务院机构框架大体协调的办事高效、运转协调、行为规范的行政管理体系,完善国家公务员制度,建设高素质的专业化行政管理干部队伍,建立适应社会主义市场经济体制要求的地方行政管理体制。

改革的原则是:按照建立社会主义市场经济体制和上海市经济与社会发展的要求,把政府职能切实转变到经济调节、社会管理、公共服务等方面,实现政企、政事分开;优化政府组织结构,加强综合经济部门,健全执法监管部门,调整社会管理部门,合并业务相同或相近、职能单一的部门;合理划分和界定各级各部门的事权和分工,理顺部门之间、条块之间以及行政层级之间的关系;加强行政管理体系的制度化、规范化、科学化建设;完善国家公务员制度,提高机关行政效率。

改革的措施是:结合国有企业改革和建立现代企业制度,解除政府部门与所办经济实体和管理的直属企业的行政隶属关系;进行行政审批制度改革,加强对经济与社会发展重大事项的管理,减少微观审批事项,完善审批程序,简化审批环节,建立、健全审批监督制度;将依法授权或接受行政机关委托具体行使行政权的组织从事业单位中分离出来,实行与其性质、地位相适应的管理机制和管理办法,完善行政执法体制;培育、规范行业协会和各类社会中介组织,发挥其桥梁、纽带作用,增强其政策引导、信息沟通和协调服务的功能;进行机关后勤体制改革。

改革的内容包括:不再保留市政管理委员会,市政管理委员会办公室与建设委员会合并,组建建设和管理委员会；不再保留水利局，组建水务局；不再保留市政府交通办公室、公用事业管理局，组建城市交通管理局；不再保留医药管理局，组建药品监督管理局；民族事务委员会与宗教事务局合并，组建民族和宗教事务委员会；文化局与广播电影电视局合并，组建文化广播影视管理局；房屋土地管理局与地质矿产局合并，组建房屋土地资源管理局。

计划委员会更名为发展计划委员会，同时物价局的职能并入；计划生育委员会更名为人口和计划生育委员会；经济体制改革办公室更名为市政府经济体制改革办公室；体育运动委员会更名为体育局；国民经济和社会信息化领导小组办公室更名为信息化办公室；专利管理局更名为知识产权局。

在环境卫生管理局基础上，组建市容环境卫生管理局，与市政府参事室、农林局、粮食局、市政工程管理局、园林管理局调整为部门管理机构，同时园林管理局更名为绿化管理局。市政府接待办公室的行政职能并入市政府办公厅。档案局归口市委系统。不再保留区县工业局。

经调整，市政府设工作机构44个。其中，市政府办公厅和组成部门23个，直属机构20个，另设部门管理机构7个。

四、2003年市政府机构改革

根据中共十六大、十六届二中全会关于深化行政管理体制和机构改革的精神，以及《中共中央办公厅、国务院办公厅关于地方机构改革的意见》的要求，结合上海实际，2003年6月，市委、市政府向中共中央、国务院上报《上海市机构改革方案》。2003年7月，中共中央、国务院批复同意《上海市机构改革方案》。

改革的指导思想是：以邓小平理论和"三个代表"重要思想为指导，按照完善社会主义市场经济体制和推进政治体制改革的要求，结合上海特大型城市的功能、特点和经济、社会发展目标，实行政企分开；按照精简、统一、效能的要求，进一步转变政府职能，优化组织结构，完善行政运行机制，改进管理方式，提高行政效率，逐步形成行为规范、运转协调、公正透明、廉洁高效的行政管理体制。

改革的原则是：上下基本对应，做好与国务院机构改革的衔接，建立与国务院组织框架大体协调的行政组织体系；因地制宜、从实际出发，根据上海特大型城市的功能、特点和经济、社会发展状况，构建符合城市发展要求、具有上海特点的行政管理体制；权责明确，合理划分和界定各部门的事权和分工，理顺部门之间、条块之间以及行政层级之间的关系，一件事情由一个机构主管或由一个机构牵头管理。

改革的内容包括：组建国有资产监督管理委员会，原市国资办的职责调整至市国资委，为市政府直属的特设机构。

发展计划委员会改组为发展和改革委员会，撤销经济体制改革办公室，职能划入发展和改革委员会。撤销经济委员会、商业委员会，组建新的经济委员会。在药品监督管理局的基础上，组建食品药品监督管理局。在协作办、接待办的基础上，组建合作交流办公室，暂时保留协作办、接待办牌子。

安全生产监察局更名为安全生产监督管理局，信息化办公室更名为信息化委员会。

经过调整，市政府设置工作机构46个。其中，办公厅和组成部门22个，直属机构22个，特设机构1个，另设部门管理机构7个。

五、2008年市政府机构改革

根据中共十七大、十七届二中全会精神和《中共中央、国务院印发〈关于深化行政管理体制改革的意见〉的通知》《中共中央、国务院关于地方政府机构改革的意见》要求，结合上海实际，2008年9月，市委、市政府向中共中央、国务院报送《上海市人民政府机构改革方案》。2008年10月，中共中央、国务院批复同意《上海市人民政府机构改革方案》。

改革的指导思想是：高举中国特色社会主义伟大旗帜，以邓小平理论和“三个代表”重要思想为指导，深入贯彻落实科学发展观，按照精简、统一、效能的原则和决策权、执行权、监督权既相互制约又相互协调的要求，以政府职能转变为核心，理顺职责关系，明确和强化责任，优化政府组织结构，规范机构设置，完善行政运行机制，为上海加快实现“四个率先”、加快建设“四个中心”和社会主义现代化国际大都市提供体制机制保障。

改革的原则是：上海对应落实中央要求地方政府加强的部门和强化的职能，与国务院机构改革衔接，实行职能有机统一的大部门体制；结合上海经济社会发展需要和特大型城市功能特点，因地制宜构建符合城市发展要求、具有城市特点的行政管理体制；统筹兼顾、突出重点，长远目标与阶段性目标相结合、全面推进与重点突破相结合，解决城市建设与管理中存在的突出矛盾和问题。

改革的任务是：转变政府职能，政企分开、政资分开、政事分开、政府与市场中介组织分开，梳理政府各部门的行政职能；推进行政审批制度改革，减少审批事项，规范行政审批，为企业和公众提供公共服务的职能，解决教育、医疗、就业、社会保障等民生问题；完善行政执法体制、加强执法队伍建设，强化相关职能部门执法监督职责，提高城市危机管理能力，增强突发公共事件处置和社会治安综合治理能力；推进电子政务、健全工作制度、梳理工作流程、规范工作程序、促进社会监督，转变直接面向基层和群众的“窗口”机构的管理方式和工作作风，提高政府服务水平和公信力。

理顺职责关系，以浦东综合配套改革试点为基础，按照市区“两级政府、三级管理”、郊区“三级政府、三级管理”的要求，理顺市、区县、乡镇及各行政层级工作部门间的事权关系，明确各层级的职责和权限；按照一件事情原则上由一个部门负责的要求，梳理和解决市政府部门间职责交叉和关系不顺的问题，对确需多个部门管理的事项，分清主办和协办关系，明确牵头部门。

明确和强化责任，权责一致、有权必有责，既赋予政府各部门职权，又相应明确承担的责任，建立健全行政问责制度，明确行政问责的内容、形式和程序，解决权责脱节的问题；健全市、区县两级政府部门绩效考核体系，内部评估与外部评估相结合，评估结果与表彰奖励相结合。

改革的内容包括：不再保留经济委员会、信息化委员会，组建经济和信息化委员会，挂国防科技工业办公室牌子；不再保留对外经济贸易委员会、外国投资工作委员会，组建商务委员会，粮食局由商务委员会管理；不再保留人事局、劳动和社会保障局，组建人力资源和社会保障局，挂市外国专家局、市医疗保险办公室牌子；不再保留建设和交通委员会、市政工程管理局，组建市城乡建设和交通委员会；不再保留城市交通管理局、港口管理局，组建交通运输和港口管理局；不再保留房屋土地资源管理局，组建住房保障和房屋管理局；不再保留城市规划管理局，组建规划和国土资源管理局；不再保留绿化管理局、市容环境卫生管理局，组建绿化和市容管理局，挂林业局、城市管理行政执法局牌子。

财政局、地方税务局由合署办公调整为分别设置；海洋局与水务局合署办公，实行一个机构、两块牌子；环境保护局由直属机构调整为组成部门；食品药品监督管理局由直属机构调整为部门管理机构，由卫生局管理；劳动教养工作管理局调整为司法局的内设机构。

监察委员会更名为监察局，上海口岸工作领导小组办公室更名为市口岸服务办公室，市旅游事业管理委员会更名为市旅游局。

组建公务员局，由市人力资源和社会保障局管理；不再保留市社会服务局。

机构改革后，市政府机构设置45个，其中办公厅和组成部门23个、直属机构21个，另设部门管理机构6个。

表1-1-2 1979年12月—2013年2月五次上海市政府机构改革一览表

机构改革年份	机构调整结果
1983	办公厅、计划委员会、劳动工资委员会、物价局、经济委员会(国防科技工业办公室)、农业机械工业局、财政贸易办公室、对外经济贸易委员会、教育卫生办公室、高等教育局、教育局、工农教育委员会、科学技术委员会、民族事务委员会、宗教事务局、公安局、国家安全局、民政局、司法局、财政局(税务局)、人事局、科技干部处、劳动局、基本建设委员会、城乡建设规划委员会、市政工程管理局、农业委员会、环境保护局、城市规划建筑管理局、水利局、文化局、广播事业局、电影局、卫生局、审计局、外事办公室、工商行政管理局、标准计量管理局、统计局、出版局、体育运动委员会、旅游局、园林管理局、农业局、环境卫生管理局、房地产管理局、交通办公室、公用事业管理局、机关事务管理局、人民防空办公室、协作办公室、侨务办公室、研究室、参事室、粮食局、医药管理局、档案局、建筑工程局、建筑材料工业管理局、第一商业局、第二商业局、水产局、农场管理局、交通运输局、纺织工业局、第一机电工业局、冶金工业局、轻工业局、手工业管理局、化学工业局、仪表电讯工业局、物资局、集体事业办公室、航空工业办公室、后方基地管理局、供销合作社 (共76个)
1995	办公厅 组成部门：计划委员会、经济体制改革委员会、经济委员会、商业委员会、对外经济贸易委员会(外国投资工作委员会)、教育委员会、科学技术委员会、民族事务委员会、公安局、国家安全局、监察委员会、民政局、司法局、财政局(地方税务局)、人事局、劳动局、社会保险管理局、建设委员会、农业委员会、卫生局、审计局、外事办公室、国有资产管理委员会办公室、工商行政管理局、体育运动委员会、交通办公室 直属机构：物价局、宗教事务局、市政管理委员会办公室、市政工程管理局、环境保护局、城市规划管理局、水利局、文化局、广播电影电视局、计划生育委员会、技术监督局、统计局、新闻出版局(版权局)、旅游事业管理局、环境卫生管理局、房屋土地管理局、地质矿产局、公用事业管理局、机关事务管理局、人民防空办公室、协作办公室、侨务办公室、法制办公室、研究室、参事室、粮食局 部门管理机构：劳动改造工作管理局、农业局、医药管理局、园林管理局 (共53个)
2000	办公厅 组成部门：发展计划委员会(物价局)、经济委员会、商业委员会、教育委员会、科学技术委员会、民族和宗教事务委员会、公安局、国家安全局、监察委员会、民政局、司法局、财政局(地方税务局)、人事局、劳动和社会保障局、建设和管理委员会、农业委员会、水务局、对外经济贸易委员会(外国投资工作委员会)、文化广播影视管理局、卫生局、人口和计划生育委员会、审计局、外事办公室 直属机构：环境保护局、城市规划管理局、工商行政管理局、质量技术监督局、统计局、新闻出版局(版权局)、体育局、药品监督管理局、旅游事业管理委员会、知识产权局、房屋土地资源管理局、城市交通管理局、机关事务管理局、信息化办公室、民防办公室(人民防空办公室)、协作办公室、侨务办公室、法制办公室、经济体制改革办公室、研究室 部门管理机构：参事室、粮食局、监狱管理局、农林局、市政工程管理局、绿化管理局、市容环境卫生管理局 (共44个)

(续表)

机构改革年份	机构调整结果
2003	办公厅 组成部门:发展和改革委员会(物价局)、经济委员会、教育委员会、科学技术委员会、民族和宗教事务委员会、公安局、国家安全局、监察委员会、民政局、司法局、财政局(地方税务局)、人事局、劳动和社会保障局、建设和管理委员会、农业委员会、对外经济贸易委员会(外国投资工作委员会)、文化广播影视管理局、卫生局水务局、人口和计划生育委员会、审计局、外事办公室 特设机构:国有资产监督管理委员会 直属机构:环境保护局、城市规划管理局、工商行政管理局、质量技术监督局、统计局、新闻出版局(版权局)、体育局、旅游事业管理委员会、知识产权局、房屋土地资源管理局、城市交通管理局、港口管理局、安全生产监督管理局、机关事务管理局、民防办公室(人民防空办公室)、合作交流办公室(协作办公室、接待办公室)、侨务办公室、法制办公室、研究室、金融服务办公室、信息化委员会、食品药品监督管理局 部门管理机构:参事室、粮食局、监狱管理局、市政工程管理局、绿化管理局、市容环境卫生管理局、农林局 (共46个)
2008	办公厅 组成部门:发展和改革委员会(物价局)、经济和信息化委员会(国防科技工业办公室)、商务委员会、教育委员会、科学技术委员会、民族和宗教事务委员会、公安局、国家安全局、监察局、民政局、司法局、财政局、人力资源和社会保障局(外国专家局、医疗保险办公室)、城乡建设和交通委员会、农业委员会、环境保护局、规划和国土资源管理局、水务局(海洋局)、文化广播影视管理局、卫生局、人口和计划生育委员会、审计局、外事办公室 直属机构:国有资产监督管理委员会、地方税务局(国家税务局)、工商行政管理局、质量技术监督局、统计局、新闻出版局(版权局)、体育局、旅游局、知识产权局、绿化和市容管理局(林业局、城市管理行政执法局)、住房保障和房屋管理局、交通运输和港口管理局、安全生产监督管理局、机关事务管理局、民防办公室(人民防空办公室)、合作交流办公室(协作办公室、接待办公室)、侨务办公室、法制办公室、研究室、金融服务办公室、口岸服务办公室 部门管理机构:参事室、粮食局、监狱管理局、食品药品监督管理局、社会团体管理局、公务员局 (共45个)

说明:表内为1979年12月市革命委员会改为市人民政府后,至2013年2月新一届政府换届止,其间5次市政府机构改革。

第二章　区县政府

上海解放初，全市辖有黄浦、老闸、新成、邑庙、蓬莱、嵩山、卢湾、常熟、徐汇、长宁、静安、江宁、普陀、闸北、北站、虹口、北四川路、提篮桥、榆林、杨浦20个市区，新市、江湾、吴淞、大场、新泾、高桥、真如、龙华、斯盛、洋泾10个郊区。1949年5月30日，市军管会政务接管委员会派出接管工作组接管各区，并成立接管委员会，任命委员会主任。1950年6月，市政府批准成立30个区人民政府，并任命各区区长、副区长。

1955年下半年，根据《中华人民共和国地方各级人民代表大会和地方各级人民委员会组织法》的规定，将区人民政府改为区人民委员会(简称"区人委")，并选举产生区人委组成人员(区长、副区长、委员)。

50年代，上海行政区划进行了几次归并调整。1958年1月14日至11月21日，国务院先后决定将江苏省嘉定、上海、宝山、松江、金山、川沙、南汇、奉贤、青浦、崇明10个县划入上海市。自此，上海除下辖黄浦、静安、卢湾、徐汇、南市、虹口、闸北、杨浦、长宁、普陀10个市区的区外，还下辖以上从江苏划入的10个郊县。

"文化大革命"期间，各区、县人委的工作陷于瘫痪。1967年2月，市革委会成立后，至1968年3月，各区、县革委会相继成立，取代区、县人委的职能。1970年，各区、县相继召开中共区、县第四次党代会，选举产生区、县党委，区、县党委和区、县革委会的机构有所分工，但其办公室仍实行党政不分的体制。"文化大革命"结束后，各区、县于1980年上半年先后召开区、县第七届人大一次会议，选举区长、副区长和县长、副县长；并依法将区、县革委会改为区、县人民政府。

改革开放后，上海区、县行政区有较大变化。1980年10月，设立吴淞区。1981年2月，恢复闵行区建制。1988年1月，撤销吴淞区、宝山县，设立宝山区。1992年9月，撤销上海县、闵行区，设立新的闵行区。同年10月，撤销嘉定县，设立嘉定区；撤销川沙县，将黄浦、南市、杨浦3区的浦东部分和原上海县三林乡从所属区、县中划出，与原川沙县全境合并，设立浦东新区。1997年4月，撤销金山县和石化地区办事处建制，设立金山区。1998年2月，撤销松江县，设立松江区。1999年9月，撤销青浦县，设立青浦区。2000年6月，黄浦区、南市区"撤二建一"，建立新的黄浦区。2001年1月，撤销南汇县、奉贤县，设立南汇区、奉贤区。2005年5月30日，市政府办公厅转发《国务院关于同意上海市调整宝山区和崇明县行政区划的批复》，将宝山区长兴乡、横沙乡划入崇明县。2009年4月，南汇区划入浦东新区。2011年5月，黄浦区、卢湾区合并，成立新的黄浦区。

至2013年2月市十四届人大一次会议新一届政府换届前，上海辖有浦东新区、徐汇、长宁、普陀、闸北、虹口、杨浦、黄浦、静安、宝山、闵行、嘉定、金山、松江、青浦、奉贤16个区，崇明1个县；辖有98个街道、108个镇、2个乡；有3 914个居委会、1 613个村委会。

第一节　区县政府机构

一、区县政府机构设置与调整

"文化大革命"结束后，1978年末，区革委会一般设办公室、人事科、宗教民族事务科、外事侨务办公室、财贸办公室、财政局(税务局)、民政局(科)、工商行政管理局(科)、文化科(局)、教育局、卫生局、体育运动委员会、城建办公室、人防办公室、房地产管理局、集体事业管理局、粮食局、科学技术委员会、劳动局以及区公安分局;县革委会一般设办公室、人事科、宗教民族事务科、外事侨务办公室、计划委员会、民政局(科)、公安局、财政局(税务局)、工商行政管理局(科)、农业局、农机局、农田基本建设指挥部、畜牧水产局、交通建设局、教育局、卫生局、体育运动委员会、科学技术委员会、劳动局、人防办公室、粮食局、供销合作社(商业局)。

1979年9月,五届全国人大常委会第十一次会议决议将革委会改为人民政府。1980年上半年,各区、县革委会先后改为区、县人民政府。至1980年底,区政府工作部门基本未作变动;县政府工作部门增设物价委员会(与县计委合署)、统计科,将农田基本建设指挥部改为县水利局。1981年,根据市委批示,各区、县建立司法科。1981年7月,市政府同意撤销各区、县外事侨务办公室,区、县外事和侨务工作分别划归区、县政府办公室和宗教民族事务科(同时改名为宗教民族华侨事务科)。1982年起,各区、县政府以"三定"(定职能配置、定内设机构、定人员编制)为中心,进行机构调整改革。1984年,经市政府批准,各区、县直属科改为局的建制。1986年5月,经市委、市政府明确区、县政府机构调整3条原则,即简政放权,实行政企职责分开;精简机构,减少层次,有利于提高工作效率;不强调上下对口。

1992年4月,市政府决定成立各区、县对外经济委员会;同年10月,各区、县政府以"三定"为中心的新一轮机构调整改革启动。1997年1月,市委、市政府先后批复各区、县党政机构改革方案,并允许各区、县机构根据具体区情、县情略作微调。

至1998年,各区政府机构一般设办公室(与法制、外事办公室合署)、计划委员会(与统计局合署)、经济贸易委员会(挂商业委员会、技术监督局、粮食局牌子)、建设委员会、科学技术委员会(挂地震办公室牌子)、监察委员会、公安分局、国家安全分局、民政局、司法局、国有资产管理办公室、人事局、劳动局、财政局(与地方税务局合署)、审计局、工商行政管理局(与物价局合署)、文化局、体育运动委员会、教育局、卫生局、计划生育委员会、市政管理委员会(与环境卫生管理局合署)、环境保护局、城市规划管理局、房屋土地管理局、人民防空办公室。

县政府机构一般设办公室(与法制、外事办公室合署)、计划委员会(与统计局合署)、经济贸易委员会(挂技术监督局、粮食局牌子)、建设委员会(挂规划土地管理局、交通运输局牌子)、科学技术委员会(挂地震办公室牌子)、监察委员会、公安局、国家安全局、民政局、司法局、国有资产管理办公室、人事局、劳动局、财政局(与地方税务局合署)、审计局、工商行政管理局(与物价局合署)、文化局(与体育运动委员会合署)、教育局、卫生局、计划生育委员会、环境保护局、人民防空办公室、农业委员会(与水利局合署)。

二、区县政府机构改革

1980年,区、县革委会改为区、县人民政府后,至2010年12月前,先后进行了2001年、2009年两次区县政府机构改革。

2001年区县政府机构改革 2001年7月,市委、市政府根据《中共中央、国务院关于地方政府机构改革的意见》和《中共中央办公厅、国务院办公厅关于市县乡人员编制精简的意见》精神,结合上海实际,提出区县机构改革意见。

改革的原则和任务是:以坚持精简、统一、效能;坚持权责一致;坚持一件事情由一个机构管理为主；坚持实事求是、从实际出发为原则，加快实现政企分开，进一步转变政府职能；理顺各方面关系，改进和完善行政运行机制；切实改革行政审批制度，规范行政审批行为；完善行政执法体制，整顿和规范市场秩序；精简机构和人员编制，优化组织结构和干部队伍结构。

改革的内容包括：区县政府工作部门与市政府工作部门的职能配置基本对应。区县政府工作部门机构数一般不超过30个。机构设置、机构名称相对统一规范。区、县政府工作部门不分为组成部门和直属机构，一般不设置部门管理机构。按照市政府机构改革的基本原则和思路，调整、合并专业经济管理机构，充实、加强综合管理机构。业务相近的部门尽可能合署办公，或实行“一个机构、多块牌子”。必须同市政府相关部门对应设置但又不必设独立机构的，可增挂牌子。

2009年区县政府机构改革　2009年1月，根据《中共中央、国务院关于地方政府机构改革的意见》和《中共中央办公厅、国务院办公厅关于印发〈上海市人民政府机构改革方案〉的通知》精神，市委、市政府印发《关于上海市区县政府机构改革意见》。

机构改革的原则和任务是：转变政府职能、理顺职责关系、强化部门责任，以政企、政资、政事、政府与中介组织分开为核心，在全面履行政府职能的基础上，突出区县政府管理和服务重点；合理划分市、区县、街道乡镇的事权关系，理顺部门之间、条块之间以及行政层级之间的关系。上下对应、因地制宜，优化组织结构，规范机构设置，既要使区县政府机构设置与市级政府机构设置基本对应，以利上下协调、政令畅通，又要从区县经济社会发展实际出发，建立健全符合区县自身特点的行政管理体制。精简、统一、效能，坚持一件事情原则上由一个部门负责，确需多个部门管理的事项，要明确牵头部门。

机构改革的内容包括：区县政府工作部门不分为组成部门和直属机构，一般不设置部门管理机构。区县政府工作部门的机构名称、规格、职责等，相对统一规范。浦东新区作为综合配套改革试点，其行政管理体制在保持现有格局基本不变的前提下，作进一步调整、完善。中心城区政府工作部门统一设置23个机构，并可根据区域特点，设置1—3个其他机构，机构总数控制在26个以内；郊区县政府工作部门统一设置26个机构，并可根据区域特点，设置1—2个其他机构，机构总数控制在28个以内。

中心城区组建商务委员会，挂经济委员会牌子；郊区县组建经济委员会，挂商务委员会牌子。将区县经济委员会、对外经济委员会的有关职责，整合划入区县商务委员会或经济委员会。区县科学技术委员会挂信息化委员会牌子。组建区县人力资源和社会保障局，挂区县公务员局牌子。将区县人事局、劳动和社会保障局、医疗保险办公室的职责，整合划入区县人力资源和社会保障局。组建区县规划和土地管理局，将区县规划管理局的职责和房屋土地管理局承担的土地管理职责，整合划入区县规划和土地管理局。组建区县住房保障和房屋管理局，将区县房屋土地管理局承担的房屋管理职责划入区县住房保障和房屋管理局。组建区县绿化和市容管理局，挂区县城市管理行政执法局牌子。将区县城管执法机构改由区县绿化和市容管理局（区县城市管理行政执法局）管理。

表1-2-1　2009年上海市区县政府工作部门一览表

中心城区政府工作部门设置（23个）	郊区县政府工作部门设置（26个）
区政府办公室（与政策研究室、法制办公室、外事办公室、合作交流办公室、机关事务管理局等合署）	区县政府办公室（与政策研究室、法制办公室、外事办公室、合作交流办公室、机关事务管理局等合署）
发展和改革委员会（物价局、统计局）	发展和改革委员会（物价局）

(续表)

中心城区政府工作部门设置(23个)	郊区县政府工作部门设置(26个)
商务委员会(经济委员会、旅游局、粮食局)	经济委员会(商务委员会、旅游局、粮食局)
教育局	教育局
科学技术委员会(信息化委员会、知识产权局、地震办公室)	科学技术委员会(信息化委员会、知识产权局、地震办公室)
公安分局	公安分局
民政局(社会团体管理局)	民政局(社会团体管理局)
司法局	司法局
财政局	财政局
人力资源和社会保障局	人力资源和社会保障局
建设和交通委员会	建设和交通委员会
环境保护局	环境保护局
规划和土地管理局	规划和土地管理局
文化局	文化广播影视管理局
卫生局	卫生局
人口和计划生育委员会	人口和计划生育委员会
审计局	审计局
国有资产监督管理委员会	国有资产监督管理委员会
体育局	体育局
绿化和市容管理局	绿化和市容管理局
住房保障和房屋管理局	住房保障和房屋管理局
安全生产监督管理局	安全生产监督管理局
民防办公室	民防办公室
	农业委员会
	水务局
	统计局

第二节　街道办事处和乡镇政府

一、街道办事处

“文化大革命”结束后拨乱反正,街道办事处作为区政府派出机构的性质得以恢复。

1985年10月,市政府进行街道行政管理体制改革试点。1987年2月,市政府发布《上海市街道办事处工作暂行条例》,明确街道办事处是区政府的派出机构,受区政府领导,行使基层政权的部分权力，管理本地区的行政工作。

1994年11月，市政府发布《上海市街道办事处工作规定》，赋予街道办事处人事建议权、综合协调权和行政处罚权。1996年3月，市委、市政府下发《关于加强街道、居委会建设和社区管理的政策意见》，提出区有关职能部门的派出机构原则上按照街道对应设置，接受街道党工委、办事处和区有关职能部门的双重领导；街道办事处可对公安派出所、工商所、税务所的执法工作进行组织协调，对其干部提出考核意见；逐步把与城市建设管理有关的6种执法队伍归并为城市监察队，接受街道办事处的指挥、调度。

1997年1月，市人大常委会发布《上海市街道办事处条例》。街道办事处机构设行政办公、社会发展、市政管理、社会治安综合治理、民政（社会保障）、财政经济等科室；司法行政、文化教育、卫生、监察等科室根据实际情况，可单独设置，也可与有关科室或机构合署办公。

2004年12月，市委下发《关于加强社区党建和社区建设工作的意见》，提出街道办事处要发挥区（县）政府派出机关“组织领导、综合协调、监督管理”的职能，发挥强化综合管理、监督专业管理、组织公共服务、指导自治组织的作用。加强街道办事处综合管理职能，创造条件逐步淡化直至取消中心城区街道办事处招商引资的功能，确保街道办事处把工作重心转移到社会管理和公共服务上来。

二、乡镇政府

改革开放后，1983年10月，中共中央、国务院下发《关于实行政社分开建立乡政府的通知》。至1984年6月，全市共建立205个乡、镇政府；同时，保留人民公社管理委员会作为乡一级经济组织，将原乡党、政、社三套班子改为党政两套班子，撤销公社管理委员会，由乡级政府统一领导和管理经济。

1989年1月，市九届人大常委会第六次会议通过《上海市乡人民政府工作暂行条例》，规定乡人民政府的主要任务。乡政府机构一般设办公室、财务所、劳动服务所等，实行助理员制，一般设经济助理、司法助理、民政助理、教育文化助理、财政助理、村镇建设助理、环境保护助理、计划生育助理、计划统计助理、安全助理等。镇政府机构一般设民政、市政卫生、司法治保、群众文艺、经济等科。

三、社区事务受理服务中心

1998—2005年，上海陆续建成119个行政事务服务中心，但由于各部门自成体系，分头受理，影响了功能的发挥。2005年3月，市政府办公厅印发《加强社区建设扩大试点工作指导要求》，对由市、区政府有关职能部门在街道分头设立的各类行政事务服务机构和场所进行归并和优化，统合后设立“社区事务受理服务中心”，由街道办事处统一领导，集中办理劳动保障、民政救助、医保服务、计划生育服务、租赁房屋登记、来沪人员居住登记等涉及群众基本生活和保障的社区事务。

2006年8月，市政府办公厅印发《关于加强和推进社区事务服务中心建设的意见》，明确各街道、镇（乡）都应设置一门式服务机构，作为街道办事处、镇（乡）政府领导的事业单位，具体承接政府部门为社区群众提供的各类政务服务，统一冠名为“××区（县）××街道（镇、乡）社区事务受理服务中心”，并统一机构标识。街道办事处、镇（乡）政府负责受理中心的日常管理，统筹服务窗口设置、人员配备和专项经费预算。市、区县政府的相关部门负责对应的业务指导、人员培训和提供业务经费保障,其所属业务的法律性质、责任主体、工作权限不变,下拨经费的渠道和标准不变。

2007年6月,市政府下发《关于完善社区服务促进社区建设的实施意见》,在街道、镇(乡)建立社区事务受理服务中心,具体承接政府行政部门依法延伸在社区的基本政务服务及有关公共服务。凡与社区群众基本生活和保障密切相关的政务受理、办理、出证等事项,均实行"一门式"集中受理。

在街道、镇(乡)建立社区卫生服务中心,合理配置社区卫生服务站点和郊区村卫生室,建立覆盖城乡的公共卫生服务网络,为社区群众提供安全、有效、方便、价廉的基本医疗和公共卫生服务。

在街道、镇(乡)建立社区文化活动中心,为社区居民提供阅览、培训、科普等各类公益性的文化服务,并为社区各类人群开展活动提供便利。

2010年8月,市政府办公厅转发市住房保障房屋管理局、市人力资源社会保障局、市民政局《关于加强上海市区(县)和街道(镇、乡)住房保障事务管理工作的意见》,明确各街道办事处(镇、乡政府)是基层住房保障工作的实施主体,负责街道(镇、乡)住房保障事务性工作,将住房保障对象的申请受理、咨询等相关业务统一纳入社区事务受理服务中心的受理事项,实行"一门式"服务。

第三节　事权下放　分级管理

区、县政府是上海政府管理体制中的一环。计划经济时期,区、县政府事务由市政府包揽,在经济、社会和城市建设方面未能发挥更大作用。

80年代中期开始,市委、市政府逐步打破传统的集中型管理模式,有计划、有步骤地向区、县下放部分财权和管理权,调动区、县政府在经济、社会发展和城市建设方面的积极性。从1985年起,开始了以简政放权为核心的市区管理体制改革。1985年,市政府开始向各区下放部分经济管理权,改变统收统支的传统财政管理体制,采取逐步向建立区一级财政过渡的办法。在市政、园林、环卫、房产、普教、卫生、文化、体育8个方面,向区下放部分事权,明确市、区分工。

1988年,市委、市政府作出对区实行承包、分权明责的决定,以财政包干为核心,向区(县)下放部分事权,在计划、财政、外经贸、商业、劳动、编制、人事、城建、中小学教育等方面配套放权。同年4月,市政府进一步向区、县下放固定资产投资审批权限,即1 000万元以下的生产性基建项目、技术改造项目和500万元以下的非生产性基础项目,均由各区、县自行审批。

1992年4月,市委、市政府在上海县召开书记、县长会议,决定在郊县实行"两级政府、两级管理";同年5月,在静安区召开城市建设市、区联手现场会议,提出在市区实行"两级政府、两级管理"。在财税、城建、劳动、商业、基建、规划、土地、环保、对外经贸、人事、机构编制、工商行政、物价等方面向区(县)明责分权,进一步向区、县下放权力,如500万美元以下的外商投资项目由区、县负责审批(1993年4月起又扩大到1 000万美元以下),区、县同步拥有规划、土地、工商等方面相应的审批权限。

1995年起,市政府按照市区"两级政府、三级管理"("两级政府"指市、区两级政府,"三级管理"指市、区、街道的管理)、郊县"三级政府、三级管理"的新思路,下放规划事权和有关审批权,扩大各区融资权等,使各区(县)在利用外资和旧区改造、发展第三产业方面取得突破性进展。

1996年3月,按照市委要求,市政府决定在"九五"计划期间(1996—2000年),进一步增强区政府在经济发展、城市建设、城市管理等方面的责任,进一步向各区下放权力。"两级政府、两级管理"向区、县政府放权,主要体现"五个统一":事权与财权相统一,建设与管理相统一,局部与全局相统一,放权与转制相同步,下放财权与加强审计相统一。市政府下发《关于进一步完善市与区"两级政府、两级管理”体制政策意见的通知》以及《关于进一步完善市与郊县(区)“两级政府、两级管理”体制政策意见的通知》,提出在财政税收、建设费用、城市规划、资金融通、国资管理以及外资外贸项目审批等方面,进一步向各区放权,包括“财随事转”“费随事转”“扩大各区融资权”“下放规划事权”“加快市区危棚简屋改造”“下放有关审批权限”等内容。1998年6月,市委、市政府召开城区工作会议,强调不断完善“两级政府,三级管理”的体制,加快形成社区建设和管理的长效机制。

2000年4月,市政府印发《关于进一步完善“两级政府、三级管理”体制的若干意见》,根据市委关于进一步加快区县新一轮发展的总体要求,按照“事权、财权下放与政策规范运作相结合,管理重心下移与财力适度下沉相结合,产业定位与政策导向相结合,规划协调与分类指导相结合”的原则,进一步明确“两级政府、三级管理、四级网络”,将直接面对广大市民的居民委员会组织纳入城市管理体制。对区县产业定位、特色经济、工业发展、商业布局、财力分配、重点项目、财政转移支付、中小企业信用担保、建设项目分工、市政建设融资和经营、交界地区规划管理、社区发展、综合执法、政令等方面提出16条意见,使“两级政府、三级管理”体制内容上又有了新的拓展。

2004年1月1日,上海实行市与区县财税体制的改革,进一步完善“两级政府、三级管理”体制。改革以“促进发展,保障调控;分类指导,差别政策;规范支出,合理配置”为原则,针对18个区县按照各自实施全市经济社会发展战略的重点需求,开展“分类指导、差别政策”的改革试点,分步全面推行“税收属地征管、地方税收分享”的财税体制改革目标模式。除了浦东新区先行先试“税收属地征管、地方税收分享、基数差额返还”的财税体制之外,在崇明县,试行“税收委托征管、地方税收全留、公共项目差补、生态专项扶持”的财税体制;在嘉定、青浦、松江、南汇、奉贤、金山、闵行、宝山等8个郊区的市级工业园区内,试行“税收委托征管、地方税收增量全返”的财税体制;在黄浦、卢湾、徐汇、长宁、静安、虹口等6个区,试行“特定行业税收委托征管、地方税收增量全返”的财税体制;在闸北、普陀、杨浦3个区,试行“特定行业和特定园区税收委托征管、地方税收增量全返”的财税体制。同时,根据上海市公共财政体制建设进程,对财力状况比较困难的区县,其低于全市公共支出项目最低保障标准的差额,由市财政局通过转移支付的方式给予专项补助。

2010年12月,市政府印发《关于本市进一步深化完善“十二五”期间市与区县财税管理体制改革的若干意见》,提出按照“两级政府、三级管理”体制,进一步深化和完善“税收属地征管、地方税收分享”的市与区县财税管理体制,增强财政政策导向功能,实现市与区县产业发展资源的有效整合;进一步调动区县加快推进经济发展方式转变和经济结构调整的积极性,充分发挥财税体制在“转方式、调结构、重均衡、防风险、促和谐”等方面的功能作用。在税收征管体制、财政分配机制、财政政策引导方面进行改革:一是除市级集中税收征管企业和市级税收委托征管企业外,其他现由市级集中税收征管的企业,全部调整为由企业所在区县的税务机关实行税收属地征管,地方税收收入由市与区县财政分享。市与区县财政具体分享比例为:增值税、营业税、城市维护建设税收入均按照35∶65,企业所得税收入按照50∶50,个人所得税收入按照45∶55,城镇土地使用税、耕地占用税收入按照50∶50,房产税、土地增值税、契税收入均按照20∶80分享。二是调整完善土地出让金收入分配。市与区县从区县商业性项目(不含市政府确定的大型居住社区规划范围内的商业配套项目)取得的土地出让金收益中各统筹15%,建立“上海市保障性住房建设专项资金”;调整完善农业土地开发资金分配,中心城区按照规定,从土地出让金收入中计提农业土地开发资金,统筹用于支持新农村建设。三是建立财力分享机制。每年按照区县缴纳的市级营业税和增值税收入超基数部分的10%,采取年度财力结算方式,专项给予企业所在区县;增强转型引导效应,增加市级财政的“转方式、调结构”专项资金总量,并与区县财政“转方式、调结构”专项资金联动使用,发挥政策聚焦效应,优化产业结构;完善超收激励机制,按剔除房地产税收后的区县级税收收入增幅计算,鼓励区县优化财政收入结构,做大财政收入增量。

上海通过“两级政府、三级管理”体制,赋予区县更多的社会管理权力和责任。在经济发展和社会管理上,强化市一层面的综合平衡和协调,一般具体管理行为主要由区县行使,真正形成市与区县两个发展平台,充分调动市与区县两个积极性。

第四节 浦东新区政府

一、浦东新区政府机构沿革

1990年4月18日,国务院总理李鹏代表中共中央、国务院在上海宣布开发开放浦东。当月,市政府成立上海市浦东开发领导小组及办公室。经国务院批准,1992年10月1日,撤销川沙县,将黄浦、南市、杨浦3区的浦东部分和原上海县三林乡从所属区、县中划出,与原川沙县全境合并,设立浦东新区。1992年12月30日,市政府同意组建上海市浦东新区管理委员会,并任命浦东新区管理委员会主任、副主任、委员。

浦东新区管委会基本职能是统一管理浦东开发开放工作,履行地方国家行政机关的管理职能,贯彻执行国家和上海市委、市政府制定的有关浦东新区建设方针、政策。在计划管理、项目审批、建设管理、财政金融、外经外事、劳动人事等方面,浦东新区管委会拥有国家计划单列市的各类权限,包括中央批准扩权的部分。

浦东新区管理委员会下设办公室(党工委、管委会的党政合一办公室)、组织部(劳动人事局)、纪律检查委员会(监察局)、综合规划土地局(统计局)、经济贸易局、城市建设局(环保局)、社会发展局、农村发展局、财政税务局、工商行政管理局。1993年3月,市委批复同意建立浦东新区公安分局、司法局。1994年4月,宣传、统战职能从办公室析出,增设中共浦东新区委员会宣传部、统战部,实行“两块牌子、一套班子”的行政管理模式。1996年5月,市委批复同意建立浦东新区国有资产管理办公室。同年6月,新增设的中共浦东新区农村工作委员会与农村发展局合署办公。1998年9月,成立浦东新区市政管理委员会办公室,同时挂浦东新区环境保护局牌子(环境保护局职能从城市建设局析出);年内,浦东新区工商行政管理局变为市工商局直属机构,更名为市工商局浦东分局。

2000年8月3日,浦东新区第一届人民代表大会第一次会议召开,选举产生浦东新区人民政府区长、副区长,浦东新区管委会自然撤销。浦东新区人民政府下设办公室(外事办公室)、发展计划局、经济贸易局、科学技术局(科技协会)、劳动和社会保障局、社会发展局、农村发展局、城市建设局、环境保护和市容卫生管理局、财政局、审计局、公安分局、司法局、国家安全局。

2005年10月,经市委、市政府批准,浦东新区政府对部分机构和职能作调整。农村工作委员会和农村发展局改制为农业委员会,发展计划局改制为改革和发展委员会,经济贸易局改制为经济委员会,建设局改制为建设和交通委员会,科技局改制为科学技术委员会。

2009年4月24日,国务院批复同意撤销南汇区,将其行政区划并入浦东新区。同年8月6日,浦东新区第四届人民代表大会第一次会议召开,选举产生浦东新区新一届政府机构领导人员。浦东新区政府下设办公室、发展和改革委员会、经济和信息化委员会、商务委员会、科学技术委员会、民政局、司法局、财政局、人力资源和社会保障局、建设和交通委员会、农业委员会、环境保护和市容卫生管理局、卫生局、审计局、国有资产管理委员会、规划和土地管理局、金融服务局。

二、浦东新区政府改革试点

2001 年 9 月，经市政府同意，浦东新区政府率先进行行政审批制度改革试点，涉及 724 项审批事项。其中，保留和完善 348 项(占总数 48%)，不再审批 292 项(占总数 40%)，改变审批方式 84 项(占总数 12%)，总体改革率为 52%。经过 2001 年、2002 年、2003 年、2006 年 4 轮深化改革，到 2007 年，审批事项减少到 220 项，缩减近 70%。通过行政审批制度改革试点，浦东新区政府着力转变政府职能，不断改进管理方式，推进电子政务，提高行政效率，降低行政成本，逐步形成“多个机构、一个政府”的公共服务型政府。浦东新区政府构建全方位为民服务体系，把 21 个街镇建设为社会服务基层单位，取消街道招商引资职能，强化社会管理和公共服务功能，为企业设立实行直接登记制、并联审批制和告知承诺制，改善企业投资环境。

2005 年 6 月，国务院批准上海浦东新区进行综合配套改革试点。2006 年 1 月，国家发展改革委批复浦东综合配套改革试点总体方案。浦东综合配套改革试点着力转变政府职能，着力转变经济运行方式，着力改变二元经济与社会结构。浦东新区政府围绕“三个着力”，按照“全国能借鉴、上海能推广、浦东能突破”的原则，全力开展综合配套改革，先后实施 2005—2007 年、2008—2010 年、2011—2013 年 3 轮三年行动计划，滚动开展 200 多项改革，有 40 多项综合配套改革新政策在浦东新区先行先试，在转变政府职能、构建公共服务型政府，提升金融创新与服务功能、提高航运资源配置能力、增强贸易国际化和便利化程度，完善自主创新制度环境，推进社会体制改革、建立统筹城乡发展的体制机制等方面，成效显著。

第二篇

政务建设

1949年5月上海解放后，市军管会和市政府用了两个月时间，基本完成对原上海市国民政府及所属机构的接管。随后，开展民主建政，建立健全市政府各职能机构，进行政务建设。此后，政府行政管理体制不断进行调整和自我完善。市政府(市人委)在中共中央、国务院、中共上海市委的领导下，按照市人民代表大会的决议和决定，不断完善民主决策机制，提高科学决策水平。具体包括，坚持重大事项集体决策制度、加强政府决策咨询研究、深入实际调查研究、发挥专家学者在决策中的作用等。

市政府是市人大的执行机关，接受市人大的监督。市政府、市人委定期向市人民代表大会报告工作。在市人民代表大会闭会期间，市政府及其职能部门，定期或不定期地向市人大常委会作专题工作报告，听取意见，接受监督。为密切市政府与人民群众的联系，倾听市民的呼声，改进政府工作，市政府采取多种形式，加强与人大代表及政协委员的联系。市政府、市人委还定期或不定期地组织人大代表进行参观和视察。对历次市人代会、市政协大会上及大会闭会期间代表和委员就政府工作提出的书面意见和提案，市政府及时组织有关部门办理。

1951年6月，中央人民政府政务院作出《关于处理人民来信和接见人民工作的决定》。1952年11月，市政府要求所属单位、区政府在办公室内指定专职掌管。1955年9月，市人委发文明确："会属各单位处理人民来信和接见人民工作。"1959年，市人委建立信访催办制度，将经领导批办、上级机关交办的信访件列入催办查办范围。市政府要求各级领导对所在地区、部门信访中的热点、难点，特别是一些影响较大或老大难问题，领导要亲自过问，亲自协调、支持和帮助信访部门处理好。1949年9月，市政府办公厅开始按月编印《市政公报》。1951年8月，市政府修订发布《关于统一发布重要新闻与加强新闻报道的暂行办法》，要求凡须经过市政府委员会、行政会议通过或同意的一切公告，以及须经市长、副市长暨各委、局、处、院、署首长同意后发布的重要公告性新闻，均由市政府新闻出版处统一发布。1957年1月，市人委发布《关于配合报社更充分地运用报纸正确地宣传报道各部门工作的规定》。1956年2月，市人委要求各工作部门和直属机构每月编一次工作简报。1957年2月，《市政公报》和《情况简报》改出《市政工作》，及时反映工作动态和工作中的重大问题，供市、区领导参考。1962年起，《市政工作》开始报道市人大代表活动情况和提案处理情况，成为市人委与市人大联系和沟通的重要方式之一。

"文化大革命"初期，各级政府(人委会)瘫痪。1967年2月，上海市革命委员会成立，实行党政合一。市政府、人委会17年进行的政务建设基本废止。1978年改革开放后，1979年12月市人民政府恢复成立，政务建设逐步恢复和完善。截至2012年，上海市各级政府的政务建设主要包括法制建设、行政决策建设、政务公开、电子政务建设、应急管理、公务员管理、监察审计、信访工作、档案史志工作、机关事务管理等等。

1978年底召开的中共十一届三中全会，开启了我国依法行政和法治政府建设的历程。按照中共中央、国务院的方针政策和总体部署，上海市政府在以经济建设为中心、实行改革开放的同时，加强自身建设，建立健全政府管理的各项制度，不断推进行政决策的科学化、民主化，推进政府管理的规范化、制度化和法制化。1988年，上海市各级政府政务公开起步，开始实施"公开办事制度、公开办事结果、接受群众监督”。1998年，市委、市政府作出《关于实行政务公开制度深入开展政务公开工作的决定》，推进政务公开工作规范开展。

1996—1999年，按照建设法治政府的要求，上海市政府依法施政，提请市人大常委会制定地方性法规，同时及时制定政府规章，认真组织法律、法规和规章的实施，促进行政机关依法规范行使行政职权。按照国务院的部署，市政府多次组织对规章和行政规范性文件的清理，并根据清理结果，对规章和行政规范性文件进行修改和废止。此外，建立健全行政规范性文件备案审查、审计监督和行政监察等制度，加强对政府行为的监督。90年代开始，上海电子政务从办公自动化起步，通过政务网络等基础设施和内部办公、对外服务、辅助决策等信息系统和基础数据库的建设，不断推进政务公开，提高便民服务的水平。

2004年，国务院颁布《全面推进依法行政实施纲要》，明确将法治政府确立为政府建设的目标。依据多次修订完善的《中华人民共和国地方各级人民代表大会和地方各级人民政府组织法》，上海历届市政府都制定《上海市人民政府工作规则》，定期向市人大及其常委会报告工作，及时向市人大常委会通报政府工作中的重要情况，接受人大监督。市政府在制定重大行政决策过程中，注重听取人大代表、政协委员、参事和专家学者、社会公众的意见、建议，并逐步予以制度化、规范化。同年，市政府发布《上海市政府信息公开规定》，将政务公开工作纳入法治化轨道。此后，上海政务公开不断扩大公开的内容范围、拓展公开渠道，以保障市民的知情权、参与权和监督权；先后建设市政府办公厅办公自动化系统、市政府机关应急指挥无线调度系统、市政府机关办公决策服务系统、“中国上海”门户网站、市政府核心办公系统、市电子政务网上办事平台、市应急管理平台等。

2006年，上海实施政务外网建设，政务外网作为“中国上海”门户网站和各部门网站网上办事的后台支撑，为各部门构建各自的业务专网提供公共网络服务；利用政务外网资源，实现对“中国上海”门户网站“在线访谈”栏目的技术保障；开展政府网站服务器的托管运维工作。

按照中共中央、国务院的部署和建设服务政府、高效政府、透明政府的要求，上海市和区县政府坚持不懈地推进行政管理体制改革、行政审批制度改革、政务信息公开，推进电子政务建设，完善行政管理方式，提高行政管理效率，优化上海的商务环境。为了保障行政机关内部工作的规范、有序，保证政府职能的有效发挥，市政府不断健全完善会议制度、公文处理制度、督查督办制度、值班制度等。为了保障及时、有序受理和处理向市政府提出的意见建议，不断健全完善行政复议等制度，化解社会纠纷，密切政府和人民群众的联系。市政府还不断完善机关事务管理体制，推进机关后勤服务的社会化改革。1993年8月14日，国务院颁布《国家公务员暂行条例》后，市政府注重加强公务员管理，不断健全完善公务员的考试录用、选调交流、教育培训和考核奖惩等制度。

改革开放后，经济高速发展，各类社会矛盾纠纷涌入信访渠道。为此，市政府网站设置市长信箱，畅通信访渠道；市长和副市长定期接待人民群众的信访，研究处理信访矛盾，不断完善信访工作的受理、办理机制。其间，市和区县政府还加强档案与地方志工作的建设发展，发挥档案、文史、志鉴重要的存史、资治、育人作用。

上海作为特大型城市，人口多、地域面积小、建筑密集，经济要素高度集聚，诱发突发事件的因素多，预防和处置突发事件的难度大。2003年起，根据中共中央、国务院部署，上海围绕保障城市运行安全的主线，以“一案三制”（应急预案、应急管理体制、机制和法制）建设为主要内容，全面加强应急管理，基本建立起符合国家总体要求、适应上海特大型城市公共安全保障需要的应急管理模式，形成了纵向对应、横向协同、全覆盖的应急管理工作格局，有效地维护了城市的安全运行。

第一章　法 治 建 设

第一节　法治建设沿革

一、立法建设

【政府法制工作】

上海解放后，至60年代初，市人大未设常设机构，地方法规、规章由市军管会、市政府办公厅、市人委办公厅和有关委、办、局起草发布。1962年，市人委办公厅秘书处内设法规研究室，负责法规规章性文件的审核修改工作。“文化大革命”期间，法制建设遭到严重破坏。

1978年中共十一届三中全会后，政府法制工作机构恢复并逐步加强。1980年6月，市政府在市政府办公厅内设立法制处。1983年起，上海组织编制立法预测，制定规章的规划和计划，完善规章制定程序。同年10月，市政府印发《1983—1986年经济、行政立法规划设想》，以后每年编制规章制定计划，逐步形成制度。1985年9月，成立市政府经济法规研究中心，下设办公室，与市政府办公厅法制处合署办公。1986年12月，市长江泽民指出：制定法规、规章的工作也要科学化、制度化、规划化，还要注意对法规、规章起草的科学预测和成龙配套，没有一点预见性不行。同年底，上海首次进行涉外经济立法的预测工作，提出编制由61件法规、规章项目组成的中近期涉外经济立法规划。1987年3月，市政府发布《上海市人民政府规章制定程序的暂行规定》，对规章制定的依据、范围和规章的主要内容、起草、审议、批准、发布等作了明确(1988年、1994年、1995年多次对该《暂行规定》进行修改和补充)。1987年6月，市政府办公厅法制处改组为市政府法制办公室(仍为正处级)，负责对全市政府法制工作进行通盘考虑、综合研究和组织协调。1988年4月起，上海城市建设管理系统开始进行立法预测工作，经过专家论证，提出制定200多件法规、规章的立法规划建议；10月，经市政府批准实施。

1990年4月，市政府法制办定为副局级。90年代初起，市政府各部门逐步建立、健全法制工作机构，组织起草地方性法规草案和市政府规章草案。1993年，为了适应上海率先建立社会主义市场经济运行机制的要求，市政府组织有关委、办、局和从事法制理论研究的专家学者对全市法规规章框架进行研究。同年7月，市政府法制办升格为正局级。1994年，市编委批准设立上海市行政法制研究所，由市政府法制办领导，承担地方立法项目的前期论证、调研、起草；开展政府法制基础理论及立法技术、行政执法和法制监督等法治理论课题和实际应用课题的研究；承担市政府规章的翻译组织和审校，翻译国外法治情报资料，编译行政法制的学术刊物；组织政府法制干部培训；组织行政法制领域和相关领域的法律学术交流等。

1999年九届全国人大二次会议通过的宪法修正案规定：“中华人民共和国实行依法治国，建设社会主义法治国家。”①2000年4月，市政府发布《上海市全面推进依法行政实施方案》，对政府系统

① 本志所记述有关文字，1999年之前，书写为“法制”；之后，书写为“法治”。其他会议、文件、机构名称，均按照历史发生名称书写。

推进依法行政的具体目标作出部署。2009年3月，市政府发布《贯彻国务院关于加强市县政府依法行政的决定的实施意见》。2011年9月，市政府发布《上海市依法行政"十二五"规划》，对2011—2015年期间全市政府系统推进依法行政的重点任务、措施作出安排。

【政府立法工作】

解放初至50年代，市军管会、市政府发布和批准所属单位发布的法规、规章性文件，主要包括清除反动势力、巩固新生政权、维护社会治安、没收官僚资本及反革命首恶分子的房地产、保护私人所有产业不准侵犯、恢复国民经济、发展生产、增加财政收入、整顿文教秩序，内容涉及政治、经济、文教等各方面。60年代"文化大革命"前，市人委发布的法规规章性文件，主要有化学危险物品安全管理暂行办法、外货市场管理暂行办法、郊区林木管理暂行办法、工农业产品技术标准管理实施办法、酒类专卖管理办法等。解放后至1979年底，市军管会、市政府、市人委共制定和批准所属单位发布重要法规规章性文件共1 300余件。

"文化大革命"期间，民主与法制遭到践踏，市革委会发布法规、规章性文件较少，此期间批准施行的规章性文件在"文化大革命"结束后80年代中期起被废止。1979年12月，市人大常委会产生，在市人大闭会期间制定颁布地方性法规。市政府组织起草有关经济、社会和行政管理方面的地方性法规草案，提请市人大或其常委会审议通过并颁布实施。1982—1990年，市政府组织起草地方性法规草案，经市人大常委会审议通过并颁布实施，以及市政府制定规章并颁布实施共46件。

90年代，在推进改革、发展和保障社会稳定的同时，市政府制定一大批政府规章，并多次进行法规规章的清理和组织法律法规规章的实施，建立健全政府系统的法治监督工作制度，加强法治宣传教育。1990年4月浦东开发开放后，市政府起草地方性法规草案增多。1991年，市政府起草地方性法规和政府规章草案近40件。为推进立法工作的民主化、科学化，1993年11月30日，市政府批准成立由20名专家组成的首届市政府立法专家咨询委，市长黄菊、副市长徐匡迪参加市政府立法专家咨询委成立会议并向专家颁发聘书。

1994年3月，市政府作出《关于加强政府立法工作的决定》，要求对各部门提出的立法规划建议进行集中论证，编制完成既体现社会主义法治统一原则，又反映上海特点的政府立法规划。到1995年，形成了《上海市人民政府立法规划的研究总报告》《社会主义市场经济法规范体系(框架)的研究报告》等一批专题立法调研报告。1996年3月3日，市政府聘请23位专家组成市政府第二届立法专家咨询委，市长徐匡迪出席聘任仪式并向专家颁发聘书。1996—1998年，市政府组织起草地方性法规草案33件，经市人大常委会审议通过后颁布实施。

随着互联网的发展和在政务工作中的普遍应用，自2002年起，市政府法制办开始在"中国上海"门户网站和东方网上公布市政府规章草案，公开征询公众意见。市政府法制办通过公务邮箱接收和处理公众提出的意见，逐项予以研究，并在规章制定后，对公众意见的处理情况予以反馈。2002年3月20日，市政府法制办组织召开《上海市快件寄递管理办法(草案)》立法听证会，20多家快递企业参加。这是上海首次开展的规章草案立法听证会。自2008年起，市政府将立法听证列为政府立法的程序之一，明确对直接涉及公民、法人或者其他组织切身利益、不同利益群体之间有明显利益冲突的，或者涉及社会、经济发展重大问题，社会普遍关注的规章草案，要求组织召开立法听证会。2008年，市政府法制办分别对《上海市旅馆业管理办法(草案)》《上海港口客运站管理办法(草案)》《上海市门弄号管理办法(草案)》等3件规章召开立法听证会，采取公开自愿报名方式产生听证代表，听证过程向社会公开，并将听证意见处理情况予以反馈。2009年3月，"上海政府法制信息网”正式开通后,市政府规章草案全文在“中国上海”门户网站、“上海政府法制信息网”和东方网上同时公布,征询公众意见。2011年11月,首次向社会公开征集下一年度政府规章立法议题,共收到40多人提出的50多个立法议题,涉及小广告治理、老年人护理、城市绿化管理等方面。市政府法制办会同有关主管部门在制定立法计划时予以研究,并向公众反馈意见采纳情况。

图2-1-1 2009年3月,市政府发布《贯彻国务院关于加强市县政府依法行政的决定的实施意见》,召开上海市规范和加强行政执法工作电视电话会议

2000—2010年,市政府先后组织起草地方性法规草案和修订草案、地方性法规修改决定59件,提请市人大常委会审议通过并实施。

二、行政执法建设

【制度建设】

建立行政规范性文件备案审查制度。1987年10月,修订《上海市人民政府规章制定程序的暂行规定》,明确各区县政府和市政府各部门依据法规、规章制定的规定、办法等规范性文件,应当向市政府报送备案。1989年4月,市政府办公厅发出《关于严格实行规范性文件备案制度的通知》。2003年12月,市政府发布《上海市行政规范性文件制定和备案规定》,自2004年5月1日起施行,标志着上海开始对报送备案的行政规范性文件实行审查制度。2010年1月,市政府对《上海市行政规范性文件制定和备案规定》进行修订,并于2010年5月1日起施行。自2010年5月起,上海对行政规范性文件实行有效期制度,要求行政规范性文件制定时,明确具体有效期限;有效期限一般不得超过5年。

建立法规、规章实施周年报告制度。改革开放后,市政府在强调依法行政的同时,要求政府行政机关不断形成完善法制监督的制度,对法规、规章实施周年报告制度。1988—1998年前后,市政府要求每一件法规、规章实施满1周年后,实施的主管部门必须主动将实施的基本情况、存在的问题等向市政府书面报告。

建立行政执法责任制。1991年起,上海一些行政机关先后试行行政执法责任制,将依法行政的各项要求落实到具体机构和人员,建立健全行政执法的程序,并进行目标责任考核。1998年,根据中共十五大关于“一切政府机关都必须依法行政,切实保障公民权利,实行执法责任制和评议考核制”的精神,市政府指定市工商局、市民政局、市政委3家单位开展推行行政执法责任制的试点。2005年10月,市政府发文,贯彻落实国务院办公厅《关于推行行政执法责任制的若干意见》,进一步明确行政执法责任制的基本内容和工作要求。2006年,根据国务院及市政府的要求,市政府法制办对全市各单位的行政执法依据进行梳理,包括对19个区县和53个市政府委办局上报的行政执法依据进行审核、确认,并印发《上海市市级执法单位和区县人民政府行政执法依据》,由各单位分别在政府部门网站上将本单位的行政执法依据向社会公告。此外,市政府法制办、市编办发出《关于开展行政执法职权分解与行政执法责任确定工作的通知》,在全市组织开展行政执法职权分解与行政执法责任确定工作。

建立听证制度。为贯彻实施《中华人民共和国行政处罚法》关于听证制度的规定,市政府于1996年8月制定《上海市行政处罚听证程序试行规定》,自同年10月起实施。

建立行政执法人员资格管理制度。1996年10月《行政处罚法》实施后,上海对全市行政执法人员逐步推行资格管理制度。行政执法人员均须通过公务员考试或者事业单位招考录用,在正式上岗前接受基础法律知识培训;经考核合格,取得执法证后,方能持证上岗执法。2010年,市政府印发《上海市行政执法人员执法行为规范》,对行政执法人员资格、文明执法、执法程序和重点执法环节的规范等提出要求。

【执法改革】

开展特定地区综合执法改革。自1995年开始,上海在一些特定地区(如航空港、铁路上海站、人民广场、南京路步行街、外滩、陆家嘴等),通过法规授权或者规章委托方式建立综合执法队伍,实行一个地区由一支行政执法队伍统一执法。相关立法包括:《上海市外滩风景区综合管理暂行规定》(1995年)、《上海市人民广场地区综合管理暂行规定》(1997年)、《上海市陆家嘴金融贸易中心区综合管理暂行规定》(1998年)、《上海市铁路上海站地区综合管理暂行规定》(1998年)、《上海市民用机场地区管理条例》和《上海市南京路步行街综合管理暂行规定》(1999年)。

开展城市管理领域综合执法改革。按照市委、市政府关于“两级政府、三级管理”的城区管理体制的思路,经市人大常委会授权,市政府于1997年全面组建街道监察队,探索第三层面的综合执法。2000年12月,黄浦、卢湾、虹口、闸北、杨浦、静安、普陀、长宁、徐汇、浦东新区10个中心城区先后成立城市管理监察大队,撤销街道监察队建制。2004年,城市管理相对集中处罚权工作扩大到全市19个区县。同时,扩大区级相对集中处罚权的执法范围。2005年6月,市政府发布《关于全市开展市级层面城市管理领域相对集中行政处罚权工作的决定》,明确同年8月1日设立上海市城市管理行政执法局,将城市管理执法推进到市、区县两级。2006年7月,市政府发布《关于扩大浦东新区城市管理领域相对集中行政处罚权范围的决定》,明确扩大浦东新区城管部门相对集中行政处罚权的范围,具体包括16个方面的行政处罚权。

【队伍建设】

建立文化综合执法队伍。1999年12月,上海在全国率先成立市文化稽查总队,综合行使市级文化、广播电影电视、文物、新闻出版等行政部门的行政处罚职权。2004年12月,为进一步深化文化领域综合执法改革,市政府发布《关于在本市进一步完善文化领域相对集中行政处罚权工作的决定》和《上海市文化领域相对集中行政处罚权办法》,组建上海市文化市场行政执法总队,同时撤销市文化稽查总队建制。至2005年9月,全市19个区县相应设立了文化市场行政执法大队。

建立市政公用综合执法队伍。2005年10月,市委、市政府同意撤销市交通局所属的公共交通管理客运管理处、出租汽车管理处、轨道交通管理处、陆上运输管理处、汽车维修管理处、公共交通客运培训中心、公共交通票务结算中心、出租汽车行业培训考试中心、出租汽车结算管理中心等9家事业单位建制,组建市城市交通行政执法总队、市城市交通运输管理处、市城市交通业务受理中心等;首次建立"一个行政部门建一支执法队伍、设一个服务窗口"的部门内部综合执法机制。2005年12月,上海市水务行政执法总队挂牌成立,综合供水、排水、河道、防汛墙管理和滩涂管理等部门的执法权,成为市水务管理领域依法授权的综合执法主体。

第二节 行政立法

一、地方性法规草案起草

1982—1990年,为适应改革开放的需要,市政府起草《上海市中外合资经营企业、中外合作经营企业、外资企业的申请和审批规定》《上海市发展新兴技术新兴工业暂行条例》《上海市经济技术开发区条例》《上海市中外合资经营企业劳动人事管理条例》《上海市城市建设规划管理条例》《上海市公民游行示威暂行条例》《上海市职工教育条例》《上海市妇女儿童保护条例》等地方性法规草案46件,经市人大常委会审议通过并颁布实施。

进入90年代,市政府起草地方性法规草案的工作有较大发展。1991—1995年,起草《上海市图书报刊市场管理条例》《上海市外商投资企业清算条例》《上海市社会治安防范责任条例》《上海市信访条例》《上海市产品质量监督条例》《上海市环境保护条例》《上海市技术市场条例》等地方性法规草案40件,经市人大常委会审议通过并颁布实施。1996—1998年,起草《上海市价格管理监督条例》《上海市职业病防治条例》《上海市科学技术进步条例》《上海市实施〈中华人民共和国农业技术推广法〉办法》《上海外高桥保税区条例》《上海市街道办事处条例》《上海市居住物业管理条例》《上海市建筑市场管理条例》《上海市地下铁道管理条例》《上海市特种行业和公共场所治安管理条例》等地方性法规草案33件,经市人大常委会审议通过并颁布实施。

进入21世纪后,市政府通过完善法律规范,促进和保障上海经济社会发展和国际经济、金融、贸易、航运中心建设。2000—2010年底,先后提请市人大常委会通过《上海市市容环境卫生管理条例》《上海市消费者权益保护条例》《上海市促进行业协会发展规定》《上海市企业名称登记管理规定》《上海市促进电子商务发展规定》《上海市推进国际金融中心建设条例》《上海市推进国际贸易中心建设条例》等76件法规的制定、修订。其间,市政府还提请市人大常委会通过若干《决定》,以促进和保障重大改革、重大活动的规范和顺利推进。2007年4月和2008年6月,市政府先后提请市人大常委会通过《关于促进和保障浦东新区综合配套改革试点工作的决定》和《关于促进和保障世博会筹备和兴办工作的决定》。

二、政府规章制定

1982年12月10日,五届全国人大五次会议通过修改后的《中华人民共和国地方各级人民代表大会和地方各级人民政府组织法》，明确赋予省级政府制定规章的权力。

1980—1990 年，为了适应经济体制改革和对外开放的需要，市政府制定、修改政府规章 414 件。包括：1981 年制定《上海市城镇个体工商户管理暂行办法》《上海市农副产品市场管理暂行办法》。1982 年制定《上海市技术有偿转让办法》。1983 年 2 月发布《上海市工业品生产资料市场管理暂行规定》，该《暂行规定》以政府规章的形式，肯定了生产资料市场的开放和生产资料的商品化。这是一部较早的改革流通体制方面的地方规范，实施初的 3 年间，最早建立的生产资料交易市场为全国各地 2.5 万多家企事业单位调出调入 10 亿余元的各种物资。截至 1985 年底，此类市场发展到 8 个。1984 年 8 月，批准实施《上海市民办科学研究和技术服务机构管理规定(试行)》，当年 9—12 月，就有 100 多人申请成立民办科研机构，经批准成立的有 60 多家。1987 年 11 月，发布实施《上海市土地使用权有偿转让办法》，使上海在土地使用权的出让、转让、抵押、回收、税收等方面，初步做到有法可依、有章可循，成为上海成功推进土地使用制度改革的重要保障。1988 年印发《上海市全民所有制企业退休费统筹的暂行规定》，为上海推行统一的养老保险制度奠定了基础。1990 年制定《上海市鼓励外商投资浦东新区的若干规定》《上海市浦东新区土地管理若干规定》《关于上海浦东新区规划建设管理暂行办法》《上海市外高桥保税区管理办法》等政府规章，为 90 年代开始有力有序推进上海浦东新区开发开放起到重要作用。

1991—2000 年，为了配合深化经济体制改革、推进各类要素市场的发展、探索建立社会保障制度、加快城市基础设施建设、加强城市管理，市政府制定、修改规章 426 件。包括：1991 年制定《上海市公积金暂行办法》，1992 年制定《上海市失业保险办法》，全面推行职工失业保险制度，1993 年制定的《关于进行出售已出租公有住房试点的规定》，1994 年制定《上海市城镇职工养老保险办法》，在全国率先推行职工社会养老保险制度。1994 年 1 月，市政府召开全市政府法制工作会议，提出要高起点地构筑上海社会主义市场经济的“保障工程”，加快政府立法的步伐，并把经济立法作为政府立法工作的重点。同年制定规章 73 件，是历年制定规章最多的一年。

1995—2000 年，市政府先后制定《上海市城镇私营企业职工养老保险办法》《上海市城镇个体工商户及其帮工养老保险办法》《上海市城镇企业职工住院医疗保险暂行办法》《关于深化本市公费医疗制度改革的实施办法》《上海市城镇企业职工门诊急诊部分项目医疗保险暂行办法》《上海市城镇私营企业职工和个体工商户及其帮工医疗保险暂行办法》《关于本市部分事业单位职工医疗保险实施办法》《上海市城镇职工基本医疗保险办法》等一系列有关社会保障方面的规章，基本建立起一整套社会保障制度。

21 世纪初，市政府进一步重视制定和修改完善政府规章，推进依法行政、加强法治政府建设，依法促进和保障上海改革、发展、稳定和国际经济、金融、贸易、航运四个中心建设。2001—2010 年，市政府共制定、修改规章 220 件。2001 年，根据完善土地管理和城市房屋拆迁安置深化改革的需要，对《上海市土地使用权出让办法》《上海市城市房屋拆迁管理实施细则》予以修订或者重新制定；为了加强食用农产品和食盐的安全，制定《上海市食用农产品安全监管暂行办法》。2002 年，为进一步推动浦东开放开发，完善社会保障制度，制定《上海市外来从业人员综合保险暂行办法》《上海市企业职工最低工资规定》。2003 年，为了完善市场体系，规范市场秩序，制定《上海市个人信用征信管理试行办法》；为了加强城市现代化管理，建立减灾应急制度，提高城市管理水平，制定《上海市灾害性天气预警信号发布规定》《上海市实施〈突发公共卫生事件应急条例〉细则》。2004 年，市政府为了加强法治政府建设，规范行政行为，切实推进政府依法行政，制定《上海市行政规范性文件制定和备案规定》,建立行政规范性文件备案监督制度;为了增加行政透明度、推进法治政府建设,制定《上海市政府信息公开规定》,依法大力推进政府信息的公开;为了加强城市管理和生态环境保护,制定《上海市扬尘污染防治管理办法》;为了推进行政执法体制改革,推进综合执法,完善行政执法体制机制,提高行政执法水平,发布《上海市文化领域相对集中行政处罚权办法》和《上海市城市管理相对集中行政处罚权暂行办法》,组建市级文化领域行政执法队伍和城市管理综合执法机构(市城市管理行政执法局),筹建相应执法队伍,进一步理顺综合执法机关与专业管理部门之间的职责分工,推进文化管理和城市管理领域政府机构改革。2005年,为了推进社会诚信体系建设,制定《上海市企业信用征信管理试行办法》。2006年,为了坚持科学发展,加强环境保护,制定《上海市地面沉降防治管理办法》《上海市医疗废物处理环境污染防治规定》。2007年,为了保障人民群众生命、财产安全以及公共安全,制定《上海市生猪产品质量安全监督管理办法》《上海市建筑消防设施管理规定》。2008年,为了依法保障2010上海世博会的良好城市环境,制定和修改《上海市城市生活垃圾收运处置管理办法》《关于加强本市流动户外广告管理的通告》《关于对乱刻画乱涂写乱散发乱张贴乱悬挂宣传品或者标语的行为加强管理的通告》。2009年,围绕保障上海2010世博会筹办有序进行,制定《上海市旅馆业管理办法》《上海市建设工程文明施工管理规定》《关于加强本市户外广告设施管理的通告》等规章。2010年,以保障2010年上海世博会筹备和举办为重点,制定《上海市大型游乐设施运营安全管理办法》《上海市户外广告设施管理办法》《上海市流动户外广告设置管理规定》《上海市道路指示牌管理规定》《关于加强本市建筑垃圾和工程渣土运输安全管理的通告》《关于加强查处机动车非法客运的通告》《关于加强养犬管理的通告》《关于加强内河水域安全管理的通告》等规章,还制定了《上海市虹桥商务区管理办法》《上海浦东机场综合保税区管理办法》《上海市临港产业区管理办法》《上海市农药经营使用管理办法》等适应扩大开放和经济发展、保障公共安全的规章。

三、地方性法规、政府规章和规范性文件清理

【地方性法规、政府规章的清理】

1984年1月,根据国务院有关文件精神,市政府办公厅印发《关于清理市人民政府系统过去颁发的法规、规章的意见》。按照“谁起草、谁清理,谁批准、谁审定”的原则,市政府系统开展了上海解放后规模最大的一次法规规章清理工作,动员全市76个委办局历时21个月,共清理1949年5月至1983年底上海市发布的法规、规章和规范性文件1 388件。其中认定继续有效的203件(1986年3月,经复查认定继续有效的145件,其余36件认定为需要补充、修改,18件改为宣布废止,4件改为自然失效),需要补充、修改的164件,宣布废止的619件,自然失效的402件。

1987年6月—1988年2月,市政府再一次组织对全市经济、行政方面的法规、规章进行复查、对照清理,经市人大常委会、市政府审定,宣布废止7件,自然失效1件,需要修改的43件。

1988年3—8月,市政府组织各委、办、局对全市1949—1987年间发布的92件涉外及与涉外有关的法规、规章和规范性文件进行清理,经市人大常委会、市政府审定,宣布废止或自然失效的5件,需要补充、修改的39件。

1989年12月,鉴于《中华人民共和国行政诉讼法》将于1990年10月起实施,为了使上海市法规、规章与《中华人民共和国行政诉讼法》的原则精神相一致,市政府办公厅发出通知,要求对1949

年5月后的政府规章、市政府及其各部门的规范性文件中继续有效的部分，再次进行清理。1990年2月，市政府在《关于认真做好〈行政诉讼法〉实施前准备工作的通知》中，要求重点对1988年后制定的政府规章和规范性文件进行清理。全市共清理规章451件。其中，认定继续有效的276件，需要修改的97件，宣布废止的78件。

1993年7月—1994年8月，为了给企业提供较好的法律环境，促进企业转换经营机制，市政府责成市政府法制办、市经委、市体改办组织各区、县政府和市政府各委、办、局，对全市现行有效的442件规章进行清理。清理结果经市政府审定，对65件规章因适用情况发生变化，或者已被新的法规、规章所替代，或者所依据的法律、法规已废止等原因，予以废止。

1996—1997年，根据《中华人民共和国行政处罚法》关于与该法不符合的法规、规章应当在1997年12月31日前修订完毕的规定，市政府组织对全市1949年5月至1996年底之间制定并现行有效的规章及规范性文件进行新一轮全面清理。清理结果，对127件规章宣布予以废止，对37件规章宣布自然失效，对131件规章依照《中华人民共和国行政处罚法》的规定作了修改。

2000年，根据贯彻实施《中华人民共和国立法法》的要求，市政府组织对432件规章进行清理，决定废止72件，宣布失效15件，修改10件。

2007年，根据国务院办公厅《关于开展行政法规规章清理工作的通知》要求，经对357件现行有效政府规章清理，废止70件，宣布失效4件，修改6件。

2010年，根据实施《中华人民共和国行政强制法》的要求，市政府组织对政府规章进行专项清理，对16件规章涉及的与“行政强制法”不一致的规定作了修改。

【规范性文件的清理】

为了使规范性文件与法律、法规、规章保持一致性，与社会发展要求相适应，上海于1984年1月开展大规模的法规、规章清理，清理市政府及其各部门发布的规范性文件8 667件。其中，认定继续有效的5 501件，需要修改的1 038件，宣布废止的2 128件。

1992年下半年，根据国务院的部署，市政府组织有关部门开展与《全民所有制工业企业转换经营机制条例》不一致的规范性文件的清理工作，共清理此类规范性文件226件。经审定，宣布废止的29件，需要修订的40件。

1994年11月，为确保《中华人民共和国国家赔偿法》的顺利施行，各区县政府和市政府有关部门对涉及罚款、吊销许可证和执照、限制人身自由等内容的规范性文件进行清理，对47件认定与法律、法规、规章相抵触的规范性文件作了修改或者宣布废止。

1996—1997年，根据《中华人民共和国行政处罚法》的规定，市政府及其各部门、各区县政府对5 599件规范性文件进行清理，对其中269件作了修改，440件宣布废止或者宣布失效。

2000—2001年，为了适应我国加入世界贸易组织进程的要求，市政府组织对432件规章的清理，决定废止22件，宣布213件规章类文件失效，对19件规章作了修改。

2010年5月至年底，根据国务院办公厅《关于做好规章清理工作有关问题的通知》，市政府决定废止市政府及其办公厅制定的文件69件，宣布失效73件，决定修改25件，继续有效263件；经汇总、整理，形成全市规范性文件清理结果上报国务院，全市共废止和宣布失效行政规范性文件2 651件，计划修订475件，继续有效4 784件。

图 2-1-2　2010 年上海市立法工作暨法规清理工作会议

第三节　行政执法与法治监督

一、法律、法规和规章的组织实施

1979 年 9 月《中华人民共和国环境保护法(试行)》颁布后,市政府先后制定《关于对企事业单位排放污染物实行收费和罚款办法(试行)》《上海市防止新污染暂行办法》等政府规章,以保证《环境保护法(试行)》的实施。至 1985 年,全市新建工程项目“三同时”(即环境保护项目与主体工程同时设计、同时施工、同时投入使用)执行率达 98%。

1982 年 7 月《中华人民共和国经济合同法》颁布后,市政府下发《关于贯彻执行〈中华人民共和国经济合同法〉的通知》,指定市工商行政管理局为合同管理机关,各主管局、公司和基层单位分别配备合同管理人员,开展“经济合同法”的宣传活动,培训执法人员,订立相应的管理制度,使该法的实施取得较好的效果。

1982 年 10 月国务院颁布《村镇建房用地管理条例》后,市政府制定《上海市村镇建房用地管理实施细则(试行)》,并组织各县(区)着手制定村镇建设规划,建立村镇建房审批制度。到 1984 年 10 月底,郊区 93%的村庄、79%的乡镇制定了村镇建设规划;各县还对农民建房用地进行检查清理,对少数不按照用地审批规定办事的建房户区分情况进行处理。通过贯彻实施该条例,农村建房占用耕地得到了较好的控制。据统计,1981 年,农民建房 818 万平方米,占用耕地 1.28 万亩;1983—1985 年,农民每年建房都在 1 000 万平方米以上,占用耕地都控制在 8 000 亩左右。1985 年与 1981 年相比,农民建房面积增加 200 万平方米,占用耕地减少 4 800 亩。

1985年4月《中华人民共和国专利法》实施后，市政府借此推动专利发展。1985年4月—1986年6月，上海专利申请1 276件，占全国申请数的8.4%，为全国第二位。至1987年3月，上海申请专利数增至1 989件，其中经国家批准授予的专利355件。

1989年4月《中华人民共和国行政诉讼法》颁布后，市政府组织各部门开展实施的准备工作。并先后召开市政府专题会议、全市性的动员部署大会和经验交流大会，保证了1990年10月《中华人民共和国行政诉讼法》的正式实施。

1996年7月底，市政府常务会议听取市政府法制办关于上海市实施《中华人民共和国行政处罚法》准备工作的汇报，确定为：(1) 行政处罚原则上应由行政机关行使；(2) 相对集中行政处罚权，对确有必要独立执法的社会团体组织、事业单位和特定的企业组织才能依法授权；(3) 行政执法应重心下移，区域性较强的行政处罚尽量放到区、县去执行；(4) 确保行政执法队伍平稳过渡，避免执法力度下降。经过清理，全市取消了56家不符合法定条件的市级行政执法机构的行政处罚权，确认了全市具有行政处罚资格的市级行政执法主体107家；其中法定行政机关60家，法定授权组织28家，行政委托组织19家。除上海市的政府系统外，具有行政处罚权的机构还有公安部、国家安全部和国务院其他有关部门在沪机构38家。

2003年8月全国人大常委会颁布《中华人民共和国行政许可法》后，市政府及其法制工作部门对全市近400名局级领导干部、近300名政府法制干部和4万多名行政执法人员进行了该法的培训，并组织对相关地方性法规、政府规章和规范性文件的清理。针对行政许可的设定、实施和监督检查三个环节，市政府发布《上海市设定行政许可程序规定》《上海市行政许可办理规定》和《上海市监督检查从事行政许可活动的规定》。

二、行政执法监督检查

自1983年起，市政府经常组织开展全市性的行政执法大检查、重点法律法规实施情况检查等法治监督检查活动。

1983年，市政府组织全市各有关单位对《中华人民共和国经济合同法》《中华人民共和国食品卫生法》等50件法律、法规的执行情况进行检查。结果表明，大多数法律、法规能够得到执行，但不平衡。

1986年3月，市政府办公厅发出《关于对若干法律、法规和规章的执行情况进行检查的通知》，要求对中共十一届三中全会后，主要是1984年以后颁布的法律、行政法规、上海市地方性法规和市政府规章的执行情况进行检查。其中，列为普遍检查的共130件，列为重点检查的44件。检查表明，认真执行、取得较好效果的占34%，执行有一定效果的占59%，执行得不够好的占7%。同年12月市政府召开执法经验交流大会，市长江泽民到会讲话，要求把执法检查工作经常化、制度化，根据实际，有重点地进行经常性的执法检查。

1988年3月，市政府办公厅发出《关于对法律、法规和规章的执行情况进行检查的通知》，将58件法律、法规、规章的执行情况列入检查范围。其中，普遍检查的45件，重点检查的13件。同时，明确从1988年起，凡新发布的规章，实施半年后都要由市级主管部门组织一次自查。

1990年2月，市政府下发《关于认真做好〈行政诉讼法〉实施前准备工作的通知》，要求对行政执法队伍和具体行政行为的现状进行调查，找出存在问题，制订整改措施，避免重复、交叉执法，切实纠正越权处罚、滥施处罚、无权处罚、以罚代刑、干扰执法的状况。同年10—11月，为配合《中华人民共和国行政诉讼法》的实施，市政府组织在全市行政机关中进一步开展全面的法治监督活动，内容包括:法规、规章的具体应用解释情况,规章和规范性文件清理情况,规范性文件备案情况,行政执法组织的合法地位情况,执法程序情况,政府法制机构(包括行政复议机构)设置情况,政府法治(包括行政复议、行政诉讼应诉)机构、人员配备情况,政府法治、行政复议、行政诉讼应诉的制度建设情况,局级领导干部学习《中华人民共和国行政诉讼法》的情况,行政执法、行政复议、行政诉讼应诉人员的培训情况,对行政执法行为调查所发现问题的整改情况。此次法治监督活动,还重点检查了《中华人民共和国会计法》《中华人民共和国中外合资经营企业法》及其实施条例、《上海市国家建设征地费包干使用办法》《上海市犬类管理办法》的执行情况。

1992 年 8 月、1994 年 6 月和 1995 年 8 月,市政府分别组织有关部门检查了《上海市工业产品质量监督管理办法》《中华人民共和国统计法》和《上海市空调设备安装使用管理规定》的执行情况。

为了贯彻实施好《中华人民共和国行政处罚法》,掌握全市行政执法机构的执法状况,1997—1998 年,市政府法制办对市内 116 个市级行政执法单位的行政处罚卷宗进行检查,对行政执法单位存在的执法文书不符合《中华人民共和国行政处罚法》规定的问题,通过印发情况通报等形式指出,纠正不符合法定程序和要求的执法行为。

三、行政复议和应诉

【行政复议】

1990 年 4 月,市政府指定市政府法制办为市政府的行政复议机构,代表市政府受理公民、法人和其他组织向市政府提出的行政复议案件,并对全市的行政复议工作进行业务指导。全市 21 个区、县政府都设立了法制机构,并指定法制机构为本级政府的行政复议工作机构。

为了实施《中华人民共和国行政复议条例》,1991 年 8 月,市政府发布《上海市实施行政复议条例若干规定》,对行政复议案件的审理程序等作了规定。2008 年 1 月,为了实施《中华人民共和国行政复议法实施条例》,市政府发布《关于贯彻实施〈中华人民共和国行政复议法实施条例〉的意见》,明确行政复议的若干具体要求。

2011 年 9 月,市政府印发《关于全市开展行政复议委试点工作的意见》,对全市开展行政复议委试点工作的目的、范围、内容等提出要求。同日,市政府发布《关于建立上海市人民政府行政复议委的决定》。2011 年 10 月 28 日,市政府召开进一步推进依法行政工作暨市政府行政复议委成立电视电话会议,宣布成立市政府行政复议委。

【行政应诉】

1990 年 5 月,市机构编制委批准市政府法制办内部机构设置复议应诉处,负责承担市政府的行政诉讼应诉工作。2001 年 3 月,市政府常务会议通过《上海市人民政府行政应诉工作规则》,对涉及市政府的行政诉讼案件的应诉程序作出规定。2001 年 6 月,市政府党组扩大会议听取市政府法制办关于市政府应诉工作调研情况的汇报。市长徐匡迪提出,要进一步统一思想认识,市政府要做好行政诉讼应诉准备;市政府行政应诉代理工作由市政府法制办以及市政府有关委办局的分管领导承担。

四、法治宣传与研究

【法治宣传】

1985 年 5 月起,市政府经济法规研究中心、市经济法研究会编辑出版《法规信息》。1988 年 1

月,《法规信息》改名为《新法规月刊》,至1998年底共出版172期。1989年2月,为改进规章公布形式,提高公开化程度,市政府指定《新法规月刊》刊登市政府所有规章以及其他重要法律、法规。1994年起,指定《上海法制报》为刊登市政府规章的报纸。

1990年起,市政府法制办与市新闻办协作,翻译出版《上海市涉外经济法规规章汇编(中英文对照本)》。至1996年,共编译出版3册,收录上海涉外法规、规章65件,以适应中外投资者了解、知晓上海市法规、规章的需要。根据市政府领导的意见,1997年下半年起,将上海新制定的法规、规章翻译成英文文本公开出版。1997年翻译出版28件,1998年翻译出版43件。1994年2月,作为市政府当年为民办实事项目,在市和区、县政府所在地及市繁华地段设置了30块法治公告栏,用于张贴市政府公布的重要规章及其他重要公告,便于市民及时了解。

2000年起,市政府规章和规范性文件指定在《上海市人民政府公报》刊载。自2001年起,市政府决定《上海市人民政府公报》英文翻译由市政府法制办所属的上海市行政法制研究所承担。2011年2月24日,市政府法制办编撰的《上海市依法行政状况白皮书(2004—2009)》发布。上海首次以白皮书形式发表法治政府建设报告。

【法治研究与交流】

1985年,市政府法制办成立上海市经济法研究会。1988—1990年,市经济法研究会等先后举办了"沿海开放城市引进外资法律问题研讨会""法制与改革专题研究会""横向经济联合法律问题研讨会"。至1998年底,组织学术报告20余场次,组织论文交流100余期。

1994—2000年,全市共组织上千人次的专家学者参加近百个政府法治课题的研究活动,重要的有"上海现代化国际大都市的法制建设研究""九十年代上海政府法制建设的总体思路研究""中国迅速市场化过程中政府作用的理论思考""依法治国理论与上海政府法制建设的实践""中国听证制度研究""烟花爆竹的执法成本分析""医疗纠纷处理制度研究""垄断公共性行业法治监管制度研究""上海可持续发展的法规、政策体系研究""发展中国家超常轨发展过程中政府发挥作用与规范行为研究等"等。其中,"九十年代上海政府法制建设的总体思路研究""中国听证制度研究"经专家评审,被认为在国内同类研究中处于领先地位,具有较高的实际应用价值。

2001—2010年,全市共组织专家学者参加并完成百余个政府法治课题的研究活动。其中比较重要的有《上海市依法行政20年调查报告》《上海市市民法律意识社会调查》《关于行政处罚罚款设定的研究》《法治政府、责任政府及其与政府职能转变关系研究》《浦东新区与深圳市行政审批制度改革比较研究》《浦东新区先行先试法律保障研究》《浦东新区综合配套改革法制保障研究》《公众参与立法和政府重大决策研究》《行政"黑名单"相关法律问题研究》《起草政府规章立法技术规范研究》《行政立法后评估制度研究》《政府立法成本效益分析课题研究报告》《上海市集体土地征用补偿制度研究》《与实施科教兴市战略有关的知识产权立法研究》《旧区改造相关法律问题研究》《物业管理中完善业主自治法律制度研究》等课题报告。

市政府在推进依法行政、法治政府建设过程中,注重加强与其他省区市和境外国家、地区的交流。2003年9月,市政府法制办与美国耶鲁大学法学院中国法律中心联合举办"中美政府信息公开法律问题研讨会"。来自国务院法制办、上海市政府相关部门和美国司法部、纽约州政府的部分官员,部分研究机构、律师事务所、网站和资信公司的专业人士参加交流研讨。10月,上海市行政法制研究所与耶鲁大学法学院中国法律中心联合举办"中美政府信息公开制度研讨会"。国务院法制办领导、上海市有关行政部门负责人、国内部分高校的学者和美国有关专家参加研讨会。

2008 年 3 月和 11 月,上海市行政法制研究所与耶鲁大学法学院中国法律中心先后联合举办“中美公共利益界定法律问题研讨会”“调解机制在解决行政争议中的运用研讨会”。2008 年 9 月、2010 年 8 月,上海市行政法制研究所与德国艾伯特基金会上海办公室先后联合举办了“公共决策中的公众参与研讨会”“中德行政赔偿制度学术研讨会”。

2003—2010 年,市政府法制办分别派遣工作人员 10 余人次作为访问学者赴美国、德国相关大学,对“政府信息公开法律制度”“紧急状态法律制度”“多元化纠纷解决机制”“公共利益的界定问题研究”“行政收费制度”“政府购买服务及其监管”等进行专题学习研究。

第二章　行政决策建设

第一节　科学民主决策

一、决策咨询体系

上海解放后，在不同时期，市人民政府（市人民委员会、市革命委员会）对全市经济建设社会发展制定和实施行政决策。改革开放后，不断完善民主决策机制，提高科学决策水平。

1978 年 10 月，市政府恢复了具有统战性、咨询性的市政府参事室，该机构为政府的决策提供信息和咨询意见。同月，上海社会科学院恢复，承担并完成国家重点建设发展的社会科学研究项目，成为市委、市政府的思想库和智囊团。中共十一届三中全会之后，上海一些政府部门陆续建立决策研究机构。市财政局、市税务局建立财政研究室；市计委恢复设立经济研究室；市科委成立上海科学研究所。同时，复旦大学、同济大学、上海交通大学、华东师范大学、上海财经学院等高等院校的学者教授纷纷参与上海建设发展研究，为政府推进“科学决策、民主决策”助力。

为了适应改革开放的需要，1980 年 12 月 24 日，市委、市政府决定，成立上海经济研究中心。该中心成立之初以“干事会”为平台，成员单位包括上海社会科学院经济研究所和世界经济研究所、市计委经济研究室、市统计局、市科委科学研究所、中国人民银行上海市分行金融研究室、市财政局财政研究所、上海财经学院、复旦大学经济系、上海市城市规划设计院等。

1984 年 6 月，市政府研究室成立，为市政府直属研究机构，基本职能是承担综合性研究咨询任务，对经济建设和改革发展中的一些重大课题进行专题调研，提出对策建议，提供各种信息和资料，为市政府领导决策服务。全市形成“两个研究室（市委研究室、市政府研究室）、一个研究中心（市政府发展研究中心）”的格局，成为上海市决策咨询体系的核心组织。

1988 年 8 月—1992 年 2 月，市政府聘请汪道涵、李储文、裴先白等 10 多位老同志组成市政咨询小组，围绕政府重点工作以及经济社会发展中的一些重大问题，提供决策咨询意见。市政咨询小组成为市政府决策系统重要组成部分。

1995 年 12 月，上海经济研究中心更名为上海市政府发展研究中心，成为市政府直属的承担决策咨询研究组织、协调、管理、服务的机构。其研究领域和范围从研究经济问题向经济、改革、社会发展等方面全方位拓展，尤其是对全市经济社会发展和改革开放中具有全局性、综合性、战略性的问题进行调查研究，提出建议报告，成为市政府集中民智、科学决策的重要渠道。

1999 年，中共十五大确立依法治国的基本方略。市政府贯彻落实中共十五大精神和国务院《关于全面推进依法行政的决定》，在制定的《上海市进一步推进依法治市工作纲要》中，明确提出“推进重大问题决策的科学化、民主化”。2003 年 4 月，市政府在《关于加强自身建设的若干规定》中，又提出要“求真务实，遵循规律，不断增强政府决策的科学性”。2003 年 5 月，为贯彻落实中共十六大精神，完善决策咨询体系，促进决策科学化、民主化发展，市委成立上海市决策咨询委员会，成员单位包括市委研究室、市委宣传部、市政府研究室、市人大研究室、市政协研究室、市政府发展研

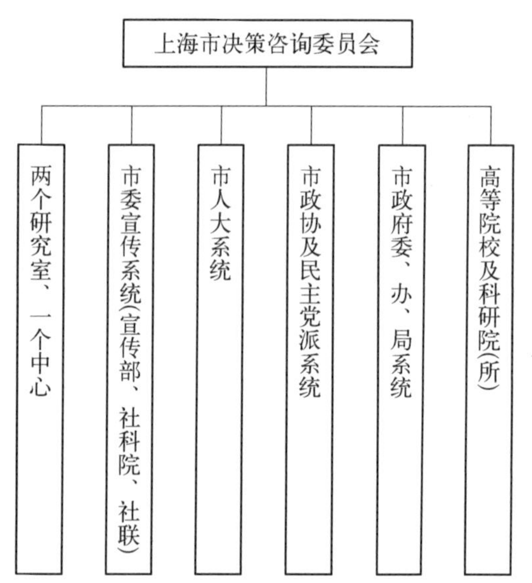

图 2-2-1 上海市决策咨询体系构成框架示意图

究中心、市发展改革委、市科学技术委、市委党校、上海社会科学院、市社会科学界联合会等 11 家单位,并建立联络员制度,保持日常信息沟通,使全市决策咨询研究的主要部门在市决策咨询委的平台上进一步联合起来,协同工作,形成了"六路大军"的全新格局(详见图 2-2-1)。

2004 年 9 月,市政府根据国务院"建立健全科学民主决策机制"的要求,下发《关于贯彻实施国务院〈全面推进依法行政实施纲要〉的意见》,提出了贯彻实施《纲要》的十项任务措施,推动上海的科学决策、民主决策快速向规范化、法治化方向发展。

二、行政决策机制

在决策咨询体系形成的同时,市政府逐步建立健全科学民主决策机制,包括公众参与、专家论证、集体决策三方面。

【公众参与】

为支持鼓励社会力量参与政府决策咨询研究,1993 年 6 月 3 日,市长黄菊代表市政府宣布成立"上海发展研究基金会"(该基金会依照国务院颁发的《基金会管理条例》,2004 年改为民办机构),成立当初,由市政府顾问汪道涵任名誉理事长,原副市长庄晓天、沙麟先后任理事长。其业务主管单位为上海市政府发展研究中心。上海发展研究基金会以推进决策咨询为宗旨,支持决策咨询研究工作,组织和资助研究项目,奖励优秀研究成果。1994 年,市政府印发《上海市决策咨询研究成果奖励规定》和《实施细则》及《奖励评审办法》,组成以汪道涵领衔的首届决策咨询研究成果奖励评审委。1995 年,市政府举办首次上海市决策咨询研究成果评奖,此后每两年评审一次,奖励规格相当于市级科技进步奖。

上海从市、区(县)、街道(乡镇)三个层面施行政务公开开始,逐步推进形成了政府决策的公众参与机制。2001 年起,通过"中国上海"门户网站,向市民公开政府信息。2004 年市政府发布《上海市政府信息公开规定》,明确把信息公开作为市政府长期坚持的一项基本制度:以"公开为原则、不公开为例外"作为基本要求,除涉及国家秘密、商业机密和个人隐私等方面的信息外,其他所有政府信息特别是公共性突出的信息,依法向社会公开,或依申请予以提供。尤其是教育、卫生、人事、房地、水务、质量技监、建设、规划、工商、公安等一些公权力大、公益性强、公众关注程度高的政府部门,必须向社会公开信息。

2005 年 11 月《上海市信访事项听证试行办法》公布后,与人民群众利益密切相关的重大事项,如公用事业价格调整、重要基础设施建设、重大行政许可事项设立、局以上干部任职等,市政府在决策时,都实行社会公示制度和听证制度。公示和听证形式多、渠道广,既借助报刊、互联网、广播电视等新闻媒体,也采取座谈会、听证会、认证会等方式。"中国上海"网站还设有"市长之窗""政府实事项目"等独立栏目,建立市长信箱,倾听民声。

【专家论证】

继80年代上海经济发展战略研究,90年代浦东开发开放战略研究,在应对我国加入世界贸易组织,举办2010年上海世博会、进行洋山深水港选址、开发长江黄金水道、促进服务业发展、开展环城绿带建设、编制城市总体规划等一系列重大决策形成过程中,都有决策咨询专家与政府部门的合作。

1984年9月,市长汪道涵主持召开500多人的会议,讨论振兴上海经济的方案,国务院有关领导和一批国内著名专家学者参会。在大讨论基础上,上海形成了上报中央的《关于上海经济发展战略的汇报提纲》,提出上海应该发展成为太平洋西岸重要的经济中心、贸易中心和重要的金融中心。1985年2月,国务院正式批转这个汇报提纲,对上海改革发展作出全面部署。1990年4月,国务院宣布开发开放浦东,上海被推上中国改革开放的前沿。1993年,市长黄菊在总结上海改革开放历程时,明确肯定"改革要先行,开放要扩大,研究要超前",并提出启动新的战略研究,成立"迈向21世纪的上海:1996—2010年上海经济社会发展战略"课题组,由此形成上海经济发展战略研究和讨论的又一次高潮。全市召集包括政府有关部门、主要高校和研究所等600多位专家学者和实际工作部门同志,对上海未来15年发展进行研究。最终形成的课题报告,涵盖上海1996—2010年各个领域的中长期规划和发展战略,明确提出上海将建设国际经济中心城市,跻身于世界级的国际经济中心城市行列。

1995年,市政府发展研究中心和市政府研究室开始联合在全市范围内聘请43名经济、城建、社会发展方面的高层次研究人员,作为第一批上海市政府决策咨询专家。经过30多年的发展,政府决策咨询研究的专家队伍逐步拓展,包括了在上海从事咨询研究工作方面具有一定知名度、权威性、代表性的高等院校、科研院所,以及市政府有关委办局、国有大型企业中的研究机构与部门,协同组织开展各项经济与社会科学研究。市政府依托社会力量,在实践中探索了一条新的"科学决策、民主决策"专家队伍建设之路。

为应对中国加入世界贸易组织,2000年10月,市政府组建"上海WTO事务咨询中心"。2002年上海申办世博会成功,2003年开始了以"世博会与上海新一轮发展"为主题的全市范围大讨论。这次大讨论,提出了创新驱动理念和"科教兴市"新思路。围绕上海发展战略的大讨论,对应不同发展阶段的主要矛盾和目标任务,形成了新的决策思路。

2003年9月制定的《上海市人民政府工作规则》,专列科学民主决策内容,强调"市政府及各部门要建立健全领导、专家、群众相结合的科学民主决策机制,不断优化重大决策的规则和程序。在重大决策过程中,要充分发挥智囊机构和专家学者的咨询、参谋作用,自觉运用前期预测、效益评估、公开招标、比选择优等科学决策手段,确保决策理念的先进性、导向的正确性、内容的系统性、操作的可行性"。

市政府每年召开一次决策咨询研究工作会议,实行公开招投标与定向委托相结合工作机制,组织决策咨询研究课题。同时,不定期组织国内专家和国际企业家与市长进行咨询对话,对上海经济社会发展中的热点、难点和重点问题,进行针对性的讨论。专家论证、咨询,成为市政府实施"科学决策、民主决策"的一项制度内容。

【集体决策】

市政府坚持重大问题集体决策制度。一是事先调研。市政府在拟定经济社会发展战略、制定各项方针政策、确定重大建设项目和实施重大改革方案时,都要求组织各方面力量进行系统的专题调研,倾听各方面的意见,尤其强调领导干部带头深入一线进行调查研究。市政府领导坚持每周四下基层调查研究制度。2003年9月制定的《上海市人民政府工作规则》强调:"市政府及各部门的领导要坚持调查研究制度,通过深入基层、深入群众,掌握第一手资料,增强工作的预见性和主动性。要善于抓住工作中的重点、难点和热点问题,通过专题调研,以点带面,有效指导各项工作的开展。"二是事中协商。市政府坚持在进行重大决策过程中,采取多种方式,听取市人大代表和政协委员以及各民主党派的意见,请他们建言献策。有关上海经济社会发展长远规划、城市发展规划、政府年度工作、市财政预决算(草案)、市政府组成人员的任命等,都提交市人大审议,最后由市人民代表大会或市人大常委会做出决议,市政府贯彻执行。三是会议决定。市政府实行市长负责制,建立市长办公会、市政府专题会、市政府常务会议和市政府全体会议制度。凡涉及城市总体规划、发展战略、重大改革措施、重要资源配置、社会分配调节等事关全局和广大人民群众切身利益的重大事项,一般都由市政府专题会议讨论后提出意见,提交市政府常务会议或市政府全体会议审议后,由市长审定,或由市政府党组讨论后报市委决定。四是事后评估。市政府历来重视对政策执行效果的跟踪分析。在80、90年代的上海经济发展战略提纲和浦东开发开放等重大决策形成中,都依靠专家进行可行性研究和风险评估。进入21世纪后,更形成了制度化规定。2003年和2005年制定的《上海市人民政府工作规则》规定,"市政府及各部门要建立全市的决策信息反馈机制和决策后评估机制,要加强对重大决策执行情况的跟踪反馈"。从2007年开始,上海不仅对政府决策经济技术效益进行风险评估,还进一步扩大到对重大决策和建设项目的社会风险评估。其间,2006年上海社会科学院建立了政府绩效评估中心;2010年市财政局专门成立绩效评价管理处,组织对预算编制、执行和财政资金使用情况进行绩效评价。

第二节 行政审批制度改革

一、组织部署行政审批改革工作

80年代初,市长汪道涵多次指出,上海必须提高政府工作效率,改善投资环境,为引进外资创造良好的环境。1988年3月、1992年4月和1993年4月,市政府先后把500万美元以下的非限制性外商投资项目、500万美元以下的限制性外商投资项目和1 000万美元以下的外商投资项目审批权下放给区县局。浦东开发开放后,市委、市政府提出了"浦东事浦东办,浦东项目浦东批"的要求。1997年,浦东新区对外商投资项目实行"一门式服务",办事效率明显提高。2000年9月,上海启动行政审批制度改革,至2010年先后开展了5轮行政审批制度改革,着力解决审批过多、过滥等问题,理顺政府与市场、政府与社会的关系,不断加大简政放权力度,加快推进政府职能转变,尽可能减少政府对微观经济活动的干预,为经济社会发展创造良好环境。

2000年4月,《上海市人民政府机构改革方案》提出,要减少微观审批事项,完善审批程序,简化审批环节,建立、健全审批监督制度,提高工作效率。2000年9月,市监察委、市政府研究室、市政府法制办、市体改办联合向市政府上报了《关于加快上海市行政审批制度改革工作的请示》,市政府常务会议作了专题研究,市委常委会专门听取情况汇报,提出具体要求。

2000年12月,市委、市政府决定成立上海市行政审批制度改革领导小组,全面推进行政审批制度改革,由市委副书记、市长徐匡迪任组长。领导小组下设办公室,负责日常工作,市政府秘书长兼任办公室主任。2001年3月,市委、市政府召开第一次行政审批制度改革动员大会,提出上海的审改工作要“重在制度创新，重在政府职能转变”，大幅度减少审批事项，规范审批行为，在部分审批领域取得重点突破，进一步推进行政管理体制和机制创新，增强城市综合竞争力。

2003 年 7 月，市委、市政府决定，上海市行政审批制度改革领导小组更名为上海市行政审批制度改革工作领导小组，由市委副书记、市长韩正任组长。同年，市委、市政府提出审改工作要在重点问题、制度建设、后续监管等关键环节上取得实质性突破，有效制约行政权力进入市场。

2008 年，市委将“深入推进政府行政审批管理制度改革”作为该年度市委 14 个重要调研课题之一，通过调研，形成了一批审改举措。同年 12 月，市委、市政府印发《关于进一步深化本市行政审批管理制度改革工作的意见》，要求审改工作聚焦“基本建成全国行政效率最高、行政透明度最高、行政收费最少的行政区之一”的目标，减少和规范行政审批，减少政府对微观经济运行的干预。2009 年 6 月，市委、市政府决定，调整上海市行政审批制度改革工作领导小组组成人员，除市委副书记、市长韩正继续任组长外，市纪委书记董君舒、常务副市长杨雄任副组长。

二、清理行政审批

2001 年 6 月，市政府下发《关于全市行政审批制度改革的通知》，提出使原有的行政审批事项减少 50%左右。2001 年 10 月，市政府公布第一批取消和不再审批的行政审批事项 521 项。2002 年 2 月，市政府公布第二批取消和不再审批的行政审批事项 85 项，调整审批方式的行政审批事项 136 项。2003 年 8 月，市政府公布第三批取消行政审批事项 95 项，调整行政审批事项 75 项。经过三次集中清理，原有 2 027 项审批事项中，共取消、调整 1 044 项，总体改革率为 51.5%。

2004 年 6 月，市人大常委会决定，停止执行由《上海市产品质量监督条例》等 22 件现行地方性法规设定的 36 项行政许可事项；市政府决定，取消“消费品展销会的核准登记”等 66 项由市政府规章和市政府规范性文件设定的行政许可事项。同年 7 月 1 日，《中华人民共和国行政许可法》施行，在施行过程中，上海对本市创设的 203 项行政许可事项进行清理。

2009 年 12 月，市政府公布第四批取消和调整行政审批事项 952 项，其中取消 207 项、调整 745 项。自 2010 年起，上海在全国率先对区县政府、乡镇街道、管委会实施的行政审批进行全面清理，形成上海市区县、乡镇街道的行政审批目录，并对所有区县的申请材料、审批条件等实现全面统一。

上海在清理行政审批的同时，加大行政收费清理规范力度。2003 年，全市取消 50 项行政审批事项相关收费。自 2004 年 1 月 1 日起，在浦东张江高科技园区率先开展行政审批和政府服务“零收费”的改革，共取消 61 个收费项目，95%的注册园区企业享受了“零收费”政策。2008 年，市政府决定取消和停止征收 148 项行政事业性收费。2009 年，进一步取消和停止征收 51 项行政事业性收费，每年可减轻社会负担 60 多亿元。

三、推行行政审批标准化管理

针对审批环节标准不统一、运作不透明等问题，上海运用标准化的理念，对行政审批的办理和监管过程进行科学分解和合理配置，对流程进行改造、优化和固化，实现权力规范透明高效运行。2007 年，上海在医疗器械审批和土地审批领域，通过制定审批手册、实行阳光审批等，开展标准化审批的先行先试。2008 年 12 月，市委、市政府发布《关于进一步深化全市行政审批管理制度改革工作的意见》，认真总结和推广实施标准化审批、格式化审批经验，探索和建立全市行政审批 ISO9001

质量管理体系认证。至2010年底,围绕“规范、效能、透明、可究”的目标,上海在全国率先探索建立了目录管理、业务手册、办事指南、审批电子化信息化、数据共享、监督检查“六位一体”的行政审批标准化管理框架。

图2-2-2 2010年3月,上海行政审批制度改革工作会议

2010年4月,市政府印发《上海市行政审批目录管理办法》,在全国率先建立行政审批目录管理制度,规定所有行政审批都必须纳入目录管理,所有审批目录、条件、程序、过程、结果都必须全面公开;凡未进入目录者一律不得进行审批,凡未公开的条件、材料一律不得向相对人提出要求;凡要增加的行政审批,必须在实施前,进行登记备案列入目录后方能予以实施。根据该《办法》,2010年6月,上海发布了行政审批目录。

四、改革建设工程管理审批制度

2002年2月,市政府办公厅印发《上海市房地产建设项目(招标拍卖用地)审批管理程序改革试行方案》,提出结合招标拍卖供地方式改革,采取牵头部门会审、内部征求意见等方式,将现行的70多个审批环节,简化为土地使用权出让、规划方案、工程可行性研究、初步设计、施工图、规划许可、施工许可、竣工验收等8道主要程序,30多个审批环节。

2008年8月,市政府批转《上海市企业投资项目核准暂行办法》《上海市企业投资项目备案暂行办法》《上海市外商投资项目核准暂行管理办法》《上海市境外投资项目核准暂行管理办法》,全面启动企业投资项目审批管理制度改革。对投资项目推行分类管理,区分为政府投资项目和企业投资项目;对不使用政府资金的企业投资项目一律不再实行审批制,区别不同情况实行核准制和备案制。按照“分类加限额”的原则,总体下放,合理划分市、区投资项目管理权限。

2009 年 5 月，市政府办公厅转发《上海市建设工程行政审批管理程序改革试行方案》，将建设工程审批管理流程整合归并为“土地使用权取得和核定规划条件、设计方案审批、设计文件审查、竣工验收”四个主要环节。2010 年 12 月，市政府办公厅转发《上海市建设工程行政审批管理程序改革方案》，对设计方案审批、设计文件审查、竣工验收等环节及其衔接进行细化配套，并重新制定四个环节的实施细则和配套服务文件。

五、创新审批管理方式

【行政审批告知承诺制度】

2001 年 9 月，市政府批转《关于浦东新区企业设立、开业试行告知承诺审批方式的意见》，在浦东新区试行企业设立的行政审批告知承诺制度。2004 年 1 月，市政府公布实行“告知承诺”行政审批事项目录，确定 38 项事项自 2004 年 4 月 1 日起在全市范围内实行告知承诺审批方式。2004 年 2 月，市政府办公厅转发《关于上海市行政审批实行告知承诺制度的意见（试行）》，对实行“告知承诺”的原则、适用范围、操作程序、事后监管等进行规范。2009 年 4 月，市政府印发《上海市行政审批告知承诺试行办法》，明确告知承诺事项的确定和实施程序等，并规定行政机关在作出准予行政审批的决定后两个月内对行政相对人的履行承诺情况进行检查。2009 年 12 月，市政府公布实行“告知承诺”第二批行政审批事项目录及格式文本（样本），确定 39 项行政审批事项实施告知承诺。

【改革企业年检制度】

2001 年，上海取消不必要和无依据的年检事项。2002 年 1 月，市政府办公厅印发《关于本市开展年检制度改革的意见》，对年检改革提出要求：规范年检内容和时间，改进年检方式，加强年检收费管理，试行“联合年检”和探索“网上年检”。上海组织经济类、建设类年检较多的部门实现“三个一批”，即取消一批、调整一批、免检一批。实施申报备案制，除涉及公共安全、人身健康、生命财产安全的事项外，对于可以通过分析申请人所报送的材料，即可判断申请人是否具备审批条件，是否依法从事审批活动的年检，逐步调整为申报备案制。由区县政府牵头负责，统一时间、地点、收费，开展联合年检。对于已通过网上预审的企业，做到当场通过年检。

六、推进服务窗口建设

从 1995 年开始，上海相继在各区县建立行政服务中心。2002 年起，上海集中办理行政审批，先后经历了“一门式”“一口式”“一站式”等发展阶段。到 2008 年，全市不同层面都建立了对外服务窗口。

在市级层面，推进市政府部门行政审批一个窗口对外。各个部门建有统一对外受理行政审批事项的服务机构，进一扇门即可提出行政审批办理申请。各委办局共设有约 200 个对外服务窗口，窗口受理各类行政审批和服务项目 600 余项，每年事项受理总量近 100 万件。市政府有关部门探索格式化审批、协作审批、绿色通道审批、窗口当场办结，提高审批效率。

在区县，推进区县政府相对集中办理审批。区县均建有集中办理各类行政审批事项的一门式服务机构，承担着“一门对外、集中受理”各类行政审批事项的功能。截至 2010 年，行政服务中心总建筑面积约 5.6 万平方米，窗口数量约 600 个。每个中心平均有 20 个部门入驻，有的中心还纳入了社会事业类部门。一些区县政府通过对原有中心的运作机制、内在功能等的完善,进一步推进行政服务中心建设。

在街镇,推进社区事务“一口受理”。自 2005 年在 10 个街道开展“一门式”中心试点起,社区事务受理服务中心已在全市建制街镇实现了全覆盖,共提供近 200 个项目的受理服务,全市受理中心的月均接待量已超过 100 万人次。同时,不断优化社区事务受理中心服务流程,归并窗口设置,从二三十个减至八个。

图 2-2-3　2010 年 6 月 2 日起,浦东新区行政审批“联动登记”,工商、质监、税务三证(照)三部门审批改为“一口受理”

在开发区,推进管委会行政审批大部制建设。坚持“园区内事、园区内办”原则,将行政审批事项归并到管委会行政服务中心,做到职能处室负责政策制定、规划编制(调整)、协调和监管,全部审批环节在行政服务中心内完成。

第三节　接受监督　民主协商

一、报告工作与接受询问

【向市人大报告工作】

市政府是市人民代表大会的执行机关,接受市人大及其常委会的监督,对市人大负责并报告工作。《上海市人民代表大会常务委员会议事规则》(1988 年 11 月通过)、《上海市人民代表大会议事规则》(1990 年 4 月通过),就听取和审议政府工作报告作了规定。2007 年 1 月施行的《中华人民共和国各级人民代表大会常务委员会监督法》,对人大常委会听取和审议政府工作报告、审议意见处理等作了明确规范。自 1999 年 2 月,市十一届人大二次会议至 2010 年 12 月十三届人大三次会议期间，在每年市人民代表大会及其常委会会议上，市政府及其职能部门作了204次报告。

【向“小人代会”报告工作】

1989年9月23日，在上海市九届人大常委会第一次扩大会议上，副市长黄菊、顾传训、庄晓天分别向列席会议的在沪全国人大代表和全体市人大代表汇报《关于本市1989年国民经济和社会发展计划执行情况的报告》《上海市1989年1—8月财政收入执行情况的报告》和《关于进一步清理整顿公司和查处单位投机倒把的情况汇报》。此后，市人大常委会每年年中邀请市人大代表、在沪全国人大代表列席市人大常委会扩大会议（又称“小人代会”），并逐步扩大到在沪全国政协委员和市政府委员，听取市政府上半年工作情况报告。1989—1993年，市政府主要通过“小人代会”，报告政府上半年的计划、预算执行情况，以及上海市住房制度改革实施方案（草案）、当前上海市经济工作的若干问题、上海经济建设和改革开放情况等。从1994年开始，在每年年中的“小人代会”上，市政府常态化报告上半年工作情况、关于群众关心的若干意见等，还接受市人大代表对政府半年工作的分组评议。

【接受人大代表询问和质询】

根据《中华人民共和国地方各级人民代表大会和地方各级人民政府组织法》（1979年4月公布、1986年12月修订）等有关规定，市人大1983年4月通过《关于质询的暂行办法》、1990年4月通过《上海市人民代表大会议事规则》。《中华人民共和国全国人民代表大会和地方各级人民代表大会代表法》（1992年4月通过）规定，代表在审议议案和报告时可以向本级有关国家机关提出询问。2007年1月施行的《中华人民共和国各级人民代表大会常务委员会监督法》规定，人大常委会会议审议议案和有关报告时，本级政府或者有关部门应当派有关负责人员到会，听取意见，回答询问；直辖市人大常委会组成人员5人以上联名，可以向常委会书面提出对本级人民政府及其部门的质询案。

自1981年4月市七届人大三次会议至1995年2月市十届人大三次会议，人大代表在市人代会期间共向市政府提出质询案11件、询问事项207件。在这些质询或者询问提出后，市政府领导和有关部门负责人及时到代表团、代表小组或者向出席会议的相关代表作了答复，与代表交换意见、沟通情况，接受代表对政府工作的监督。1996年2月市十届人大四次会议至2012年1月市十三届人大五次会议期间，没有代表提出质询案。在2010年9月召开的市十三届人大常委会第二十一次会议上，市人大常委会结合对市政府关于建立世博后城市管理长效机制的报告进行审议，首次开展专题询问。

二、通报情况与民主协商

80年代，市政府建立市长、副市长与市人大代表、政协委员及市民会见对话制度。90年代，在每年市人代会和市政协全会（统称市“两会”）召开前，市长、副市长召开代表、委员座谈会，通报工作情况并听取意见。2002年6月，市人大常委会办公厅、市政府办公厅制定《关于实施〈上海市人民代表大会常务委员会讨论、决定重大事项的规定〉的办法（试行）》，明确对未列入《上海市人民代表大会常务委员会讨论、决定重大事项的规定》的事项，可根据需要按“要情通报”处理。为了更好地接受人大依法监督，2003年12月，市政府办公厅印发《关于市政府向市人大常委会定期通报重要工作情况的暂行办法》。在《上海市人民政府工作规则》(2003年制定、2005年修改)和《上海市人民政府关于加强自身建设的若干规定》(2003年)中,对市政府及各部门在重大决策的过程中,要事先征询市人大和市政协意见、及时向市人大和市政协通报重要工作情况及征询意见、召开由人大代表和政协委员参加的听证会等作了规定。按照规定,市政府定期或不定期地主动向市人大、市政协及其有关委员会和市人大代表、市政协委员通报全市经济社会发展及专项工作、突发事件应对和善后处置情况,或就拟定出台的重要政策意见等征求意见和建议。在每年起草《政府工作报告》、确定为民办实事项目等工作中,市政府通过多种途径,广泛征求市人大代表、市政协委员和民主党派、工商联及无党派代表人士的意见和建议,开展民主协商。此外,市政府及其职能部门负责人还应市人大、市政协的要求,参加市人大、市政协组织的有关会议、活动,到场报告或通报情况,就有关工作进行沟通协商。

三、办理书面意见与提案

1988年4月,市人代会通过《上海市人民代表大会关于代表书面意见的规定》("代表书面意见"指代表建议、批评和意见)。1990年3月,市政协常委会会议通过《政协上海市委员会提案工作条例》。对历年涉及市政府工作的书面意见和提案,市政府都及时组织有关部门和单位认真办理。据统计,1999—2010年,市政府系统承办单位主办书面意见8 129件、提案11 733件。

【规范办理工作】

市政府专门安排一位副市长,分管市政府系统书面意见和提案办理,并由市政府秘书长协助开展此项工作。市政府办公厅负责综合协调,各委、办、局和区、县相应建立办理工作班子。80年代后期,市政府每年在市"两会"前召开一次办理工作会议。1998年开始,在以往市政府常务会议研究市"两会"相关工作、部署书面意见和提案办理工作的基础上,形成每年市"两会"后第一次市政府常务会议听取书面意见和提案情况汇报的机制。在市政府领导阅批和协调书面意见或提案工作的基础上,建立市政府领导牵头协调办理书面意见或提案的工作机制。市政府领导通过召开代表和委员座谈会、专题协调会和作出批示等多种方式,推动办理工作开展。市政府系统各承办单位按照"分级负责、归口办理"的原则,分解落实领导责任制,认真组织办理工作。2010年,上海形成市委、市人大常委会、市政府、市政协办公厅每年度联合召开全市办理工作会议的制度。

在总结80、90年代制定的《上海市人民政府关于市人大代表书面意见和市政协委员提案办理工作的若干规定》《上海市人大代表书面意见和政协提案办理工作暂行办法》《对上海市人大代表书面意见和市政协提案办理情况进行检查验收、跟踪落实的有关规定》等实施情况的基础上,结合2005年10月通过的《上海市人民代表大会代表建议、批评和意见处理办法》和其他有关规定,市政府办公厅于2007年11月印发《上海市人民政府办理市人大代表书面意见和政协提案办法》,完善办理工作制度。该办法印发后,市政府又在实际执行中,根据2010年10月修订的《中华人民共和国全国人民代表大会和地方各级人民代表大会代表法》等有关规定和与市人大、市政协的协商意见,在书面意见和提案办理期限、以公文形式答复、寄送反馈意见表等方面,对办理工作进行局部调整衔接。市政府系统承办单位也结合自身业务特点,细化内部交办、审核、答复、跟踪、总结、评估等办理工作规范。

【跟踪检查督办考核】

1999年，市政府办公厅制定《上海市人大代表书面意见和政协提案办理工作目标考核暂行办法》，在承办单位办理工作评价方面进行探索。2007年11月，市政府办公厅在总结该办法实施情况的基础上，又在《上海市人民政府办理市人大代表书面意见和政协提案办法》中，对考核评价作了原则性规定。2009年5月，市政府办公厅根据实践经验制定《上海市人民政府办理市人大代表书面意见和政协提案工作评估考核办法（试行）》，从制度健全、组织领导、队伍建设、材料归档、分办接收、走访沟通、跟踪办理、是否解决实际问题、解决呼吁的老问题等多个角度，对承办单位的办理工作进行考核评估。同时，通过召开疑难件办理协调会、多批次分系统办理工作例会、发布办理工作进展书面通报、电话和短信提醒等多种方式，动态跟踪办理进度，强化日常督办协调。市政府系统承办单位也通过建立内部督办工作台账、对处室办理情况进行汇总分析、将办理事项纳入本单位的重点督查事项等，加强跟踪督办。

【推进办理信息化】

2003年，市政府办公厅组织研发的“上海市人大代表书面意见处理系统”投入试用。2005年，该系统由单机版升级为网络版（系统平台构建于互联网），进一步方便市人大代表参政议政和承办单位办理答复，构建统一、完整的办理工作信息平台。按照市人大代表个人、代表团、承办单位和管理部门等4种用户类型，提供与使用需求和控制权限相适应，包含书面意见录入、分办、答复、复查、跟踪、反馈、查询、统计等功能的模块组合，实现书面意见办理全程信息化流转，通过在“中国上海”门户网站设置入口链接、“上海人大代表网”整合功能模块，提供给承办单位和市人大代表使用。2007年，协助市政协提案委员会研发的“上海市政协网上提案系统”投入使用，依托互联网实现提案的网上递交、预审、分理、办理和查询，提案办理工作也实现全程信息化流转。

【加强沟通协商】

市政府重视提案与办理的“提”“办”双方的沟通协商。在相关规定中，明确要求承办单位应在书面答复前，采取走访、电话、电子邮件等方式与书面意见和提案提出人沟通，必要时主办、会办单位应当联合走访提出人。在实践中，对情况比较复杂的书面意见和提案，有的承办单位在内部交办前就与提出人作初步沟通，在研究办理过程中，又通过邀请提出人座谈、共同调研等方式，进一步加强沟通；针对所提问题相同或相近的“同类件”，许多承办单位实行“归并办理、集中答复”，通过召开归并办理座谈会的方式，与相关书面意见和提案提出人当面交流互动。暂时难以解决或“提”“办”双方对办理结果有较大分歧的，必要时，市政府办公厅适时搭建沟通平台，邀请提出人与承办单位当面沟通，形成共识。此外，市政府办公厅通过召开办理工作例会、举办办理工作培训班等多方式，对承办单位办理工作加强业务指导。

四、配合人大、政协视察调研

【配合市人大代表视察调研】

《关于市人大代表视察的试行办法》（市人大常委会1986年6月通过）、《中华人民共和国全国人民代表大会和地方各级人民代表大会代表法》（1992年）、《上海市实施〈中华人民共和国全国人民代表大会和地方各级人民代表大会代表法〉办法》（1993年），均对政府部门接待人大代表视察予以规范。

市人大常委会一般在年底或年初下一次市人代会召开前，由市人大常委会领导带队，组织市人大代表就多个专题内容，采取实地调研、听取汇报等方式集中视察；个别年份，安排市人大代表进行专题视察，如2006年专题视察社会主义新郊区新农村的建设情况。根据工作需要，市人大常委会有时还邀请市政府主要领导或分管领导出席代表视察、调研活动。市政府及有关部门配合市人大常委会有关机构做好市人大代表视察、调研的组织工作，对市人大代表视察、调研报告等及时研究处理。

【配合市政协委员视察调研】

市政协一般在年底或年初下一次市政协全会召开前，由市政协领导带队，组织政协委员围绕多个专题内容，采取实地调研、听取汇报等方式进行年末集中视察。将平时视察与年末视察有机结合，有的年份组织市政协委员对当年影响特别重大的工作以及委员集中关注的问题等进行专项视察，如2010年初对中国上海世博会筹办工作视察等。同时，市政协围绕全市每年的重点工作和政协委员关心的问题，由市政协有关专门委员会(指导组)或委托参加政协的民主党派市委开展专题调研。视察、调研结束后，对市政协转来的视察、调研报告和建议案等，市政府都及时组织各有关部门研究处理。

第四节　督 查 督 办

一、督查督办机构机制

【督查督办机构】

1996年6月，市政府办公厅督查室成立，重点对跨部门、有争议、久拖难办的事项进行查办。同年7月，市长徐匡迪对督查工作提出三点要求：一要把市政府确定的任务、决策的事项分解下去，明确给各个委办局及区县；二要抓住一些阶段性的重点，盯住不放，对重点工作做到及早参与，及时反馈，全过程督查；三要帮助各区县政府建立督查网络。同年9月，市政府办公厅发出《关于进一步加强督促检查工作的通知》。2000年1月，市政府办公厅印发《上海市人民政府关于督促检查工作的若干规定》。同年，市政府办公厅督查室更名为市政府督查室。2010年，全市政府系统督查机构和工作机制不断得到完善，17个区县政府均建立了专门的督查机构，市政府委办局均明确了具体督查工作人员。

【督查督办机制】

领导批示件督办　1996年11月，市长徐匡迪在市政府办公厅《市长7—11月批示的落实情况》上批示："感谢督查室同志们的认真负责的工作。"市政府督查室自此开始，将市政府主要领导批示的落实列入督办事项，并每月定期汇总报告一次。2005年12月，市长韩正在《领导批示落实情况汇总》上批示："市政府督查室工作很有成效，是市政府重点工作和市政府领导批示落实的重要环节。"截至2010年，督查督办工作形成每月定期汇总报告市长批示落实情况、未办结事项滚动督办、逾期事项催办的工作机制。

市政府重点工作督办　1996年2月，徐匡迪提出，"4月上旬市政府扩大会上要讲一下一季度工作落实情况”。此后,市政府督查室开始将市政府每季度重点工作逐项分解、落实到责任部门,每季度末将落实情况形成专题报告上报市政府。1998年3月,根据市领导要求,由市政府督查室牵头会同相关部门提出《1998年市政府重点推进的12项工作》。此后,每年初市政府督查室都提出全年的重点工作建议,并组成督查组对重点工作进行专项督查,每个督查组由市政府分管副秘书长牵头,有效地推动了市政府重点工作的落实。2003年11月,市政府常务会议听取市政府办公厅关于25项重点工作进展情况的汇报,自此,上海市初步建立起对市政府重点工作全年跟踪督查的推动工作机制。

舆论监督与行政督查网络管理 2002年1月,根据市政府领导要求,市政府督查室开始对全市主要新闻媒体的批评报道情况进行跟踪督查,并开始编发《本市新闻媒体报道情况》。4月,为进一步提升督查效能,市政府督查室向市科委申请立项“上海市行政督查网络管理系统”。2003年12月,“上海市行政督查网络管理系统”荣获上海市科学技术进步奖二等奖,该系统实现了网上督查事项跟踪管理、区级督查辅助管理等五大功能。2007年12月,市委、市政府下发《关于重视舆论监督加强督查整改的意见》,市政府督查室作为成员单位,负责中央主要新闻单位涉沪舆论监督的督促整改和反馈工作,以及市政府领导对舆论监督批示的督促落实工作,并加强对有关部门、单位舆论监督整改工作的跟踪督促检查。

联合督查 2004年2月,根据市领导要求,市政府督查室提出“2004年市委推动,市政府负责落实的工作”和“2004年市政府重点工作推进落实”的初步安排意见,经各位市领导修改审定后,下发各责任部门执行。自此,市政府督查室建立了与市委督查室协调推进市委重点工作的沟通机制。截至2010年,逐步形成市委、市政府联合督查的工作机制,针对市委、市政府重要决策部署和联合发文进行联合督查。

市长调研和重要会议决定事项督查 2004年3月起,市政府督查室先后对市长韩正调研及专题会议决定的有关工作进行跟踪督查,初步形成了对市长调研和市政府专题会议确定事项进行跟踪督查的工作机制。2005年起,建立市政府常务会议决定事项落实督办工作机制。市长韩正于2005年、2006年、2007年分别在《市政府常务会议决定事项落实情况》上作出批示,予以肯定。2006年7月,市长韩正在督查室《市政府常务会议决定事项落实情况(九)》上批示:“对常务会议重要决定事项进行督查很好,应予以规范化、制度化。”

重点工作绩效考核 2009年,上海市开始实行市管党政领导班子和领导干部(绩效)考核工作,市政府办公厅作为绩效考核领导小组成员单位,在市绩效考核领导小组办公室统一部署下,成立专门工作小组,督查室负责具体协调推进,并负责组织对市政府重点工作的绩效考核。

二、批示件处理与专项工作

【批示件处理】

批示件处理是依据国务院发布的《国家行政机关公文处理办法》等有关要求,对市政府领导的批示进行收文、分类、登录、拟办、审核、处理、归档等工作的总称。批示件处理由市政府督查室负责,按照“准确、及时、高效”的要求,每年处理市领导批示件数量在8 000件左右。2010年,批示件数量创了历年之最,达到9 152件,比2009年增加8%以上,其中涉及2010年上海世博会的批示件1 500多件。

2004年3月,经市委书记办公会和市政府常务会议讨论决定,印发《领导批示摘编》,由市政府督查室承办,负责摘登市政府领导在各类公文、简报以及其他文字材料上具有指导作用的重要批示,供市委、市政府领导参阅。《领导批示摘编》原则上每个工作日编发1期,国定假日和双休日在遇到紧急的重要批示时视情编发。

【专项调研与决策后评估】

专项调研 1997年4月起,市政府办公厅督查室开始通过专项调研,发现落实中的难点和问题。2002年12月上海世博会申办成功后,围绕上海世博会各环节开展督查,及时提交《世博运行督查报告》,积极推进上海世博会主运行指挥部会议决定事项的落实,及时协调解决“瓶颈”问题。2003年4月,以市政府督查室为基础,组建“防非”指挥部督查组(“防非”指防治非典型肺炎),建立覆盖全市的“防非”督查工作网络。

建立决策后评估机制 2004年1月,市政府督查室向市政府上报《2003年市政府若干政策(决策)执行情况的分析报告》。市长韩正批示:“对市政府重大决策执行情况跟踪分析,是工作创新,有利于市政府决策科学化的推进,有利于领导机关掌握实情,了解民意,改进工作。”据此,市政府督查室开始探索对政策(决策)进行后评估。2004年8月,在上海市政府系统秘书长办公室主任会议上,市长韩正对督查工作提出两点要求:一要围绕政府的重大决策和重点工作,反映落实的过程和情况、落实中存在的问题、工作中的矛盾;二要积极探索政府重大工作绩效评价制度。会后,市政府督查室牵头开发《政府决策落实情况调查系统》。2006年10月,“决策后相关信息聚集分析系统”课题在市科委正式立项。2007年起,市政府督查室对政策执行效果开展调研与评估,重点围绕市政府出台的与人民群众密切相关的政策,发放调查问卷,走访区县和各委办局,听取街镇、居委会干部和一线工作人员、群众的意见,对政策产生的效果和作用进行分析,运用量化指标进行评价。

第五节 参事咨政

一、参事机构

1949年4月,中共中央主席毛泽东电报指示华东局领导邓小平、陈毅等,在上海解放之后设立某种咨询机构,例如参议室,以吸纳上层民主人士,共同建设新中国、新上海。1950年10月,《上海市人民政府暂行组织条例》明确应设置参事室。1951年2月16日,上海市人民政府参事室挂牌。1966年10月,市政府参事室受到“文化大革命”影响被迫停止工作。

1978年10月,市政府参事室机构和工作恢复,与市文史馆合署办公。1984年1月,与市文史馆分设,市政府参事室内设法规研究、统战理论研究、海外联谊、文史资料和咨询服务5个组。1992年市政府参事室设海外联谊、财贸、工业市政、科教文卫、政法5个组。1995年,市政府参事室为市政府直属机构。1997年6月,市政府参事室撤销海外联谊组,保留财贸、工业市政、科教文卫、政法4个组。

2000年,市政府参事室调整为市政府部门管理机构。2007年,市委办公厅、市政府办公厅《关于进一步做好新时期政府参事工作的意见》指出,“参事工作是党的统一战线工作的重要方面,是政府工作的组成部分,是我国民主政治建设的具体体现”,参事的基本职责是“参政议政、建言献策、咨询国是、统战联谊”。

2009年,市政府参事室机构改革“三定”方案规定,市政府参事室为市政府办公厅管理的行政机构。机关行政编制 23 名,参事行政编制 40 名。市政府参事室主要职责为组织参事对政府工作的有关方针、政策的实施情况进行调查研究,反映真实情况;对有关法律、法规草案及本市有关地方性法规、规章草案进行研究,提出意见和建议;参加爱国统一战线工作;学习贯彻执行中央、市委制定的方针政策;参与同国外政府咨询机构的交流与合作。

二、参事队伍

1951—1988 年,参事实行任命制,侧重于安排民主革命时期与中国共产党合作有一定贡献的人士,以及原国民党高中级军政人员和在社会上资历较深、有一定影响的专家学者。被任命为参事后,其人事供给关系转为隶属市政府参事室。从 1988 年开始,参事实行聘任制,主要侧重于有代表性、有影响的民主党派、无党派爱国人士中的专家学者,包括从香港、澳门、台湾和国外回来定居的社会知名人士。2010 年实施的《政府参事工作条例》规定:参事由拥护中华人民共和国宪法,在全市具有一定代表性、较大社会影响和较高知名度,具有较强参政咨询能力的党外代表人士担任,个别专业领域也可以由党内的专家学者担任。参事聘期 5 年,首聘年龄不低于 55 周岁,不高于 65 周岁。根据政府工作需要,符合相关规定的可以续聘。参事任职的最高年龄不超过 70 周岁。2010 年,市政府参事室与市委组织部、市委统战部建立联席会议制度,形成"党政会商、方案呈报、会议布置、广泛推荐、综合遴选、分级考察、市委审定、市长聘任"的参事聘任工作模式。

截至"文化大革命"前,市政府共任命参事 85 人。1978—1987 年共任命参事 35 人。1988 年起参事实行聘任制,1990 年市政府首次聘任参事 8 人,1990—2010 年共聘任参事 51 人。

三、参政建言

参事可以直接向市领导反映情况,提出意见和建议。参事的意见或建议涉及国家经济和社会发展的,也可报国务院参事室转呈国务院领导。

改革开放后,市政府参事室参与了上海市历次重大政策的制定与修改。1978—2010 年,参事共审议、修改地方性法规、规章草案 180 件,累计提出修改历届市政府《政府工作报告(征求意见稿)》意见建议 2 800 余条,撰写调研报告、建议及情况反映 357 篇,许多建议得到国务院领导、市政府领导的重视,被有关方面采纳实施。

在浦东开发开放中,市政府参事室提交了《为争取设立浦东发展银行的建议》《关于筹措浦东开发资金等若干设想》《关于制定小陆家嘴"先繁荣"方针的建议》《关于完善和发展上海证券市场的建议》《关于缓解市区交通要建立一个立体快速干道系统的建议》《加快轨道交通建设,根治市区交通难的建议》《关于拓展上海房地产融资市场的建议》《实施〈WTO 估价协议〉亟需完善以海关为主的协作估价体系》《上海应积极落实筹建国家级黄金交易市场的建议》《关于加强艾滋病防治立法及相关工作的建议》等报告,有效促成了浦东发展银行的建立、按揭购房的推行、"申"字形高架路的建设及上海证券市场的完善。

上海确立"四个中心"建设后,2007 年市政府参事室提交的《关于突破区域开发建设瓶颈,进一步发挥长江黄金水道作用的建议》得到国务院总理温家宝、上海市委书记习近平的批示。《关于推进上海国际金融中心建设的建议》获第七届上海市决策咨询研究成果奖三等奖,《关于上海市公共租赁房办法设计的设想》调研报告获第八届上海市决策咨询研究成果奖一等奖。《关于促进我国低碳发展的若干建议》和《关于我国应对人口老龄化的若干建议》等得到中央领导和市领导批示。

2007年,在全国参事系统上海首次举办“上海参事国是论坛”,汇集全国兄弟省市政府参事的智慧为上海建设发展建言献策,至2010年连续举办4届:第一届于2007年5月15日召开,主题为“开发长江黄金水道,促进东西部联动发展”;第二届于2008年7月24日召开,主题为“上海国际金融中心建设”;第三届于2009年6月23日召开,主题为“上海国际贸易中心建设”;第四届于2010年11月19日召开,主题为“低碳,引领城市未来发展”。

第三章　政务公开

第一节　建立政务公开制度

1988年8月10日，市委、市政府召开全市“公开办事制度、廉洁为民”教育活动动员大会。市委书记江泽民、市长朱镕基、副市长黄菊出席会议并讲话，要求建立公开办事制度、公开办事结果、依靠群众监督的“两公开一监督”制度。1989年2月起，此项制度在全市推开。

1996年10月31日，市委、市政府召开推行政务公开制度、加强廉政勤政建设大会。会后，全市各级行政机关、司法机关、公用事业服务单位和基层群众自治组织开始推行政务公开、公用服务事务公开和村务公开。1997年4月29日，市委、市政府召开市政务公开现场经验交流会，推动政务公开全面开展。

1998年12月10日，市委、市政府发布《关于实行政务公开制度深入开展政务公开工作的决定》，确定市政务公开工作的基本框架，提出办事“两次受理制度”“统一受理制度”“行政管理过程和经营服务过程在人员、场地、程序三方面分离制度”。1999年7月7日，建立市政务公开联席会议，市纪委书记张惠新、副市长冯国勤任召集人，成员单位包括市政府办公厅、市监察委、市纠风办、市文明办、市政府法制办、市体改办、市信息办、市保密局、市人事局等；联席会议下设办公室（称“市政务公开办”），设在市纠风办。随后，各区县及政府部门设立相应机构。

图2-3-1　2003年SARS（非典型肺炎）疫情暴发，上海推出常态化的新闻发言人制度。图为上海市人民政府新闻发布会现场

2003年,为贯彻落实中共十六大和十六届三中全会精神,进一步改善上海投资环境,加快建设责任政府、服务政府、法治政府,根据市长韩正"要加快制定上海市政府信息公开规定等规范政府行为的规章,把它作为推进上海法治政府建设的突破口"的指示,上海在全国省级政府中,率先制定信息公开政府规章《上海市政府信息公开规定》,于2004年5月1日实施。该《规定》将政府信息公开明确为政府机关的一项法定义务,确立了"公开为原则,不公开为例外"的总体要求。内容包括政府信息公开的范围、程序和形式,明确公民、法人和其他组织可以对信息公开具体行政行为提起行政复议和行政诉讼,引入政府信息公开指南、目录和年度报告制度。

2004年6月29日,建立上海市政府信息公开联席会议,由常务副市长冯国勤任第一召集人,市政府秘书长杨定华等任召集人,成员单位包括市政府办公厅、市发展改革委、市监察委、市财政局、市信息委、市政府法制办、市政府新闻办、市国家保密局、市档案局、上海行政学院。联席会议办公室设在市信息委,范希平任主任。各区县政府和市政府部门随后相应设立政府信息公开联席会议或领导小组。2005年,市委办公厅、市政府办公厅印发《关于贯彻〈中共中央办公厅、国务院办公厅关于进一步推行政务公开的意见〉的实施意见》,进一步加强政务公开工作的组织领导,明确责任分工,完善推进机制。

2004—2007年,市政府办公厅、市政府信息公开联席会议办及相关部门制定、发出《关于〈上海市政府信息公开规定〉的实施意见》《关于进一步做好政府信息公开工作的意见》《关于本市政府机关依申请提供政府信息收费问题的通知》《关于加强政府公开信息送交工作的意见》《上海市政府信息公开统计制度》《关于开展2004年政府信息公开年度报告编制工作的通知》《关于实施免予公开政府信息报备制度的通知》《关于实施重大决定草案公开情况备案制度的通知》《上海市政府机关公文类信息公开审核办法》等。同时,规定政府信息公开指南、目录的样本,规范申请受理流程,提供申请处理文书格式样本。

2008年,为贯彻落实《中华人民共和国政府信息公开条例》,市政府修订《上海市政府信息公开规定》,进一步突出"公开为原则,不公开为例外";扩大行政机关主动公开的范围,要求凡是涉及公民、法人或者其他组织切身利益的,或者需要社会公众广泛知晓、参与的,或者反映行政机关机构设置、职能、办事程序,以及法律、法规、规章和国家有关规定应当主动公开等情况,均应当主动公开。按照中华人民共和国政府信息公开《条例》的规定,调整了不予公开范围;对属于国家秘密、商业秘密、个人隐私的政府信息,行政机关不予公开;公众可以通过政府网站、国家档案馆和公共图书馆、政府公报、公共查阅室等多种渠道获取政府信息;规定区县政府可以设立集中接收政府信息公开申请窗口,实行"一口接收";建立政府信息发布协调、保密审查、考核评议和责任追究等制度规范;明确了政府信息公开与档案查阅制度的衔接。

根据修订后的《上海市政府信息公开规定》,2008年将市政府信息公开主管部门由市信息委调整为市政府办公厅。市信息委、市监察委、市政府法制办、市政府新闻办、市国家保密局及其他有关行政机关在市政府办公厅统一协调下,负责具体实施推进工作。保留市政府信息公开联席会议,常务副市长杨雄任总召集人,市政府秘书长姜平任召集人。2009年,市政府办公厅在主要职责、内设机构和人员编制"三定"方案中,增设政府信息公开处。

第二节 实施政务信息公开

一、实行政务公开

1988年8月,市委、市政府开展"公开办事制度、廉洁为民"教育活动,旨在解决一些基层行政管理部门、执法部门、公用行业“吃、拿、卡、要”以权谋私、以业谋私等不正之风，范围涉及公安派出所、税务所、工商行政管理所、房管所、粮管所、银行信贷所、供电所、计量所、交通管理所、电话营业所、煤气管理所、土地管理所、物价管理所、环卫所、交警中队、液化气站、卫生防疫站等 40 类基层所(队、站)。至 1989 年底，全市有 2 593 个基层所(队、站)共 16 万余名公职人员参加这项活动。在此基础上，绝大多数基层所(队、站)建立了“两公开一监督”制度。“没有好处不办事，有了好处乱办事”“脸难看，话难听，事难办”等现象有所转变。通过此项活动，依靠群众揭露和查处少数公职人员弄权渎职、敲诈勒索、徇私枉法等违纪违法案件 210 余起，分别进行政纪处分或移送司法机关处理。

1996 年 10 月，上海开始推行政务公开，至 1999 年底，这项工作取得较大进展。公开范围进一步扩大：公开单位的层次，从基层站所扩大到市、区县政府部门和司法机关；公开单位的类型，从执法部门扩大到综合经济管理部门、公用事业单位和与市民有关的部门；公开对象的范围，从公民个人扩大到法人和其他组织。全市开展政务公开的 55 个市政府所属委办局、12 个中央在沪单位、20 个区县政府主要职能部门全部实行政务公开；自来水、煤气、邮政、供电等公用事业单位结合各自特点将公共服务事务向社会公开。全市高、中两级 25 家法院、28 家检察院实行审判事务、检察事务公开。各区县政务公开向乡镇、街道和村、居委会延伸：287 个乡镇和街道实行政务公开，覆盖面达 91.11%；村务公开率达 100%，村财务公开率 100%。公开项目由开始时的 71 项增加到 583 项，涉及项目审批、办证办照、年检验证、批钱批物、行政事业性收费等大部分政府部门的行政许可行为和部分行政检查、行政处罚、行政强制等行为，受到群众的普遍欢迎。1998 年 10 月 4 日，中共中央总书记江泽民考察上海时，对乡镇、街道政务公开和村务公开工作给予肯定。

2000 年起，上海将政务公开工作与纠风工作结合起来，每年召开一次全市性的纠风和政务公开工作大会，由市政府办公厅转发市政务公开办公室拟订的年度纠风和政务公开工作意见，主要抓政府部门政务公开、乡镇政务公开、公用事业单位事务公开、司法机关审判事务和检察事务公开等工作；推行行政检查、行政强制、行政处罚告知制度，实行政务公开信息上网、政务公开到社区工作。至 2002 年底，全市 3 214 个居委会、1 871 个村委会印制了《告知单》，将政府部门和公共服务行业与群众关系密切的办事项目公开到社区，覆盖面为 97.2%和 91.9%。各区县平均告知事项 43 项，涉及 19 个部门。2002 年，按照国家要求，围绕“事权”“财权”“人事权”在杨浦、黄浦、浦东 3 个区进行区级政府政务公开试点，确定重大事项的公开内容，明确公开的形式，加强了对公开情况的监督。到 2003 年，杨浦区公开内容 10 类 28 项，黄浦区 6 类 31 项，浦东新区 3 类 22 项。2004 年，全面推行区县政府政务公开工作。2005 年 7 月 19—25 日，全国政务公开督查组在上海检查指导工作时，对上海在贯彻《中共中央办公厅、国务院办公厅关于进一步推行政务公开的意见》等方面开展的工作给予肯定。

二、实行政府信息公开

2004 年 1 月 20 日，市政府发布《上海市政府信息公开规定》，从“公权力大、公益性强、公众关注度高”的部门入手，逐步形成以“三公”部门为重点，各行政机关共同推进，公共企事业单位为补充的工作格局。当年，重点推动市教委、市公安局、市民政局、市财政局、市人事局、市劳动保障局、市建委、市外经贸委、市卫生局、市水务局、市工商局、市质量技监局、市规划局、市房地资源局、市市政局等 15 家市级“三公”部门编制信息公开目录和指南，梳理和公开与公众利益密切相关的信息。至当年底，15 家部门主动公开政府信息 11 717 条，全文电子化率 100%，内容主要涉及土地征用、房屋拆迁的批准文件、补偿标准、城市规划、扶贫、优抚、教育收费、政府采购、公务员招考等方面。市规划、水务、工商等部门率先编制本领域信息公开实施细则。2009年4月10日,市政府印发《关于进一步加强政府信息公开工作的若干意见》;4月17日,市政府召开推进政府信息公开工作电视电话会。

据统计,2004—2010年上海主动公开政府信息累计约63.8万条,呈逐年上升趋势。各级行政机关普遍把公开透明的要求贯穿于公共权力、公共资金、公共资源、公共服务运行的各环节、全过程,实现"四个透明":

一是公共资金透明运行。推进政府预决算、财政专项资金、政府非税收入和社会公共资金公开,建立健全社会保险信息披露、住房公积金定期公告、房屋维修基金定期公告制度,公开彩票公益金筹集、分配和使用情况,公开国有土地使用权出让收入、新增机动车额度拍卖收入等,增强国有资产信息透明度,推进审计公开。

二是公共权力透明行使。公开行政审批事项、依据、条件、数量、程序、期限,以及需要提交的全部材料目录及办理情况。在政府网站开设网上政务大厅,具有行政许可(审批)事项在线受理、状态查询、结果反馈、表格下载、办事指南、监督投诉、便民问答等多项功能。

三是公共资源透明分配。公共租赁住房、教育改革发展等重大政策向社会征求意见。公开土地征用和房屋拆迁信息,主要包括征地补偿安置方案公告、建设项目用地审批结果、土地使用权出让公告、拆迁公告等,明确最终的补偿安置结果及各相关要素和操作过程必须公开,推进"阳光拆迁"。

四是公共服务透明供给。推进教育、卫生、供水、供电、供气等与民生关系密切的公共企事业单位公开服务事项、办事结果、监督投诉渠道等内容。全面公开行政事业性收费项目目录和政府定价、调价信息,做好重要商品和公益服务的价格等民生类服务信息公开工作。

三、开展评估考核

1999年起,上海开展政务公开工作查评。当年,选择工商行政、规划、房地系统试行查评,采取"自查为主、内外结合,以查为主、查评结合,以条为主、上下结合"的方法进行,并聘请社会各界人士随机抽样、实地调查,对政务公开具体实行情况进行查评及反馈。2000年,市政务公开办公室聘请280名查评代表,对民政、公安、海关的政务公开情况进行查评。2001年,聘请272名查评代表,对税务和电力系统进行政务(事务)公开查评,并逐步将政务公开纳入政风行风测评。

2004年起,上海组织人大代表、政协委员、新闻媒体和社会公众开展政府信息公开网上评议。随后,启动政府信息公开考核评估工作并每年实施,考核结果分优秀、良好和一般三级,向社会公布。2006年,优秀单位为静安区政府、市教委等15个单位;2007年为长宁区政府、市水务局等15个单位;2008年为闵行区政府、市审计局等15个单位;2009年为虹口区政府、市民政局等15个单位;2010年为黄浦区政府、市公安局等17个单位。

第三节 公开方式

一、主动公开

根据《上海市政府信息公开规定》,主动公开的载体和途径主要包括政府网站、国家档案馆、公共图书馆、政府公报、新闻发布等。

【网络公开】

1998 年，市纪委、市监察委与市信息办共同建设了以政务公开为内容的上海市公众信息服务网。同年 9 月 25 日，市监察委、市信息办印发《上海市政务公开信息上网服务工作管理办法（试行）》。1999 年 1 月 14 日，上海市公众信息服务网正式开通。市政府有关 55 个委办局和 4 个公用事业单位实现政（事）务公开信息上网。2000 年，重新确定 52 个市政府行政机构、5 个公共服务单位和 6 个中央在沪行政机构作为上网单位。

2001 年 9 月 28 日，市长徐匡迪为“中国上海”门户网站试开通启动按钮。2002 年 1 月 1 日，“中国上海”门户网站正式开通。市政务公开办公室会同有关部门拟定了政府部门政务公开上网信息的规范要求和栏目设置，组织协调全市各职能部门将与公民、法人和其他组织有关的行政管理事项上网公开。

2004 年，根据《上海市政府信息公开规定》的要求，“中国上海”门户网站和全市区县、市政府部门网站都在首页开辟“政府信息公开”版块和专栏，栏目设置有：市领导工作分工、市政府及其工作机构的领导名单和主要职责、市政府规章及规范性文件、市政府重点工作、市政府重要会议的主要内容、市政府提交市人大及其常委会审议的各类报告、本市经济社会发展主要数据、市政府实事项目、市政府人事任免、市政府公报、市政府新闻发布、政策解读、规划计划、财政预决算、审计公开、政府采购、重大工程建设、土地征用房屋拆迁、政府信息公开年度报告、专题报道等。同年 8 月，开通作为市政府实事项目之一的实名制“市民信箱”，为市民免费发送政府公报、政策法规、人事任免等政府信息和个人社会保险信息、公用事业账单等便民信息。

2007 年 9 月，“中国上海”门户网站“征询平台”增设“政府规章草案民意征询平台”，提供公告全文、草案全文和背景介绍，公众可直接网上发表意见建议，参与讨论；政府规章正式出台后，及时在平台反馈公众意见采纳情况。

2008 年 4 月 30 日，市长韩正亲自开通“在线访谈”栏目并担任第一期访谈嘉宾，与网民就“信息公开、关注民生”在线交流，并回答问题。

【公共查阅点】

档案馆查阅点　2002 年 1 月 10 日，市委办公厅、市政府办公厅《关于进一步加强全市档案工作的若干意见》明确：“市和区县档案馆要拓展服务功能，设置现行文件阅览窗口，向社会提供与人民群众关系密切、需要公开的政务信息。”同年 9 月起，市和区县档案馆在履行对同级政府职能部门已公开的现行文件收交的同时，正式开展已公开的现行文件集中查阅服务。

2004 年 10 月 19 日，由人民日报、新华社、中央电视台、中央人民广播电台、经济日报、法制日报、中国青年报等媒体组成的中央新闻单位采访团到市档案馆查阅服务中心，重点就政府公开信息集中查阅情况进行专题采访。同年 11 月，修订后的《上海市档案条例》规定，“市和区、县综合档案馆是同级人民政府公开信息的集中查阅场所，应当提供其保管的政府机关主动公开的政府信息，方便公众查阅”。市档案馆制定《上海市档案馆关于政府公开信息接收、管理和查阅服务工作规定》，市和区县档案馆陆续开设政府公开信息集中查阅窗口，并接受本级政府的委托承担本级政府及其部门政府信息公开申请集中受理工作。

2005 年 9 月 28 日，市委办公厅、市政府办公厅《关于深入贯彻实施〈上海市档案条例〉推动档案事业进一步发展的若干意见》明确:“市和区县档案馆要加强政务公开的配套服务措施,研究实施依申请提供利用档案的新型服务机制,不断满足公众查阅政府公开信息对馆藏档案的利用需求。”2008年2月15日,市档案局修订《上海市国家综合档案馆档案利用和公布办法》,简化公民申请获取馆藏档案中记载本人有关证明性信息的手续,拓展政府信息公开的渠道。

2008年,根据国家档案局《关于做好各级国家档案馆实施〈中华人民共和国政府信息公开条例〉工作的通知》和《市、县级国家综合档案馆测评细则》要求,市有关部门促进政府公开信息集中查阅窗口的建设。其间,市档案馆在上海档案信息网新增专题栏目,添加市政府部门网站链接。对已接收的政府公开信息存量进行全文数字化和实用分类标引,并在上海档案信息网同步推出“政府公开信息实用分类查询系统”,方便市民从各类政府公开信息中快速找到所需信息。2009年,市档案馆政府公开信息集中查阅服务工作得到国务院办公厅信息公开督查调研组的好评。

社区与图书馆查阅点 2004年,上海各级政府机关设置公共查阅点287个。同年,将社区信息苑作为市政府实事项目社区文化活动中心建设的配套项目,是政府机关主动公开政府信息的指定查询终端。市郊各区县设立农村基层信息服务站,方便郊区群众获取政府信息。

2008年,根据《上海市政府信息公开规定》,在上海图书馆设置“上海市政府公开信息查阅点”,同年10月1日对外服务。2010年,开发“上海图书馆政府信息管理系统”,7月对外开放。公众可以通过上海图书馆,网站查阅到2009年以后上海图书馆收藏的政府信息书目信息。

【政府公报】

2001年1月,《上海市人民政府公报》创刊,内容包括:市政府文件、市政府办公厅文件、市人大发布的有关法规、国务院和国务院办公厅(部、委、办)有关文件等。该《公报》为半月刊,出版日期为每月5日、20日,每期发行20万份,在部分邮局、新华书店及东方书报亭免费向市民发送。同时,向全市各居村委会、有关企事业单位、档案局、图书馆、社区文化活动中心、全日制大专院校图书馆(阅览室)、市人大代表、政协委员、市政府委办局、区县政府发放。2002年5月“中国上海”门户网站开设政府公报栏后,《公报》同步上网发布。

区县政府也陆续出版区县政府公报,公布辖区内的重要政务信息。

【新闻发布】

2003年,“非典”疫情引发全国性公共卫生危机。上海果断开启“透明按钮”,在全国省级政府中率先推出常态化的新闻发言人制度。2003年6月3日,市政府秘书长杜家豪代表市政府宣布上海建立新闻发言人制度,每两周举行一次发布会,如有需要临时增加次数。市政府新闻办副主任焦扬和媒体工作出身的姜澜成为上海市政府首批新闻发言人。上海建立新闻发言人制度,推动了政府信息公开的进程在全国赢得好评。此后,市政府委办局和区县都建立了新闻发言人制度,形成以现场发布会为主干,网络、书面等发布形式为补充的新闻发布格局,发布内容紧扣城市建设、社会保障、教育卫生、住房保障、发展规划等诸多民生问题。

2008年起,每年市“两会”闭幕后举行市政府中外记者招待会,由市长回答记者提问。2010年上海世博会之后,新闻发布会频度比以前大幅增加,一周两三次时有出现。

【热线电话】

2007年,市有关部门梳理汇总上海市各级政府的信访、投诉、咨询等3 258个对外服务电话号码，依托“114平台”向公众公开。同年9月，将所有电话号码信息汇编成册，通过各政府机关对外服务窗口及各类政府信息公开渠道向公众免费发放，公众也可以通过“中国上海”门户网站查询。

二、依申请公开

2004年，《上海市政府信息公开规定》增加依申请公开制度。同年5月1日起，上海市各级行政机关通过网络、信函、当面、电子邮件、传真等多种途径，接受公众提出的信息公开申请。同年5月，在“中国上海”门户网站开通网上“依申请公开”渠道；9月，68个政府子网站全部设立“依申请公开”网上提交窗口。当年，设置政府信息公开申请受理点519个。

2004—2010年，上海市各级行政机关共受理政府信息公开申请6.8万件，其中，68.4%的申请予以公开或部分公开，除去“信息不存在”“非本机关职责权限范围”“申请内容不明确”等情况，在可以答复是否公开的情形中，实际公开比例为94.9%。总体上，申请事项与人民群众切身利益、与自身权利主张和利益诉求、与社会热点密切相关。随着信息公开的推进，高等院校、科研机构、律师等提出的与研究相关的申请事项有明显增加，涉及财政资金使用、人事任免、重大政策等方面。

公众对信息公开申请答复不服的，可以提起行政复议或行政诉讼。2004—2010年，上海市各级行政机关共受理政府信息公开行政复议申请2 900件，各级法院共一审审结有关政府信息公开事务的行政诉讼案件837件。

第四章　电子政务建设

第一节　规划与制度建设

1992 年，国务院办公厅下发《关于建设全国行政首脑机关办公决策服务系统的通知》。1995 年 3 月，市政府办公厅印发《上海市行政机关办公决策服务系统总体规划》。

2001 年，为强化电子政务顶层设计，国务院办公厅印发《全国政府系统信息化建设 2001—2005 年规划纲要》。同年 12 月，市政府办公厅根据该《规划纲要》要求，从政务网络、政务信息资源库、应用系统、安全保密等方面，制定《上海市政府系统政务信息化建设“十五”(2001—2005)规划指导书》，强化政务信息化顶层设计，明确“十五”期间政务信息化建设方向。

2003 年 12 月，市信息委制定《上海市电子政务 2003—2005 年建设和发展规划》，提出“十五”期末，基本形成市电子政务基础网络平台、重点应用系统、资源共享机制、安全保障体系、发展配套环境的总体目标。

2006 年，市政府推进信息安全等级保护、信息安全管理标准试点等工作，制定《上海市公共信息系统安全测评管理办法》及《上海市网络与信息安全事件专项应急预案》，初步形成针对基础网络与重要信息系统全生命周期的安全管理机制。

2007 年，市信息委与市财政局印发《上海市市本级信息化项目支出预算编制与管理指南(试行)》，完成培训教材编制及课件制作，对 497 个预算单位的财务和信息化工作人员进行培训；市发展改革委与市信息委印发《上海市市级机关信息系统建设和管理指南(试行)》，初步建立从规划设计、立项审批到实施建设和验收评估的全过程制度框架。同时，根据财政资金管理有关要求，市财政局与市信息委于 2008 年印发《上海市信息化发展专项资金管理办法》，对专项资金的使用范围、申报审批、支付方式、财务管理等方面提出明确要求。

为了应对日益严峻的信息系统和网络安全事件，2010 年 8 月，市经信委印发《上海市公共信息系统突发事件处置办法》，分别对公共信息系统出现病毒感染、非法入侵、软硬件故障、人为误操作以及因爆炸、火灾、地震、雷击、台风等外力因素而导致的系统宕机、网络瘫痪等需要紧急处置的情形给予了描述性规定；涉及国家秘密的公共信息系统突发事件，按照相关法律、法规的规定进行处置；明确市和区县两级管理架构；严格设置监测、预警、处置的一系列程序，并制定了相应的保障措施。市有关部门按照各自的职责，协同做好市公共信息系统突发事件的处置。区、县政府网络与信息安全主管部门负责本辖区内公共信息系统突发事件的应急处置。

第二节　政务外网及共网建设

一、政务外网建设

【成立市政府公众信息网管理中心】

2002 年 8 月 5 日，中共中央办公厅、国务院办公厅转发国家信息化领导小组《关于我国电子政务建设指导意见》。2003 年 5 月，市政府召开专题会议，提出建设上海市政务外网，对应于国家政务外网，与互联网逻辑隔离。政务外网为非涉密网，主要满足各级行政机关非涉密业务和社会管理、公共服务等面向社会的应用需要。

2005 年 4 月，市政府办公厅成立市政府公众信息网管理中心。其职能是：负责全市政务外网的总体规划、建设、管理和协调，对市政府各部门以及区县政府政务外网工作进行业务指导，对市、区县两级网络资源进行管理和分配，协调网络运营商为政务外网提供安全、可靠、优质的服务。市政府公众信息网管理中心针对政务外网各类应用平台的建设与管理、政务外网统一互联网安全出口的建设和管理，以及政务外网网络与应用安全的实施与管理，协同相关部门建立和管理安全防御体系，研究、制定政务外网相关网络及应用管理的规定、标准，联系国家政务外网建设和管理部门。

【政务外网网络体系建设】

2006 年 5 月，市政府办公厅发出《关于做好本市政务外网网络接入工作的通知》，年底市政务外网建设全面启动，采取由东方有线网络有限公司投资建设、政府购买服务的外包模式。2006 年 6 月，市级骨干传输网建成。2010 年，政务外网网络平台进行全光网改造。自此，市政务外网发展成为由市级骨干传输网、市级委办局接入网络和区县政务外网等共同组成的波分复用独立全光网络。同时，通过建设政务外网统一互联网安全出口等方式，不断完善市政务外网网络安全防护。截至 2010 年底，市政务外网基本覆盖全市党政机关及其直属单位，接入超过 1 200 家市级单位；汇接 18 个区县政务外网，延伸至居委会、村委会和社区中心。区县二级政务外网总的接入点约 7 300 个，电脑终端约 7.1 万台。

拓展政务外网业务应用　市政务外网以 VPN(虚拟专用网络)构建了市级政务业务层、国家业务层、统一互联网出口传输层等多层架构，并隔离传输视、音频等多媒体业务，满足了不同政府部门条线业务、跨部门协同业务和部分通过互联网加密传输进行的移动办公、移动执法业务的各类应用需求。截至 2010 年底，基于政务外网基础网络平台，陆续开展了 86 项业务应用，其中有 72 项为市级业务和 14 项上联国家部委办业务。

政务外网统一应用支撑平台　主要实现跨部门协同办事、数据交换和信息共享。服务管理平台作为市政务外网的门户，为市政务外网成员单位提供应用展现、访问登录、业务服务、信息共享，以及互动交流、联络通讯等服务。实现手段包括短信、传真、语音、邮件等。市政务外网 DNS(域名系统)应用，为政务外网用户单位提供域名服务。

规范政务外网运行维护服务　2006 年市政务外网基础网络平台建设完成后，先后制定上海市政务外网接入规范、IP 地址(网际协议地址)规划、市级平台网络接入审核和费用支付管理办法、域名规划和管理规范、服务与管理规范及接口分类安全规定等。同时，开展外网应用建设规范研究，包括应用支撑、应用业务、应用安全等七大规范和外网电子认证系统建设及管理规范；制定《上海市网上行政审批统一编码规范》《上海市网上行政审批平台接入技术要求》《上海市内资企业设立网上并联审批操作规范》等。此外，建立起各接入单位、网络运营商和市政府公众信息网管理中心的三方联动机制，强化网络监控与保障；规范运行维护保障流程，实现智能监测运维、效能评估；落实国家部委到上海市委办局视频会议等网络现场保障；落实上海市党代会、“两会”以及世博会等重点时段和应急指挥、财政、公共卫生、城市交通等关键领域应用的全网运维管理和安全保障。

二、政务共网建设

根据国家有关部委文件的要求,有关方面在上海无线资源紧张的情况下,按照资源共享、集约利用的原则,完成了政务共网的研究建设,政务共网项目被列为2006年市政府实事项目之一,上海电信于2006年5月中标承建。

800兆数字集群政务共网是以满足应急管理指挥调度为主,兼顾日常行政事务需求的无线通信系统。截至2010年,共网网络已覆盖上海全市行政区域以及洋山深水港区。按照"集约建设、资源共享"原则,政务共网作为全市统一的无线指挥调度系统,各用户单位以虚拟专网方式加入共网平台。政务共网采用由电信运营商"代建代维"、政府购买服务的模式,由上海市电信公司带资建设,并提供专业化运维服务,市政府有关职能部门组成用户委负责用户管理。

政务共网为上海市各级政府、医疗卫生、公安消防、检验检疫、海关港口、城市管理、交通运输及各类企事业部门和单位提供安全可靠、及时有效的通信指挥和生产调度;为上海市政府在管理城市、应对各类突发公共事件的处理中提供强有力的通信指挥和保障,同时也为2007年特奥会、2008年北京奥运会上海赛区以及2010年上海世博会等重大活动提供服务。

三、电子政务灾备中心建设

上海市电子政务灾难备份中心项目(以下简称"灾备中心")是上海市信息安全保障体系中的关键性项目,也是上海市信息安全应急防范体系的主要组成部分。主要服务对象是面向市级委、办、局电子政务内、外网及市医保、社保等关于国民经济、社会生活领域的重要信息系统。根据市政府相关部门业务需求和灾备中心建设规划,灾备中心具备几种灾难恢复能力:介质异地存放、数据级灾备、应用级灾备、在线级灾备,并吸纳100余个市级各信息系统的同城异地备份系统。

2006年10月,市发展改革委批复《上海市电子政务灾难备份中心项目可行性研究报告》,确定了建设规模、投资规模和项目选址,并明确项目资金由市建设财力安排。灾备中心项目分为两期建设。一期主要是灾备机房及其配套设施建设。灾备中心选址上海市浦东张江软件园内,占地面积为6 000平方米,总建筑面积为1.2万余平方米,地上建筑4层,地下1层。灾备中心整体功能划分为机房区、运营功能区、客户服务区、备用生活区和基础设施区等五大功能区域。二期为上海市电子政务灾难备份信息系统建设。灾备中心信息系统是一个同城异地灾难备份系统,在市政务外网物理网络平台上搭建IPSEC VPN(网络安全协议虚拟专用网络)与全市各电子政务生产系统相连,构建数据容灾网络。系统设计为两级灾备的模式,将异构平台复杂系统的数据在各接入单位内集中后统一传输到灾备中心;采用多种方式,既满足不同系统的实际情况,又实现了多样系统的标准化。

灾备中心建设于2007年1月正式启动,建设内容是建筑基础设施、机房及机电配套设施,2008年6月基本建成通过验收,获得"上海市优质工程白玉兰奖",2010年12月基本建成上线运行。

第三节　重要信息系统及门户网站建设

一、市政府核心办公系统建设

2003年建设的市政府核心办公系统,是以市政府办公厅为核心,以公务网网络平台为基础的政府系统网上办公业务应用系统。该系统建设突出为市领导提供高效、优质、便捷办公业务和辅助决策服务，为市政府办公厅机关工作人员服务和为市政府各部门相关办公业务人员服务的目标，实现公文办理、信息简报、电子督查、建议提案、会务管理、公务资源等网上公文无纸化传输和网上办公业务子系统应用。

2007 年，市政府办公厅信息中心会同相关部门推进市政府办公厅日常政务网上办理和无纸化传输，开发了核心系统市领导阅览系统、市政府常务会议管理系统、核心系统非密信息交换系统、厅内工作签报管理子系统。在市政府办公厅内，基本实现文件传输双向电子化，公文类阅件电子化，办件批件同步双轨化，简报信息无纸化，会议服务管理电子化，厅内工作签报管理规范化，专项业务办理信息化。

二、“中国上海”门户网站建设

2001 年 1 月，由市政府办公厅牵头组织成立门户网站建设指挥部，并成立“网站编辑部”，负责“中国上海”门户网站建设、运行和管理，承担网站内容信息管理维护，负责与市政府各部门和区县政府子网站的业务联系、指导、协调和绩效评估，推进全市政府网站规范建设，负责市政府网站备案和域名管理，研究、制定市政府网站相关规定和标准，联系中央政府门户网站建设和管理部门。

2001 年 9 月 28 日，“中国上海”门户网站（以下简称“中国上海”）试开通，2002 年 1 月 1 日正式运行，拥有“中文简体版”“中文繁体版”和“英文版”3 个版本；开辟“市民办事”“企业办事”“投资上海”“透视政府”和“公众监督”五大版块。同年 11 月，全市 19 个区县、47 个部门政府网站全部实现与门户网站的互联，形成以“中国上海”为标志的政府网站群建设发展模式。2008 年 2 月，“中国上海”无线门户开通。截至 2010 年，“中国上海”经过 2002 年 5 月 1 日、2004 年 5 至 6 月、2008 年 5 月 4 次改版及多次栏目调整，形成“信息公开、网上办事、便民服务、政民互动”四大核心内容。

【信息公开】

2004 年，“中国上海”建设政府信息公开专栏，第一时间发布政府信息。开通“依申请公开”渠道；“政府公报”“新闻发布会”与网下同步推出；相关民生政策的发布，做到“细则、解读文件”和文件“三同步”公开；配合政府工作开设网站专题；市政府常务会议、市政府工作会议、市政府规章、市政府规范性文件以及市政府新闻发布会、市政府公报等第一时间上网。每年对审计、财政预决算、公共资源配置、重大建设项目、三公经费等信息的公开进行探索。通过政策解读、在线访谈、网上咨询，增强政府信息公开的针对性和实效性。信息公开页面浏览量从 2004 年的 638 万人次增加到 2010 年的 1 750 万人次。

【网上办事】

“中国上海”办事平台聚集上海市政府部门所有对外行政审批事项。2010 年，以办事平台为基础，进一步整合办事服务资源，实现“数据交换、资源共享”的“网上政务大厅”上线，提供多项单部门审批事项和并联审批事项，推行“一点受理、抄告相关、并联审批、限时反馈”的在线办理模式。配合自贸区建设，设立中国（上海）自由贸易试验区网上服务平台，涉及自贸区管委会、工商、质监、税务、发改委和商务委等多家部门及相关业务系统。

【便民服务】

截至 2010 年,“中国上海”门户网站覆盖全市近 70 个政府子网站的“内容检索、信息整合系统”,库内可检索信息(数据)122.4 万余条;通过“政府信息免费服务平台”,可采用电子邮件、手机短信订阅方式获得政府信息;通过手机登陆简化版的无线“中国上海”,可以获取便捷实用的政府信息与便民服务,并与政府实现互动交流。

“中国上海”网站编辑部整合资源,积聚区县、市政府部门和公用企事业单位各类信息服务资源,开设“服务热线、实用信息、生活地图、公共设施、城市生活、服务导航”等专栏,其中查询平台提供热线电话 1 213 条,公共设施 484 项,生活地图 32 项,市政府部门咨询投诉电话 238 条,区县咨询投诉电话 797 条。服务平台整合包括上海研发公共服务平台、上海教育学习平台、上海创业公共信息服务网等在内的 36 个公共服务系统(平台)。另外,还设有聚焦民生热点、解读政府最新工作政策的便民问答栏目,为“食、住、行、游、购、娱乐”导航的“城市生活”栏目,展示上海风貌文化景观的“城市明信片”栏目,指引网上服务,政府社会公共资源互补的“服务导航”栏目等。“中国上海”网站编辑部组织编写了《“中国上海”政府网站便民服务手册》,重点介绍全市政府网站上与公众生活、工作密切相关的办事程序、特色服务和浏览网址。

【政民互动】

2002 年起,“中国上海”门户网站公开征集市民对 2003 年市政府实事立项工作意见,此后每年同时开展的还有网上评议实事工程的活动。联合市政府部门网站,推出政务专题、政策法规解读类信息,根据民生关注热点建设专题专栏。开设有“市长信箱”“区县和部门领导信箱”“街道、(乡)镇领导网上信箱”“政府信息公开意见箱”。在线访谈举办逾 100 期。截至 2010 年,政府规章草案民意征询平台征集意见 50 条,网站与手机(短信)等多媒体联动得到普遍应用。

【网站群管理及安全保障】

2002 年 10 月 1 日,市政府办公厅组织开展全市政府网站首次评议,评议结果以市政府办公厅通报的形式予以公布。此后,每年对全市政府网站进行评议测评。2002 年、2003 年,参评对象为市政府部门网站,2004 年范围扩大到各区县政府网站。2002 年起,有关部门重点对以“内容管理系统”为核心,包括“数据备份系统”“网站运行状态自动监测管理系统”“网站访问统计分析系统”“网站纠错系统”在内的五个系统运行管理,对全市政府网站系统运行加强日常监控指导,建立安全定期检测、应急处置、联络报告、异地备份等机制。

2005 年起,有关部门以“内容保障平台”为基础,建立全市范围内政府网站分布式信息维护系统,采用“信息集中发布、链接分布维护”方式,在“中国上海”网站和部门、区县网站间建立一个稳定、快速的数据通道,通过“集中控制信息资源传送,统一管理数据格式转换”,较好地实现各政府子网站对“中国上海”网站的信息报送和内容保障,兼顾统计管理及日志查询等功能,为建立政府网站信息资源中心提供支撑。

2009 年,政府网站测评由“评网”向“网站达标”方向转变。结合评议考核,“中国上海”网站完成“上海市政府网站卓越质量和服务管理体系”课题,推动全市政府网站建设规范化、标准化、科学化。同时,向社会公开招聘社会监督员,针对全市政府网站“信息时效性、内容准确性、服务可用性、链接有效性”等方面开展监督。

三、网上行政审批平台建设

2009 年，上海开始建设市网上行政审批平台，2010 年上线运行。

行政审批平台面向政府内部，为各审批业务部门提供标准化审批、协同审批、信息共享服务；为审改部门提供统一事项及目录库，建立长效管理机制；为监察部门提供单部门和协同审批电子监察、绩效测评服务；为各级领导及时掌握面上情况，重点项目进展情况提供服务。面向社会公众，提供全市统一的行政审批网上窗口，实现服务导引、网上告知、统一受理、统一查询、统一反馈、效能投诉、满意度评价等功能。行政审批平台建设立足于三个“一”：贯穿一套标准化管理体系，打造一个审批服务管理平台，推出一个网上政务大厅。

为了推进网上并联审批，通过流程再造，将“企业设立”和“建设工程”两类事件优化后的操作规程，固化在网上行政审批平台中，同时嵌入各单位审批业务系统，规范办理流程，强化部门协同，避免相关数据“多次录入”。行政审批平台新设内资企业审批业务，平均办理天数为 6.8 个工作日，比原来缩短近 9 个工作日；建设工程并联审批中的“土地使用权取得”“设计方案审批”和“设计文件审查”均取得进展。

2010 年 9 月 1 日，网上政务大厅开通运行，汇聚了 658 个行政审批事项和 18 个区县网上办事平台，1 313 项政府网上办事服务项目；收录了 94 个市政府部门、18 个区县政府行政服务中心、214 个社区行政服务中心受理窗口信息。

第四节　基础数据库建设

一、法人数据库建设

根据国务院信息化工作办公室、工商行政管理总局、税务总局、质量监督检验检疫总局《关于深化扩大企业基础信息共享和应用试点的通知》，上海作为第二批试点城市，于 2004 年初启动市企业基础信息共享和应用系统建设，推动工商、税务和质监部门的企业基础信息交换、共享与应用试点，为深化电子政务建设探索经验。

2004 年初，上海成立由市信息委、市工商局、市税务局、市质监局组成的项目建设领导小组和联合工作组，推进企业基础信息共享和应用试点工作。2005 年 2 月，“上海企业基础信息共享与应用系统”初步实现市工商、税务、质监三部门之间企业基础信息的交换和共享。该系统于 2006 年 6 月通过验收。

国家将“法人单位基础信息库”确定为“十五”期间（2001—2005 年）国家电子政务建设一期工程重点建设四大数据库之一。2009 年 3 月，常务副市长杨雄提出，结合上海市法人领域信息资源利用的实际，建立法人领域信息资源的信息交换和共享机制，建设信息共享、标准统一、安全可靠的上海市法人信息共享与应用系统。同年 9 月，经市发展改革委批复，市建设财力投资 537 万元，建设上海市法人信息共享与应用系统。该系统是在原“上海市企业基础信息共享与应用系统”的基础上，将法人信息共享与应用扩大到事业单位、社会团体等其他法人领域。该项目由市经信委牵头，市工商局、市地税局、市质监局、市编办、市社团局、市环保局、市安监局和市食药监局等 8 家单位参建，中心机房设在市工商局。

2010 年 7 月,市政府办公厅印发《上海市法人信息共享与应用系统管理办法》,建立联席会议制度,明确法人信息共享管理和运行保障机制以及具体操作规程。同年 9 月,上海市法人信息共享与应用系统(一期)完成开发,入库单位数从原企业基础信息库的 63 万户增加到 124 万户,共享数据项从原企业基础信息库的 53 项扩大到 122 项。上海市法人信息共享与应用系统(一期)于 2011 年 3 月通过专家验收。

二、实有人口信息库建设

自 2004 年 3 月 1 日起,国务院信息化工作办公室等部委联合启动人口基础信息共享试点,上海被列入首批试点地区之一。上海成立由市公安局、市劳动保障局、市税务局组成的人口基础信息共享试点工作领导小组和推进工作小组,由市社会保障局和市民服务信息中心按照"统筹规划、统一标准、结合实际、有序推进"的原则,依托市民服务信息系统市级信息交换平台,开展人口基础信息共享试点。至 2005 年底,实现了市公安局人口基本信息、市民政局婚姻信息、市卫生局出生人口信息、市社会保障局市民服务信息中心社保卡信息等数据的初步共享。

2006 年,全市 19 个区县中,有 15 个区完成了区实有人口库建设,为实现条块人口信息共享、服务区域社会和经济发展提供了有效支撑。特别是在"百户单元"综合试点中,黄浦区和长宁区依托含有 213 项共享指标项的区实有人口数据库和信息交换平台,初步实现存量信息的"一次采集,多次使用"和增量信息的"一口采集,多方使用"的目标。

2007 年,完成上海市实有人口数据库一期项目(户籍人口)建设,户籍登记和变动数据等信息的及时性、准确性进一步提高。设计完成外来人口基本信息的代码转换和数据接口。截至 2007 年底,上海除崇明和南汇以外的 17 个区建立了人口基础信息库,初步实现与区公安、民政、劳动、计生等部门的信息共享和更新维护机制,有效支撑了区政府有关部门和街道(乡镇)对实有人口的管理和服务。

为了加强外来人口管理,2008 年开展居住证信息数据交换接口开发,清洗入库的可供查询和应用的外来流动人口信息数据约 550 万条,对增强流动人口信息的掌握和流动人口管理起到重要作用。调整婚姻变动信息数据交换接口,获取市民政局 2000 年 1 月 1 日后的婚姻变动数据约 115 万条,其中约 97 万条数据实现自动匹配。

2009 年,上海市实有人口信息管理系统(二期)建设实现民政、劳动保障、税务、教育、公安、卫生、人口计生、残联 8 个部门人口信息的数据交换。根据市委、市政府有关要求,推进"上海市人口与计划生育综合管理信息系统"以及人口计生集中式数据库与上海市"实有人口服务和管理信息系统"的数据交换和共享。

2010 年,推进上海市"实有人口服务和管理信息系统"与人口与计划生育全员人口数据库的数据共享,确定批量数据交换方案,满足全市人口管理和服务需求。

三、空间地理信息库建设

2002 年,上海城市地理信息系统(GIS)基础数据平台初步建立,完成全市道路与街坊编码、道路路段与节点编码两个标准规范。市信息化办印发《关于上海城市地理信息系统基础平台建设和应用管理的实施意见(试行)》。同年 10 月,由 1∶50 000 数字化航空遥感和 1∶2 000 数字化基础地形两个数据库组成的全市地理信息系统基础数据平台工作版本发布。至2002年底，平台的用户超过200家，服务对象涵盖市、区政府、公安、消防、防汛、环保、气象、市政、规划等部门。

2003年10月，城市地理信息系统（GIS）基础数据平台进行首次更新。至年底，该平台为上海城市规划、城市房屋土地资源管理、城市交通规划、城市市政建设、城市环保与环卫、城市绿化管理、城市水务管理、城市农业规划、城市人口管理等30多个专业领域提供丰富的信息源，进一步推动上海城市多源信息价值的提升。

根据国务院信息化工作办《关于在上海市开展电子政务原型试点的复函》要求，2005年9月，市政府选定徐汇区政府开展空间地理领域的电子政务原型试点。该区通过对房屋土地管理、规划、市容等8个区级相关部门的政务信息和业务需求进行调研，确定了地理信息的共享指标项与交换方式，形成了土地管理等跨部门业务协同应用的现实思路。同年，上海城市发展信息研究中心、上海市航空遥感综合调查办联合组织了1∶5 000彩红外航空遥感摄影活动，覆盖上海全辖区、海域和大小洋山岛等，并通过技术定位、拼接，制作完成了“2005版上海城市空间信息基础数据平台”。

2007年，市政府推进空间地理信息共享的标准建设，初步形成上海市生态系统中“土地利用/土地覆盖类型代码标准”“土地利用/土地覆盖类型调查遥感技术规程”的上海市标准，并进入信息共享的实践。同年，由国家863高技术计划支持的空间信息网格（SIGSH）运行系统推广使用，逐步成为城乡一体化的空间信息基础数据平台，各类重大基础设施建设选址在空间地理信息共享上得到应用，如旧城改造管理中历史与现实空间的调查和监管、土地管理的空间动态变化、基于陆域的海洋信息系统、上海世博会工程管理信息系统、数字港城基础数据平台推广等信息化应用项目建设都在空间地理信息共享应用上得到实践。

2008年，由上海市测绘院和上海城市发展信息研究中心共同实施，对上海城市地理信息系统基础平台中的遥感数据库进行全面更新，覆盖范围包括上海市的陆域、岛屿和部分滩涂，面积约7 000平方公里；成像比例尺为1∶20 000，影像的地面分辨率为0.25米。经过波段融合、正射校正、拼接、分幅等后期处理，推出应用的数据产品包括：0.25米分辨率影像、0.5米分辨率影像和1米分辨率影像。2008年版的基础平台遥感影像数据产品已经应用于建设、交通、房屋土地、水务、绿化、环保、民防等城市管理的多个领域，不仅从信息更新角度有效地支持了这些领域的信息化管理与应用工作，还促进了各领域之间的信息共享交换，并为一些科研和工程项目的信息综合调查提供数据支撑。

为满足市民和企业地理信息服务需求，2009年7月，由市测绘管理办、市测绘院开发的公益性地图网站——上海地图网站（www.shanghai-map.net）正式开通运行，共收录上海市域范围内8 000多条道路、7 000余个住宅新村与800多条公交线路，囊括15万条门牌号码信息以及各类医院、宾馆、超市等大型便民场所的信息，为广大市民提供便捷的交通服务信息，为各企事业、政府部门构建上海权威的基础地理信息公共平台。上海地图网站的地理信息每年更新2次，重大地理信息变更实时更新。

第五章　应 急 管 理

第一节　应急管理体制

从 2001 年起，上海城市减灾开始从单灾种管理向综合减灾管理转变，市政府成立市减灾领导小组，其办公室设在市民防办，由此确立上海综合减灾和紧急处置体系框架。2005 年，为全面加强应急管理工作，市政府成立突发公共事件应急管理委员会及其办公室，撤销了市减灾领导小组及其办公室。各区县也按照应急管理“属地化”要求，成立相应的应急管理机构。

一、市级应急机构

【市应急委及办公室】

上海市突发公共事件应急管理工作由市委、市政府统一领导。市政府是全市突发公共事件应对工作的行政领导机构。2005 年 9 月 7 日，根据市委、市政府决定，成立上海市突发公共事件应急管理委员会，决定和部署全市突发公共事件应急管理工作。市委下发《关于上海市突发公共事件应急管理委员会组成人员的通知》，明确市应急委由市长韩正任主任，市委常委、政法委书记、市公安局局长吴志明，副市长杨雄任副主任，市政府秘书长杨定华任秘书长。

上海市应急委办公室是该委的日常办事机构，设在市政府办公厅，内设应急指挥联络处（与办公厅联络处合署）、应急管理协调处两个处，具体承担值守应急、信息汇总、办理和督促落实市应急委的决定事项；组织编制、修订市总体应急预案，组织审核专项和部门应急预案；综合协调全市应急管理体系建设及应急演练、保障和宣传培训等工作。

【市应急委成员单位】

市应急委成员单位是应急管理的主要工作机构，承担相关类别突发事件的预防与应急准备、监测与预警、应急处置与救援等工作，负责指导和协助区县政府做好突发事件的预防、处置和恢复重建等。市应急委成员单位共 49 个，包括市委办公厅、市政府办公厅、市委政法委、市委宣传部、市发展改革委、市经委、市信息委、市旅游委、市建设交通委、市科委、市农委、市教委、市监察委、市外经贸委、市市容局、市公安局、市民政局、市财政局、市环保局、市交通局、市水务局、市卫生局、市绿化局、市安全监管局、市房地资源局、市文广局、市食品药品监管局、市港口局、市市政局、市金融办、市外办、市政府新闻办、市政府法制办、市民防办、市国家安全局、市地震局、市通信管理局、上海铁路局、市海洋局、市气象局、上海海事局、上海出入境检验检疫局、机场集团、申能集团、市电力公司、民航华东管理局、上海警备区、武警上海市总队等。

【市应急联动中心】

2004 年，上海市应急联动中心成立。按照《上海市突发公共事件应急联动处置暂行办法》规定，该中心作为市突发事件应急联动处置的职能机构和指挥平台，履行应急联动处置一般和较大突

图 2-5-1　2004 年 9 月 30 日，上海市应急联动中心正式启动。图为 27 家市政部门组成的市应急联动中心工作现场

发事件，组织联动单位对重大和特别重大突发事件进行先期处置等职能。市应急联动中心以公安 110、消防 119 等"多台合一"为基础，负责整合联动市卫生局、市水务局、市环保局、市司法局、市民防办、市建设交通委、市市政工程局、市地铁抢险指挥部、市工商局、上海海事局、市安全监管局、市防汛指挥部、市气象局、市地震局、市食品药品监管局、市绿化市容局、市质量技监局、上海化工区管委会等 18 家政府职能部门及市电力公司、上海燃气集团、机场集团、上海石油天然气总公司、华谊集团等 5 家企业的队伍，并与各区县公安指挥中心互联互通。至 2010 年的 6 年间，市应急联动中心日均接警 2.9 万起，高峰日处警约 1 万起，日均联动处警 600 起。

【市应急救援队伍建设】

2010 年，根据国务院办公厅《关于加强基层应急队伍建设的意见》，市政府办公厅印发《关于加强上海市综合性应急救援队伍建设的意见》，建立"统一指挥、职责明确、结构完整、一专多能、反应灵敏、运转协调、符合实战"的全市综合性应急救援队伍长效建设机制。依托市消防局（市消防总队）挂牌成立市应急救援总队，各区县消防支队同步成立应急救援支队。实行"一支队伍、两块牌子"的运作模式，承担重大灾害事故和其他以抢救人员生命为主的应急救援职责。同时，按照统一指挥、分类管理的队伍建设要求，进一步加强公安、消防、卫生、民防、环保、气象、电力、水务等各专业队伍的建设和管理，强化日常训练，组织合成演练，不断提升全市各类应急救援队伍的应急处置能力。

此外，上海还注重发挥公民、法人和其他组织在突发事件应对中的作用，增强公民的公共安全、防范风险和社会责任意识，发挥志愿者队伍应急救援辅助作用，鼓励组织参与突发事件应对工作，根据其自身能力，参加科普宣传、应急演练、秩序维护、心理疏导、医疗救助等活动。

二、基层应急管理单元与机构

【市级基层应急管理单元】

2006年,针对上海应急管理的重点区域和高危行业重点单位,市政府探索开展基层单元化应急管理。由市应急委在机场、化工区、保税港区、大型交通枢纽等特定区域,指定牵头单位统筹协调该区域内突发事件的应对工作。先后遴选出浦东和虹桥国际机场、洋山保税港区、上海化工区、铁路上海站和上海南站、轨道交通站点、民防工程及地下空间、宝钢、上海石化、虹桥交通枢纽9个市级基层应急管理单元,分别落实组织体系、应急预案、保障体系、工作机制和指挥平台5个要素,提高常态下的防范以及非常态下的应急处置效能。此外,将单元化应急管理的特定区域,分为市级基层应急管理单元和区县级基层应急管理单元,分别由市或区县应急委指定牵头单位统筹协调该区域内突发事件应对工作。单元化应急管理区域的牵头单位根据本区域特点,实施应急预案编制,定期组织应急演练;建立健全突发事件应对的协作机制;整合、储备本单元区域内的应急资源;开展风险隐患的排查、整治;完善与所在区县政府的合作机制。

【区县应急管理机构组织】

2005年10月起,按照应急管理"属地化"的要求,浦东、徐汇、黄浦、静安、虹口、卢湾、杨浦、长宁、普陀、闸北、闵行、宝山、嘉定、松江、南汇、金山、奉贤、青浦、崇明19个区县政府分别建立应急委及其办公室,负责本区县的应急管理工作。乡、镇政府和街道办事处按照区、县政府的要求,明确工作机构,做好本辖区内突发事件应对工作。居民委、村民委按照所在街道乡镇的决定和要求,开展应急知识宣传和群众性应急演练等;在突发事件发生时,组织、动员居(村)民,开展自救和互救,协助维护社会秩序。

第二节　应急管理机制与预案建设

一、应急管理机制

2004年起,上海结合城市突发事件防范与处置工作实际,围绕"测、报、防、抗、救、援"六环节进行全过程管理的要求,立足实现社会预警、社会动员、快速反应、应急处置的整体联动,建立健全应急管理机制,有效应对自然灾害、事故灾难、公共卫生事件、社会安全事件,着力提高城市突发事件应急处置能力。2007年,《中华人民共和国突发事件应对法》颁布后,上海组织全市开展突发事件应对法宣传周活动和《上海市实施〈突发事件应对法〉办法》立法调研,并出台了一系列规范性文件,对规范上海应急管理发挥了重要作用。

【监测预警机制】

2005年起,按照"谁主管、谁监测,谁预警、谁发布"的要求,上海不断强化突发事件预警工作,市气象、水务、环保、旅游、卫生计生等部门采用科技手段,落实自然灾害、事故灾难、公共卫生事件等常态化监测预报,拓展预警信息发布渠道,建立预警信息快速发布机制。在自然灾害方面,健全海上气象监测网络,建立精细化气象监测预警及影响评估系统;建立地面沉降动态监测与预报体系;完善陆域地震深井综合监测预报系统并向海域延伸,建设基于数据库技术的地震海啸快速数值预警系统和监测监视信息实时网络,初步建成开放型的地震观测基地和地震科学研究基地。在事故灾难方面,推进城市生命线工程抗震能力调查与评估;对液氯、液氨、液化石油气和剧毒溶剂等危险品化学生产、储存及道路运输建立跨区域动态监控系统;完善饮用水源保护区域水质安全自动预警监控系统,对集中供水的取水口及其保护区域水质全部实现连续监测。在公共卫生方面,进一步强化市、区(县)突发公共卫生事件信息监测报告网络系统,健全传染病特别是新发传染病和群体不明原因疾病等突发公共卫生事件的监测系统;完善食品安全生产安全风险评价系统和食品安全监测网络;健全动植物疫情和植物病虫害监测系统。

2008 年,为了进一步提升和增强多灾种综合监测和预警能力,上海与中国气象局加强部市合作,组织开展多灾种预警综合集成技术的研发,推进多灾种预警系统示范项目建设,探索建立不同灾种管理部门之间进行联合预警、集中发布的工作模式,进一步提高监测预警的效能。

【应急处置机制】

2004 年起,上海在突发事件应对中,不断建立健全应急处置机制,完善突发事件应急处置工作流程,主要包括信息报告和通报、先期处置、应急响应、指挥协调等。突发事件发生后,市应急联动中心接警后立即先期处置,视情况调度公安、消防、卫生、安监、民防、海事、建设、交通、环保等应急联动部门开展应急联动处置。发生重、特大突发公共事件,市应急联动中心根据现场处置的需要设立现场指挥部,负责现场处置的组织、协调、指挥、调度。市应急联动中心配合现场处置,负责现场外应急处置队伍、资源的组织、协调、调度。区、县政府及有关单位为现场指挥部的设立提供场地和后勤保障。对持续时间较长、先期处置不能取得预期效果且影响范围较大的,由市应急联动中心报请或由市应急委直接决定启动预案,设立市应急处置指挥部统一领导和进行处置。

各应急联动单位在常态和非常态下,负责设立应急处置指挥机构,建立 24 小时值班备勤机制,做好应急处置准备;加强对突发事件的预测和预警,对发生或者可能发生的突发事件,及时报告市应急联动中心;按照应急处置的实际需要,组建和管理应急处置队伍和专家队伍,组织开展应急处置队伍的训练和演练;按规定配备、管理、使用应急处置的专业设备、器材、车辆、通信工具等装备、物资和经费,保持应急处置装备、物资的完好,确保应急通信的畅通;接到应急处置指令后,迅速派出应急处置队伍和专家队伍,快速高效地处置突发事件,并及时报告处置情况和有关信息;加强突发事件应急处置信息资源的交流与共享,为突发事件的预防、预警和应急处置提供及时、准确、全面的基础材料、数据、情况及其他有关信息。

【应急保障机制】

2008 年起,上海按照总体应急预案,主要强化四方面应急保障。一是信息保障。以市应急平台为枢纽,整合应急管理业务信息资源,实现与国务院总值班室、各区县和有关部门及单位值班部位的互相联通,基本具备为处置重特大突发事件提供信息技术支持的条件。二是物资保障。基本建立市级重要商品、专业应急物资、区县物资“三级储备”体系,在汶川特大地震救灾援助、防控甲型 H1N1 流感等工作中发挥了作用。三是经费保障。建立财政预算准备金和紧急拨付等一整套紧急财政制度。市、区县两级财政逐年增加各项应急防范资金的投入。四是人才保障。完善市应急平台应急管理专家库,按照“建管结合”原则,强化卫生、民防、环保、危化、海事、建设、交通、防汛、地震等专业领域的应急管理专家参与突发事件预防和处置机制;建立市应急管理专家组,发挥专家组在应急管理政策咨询、理论研究等方面的作用。

【应急培训和科普宣教机制】

2008年,上海建立公务员应急管理知识培训制度,依托上海行政学院开发应急管理课程,建成应急管理和媒体沟通等实训室及现场教学点,定期对全市应急管理干部进行培训。

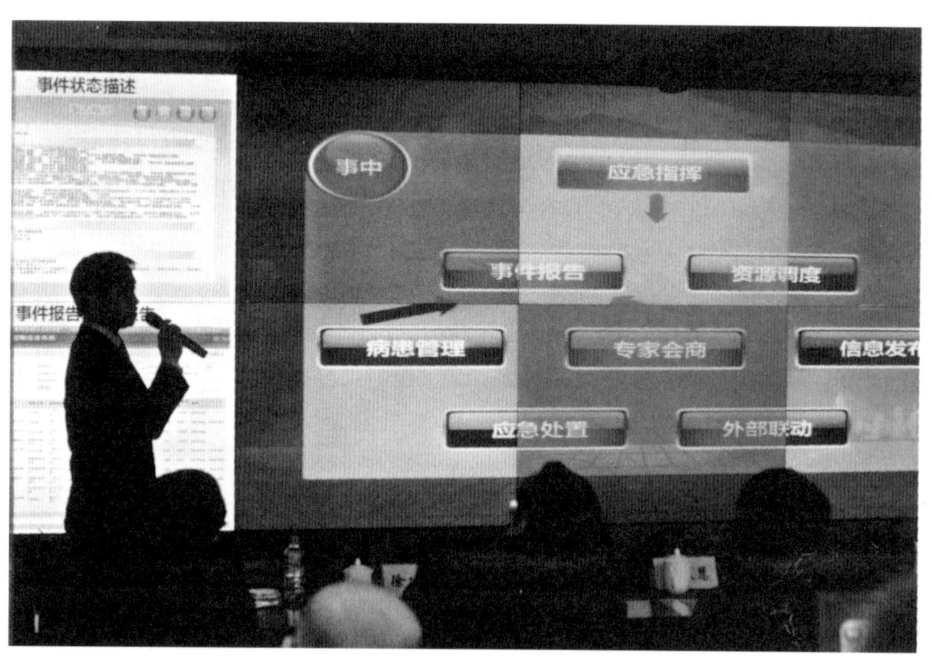

图2-5-2 专家讲解公共卫生应急卫生事件应急流程现场

2009年起,市应急办会同市委组织部、市人力资源和社会保障局完善市应急管理培训制度,对行政机关应急管理人员分层分类开展培训,纳入年度全市干部教育培训的总体计划,每3年轮训一遍。同时,办好4个层级的专题研修班:一是局级领导干部应急管理专题研修,各区县应急委、部分市应急委成员单位的分管领导参加,培训重点是增强应急管理意识,提高应对突发事件的统筹协调和组织指挥能力;二是处级领导干部应急管理专题研修,各区县应急办主任和部分市应急委成员单位的应急管理职能处室负责人参加,培训重点是熟悉并掌握应急预案、相关工作制度和应急管理知识,提高为领导决策服务和开展应急管理工作的能力;三是市级应急管理工作人员培训,市应急委各成员单位的应急管理联络员、值班员等工作人员参加,提高应急值守、信息报告、组织协调、技术通信、预案管理等业务能力;四是区县应急管理工作人员培训(区县自行组织),各区县应急管理工作机构和街道、乡镇等基层应急管理工作人员参加,培训重点是增强公共安全意识,提高排查安全隐患和第一时间应急处置突发事件的能力。在社会面宣传方面,发挥民防、民政等部门在民众防护和基层自治方面的优势,统一编制一套民众防护教材,建立市民宣传培训的场所设施,推进社区风险隐患图的绘制、市民应急包发放等应急管理"民生"工作;结合"5·12防灾减灾周""11·9消防日""安全生产月"等活动,集中开展主题性的应急管理宣传活动,在全市公共媒体(电视、电台、报刊、网络)设立"城市公共安全"宣传专栏,开展防灾减灾、自救互救知识教育,推动应急管理知识进农村(社区)、进学校、进企业。

【应急值守机制】

2005年起，上海进一步强化和规范应急值守制度建设。市政府办公厅印发《上海市政府机关值班工作规范》，对各级政府值班工作职责、值班组织形式、信息报告制度、值班工作保障、考核与奖惩作了明确规定。市政府办公厅内设市政府总值班室（应急指挥联络处合署）专职值守应急，实行24小时双人昼夜值班制度，节假日和敏感时间段实行加强班制度，主要承担昼夜值班、信息报送、紧急事务处理、协助市领导处置突发事件、政府系统舆情应对核查督办及市领导交办的其他任务。全市建立"横向到边，纵向到底"覆盖全市的值班工作网络，各委办局、各区县政府、市级基层应急管理单元建立了24小时双人值班制度。区县开展街道、镇级值班网络建设，并向居（村）民委、社区延伸。2008年，市政府办公厅印发《关于加强和改进本市突发事件信息报告工作的意见》，明确突发事件信息报告的责任主体、报告的内容和方式、报告时限、报告渠道等内容。结合特大型城市应急管理的实际，市政府总值班室通过整合资源，构建了依托市应急平台体系框架的值班信息平台，会同上海电信系统、市政府信息中心建立了覆盖全市的800兆政务共网，为突发事件处置工作提供了可靠、稳定的指挥联络平台。

二、应急预案建设

按照2006年1月市委、市政府印发实施的《上海市突发事件总体应急预案》和2007年11月1日实施的《中华人民共和国突发事件应对法》要求，上海逐步建成以市总体应急预案为龙头，区县应急预案、专项应急预案和部门应急预案、基层应急管理单元应急预案为主体，处置规程以及社区（农村）、企业、学校等基层单位应急预案为补充的具有特大型城市特点的应急预案体系。该体系涵盖自然灾害、事故灾难、公共卫生、社会安全等4大类44个灾种，基本实现"横向到边、纵向到底、辐射到点"的全覆盖。应急预案在保障上海特大型城市安全运行和生产安全中起到了重要作用，也为防范和处置各类突发事件提供了规范和依据。据不完全统计，至2010年底，全市各级政府及其部门、各相关单位、各企业共制定突发事件应急预案10万多个。市级层面，制定上海市总体应急预案1个、市级专项和部门应急预案共52个。区县级层面，制定区县总体应急预案19个（19个区县），专项应急预案、部门应急预案及其他应急预案共1 000多个，基层乡镇（街道）综合应急预案2万多个，居（村）委会应急预案和处置规程9 000多个。全市大中小型企业制定应急预案和现场处置方案10万多个。全市普通高校、中学、小学、幼儿园制定应急预案2万多个。对各应急预案的编制、批准、备案、公开、演练、评估、修订等工作，实行分类分级管理。

2010年5—10月上海世博会举行期间，按照"平安世博"和"以面保点"等应急管理要求，上海建立世博应急保障机制。市应急办会同上海世博局编制并实施《上海世博会园区总体预案》和各类分预案。上海世博会主运行指挥部印发《上海世博会旅游突发事件处置预案》《上海世博会恶劣天气应对工作总体方案》《上海世博会运行信息公众发布工作方案》等，以保障上海世博会运行安全。

第六章 公务员管理

第一节 考试录用与选调交流

一、考试录用

1993年8月14日国务院颁布《国家公务员暂行条例》之前，上海机关干部有四个来源：一是毕业生分配。每年挑选一批思想进步、学习成绩优良、身体健康的应届大学毕业生作为后备干部培养对象。二是干部调配。1981—1989年，市委、市政府加强干部队伍宏观控制与计划管理，先后6次发文，规定干部调配的范围、条件和程序，在各部门、各系统内部乃至全市范围进行调余补缺。三是吸收录用。80年代以前，上海各机关、企事业单位选调相当数量的工人充实到干部岗位“以工代干”。1983年起，对1979年以前“代干”且符合干部录用条件的，补办干部录用手续；同时，按照公开、公平、竞争、择优的原则和干部“四化”（革命化、年轻化、知识化、专业化）标准，面向社会招收录用干部。四是军队转业干部安置。1978年后，上海每年都接收一定数量的军队转业干部充实到政府各部门。对军队转业干部的安置，主要根据工作需要和干部本人条件，参照部队中的职务，分配适当工作，享受相应的政治、生活待遇。

1993年8月14日，国务院颁布《国家公务员暂行条例》，标志着我国公务员制度的建立和推行。1994年，人事部制定《国家公务员录用暂行规定》。在此基础上，上海市人事局陆续出台政策，逐步建立健全上海的公务员考试录用制度。1994年12月，市人事局制定《上海市国家公务员录用实施细则》，规定从1995年1月1日起，各级机关录用主任科员以下非领导职务的公务员，均公开考试、严格考核，按照德才兼备的标准择优录用。1996年，市人事局组织实施应届大中专毕业生公务员录用考试，首次打破地域、身份界限，共有636个职位面向社会公开招考，其中18个职位面向全国招考。2002年，市人事局在“凡进必考”的原则下，变“千人一卷”为“2＋×”（指两门为综合考试，“×”为岗位专业考试）考试模式，增设专业岗位考试；变“一考一录”为“一考多录”，为考生和用人单位提供更多选择机会。2003年，开始采取网上报名、网上录用审批和“先考试后报职位”的考录方式，并将岗位考试细分为19个专业。2004年，市人事局对考试专业进行压缩整合，简化为政法、文秘、经济管理、财务管理和信息技术共五个大类。2005年，市人事局将考试专业调整为政法、综合管理、经济管理、财务管理、信息管理五大类。

2006年，《中华人民共和国公务员法》实施。2007年起，市人事局逐年加大从具有两年以上基层工作经历的人员中考试录用公务员的力度，并建立“先选调、后招录”的公务员队伍选拔录用机制。同年，专业科目考试增设城市建设管理类别。2008年，设立上海市公务员局（副局级），为市人力资源社会保障局管理的行政机构。2009年，在浦东新区、松江区和崇明县启动从优秀村干部中招录乡镇机关公务员试点。2010年，在全市范围推行从优秀村干部、大学生村官、“三支一扶”（指大学生在毕业后到农村基层从事支农、支教、支医和扶贫工作）人员中定向招录乡镇机关公务员，并试点从优秀居委会干部中招录街道机关公务员。

在公务员统一考试录用平台之外，2002年起，上海开始在公安系统开展“招生即招警”——“警察学员”招录试点。2009年，监狱、劳教等司法行政系统通过公务员考试和普通高等教育“专升本”考试并轨，实施“警察学员”招录模式。2010年起，上海法院系统司法警察招录也开始实施“警察学员”招录模式。

二、选调交流

1993年国务院颁布《国家公务员暂行条例》前，公务员选调交流制度尚未成型，市人事部门为加强干部队伍宏观控制与计划管理，主要依据调配制度予以干部交流。80年代，全市凡干部缺编较多，急需用人的机关、事业单位，先在本部门、本系统内调剂；如本部门、本系统不能解决的，可在全市范围内的人才富余单位或撤销单位进行调剂。1982年，市委组织部、市人事局印发《关于干部调配工作暂行规定》，明确干部调配工作的原则、范围和权限。1985年，市人事局制定《关于郊县市(部)属单位干部调入市区的调动办法的暂行规定》，明确干部可以照顾调入市区的条件。

1993年国家公务员制度实施后，上海各级人事部门根据国务院颁布的《国家公务员暂行条例》的规定，开展国家行政机关内部以及与其他机关、企事业单位间的人员交流，每年安排一定比例的公务员接受调任、转任、轮换、挂职锻炼，促进公务员队伍的优化和行政效能的提高。1996年5月，市人事局印发《上海市公务员调任试行意见》，明确规定所谓调任，是指各级国家行政机关以外的工作人员调入国家行政机关担任领导职务或助理调研员以上非领导职务，以及公务员调出行政机关任职。另外，市组织人事部门根据国家规定，积极完成西藏、青海内调干部安置、退役运动员安置等特殊人员的政策性安置任务，以及援藏干部的选派任务。同年，人事部印发《国家公务员职位轮换(轮岗)暂行办法》，明确规定职位轮换(轮岗)制度是指在同一政府部门内对担任领导职务和某些工作性质特殊的非领导职务的公务员有计划地调换职位任职。1997年，市委组织部、市人事局印发《上海市国家公务员职位轮换(轮岗)实施细则》，对轮岗制度的条件、范围等作出明确规定。

2006年1月1日起，《中华人民共和国公务员法》施行，市公务员局于2007年选择12个市级机关作为试点，开展市级机关公务员公开选调交流。同年，推动浦东新区开展聘任制公务员试点，研究制定试点工作方案及其系列配套文件，并推出6个专业性较强的高端职位开展试点工作。2008年，为进一步完善公务员交流机制，市委组织部、市人事局印发《上海市公务员调任工作实施细则(试行)》，使公务员调任在制度层面上有了保障。同年，实现市和区(县)机关的双向交流。此外，继续推动浦东新区聘任制公务员试点。2009年，继续加大公务员公开选调交流工作的力度，在全市各级机关征集职位，共选调交流91人；从企事业单位共调任处、科级公务员150人。

2010年，为了更好推进公务员公开选调交流工作，市公务员局开始探索“先选调、后招录”机制，共有38个市级机关和9个区县推出职位开展公务员公开选调交流。在聘任方面，首次面向海内外公开招考聘任制公务员，在总结浦东新区聘任制公务员试点经验的基础上，在市金融办机关遴选推出3个职位，在浦东新区航运、金融、商务、科技等机关遴选推出10个职位，探索和深化聘任制公务员试点。

第二节　教育培训与考核奖惩

一、教育培训

1978年中共十一届三中全会以后，为了建设革命化、年轻化、知识化、专业化的干部队伍，中共中央作出办好各级党校的决定,并筹建国家行政学院。1982 年,市人事局成立专业干部处,负责全市干部的教育培训工作。1986—1989 年,根据国家的规定,上海行政管理干部学院着手筹建,明确该学院设在中共上海市委党校内,实行"一套机构、两块牌子"。同时,成立市人事局干部培训中心,举办培训班和继续教育班。1987 年 2 月,市委组织部、市人事局印发《关于开展干部岗位培训的意见》,用 3 年时间,对现职在岗干部普遍进行一次岗位培训。1989 年,经市委、市政府同意,上海行政管理干部学院改建为上海行政学院,由市委党校继续负责筹建,与市委党校实行"两块牌子、一套班子"。1990 年 11 月,市人事局拟定《关于上海市国家行政机关人员岗位培训的意见》,提出从 1991 年起,对国家行政机关工作人员按照不同对象,分别开展初任培训、在职提高培训、转任培训和晋升培训;12 月,市人事局发出《关于举办"办公自动化岗位培训试点班"的通知》,对办公自动化岗位的培训工作做了进一步明确和细化。

1993 年,国务院颁布实施《国家公务员暂行条例》,全市约 10 万名行政机关工作人员参加了向公务员制度过渡的岗位培训考试。1994 年,根据《国家公务员暂行条例》确定的"理论联系实际、学用一致、按需施教、讲求实效"的原则,上海分别开展新录用人员初任培训、晋升领导职务的任职培训、根据专项工作需要的专门业务培训和在职国家公务员更新知识培训。1995 年,全市各级机关近 17.6 万人次参加了"行政管理学""行政法学""国家公务员制度读本""机关应用文写作""建设有中国特色社会主义的理论"和"社会主义市场经济理论与实践"6 门公共课目的培训,另有 3.1 万名行政执法系统人员进行了专业培训。1996 年,举办现代科技知识专题讲座,建立了人事管理岗位资格证书制度,并首先在人事处(局)长中开展培训,提高人事干部的政治思想素质和业务工作能力。1997 年,市人事局印发《上海市国家公务员培训证书制度试行办法》;年内,组织 3 600 余人参加公务员过渡培训,7 300 余人参加人事管理岗位资格培训,1 000 余人参加公务员初任培训,并启动公务员的境外培训、中外合作培训以及对口培训项目。1998 年,市人事局印发《关于上海市国家公务员初任培训试行办法》,并为新疆生产建设兵团、阿克苏地区、云南省培训各类人才共 282 人。1999 年,举办 3 次全市人事系统大型法治教育"三五"普法讲座,参加人员 1 000 人,并与美国乔治亚大学联合举办国家公务员公共行政管理培训班,培训学员 30 人。2000 年,市委组织部、市人事局和市信息办发出《关于在本市干部中开展信息技术应用培训达标活动的通知》,全市各级机关共有 3.6 万名公务员接受培训。2002 年,上海组织人事部门、公务员局组织新录用公务员进行依法行政和干部创新能力等内容的初任培训,累计有 10 万余名公务员通过考核达标;近 3 000 名公务员通过计算机应用能力考核,11 315 名公务员参加世贸组织基础知识和依法行政培训考核,1 000 多名公务员通过干部创新能力培训考核,400 多名公务员通过全国统一考试参加 MPA(公共管理硕士)学习。2003 年,新推出公务员初任培训、职业英语、公共管理、信用管理、电子政务、公务员双休日主题讲座等培训项目。2004 年,开展公务员信用培训和考核工作、电子政务、行政许可法培训以及 MPA(公共管理硕士)核心课程培训等在职培训,试行新录用公务员上岗宣誓制度。2005 年,市人事局针对全市新录用公务员中的"三门干部"(从家门到学校门、再到机关门)较多的现状,组织新录用公务员到基层实习锻炼。全市共 61 个单位建立 359 个实习基地,其中 21 个为市级实习示范基地,共安排 1 583 人参加了基层实习锻炼。

2006 年《中华人民共和国公务员法》施行后,上海开展全员学习培训,采取统一师资、教材、标准、组织、命题和阅卷的方式,完成对全市 10 万多名公务员参加的知识普及培训和考试。2007 年,市委组织部、市人事局印发《"十一五"上海市公务员培训工作计划》,举办新录用公务员基层实习锻炼成果展示活动。2008 年,上海全面启动公务员世博知识与公共服务能力培训,印发公务员"五

图 2-6-1 2010 年 9 月 3 日，上海市新录用公务员初任培训开学典礼上，新录用公务员面对国旗庄严宣誓

五”普法培训计划。为迎接上海世博会，2009 年，市公务员局配合上海世博局遴选 140 名新录用公务员进入世博实习基地锻炼；举办公务员世博知识与公共服务能力在职培训；举办 20 期公务员双休日讲座，听讲人数达 5 万多人次；举办 6 期公务员科学讲座，听讲人数达 3 000 多人次。2010 年，市有关部门开展政治理论、勤政廉政、“五五”普法、计算机技能、双休日讲座、科学讲座等在职培训；按照国家公务员局的统一部署和要求，完成 3 期对口培训班；修订完善并正式出版初任培训教材，分 20 个培训点对 2010 年度新录用公务员进行培训；重点开展应急管理、舆情处置、保密安全、“五五”普法等专题培训和全员培训，并对新录用公务员中不具备两年以上工作经历的人员，统一安排到基层单位和实习基地进行为期 1 年的实习锻炼。

二、考核奖惩

【考核】

1979 年，市人事局恢复，同年恢复机关工作考核。80 年代，主要对工作人员的德、能、勤、绩进行考核，重点考察政治上是否同党中央保持一致、坚持四项基本原则，业务技术水平、管理水平、文化专业知识及胜任本职工作的能力，出勤情况和工作态度，完成任务的数量、质量和效率。

1984 年起，开始试行机关工作岗位责任制考核，并于 1987 年正式推行。1995 年，市人事局印发《上海市国家公务员考核实施细则》，规定机关工作人员的考核分为平时考核和年度考核。年度考核时设立非常设性考核委员会或考核小组，在本机关负责人的领导下，先由个人总结，再由主管领导人在听取群众意见的基础上写出评语，提出考核等次（优秀、称职、不称职）的意见，经考核委或考核小组审核后，由部门负责人确定考核结果，以书面形式通知本人（本人如有异议可申请复核）。

2008年,市委组织部、市人事局印发《上海市公务员考核实施细则(试行)》。年度考核的考核委员会或考核小组由机关公务员管理部门组织实施,重点对公务员德、能、勤、绩、廉等5个方面进行考核。

【奖励】

1983年之前,上海沿用1957年10月全国人大常委会批准、国务院颁布的《关于国家行政机关工作人员的奖惩暂行规定》(简称《暂行规定》),将奖励分为记功、记大功、授予奖品或奖金、升级、升职、通令嘉奖6种。1982年,市人事局发出《关于贯彻〈国家行政机关工作人员升级奖励试行办法〉的通知》,规定给予升级奖励除符合《暂行规定》的奖励条件外,还必须是坚决拥护和执行中共十一届三中全会以来的路线、方针、政策,在工作中尽职尽责,有显著成绩的。

1983年1月,市政府原则同意《上海市国家行政机关工作人员奖惩试行办法》,将奖励分为记功、记大功、授予荣誉称号、升级、升职、通令嘉奖6种,并重新规定了奖励的条件。奖励程序是:严格按照奖励条件,充分发扬民主,采取领导与群众相结合的方法,在平时考核的基础上,依据个人执行岗位责任制的情况,由群众评议,提出受奖人员名单,再由领导审定批准;也可由领导提名,群众评议,再由领导审定批准;在特殊情况下,领导机关可直接授予;受奖人员的《奖励审批呈报表》存入本人档案。

2008年,市委组织部、市人事局印发《上海市公务员奖励实施细则(试行)》,将公务员、公务员集体的奖励分为嘉奖、记三等功、记二等功、记一等功、授予荣誉称号5种。同时规定,给予公务员、公务员集体奖励,由所在机关(部门)在征求群众意见的基础上,提出奖励建议,按照规定的审批权限上报审批;经审核后在一定范围内公示7个工作日,最后由审批机关批准后予以公布;必要时,审批机关应当按照干部管理权限,征得主管机关同意,并征求纪检机关(监察部门)和有关部门意见;《公务员奖励审批表》存入公务员本人档案,《公务员集体奖励审批表》存入获奖集体所在机关文书档案。

【表彰】

1998年,市组织人事部门首次组织"人民满意的公务员"评选表彰活动,对10名"人民满意的公务员"和一批先进集体进行表彰,并召开先进事迹报告会。2001年、2004年和2009年,又先后三次开展评比表彰,共评选推荐4名全国"人民满意公务员"和3个全国"人民满意的公务员集体",评选表彰40名上海市"人民满意公务员"和28个上海市"人民满意的公务员集体"。

2010年上海世博会期间,上海两次组织世博立功竞赛、岗位建功评比表彰,共评选表彰一等功141人、二等功425人、"上海世博会工作优秀个人"3 278人、"上海世博工作优秀集体"475个。10月31日上海世博会闭幕后,围绕上海世博会成功举办,上海先后开展三次评比表彰活动,市委、市政府对在上海世博会期间作出突出贡献的493个优秀集体和793名优秀个人进行了表彰。

【惩戒】

1983年市政府原则同意的《上海市国家行政机关工作人员的奖惩试行办法》,沿用1957年国务院颁布的《关于国家行政机关工作人员的奖惩暂行规定》的惩戒种类,将惩戒分为警告、记过、记大过、降级、降职、撤职、开除留用察看和开除8种,并对惩戒条件作了修改和补充。1993年国务院颁布实施《国家公务员暂行条例》后,将惩戒分为警告、记过、记大过、降级、撤职、开除6种。2006年起施行的《中华人民共和国公务员法》和2007年国务院颁布的《行政机关公务员处分条例》,也使用了这一分类。上海严格按照法定条件、权限和程序,从严查处和惩治公务员违法违纪行为。

第七章　监察　审计

第一节　行 政 监 察

一、行政监察体制

1951 年 6 月，上海成立专职行政监察机关市人民监察委。1955 年 4 月，市监察委改为市监察局。1959 年 6 月，市监察局撤销。1987 年 9 月 30 日，市政府恢复成立市监察局。1990 年 11 月，设立加强廉政建设、纠正行业不正之风办公室。1991 年 7 月 5 日，建立市纠正行业不正之风工作联席会议制度，市纠风办挂靠监察局。1993 年 3 月，市监察局改名为市监察委，实行一套工作机构、两个机关名称、履行两种职能的体制。2008 年 10 月，市监察委改为市监察局，体制不变。

80 年代，行政执法监察主要是对节能减排、动迁安置、征地补偿、经营性土地使用权招标拍卖挂牌出让等进行监督检查。90 年代后，围绕工程建设、土地出让、产权交易、医药购销、政府采购等重点领域，开展治理商业贿赂专项工作；推动有形建筑市场的规范化建设，对土地批租、政府采购、产权市场等领域加强调研和监督检查；开展对浦东开发、发展农业经济、政府实事项目和城市基础建设项目的监督检查等。

二、廉政监察

1984 年 12 月 30 日，市委、市政府下发《关于贯彻〈中央、国务院关于严禁党政机关和党政干部经商办企业的决定〉的通知》，对本部门、本单位经商办企业的进行检查，凡有违背的，坚决纠正。1985 年，清理出党政机关办的企业 662 家。1988 年 5 月 21 日，市长朱镕基在市长办公会上要求市监察局要牢牢盯住 506 名局级干部。在全市行政监察工作会议上，市长朱镕基强调"要继续抓好政府机关局级以上领导干部的廉洁、高效""监察的重点是领导机关、领导干部和执法人员的违法违纪案件，尤其是利用职权搞权钱交易，谋取非法利益以及官僚主义、失职渎职案件"。

1991—1992 年，上海加强对严重官僚主义、工作失职造成问题的监督检查。1993—2002 年，上海落实制止奢侈浪费八项规定、领导干部配偶子女从业"两不准"（领导干部的配偶、子女不准在该领导干部管辖的业务范围内个人从事可能与公共利益发生冲突的经商办企业活动，不准在该领导干部管辖的地区和业务范围内的外商独资或者中外合资企业担任由外方委派、聘任的高级职务）规定等廉洁从政重点工作，开展对党政机关干部住房、通讯工具等一系列专项清理；同时开展军队、武警和政法机关不再经商、党政机关与所办企业脱钩等重大工作。其间，1996 年，市委办公厅、市政府办公厅印发《上海市关于党政机关工作人员在土地使用权出让、房地产开发交易和建设工程承发包中必须遵守工作规则保持廉洁的规定》。

1999 年 8 月底，市委、市政府印发《关于上海市党政机关与所办经济实体脱钩工作的实施意见》《关于上海市党政机关与所办经济实体脱钩分类处理的实施方案》。同年，要求各区县、各部门自查 1997 年 5 月 25 日起新建、购买和装修办公楼的情况。2000 年，上海完成党政机关与所办经济实体脱钩工作。

2003—2007年,上海对违反规定收送现金、有价证券和支付凭证,利用婚丧嫁娶等事宜收钱敛财,利用领导干部职权和职务影响经商办企业或从事中介活动谋取非法利益等突出问题,开展专项治理。对超标准超编制配备使用小汽车和借用车辆进行清理清退,在部分区县推行公务用车改革试点。全力以赴配合中央工作组彻查违规挪用、侵占社会保障基金经济案件的"上海社保资金案",对涉案人员作出了给予政纪处分和移送司法机关的处理。其间,2006年开展治理商业贿赂工作,市治理商业贿赂领导小组办印发《关于上海市组织开展不正当交易行为自查自纠的实施意见》《关于上海市依法查处商业贿赂案件的实施意见》。2007年,根据中共中央办公厅、国务院办公厅《关于进一步严格控制党政机关办公楼等楼堂馆所建设问题的通知》和中央纪委等七部委《关于开展党政机关办公楼等楼堂馆所建设项目清理工作的通知》,市委办公厅、市政府办公厅发出通知,开展清理工作,并成立联合工作组开展检查。同年,上海对工程建设、土地出让、产权交易、医药购销、政府采购以及资源开发和经销等6个重点领域进行集中调研和督促检查。市食品药品监管局针对植入性医疗器械的管理和使用不透明、不规范的情况,推行以条码为基础的"植入性医疗器械追溯管理系统",实现产品编码化、数据标准化、管理信息化、监管全程化、信息透明化,以杜绝暗箱操作。全市134家有植入性医疗器械手术的医院中,有105家医疗机构建立植入性医疗器械追溯系统。

三、执法监察

90年代中期起,市政府重点对建筑工程、"菜篮子"工程、三峡移民资金、财政专项补贴、旧区改造、减轻农民负担等项目进行专项执法监察。

【建设工程项目执法监察】

1996年7月,市政府办公厅印发市建委、市监委等四部门《关于上海市建设工程项目执法监察工作的实施意见》,成立市建设工程项目执法监察领导小组,下设办公室,并抽调市建委、市监委、市计委、市工商局、市审计局和市财税局等相关部门工作人员,围绕建设工程项目的立项、报建、招标投标、工程质量和竣工验收五个方面开展执法监察;对投资规模在100万元以上的,1995年以后竣工和1996年在建及新开工的项目以及1995年以前竣工但在检查中存在着严重违法违纪及重大质量问题的项目开展执法监察。1997年,上海加大违法违纪案件查处力度,开展了覆盖面100%的检查,印发《上海市建设工程承发包管理办法》等规范建筑市场管理的文件。1996年10月,成立上海市建筑工程交易管理中心。

1998年,市政府办公厅转发市建委、市监察委《关于违反建筑市场管理规定若干行为行政处分办法(试行)》。市监察委会同市建委、市计委、市工商局、市公安局、市审计局、市财税局、市检察院等单位继续开展建设工程项目执法监察。同时,督促有关部门修改完善《上海市建设工程交易管理中心暂行办法》《上海市建设工程设计招标投标管理暂行办法》《上海市建设工程施工招标投标管理暂行办法》等,摸清全市建设工程底数,在此基础上,纠正了一批违纪违规问题,查处了一批违法违纪案件。

【经营性土地使用权招标拍卖出让情况执法监察】

2003年,市监察委会同市房地资源局对经营性土地使用权招标拍卖挂牌出让情况开展执法监察，重点对 2001 年 4 月《国务院关于加强国有土地资产管理的通知》下发后，上海对商业、旅游、娱乐、金融、服务业和商品房等经营性土地使用权招标拍卖挂牌出让情况进行专项执法监察。市监察委会同市房地资源局制定印发《关于全市开展经营性土地使用权招拍挂出让情况执法监察实施方案》，组织 4 个督察组，先后分 3 批 46 次，对 19 个区县进行督察。摸清全市经营性土地使用权出让共 1 163 幅，总面积为 5 643.36 公顷，其中招标拍卖挂牌出让土地面积为 3 190.61 公顷，协议出让面积为 2 452.75 公顷。市有关部门针对协议出让地块中不规范的项目落实整改。其中，按照市场价补缴土地出让金 57 幅，补缴土地出让金 4 072 万元，纳入土地公开招标的 15 幅；对已经开工，纳入土地部门监管的有 18 幅。全年共查处案件 7 件，涉及违法违纪金额 50.7 万元；对相关责任人作出处理，其中党纪处分 4 人，政纪处分 1 人，移送司法机关 3 人。

2004 年，市监察委会同市房地局对 2004 年 1 月 1 日以后各类经营性土地使用权实行招标拍卖挂牌出让的情况和 2003 年执法监察中发现但尚未处理的违规操作和违纪违法出让经营性土地的问题，继续开展经营性土地使用权招标拍卖挂牌出让执法监察。同年，为贯彻落实监察部、国土资源部、农业部和审计署《对征用农民集体所有土地补偿费管理使用情况开展专项检查的意见的通知》和《关于对征用农民集体所有土地补偿费管理使用情况开展专项检查的意见》的要求，市监察委会同市房地资源局、市农委、市审计局、市劳动保障局开展征用农民集体所有土地补偿费管理使用情况专项检查，督促各级政府部门严格按照依法批准的征用土地方案给予被征地农民合理补偿，严禁拖欠、截留和挪用征地补偿款。

【对安全生产、食品安全、环境保护的专项执法监察】

安全生产监管　从 2002 年起，上海先后开展危险化学品安全管理专项整治，闲置厂房租赁场所安全专项整治，打击非法经营液化石油气联合整治行动，地下空间安全管理专项整治工作。市政府办公厅先后印发《全市开展安全生产隐患排查治理工作实施方案》《上海市安全生产执法、治理、宣传教育“三项行动”实施方案的通知》《关于印发迎世博、保安全危险化学品安全保障工作方案的通知》。2010 年 3 月，上海、江苏、浙江三省签署《2010 年上海世博会期间苏浙沪危险化学品道路运输安全监管协议》，建立危险化学品道路运输省际联席会议制度和联控机制，推进危险化学品环沪“护城河”建设。

食品安全监管　2009 年，上海在对两起“瘦肉精案件”责任追究的基础上，对全市肉类食品安全进行调查。同年，组织开展奶业整顿、打击添加非食用物质和滥用食品添加剂等食品安全专项整治行动。2010 年 7 月，上海全面开展问题乳品彻查工作。同时，全市开展了食品安全专项整顿工作，对蜜饯、地沟油、烤鱼片、大米等产品开展了 20 余项专项整治和执法检查行动，处理了瘦肉精、熊猫奶粉、“鱼专家”烤鱼片、假冒大白兔奶糖、三聚氰胺超标、地沟油等一些突发食品安全事件或社会关注的食品安全事件，有效防范了食品安全性风险。

环境保护监察　上海对苏州河综合整治、关停国务院明令禁止生产的 15 种严重污染企业的情况等工作开展监督检查。对企业违法排污的整治情况以及环境违纪违法查处情况等方面开展专项检查。2007 年，上海把治理公交车冒黑烟列为环保执法监察工作的一项重要内容。至 2007 年底，执法部门检查和群众路况监测两项指标均已达标，集中整治工作目标基本实现。上海电视台“新闻透视”栏目先后两次作了专题报道，市民对公交车冒黑烟专项整治工作满意率达 94%。2008 年开始，上海市通过对重点区域冒黑烟专项执法、重点区域扬尘污染控制联合执法、重点区域建筑施工噪声、交通噪声专项执法和饮用水源保护区专项整治的后督察等方式，推进落实整治违法排污企业保障群众健康环保专项行动。2009 年,市有关部门通过参与饮用水源保护区后督察、开展城镇污水处理厂专项检查和打击“两高一资”(高能耗、高污染、资源性行业)行业重污染企业的环境违法行为等方式,推进落实第四轮“环保三年行动计划”和“整治违法排污企业保障群众健康环保专项行动”。

【专项资金监管】

2001 年,依据《上海市三峡库区农村移民外迁安置资金使用和财务管理办法》,上海对有关区县的移民安置资金使用和管理情况开展监督检查。2003 年,市政府办公厅发出《关于加强本市防治非典型肺炎社会捐赠款物管理工作的通知》,对防治非典型肺炎社会捐赠款物(含抗非典专项援助资金)管理工作开展专项执法监察。市有关部门针对 1998 年以后四项社会保障资金的管理使用情况开展专项检查,同时探索运用“制度加科技”的理念,开发“社保基金网上实时监管系统”。2008 年 8 月,市政府下发《关于进一步加强上海市财政资金和社会公共资金监管的若干意见》,并在市食品药品监管局、市劳动保障局、松江区和浦东新区金桥镇进行试点。2008 年 6 月至 2011 年,上海对支援都江堰汶川特大地震灾后重建资金和物资管理使用情况开展监管。2010 年,上海开展强农惠农资金专项清理和检查工作。

【重大事故事件责任追究】

2002 年 10 月 16 日,徐汇、长宁两区 9 所学校的学生在食用上海潇湘食品有限公司盒饭后,共有 390 余名学生发生食物中毒。国务院副总理李岚清作出批示,要求对有关行政管理人员追究责任。市政府组成由市监察委牵头,市公安局、市卫生局、市工商局参加的联合调查组,初步认定“10・17”重大食物中毒事故是一起由于盒饭生产原料黄瓜受痢疾杆菌污染、加工过程处置不当而引起的食物中毒事件;追究责任人员 7 人,其中,政纪处分 5 人,移送司法机关 2 人。

2003 年,上海对上海轨道交通 4 号线浦东南路站至南浦大桥站隧道发生管涌,造成隧道受损及周边地区地面沉降等危险事故进行调查处理,追究责任人员 14 人。其中,党纪处分 2 人,政纪处分 6 人,移送司法机关 6 人。2004 年,对上海复兴路隧道急性氧化锌金属烟热事故进行责任追究,对负有主要责任的三河闸钢结构防腐公司和重要责任的市政二公司给予通报批评,对 4 名责任人员进行处理。2008 年,对 2007 年底发生的浦三路油气站爆炸造成 4 人死亡的重大事故开展责任追究,给予 23 人党纪政纪处分,其中局级干部 2 人,有 3 人被追究刑事责任。

2009 年,上海对“莲花河畔景苑”商品房小区发生一幢 13 层楼房整体倒塌事故进行调查处理。市委书记俞正声批示,“要彻查原因,从规划、施工许可、招投标、资质管理、施工图审查、工程监理等多方面逐一审查,并依法公开严肃处理”。市长韩正批示:“此事故性质严重,应立即组织由建交委、安监局、公安局、闵行区及有关专家组成的联合调查组,迅速彻底查清事故原因,严肃追究事故责任,对建设业主、施工单位、监理单位依法审查,保护人民群众合法权益。面上安全生产要以此为鉴,举一反三,落实责任,并及时做好信息工作。”经调查认定,这是一起在上海实属罕见,影响恶劣,性质非常严重的重大责任事故。共处理责任单位 6 家,责任人员 16 人。其中,刑事拘留 6 人,取保候审 7 人,行政处罚 1 人,内部解聘 2 人;处理行政机关工作人员 6 人。被处理的行政机关工作人员中,行政处分 5 人,停职检查 1 人。同时,查明了梅都公司股东身份、梅都房地产公司改制等问题。2009 年 10 月 14 日,浦东新区发生交通行政执法人员非正常取证的事件(“倒钩”事件),引起社会广泛质疑。2009 年 10 月 26 日,市政府常务会议要求市监察局依照有关规定对相关责任人进行问责，市监察局对浦东新区分管副区长、执法局长分别给予行政警告处分。

2010年11月，上海市静安区胶州路公寓发生特别重大火灾事故，市政府参加了由国家安全监管总局、监察部、公安部、住房城乡建设部、全国总工会及有关部门负责领导组成的国务院上海市静安区胶州路公寓大楼“11·15”特别重大火灾事故调查组。经调查认定，该次特别重大火灾事故是一起因企业违规造成的责任事故。为此，对事故负有主要责任的上海市静安区建设和交通委主任等26名建设单位、施工单位、监理单位有关人员和相关政府部门工作人员移交司法机关依法追究刑事责任；给予对事故负有重要领导责任的包括一名副市长在内的28名事故责任人相应的党纪、政纪处分。

四、效能监察

1988年1月26日，市政府成立上海市清查对外经济合同领导小组，副市长黄菊任组长，开展对外经济合同的清查。1990年，上海开展财税、物价大检查，开展治理“小金库”和银行账户，清理拖欠费用等工作，开展农用资金专项监督检查。

1991年5月，市政府组织力量对龙华港水闸、泵站工程和科技天文馆工程进行监督检查。1992年，开展对“人均居住面积2.5平方米以下居住困难户解困工作”的专项监察。1993年起，先后对内环线工程、成都路高架工程、延安路高架工程（西段）、长宁路拓宽工程、武宁南路辟筑工程、动迁安置工作开展监督检查。对平价房征购，解决4平方米以下特困户工作、“365”旧区改造、两个“1 000万”建设，即配套商品房和中低价普通商品房各建设1 000万平方米，开展行政效能监察；对世博工程、轨道交通建设质量开展行政效能监察和安全效能监察。

1997年，上海开展统计执法大检查。2001年，市政府办公厅发出《关于加强本市职工医疗费清欠工作的通知》，市监察委会同市总工会、市医疗保险局、市政府督查室等部门联合对职工医疗费清欠工作开展行政效能监察。2004年，市政府组织市监察委会同市发改委、市建设委对小钢铁、小水泥、电解铝、高尔夫球场、物流园区、会展中心、党政机关办公楼和培训中心、城市快速轨道交通、大型购物中心9类项目进行清理，对其中不符合上海城市布局和产业规划，对环境有污染的项目坚决停止建设或取消立项；暂停审批新建党政机关办公楼和培训中心项目。

五、纠风工作

上海的纠风工作，初期围绕群众反映强烈的热点问题进行“刹风整纪”。1990—1993年，主要纠正菜场、公用行业以及执法部门存在的不正之风。1993年开始，开展多个问题的专项治理。1997年，按照国务院纠风办“标本兼治、纠建并举”的要求，从体制、机制、制度上抓源头治理。此后，上海的纠风工作注重“制度加科技”，逐步形成由专项治理、民主评议、查信办案等组成的工作格局。

【专项治理】

1988年、1992年，上海开展药品打假治劣专项治理。从1993年起，先后开展“收受红包”“以物代药”“药品回扣”“以票谋私”的专项治理，开展清理行政事业性乱收费、党政机关办经济实体、公费出国（境）旅游、党政机关及其工作人员无偿占用企业钱物、公路乱设卡、乱收费、乱罚款（包括强行洗车)、乱办班、乱收费等专项治理。2006—2007 年,开展清理评比达标表彰专项治理活动。2010 年,开展清理撤销和规范管理驻京办事机构工作。

【政风行风评议】

1995 年起,市政府每年分批集中对政府部门和行业开展政风行风评议。1999 年,探索建立行风建设测评体系。2000 年,开展行风测评的试点工作,涉及全市 22 个部门行业。方法是根据“履行职能和办事效率”“依法办事和公正执法”“公开办事制度和收费标准”“文明接待和服务质量”“有无乱收费、乱摊派、乱罚款”等五大类情况,通过固定测评点,进行调查和统计分析,探索用制度性量化的办法来全面测定政府部门、司法机关及公共服务行业的风气,对每个部门行业作出评价,随后在全市推广。2007 年起,市有关部门加强与新闻媒体的合作,开设热线电话和监督投诉电话。2008 年,上海民主评议政风行风工作从注重政风行风测评转变为测评与实例调查相结合;从单一测评部门转变为测评部门和行业,把“压力”传递到行业和基层单位;从单一依靠政风行风监督员、调查员发现问题转变为发挥监督员、调查员作用。同时,市有关部门加强与新闻媒体的合作,拓宽发现不正之风的渠道。2010 年,依托“纠风在线”开展网上测评。

【热线、网站和监督电话】

政风行风热线 2007 年,经市委、市政府同意,由市纠风办和市委宣传部主办、上海人民广播电台提供平台,在上海人民广播电台开设上海市“政风行风热线”,电话号码为:62780990。2007 年 1 月 27 日,“政风行风热线”开通。

列入市政风行风测评的部门和行业的主要领导和分管领导分别走进“热线直播室”,与群众直接对话交流。对群众投诉的问题,能当场答复的给予当场答复,不能当场答复的,作出限时答复和处理的承诺。处理完成后及时反馈给听众和“热线”栏目组,并将处理报告报市纠风办。市纠风办适时进行抽查,必要时进行督办,做到有询必答、有诉必受、有查必果、有果必复。

政风行风监督电话 2010 年 5 月,市纠风办与上海电信公司集中整合全市部门与行业监督投诉电话,建立并开通了“962114”市政风行风监督电话。

“962114”监督电话与人力资源和社会保障、税务、建设交通、水务、绿化市容、房管、交通港口、市政、供水、燃气、电力、环保、公安、安全生产监管、质量技术监管、食品药品监管、旅游、文化、民政等 18 个部门及行业实现对接。其主要任务是,集中受理群众投诉,由有关部门和行业在规定的期限内予以处理,及时向投诉人反馈处理情况,进一步推动各部门和行业改进工作,提高群众满意度。

“纠风在线”网站 2010 年 8 月 23 日,“纠风在线”(www.shjfzx.gov.cn)网站开通试运行。至同年底,4 个月网站访问量 378 万人次,网上有效诉求 694 件,处理率 91.6%;45.2 万人次参加网上测评。

第二节 审计监督

一、审计监督体制

上海解放后,审计监督由财政部门和监察部门的会计检查或财政监察代替。“文化大革命”期间,审计工作中断。1982 年 8 月 23 日,国务院下发《关于建立审计机关的通知》。1983 年 6 月,市政府根据国务院通知精神,决定市财政局与区、县财政局分别牵头组建市、区、县审计局。1984 年 7 月,市政府批转市审计局意见,明确市、区、县审计机关按照被审计单位的隶属关系进行审计。市审计局在市长领导下开展工作,受市长和国家审计署的双重领导。区(县)审计局受区(县)长和市审计局的双重领导,以市审计局领导为主。随后,市政府调整市、区、县审计工作分工,规定市审计局主要审计市级国家行政机关和市属大型企事业单位,市属中小型企事业单位划归区县审计局就地负责审计。1986 年 1 月 4 日,市政府同意市审计局《关于改进对区、县审计工作的领导和适当调整市、区、县审计工作分工的报告》:区、县审计局查出的重要违纪问题以及其他有关文件资料,应当及时向市审计局报告和提供;对区、县审计机关作出的不适当的审计结论、处理决定,市审计局有权纠正;重大的审计项目所作出的审计结论、处理结论,须报经市审计局同意;市审计局审计的范围主要是市级行政机关和市属大型企事业单位,市属中小型企事业单位划归区、县审计局就地负责审计;全市增加审计人员编制 610 名。至 1987 年底,全市内审机构有 636 个,配备专职内审人员 1 300 人。全市有 151 个乡镇建立审计组织或配备人员,占全市乡镇总数的 66.2%。1988 年 2 月,市政府批准发布《上海市内部审计工作暂行办法》,当年新建内部审计机构和新增内部审计人员占已建内部审计机构和已配备内部审计人员的 20%左右。至 1988 年底,全市有 29 个审计事务所和分所,有审计人员 276 人。上海基本筹建起以国家审计机关为主体、内部审计机构和社会审计组织组成的审计体系。2000 年 8 月 3 日,市政府批准《上海市审计局职能配置、内设机构和人员编制规定》,其中,将指导和管理社会审计的职能交给市财政局。2009 年 4 月 2 日,市审计局发出《关于加强和改进对区县审计工作指导的意见》,全面提升区县审计工作水平。

至 2010 年,市政府加强审计监督,发挥审计的保障、监督和服务作用:深化预算执行审计,健全和完善审计结果报告和审计工作报告制度;强化政府投资项目审计,对举办 2010 年上海世博会、对口支援都江堰灾后重建等重大工程项目,以及扩大内需促进经济增长新增投资项目,进行跟踪审计;加强对权力的监督制约和问责机制的建立,全市共制定经济责任审计规章制度 120 多项,其中在市级层面发布经济责任审计暂行办法、审计工作规范、审计实施办法、审计结果运用办法、审计分类管理办法等制度。市和各区县成立经济责任审计工作联席会议,形成各成员单位共同研究确定审计工作计划、定期通报审计情况、职能部门对口联系、审前情况沟通、审计整改联合督查、案件线索移送等 6 项工作机制。至 2009 年 6 月,共对 34 013 个项目进行了审计和审计调查,查出违规金额 417 亿元、损失浪费金额 26.8 亿元,向司法、纪检监察机关移送案件线索和事项 97 件,提交的审计工作报告、审计信息被批示、采用 12 116 篇。

二、浦东开发开放前审计监督

1984 年 7 月,市政府批转市审计局《关于开展审计工作的意见》,明确各级审计机关按被审计单位的隶属关系进行审计。当年,按照市政府"边组建、边工作"的要求,审计机关对企业的经营成果、投资项目效益、经营财务管理开展试审;同时,配合粮食部门开展账户大检查,有重点地进行财务收支审计和财经法纪审计。

1985 年,市政府针对社会上机关经商办企业,要求加强审计监督,并揭露了一批机关经商严重违法乱纪的重大案件,查处了部分企业动用公款垫购彩电等商品冲击市场的问题;调查了医药行业收受"回扣",影响本市优质药品生产等问题。5 月,市政府根据市审计局的专项审计报告和建议,批转市计委、市经委和财税部门研究立法,防止利用兴办第三产业为名,化全民为集体,化公为私。

1986 年,市政府要求审计机关在开展财务收支审计、固定资产投资规模审计的同时,围绕加强横向经济联合开展审计调查。审计发现,在经济联合中,有 17 个企业受骗上当,受骗金额达 1 073 万元。市领导及时批示,督促有关单位催收,年底收回 946 万元。

1987 年,市政府要求审计部门围绕实现“双增双节”目标开展审计,制止动用公款请客送礼、由于官僚主义造成严重损失浪费等问题。审计机关开展了财务收支、经济效益、财经法纪、财政、税务、金融、行政事业、厂长(经理)离任经济责任等审计,以及有一定覆盖面的审计调查和财税大检查,累计审计 3 457 个企业和项目,查出违纪金额 6.22 亿元。

1988 年下半年起,市政府要求审计部门除开展承包经营责任审计等经常性的审计监督外,着重围绕中共中央提出的治理经济环境、整顿经济秩序的中心,开展专项审计,纠正集团购买力失控、名烟名酒违规调价、乱摊派乱收费、价外加价转手倒卖、私设小金库等问题。对处理名烟名酒违规调价,市委书记江泽民、市长朱镕基、市纪委书记张定鸿等领导都作出批示。对专控商品失控情况,市政府恢复控制集团购买力领导小组确定定点供应办法,使社会集团购买力情况有所好转。

1989 年,市政府领导根据审计部门发现全市停缓建项目存在不实上报、一些企事业单位截留应上缴的收入设立“小金库”、各类专项资金管理使用有漏洞和粮食等行业的亏损补贴等问题,批转相关部门处理。

1990 年起,市政府要求把区县财政和经济管理部门列为审计重点部门,把新开工基建项目和大中型在建项目列为审计重点项目,把国计民生影响大的大中型企业列为审计重点单位,把上海经济发展关系密切的专项资金列为审计重点资金,把影响经济发展和廉政建设的倾向性问题列为审计重点问题。把一部分地方财政、基建项目和大中型企业列为经常性审计项目,一年审计一次,连续审 5 年。

三、浦东开发开放后至 20 世纪末审计监督

1991 年,市政府要求把审计的微观经济资料汇集起来服务宏观调控,充分运用微观经济资料。针对企业盈亏原因分析,市政府部署解决潜亏损失的办法;针对 10 个集团公司在发展中存在名不副实、关系未理顺、科研和生产未形成一体化等问题,要求逐项加以解决;针对市政前期工作费用占投资总额的比重逐年上升等问题,要求主管部门研究改进。

1992 年,市政府要求试行市审计局与区县审计局联合审计的办法,对 15 个区县财政进行审计;区县审计局对 36 个乡级财政进行审计。同时,组织开展对外贸企业超亏挂账和潜在亏损问题、粮油提价后的影响等专题审计调查。

1993 年,市政府要求审计工作转向为宏观经济管理服务。年底,市审计局加强对新的企业形式、重点行业和市场情况的审计,促进国有资产的保值增值。针对 10 家股份制上市公司的审计调查,发现在转制中存在国有资产代表人不明确或没有国有资产代表人、资产评估不够科学规范、国有资产收入流失等问题,市政府领导要求有关部门完善股份制试点,并要求浦东新区试点解决国有资产代表人问题。当年,市审计局共查出国有资产流失 2 420 万元。

1994 年初,市审计局落实市政府要求,对 20 个区县政府财政收支进行审计(包括浦东新区管委会财政收支决算),覆盖面首次达到 100%。当年,组织开展对 35 户国有大中型工业企业实施新税制后的税负情况、24 户国有大中型工业企业贯彻落实《全民所有制工业企业转换经营机制条例》情况、21 户国有大中型工业企业资金使用情况、14 户商业企业网点设施建设投入产出情况等进行审

计调查；对内环线等45个市重大工程项目实施跟踪审计，将其中财政投资多、即将竣工、初步跟踪审计发现管理较差的12个重大工程项目列为重点跟踪审计项目。市审计局对公、检、法、司等37个市级机关管理和使用财政预算资金和专项资金情况进行重点审计，促进了罚没款解缴管理进一步完善。市审计局重点对23家市级基金会和投资公司的第一次年度例行审计，副市长徐匡迪给予肯定和好评。

1995年，全市完成审计单位和审计调查项目1 777个，审计资金总额5 618亿元，查出违纪金额6.08亿元。当年上缴财政2.25亿元，决定减少财政拨款和补贴6 255万元，节省基建投资2.86亿元，共为国家增收节支7.64亿元。其中，向司法机关移送案件5件，涉及人员12人。对市住宅建设配套费收、管、用中存在问题的审计情况，副市长夏克强专门批示，要求市住宅局抓紧落实。对机电、冶金、计算机、化工等28户国有大中型工业企业1994年度清产核资情况审计调查发现的问题，副市长华建敏、蒋以任先后批示，要求整改。

1996年是贯彻实施《中华人民共和国审计法》第一年，市政府要求审计机关加强对国家财政收支和与国有资产有关的财务收支的审计监督。在财政审计方面，市审计局受市政府委托，向市人大常委会作关于1995年市级预算执行和其他财政收支的审计工作报告，自此建立起向市人大常委会提交审计工作报告的制度。此外，开展对下级政府财政决算审计，开展预算外资金审计和审计调查。市政府领导要求严格执行会计审计制度。基建审计方面，加强对沪宁高速公路上海段等重点建设项目的跟踪审计；开展市财力安排的建设项目调整概算审计；开展对部分已建成的重大建设项目竣工决算和投资效益情况审计调查以及对“安居工程”实施情况的审计调查。在企业审计方面，加强对国有大中型企业与企业集团、政策性亏损企业、现代企业制度试点、部分物资企业期货经营情况、农资企业化肥经营等方面的审计调查。在外资审计方面，开展国际金融组织贷援款项目、中外合资合作企业的审计。在金融审计方面，市审计局对4户银行和非银行金融机构进行审计和审计调查。1996年，全市审计机关共完成审计单位和审计调查项目1 887件，审计资金总额4 222亿元，查出违纪金额6.2亿元，共为国家增收节支10.48亿元。

1997年，市政府强化审计监督，基本形成财政、金融、固定资产投资、企业、行政事业、外资运用等审计组成的格局，共完成审计单位和审计调查项目2 047个。通过审计，应上缴财政6.32亿元，减少财政拨款和补贴2亿元，追还被侵占挪用资金2 600万元，罚款530万元，节省基建投资4.83亿元，共为国家增收节支13.46亿元。

1998年，全市重大审计包括：首次对地方国库1997年度收纳拨付市级预算资金情况进行审计调查；对中国财产保险有限公司上海市分公司、中国人寿保险有限公司上海市分公司1997年度资产负债损益情况，以及上海市3户地方证券公司和下属137个营业部进行审计；对复兴东路拓宽工程、延安东路隧道复线、上海八万人体育场等重点建设项目进行审计；对中国农业发展银行上海市分行及其12个分支机构、市粮食储运公司等190户粮食收储企业进行审计；对22户市管企业1997年度经济责任进行审计；对319户行政事业单位进行财务收支审计和专项资金审计；对上海市使用世界银行、亚洲开发银行贷款的16个项目、22个项目执行单位1997年度项目执行情况进行审计。全年共审计1 301个单位，完成专项审计调查项目142个。审计查出违规行为金额279.89亿元。核减工程投资17.43亿元。

1999年，市政府要求坚持以打假治乱为重点，加大审计力度。全年对国债、城市建设、人防、环保、绿化、教育、科技、住房解困、纺织压锭、养老保险等43项专项资金进行审计和审计调查；对地铁2号线、上海国际会议中心、浦东国际机场一期、上海图书馆等182个建设项目进行审计；审计各类企业 434 户;对 34 户金融单位进行审计,促进整顿金融秩序;对 384 户行政事业单位进行审计,促进政府各部门合理有效使用资金。通过审计,为国家增收节支 10.93 亿元。是年,向司法机关移送案件 9 件,协助有关部门查处案件 12 件。

四、21 世纪前十年的审计监督

2000 年,市政府支持审计部门把绩效审计与预算执行、政府投资项目、专项资金、经济责任结合起来进行审计。全年全市审计机关共对 1 104 个单位进行审计,对 81 个专项资金进行审计调查。其中,对 143 名处级党政领导干部、13 个市管企业和 57 个区县管企业领导人员进行经济责任审计。通过审计,查出违规行为金额 262.7 亿元;其中应上缴财政金额 4.95 亿元,应减少财政拨款或补贴金额 1.55 亿元,应归还原渠道资金 4.69 亿元,向司法机关移送案件 5 件。各区县政府领导向区县审计机关交办审计和调研任务 145 项。副市长韩正在市审计局提交的本市燃气行业亏损情况的审计报告上批示:"以详实的数据为燃气行业改革提供依据"。

2001 年,市政府要求审计等部门起草《上海市市级预算审查监督规定》草案。同年 8 月,《上海市市级预算审查监督规定》经市十一届人大常委会第三十次会议通过。同时,市政府要求市审计部门对养老保险基金、失业保险基金、残疾人就业保障金、社会帮困基金、福利彩票专项募集、海塘建设费、绿地建设项目资金、车辆尾气排放专项资金、公路养路费资金、住宅建设配套费、教育经费、财政支农、就业岗位专项补贴等 38 项重点专项资金进行审计。对中国人民保险公司上海分公司及所属分支机构 1999—2000 年度资产负债损益情况,对 11 个项目、16 个项目执行单位的世行、亚行贷援款项目执行情况进行审计,对苏州河综合整治项目的 8 个子项目进行审计,并对 3 个哈龙(卤代烷的化学品)、CFC(公司金融顾问)世行援款项目开展绩效审计。围绕加快城市建设步伐,对浦东国际机场南干线、共和新路高架工程、公路四号线、上海书城等 194 项重大建设项目进行审计。审计机关围绕提高企业经济效益,保障国有资产保值增值,加强对重点国有企业的审计和审计调查,共审计各类企业 237 户。围绕党政领导干部和企业领导人员的监督和考核,对 270 个单位的 313 名经济责任人的任期经济责任进行审计。为促进行政事业单位合理有效使用财政资金,加强廉政建设,共审计 433 个行政事业单位。

2002 年,审计部门对 940 个单位开展审计,完成专项审计调查项目 114 个,共查出违规金额 21.99 亿元,应纠正金额 141.78 亿元,总计 163.77 亿元。在审计查处违规金额中,应缴财政 2.06 亿元,减少财政拨款和补贴 2 664 万元,归还原渠道资金 352 万元,调账处理金额 5.69 亿元,罚没金额 130 万元。核减工程结算、节省基建投资 5.93 亿元,向司法机关和纪检监察部门移送案件线索 10 件。

2003 年,市政府要求突出审计重点,加大对国有资产流失和经济犯罪案件的查处力度:深化预算执行审计,促进财政增收节支;开展金融审计和外资运用审计,防范和化解风险;加强重点专项资金审计,加快经济和社会发展;对轨道交通明珠线一期等重点建设项目进行审计;开展国有企业审计,促进国有企业和国有资产管理体制改革;深化市管企业、区县管企业领导人员和县级以下党政领导干部的经济责任审计。全年共完成审计单位和专项审计调查项目 1 094 个,查出违规金额 50.65 亿元,查出管理不规范金额 169.60 亿元。通过审计处理,已上缴财政金额 2.02 亿元,已减少财政拨款或补贴金额 2 561 万元,已调账处理金额 39.07 亿元。此外,还核减工程款 17.57 亿元,向司法机关和纪检监察部门移送案件线索 7 件。

2004 年，市政府加大对重大违法违规问题和经济案件的查处力度，探索效益审计。全年审计部门共审计 839 个单位，完成专项审计调查项目 64 项，查出违规金额 70.87 亿元，查出管理不规范金额 129.08 亿元。通过审计处理，应上缴财政金额 1.8 亿元，应减少财政拨款或补贴金额 4.45 亿元，应归还原渠道资金 5 306 万元，应调账处理金额 64.09 亿元，应自行纠正金额 129.28 亿元。市十二届人大常委会第 14 次会议听取和审议了 2003 年度本级预算执行和其他财政收支的审计工作报告，肯定审计工作报告揭露问题涉及面比较广。全年审计部门还对城镇职工基本养老保险基金、失业保险基金和促进就业资金、住房资金、主副食品储备资金、住宅配套费、房屋平改坡专项资金等重点专项资金进行审计。此外，对 6 个市重大工程项目、23 个市财力投资的建设项目以及 8 个绿化资源水利建设项目进行竣工决算审计，对全市征用农民集体所有土地的土地补偿费等情况进行了检查。对 318 户行政事业单位进行审计，对农业机械化研究推广机构资源整合情况、对市公证费征收使用管理情况进行审计调查。

2005 年，审计部门对洋山深水港、世博会等特大型建设项目进行跟踪审计；对社会救助资金使用管理、农村卫生资金筹集使用、市重点水污染排放企业污染监控效果、出租车企业经营成本及财务、市高速公路多元化投资项目实施、市水资源管理和开采、市卫生预防控制系统和医疗救治系统建设等进行审计调查；对海通证券股份有限公司和上海国际集团有限公司等地方金融机构进行审计，对地方金融机构开展受托资产管理业务情况进行审计调查。对 9 个国外贷援款项目、12 个执行单位项目执行情况进行审计。全年共审计单位 787 个，完成专项审计调查项目 68 个，查出违规金额 55.12 亿元，查出管理不规范金额 84.57 亿元，查出损失浪费金额 3.21 亿元。

2006 年，市政府依法支持审计部门对公交行业专项补贴资金、住房资金、体育彩票资金、吴淞工业区环境治理专项资金、推广新型建筑材料专项资金，以及世界银行、亚洲开发银行 12 个贷援款项目等专项资金进行审计和审计调查，对市重大工程配套商品房建设管理情况、苏州河综合整治项目建设和运行情况等 191 个建设项目进行审计和审计调查，对 20 户市管企业领导人员、9 户市管党政机关、事业单位的 11 名领导干部进行经济责任审计，对太平洋保险公司和大众、安信保险公司资产负债损益、东方国际集团有限公司等单位申报核销不实资产、对上海国有资产经营有限公司和大盛资产有限公司资产负债损益、对上海联合产权交易所财务收支等进行了审计，对上海市部分国有企业改组改制、部分公交企业经营管理、部分市管企业科技创新情况等进行审计调查。通过对 780 个项目进行审计和审计调查，查出违规金额 11.7 亿元，查出管理不规范金额 364.38 亿元，查出损失浪费金额 12.73 亿元。向司法机关和纪检监察部门移送案件线索 10 件、涉及人员 12 人，建议有关部门处理事项 3 件、涉及人员 4 人。

2007 年，全市完成审计项目 817 个，查出违规金额 11.62 亿元，查出管理不规范金额 691.48 亿元，查出损失浪费金额 6.25 亿元。向司法机关移送案件线索 8 件、涉及人员 8 人，向纪检监察部门移送事项 9 件、涉及人员 13 人，移送有关部门处理事项 3 件、涉及人员 4 人。市长韩正主持召开市政府常务会议，要求有关部门对审计查出的问题，切实落实整改。上海人大网站向社会公布了审计报告。

2008 年，全市共完成审计和审计调查项目 824 个，查出违规金额 7.52 亿元，查出管理不规范金额 900.25 亿元，查出损失浪费金额 8 707 万元，促进国家财政增收节支 6.83 亿元，促使被审计单位制定整改措施和健全规章制度 117 项，向司法、纪检监察机关移送案件线索和事项 10 件。当年，市政府要求审计部门关注部门政府采购的实施、公务用车管理、事业单位的行政性收费、部门资金结余等情况。市长韩正等要求有关部门进行整改。对社会保障基金、医疗保险基金、住宅配套费专项资金、民防专项资金、农业综合开发项目资金及市民政局等单位救灾款物的募集使用管理情况、市级抗震救灾援助财政专项资金拨付使用管理情况等重点专项资金归集管理使用情况进行审计，对养老机构和居家养老经费投入使用、残疾人就业保障金征缴使用管理、土地储备开发利用和投资管理、部分水上运输企业公共交通经营成本项目、全市抗震救灾“特殊党费”收缴管理等情况进行审计调查。对奥运建设项目——上海体育场大修改造工程项目、上海市精神卫生中心改扩建工程等17个政府投资项目进行竣工决算审计，对上海世博会项目和虹桥综合交通枢纽工程项目进行跟踪审计。

2009年，全市完成审计和审计调查项目864个，查出违规问题金额25.04亿元，促进财政增收节支11.37亿元，向司法、纪检监察机关移送案件线索和事项13件。针对审计发现存在改变资金用途、将部分收入转移至下属单位或在下属单位列支费用、未严格执行政府采购制度、部分授权支付的专项资金使用不合规等问题，市政府领导要求分析原因、解决问题。14个部门制定139项整改措施，建立和完善50项制度。此外，市审计部门组织开展汶川特大地震援助都江堰灾后重建资金和援建项目、迎世博600天行动项目和专项资金、上海市扩大内需促进经济增长新增投资项目、虹桥综合交通枢纽工程项目等跟踪审计。在国务院办公厅召开的相关专题协调会上，市审计局就世博项目跟踪审计情况作了专题汇报。此外，对社会保障资金、财政支农资金、历年公路债务资金、国有土地使用权出让收支以及新增汽车额度拍卖取得收入及使用管理等专项资金进行审计和审计调查。

2010年，全市完成审计和审计调查项目863个，查出违规金额8.1亿元、损失浪费金额6.27亿元、管理不规范金额2 029亿元，促进财政增收节支6.67亿元，促进被审计单位完善制度219项，向司法、纪检监察机关移送案件线索和事项16件、涉及74人。当年，编制《中国2010年上海世博会2010至2011年度审计工作方案》，经审计署审核并报经国务院批准后执行。市政府召开上海世博会跟踪审计暨世博工程项目决算推进工作会议，市政府成立世博会场馆建设及相关配套设施工程项目决(结)算工作领导小组，为世博跟踪审计顺利推进提供保障。市审计局建立世博审计现场每周例会制度，并编辑印发《世博审计动态》和《上海世博会跟踪审计建议函》。

第八章　信 访 工 作

第一节　机构与制度建设

一、信访机构建设

【专门机构】

1951 年 6 月，市政府决定由市政府办公厅指定专人负责信访工作。1955 年 9 月，市人委发布《关于处理人民来信和接见人民工作的暂行规定》，明确由市人委办公厅统一管理、监察局负责监督。“文化大革命”结束后，市政府在市政府办公厅内设立信访处。1986 年 8 月，市委、市政府决定建立中共上海市委信访办、上海市人民政府信访办(副局级单位)，“两块牌子、一套班子”。1995 年 6 月 15 日，市委、市政府信访办(简称“市信访办”)升格为正局级。

【相关机构】

市督解办　2000 年 7 月，成立市督查人民内部矛盾化解工作办公室(简称“市督解办”)。2004 年 5 月，市信访办与市督解办合署办公。市督解办定期排摸全市性和跨地区、跨部门的群体性矛盾和社会不安定因素，并督查各区县、委办局的排摸工作；对重大疑难矛盾和长期得不到解决的群体性矛盾进行会诊、协调，落实责任单位，并指导、帮助化解；对市领导协调处理过的重大矛盾和已有协调处理意见的矛盾进行跟踪督办，直至矛盾化解或缓解；对各级领导干部在化解群体性矛盾过程中表现出来的工作作风、协调和处理问题能力、廉洁自律等方面情况进行考核，提出奖惩意见，按照干部管理权限报送组织、纪检监察等职能部门。截至 2009 年 6 月，来自市和区县及有关部门的 76 名工作人员到市督解办工作，共受理和协调 2 000 多件各类复杂疑难的社会矛盾，化解了一大批沉积多年的历史遗留矛盾。

市联席办　2004 年 8 月，经市委、市政府批准，成立市处理信访突出问题和群体性事件联席会议办公室(简称“市联席办”)。市联席办成立之初设在市政府办公厅，2008 年 9 月改设在市信访办，市信访办主任兼任市联席办主任。市联席办负责了解、掌握信访突出问题及群体性事件的情况和动态；分析、研判社会稳定形势，针对信访突出问题及群体性事件提出对策建议；组织协调有关方面处理跨部门、跨行业、跨地区的信访突出问题及群体性事件；总结交流有关方面处理信访突出问题及群体性事件的成功经验，推动相关工作的有效开展；督促检查有关部门和地方处理信访突出问题及群体性事件各项措施的落实。

2006 年起，市督解办归并到市联席办，原市联席办称市联席办一组，原市督解办称市联席办二组。市联席办一组承担市联席办原有的职能，市联席办二组承担原来市督解办的职能。两组还组织开展有关专题的调研工作。2010 年，上海世博会举办前后，市联席办一组组织开展历史积案的化解工作；市联席办二组在组织开展信访矛盾日常滚动排查工作的同时，着力组织开展全市信访突出问题和群体性事件的重点排查工作，解决了一批信访突出问题和历史积案。

二、信访机制制度建设

【信访工作领导责任制度】

2007年起,根据市委书记习近平的要求,上海建立市领导接访制度。至2010年,市信访办已连续4年组织开展市领导接待来访群众。对市领导接待后信访事项的后续工作,市信访办协调有关职能部门根据市领导接待后提出的工作要求,进行跟踪督办,督促职能部门依法解决,合力解决,综合解决。同时,市信访办积极指导各地各部门开展领导干部接访。2007年9月,市委书记习近平与市长韩正和各区县党政一把手签订信访工作目标责任书。2008年,责任书签订范围扩大到部分市级机关。此外,市信访办积极指导各区县、各部门层层签订责任书,并将每月考核各单位目标任务完成情况在全市范围内通报,进一步推动信访工作领导责任落实。2009年7月,根据市委书记俞正声的要求,上海建立信访稳定工作例会制度。工作例会由市委相关副秘书长、市政府相关副秘书长召集,市委、市政府领导先后多次主持召开工作例会,直接协调处理疑难矛盾。2010年起,市各职能部门、各区县和各街镇均建立了由分管领导牵头召开的工作例会制度,形成了市、市级机关、区县、街镇"四级联调"机制。至2010年,市工作例会共召开66次,协调处理各类矛盾300余件。

【信访渠道畅通机制】

市信访办在处理群众来信、来访的同时,不断拓宽电话、网络等信访渠道。2002年率先在"中国上海"网站开通市长信箱;2003年10月,设立信访专线电话号码"63281234",全市所有区县和62家市级机关实现了电话信访联网处理。2010年5月,在市长信箱的基础上,又进一步开通市委领导信箱,全市网上信访终端处理机达1 033台,全市网上信访受理量占信访总量的24%,网上信访数量已超过纸质来信。同时,市信访办网上信访量也从2008年的4.64万件逐年上升至2010年的6.13万件,年均增幅8%;占比从2008年的22.4%逐年上升至2010年的31%。市信访办把网上信访事项公开办理纳入目标考核中,加大网上信访公开回复率的考核力度,并定期开展答复意见书评比活动。

2010年初,市有关部门在浦东、虹口两区试点建设"信访大厅",推进信访问题"一站式接待、一条龙办理、一揽子解决"。其中,虹口区"信访大厅"中有建设交通、住房管理、规划土地、绿化市容、公安、中虹集团和虹房集团等信访量较大的7个部门(单位)进驻,形成了协调跨地区、跨部门、跨行业矛盾的机制,增强了信访工作的有效性。

【信访事项办理制度】

2006年,为加强信访督查督办工作,市信访办根据国务院颁布的《信访条例》中关于各级信访工作机构对有权处理机关的信访工作提出改进工作、完善政策和行政处分等三项建议的规定,制定《履行"三项建议"职责工作规则》。2007年,市信访办制定《上海市信访督查工作规则》,进一步强化信访督查工作。为强化初次信访事项办理,2007年以来,市信访办先后三次发文,规范初次信访办理工作,确保100%按时转送、100%受理告知、100%按时办结;每月对各区县及相关部门新增重复信访情况进行通报,每年至少组织开展两次抽查,全市新增重复信访率控制在10%以下。2007年起,上海率先建立信访事项核查终结制度,并陆续出台《信访事项核查终结暂行办法》《上海市信访事项终结后续管理方案》等文件，逐步建立核查终结制度体系，积极协调三级检察机关选派精干力量共同开展工作，确保终结质量。2008年起，市信访办连续开展重信重访专项治理活动，化解率逐年上升，实现了一大批重信重访矛盾案结事了、息诉息访。2009年，市联席办制定《关于进一步加强和规范矛盾纠纷排查化解工作的意见》，实行分级排查调处机制，进一步突出工作重点。对排查出的矛盾实行分类处理，逐一落实责任和措施。对"三跨""三分离"（人户分离、人事分离、人事户分离）及责任不明的矛盾纠纷，及时提交市信访稳定例会，研究落实责任。

【信访工作统筹协调制度、机制】

2000年，上海推出律师参与接待群众来访制度，此后积极引入工青妇等人民团体、基层自治组织以及律师、社工等社会力量参与信访工作。2004年8月，上海相继建立市和区县处理信访突出问题和群体性事件联席会议制度，统筹、协调、指导、推动化解信访突出问题。联席会议下设专项小组，专门牵头研究完善涉及专项工作的政策措施，协调处理涉及专项工作的信访突出问题。依托联席会议平台，强化统筹协调，推动解决了大量积案老案。2009年7月，市信访办与市司法局、市律师协会制定《关于引入律师参与市领导调研信访突出矛盾的工作方案》，各区县也先后建立律师志愿团，形成律师参与信访接待、审核案件、化解矛盾的长效工作机制。全市积极推广卢湾区五里桥街道基层信访代理制度，2010年2月，市委办公厅、市政府办公厅转发《关于本市推进信访代理工作的意见》，推动问题解决在基层。全市挂牌信访代理工作室达3 222家，聘请信访代理员5 139人，至当年底共代理信访事项2.5万多件，解决率达65.9%。

【信访工作文件】

1993年10月22日，市十届人大常委会第五次会议通过实施《上海市信访条例》，2003年8月8日，市十二届人大常委会第一次修订。以该条例为依据，2005—2010年，市委办公厅、市政府办公厅及市联席办、市信访办发出有关信访制度方面的文件有50多份。在加强责任落实机制建设方面，主要有《上海市信访督查工作规则（试行）》《上海市信访工作责任追究办法（暂行）》《关于进一步加强和改进信访督查工作的意见》《上海市人民政府信访办履行"三项建议"职责工作规则（试行）》《上海市信访稳定工作例会制度》《上海市信访稳定工作例会制度实施办法》等；在加强源头治理机制建设方面，主要有《关于进一步加强和规范矛盾纠纷排查化解工作的意见》《上海市矛盾纠纷排查工作实施办法（试行）》和《上海市初次信访事项评估和督查工作规定》《上海市信访事项复查复核暂行办法》《上海市信访事项核查终结暂行办法》等；在加强畅通渠道机制建设方面，主要有《关于信访事项登记的暂行规定》《关于信访事项受理的暂行规定》《关于信访事项转送、交办的暂行规定》《上海市信访事项查询试行办法》《上海市网上信访工作暂行办法》《上海市人民政府信访办关于加强开门办信工作的规定（试行）》等；在加强解决问题机制建设方面，主要有《关于在本市开展党政领导下访活动的意见》《关于市委、市政府领导接待群众来访工作的规定》《关于市级机关定期组织干部下访的规定》《关于进一步加强本市联席会议制度建设的意见》《上海市信访事项听证试行办法》《关于本市集中开展重信重访问题专项治理工作的实施方案》《关于本市推进信访代理工作的意见》《关于引入律师参与市领导调研信访突出矛盾的工作方案》等；在加强维护信访秩序机制和培养信访队伍建设机制方面，主要有《扰乱社会秩序部分违法行为运用法律参考手册》《关于依法规范信访秩序的通告》《上海市信访干部培训办法》等。

第二节 信访及其办理

一、信访内容

改革开放初,由于“文化大革命”期间产生的冤假错案,群众信访主要以反映历史遗留问题、要求平反居多。90年代后,随着城市开发建设、国有企业改革规模加大,群众信访主要集中在因大规模城市建设带来的城镇房屋拆迁、农村土地征用使用、国有企业改制转制而导致的职工下岗问题,以及地铁、机场、高压线、垃圾场建设带来的环境问题等。进入21世纪,伴随市场经济的发展,加上社会保障制度不断调整和完善,涉及教育、医患、金融投资理财、投资小商铺、养老金等社会民生问题、物业管理等城市管理问题以及社会保障方面的信访矛盾逐渐增多。此外,历史遗留矛盾旧事重提,形成一定的信访规模。随着信访内容不断变化,90年代起集体上访大量增加。群众申请信访事项复查复核主要集中在动拆迁安置、住宅物业管理、要求私房落实政策、平反落实政策、劳动纠纷、社会保障和人事管理等问题上。

二、信访形式与数量

90年代起,随着改革不断深入,社会的利益格局经历着巨大调整,产生的社会矛盾通过信访渠道不断反映出来,群众信访量、信访行为方式,不同时期有不同的特点形式。2002年以前,主要形式是来信和来访。2002年5月起,上海市政府建立市长信箱,除了书面来信,群众还可通过电子邮件反映问题,网上信访逐渐成为群众信访主渠道。2003年10月,市信访办专门设立来电处,方便群众通过电话反映问题。

1993—2002年,全市信访总量呈不断上升趋势,从1993年来信来访30.09万件(批)上升到2002年46.06万件(批)。2003年,在电子邮件和电话量计入信访总量的情况下,全市信访总量反而有所下降,为42.51万件(批)。2004—2006年,全市信访总量再次呈直线上升趋势,从2004年74.5万件(批)上升到2006年117.45万件(批),年均升幅达14.41%。此后,全市信访总量连续4年呈下降趋势,从2006年的117.45万件(批)下降到2010年的57.72万件(批),年均降幅达12.71%。网上信访逐渐成为群众信访的主渠道,在“倾听民声、解决民忧、汇集民智”等方面发挥了积极作用。2010年,全市网上信访量占信访总量的24%。

三、信访办理

市委、市政府于1998年建立区县党政领导周四接待日制度,1999年将该制度延伸至街道、乡镇,2000年推出律师参与接待群众来访制度,2002年将建设“司法、信访综合服务窗口”列为市政府实事项目。同时,信访部门不断尝试发挥人民团体、基层社会组织、专业机构在处理信访事项中的作用。2002年,上海进一步完善领导接待群众、阅批群众来信、协调重大疑难信访事项和深入基层调查研究等制度,以及建立信访工作目标管理的考核制度。2003年起,各级领导重视初次信访的办结和解决,防止因作风拖沓或处理不当产生重复信访,促进信访矛盾及时就地解决。2005年,开始试行信访事项听证和查询办法,以提高信访工作的透明度。2008年北京奥运会前后,根据市委领导的要求，各级信访部门齐心协力，攻坚克难，保证了上海、北京两头工作全面推进，各项工作有条不紊，井然有序。2009 年，市信访系统推行信访事项核查终结机制、探索建立重点建设项目社会稳定风险评估机制、全面推广基层信访代理机制、切实加强督查督办机制、完善矛盾纠纷排查化解机制、加强信访信息分析研判机制。2010 年上海世博会期间，市信访部门在上述工作机制的基础上，提出着力推动初次信访评估督查机制、探索建立律师等第三方参与信访工作机制、全面推广基层信访代理制度、加强处理信访突出问题和群体性事件联席会议机制建设。上海世博会举办期间，市信访部门实行 24 小时接访制，全面开通“市委领导信箱”“市长之窗”，网上信访平台实现办理流程全部公开，促进群众上访向“上网”转化。

第九章　档案、史志工作

第一节　档案工作

一、档案管理体制

市政府档案工作起步于解放后对旧政权档案的接管，同时开始收集革命历史档案，组建机关文书档案室。至1957年底，全市县级以上的党、政机关和人民团体都建立了档案室(科)。1959年12月，按照中共中央《关于统一管理党、政档案工作的通知》要求，市委决定成立上海市档案管理局，同时成立上海市档案馆(属事业编制)，局馆合署办公。全市各行业系统的档案工作由市档案局统一管理。此后至1964年，各区、县也相继成立了区、县档案馆。“文化大革命”期间，档案工作遭受挫折，市档案局名存实亡，市档案馆几经更名。1979年9月3日，恢复市档案局和市档案馆，实行“一个机构、两块牌子”。

1985年2月8日，中共中央、国务院下发《批转〈关于调整我国档案工作领导体制的请示〉的通知》。同年7月3日，市委、市政府批转市档案局《关于进一步加强档案工作和调整领导体制的请示》，继续实行党、政档案工作统一管理的原则；各区县建立档案管理机构；各专业主管局和局一级企事业单位建立健全相应档案业务管理机构，加强对档案工作的检查、监督和业务指导；加强对历史档案的抢救和统一管理；提高档案管理水平，开发信息资源。至1987年，全市12个区和9个县都建立档案局，形成区(县)、街道(乡镇)、基层单位3级档案管理网络。

1995年6月，市人大常委会通过《上海市档案条例》，规定市档案行政管理部门是本市档案事业的行政主管部门。1997年12月，市人大常委会通过《关于修改〈上海市档案条例〉的决定》，明确市和区、县档案行政管理部门是本行政区域内档案行政执法的主体。

2001年7月，市委、市政府批准的《上海市档案局职能配置、内设机构和人员配置方案》明确，市档案局由市委办公厅归口管理；市档案局与市档案馆合署办公，实行“一个机构、两块牌子”。2002年12月，市档案局与市精神文明委办、市民政局、市劳动和社会保障局发出《关于加强上海市社区档案工作的意见》，要求把档案工作纳入社区建设规划、文明建设目标、社区工作考核范围。至2003年底，全市100个街道办事处和90%的居委会建档，其中97%的街道办事处档案工作达到市级或区级先进标准；初步建立起与社区管理体制和运行机制相适应的社区档案工作“三纳入”机制，形成“两级管理、三级指导”的工作体系和“以块为主、一方牵头、各方参与、齐抓共管”的局面。

2010年12月20日，市政府第52号令发布，对1995年11月发布的《上海市档案馆设置管理办法》进行修正并重新发布，明确设置市综合档案馆、专门档案馆、部门档案馆的，向市档案行政管理部门提出申请；设置区、县综合档案馆的，向区、县档案行政管理部门提出申请。年末，全市共有19个档案行政管理部门(市和区县档案局)、19个国家综合档案馆(市和区县档案馆)、1个专门档案馆(市城市建设档案馆)、7个部门档案馆、4个国有企业档案馆、15个事业单位档案馆，此外，另有647个市级机关和市属文化事业单位、科技事业单位及大中型企业建立档案室。全市形成市、区(县)、街道(乡镇)三级，覆盖各行各业全方位的档案管理网络。

二、档案管理与利用

1979 年 9 月 25 日，市委办公厅召开全市档案工作会议，传达贯彻全国档案工作会议提出的“恢复、整顿、总结、提高”的方针，总结解放后 30 年上海档案工作，确立科学技术档案工作作为上海档案工作的重点。1980 年 10 月，市委、市政府召开全市科学技术档案工作会议，提出加快完成科技档案工作恢复、整顿任务。1981 年 9 月—1982 年 4 月，市档案局组织对全市档案工作恢复、整顿情况进行检查。1982 年 6 月，市档案局召开全市档案工作恢复、整顿工作会议。经过两年多的努力，全市档案工作在恢复中有发展和提高。

1980 年 11 月 5 日，市委办公厅转发市档案局《关于开放历史档案问题的请示报告》和市档案馆关于历史档案、革命历史档案开放利用的两个试行办法。市和区、县档案馆按此开始向社会提供利用相关历史档案资料，编纂出版专题档案史料汇编。全市档案查阅利用率普遍提高，档案部门在平反冤假错案，编史修志，学术研究，举办展览等工作中发挥了重要作用。市档案馆以及松江县档案馆开始接待外国学者查阅档案。1985 年 4 月，市档案局分别制订关于机关档案工作、档案馆工作、企业事业单位档案工作的 3 个业务建设标准。

1987 年 3 月 23 日，市政府常务会议原则同意市档案局《关于解决档案工作发展中有关问题的意见》，市长江泽民要求各级干部要认识档案工作的重要性，指出“档案工作是各项事业发展的一个重要基础，这个基础不牢固，将来我们要负历史责任的”。同年 5 月 5 日，市政府发布《上海市城市建设档案管理暂行办法》，市档案局依法加强对重点工程建设项目档案的检查和验收，将全市重点工程建档工作分解到有关专业主管部门，落实到项目建设单位。8 月 27 日，江泽民到市档案局(馆)考察，就档案事业的发展列入规划、加强档案法治工作、提高档案工作者素质等发表讲话，并题词“努力开发档案信息资源，为改造振兴上海服务”。1988 年 1 月 1 日《中华人民共和国档案法》实施后，上海档案事业发展进入依法治档新时期。档案工作开始纳入市和区、县国民经济和社会发展规划，初步建立档案执法队伍，加强档案执法监督，社会档案意识和档案法治观念明显提高。1987 年 12 月 30 日，市档案馆召开档案开放新闻发布会。自 1987 年 12 月 31 日起，依法陆续向社会开放档案，首批开放近 10 万卷(册)历史档案，凭身份证等合法证件即可利用开放档案。各区、县档案馆也相继向社会开放有关档案。截至 2010 年底，市档案馆共向社会开放档案资料 22 批、816 790 卷(册)、照(图)片 27 403 张，区、县档案馆开放档案总计 416 773 卷(册)又 17 739 件。

90 年代，为适应和服务浦东新区的建设与发展，市档案局于 1992 年 9 月设立浦东办事处，依据国家有关档案工作的法律、法规和政策，协助浦东新区管委会制定浦东新区档案事业发展计划和有关规章制度，对新区内的机关、团体、企业、事业单位的档案工作进行监督指导。浦东新区一批市政重点工程档案相继通过国家和市级验收。陆家嘴、金桥、外高桥、张江等重点开发区从启动到成片开发、从项目建设到经营等活动，加强了档案的建立与管理。1994 年前后，市档案局与市经委、市科委、市建委和市政府教卫办联合举办“档案创效益”活动，提升了企业、科技事业单位档案管理水平和档案服务能力，扩大了档案工作的社会影响。

1995 年 10 月，市人大常委会通过的《上海市档案条例》实施后，市政府制定了相配套的政府规章《上海市档案馆设置管理办法》和一系列规范性文件。市档案局依法对全市重大建设工程项目、重大工业骨干项目和重点技术改造项目档案实行登记、验收和监控。市和区、县档案局与有关主管部门共同加强对第八届全国运动会、上海国际少年儿童文化艺术节、中国上海国际艺术节等重要体育、节庆活动档案工作的指导和监督。

90年代中后期,上海加强土地有偿出让、交易市场、现代农业等新领域档案的规范管理。1995年4月,市档案局在区、县档案局(馆)长会议上,要求市、区(县)联动,共同抓好新领域档案管理工作。各区、县档案局和市有关单位根据各自实际确定目标,形成了可以推广的新领域档案管理业务规范。至1999年9月,市档案局制定或与有关部门联合制定新领域档案管理规范性文件19件,区县档案局制定或与有关部门联合制定规范性文件25件,使新领域档案管理有章可循。

进入21世纪,上海各级档案部门加强档案为民生服务,拓展民生档案资源建设的渠道,逐步形成全市性档案公共服务体系。区、县档案馆调整馆藏档案结构,将婚姻登记、劳动保障、动迁公证等涉及民生且查阅率较高的档案优先或提前进馆,形成统一的区、县涉及民生的专题档案目录系统提供查询利用。此外,建设档案馆际、馆室联动的政府公开信息、档案信息远程利用共享工程,把政府信息公开和民生档案查阅向社区和基层延伸。

2000年以后,市档案局进一步加强对全市档案信息化建设统一规划和总体部署,制定《上海市档案信息化建设实施意见》《上海市档案信息化"十一五"发展规划》和一系列有关文件;电子文件归档管理、电子档案移交进馆、档案目录中心建设、馆藏档案数字化、档案公共网站建设,以及数字档案馆(室)建设等档案信息化工作迅速开展。2004年以后,以列入上海重大文化设施建设项目的市档案馆外滩馆建成开放为标志,上海各级国家综合档案馆以建设与上海国际化大都市相适应的现代化公共档案馆为目标,市和区、县档案馆加大向社会开放的力度,努力开发档案馆咨询利用、展览讲坛、社会课堂、信息集聚和传播、文化休闲等服务功能,逐步建成市和区、县重要档案的保管基地、爱国主义教育基地和档案史料的利用中心、政府信息公开的查阅服务中心。2007年后,上海各级档案馆开展以"档案,让社会更和谐"等为主题的"档案馆日"活动,增强了档案的社会作用。

2009年3月4日,市委办公厅、市政府办公厅发出《关于加强中国2010年上海世博会档案工作的通知》,要求将上海世博会筹备和运营过程中产生的各类具有保存价值的文件材料及时归档、合理整合、有效利用,为举办大型活动积累宝贵工作经验,为世博精神传承提供丰富历史资料,为上海留下丰厚文化遗产。上海世博会结束后,形成了结构合理、载体多元的"上海世博会档案资源体系"。市档案馆收藏反映上海世博会全过程活动的档案31.8万卷(件),包括文书、科技、专业、音像、电子、实物等各种门类和载体的档案。国家档案局于2009年11月对上海档案事业发展情况进行综合评估时指出,上海档案事业的发展与上海经济社会发展水平相适应,处于全国档案事业发展的领先地位。上海市档案局于2009年被国家档案局和中央档案馆评为"全国档案事业发展综合评估先进单位"。

截至2010年底,上海地区各级各类档案馆共收藏档案5 619个全宗11 488 686卷、1 133 657件,照片档案785 230张,录音磁带、录像磁带、影片档案24 069盘。市档案馆收藏的"江南机器制造局档案""上海总商会档案"和《共产党宣言》中文首译本,被列入《中国档案文献遗产名录》。

第二节 文 史 工 作

一、文史工作机构沿革

中华人民共和国成立初,毛泽东、周恩来等党和国家领导人倡议为敬老崇文,在全国设立文史研究馆。继中央人民政府政务院成立文史研究馆后,1953年4月7日,上海市政府发出通知,设置上海市文史研究馆。首任馆长张元济由毛泽东主席提名,市长陈毅亲聘。

1953年6月8日,在市政府召开上海市文史研究馆第一次馆务委员会议,副市长金仲华到会并宣布市文史研究馆正式成立。市文史研究馆成立初,由市文化局领导,不久改由市人委直接领导。1955年4月,根据市人委的决定,市文史研究馆改名为市文史馆。1978年6月恢复市文史馆机构,与市政府参事室合署,人事组织关系归属市委统战部管理。1984年初,经市委同意,市文史馆与市政府参事室分开设置。1988年12月13日,市政府办公厅发文,"上海市文史馆"改称为"上海市文史研究馆",自1989年1月1日起恢复"上海市文史研究馆"名称。2008年5月27日,市委办公厅、市政府办公厅发文,批准市文史研究馆等单位列入第二批参照公务员法管理范围。

市文史研究馆主要任务是贯彻落实中国共产党的统一战线政策,弘扬敬老崇文的优良传统,组织馆员开展文史研究和艺术创作,传承、弘扬和创新中华民族优秀传统文化;围绕文化建设的重要问题,深入研究、建言献策;开展统战联谊活动;开展对外文化交流。市文史研究馆馆员由市长聘任,不规定任期。馆长、副馆长由市政府聘任或任命。拟聘馆员主要从民主党派成员和无党派人士中遴选,少量符合条件的中国共产党党员专家学者亦列入遴选范围。馆员大多具有较高的学术造诣和艺术成就,或具有一定的代表性、较大的社会影响与较高的知名度,专业领域涉及文学、艺术、历史、教育、新闻、出版、翻译、表演、戏剧、传统医学、传统体育等方面。截至2010年底,历年延聘馆员共1 147人。

二、文史工作活动

1953年7月17日,市革委会举行上海市文史研究馆首次馆员茶话会,副市长金仲华参加。1954年1月29日,副市长金仲华出席市人委会举办的馆员春节联欢会。自此每逢春节,市政府(市人委)组织举办馆员春节联欢会成为惯例,延续不变,"文化大革命"期间中断。1986年2月4日,市长江泽民出席市政府办公厅在上海展览中心宴会厅举行的参事、馆员迎春茶话会并讲话。1993年11月15日,上海市文史研究馆举行成立40周年庆祝大会,市委、市政府领导到会祝贺。

1992年3月3日,市委统战部、市人事局、市财政局发文,对文史馆馆员生活待遇作出较大幅度的调整。1995年5月28日,召开市政府专题会议,要求各有关部门认真贯彻《国务院办公厅关于进一步做好文史研究馆工作意见的通知》,支持文史研究馆工作。2000年4月28日,根据市长韩正批示精神,市政府机关事务管理局召开会议,商议解决文史馆馆员活动场所问题。2008年7月8日,市长韩正主持召开文史馆馆员聘任工作专题会议,提出认真把握馆员聘任条件,规范馆员聘任程序的要求。会后,市文史研究馆拟订《上海市文史研究馆馆员聘任工作规范(试行)》,报经市长韩正圈阅同意。

市文史研究馆组织馆员开展建言献策、参政议政活动,注重发挥馆员人才优势,通过组织策划专题论坛、馆员讲堂、座谈调研等形式,围绕上海经济民生、社会发展、文化建设等主题,向市政府积极建言。馆员中的人大代表、政协委员还利用"两会"等平台,提出各类提案、建议,为政府决策提供智力支持。1990年9月5日,市长黄菊对馆员殷体扬《对建设浦东新区进一言》的建言作出批示,肯定他针对浦东开发提出的"体制、人事、规划、集资"四个先行的建议。

市文史研究馆依托文史力量,组织馆员开展各类文史研究活动。1981年6—9月,由馆员撰写、编辑的《史料选编》第一、二、三辑出版。同年10月15日,成立文史资料工作委员会,开展史料征集工作。至2010年,共整理出版馆员撰写的文史资料选辑20余本;组织馆员撰写"亲历、亲闻、亲见"

史料3 000余篇,约2 000万字;结集出版《史料选编》6辑、《上海地方史资料》6辑、《馆员传略》7辑;编辑出版《旧上海的烟赌娼》《辛亥革命亲历记》及各类诗词选集、馆员文选等。1985年5月,为纪念抗日战争胜利40周年,文史资料工作委组织参事、馆员撰写、收集历史资料40万字。1984—1994年,市文史研究馆和市政府参事室承编完成上海专志系列丛书之一——《上海旧政权建置志》(2001年9月出版)。1989年1月1日市文史研究馆创办《上海文史》,1993年7月《上海文史》更名为《世纪》,由中央文史研究馆与上海市文史研究馆联合主办,为综合性文史双月刊,逢单月出版,成为全国纪实类文史期刊中有一定影响的刊物。1990—1995年,由中央文史研究馆发起主编,上海市文史研究馆承编了《新编文史笔记丛书》50册。2007年起,在中央文史研究馆统一领导和组织下,开展《中国地域文化通览·上海卷》的编撰。2008年5月,市文史研究馆举办"中华传统诗词研讨会暨传统诗词评选活动",编印出版诗词作品集《中华大吟唱》。2010年9月起,联合市精神文明办、市老年基金会每年举办一届"敬老崇文"论坛,围绕挖掘和弘扬传统文化,开展专题研讨。

市文史研究馆自1978年6月恢复后,组织馆员出境访学、举办书画展等,与中国港澳台同胞及外国友人进行联谊交流,先后有近50名馆员在新加坡、日本、美国、德国等国家和中国香港、中国台湾地区讲学、办展和文化交流。1984年4月25日,"日中友好俳谐之旅访华团"一行访问上海市文史馆;1990年,市文史研究馆与日本长濑产业株式会社举办《吴昌硕暨后裔弟子书画展》;1994年,在新加坡举办《现代海上名家翰墨展》;2009年,市文史研究馆与市政协、市政府侨办共同举办"祖国万岁——庆祝中华人民共和国成立60周年全国名家国画作品展"等书画展,市文史研究馆同年还举办"纪念世界文化名人肖洛姆-阿莱汉姆诞辰150周年座谈会"。2010年6月1日,为庆贺上海世博会举办,由中央文史研究馆主办、上海市文史研究馆承办,全国33个省市自治区文史馆参与的"翰苑艺珍——全国文史研究馆馆藏书画精品展"在上海刘海粟美术馆展出。

第三节 地方志工作

一、方志工作沿革

【地方志书编纂】

1956年制定的国家科学十二年远景规划纲要,把地方志编纂列为12个重点项目之一,要求"全国各县、市(包括少数民族地区)能够迅速编写出新地方志"。1958—1960年,上海市青浦、川沙等郊县修志,由于"三年困难时期"到来而中止。1980年,胡乔木在中国史学会代表大会上讲话,强调编写地方史志的重要意义。1981年1月29日,上海史志研究会(筹)、上海市文物保管委和上海社科院历史所联合召开上海十县兴修新志座谈会。此后,在市政府农业委的领导下,市郊10县陆续开始新编地方志工作。1981年5月,市史志研究会成立,对各县修志业务予以指导。1985年,市史志研究会向市政府报告,请求建立上海市地方志编纂领导机构。1986年8月,市委批准成立上海市地方志编纂委员会及办事机构市地方志办公室。市地方志办公室(正局级事业单位)是市地方志编纂委员会的办事机构,也是市政府负责地方志工作的机构,履行统筹规划、组织协调、督促指导、检查落实全市地方志工作的职责,由市委宣传部代管。2008年5月25日,市委批准市地方志办公室参照公务员法管理。

1987年起,各区县先后成立区县地方志编委会和地方志办公室。区(县)方志办有的与区(县)党史研究室或档案局(馆)合署办公,或者在其下增挂区(县)方志办牌子(唯有闵行区地方志办独立设立)。各区县大多由区(县)长任编委会主任。

1987 年 5 月 27 日,市地方志编纂委员会成立大会召开,首轮上海市社会主义新编地方志工作全面展开。会上,印发经市政府同意的《"七五"期间上海地方志编纂工作规划》,这也是上海首轮修志总规划。它确定了编纂上海市志、区志、县志、专志的总体目标,后把总体目标概括为"一纲三目"。"一纲",即市方志办编纂的主体工程——《上海通志》(1 部 10 册,1 100 万字),总揽上海自然和社会、历史和现状;"三目",即由各区县地方志编委会编纂的《上海市县志系列丛刊》(10 种)、《上海市区志系列丛刊》(12 种)和有关专业部门分别编纂的《上海市专志系列丛刊》(110 种)。1987 年 9 月,首部新编县志《奉贤县志》出版,至 2005 年 12 月 10 日《上海通志》首发,上海首轮新编地方志书编纂工作任务完成。"一纲三目"成书总计 1.6 亿多字。

图 2-9-1　2005 年 12 月 10 日,《上海通志》首发式在上海展览中心友谊会堂举行

2004 年 5 月 27 日,市政府办公厅批准同意"上海通"网站开通。该网站由市方志办负责建立,网站内容由志书、年鉴组成,是"上海市地情资料库"的重要组成部分,实现了地方志成果的数字化、网络化。2003—2007 年,市方志办先后组织编纂了《上海名镇志》《上海名建筑志》《上海名园志》《上海名街志》等特色志。2009 年,经市委、市政府领导同意,启动《汶川特大地震上海市对口支援都江堰市灾后重建志》的编纂;完成 19 卷本《话说上海》丛书的出版。市方志办与上海世纪出版集团合作,在辞海电子阅读器中,载入 1.6 亿多字"一纲三目"的首轮志书内容。同年,在"上海通"网站开通英文栏目,把《上海年鉴》(英文版)和《上海历史上的今天》(英文版)全文发布上网,为国内外友人了解上海、认识上海开辟了新的途径。

在首轮"一纲三目"规划志书编纂后期,根据中国地方志指导小组的工作要求,市方志办对编纂上海第二轮地方志进行规划,规划内容断限为 1978—2010 年。此项工作自 2003 年 12 月开始调研论证起草,2008 年底基本定稿。2008 年,市地方志编委会主任会议讨论通过该实施方案和卷目。

第二轮《上海市志》实施方案包括:《〈上海市志(1978—2010)〉编纂实施方案》《〈上海市志(1978—2010)〉卷目及分工》《〈上海市志(1978—2010)〉行文规范》《上海市地方志书评审验收规定》等。2010 年 1 月 8 日,召开市地方志工作会议,部署上海第二轮地方志编纂工作。

上海第二轮区县志编纂工作启动于 1995 年前后,1999 年《嘉定县续志》最先出版,截至 2010 年底,共出版区县志 14 部。至 2010 年底,第二轮《上海市志》各分志、分卷有 50 多家单位和 65 部分志、分卷组建编委会,并制定编纂方案,启动编纂工作;市级专志有 23 家企事业单位组建了编委会,制定编纂方案,建立编纂机构和编纂队伍。二轮修志工作开局良好。

1978 年改革开放后,上海地方志工作取得一系列优秀成果。1993 年,全国新编地方志优秀成果评奖,《松江县志》《川沙县志》获一等奖,《金山县志》《嘉定县志》《奉贤县志》获二等奖。1997 年,全国地方志奖评奖,《上海县志》获一等奖,《静安区志》《上海财政税务志》获二等奖。《上海科学技术志》在全国科技系统志书评奖中获一等奖。《上海通志》在 2006 年上海市第八届哲学社会科学优秀成果评选中获著作一等奖。

【地方综合年鉴编纂及其他】

年鉴编纂 上海地方综合性年鉴编纂起始于 1987 年《上海县年鉴》,由上海县档案部门编纂,1996 年之前为内部版,之后公开出版。1990 年开始,《宝山年鉴》《松江年鉴》陆续出版。至 1999 年,上海 20 个区县均编纂年鉴,由区县方志办承担编纂。2010 年,各区县方志办共编纂 17 种地方综合年鉴。

图 2-9-2 1996 年、2000 年和 2007 年版《上海年鉴》

《上海年鉴》1996 年创刊,由市方志办主持编纂,内容包括自然、政治、经济、文化、社会各方面,为地方综合性年鉴。每年 1 部,截至 2010 年,共编纂 15 部。《上海年鉴》先后 5 次获得全国年鉴特等奖、1 次获一等奖。2002 年,《上海年鉴》英文版出版,至 2010 年,共出版 9 部年度英文年鉴。

《上海经济年鉴》为地方性专业年鉴,由市政府发展研究中心主办,1985 年成立编辑部,至 2010 年共出版 24 卷。其间,历任市长朱镕基、黄菊、徐匡迪、韩正先后担任《上海经济年鉴》编审委主任。1995 年,市长徐匡迪提议出版英文袖珍本。《上海经济年鉴》获第一届、第二届全国年鉴编纂出版质量特等奖和第三届全国年鉴质量评比“中国年鉴奖”。

通志馆馆藏　上海通志馆是全额拨款事业单位，由市方志办管理。1996 年，上海通志馆在浦东新区建成并投入使用，总建筑面积 5 859.66 平方米。其职能包括：资料收藏与展示、修志教育与培训、学术活动、志书年鉴馆藏。至 2010 年底，上海通志馆馆藏全国省市县三级志书、年鉴 3 070 种、5 242 册，专业志书 11 098 种、17 382 册，各类资料 2 379 种、4 633 册；总计 16 547 种、27 257 册。其中，馆藏上海各府县乡镇旧志 167 种。

当代上海研究　1986 年 9 月 20 日，成立《当代中国・上海卷》编辑部，隶属市委宣传部，1992 年起由市方志办代管。1997 年，《当代中国・上海卷》编辑部更名为当代上海研究所，主要承担研究编写当代上海历史文献资料、书籍，组织研究当代上海经济、文化和社会发展的重大问题，组织参加国内、国际学术交流等社会公益服务活动。其重大研究课题成果有《长江三角洲发展报告》《21 世纪上海纪事》等。

二、地方志工作推进

1987 年 5 月 26 日，市长江泽民出席市地方志编委会成立大会并发表讲话，指出修志工作是一项不容易引起重视的重要工作。各级领导要把修志工作当作一项重要事业来抓，并切实抓好。1988 年 8 月 3 日，市长朱镕基出席市地方志编委会第二次委员、顾问(扩大)会议，指出编纂上海地方志这件工作的本身，对于市委、市政府的决策将能起到非常好的参考和咨询作用，希望市政府的各个有关部门主要领导亲自过问这件事情。副市长刘振元等出席会议并讲话。

1991 年 4 月 22 日，市长黄菊在市九届人大四次会议所作的《关于上海市国民经济和社会发展十年规划和第八个五年计划纲要的报告》中指出，要“加强上海地方志的编纂等工作”，将地方志编纂工作列入全市的发展规划。1991 年 9 月 13 日，市长黄菊出席市地方志编委会第四次委员、顾问(扩大)会议并讲话。会议印发经市政府同意的《上海市地方志编纂工作十年规划》，提出“八五”要以编写和审定志稿为主，《上海通志》完成初稿编纂，县志完成出版发行，2/3 以上的区志和专业志能基本定稿；“九五”要全面完成第一轮社会主义新方志的编纂任务。

1994 年 12 月 13 日，市地方志编委会第五次委员、顾问(扩大)会议召开，成立以市委书记、市长黄菊为主编的《上海通志》编纂委员会，并通过《上海通志》编纂方案。

1995 年 8 月，《上海年鉴》编纂委员会成立，市政府主要部门负责人参加。同年 9 月 29 日，市政府办公厅发出《关于做好〈上海年鉴〉编纂工作的通知》，提出从 1995 年起，编纂出版《上海年鉴》，为各级党政领导机关实行正确决策、科学管理提供借鉴和参考，为企事业单位、科研部门提供有价值的信息和情报，为编史修志积累翔实的资料，并使《上海年鉴》成为向世界展示上海崭新风貌的重要窗口，与海内外进行经济文化交流合作的媒介。随后《上海年鉴》编纂工作启动，市政府相关部门成立编写组。1996 年 11 月 24 日，《上海年鉴(1996)》首发，市长徐匡迪为《上海年鉴》作序，指出“《上海年鉴》应该成为一个蕴含丰富、查检便捷的信息库，为领导决策、教育科研、经济活动和社会生活提供多方位的服务。”“让世界不断了解上海、了解浦东，为上海和世界的经济文化交流铺路架桥”。1997 年 6 月 28 日，市政府办公厅印发《关于进一步加强本市地方志编纂工作的意见》。

2000 年 12 月，市地方志办公室制订《上海地方志编纂工作“十五”计划》，提出全面完成首轮修志任务的奋斗目标，同时提出开展续修志书，并把规范各级政府的综合年鉴和专业年鉴的编辑、出版工作纳入市方志办的工作范围。2008 年，市地方志编委会主任会议研究第二轮上海市志和市级专志的编纂方案,副市长、编委会副主任沈晓明参加。

2009 年 3 月 27 日,市政府办公厅发出《关于进一步做好〈上海年鉴〉组织编纂工作的通知》,要求各区县、各部门和各单位将《上海年鉴》的组织编纂工作纳入年度工作计划,所需经费列入本级财政预算,并在组织编纂过程中,适时进行检查督促。

2010 年 1 月 8 日,市地方志工作会议召开,贯彻 2006 年国务院颁布的《地方志工作条例》,落实市政府同意的《关于上海市地方志工作 2006—2010 年规划》,部署市第二轮新编地方志书编纂工作。副市长屠光绍、市政府秘书长姜平出席会议。屠光绍讲话,对市新一轮地方志书编纂工作提出要求。同月 26 日,市长韩正在市十三届人大三次会议上所作的《政府工作报告》中,明确提出“启动第二轮地方志书编纂”。2 月 12 日,市政府办公厅印发《上海市第二轮新编地方志书编纂规划》(以下简称《规划》)。《规划》根据国务院颁布的《地方志工作条例》规定,贯彻落实“地方志书每 20 年左右编修一次”的要求,提出“二轮”志书编纂的总体目标是:2010—2020 年,完成市志、专志两个市级志书系列的编纂工作;2015 年前,完成上海市区县志续志系列志书的编纂工作。《上海市志(1978—2010)》包括 58 个分志、122 个分卷、155 册,分别独立编写出版。市级专志记述和编纂主体是代表或体现上海行业、事业特点的大型企业集团,重点院校、科研院所、医院等事业单位,共设 65 册。根据区县区划拆合变动情况,区县志共设有 25 册。2011 年 4 月 25 日,在国务院颁布施行《地方志工作条例》五周年之际,市政府常务会议通过《上海市〈地方志工作条例〉实施办法》,4 月 26 日市长韩正签发市政府令予以公布,5 月 18 日正式实施。

第十章　机关事务管理

第一节　管 理 体 制

一、机构沿革

1956年6月9日，根据国务院关于实行政务与机关事务分开的指示精神，上海市人委会在办公厅行政处、交际处的基础上，成立上海市人委机关事务管理局，统一负责市人委直属机构的机关事务与交际工作。1968年10月，市人委机管局撤销，由市革委会办事组行政小组管理市革委会的机关事务工作。1971年9月24日，市革委会办事组行政小组更名为“市革委会办机关管理组”。1973年5月19日，重新成立“上海市革委机关事务管理局”，1979年12月30日，更名为上海市人民政府机关事务管理局（简称“市政府机管局”）。

根据上海市经济社会发展和市级行政体制改革需要，市机关事务管理机构和职能几经调整变化，由侧重机关后勤服务和内外宾接待，逐步转变为注重机关事务管理、保障和服务。1984年3月，因实施政企分开，市政府机管局不再承担接待事务工作，所属接待部门和11个饭店（宾馆）、上海汽车服务公司等单位划出，成立市政府旅游接待办和锦江联营公司。1984年6月，市政府办公厅发出《关于成立上海展览中心的通知》，决定上海展览馆、上海市工业展览馆、上海展览扩建工程筹备工作领导小组办公室合并成立上海展览中心，并逐步由事业单位改为企业性质的经济实体。1995年起，为逐步推进机关后勤管理和服务职能分开，市政府机管局撤销行政处、基建处等以服务职能为主的内设机构，组建市政府机关服务中心、市级机关工程建设管理中心等事业单位。2000年8月，根据市政府机构改革要求，市政府机管局机关取消工勤人员编制，部分职能调整。自2001年7月起，上海启动区县机构改革，各区县建立本级机关后勤行政管理和服务保障体制，陆续设置机关事务管理局并列入机关行政序列。

2003年1月，市政府机管局所属市政府机关服务中心、市级机关工程建设管理中心等9家事业单位改制组建上海盛勤（集团）有限公司和上海锦勤（集团）有限公司。2005年12月，上海展览中心转制成立上海展览中心（集团）有限公司。2009年7月，上海盛勤（集团）有限公司和上海锦勤（集团）有限公司重组，挂牌成立上海上勤（集团）有限公司。2009年8月，根据2008年10月1日国务院颁布的《公共机构节能条例》中关于地方各级机关事务管理部门负责本级公共机构节能监管工作的要求，市政府机管局成立节能管理部门，负责指导、监督全市公共机构节能工作。2010年8月，上海市建立公共机构节能工作联席会议制度，办公室设在市政府机管局。

二、服务保障职责

市政府机管局承担着全市重大政务活动服务保障职责，负责为本市“两会”、市党代会、市委全会和春节团拜会、国庆招待会等重大政务会务活动提供服务保障。1995年3月，市政府机管局组建市人民政府机关服务中心，负责为市人大常委会、市政府等机关提供日常服务和保障。1996年，顺利完成上海五国(中、俄、哈、吉、塔)元首在沪会晤及相关活动的服务保障;1997 年 10 月,在沪出席八运会的国际奥委会主席萨马兰奇对上海市人民大道 200 号餐饮服务打"10 分"满分;2001 年,完成亚太经合组织(APEC)会议有关服务保障工作;2006 年,完成上海合作组织峰会和特奥会服务保障任务;2010 年,完成上海世博会重大首脑活动和重要会议礼仪活动等的服务保障工作。

第二节　机关运行经费与资产管理

一、机关运行经费管理

1980 年 7 月 1 日,市级行政机关经费预算和财务管理职能由市财政局移交给市政府机管局,具体事项包括:移交范围仅限于 68 个市级行政机关行政管理经费部分;集团购买力管理工作移交市政府机管局;市财政局负责制订经费开支标准和财务管理办法,市政府机管局配合并督促各单位贯彻执行;市财政局提出年度预决算、中期会计报表编制要求,市政府机管局负责布置、催报、审核、汇总后报市财政局。1993 年 3 月 30 日起,市级行政机关实施行政经费供给按照在编人员核拨、公用经费按照定额包干使用。1998 年 7 月,市政府机管局首次引入市场竞争机制,完成 41 辆桑塔纳轿车、10 辆航天牌面包车、3 辆全顺牌面包车等机关用车的购置任务,节约资金 40 多万元。同时,对市级党政机关下属单位所需大宗办公用品进行集中购置和定点供应。1998 年 8 月,上海对党政机关干部住宅电话、移动电话进行公转私、电话费限额报销等改革。2002 年,市政府机管局在市级机关层面,开展公务用车定点维修、公务卡结算制度试点。2005 年起,市政府机管局在市级机关层面,开展预算信用等级评审、市级机关会计信用等级评审工作。2008 年初,市级机关财务管理职能由市政府机管局划归市财政局。

二、机关资产管理

【固定资产管理】

1981 年 4 月,市级单位对外活动中收受礼品的处理任务由市政府机管局承担。1993 年 9 月至 1994 年 1 月,市级行政事业单位开展财产清查登记,基本摸清了"家底":共 93 个市级行政机关、30 个事业单位,资产总额 5.04 亿元,房屋实有面积 13.31 万平方米,汽车实有数 1 525 辆。1994 年 9 月 17 日,市国资委作出《关于授权上海市机关事务管理局所属上海市市级机关国有资产管理办统一管理市级机关国有资产的批复》,授权市政府机管局统一管理市级机关国有资产,统一管理的市级机关及资产总额以 1993 年行政事业单位财产清查登记核定的国有资产产权登记数为准。1995 年 12 月 27 日,市政府机管局完成市级机关经营性国有资产清查登记工作。截至 1994 年 12 月 31 日,由各委办局开办、在工商部门登记注册的各类"三产"单位,具有法人资格的有 138 个,资本金投入 2.43 亿元(不含土地),房屋出租 17 246 平方米,净资产总额 8.18 亿元。1996 年 1—9 月,市政府机管局开展市级机关国有资产管理产权登记工作,参加此次产权登记的市级机关共有 230 家,国有资产总额 27.31 亿元。1998 年,市政府机管局组建了由 63 家单位组成的市级机关经营性国有资产管理网络,总资产为 3.2 亿元;针对非经营性国有资产管理,开发了"市级机关非经营性国有资产管理软件 V1.0"。2002 年,市政府机管局开展"三核一评"(核单位户数、核单位资产总量、核单位资产分布情况,评选资产管理优胜单位)活动,进一步摸清市级机关非经营性国有资产家底;探索建立市级机关国有资产责任签约和考核评价机制，开展20个单位责任签约的试点工作。2006年，市政府机管局深化市级机关国有资产考核评价工作，组织社会中介对部分单位的国有资产开展专项审计，责任签约单位实现了全覆盖。2009年起，市政府机管局统一行使市级行政单位国有资产管理职能，管理范围涵盖党的机关、人大机关、行政机关、政协机关、审判机关、检察机关，民主党派、社会团体。截至2010年，共有229家市级行政单位国有资产纳入市政府机管局监管范围，资产总额473.74亿元；其中固定资产236.49亿元。

【办公用房管理】

2002年12月，市政府办公厅转发市政府机管局制订的《关于加强市级机关办公用房管理的意见》。2003年8月27日，市级机关租赁的直管公房纳入市政府机管局统一管理。2003年9月16—17日，市级机关房地产登记工作会议召开，标志着市级机关办公用房房地产登记工作启动。2007年4月，市委办公厅、市政府办公厅印发《关于贯彻〈中共中央办公厅、国务院办公厅关于进一步严格控制党政机关办公楼等楼堂馆所建设问题的通知〉的实施意见》。

1992年5月10日，人民大道200号办公大楼（原市人大常委会等机关办公楼）大修加层工程正式开工；1994年1月15日工程主体结构封顶；1995年7月1日正式启用；当年国庆节前，大楼外立面装饰、泛光照明和环境绿化工程完成。2003年下半年，市财政出资购买金帆大厦；2004年5月，市政府机管局完成该大厦的装修工程，大厦更名为市政大厦（大沽路100号）。同年，市政协议事中心（北京西路860号）、怡丰大厦（河南南路288号）、巨鹿大厦（巨鹿路915号）改建装修工作相继完成。2005年，吴淞路333号大楼改建，改建后总建筑面积调整为6 848平方米；同年5月25日，高安路19—25号（组织部、宣传部、人事局“两部一局”办公楼）基地旧房改造工程开工，11月20日主楼结构封顶，2006年10月17日通过竣工验收。2009年，市检察院办案与技术业务用房（建国西路75号）改扩建项目开工，2011年完工，建筑面积为28 816.88平方米；上海港公安局洋山派出所警务用房（洋山派出所、物流园区派出所和交警大队综合楼）建成，总建筑面积为7 692平方米。

1988年5月市政府第四十八次常务会议决定，中山东一路33号为市政府第二办公基地，建造简易办公用房，作为市政府有关委办局的办公用房，市城乡建设规划委、市爱国卫生运动委、市计划生育委、市幼托办、国际问题研究中心等迁入办公。1989年10月18日，市政府撤销市房屋调整领导小组及其办公室，由市政府机管局行使迁建单位的原址房屋及场地，以及机关、事业单位办公、业务用房的调整职能，并负责市政府3个办公基地，即中山东一路12号大楼（包括市档案局大楼）、中山东一路33号大院、人民大道200号大院的日常管理和内部房屋调整工作。1995年6月，17个市级行政机关由中山东一路12号大楼搬迁至人民大道200号办公大楼。2004年7月至9月，26个市级行政机关陆续迁入市政大厦办公。2006年2月，市监察委（纠风办）迁入市政大厦办公。2006年10—11月，市委巡视组办公室、市委组织部、市人事局相继入驻高安路19号办公。

市政府机管局多次组织实施北京人民大会堂相关改造装修工程。1988年10月，完成上海厅重新装饰布置工程立项，1991年3月该工程竣工，工程被北京人民大会堂管理局评为样板工程；1994年3—8月，完成西大厅（国宴厅，包括宴会厅、两个休息厅和厨房）改造装修工程；1998年10月—1999年2月，再次对上海厅进行改造装修；2001年12月，再次完成国宴厅装修工程并交付使用；2006年4月，完成上海厅1990年后的第三次大规模改造。

【公务用车管理】

1994 年 12 月 19 日，市委办公厅、市政府办公厅转发《上海市机关、事业单位汽车编制、配备管理规定》，在全市实行公务用车编制配备管理。年内，市完成 210 家市级机关和事业单位、2 434 辆公务用车的定编发证工作，并对超编、借用的车辆进行处理和清退。1996 年 5 月 9 日起，市级行政机关定编车辆实行一车一卡核算。1999 年 8 月 17 日，市机关、事业单位加强公务用车管理工作会议召开。会后，全市 82 家局级机关、2 165 家处级机关和事业单位的 7 566 辆公务用车定了编制，892 辆超编公务车得到清理。2004 年，市政府机管局、市监察委、市公安局、市发展改革委、市工商局、市交通局印发《关于上海市机关、事业单位专用公务车辆管理的意见》，市政府机管局印发《上海市机关、事业单位专用公务车辆管理实施细则》；2006 年，市政府批转市政府机管局、市监察委、市发展改革委、市财政局、市交通局、市公安局等六部门制订的《上海市行政执法单位车辆定编管理暂行办法》。

2004 年 9 月 7 日，市委办公厅、市政府办公厅发出《关于上海市暂停审批党政机关新增公务用车等事项的通知》，规定从 2004 年 9 月 7 日到 2005 年 8 月 31 日，全市暂缓审批各级党政机关新增公务用车。同年 10 月 31 日，市政府机管局、市公安局向市委常委会汇报市公安警务用车制度改革和加强特种车、专用公务车管理工作情况；12 月 31 日，上海市行政监督检查类车辆清理整顿工作动员会召开，经过 3 个月的清理整顿，市专用公务车辆由 19 种、706 辆缩减为 6 种、573 辆，移动式警示灯原则上不再核发。2007 年 10 月 30 日，市有关部门要求党政机关公务用车坚持“按号停驶、总量不增、调剂使用、保障到位”原则，发挥节能减排导向和带头示范作用，并启动建设市公务用车网络管理平台。

图 2-10-1　2011 年 5 月 26 日，召开上海市党政机关公务用车问题专项治理工作会议

第三篇

战略规划与重大改革

从中华人民共和国成立至2010年，上海共制订了11个五年发展计划(规划)。

1953年起，上海实施第一个五年计划，开展有计划的经济建设。“一五”计划期间(1953—1957年)，实行“维持、利用、调整、改造”方针，发挥老工业基地的作用，调整产业结构，支援全国建设。1956年，上海完成对资本主义工商业、对农业和手工业的社会主义改造后，进行经济改组，对公私合营的企业实行按行业归口管理。1958年“大跃进”，工业片面追求高指标，农业出现“浮夸风”，生产遭受严重损失，市场供应紧张。但由于市委、市人委在工业领域贯彻执行“充分利用、合理发展”的方针，新建和扩建一批大型骨干企业，调整工业布局，加快卫星城镇和工业区建设，上海经济发展有进步。1961—1965年，上海贯彻执行国民经济“调整、巩固、充实、提高”的方针，降低过高的工业生产指标，压缩基本建设规模，缩短重工业战线，上海经济建设取得良好成效。

“文化大革命”期间，受到极“左”思潮的干扰和破坏，造成国民经济比例关系严重失调。由于广大干部群众对极“左”思潮进行抵制和斗争，上海经济建设仍取得一定进展。

1978年中共十一届三中全会后，市委、市政府先后多次开展上海发展战略大讨论，确定各个发展阶段的战略目标、方针、主要任务和政策措施。在中共中央、国务院的领导下，上海先后制定了《上海经济发展战略(1984)》《迈向21世纪的上海发展战略(1996—2010年)》《“四个中心”发展战略》。此期间，五年计划经历了两次调整。第一次，从第六个五年计划开始，将《上海国民经济发展计划》改为《上海国民经济和社会发展计划》，把社会事业列入其中；第二次，从第十一个五年计划开始将《上海国民经济和社会发展计划》改为《上海国民经济和社会发展规划》。这些计划(规划)，引领上海经济社会的发展，成为指导上海发展的重要纲领性文件。

80年代起，按照国家部署并结合市情，上海进行了多次调控与普查，包括价格调控、工业普查、第三产业普查、基本单位普查、农业普查、经济普查。在推进经济体制改革中，上海先后对企业制度、市场体系、社会保障体系、对外开放体系、社会和公共事业体系、城乡一体化体系、投融资体系进行了改革。

第一章　战略规划与发展

第一节　发 展 战 略

一、上海经济发展战略(1984)

80 年代,上海面临世界新技术革命的严峻挑战和国际、国内两个市场的激烈竞争。同时,资金不足、资源短缺、城市臃肿、交通拥挤、住房紧张、环境污染等一系列问题又制约着经济的发展,亟需作出新的战略决策。

1981—1982 年间,全市开展"上海向何处去,建设什么样的上海"大讨论,提出了一些新的发展思路。1983 年 4 月,市长汪道涵在市八届人大一次会议上所作的《政府工作报告》中,提出了"外挤、内联、改造、开发"的发展途径,强调"上海要发挥两个扇面的作用",对外开放、对内联合,犹如两个扇形的辐射,一个扇形向国内辐射,一个扇形向国外辐射,上海就是这两个扇面的结合部和枢纽。

中共中央、国务院十分关心上海经济和社会的发展。1984 年 5 月,中共中央、国务院决定进一步开放上海等 14 个沿海城市。同年 8 月,国务院和中央财经领导小组在北戴河召开会议,专门听取上海经济工作的汇报。上海市委第一书记陈国栋、市长汪道涵汇报了上海的经济形势、面临的问题以及 1990 年以前经济发展的初步设想。9 月,国务院改造振兴上海调研小组到上海调研,与上海市政府联合召开上海经济发展战略研讨会,形成了立足上海,联合经济区,依靠和服务全国,面对太平洋,通向全世界,走外挤、内联、改造、开发的路子,逐步把上海建设成为一个产业结构合理、开放型、多功能的社会主义现代化中心城市的思路。10 月,上海市政府向国务院上报《关于上海经济发展战略的汇报提纲》(简称《汇报提纲》)。12 月 26 日,市政府和国务院改造振兴上海调研组又联合向国务院和中央财经领导小组上报《汇报提纲》。

1985 年 2 月 8 日,国务院批转《汇报提纲》,明确了上海经济发展的指导思想、实行经济发展战略的方针和任务、城市经济体制改革的措施,要求上海在"四个现代化"建设中发挥开路先锋作用,力争到 20 世纪末,把上海建设成为开放型、多功能、产业结构合理、科学技术先进、具有高度文明的社会主义现代化城市,发挥对内对外"两个扇面"的作用,引进和采用先进技术,改造传统工业,开拓新兴工业,发展第三产业。为贯彻实施《汇报提纲》,市长江泽民深入调查研究,听取各方意见。市政府采取有效措施,认真落实。

一是加快内外开放。1985 年 3 月,国务院批复同意《关于上海进一步开放初步方案的请示》。1986 年 6 月,市政府发布《上海市进一步推动横向经济联合的试行办法》。1988 年 6 月,上海成立市外国投资工作委员会,实现外资审批"一个机构、一个窗口、一个图章";11 月,市政府发布《上海市关于鼓励外商投资的若干规定》。

二是扩大利用外资。1986 年 5 月 16 日,上海向国务院上报扩大利用外资的请示,提出以自借自还的方式,扩大利用外资,以加强城市基础设施建设,加快工业改造,增加出口创汇能力,发展第三产业和旅游业。第一批扩大利用外资规模为 32 亿美元("94"专项)。同年 8 月 5 日,国务院以国函〔1986〕94 号文批复原则同意,并同意单独实行 9 条政策和措施。1988 年 2 月 21 日,国务院原则同意上海推行土地使用权有偿转让，发展外向型经济。“七五”时期(1986—1990年)，上海实际利用外资42.53亿美元，比“六五”时期(1981—1985年)增长19.7倍。

三是全面推进经济体制改革。“七五”时期(1986—1990年)，上海国有工业企业推进以放开经营、转换经营机制为核心的配套改革；市郊农村全面实行以家庭联产承包责任制，进一步促进工农业发展。经济体制改革由工业、农业逐步向商业、外贸、科技、教育、文化、卫生领域拓展，由单项改革逐步向计划、价格、财税、收入分配、社会保障等综合配套改革深化。

四是酝酿浦东开发开放。1984年12月26日，市政府和国务院改造振兴上海调研组联合向国务院、中央财经领导小组上报的《汇报提纲》，正式提出了开发浦东的战略设想。1985年2月8日，国务院在批转《汇报提纲》的通知中指出，要创造条件开发浦东，筹划新市区的建设。1987年7月，市政府成立开发浦东联合咨询小组，开始对浦东开发进行可行性研究、论证、规划和筹备工作。1988年9月30日，市委书记江泽民、市长朱镕基、市政府顾问汪道涵在北京向中央领导汇报上海开发浦东新区的准备工作情况。中央领导指出，浦东开发的主要方针是利用外资，并同意建立开发浦东的筹备机构。同年11月，市政府成立开发浦东新区领导小组。1989年10月，市委书记、市长朱镕基在上海市市长国际企业家咨询会议上向与会者表示，要加速开发浦东，使其在建设新上海中起战略作用，欢迎外商前往浦东投资。至80年代末，开发浦东的条件日臻成熟。

二、迈向21世纪的上海——经济社会发展战略

【战略形成】

进入90年代，世界经济呈现出增长重心向亚太地区转移的趋势。国际资本、国际产业、技术、贸易纷纷向中国市场转移，使中国成为世界经济中新的增长极。上海作为中国最大的经济中心，在自然条件、地理位置、经济实力诸方面，具备了建成国际经济、金融、贸易中心的有利条件，使上海面临着再次崛起成为世界中心城市的重大历史机遇。

1992年10月，中共十四大作出“以上海浦东开发开放为龙头，进一步开放长江沿岸城市，尽快把上海建成国际经济、金融、贸易中心之一，带动长江三角洲和整个长江流域地区经济新飞跃”(简称“一个龙头、三个中心”)的战略决策。

1993年初，市委、市政府决定在全市开展上海迈向21世纪的发展战略研讨。

1994年上半年，经过一年多的努力，迈向21世纪的上海经济社会发展战略研究取得阶段性成果，形成了一个总报告和40个分报告，几乎涵盖上海1996—2010年各个领域的中长期规划和发展战略。

1994年7月14日，市政府召开“迈向21世纪的上海发展战略研讨会”，市长黄菊到会讲话。与会领导、专家学者对发展战略提出了意见和建议。同年11月11—12日，市政府召开“迈向21世纪的上海发展战略国际研讨会”，市长黄菊、副市长徐匡迪和国家计委主任陈锦华等领导、国内外专家学者参加。与会中外代表认真讨论了迈向21世纪的上海发展战略，对上海尽快建成国际经济、金融、贸易中心的一系列重大问题、提出了十二条建设性的意见和建议。最终形成研究报告《迈向21世纪的上海——1996年—2010年上海经济社会发展战略》(以下简称《发展战略》)，包括经济、金融、贸易、城市建设、社会和综合等六方面32个分报告。

【战略目标和实施措施】

战略目标 《发展战略》明确了21世纪把上海建设成国际中心城市和“一个龙头、三个中心”的

战略规划，其中的战略目标、功能定位、实施步骤、政策措施，分别被吸纳到上海市国民经济和社会发展“九五”“十五”计划和“十一五”“十二五”规划中。

《发展战略》提出的战略目标是：到 2010 年，上海基本建成国际经济、金融、贸易中心之一，浦东基本建成具有世界一流水平的外向型、多功能、现代化新区，实现崛起成为又一国际经济中心城市的战略目标。为实现这一目标，提出要达到六方面的要求：(1) 基本形成世界大都市的经济规模和综合实力。国内生产总值达到 2 万亿元以上；常住人口控制在 1 600 万；三、二、一产业结构比例为 60∶39∶1。(2) 基本形成具有世界一流水平的现代化城市格局。城市化水平达到 85%，城市户籍人口达到 1 360 万，形成由“主城—辅城—二级市—中心城镇”组成的“多心、多层、组团式”城市空间布局，并与长江三角洲地区各城市共同构成全国最大的城市群。(3) 基本形成国内外广泛经济联系的全方位开放格局。全面参加国际分工和全面参与国际经济循环，成为全球经济一体化网络中的重要空间节点。(4) 基本形成符合国际惯例的市场经济运行机制，建成能沟通国内外资金流、商品流、技术流、人才流和信息流的现代大市场体系，发挥上海市场配置国内外资源的中心作用。(5) 基本形成现代化国际城市基础设施的构架。建成以浦东国际机场为主体的国际航空港；以上海港为中心、以集装箱运输为基础的巨型组合港；以多媒体技术为标志的国际信息港；以轨道交通和高等级道路为骨干的综合性、立体化、网络型的城市交通体系，以及沟通东部沿海地区的长江口越江工程、长江口引水工程、环城绿化带等一大批特大工程，实现城市建设现代化。(6) 基本形成以人的全面发展为中心的社会发展体系和人与自然高度和谐的生态环境，实现经济效益、社会效益和环境效益在可持续发展基础上的协调统一，实现精神文明和物质文明的高度统一。

实施措施　《发展战略》提出了战略实施的具体措施：(1) 加快培育服务全国、面向世界的城市功能。以推进金融国际化为重点，深化金融体制改革，加快建设金融中心；以建立自由贸易区为重点，加快建设贸易中心；以培育支柱产业和高新技术产业为重点，加快建设生产中心；以航空港和深水港为重点加快建设国际航空航运中心；以促进国际文化交流为重点，加快建设文化中心。(2) 支持和促进长江流域经济共同繁荣。开发开放浦东的政策，沿江延伸到整个长江流域，形成向国内外多层次、多形式全方位开放的态势；共同投资建设长江经济走廊、交通运输网络和邮电通信网络；进行跨地区之间的企业联合与组织创新，在长江流域组建一批跨地区、跨部门的大型企业集团、连锁企业和跨国公司；组建长江流域开发银行，从国外资本市场筹措资金；充分利用上海大城市的综合经济实力和老工业基地雄厚的物质技术基础，在长江流域集中开发建设一批大型工业区或工业加工区，促进各种要素自由流动和优化组合。(3) 加快城市空间布局和产业结构布局调整。加快构建长江三角洲城市群，加快形成由主城—辅城—二级市—中心城镇构成的“多心、多层、组团式”城市空间格局；金融、贸易、信息、管理等高层次第三产业向中央商务区集中，一般性第三产业向主城区域扩散，第二产业向郊区和更广的空间范围迁移，第一产业形成以十大种植业基地和十大养殖业基地为主的空间布局；集中力量加快建设新一代中央商务区。(4) 围绕建立现代企业制度，率先建立社会主义市场经济运行机制。建立现代企业制度，形成以产权清晰、权责明确、政企分开、科学管理；组建一批集科工商贸为一体、以金融为中介、以资产为纽带的大型连锁企业、综合商社和跨国公司；实行综合配套改革，重点建设一批大市场；转变政府职能，改变政府管理方式，改进和完善宏观调控；以住房、就业、养老、医疗制度改革为重点，形成高度社会化的社会保障网络。(5) 拓展资金筹措的新渠道。盘活资产存量，继续完善土地使用权有偿转让，积极推行经营性用房和居民住房商品化，有偿转让部分国有资产，通过商品化和货币化，使存量资产转化为现实的财力；调入外生增量，更积极有效地拓展利用外资的新领域、新方式和新途径；多渠道、多形式利用社会闲散资金，加快金融市场化和银行商业化,逐步实行浮动利率,增强间接融资渠道吸收居民储蓄的能力,拓展个人直接投资领域,促进社会闲散资金直接转化为生产建设资金。(6)加强人力资源投资和开发。实行人力资源开发超前投资,提高人力资源投资在社会总投资中的比重;加快建设现代化的一流教育,形成学前教育、初等教育、中等教育和高等教育相互衔接,普通教育、职业教育、成人教育相互沟通和协调发展的现代化大教育体系;加快发展人力资源市场,打破人力资源流动的地域界限、所有制界限、身份界限和户籍界限,使各类人力资源在公正、平等、竞争的条件下自由选择职业;按照市场供求关系确定工资,使上海成为全国高层次人力资源的交流中心。

三、"四个中心"发展战略

1992年10月,中共十四大报告提出,"尽快把上海建成国际经济、金融、贸易中心之一"。2001年5月,国务院批复,原则同意《上海市城市总体规划(1999—2020年)》。国务院批复指出:"把上海市建设成为经济繁荣、社会文明、环境优美的国际大都市,国际经济、金融、贸易、航运中心之一。"自此,上海建设社会主义现代化国际大都市的目标了要求,从"一个龙头、三个中心"发展为"四个中心"。2009年3月,国务院印发《关于推进上海加快发展现代服务业和先进制造业建设国际金融中心和国际航运中心的意见》,要求上海加快建设国际金融中心和国际航运中心。

【"一个龙头、三个中心"战略的形成和实施】

战略形成 1991年1月28日,邓小平在上海谈到浦东开发开放问题时说:"开发浦东,这个影响就大了。不只是浦东的问题,是关系到上海发展的问题,是利用上海这个基地发展长江三角洲和长江流域的问题。""上海开放了,长江三角洲、整个长江流域,乃至全国改革开放的局面,都会不一样。要抓紧浦东开发,不要动摇,一直到建成。"

1991年3月,全国七届人大四次会议审议通过《中华人民共和国国民经济和社会发展十年规划和第八个五年计划纲要》,提出"把搞好上海浦东地区的开发和开放作为今后十年国家经济发展的重大举措和发展外向型经济的一项重要任务,进一步把开发浦东从地方发展战略提升为全国的发展战略"。

1992年6月,中共中央、国务院作出《关于加快发展第三产业的决定》,明确在90年代,要在发展第一、二产业的同时加快发展第三产业,促进国民经济每隔几年上一个新台阶。同年,市计委编写《加快发展第三产业,尽快把上海建设成为国际经济金融贸易中心的规划思路》(征求意见稿)。同年10月,中共十四大报告中提出:"要以浦东开发开放为龙头,进一步开放长江沿岸城市,尽快把上海建成国际经济、金融、贸易中心之一,带动长江三角洲和整个长江流域地区经济的新飞跃。"由此,正式确立把上海建成"一个龙头、三个中心"的国家战略。12月15日,市委书记吴邦国在中共上海市第六次党代会报告中指出:上海"调整产业结构必须按照'三、二、一'发展顺序,优先发展第三产业,积极调整第二产业,稳定提高第一产业"。

战略实施 (1)开发开放浦东。起步阶段(1991—1995年),重点是编制规划,整治环境,搞好主要市政基础设施,分步、分片建设重点开发区,为吸收内外投资项目创造条件。重点开发与功能培育阶段(1996—2000年),继续建设区内骨干道路和市政公用设施,使陆家嘴、金桥、外高桥及张江四大重点开发区初见成效;并初步形成基础设施比较配套的浦东新区格局,开始进入滚动开发的良性循环。全面建设与功能强化和完善阶段(21世纪前20—30年或更长一段时间),目标是把浦东新区建设成为21世纪上海现代化的象征，成为适应国际城市及外向型经济发展需要的世界一流水平的新区。(2) 建设国际经济、金融、贸易中心。第一步，到2000年，初步形成国际经济、金融、贸易中心之一的框架，为崛起成为国际经济中心奠定基础。第二步，到2010年基本建成国际经济、金融、贸易和航运中心之一，初步确立上海国际经济中心城市地位。

【"四个中心"战略形成】

上海曾经是远东地区最大的国际航运中心，有其特有的地理位置和长期形成的政治经济基础。70年代开始，世界经济增长重心开始向亚太地区转移，特别是80年代后，东亚国家和地区的经济迅猛发展，东亚地区成为世界贸易与投资的重点区域。90年代，东北亚与欧美各国间的集装箱运输需求与日俱增，日本的横滨、长崎，韩国的釜山及我国台湾的高雄都在大力推进深水港计划，东北亚航运枢纽竞争初显端倪。上海位于中国海岸线的中段，又处于长江出海口，上海港发展成为国际航运中心，不仅使沿海省市形成进出口运输航运枢纽港，而且长江流域各省市的集装箱可以依托长江航线降低运输成本，并通过上海港源源不断地向外输出。横贯我国中部的长江流域经济带，是中国经济增长的核心地带。上海深水港的建设，不仅是上海的战略选择，更是关系到如何带动长江流域经济带乃至全国经济发展的大战略。江泽民在担任上海市市长时，就港口与城市的关系提出了"城以港兴、港为城用"的著名论点。

1992年10月，中共十四大提出尽快把上海建成国际经济、金融、贸易中心之一以后，中央领导多次提出要加快上海国际航运中心建设的发展要求。同年12月，在中共上海市第六次党代会上，市委将深水港建设列为上海新一轮城市基础设施建设十大工程之首。历届市委、市政府都高度重视深水港建设，组织专家对北上(罗泾)、东进(外高桥)、南下(金山嘴)方案进行细致、周密地论证，但都因航道水深不够、岸线不足等原因而作罢。最终，位于崎岖列岛、具有15米水深条件的大小洋山(位于浙江嵊泗县，紧靠上海市南汇县)被定为建设具备国际竞争力的深水港的合适之地。

1995年8月，市委书记黄菊提出在洋山建设洋山深水港区的战略构想。他指出："上海是我国的经济、贸易和金融中心，上海有条件而且有义务担当起我国建设国际航运中心的责任。深水港建设必须与贸易、金融服务相配套，否则建成的港口，只能是一个运输搬运工，而不是真正意义上的航运中心。建设上海深水港，不仅仅是上海的事，更是国家的大事。因此，必须跳出上海看上海。"市委、市政府主要领导多次就上海国际航运中心深水枢纽港港址进行调研和实地考察。同年9月14日，经市委常委会讨论研究，上海提出了在距上海南汇芦潮港约30公里的浙江省嵊泗县崎岖列岛的大、小洋山建深水港的设想，并提出上海未来发展的关键是"三港"，即信息港、空港和深水港，而深水港是关系到上海能否成为国际航运中心的关键。

1996年1月16日，国务院总理李鹏在上海主持召开苏、浙、沪两省一市负责人参加的上海国际航运中心建设专题会议，正式启动以上海深水港为主体，浙江、江苏的江海港口为两翼的上海国际航运中心建设。同年5月10日，上海市政府决定成立国际航运中心上海地区领导小组，下设国际航运中心办公室，启动洋山深水港建设的可行性研究。9月，根据国务院的要求，上海委托十多家中央在沪及上海市的科研、设计、勘查单位，对港址进行论证，共有国内外130多家专业研究机构和高等院校5 000多人次科研人员，参与港址论证和项目前期工作，完成专题研究200多项；参加各专题成果评审和咨询的国内外知名专家、学者达900多人次，其中，中科院、工程院院士80多人次。

1997年，上海市将选取的新港址正式上报。1998年，国务院指示由国家发展计划委同交通部组织对洋山深水港港址进行论证。论证的结论是：建设上海国际航运中心，需要有15米水深的航道和码头,选择洋山岛作为港址是合适的。1999 年 3 月,市计委完成《上海国际航运中心深水港址论证情况汇报》总报告,阐述加快洋山深水港建设的战略意义,并分别向国家发展计划委和交通部上报。同年,市政府向国务院上报《上海市城市总体规划(1999—2020 年)》(以下简称《上海城市总体规划》)。

2000 年 11 月,中共中央总书记江泽民对上海国际航运中心洋山港建设作出批示,为尽快将上海建设成太平洋西岸的国际经济、贸易、金融和航运中心城市之一指明了方向。

2001 年 5 月 11 日,国务院批复,原则同意《上海城市总体规划》。国务院批复指出:"上海市是我国直辖市之一,全国重要的经济中心。上海市的城市建设与发展要遵循经济、社会、人口、资源和环境相协调的可持续发展战略,以技术创新为动力,全面推进产业结构优化、升级,重点发展以金融保险业为代表的服务业和以信息产业为代表的高新技术产业,不断增强城市功能,把上海市建设成为经济繁荣、社会文明、环境优美的国际大都市,国际经济、金融、贸易、航运中心之一。"由此,上海建设社会主义现代化国际大都市的目标要求,从"一个龙头、三个中心"发展为"四个中心"。

航运中心的战略目标是:以上海为中心,浙江、江苏为南北两翼,华东地区和沿长江地区为主要腹地,建设集装箱深水枢纽港为主体的上海国际航运中心,显著增强上海国际航运中心的辐射力、影响力和竞争力。依托上海国际航运中心建设,以合力建设长江"黄金水道"为重点,共同推动长江流域经济社会的协调发展。主要任务是做好组建上海航运交易所、治理长江深水航道、组建上海组合港、外高桥一期集装箱码头改建与新建外高桥码头二期工程、比选上海国际航运中心新港址和开通宁波港到美国东海岸的航线等。其中,上海主要做三方面工作:(1)与浙江省合作建设洋山集装箱深水港区;(2)与江苏省合作整治和开辟长江口的深水航道;(3)优化上海口岸的软环境,提高服务水平,包括完善上海航运交易所的功能,完善大通关的功能,完善金融、保险、法律等方面对航运的配套服务,进一步开放港口与航运市场,满足国内外对航运的需求。

【国家推进上海国际金融中心和国际航运中心建设】

战略重点的提出 1991 年 2 月 18 日,邓小平在上海说:"上海过去是金融中心,是货币自由兑换的地方,今后也要这样搞。中国在金融方面取得国际地位,首先要靠上海。"1992 年,中共十四大报告明确提出:"尽快把上海建成国际经济、金融、贸易中心之一,带动长江三角洲和整个长江流域地区经济的新飞跃"。此后,中共中央和国务院有关文件中多次提出,要把上海建设成为国际金融中心和国际航运中心。2007 年 1 月 19 日,国务院总理温家宝在全国金融工作会议上提出,"要适应我国金融业进一步对外开放的新形势,加快推进上海国际金融中心建设"。同年 4 月 27 日,市委书记习近平在调研时指出,推动上海经济社会尽快转入科学发展轨道,需要汇聚各方智慧,深入破解一些难题,包括上海如何把科学发展观贯穿于"四个中心"和现代化国际大都市建设的全过程。2008 年 7 月,国家发展改革委和财政部、交通运输部、铁道部、商务部、人民银行、海关总署、税务总局、银监会、证监会、保监会、国务院研究室等 12 个部门通过深入调研,形成了《国务院关于推进上海加快发展现代服务业和先进制造业建设国际金融中心和国际航运中心的意见(代拟稿)》(以下简称《意见》)上报国务院;2009 年 3 月 25 日,国务院常务会议审议并原则通过《意见》。同年 4 月 14 日,国务院正式发布《意见》,对上海建设国际金融中心和国际航运中心进行系统规划和全面部署。

战略目标 建设国际金融中心的目标实现时间为 2020 年,基本建成与我国经济实力以及人民币国际地位相适应的国际金融中心。主要标志:(1)基本形成国内外投资者共同参与、国际化程度较高,交易、定价和信息功能齐备的多层次金融市场体系;(2)基本形成以具有国际竞争力和行业影响力的金融机构为主体、各类金融机构共同发展的金融机构体系；(3) 基本形成门类齐全、结构合理、流动自由的金融人力资源体系；(4) 基本形成符合发展需要和国际惯例的税收、信用和监管等法律法规体系，以及具有国际竞争力的金融发展环境。主要任务是，加强金融市场体系建设。核心任务，是不断拓展金融市场的广度和深度，形成比较发达的多功能、多层次的金融市场体系；加强金融机构和业务体系建设；提升金融服务水平；改善金融发展环境。

建设国际航运中心的目标实现时间为2020年，基本建成航运资源高度集聚、航运服务功能健全、航运市场环境优良、现代物流服务高效，具有全球航运资源配置能力的国际航运中心。主要标志：(1) 基本形成以上海为中心、以江浙为两翼，以长江流域为腹地，与国内其他港口合理分工、紧密协作的国际航运枢纽港；(2) 基本形成规模化、集约化、快捷高效、结构优化的现代化港口集疏运体系，以及国际航空枢纽港，实现多种运输方式一体化发展；(3) 基本形成服务优质、功能完备的现代航运服务体系，营造便捷、高效、安全、法治的口岸环境和现代国际航运服务环境，增强国际航运资源整合能力，提高综合竞争力和服务能力。主要任务是建设国际航运中心。优化现代航运集疏运体系；发展现代航运服务体系；促进和规范邮轮产业发展。

战略实施　2009年5月8日，市政府下发《贯彻国务院关于推进上海加快发展现代服务业和先进制造业建设国际金融中心和国际航运中心建设的实施意见》(简称《实施意见》)，从四个方面提出59条政策措施。同年5月11日，市委、市政府在上海国际会议中心召开加快推进上海国际金融中心和国际航运中心建设工作会议，市委书记俞正声进行全面动员，市长韩正就贯彻《实施意见》作工作部署。5月22日，市政府办公厅发出《关于印发上海国际金融中心和国际航运中心建设2009年重点工作安排和部门分工的通知》，明确了每项具体工作的牵头部门、相关部门和其他责任单位承担的重点工作、推进举措和工作职责，以确保各项工作扎实推进。同时，上海成立推进上海国际金融中心和国际航运中心建设领导小组，由市长韩正任组长，下设金融和航运两个工作推进小组，形成领导挂帅、多方参与、统一协调、共同推进的工作格局。6月25日，市十三届人大常委会第十二次会议通过《上海市促进国际金融中心建设条例》，从8月1日起实施，为推进国际金融中心建设提供法制保障。

到2010年，上海推进“四个中心”建设，发展现代服务业和先进制造业取得了重要进展。(1) 国际经济中心建设。2010年实现地区生产总值16 872.42亿元，其中服务业占比达到57.3%，新增跨国公司地区总部、投资型公司、研发中心82家，累计达837家，经济的服务和辐射功能进一步增强。(2) 国际金融中心建设。2010年上海金融市场交易总额416万亿元，比2005年增长10倍，上海证券交易所股票交易额位居全球第三，上海期货交易所成为全球三大有色金属定价中心之一。同时，还开展了跨境人民币业务试点、期货报税交割试点、新台币现钞双向兑换业务试点，以及沪深300股票指数期货等。上海已形成大陆类型最齐全的金融机构体系和市场体系，成为各类金融机构集聚程度最高、金融产品最丰富、年交易量最大的城市。(3) 国际航运中心建设。2010年，上海港货物吞吐量连续6年保持世界第一，集装箱吞吐量首次跃居世界第一，浦东机场连续3年排名世界货运机场第三。(4) 国际贸易中心建设。“十一五”期间(2006—2010年)，上海社会消费品零售总额位于全国大中城市前列，商品销售总额位于全国大中城市第一，关区进出口总额接近全国1/4。

第二节　改革开放至20世纪末发展计划

改革开放至20世纪末(1978—2000年)期间，市委、市政府在中共中央、国务院的领导下，制订上海经济发展战略;发展外向型经济,引进和消化国外先进技术;围绕增强国有企业活力,扩大企业自主权,推行各种形式的承包经营责任制,积极探索建立现代企业制度,推进国有资产管理体制改革;推进形成以国家级市场为龙头、区域性市场为骨干、地方性市场为基础的市场体系;实施联产承包责任制,促进郊区农业生产发展;调整产业结构,发展支柱产业,加强科技工作,发展旅游事业;相继建成一大批重大交通和市政工程并投入使用;加快居民住宅建设,人民生活水平有了进一步的提高。按照政企分开的原则,转变政府职能,加强和改善政府宏观调控能力;以浦东开发开放为龙头,初步形成对内对外开放的新格局。上海全面完成"五五""六五""七五""八五"和"九五"计划。

1975年10月,根据国家计委的《第五个五年计划(1976—1980年)》设想,由市革委会综合计划统计组编制了《上海"五五"计划汇报提纲》,由于"文化大革命"等因素,编制和审定工作被迫中断,上海的"五五"计划最终没有形成正式文件下达。1978年12月,中共十一届三中全会确定把全党工作的着重点转移到以经济建设为中心的轨道上来,提出要注意解决好国民经济比例严重失调的问题。1979年7月,全国五届人大二次会议提出对国民经济实行"调整、改革、整顿、提高"的方针。按照中央和市委的要求,市政府在1980年采取三项发展经济的措施:(1)缩短基本建设战线,进一步调整投资方向。停、缓建一批基建和技术措施项目,压缩投资,用于加快轻纺、手工业和电子工业发展,加强能源、建材等薄弱工业;增加非生产性建设的投资,包括住宅建设、三废治理、市政公用设施等。(2)开展增产节约运动,挖掘潜力,增加生产。以高产、优质、多品种、低消耗为中心调整产品方向,广开生产门路,大力增产内外贸市场适销、国家急需的短线产品,积极发展新产品,努力实现产品升级换代。(3)进行经济体制改革的探索。"五五"计划时期,上海生产总值年均增长8.4%。工业总产值年均增长7.6%。1975年和1980年相比,轻工业产值占工业总产值的比重由48.5%上升到55.3%;出口产品比重从13.3%上升到19.5%;支农产品比重从3.4%降为2.4%;社会商品零售总额年均增长11%;外贸出口总值年均增长14%;全市财政收入年均增长6.2%。固定资产投资总额共达151.44亿元,是"四五"计划时期投资总额的1.58倍,其中非生产性投资占投资总额的18.5%。

1981年12月,五届全国人大四次会议通过国务院提出的从1981年起再用五年或者更多一点的时间,继续贯彻执行"调整、改革、整顿、提高"的方针和今后建设的10条方针。1982年9月,中共十二大提出到20世纪末全国经济建设总的奋斗目标和战略部署。根据中央精神和市委要求,市政府多次召开部、委、局会议,部署编制"第六个五年计划(1981—1985年)"方案。市计委按照市政府的部署,拟订了17个专题进行调查研究和预测。同时,补充研究论证34个问题,包括7个研究课题,15项重点建设项目的技术经济可行性论证,9项新情况新问题的调查研究和3项政策研究。在此基础上,编制上海第六个五年计划(1981—1986年)方案。1983年4月,上海"六五"计划经市八届人大一次会议批准后贯彻执行。上海通过调整产业结构,加强技术改造,建设重点工程项目,开展经济体制改革,实施对内对外开放等措施,推进计划实施。"六五"计划时期,生产总值年均增长9.1%;工业总产值年均增长7.7%;全市财政收入年均增长5.8%;外贸出口共完成180.08亿美元。固定资产投资累计完成412.74亿元,超过改革开放前30年的总和,年均增长20.6%。经济工作逐步走上以提高经济效益为中心的轨道,宏观和微观经济效益都有一定的提高:人均生产总值(人均GDP)由1980年的2 738元提高到1985年的3 855元,增长40.8%;社会综合劳动生产率年均增长7.3%,能源利用效果也逐年提高;长期以来国民经济比例严重失调的状况有了明显改善。特别是与人民生活密切相关的日用消费品、副食品都有较大增长,为繁荣城乡市场提供了大量适销货源。

1984年1月,国家计委开始部署编制第七个五年计划(1986—1990年)。同年2月13日,市政府召开全市有关部委办和区县局干部大会,作出统一安排。在全市工业系统74个行业(约占全市工业产值95%)的发展规划、科技发展规划的专题调研和论证以及城市总体规划纲要制订的基础上,形成上海“七五”的轮廓设想。1985年2月,按照建设具有中国特色的社会主义的总要求和对内搞活经济、对外实行开放的基本方针,根据国务院批准的上海经济发展战略目标,制订上海“七五”建议。经市委讨论通过,于1986年5月3日在市八届人大五次会议审议后批准执行“七五”计划。“七五”期间,市人大常委会、市政府发布了一批涉外经济法规、规章,进一步加大引进外资力度;围绕增强国有企业活力这一中心环节,进一步扩大企业自主权;改革计划管理体制,政府对企业的管理从以直接控制为主逐步转向以间接控制为主。农业生产全部由指令性计划改为指导性计划,工业生产缩小指令性计划比重;大力加强基础设施建设,改善城市交通和通讯等条件;逐步完善社会主义市场体系,培育和发展消费品、生产资料、技术、建筑、劳务等市场;市政府于1986年6月10日发布《上海市关于进一步推动横向经济联合的试行办法》,加强上海与全国各省、市、自治区的横向经济联系;按照中央指示精神,上海制订《开发浦东规划方案》,提出浦东发展的战略目标、指导思想、规划布局及政策措施等。“七五”计划时期,上海生产总值年均增长5.7%,工业总产值年均增长5.9%;农业总产值年均增长4.3%;全市财政收入年均增长1.5%;社会消费品零售总额年均增长14%;外贸出口年均增长9.6%。“七五”计划期间,上海生产总值未能完成年均增长7.5%的计划指标,但仍实现了工农业总值比1980年翻一番的目标。

1991年1月,中共上海市委五届十一次全会提出:上海90年代国民经济和社会发展战略目标是开发浦东,振兴上海,服务全国,面向世界。按照全国十年规划和第八个五年计划(1991—1995年)的要求,市委、市政府在上海“八五”计划和十年规划中,确定了上海90年代(1991—1995年),实现生产总值再翻一番的总体目标,并提出7条基本指导方针。同年3月,市计委按照七届全国人大四次会议精神,对《纲要(草案)》作了修改补充。4月,市九届人大四次会议经过审议,通过了“八五”计划纲要。为实现“八五”计划,市委、市政府按照“一个龙头、三个中心”的战略目标和“一年一个样、三年大变样”的要求,提出“三二一”的产业发展方针,优先发展第三产业,积极调整第二产业,稳定提高第一产业。第三产业、工业六大支柱产业(汽车、通信设备、电站成套设备和大型机电设备、钢铁、石油化工和精细化工、家用电子电器)和高新技术产业成为新的经济增长点;以现代大市场建设作为改革的突破口,发挥市场在资源配置中的基础作用;推动国有企业转换经营机制,使国有经济继续发挥骨干作用;扩大对内对外开放,加快浦东开发步伐。从基础开发为主转向基础开发与功能开发并举,使浦东新区成为上海经济发展新的增长点。“八五”计划期间,上海生产总值年均增长13%;工业总产值年均递增18%;农业总产值年均递增4.9%;社会消费品零售总额年均递增23.8%;全市财政收入年均递增19.8%;外贸出口年均增长20.7%。

经过“八五”建设,上海经济社会发展取得了重大的历史性成就,同时也面临着制约发展的新问题。在市委、市政府的领导下,由市计委牵头,经过调查研究、征求意见,编制了《上海市国民经济和社会发展“九五”计划与2010年远景目标纲要》,经1996年2月9日市十届人大四次会议审议通过实施。“九五”期间(1996—2000年),上海积极贯彻国家宏观调控政策,努力克服亚洲金融危机和国内有效需求不足带来的困难,坚持立足于整体搞活国有经济,不断深化以国有企业改革为中心环节的各项综合配套改革;坚持以浦东开发开放为龙头,不断扩大对内对外全方位开放;坚持“三二一”产业发展方针,大力推进产业结构战略性调整和生产力布局整体性调整;坚持实施科教兴市战略,促进经济建设尽快转到依靠科技进步和提高劳动者素质的轨道上来;坚持妥善处理好改革、发展、稳定三者关系,努力为改革开放和经济建设创造良好的社会环境,全面完成了“九五”计划提出的国民经济和社会发展的各项任务。至2000年,上海生产总值达到4 551亿元,年均增长速度达到11.4%,人均生产总值34 560元;第三产业占生产总值比重超过50%;工业六大支柱行业产值占工业总产值比重超过50%;高新技术产业产值占工业总产值比重超过20%,二、三产业共同推动经济增长的格局基本形成。农业开始走上从城郊型农业向都市型现代农业转变的新路。国有及国有控股工业企业资产负债率降到46.5%。外商投资、股份合作、私营经济等加速发展,非公经济增加值占国内生产总值比重达到26%。健全完善了以证券、外汇、期货、技术产权、人才等一批要素市场为核心的大市场体系。上海外贸进出口快速增长,5年累计进出口商品总额达到1 717亿美元,累计实际吸收外资金额突破300亿美元。各地在沪企业已达1.5万家,上海在外省市投资的企业达到4 200个。浦东开发开放进入形态开发和功能开发并举的新阶段,初步形成外向型、多功能、现代化的新城区。

第三节　第十个五年计划(2001—2005年)

“十五”期间(2001—2005年),是上海加快建设国际经济、金融、贸易中心和国际航运中心,初步确立国际经济中心城市地位、全面提高城市综合竞争力的关键时期。市委对编制上海“十五”计划十分重视,于2000年10月21日提出《关于制定上海市国民经济和社会发展第十个五年计划的建议》。在市委、市政府领导下,由市发展计划委牵头,经调查研究,广泛征求意见,多次修改,形成了《上海市国民经济和社会发展第十个五年计划纲要草案》(以下简称《“十五”计划纲要》)。2001年2月12日,《“十五”计划纲要》经市十一届人大第四次会议批准实施。

一、目标任务

《“十五”计划纲要》明确上海国民经济和社会发展的奋斗目标是:调整优化经济结构,不断提高城市的信息化、市场化、法治化水平,发挥国际大都市的综合优势,增强城市的综合竞争力。具体是:(1)综合经济实力。保持国民经济持续快速健康发展,力争成为国内外经济规模大、产业能级高、资源配置能力强的城市。“十五”期间,预计生产总值年均增长9%—11%,到2005年,按2000年价格计算的生产总值达到7 300亿元左右,人均生产总值达到5.4万元左右。2005年三次产业增加值占生产总值的比重调整为1.2∶43.8∶55。地方财政收入与国民经济保持同步增长。2005年,全市外贸进出口商品总额预计达到850亿美元,其中出口商品总额超过400亿美元。全社会固定资产投资总额5年累计达到1万亿元。到2005年,预计城市居民家庭人均年可支配收入达到1.5万元,农村居民家庭人均年可支配收入达到7 100元。(2)综合服务功能。强化国际性经济中心的集聚扩散功能,力争成为国内外商业机会多、比较成本低的城市。到2005年,股票、外汇、债券、期货、基金等市场交易额占全国的份额进一步提高,入驻上海的国外金融机构、跨国公司中国营运中心总数进一步增加,成为全国的资本运作中心和资金营运中心。各类中介服务机构大幅增加。预计到2005年,口岸进出口商品总额达到1 800亿美元,国际标准集装箱吞吐量1 000万标箱左右,国际互联网普及率50%左右,邮电业务总量350亿元。(3)综合发展环境。强化城市综合环境建设,力争成为适宜国内外人士发展创业和生活居住的城市。“十五”期间,户籍人口自然增长率控制在-1‰左右;到2005年,户籍人口控制在1 350万人左右,常住人口1 600万人左右。建成全覆盖、多层次的社会保障体系。信用制度和市场秩序进一步健全完善，社会安全度继续提高。到2005年，基本建成便捷、高效的轨道交通基础网络框架，初步实现高速公路建设“153060”目标①。环保投入相当于国内生产总值的比例达到3%以上，市区人均公共绿地面积超过7平方米，市区绿化覆盖率达到28%—30%。城镇居民住房人均使用面积达到18—20平方米。国内外来沪科技和管理人才、留学归国人员数量大幅度增加。(4) 综合创新能力。加快面向市场的科技教育发展，着力构建具有持续创新能力的综合创新体系。到2005年，全社会研究与发展经费支出相当于生产总值的比例达到2.2%—2.5%。高新技术产业产值占工业总产值比重达到25%，高新技术产品出口占外贸出口比重达到25%，技术交易额达到200亿元。每10万人年专利授权数达到60项，具有自主知识产权的高新技术产品产值占全市高新技术产品产值比重有明显提高。(5) 综合管理水平。全面推进依法治市，力争走出城市现代化管理的新路。基本建立廉洁高效、运转协调、行为规范的行政管理体制。健全完善职责对称、自我约束的政府分层管理机制。人民群众通过各种形式在管理国家和社会事务中的民主参与、民主监督作用进一步加强，深入了解民情、充分反映民意、广泛集中民智的决策机制基本形成。市、区县和乡镇(街道)政府基本实现网上政务。到2005年，城镇登记失业率控制在4.5%以内，力争文明城区达到1/3，市级文明小区达到2/3，人民群众对社会治安的满意程度进一步提高。(6) 市民综合素质。以促进人的全面发展为中心，不断提高城市文明程度。到2005年，市民的健康水平和生活质量进一步改善。全面普及高中阶段教育，高等教育毛入学率达到55%左右，总人口平均受教育年限达到9年，新增劳动力平均受教育年限达到14年。中青年的外语普及程度和应用能力显著提高。市区居民年人均服务性消费占消费支出总额的比重达到25%左右。

经济社会发展的主要任务是：实现“十五”发展的目标，着眼于经济全球化加速趋势和信息社会的发展，把握我国加入世界贸易组织的新机遇，深化对外开放，加快提高上海国民经济和社会发展的信息化、市场化、法治化水平。具体包括：(1) 积极参与经济全球化，着力推进现代化国际大都市的建设。在更宽领域、更深层次上参与国际分工和合作，清理、调整和完善地方性经济法规和政府规章，进一步发展开放型经济。全方位推进上海国际金融中心、国际贸易中心建设，加快建设上海国际航运中心。浦东新区要增创新优势，更好地发挥示范、辐射和带动作用。要在参与国际大都市的合作竞争中，提高上海联系世界、服务全国的能力。(2) 加速推进信息化，带动经济结构优化升级。实施信息化领先发展战略，加强信息基础设施建设，着力推进信息科技的研究开发与创新。以培育龙头企业和拳头产品为依托，加快提高信息产业的规模化、现代化水平，通过信息化改造传统产业和带动产业结构优化升级。努力开发和利用各类信息资源，推动个人、企业、政府和各类社会机构运用信息技术和信息产品，使上海城市信息化整体水平达到发达国家中心城市的平均水平。(3) 深化经济体制改革，进一步完善社会主义市场经济运行机制。加快国有经济布局的战略性调整，鼓励外资和国内非公有制经济参与重组国有企业，构建国有资产进退联动与多种所有制经济融合渗透、共同发展的机制。继续完善社会保障体系。积极推进投融资体制创新，进一步发展以生产要素市场为主体的大市场体系。(4) 努力创造良好的法制环境，进一步提高依法治市的水平。切实转变政府职能，改革政府行政性审批制度，建立和完善科学的行政决策制度。强化政府在就业、社会保障、社会事业、公共安全等领域的责任。不断提高政府依法行政水平，加大对政府的行政监

① “153060”：重要工业区、重要集镇、交通枢纽、客货主要集散地15分钟进入高速公路网，中心城与新城、中心城至省界30分钟互通，高速网上任意两点间60分钟内到达。

督和制度约束力度。强化知识产权保护，完善综合执法，推进依法管理，实现物质文明和精神文明建设的协调发展。

二、执行结果

“十五”期间，上海坚决贯彻国家宏观调控政策，积极应对更加开放的外部环境变化带来的风险，努力解决前进中出现的新问题新矛盾，成功战胜非典疫情等重大灾害的挑战，城市的国际化、市场化、信息化、法治化水平明显提高，“十五”计划确定的主要发展目标提前实现。(1) 经济保持持续较快平稳增长。“十五”期间，全市生产总值年均增长率达到 11.5%，实现连续 14 年保持两位数增长。2005 年，全市生产总值达到 9 154 亿元，按照常住人口计算的人均生产总值达到 5 万元；二、三产业共同推动经济增长的格局进一步巩固，现代服务业和先进制造业加快发展，工业结构和产业基地能级明显提升，农业现代化建设取得初步成效。综合经济效益明显改善，2005 年地方财政收入达到 1 434 亿元，万元生产总值综合能耗从“九五”期末的 1.14 吨标准煤降至 0.93 吨标准煤，降幅达 18.4%。(2) 人民生活持续改善。城乡居民收入保持较快增长，2005 年城市和农村居民家庭人均可支配收入分别达到 18 645 元和 8 342 元，收入增幅差距逐步缩小。居民生活质量进一步提高，城市居民家庭服务性消费支出比重提高到 32.3%，城镇居民人均住房使用面积达到 21.3 平方米。全面推进以“平改坡”①为主要内容的旧住房综合改造，加快改善市民居住质量和环境。城镇登记失业率控制在 4.5%以内，基本社会保障体系框架初步形成，人口管理和服务新体制初步确立。(3) 城市建设管理和环境整治取得重大进展。枢纽型、功能性、网络化的基础设施建设实现重要突破，上海国际航运中心建设取得新进展，洋山深水港区一期工程建成开港，上海港连续三年保持全球第三大集装箱港地位，建成浦东国际机场第二跑道，市域高速公路网框架基本建成，轨道交通建设取得新进展。信息基础设施综合服务能力明显提升。燃气、交通、环卫、水务等行业改革不断推进，城市规划管理体制进一步完善，全市统一的灾害综合管理新模式框架初步确立。环境建设与保护取得阶段性突破，全面完成两轮环保三年行动计划，中心城区河道水质得到改善，人均公共绿地面积达到 11 平方米，建成国家园林城市，成为国家循环经济试点城市。(4) 科技教育等各项社会事业实现新发展。科教兴市主战略向纵深推进，科技创新动力进一步增强，科技投入和科技成果明显增多，全社会研发经费支出相当于全市生产总值的比例达到 2.34%，高技术产业自主知识产权拥有率达到 27%。政府财政性教育投入明显增加，实现“三个增长”②的法定要求，中小学校舍建设达标工程基本完成，高校布局结构调整初步完成，新增劳动力平均受教育年限达到 13.5 年。公共卫生体系建设三年行动计划和建设健康城市三年行动计划全面完成，公共卫生应急处置能力进一步提高，医疗机构门急诊条件得到改善。建成上海科技馆、东方艺术中心等一批文化教育设施，成功举办 F1 汽车赛、第 48 届世乒赛、网球大师杯赛等重要赛事和文化节庆活动，在奥运会和全运会上取得良好成绩，涌现出一批世界级的优秀运动员。(5) 经济体制改革不断深化。政府、企业、市场、社会综合配套改革深入推进。国有控股公司和大企业集团改革重组取得重要进展，初步形成国有资产管理、营运、监督体系。非公经济发展环境不断改善，在国民经济中的作用不断增强。证券、期

① “平改坡”：指在建筑结构许可条件下，将多层住宅平屋面改建成坡屋顶，并对外立面进行整修粉饰，达到改善住宅性能和建筑物外观视觉效果的房屋修缮行为。

② 三个增长：一是财政经常性收入增长，财政教育拨款有所增长，且高于财政经常性收入的增长；二是生均教育经费有所增长；三是教师工资和生均公用经费有所增长。

货市场稳步发展，外汇、债券、钻石、黄金、产权、土地等要素市场加快发展。政府职能进一步转变，市、区（县）政府机构改革和财税管理体制改革基本完成，认真贯彻《行政许可法》，完成行政许可和审批事项规范清理，率先在全国推出政府信息公开制度。初步构建起社会诚信体系框架。行业协会和中介机构加快发展。整顿和规范市场经济秩序取得成效。(6) 对外开放和区域合作提高到新水平。APEC会议、全球扶贫大会、世界工程师大会等重大国际性会议在上海成功举办。对外开放领域不断拓展。推进"大通关"工程，洋山保税港区投入运营，口岸服务功能进一步增强。2005年，上海口岸进出口总额达到3 506亿美元，外商直接投资实到金额累计超过280亿美元。与长江三角洲及内地其他地区的经济合作领域不断扩大，对口支援工作取得新进展。与香港、澳门和台湾地区的经贸交流与合作进一步深化。

第四节　第十一个五年规划(2006—2010年)

2006年1月11日，市委提出《关于制定上海市国民经济和社会发展第十一个五年规划的建议》，要求编制"十一五"规划要坚持以科学发展观统领上海经济社会发展全局。按照中央提出的上海要率先全面建成小康社会、率先基本实现现代化的部署，在市委、市政府领导下，由市发展改革委牵头，会同各部门、各区县编制了《上海市国民经济和社会发展第十一个五年规划纲要》。在规划编制过程中，市政府组织开展了对"十五"计划实施情况的评估，进行了"十一五"规划重大课题研究和咨询，吸收了各专项规划和区县规划的研究成果，广泛听取和采纳了专家学者、社会各界的意见和建议，并与国家及有关省市的规划进行了衔接。《上海市国民经济和社会发展第十一个五年规划纲要》(以下简称《"十一五"规划纲要》)有两个重大变化：一是第一次由"五年计划"变成"五年规划"；二是第一次将发展指标分为约束性指标和预期性指标。2006年1月20日，《"十一五"规划纲要》经上海市第十二届人民代表大会第四次会议批准，公布实施。

一、目标任务

"十一五"时期(2006—2010年)，上海经济社会发展的奋斗目标是：实现经济社会又快又好的发展，办好一届成功、精彩、难忘的世博会，形成国际经济、金融、贸易、航运中心基本框架，取得社会主义现代化国际大都市建设的阶段性进展，为上海从2011年到2020年的持续发展奠定坚实基础。要按照全面贯彻落实科学发展观和构建社会主义和谐社会的要求，围绕加快建设"四个中心"和社会主义现代化国际大都市的总体目标，深入实施科教兴市主战略，进一步处理好自身发展与服务全国的关系，进一步处理好提升城区功能与增强郊区实力的关系，进一步处理好经济发展与社会全面进步和人的全面发展的关系，进一步处理好人口、产业、基础设施、资源和环境的关系，进一步处理好"引进来"与"走出去"的关系，注重全面统筹协调，全力推进十二项重点任务，实现又快又好发展。

经济社会发展重点任务是：(1) 加快形成服务经济为主的产业结构。继续坚持"三、二、一"产业发展方针，按照逐步形成服务经济为主的产业结构的总体要求，优先发展现代服务业和先进制造业，把提高自主创新能力作为产业结构优化升级的中心环节，以信息化为基础提升产业能级，促进二、三产业融合发展，努力提高产业国际竞争力。(2) 着力构建以自主创新为核心的城市创新体系。坚持自主创新、重点跨越、支撑发展、引领未来的方针，加快建立以企业为主体、市场为导向、产学研相结合的技术创新体系，大力提高原始创新、集成创新和引进消化吸收再创新能力，逐步形成以知识创新为基础、技术创新为重点、制度创新为保障、科技中介服务为纽带的城市创新体系，知识竞争力位居全国前列，在建设创新型国家的进程中发挥上海应有的作用。(3) 发展循环经济和建设资源节约型、环境友好型城市。强化资源节约和环境保护意识，按照建设国家循环经济试点城市的要求，坚持节约与开发并举、节约优先，以技术创新和制度创新为动力，加强政策引导和法制建设，明显提高资源利用效率，减少废物排放，形成健康文明、节约资源的消费模式。围绕重治本、重机制、重实效，推进环境保护和生态建设，滚动实施环保三年行动计划。(4) 大力推进社会主义新郊区建设。按照规划布局合理、经济实力增强、人居环境良好、人文素质提高、民主法制加强的要求，努力建设与现代化国际大都市相适应的社会主义新郊区。着眼于建设社会主义新农村，加大工业反哺农业、城市支持农村的力度，加快推进“三个集中”①，加快农村城镇化、农业现代化和城乡一体化进程，初步形成城镇体系框架。至2010年郊区城市化率达到75%。(5) 全面提升城市建设和管理的现代化水平。坚持建管并举、重在管理，加强枢纽型、功能性、网络化重大基础设施建设，构筑城郊一体、内外衔接、便捷高效的综合交通体系。强化城市资源供应保障，健全应急管理体系，提高城市安全保障能力。以城市管理现代化为目标，网格化为抓手，信息化为手段，管理资源整合为保障，运用多种手段建立城市管理的长效机制。(6) 促进区域协调互动发展。按照国家主体功能区划分和统筹区域协调发展的要求，立足于全市不同区域的发展基础和区位特点，发挥优势，强化功能，形成特色，逐步形成区县错位发展、城乡统筹发展、区域协调发展的格局。依托上海城市综合服务功能，进一步服务长江三角洲、服务长江流域、服务全国。(7) 全力办好一届成功、精彩、难忘的世博会。把举办好中国2010年上海世博会作为实施国家战略、提升城市文明程度和市民文明素质、增强城市综合服务功能的重要载体，依托全国支持，举全市之力办好世博会，全面带动上海城市发展。加强与周边地区的协调互动，共抓办博机遇，为服务长三角、服务长江流域、服务全国提供平台支撑。(8) 继续发挥好浦东新区的示范带动作用。在中共中央、国务院作出开发开放浦东重大决策十五周年、浦东发展取得举世瞩目成就的新起点上，继续高举浦东开发开放旗帜，全面贯彻国家关于浦东综合配套改革试点的战略部署，聚焦浦东、东西联动、服务全国、面向世界，发挥示范带动作用，把浦东建设成为改革开放先行先试区、自主创新示范引领区、现代服务业核心集聚区。(9) 实现深化改革和扩大开放新突破。按照建立比较完善的社会主义市场经济体制、为全面贯彻落实科学发展观提供体制保障的要求，以浦东综合配套改革试点为重点，加快政府职能转变，深化国资国企改革，完善市场体系，推进社会领域改革，形成有利于自主创新、转变增长方式、实现可持续发展的机制。进一步扩大对外开放，坚持以开放促改革、促发展，实施互利共赢的开放战略，不断提高外向型经济层次，提升城市国际化水平。(10) 积极推进各项社会事业健康发展。把促进人的全面发展作为经济社会发展的出发点和落脚点，按照确保公益、促进均衡、注重内涵、激发活力的要求，加强公共财政对各项社会事业均衡发展的保障作用，优先投资于人的全面发展，全面提升和优化社会事业的结构和质量，逐步实现均衡协调发展。(11) 努力形成有序有效的社会管理新格局。加强政府社会管理职能，完善社会管理体系，建立健全党委领导、政府负责、社会协同、公众参与的社会管理格局，增强企业社会责任，充分发挥基层组织和民间组织、行业组织、社会中介组织、公益组织等的积极作用，形成社会管理和社会服务的合力。坚持城区社区建设与郊区村镇建设协调推进，全面加强平安建设，为人民群众安居乐业创造良好环境。(12) 进一步完善就业社会保障与收入分配体系。从人民群众最关心的实际问题出发，落实政府责任，动员社会力量，继续实施积极的

① 三个集中：人口向城镇集中，产业向园区集中，土地向规模经营集中。

就业政策，努力增加就业岗位；加快完善社会保障体系，进一步提高市民的社会保障水平；逐步理顺收入分配关系，努力缓解部分社会成员收入分配差距扩大的趋势。为全面完成"十一五"规划确定的各项目标和任务，提出必须加快转变政府职能，进一步发挥政府对规划实施的组织、引导和保障作用；必须动员全社会力量，形成全民参与和实施规划的合力。同时，加强规划实施与保障，推进国民经济和社会发展规划编制和实施工作的规范化、制度化，提高规划的科学性、民主性，进一步建立健全规划实施机制，更好地发挥规划对经济社会发展的指导作用。

二、执行结果

"十一五"时期，在中共中央、国务院的坚强领导下，上海积极应对国际金融危机冲击和自身发展转型的挑战，把举办上海世博会作为实现科学发展的重大契机，把结构调整和高新技术产业化作为确保经济平稳较快发展的主攻方向，把保障和改善民生放在更加突出的位置，"十一五"规划确定的主要目标和任务胜利完成。(1) 经济保持平稳较快发展。全市生产总值年均增长 11.1%，2010 年达到 16 872.42 万亿元，第三产业增加值占全市生产总值比重达到 57.3%，地方财政收入达到 2 873.58 亿元。高新技术产业产值占工业总产值比重达到 23.2%，全社会研发经费支出相当于全市生产总值比例达到 2.83%，单位生产总值综合能耗累计下降 20%的目标如期实现，二氧化硫和化学需氧量排放削减量均超额完成目标。(2) "四个中心"框架基本形成。跨境贸易人民币结算、股指期货、"三港""三区"联动等取得重要进展，金融市场直接融资额占国内融资总额比重达到 25%左右，上海港国际标准集装箱吞吐量位居世界前列，港口货物吞吐量保持世界第一，上海关区进出口总额、服务贸易进出口总额占全国比重均超过四分之一，经济中心城市的集聚辐射功能明显提升。(3) 社会民生持续改善。城市和农村居民家庭人均可支配收入年均增长率分别达到 10.4%和 11.5%，城镇登记失业率始终控制在 4.5%以内，市民各类基本社会保障覆盖面扩大到 98%左右，保障性住房体系不断完善。轨道交通运营里程 452.57 公里，城市建成区绿化覆盖率达到 38.15%以上，环境空气质量不断改善。(4) 改革开放不断深化。浦东综合配套改革试点深入推进，大浦东统筹发展格局初步形成。政府自身建设加快推进，调整和取消行政审批事项 952 项，取消和停止征收行政事业性收费 312 项。国资国企开放性、市场化重组加快推进。服务全国能力不断提高，与长三角及全国其他地区的交流合作不断深化，对口支援工作取得显著成效，支援都江堰市灾后恢复重建工作全面完成。口岸通关效率不断提高，外商直接投资和吸引跨国公司地区总部取得明显进展，对外投资总额比"十五"增长 3.2 倍。(5) 上海世博会顺利圆满举办。在中共中央、国务院部署和领导下，在全国人民的大力支持、共同努力下，上海世博会办得"精彩、成功、难忘"，生动诠释了"城市，让生活更美好"的主题，参展方和参观人数均创历届世博会之最。通过举办上海世博会，上海市容市貌焕然一新，城市管理水平和市民素质明显提高，城市精神内涵更加丰富，城市国际化程度显著提升。世博理念、世博精神和世博经验成为上海推动科学发展、促进社会和谐的新优势。

第二章 综合调控与重大改革

第一节 调 控 与 普 查

一、年度计划

1980年起，随着计划体制改革，年度计划中的指令性指标逐步减少、指导性范围逐步扩大。1982年起，年度计划由国民经济计划改为国民经济和社会发展计划，进一步拓展到社会民生领域。1983年，市计委提出划分三种计划管理形式，确定指令性计划、指导性计划和国家指导下的市场调节相结合的计划管理制度，扩大企业生产经营性计划权限，生产任务不足的重工业企业改变“统购包销”，并可自销部分产品。

1984年12月，市政府在全市全面推开计划体制改革，分别对工农业生产、交通运输、内外贸易、基本建设、技术改造、利用外资、物资分配、人口劳动等计划指标，规定指令性、指导性计划和市场调节的范围、方法、执行、检查等。并确定由市计委牵头，建立市综合经济部门联席会议制度，加强宏观调控和综合平衡。市计委根据全国计划会议精神汇编成年度计划，主要指标有：国民生产总值、工业生产总值、农业总产值、社会商品零售总额、外贸出口总额、地方固定资产投资额、利用外资、地方财政收入、金融、物价指数、交通运输、劳动、节约能源总量、社会事业、建设用地等，相应的计划表格为23张。

1990年起，随着市政府计划工作职能变化，调整和简化了年度计划种类、指标数量和表格，增强计划的宏观性，逐步使年度计划指标与中长期计划指标相衔接。建立以预期指标为主体的国民经济发展指标体系，突出计划的预测性。

2000年起，进一步改革调整年度计划指标体系。2001年，为体现“十五”期间（2001—2005年）提高城市综合竞争力的发展要求，在保留原有指标体系框架的基础上，对《2001年上海市国民经济和社会发展计划》中的指标作了进一步调整完善，更新和补充了部分指标。一是反映“十五”发展新特点的指标。为体现新一轮结构调整的重点和提高创新能力的要求，新增了六大支柱产业、非公经济和专利授权等方面指标。二是反映政府重点工作进展和阶段性成果的指标。为体现海港、空港、信息港“三港”发展进展，新增了国际互联网普及率、国际标准集装箱吞吐量、上海机场旅客吞吐量等指标。三是反映人民生活不断提高要求的指标。注重经济与社会协调发展，增加了城市居民家庭和农村居民家庭人均年可支配收入等指标，优化了反映水质、空气质量和绿化等城市生态环境的指标；至此，城市建设、社会事业和人民生活水平等方面指标占指标总数的比重由原来的29%提高到37%。

2006年，为分解落实好“十一五”规划提出的目标任务，市政府对年度计划主要预期指标进一步做了调整安排。一是为突出增强自主创新能力对提升城市国际竞争力的主导作用，新增加了科技进步贡献率、高技能人才占技术性岗位从业人员比重等指标。二是为突出加快发展服务经济在结构调整中的重要地位，新增加了第三产业占全市生产总值比重、中心城区第三产业增加值占中心城区生产总值比重等指标。三是为突出加快推进社会主义新郊区建设作为统筹城乡发展的重大举措，新增加了郊区城市化率等指标。四是为突出解决民生问题的决心和力度，新增加了市区成片二级旧里以下房屋改造面积等指标。同时，相对减少了产业、投资、出口等总量和速度指标。

2011年，为与“十二五”规划衔接，对指标体系作了进一步调整改革，将指标体系分为结构效益、创新能力、服务功能、社会民生、节能环保五大类。一是突出结构质量效益，重点淡化总量指标，突出结构、质量、效益指标，突出创新能力、城市功能指标，增加了金融市场交易总额、航运服务业营业收入、商品销售总额和战略性新兴产业增加值等指标。二是突出社会民生改善，重点聚焦解决人民群众最关心、最直接、最现实的问题，突出就业、收入、居住等重要民生指标，着力推进以改善民生为重点的社会建设。为体现住房保障工作推进力度，增加了保障性住房供应指标。三是突出可持续发展，重点强化节能减排、环境保护等约束性指标，促进经济社会发展与资源环境相协调。为体现国家对节能减排工作新要求，增加了关于二氧化碳、氨氮、氮氧化物等减排指标。

二、价格调控

上海解放后至1978年中共十一届三中全会召开前，长期实行高度集中的计划经济和高度集中的价格管理体制，市场价格基本平稳。

在1978—1984年价格改革初期，从提高农产品收购价格开始，有计划、有步骤地调整商品价格，优化价格结构。由于长期实行的计划价格被打破，历史上积累的体制矛盾开始波及市场价格，出现市场价格混乱、乱涨价等现象。为此，市政府多次加强市场价格管理，采取多种措施稳定市场物价。

1985年以后，上海全面开始进行城市经济改革，价格改革加大步伐。在投资、消费需求的双膨胀影响下，1985年和1988年，居民消费价格指数涨幅分别达到15.2%和20.1%；1993年和1994年，上涨幅度分别达到20.2%和23.9%，出现三次通货膨胀。市政府针对加价转手倒卖的行为，提出具体价格管理规定，采取适当集中审批权限、实行临时最高限价、加强市场物价检查等措施。同时，实施“稳、压、控、调、改”（稳定市场，管理物价；压缩固定资产投资规模；控制消费基金过快增长；调整产业结构、产品结构和企业组织结构；深化改革）举措。1988年7月，成立由副市长庄晓天担任组长的“清理整顿行政事业性收费领导小组”，开展全市性的清理整顿工作，采取扩大提价申报品种和加强市场物价检查等措施，加强市场价格管理。1990年后，市政府狠抓“菜篮子”“米袋子”工程建设，加强市场调控和价格管理，对43种基本生活必需品和服务项目价格实行监审；发布《关于反价格欺诈和牟取暴利的暂行规定》，取消和纠正两批共288项不合理收费项目和超标准收费项目，建立价格调节基金。随着多项调控措施逐步落实到位，上海居民消费价格上涨势头得到遏制。

1997年以后，市场供求格局发生根本性转变，短缺经济形成的卖方市场转变为总供给大于总需求的买方市场，上海市场物价处于低迷状态。针对市场物价总水平持续走低的经济形势，上海及时转变调控方向，实施有利于推动消费、促进产业结构调整、改善生态环境的价格结构性调整项目。通过加强市场价格监测、分析、调控，促进价格总水平合理回升，制定实施行之有效的价格政策措施，促进产业结构和产品结构调整，扩大社会需求，加大市场价格秩序的整治力度，创造公平竞争的市场环境。1999年6月，居民消费价格指数结束了持续11个月负增长的局面。

2003年以后，消费市场的商品价格除关系国计民生的少数商品价格由政府管理外，其他98%以上的商品价格完全由市场调节。受国际市场供求状况、自然灾害及2003年“非典”疫情等影响，上海在2008年发生部分粮油价格波动、2010年发生部分农产品价格波动。为此，市政府采取重点监测主要商品、对部分重要商品实施提价申报或调价备案等临时价格干预措施,调控市场价格;采取多种措施,包括扶持生产、降低流通成本、做好煤电油气运的保障、完善社会保障机制、从严控制政府调价项目、加大清费降价工作力度、加强产品质量安全管理、加强市场价格行为监管、强化价格监测预警、进一步落实“菜篮子”区县长负责制、建立市场价格调控联席会议制度等,维护市场价格稳定。

三、政策措施

上海认真贯彻落实国家历次宏观调控政策措施,积极主动作为,不断加强和完善综合调控,特别是成功应对了两次金融危机对上海经济社会的冲击和影响。

为应对1997年亚洲金融危机,上海全面贯彻落实国家各项宏观调控政策措施,在1998年初提出“稳中有进,重在有质,重在求实”经济工作方针基础上,进一步明确提出“确保有进,在进中求平衡,在进中求调整”要求,确定“加快建设面向新世纪的工业新高地”等12项重点工作。市政府相继召开各条线专业工作会议,部署具体任务,努力克服困难,积极抓好落实。重点抓了四方面工作:一是加大政策推进力度。发布实施《进一步服务全国、扩大对内开放的若干政策意见》《关于加快中心城区危棚简屋改造的试行办法》《上海市促进高新技术成果转化的若干规定》等一系列政策文件,形成政策效应。二是加大固定资产投资力度。加快重大项目实施进度,加快重大项目建设和重大规划项目前期工作,提前启动延安路高架中段、浦东明珠线、科技城等一批项目;向国家主管部门积极申报和争取一批项目,获得重大资金支持;大力推动技术改造和利用外资工作,加快工业产品新项目建设,加快续建项目建设进度,加大传统工业改造力度,加大对欧美国家招商力度;推动房地产投资,加快危棚简屋改造步伐,放宽商品房项目审批权限,调整存量土地计划管理办法。三是加大财政金融对经济的支持力度。积极争取国家部委支持,争取政策性资金;用好银行信贷资金,进一步完善封闭贷款管理办法;抓好优化重组,充分发挥资本市场融资功能;做好开源节流工作,保证财政收入稳定增长。四是加大对高新技术产业的支持力度。加大对高新技术产业投入,支持重大高科技产业化项目和民营高科技企业发展;加快信息产业发展,加快形成信息产业群;积极探索高科技投资基金,促进高新技术产业化发展。

为应对2008年国际金融危机,上海坚决贯彻国家宏观调控各项政策措施,围绕“确保经济平稳较快发展、确保民生持续得到改善、确保社会和谐稳定、确保世博会筹办有序推进”总体要求,制定实施扩内需、调结构、促改革等一揽子政策措施,努力把国际金融危机对全市发展的影响降到最低程度,努力抓住经济周期性调整机遇加快结构转型升级。一是内外并举拓展需求。着力扩大投资需求,先后争取获得三批中央新增投资资金支持,按照要求落实地方配套资金;加快推进重大项目建设,聚焦世博建设、结构调整等领域加大安排年度投资计划工作量。积极贯彻国家鼓励消费各项政策,出台实施搞活流通扩大消费若干意见,形成发展社区商业、扩大汽车消费、推进内外贸融合等12个方面40条政策措施。努力稳定对外贸易,制定实施保持对外贸易稳定增长的若干措施、促进服务贸易全面发展的实施意见等一系列政策措施,出台鼓励跨国公司地区总部发展优惠政策。二是抓住时机调整结构。全力推进国际金融中心和国际航运中心建设,深入贯彻实施国务院《关于推进上海加快发展现代服务业和先进制造业建设国际金融中心和国际航运中心的意见》,成立上海综合保税区管委会,落实航运中心建设有关免征营业税政策,颁布《2009—2012年上海服务业发展规划》。大力强化制造业创新驱动,制定加快高新技术产业化的实施意见,在战略性新兴产业九大重点领域启动一批重大项目，安排100亿元自主创新和高新技术产业化发展重大项目专项资金。继续加快淘汰落后产能，实施节能空调和高效照明产品推广政策，修订上海节约能源条例，颁布循环经济发展、老旧汽车淘汰等专项资金实施细则。三是想方设法帮扶企业。大力加强和改进对企业的服务，专门成立上海市推进政策落实服务企业办公室，建立市领导对口联系重点行业制度。着力减轻企业负担，贯彻落实国家增值税转型政策、企业研发费用加计扣除、高新技术企业认定及相关优惠政策，先后取消和停征多项行政事业性收费。着力缓解中小企业融资难问题，推出小企业信用融资服务平台、保单融资、网络联保贷款等多项举措，启动中小企业上市培育工程。四是坚定不移推进改革。全力推进浦东综合配套改革试点，出台并联审批、告知承诺和建设工程审批程序简化等一批行政审批制度改革措施，启动实施地方金融国资改革。

四、经济类普查

中华人民共和国成立后，全国进行了工业、第三产业、基本单位、农业、经济、人口等普查。上海市政府专门设立各项普查领导小组及其办公室，负责组织实施普查工作。至2010年，全市共实施国家统一部署的工业普查3次、第三产业普查1次、基本单位普查2次、农业普查2次、经济普查2次、人口普查6次(详见第五篇第十一章第一节第三目人口普查)。

图3-2-1　2010年10月29日，上海市第六次全国人口普查普查员宣誓仪式

【实施工业普查】

中华人民共和国成立后，市政府先后组织实施3次工业普查。1950年3月，政务院财政经济委员会下发《关于全国各公营、公私合营及工业生产合作社的工矿企业进行统一的全国普查的训令》，这是中华人民共和国成立后第一次全国工业普查。此后两次起始时间为1983年11月和1995年1月，国务院分别下发《关于认真做好第二次全国工业普查准备工作的通知》和《关于进行第三次全国工业普查的通知》。

第一次工业普查 普查对象为全部工业企业，普查时点为1949年底。普查结果：截至1949年末，全市共有国营、地方国营工业企业143家，公私合营工业企业有15家，这些国营企业大都是大中型骨干企业，工业总产值为5.71亿元，占全市工业总产值的16.3%，公私合营企业的工业总产值为0.12亿元，占全市的0.4%。

第二次工业普查 普查对象为全部工业企业，普查时点为1985年底。普查结果：全市共有工业企业和单位29 522家。其中，大中型工业570家；全民所有制工业企业为2 685家，集体所有制工业企业为5 504家。全部工业企业和单位共有劳动者人数421.8万人，其中，全民所有制职工为214.22万人，集体所有制职工为108.23万人。工业总产值(按照当年价格计算)为867.02亿元，实现利税为229.55亿元；占有资金477.08亿元。

第三次工业普查 普查对象为全部工业企业和附营工业单位，普查时点为1995年底。普查的基本内容由五个方面组成，包括：反映工业企业生产要素的指标；反映工业企业生产、消费、交换、分配的指标；反映工业企业基本经营状况的指标；反映工业企业技术进步的指标；反映工业企业市场竞争行为的指标。本次普查共有8个分类目录，即：主要工业产品产销存目录，约4 700多种；主要工业技术经济指标目录，约1 700多种；主要工业产品生产能力目录，约800多种；主要原材料、能源目录，约260多种；主要工业生产设备目录，约3 000多种；主要工业产品质量目录，共13类，约1 000多种；主要工业产品销售收支目录，约1 200多种；主要工业生产设备技术水平分等办法，约500多种。合计约1.31万余种。普查结果：截至1995年末，全市共有工业企业和生产单位39 908个。其中，大中型工业企业1 297家，"三资"企业单位数为3 912家，乡镇工业企业共计29 772家。全市工业企业和生产单位的从业人员为416.43万人。其中，"三资"工业从业人员57.33万人，乡镇工业从业人员154.76万人。工业总产值5 349.53亿元，上缴税金319.65亿元，产品销售收入4 575.26亿元，实现利税517.37亿元。

【实施第三产业普查】

根据国务院《关于开展全国第三产业普查工作的通知》，1993年开始对第三产业进行一次普查。1993年5月，市政府办公厅发出《关于开展本市第三产业普查工作的通知》，明确1993年4—10月，对上海第三产业进行普查。市政府成立上海市第三产业普查领导小组。普查以1992年为调查年度，范围为在上海市从事经营或业务活动的第三产业独立核算和单独核算的企业、事业、机关、个体户等。方式为行政区划与主管部门结合、全面调查与抽样调查结合。各独立核算及单独核算的企业、事业和机关为基层起报单位，居委会、村委会及居委会和村委会开办的第三产业小单位和个体户采取按行业归类填报的办法，实际填报单位为62 558户，单位覆盖率达到98%。

普查内容分两部分：一部分是分类指标，包括单位所在地、核算形式、经济类型、行业分类、开工(业)年月、隶属关系、单位类别等；另一部分是以增加值为核心内容的价值量指标及人员状况统计指标，包括总产出、增加值及构成要素、固定资产原值、流动资产总额、金融资产及金融负债、从业人员等。

普查结果：截至1992年末，全市第三产业总产出为856.21亿元，中间投入为453.44亿元，全年创造增加值402.77亿元；第三产业共拥有固定资产928.81亿元，占全市的41.6%。全年共创利、税总额 192.36 亿元，占全市的 36.3%；第三产业从业人员为 245.74 万人，占全市的 31.3%。1992 年，上海国内生产总值(简称 GDP)按普查结果调整后为 1 114.32 亿元，第三产业增加值的比重达到 36.1%。与常规统计相比，第三产业普查结果的增加值多出 48.38 亿元，第三产业在全市生产总值中的比重增加 2.9 个百分点。

为了使这次第三产业普查结果更快、更直接地为市政府宏观决策服务，确定市统计局在原已建立的月度 GDP 测算的基础上，以 1992 年度第三产业普查资料为依据，对上海 1993 年月度 GDP 的总量及增长速度进行调整，以与经济实际运行情况相符。

【实施基本单位普查】

1996—2001 年，国家进行过两次基本单位普查。1996 年 1 月 25 日，国务院下发《关于开展第一次全国基本单位普查的通知》，决定 1996 年进行第一次全国基本单位普查。1996 年 7 月 29 日，市政府办公厅发出《关于做好本市第一次基本单位普查工作的通知》。2001 年 9 月 1 日，国务院办公厅下发《关于认真做好第二次全国基本单位普查的通知》，决定 2001 年在全国进行第二次基本单位普查。2001 年 9 月 5 日，市政府批转《市统计局等十一部门关于开展上海市第二次基本单位普查意见》。

第一次基本单位普查 普查对象为上海行政区域范围内所有的法人及法人单位所附属的产业活动单位。普查的内容为 1996 年法人单位、产业活动单位以及个体工商户的基本情况。普查目的是查清全市各行业的单位底数，为建立上海市基本单位名录库、各项抽样调查的样本框和建成上海市经济社会地理信息系统(GIS)打下基础。普查的标准时点为 1996 年 12 月 31 日，时期资料为 1996 年。

普查结果：截至 1996 年末，全市现有单位(含个体工商户)数总量为 42 万个，其中法人单位 200 761 个，多产业法人单位开设的产业活动单位 51 308 个，个体工商户 162 604 户。在法人单位总数中，企业法人单位为 176 075 个，事业法人单位为 11 885 个，社会团体法人单位为 3 412 个，行政法人单位(国家机关和政党机关)为 2 895 个，社区管理型机构单位(居委会和村委会)6 494 个。将全部法人单位按照活动的性质和地点来划分，上海市共有 252 069 个产业活动单位。从行业分布看，企业法人和营利性产业活动单位占全部法人单位和全部产业活动单位的比重分别为 87.7%和 87.9%。上海市的单位，相对集中于制造业和批发零售贸易、餐饮业及社会服务业。这三个行业，集中了全市 76.1%的企业法人单位、84.9%的营利性产业活动单位和 98.5%的个体工商户。

第二次基本单位普查 普查对象为上海各类法人单位、法人单位所属的产业活动单位以及个体工商户，包括各类企业法人、事业单位法人、机关法人、社会团体法人和民办非企业等其他法人单位，以及其法人单位所属的农业、工业、建筑业、交通运输业、批发零售贸易业、餐饮业、服务业等产业活动单位。普查的内容包括各类单位的基本标识、主要属性、基本状态和主要总量指标。普查目的是反映上海第一次基本单位普查起各类单位的发展变化情况，逐步建立动态更新的基本单位名录库系统。普查的标准时点为 2001 年 12 月 31 日，时期资料为 2001 年。

普查结果：截至 2001 年末，全市除个体工商户外，拥有各类法人单位 25.92 万个。其中，企业法人单位 23.52 万个，事业法人单位 1.09 万个，社会团体法人单位 0.26 万个，机关法人单位(国家机关和政党机关)0.25 万个，其他法人单位 0.8 万个。在全部法人单位中，共有 23.25 万个法人单位是从事一种社会经济活动，并只有一个活动地点的单位；有 2.67 万个法人单位是从事多种社会经济活动，或者具有多个活动地点的单位。

与1996年全市第一次基本单位普查结果相比,5年间,全市各类法人单位和产业活动单位分别净增5.85万个和8.39万个,分别增长29.1%和33.3%。

【实施农业普查】

1994—2005年,国家进行过两次农业普查。1994年10月29日,国务院下发《关于开展第一次全国农业普查的通知》,决定于1996年开展第一次全国农业普查。2005年4月20日,国务院下发《关于开展第二次全国农业普查的通知》,决定于2006年进行第二次全国农业普查。

第一次农业普查 普查的主要内容包括:农业生产经营单位的数量、规模和结构;农业用地在各生产经营单位的分布和使用情况;农业生产性固定资产的数量、结构和性能;农村劳动力的数量、素质、从事的行业和流动情况;乡镇企业和建制镇的基本概况。上海增加调查了三项内容;分别是农业规模化、集约化、设施化情况;乡镇社区经济发展与投资环境情况;城乡一体化建设情况。普查时点为1996年12月31日,普查时期为1996年。

普查结果:截至1996年末,上海市实有农业用地515.64万亩,其中耕地面积450.87万亩,分别占全市土地总面积的54.2%和47.4%。农业用地面积占用结构:国有农业单位占用为11.3%,农村集体占用为5.9%,农户及私人占用为82.8%。上海市农村实际从事农业生产经营户117.59万户,户均经营耕地面积为3.36亩;其中经营耕地在5亩以下的农户有103.17万户,占农村总户数的87.7%。农村从业人员为286.10万人。其中,农业(农、林、牧、渔)从业人员为86.05万人,占农村从业人员总数的30.1%;农业服务业从业人员为3.2万人,占1.1%;工业从业人员为137.04万人,占47.9%;建筑业从业人员为12.96万人,占4.5%;交通运输业从业人员为6.76万人,占2.4%;批零贸易餐饮业从业人员为8.84万人,占3.1%;其他行业从业人员为31.25万人,占10.9%。农村劳动者受教育程度为文盲、半文盲占13.8%;小学文化程度占28.4%;初中文化程度占49.4%;高中、中专文化程度占7.8%;大专及大专以上文化程度占0.6%。上海农村209个乡镇已建成小城镇镇区面积421平方公里,常住家庭40.87万户,人口116.4万人,占农村总人口28.4%。上海市农村共有各类乡镇企业3.29万个,从业人员166.51万人,平均每个企业的从业人员为50.6人。农村中享受领取退休金的人数为46.16万人;参加社会养老保险的人数为84.25万人,参加社会医疗保险的人数为138.68万人,分别占农村从业人员的29.4%和48.5%。

第二次农业普查 普查内容六项:从事第一产业活动单位和农户的生产经营情况;乡(镇)、村委会及社区环境情况;农业土地利用情况;农业和农村固定资产投资情况;农村劳动力就业及流动情况;农民生活质量情况。上海农业普查补充调查内容三项:农户宅基地使用情况;农户家庭成员社会福利情况;农村居住向城镇集中情况。普查时点为2006年12月31日,普查时期为2006年。

普查结果:截至2006年末,上海实际经营耕地151 410公顷。其中,农户实际经营耕地108 460公顷,农业生产经营单位实际经营耕地42 950公顷。上海共有农业生产经营户64.04万户,平均经营耕地面积2.54亩。其中,本地户平均每户为2.18亩,外来户平均每户为7.88亩。从规模上来看,经营耕地面积在10亩以上的农户为1.4%。上海农村从业人员349.59万人,其中:在第一产业就业的占11.3%;在第二产业就业的占60.8%;在第三产业就业的占27.9%。上海农村有108个乡镇(不包括街道及具有乡镇行政管理职能单位),每个乡镇镇区平均占地面积为8.97平方公里,平均总人口3.33万人。从镇区总人口看,镇区人口在1万人以下(不包括1万人)的乡镇有35个,占32.4%;1万—5万人的乡镇有51个,占47.2%;5万—10万人以上的有15个,占13.9%;10万人以上的有7个,占6.5%。上海130个乡镇年末实有企业个数14.15万个,平均每个乡镇为1 088个。上海经各级土地部门批准的农村宅基地面积为20 001.49万平方米，平均每户为173.66平方米；房屋建筑面积20 603.65万平方米，户均178.89平方米。农村常住居民平均每户实际拥有住宅面积182.2平方米，96.5%的住户拥有自己的住宅。上海参加农村社会医疗保险的人数为258.86万人，参加农村社会养老保险的人数为183.93万人，占农村人口的67.2%和47.8%。

【实施经济普查】

2004—2010年，在国家的统一部署下，上海进行了两次经济普查。2003年8月11日，国家统计局、国家发展改革委、财政部下发《关于调整国家普查项目和周期安排的通知》，将原定于2003年在全国进行的第三产业普查推迟；并计划在2005年、2006年分别进行的工业普查、基本单位普查合并。同时，将建筑业纳入普查内容，统称为经济普查，定于2004年在全国进行第一次经济普查。此后全国经济普查每10年进行两次，分别在逢3、逢8的年份实施。2004年9月5日，国务院颁布《全国经济普查条例》，对经济普查的目的、对象范围和方法、组织实施、数据处理和质量控制、数据公布、资料管理和开发应用、表彰和处罚等作了明确规定。

上海分别在2004年4月12日、2008年5月成立了以副市长或常务副市长为组长的市经济普查领导小组。

第一次经济普查 普查对象为在我国境内从事第二产业和第三产业的全部法人单位、产业活动单位和个体工商户。普查的主要内容包括单位标志、从业人员、财务收支、资产状况，以及企业的主要生产经营活动和生产能力，主要原材料和能源消耗及科技开发的投入状况等。普查的标准时点是2004年12月31日，时期资料为2004年度。

普查结果：截至2004年末，全市从事第二、三产业的全部单位数为41.1万个。单位结构，法人单位34.4万个，法人单位的分支机构6.7万个；所有制结构，国有单位为2.6万个，集体单位3.4万个，股份制单位3.5万个，私营单位27.4万个，其他内资单位1.4万个，港澳台商投资和外商投资单位2.8万个；行业分布，第二产业单位为8.2万个，第三产业单位为32.9万个。在法人单位中，企业32.2万个，机关、事业单位1万个，社会团体0.2万个，其他单位1万个。从业人员总数为911万人(不包括个体从业人员)，其中，第二产业444.5万人，第三产业466.5万人，从业人员中女性为353.6万人。企业法人单位的实收资本总额为1.97万亿元，其中：国家资本占34.6%，集体资本占6.6%，个人资本占23.6%，港澳台资本占9.2%，外商资本占26%。从事第二、三产业的个体经营户33.1万户，从业人员49.1万人。

第二次经济普查 普查对象为在我国境内从事第二产业和第三产业的全部法人单位、产业活动单位和个体经营户。普查的主要内容包括单位基本属性、从业人员、财务状况、生产经营情况、生产能力、能源消耗、科技活动情况等。相比第一次经济普查，第二次普查内容增加水及能源消费、信息化等指标。普查的标准时点是2008年12月31日，时期资料为2008年度。

普查结果：截至2008年末，全市从事第二、三产业的全部单位数为41.7万个。单位结构，法人单位36.1万个，法人单位的分支机构5.6万个；经济类型，国有单位为2.3万个，集体单位1.8万个，股份制单位3万个，私营单位30.1万个，其他内资单位1万个，港澳台商投资单位1万个，外商投资单位2.5万个；行业分，第二产业单位为10.4万个，第三产业单位为31.3万个。在法人单位中，企业33.8万个，机关、事业单位1万个，社会团体0.3万个，其他单位1万个。全市第二、第三产业法人单位从业人员总数为1 041.5万人，其中，第二产业492万人，第三产业549.5万人；从业人员中，女性为398万人。企业法人单位的实收资本总额为2.6万亿元，其中，国家资本占19.2%，集体资本占 2.9%,法人资本占 30.9%,个人资本占 18.1%,港澳台资本占 8%,外商资本占 20.9%。从事第二、三产业有证照的个体经营户为 29.8 万户,从业人员 35.5 万人。

第二节　投融资管理与重大项目

1950—1977 年,上海用于全社会固定资产投资的资金主要来源于国家财政拨款。1978—2010 年,上海投融资体制发生重大变化,投资主体和融资方式由单一到多元;投融资管理方面,由统一的计划体制转变为与建立社会主义市场经济相适应的投融资管理体制,初步形成"政府引导、社会参与、市场运作"的格局。

一、投融资管理体制

1978 年起,为整顿"文化大革命"期间在固定资产投资领域留下的后遗症,国家开始进行宏观调控,先后三次清理建设项目。第一次清理在 1979—1984 年;第二次清理在 1983 年 7 月;第三次清理在 1988—1989 年。

1978 年中共十一届三中全会后,上海相继实行一系列投融资改革,包括简政放权、改革投资计划管理,简化项目审批程序、下放项目审批权限、实行各种形式的投资包干制、扩大企业投资自主权、缩小指令性计划范围和实施市场化运作等。

1979 年 3 月,全国基本建设工作会议提出试行基建投资改为建设银行贷款的改革方案,确定上海市为试点地区之一。同年 9 月,市计委、市建委、市财政局联合召开有各主管局、公司、基建单位负责人参加的基建拨改贷试点工作动员会议,推动建行上海市分行开创和发展基建信贷业务。1983 年,国家计委规定国家基本建设大中型项目要进行可行性论证,并开始对基本建设项目试行"包干经济责任制",实施建设前期工作"项目经理制"等,以提高建设项目的投资效益。

1985 年起,国家全面实行基建拨改贷,拨改贷明确企业实体法人作为还贷主体的责任,是国家投融资改革的起点。

1986 年起,上海陆续组建了一批政府基金组织,其中包括原材料开发基金、工业技术发展基金、城市建设基金、住宅商品化基金、文化发展基金、"星火"计划基金、青年科学基金。大部分来源于财政预算外、世界银行和外国政府贷款,以及发行债券和转贷等渠道筹集的资金;一部分来自按照国家规定收取的服务和管理费用和社会有关部门的集资。1986 年 8 月 5 日,国务院以"国函(1986)94 号"文,批准上海采取自借自还的方式,扩大利用外资。第一批扩大利用外资规模为 32 亿美元(称"94 专项")。该专项实行项目法人制和资本金制,建立专业化的中介组织,通过公平、公正、公开的招投标提供服务。1986 年 10 月,上海投资咨询公司成立,将"先评估、后决策"正式纳入项目决策程序。

1987 年开始,上海充分发挥政府投资主体的作用,搭建地方政府投融资平台,以平台公司向国内外金融机构贷款,支持城市建设。一批投融资平台公司应运而生。同年 12 月 30 日,组建上海久事公司(久事为"94"谐音)、实事公司(1989 年 10 月与上海久事公司合并,成为新的上海久事公司),作为政府性投资平台对"94 专项"进行统一的资金筹措、调剂和管理。申能电力开发公司、投资信托公司、住房建设发展总公司、城市建设投资公司等综合性专业性政府投资公司在上海工农业和城市基础设施重大项目建设中,发挥政府投资主体的作用。在城市建设领域直接筹资 14 亿美元,投入南浦大桥、地铁一号线、合流污水一期工程、20 万门程控电话和虹桥机场国际候机楼改建五大市政基础设施。此后，又转让南浦大桥45%经营权，投入徐浦大桥等其他基础设施项目，改善了上海城市基础设施建设历史上欠账过多的状况。

与此同时，以经营国有经营性资产为主，从事政府产业开发投资的国有投资公司也发挥了作用。市建设委员会、市政府交通办公室、市政府财贸办公室等有关委办局先后成立经营国有经营性资产为主投资公司，如市交通建设投资公司、市商业建设投资公司、市科技投资公司、市创业投资公司、市农业投资公司、市工业投资公司、市外经贸投资公司和市教育系统的精文投资公司、市卫生系统的申康投资公司、市国资委的盛融投资公司等一批国有投资公司。

1990年4月，浦东开发开放后浦东相继成立陆家嘴、金桥、外高桥、张江四大开发公司，以及上海浦东发展银行和浦东发展(集团)有限公司。截至“十五”期末(2005年)，这四大开发公司和浦发集团承担浦东新区80%以上的招商引资任务，共筹集开发建设资金500多亿元。为拓展建设资金渠道，上海在各大口建立融资主体，相继成立工业、农业、商业、城建、交通、科技、外经贸等十多个政府性投资公司，进一步扩大向国内外金融机构融资的规模。

1992年7月，上海市城市建设投资开发总公司(简称“上海城投公司”)成立，成为上海又一家政府性投融资平台。城建资金筹措方面，除了城建规费、财政资金、银行借款、市场债券股票之外，还有土地有偿使用和批租收入。上海城投公司聚焦上海路桥、水务、环境和置业核心主业，积极履行政府投融资主体、重大工程建设主体职责，发挥作为公益性业务平台和上海城投公司控股作为经营性业务平台的作用。1992—2010年，上海财政给上海城投公司累计拨款950亿元，上海城投公司用这950亿筹措了2 500亿的社会资金。

1993年5月，在沪举办的第一届东亚运动会结束以后，为了用好运动会的余款，有关方面建议通过搞多种经营，使资金滚动增值，成为上海大型体育设施建设的主要经济后盾，走一条文化体育带来自我结合、自我完善、自我发展的改革之路。这一建议得到了市委、市政府领导的赞同与支持，1994年11月建立东亚发展公司。东亚发展公司承接了八万人体育场、上海国际网球中心等重点体育设施的建设任务，成为上海体育设施改造的主要承建者。

1999年8月，为贯彻落实上海市政府促进本市高科技产业化发展的“18条”政策，加快高新技术成果转化，市政府正式批准成立上海创业投资有限公司，按照“政府引导、社会参与、利益共享、风险共担”的原则，依托市政府6亿元种子资金，吸引和支持海内外风险投资机构、资金和人才向上海集聚，切实推动技术、资本和产业以多种形式转换和结合。仅仅两年时间，创业投资规模已逾30亿元，政府种子资金放大了5倍。2004年起，上海创投又作为资金管理公司，负责管理上海市30亿元科教兴市重大科技攻关项目专项资金，承担34个重大项目的管理工作。

2000年4月，为加快轨道交通建设，上海久事公司和上海城投公司投资组建申通地铁集团。注册资本金260亿元，先后开工建设11条轨道交通线路。2009年1月20日，两家股东单位对申通增资，资本金由531亿元增加到620亿元。

2002年，市政府批准成立上海申康投资有限公司，主要负责医疗卫生事业投资经营，卫生事业建设项目与大型设备以及设施项目的开发等。凡由政府投资的重大建设项目都建立项目法人制度，以招投标制度为核心的风险约束机制覆盖全市重大基础设施建设项目，投资效益显著提高。

2004年4月，为筹办中国2010年上海世界博览会，上海世博(集团)有限公司挂牌(简称“世博集团”)成立。世博集团由市国资委、上海国有资产经营有限公司、上海文化广播影视集团、上海国际贸易促进委员会四方共同投资，公司注册资本11.1亿元，投资总额13.2亿元。世博集团以发行企业债券等直接融资为主、间接融资为辅，多渠道实施各项投融资项目。同年7月，国务院作出《关于投资体制改革的决定》(以下简称《决定》)。《决定》明确,按照“谁投资、谁决策、谁收益、谁承担风险”的原则,落实企业投资的自主权,把政府对投资项目的管理办法划分为审批制、核准制和备案制三类。上海发布了贯彻《决定》的政策文件。

2006年,为建设虹桥综合交通枢纽,上海成立申虹公司,注册资本50亿元。三大股东分别为上海机场集团、上海久事公司和上海地产(集团)有限公司。申虹公司职责是,对虹桥枢纽规划范围区域实施专项土地储备,负责征地动迁和基础性开发。

2007年9月,上海国盛(集团)有限公司成立,注册资本100亿元,定位是市政府重大产业项目的投融资平台。国盛集团是上海市参与大型客机项目实施的出资主体,截至2010年底,总资产近500亿元。

截至2010年,上海形成了功能定位各不相同、持续服务城市经济、社会建设和发展若干个投融资平台,正是这些资金“血脉”,支撑了上海改革开放后城市建设的发展。

二、投融资改革

改革开放后,投融资由国家拨款方式,拓宽到企业自筹、银行贷款、利用外资、土地批租、股票、债券、基金、租赁等多渠道融资方式;投融资运作由政府统包统揽模式,转变为资本注入收购兼并、资产置换、股权转让等多元化投融资模式。

【财政资金投入】

财政资金投入包括国家财政预算内资金和地方财政资金两部分组成。国家预算内资金主要安排中央部属企事业和上海地方与中央有关的建设项目,如宝山钢铁总厂、金山石化总厂、造船厂、铁路新客站、开挖太浦河、国家粮食储备库等。随着投融资体制改革,国家财政拨款的比重逐年减少。到2010年,国家预算内资金仅占全社会固定资产投资总量的1.8%。

地方财政资金又分为预算内和预算外两种。从预算内资金看,上海地方财政收入绝大部分上缴中央。1985年,中央对上海财政实行总额分成,地方财力有所增加。1988年实行上缴总额包干,上海增加地方财力14亿元。1994年,国家实行分税制,上海地方财力有较大增加,主要用于城市基础设施、“三废”治理、科学普及和教育、文化、卫生、体育等建设项目。

【土地批租】

1986年10月,市政府发布《上海市中外合资经营企业土地使用管理办法》,对“三资”企业建设用地收取土地使用费。1987年11月,市政府发布《上海市土地使用权有偿转让办法》,国有土地的使用权可通过招标拍卖、协议等方式出让。1988年7月8日,日本孙忠利企业有限公司以2 805万美元的出让金中标,取得该地块50年的土地使用权。这是改革开放后上海首起土地批租案例。经过十多年的实践,市政府对《上海市土地使用权出让办法》进行了修订、完善,新的《上海市土地使用权出让办法》于2001年7月1日起施行。

【自筹】

在计划经济时期,国家对企事业单位实行“统收统支”。随着改革开放,企事业单位的经济实力壮大,上海企事业单位投入固定资产建设项目的自筹资金逐年增长,1990年为57亿元,2010年达

2 764.91 亿元。2010 年自筹资金在全社会固定资产投资资金来源中的比重达到 49.9%，成为上海固定资产投资主要的资金来源。

外商直接投资也是自筹资金的方式之一。上海在 1990 年以后，直接投资以中外合资为主。2000 年以后，逐渐发展成以外商独资为主，中外合作和中外合资为辅，同时新成立一批科技含量高、出口潜力大的外资特大型项目。到 2010 年，上海共签订外商投资合同项目 3 906 个，实际吸引外资金额 111.21 亿美元。其中，中外合资企业吸引外资金额 17.84 亿美元，中外合作企业吸引外资金额 1.69 亿美元，外商独资企业吸引外资金额 90.71 亿美元。

【存量资产盘活】

盘活存量资产，包括公房出售、外滩房屋置换等城市基础设施的存量盘活，以 BOT(特许经营权)、APL(可调整规划贷款)吸引外资以及向世界银行和亚洲银行贷款等方式，还包括土地批租和证券市场融资等。

自 1990 年上海证交所成立起，上海先后将 120 家企业改制上市，通过发行 A 股、B 股、H 股等 175 只股票以及增发新股、配股等方式，从证券市场融资超过 1 000 亿元。

2002 年末，法国通用水务公司以 7.6 亿元的价格，购入浦东自来水公司 50%的股权和 50 年的经营权，双方组建了国内首家中外合资的区域性自来水公司。上海 8 条高速公路和 4 条越江隧道。吸引社会资金 235 亿元，其中民间资本占一半。轨道交通建设资金中，有 520.5 亿元来自民间。

【银行贷款】

包括国内银行贷款和国外银行贷款。

国内银行贷款　1996 年 2 月，国家开发银行同意为浦东国际机场建设提供 30 亿元贷款。上海各家银行也增加对区县政府重点建设项目的贷款，1996 年累计新增贷款 50 多亿元。其中，工商银行和上海银行分别新增 17 亿元和 15 亿元，使得区县政府的资金压力缓解，保证了地铁二号线、明珠线、外环线、合流污水二期及延中绿地等上海市重大工程前期工作顺利实施。1997 年，中国银行总行与上海市政府签署关于"九五"期间(1996—2000 年)每年提供 3 亿美元贷款，支持浦东开发的合作意向书；1998 年 9 月，又与上海市政府签署城市基础设施贷款意向书，承诺自 1998 年起的 3—5 年内提供总额为 130 亿元的贷款，用于苏州河环境综合治理一期、轨道交通明珠线一期和二期、外环线吴淞口越江隧道、上海港外高桥港区二期、同江—三亚国道上海段、浦东垃圾焚烧厂、江桥垃圾焚烧厂等项目的建设。2001 年，国家开发银行向上海久事公司承诺贷款 130 亿元，专项用于上海轨道交通、城市建设等项目。工商银行上海分行为支持上海化学工业区的建设，从化学工业区围海造地起就提供贷款 5.2 亿元。2010 年，国内银行贷款在上海全社会固定资产投资资金来源中的比重达到 23.9%，成为上海固定资产投资又一主要的资金来源。

国外银行贷款　上海除取得丹麦、瑞典、芬兰、德国、法国、美国、瑞典、西班牙、意大利以及日本和澳大利亚等国的政府贷款外，还利用世界银行、亚洲开发银行贷款，并在国际金融市场上筹措商业贷款，建设工业、市政交通、能源、医疗等工程项目。在 2010 年上海全社会固定资产投资资金来源中，利用外资的比重达到 3.6%。

【股票融资】

1984 年 12 月，经中国人民银行上海分行批准，上海飞乐音响股份有限公司股票公开发行。

1990年12月19日,国务院批准上海证券交易所成立。自1992年,上海公开发行股票的企业有9家。至1998年,上海建设系统11家国有控股上市公司通过证券市场筹集资金68亿元。截至2002年底,上海企业共向社会公开发行新股169种,累计向社会筹集资金620.87亿元。2010年,上海上市公司通过股票(包括A股及海外上市)融资1171.4亿元,同比增长33.7%,约占全国的10%。

【债券融资】

发行债券是上海筹集建设资金的重要渠道之一。1987年,上海久事公司委托交通银行上海市分行代理发行1.5亿元债券,是地方发行的第一期中长期债券。1990年12月,市计委和中国人民银行上海市分行发行1990年度上海市企业债券6.465亿元。同年,又发行1991年度债券14亿元。此后,上海运用国家给予的有关政策效应,连续10年每年发行5亿元浦东建设债券。2003年,上海久事公司发行40亿元轨道交通建设债券。2005年,上海城投公司发行30亿元城市建设债券;世博有限公司发行15亿元世博建设债券。2007年,世博土地控股有限公司发行40亿元世博建设债券。2008年,上海城投公司发行60亿元城市建设债券。2009年,申江两岸开发建设投资(集团)有限公司发行7亿元固定利率公司债券。

【信托融资】

2002年7月,上海爱建信托投资有限公司推出"外环线隧道项目资金信托计划",该计划募集资金总额5.5亿元,信托期限3年。这在我国信托业还是首创,也是上海重大工程融资方式的一次创新。继隧道项目信托计划后,上海国际信托投资有限公司推出"新上海国际大厦项目资金信托计划",民生银行与中泰信托推出了"外滩观光隧道资金信托项目"。

【产业基金】

2009年3月,张江生物医药产业基金成立,初期规模10亿元。6月,浦东设立"外商投资股权投资管理企业试行办法",吸引国际知名股权投资机构落户上海。同年8月,"上海金融发展投资基金"成立,该基金组织形式为有限合伙制,总规模200亿元。2010年6月,该基金首期募集规模超过110亿元。

【融资租赁】

1993年11月,中航国际租赁有限公司在上海注册成立。1999年4月,上海市租赁行业协会成立。2004年7月,恒信金融租赁有限公司在上海成立,这是美国德州太平洋集团(TPG)在华独资拥有的从事融资租赁业务的大型专业租赁公司,注册资本2.025亿美金。2005年8月,上海电气租赁有限公司成立。截至2010年,上海共有融资租赁企业60余家,租赁种类有飞机、船舶、轨道交通、基础设施、建筑机械、大型机电设备、汽车、房屋、办公用品、通讯器材、商务会展用品等融资租赁以及经营租赁,租赁公司数量约占全国的1/4。

上海固定资产投资多元化融资渠道的形成和发展,为上海投资建设源源不断地注入资金。1977年,上海全社会固定资产投资总额为18亿元,2010年增长到5317.67亿元,增加295.4倍。1978—2010年的33年中,平均每年递增19.45%。

三、重大投资项目

【管理体制】

80年代起，在金山石油化工总厂、宝山钢铁总厂、大屯煤矿和张家洼铁矿工程建设以及90年代开始的浦东国际机场一期工程、洋山深水港一期工程等重大固定资产投资项目建设中，市政府"集中力量打歼灭战"，先后成立相应的市重大工程建设指挥部，实行统一领导、集中指挥，统一计划、组织实施，统一责任、协调推进，统一标准、严格管理的方法，按照计划进度和质量标准，完成各个重大工程建设任务。

1989年，市政府批准成立上海市重大工程建设办公室（简称"市重大办"），对列入年度计划建设的市重大工程项目，检查并指导工程网络进度计划的制订，定期检查工程建设的实施进度和工程质量，对工程进度中可能出现的诸如建设资金、物资供应、设计和施工力量安排、水电气等横向配套存在的问题，实时加以协调落实和解决。

2000年，市重大办吸收合并市立功竞赛办，与市建委合署办公。市发展改革委总结市重大工程当年度推进情况、梳理编制下一年度建设计划草案，拟定下一年度市重大工程的项目清单和投资计划，报经市政府常务会议审议后，作为市发展改革委向市人大汇报的当年度工作总结和下一年度工作计划草案的重要组成部分，经市人大审议通过后，作为市重大办推进工作的依据。

【主要项目】

1979—2000年主要项目 上海建成总投资1亿元以上的重大项目（不包括办公楼和住宅类项目）超过200个，对促进经济社会发展发挥了重要的拉动作用。

产业结构调整与转型升级方面，钢铁行业有宝山钢铁总厂一二三期工程、梅山炼铁基地、上钢三厂升级改造；化工行业有吴泾化工厂、30万吨乙烯工程、金山石化总厂二期工程、轮胎橡胶集团、上海金阳腈纶厂；现代制造业有贝尔电话公司程控交换机，上海大众汽车厂新建及升级改造与配套产业项目，夏普、日立、大金、三菱等家电企业在沪产业布局；信息产业有华虹微电子工程、上海华虹NEC硅片生产线；医药行业有上海第三制药厂迁建、上海四药股份有限公司改造，上海华联制药有限公司、上海信谊药业公司金桥分厂、上海新亚药业三废迁建改造、罗氏泰山（上海）有限公司。

能源保障方面，有上海石洞口电厂、外高桥电厂及50万伏超高压输电工程、吴泾电厂及超高压输变电工程、闵行电厂、石洞口煤气厂、东海天然气下游工程、浦东天然气转换工程等。

综合交通方面，有浦东国际机场及配套南线快速路、上海铁路新客站、沪嘉高速公路、沪杭高速公路（上海段）、延安东路隧道、南浦大桥、杨浦大桥、内环线道路工程，地铁一号线、二号线及东延伸、明珠线，徐浦大桥、奉浦大桥、沪宁高速公路（上海段）、外环线一期工程、逸仙路高架道路、西藏路—和田路辟通、天目路—新疆路—海宁路、陆家浜路（制造局路—中山南路拓宽）、延安高架路中段、外高桥港区建设、浦东世纪大道、黄浦江人行隧道工程。

社会事业方面，有上海广播电视塔工程、第六人民医院迁建、上海博物馆、上海体育场、上海儿童医学中心、上海书城、上海大剧院、虹口体育中心（一期）、上海国际会议中心、上海大学新校区、上海马戏城、上海城市规划展示厅。

生态环境方面，有合流污水治理一期二期、吴泾闵行污水北排、世纪公园、绿化基地和人造森林（奉贤、南汇、松江、青浦）、延安路中心城区大型绿地一期工程、虹桥南块绿地、临江水厂、南汇老港废弃物处理场、泰和路水厂、凌桥水厂及长江引水工程、黄浦江上游引水一二期工程、上海船舶污水处理厂、闵行三水厂工程、杨树浦发电厂、大场水厂。

2001—2010年主要项目 重大工程围绕建设上海“四个中心”、实现“四个率先”、举办2010年上海世博会,重大项目(不包括办公楼和住宅类项目)超过200个,有力支撑了城市创新驱动和转型发展。

进行产业结构调整与转型升级方面,有上海浦东国际博览中心、宝钢上钢不锈钢板卷工程、外高桥造船基地、宝钢三期工程、贝岭集成电路项目、IBM芯片生产项目、宏力集成电路项目、中芯集成电路项目、上海光源、上海组织工程国家工程研究中心、纳米技术及应用国家工程研究中心、上海超级计算机中心,临港、虹桥、迪士尼、黄浦江滨江等重点区域开发工程。

建设枢纽型、功能性、网络化的基础设施方面,有上海信息港主体工程、上海机场市区航站楼、上海南站、浦东信息枢纽大楼,长江口深水航道整治、洋山深水港、外高桥三期四期,轨道交通4、5、6、7、8、9、10、11、12、13、16号线,磁悬浮列车机场快线、轨道交通运营网络基本形成;沪青平高速、同江—三亚国道上海段(沪宁高速—金山戚家墩)、嘉金高速公路、郊区环线东南段(莘奉公路—界河)、郊区环线北段、沪芦高速、新枫高速公路、长江隧桥、中环线、沪闵高架二期工程、卢浦大桥,大连路、新建路、人民路、龙耀路、复兴东路等越江通道;黄浦江上游、苏申外港、赵家沟、大芦线一期等内河高等级航道整治,京沪高铁、沪宁城际、沪杭客专、虹桥枢纽、上海西站综合改造项目。

保障2010年上海世博会方面,有世博园区外围配套路网、世博场馆及园区内配套、世博搬迁居民安置基地、世博园区后续开发,市区防汛墙加高加固工程、黄浦江上游干流段、红旗塘工程、拦路港工程、西气东输城市输气管网一期工程、北京西路—华夏西路电力隧道工程、生活垃圾内河集运系统。

改善生态环境方面,有上海江桥生活垃圾焚烧厂、浦东新区生活垃圾焚烧厂、合流污水二期工程浦东地区收集系统、苏州河综合治理一二三期工程、石洞口、竹园、白龙港污水处理厂扩能及提标改造,徐家汇公园、外环线400米林带、虹桥河滨公园、辰山植物园,青草沙原水系统、老港生活垃圾处置基地、燃煤电厂脱硫改造项目。

社会事业发展方面,有上海交通大学、复旦大学、同济大学、上海大学等高等学校布局调整,松江大学城建设,上海科技城、自然博物馆、东方体育中心,仁济、中山、曙光等医院迁建工程,上海郊区三级综合性医院“5+3+1”建设工程项目①。

第三节　经济体制改革

中华人民共和国成立后,1956年基本完成生产资料所有制的社会主义改造,上海国营经济比重达到90%以上,公有制成为主要的所有制形式,形成高度集中的计划经济体制。国家对国民经济实行计划管理,自上而下下达指令性计划,财政实行统收统支,投资按照“条条”分配,物资和商品实行集中分配。企业按计划组织生产,吸纳劳动力和发放工资,利润全部上缴,没有经营自主权。

① “5+3+1”:上海郊区三级综合医院建设,即“5+3+1”工程,于2009年2月启动。工程中的“5”,是指在浦东、南汇(原)、闵行、宝山、嘉定5个区,分别引入长征、仁济、六院、华山、瑞金等三级甲等医院优质医疗资源,床位规模各约600张;“3”,是指对崇明、青浦、奉贤3个区(县)的中心医院,按照三级医院等级评审批准,对人员配置、技术水平、硬件设施升级建设,评审通过后提升为三级医院,床位规模各约800张;“1”,是指迁建上海市金山区的1所三级医院到金山新城。这项工程使得上海每个郊区至少有一家三级综合性医院,为郊区居民在60分钟内就可到达三级医院、就近享用优质医疗资源提供了有力保障。

1978年12月中共十一届三中全会后，上海对传统经济体制进行一系列探索性的改革，总体分为探索实践、整体推进、深化改革三个阶段：

一、探索实践（1978—1990年）

1978年后，上海从推行农业家庭联产承包制、改革人民公社体制入手开始进行经济体制改革。1984年10月，中共十二届三中全会作出《中共中央关于经济体制改革的决定》，改革的重心转向城市。在市委、市政府的领导下，上海按照“放权让利”的思路，以增强国营大中型企业活力为中心环节推进改革。

图3-2-2 1983年4月，改革开放后上海郊区第一个“政社分设”的基层政权组织——嘉定县曹王乡人民政府成立

一方面，在国营企业恢复奖金制度和企业基金制度，实行利润留成、两步利改税和税利分流，推行厂长负责制、劳动合同制和工效挂钩的分配制度，发展横向经济联合，撤销行政性公司，初步理顺了国家和企业的利益关系，扩大了企业经营自主权，调动了企业及其职工的积极性。通过试行股份制、租赁制和承包制，探索经营机制转换，为以后深化企业改革积累经验。另一方面，在计划、财政、物价、市场等领域进行配套改革，减少指令性计划指标，下放计划管理权；实行财政包干制，降低企业所得税率，增加企业自主财力；改革工农业产品购销体制，逐步放开农副产品和工业品价格，发展生产资料市场和劳动力市场，兴办农副产品贸易市场和小商品市场，探索资金市场和保险市场，为企业自主经营营造市场环境；通过兴办“三资”企业和经济技术开发区吸引境内外投资，探索股票发行、土地批租、海外举债等多元化筹资渠道和方式，缓解资金短缺的矛盾。

通过这一时期的改革，上海初步建立了计划与市场相结合的经济调控机制，为企业自主经营、促进商品流通创造了市场条件，在为全国改革发展作出贡献的同时，也为自身的发展和改革积蓄了能量。

二、整体推进(1991—2000年)

1990年4月,中共中央、国务院宣布开发开放浦东。上海抓住这一历史机遇,按照邓小平“思想更解放一点,胆子更大一点,步子更快一点”和希望上海“一年一个样,三年大变样”的要求,围绕中央提出的把上海建设成“一个龙头、三个中心”的战略目标,借鉴国际成功经验,从国情和市情出发,积极构建与自身战略地位相适应,以资源配置市场化为基础,“四位一体①,市场为本”的社会主义市场经济体制。改革的主要目标:(1)形成以公有制为主体、多种所有制经济并存,以特大型公司为主导、大中小型企业共存的市场主体结构;(2)形成统一开放、竞争有序、境内外兼容的市场体系,率先成为境内最大的资源市场化配置中心,成为继东京、香港、新加坡之后,亚洲和太平洋西岸又一个中心市场;(3)形成以市场配置资源为基础,充分利用地方法规、产业、税收、分配、投资政策和信息手段调控区域经济运行的特大型经济中心城市经济调控体系;(4)形成包括养老、医疗、失业、生育、工伤五大内容的社会保障体系。

在企业体制改革方面,率先开展国有资产管理体制改革,建立市国资委及其办公室,陆续将19个工业局撤并、改组为38个国有资产控股公司和企业集团;并实行国有资产授权经营,形成了由市国资委、国有控股公司、国有企业三个层次构成的国有资产管理和经营体系;率先进行现代企业制度建设,以企业产权制度改革为核心推动国有企业进行公司制改造,建立法人治理结构,建立国有资产经营责任考核和评价体系。至2000年,基本建立以“五个机制”“五个加强”②为标志的现代企业制度;从推动纺织、仪电工业局调整改造入手,落实国有企业三年解困计划,通过实施“六个一块”③和“债转股”试点、推行“再就业工程”、剥离企业办医办学职能等一系列措施,有效减轻了国有企业历史性的债务、冗员和社会性负担,促进汽车、通信设备、电站成套设备和大型机电设备、钢铁、石油化工和精细化工、家用电子电器工业六大支柱产业和工业新高地建设及传统工业改造升级;积极实施“抓大放小”战略,支持国有大企业、大集团优化重组,推动国有中小企业改制;建立政府服务体系,支持各类中小企业和民营经济发展壮大,初步形成了多种所有制经济共同发展的格局。

在市场体系建设方面,建立多层次的生产资料市场;率先探索期货交易;率先建立证券交易所、产权交易所;与中国人民银行总行共同建立国家级中国上海外汇交易中心,与国家人事部合作建立区域性的中国上海人才市场;逐步引进外资银行和非银行金融机构,建立全国第一家区域性、综合性股份制商业银行——上海浦东发展银行,基本形成了要素市场体系框架;通过资源重组调整布局,形成了以南京东路、南京西路、淮海路、四川北路,豫园商城、徐家汇商城、浦东新上海商业城、嘉里不夜城“四街四城”为主的市、区县两级商业中心和一批专业特色街、居住区商业中心;在商业企业推行经营活动、商品定价、劳动用工、工资分配、投资发展、机构设置等六项自主权为内容的“六自主”改革和股份制改革,探索和发展连锁经营等多种新型业态,基本形成了多层次现代商业格局。

在政府职能转变方面,形成了市区“两级政府、三级管理”、郊区“三级政府、三级管理”体制,并进一步精简行政机构,下放事权和财权,理顺了各级政府的管理职能和职责,实行市与区县分税制,

---

① “四位一体”,是指政府、企业、市场和社会四位一体。

② “五个机制”和“五个加强”:上海市委、市政府提出,用3年时间到2000年,上海要全面建成现代企业制度。其标志是“五个机制”,即破产兼并、优胜劣汰的机制,全社会的保障机制,职工能进能进的就业机制,国有资产保值增值机制和经营者择优录用竞争上岗的机制。“五个加强”,即加强企业的市场拓展、技术创造、技术开发、内部管理和职工队伍素质。

③ “六个一块”:1995年,上海市政府制定了优化资本结构的三年规划,提出了“六个一块”的措施,即主体多元吸一块、盘活存量调一块、债权转股换一块、兼并破产活一块、企业发展增一块、政府扶持补一块。

进一步理顺了市和区县的利益关系;在医疗卫生、教育等领域实施“管办分离”,在轨道交通领域实行投资、建设、运营、监管“四分开”,在公交领域实行体制、机制、票制改革,在公用事业领域实行管理和作业分离,探索社会事业和公共事业市场化改革。

在社会保障体系建设方面,率先进行住房制度改革,取消福利分房,建立了住房公积金制度和住房交易市场;率先进行社会保险制度改革,建立了养老、医疗、失业、工伤、生育五项基本保险制度,以及政府、企业、个人共同负担、社会统筹和个人账户相结合的社会保险基金制度,探索“镇保”,推行“居保”和“综保”,逐步扩大基本保险制度的社会覆盖面;建立政府促进就业责任体系和社会化就业服务体系,帮助“4050”(女性40多岁、男性50多岁)就业困难群体实现就业,支持非正规就业,促进市场化就业和自主创业;实行“粮油帮困卡”制度,建立最低工资标准及其调整机制、最低生活保障机制,初步形成了社会化帮困救助体系。

在内外开放方面,继续发展国际经济技术开发区和私营经济园区,营造开放环境,进一步吸引境内外资本,尤其是跨国公司入驻上海;在浦东新区探索新的开发区管理体制,通过设立招商中心、推出“一门式”服务等,体现政府服务的特色。在浦东新区通过“政府搭台、企业唱戏”,营造“小政府、大社会”氛围,并发挥示范效应;逐步推进投融资体制改革,率先通过发行人民特种股票融资,在城市建设领域和浦东基础设施建设领域推行国有土地有偿使用和经营权有偿转让、集体土地使用权流转等;引导大企业、大集团“走出去”拓展海外投资渠道;发展地区间的经济合作与交流,吸引全国的企业和人才进入上海;构建有利于长三角一体化发展的体制基础,利用自身资源优势服务全国。

在城乡统筹发展方面,通过实施简政放权、撤县建区、撤乡建镇等举措,提升郊区能级;通过贯彻“三个集中”[①]方针,加快小城镇发展和改革,推动郊区工农产业园区化、集团化。

三、深化改革(2001—2010年)

进入21世纪以后,上海贯彻中共十六大、十七大确定的改革开放总方针,坚持以科学发展观和构建和谐社会战略思想为统领,围绕建设国际经济、金融、贸易、航运中心,增强上海城市综合竞争力的战略目标,按照建立比较完善的社会主义市场经济体制、为全面贯彻落实科学发展观提供体制保障的要求,针对土地、环境、资源、能源供应紧张,劳动力成本上升,中心城区和郊区二元结构矛盾凸显等问题,全面推进体制创新,进一步扩大对外开放,加快形成有利于自主创新、转变增长方式、实现可持续发展的机制,推动结构调整、产业升级和资源优化配置,推动经济持续、健康、快速发展,推动社会由工业化阶段向信息化阶段转换。力争形成与国际通行规则相衔接、比较完善的社会主义市场经济运行机制,成为具有较强综合经济实力和较完善综合服务功能,带动长三角地区经济发展,服务全国、参与国际竞争的经济中心城市。

在政府职能转变方面,以行政审批制度改革为重点,先后在浦东、长宁、闵行、松江等区开展行政管理体制综合改革试点,由点到面实行企业设置并联审批和告知承诺制、企业联合年检和网上年检;推进政务信息公开,建立了信息公开情况备案制度、监督检查和评估制度,完善以公务网、政府门户网站为主体的电子政务体系,基本建成政务信息“一门式”服务机制和辐射全市居委会的社区信息网络框架;深化财税管理体制改革,实施预算管理机制、预算外资金管理机制、国库管理制度等

① 三个集中:人口向城镇集中、产业向园区集中、土地向规模经营集中。

改革;建立税收属地化管理机制和信息化税务监管服务机制;以文化事业领域为突破口,逐步建立和完善行政综合执法体系。

在对外开放方面,进一步改善外商投资环境,吸引各类跨国公司和世界500强企业入驻,营造和扩大"总部经济"效应;依托中国人民银行上海总部,进一步扩大金融对外开放,吸引国家级、区域级金融机构和外资金融机构落户,在浦东陆家嘴金融贸易区营造金融机构和要素市场集聚效应,不断推出具有示范效应的金融业务和产品,完善金融服务体系,试办离岸金融;在洋山深水港建立第一个保税港区,在浦东外高桥建立保税物流园区,并率先进行"区港联动"试点和口岸服务外包试点;建立和完善人才居住证制度,吸引境内外各类人才入驻上海;实施浦东综合配套改革试点,2005—2010年先后实施两轮三年行动计划,汇聚10多个国家部门开展20多项改革试点。浦东新区政府也启动了行政管理、科技创新、城乡一体化等多项改革试点。

在市场体系建设方面,陆续开办了上海钻石交易所、上海黄金交易所等金融衍生品交易市场,合并上海产权交易所和上海技术产权交易所,组建了上海联合产权交易所;期货交易功能由生产和生活资料市场延伸到金融、证券市场;涵盖信贷、同业拆借、票据、外汇、股票、债券、基金、保险、期货、产权十大要素市场的金融市场体系日益完善,门类齐全、管理规范、运营有序的要素市场体系基本形成;市与区联手,完善中心城区商业布局,商业与交通、房地产业合作完善轨道交通周边和新建社区商业布局,城乡联合发展郊区商业,消费品市场建设步伐加快,商业布局进一步优化,跨地域、跨行业的市场开发机制基本形成。

在企业体制改革方面,按照管资产与管人、管事相结合原则,重新组建市国资委并全面履行国有资产和国有企业监管职能;国有大企业、大集团资产重组深入进行,全市含国有股上市公司股权分置改革基本完成,重组目标基本实现,国有经济综合竞争力和带动效应进一步增强;民营企业不断发展壮大,成为上海经济社会发展的重要力量。

在社会和公共事业体制改革方面,进一步完善"五险合一"城镇基本保险制度、住院和门诊大病医疗保障制度;完善最低工资制度和"低托"机制,落实失地农民、外地来沪农民工、高龄退休老人等低收入群体的基本生活保障制度,社会保障的社会覆盖面进一步扩大,社会化进程加快;深入推进"三医联动"①改革和医疗卫生事业"管办分离",率先实施事业经费"拨改投"试点,推动公立医院改革,促进城区医疗服务体系逐步由市、区、县三级网络转为医疗中心和社区卫生服务中心两级框架;建立并完善廉租房、经适房供应机制,完善住房保障制度。

在城乡一体化体制建设方面,按照市委、市政府确立的"城乡一体化、农业现代化、农村城市化、农民市民化"目标,2001年开展"一城九镇"②改革试点,2005年按照"1966"城镇体系③建设规划,着手构建四级城镇体系;加快建立农村社会保障体系,率先全面实行"镇保",实施农村居民大病统筹制度,建立个人、集体、政府共同负担的合作医疗资金筹措机制,不断完善农村医疗卫生服务网络;完善农村帮困救助体系和社会救助办法,实施农民最低生活保障制度;加强财政转移支付力度,改善农村公共设施条件,加快社会事业建设;围绕乡镇机构改革、农村义务教育改革和县乡财政体制改革三项重点,由点到面启动农村综合改革,转变乡镇政府职能,强化农村公共服务职能,形成农村综合服务体系和机制,保障农民享有公共服务的权利;规范乡镇财政预算管理,实行农村义务教育

① 三医联动:指医保体制改革、卫生体制改革与药品流通体制改革联动,也称医疗、医保、医药改革联动,即"三医联动"。

② 一城九镇:一城,即松江新城;九镇,即奉城镇、枫泾镇、朱家角镇、安亭镇、高桥镇、浦江镇、罗店镇、周浦镇、堡镇。

③ "1966"四级城镇体系:"1"为1个中心城,指上海市外环线以内的600平方公里左右区域;"9"为9个新城,即宝山、嘉定、青浦、松江、闵行、奉贤南桥、金山、临港新城、崇明城桥;"6"为60个左右新市镇;"6"为600个左右中心村。

经费统筹和城乡教育资源统筹，逐步缩小城乡差距。

第四节　浦东新区综合配套改革试点

一、总体方案

2004年下半年，市政府酝酿浦东综合配套改革试点。2005年6月21日，国务院总理温家宝主持召开第96次国务院常务会议，批准上海浦东新区进行综合配套改革试点。试点工作全面启动后，市政府成立了试点工作领导小组及其办公室。2006年1月，国家发展改革委批复同意《浦东综合配套改革试点总体方案》（简称《总体方案》）。《总体方案》提出的基本目标是：按照中共十六届三中、五中全会确定的改革总体目标，经过5—10年坚持不懈的努力，逐步形成贯彻科学发展观和构建社会主义和谐社会的制度体系，力争在全国率先建立制度比较完备、运行比较高效的社会主义市场经济体制。主要标志是“五个基本形成”：基本形成比较完善的社会主义市场经济体制；基本形成充分激发自主创新活力的有效机制；基本形成有利于实现统筹协调发展、构建和谐社会的制度环境；基本形成与经济全球化趋势和开放经济相适应的经济运行规则体系；基本形成制度创新和扩大开放的示范引领优势。

浦东综合配套改革试点，提出了“三个着力”和十项任务。“三个着力”：着力转变政府职能，构建从事经济调节、市场监管、社会管理和公共服务的责任政府，注重制度环境建设和改造的服务政府，依法行政的法治政府；着力转变经济运行方式，构建符合社会主义市场经济要求、与国际通行做法相衔接的经济运行法规体系和体制环境；着力改变城乡二元经济与社会结构，构建社会主义和谐社会。十项任务：(1) 推动政府转型，建立公共服务型政府管理体制；(2) 推动要素市场发展和金融创新，完善现代市场体系；(3) 探索混合所有制的实现形式，增强微观经济主体活力；(4) 大力培育和发展中介组织，提高经济运行的组织化程度；(5) 加快推进公共部门改革，促进经济社会协调发展；(6) 加快科技体制创新，增强自主创新能力；(7) 探索建立人力资本优先积累机制，全面有效地推进人力资源开发；(8) 加快破除城乡二元结构的制度障碍，推进城乡统筹发展；(9) 建立科学的调节机制，完善与经济社会发展水平相适应的收入分配与社会保障体系；(10) 扩大对外开放，形成适应国际通行做法的市场运行环境。

二、三年行动计划

【第一轮(2005—2007年)】

2006年1月，国家发展改革委批复《浦东综合配套改革试点2005—2007年三年行动计划框架》。该《计划框架》提出的主要改革任务是：深化政府行政管理体制改革，以陆家嘴金融贸易区为载体推进金融改革和创新，以张江高科技园区为载体推进科技体制创新，深化教育、医疗卫生、文化体制改革，深化城乡二元结构制度改革，深化涉外经济体制改革等6个方面，列出12个专项，改革涉及部分包括中央在沪的6个部门，市委、市政府的30个部门以及浦东新区。

【第二轮(2008—2010年)】

2008年10月，市发展改革委印发《2008—2010年浦东综合配套改革试点三年行动计划框架》，该《计划框架》提出的主要目标是:基本形成完善的公共服务型政府制度框架;基本形成有利于现代服务业发展的开放型经济运行规则体系;基本形成以张江为核心的区域创新体系框架;基本形成城乡一体发展的制度环境;基本形成制度创新的引领带动机制。要求围绕“三个着力”,聚焦国家、上海、浦东“三个层面”的结合点,突出“一个核心”①和“三个战略重点”②。

2011年11月26日,市政府办公厅印发《浦东综合配套改革试点三年行动计划(2011—2013)》,浦东综合配套改革试点先后实施三轮三年行动计划。

三、主要成效

浦东综合配套改革重点,围绕转变政府职能、转变经济发展方式和改变经济社会的二元结构问题展开。截至2010年,推动实施两轮三年行动计划,开展200多项改革任务,取得显著成效:(1)以转变政府职能为核心,加快构建公共服务型政府。形成“7+1”开发区管理格局(“7”即上海综合保税区、临港产业区、陆家嘴金融贸易区、金桥出口加工区、张江高科技园区、国际旅游度假区和临港主城区7个开发区管委会;“1”即三林世博地区);建立大市镇(新镇)管理体制;率先建立了“政府承担、定项委托、合同管理、评估兑现”的公共服务新机制;率先剥离街道招商引资职能,强化了综合管理和公共服务指导等职责;将浦东新区行政审批事项由724项减少到263项,审批时限压缩40%以上;率先实行告知承诺、行政审批与技术审批分离及工商、税务、质监等部门联动登记等制度性改革。(2)以陆家嘴金融城为重要载体,加快提升金融创新与服务功能。一批国际金融中心功能性项目进入实质性运作阶段;率先开展跨境贸易人民币结算、跨国公司外汇资金管理方式、合格境内机构投资者基金(QDII)、个人本外币兑换特许业务等试点;允许外资注册设立“股权投资管理企业”,启动外资股权投资企业资本金结汇试点;率先成立上海金融仲裁院、陆家嘴金融审判庭等法制机构,优化金融法治环境。(3)以国际航运发展综合试验区为重要载体,加快提高航运资源配置能力。浦东机场综合保税区获得国家批准;并顺利封关验收、启动运作,使浦东新区成为全国海关特殊监管区域中类型最丰富、功能最完善的地区。建立“三区”联动管理体制,设立市级区管的上海综合保税区管理委员会,统筹管理外高桥保税区、浦东机场综合保税区和洋山保税港区,特殊监管区整体效应得到充分发挥。实施单机单船融资租赁(SPV)试点。上海期货交易所获准在洋山保税港区对铜和铝等品种开展期货保税交割业务试点。创新中转集拼监管机制,在洋山保税港区启动实施水水中转集拼业务(从水路过来,再送到它的目的港去),相继开拓厦门、南京、大连、重庆、武汉等8个口岸的集货渠道。(4)以外高桥国际贸易示范区为重要载体,加快增强贸易国际化和便利化程度。以建设全国质量监督检验检疫创新示范区为契机,开展生物医药、旧机电等领域的入境检验检疫模式创新试点,有力提升了贸易便利化程度。率先开展国际贸易结算中心外汇管理试点;并对总部型、商贸型、金融专业服务类企业给予一系列扶持政策。突破新业态、新模式企业的关键发展瓶颈,被国家批准成为首个“国家电子商务综合创新实践区”。(5)以张江国家自主创新示范区为重要载体,加快完善自主创新制度环境。从股权激励、人才集聚、财税政策、科技金融、管理机制等方面,加大对自主创新的政策支持力度。2010年12月7日,浦东新区四届人大常委会第十一次会议审议通过《关于推进浦东新区高新技术产业化的决定》,在管理体制、高新技术产业投融资、

① 一个核心:深化行政管理体制改革为核心环节。

② 三个战略重点:以推进金融体制改革和深化涉外经济体制改革为战略重点;以深化科技体制改革、增强自主创新能力为战略重点;以深化社会领域改革和城乡统筹改革为战略重点。

财政支持、政府采购、知识产权等方面作出明确规定，为自主创新营造良好的法制环境。率先设立创业风险投资引导基金，开展国资创投机制改革试点，国资创投公司对科技创业项目投资的积极性得到充分激励。开展知识产权质押融资试点，探索推进无担保、无实物抵押的知识产权直接质押融资方式。创建"国际人才创新试验区"，设立浦东高层次人才服务中心，为高层次人才提供医疗、保险、子女入学等方面配套政策服务，创新建立"双定双限"人才住房保障新机制。积极构建国际化的人才培养发展环境，引进创办上海纽约大学。(6) 以加强和创新社会管理为重点，加快推进社会体制改革。率先开展公共教育"管、办、评"联动模式改革(即义务教育委托管理、社会评估和政府监管相结合的改革试点)。探索营利性学校与非营利性学校分类管理制度，鼓励和扶持非营利性民办学校发展。开展全科医生家庭责任制试点，探索构建以家庭为单位、社区为载体、电子健康档案为基础、契约服务为主要形式的新型社区卫生服务体系。创建全国第一个公益组织集聚办公、资源共享的浦东公益服务园。在全国率先探索行业协会直接登记管理制度。在川沙新镇和三林世博家园等地区，创新试点"镇管社区"模式，探索行政管理和社区自治有机结合的共治机制。(7) 以推进基本公共服务均等化为重点，加快建立统筹城乡发展的体制机制。实施"四个统一"制度(即统一拨款标准、统一硬件配备水平、统一信息平台、统一提供教师培训与发展机会)。开展城乡卫生二元管理体制改革，探索村卫生室管理模式由"镇办镇管"向"镇办区管"转变。开展医疗服务纵向联合体试点。在全市率先将农保制度由原来的镇级统筹提升为区级统筹。全面推行新型农村合作医疗，在筹资、补偿、管理等方面实现全区统一。以新场镇新卫村和周浦镇横桥村为试点，开展农村集体经济组织产权制度改革，农民增收作用明显。开展农村承包土地经营权流转试点，探索集体建设用地有偿使用。

第四篇

经济建设

上海刚解放，市政府在完成接管工作后，即开始进行恢复国民经济工作。经过三年努力，国民经济恢复任务完成。1953年起，上海实施第一个五年计划，开展有计划的经济建设。1956年，相继完成对资本主义工商业、农业和手工业的社会主义改造，对公私合营的企业实行按行业归口管理。1958年，上海开展“大跃进”，国民经济比例严重失调。1961—1965年，市人委贯彻执行国民经济“调整、巩固、充实、提高”方针，降低过高的工业生产指标、压缩基本建设规模，缩短重工业战线，增产轻纺工业和支援农业产品。同时，进一步整顿人民公社，放宽农村经济政策，开放集市贸易等。

“文化大革命”期间，上海经济发展受到极“左”思潮的干扰和破坏，投资结构不合理，国民经济比例关系严重失调；企业管理混乱，经济效益下降；农业取消家庭副业，割“资本主义尾巴”，经济作物和多项副业生产下降；商业网点减少，渠道单一，流通不畅，市场供应紧张，财政收入减少。但“文化大革命”期间，由于广大干部群众对极“左”思潮进行抵制和斗争，发扬社会主义积极性和创造性，加上过去多年发展打下的基础，这十年上海经济建设仍取得进展，工业生产总值、粮食产量都有增长。

“文化大革命”结束后，上海进行拨乱反正，落实中央各项政策，贯彻执行“调整、改革、整顿、提高”方针，国民经济得到较快恢复和发展。

1978年，中共十一届三中全会作出了全党工作重心转移到经济建设上来的重大决策，提出改革经济管理体制。上海从推行农业家庭联产承包制、改革人民公社体制入手，开始进行经济体制改革。1984年10月，中共十二届三中全会通过《中共中央关于经济体制改革的决定》，改革的重心转向城市。上海制定经济发展战略，按照“放权让利”的思路，以增强国营大中型企业活力为中心环节推进改革。

1990年4月，中共中央、国务院宣布开发开放浦东。上海抓住这一历史机遇，按照邓小平“思想更解放一点，胆子更大一点，步子更快一点”和希望上海“一年一个样，三年大变样”的要求，围绕中央提出的把上海建设成“一个龙头、三个中心”的战略目标，调整优化经济结构和生产力布局，大力发展先进制造业、高新技术产业和现代服务业。第三产业、工业六大支柱产业（汽车、通信设备、电站成套设备和大型机电设备、钢铁、石油化工和精细化工、家用电子电器）和高新技术产业成为新的经济增长点。城郊型农业得到较快发展。上海初步形成了以国家级市场为龙头，区域性市场为骨干，地方性市场为基础的市场体系和对内对外开放的新格局。

进入21世纪以后，上海贯彻中共十六大、十七大精神，坚持以科学发展观和构建和谐社会战略思想为统领，按照建设国际经济、金融、贸易、航运“四个中心”和社会主义现代化国际大都市的战略目标，坚持“三二一”产业发展方针，坚持二、三产业共同推动经济增长。市“十五”计划（2001—2005年）提出，大力发展信息、金融、商贸、汽车、成套设备、房地产六大支柱产业。2007年后又提出“三二一”产业融合发展，加快构建以现代服务业为主，战略性新兴产业引领，先进制造业支撑的新型产业体系。此期间，上海优化产业布局，提升产业能级。优先发展现代服务业，优先发展先进制造业，培育二、三产业融合发展的新型产业体系。加快建设以金融市场为核心的现代要素市场体系和以土地批租为主的土地市场。全面推进制度创新，加强市场监管和安全生产监管。不断深化国有资产的管理与国企改革，不断推进农村改革和新农村建设；进一步扩大对外开放，保持经济持续、健康、平稳较快发展。

1992—2010年，上海市生产总值(GDP)年增12.2%，连续16年保持两位数增长，高于全国约2个百分点。2010年，上海市生产总值达到16 872.42亿元，第三产业增加值占全市生产总值比重达到57.3%，地方财政收入达到2 873.58亿元。高技术产业产值占工业总产值比重达到23.2%，全社会研发经费支出相当于全市生产总值比例达到2.83%，单位生产总值综合能耗累计下降20%的目标预计如期实现，二氧化硫和化学需氧量排放削减量均超额完成目标。"四个中心"框架基本形成。跨境贸易人民币结算、股指期货、"三港三区"(外高桥港区、浦东国际机场空港、洋山港区和洋山保税港区、外高桥保税区、浦东机场综合保税区)联动等取得重要进展，金融市场直接融资额占国内融资总额比重达到25%左右。上海口岸通关效率不断提高，海关区货物进出口总额、服务贸易进出口总额占全国比重均超过1/4，经济中心城市的集聚辐射功能明显提升。国资国企开放性、市场化重组加快推进。外商直接投资和吸引跨国公司地区总部取得明显进展，对外投资总额比"十五"期间(2001—2005年)增长3.2倍。中国2010年上海世博会成功举办。

在加快自身发展的同时，市委、市政府一直强调上海要树立"全国一盘棋"的思想，按照中央的部署，在企业、资金、产品、人员等方面支援内地建设。改革开放后，上海按照中央关于"服务长三角、服务长江流域、服务全国"的要求，坚持政府引导、企业主体、市场运作、社会参与，与各地开展广泛的联合与协作；加强地方政府间友好往来；欢迎各地企业来沪投资发展；认真做好对口帮扶云南、对口支援三峡库区、西藏、新疆、青海等地区工作；全面完成支援都江堰市灾后恢复重建工作。全方位、宽领域、多层次的对口支援与合作交流工作格局基本形成。

第一章　服务业

20世纪30年代，上海已成为全国乃至远东的金融贸易中心。40年代末，上海第三产业占全市生产总值的50%以上。上海解放后，把恢复和发展经济的重点放在工业建设上，第三产业在全市生产总值中的比重逐步下降，从1952年的41.7%降为1957年的37.4%，1960年又降为19.4%，1972年只有17.3%。改革开放后，80年代是上海第三产业开始复苏时期。中共十一届三中全会以后，上海贯彻执行"对内搞活经济、对外实行开放"的方针，重视发展第三产业。1979年，市政府开始贯彻"调整、改革、整顿、提高"的方针，努力发展第三产业，并以商业、交通运输业、金融业为其三大支柱行业。80年代中叶，上海提出要以发展第三产业为主。90年代，上海明确提出大力发展第三产业的方针，加大改革力度，调整行业结构。金融保险业、商品流通业、交通运输业、邮电通讯业和房地产业逐步成为第三产业中的支柱行业。21世纪起，上海按照建设国际经济、金融、贸易、航运中心和社会主义现代化国际大都市的战略目标，着眼于提升产业能级，培育二、三产业融合发展的新型产业体系；坚持"两个优先"，优先发展现代服务业，优先发展先进制造业，加快形成服务经济为主的产业结构。

第一节　发展规划

一、服务业总体规划

1985年，国务院批复的《关于上海经济发展战略的汇报提纲》提出，上海实行发展第三产业，为全国服务的方针。

进入90年代尤其是邓小平南方谈话发表后，在中共中央、国务院领导下，上海根据中央的战略定位，抓住浦东开发开放的历史机遇，坚持"三二一"产业发展方针，推进产业结构战略性调整，大力发展服务业，促进城市功能的根本性转变。

1991年4月29日，市九届人大四次会议批准的《上海市国民经济和社会发展十年规划和第八个五年计划纲要》提出："发挥中心城市的综合功能，实现产业结构合理化的方针。第三产业的发展，要环绕适应对外开放、提高城市综合功能的需要，积极开拓新领域，保持较快的发展速度，逐步成为增加财政收入和筹措建设资金的重要来源。"

1992年6月，中共中央、国务院发布《关于加快发展第三产业的决定》，明确在90年代，要在发展第一、二产业的同时加快发展第三产业，促进国民经济每隔几年上一个新台阶。同年，10月15日，市计委编写了《加快发展第三产业，尽快把上海建设成为国际经济金融贸易中心的规划思路》；11月，副市长徐匡迪在国务院召开的全国加快第三产业发展工作会议上，介绍了上海市加快发展第三产业的规划；12月15日，市委书记吴邦国在中共上海市第六次党代会报告中指出：上海"调整产业结构必须按照'三、二、一'发展顺序，优先发展第三产业，积极调整第二产业，稳定提高第一产业"。"要把第三产业、城市基础设施和高新技术产业作为国民经济新的生长点""要通过产业结构的调整，形成一批能体现上海特大城市功能、地位和作用的产业和行业"。1994年2月，市长黄菊在市十届人大二次会议上提出，要“加快产业结构战略性调整”。按照市委、市政府领导的指示，上海产业结构调整由近期的适应性调整进入了长期的战略性调整的轨道。

1996年2月9日，市十届人大四次会议批准的《上海市国民经济和社会发展“九五”计划与2010年远景目标纲要》提出：“继续坚持‘三、二、一’的产业发展方针，初步完成阶段产业结构战略性调整的任务。第三产业要拓展空间，扩大领域，增强城市的服务功能。大力发展金融保险业、加快发展现代流通业、重点发展现代集装箱运输、加快发展邮电通信业、房地产业、旅游业，积极培育信息、咨询、技术、审计、会计和法律服务等中介服务行业。”

2001年2月12日，市第十一届人大四次会议批准的《上海市国民经济和社会发展第十个五年计划纲要》提出：“深化‘三、二、一’产业发展方针，实现二、三产业共同推动经济发展，大力发展信息、金融、商贸、汽车、成套设备、房地产六大支柱产业，努力扩大信息、汽车、成套设备等产品与技术的出口，强化金融、商贸对外辐射能力。按照市区体现繁荣繁华、郊区体现实力水平的要求，着眼于完善特大型城市的功能，强化集聚，分层推进，整体优化经济布局，促进产业结构升级。完善与强化中心城区信息、金融、商贸功能，集聚发展现代服务业和都市型工业。以陆家嘴和外滩地区为核心，提升中央商务区的功能；以公共活动中心和主要商业街区为依托，调整商业业态，提高中心商业区经营层次；以大型居住区为重点，完善内外环线地区服务功能和配套设施。”

图4-1-1 跨国公司地区总部和品牌购物中心、商务会展集中的上海南京西路专业服务商务区

2006年1月15日，市十二届人大四次会议批准的《关于上海市国民经济和社会发展第十一个五年总体规划纲要报告》提出：“继续坚持‘三、二、一’产业发展方针，按照逐步形成服务经济为主的产业结构的总体要求，优先发展现代服务业和先进制造业，把提高自主创新能力作为产业结构优化升级的中心环节，以信息化为基础提升产业能级，促进二、三产业融合发展，努力提高产业国际竞争力。优先发展现代服务业，以信息化为基础，以金融、物流、文化等为重点，以现代服务业集聚区为突破口，以大型服务企业集团为载体，集聚高端人才，加强综合集成，积极承接国际服务外包业务，提升服务业的规模与能级。着力打造一批现代服务业集聚区。中心城区要进一步吸引国内外各类服务机构，完善高端服务功能；充分利用历史文化资源和工业建筑，规划建设一批知识密集、多元文化、充满活力的创意产业集聚区。郊区要推进建设若干各具特色的生产性服务业集聚区。”

二、服务业实施纲要

90年代起，上海坚持“三二一”产业发展方针，大力发展服务业，促进了城市功能的根本性转变。历届市委、市政府十分重视服务业的发展，把加速发展现代服务业作为实现自身发展与主动服务全国的重要体现。2004年7月，中共中央总书记胡锦涛到沪考察，要求上海把加快发展现代服务业放在更加突出的位置。根据市委、市政府部署，由市发展改革委牵头组成的现代服务业调研小组，在部分中心城区和15个主要行业进行专题调研，形成《上海加速发展现代服务业研究报告》和《上海加速发展现代服务业实施纲要》(简称《实施纲要》)，同年10月向市政府常务会议、市委书记办公会议和市委常委会汇报，获原则同意。

2005年1月13日，市政府印发《实施纲要》。《实施纲要》提出，上海要抓住举办2010年上海世博会的战略机遇，继续发挥浦东开发开放的先发效应，依托一批重大基础性、功能性项目，加大开放力度，推进改革创新，以国际化提升上海服务业能级，以市场化做大服务业规模，以信息化提高服务业发展水平，以法治化创造服务业发展环境，着力提升功能型服务业、大力发展知识型服务业、延伸发展生产性服务业、改造提升传统服务业，加快构筑与社会主义现代化国际大都市相适应的“高增值、强辐射、广就业”的现代服务业体系，进一步增强服务全国的能力，提高国际竞争力。到2010年，力争上海服务业增加值达到7 500亿元以上，服务业发展速度保持两位数增长，服务业就业人数占全市总就业人口的比重稳步提高，中心城区服务业增加值占中心城区生产总值的比重达到80%以上。同时，提出了上海要集中突破现代服务业发展的重点领域：一是以资源集聚和金融创新为抓手，大力发展金融业；二是以综合改革试点为契机，积极扶持文化服务业；三是以扩大洋山深水港和浦东国际机场、虹桥机场(空港)的“两港”开放为突破口，加速发展现代物流和航运服务业；四是整合发展会展、旅游业；五是以城市信息化为抓手，培育壮大信息服务业；六是以市场化、专业化为方向，着力提高专业服务业水平。

2010年5月12日，根据国务院《关于加强国民经济和社会发展规划编制工作的若干意见》和国家发展改革委制定的《国家级专项规划管理暂行办法》，市政府办公厅发出《关于开展本市国民经济和社会发展“十二五”市级专项规划编制工作的通知》，明确“十二五”市级专项规划第一批目录30项，第二批目录44项。其中，服务业领域包括金融、航运、贸易、商业、会展业、现代物流业、创意产业、旅游业等专项规划。由市发展改革委、市商务委牵头，20个委办局组成专项工作小组，各有关单位分别负责25项相关专题研究，形成上海市服务业发展“十二五”规划工作方案。

第二节　政 策 举 措

一、加速现代服务业发展

2005年上半年，市发展改革委按照《实施纲要》确定的六大重点领域，研究提出《关于上海加速发展现代服务业的若干政策意见》(以下简称《政策意见》)。同年 9 月 28 日,市政府召开常务会议,听取并原则同意制订服务业政策的情况汇报。11 月 30 日,市政府印发《政策意见》。《政策意见》提出围绕“抓关键、聚政策、降门槛、强主体”四个关键环节,就降低准入门槛、加快改革开放、推动技术创新、聚焦重点领域、建设重点区域、构筑人才高地、实施品牌战略、营造发展环境等 8 个方面制订了 30 条政策。市政府要求各区县政府、各有关部门根据《政策意见》,制订相关实施细则和具体操作办法,确保各项政策意见落到实处。

二、设立引导资金与加强管理

按照国务院办公厅转发的《国家计委关于“十五”期间加快发展服务业若干政策措施的意见》中关于“中央和地方各级政府,都要适当安排一定数量的资金作为加快发展服务业的引导资金”的要求,《实施纲要》明确提出,设立全市服务业发展引导资金,以推动各类资源加大对现代服务业发展的投入力度。市有关部门制订《上海市服务业发展引导资金使用和管理试行办法》(以下简称《试行办法》)并上报市政府,获原则同意。

2007 年 1 月 4 日,市政府印发《试行办法》。《试行办法》明确,引导资金主要用于服务业发展中的薄弱环节、关键领域、重点区域和新兴行业,促进服务业的国际化、市场化、社会化和规模化发展。具体用于:(1) 支持《实施纲要》明确的现代服务业重点领域发展,如物流、航运、文化、会展、旅游、信息服务、专业服务等,对该领域中发挥引领作用的重点项目给予贷款贴息。(2) 支持能提供技术服务支撑、完善服务业整体发展环境的公共服务平台建设,对其项目建设给予适当补贴或贷款贴息。(3) 支持具有示范带动作用的现代服务业集聚区建设,对其核心区域功能、建筑及立体交通组织的前期规划论证给予适当补贴。

2009 年初,市发展改革委、市财政局会同市经济信息化委、市商务委等有关部门修改完善《上海市服务业发展引导资金使用和管理办法》(以下简称《管理办法》),并于同年 3 月上报市政府,获原则同意。5 月 5 日,市政府印发《管理办法》,在《试行办法》的基础上,增加了引导资金的使用范围和市行业主管部门申报本领域的服务业重点项目。主要用于:(1) 支持符合《上海产业发展重点支持目录》的服务业重点领域发展,包括航运服务、信息服务、现代物流、专业服务、文化服务、会展、旅游、现代商贸、教育培训、医疗服务、创意产业等,对该领域中发挥引领作用的重点项目给予适当补贴或贷款贴息。(2) 支持服务贸易发展,对重点企业给予绩效支持、贷款贴息、保险费用补贴、认证补贴及境外推广费用补贴等;支持服务外包业务发展。对服务贸易和服务外包的具体支持方式,由市发展改革委、市商务委和市财政局另行制定。(3) 鼓励制造业企业发展生产性服务业,对其重点项目给予适当补贴或贷款贴息。(4) 支持能提供信息、技术、人才、贸易、资金等服务支撑、完善服务业整体发展环境的公共服务平台建设,对其重点项目给予适当补贴或贷款贴息。(5) 支持具有示范带动作用的各类现代服务业集聚区建设,对其核心区域功能、建筑及立体交通组织的前期规划论证给予适当补贴。

三、深化完善产业发展

2008 年,根据市委 14 项重大调研课题的总体安排和市政府专题会议精神,市发展改革委、市经济信息化委会同市有关部门积极推进“深化、完善上海产业发展政策”课题调研工作。市发展改革委牵头成立课题调研领导小组,市经济信息化委同市国资委、市科委等 26 个有关单位参加。市委、市政府多次召开专题会议,听取课题汇报,要求在课题调研的基础上,制订具有针对性和操作性的促进上海产业发展的政策。市发展改革委会同市有关部门研究形成《关于深化完善上海产业发展政策的若干意见》,从财政税收、科技创新、房地、人才、营造环境和区县分类等六个方面,提出了有关产业政策建议。

2008 年 8 月 12 日,市委常委会审议并原则同意《关于深化完善上海产业发展政策的若干意见(送审稿)》。在此基础上,市政府办公厅转发市财政局等五部门《关于推进经济发展方式转变和产业结构调整若干政策意见》、市房地资源局《关于促进土地节约集约利用加快经济发展方式转变若干意见》、市发展改革委和市经济信息化委编制的《上海产业发展重点支持目录(2008)》。在产业发展重点支持目录中,将金融服务、航运服务、信息服务、生产性服务业、现代物流、现代商贸、文化服务、专业服务、会展旅游业、教育培训等列为上海服务业未来发展重点。

四、深入推进现代服务业发展

2008 年 7 月,遵照国务院指示,国家发展改革委同国务院有关部门与上海市政府共同对如何加快推进上海现代服务业和先进制造业发展,加快推进国际金融中心和国际航运中心建设,适应全球化新格局和对外开放新形势的问题进行了专题研究,并提出了政策建议。

2009 年 3 月 25 日,国务院总理温家宝主持召开国务院常务会议,审议并原则通过《国务院关于推进上海加快发展现代服务业和先进制造业建设国际金融中心和国际航运中心的意见》(以下简称《意见》)。同年 4 月 14 日,国务院正式发布《意见》。5 月 8 日,市政府印发《贯彻国务院关于推进上海加快发展现代服务业和先进制造业建设国际金融中心和国际航运中心意见的实施意见》,从加强金融市场体系建设、加强金融机构体系建设、加快金融产品创新与业务发展、稳步推进金融对外开放、完善金融服务体系、优化金融发展环境、优化现代航运集疏运体系、发展现代航运服务体系、探索建立国际航运发展综合试验区、完善现代航运发展配套支持政策、促进和规范邮轮产业发展等方面,提出了具体任务和措施。5 月 22 日,市政府办公厅印发《关于上海国际金融中心和国际航运中心建设 2009 年重点工作安排和部门分工的通知》。该《通知》明确,为加强与国家有关部门的对口衔接,上海成立推进国际金融中心和国际航运中心建设领导小组,由市长韩正任组长,市发展改革委同市建设交通委、市金融办、市经济和信息化委等有关部门参加,下设金融和航运两个工作推进小组,形成领导挂帅、多方参与、统一协调、共同推进的工作格局。同时,明确重点任务和各项工作:(1) 大力推进金融改革、开放和创新先行先试,率先启动跨境贸易人民币结算试点;(2) 不断深化金融国资国企改革,印发市政府《关于进一步推进上海金融国资和市属金融企业改革发展的若干意见》,成立由市领导为组长的市属金融国资国企改革发展领导小组;(3) 优化金融服务环境,按照法定程序制订出台《上海市推进国际金融中心建设条例》以及支持金融创新、吸引人才的政策,建立金融审判庭和中小企业融资信用服务平台;(4) 优化现代航运集疏运体系,浦东机场综合保税区获国务院批准,长江集装箱船舶经改造可直达洋山港;(5) 发展现代航运服务体系,上海航运交易所成为全国集装箱班轮运价备案唯一授权机构,上海海事仲裁院和上海国际航运中心仲裁院相继揭牌;(6) 探索建立国际航运发展综合试验区。与此同时,财政部、国税总局下发《关于上海建设国际金融和航运中心营业税政策的通知》,海关总署推动相关企业在洋山保税港区实施二次集拼中转和汽车保税展示等业务。

五、国家和上海市开展服务业综合改革试点

2010 年 1 月，国家发展改革委决定开展服务业综合改革试点工作。根据《国家发展改革委关于开展服务业综合改革试点工作的通知》和《国家发展改革委办公厅关于做好服务业综合改革试点区域申报确定有关工作的通知》要求，上海选择闸北区生产性服务业集聚发展示范区作为上海申报开展国家服务业综合改革的试点区，并于同年 5 月 31 日正式报国家发展改革委。11 月，国家发展改革委发文，确定上海闸北区、北京石景山区和天津市南开区等 37 个区域作为国家服务业综合改革试点区域。

闸北区获批成为首批国家服务业综合改革试点区域后，闸北区委、闸北区政府先后出台《关于推进国家服务业综合改革试点、加快发展服务业的若干意见》《闸北区财政扶持专项资金管理办法》《中国上海人力资源服务产业园区财政扶持政策》《闸北区创业投资引导基金管理办法》《上海市云计算产业基地专项扶持政策》等。为放大示范效应，市政府决定开展市级服务业综合改革试点工作。根据国家关于开展服务业综合改革试点和上海市开展市级专项改革试验的要求，2011 年 1 月，市发展改革委制订《关于开展本市服务业综合改革试点工作的实施方案》，上报市政府，获原则同意。

第三节　发 展 成 效

一、服务业总量

80 年代，上海以经济建设为中心，开创了发展的新局面。“六五”时期（1981—1985 年），全市生产总值 1 871.24 亿元，其中第三产业 447.06 亿元，占全市生产总值比重 23.9%，年均增长率 12.3%。特别是“七五”时期（1986—1990 年），全市生产总值 3 162.79 亿元，其中第三产业 925.04 亿元，占比 29.3%，年均增长率 8%。

“七五”后期（1988—1990 年），上海的第三产业有了较大发展，在全市生产总值中所占的比重由 1980 年的 21.1%提高到 1990 年的 30.9%；第三产业增加值由 1980 年的 65.69 亿元增长到 1990 年的 241.82 亿元。

90 年代，是上海实施中共中央、国务院关于开发开放浦东和尽快把上海建设成为国际经济、金融、贸易中心之一战略决策的重要时期。通过“八五”“九五”时期（1991—2000 年）的努力，上海产业结构战略性调整目标如期实现，二、三产业共同推动经济增长的格局基本形成。第三产业增加值由 1990 年的 241.82 亿元增长到 2000 年的 2 486.86 亿元。其中“八五”时期（1991—1995 年），全市生产总值 8 017.61 亿元，其中第三产业 3 105.87 亿元，占比 38.7%，年均增长率 12.8%。“九五”时期（1996—2000 年），全市生产总值 19 157.33 亿元，其中第三产业 9 356.67 亿元，占比 48.8%，年均增长率 15.5%，高出全市生产总值增速 4 个百分点。第三产业占全市生产总值的比重由 1990 年的 30.9%提高到 2000 年的 52.1%。

“十五”期间（2001—2005 年），是上海国际经济、金融、贸易和航运中心建设取得重要突破，城市综合竞争力显著增强，国际影响力明显提升的 5 年。上海贯彻国家宏观调控政策，积极应对更加开放的外部环境变化带来的风险，努力解决前进中出现的新问题新矛盾，战胜“非典”疫情等重大灾

害的挑战，经济保持持续较快平稳增长。2000 年，上海服务业增加值占全市生产总值比重达到 50.6%，50 年来首次超过一半。“十五”期间，服务业增加值从 2000 年的 2 486.86 亿元，增长到 2005 年的 4 776.2 亿元，服务业增加值年均增速达到 11.2%。2005 年，服务业增加值占全市生产总值比重为 51.6%。

“十一五”期间(2006—2010 年)，上海服务业增加值年均增速达到 12.3%，高出全市生产总值增速 1.1 个百分点；全市生产总值 69 348.55 亿元，其中第三产业 38 966.18 亿元，占比 56.2%，年均增长率 12.3%；服务业增加值占全市生产总值比重从 52.1%提高到 57.3%；服务贸易进出口总额年均增速达到 26.4%，占全国服务贸易进出口总额比重从 21%提高到 28.9%；服务业吸引外商直接投资实际到位金额占全市实到外资的比重从 62.1%提高到 79.4%；服务业固定资产投资占全社会固定资产投资的比重从 68.7%提高到 72.7%；服务业从业人员占全市从业人员比重保持在 53%以上。

2009 年，市政府印发《2009—2012 年上海服务业发展规划》，目标着力营造和优化服务业发展政策和制度环境，创新发展体制机制，聚焦支持现代服务业领域，增强城市的综合服务功能。全市加强产业融合，优化服务业布局，加快构建以服务经济为主的新型产业体系，提升上海服务业国际竞争力。至 2010 年底，全市 20 个现代服务业集聚区全面启动，初具规模。

2010 年，上海服务业实现增加值 9 833.51 亿元，是“十五”末的 2 倍。上海服务业增加值占全市生产总值比重从 2005 年的 51.6%提高到 2010 年的 57.3%，年均提高约 1 个百分点，其中最高的 2009 年占比接近 60%。

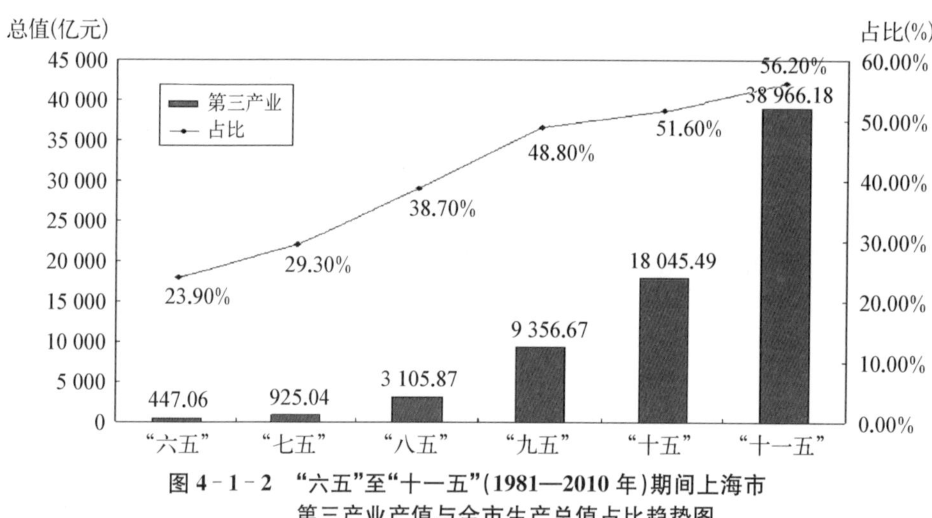

图 4-1-2 “六五”至“十一五”(1981—2010 年)期间上海市第三产业产值与全市生产总值占比趋势图

二、服务业结构

80 年代，上海第三产业增加值年均递增 10.4%，增速超过全市生产总值增长 2.9 个百分点。第三产业增加值的 78%来自商业、交通运输业和金融保险业。其中金融保险业发展最快，1986 年金融保险业增加值为 21.5 亿元，比 1980 年的 7.02 亿元增长 3.1 倍，并成为全市劳动生产率最高的行业。整个第三产业结构开始由过去的以商业为主，运输邮电业为辅的单一结构、向商业、金融保险业等多项结构转变。

90 年代，上海“三二一”产业方针得到全面实施。到 1999 年底，全市固定资产投资中第三产业比重超过 65%。交通运输、仓储、邮电通信业增加值从 1990 年的 62.44 亿元，增长到 2000 年的 315.42 亿元；批发和零售贸易、餐饮业增加值从 1990 年的 51.84 亿元，增长到 2000 年的 485.30 亿元；金融保险业增加值从 1990 年的 71.07 亿元，增长到 2000 年的 685.03 亿元；房地产业增加值从 1990 年的 3.75 亿元，增长到 2000 年的 251.7 亿元。

“十五”时期(2001—2005 年)。2001 年 12 月我国加入世界贸易组织后，上海抓住过渡期“先行先试”的机遇，引导传统服务业寻求新的发展途径，创新经营模式，更新业态；促进基于新技术、新服务模式的新业态生成，培育科技服务、专业服务、节能环保服务、信息服务、电子商务、数字出版、设计产业等新兴服务业发展；梳理服务领域外资市场准入的政策法规，推进服务业的开放，促进中外合资银行、保险公司、证券公司和基金管理公司的建立，推进国际会展、会计、咨询、法律服务等外资中介服务机构开办，引导外商向广告、旅游、物流、医疗、文化、教育、体育等服务业投资。这些，使上海服务业规模不断扩大，产业能级和品质获得较大提升，以服务经济为主的产业结构逐步形成：服务业从业人员占全市从业人员比重从 44.9%提高到 55.6%；服务业固定资产投资占全社会固定投资的比重从 66.6%提高到 69.3%；服务业吸引外商直接投资实际到位金额占全市外商直接投资实际到位金额的比重从 36.3%提高到 51.1%；关区进出口总额从 1 093 亿美元提高到 3 507 亿美元，服务贸易进出口总额占全国服务贸易进出口总额比重 21%。2005 年，金融服务业增加值为 675.12 亿元，占上海服务业增加值比重为 14.61%，增长率为 9.25%。其中，期货市场成交总额从 6 663 亿元提高到 65 402 亿元。上海港口货物吞吐量 4.43 亿吨，增长 16.94%。其中，国际标准集装箱吞吐量从 561 万标准箱提高到 1 808 万标准箱。上海商业增加值为 1 009.2 亿元，占上海经济比重为 21.84%；其中批发零售业增加值为 840.89 亿元，增长率为 12.7%。服务业空间布局按照“市区体现繁荣繁华、郊区体现实力水平”的要求，着眼于完善特大型城市的功能，强化集聚，分层推进，整体优化经济布局，促进产业结构升级。与强化中心城区信息、金融、商贸功能，集聚发展现代服务业和都市型工业。以陆家嘴和外滩地区为核心，提升中央商务区的功能；以公共活动中心和主要商业街区为依托，调整商业业态，提高中心商业区经营层次；以大型居住区为重点，完善内外环线地区服务功能和配套设施。

“十一五”时期(2006—2010 年)，面对国内外环境的复杂变化和重大风险挑战，在市委、市政府的领导下，全市积极应对国际金融危机冲击和自身发展转型的挑战，把举办上海世博会作为实现科学发展的重大契机，把结构调整和高新技术产业化作为确保经济平稳较快发展的主攻方向，把保障和改善民生放在更加突出的位置，确保经济平稳较快发展。

在此期间，金融、物流、商贸、旅游、信息服务等重点领域占服务业比重保持在 65%以上，支撑作用日益加强。2010 年，金融市场直接融资额占社会融资规模比重为 16.7%，股票成交量跃居全球第三，黄金现货交易量跃居全球第一。上海港集装箱吞吐量跃居全球第一，港口货物吞吐量连续六年保持世界第一。“十一五”期间，全市商品销售总额年均增长 21.8%。国际入境旅游人数连续五年超过 600 万人次。截至 2010 年底，在海内外证券交易所上市的信息服务企业达到 29 家，通过 CMM/CMMI(软件能力成熟度模型)三级以上国际认证的企业达到 117 家。

上海文化创意产业呈持续增长态势，一批国家文化产业基地、80 个创意产业集聚区(园区)和 15 个文化产业园区吸引了 8 200 多家文化创意企业。2010 年 2 月，上海成功加入全球“创意城市网络”，被联合国教科文组织授予“设计之都”称号。会展业发展迅速，培育出工博会、华交会等 23 个品牌展。电子商务成交额从 2005 年的 1 327 亿元上升到 2010 年的 4 253 亿元。各类专业服务业机构超过 6 万个,教育培训机构超过 2 000 家。

服务业空间布局不断优化,上海产业集聚发展格局逐步形成。中心城区服务业实现增加值占中心城区生产总值比重约 80%。"十一五"期间,上海规划建设了陆家嘴金融贸易区、淮海中路国际时尚商务区、北外滩航运服务集聚区、长风生态商务区、金桥生产性服务业功能区、智力产业园生产性服务业功能区等一批各具特色的服务业集聚区。

表 4-1-1 1978—2010 年上海市服务业分行业增加值统计表 单位:亿元

年份	第三产业占比(%)	第三产业产值(亿元)	交通运输、仓储、邮电通信业	批发和零售贸易、餐饮业	金融保险业	房地产业	社会服务业	卫生体育和社会福利业	教育文艺及广播	其他服务业
1978	18.6	50.76	12.04	23.15	7.02	0.27	2.90	0.72	2.06	2.60
1979	18.8	53.83	13.43	23.70	7.42	0.33	3.21	0.73	2.08	2.93
1980	21.1	65.69	15.45	31.62	7.82	0.36	3.58	0.89	2.54	3.43
1981	21.5	69.84	16.34	32.73	8.29	0.43	4.38	0.97	2.77	3.93
1982	22.1	74.44	17.28	29.18	13.36	0.48	4.72	1.27	3.60	4.55
1983	23.6	82.97	20.04	31.66	14.98	0.48	4.96	1.52	4.33	5.00
1984	25.1	98.22	22.93	38.22	17.21	0.52	6.31	1.81	5.12	6.10
1985	26.0	121.59	25.75	51.82	20.53	0.58	7.44	2.28	5.82	7.37
1986	27.5	135.12	31.51	51.56	25.59	0.53	8.63	2.33	6.89	8.08
1987	29.2	159.48	34.89	53.74	34.03	3.13	10.76	3.16	7.77	12.00
1988	29.0	187.89	42.08	64.19	41.88	3.37	10.53	4.07	8.42	13.35
1989	28.8	200.73	49.31	41.14	63.48	4.84	10.65	4.80	10.73	15.78
1990	30.9	241.82	62.44	51.84	71.07	3.75	14.80	6.01	12.73	19.18
1991	34.6	309.07	79.77	63.68	83.18	12.19	23.47	6.34	17.33	23.11
1992	36.1	402.77	95.92	96.31	98.93	20.48	30.84	8.24	21.55	30.50
1993	38.1	579.03	119.21	158.82	140.51	26.38	45.57	12.73	29.51	46.30
1994	39.9	794.80	148.44	206.44	214.75	39.09	61.74	17.74	39.81	66.79
1995	40.8	1 020.20	169.76	269.49	245.45	91.29	83.01	23.88	44.80	92.52
1996	43.7	1 292.11	204.32	316.15	347.84	124.26	96.06	28.88	56.16	118.44
1997	46.3	1 592.74	227.88	380.78	459.63	147.51	120.06	33.77	64.70	158.41
1998	48.8	1 855.36	244.42	412.04	512.21	185.40	160.45	43.51	89.93	207.40
1999	50.8	2 129.60	271.97	445.77	577.56	210.53	191.77	54.72	115.69	261.59
2000	52.1	2 486.86	315.42	485.30	685.03	251.70	221.45	62.94	137.66	327.36
2001	52.4	2 728.94	344.85	550.35	619.99	316.85	272.06	71.86	164.03	388.95
2002	52.9	3 038.90	382.82	602.29	584.67	373.63	328.86	88.96	196.50	481.17
2003	50.9	3 404.19	420.53	649.11	624.74	463.93	345.46	103.44	215.95	581.03

（续表）

年份	第三产业占比（%）	第三产业产值（亿元）	交通运输、仓储、邮电通信业	批发和零售贸易、餐饮业	金融保险业	房地产业	社会服务业	卫生体育和社会福利业	教育文艺及广播	其他服务业
2004	50.8	4 097.26	493.60	745.00	612.45	666.30	346.57	124.69	227.15	881.50
2005	51.6	4 776.20	582.60	840.89	675.12	676.12	407.74	144.63	269.64	1 179.46
2006	52.1	5 508.48	669.01	929.16	825.20	688.10	467.36	162.16	312.62	1 454.87
2007	54.6	6 821.11	723.13	1 077.76	1 209.08	806.79	566.46	186.15	364.50	1 887.24
2008	56.0	7 872.23	712.99	1 933.65	1 414.21	939.34	594.44	208.86	349.15	1 719.59
2009	59.4	8 930.85	635.01	2 183.85	1 804.28	1 237.56	643.12	227.47	378.18	1 821.38
2010	57.3	9 833.51	834.40	2 594.34	1 950.96	1 002.50	710.94	250.41	400.36	2 089.60

资料来源：1978—1999年数据转引自上海市统计局编、中国统计出版社出版的《上海统计年鉴2000》(该年鉴记事断限为1952—1998年)。其后数据，来源于上海市统计局2000—2011年分年编、中国统计出版社出版的《上海统计年鉴》。

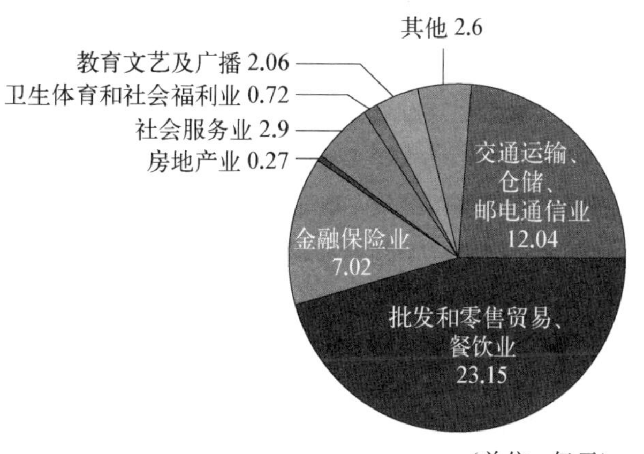

图4-1-3　1978年上海市服务业分行业增加值构成图

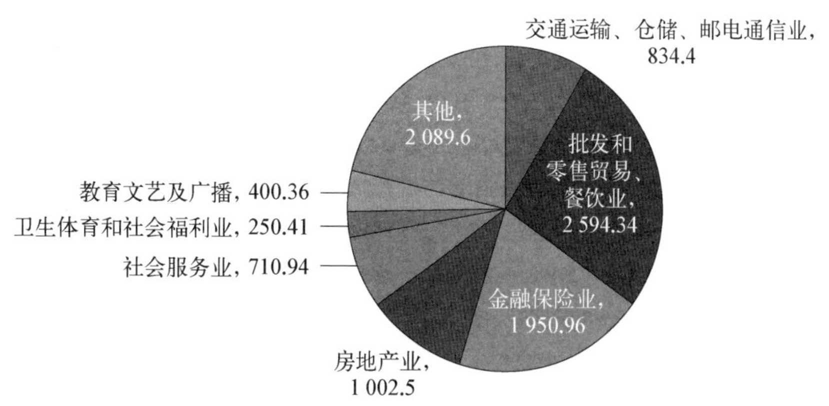

图4-1-4　2010年上海市服务业分行业增加值构成图

第二章 商 业

1949 年 5 月 28 日，上海市军管会财政经济接管委员会工商处接管前上海市社会局工商行政管理工作。同年 9 月，市军管会财政经济接管委员会工商处改为市政府工商局。1953 年 1 月，市政府商业局成立，实施全市商业系统的行政管理。同时，成立市政府工商行政管理局，负责管理私营工商业。1954 年，中共上海市委财经工作部成立，同时成立上海市粮食局。1955 年 2 月，市人民委员会财政粮食贸易办公室成立。同年 4 月，撤销市政府商业局，成立上海市第一、二、三商业局，分别对全市日用工业品、农副产品商业企业、饮食服务行业和商业一级采购供应站实行计划管理和行政领导。1956 年，在完成对私营商业社会主义改造后，撤销市第二商业局。同时，成立市服务局、水产局，市第三商业局改为市第二商业局。1958 年 10 月，市第一、二商业局合并为市第一商业局，市服务局、粮食局、供销合作社、工商行政管理局合并成立市第二商业局。同时，成立 10 多个市国营商业专业公司，各区相应成立区公司。至此，全市形成市委财贸工作部、市政府财粮贸办公室和市商业专业局、市商业专业公司、区级公司 4 级商业企业行政领导和管理，政企合一、高度集中统一的商业管理体制。各级管理机构对所属商业企业实行人、财、物统一集中管理，逐级下达计划指标，并对计划执行实行监督管理。

改革开放后，1979 年 12 月，建立市政府财政贸易办公室(简称“市政府财贸办”)，归口的有市商业一局、商业二局、市粮食局、市水产局、市物资局、市供销合作社等市级商业行政机构。1980 年起，以所有权与经营权分离为方向，进行商业行政管理体制的改革和调整。1984 年底，市饮食服务公司从市第二商业局分离，建立上海新亚(集团)联营公司，行政性公司开始转变为经营性公司。1985 年 1 月起，商业部管理的上海各商业采购供应站下放上海市管理，与上海各商业专业公司合并，成立各专业商业批发公司；同年 4 月起，市、区商业行政性公司向经营服务型转变。1988 年 3 月，市供销合作社划出政府序列；同年 6 月，实施“两级政府，两级管理”，市商业专业公司 9 个方面的商业行政管理权限下放给各区县商业行政主管部门，区县实行财权与事权的统一。1992 年 10 月，在市水产局基础上，组建上海水产总公司，该局原承担的政府管理职能移交市政府财贸办。1994 年 5 月，撤销市水产局。同时，撤销市商业二局，组建经营性公司，其原有职能由设在市政府财贸办内的副食品管理办公室承担。1995 年 6 月，撤销市商业一局，组建上海一百(集团)、华联(集团)、友谊(集团)等企业性公司，其原有的行政、行业管理职能由设在市财贸办内的工业商品管理办公室承担。同月，撤销市物资局，组建上海物资(集团)总公司。至此，市级商业主管局仅保留粮食局一家。市级商业的管理体制由办、局两级管理改为市政府财贸办一级管理。政府实行宏观调控的管理体制逐步形成。

1996 年 2 月 27 日，市政府财贸办更名为市商业委员会(简称“市商委”)。市商委是市政府主管全市商品流通和商品市场的部门，对全市各种商业行为和商业行业进行行政管理，使商业管理纳入法制化、规范化的轨道。各区县在政府机构改革中，相应设置商业行政管理机构，确保全市商业发展规划的落实。

2003 年 8 月，市政府机构改革，撤销原市经委和市商委，成立新的市经委。原隶属于市商委的国有商业集团全部划转市国资委管理，政府职能转变迈出重要一步。新的市经委作为主管全市工业、商业经济工作的市政府组成部门，被明确赋予贯彻国家有关工业、商业经济的方针、政策和法律、法规、规章；研究制定产业发展规划；研究商业营销方式的改革，推进流通业态和流通组织的创新和现代化；研究制定商品市场运行和调控的政策措施，规范流通秩序；研究制定工业、商业的行业规划、行业规范和行业标准，实施行业管理等 14 项主要职责。

2008 年 10 月 21 日，市政府发布公告，启动上海新一轮机构改革，其中包括组建市商务委员会（简称“市商务委”），将市外经贸委（外资委）的职责、市经委的商业管理职责，整合划入市商务委。新组建的市商务委以内外贸机构合并为契机，立足基本国情，努力探索参与全球竞争、完善开放型经济、内外贸融合的管理体制，加快服务政府、责任政府和法治政府建设。随着内外贸机构及管理职能的融合，商务委所属事业单位也相应整合。上海国际经贸研究所与商业经济研究中心合并，成为上海商务发展研究中心；上海外经贸计算中心与商业经济信息中心合并，成为上海电子商务促进中心；归并外经贸服务中心、商业展览办公室、商业网点办公室，建立商务行政事务中心。市商务委围绕上海国际贸易中心建设的目标，着力推进内外贸联动发展。

第一节　商业改革初步探索

1979—1983 年，改革开放初社会可供商品短缺，市场供应紧张，商业经营机制不活，经营积极性不高，加深了供求矛盾。为了提高商业经营积极性，稳定市场，满足和方便居民生活需要，市政府财贸办从商业企业内部分配制度入手，对影响经营积极性的某些分配不公的制度作探索性的“小改小革”。副市长兼市政府财贸办主任裴先白带领调查组深入虹口区进行典型调查。在调查研究的基础上，1980 年，市政府财贸办先后印发《关于扩大零售企业自主权的若干意见》等 5 个“小改小革”文件，试行“企业基金制、利润留成制、中小企业承包制”等办法。通过企业内部分配办法的改革，把企业经营好差、劳动贡献大小同企业职工个人收入联系起来，力求克服平均主义，调动企业和职工改进管理、搞活经营、提高服务质量等方面的积极性。同时，在组织商品流通上，开始调整购销政策。1979 年，市政府决定调减统购派购基数，提高 12 种农副产品收购价格，提高幅度为 18%；组织供应议价粮油与豆制品，缓解市场供需矛盾。1979 年 1 月，市政府决定在市区边缘地区恢复 22 个农副产品贸易市场，让多余的农副产品进入市场自由交易；同年 7 月，成立上海生产资料市场。1980 年，开设水产品、副食品交易市场。日用工业品从 1980 年开始打破统购包销制度，逐步转为计划收购、协议收购、订购、选购、代购、代销、经销和联营联销及生产部门自销等形式；并有步骤地放开小商品价格，实行工商企业协商定价，随行就市，丰富上海市场。1981 年，市政府财贸办成立市发展集体、个体商业服务业协调小组，扶持和发展集体、个体经济的商业服务业。1983 年 2 月，市长办公会议原则通过《关于改革商业体制的若干规定》，上海商业按照不同企业推行多种形式承包经营责任制，初步把计划经济条件下构建的国营商业“独家经营”、封闭式、分配型、多环节的流通体制，改为以国营商业为主导、多种经济形式、多种经营方式、多种流通渠道和开放式、少环节的流通体制。

1984 年初，市政府财贸办根据国务院发布的扩大企业自主权 10 条规定，制订加快上海商业改革的措施和步骤。同年 6 月，市政府批准发布《关于改进市、区零售商业、饮食服务业经营管理的试行规定》，围绕增强企业活力这个中心环节扩大企业在业务经营、财务、分配等方面的 10 项自主权，把过去企业利润定额上缴改为以税代利。企业除了缴纳流转税外，按照 1983 年基数利润在 20 万元以上的大中型企业实行 55%的所得税，并加征调节税；对小型企业其利润按照八级超额累进率征所得税。在以税代利改革中，全市477家大中型商企业中，有304家实行内部经营承包责任制的改革。2 017家国营小型零售企业中，有1 458家改为国家所有、集体经营，86家转为集体所有制，96家实行租赁经营；市区饮食服务行业的993家国营企业中，有724家实行提成工资制；市区3 390家老集体企业中，有1 096家实行各种形式的承包，413家实行租赁经营。1985年，全市第三产业增加值121.59亿元，社会消费品零售额173.39亿元。1987年以后，进一步推进承包制和租赁制，首先由22家大中型商企与政府签订承包经营合同，然后陆续推开。与此同时，结合第二步利改税的改革，推进商业经营管理体制改革。改革的核心是政企分离，转变市、区商业公司职能，撤销行政性管理公司，企业由政府附属物逐步成为自主经营、自负盈亏、自我制约、自我发展的独立经营实体。

1984年12月，市饮食服务公司从市第二商业局分离，组建上海新亚(集团)公司，保留市饮食服务公司。1985年1月起，原由商业部管理的商业一级站下放给上海管理，与上海市公司合并组成各批发专业公司。同年4月，行政性公司由管理型转向经营服务型，按照政企职责分开、简政放权的原则，逐步把行政与社会管理职能转换到各有关主管部门，并在两年内撤销中心店一级管理层次，把基层企业的经营自主权下放给企业。为了疏通和扩大流通渠道，更好地发挥市场调节作用，市政府财贸办公室制订规划，扶持和发展各类商品市场。1984年10月，成立上海工业品贸易中心。1987年，成立上海钢材市场。至1989年，全市建有13个贸易中心、53个以农副产品为主的批发交易市场、458个集贸市场、61个小商品市场和旧货市场，通过打破地区封锁，疏通流通渠道，扩大商品交流领域，扩展上海商业与全国各地流通领域的横向经济合作与联合，实现优势互补，共同促进经济发展和繁荣。同时，对农副产品购销政策作了较大调整。1985年4月起，上海主要农副产品的统购派购改为合同定购，实行价格“双轨制”；对完成定购任务外的多余部分，除棉花外都允许进入市场交易。1985年，结合购销体制的调整，实行超购加价。通过发放副食品补贴的办法，于1985年4月、1988年5月再次提高副食品零售价格，缓解了副食品购销倒挂的矛盾。此外，上海尝试利用外资和引进先进管理技术，发展商业服务业。1984年，创办第一家沪港合资扬子江大酒店。此外，还进行了商业企业股份制的试点。1987年，上海豫园商场改制为股份有限公司，1988年成为全国首家向社会公开募股上市的商业股份制公司。实行股份有限公司制的，还有上海新世界商场、第一百货商店、华联商厦、第一食品商店等。

1988年起，上海深化商业管理体制改革，以所有权与经营权分离为内容，进一步推行商业承包经营责任制和租赁制。具体做法是，大中型企业普遍推行承包经营责任制，小型企业重点推广租赁制，并开展股份制和小企业拍卖试点。经市政府批准，市政府财贸办相继印发《关于推进和完善全民所有制大中型商业企业承包经营责任制的意见》和小型商业企业租赁制改革配套政策等规定，企业改革迅速推开。截至1991年，全市实行承包经营合同的大中型企业达584家，占总数625家的93.4%；实行“两保一挂”，即保上缴利润、保发展后劲、工资总额与效益挂钩。小型商业企业租赁制经过配套完善和政策调整，进一步得到发展。1990年，上海小型企业实行租赁制的达到5 366家，占该类企业总数的68%。租赁企业规模也由小到大，出现了近百人的创利在30万—40万元的租赁企业，范围也由劳务性的商业企业发展到纯商业的各行各业，形成从个人合伙租赁、集体租赁到企业租赁企业的状况。同时，政府管理职能也逐步由微观管理向宏观管理转变，加快简政放权、政企分开的进程。根据市政府的部署，市政府财贸办印发并实施《关于市、区商业管理体制分权明责的意见》，实行“两级政府、两级管理、分级负责”的管理体制。1988年6月，市商业专业公司有关业务经营、财务、劳动人事、工资、物价管理、物资基建、科技生产、各项统计资料汇总等9个方面的商业行政管理权限下放给各区县，按照“责、权、利”统一的原则，相应明确区、县商业行政主管部门的主要职责。至1989年,基本完成市、区两级商业公司职能的转变。

1989年,市政府召开全市商业工作会议,市委书记江泽民、市长朱镕基到会讲话。江泽民指出,发展上海的商业,充分发挥上海作为流通中心的作用,对于促进上海工业的发展,活跃和繁荣全国城乡市场,都有着举足轻重的作用。他强调,没有主渠道不稳,没有多渠道不活。朱镕基着重对稳定市场供应和物价提出要求。在市委、市政府重视下,市政府财贸办采取一系列措施,实施市政府关于发展第三产业、优先发展商业的决策,规划调整网点布局,加快商业设施建设,改善购物及消费环境。1991年,上海对日用工业品批发实行"一保二放三改",即在保护主渠道的同时,放开价格,放开经营,改革经营机制,使批发向生产与零售两头渗透。同时疏通渠道,组织货源,增加商品可供量,对暂时短缺的商品,如彩电、冰箱等商品,采取临时发放购货券等办法,缓解市场矛盾。这些政策和措施,为商业深化改革、加快发展创造了有利环境。

第二节　大商贸战略的实施

1992—2000年,市政府及商贸部门实施"大商业、大流通、大市场"的发展战略。

在邓小平南方谈话和中共十四届三中全会《关于建立社会主义市场经济体制若干问题的决定》指引下,上海商业全方位改革商品流通体制和企业管理体制,推进企业重组和规模经营,调整商业所有制结构,大规模改造和建设商业设施,扩大对外开放,引进新的商业业态和经营管理方式,商品流通领域率先形成市场机制,加速与国际市场接轨,努力建立与现代化国际大都市相匹配的商业服务业的基本框架。

在1993年1月全市商业工作会议上,市委、市政府提出了振兴上海商业的"三二一"工程,即立足"三大":大商业、大流通、大市场;坚持两手抓:一手抓软件建设,转换企业机制、市场机制、政府管理机制,一手抓硬件建设,加快商业设施改造和建设;实现一个目标:把上海建成国际经济、金融、贸易中心之一。还提出上海商业要高起点、先一步、深一层推进流通体制改革的指导方针,并决定在全市大中型国营商业和供销合作商业企业中深化改革,争取用三年时间,全面完成经营机制转换,使上海商业在全国率先形成市场经济体制的基本框架。

一、"抓大放小"转换企业机制

1992年起,全市625家大中型国有商业企业和供销商业企业由点到面,开展以经营自主、分配自主、用工自主、定价自主、机构设置自主、投资自主为内容的"六自主"改革。在此基础上,从1994年起,按照"产权清晰、职责分明、政企分开、管理科学"的原则,逐步进行现代企业制度试点和公司改组,组建63家商业企业集团。经过重组、兼并,全市商业企业集团减至55家,优势集团的资产质量和规模有了明显提高,其中净资产超过10亿元或销售额超过30亿元的大集团有15家。华联集团列入全国大集团试点,一百、友谊、新亚、烟糖、新世界、豫园、开开、淮海等列入上海市重点扶持大集团试点。全市21家商业股份制企业经营良好,一百、华联、豫园、新世界4家股份制上市公司的零售额囊括了全国零售企业排位的前4名。截至1997年,上海小企业转制取得重大进展:实行股份合作制654家,其中国有企业改制的152家,注册资本近4亿元,有3万多名商业职工成为股份合作制的股东。实行公有民营的小企业(小网点)3 530个,转为个体、私营的小企业(小网点)145个,拍卖和内部转让小企业(小网点)186个,转为连锁方便店的小企业(小网点)1 300个;退资承包和风险抵押承包小企业(小网点)2 530 个。改制小企业注入了活力,提高了经营积极性,减少亏损,职工收入也有明显提高。

二、高起点改革流通体制

【改革商品购销流通体制】

1991 年 10 月,市政府办公厅转发市政府财贸办、市农委《关于深化蔬菜产销改革的若干意见》。同年 11 月,全面放开蔬菜价格。1992 年,上海放开行业用粮价格,并陆续减少地方管理的价格,由原 146 种减少到 15 种;取消猪肉、蛋、盐等 6 种票证。1993 年 4 月,全面放开水产品及粮油购销价格,取消上海的最后两种票证——粮票与油票。至 1995 年,除粮、油、棉等国家宏观控制的少数重要商品外,所有副食品取消计划内和计划外的价格"双轨制",全部实行市场价格。1995 年,对工业消费品价格逐步进行调整和放开。1997 年,彻底放开肉、蛋产销经营,实现由市场定价格,由市场调节产销的运行机制。至 1998 年,除石油、煤炭等少数几种生产资料外,所有商品基本转为市场调节。

【完善商业市场体系】

从 1992 年起,市政府陆续批准建立有色金属、石油、粮油、煤炭、农资、建材等 6 个带有期货经营性质的会员制交易所。1993 年,区域性市场发展到 204 个,地方性初级市场发展到 406 个。截至 1995 年,全市有各类批发市场 1 186 个,年成交金额 1 200 多亿元。至 1996 年,全市城乡共有农副产品集市贸易市场 725 个。其中,市区 532 个,农村 193 个,年成交额达 175.33 亿元。农副产品的集市贸易成为上海水果和蔬菜货源供应的重要渠道。1997 年 4 月,上海华东贸易广场开张,成为上海最大的日用工业品批发市场。至当年底,上海建有各类批发市场 1 043 个。其中,日用工业品交易市场(含小商品批发市场)600 多个,粮油交易市场 14 个,农副产品批发市场(不含集市贸易)315 个。

在商业设施改造与建设方面,截至 2000 年,市级商业中心由"四街一城"发展为"四街四城",即原"四街一城"南京路、淮海路、四川北路、西藏中路和豫园旅游商城通过改造和新建商业建筑群改变面貌,再新建浦东新上海商城、铁路新客站不夜城、徐家汇商城 3 个现代化商城。开辟 10 条市级商业特色街,完善和发展 32 个地区级商业中心和 65 个居住区商业中心。在市中心实施"灯光工程",灯光夜市从中心商业区向地区级商业中心延伸,汇合成绚丽繁华的夜上海。

【发展外向型贸易】

1993 年,上海第一百货股份、供销综合商社、豫园商城股份公司获得外贸经营权。1996 年后,上海又有 18 家企业获得外贸经营权。1997 年,上海内贸商业自营进出口总额 3.07 亿美元,其中出口 2.27 亿美元。

从 1992 年成立第一家中外合资零售企业上海第一八百伴新世纪商厦起,国际商业大企业纷纷进驻上海。截至 1997 年,共计合资合作项目 633 个,投资总额 37.98 亿美元,协议引进外资 28.1 亿美元;183 家合资合作商业企业开业,涉及超市、专卖店、商办工业、饮食服务、物流和商业咨询等领域。截至 1998 年,上海商业海外投资已逾 2.6 亿元,派出管理和劳务人员 1 700 多人,在 23 个国家和地区建立 39 家企业。

通过市商业系统商业服务业普查，市场经济体制下上海商业的资源配置和业态结构为：1999年末总户数共265 798户。其中，商业184 605户，餐饮业23 029户，服务业56 978户，商业交易市场1 186户。私营商业占商业企业全部户数的49.6%，个体经营户135 680户。按照大、中、小标准划分，大中型企业占企业总户数的7.8%，小型企业占企业总户数的92.2%。零售业态结构中，超市、大卖场、便利店的零售额占全市社会消费品零售总额的17.9%。商业利润结构中，国有企业占61.4%，集体企业占6.7%，私营企业占21.7%，股份制企业占9%，三资企业(中外合资、中外合作、外资企业)占0.3%，联营企业占0.9%。2000年，全市实现社会消费品零售总额1 722.27亿元，比上年增长8.3%。非公商业经济进一步发展，与上年相比，外商投资商业销售额增长59.9%，港澳台投资商业销售额增长58.9%，商业股份公司销售额增长39.5%，私营商业销售额增长8.8%，个体商业销售额增长8.3%。

第三节　加快国际商贸中心城市建设

2001—2010年，上海积极推进国际商贸中心城市建设。上海商业抓住2001年12月中国正式加入世界贸易组织的契机，以发展为导向，以改革为动力，着力提高上海商业的现代化水平和全国领先度，加快上海商贸发展。2010年，全市商业增加值2 779.34亿元；商业生产总值占全市比例16.5%、占第三产业比例28.9%；商品销售总额37 383.25亿元，位于全国城市首位；社会消费品零售额6 070.5亿元；商品交易市场成交额6 657.36亿元；外资零售企业占市场份额20.3%；外商直接投资商业(仅批发零售业)31.11亿美元；连锁业态种类110个，连锁商业销售额2 085.28亿元，占市场份额20.2%。

一、集聚各类商业资源

进入21世纪，上海商业深化改革扩大开放，以产权制度改革为切入点，推动劳动关系和分配制度的联动改革；积极探索国有股的转让和减持办法，鼓励和吸引外资和民间资本参与商业结构调整、国有企业改组改造，推动国有商业企业投资主体多元化；整合社会商业资源，深化企业集团产权主体多元化改革，通过政府引导、市场运作，采取资产注入、置换、兼并、收购等多种方式，支持商业企业做大做强，推动具有比较优势的商业集团实行跨地区、跨部门、跨所有制的联合，培育销售规模达到500亿元的商业集团(2010年上海百联集团有限公司以营业收入17 387 384万元，名列中国50强企业第28位，为国内最大的商业企业)；探索建立国有资本退出通道，推动国有资本从非关键、非重点经营领域退出，腾出空间放手发展非公商业经济；完善企业退出机制，做好资不抵债、扭亏无望、缺乏市场前景企业的破产工作。2003年起，商业系统的国有商业企业划归市国资委后，商务主管部门从过去管理企业为主转向指导产业和服务企业，把管理寓于服务之中；管理对象从主要管理国有企业转向服务全社会商业企业；管理方式从直接干预企业向通过产业政策间接影响企业转变，为各种所有制企业共同发展营造良好的环境。

在此期间，上海商业进一步扩大对外开放，广泛集聚国际国内各类商业资源，钢铁、汽车、化工、有色金属、医疗设备等大宗商品电子交易市场活跃，成为部分大宗商品和重要资源交易的控制中心和价格中心。各大食用农副产品批发市场、部分连锁商业企业与全国1 000多个农副产品生产基地建立了新的产销合作关系，粮食、猪肉、蔬菜、粮油、糖等实现与全国重点农副产品生产基地的产销

图 4-2-1　1996 年坐落在浦东新区陆家嘴金融贸易区内的新上海商业城

对接,形成了总部在上海、基地和网络在全国的新态势。通过集聚国内外商贸企业总部和企业运营管理中心、品牌运作中心、资金结算中心、物流中心、分拨中心、销售中心、采购中心等,提高商贸资源的配置能力,增强集聚和辐射能力。加快引进国内外各类企业、商品和服务品牌,上海已成为国际品牌进入中国市场的首选地和桥头堡,并成为众多国际高端品牌的中国地区总部、亚太地区总部。

表 4-2-1　截至 2010 年落户上海的著名国际高端品牌商企中国地区总部一览表

企业总部名称	颁证年份	企业总部名称	颁证年份
*三菱商事(中国)有限公司	2001	百安居(中国)投资有限公司	2006
柯达(中国)投资有限公司	2002	星巴克企业管理(中国)有限公司	2007
凡红(中国)有限公司	2002	欧尚(中国)投资有限公司	2007
*欧莱雅(中国)有限公司	2004	宜家(中国)投资有限公司	2007
*瑞表企业管理(上海)有限公司	2009	可口可乐企业管理(上海)有限公司	2009
*百胜(中国)投资有限公司	2009	英特尔(中国)有限公司	2007
*索尼物流贸易(中国)有限公司	2009	卡夫食品企业管理(上海)有限公司	2010
伯威英博投资(中国)有限公司	2003	美标(中国)投资有限公司	2010
贝塔斯曼管理(上海)有限公司	2004	上海索迪斯管理有限公司	2010
麦当劳(中国)有限公司	2005	伊势丹(中国)投资有限公司	2010
达能亚太(上海)管理有限公司	2005	阿迪达斯(中国)有限公司	2010
养乐多(中国)投资有限公司	2005	华特迪士尼(上海)有限公司	2010
花王(中国)投资有限公司	2005		

说明:此表为市政府认定的跨国公司驻上海地区总部名单,其中*为国家级跨国公司地区总部。

二、推进商业现代化进程

2001年，是“十五”商业发展的开局之年，也是中国加入世界贸易组织之年，流通领域竞争更趋激烈。上海商业由此前主要以市场化推动现代化，转向主要以国际化推动现代化，积极发挥商贸流通业的大渠道作用，通过大力发展连锁商业、物流配送、电子商务，加快商业现代化进程。年内，加快实施全国市场战略，以长江商贸走廊为主线，以长江三角洲地区为重点，以连锁业态辅之以品牌拓展、管理输出等为主要形式，新发展市外网点244个。至年末，市外网点达1426个。物流配送中心建设有了实质性发展：联华生鲜配送项目建成运行，一百松江第三方物流投入启用，捷强集团北翟物流中心投入开工建设。

【开展连锁企业信息化建设】

2001年前后，上海开始建设与完善单品管理、供应链管理和客户关系管理等信息管理系统。上海商业增值网、上海商业网、上海商情网等网站继续发展，易购365等一批电子商务网站相继建立。2002年1月20—21日，国家经贸委在上海召开全国推进流通现代化工作现场会，提出把发展连锁经营、物流配送、电子商务作为推进流通现代化的重点。现场会后，市商委加快建设上海商业电子商务公共平台，推动商业电子贸易进程，会同有关各方继续改善银行卡受理环境；进一步发挥消费品市场信息快速反应系统的公共信息服务功能，引导商业企业发展完善高度集成的内部信息控制系统。同时，学习国际先进连锁经验，开发符合中国实际的连锁商业技术，进一步提高商品管理、供应链管理、客户关系管理、高效顾客回应等技术水平；加快建设现代物流园区，提高物流效率，降低物流成本。

【提升商业国际化程度】

2005年11月25日，市人大常委会发布《上海市商品市场管理条例》。上海努力提升商业发展国际化程度，以世界著名的国际大都市为参照系，发挥上海作为连接国内国际市场桥头堡的作用，使上海商业发展全面融入国际市场体系；积极引进国际知名企业品牌、商品和服务品牌，使上海成为国际知名品牌的集聚地；引进全国知名企业品牌、商品和服务品牌，支持民族特色品牌和中华老字号特色品牌加快发展。以伦敦、巴黎等顶级时尚百货店经营的高端品牌为基准，世界公认的顶级奢侈品牌中已有超过80%进入上海，标志着上海开始跻身于国际时尚商业城市行列。上海发挥内外贸行业的作用，打通境外、境内两个市场通道，运用内销市场网络扩大出口产品内销市场，实现内外贸企业在盈利模式、结算方式、风险机制等方面融合；鼓励和支持大型商贸企业实施“走出去”战略，进一步拓展境内市场和境外市场；依托20个服务业集聚区，引进和集聚一批具有较强营销功能、拥有全球分销网络的大型商贸企业总部和跨国公司的国际采购中心或区域采购中心；依托上海综合保税区建设，吸引境内外大型化企业来沪投资设立采购中心、分销中心、结算中心和区域中转物流中心。进一步支持连锁经营发展，扩大连锁经营的领域和范围，鼓励连锁企业改善供应链体系，大力发展特许经营和专业连锁，鼓励连锁经营企业向社区和郊区发展。家乐福、麦德龙、欧尚、易初莲花等外资大型综合超市先后入沪，其统一经营管理、全球集中采购、注重物流配送系统等经营方式，对上海零售业发展产生很大影响。2010年度，上海大型超市（门店179家）实现销售885.03亿元，其中市内销售399.02亿元，市外销售486.01亿元；标准超市（门店2681家）实现销售 264.78 亿元,其中市内销售 163.71 亿元,市外销售 101.07 亿元;便利店(门店 4 628 家)实现销售 83.20 亿元,其中市内销售 58.56 亿元,市外销售 24.64 亿元。现代物流业加快发展,成为全国流通领域现代物流示范城市。商品交易市场规模经营发展迅速,2010 年,全市规模以上商品交易市场交易额 5 610 亿元,比 2005 年增长 120%。同年,上海对外投资新增企业 179 家,新增投资额 242 029 万美元,其中商务服务业、储运服务业、批发零售业、住宿餐饮业投资额占比分别为 22.9%、22.5%、8.1%和 4.1%。上海锦江国际集团联合美国德尔集团收购美国洲际酒店及度假村集团;豫园南翔馒头店先后在日本东京、印度尼西亚雅加达和巴厘岛、新加坡、中国香港开办"南翔小笼"分店;上海鹏欣(集团)、上海维鲨公司、上海太船公司分别在刚果(金)、印度和中国香港投资开办商贸企业。

【发展电子商务】

上海电子商务经过 2001—2005 年的试运营,一批电子商务项目应用上网,网上交易、网上购物、网上支付成为现实,一大批电子商店,电子商务走进普通市民中。2005 年,上海电子商务交易额达到 1 623 亿元,比上年增长 118.4%;其中商业电子商务交易额 11.75 亿元人民币,占流通业的 12.45%。2006 年起,上海电子商务应用领域不断扩大,推动传统流通企业开拓网上市场;支持大型流通企业整合资源,建设一体化的电子商务平台,向纵深发展,形成技术改进、体系升级、价值创造和资本吸引的良性循环;扶持中小流通企业通过第三方技术服务平台进行网上销售相关技术改造与管理升级,降低商品陈设和人员、库存、资金占用等运营成本,选择灵活适宜的经营模式,满足不同消费层次和消费偏好的顾客需求。2008 年 11 月 26 日,市人大常委会发布《上海市促进电子商务发展规定》,进一步规范电子商务的发展。电子商务应用领域日趋广泛,行业特色比较鲜明,涌现东方钢铁、上海钢联、有色金属交易、二手车交易、上农批发等大宗商品 B2B 企业网站,百联 E 城、农工商便利通、携程旅行、超市 1 号站、新蛋、万得、亿贝等 B2C 企业网站。2010 年,上海实现电子商务总交易额约 4 253 亿元,占全市商品销售总额的 10.4%,占全国电子商务交易额的 10%;网络零售额实现 340 多亿元,占全市社会消费品零售总额的 5.7%,网民网购使用率、平均网购消费额均居全国前列,已接近发达国家城市的水平。

【培育新商业增长点】

随着经济发展和生活水准提高,上海等沿海发达地区已经出现居民消费需求从传统的物质消费,转向以休闲消费、文化消费、娱乐消费、服务消费等为主流的综合消费趋势。居民在消费内容、消费形态和消费理念等方面出现明显变化:用于食品、衣着、日用品的消费支出增长放缓;用于医疗保健、交通通信、文化娱乐的消费支出快速增长。消费者热衷汽车、住房等大宗消费;勇于贷款消费、乐于网上消费、追求个性化消费。上海商业着眼于消费新变化,不断生成新的商业增长点:利用郊区城镇新一轮发展的契机,有选择地建设发展综合型商业设施,进一步开拓郊区城镇和广大农村市场;根据交通条件改善对人口分布和流向的不同影响,促进商业资源流动,发展轨道交通站点、公交换乘中心的商业服务网点;抓住黄浦江、苏州河两岸综合治理开发的机遇,建设与人文环境、都市景观相融合的商务、休闲、文化、娱乐等商业服务设施;结合旧区改造、市政建设和房地产开发,加快建立政府引导、企业投入、社会参与的社区商业发展模式;树立大都市圈的商业发展意识,加快与长三角商业企业的重组联合,发挥引领长三角商业发展的龙头作用。

上海新的业种业态、新的设施网点、新的概念模式不断涌现,发展速度、规模和水平保持全国领先地位。社会消费品零售总额、商品销售总额、批发和零售业增加值的年均增长率都超过两位数。2010 年,全市商品销售总额完成约 3.74 万亿元,社会消费品零售总额完成约 6 070.5 亿元,商业增加值完成 2 779.34 亿元,分别比 2005 年增加 1.9 倍、1 倍和 1.96 倍。商业税收居第三产业第一,分别占全市和第三产业税收总额的 18%和 36%左右。全市商业从业人员稳定在 220 万人以上,商业成为第三产业中提供就业岗位最多的行业。上海商业全面对接世博、服务世博,发挥了不可替代的作用。上海世博园区内良好的商业服务,满足了国内外参观者的消费需求,世博特许产品经营额 309.58 亿元,刷新了我国大型会展活动特许商品销售的最高纪录,世博窗口行业服务水平明显提高。消费结构结构升级加快,吃穿用烧类商品销售涨跌互现,热点商品销售突出,全市限额以上企业实现汽车类商品零售额 729.21 亿元,比上年增长 24.9%;实现家用电器和音响器材类商品零售额 351.91 亿元,比上年增长 21.6%;实现金银珠宝类商品零售额 190.59 亿元,比上年增长 76.6%。

【推进多层次的商业发展】

"十五"(2001—2005 年)初期,市商委根据商业发展规划,相继印发《上海市零售商业服务业网点布局规划意见》《上海市食用农产品批发市场布局规划和设置条件》和《上海市家畜屠宰场设置规划》等分类规划,《关于在大型超市开设中引入听证制度的通知》《上海市商业零售业态规范》和《上海市商业分级设置规范》等规范性文件。"十一五"期间(2006—2010 年),市商务主管部门先后印发《上海商业网点布局规划纲要》《推进上海中心城区商贸业发展的指导意见》《推进上海郊区商贸业发展的指导意见》《关于进一步搞好社区商业建设的意见》等产业布局规划和导向意见;出台搞活流通扩大消费、保护和促进中华老字号发展、再生资源回收利用等一系列具有针对性的扶持政策;组织推进标准化菜市场建设和食品流通安全信息追溯系统建设,形成上海市猪肉流通安全信息监管网络,积极探索蔬菜流通安全信息追溯系统和食品冷链建设;加强内外贸企业对接,拓展出口商品内销市场,探索建立内外贸企业对接信息平台、订货平台和销售平台;加强商业经济运行和消费市场信息的统计分析和发布工作,编制和发布《上海服务业发展报告》等年度报告和各类消费市场信息。

在此期间,上海商业服务于城市繁荣繁华和群众安居乐业,抓住城市都市化建设的机遇,形成了一批重要的商业商务区,体现了高端商业与高端商务融合的综合效应。上海郊区加快新型业态和大型商业设施导入,成为商业发展新亮点。鼓励社区商业发展的政策措施,推动了社区商业规范发展和新建大型居住社区商业配套,形成一批国家级社区商业示范社区和市级社区商业示范社区。结合城市交通网络建设,形成了一批轨道交通枢纽型商业以及空港、火车站、高速铁路站等口岸商业。不断挖掘上海商业诚实守信、克勤克俭文化的历史底蕴,加强商业信用体系建设,大力扶持具有民族特色商业文化的传统商品、传统商业街、老字号商业企业,保持和扩大上海传统商业文化的影响力。全市命名 50 条具有不同功能特点的特色商业街。同时,加快商业创新的步伐,推进商业企业经营创新、管理创新、制度创新,并以信息化为主线,加速推动上海商业现代化。上海商业设施建设加快更新,许多方面达到国际大都市先进水平。

命名的 50 条特色商业街中,具有悠久的商业贸易传承和历史文化底蕴的老街 8 条,即上海老街、豫园老街、七宝老街、朱家角北大街、安亭老街、南翔老街、州桥老街、华亭老街;餐饮休闲娱乐街区 24 条,即滨江大道休闲餐饮街、新天地休闲娱乐街区、铜仁路咖吧街、衡山路休闲街、天钥桥路休闲餐饮街、虹梅路老外街、十尚坊休闲餐饮街、奉浦餐饮娱乐休闲街、上海湾时尚休闲街、吴江路休

图 4-2-2 上海“中华老字号”商标徽标

闲街、梅川路休闲商业街、博览汇餐饮休闲广场、云南路老字号美食街、雁荡路休闲文化街、上海城风味坊中西美食步行街、仙霞路美食街、金储休闲广场、松东路饮食文化街、石化北随塘河路餐饮街、张家浜休闲街、陆家嘴 96 广场、老码头滨江餐饮酒吧街区、阳曲路餐饮街、新源路餐饮街;服装服饰小商品街 8 条,即陕西北路服饰街、牡丹江路北翼服饰街、人民南路服饰街、茂名南路定制服装街、豫园时尚街、中山二路服装服饰街、老上海裁缝街、昌里路服装服饰街;其他专业或市场类特色街 10 条,即北京东路生产资料街、福州路文化用品街、绍兴路文化街、宜山路建材街、多伦路文化名人街、青云路眼镜街、吴中路汽车销售街、上海金桥国际茶城、曹安路专业市场街、汶水路动漫街。

截至 2010 年,商务部共命名两批“中华老字号”,上海共有 98 家获确认命名,占全国 779 家的 12.58%,在各省区市名列前茅。其中,商贸业老字号著名企业(品牌)有:杏花楼、老正兴、王宝和酒家、绿杨村酒家、小绍兴餐饮、豫园南翔馒头、乔家栅、宝大祥、老凤祥、老庙黄金、亚一金店、功德林、王开摄影、三阳南货(羊牌)、群力草药店、蔡同德堂药号、吴良材眼镜、茂昌眼镜等。

表 4-2-2 1985—2010 年上海主要年份商贸服务业统计表

年份	全市生产总值(亿元)	第三产业增加值(亿元)	商服网点(万个)	社会消费品零售额(亿元)	期货交易额(亿元)
1985	466.75	121.59	10.85	173.39	—
1990	756.45	241.17	12.91	333.86	—
2000	4 551.15	2 304.27	22.75	1 722.27	* 60 539.91
2005	9 154.18	4 620.92	33.56	2 979.50	65 402.03
2006	10 366.37	5 244.20	33.95	3 375.20	126 100.57
2007	12 188.86	6 408.50	33.53	3 873.30	231 340.56
2008	13 698.15	7 350.43	39.16	4 577.23	288 719.90
2009	16 046.45	8 930.85	39.12	5 173.24	737 593.45
2010	17 165.98	9 833.51	39.87	6 070.50	1 234 794.76

说明:* 2000 年一栏期货交易额为 2003 年数额挂栏。
资料来源:上海市统计局编、北京燕山出版社出版的《上海贸易外经统计年鉴》。

第三章　对外经济贸易

1949 年 6 月，上海市军管会接收旧政权输出入管理委员会等外贸行政机构，将其改组成立华东区国外贸易管理局。1950 年 6 月，华东区国外贸易管理局改为上海对外贸易管理局，行使上海口岸对外贸易行政管理职能。1953 年 1 月起，上海对外贸易管理局先后变更为对外贸易部华东特派员办事处、华东行政委员会对外贸易局。1955 年 1 月，这两个机构合并改为上海市对外贸易局。1960 年 7 月，上海市经济计划委员会增设援外办公室。1964 年 12 月，成立上海市对外经济联络局，专职协调经援工作。

1979 年 11 月，成立上海市进出口办公室，加强对全市进出口工作的协调领导。1983 年 5 月 25 日，按照党政分工的原则，成立中共上海市对外经济贸易工作委员会。同年 11 月，市进出口办公室、市外贸局和市外经局合并，成立上海市对外经济贸易委员会（简称“市外经贸委”），以便于集中管理，减少管理层次。

1992 年起，以浦东开发开放为契机，外经贸管理体制由单项改革转向综合配套改革，朝着建立社会主义市场经济体制的目标迈进。同年 2 月，市政府批准各区县外经贸委正式列入政府编制序列，形成市和区县两级外经贸管理体制。

2000 年 5 月，上海口岸管理职能划归市外经贸委，建立口岸处。同年 6 月，市政府启动提高口岸工作效率的“大通关”工程。2001 年 11 月，建立上海口岸管理委员会。

2002 年 3 月，新一届市政府推进机构改革，市外经贸委与外资委合署办公，市机电产品进出口办公室划归市外经贸委，所属国有外经贸企业先后划转市国有资产监督管理委员会管理。市外经贸委（外资委）按照政企分开、政资分开、政事分开、政府与中介组织分开的原则，深化行政审批制度改革。

2008 年 10 月，市政府机构改革，成立内外贸合一的主管部门——市商务委。市商务委以此为契机，精简处室，优化组合，建立内外贸融合的行政管理体制。以推进上海国际贸易中心建设为抓手，统筹兼顾，科学发展，在国际国内市场相互补充中拓展发展空间，在国际国内资源相互流动中实现优势互补，为上海经济发展提供坚实的内外保障。

改革开放后的 1979—2010 年，上海外经贸发展大致经历了探索突破外贸统制、加快外经贸体制改革、实施大经贸发展战略、加快上海国际贸易中心建设等阶段。

第一节　探索突破外贸统制

改革开放前，在生产社会化程度还不高以及受国际环境限制的历史条件下，我国走的是以“进口替代”战略实现工业化的发展之路。外贸管理实行高度集中的统制政策，进出口活动集中于国家专业进出口总公司，地方没有进出口企业，主要是实行国家计划。1979—1983 年改革开放初期，上海重点探索突破外贸统制，促进对外经济贸易。

1979 年 8 月 11—17 日，国家进出口管理委员会在北京召开京、津、沪三市对外开放座谈会。同年 9 月 14 日，国务院转发座谈会纪要，对三市外贸管理体制改革作了部署，提出“实行进出口分级管理,扩大地方经营商品范围,赋予地方和部门成立专业外贸公司或出口供应公司的权限”。上海根据座谈会纪要精神,探索突破传统贸易体制的途径。1979 年 12 月 28 日,上海率先在全国建立地方外贸公司——上海市对外贸易总公司,与上海市外贸局“一套班子、两块牌子”,集中经营全市进出口业务。同时,与外贸部专业进出口总公司共同领导和管理在上海的粮油、食品、土产、畜产、茶叶、丝绸、服装、纺织、工艺品、轻工、化工、五金矿产、机械等 13 个进出口分公司及外运等相关企事业单位。由此开始,上海进行以简政放权为中心的外贸管理体制改革。1980 年,试行由专业进出口分公司的商品科与生产企业共同组建工贸公司,当年成立上海机床厂、玩具、手帕、仪表、电子等进出口公司,稍后成立上海机械设备进出口公司,初步尝试工业企业参与外贸经营。1981 年,开始发展财产、组织隶属关系不变的贸工农联营企业。同时,扶植、组建一批综合性地方外贸公司,如申信、华建、爱建、永丰等进出口公司,这些公司在经营业务上各有侧重。对少数有条件的生产企业,赋予直接进出口权利。指导专业进出口分公司划小经营单位,扩增经营主体,并向外贸专业公司和三资企业放权,允许企业拥有出口本企业产品和进口所需原料的经营权。上海开始运用汇率、外汇留成、奖励政策等经济杠杆的促进手段,调动各方面发展出口的积极性。

上海外贸部门根据国际市场的需要,广开门路,组织货源,有关出口工厂积极扩大适销商品的生产,出口商品的收购量不断增长。1979 年,全市出口商品收购总额为 109.51 亿元,其中市内收购 66.16 亿元。1981 年,由于全国外贸体制开始改革,各省区市相继扩大自营出口权限,上海从市外调入的出口货源受到很大影响,该年调入上海的货源比上年减少 50%。但 1981 年出口商品进货总额仍有一定增长,使上海当年出口商品收购总额比 1978 年增长 67%。其间,中央不断推进放权让利措施,而从外贸体制转轨的角度看,变化甚微,因为计划经济、行政指令等因素仍起决定性作用,市场机制的基础作用尚未得到较明显发挥。上海的外贸出口徘徊不前,出口产品结构未有改善,原材料进口大幅增加。1980 年,上海外贸出口总值达 42.66 亿美元,以后几年出现下降,到 1983 年,出口值降为 36.48 亿美元。在全国出口的占比从 1979 年的 26.9%降为 16.43%。出口商品构成虽有所改善,轻纺产品、机电化仪产品和农副产品三者之比,1979 年为 56.7∶14.9∶28.4,1983 年是 56.3∶18.5∶25.2,但仍以低附加值劳动密集型轻纺产品为主导。

1979—1982 年,上海引进外资、先进技术和设备的步伐加快。市进出口办公室主管技术引进工作,主抓“两贷”,即使用中国银行的地方短期外汇贷款进口设备和技术,使用建设银行的出口工业品专项人民币货款扩建厂房和添置国内设备。此期,上海使用“两贷”进口单机设备、关键设备和技术共 290 项,成交金额约 3 亿美元。这些设备和技术主要用于出口产品企业的技术改造。1983 年 3 月,成立市技术引进小组,由分管副市长任组长。年内上海签订引进项目 278 个,协议吸收外资 2.16 亿美元。

与此同时,上海积极开拓外经业务新领域。首批劳务输出是 1980 年 1 月向也门纺织厂派出 26 名操作女工和 1 名译员,此后陆续向伊拉克、尼日利亚等亚非国家派出工人和技术人员。上海第一家境外贸易合资企业,是 1981 年 2 月 27 日开业的瑞士上海工艺品股份有限公司。第一家非贸易性境外企业,是 1981 年 4 月 8 日在中国香港开办的培罗蒙西服有限公司,沪方主要以技术、设备和半成品出资。

1983 年 5 月 2 日,国务院批准市政府《关于上海市发展对外经济贸易工作几个问题的请示》,决定给上海引进和消化技术、利用外资、改造企业和开拓国际市场等方面更多的自主权,为“外挤、内联、改造、开发”创造条件。同年 6 月 21—30 日,在国务院批准上海扩大对外经济贸易自主权后,上海举办首个对外贸易洽谈会,专业外贸公司、工贸公司、部分工厂参加,工贸双方联合谈判、联合成

图 4-3-1 1981 年 2 月,上海工艺品股份有限公司在瑞士日内瓦开业,为上海在海外设立的第一家合资企业

交,联合调查国际市场,联合听取外商对上海产品的意见,促成出口成交额 1.67 亿美元,涉及 38 个国家和地区。

第二节 加快外经贸体制改革

1984—1991 年,上海加快外经贸体制改革。

1984 年起,新组建的市外经贸委正式运行。5 月 15 日,上海被列入沿海开放的 14 个城市之一。在市政府的统一部署下,市外经贸委推进外经贸经营管理体制改革,加快实施企业所有权与经营权分离,使企业更多地拥有经营自主权,特别是把进出口经营权下放给更多的工业企业,发展工贸结合、技贸结合和多种形式的联营;进而改革外经贸计划体制,调动外贸企业和出口商品生产企业的积极性。

1985 年 2 月 8 日,国务院批复同意《关于上海经济发展战略的汇报提纲》(以下简称《汇报提纲》)。市外经贸委落实《汇报提纲》精神,用好用活 25%的留成外汇,恢复以进养出、物资串换业务,发展进料、来料加工出口业务。在嘉丰棉纺厂、第四棉纺厂、微型轴承厂、跃进电机厂、第三毛纺厂等生产企业推行出口代理制试点,实行"五代理、五公开"[①],工贸双方共同扩大出口。1986 年是上海出口的一个转折点,结束了前 5 年出口徘徊不前的状况。当年上海出口 35.82 亿美元,比上年增长 6.58%;1987 年为 41.6 亿美元,比上年增长 16.14%。

① "五代理、五公开":外贸公司和生产企业协议,由外贸公司代筹流动资金、代办出口退税、代办留成外汇调剂、代核产品价格、代付一定数额的货款;在对外贸易中,工贸双方成交合同公开、单据凭证公开、配额使用公开、费用开支公开、用汇收汇公开,以提高生产企业的积极性,工贸双方共同扩大出口。

1988年2月,国务院发布《关于加快和深化对外贸易体制改革若干问题的决定》(以下简称《决定》),部署全面推行承包经营责任制。同时,明确在各地的大部分专业外贸公司与外贸部属总公司脱钩,归属地方管辖,实行外贸地方承包;同年2月21日,国务院原则批准上海市政府《关于深化改革扩大开放加快上海经济向外向型转变的报告》(以下简称《报告》)。根据《决定》和《报告》精神,市外经贸委先在服装、针织、轻工、文体、工艺等5个外贸公司和畜产、丝绸2个外贸公司中经营轻纺产品的部门进行外贸承包经营责任制的试点,核定各企业的出口收汇、上缴外汇和出口盈亏3项指标,承包指标从1988年起,一定三年不变。此后,承包经营责任制在试点的基础上逐步推行。当年上海出口45.2亿美元,比上年增长8.65%。上海外贸出现"三个转变":由国家统负盈亏向自负盈亏转变,集中经营向多家经营转变,外贸经营方式由单一的收购向收购、自营、联营、代理等多种形式并存的格局转变。

1989年,上海又推出外贸代理制和工贸"双线承包"。同年2月,市政府决定在全市全面推行出口代理制,专业外贸公司经营机制从单一货源收购变为货源收购与出口代理并存,生产企业可择优委托外贸公司全过程代理出口,并在纺织行业率先实行。"双线承包"是指改收购制为代理制,把市向中央承包的出口收汇、上缴外汇和亏损补贴等3项指标,由原来各外贸公司承包改为生产企业直接承包,加强工贸双方在新的基础上的结合。当年上海出口50.32亿美元,比上年增长11.33%;1990年出口53.21亿美元,比上年再增长5.74%。1991年1月,国家取消对外贸出口的财政补贴,实行外贸企业自负盈亏,各省区市完成向国家承包出口总额、出口收汇和上缴中央外汇额度的任务。市外经贸委建立自负盈亏机制,理顺外贸企业财务的隶属关系,制定外贸企业盈亏计划的审批、执行和考核的有关办法,从制度上为实行外贸企业自负盈亏提供保证。为调节商品经营范围和商品结构不同而引起的盈亏差异,平抑外贸出口风险,确保上海出口任务的完成,上海还建立外贸出口风险基金和调节基金,促使外贸企业经营观念进一步由"核算盈亏"逐步转变为"自负盈亏",从而提高经济效益。

上海重视外经贸会展发展。1984年开始,每年一届上海对外贸易洽谈会,一直办到1990年,展览与洽谈面积从首届的3 810平方米扩大到1.2万平方米,出口成交金额3.37亿美元,客商来自52个国家和地区。1984年,沪上首家展览公司——上海国际展览有限公司成立,具有独立办展资质。1987年,上海企业在意大利米兰国际机床博览会参展的机床及附件全部售罄。1988年,上海英雄金笔厂参加德国法兰克福消费品博览会,打开欧洲销售市场。上海组团出国(境)办展或参展次数虽然不多、规模较小,却卓有成效。至1991年,上海共举办137个国际展会。规模最大的是由上海洽谈会改成的中国华东出口商品交易会(以下简称"华交会")。1991年3月5—14日,首届华交会在沪举行。外经贸部部长李岚清主持,上海市委书记、市长朱镕基等七省市领导及中外宾客2 500人参加开幕式。华交会展览面积2.1万平方米,摊位1 050个,参展企业607家,来自71个国家和地区的6 018位外商与会,成交额10.23亿美元,首创佳绩。

外经贸经营体制机制改革的进展,为上海货物贸易发展注入新的活力。一是出口市场多元化,1990年上海出口达171个国家和地区,出口超1亿美元的地区和国家有9个,依次为:中国香港、日本、美国、德国、新加坡、俄罗斯、意大利、英国、澳大利亚。二是出口商品结构有较大改善,农副产品、轻纺产品、机电化工仪产品出口比重由1985年的22.82∶58.73∶18.45,改善为1991年的8.34∶60.77∶30.89。三是外贸经营主体不断扩大,形成专业外贸公司(19家)、工贸公司(8家)、工业自营出口企业(35家)、地方外贸综合企业和部属在沪企业(各5家)、外商投资企业(有进出口经营权209家)"六路出口大军"的格局。四是出口规模扩大,外汇收入增加,上海1989年出口首次

图 4-3-2 1985 年 10 月,上海第二制药厂与瑞士罗氏公司签订 2—酮基古龙酸技术转让合同,为上海第一个贸易性技术出口项目。图为验证合格证书签字仪式

突破 50 亿美元大关,1991 年进出口首次突破 80 亿美元大关,其中出口 57.4 亿美元。

其间,上海技术贸易趋向活跃。1987 年 8 月 1 日,市人大常委会发布《上海市鼓励引进技术消化吸收暂行规定》,技术引进更趋规范。项目主要集中在纺织、化工、重工、汽车、电气、冶金、仪表、机电、邮电、公用事业等方面,比重达到 70%以上。1985—1991 年,上海引进国外技术设备项目 1 170 项,成交金额 13.47 亿美元。引进技术和设备,使许多老企业的产品升级换代;填补了一些国内空白,建立起国内支柱产业,工业总体技术水平得到加强,经过消化和转化,已拥有大量成熟的工业化技术和相当数量的新兴工业化技术,为发展有偿技术出口奠定了坚实基础。1984 年,成立上海国际技术进出口公司。1985 年,经外贸部批准,上海第二制药厂向瑞士罗氏公司出口维生素 C 两步发酵技术项目开始洽谈,以 550 万美元成交。这是上海第一个纯技术出口项目,表明由以往的技术引进单腿走路,转为向技术引进和技术出口双腿走路发展,迈出了上海技术贸易发展过程中具有重要意义的一步。为推动技术出口的发展,1987 年,市政府发布《上海市技术出口暂行办法》。1988 年全市技术出口额 1.34 亿元,为前 5 年累计数的 7.8 倍。1991 年,市政府发布《上海市技术出口管理办法》。上海一方面把展销办到海外,扩大影响;一方面将原先引进的诸如彩电、冰箱等生产技术消化融化后再出口,扩大技术出口商品的种类。1987—1991 年,上海技术出口项目 207 个,成交金额 56 411 万美元。

上海对外经济合作是从承接中央下达的援外任务起步的。为顺应改革开放的形势,上海对国际经济技术合作方式作了重要改革。1984 年 3 月,市政府批准成立的上海对外经济技术合作公司开业,其前身是市外经局。市政府加强对全市外经工作的规划、协调和管理,先后制定出台一系列鼓励企业发展海外经济的政策和措施,主要有给予上海外经公司 5 年免税、外汇留成、贷款优惠等。

在各方面的推动下,上海的对外工程承包和劳务输出规模不断扩大。1984—1991 年,上海外经完成营业额 21 535 万美元,其中对外工程承包营业额 13 991 万美元,劳务合作营业额 7 544 万美元;1991 年末,上海在外劳务人数 2 316 人。

1991 年 5 月成立的上海海外公司,代表市政府统一行使审批海外企业的职能,管理全市海外贸易机构的国有资产。该公司被赋予三项职能:一是组建海外集团公司,扩大海外网点;二是开展海外企业承包经营试点;三是在国内培养新的外贸生长点。上海海外公司的成立,标志着集贸工农技金融为一体的"大海外"格局初步形成,上海外向型经济步入一个新的层面。

改革开放伊始,上海对城市发展进行新的思考,提出"发展内外贸易,把上海办成全国最大的贸易中心"。这一发展思路,在国务院 1985 年 2 月 8 日批复同意的《上海经济发展战略汇报提纲》(以下简称《汇报提纲》)中得到明确肯定。在《汇报提纲》指导下,上海贸易中心建设开始起步:加快对外开放和对内联合的步伐;加大发展第三产业的力度;大力发展新技术和新兴产业;增强上海经济的外向辐射力。通过这一阶段的努力,上海与全国 10 个省 66 个县(市)建立联合经济实体,起到发挥引导和帮助外省市发展的作用。1990 年,上海口岸进出口总额 172.89 亿美元,占当时全国口岸总额的 14.98%,口岸作用加强。其中口岸出口 86.62 亿美元,约 1/3 的货源来自市外,上海经济的对外辐射性加强。尽管当时贸易中心的定位和建设水平还比较低,但上海为建设成全国的贸易中心所做的努力和探索,对提高自身的整体实力发挥着不可替代的作用,为此后加快上海国际贸易中心建设奠定了较好基础。

第三节　实施大经贸发展战略

1992—2000 年,上海实施大经贸发展战略。

1992 年春,邓小平南方谈话发表;同年 9 月,国务院决定以上海浦东为龙头,开放一批沿江沿海沿边城市;10 月,中共十四大确定建设社会主义市场经济体制目标,并正式提出"尽快把上海建成国际经济、金融、贸易中心之一"的发展战略。根据上海新的定位("一个龙头、三个中心"),市委、市政府发布《关于进一步深化改革、扩大开放,加快本市外贸发展的措施》,就建设国际贸易中心提出设想,即"创造一系列与之相称的、足以能吸引近悦远来的必要条件,核心是培育和形成能汇集资金流、商品流、信息流的市场体系"。

1993 年 6 月,上海召开全市外经贸工作会议,提出在全国率先建立符合国际惯例,与国际接轨、与社会主义市场经济相适应的对外经济贸易新体制和发展新格局。市委、市政府提出实施大经贸战略,基本内容是:外经贸主体多元化,外资、外贸、外经工作相互促进,工贸、技贸、农贸紧密结合;国际市场进一步多元化,传统市场与新开拓市场共同发展;地区之间协调发展,合理分工,共同繁荣;赋予私营生产企业和科研院所自营进出口权等。1994 年 5 月起,上海贯彻落实《中华人民共和国对外贸易法》,抓重点发展出口商品,制订专项规划和相应的扶持政策,主要有:产业支持政策(机电及高新技术)、信贷支持政策、质量认证和出口商品保险支持政策、加工贸易支持政策、境外加工贸易支持政策、汇率并轨政策、对大部分商品放开经营政策、鼓励企业参加出口商品配额招投标政策、实施"大经贸"政策等。

上海外经贸行业在全市率先进行现代企业制度改革,坚持以改革为先导,促进开放和发展。1992 年,上海拉开深化外经贸体制改革的帷幕。一是企业改制。按照现代企业制度要求,建立以国有资产保值增值为主要内容的资产经营责任制,使国有外经贸企业逐步成为自主经营、自负盈亏、自我发展、自我约束的经营主体。试点单位是市文教体育用品进出口公司，1993 年底，将其改制组建为上海兰生股份有限公司。从 1994 年起，先后有 25 家外经贸专业公司进入试点行列，并在不同程度上，实现跨地区、跨部门、跨所有制的资本联合。外经贸系统于 1997 年完成国有企业公司制改组。二是集团化。外经贸系统通过“企业自强和政府扶持”“内涵发展与外延扩张”相结合的方式，通过联合、兼并、收购、参股、自建等形式，先后组建东方国际、兰生、外经、外运、东浩、外经贸投资等企业集团，扩大规模经营，加快综合经营的步伐。三是扩展外经贸主体。自营出口生产企业从 1991 年的 70 家到 1996 年发展到 1 200 多家。国有外经贸企业通过内部结构重组，发展众多子、分公司，以划小核算单位，加强两级核算，推行各种形式的经营责任制。至 2000 年底，全市国有外贸企业从 1991 年的 41 家发展到 971 家；有外经经营权的企业由 1991 年前只有 1 家发展到 38 家；20 455 家外商投资企业中 3 626 家已有出口实绩；20 家私营企业获得自营进出口权，形成第七路出口生力军。四是海外企业管理一体化。1995 年，市外经贸委实施“资政分离、内外联动”的方针，形成“管理一体化、规模集约化、经营国际化、功能多元化”的海外企业跨国经营机制和多层次、当地化、真正进入直销网络的海外经营格局，推进海外企业走联合之路，组建地区总部，先后在美国、澳大利亚、俄罗斯、日本、德国成立上海国际集团公司。1998 年 6 月，市国资委发文，授权上海实业国际(集团)有限公司统一经营上海海外公司及其属下 5 大境外集团公司，上海实业集团成为“立足香港、依托上海、面向世界、走向全球”的跨国企业集团。

上海积极探索外经贸发展的新路子，努力构筑对外开放的新格局，加快实施外贸多元化战略的步伐。一方面，继续深度开发日本、美国、欧盟和中国港澳四大传统市场。另一方面，集中力量开拓东欧、东南亚、中东、拉美、非洲等新兴市场。市场多元化有进展，在 1999 年全市出口总额中，四大传统市场所占份额为 73.32%，其他市场所占份额达到 26.68%，增强了对外贸易的抗风险能力。除了继续运用一般贸易、易货贸易、补偿贸易、来料加工贸易、对外承包工程和劳务输出、技术引进等贸易形式外，上海还根据不同的市场状况，引入更多的贸易形式，如加工贸易中进料加工贸易和来样加工贸易、寄售代销贸易、租赁贸易、免税外汇商品贸易、保税仓库进出境货物、保税区仓储转口货物等。在全国实行鼓励出口的大背景下，上海外贸由出口促进抵消进口替代战略转向出口替代战略，把出口作为经济发展的动力，实行鼓励出口的政策，积极利用外资和引用先进技术，生产国际市场有竞争力的产品。

上海实施大经贸战略，推进“五外”(外贸、外资、外经、外技、外服)联动协调发展，使对外经贸成为国民经济发展的主要推动力。从 1993 年起，上海先后实施的出口商品“龙头”(年出口 5 000 万美元以上的重点产品)、“双高”(高技术含量、高附加值产品)开发计划初见成效，龙头商品由 1993 年的 9 种增加到 1997 年的 70 种(出口额 60 亿美元，占全市出口总值的 41%)；1999 年“双高”产品出口额 38.98 亿美元，比上年增长 49%。上海出口商品的质量和技术含量都上了一个新台阶，工业制成品已从轻纺为主转为以机电等附加值高的产品为主，形成上海货物贸易的新优势。2000 年，进出口额 547.1 亿美元，为 1991 年 80.44 亿美元的 6.8 倍。其中，出口额 187.85 亿美元，为 1991 年 57.4 亿美元的 4.42 倍。外资企业的出口贡献度不断提升，1992 年出口 10.71 亿美元，占全市出口额的 16.34%；1998 年出口 81.84 亿美元，占全市出口额的比重首超 50%，达 51.17%；2000 年出口 142.6 亿美元，占全市出口额的比重达 56.24%。

借助浦东开发开放，上海发展技术贸易，兴建“一江三桥”(张江、金桥、外高桥、孙桥)高新技术产业带，并进入快速发展时期。1992—1996 年，是上海技术进口发展的高峰时期，5 年的技术进口超过前 13 年的总和，其中 1996 年度成交 1 798 项，金额 14.42 亿美元。1992—2000 年，上海进口技术项目 11 934 个,成交金额 87.33 亿美元。通过浦东的辐射,上海建立了 70 个重点企业技术中心,经过消化吸收国际先进技术,扩大了高新技术及其产品的出口规模。1997 年,全市技术(带设备)出口 6.64 亿美元,占上海外贸出口的 4.06%,创上海技术出口历史新高,名列全国前茅。1998 年 5 月 31 日,市人大常委会发布《上海市促进高新技术成果转化的若干规定》,各有关部门和单位认真落实。经过努力,上海普通技术出口比重下降,高新技术特别是信息化技术出口成为活跃的增长点,发达国家和地区逐渐成为上海技术出口的主要市场。1992—2000 年,上海出口技术项目 2 363 个,成交金额 53.34 亿美元。

不断推进服务贸易出口。从 1993 年起,上海着力加强服务贸易的宣传和研究工作,设立全国各省区市外经贸委(厅)第一个服务贸易处,建立以国际服务贸易为主业的东浩集团,成立上海国际服务贸易业协会,确定服务贸易发展的重点行业和重点区县,由点到面推进上海服务贸易的开展。1996 年,上海服务贸易创汇 18.3 亿美元。到 2000 年,上海服务贸易总值达 79.12 亿美元,其中进口(支出)43.05 亿美元,出口(创汇收入)36.07 亿美元,传统服务贸易出口项目有升有跌,新兴服务贸易出口发展加速。

对外经济合作有新发展。根据国家有关法规,1992 年 11 月,市政府发布《上海市对外劳务合作管理办法》《上海市对外民间劳务管理暂行办法》。1998 年,市政府印发《关于本市进一步扩大企业对外投资加快拓展国外市场的若干意见》,确定"走出去"的地域、行业、规模和形式,并印发《上海市境外工程项目投标实施财政扶持办法》和《上海市外派劳务合作规范》。一些有实力的、优势突出的实体性的大型企业集团和设计单位先后加入外经行列。至 2000 年底,上海已有各类外经企业 57 家,其中 80%为大中型实体企业,初步形成大外经格局。9 年间,上海对外工程承包和劳务合作累计合同额为 377 729 万美元,年均增长 23.8%;完成营业额累计 253 468 万美元,年均增长 38.59%。2000 年末在外人员 30 052 人,当年劳务输出营业额达 21 049 万美元。2000 年,上海对外工程承包、劳务市场分布在亚、非、欧、美和大洋等洲的 130 多个国家与地区。上海在 90 年代仍承担着一定的援外任务,1990—1995 年,在非洲地区 8 个国家承担 9 个经援项目。1999 年,上海有 10 个援外工程项目,其中非洲所占项目数和合同金额均在 50%以上。至 2000 年,上海企业共开办海外非贸易企业 329 家,投资总额 34 179.7 万美元,中方投资额为 23 439.4 万美元。

在全方位开放的条件下,上海加快海陆空交通枢纽建设步伐。到 1999 年,基本形成四通八达的交通运输框架,交通运输服务条件得到明显提高。上海港成为国内吞吐量最多的集装箱枢纽港,年吞吐量达到 421.6 万标准箱,约占全国的 24%;航空港的旅客吞吐量达 1 462.94 万人次;货邮吞吐量达到 76.57 万吨。上海口岸功能得到提升,作为中国最大的进出口贸易口岸的地位得到稳固。上海口岸进出口总额由 1985 年的 148.73 亿美元,提高到 1991 年的 204.09 亿美元,跃升到 2000 年的 1 093.11 亿美元,占全国进出口货物总值的 23.05%。

第四节　加快上海国际贸易中心建设

2001—2010 年,上海加快国际贸易中心建设。

2001 年 12 月 11 日我国正式成为世贸组织成员,标志着我国对外开放进入新的阶段。2002 年 2 月 4 日,上海召开外经贸工作会议,总体思路是以我国加入世贸组织为契机,以提高上海外经贸的国际竞争力为主线,以改革创新和科技兴贸为动力,推进外贸出口实现新增长、海外经济取得新发展、国有外贸企业改革取得新进展，加快上海国际贸易中心建设的步伐。

在此期间，上海通过改革不断优化外贸增长方式。2002 年 3 月起，新一届市政府推进机构改革。市外经贸委按照“政企分开、政资分开、政事分开、政府与中介组织分开”的原则，职能从审批型、事务型向战略型、服务型转变，努力创造良好的贸易和投资环境；优化外经贸增长方式，促进外经贸规模与效益、出口贸易与进口贸易、货物贸易与服务贸易、本市贸易与口岸贸易、“引进来”与“走出去”协调发展。外经贸系统按照“一司一策”，推进企业“三个层面改造”，集团层面主要是发挥资本运作功能，成为以资产经营为主的投资性公司；二级公司主要是采用多种方式，改国有独资为多元投资；三级企业全面放开搞活，吸纳社会法人和自然人资本。2003 年底，市外经贸委所属、挂靠企业除投资集团暂留外，均划转市国资委等部门。2004 年 7 月起，上海实施对外贸易经营者备案登记办法，实行“四个一批”举措培育新型外贸企业，即降低外贸经营权门槛“新增一批”，推进国有企业改革“转制一批”，改善贸易环境“吸引一批”，制定特殊政策“扶持一批”。到 2010 年底，上海有各类外贸企业 46 576 家，比 2005 年底增加 28 881 家。其中，外资外贸企业由 939 家增至 9 477 家，私营外贸企业由 18 981 家增至 31 719 家，形成多种所有制并存的新格局。

改革促进上海外贸又好又快发展。进出口贸易均衡增长，上海进出口额从 2001 年的 608.93 亿美元增加到 2010 年的 3 688.69 亿美元，增长 5.06 倍，年均增幅为 22.35%。贸易结构优化，多种贸易方式均衡发展。上海一般贸易出口比重由 2001 年的 40.1%降至 2010 年的 35%，加工贸易出口占比由 56.93%降至 55.52%；其他贸易项下保税区仓储转口货物出口额 135.1 亿美元，占比 7.47%。贸易主体结构呈现多元化，外资企业、私营企业高于全市平均增幅。2010 年全市出口额中，外资企业 1 259.74 亿美元、国有企业 307.7 亿美元、私营企业 228.1 亿元，所占比重分别为 69.68%、17.2%和 12.6%，增幅比上年分别高于 2.4 个、低于 11.1 个和高于 3.6 个百分点。市场多元化趋势较为明显。2010 年，上海对欧洲、美国、日本和中国香港四大传统市场出口合计为 1 157.72 亿美元，占当年全市外贸出口总额的 64.04%。而 2000 年，上海对这四大传统市场出口合计为 23.4 亿美元，占当年全市外贸出口总额的 81%。上海对东盟、非洲、拉美等新兴市场出口比重逐步提高，向东盟出口 177.4 亿美元，东盟成为上海第四大贸易伙伴。高新技术产品出口占上海市出口 46.5%，机电产品出口占上海市出口 72.6%，分别比 2005 年提高 3.9 个、6.1 个百分点：上海市一般贸易与加工贸易的出口额之比为 35.0∶55.5。

表 4－3－1　2000—2010 年上海市进出口值统计表　　单位：亿美元

年　份	进出口货值总计		进口货值		出口货值	
	总　值	占全国(%)	总　值	占全国(%)	总　值	占全国(%)
2000	547.10	11.53	293.56	13.04	253.54	10.17
2001	608.93	11.95	332.69	13.24	276.24	10.38
2002	726.40	11.70	406.00	13.75	320.46	9.84
2003	1 123.57	13.68	639.00	15.48	484.57	11.05
2004	1 600.22	13.86	865.13	15.41	735.09	12.39
2005	1 863.50	13.10	956.26	14.49	907.24	12.91
2006	2 275.30	12.92	1 139.38	14.39	1 135.91	11.72
2007	2 829.73	13.02	1 390.45	14.55	1 439.28	11.82

(续表)

年　份	进出口货值总计		进口货值		出口货值	
	总　值	占全国(%)	总　值	占全国(%)	总　值	占全国(%)
2008	3 221.38	12.58	1 527.88	13.48	1 693.80	11.86
2009	2 777.31	12.58	1 358.17	13.51	1 419.14	11.81
2010	3 688.69	12.41	1 880.85	13.48	1 807.84	11.46

资料来源：根据上海外经贸(商贸)年鉴栏目中国—上海商贸情况表整理。

2003年12月17日，中共上海市委八届四次全会审议通过《上海实施科教兴市战略行动纲要》，上海实施科技兴贸，优化外贸商品结构。2004年12月22日，市政府印发修订后的《上海市促进高新技术成果转化的若干规定》。外经贸系统致力于推行"科技兴贸"战略，发挥上海科技、人才优势，鼓励各类企业开展技术创新、产品创新，不断开发适应国际市场需求的新产品，提升传统产品的科技含量，提高出口产品在国际市场的竞争力，优化出口商品结构。机电和高新技术产品成为上海外贸出口的主力军，出口占比分别由2001的51.44%和19.0%提升为72.6%和46.5%。同时，上海技术贸易转型增长。技术引进从过去的生产线进口及专有技术转让许可为主逐渐转为技术咨询、技术服务、计算机软件许可应用等软技术。上海软技术进口项目、成交金额由2000年的990个、7.15亿美元递增为2010年的2 548个、34.11亿美元。上海软技术出口项目、合同金额由2005年的34个、0.88亿美元递增为2010年的243个、4.53亿美元。

优化外贸发展环境。2003年8月19日，市外经贸委、上海海关等九部门印发《关于进一步深化上海口岸"大通关"工作的若干意见》，推进和深化"大通关"工作，推进加工贸易电子账册联网监管试点，实现"网上申报，网上报关，网上核销"。同时，促进国际经贸互动。由市外经贸委、市商务委重点参与的国际交流活动有：上海合作组织成员国经贸部长首次会晤、APEC(亚太经合组织)贸易部长会议和APEC CEO峰会、福布斯全球行政总裁会议、上海合作组织工商论坛暨实业家委员会、每年秋季举行的上海市市长国际企业家咨询会议以及非洲开发银行理事会、国际金融论坛、陆家嘴论坛、服务贸易论坛、国际货运代理协会联合会(FIATA)年会、国际钻石峰会、国际软件峰会等一批重要的国际会议(论坛)。国外经贸访沪团组的增多，跨国公司高层频繁到访，促进上海和这些国家、地区的合作及双边贸易关系。随着上海对外开放的不断扩大，基础设施的加快建设和市场体系的逐步完善，会展项目"国际化、品牌化、专业化、市场化"趋势逐渐凸显，会展业发展成为上海经济发展新的增长点。2005年3月15日，市政府发布《上海市展览业管理办法》。上海展览项目增加，规模增大，大型国际展会增多。2001—2010年，上海举办国际展览会2 681个。除了久负盛名的华交会、工博会、跨国采购大会等综合性展会外，还涌现出自行车展、模具展、汽车展、家具展、电子展、建材展、婚纱展等一批国内外知名的专业展会。中国2010年上海世界博览会的成功举办，更使上海的会展业吸引了全球的眼光。

积极推进电子商务。上海配合外经贸部在沪实施外经贸电子商务试点，推广实施一批外经贸领域电子商务应用项目。启动外经贸电子政务建设，完善上海外经贸门户网站，推出更多网上办事、网上服务项目。加快外经贸企业的信息化建设，推广ERP、CRM等应用项目。推进现代国际物流业发展，推动外高桥保税区等4个市级物流基地的国际物流园区规划、招商，引进国外著名第三方物流企业。2009年7月30日，市政府印发贯彻《物流业调整和振兴规划》的实施方案，提出完善物流政策体系。2010年，上海拥有A级物流企业94家，全年上海港货物吞吐量完成6.5亿吨，继续保持世界第一，集装箱吞吐量2 905万标准箱，首次成为世界第一大集装箱港。

促进服务贸易全面发展。2005年11月30日，市政府印发《关于上海加速发展现代服务业若干政策意见》。2006年8月10日，市政府印发《关于促进上海服务外包发展的若干意见》，服务贸易进出口增幅显著。上海服务贸易进出口额由2000年的79.1亿美元增加到2010年的1 046.7亿美元，占上海外贸进出口总额的比重由12.6%上升到28.38%；占全国服务贸易总额的比重从11.2%上升到28.9%，成为境内服务贸易发展速度最快、发展潜力最大的省市之一。与亚洲主要市场的差距逐步缩小，2000年中国香港、新加坡的服务贸易进出口额分别是上海的8.2倍和7.2倍，至2010年分别缩小到上海的1.5倍和2倍。上海服务贸易囊括了世贸组织《国际服务贸易总协定》12部类的全部内容，传统服务贸易规模大，新兴服务贸易增长快。服务外包蓬勃发展，服务外包业务种类相对齐全，信息技术外包占主导地位。截至2010年，全市共有服务外包企业822家，吸纳就业人员14.23万人。全球六大专业服务外包公司中，美国IBM（国际商业机器公司）、惠普、EDS（美国电子数据系统公司）、ADP（美国自动数据处理公司）、埃森哲等5家已落户上海。当年上海服务外包合同金额27.53亿美元，比上年增长63.6%，其中离岸服务外包执行金额17.53亿美元，比上年增长69.2%。

加快"走出去"步伐。2004年3月22日，市政府办公厅转发市发展改革委、市外经贸委等六部门《关于进一步推进"走出去"战略的若干意见》，推出16条政策。包括为承办国际承包工程大项目的企业提供投标、履约等多种保函（又称保证书）的金融服务，以带动成套设备和建材产品出口；加快赋予有条件的生产企业和科研院所对外工程承包和对外劳务经营权。创新对外投资方式，注重收购兼并、股权置换和战略联盟。推动轻工、电气集团等收购兼并外国公司；推动工业缝纫机集团等实施股权置换扩大对外投资；推动上海汽车集团、广电集团等与跨国公司联手组建海外战略联盟。创新建立海外贸易机构方式，集群式、网络式投资初具规模，上海企业在欧洲、非洲新建一批贸易中心，在北美、澳洲建立一批配售中心；推动广电集团、华虹集团等建立海外研发、设计中心。2010年，上海对外投资总额24.2亿美元，是2000年2.98亿美元的8.1倍。投资额1 000万美元以上大项目28个，占投资总额的79.5%。创新对外工程承包方式，注重联合投标总承包。发挥上海工程承包"品牌效应"，以投标联合体形式，提高上海工程承包项目投标能力，争取承包更多技术含量高的境外工程项目。探索中外联手以"建设—经营—转让"的BOT方式总承包境外工程项目。2010年，上海新签对外工程承包合同额101亿美元，完成营业额68.96亿美元。开拓国外专业技术型劳务市场也取得重要进展。2010年，上海外派劳务人员15 910人次，年末在外人数26 847人，完成营业额6.45亿美元，均名列各省市区前茅。外派劳务人员结构不断优化，建筑业为32%，制造业为31%，交通运输业为22%，从陆上发展到海洋、航空，从公派延伸到民间输出，从简单劳动、体力劳动为主向智力型发展。

到"十一五"期末（2010年），上海国际贸易中心建设取得重要进展。市场流通规模扩大。2010年，全市1 097家商品交易市场成交额6 657亿元，179家亿元以上商品交易市场成交额6 480亿元，其中生产资料成交额占比达到78%，上海市场的钢铁、有色金属、白银等价格已成为全国市场的风向标。全市连锁经营业种、业态超过140种，集聚了国内外商贸企业总部和企业运营管理中心、品牌运营中心、资金结算中心、物流中心、分拨中心、销售中心和采购中心等，成为众多国际高端品牌和服务品牌的中国地区总部、亚太地区总部。2010年，全市实现商品销售总额3.74万亿元、社会消费品零售总额6 070.5亿元、商业增加值2 860.8亿元，分别比2005年增长1.9倍、1倍和2.4倍。贸易总量不断提高，贸易结构不断优化。2010年，上海与225个国家和地区有贸易往来，上海关区进出口总额6 846.45亿美元,是2005年3 506.78亿美元的1.95倍;占全国进出口总额29 727.6亿美元的23%以上。其中,出口4 233.40亿美元,进口2 613.05亿美元,分别占全国总额的26.8%、18.7%。上海港口货物吞吐量达到6.5亿吨、集装箱吞吐量2 906.9万标准箱,均居世界第一位;上海服务贸易进出口总额由2005年的324.8亿美元增加到2010年的1 046.7亿美元,年均增长达到26.4%,占全国比重28.9%。至2010年底,上海利用外资累计合同项目59 497个,合同金额1 781.53亿美元,实到金额1 064.27亿美元,为境内实到外资逾千亿美元的3个省市(粤、江、沪)之一;外商在沪投资的国家和地区达144个;在沪跨国公司地区总部305家、投资性公司213家,居境内省区市首位,研发中心319家,居第二位(仅次于北京)。上海对外直接投资开办境外企业共1 508家,投资金额768 295万美元,名列境内省区市前茅。2009—2010年,上海企业跨国并购占全市对外直接投资总额50%以上。上海企业"走出去"对外直接投资的国家与地区达到101个,有对外承包工程和劳务合作业务的国家和地区达到177个。2010年,上海商业从业人员稳定在220万人,外贸相关行业吸收就业400万人;商业税收占全市税收总额19.1%,外贸相关行业占全市税收总额1/3左右。

2010年12月,市政府向国务院上报《关于积极推进国际贸易中心建设的情况报告》。

第四章　利用外资

1950年6月，华东区国外贸易管理局改为上海对外贸易管理局，行使上海口岸对外贸易、外资侨资企业行政业务管理职能。1951年7月，市政府发布《关于外商企业管理的规定》，赋予市政府工商行政管理局对外商企业的行政管理职能。

1979年11月14日，市出口办公室改为市进出口办公室，主管全市利用外资（包括外商直接投资和外国政府贷款）和技术引进工作。1983年11月4日，市政府决定撤销市进出口办公室、市对外贸易局和市对外经济联络局。1984年4月28日，市人大批准组建上海市对外经济贸易委员会（简称"市外经贸委"）。市外经贸委主管全市对外贸易、对外经济合作和利用外资等涉外经济工作。1984年4月，上海建立利用外资联合办公会议，由分管副市长主持，发挥相关职能部门的作用，采取联合办公的形式，实施对利用外资工作的监督、检查、协调、仲裁。

1987年1月1日，成立上海市外国投资工作领导小组，并设立市外国投资事务办公室，统一管理外商来沪投资办企业事务，对上海外商投资项目、产业结构进行合理的宏观调控。

1988年6月10日，成立具有综合性和权威性的上海市外国投资工作委员会（简称"市外资委"），主管全市外商直接投资工作，负责审批外商重大投资项目，协调解决外资企业遇到的大问题，向外商投资者提供各种行政服务。市外资委成立初，市长朱镕基兼任主任，常务副市长黄菊兼任第一副主任，每周召开一次办公会议，改变过去外资项目审批"公文旅行，分兵把关，扯皮踢球"的状况。1990年7月，市政府批准市外经贸委正式组建外国贷款处，主管利用外国政府贷款、国际多双边无偿援助以及国际金融组织贷款项目的国际采购工作。

1992年2月后，市政府在扩大区县外商投资项目审批权的同时，批准各区县外经贸委正式列入政府编制序列，相应的三资企业管理也委托区县政府负责，形成两级政府、两级管理的外商投资管理体制，连同市政府有关主管局、各区县，全市共有48个单位有权审批外商投资项目，形成覆盖全市的外商投资企业审批管理网络。

1996年8月，市人大常委会发布《上海市外商投资企业审批条例》，以地方性法规的形式，确立上海市外资工作体制，明确市外资委作为上海外资工作主管机关的地位。

2002年3月起，新一届市政府推进机构改革，市外经贸委与市外资委合署办公。

2008年10月，市政府决定不再保留市外经贸委（外资委），设立市商务委，宏观指导外商投资工作。其外资工作职责包括：研究跨国投资趋势和配套政策；协调全市外资引进工作，指导开发区外资引进工作；按权限负责本市外商投资企业设立、变更等事项的审批和申报工作；为外商投资企业提供政策咨询及其他协调性服务。与此同时，成立市外资工作领导小组，组长为市长，副组长为分管副市长，成员由市商务委、市经信委、市建交委、市国资委、市农委等相关委办局分管领导担任。

第一节　促进外商直接投资

上海解放时，在沪外资企业共910家，侨资企业55家。1950年6月，尚存外资企业684家。1951年7月至1952年12月，上海新开办外商企业43家，其中独资31家，主要来自苏联、东欧和亚洲地区,绝大部分为从事商贸的小型企业。至1956年,老的外资企业中申请歇业481家,以行政和商业方式处理154家,续营49家多为航运、贸易公司。经过对私改造,侨资企业除两家银行外,分别改为公有制或公私合营企业。1962年,中波轮船航运公司从天津迁址上海。至此,老的外资侨资企业尚存4家银行和8家个体小户。1957—1978年间,上海未新设立过外商投资企业。经过"文化大革命",仅有中波轮船公司和4家经营有限业务的外资侨资银行。改革开放后,上海直接利用外资大致经历了80年探索引进外资、90年代加速引进外资和21世纪前10年优化引进外资三个阶段。

一、80年代探索外资引进

上海的开放,首先是通过利用国外资金、技术和市场,加快老企业的技术改造。市进出口办公室在主管引进间接外资的同时,着手探索利用直接外资。1980年7月5日,上海第一家中外合资企业——迅达(中国)电梯有限公司成立。接着,上海联合毛纺织公司、上海福克斯波罗公司、上海贝尔电话设备制造公司、上海耀华皮尔金顿玻璃公司等一批中外合资企业相继成立。但1983年前,上海引进外资项目,基本上由国家部委牵头洽谈并签约,对地方授权有限,自行审批项目上限为500万美元。上海按《中外合资经营企业法》《中外合作经营企业法》《外资企业法》及相关实施条例、细则,在权限内审批外资企业的设立、变更、终止和管理。至1983年底,全市直接引进外资项目17个,其中合资项目10个、合作项目7个,合同额1.14亿美元。1984年5月起,上海拥有较多的利用外资审批权限,审批生产性项目上限3000万美元;非生产性项目不需要国家综合平衡,可由上海市自行审批。据此,上海建立利用外资联合办公会议制度。1986年6月20日,市人大常委会发布《上海市中外合资经营企业、中外合作经营企业、外资企业的申请和审批规定》,市政府随即发布实施办法,规定除由国务院主管部门审批的项目外,均由市外经贸委审批。同年10月23日,市政府发布《上海市关于鼓励外商投资的若干规定》,主要鼓励外商投资先进技术企业和产品出口企业。1987年起,上海对外商投资项目、产业结构进行宏观调控,适当控制宾馆、大楼项目,扩大工业生产性项目比重。1988年3月,市外经贸委把总投资500万美元及以下的非限制性项目的审批权下放到各区、县、局。市政府还相继发布《上海市外商投资企业享受技术密集型、知识密集型项目的优惠待遇的办法》(1988年5月1日生效)、《上海市外商投资企业投诉及处理办法》(1990年2月1日生效)、《上海市鼓励外商投资浦东新区的若干规定》(1990年9月10日生效),这些对改善投资环境,吸引外商投资起到很大促进作用。1986—1990年间,上海引进外资工业项目650个,占全市利用外资项目总数的85.64%,实到外资9.09亿美元,占全市实到外资的71.42%。至1990年底,上海投资总额在500万美元以上的项目达169个,且多数属于生产技术和设备先进、产品档次较高的项目。如中日合资上海三菱电梯有限公司,注册资本950万美元,经济效益综合指数连续多年名列全国电梯行业首位。

二、90年代加速利用外资

1991年起,随着浦东开发开放的深入,上海利用外资的软、硬环境得到很大改善。上海相继出台《上海市外商投资企业清算条例》《上海浦东外高桥保税区外汇管理施行细则》等7个地方涉外法规,理顺浦东开发办、市外经贸委、市外资委在外用外商投资方面的分工关系,做到"一个口子"对外。成立市外商投资服务中心，扩大海关、外税、外汇管理、人事、消防、土地等部门人员到市外资委联合办公，为外商提供“一站式”综合服务。法规政策的引导，投资环境的改善，使上海 1991 年引进外资项目达 365 个，比上年增长 79.8%，合同外资 2.7 亿美元，比上年增长 30.37%。

上海实施“东西联动”发展方针，市政府再次下放外资项目审批权限。1992 年 2 月 29 日，市政府在全市农村工作会议宣布：从 4 月 1 日起，把总投资 500 万美元及以下的所有外商投资项目审批权下放到区、县、局，报市外资委备案。当年，上海引进外资项目 2 012 个、合同外资 18.6 亿美元，分别比上年增长 451% 和 566%；而郊县利用外资的发展更迅猛，一年批准项目数和引进外资额均超过前 12 年的总和。1993 年 2 月 27 日，市政府在全市农村工作会议再次宣布：从 4 月 1 日起，凡投资总额在 1 000 万美元以下的三资企业及其配套项目的审批权，全部下放给县(区)，除限制性的产业外，三资企业的发证权同时下放给县(区)，从而调动了区县利用外资的积极性，提高了外资项目审批效率。为加快浦东开发开放的步伐，市政府批准《关于浦东新区外商投资项目审批和管理办法》，从 1993 年起，将总投资额在 3 000 万美元以下的外商投资项目审批权，授予浦东新区管委会和外高桥保税区管委会。

1993 年，上海提出利用外资要在进一步提高投资质量和经济效益的基础上，拓宽领域，按照本市产业政策，吸引国际跨国公司投资资本密集型和高新技术项目，积极开拓第三产业利用外资的途径，有重点地吸引外商投资房地产业，加速旧城区改造。1994 年 2 月，市长黄菊在《政府工作报告》中提出，着力抓外资的到位率；并要求探索利用外资加快城市基础设施建设的新路子，继续实行投资倾斜政策，确保浦东开发项目、重大市政基础项目、高新技术产业项目、重大技改项目、已签订合同的利用外资项目的建设。1995 年 8 月，市政府发布《上海市利用外资开发经营内销商品住宅规定》及相关的 3 个配套办法。

经过 1991—1995 年 5 年的发展，上海初步形成“三多(多形式、多渠道、多层次)一高(高效)”的利用外资模式。5 年利用外商直接投资项目 12 474 个，合同外资 313.89 亿美元，实到外资 102.33 亿美元，分别是前 5 年的 16.43 倍、19.48 倍和 8.04 倍。其间，利用外资形式仍以中外合资为主，中外合作、外商独资为辅，中外合资项目 7 475 个、合同额 86.45 亿美元，中外合作项目 2 558 个、合同额 34.57 亿美元，外商独资项 2 276 个、合同额 42.22 亿美元。

1996 年，是上海实施“九五”计划的第一年。为在国家经济宏观调控的大背景下更好地利用外资，上海提出，坚持利用外资推动经济发展，坚持利用外资与产业导向紧密结合、坚持引进与创新紧密结合。市外资委印发《上海市外商投资产业导向》(以后每年修订)，引导外商投资项目向开发区集聚，着力发展六大支柱产业。同年 8 月 23 日，市人大常委会通过《上海市外商投资企业审批条例》，鼓励在全市设立采用先进技术、设备或者科学管理方法的，能提高产品档次、开拓国际市场的，能促进本市现代化建设的外商投资企业；明确在上海市设立的外商投资企业，由市外资委、浦东新区管委会、外高桥保税区管委会、区县政府以及市政府其他有关主管部门按照国家和上海规定的权限负责审核、审批。当年，上海直接利用外资项目比上年有所下降，为 2 106 个；但利用外资合同额比上年增长 5%，为 110.68 亿美元。

从 1997 年起，上海利用外资面临亚洲金融危机的严峻考验，很多外商处于观望状态，更有不少外商从亚洲撤资或减资。为尽量减少不利影响，市委、市政府采取多项措施，稳定在沪的外资企业，包括清理、整顿不合理税外收费，将招商引资工作从政府部门中分离出来成立专门的外国投资促进中心，组织国家级开发区、市级工业区联合招商，对地区总部设在上海的跨国公司给予财政支持，帮助外资企业解决建设经营中的困难和问题，促使其早建成、早投产、早见效。尽管亚洲金融危机对上海利用外资的影响不可避免,1996—1999年,全市引进外资项目6 870个,合同外资263.4亿美元,实到外资162.1亿美元,均有较大幅度下滑,但有退也有进,这个“进”,体现在利用外资质量的提高上。1999年,上海外资企业利润和缴税额都从上年负增长转为正增长;第二产业中的工业仍是吸引外资特别是大项目的主体。同时,外商投资开始向第一产业和第三产业拓展。

2000年,上海抓住亚太经济逐步走出困境、世界资本出现新流向的机遇,采取多项促进利用外资的措施。同年2月,市人大常委会发布《上海市鼓励引进技术的吸收与创新规定》。11月、12月,市政府先后发布《上海市促进高新技术成果转化的若干规定》《关于本市鼓励软件产业和集成电路产业发展的若干政策规定》,支持外资投向高新技术产业领域。市外资委进一步减小外资项目审批的范围,简化审批程序和手续;抓紧大项目的催批、协调工作;发挥外资促进中心、重点开发区对外招商的作用;做好“以进促出、以进促产”的工作,促进外资企业加大技术创新力度,扩大出口;加大农业招商引资力度,提升上海农业的外向度;扩大招商引资地域,重点对欧洲、东南亚地区及美国进行招商。这些措施,使2000年上海利用外资扭转了1997年起下降的势头,新批引进外资项目1 814个,比上年增长23.23%;合同额63.90亿美元,比上年增长55.7%。

表4-4-1 1991—2000年上海外资企业主要投资项目金额统计表 单位:个/亿美元

年份	全市合计			中外合资			中外合作			外商独资		
	项目数	合同额	实到额	项目数	合同额	实到额	项目数	合同额	实到额	项目数	合同额	实到额
1991	365	4.50	1.75	292	3.36	1.30	23	0.06	0.17	50	1.08	0.29
1992	2 012	33.57	12.59	1 592	19.66	4.71	241	3.83	0.80	169	6.02	0.76
1993	3 650	70.16	23.18	2 445	44.51	12.73	691	13.32	3.85	511	12.15	5.00
1994	3 802	100.26	32.31	2 067	58.32	14.94	961	21.68	13.80	760	18.88	2.18
1995	2 845	105.40	32.50	1 373	46.36	17.54	664	20.72	10.88	799	37.26	3.63
1996	2 106	110.68	47.16	808	41.50	25.62	483	32.92	11.79	815	36.26	7.21
1997	1 802	53.20	48.08	565	27.42	20.95	392	11.62	7.84	845	14.01	19.20
1998	1 490	58.48	36.38	378	25.29	14.86	278	7.31	4.81	833	14.95	12.74
1999	1 472	41.04	30.48	399	15.11	15.17	255	4.84	3.49	817	19.29	11.00
2000	1 814	63.90	31.60	441	13.86	12.94	226	5.86	2.99	1 148	44.14	15.67

资料来源:据上海市统计局编、中国统计出版社出版的相关年份《上海统计年鉴》整理。

三、21世纪初优化利用外资

进入21世纪,世界经济发展趋于好转,全球商品和服务贸易总量出现上升势头,国际金融市场相对平稳。中国正式加入世贸组织,给上海深化改革扩大开放注入新动力。上海着眼于新形势,优化投资环境,创新引资方式,调整外商投资结构,提升利用外资的质量水平。

上海着力营造国际化的外商投资环境,重点突出管理服务环境、科技资源环境、创新创业环境、企业经营和世界通行市场竞争环境,包括维护外商知识产权、专利的法律环境,以及人性化生活居住环境。按照世贸组织规则,清理地方性政策法规。2004年1月20日,市政府发布《信息公开规定》,实施政府信息公开制度。市外资委开通“上海外国投资促进平台”,提供全方位信息服务。7

月 12 日，市外经贸委印发《上海市对外贸易经营者备案登记操作办法》，在分销服务、银行业、证券业、保险业、汽车、金融业、广告业等领域，对外资企业实行国民待遇。10 月起，在国家赋予地方的外资审核权限范围内，市外资委负责审批（核准）投资总额在 1 亿美元以下鼓励类、允许类项目和 5 000 万美元以下的限制类项目，并将投资总额在 3 000 万美元以下鼓励类和 1 000 万美元以下允许类项目的审批（核准）权限下放到区、县。投资在国家级、市级开发区内的鼓励类、允许类项目，相关授权单位的审批（核准）权限为 3 000 万美元以下。一些限制类的项目，由市外资委初审后，转报商务部审批（核准）。同年 11 月，市工商管理局在全国率先开展注册官制度的试点工作，外商投资企业设立登记从受理到发照平均只需 5 天。自 2006 年 4 月 18 日起，浦东新区对符合国家吸收外资产业政策且不涉及基本建设、环境影响评价、前置审批的外商投资企业的设立、变更登记，实行“一口同步受理，一次核发证照”。2007 年起，上海推进行政审批制度改革，在外商投资领域内率先建设具有高效率、高透明度的行政审批运行机制。按照“能合不分、能并不串”的原则，加强对审改流程的优化和重组，确保下一环节能够充分利用上一环节的审批结论，实现资源共享。2008 年 8 月，市政府发布《上海市外商投资项目核准暂行管理办法》，除了需要协调和报国家部委的项目，每个项目审批时间在 20 个工作日之内。对合同、章程一般条款的修改，实行表格式批复，办理的时间缩短为受理后 3 个工作日。对某些事务性服务内容，坚持一次办结，立等可取。

上海从以往注重外资项目数量规模，转向到更加注重项目技术密集型、知识密集型、资金密集和注重外企经济社会效益方面。2002 年起，上海按照工业集中、产业集聚、土地集约、功能集成的清理整顿要求，对开发区进行撤销、核减、合并。至 2006 年底，全市开发区从 177 个调整为 41 个。其中，国家级开发区 15 个，市级开发区 26 个。通过发展经济技术开发区、高科技园区、工业园区、保税区、服务业集聚区等方式作为外商投资企业的实际载体，鼓励外商投资企业在上述区域落户，进行生产、研发与建设。这种方式的特点是，产业聚集度高，产品配套能力强，相关政策宽松优惠，有利于外商投资企业的快速成长和生产关联。

上海优化外资产业导向，加速推进“服务经济”，实现引进高新技术的先进制造业及现代服务业“双管齐下”的转变。为引导外资重视投向现代服务业，市外资委修订《上海市外商投资产业指导目录》，完善财税等配套措施，实行相应的投资倾斜政策，引导外商重点介入金融（证券、保险、期货）、航运、高档房地产、对外贸易（展会、贸易交易）、服务外包、中介咨询、网络通信服务、国际邮轮经济、人才服务等行业。以吸引外商投资大项目为切入点，重点跟踪，加强服务，促进一批国际著名的跨国公司落户上海。2001 年，外商在沪投资第一产业、第二产业、第三产业分别占全市合同外资的 0.24%、74.73%、25.03%，自 2005 年服务业合同外资额超过 50%后，外商投资一、二、三产业合同额占比快速上升，逐步形成以服务经济为主体的产业结构。到 2010 年时，上海外商投资一、二、三产业合同额占比分别为 0.1%、18.8%、81.1%。

上海保持利用外资的良好发展态势。一是外商投资额不断递增。截至 2010 年底，全市共引进外资项目 59 497 个，合同外资 1 781.53 亿美元，实到外资 1 064.27 亿美元。上海以只占全国万分之六的土地面积，吸引全国实际利用外资总量的 1/10。二是外资来源地不断扩展。来上海投资的国家（地区）2001 年为 95 个，2005 年为 103 个，至 2010 年达到 144 个。三是外资大项目逐年增多。投资总额 1 000 万美元以上的大项目，2001 年 159 个，2010 年为 203 个，合同外资 125.65 亿美元，占全市的 81.61%。至 2010 年底，全市投资总额 1 000 万美元以上的外资大项目累计 4 203 个，其中 5 000 万美元以上的特大项目 1 167 个。四是总部经济发展势头好。上海发展“总部经济”的优势，在于外资跨国公司集聚。至 2001 年，全市共有外商投资性公司 74 家，外资研发中心 83 家。在此基础上,2002 年 7 月,市政府印发《上海市鼓励外国跨国公司设立地区总部的暂行规定》,旨在吸引一批国际著名跨国公司落户上海,并在当年认定跨国公司地区总部 17 家。在沪跨国公司地区总部 2005 年突破 100 家,2008 年突破 200 家,2010 年突破 300 家。有 25 家被认定为国家级跨国公司地区总部。截至 2010 年底,落户上海的跨国公司地区总部达 305 家,投资性公司 213 家,外资研发中心 319 家,已成为中国大陆吸引跨国公司总部机构最多的城市。跨国公司总部功能由投资管理向运营、采购、分拨等延伸拓展,并出现向更高层级的区域性总部和业务部门全球总部升级的趋势。发展“总部经济”,还包括吸引国内大企业的总部入驻上海。五是外资企业运营质量较高。2010 年联合年检显示,上海设立的外商投资运营企业为 34 438 家,外资企业运营率(参检企业与历年审批企业数的比率)为 57.9%,比全国平均水平高 20 多个百分点,是全国外资企业运营率最高的地区之一。外商投资企业运营中,反映企业效益核心指标的营业收入、利润总额、纳税总额均呈大幅提升的态势。2010 年上海外商投资企业全年实现利润总额 3 126.72 亿元,比上年增长 61.3%;销售净利润率为 5.6%,比上年提高 1.2 个百分点;资产利润率为 7.4%,比上年提高 2.5 个百分点。其中第三产业资产利润率为 6.5%,比上年提升 1 个百分点。

上海吸引数以千亿美元的直接外资,不仅有效地弥补上海建设资金的缺口,扩大生产能力,改善城市环境面貌,而且有利于上海引进先进的生产技术、管理理念和大批人才,加快上海“四个中心”和现代化国际大都市建设的步伐。

表 4-4-2 2001—2010 年上海外资企业主要项目投资金额统计表 单位:个/亿美元

年份	全市合计			中外合资			中外合作			外商独资		
	项目数	合同额	实到额	项目数	合同额	实到额	项目数	合同额	实到额	项目数	合同额	实到额
2001	2 458	73.73	43.92	506	18.89	17.41	210	9.42	5.16	1 740	44.86	21.34
2002	3 012	105.76	50.30	530	19.60	11.90	175	10.01	5.10	2 302	72.36	30.65
2003	4 321	110.64	58.50	818	24.90	18.42	132	5.68	2.82	3 367	78.45	37.21
2004	4 334	116.91	65.41	811	25.44	17.70	95	6.40	3.41	3 422	83.00	44.17
2005	4 091	138.33	68.50	601	19.62	14.25	44	2.66	1.62	3 442	109.47	45.87
2006	4 061	145.74	71.07	540	24.27	15.84	27	2.86	1.86	3 486	117.37	52.30
2007	4 206	148.69	79.20	511	21.69	17.12	24	4.31	1.56	3 668	117.84	60.43
2008	3 748	171.12	100.84	360	24.11	19.66	23	3.25	2.23	3 364	142.89	78.83
2009	3 090	133.01	105.38	361	17.40	16.16	7	3.73	2.04	2 721	109.22	87.18
2010	3 906	153.07	111.21	445	21.54	17.84	14	1.11	1.69	3 443	128.17	90.71

资料来源:上海市统计局编、中国统计出版社出版的 2001—2010 年各年《上海统计年鉴》。

第二节 促进国(境)外间接投资

利用国际贷款和争取国际无偿援助,是对外引资的一种间接形式,它同外商直接投资一样,是促进我国经济建设的一个重要途径。间接投资管理实质上是一个对外债务宏观管理,主要任务是:合理控制外债的规模,不断优化对外债务结构,正确引导外资使用方向,努力提高外资的利用效率。

上海解放后至 1978 年,基本没有利用外国政府贷款和国际多双边无偿援助的项目。1979 年,发达国家政府开始承诺向中国政府提供政府贷款。利用政府贷款的中国窗口是外经贸部，上海地方工作机构为市外经贸委(前身市进出口办公室)。1990 年 7 月，市政府批准市外经贸委正式组建外国贷款处，主管利用外国政府贷款工作。1999 年 5 月起，鉴于国家利用外国政府贷款工作由外经贸部划归财政部管理，市政府决定将外经贸委(外国贷款处)有关职能划归市财政局(外经财务处)管理。

上海利用国(境)外间接投资，大致经历浦东开发开放前、浦东开发开放初期至 20 世纪末以及 21 世纪初三个阶段。

一、浦东开发开放前间接利用外资

1979 年 11 月 14 日，市出口办公室改为市进出口办公室，由其第三业务处主管国外间接投资，间接利用外资的工作由此起步。1980—1986 年，上海引进间接外资项目 216 个，合同外资金额 7.09 亿美元，实到外资金额 2.77 亿美元(其中对外借款 2.34 亿美元)。

【间接利用外资渠道】

利用外国政府贷款 外国政府贷款含政府贷款与混合贷款两种。政府贷款是外国政府利用本国财政资金向中国政府提供的贷款。混合贷款是政府贷款或赠款和出口信贷或商业银行贷款混合组成的贷款。上海利用的第一笔政府混合贷款，是 1984 年 4 月签约的丹麦政府贷款，金额 4 500 万丹麦克朗，为市农场管理局用于引进技术、设备，新建上海乳品八厂、扩建上海乳品研究中心项目。利用的第一笔政府贷款是 1985 年 2 月签约的瑞典政府无息贷款，金额 1 336.2 万瑞典克朗，用于进口 PACT220 电传机生产设备和主要零部件。1984—1986 年，上海利用瑞典、丹麦、比利时和意大利政府贷款相继生效，计 2 633.6 万美元。外国政府贷款是一种相当优惠的资金来源，其中还款期最长的达 40 年，与一般贷款相比含有 35%的赠予成分。

利用世行贷款 自中国在国际复兴开发银行(即世界银行，简称“世行”)的席位于 1980 年恢复后不久，上海开始准备借用世行贷款用于经济发展和城市建设。1981 年争取到第一笔世行教育项目贷款，用于复旦大学、交通大学、同济大学、华东师范大学、上海财经大学改善教学设施。1982 年，国务院副总理姚依林代表中国政府向世行提出利用世行贷款对上海的机床行业进行改造，并确定改造的范围为上海机床公司和上海机床厂，此外还有利用世行贷款的合流污水治理工程(一期)项目。

利用国际商业贷款 这是国际商业银行通过中国金融机构中介或直接提供给项目借款人。此种贷款具有灵活、方便、手续简单、利率成本相对较高的特点。上海从 1984 年起开始向国际商业银行和银团贷款。当年，由中国银行上海分行与日本三井银行签订 85 亿日元(后增至 100 亿日元)贷款合同，用于建设瑞金大厦，贷款期限为 8 年，执行日本长期优惠利率。这是上海解放后首例利用国际商业贷款项目。1986 年起，上海的主要金融机构先后开办国际商业贷款业务。

利用国际多双边无偿援助 改革开放后，上海在执行国家参与的国际多边援助项目的同时，开始接受以技术与智力引进为主的国际多双边援助。1980 年 10 月，华东师大二附中接受联合国开发计划署援款 20 万美元，进行中学理科教学现代化建设试点。这是上海接受多边援助的首个项目。上海执行国际双边援助的第一个项目，是 1983 年中国与澳大利亚两国政府确定的“上海城市研究”。项目涉及城市总体环境规划，澳方援款从 260 万澳元追加到 517 万澳元。1985 年 3 月，根据外经贸部《关于改革国际援助使用办法的通知》,上海对国际无偿援助实行内部有偿使用制度。

到国际市场发行债券 上海在国内率先尝试到国际金融市场发行债券,市投资信托公司先后于1985年和1988年在东京、伦敦市场上发行总额为400亿日元的债券。

利用土地批租获取外资 土地批租是国家土地使用权有偿使用的一种形式。1987年11月29日,市政府发布《上海市土地使用权有偿转让办法》,允许外商、外资企业参与土地使用权投标。1988年3月20日,市政府发布《上海市外商投资房产企业商品住宅出售管理办法》。1988年7月8日,虹桥开发区第26号地块1.29万平方米,由日本孙忠利企业有限公司以2 805万美元出让金中标,这是中华人民共和国成立后,首块以国际招标方式出让使用权的土地招标。从1990年起,上海的土地批租方式开始多样化,土地批租的地块和获得的资金增多。截至1991年底,上海共批租土地12幅,其中外商投资企业受让土地8幅,面积16.29万平方米,出让金8 473.81万美元,不仅为上海经济带来可观的外资,也为上海房地产业走向市场经济积累经验,初步形成外销的土地一级市场。

【间接利用外资情况】

随着我国对外开放不断深入,上海越来越感到利用各种资金来源的紧迫性。1986年,市长江泽民在市政府常务会议上提出向国外借贷10亿美元用于上海的工业和市政建设的设想,这一设想得到国务院的支持。自此,上海加快自借自还利用外资的进程。与此同时,根据国务院有关文件精神和上海实际,市政府确定利用外贷项目由市外经贸委统一进行涉外商务活动的管理协调,进一步从管理体制上加以落实。

1987—1988年两年间,市外经贸委与市经委一起通过宣传、组织、推动,使间接外资管理工作趋于完善。继外经贸部于1988年8月在丹东召开的全国利用外国政府贷款工作会议后,市外经贸委与市计委联合组织召开上海市外国政府贷款工作会议,市政府各委办、各区县及有关利用贷款项目单位约1 000多人参加,许多急需技术改造的项目单位了解到外国政府贷款的性质、特点和使用要求。1989年,市外经贸委将主要精力放在落实外国已承诺贷款的项目上。同时,努力开发新的项目。尽管由于物价上涨等因素外部环境不利,上海在1989年和1990年生效的项目仍有16项,金额超过4亿美元,并为未来几年储备了一些项目。

80年代后期,世行提出与上海建立直接的信贷关系,贷款项目由市政府根据上海发展规划与世行直接接触,贷款由财政部统一借入,转贷给上海市使用。中国于1986年加入亚洲开发银行(简称"亚行")。上海从1988年开始与亚行合作,同年,亚行派人调查南浦大桥建设利用亚行贷款的可行性。至南浦大桥建成通车,亚行为该项目提供(实到)多种货币贷款折合7 000万美元。在南浦大桥建设中,还通过亚行联系到商业贷款4 800万美元。1989年8月,上海投资信托公司与亚行签署总金额为1亿美元的开发贷款协议,用于上海中小企业的技术改造。

1987—1991年,上海利用国外贷款项目比前一阶段明显增多,共有45个地方性建设项目,金额也有较大幅度增长。其中,利用外国政府贷款41项,金额5.3亿美元;利用世行贷款项目3个,贷款总额3.05亿美元;利用亚行贷款项目1个,贷款金额7 000万美元。贷款国家也从原来的4个增加到15个。其中,1990年生效的轨道交通一号线贷款项目,是上海利用外国政府贷款金额最大的项目,联邦德国政府提供4.6亿马克(折合2.5亿美元)、美国政府提供2 300万美元、法国政府提供2 250万美元,共计3亿多美元。

外国政府的援款主要随大项目政府贷款实施,国际组织援助机构主要是联合国的开发计划署、人口基金会、儿童基金会、世界粮食计划署。为进一步加强对多双边经援的管理，1989 年市政府印发《上海市接受联合国和外国政府援助项目的管理办法(试行)》。

各国提供贷款的形式和上海在利用贷款的方式上也有所变化。至 1990 年底，上海外债余额为 31.35 亿美元。其中，国际商业贷款 28.22 亿美元，占总额的 90%。由于商业贷款利率高，还款期短，项目单位承受的风险相对较大，外债结构很不合理。此前，市政府已于 1990 年 7 月批准市外经贸委正式组建外国贷款处，主抓间接外资的管理。8 月 5 日，市政府发布《上海市外债管理规定》，明确市计委、市外经贸委、市财政局、市农委、人民银行上海分行、外汇上海分局、中行上海分行的有关职责。为扭转商业贷款过多的状况，市计委、市外经贸委结合我国对外形势的好转和许多国家启动新一轮贷款计划的时机，于 1991 年 11 月举办"上海市利用外国政府贷款项目陈列展览"，有目的地对项目单位进行引导，使更多的项目单位合理使用外国政府贷款。

表 4-4-3　1987—1991 年上海利用国外贷款、国际经援项目金额统计表　单位：个/亿美元

年　份	合同项目	合同外资		实际外资	
		总　额	其中对外借款	总　额	其中对外借款
1987	111	8.45	8.13	4.88	4.88
1988	101	7.21	7.04	9.58	9.38
1989	127	8.42	8.25	7.67	7.47
1990	66	2.13	(1)97	6.03	5.89
1991	144	4.93	4.60	6.91	6.83

资料来源：据上海市统计局《上海市国民经济和社会发展历史统计资料》贸易外经分册整理。

二、浦东开发开放初期至 20 世纪末间接利用外资

1992 年 2 月，由发达国家组成的经济合作与发展组织在赫尔辛基召开会议，对向发展中国家提供政府贷款的条件作了新的限制，规定贷款主要用于环保、交通及基础设施等非盈利性项目。为适应这种变化，市外经贸委审时度势，转变引进外国间接投资的政策导向，迅速将开发项目的重点放在与新的贷款条件相符合的领域；将一些项目向环保等领域靠拢，积极开发与改善人民生活相关的项目，走出一条利用外国间接投资促进经济社会发展的新路子。

【争取外国政府贷款】

1992 年，上海利用外国政府贷款生效的有上海第二面粉厂、金山丝绸厂等 14 个项目，计 2.86 亿美元。1993 年，上海利用外国政府贷款项目 5 个，金额为 4 195.77 万美元。1994 年，上海采取争取外贷和外援工作"两级政府、两级管理"的新方法，利用外贷、外援取得较大进展，全年利用外国政府贷款项目数 4 个，计 7 232.2 万美元；外国优惠贴息贷款项目 3 个，计 7 500.9 万美元。区县一级政府管理的项目开始涌现，如法国政府贷款的黄浦区中心医院引进医疗设备项目计 540 万美元，实现当年立项、当年签约、当年生效的目标。1996 年，协议外国政府贷款 5 个，计 5.05 亿美元；外国优惠贴息贷款 1 个，计 5 000 万美元。1992—1996 年，市外经贸委利用外国政府贷款开发成功的项目共有 25 个，借贷国家 11 个，总金额达 6.8 亿美元。项目中除轨道交通二号线、煤气"三联供"(同时

生产煤气、化学产品和热电)等大型项目外,还有上海船舶通信导航公司的全球海上遇险与安全系统、上海原子核研究所放射性药物研究开发中心、杨树浦电厂改造项目及其追加贷款项目、飞轮有色金属公司废蓄电池回收项目等,并对一些贷款金额在280万美元以下的贷款项目进行重点开发,如上海冶金矿山机械厂粉尘治理项目、红旗机筛厂噪声治理项目等;对一些不符合经济合作与发展组织规定的项目,如邮电领域某些项目则争取优惠贴息贷款。从1997年起,由于受亚洲金融危机的影响,外国间接投资,特别是政府贷款等有所减少。为了更好地利用外国间接投资,上海积极改善投资环境、找准投资项目,使得上海引进间接外资的工作继续平稳发展。1997年上海生效的间接外资项目9个,金额约4.06亿美元。1998年,上海利用外国间接投资项目9个,金额7 371.54万美元。1999年,上海利用外国贷款的轻轨明珠线(3号线)和浦东垃圾处理项目生效,使外贷项目总数达到84个,利用外贷总额达19.78亿美元。至1999年4月,累计生效82个项目,总金额达16.58亿美元。82个项目中有27个已还清贷款,总金额4 777.2万美元;有16个项目尚未进入还款期,贷款总额为11.76亿美元;有39个项目正处于还款期,贷款总额为4.34亿美元,债务余额为2亿美元,1999年当年到期债务为2 880万美元。经过多方努力,偿还项目单位转贷的债务3 000多万美元,使有关项目的外债转变为内债,增强了外国间接资本入沪的信心。

【利用国际金融机构贷款】

1992年,上海利用世行贷款、亚行贷款及由亚行担保的联合融资部分总计金额3.4亿美元,还利用商业贷款16笔,境外发行债券3笔,总计5.26亿美元。1994年得到世界银行贷款1.6亿美元,用于黄浦江二期引水项目、黄浦江上游汇水区环境保护等。1997年,得到世界银行贷款2.5亿美元,用于治理上海市区西南部排入黄浦江的污水。

【争取国际多双边援助】

1989年后,援助项目领域也受到当时欧洲安全与合作协议(赫尔辛基会议)的影响和限制。为此,市外经贸委积极引导项目单位争取环保、教育医疗等领域的项目。1993年,获得国际组织无偿援助项目1个,计1 600万美元。1994年,获得无偿援助项目4个,计2 338万美元。1995年,实现无偿援助项目3个,资金逐年到位。1997年,国际多双边援助4个,金额1 213.98万美元。至1999年,开发成功欧共体援助的中欧国际工商管理学院、德国援助的职业教育和企业人员培训项目、澳大利亚援助的上海环境总体规划项目、英国援助的上海环境项目前期准备等项目。

表4-4-4 1992—1999年上海利用国外贷款、国际经援额统计表 单位:个/亿美元

年 份	合同项目	合同金额		实际金额	
		总 额	其中对外借款	总 额	其中对外借款
1992	157	10.68	5.84	9.79	6.62
1993	214	7.79	5.02	8.57	8.53
1994	248	18.08	17.05	7.58	7.58
1995	489	20.48	20.33	20.48	20.33
1996	603	40.74	40.69	27.94	27.89
1997	739	28.54	28.53	15.37	15.37

（续表）

年　份	合同项目	合同金额		实际金额	
		总　额	其中对外借款	总　额	其中对外借款
1998	664	25.68	25.68	11.78	11.77
1999	556	35.24	35.24	29.51	29.51

资料来源：据上海市统计局《上海市国民经济和社会发展历史统计资料》贸易外经分册整理。

【发行股票吸引外资】

1990 年 11 月 27 日，市政府发布《上海市证券交易管理办法》。1991 年，中国首先在上海推出向境外投资者发行 B 股的试点，即上海真空电子公司成功发行 1 亿元面值人民币特种股票（B 股）。1993 年，上海金山石化公司首先在香港发行股票（H 股），并将该 H 股的一部分转化为美国存托凭证在美国配售。1996 年，开始尝试利用红筹股筹资，将上海在香港的窗口公司改组并在香港上市后形成“上海实业”。1997 年，沪杭甬高速发行 H 股，筹资 34 亿多港元。至 1999 年底，上海共有 37 家企业发行 B 股，成为中外合资股份有限公司。

【土地批租筹资】

1992 年，上海共批租土地 201 幅，出让面积 2 010 万平方米，获得出让金 6.41 亿美元和 15.08 亿元人民币。1993 年，上海批租用地结构有所调整，花园别墅用地明显下降，工业用地上升较快，全年涉外批租土地 250 幅，出让土地 4 900 多万平方米。1994 年，上海出让面积 1 304 万平方米，其中拆迁危、简、棚屋面积 23 万平方米。1995 年，上海调整土地批租政策，引导外商从集中投资高档宾馆、高级商住房逐步向内销房、平价房开发转移，并呈现出以工业用地为主的趋势。至 1996 年底，上海外销土地批租地块累计 1 381 幅；出让面积 10 553.9 万平方米，市政府出让金收益 196 亿美元和 349 亿人民币，成为上海重大市政工程的重要资金来源；共批准外商投资内销商品房、平价房项目 49 个，累计吸收合同外资 17 亿美元。1999 年，以《中华人民共和国土地管理法》为指导，上海继续控制房地产一级市场的土地供应总量，全年出让土地面积 1 645.96 万平方米：其中住宅用地占 47.97%，工业用地占 16.88%，综合用地占 5.16%，商业用地占 3.18%，旅游用地占 5.16%，成片开发占 11.6%，其他占 9.9%，供地结构趋向合理。通过 90 年代土地批租的实施，上海的土地资源得到合理配置，为城市改造筹措大量的资金，成为 90 年代上海利用外资新形式中发挥较好效果的方式之一。

【试行项目融资】

项目融资（BOT）是国际社会新出现的用于基础设施建设的投资方式，也称为公共工程特许权。1993 年，上海开始尝试利用外资建设城市基础设施，首次采取 BOT 形式建设延安东路隧道复线。此后，又批准杨浦大桥和打浦路隧道有偿出让专营权。1994 年，浦东新区推出一系列 BOT 项目向海内外招商，主要包括新区垃圾焚烧场、集中供热系统、自来水厂、机场高速公路、新区主干道项目等，利用外资加快城市基础设施现代化的建设步伐。1995 年，闵行区用 BOT 方式批准的轻轨项目投资额达 2.8 亿美元。1996 年全线通车的沪宁高速公路上海段实行专营管理，这是上海实行 BOT 模式利用外资的成功范例。1997 年，宝山区以 BOT 形式引进外资建造逸仙路高架道路，工程总投资 2.1 亿美元全部由外商投入。

1999 年 5 月起,我国利用外国政府贷款工作由外经贸部划归财政部管理,市外经贸委(外国贷款处)职能划转市财政局(外经财务处)。在此期间,上海建立健全的外国贷款管理制度。一是建立转贷会计制度。规范各级财政部门转贷国际金融组织货款的会计核算工作,提高财务管理水平,防范和化解金融风险。上海采用财政部国际金融组织贷款转贷财会软件,把全市的 22 个转贷项目(世行 19 个、亚行 1 个、采用联合融资方式 2 个),纳入核算范围。二是健全还贷管理机制。1999 年 9 月,市政府常务会议明确利用国际金融组织和外国政府贷款的三项原则:“谁用款、谁还款”“谁主管,谁负责统筹还款”“权责利一致,实行项目扣款”。

三、21 世纪初间接利用外资

进入 21 世纪,随着我国经济形势的好转、进出口规模和贸易顺差的扩大、外汇储备的增加。2001 年,引进间接外资的特点出现显著的改变,主要由外国政府贷款、世行亚行贷款、商业贷款项目构成,国际多双边经济技术援助项目大为减少。投资领域也发生根本性的转变,重点放在城市基础设施建设、教育卫生上。2000 年、2001 年,上海间接利用外资合同项目分别为 561 个、778 个,合同金额分别为 16.72 亿美元、32.18 亿美元,均为对外借款,实际到位金额分别为 22.31 亿美元、30.19 亿美元,也均为对外借款。2003 年 11 月,市政府批转市财政局《上海市国际金融组织贷款还贷准备金管理暂行办法》,自 2004 年 1 月 1 日起实施。还贷准备金的数额为年初已使用但尚未偿还的世行贷款债务的 3%—8%,由财政预算中安排,主要用于应急垫付有偿还能力但不能及时足额还贷的项目和无偿还能力、拖欠严重的项目。

【继续争取外国政府贷款和无偿援助】

2000 年起,上海利用外国政府贷款的项目进入还款高峰期,在努力偿还到期贷款的同时,继续把争取外国政府贷款列为首选方案,以弥补基础设施项目和环保项目的资金缺口。轨道交通 6 号线项目、城市固体废弃物管理项目、深水港工程建设项目、城市环境基础设施等,均得到了有关国家资金与技术支持。“十一五”时期(2006—2010 年),上海深化与国际金融组织合作,从具体项目合作拓展到知识合作。实施了利用世行可调整规划贷款(APL)二期和三期项目,合计总投资近 70 亿元,其中利用世行贷款 3.8 亿美元,主要用于城市污水输送干线、大型污水处理厂污泥处置、青草沙原水工程、城郊供水等环保和民生项目。创新建立了郊区融资工具并支持多个郊区中小型环保项目。“十一五”时期,在沪外资银行申请中长期外债规模逐年增长,支持了上海和长三角地区产业的发展。飞机、散货船等大型设备境外融资租赁方式得到进一步应用。2006—2008 年,上海在接受无偿援助方面,实施了日本的中日人才培养奖学金项目、荷兰“亚洲协作”上海市自来水市北有限公司“优质饮用水先进技术联合研究项目”和上海信息技术学校“提高中国化工操作工的安全、质量和环境保护技能项目”等 6 个援助项目。与此同时,上海着力促进新型间接外资方式的优化发展。

【土地出让筹资】

2000 年,全市土地出让面积达到 2 183.08 万平方米。2001 年,市政府发布《上海市土地使用权出让办法》,出让方式有协议、招标和拍卖三种形式,推动上海土地批租向着更加规范化的方向发展,全年完成 5 000 万平方米土地使用权的出让。2003 年,全市土地出让面积达到 6 985.85 万平方米,2004 年跃过 7 000 万平方米大关。此后有所放缓,2007 年土地出让面积 1 517.19 万平方米,出让金 515.77 亿元: 2008 年土地出让面积 1 465.81 万平方米,出让金 329 亿元;2009 年土地出让面积 1 880.34 万平方米,出让金 1 068.64 亿元;2010 年土地出让面积 2 046.70 万平方米,出让金 1 411.56 亿元。

【境外上市筹资】

2000 年,为上海在境外上市筹资金额最多的一年,电信、石油、石化等行业直接(H 股)或间接(红筹股)在境外发行股票,筹资金额巨大。2004 年,上海中海集装箱运输、上海复地和上海青浦消防器材 3 家企业在香港联交所上市。2005 年,又有 5 家企业在港首次公开招股,融资达 235.56 亿港元。其中,交通银行和上海电气在港主板上市,分别融资 168.3 亿港元和 50.5 亿港元;上海栋华石油化工有限公司在港创业板上市,融资 5 559 万港元;永乐家电销售有限公司和新宇亨得利控股有限公司在港主板红筹上市,融资 16.2 亿港元。此外,上海还积极探索试办和发展共同基金、投资信托等各类海外机构投资,按照国际通行规则运作,以更多地吸引外资。

【外企并购融资】

跨国公司和外资金融机构以并购为特征的融资方式,促进我国国有企业的改革,作为中国企业产权交易的延伸,加快中国企业与国际接轨。2001 年,跨国并购领域进一步拓展,汇丰控股有限公司收购上海银行 8%的股权。2002 年,为推动外资参与上海国有企业的改制、改组,规范外资并购国有企业交易行为,市政府印发《关于外资并购本市国有企业的若干意见》,市国资委、市外资委、市工商局印发实施细则,与之配套的还有《关于进一步完善本市国有企业清产核资工作的若干意见》《外资并购非上市国有企业的程序》等规范性文件。外资在沪并购企业,有的通过股票市场并购,有的不通过股票市场直接整体并购,有的以合格境外机构投资者的身份获取上市公司的股权等形式。典型案例有: 法国阿尔卡特集团通过直接收购上市公司(上海贝岭)母公司(上海贝尔)股权,实现持股上市公司;法国米其林集团投资 2 亿美元,与上海轮胎橡胶股份有限公司建立上海米其林回力轮胎股份有限公司,米其林控股 70%,此后,合资公司斥资 3.2 亿美元反向收购上海轮胎橡胶公司核心业务和资产,其结果是未上市公司变成上市公司。英荷联合利华集团于 1986 年起与上海制皂厂、上海日化开发公司合资组建上海利华有限公司。至 1999 年,联合利华在沪合资企业增至 14 家,经过重组,大多收编为联合利华的控股公司,并归并到 4 个明确的法人主体名下。随后,上海一些外商投资企业进行新一轮大调整,采取“前店后厂”经营方式,即总部与研发在上海,生产在沪外。

第五章　金 融 业

上海解放前是远东的金融中心。上海解放时，有国家资本银行7家、省市银行6家、官商合办银行5家、私营银行113家、钱庄80家、信托公司5家、外商银行15家。

1949年5月28日，人民币进入上海；30日，中国人民银行上海分行成立。人民政府开始按照不同资本性质，分别处理和对待旧金融机构，接管国家垄断资本银行；中国银行、交通银行整顿后改组为专业银行，总行迁至北京。人民政权对私营银行实行利用、限制、改造政策。1952年12月，上海尚存的60家银行、钱庄组成公私合营银行。1953—1957年，中央对金融体制实行高度集中统一管理，把在上海的金融机构总行、总公司全部迁往北京。1958—1960年"大跃进"时期，银行放松信贷管理，超额投放。经60年代初的经济调整，采取一系列严格信贷管理等措施，促进国民经济协调发展。"文化大革命"中，银行机构撤并，管理制度废弛，银行在国民经济中的作用被严重削弱。1978年中共十一届三中全会后，金融体制改革逐步推进。截至2010年底，在上海的金融机构总数1 049家。其中，银行类机构236家，证券类机构136家，保险类机构319家，地方监管金融机构136家，外资代表处222家。

第一节　推进金融发展

1978年中共十一届三中全会后，中国农业银行上海市分行、中国银行上海分行、中国人民建设银行上海市分行、中国人民保险公司上海市分公司在上海重新设立。1984年，中国人民银行上海市分行在辖区内履行中央银行职责，领导和管理上海金融业，工商信贷和储蓄业务划归新成立的中国工商银行上海市分行。1986年7月，国务院批准重新组建交通银行。与此同时，市政府探索建立地方性金融机构，创设上海市投资信托公司、上海爱建金融信托投资公司。1986年，上海邮政储汇局开业。1988年，申银等3家证券公司成立，中信实业银行上海分行开业。

90年代起，外资银行进入上海。1990年4月，中共中央、国务院宣布开发开放浦东。当年，上海有中资金融组织及营业机构1 356家。1990年12月，上海证券交易所开业，上海成为全国证券市场发行和流通中心。1992年3月，国务院在《政府工作报告》中提出，上海要"逐步发展成为远东地区经济、金融、贸易中心之一"。同年8月，上海浦东发展银行设立。10月，中共十四大报告提出，"尽快把上海建成国际经济、金融、贸易中心之一"。按照中央的要求和部署，上海以构建国际金融中心地位为目标开展工作。1994年4月，中国外汇交易中心在上海成立，并与全国23个大城市联网。1995年12月，上海银行成立。

截至1995年底，上海有中资金融机构2 693个(包含营业性机构)。其中，银行13家，营业机构1 494个；保险公司5家，营业机构96个；非银行金融机构包括证券公司、财务公司、租赁公司等，合计769个。外资金融机构157家。其中，营业性机构38家，代表处119家。1995年，资本、资产规模居世界前六位的银行均在上海设分行，外资金融机构数量占全国27%，居全国首位。1995年末，上海外汇资产总额、外汇贷款余额、外汇存款余额分别占全国45%、45%和40%。同时，一批外地银行也在上海设立分行。

图 4-5-1　1993 年 1 月 9 日，上海浦东发展银行开业

1998 年 11 月，我国第一家跨行政区的中国人民银行分行——上海分行成立，在上海市、浙江省、福建省履行中央银行职责。1999 年 5 月，由上海金属交易所、上海商品交易所和上海粮油商品交易所合并组建的上海期货交易所开始试营运。

90 年代特别是 21 世纪初，上海制定了一系列推进金融中心建设的政策措施，包括《上海国际金融中心建设行动纲要》《上海国际金融中心建设"十一五"规划》《中共上海市委、上海市人民政府关于贯彻全国金融工作会议精神加快推进上海国际金融中心建设的实施意见》。在此期间，还成立了推进上海国际金融中心建设的工作机构：2000 年，成立中共上海市金融工作委员会；2002 年，成立上海市金融服务办公室；2007 年 9 月，成立市推进国际金融中心建设领导小组。2009 年 4 月，《国务院关于推进上海加快发展现代服务业和先进制造业　建设国际金融中心和国际航运中心的意见》下发，第一次具体提出上海国际金融中心建设的发展目标、主要任务和政策措施，上海国际金融中心建设加快推进。同年 8 月 1 日，市十三届人大常委会第十二次会议通过的《上海市推进国际金融中心建设条例》施行。8 月，市政府印发《上海市集聚金融资源加强金融服务促进金融业发展的若干规定》。

"十五"期间(2001—2005 年)，中国银联、黄金交易所、全国性金融机构的业务运营总部(信用卡中心、票据中心、资金运作中心、数据中心等)30 多家对上海国际金融中心的集聚和辐射功能具有重要提升作用的金融机构，货币经纪公司、农业保险公司、汽车金融公司、资产管理公司等 10 多家新型机构相继落户上海。中国人民银行上海总部成立。一批合资证券公司、基金管理公司、保险公司组建。中资金融机构引进战略投资者取得突破，花旗银行、汇丰银行等国际金融机构分别入股交通银行、上海浦东发展银行、上海银行。上海黄金交易所开业，以货币、资本、外汇、期货、黄金、产权市场为主体的金融市场体系在上海基本形成。上海金融市场推出了可转债、短期融资券、债券远期、人民币外汇远期、燃料油期货等一批有影响的基础金融产品和金融衍生产品。

截至2005年底,上海金融机构总数有610家,为2001年的3.3倍。其中,银行类机构231家,证券类机构110家,保险类机构269家。全市金融机构总资产3.2万亿元,约占全国的9%。在沪外资银行资产总额占全国外资银行资产总额的50%以上,外资银行资产总额及其贷款总额在全市的市场占有率超过10%,共有28家外资银行选择上海作为在华业务的主报告行,约占外资银行在华主报告行总数的70%。外资保险公司保费收入在全市的市场占有率达17%。

2005年,上海金融市场交易规模总计35万亿元,是2001年的5.2倍。其中,银行间市场成交23.2万亿元。同业拆借和债券交易利率基本实现市场化,成为国家金融宏观调控的重要市场平台;外汇市场成交规模逐步扩大,是人民币汇率的生成地;证券市场成交5万亿元,占全国的79%,是全国的主板市场;期货市场成交6.5万亿元,占全国的49%,跻身铜、橡胶等产品的国际定价中心之列;黄金市场成交1 168.43亿元。

"十一五"时期(2006—2010年),上海金融机构集聚效应进一步显现,在商业银行、证券公司、保险公司、基金管理公司、期货公司等金融机构加快集聚的同时,其他各类功能性金融机构和新型金融机构涌现,小额贷款公司、融资性担保公司、股权投资企业等新型机构快速发展。金融业务创新推进,跨境贸易人民币结算、期货保税交割等一批重要的创新业务有序推出。

上海金融市场体系进一步完善,中国金融期货交易所、上海清算所开业。金融市场运行机制改革成效显著,上海银行间同业拆放利率(Shibor)推出,上海作为人民币汇率基准、利率基准生成地的地位进一步巩固。金融市场产品和工具不断丰富,推出了中期票据、黄金期货、锌期货、股指期货等一批有重要影响的金融产品和工具。

金融对外开放取得重要进展。外资银行法人化推进。2007年4月,花旗银行(中国)、汇丰银行(中国)、渣打银行(中国)和东亚银行(中国)成为首批法人转制的外资银行,在中国境内开展全面的人民币业务。全年共设立12家外资法人银行。截至2007年底,在上海的外资法人银行总数达到17家,占全国的58.6%;资产总额为7 370.93亿元人民币,比2006年末增长54.7%,占全国外资银行资产总额的比重为58.84%。证券市场合格境外机构投资者(QFII)数量和投资额度进一步增加;境外机构直接投资银行间债券市场试点启动;货币、外汇、黄金等市场稳步有序向外资金融机构开放。境内金融机构稳步拓展境外业务,合格境内机构投资者(QDII)业务正式推出。

截至2010年底,在上海的金融机构总数1 049家,比2005年末增加439家。各类金融机构资产总额14万亿元,比2005年末增长1.9倍。其中,银行业金融机构本外币资产总额6.95万亿元,占全国银行业同期资产的7.37%;本外币各项存款余额5.22万亿元,各项贷款余额3.42万亿元。21家外资法人银行资产总额、存款和贷款分别为12 678.33亿元、8 636.98亿元和6 478.97亿元,占中国内地外资法人银行的市场份额分别为83%、85%和82%。全市证券公司净资产、净资本分别为1 294.5亿元和1 010.2亿元。全年上海上市公司利用资本市场直接融资1 184.2亿元。全市保险公司原保险保费收入883.86亿元。其中,财产险公司原保险保费收入197.18亿元,寿险公司原保险保费收入686.68亿元。中、外资保险公司原保险保费收入比例为84∶16。保险赔付支出194.54亿元。

2010年,上海金融市场(不含外汇市场)交易总额386.2万亿元,比2005年增长10倍;直接融资总额2.38万亿元(不含3.1万亿元银行间债券市场国债和政策性银行债券发行额),比2005年增长2.4倍。金融市场国际排名显著提升,2010年,上海证券交易所股票交易额位居全球第三,年末股票市值位居全球第六;全国银行间同业拆借中心年末债券托管余额位居全球第五;上海期货交易所成交合约数量居全球商品期货和期权交易所第二位，成为全球三大有色金属的定价中心之一；上海黄金交易所场内黄金现货交易量位居全球第一。

第二节　发展金融机构与业务

一、内资金融机构

【银行】

改革开放后，高度集中的国家银行制度被打破。1979 年 6 月，恢复中国农业银行上海市分行，中国银行上海分行分设。1980 年 5 月，建设银行上海市分行升格。1981 年 7 月，上海市投资信托公司成立，成为改革开放后上海的首家信托机构。1984 年 1 月，人民银行上海市分行按照国务院关于中国人民银行行使中央银行职能的决定，专门负责管理本区域内的金融业。1985 年 1 月，工商银行上海市分行成立。1986 年 8 月，由上海市工商界爱国建设公司投资创办的上海爱建金融信托投资公司成立，这是中华人民共和国成立后上海第一家民间金融企业。1987 年，建立改组全市统一的资金市场。同年 4 月，交通银行总部由北京迁到上海，交通银行上海分行正式营业。这是交通银行重组后在国内设立的第一家分行，也是上海在中华人民共和国成立后设立的第一家股份制商业银行。

图 4－5－2　1998 年 9 月 28 日，上海城市合作银行更名为“上海银行”

1993 年 1 月，上海浦东发展银行举行开业仪式，这是上海首家区域性、综合性、股份制商业银行。1995 年 12 月，上海城市合作银行成立，这是上海第一家拥有个人股东的地方股份制商业银行（1998 年更名为“上海银行”）。

2000 年 11 月，我国首家票据专营机构（工商银行票据营业部）在上海成立。2002 年 3 月，中国的银行卡联合组织（中国银联）成立。2005 年 8 月，全国第一家省（市）级农村商业银行（上海农村商业银行）成立。12 月，国内首家货币经纪公司（上海国利货币经纪公司）成立。2008 年 8 月，上海小额贷款公司试点工作启动。2009 年 2 月，上海第一家村镇银行（崇明长江村镇银行）开业，专门服务于“三农”和中小企业。2010 年 6 月，全国首家消费金融公司（中银消费金融公司）挂牌成立。

截至 2010 年底，上海有中资法人银行 9 家，含 5 家村镇银行；银行业营业性中资机构 3 166 家；中资银行在沪营运中心 59 家，其中持牌 16 家；非银行金融机构，包括票据、资金营运、信用卡、私人银行、贵金属和中小企业事业部六大类 30 家（其中法人机构 28 家）；还有信托公司 7 家，金融租赁公司 3 家，财务公司 11 家，汽车金融公司 4 家，货币经纪公司 2 家和消费金融公司 1 家。上海已成为国内非银行金融机构门类最为齐全的城市。

【证券公司】

1988年5月,中国人民银行上海市分行批准设立上海市第一家专业证券公司——上海申银证券公司。同年7月,设立上海万国证券公司,是上海市第一家以证券业为主的股份制金融机构。9月,上海海通证券股份有限公司成立。

1992年10月,中国国泰证券公司在上海成立,是当年组建的三大全国性证券公司之一(1992年,经中国人民银行批准,中国组建三个大的全国性证券公司,即华夏证券公司、国泰证券公司、南方证券公司。)。1996年4月,上海申银证券与上海万国证券合并成立申银万国证券股份有限公司。同年5月,光大证券股份有限公司成立,1997年12月其注册地由北京迁至上海。1998年3月,东方证券公司、国泰基金管理公司分别成立。同年6月,华安基金管理公司成立。1999年4月,富国基金管理公司成立(2001年3月,总部由北京迁往上海)。同年8月,国泰证券和君安证券合并成立国泰君安证券公司。2001年5月,上海证券有限责任公司成立。2002年,中银国际证券有限公司、华宝证券有限责任公司、爱建证券有限责任公司分别成立。2010年7月,东方证券资产管理公司成立,是证监会批准设立的业内首家券商系资产管理公司。同年10月,国泰君安证券资产管理公司成立。

截至2010年底,上海共有上市公司177家,占全国的9%;总市值2.4万亿元,占全国的9.1%;证券公司16家,证券公司在沪营业部471家;基金管理公司31家,在沪分支机构21家;证券投资咨询公司20家;证券评级机构2家;期货公司26家,在沪营业部98家。

【保险公司】

1979年5月,中国人民保险公司上海市分公司恢复建制。1980年5月,恢复中国人民保险公司上海市分公司。

1991年5月,中国太平洋保险公司成立。1993年11月,中国平安保险公司上海分公司成立。1994年10月,天安保险公司成立。1995年1月,大众保险公司成立。

2001年,在中国太平洋保险公司基础上,组建中国太平洋保险(集团)公司,并控股设立太平洋财产保险公司和太平洋人寿保险公司。2004年9月,我国首家专业性的农业保险公司——上海安信农业保险公司成立。

截至2010年底,上海共有110家保险公司和5家保险资产管理公司。其中,财产保险公司49家,人寿保险公司42家,养老险保险公司7家,健康保险公司6家,再保险公司5家,保险集团公司1家。各保险中介机构302家。其中,保险代理机构145家(含分支机构33家),保险经纪机构94家(含分支机构41家),保险公估机构63家(含分支机构24家)。

二、外资金融机构

1982年12月,日本兴业银行、东京银行在上海设立代表处,为上海解放后第一批在上海新设立的外资银行代表处。1991年,中国人民银行批准8家外资银行上海代表处升为分行。1992年9月,美国友邦保险上海分公司成立,这是第一家被中国人民银行批准在中国境内经营保险业务的外资保险公司。2003年4月,华欧国际证券公司(2009年12月更名为“财富里昂证券”)正式成立,这是中国加入世界贸易组织后获准设立的首家中外合资证券公司。同年9月，富国基金成为国内首批成立的10家基金公司中第一家中外合资的基金管理公司。2004年9月，海际大和证券成立，这是中国加入世界贸易组织后获准设立的第三家合资券商。2005年12月，国内首家经中国银监会批准设立的合资货币经纪公司——上海国利货币经纪公司开业。2007年3月，劳合社在上海成立全资子公司——劳合社再保险（中国）公司，2010年10月更名为“劳合社保险（中国）公司”。2010年，台湾第一商业银行、台湾土地银行、国泰世华银行在沪开设分行。

截至2010年底，总部设在上海的外资法人银行21家，银行业外资营业性机构192家，含186家外资银行机构、4家汽车金融公司和2家货币经纪公司；合资证券公司5家；合资基金管理公司22家；外资证券、基金代表处77家；外资法人财产险公司8家；合资寿险公司11家。

第三节　实施金融管理

一、管理体制和队伍建设

1984年，中国人民银行行使中央银行职能之后，人民银行上海市分行开始在辖区正式履行央行职责，领导和管理上海金融业。1993年3月，市政府设立上海市证券监督管理办公室。1998年11月，管辖上海、浙江、福建两省一市的人民银行上海分行挂牌。1999年7月，中国证监会上海证券监管办公室挂牌。

图4-5-3　2002年8月5日，上海市第一次金融工作会议召开

2000年4月，中国保监会上海办公室成立。2002年9月，上海市金融服务办公室成立，负责上海地方金融管理工作。2003年10月，中国银监会上海监管局挂牌。2003年，对银行业、证券业和保险业的监管,移交银、证、保"三会"在沪派出机构;人民银行上海分行完成"一分为四"的改革任务。2004年,市金融服务办公室制定《关于支持金融机构在本市发展的若干意见》,加大对金融机构的支持力度,并根据税收征管体制的变化,落实政策落地浦东的对接工作。2005年,市金融服务办公室印发支持金融机构发展的实施细则。同年8月,中国人民银行上海总部成立,围绕金融市场和金融中心建设,加强中央银行的调节职能、管理职能和服务职能。

2005年,市金融服务办公室与市人事局制定《上海金融人才开发专项目录》,梳理并提出金融紧缺人才种类,组建金融人才公共服务平台;起草《上海金融人才"十一五"规划》,明确"十一五"期间(2006—2010年)上海市金融系统人才工作的目标和重点。到"十五"末,上海金融系统共有高级海外金融人才305名,中级以上管理人员中50%以上来自全国各地。

2006年,市金融服务办公室制定《关于加强上海金融领军人才队伍建设实施意见》,编印《上海市金融系统干部、人事、人才管理制度汇编》;评选金融系统享受政府特殊津贴专家、2006年度金融领军人才及2006年上海金融杰出青年,统筹推进国际金融人才高地建设。2007年9月,市金融服务办公室印发《关于支持金融机构在本市发展若干意见的实施细则的补充规定》和《关于支持外资法人银行在本市发展的若干政策补充意见》。2008年,市金融服务办公室举办"上海紧缺中高端金融人才海外招聘会""海外金融人才看上海(浦东)"活动,加大海外金融人才引进力度。2010年,中共市金融工委、市金融服务办公室召开金融系统人才工作会议,明确上海国际金融人才高地建设的思路和主要任务。

二、金融法制建设和风险防范

"十五"期间(2001—2005年),针对金融风险相对集中暴露的特点,上海建立健全市金融服务办公室与人民银行上海分行、3家金融监管部门的"3+2"联席会议制度,建立重大事件即时协调、处置机制。2004年,根据市政府组织拟订的《上海市金融安全工作总体框架》,市金融服务办公室印发《上海市处置金融挤兑专项预案》和《上海市处置金融支付和清算系统事故专项预案》。同年,市金融服务办公室协调风险处置和个人债权甄别工作,妥善解决相关金融风险。2006年,市政府成立由分管副市长为组长的上海市金融突发事件应急领导小组。

2007年12月,上海首个专门的金融仲裁机构——上海金融仲裁院成立。2008年11月,浦东新区人民法院金融审判庭成立,是我国基层法院成立的首家金融审判庭。同年12月,黄浦区法院成立民事审判第五庭(金融审判庭),作为专门的金融审判庭。2009年3月,全国首个金融、知识产权犯罪公诉专门机构——浦东新区检察院金融、知识产权犯罪公诉处成立。同年6月,市高级人民法院、第一中级人民法院、第二中级人民法院成立专业的金融审判庭,审理在沪金融机构的重大金融案件。市十三届人大常委会第十二次会议通过的《上海市推进国际金融中心建设条例》于2009年8月1日起施行,以地方立法形式,对市政府及有关方面在营造良好金融发展环境,加快推进上海国际金融中心建设的责任做出了明确规定。2009年11月,黄浦区检察院金融犯罪案件检察科成立。

2010年,市政府办公厅发出《关于贯彻国务院办公厅通知进一步做好打击非法集资工作的通知》,构建市有关部门、各区县相互协作的打击非法集资活动联动机制。市金融服务办公室加强与立法机关、中央在沪金融监管部门的沟通协调,形成金融法制工作合力。

三、服务机制和窗口建设

2008年起，上海逐步形成“部门配合、市区联动、中介参与”的金融服务机制。全市小额贷款公司、融资性担保公司和股权投资企业等地方新型金融业得到发展，成为服务中小企业、服务“三农”、服务区域经济社会发展的重要力量。

2008年5月，经国务院批准的经济领域专业性论坛——首届“陆家嘴论坛”举行。8月，中国人民银行征信中心在上海举行挂牌仪式，专门负责企业和个人征信系统的建设、运行和维护。同年8月，市金融服务办公室等四部门发出《关于本市股权投资企业工商登记等事项的通知》。同月，市政府办公厅转发市金融服务办公室等四部门《关于本市开展小额贷款公司试点工作的实施办法》。10月，新华社金融信息平台上海总部落户揭牌仪式举行。

2009年4月，市金融服务办公室印发《关于促进本市小额贷款公司发展的若干意见》。同年11月15日，市首家小贷公司——上海宝山宝莲小额贷款公司开业；11月28日，市小额贷款公司试点工作推进小组扩大会议召开，试点范围从郊区（县）扩大至中心城区。

2010年4月，市金融服务办公室发出《关于本市开展外商投资股权投资企业试点工作若干意见的通知》。8月，市政府印发《上海市融资性担保公司管理试行办法》，市政府办公厅转发市财政局、市金融办《关于加快本市融资性担保行业发展进一步支持和服务本市中小企业融资的若干意见》。11月，境内首家外资股权投资合伙制企业——凯雷复星（上海）股权投资企业成立。同月，上海市融资性担保行业规范发展与业务监管联席会议扩大会议召开。截至2010年底，全市有193家内资股权投资企业，227家内资股权投资管理企业，47家外资股权投资管理企业，1家合伙制外资股权投资企业、1家公司制外资股权投资企业；50家小额贷款公司开业。

2010年，在上海世博会主运行指挥部组织开展的两次世博会窗口服务行业运行情况调查评估中，金融服务均位居窗口服务满意度首位。

第四节　建设金融市场

一、金融市场发展演变

1979年底开始的经济金融改革，是我国金融市场体系建设的起步。1981年恢复国债发行。1984年，《国务院关于城市经济体制改革的决定》发布，货币市场开始建立，同业拆借市场、票据市场、国债回购市场先后得到发展。1993年12月，《国务院关于进一步改革外汇管理体制的通知》下发，提出建立全国统一的银行间外汇交易市场。1994年4月4日，中国外汇交易中心系统正式运行，形成以市场供求为基础、单一的、有管理的浮动汇率，由中国人民银行对社会公布。1994年外汇体制改革后，形成全国统一的外汇市场。1995年12月4日，“全国银行间同业拆借市场筹备会议”在上海召开，明确从1996年1月1日起，所有金融机构的同业拆借业务，必须通过全国统一的同业拆借市场网络办理。1996年6月1日，中国人民银行放开同业拆借利率的上限管制，由市场资金供求情况自行决定拆借利率。1997年，全国银行间债券市场的建立，成为资本市场发展的重要转折。

2004年1月，《国务院关于推进资本市场改革开放若干问题的决定》首次提出建立多层次资本市场。2005 年,国家"十一五"规划将多层次资本市场的概念扩大为多层次金融市场体系。同年,人民币汇率形成机制改革,外汇交易中心承担中央银行外汇公开市场操作的中后台。2006 年 1 月 4 日起,人民银行授权外汇交易中心发布人民币汇率中间价。

浦东开发开放初期,1990 年 11 月,上海证券交易所成立。根据国务院 1992 年部署上海建设国际金融中心的战略目标,上海全面开展金融体系建设。金融市场体系建设是上海国际金融中心建设的核心。1994 年,在上海组建中国外汇交易中心;1996 年,在上海组建全国银行间同业拆借中心;1999 年,组建上海期货交易所;2002 年,组建上海黄金交易所;2006 年,在上海组建中国金融期货交易所;2009 年,组建银行间市场清算所股份有限公司(以下简称"上海清算所")。上海基本形成货币市场、债券市场、股票市场、外汇市场、黄金市场、期货市场(商品期货和金融期货)、产权市场等现代金融要素市场在内的、比较完善的金融市场体系,上海已超过新加坡、香港、东京,成为集聚现代金融市场种类最多的城市之一。

2010 年,上海金融市场(不含外汇市场)交易总额 386.2 万亿元。上海证券交易所各类有价证券成交金额 39.84 万亿元,其中股票成交金额 30.4 万亿元。上海期货交易所各品种总成交金额 123.48 万亿元。中国金融期货交易所总成交金额 41.07 万亿元。全国银行间货币和债券市场成交金额 179.82 万亿元。上海黄金交易所总成交金额 2.02 万亿元。

二、金融产品和业务

【内资金融产品和业务】

1992 年,境内上市外资股(B 股)推出。2001 年 2 月,中国证监会允许境内居民投资 B 股。2002 年 6 月,中国人民银行批准上海浦东发展银行和交通银行在沪开办离岸银行业务试点。2005 年,股票权证、债券远期、外币交易、人民币外汇远期与掉期、企业短期融资券等产品推出。2006 年,推出人民币利率掉期、人民币/外币掉期、180ETF(交易所交易基金)、资产支持证券、白银交易等产品,做好跨国公司外汇资金管理方式改革试点,推动洋山深水港离岸金融业务试点。2007 年,推出银行间同业拆放利率(Shibor)、锌期货合约。推进上海机动车辆第三者强制险"双挂钩"、火灾公众责任保险试点。2008 年黄金期货、中期票据、钢材期货等金融产品推出,个人本外币兑换特许业务试点正式启动。2010 年,证券公司融资融券业务试点启动,上海有 5 家券商获得试点资格(全国共有 11 家)。银行间市场信用风险缓释工具、超短期融资券推出。金融租赁公司发债启动,交银租赁公司在银行间市场发行债券。上汽通用发行国内首单汽车金融公司金融债券。个人本外币兑换特许业务试点由 1 家扩大到 4 家。

2006 年 1 月,国家发展改革委批复同意以上海浦东新区陆家嘴金融贸易区为载体,推进金融改革创新试点。2009 年 8 月,市政府发布《上海市集聚金融资源,加强金融服务,促进金融业发展的若干规定》,设立金融人才奖、金融创新奖,扶持金融机构发展,加强政府服务,加强上海地方层面促进金融业发展创新,加大推进上海国际金融中心建设的政策支持力度。2010 年,市政府设立"上海金融创新奖",这是全国省级政府层面首个金融创新奖项。

【外资金融产品和业务】

2001 年 12 月,中国人民银行发布《关于外资金融机构市场准入有关问题的公告》,取消对外资金融机构外汇业务服务对象的限制,允许设在上海的外资金融机构正式经营人民币业务。2002 年

12月，上海开始试行“合格境外投资者(QFII)”制度。2006年，外资银行法人化工作正式启动，市政府成立推进外资银行机构法人化工作小组及其办公室。2007年4月，境内首批受理个人人民币业务的4家外资法人银行——汇丰、花旗、东亚和渣打银行(中国)有限公司在上海开业。同年6月，合格境内机构投资者(QDII)业务试点启动。截至2010年底，上海共有14家基金管理公司、4家证券公司获得QDII业务资格。

2009年7月，跨境贸易人民币结算试点启动。截至2010年底，上海地区试点企业由首批92家增加到1.6万家，累计结算额743亿元。2009年12月，三菱东京日联银行(中国)成为首家获准在中国境内发行人民币债券的外资商业银行。2010年5月，劳合社(中国)再保险公司获得直保业务牌照。2010年8月，境外机构直接投资银行间债券市场试点启动。货币、外汇、黄金等市场稳步有序向外资金融机构开放。沪港金融合作加强，2010年，在上海召开沪港金融合作第一次工作会议，在金融机构互设、金融业务和产品合作、金融人才培训和交流等方面扩大合作成果。沪台金融合作推进，2010年，新台币和人民币双向兑换业务启动。

三、主要金融市场

【上海证券交易所】

1990年11月26日，上海证券交易所(简称“上交所”)成立。次日，市政府发布《上海市证券交易管理办法》。12月19日，上交所开业，实现证券交易电子化，首批8只A股挂牌。1991年，上交所在全球率先实现股票交易无纸化。1992年，首只B股挂牌，并推出全国第一只金融衍生产品——国债期货。1998年，全国第一批证券投资基金和可转换债券上市。2004年，上交所推出国内首只ETF产品(上证50ETF)。2005年，第一个资产证券化产品、第一只股改权证和买断式国债回购挂牌交易。2006年，首只分离交易可转债挂牌交易。2008年，第一家非一元面值股票(紫金矿业)挂牌交易。2009年，第一只地方政府债券(新疆维吾尔自治区政府债券)上市。

截至2010年底，上交所上市公司中，总市值超过100亿元的大盘蓝筹企业达到270家，市值合计达到15.16万亿元，涵盖了我国国民经济各个重要行业。挂牌交易品种1 500个，其中，A股884个，B股54个。上市公司总数894家，发行股本21 939.51亿股。投资者开户数9 851万户。上交所各类证券成交总额39.84万亿元。其中，股票成交总额30.43万亿元，占证券成交总额的76.38%，列全球第三；股票筹资总额5 532亿元，列全球第四；股票总市值17.9万亿元，列全球第五。

【上海期货交易所】

1999年5月，上海期货交易所由上海金属交易所、上海商品交易所和上海粮油商品交易所合并组建成立，同年12月正式运营，上市交易铜、铝、天然橡胶3个期货品种。2004年8月，燃料油期货挂牌上市。2007年3月，锌期货挂牌上市。2008年1月，黄金期货挂牌上市。2009年3月，线材和螺纹钢期货挂牌上市。2008年，开始实施境外品牌境内注册办法，将国际市场的商品引进上海期货市场交割范围。

截至2010年底，先后核准27个境外品牌许可交割的注册。期货品种增加至8个，初步形成金属、能源、化工三大类及多序列的格局。2010年，上海期货交易所总成交额为123.48万亿元(双向计算)，占全国商品期货市场总额的54.4%；总成交量为12.44亿手(双向计算)，占全国市场总额的

40.9%,列全球衍生品交易所交易量排名第十一位、全球商品期货和期权交易所交易量排名第二。

【中国金融期货交易所】

2006年9月8日,由上海期货交易所、郑州商品交易所、大连商品交易所、上海证券交易所和深圳证券交易所共同发起的中国金融期货交易所在上海成立。

2010年4月16日,中国金融期货交易所第一只产品——沪深300股指期货合约正式上市交易。截至2010年底,中国金融期货交易所共有会员133家,其中全面结算会员15家,交易结算会员61家,交易会员57家。客户开户总数共6万余个,其中自然人开户5.9万个,占比98.2%,一般法人开户1 030个,特殊法人开户68个。截至2010年底,共174个交易日,成交金额41万亿元(单边计算),累计参与会员131家,参与客户5.6万个。

【中国外汇交易中心】

1994年4月18日,中国外汇交易中心在上海正式运行,成为中国银行间外汇市场、货币市场、债券市场以及汇率和利率衍生品市场的具体组织者和运行者。

银行间外汇市场 成立初期,只有美元和港元两个交易币种。1995年,增加日元交易币种。2002年,增加欧元交易币种,并在小币种上试行做市商制度。2003年10月,实现外汇市场双向交易。2005年5月,银行间市场推出8个外币货币的即期交易,产生了与国际外汇市场同步接轨的外币买卖市场。2005年8月,推出远期外汇交易,银行间市场出现第一个外汇衍生品种。2006年1月,即期外汇市场同时引入做市商制度和询价交易方式。2006年4月,推出人民币外汇掉期品种,为市场成员进行资产负债管理及风险管理提供更灵活的市场工具。2007年12月,推出人民币外汇货币掉期交易。2010年8月和11月,先后推出人民币对马来西亚林吉特和俄罗斯卢布交易。银行间外汇市场交易量逐年攀升。1994年,交易量为401亿美元。2010年,银行间外汇市场交易规模达到4.4万亿美元,较2000年增长100多倍。

银行间货币市场 1996年1月,全国银行间同业拆借交易系统在上海建立。全国银行间同业拆借交易中心负责市场运行的组织管理,公布全国银行间同业拆借利率(CHIBOR)。2003年起,中国人民银行加快利率改革的步伐,逐渐放开贷款利率上限和存款利率下限管制。2007年1月4日起,人民银行授权外汇交易中心发布货币市场基准利率——上海银行间同业拆放利率(Shibor)。2010年,银行间货币市场累计成交115.5万亿元,其中信用拆借成交27.9万亿元,质押式回购成交84.7万亿元,买断式回购成交2.9万亿元。

银行间债券市场 1997年6月5日,中国人民银行决定在全国统一的同业拆借市场开办银行间债券回购业务;同月16日起,全国银行间同业拆借中心开办国债现券业务。全国银行间债券市场正式形成。银行间债券市场主要包括现券买卖和债券借贷两个市场,形成了以询价交易方式为主,点击成交交易方式为辅的交易模式。银行间债券市场是亚洲第二大债券市场,是机构投资者之间大额债券交易的场所。2010年,银行间现券市场共成交30.4万笔,累计成交64万亿元,同比增长35.4%。

【上海黄金交易所】

2002年10月30日,上海黄金交易所在上海正式开业。交易品种从成立之初仅有Au99.95和Au99.99黄金(化学元素"Au"为"金")现货品种,到2010年发展成拥有黄金、白银、铂金三大类共

12个交易品种：2003年7月上线Pt99.95铂金品种；2003年12月上线Au(T+5)黄金中远期品种；2004年6月上线Au50g黄金现货品种；2004年8月上线Au(T+D)黄金延期品种；2006年10月上线Ag99.95白银现货品种和Ag(T+D)白银延期品种；2006年12月上线Au100g黄金现货品种；2007年11月上线Au(T+N1)、Au(T+N2)黄金延期改良品种；2010年4月上线Ag99.99白银现货品种。

2010年，上海黄金交易所总成交金额突破2万亿元。其中，黄金成交6 051.5吨，成交金额16 157.81亿元；白银成交73 614.96吨，成交金额3 863.28亿元；铂金成交54.69吨，成交金额198.42亿元。截至2010年底，上海黄金交易所共有会员163家，其中，金融类会员25家，综合类会员130家，自营类会员3家，外资金融类会员5家。会员代理机构客户6 751户，代理个人客户177.85万户。

【上海清算所】

2009年11月28日，上海清算所在上海成立。该所是经财政部、中国人民银行批准成立的专业清算机构，由中国外汇交易中心、中央国债登记结算有限责任公司、中国印钞造币总公司、中国金币总公司4家单位共同发起设立。注册资本金3亿元，主要业务是为银行间市场提供以中央对手净额清算为主的直接和间接的本外币清算服务。

上海清算所分别从2010年11月8日和12月21日开始，向市场提供信用风险缓释凭证(CRMW)、超短期融资券(SCP)的登记托管和清算结算服务，到12月31日，信用风险缓释凭证在上海清算所登记托管共8只、名义本金6.9亿元，清算结算共6笔、名义本金2.4亿元。超短期融资券在上海清算所登记托管共2只、面值150亿元，清算结算共2笔、面值1亿元。

截至2010年底，国家开发银行等67家机构在上海清算所开立投资者账户，已开户金融机构资产规模占全国金融机构资产总规模的70%以上。

第六章　旅游业

上海是国内外旅游者主要集散地之一，在全国旅游业占有重要地位。

中华人民共和国成立后，1953年2月，华东暨上海外宾招待委员会成立，负责接待来沪访问的外国党政代表、知名人士和港澳同胞。1954年7月，市政府批准成立中国国际旅行社上海分社，负责为来沪外宾提供食宿、出行和娱乐等生活服务。1956年和1958年，市人委先后批准成立上海华侨旅行服务社和上海旅行社，扩大旅游业务。1964年12月中法建交，中国—巴基斯坦、中国—法国通航，为上海旅游业发展提供有利条件，中共中央华东局决定成立华东旅行游览局，与中国国际旅行社上海分社合并为一个机构。"文化大革命"开始后，上海旅游业陷于瘫痪。1972年2月，美国总统尼克松访华。1973年，美国来华游客大幅增长。同年，中日邦交正常化，开始接待日本青少年修学旅行团。

改革开放前，国际旅游作为政府外事工作的从属部分，为国家外交政策服务，不计经济效益。上海在50年代，主要接待苏联、东欧国家游客；60年代起，接待少量英、法、日本等国自费游客。60年代以前，境内旅游经营业务很少。"文化大革命"后，旅游业改制，国有旅行社、宾馆酒店由事业转为企业性质，由国有独家经营改为多种经济成分共同经营。1978年，境外来沪旅游者（外国人、中国港澳台同胞）24.02万人次，其中外国人17.07万人次。1990年，境外来沪旅游者89.3万人次，其中外国人40.6万人次。90年代中期，旅游业实行股份制现代企业制度改革。

1995年，全市有旅行社258家、从业人员4 810人；有114家旅游星级饭店，其中五星级7家、四星级12家。当年，国内旅游达202.7万人次，营业收入8.28亿元。

截至2010年底，上海旅游景点初步实现合理布局。市内环区域内共有景点338处。其中，历史保护建筑类占58.3%，现代建筑类占8%，创意产业类占8.6%，革命遗址占6.2%，影剧院占5.9%，特色公园占4.4%，博物馆占3.8%，展览馆占2.1%，美术馆占2.7%。在上海内外环之间，共有产业类旅游景点9个，主题公园13个，建筑类景点17个，文化和体育设施类景点23个，各类特色旅游和服务设施14个。在上海郊区旅游景点中，具有国际吸引力的旅游景点8个，具有国内吸引力的旅游景点13个，具有区域吸引力的旅游景点240个，共计261个。2010年末，全市共有国家级旅游景区61家。其中，国家5A级景区3家，国家4A级景区28家，国家3A级景区30家；全国工、农业旅游示范点38个；红色旅游基地30个。

2006—2010年，市政府依托城市发展，把握北京奥运会、上海世博会先后举办的契机，大力发展旅游业。旅游产业增加值年平均增长率为26.58%，高于同期上海第三产业和GDP的年平均增长率。2010年，接待境外来沪旅游者851.12万人次，其中外国人593.12万人次；接待国内游客21 463.16万人次；旅行社组织的出境游客116.86万人次；入境游客在沪人均消费864.21美元；旅行社营业收入341.88亿元；星级饭店营业收入190.52亿元；主要旅游景点营业收入26.71亿元。2010年，上海旅游业总收入达到3 053.23亿元，比"十五"期末增长90.3%。旅游外汇收入达64.05亿美元，比"十五"期末增长77.5%。国内旅游收入达2 522.94亿元，比"十五"期末增长约92.8%，年平均增长18.6%。旅游收入占同期上海第三产业增加值的14%，占同期上海生产总值比重为8.1%。旅游业逐渐成为上海的支柱产业之一。

第一节　旅游管理体制

1978年1月，全国旅游工作会议召开，作出“大力发展旅游事业”的决定。同年5月，上海市革委会决定成立市旅行游览事业管理局。1979年1月，邓小平提出：旅游钱来得快，赚钱多，旅游事业要突出起来搞，比方上海搞一个。同年5月，上海旅行游览专科学校在上海成立。这是我国建立的第一所旅游高等院校。1979年底，上海旅游业开始从传统的政治接待体制，向经济产业过渡。1980年10月21日，经市政府批准，中国国际旅行社上海分社由事业性质改为企业性质。1981年，成立由副市长牵头的市旅游领导小组。同年，第一家非国有旅行社上海风光旅行社创办。此后，多种经济成分的旅行社迅速增加。1984年，全国旅游工作会议提出：旅游业由单纯接待转变为开发、建设旅游资源与接待并举；由只抓国际旅游转变为国际、国内旅游一起抓；由国家投资转变为国家、集体、个人一起上，自力更生与引进外资一起上，旅游经营单位由事业单位转变为企业。此后，市政府加快发展旅游业。1984年1月，市旅行游览事业管理局改名为市旅游局。同年3月，撤销市旅游领导小组，成立市旅游接待工作小组。上海锦江（集团）联营公司、上海华亭（集团）联营公司、上海东湖（集团）联营公司、上海衡山（集团）联营公司和上海新亚（集团）联营公司等5个旅游企业集团相继组建。1986年，市政府把旅游业列入大文化范畴。

1987年8月，市政府决定将市旅游局改名为“市旅游事业管理局”，将市旅游接待工作小组下属的办公室改名为“市政府接待办公室”，理顺旅游事业管理和接待工作的关系。1988年7月，市政府作出《关于改善上海旅游、投资环境开展优质服务工作的决定》，同时成立市旅游事业委员会。同年9月，市政府批转市体改办、市旅游事业管理局《关于深化本市旅游管理体制改革的意见》，明确市旅游事业管理局为市政府主管全市旅游业的职能部门，要求该局对全市旅游业实施行业管理。

浦东开发开放后，1992年12月22日，中国大陆第一家国际酒店管理公司——上海锦江集团国际管理公司成立。1994年9月24日，全国旅行社行业首家上市公司——上海中国国际旅行社股份有限公司成立（原中国国际旅行社上海分社），标志着旅游业与现代企业制度的接轨。同年，上海中国国际旅行社等10家一、二类旅行社入选全国百强旅行社，春秋国际旅行社等16家三类旅行社选为全国30强。1995年9月，市政府撤销市旅游事业委员会，成立由分管副市长任组长的议事协调机构——市旅游业发展领导小组。

1997年初，成立上海市旅游事业管理委员会，承担全市旅游行业管理的职能。90年代后期，上海实施市、区（县）“两级政府，两级管理”的体制，制订区域性的旅游发展规划；区县政府接受市级旅游管理部门的委托，审批和管理二、三类旅行社，实行“商旅结合”。

进入21世纪后，2003年撤销市旅游工作党委，市旅游事业管理委员会全面行使政府行业管理职能。2008年10月，根据中共中央办公厅、国务院办公厅《关于印发〈上海市人民政府机构改革方案〉的通知》，设立市旅游局，为市政府直属机构。2011年6月17日，市旅游发展领导小组成立，由全市41个相关部门和单位组成。

第二节　旅游业规划及发展

一、发展研讨与规划

1979年4月，市旅行游览事业管理局在中央“旅游要大发展”的精神指导下，编制《上海市发展旅游事业七年规划》。此后至1986年,上海的旅馆、交通、旅游景点、人员培训等参照该规划实施。

1982年4月,市旅行游览事业管理局编制《上海旅游业“六五”计划和“七五”设想》。

1986年5月,市旅游局编制《第七个五年计划期间上海旅游事业发展规划纲要》。同年11月30日至12月2日,市旅游局发起召开“上海旅游发展战略研讨会”,市委书记芮杏文、市长江泽民、国家旅游局副局长何光暐等分别作《发展上海旅游业的方向和途径》《上海旅游业发展前景广阔》《进一步重视和发展上海旅游业》的报告,国务院经济技术社会发展研究中心总干事马洪、国务院上海经济区规划办公室主任王林、上海市旅游局局长严廷昌等讲话。与会代表对上海旅游业的战略构想、发展方向和途径,上海开拓国际旅游市场的政策和上海交通与旅游发展、旅游体制改革等问题进行了研讨。1986年11月,市旅游局编制《上海旅游事业发展规划(1986—2000)》。

1991年7月16—17日,由市旅游事业管理局、市旅游协会、上海社科院部门经济研究所、市经济研究中心、市体改办、旅游时报社等共同主办“90年代上海旅游发展研讨会”,国务院发展研究中心、国家体改委、国家旅游局和上海市政府领导及有关委、办、局、区、县负责人和专家学者150多人出席。该研讨会对《“八五”期间(1991—1995年)上海旅游发展计划纲要》提出了修改意见和建议。

1995年,市旅游局举办都市旅游国际研讨会,第一次提出上海旅游业的发展目标是,早日把上海建成一个国际性的、富有特色的文化旅游城市。

1997年起,市政府在组织论证的基础上,提出上海旅游业的发展方向是都市旅游,并先后组织制定《上海旅游业发展规划提纲(1995—2010年)》及《上海市旅游业发展九五计划》《上海市旅游业发展十五计划和2010年远景目标纲要》《上海市旅游业发展三年行动计划》《上海旅游业发展十一五规划》等。《上海市旅游业发展九五计划》提出旅游发展与原有旅游资源相结合、与商业购物区布局相结合、与文化体育设施相结合、与市内交通规划相结合、与城市绿化带建设相结合。同年9月,市旅游委提出上海旅游业跨世纪的发展目标,主要是发展国际和国内旅游,提高旅游业在上海第三产业和全市GDP中的比重。

旅游业发展“十五”后三年(2003—2005年)行动计划,主要规划和建设中部都市观光旅游(黄浦江和苏州河、延安路景观带)、东北部绿岛生态旅游(崇明县、宝山区的长兴岛和横沙岛)、东南部文化娱乐旅游(浦东新区、南汇区及奉贤区)、西南部山水联动休闲度假(青浦区、松江区、金山区)、西北部时尚与工业旅游(嘉定区、宝山区)五大板块。

《上海旅游业“十一五”发展规划(2006—2010)》提出,把上海建设成世界著名旅游城市。市与区县政府坚持促进旅游与文化的融合发展,完成了中共四大会址纪念馆等项目的建设,并推进中共一大会址、龙华烈士陵园等红色旅游基地建设;推进多伦路文化名人街改造、静安寺文化旅游功能区打造、文化广场都市文化综合体、广富林等项目;加强衡山路、华山路等特色文化旅游街区开发;开发动漫旅游,打造张江“动漫谷”;鼓励区县开发文博旅游、民俗旅游等系列文化旅游项目。

通过规划引领,上海推进旅游业的商(业)旅、体(育)旅、工(业)旅结合,市中心商圈和主题商业街区增加旅游休闲功能和相关配套;把F1中国大奖赛(赛车)、高尔夫世锦赛、斯诺克大师赛、网球大师赛、国际田径钻石联赛等六大品牌赛事以及环崇明岛国际女子公路自行车世界杯等优质体育赛事打造成为上海的体育旅游品牌产品;将黄浦江、苏州河两岸工业遗产旅游开发和田子坊、上海国际时尚中心等打造成为都市产业园区旅游产品;发展会展旅游,推动虹桥商务区国家会展中心范围内旅游功能性和基础型项目建设;坚持旅游业服务郊区新农村建设发展,建设金山区廊下乡村旅游综合体、奉贤区海湾旅游区文化一条街等项目。

二、旅游资源调查

1985 年 10 月，市旅游局联合上海社科院旅游经济研究室开展上海旅游资源的调查，发现上海自然景观不多，但中、西、古、今人文社会资源相对丰富。2008—2010 年，上海旅游资源专门项目组按照国家《旅游资源分类、调查与评价》标准，首次系统、全面地对上海旅游资源的总量、类型、级别、特点、分布规律进行调查、分析和综合评价研究。结果显示：截至 2010 年 9 月，上海拥有 946 个单体旅游资源，其中绝大多数为人文旅游资源，如古文化遗址类、纪念地类、名人故居类、近代优秀历史建筑类、非物质文化遗产类等，其他为自然旅游资源，如山地类、岛沙类、水域类、森林类等。

上海旅游系统先后对现有的人文资源加以整理、挖掘、开发、修复，使其成为具有旅游价值的人文景观；将 40 多处纪念馆、名人故居等纪念性遗址通过修复和完善，使之成为具有上海特色的都市文化风貌景点。

三、旅游宣传促销

改革开放初期，上海旅游业的宣传促销侧重于国际市场，邀请境外的媒体和旅游业界代表团到上海参观考察。随着境内旅游的兴起，旅游宣传面向境内境外同时展开。1987 年起，市旅游局在对国际旅游客源作科学分析的基础上，制定《上海旅游宣传发展战略规划》，提出“七五”至“九五”期间上海旅游对外宣传促销的目标任务。自 1997 年起，市旅游委每年接待的境外媒体和业界考察团保持在 20 批次左右。这些考察团主要来自日本、美国和欧洲主要客源国。上海积极参加国际性旅游展览会和开展境外促销及考察等活动，努力展示上海城市的鲜明形象。1997—2002 年，市旅游委除每年固定组织上海旅游业实体参加日本 JATA 展览会、大阪国际旅游展览会、新加坡及马来西亚国际旅游展览会、柏林国际旅游展、欧洲会议奖励及商务旅游展和中国香港国际旅游展览会外，还组织上海旅游业界人士赴日本、澳大利亚、新西兰、德国、韩国和美国等国家举办宣传促销活动。

上海世博会筹办期间，市旅游局按照“主抓近程、着力中程、兼顾远程”的境外市场开发思路，在 2008—2010 年期间，依托中国驻外使领馆和中国国家旅游局海外办事机构，以日韩市场为重点，先后赴 36 个国家和地区，开展世博旅游宣传活动 183 批次；邀请五大洲的 30 个国家和地区的旅游媒体、旅行商共 111 批次来沪考察，调动境外新闻媒体的积极性，宣传上海旅游业；与日、韩、德、法、西班牙、美国、加拿大、瑞典、以色列等国家旅游业界开展双向交流活动 411 次，扩大上海世博会对境外游客的吸引力。2010 年上海世博会举办期间，发放旅游宣传资料 282.3 万册。其中，中文资料 197.6 万册，英文资料 69.5 万册，其他文种资料 15.2 万册。

节庆活动也是上海宣传促销重要旅游产品的主要手段。具有上海特色的节庆活动主要包括：由市旅游局、市宗教局和徐汇区政府共同举办的迎新春撞龙华晚钟（元旦）；每年农历三月举办的龙华庙会（3—4 月）；由南汇区委、区政府、市旅游局每年合办的南汇桃花节（4 月上旬）；由徐汇区政府会同市文化局、市旅游局、市园林局等部门联合在桂林公园及周边地区举办的上海桂花节（9 月下旬）；由市旅游局、市广播电视局和黄浦区政府联合举办的上海旅游节（9—10 月）；由市旅游局联合锦江、华亭、新亚、东湖、衡山五大集团举办的上海食品节。相关旅游文化节庆活动还有：上海国际魔术节（4 月，3 年一度）、上海国际茶文化节（4 月）、上海牡丹花会（5 月）、上海之春国际音乐节（5 月）、上海国际服装节（5 月）、上海家庭文化节（5 月）、上海国际电影节（6 月）、上海啤酒节（7 月底）、

图 4-6-1 2009 年 9 月 13 日,“上海旅游节‘南京路欢乐周’”表演现场

上海职工文化艺术节(7—9 月)、上海四川北路欢乐节(9 月下旬)、上海国际风筝节(10 月初)、上海电视节(10 月)、上海科技节(10 月)、上海国际民间艺术节(10 月,年度不定)、上海国际艺术节(11—12 月)、上海全民健身节(12 月)。

第三节 旅游业开发建设

一、景点景区开发建设

【新观光点建设】

80 年代,上海主要建设淀山湖旅游风景区,包括青浦的大观园在内的周边景区。90 年代,建设佘山国家旅游度假区和东方明珠电视塔旅游景点。90 年代,对具有百年历史的淮海路、南京路商业街进行改造。1999 年,建成南京路步行街。90 年代和 2010 年,又两次对外滩进行改造。改造后的外滩在保留原有历史风貌的同时,将历史建筑从交通的纷杂中解脱出来,提升了外滩的观光休闲功能,使外滩地面由一个以车为主的空间转变为一个以人为主的空间,还游客一个由江景、绿化和历史建筑组成的新外滩。进入 21 世纪后,主要规划建设以迪士尼乐园为中心的上海国际旅游度假区等旅游景点。

淮海路、南京路、外滩、衡山路、老外街、多伦路文化名人街、七宝老街、新天地、滨江大道、梅川路欧亚休闲街等商业文化观光街经过整修改造建设后,特色旅游街区的综合服务功能更加完善,展现上海的人文精神与历史文脉。再加上黄浦江——苏州河集聚带、环人民广场、太平桥、南京西路、北外滩、长风地区、徐家汇等现代服务业集聚区的形成,构建了具有上海特色的重要旅游观光区。

图 4-6-2　2010 年，位于浦东新区的上海国际旅游度假区

90 年代浦东开发开放后，上海兴建了东方明珠广播电视塔、南浦大桥、杨浦大桥、上海博物馆、上海图书馆、上海体育场、上海大剧院、上海世博会中国馆等一批标志性建筑，以及中国烟草博物馆、电力博物馆、纺织博物馆、江南造船博物馆、上海工艺美术博物馆、城市展示馆、城市规划馆、银行博物馆、天文博物馆等近百家行业博物馆、展示馆，成为上海城市新的旅游观光景点。

2010 年前后，随着以世博园为基础形成的集会展、商务、商业、休闲、时尚旅游功能于一体的世博主题旅游休闲区，以及佘山旅游服务业集聚区、奉贤海湾旅游度假区和环淀山湖区域旅游业的集中发展，上海形成全新的多中心、多流向、多圈层的旅游格局。

【历史名镇名建筑保护与开发】

自 2003 年起，上海先后有金山区枫泾镇、青浦区朱家角镇、嘉定区嘉定镇、浦东新区新场镇获得由国家住建部、国家文物局联合审定的中国历史文化名镇的称号，开发旅游业。2010 年 12 月 13 日，又有嘉定区南翔镇、浦东新区高桥镇、青浦区练塘镇、金山区张堰镇被列入中国历史文化名镇中。

2009 年 6 月 16 日，上海组织开展评选命名新沪上八景、评选十佳灯光夜景等活动，最终确定外滩区域、豫园旅游区、陆家嘴区域、石库门建筑群区域、南京路、佘山旅游度假区、枫泾古镇、环淀山湖旅游区等八处为新沪上八景。新沪上八景被正式命名为：外滩晨钟、豫园雅韵、摩天览胜、旧里新辉、十里霓虹、佘山拾翠、枫泾寻画、淀湖环秀。

2010 年 3 月 10 日，青浦区朱家角镇和崇明县竖新镇前卫村入选国家住房和城乡建设部、国家旅游局公布的首批 105 个全国特色景观旅游名镇(村)示范名单。枫泾镇、朱家角镇、嘉定镇、南翔镇、练塘镇、七宝老街、召楼镇，通过保护修葺，成为上海著名的旅游观光点。

【公园建设与自然风景区开发】

80年代起,地方财政投资对上海动物园、上海植物园、人民公园、黄浦公园、长风公园、鲁迅公园、古猗园等自然与人文结合的老公园进行设施和景点的完善工作;同时利用郊区农场留下的濒海环境进行生态保护,建成休闲观光的共青森林公园、滨江森林公园、奉贤海湾森林公园,还在宝山建设了生态保护型的顾村公园。此外,建成动植物观赏的辰山植物园、上海野生动物园,以及游乐型的锦江乐园等。

通过改革开放后20多年的保护与建设,截至2010年,上海的风景区主要有外滩风景区、淀山湖风景区、佘山国家旅游度假区、金山滨海休闲旅游区、华夏文化旅游区、浦东滨海旅游度假区、罗店新镇及美兰湖景区、浏岛风景区、奉贤海湾旅游区等。著名景观有外滩、豫园、新天地、思南公馆、田子坊、人民广场、上海博物馆、上海大剧院、多伦路文化名人街。自然佳地有佘山国家森林公园、东滩世界地质公园、淀山湖、奉贤碧海金沙海滩、上海野生动物园、上海植物园、世纪公园、滴水湖。人文古迹和纪念地有枫泾古镇、朱家角镇、老城隍庙、玉佛寺、大观园、七宝古镇、上海文庙、上海老街、静安寺、下海庙、鲁迅故居、蔡元培故居、方塔园、古城公园、宋庆龄故居、玉佛禅寺、韬奋纪念馆、大韩民国临时政府旧址、中国共产党第一次全国代表大会会址纪念馆、长宁区革命文物陈列馆、刘海粟美术馆、中华人民共和国名誉主席宋庆龄陵园、宋教仁墓、德艺陶瓷陈列馆、鲁迅墓、陶行知纪念馆、宝山烈士陵园、黄炎培故居、周恩来故居、张闻天故居、叶家花园、土山湾博物馆、徐光启纪念馆、黄道婆纪念馆、董浩云航运博物馆(上海交通大学内)、复旦大学博物馆等。

二、旅游配套设施建设

90年代浦东开发开放后,上海经济社会发展加快,市政府更加重视旅游公共服务基础设施体系的建设和完善。

1998年5月,建成上海旅游集散中心(以下简称"集散中心")。同年,作为市政府实事项目的"十条旅游线"开通。此后,推进集散中心上海体育场等站点的新建和扩建及服务功能的完善。结合筹办上海世博会,在虹桥综合交通枢纽、铁路南站、浦东新区、世博园区、江湾五角场和市郊嘉定、松江、临港新城等地区适时建立集散站点,形成"主站—分站—停靠点"的三级站点网络,完善和拓展旅游集散中心的服务功能。

2000年起,按照《上海市旅游业发展十五计划》,以国际化旅游城市服务功能为目标,完善都市旅游配套功能,优化上海都市旅游环境。2005年3月16日,市旅游委发出《关于2005年本市部分旅游景区设立道路交通指引标志具体安排的通知》。

2006—2010年,随着上海世博会筹办,上海旅游公共服务体系建设取得进一步进展。大都市快捷公共交通链接全市主要高等级旅游景区和公共休闲游憩区,并覆盖市、区(县)、高等级景区与三星级以上酒店。旅游解说系统和标识系统覆盖主要景区及主要干线交通衔接处。新建的虹桥枢纽成为继法国戴高乐机场和德国法兰克福机场之后,世界上第三个拥有机场加高铁运行模式的交通集散中心,方便了外国游客来沪。长途客运虹桥站每天发车110班次,主要将旅客(包括游客)发往江苏、浙江、安徽三省。枢纽周边的嘉闵高架路、北翟高架路、虹翟高架路、虹渝高架路和崧泽高架路等道路同步建成,方便了枢纽与上海西南及远郊地区的交通联系。

2010年上海世博会期间,市政府把在全市新建改建旅游咨询服务中心(亭)列为2010年为民办实事项目。新建的旅游咨询服务中心(亭)在选址上以世博会园区及周边区域为核心,以上海主要交通枢纽和新沪上八景等游客集中地为重点。上海世博会期间，全市旅游咨询服务中心为187.2万人次提供旅游咨询服务，其中入境游客约37.3万人次，境内游客约149.9万人次。全市初步建立三级纵向信息网络和五项横向信息网络组成旅游公共信息服务网络体系：三级纵向网络包括上海旅游热线962020、旅游咨询服务中心45个、旅游触摸屏400多块；五项横向网络包括上海旅游政务网、上海旅游网、上海旅游人力资源网、上海旅游集散网、上海旅游会展网。

21世纪起，上海邮轮经济呈现发展势头，建成虹口北外滩上海港国际客运中心，吴淞口国际邮轮港主体工程也于2011年10月正式开港试运营。吴淞口邮轮港形成以吴淞口为母港的上海邮轮游船观光旅游圈，与长三角周边城市共建沿江沿海旅游观光圈一起成为世界邮轮旅游航线的重要轴心。

第四节　宾馆与旅行社发展

一、发展宾馆业

改革开放后，上海在旅游业发展的同时，宾馆餐饮业相应发展。

1978年后，上海入境游客剧增。1978年，上海接待入境游客（包括外国人、华侨、港澳台同胞，下同）10.5万人；1979年，猛增到21.4万人。1983年，接待人数增加到44万人。特别是1983年9月、10月旅游旺季期间，恰逢全运会在沪举办，内外宾客云集沪上，全市宾馆客房严重不足，造成有38夜无法按合同向8 200人次的境外旅游者提供合适住房的尴尬局面，引起境外游客强烈不满。旅游宾馆严重供不应求，成为上海旅游事业发展的瓶颈，制约了旅游业的发展。

1978年，为了解决基建资金的不足，国务院决定利用侨资、外资兴建旅游饭店，并成立利用侨外资领导小组。1978年12月，上海相应成立市利用外资、侨资建造旅游宾馆办公室。1979年3月，市旅游局制定《上海发展旅游事业七年规划》，其中包括全市旅游饭店建设规划。经国务院批准，上海着手筹建上海宾馆、华亭宾馆和虹桥宾馆。

1982年5月，由市政府机管局在当时虹桥俱乐部内建造的龙柏饭店建成开业，有客房148间，用于旅游接待。同时，还利用宝山钢铁公司为接待外国专家而建的宝山宾馆（有客房927间）和金山石化总厂建造的金山宾馆（有客房250间），接待海外入境旅游者。

1984年，中央提出发展旅游要采取国家、地方、部门、集体、个人“五个一起上”的方针。在一系列政策的推动下，上海迎来旅游饭店建设的第一个高潮。

由国内筹集资金建造的上海宾馆，1979年12月开工，1983年8月27日开业。这座耸立在乌鲁木齐北路的宾馆，主楼30层，成为当时上海最高的建筑；拥有客房600间，缓解了上海旅游宾馆客房的紧张状况。

华亭宾馆于1983年8月开工，1986年11月29日建成开业，并委托美国著名ITT喜来登酒店公司进行管理。它是上海第一家由国际酒店管理集团管理的国际品牌酒店。这座拥有1 018间客房、参照国际一流饭店标准建造的宾馆，是80年代中期上海的标志性建筑之一。

虹桥宾馆于1984年底动工，1988年8月8日正式开业，有客房713间，各种设施齐全。1986年8月，在虹桥宾馆毗邻处，以“虹桥二期”名义筹建和虹桥宾馆同等规模的另一座大型饭店，后取名为银河宾馆。1990年开业，有客房840间。

1988年，由锦江集团与香港信谊集团合作建造、委托美国著名希尔顿国际酒店集团管理的静安希尔顿酒店和由锦江集团独资筹建的新锦江大酒店均建成开业。在这时期建成开业的还有日航龙柏饭店、城市酒店、国际机场宾馆、宝隆宾馆、神农宾馆、海港宾馆、华夏宾馆、远洋宾馆等多家宾馆。除筹建华亭、虹桥、银河等大型宾馆之外,市旅游局同时也注意建造投资少、见效快的中小饭店。

上海80年代新建、先后开业的主要饭店有46家,客房总数达1.6万间。1990年,上海已有可以用来接待外国客人的旅游饭店74家,客房17 306间。这些新建的饭店大多设计先进、功能齐全、设备优良,无论从数量、规模、服务功能以及管理水平等各方面都有很大的提高。

到1990年,上海共有涉外饭店81家,客房数21 361间。这极大地缓解了上海宾馆接待的压力,基本满足了海外旅游者在沪住宿的需要。

1992年邓小平南方谈话发表后,上海浦东开发开放加快推进,上海饭店业规模迅速发展,设施和管理努力跃上国际水平。涉外旅游饭店建设规模大、速度快。由新亚联营公司建造的建国宾馆及隶属华亭联营公司的华东大酒店于1993年相继建成开业。由新亚联营公司与台商合作的新亚汤臣大酒店于1996年建成开业。另外,多个著名国际饭店管理集团相继进驻上海。继喜来登华亭宾馆、静安希尔顿酒店开业之后,一批80年代后期利用外资、合资、合作建设的大型现代化酒店亦纷纷聘请著名国际酒店管理公司管理。其中,有香格里拉酒店管理公司管理的波特曼香格里拉酒店(1991年)、新加坡文华酒店集团管理的锦沧文华大酒店(1990年)和日本大仓酒店集团管理的花园饭店(1990年)。

到2000年,全市共有涉外旅游饭店345家,客房数56 334间。至2010年底,全市共有旅馆6 679家,其中旅游星级饭店298家,包括五星级饭店44家、四星级饭店64家、三星级饭店123家、二星级饭店65家、一星级饭店2家;全市拥有客房33.4万间、床位55.7万张。

二、扶持旅行社

1978年,上海仅有中国国际旅行社上海分社和上海市中国旅行社2家国际旅行社。当年国际旅行社接待入境游客10.5万人次,旅游营业额68万元。1981年,全国第一家非国有旅行社风光旅行社在上海创办,此后、以经营境内旅游为主的多种性质的旅行社迅速增加。1984年7月,上海中国国际旅行社获准开办内地居民赴香港、澳门探亲旅游业务(到1990年该社累计组织港澳游17 343人次)。1986年,全市各旅行社推出外语会话旅游、历史考察旅游、中原文化旅游、千岛湖风光摄影旅游、黄山写生旅游、宁锡扬淮剧爱好者旅游、绍兴嵊县越剧爱好者旅游等20多个文化旅游项目。

1990年10月,国家旅游局发布《关于组织我国公民赴东南亚三国旅游暂行管理办法》,进一步开放泰国、新加坡、马来西亚三国为中国公民出境探亲旅游的目的地。随后,上海中国国际旅行社、上海市中国旅行社、中国青旅上海分社、华亭海外旅游公司、中国金桥旅游上海公司等5家旅行社率先获准在上海开展组织市民赴泰、新、马三国和中国港澳地区探亲旅游的业务。1990年,上海旅游业营业收入首次突破亿元。1992年4月,上海中国国际旅行社、上海市中国旅行社、上海中国青年旅行社(原中国青旅上海分社)、上海市锦江旅游有限公司被批准为一类社,具有可在境外自主招徕、派驻办事处的经营权。1992年,"'92中国友好观光年暨江浙沪旅游年"拉开序幕;同年10月22日,当年第100万名境外旅游者到达上海,标志着上海年接待境外旅游者首次突破100万人次大关。同年,旅游外汇收入31.6亿元外汇人民币,比上年增长107%。旅游创汇居上海非贸易创汇之首。1994 年 4 月 1 日，国家主席江泽民为上海中国国际旅行社成立四十周年题词：“发展旅游，增进友谊，服务社会，繁荣经济。”同年 9 月 24 日，全国旅行社行业首家上市公司——上海中国国际旅行社股份有限公司成立。1996 年，上海的国际旅行社增加到 38 家，国内旅行社增加到 210 多家。旅行社包含国有、集体、个人及股份制等多种形式。同年，组织游客人数增长到 207 万人次，其中由旅行社组织的入境游客增至 69.9 万人次。当年，旅行社营业收入猛增到 11 亿元。

世纪之交，国务院以及国家旅游局、上海市政府进一步加强对旅游业的管理。1999 年 12 月 6 日，市政府发布《上海市旅行社管理办法》。2000 年 9 月，市政府办公厅转发市旅游委等十二部门《关于进一步发展上海假日旅游的若干意见》。同年，上海各国际旅行社组织国内公民出境旅游人数达 14 万人次，来沪入境旅游人数达到 181.4 万人次；组织接待境内旅游者数达到 203.83 万人次。2001 年 3 月 22 日，市政府发布《上海市导游人员管理办法》。同年 12 月，市政府下发《关于进一步加快本市旅游业发展的通知》。2002 年 8 月，市政府办公厅转发市旅游委《关于促进本市旅行社业进一步深化改革扩大开放的若干意见》。2009 年，国务院颁布实施《旅行社条例》。该条例降低了开办旅行社的进入门槛，业务范围也比以前更为拓宽，许多商务公司、旅游公司转型过渡成正规旅行社，旅行社数量猛增。

2010 年 8 月，国家旅游局下发《关于试行旅行社委托代理招徕旅游者业务有关事项的通知》，指出没有经营出境游资格的国内旅行社，只要取得具有出境游资格国际旅行社的《委托招徕授权书》，就可以代理招徕出境旅游。

2010 年，全市有旅行社 1 037 家，其中可经营出境旅游业务的 42 家；来沪入境旅游人数达 851.12 万人次；境内来沪旅游人数 21 463.16 万人次（其中本地游客 10 208.5 万人次，外地游客 11 254.66 万人次）。同年，上海的旅行社组织国内公民出境旅游人数 116.86 万人次。

第五节　旅游行业管理

2004 年 3 月 1 日起，实施市十二届人大常委会第九次会议通过的《上海市旅游条例》。自此，上海确立了以该条例为核心，《上海市旅行社管理办法》《上海市导游人员管理办法》《上海市星级饭店管理办法》《上海市旅游线路和集散站管理办法》《上海市旅游景区（点）管理办法》5 个政府规章为支撑，以《上海市市级旅游度假区标准》《上海市农家乐旅游服务等级划分与评定》《上海市特色旅游街区标准》《上海游船服务标准》《旅游车辆服务标准》5 个地方旅游行业标准为配套的地方性旅游法制体系框架。

一、旅行社管理

1985 年 5 月 11 日，国务院颁布《旅行社管理暂行条例》。同年 5 月 24 日，市旅游局发出《关于学习贯彻〈旅行社管理暂行条例〉的通知》。

1988 年 11 月 25 日，国家旅游局印发《关于整顿旅行社的初步意见》，决定对全国旅行社（重点是经营国际旅游业务的一、二类旅行社）进行清理和整顿。

1989 年 3 月 31 日，市旅游事业管理局发出《关于整顿本市旅行社和颁发“旅行社业务经营许可证”制度的通知》。

1991 年 12 月 27 日，在为时两年的旅行社清理整顿工作的基础上，市旅游事业管理局向全市

75家旅行社颁发旅行社业务经营许可证。其中,一、二类旅行社24家,三类旅行社51家。自1992年1月1日起,旅行社必须凭旅行社业务经营许可证方能经营。

从1992年起,市旅游事业管理局每年开展旅行社业务年检和审计验证,促进企业的标准化、规范化管理。1995年,全市旅行社贯彻落实质量保证金制度,收缴35家一、二类旅行社质量保证金。同年,设立旅游质量监督所和质量投诉中心,向海内外游客公布旅游投诉电话。1999年,市政府印发《上海市旅行社管理办法》。2001年,市政府印发《上海市导游人员管理办法》。

2010年3月,市质量和技术监督局发布上海市地方标准——《旅行社服务质量要求及等级划分》。该标准规定:旅行社按照规模条件、服务场所及设施、经营管理、质量管理、商业信用和社会声誉等因素分为3A、4A和5A三个等级,5A级为最高级别,各等级有效期均为3年,到期后按照标准复核。同年5月31日,市旅游局发出《关于开展本市旅行社等级评定工作的通知》,成立市旅行社等级划分与评定工作委员会,在市旅游行业协会设市旅行社等级评定委员会办公室,各区县相应成立区县级旅行社等级评定机构。在职能上,各区县旅行社等级评定机构负责所辖旅行社3A级旅行社的受理、检查验收、审核及复核工作,评定结果报市等级评定委员会办公室备案;负责所辖旅行社4A、5A级旅行社的受理及向市等级评定委员会推荐评定工作。市旅行社等级评定机构负责本市出境游旅行社、外资旅行社的等级评定的受理、检查验收、审核及复核工作,负责各区县推荐的4A、5A级旅行社的检查验收、审核及复核工作,负责全市旅行社等级评定的其他相关工作。

二、星级宾馆评定

1988年8月22日,国家旅游局发布《中华人民共和国评定旅游涉外饭店星级的规定》,决定在全国旅游涉外饭店中实行星级评定制度。同日,国家旅游局公布《中华人民共和国旅游涉外饭店星级标准》。同年12月,上海市旅游事业管理局成立上海市旅游涉外饭店星级评定机构。

1989年9月13日,市旅游事业管理局召开旅游涉外饭店星级评定会议,通过上海大厦、金沙江大酒店、衡山宾馆、新苑宾馆、华夏宾馆和国际饭店等6家饭店为市第一批三星级旅游涉外饭店,嘉定宾馆为二星级旅游涉外饭店。2009年,上海对星级饭店实施评定复核制度,规定自2009年1月起,全市旅游饭店星级评定移交市旅游行业协会。

2010年,全市共有25家星级饭店按规定参加5年期评定性复核,其余参加年度复核。年内,上海新增五星级饭店6家(其中四星级升五星级1家)、四星级饭店7家(其中三星级升四星级3家)、三星级饭店5家(其中二星级升三星级2家)、二星级饭店2家。同时,有1家三星级饭店、11家二星级饭店、2家一星级饭店被取消星级饭店资格。

三、旅游市场管理与景区评定

2008年,上海市各区县旅游管理部门设立区县旅游景区质量等级评定委员会(简称"区县评委"),形成市、区两级景区质量等级评定。区县评委负责本区县所辖的旅游景区管理人员开展创建A级旅游景区的指导、培训与学习考察,并会同市旅游景区质量等级评定委员会下设的工作部门共同指导有条件的旅游景区开展4A、5A级创建和申报工作。

进入21世纪后,旅行社营业部的准入机制完全放开,上海对旅游市场实施新的管理措施:把旅行社门市部纳入属地化管理，集中对违规经营旅游业务和虚假旅游广告进行专项整治；开展“旅游行业啄木鸟”行动，把测评结果和暗查情况向社会公布；公布旅游饭店经营状况，引导社会资金按照市政府确定的本市旅馆业发展纲要理性投资饭店业。2006年4月，开通“上海旅游行业管理短信群发系统”，提高旅游应急事项的决策处置能力；完善诚信平台建设，建立旅游企业、导游诚信信息数据库。2009年，全面提升上海市旅游企业诚信管理系统层级。

在2010年的国家级旅游景区创建工作中，全市新增11家国家级旅游景区，其中都市菜园、长风公园·长风海洋世界2家新增为4A级旅游景区，田子坊、M50创意园、安亭老街、鲁迅公园、和平公园、犹太难民纪念馆、庄行乡村旅游景区、南社纪念馆、福泉山遗址景区9家新增为3A级旅游景区；另有3家景区升级，其中上海科技馆由4A级升为5A级旅游景区，前卫生态村、马陆葡萄艺术村由3A级升为4A级旅游景区。至年底，全市共有国家级旅游景区61家，其中5A级旅游景区3家、4A级旅游景区28家、3A级旅游景区30家。

改革开放后，上海旅游业持续高速增长，上海旅游业实现产业增加值1998年为171.84亿元，2006—2010年，旅游产业增加值年平均增长率为26.58%，高于同期上海第三产业和GDP的年平均增长率。2010年，上海旅游业实现产业增加值1 360.8亿元，比2005年增长132.9%，占同期上海第三产业增加值的14%；占全市生产总值(GDP)的比重由1998年的4.7%上升到2010年的8.1%。旅游业促进了上海产业结构的持续优化，在社会、经济、文化、民生等方面发挥了重要作用，旅游业已成为上海的支柱产业。

表4-6-1　2010年上海旅游业主要经济数据统计表

项　　目	单　位	数　值	比上年增长
接待入境游客	万人次	851.12	35.3%
其中：入境过夜游客	万人次	733.72	37.6%
接待境内游客	万人次	21 463.16	73.6%
旅行社组织的出境游客	万人次	116.86	35.8%
入境游客在沪人均逗留	天	3.5	−0.1天
入境游客在沪人均消费	美元	864.21	−2.8%
外省市游客在沪人均逗留	天	4.3	−1天
外省市游客在沪人均消费	元	2 062.73	−5.1%
旅行社营业收入	亿元	341.88	38.1%
星级饭店营业收入	亿元	190.52	44.9%
主要旅游景点营业收入	亿元	26.71	34.4%
入境旅游外汇收入	亿美元	64.05	33.5%
境内旅游收入	亿元	2 522.94	31.8%
旅游总收入	亿元	3 053.23	30.3%
旅游产业增加值	亿元	1 360.8	30.1%
占全市GDP比重	%	8.1	1.3%

资料来源：《上海旅游年鉴2011》，上海辞书出版社2011年11月版。

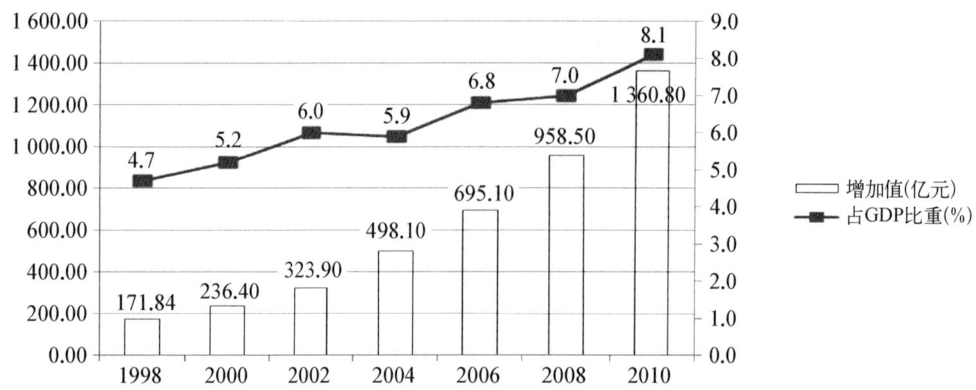

说明：数据来源上海统计局编、中国统计出版社出版的1998—2010年若干年份《上海统计年鉴》。

图4-6-3　上海旅游产业增加值及占GDP比重趋势图

第七章　工　　业

上海解放初至1978年，工业经济是在基础薄弱、产业结构和工业布局不尽合理、工厂场地狭小简陋、工业产品相对落后、“三废”污染十分严重的基础上，经过数百万产业工人积极探索，在工业现代化建设的进程中逐步发展壮大起来的。上海工业在全国具有举足轻重的地位。主要贡献是：工业物质基础，从无到有，建立起许多重要的工业部门，形成了门类比较齐全，具有较强协作配套能力的综合性生产体系；工业生产能力，从小到大，发展成为具有相当规模和实力的重要工业基地；工业技术水平，从低级到高级，研制生产了大批新科研项目、新产品和新品种，为国家科研、经济建设和人民生活提供了大量的工业品；工业经济效益，许多行业取得的利润和上缴国家的税金指标在全国处于领先地位。与此同时，培养和造就了一支有实践经验和专业技能的干部职工队伍。改革开放后，上海工业由传统的计划经济体制向社会主义市场经济体制转变。同时深化工业管理体制改革，向着适应上海城市综合功能的方向，调整产业结构与区域布局。

“六五”期间(1981—1985年)，根据中共中央、国务院提出的对国民经济实行“调整、改革、整顿、提高”方针，上海着力加强企业技术改造，推进技术进步，着重调整工业内部轻重工业的比例关系。70年代，上海石油化工总厂、上海宝山钢铁总厂开工建设。与此同时，为了改变上海工业布局不合理的状况，市委、市政府提出“城乡一体化”的方针。市政府成立上海市城乡工业协调领导小组，具体实施对城乡工业联合发展的指导、服务、协调和必要的监督。

“七五”期间(1986—1990年)，工业产业结构进入适应性调整阶段。依据国务院批准的《关于上海经济发展战略的汇报提纲》和《上海市城市总体规划方案》，市政府继续深化工业管理体制改革，撤销68个行政性公司，简政放权，扩大企业自主权。在加强卫星城市政基础建设的同时，对受到重污染的地区进行综合整治。同时，贯彻落实工业建设项目“三同时”制度①，推进技术改造，促进清洁生产，实施循环经济。经过调整产业结构和区域布局，至1990年，市中心城区工业企业数量占全市企业的比重，已从1984年的58%下降到43.8%。

“八五”期间(1991—1995年)，市委、市政府提出“三二一”产业发展方针，全市产业结构进入战略性调整阶段。同时，加快区域布局调整的步伐。一方面，加大传统企业技术改造的力度，增加对工业六大支柱产业②和高新技术产业的投资强度；另一方面，同步规划再分期分批向外疏解和迁移工业企业的实施方案；继续搬迁内环线内工业企业和生产点，腾出土地，用于发展第三产业。至1995年底，中心城区企业数量在全市企业中的比重，已从1990年的43.8%下降至34.8%。

“九五”期间(1996—2000年)，全市进入推进经济结构和生产力布局调整时期。按照市委、市政府关于区域布局实施由“内”转“外”的指导思想，实施“三环”产业布局，即：以市中心为轴心，内环线、外环线为布局界线，内环线以内以都市型工业为主，内外环线之间以都市型工业、高新科技工业及配套产业为主，外环线以外以装备类工业和基础原材料工业为主。努力形成支柱产业、高新科技产业、都市型工业三大板块体系。为推进工业产业集聚发展，全市形成市区联手、合作双赢、优势

---

① 工业建设项目“三同时”制度：指新建、改建、扩建项目和新技术、新工艺、新设备、新材料应用项目的劳动安全、卫生设施与主体工程同时设计、同时施工、同时投入生产和使用。

② 工业六大支柱产业：汽车、通信设备、电站成套设备和大型机电设备、钢铁、石油化工和精细化工、家用电子电器。

互补,重点推进"1+3+9"工业区[1]建设。至20世纪末,"1+3+9"工业区的投资环境基本完备,其区位优势日益显现。

"十五"期间(2001—2005年),上海工业在2003年继续保持两位数的快速增长、规模不断扩大的同时,工业布局进一步优化,发展中的"1+3+9"工业园区持续快速增长。依据市委、市政府关于上海工业要"面向新世纪,建设新高地,再创新辉煌"的总体要求,上海工业对接国家战略发展部署,提出"两个优先"(优先发展现代服务业、优先发展先进制造业)的产业发展方针,积极推进产业结构创新性调整和区域布局的集聚化步伐。一方面,继续加快完善构筑"三环"(中心城、沿外环、郊环)工业布局,重心继续向郊区转移,实施"东西南北中"区域布局。另一方面,盘活中心城区老工业厂房等存量资源,大力建设都市型工业园。此外,启动浦东临港高端装备基地建设,推进上海化学工业区建设;在闵行经济技术开发区,建设以轨道交通为代表的机电设备生产基地。

"十一五"期间(2006—2010年),在市委、市政府领导下,上海工业贯彻落实科学发展观,调结构,促内需,保增长,大力发展先进制造业和现代服务业,推进高新技术产业化。2006年底,经过国家发展改革委、国土资源部、建设部审核公告:上海总体规划41个开发区。其中,国家级15个,市级26个,并确定104个重点产业区块。全市形成了国家级、重点产业基地和市级开发区、城镇工业地块的产业分布格局。上海不断提高工业产业向市级以上开发区的集中度,以及提升工业园区单位土地产值;同步淘汰落后产能,实现铁合金、平板玻璃全行业退出,基本关停"五小"企业[2]。并淘汰锻造、铸造、电镀、热处理"四大落后"工艺企业(点)。

第一节　管理机构与体制

改革开放之前,上海工业管理高度集权,实行纵向多层次、分级、分口管理,横向由综合部门按条条专项管理。

纵向管理是工业企业按照行政隶属分别归属于市经济委员会、市建设委员会、市对外经济贸易委员会、市农业委员会,市政府交通办公室、市政府财贸办公室、市集体事业办公室等各大口管理。郊区各县的农机局和工业局隶属市农机局和所属县双重管理外,其他基本实行各委办、工业管理局、行政性公司三级管理。

横向管理是工业企业的财务、资金、物资、劳动力、工资等,分别由市财政、税务、银行、劳动、物资等综合管理局按照条线实行专项管理;同时,又通过工业主管局向企业布置、检查工作,实行统一管理。

上述高度集权的工业管理体制,此时期对于利用有限的资金,迅速恢复全市工业生产,建立全市工业体系具有重要的作用。1956—1978年,历经四次规模较大的调整和改组,但上海工业管理体制基本保留中华人民共和国成立初期的管理模式,没有发生根本性的变化。

一、完善行政管理机构与体制

1977年12月,市革委会将工业交通组改为市工业交通办公室(简称"市工交办"),主管全市工

① "1+3+9"工业区:"1"是指浦东新区,"3"是指3个国家级开发区,即漕河泾新兴技术开发区、闵行经济技术开发区和上海化学加工区;"9"是指莘庄、宝山、嘉定、康桥、松江、奉浦(上海市工业综合开发区)、金山嘴、青浦和崇明9个市级工业园区。

② "五小企业":指浪费资源、技术落后、质量低劣、污染严重的小煤矿、小炼油、小水泥、小玻璃、小火电等企业。

业生产。同时，成立市国防工业办公室。市委还决定将原属市机电一局的708工程办公室改为上海市航空工业办公室(简称“市航空办”)。1979年12月30日，市革委会撤销，恢复上海市人民政府；市工交办相应改名为市人民政府工业交通办公室。1980年1月8日，市委决定撤销市国防工业办公室、市工业交通政治部，成立上海市经济委员会(简称“市经委”)，成为市政府主管工业的工作部门。1981年10月16日，市委决定在市经委下设的交通组的基础上，建立市政府交通办公室。同年11月26日，市政府决定以市经委和市计委下设的两个科技处为基础，恢复建立市生产技术局。1984年4月2日，市委决定撤销市生产技术局，并入市经委。1986年2月20日，市政府决定撤销市国防科技工业办公室，合并到市经委，对外仍保留市政府国防科工办名义。1987年4月，市政府决定市航空办缩编为航空处，并入市经委，对外保留上海市航空工业办公室名义。1988年5月，市政府决定建立市重点工业项目会战领导小组办公室、市新兴产业办公室、市重大技术装备办公室，实行“三块牌子、一套班子”，办公室挂靠市经委。1990年8月9日，市政府决定撤销上海市集体事业办公室，在市经委增加管理全市集体事业的工作职能。1995年8月，在市经委设立机械电子办公室、轻工纺织办公室和冶金化工办公室。1980—1999年，市经委机构职能几经适时调整，但基本保持相对稳定。从2000年起，市经委机构职能经历了3次较大的改革与调整。

2000年8月，市政府办公厅印发《上海市经济委员会职能配置、内设机构和人员编制规定》，将市经委内设质量处与市标准计量局整合，划至市技术质量监督局。2001年8月，市政府决定建立上海市安全生产监察局，同时撤销市经委安全生产监察处。2002年8月，为完善政府部门“经济调节、市场监管、社会管理、公共服务”的职能，市经委增设企业监督处，同时撤销机械电子、轻工纺织、冶金化工3个行业办公室。

2003年8月，市政府办公厅印发《市经委“三定”方案》，明确新的市经委承担全市工业、商业日常运行的行政管理职能。原市经委、市商委对国有企业集团的管理职能则转由市国有资产监督管理委员会承担。

2009年2月，市政府办公厅印发《上海市经济和信息化委员会“三定”规定》，将新的市经委与市信息化委合并成上海市经济和信息化委员会(简称“市经信委”)，承担全市工业、信息化的行政管理职能。同时，明确市促进中小企业发展协调办公室和信用管理办公室归属市经信委管理。至2010年，市经信委保持原有工作职能。

二、改革国企体制机制

上海工业管理体制从扩大企业经营自主权开始，调整国家与企业的分配关系。1979年4月，国家经委同意上海3家国营大中型工业企业进行以利润留成为主要内容的扩大企业自主权试点。8月，上海选择6个工业公司所属102家工厂参加扩大利润留成试点。1983年—1984年10月，上海1 735家地方国营工业企业参加第一步和第二步利改税改革，扩大企业的财权。

1985年下半年，市委、市政府决定实施行政性公司改革。1986年初，先在机电、医药工业管理局所属公司进行改革试点；8月，全面铺开。全市原有77个市级行政性公司，其中，市经委系统68个(局级公司5个，局属公司63个)，财贸系统9个。改革之后，市经委系统批准撤销53个行政性公司，转制为企业性公司15个。至1987年6月，基本完成行政性公司的改革任务。

1991年9月起，上海工业企业探索以仿“三资”等多种形式转换国有企业经营机制试点。1992年7月，贯彻国务院颁发的《全民所有制工业企业转换经营机制条例》等三个条例，实行厂长负责

图4-7-1 1987年4月,上海在国有工业企业推行多种形式的承包经营责任制。图为上海第二纺织机械厂全员经营承包签约仪式

制。1993年12月,市委、市政府批准将上海市仪表电讯工业局、上海市纺织工业局改制为国有资产经营管理公司。

从1994年开始,上海工业按照"产权清晰、权责明确、政企分开、管理科学"的要求,率先探索建立现代企业制度。市委、市政府成立由市长徐匡迪任组长、副市长蒋以任任副组长的现代企业制度试点工作领导小组,下设推进工作办公室,由市委、市政府各综合委办派员参加。1995年,首先在全市的工业、商业等部门中选择140家大中型企业进行建立现代企业制度的试点。

1995年5月,仪电、纺织两个国有资产经营管理公司分别更名为"上海仪电控股(集团)公司"和"上海纺织控股(集团)公司"。截至1995年底,经市委、市政府批准,上海机电、冶金、轻工、二轻、化工、医药、物资等工业局相继改制成立控股(集团)公司和企业性集团公司,先后退出市政府行政系列,工业主管局的政府职能上交市经委。1996年下半年,市委、市政府决定,上海化工控股(集团)公司与市医药工业管理局联合重组为上海华谊(集团)公司,上海机电控股(集团)公司与上海电气(集团)公司联合重组为上海电气(集团)总公司。

1996年,全市现代企业制度试点企业扩大到250家。上海基本形成"五个机制、五个加强"的现代企业制度运行框架。"五个机制",即企业优胜劣汰机制,国有资产保值增值机制,职工能进能出的就业机制,经营者择优录用的上岗竞争机制,覆盖全社会的社会保障机制;"五个加强",即加强产品开发,加强技术改造,加强市场开拓,加强内部管理,加强队伍建设。

三、建设大行业管理体制

1996年,市委、市政府在研究市政府机构改革总体方案过程中,提出"管好大工业,服务全社会”的总体思路，从立足于搞活整个国有经济，建立适应社会主义市场经济的调控手段，构建面向全社会大工业管理体制的框架。市经委拟订的《全社会大工业管理体制的基本框架（草案）》，将各委办分头管理的、各不同所有制的、本地与外地在沪的，以及不同规模的大中小工业企业，构建一个多层次、多系统、网络化的体系；通过信息网络化、规划一体化、投资多元化、经济区域化、调控间接化、人才市场化、服务社会化等进行有效运作，逐步实行大行业管理。同年7月，市经委对工业经济运行、规划、技术、投资、质量、行业管理等原有管理职能和方式，及时进行调整，并随着产业结构调整和产业转型发展的深化，及时改进管理内容和管理方法，至2000年，全市基本建立全社会大工业管理的体制。

经过几次政府机构改革，进一步转变政府职能。市经信委参照实行全社会大工业管理的理念，管理更加突出宏观性、导向性和战略性。在管理职能上，从过去直接管理企业转变为指导产业和服务企业；在管理对象上，从主要管理市属工业企业转变为服务全社会工商企业；在管理方式上，从直接干预企业转变为通过产业政策间接影响企业，为各种所有制企业共同发展营造良好的发展环境，推动上海工业经济的持续发展。

第二节　产业结构调整

随着改革开放的深入推进，上海产业结构与区域布局向着有利于发挥城市综合功能的方向调整，1978—2010年经历了80年代产业结构适应性调整、90年代产业结构战略性调整、21世纪初产业结构创新性调整3个阶段。

一、80年代产业结构适应性调整

80年代初，为逐步改善工业布局密集于中心城区不合理的状况，市委、市政府提出“城乡一体化”的方针，并制定“有区别地疏解中心城区工业；有计划地开发与完善近郊工业区和工业城镇；有重点地充实和发展卫星城镇；有步骤地开发杭州湾与长江口两翼地带”的总体规划。1984年7月，市政府成立市城乡工业协调领导小组，具体实施对城乡工业联合发展的指导、服务、协调和必要的监督。市经委会同市计委、市规划局等单位联合开展上海近郊及卫星城镇等15个工业区总体规划设计工作。

1985年2月，依据国务院批准的《关于上海经济发展战略的汇报提纲》，市委、市政府作出上海要充分利用对内对外开放的有利条件，发挥自身优势，引进和采用先进技术，改造传统工业，开拓新兴工业的部署。至80年代中期，全市基本形成20平方公里的城市中心工业圈；集结在高桥、五角场、彭浦、北新泾、漕河泾、周家渡等区域的边缘工业区；由闵行、吴泾、松江、嘉定、安亭、吴淞和金山卫等组成的卫星工业城，以及郊县乡镇工业点4个层次。

1986年9月，市政府召开城乡工业协调大会和发展城乡工业联合洽谈会。会后，全市工业布局经历从零部件加工到产品整体下放、国有和集体企业联营的大工业适应性调整转移。同年10月国务院批准《上海市城市总体规划方案》后，市委、市政府重点加强卫星城市政建设，改善住房、商业、服务、教育、文化体育设施；对受到重污染的新华路、和田路地区、桃浦工业区和吴淞工业区，以及黄浦江上游水源等地区的企业进行综合整治。市政府制定鼓励产生废气、废水、固体废弃物“三废”的工业企业迁建到卫星城的各项优惠政策，一批在市中心城区的工业企业先后迁往市郊。

“七五”计划后期,在国家的指导下,1987 年 7 月,上海成立桑塔纳轿车国产化协调办公室。经过桑塔纳轿车国产化“共同体”成员的不懈努力,截至 1990 年底,桑塔纳轿车国产化工装样品认可率为 72.69%,国产化率达到 60.09%。随着 1990 年 4 月浦东开始开发开放,同年 9 月在浦东新区开辟金桥出口加工区、外高桥保税区,以及工业园区,接纳从市区迁入的工厂及外商和中国港澳台地区投资的“三资”项目。

截至 1990 年底,市中心城区剩下的工业企业数量占全市工业企业总数的比重,已从 1984 年的 58%下降到 43.8%;工业总产值占全市工业总产值的比重,已从 1978 年的 80.70%下降到 1990 年的 58.08%;郊县工业总产值占全市工业总产值的比重,则从 1978 年的 17.32%上升到 41.20%。

二、90 年代产业结构战略性调整

1991 年 4 月 22 日,市九届人大四次会议通过的《关于上海市国民经济和社会发展十年规划和第八个五年计划纲要的报告》,提出“三二一”产业发展方针。市政府在开展“工业产品发展战略大讨论”的基础上,印发《关于 1991 年上海工业结构调整方案的意见》。该意见明确,在抓好“五个一批”①的基础上,着手把部分工厂迁址或采取关闭、停产、合并、转产及其出让原址,以发展第三产业。

1992 年 12 月,在市第六次党代会上,市委书记吴邦国强调必须按照“三二一”的产业发展方向,调整产业结构,改善工业环境。1993 年初,市政府召开工业支柱产业发展规划研讨会。会后,按照支柱产业应具备的市场广、规模大、关联性强、有较高技术含量和发展速度等 4 条标准,经过反复筛选,在重点发展 10 大行业(汽车、通信设备制造业、机电一体化、服装和纺织机械、微电子和计算机制造业、电站设备、钢铁、石化、家用电子电器)、50 大类产品的基础上,确定把汽车、通信设备、电站成套设备和大型机电设备、钢铁、石油化工和精细化工、家用电子电器等六大行业作为上海工业“六大支柱产业”。

在培育和发展工业“六大支柱产业”进程中,市委、市政府分管领导分别担任各支柱产业领导小组组长,并加大投资力度。“八五”期间(1991—1995 年),六大支柱产业完成投资 450 亿元,占全市工业投资总额的 30%(占每年安排重大骨干项目总额的 74%以上)。1995 年,“六大支柱产业”实现工业总产值 1 946.02 亿元,占全市工业总产值的比重,已由 1990 年的 34.5%上升到 45.1%;销售收入达到 1 727.21 亿元,占全市工业的 45.6%。

为配合全市产业结构与区域布局的战略性调整,1995 年,市政府对市区普陀区长风、闸北区和田路、长宁区新华路等 70 个工业街坊内的 725 家企业进行逐一梳理后,撤销 38 个,部分调整 4 个,保留 28 个。在内环线以内,搬迁上海烟草集团公司、上海电力公司、上海船舶工业公司等 450 家中央企业和市属企业的 700 多个生产点,腾出约 300 万平方米的土地,用于发展金融、贸易、商业、住宅和办公楼等第三产业。同时,对有条件的工业企业,通过批租、联建、改造,发展“三产”。至 1995 年底,中心城区工业企业数量在全市企业中的比重,已从 1990 年的 43.8%下降至 34.8%。

与此同时,各郊县为迎接中心城区工业的疏解,以及给“三资”企业落户提供用地,抓紧完善区县级工业区市政公用设施,并采取置换土地、投资等形式,将乡镇工业区逐步融入各区县级工业区内;创造条件把区县级工业区提升为市级工业区。1995 年 12 月 27 日,市政府下发《关于进行盘活工商企业国有房地试点实施意见的通知》。1996 年 6 月,市政府批准建设上海化工区重大工程项

---

① “五个一批”:即抓一批优先安排的重点行业、优先发展的产品和重点出口产品、重点新产品试产及技术储备产品,抓一批限制、压缩、淘汰产品和限制发展行业,抓一批调整工业结构的重点技术改造项目,抓一批企业的关停并转,抓一批形成规模优势的企业集团。

目，市经委自始至终参与了筹划、调研、启动、推进等项工作。全市通过土地“空转”，重点推进“1＋3＋9”工业区建设，以实现集约化用地，推进产业集聚发展，提高投资经济效益。从此，全市产业结构调整与区域布局形成市区联手、合作双赢、优势互补的新局面。至1997年底，全市已有工业区211个。其中，国家级8个；市级27个（老工业区17个，新工业区10个）；区县和乡镇级工业区176个。至2000年底，基本形成“1＋3＋9”工业区。

1988年2月，中共中央作出《关于科技体制改革的决定》。1992年，市委、市政府作出《关于发展科学技术，依靠科技进步振兴上海的决定》，提出在“八五”期间（1991—1995年），上海高新技术要重点发展现代通讯技术、微电子技术、计算机和软件技术、激光技术、现代生物、新材料、机器人柔性制造等七大高新技术领域。1993年，经过全面认真地筛选，市委、市政府决定重点培育和发展电子信息、现代生物与医药和新材料三大高新科技产业；成立由市委、市政府分管领导分别担任组长的三个产业推进领导小组，产业推进领导小组分别下设推进办公室。

依据上海市城市总体规划，市政府在制定的“九五”期间（1996—2000年）工业布局调整规划中，明确提出产业结构调整与区域布局必须继续把内环线以内的能耗及物耗高、运输量大、污染严重、附加值低的产品，作为调整的主要对象。“九五”期间，市经委系统轻纺、机电、冶化行业共计调整企业520家、987个生产点。其中，轻纺行业共计调整611个生产点，机电行业（含仪表、汽车）共计调整生产点260个，冶化行业共计调整生产点116个。此外，对苏州河沿岸光复西路、莫干山路轻纺工业街坊等7个工业街坊的调整内容纳入苏州河治理规划。至“九五”期末，全部完成工业街坊的治理工作。

“九五”期间（1996—2000年），“六大支柱产业”完成投资1 398亿元，占全市工业投资总额的54％（占每年安排重大骨干项目总额的90％以上）。同时，市政府加快外资引进步伐，促进各支柱产业的崛起和发展。2000年，“六大支柱产业”实现工业总产值3 292.12亿元，占全市工业总产值的53.6％；销售收入3 319.97亿元，占全市销售收入的53.6％。

图4-7-2　宝钢集团为中国现代化程度最高、最具竞争力的钢铁联合企业。图为位于上海市宝山区的宝钢热轧生产线

在发展高新科技产业的过程中,为了从全国和周边地区产业结构雷同中“跳出来”,上海坚持起点高一点,特色多一点,形成自己发展的独特优势。市委、市政府对高新技术产业采取“政府支持、财政优惠、立法保障”三管齐下的发展措施,使高新技术产业取得长足发展。2000 年,电子信息产业实现工业总产值 732.61 亿元,超过汽车、钢铁、石油化工,成为第一支柱产业。现代生物与医药产业实现工业总产值 177.73 亿元,同比增长 16.2%;新材料实现工业总产值 278.52 亿元,同比增长 27%。上海基本形成以“三大高科技支柱产业”(信息产业、现代生物与医药、新材料)为主导、“六大支柱产业”为支撑的新型工业体系。

1997 年底,市第七次党代会提出实施“三环”工业布局的战略构想,即:内环线以内及内环线周边地区主要发展第三产业,内外环线之间地区主要发展第二产业,外环线以外主要发展第一产业和以制造业为主的第二产业。此后,“三环”工业布局的总体框架写入市人代会《政府工作报告》,付诸实施。1998 年,市经委制订的《上海工业投资三年滚动计划(1998—2000 年)》上报市政府同意后,全市产业结构调整与区域布局继续实施由“内”转“外”的战略转移,促进“市区体现上海的繁荣与繁华,郊区体现上海的实力与水平”。

在此期间,“1+3+9”工业区累计引进工业项目 2 928 个,累计投资金额 1 509 亿元。其中,外资项目 1 527 项,占引资项目的 52.2%;累计吸引合同外资约 120 亿美元,占吸引外资的 64%。在 9 个市级工业区落户的工业项目为 1 981 项,投资金额 544.34 亿元;其中,外资项目 890 个,投资金额 50.5 亿美元;外省市项目 98 个,投资金额 17.99 亿元;上海市项目 1 490 个,投资金额 107.2 亿元。外资项目中,1 000 万美元以上项目 155 个,世界前 500 强企业项目 66 个;内资项目中,1 亿元以上项目 6 个。全市工业区的区位优势日益显现,使上海郊区工业产业能级、技术水平和经营实力有了新的提升,为推进产业基地集聚发展奠定了基础。

截至 2000 年,全市中心城区工业总产值占全市工业总产值的比重,已从 1991 年的 52.54%下降到 21.95%;郊县工业总产值占全市工业总产值的比重,已从 1991 年的 46.57%上升到 77.85%。

三、21 世纪初产业结构创新性调整

“十五”期间(2001—2005 年),按照市委、市政府提出的“盘活存量,用好增量,优化布局,增强辐射”的原则,以及做到集中性、重点性、互补性、整体性和主动性互相结合的要求,上海对产业结构与区域布局实施新一轮由“内”转“外”的创新性调整。其间,上海工业投资达 2 500 亿元,工业增量向“1+3+9”工业区集中;并按照工业化与信息化并举、融合发展的趋势,重点打造以产业链为基础的、具有上海产业结构特点的“东西南北中”产业基地。即:东为浦东电子信息产业基地,南为石油化工生产基地,西为汽车生产基地和上海汽车城,北为精品钢材生产基地,中为发展都市型工业。在中心城区,平均每年改建 200 万平方米老工业厂房,用于发展电子产品加工、软件开发、服装服饰、食品、钻石工艺品加工等行业。2003 年,市委、市政府批准筹建浦东临港高端装备产业基地。2004 年,该产业基地启动建设。同时,在闵行经济技术开发区建设轨道交通车辆生产基地。至 2005 年,全市基本形成“东西南北中”“三环”产业新格局。

2006 年底,经国土资源部审核公告,上海共有 41 个开发区(其中,国家级 15 个,市级 26 个;工业开发区 38 个,非工业开发区 3 个),并确定 104 个重点产业区块,规划面积 790 平方公里。全市已形成国家级、重点产业基地和市级开发区、城镇工业地块的产业分布格局。15 个国家级开发区为上海漕河泾新兴技术开发区、上海闵行经济技术开发区、上海虹桥经济技术开发区、上海金桥经

济技术开发区、上海外高桥保税区、上海洋山保税港区、上海金桥出口加工区(南区)、上海松江出口加工区、上海漕河泾出口加工区、上海闵行出口加工区、上海青浦出口加工区、上海嘉定出口加工区、上海张江高新技术产业开发区、上海陆家嘴金融贸易区、上海佘山国家旅游度假区;26 个市级开发区为上海市市北高新技术服务业园区、上海崇明工业园区、上海星火工业园区、上海紫竹高新技术产业园区、上海浦东康桥工业园区、上海化学工业园区、上海新杨工业园区、上海浦东合庆工业园区、上海南汇工业园区、上海奉城工业园区、上海未来岛高新技术产业园区、上海宝山工业园区、上海月杨工业园区、上海富盛经济开发区、上海浦东空港工业园区、上海嘉定工业园区、上海嘉定汽车产业园区、上海莘庄工业园区、上海西郊经济开发区、上海松江工业园区、上海松江经济开发区、上海奉贤经济开发区、上海金山工业园区、上海枫泾工业园区、上海朱泾工业园区、上海青浦工业园区。其中,38 个为工业开发区;3 个非工业开发区为虹桥经济技术开发区、陆家嘴金融贸易区、佘山国家旅游度假区。

“十一五”期间(2006—2010 年),上海在优化资源配置和区域布局上,一方面,着力提升电子信息、汽车、精品钢材等产业基地能级,进一步形成产业集聚发展;加快建设临港高端装备、中船长兴造船、民用航空等国家新型工业化产业示范基地。另一方面,加快淘汰落后产能。全市累计实施产业结构调整项目 2 873 项,年均减少产值 200 亿—300 亿元,节约标煤 480 万吨。为形成 2010 年上海世博会举办的良好环境,2010 年调整产业结构 934 项、节约标煤 100 万吨;调整危化企业 67 项及一批地区重点项目;共涉及产值 244 亿元,职工 8.89 万人,土地 1.05 万亩。实现铁合金、平板玻璃全行业退出,基本关停小化肥、小水泥、小冶炼企业,以及金属加工、普通建材、零星化工、纺织印染、塑胶制品以及锻造、铸造、电镀、热处理四大落后工艺等。截至 2010 年,全市 104 个重点产业区块完成工业总产值 22 628.83 亿元,占全市工业总产值的 73%。其中,41 个公告开发区完成工业总产值 16 295.23 亿元,占 104 个重点产业区块工业总产值的 72.01%。重点产业项目向市级以上开发区集中度,已从“十五”期末的 44%提高到 2010 年的 52%;开发区单位土地产值也从“十五”期末的 49 亿元/平方公里提高到 2010 年的 62.6 亿元/平方公里。

第三节　工业投资与技术进步

一、加大工业投资力度

改革开放前,上海工业投资按照国家计划安排,投资资金由国家拨付。1978—1980 年,全市工业基本建设投资逐年增加分别达到 6.24 亿元、12.55 亿元、17.40 亿元。“六五”期间(1981—1985 年),工业企业开始加大投资力度,特别是 1983—1985 年,上海工业固定资产投资总额达 150.2 亿元,占全市固定资产投资总额 223.1 亿元的 67.3%。“七五”期间(1986—1990 年),上海工业积极调整产业结构和产品结构,发展外向型经济;重点发展先进装备、优质基础材料和高新技术工业。全市工业完成固定资产投资累计 507 亿元,占全社会投资的 1/2 左右;比“六五”期间增长 84%,其中重工业增长 113%,轻工业增长 21.2%。

“六五”“七五”期间,上海工业重点投资改造冶金、电站设备、轿车、石油化工、机床、轴承、低压电器、广播电视、电真空器件、半导体器件、家用电器、医药、出版印刷、钟表和缝纫机等行业,使产品水平、生产环境、技术装备、工艺设施和检测手段发生深刻变化。相继建成宝钢一、二期,金山二、三期,桑塔纳轿车一期、彩色显像管、冷轧薄板等一批大型骨干工程,为振兴工业增添了后劲。工业企业技术改造的覆盖面接近主体企业数的 2/3。

“八五”期间(1991—1995 年),上海工业充分利用浦东开发开放的有利条件,重点培育新的增长点,集中力量抓一批工业支柱产业重大骨干项目的竣工投产。工业固定资产投资累计达 1 497 亿元,其中工业六大支柱产业投资 304 亿元,年均增长 29.35%,截至 1995 年,已占全部工业投资比重 53.4%,从而使上海工业的整体水平上了一个新台阶。其间,全市工业投资年均递增 34.5%,而同期工业总产值年均递增 18.5%。1992—1994 年,全市工业投资边际效益系数分别为 1.42、0.32 和 0.62,呈现趋减态势,工业增长由粗放型增长转向依靠全要素效率的提高。

“九五”期间(1996—2000 年),市政府按照“三二一”产业发展方针,编制上海工业投资滚动计划。5 年间,全市工业固定资产投资累计达 3 087 亿元;其中基本建设 1 496 亿元,更新改造投资 1 057 亿元,城镇乡村及私营企业完成 534 亿元。固定资产投资规模和投资重点向高新科技产业、工业支柱产业倾斜:高新技术产业计划总投资 336 亿元,累计完成投资 210.5 亿元;1995—1998 年,工业支柱产业投资累计完成 739.8 亿元,其中电子及通信设备累计投入 120.1 亿元,年均增长 41%。

“十五”期间(2001—2005 年),根据市委、市政府“建设工业新高地”的总体要求,全市工业围绕建设工业新高地战略目标,以大型企业集团为骨干,以技术进步为强大推动力,加快以产业升级为核心的结构调整,进一步扩大投资规模。工业固定资产投资累计达 4 215.76 亿元,年度投资额基本保持在全社会固定投资总额的 1/3。其中,基本建设投资 913.3 亿元,占总投资的 23.8%;技术改造投资 1 154.3 亿元,占总投资的 30%。投向电子信息、汽车、石油化工与精细化工、精品钢材、电站设备及大型机电产品、生物医药等产业总金额达 2 314.93 亿元,占工业总投资的 54.9%左右。其间,实现工业增加值 15 106 亿元,投资产出比为 1∶3.67。

“十一五”期间(2006—2010 年),上海工业聚焦落实国家战略,推动大产业、大项目、大基地建设。工业固定资产投资累计完成 6 858 亿元,比“十五”期间增长 63%。在基本建成工业新高地的基础上,继续保持支柱产业的竞争优势,围绕重点优势企业,抓好一批投资额在 50 亿元以上的龙头骨干项目,以及 100 亿元以上的项目群。工业投资更加注重转变经济发展方式和产业结构升级;其中,产业链延伸投资占 30%;自主创新项目投资占 20%,主要投资在汽车、先进装备、新能源、生物医药、航空航天等高端制造业;产品升级换代投资占 20%,主要投资在汽车、装备、钢铁等领域。工业投资效果系数为 3.92,工业投资效率是全社会固定资产投资效率的 1.37 倍。工业投资以占全市固定资产投资 29%的比重,贡献了上海市生产总值的 39%,对全市工业和国民经济拉动效应明显,工业投资效益显著高于全社会投资平均水平。

二、促进技术进步

改革开放之前,上海工业技术进步,主要依靠老企业的挖潜、革新、改造,因陋就简,开展群众性的技术革新活动,推广应用新技术、新工艺、新材料、新设备。

改革开放之后,上海工业抓住改革开放的重大机遇,充分利用对内、对外开放的有利条件,按照市委、市政府关于“把整个国民经济的发展,逐步转移到新的技术基础上来”的要求,把发展科学技术作为第一生产力,引进和采用国内外先进技术和装备,推进技术进步。1980 年 1 月,市经委设立科学技术处。

从“六五”(1981—1985 年)开始,市政府把消化吸收引进技术列入重点技术开发计划。1983

年，国务院批准上海扩大引进技术自主权。市经委组织各工业局（公司）全力推进实施科技进步规划，上海工业技术进步开始在坚持挖潜、改造的同时，转向积极采用国内外先进技术和设备改造老企业。1983—1985 年，上海工业引进技术和设备分别为 262 项、372 项、224 项，合同引进外资分别为 2.16 亿美元、4.13 亿美元、2.56 亿美元。至 1985 年底，全市重点消化吸收的 290 项目，已有 50%经过鉴定投产

"七五"期间（1986—1990 年），1986 年 9 月，国务院批复同意上海扩大利用外资规模的"九四"专项[①]。年内，全市工业引进技术和设备成交 107 项，成交金额 0.92 亿美元。1987 年，市政府提出"大胆利用外资，引进技术，推动企业技术改造和城市建设"。1988 年 6 月，市政府成立以市长朱镕基为组长，副市长顾传训、刘振元为副组长，顾训方为顾问的"上海市科技结合生产重点工业项目会战领导小组"。至 1990 年，全市累计引进项目 1 848 项，有 1 520 项引进项目竣工投产，使全市 3/4 以上的大中型企业得到全部或局部改造。全力推进桑塔纳轿车、S－1240 程控电话交换机、数控精密组合机床、彩色显像管、小型微型计算机、超临界电站设备、光纤通信、DF－300 电子单镜头反光照相机、彩色感光材料和原材料、60 万千瓦核电设备、30 万吨乙烯设备、机械化饲养成套设备及模具行业技术改造等 14 重点工业项目关键技术攻关。

"八五"期间（1991—1995 年），市政府提出消化吸收和国产化工作逐步与国际接轨的要求，引进与合作设计、合作生产相结合的项目越来越多，累计共引进技术消化吸收 8 703 项，协议吸收外资 116.48 亿美元；其中，汽车、通信设备、电站成套设备和大型机电设备、石油化工和精细化工、钢铁、家用电子电器六大工业支柱产业完成工业重点技改项目 488 项。从 1993 年开始，上海工业开始建立企业技术中心，成为引进技术和二次开发、自主创新活动中的中坚力量。当年，全市认定第一批 40 家企业技术中心，其中，江南造船厂、上海轮胎橡胶（集团）、上海药材公司等 4 家成为国家级技术中心。1994 年，上海地方工业拥有独立开发型研究机构 76 个，占全市独立工程技术研究机构总数的 46.06%。此类科研机构有中高级技术人员 6 495 名，其中具有博士、硕士学位人员 209 名。至 1995 年，全市已在宝钢等 7 家大型企业集团建立国家级企业技术中心。

"九五"期间（1996—2000 年），市政府强化各控股（集团）公司以产学研联合建立长期稳定的合作关系，推进科技与经济结合工作向深层次发展；并考核新产品产值率、技术开发经费投入率和技术进步贡献率。1996 年 4 月，市经委、市科委、市人事局选择 5 家研究所进行第一批试点，使产业资本与知识资本、科技资本各自优势结合成强势，形成强大的生命力；逐步形成以工业企业投入为主、政府政策性扶持为引导、金融资本积极参与为支撑的全方位、多层次的技术创新投融资体系。随着投融资体制改革的不断深化，工业技术进步已形成企业自筹资金，银行贷款和外资各占投资三分天下的格局。其间，全市工业共批准引进外资项目 4 802 项，协议吸收外资 186.61 亿美元。

"十五"期间（2001—2005 年），全市工业产学研一体化开始向以资产为纽带，以长期性、紧密型、市场化为特点的方向拓展。2001 年，市经委系统工业企业与复旦大学、交通大学、同济大学等著名高校以发展高新技术产业与支柱产业为重点，签署一系列合作项目。同时，市政府设立中小企业创新资金计划。2002 年，上海工业围绕建设工业新高地的目标，实施专利战略，推进企业知识产权工作。2003 年，市政府把实施知识产权战略作为提高企业自主创新能力的关键环节，并纳入企业技术创新体系建设中。2004 年 12 月，市政府制定并实施《上海市知识产权示范企业创建工程实

① "九四"专项：1986 年 8 月 5 日国务院以"国函（1986）94 号"文批准上海扩大利用外资规模。上海市政府确定第一批 32 亿美元的利用外资项目称"九四"专项。

施细则》;成立上海市知识产权示范企业创建工程推进委员会及其办公室,正式启动全市知识产权示范企业创建工程。2005 年,全市重点加快平板显示、3G、数字电视、生物医药等产业发展;进一步加大引进吸收消化国外先进技术的力度。2001—2005 年的 5 年间,全市批准工业外资项目分别为 1 308 项、1 596 项、1 896 项、1 711 项、1 263 项,协议吸收外资分别为 54.84 亿美元、68.48 亿美元、71.67 亿美元、68.58 亿美元、64.1 亿美元。

"十一五"期间(2006—2010 年),市政府提出"两个优先"(优先发展现代服务业和优先发展先进制造业)的产业发展方针,加快生产型经济向服务型经济转变;同时要求着力增强自主创新能力,寻求重点领域自主创新的突破,推进高新技术产业发展和产业研发,进一步完善以企业为主体的技术创新体系。2008 年 10 月,按照市委、市政府的要求,市经济信息化委召开动员大会,提出集中全力,集聚优势条件,做好大型客机研发中心、总装基地、ARJZ-700 支线飞机的协调保障工作。2009 年 5 月,市委、市政府印发《关于加快推进上海高新技术产业化的实施意见》,并印发 8 个专项推进高新技术产业化的《行动方案》。至 2010 年,工业和信息化部共批准临港装备、民用航空、上海化工区等上海 7 个国家新型工业化产业示范基地。2006—2010 年的 5 年间,全市批准工业外资项目分别为 1 061 项、790 项、444 项、355 项、372 项,协议吸收外资分别为 46.84 亿美元、51.36 亿美元、42.02 亿美元、25.3 亿美元、28.84 亿美元。2010 年,上海工业企业申请专利 45 490 件,专利授权量 34 151 件。

第四节 节能减排

一、实施节能管理

改革开放前,全市节能管理工作分系统由市经委、市计委、市政府财贸办、市农委、市科委和市建委分头负责。1981 年 8 月,市政府批准设立上海市节约能源领导小组,并发布《关于加强本市节约能源工作的若干规定》。从"六五"(1981—1985 年)开始,由市节约能源领导小组牵头负责全市节约能源和资源综合利用工作。

"七五"期间(1986—1990 年)。1987 年,全市 36 个区、县、局所属企业组织开展节能升级的对标、夺标活动,并相应制定升级、定级的申报程序。1989 年,市政府提出当年能源、原材料节约确保完成 4%,力争完成 8%的目标。经过深入开展"双增双节"活动,上海全面完成 1989—1990 年的节能、节材 8%的任务。

"八五"期间(1991—1995 年)。1991 年 10 月,经市政府同意,市经委公布《上海市节约原材料管理实施细则(试行)》。1992 年,市经委等三部门印发《上海市资源综合利用"八五"规划》。1994 年,市政府发布《上海市粉煤灰综合利用管理规定》等,进一步加强节材和资源综合利用的基础管理工作。

"九五"期间(1996—2000 年)。市政府重点加强节能日常监察和法律法规建设。1998 年 9 月,为贯彻落实《中华人民共和国节约能源法》,市十一届人大常委会第五次会议通过《上海市节约能源条例》。同年 10 月,市经委成立上海市节能监察中心。此后,市政府授权市经委制定《上海市节能监察施行办法》。2000 年,市经委发出《关于报送〈上海市重点企业单位产品综合能耗统计报表〉的通知》,印发《上海市固定资产投资工程项目节能监察规定(试行)》等,陆续发出贯彻《上海市节约能源条例》的配套文件。

“十五”期间(2001—2005年)。2002年12月,市政府批准成立“上海市合同能源管理指导委员会”,自此,由该委员会负责和筹划合同能源管理工作。当年11月4—9日,全市开展以“依法节能、持续发展”为主题的“全国节能宣传周”活动。2003年,上海市节能监察中心开通“上海节电热线”。2004年,对全市重点单位的能源管理人员开展个性化培训。2005年7月,市精神文明办、市经委等部门共同组织“上海百万家庭节约活动”。

“十一五”期间(2006—2010年)。是上海市节能降耗工作推进力度最大和应对气候变化工作关键起步的5年,此期把举办上海世博会作为实现低碳发展的契机,围绕建设“资源节约型、环境友好型”城市的目标,综合运用法律、经济、技术和必要的行政手段,以结构节能、技术节能、管理节能为路径,完成国家和全市“十一五”节能目标任务。

2006年4月,国家发展改革委下发《关于千家企业节能行动实施方案的通知》,对上海已列入国家千家企业名单的上海钢铁、石油石化、化工、电力等行业11家年耗能18万吨标煤以上的企业开展能源审计。至2007年3月底,经国家发改委组织的评审,该11家企业能源审计报告的优良率在全国名列前茅。2006年5月和2007年8月,上海市政府先后印发《关于进一步加强本市节能工作的若干意见》《上海市节能减排工作实施方案》,对上海市“十一五”节能减排工作进行全面部署安排。2006年以后,市委、市政府每年都把节能减排工作列为年度重点工作,并召开全市节能减排工作会议进行全面动员,市节能减排办每季度召开会议协调推进。2007年,市政府印发《上海市节能减排工作实施方案》。2008年,设立上海市节能减排专项资金,市政府办公厅印发《上海市节能减排专项资金管理办法》。

2008—2010年,全市共安排使用专项资金32亿元。同时,按照市政府相关部门加大配套投入要求和本地区节能减排工作需要,大部分区县都设立了节能减排专项资金,“十一五”累计投入超过30亿元。市、区两级政府投入带动全社会节能减排总投入超过500亿元。2008年8月组建成立上海环境能源交易所。该交易所是国内第一家环境保护和节能减排领域的权益类交易平台,也是上海市采取市场机制推进节能减排的举措和探索。自成立起,该交易所在节能环保技术产权交易、清洁发展机制项目咨询服务、自愿碳减排交易、排污权交易试点、合同能源管理融资服务平台五个方面开展业务。根据国家节能法和《国务院关于加强节能工作的决定》等规定,2008年市政府制定《上海市固定资产投资项目节能评估和审查管理办法(试行)》和节能评估机构管理办法及评估审查指南等配套文件,对政府固定资产投资项目以及企业投资的年耗能2 000吨材料煤以上的固定资产投资项目、单体建筑面积在2万平方米以上的公共建筑项目、建筑面积20万平方米以上的居住建筑项目,开展节能评估和审查。对于新建民用建筑,2008年以后,市政府进一步细化分解各领域和区县年度节能目标,每年制定发布《上海市节能减排和应对气候变化重点工作安排》。2008年,市经委、市财政局印发《上海市节能技术改造项目专项扶持实施办法》和《上海市合同能源管理项目专项扶持实施办法》。2009年开始,全市试点推行节能65%设计标准;取消对高耗能产品电价优惠,对电价目录中铁合金、电石、烧碱用电,离子膜烧碱用电,合成氨用电分步调整到比工商业及其他用电价格低10%的水平。同时,严格执行国家差别电价政策,继续对电解铝、铁合金、电石、烧碱、水泥、钢铁、黄磷、锌冶炼等8个行业实行差别电价。当年,市政府印发《上海市脱硫石膏综合利用和安全处置实施方案》,市发展改革委印发《上海市脱硫石膏综合利用专项扶持实施办法》。从2010年7月1日起,将差别电价政策实施范围扩大为制革、印染、零星化工生产企业和危化生产企业、外环线以内“四大工艺”(“冲压、焊装、涂装、总装”)等行业;对能源消耗超过国家和地方规定的单位产品能耗(电耗)限额标准的,比照差别电价中限制类和淘汰类电价加价标准实行惩罚性电价。2010

年5月,上海市对未按期完成淘汰落后产业任务的区县和工业园区,实施项目"区域限批",并对高耗能行业的新建和扩建项目按照相关规定实施"行业限批"。2010年,市经济信息化委制定《上海市节能服务机构备案管理办法》。"十一五"期间,全市共组织推进700多家重点用能单位能源审计工作,挖掘节能潜力300万吨标准煤。

市人大常委会从2007年开始,每年组织开展节能执法检查,加强检查监督。市政府强化自身各部门和市属国有企业节能考核。市委组织部开展对市节能减排办各成员单位领导班子的年度节能绩效考核评价,并赋予考核权重。市国资委在以相关市属国有企业领导班子业绩考核时,也赋予节能减排约3%的权重纳入考核体系。此外,市政府相关系统组织开展区县节能现场考核评价,并将考核结果纳入对区县党政领导班子绩效考核体系,赋予3%—5%的考核权重。2008年4月,市政府发布《本市节能减排统计监测及考核实施方案和办法》。2009年,市人大修订发布《上海市节约能源条例》,明确了政府、企业、社会的节能责任,确立了多项"依法节能"制度。2010年9月,市人大常委会通过《上海市建筑节能条例》,对新建建筑节能和既有民用建筑的节能改造作出规定,并专门制定财政税收等优惠激励措施。截至2010年底,上海环境能源交易所已经实现挂牌项目357宗,挂牌金额92亿元,成立项目总数108宗,成交总金额56亿元。其中,在碳市场领域中,完成清洁发展机制(CDM)项目和自愿减排(VER)项目交易共64宗,成效金额15亿元,占全国交易所市场总额的74.5%。

截至2010年,上海节能减排、节能降耗管理体制基本建立,包括部门联动、条块结合、部署安排、监督考核四个方面。全市形成市领导总负责,市发展改革委总牵头,市经济信息化委、市建设交通委、市商务委、市教委、市卫生局、市旅游局、市政府机管局、市交易港口局、市金融办分别负责相应领域节能工作,市科委、市财政局、市统计局、市质量技监局等部门按照各自职责,做好相关节能管理工作。各区县也相继成立节能减排工作领导小组和办公室,建立区县各相关部门共同推进的节能工作管理体制。一些用能规模大、区县管理难度大的大型央企和市属单位纳入市政府各行业部门直接管理和考核(这些单位主要包括宝钢、中海、中远、华谊、申能等,用能量占全市用能总量比重超过70%),其余用能单位由区县政府进行管理和考核(用能量约占全市用能总量25%)。

二、推进节能技改与研发

上海开展节能技术改造工作始于1980年。1982年8月,市计委编制的《上海"六五"期间节约能源计划》提出,要通过实施热电结合、集中供热,改造中低压机组,改造工业锅炉、窑炉,余热利用,生产工艺改革和改造通用设备等节能技改项目,达到5年节能50万—80万吨标准煤的目标。

"六五"期间(1981—1985年),市经委安排技改项目481项,计划投资2.44亿元,完成406项,完成投资额2.39亿元,形成节能68.7万吨标准煤的能力。

"七五"期间(1986—1990年),全市确定把能源消耗占全市工业能耗67.8%的冶金、化工、纺织、轻工、机电、建材、医药等7个工业局年耗能源在10万吨以上的20个工业公司以及216家年耗标煤1万吨以上的工厂企业作为节能技改规划的重点对象。经过对锅炉、风机水泵、热网等进行技术改造,全市节约和少用能源351万吨标准煤。

"八五"期间(1991—1995年),市政府提出的节能目标是:万元工业产值综合能耗年均下降1%—3%,5年共节约和少用250万吨标准煤。市经委确定节能技改以节电、节油和合理用热为重点;大力发展集中供热、热电联产、加强余热利用和建筑节能,不断提高全市能源利用率。全市工交系统共安排节能技改项目853项，总投资6.2亿元，实际年均节约和少用能源280万吨标准煤。

“九五”期间（1996—2000年），市政府实施资源节约型、质量效益型、科技先导型的发展战略，把社会发展、经济建设、资源利用、环境保护有机结合起来，实现国民经济的可持续发展。全市安排国家和地方节能技改专项、节能基金项目和节电措施项目为489项，完成投资24.5亿元。2000年，全市万元生产总值能耗1.19标煤，万元工业增加值综合能耗1.91标煤，生产总值节能量290万吨标准煤。

“十五”期间（2001—2005年），市政府印发《能源发展重点专项规划》，要求对钢铁产业实施控制总量，优化结构，淘汰落后设备和工艺。同时，通过工艺革新，采用天然气替代部分焦炭，使全市炼焦用煤量控制在1 000万吨以内。此外，大力改造或关停燃煤锅炉和炉窑，用煤量减少并严格控制在800万吨以内。2000—2003年，全市累计改造炉窑2 200台（眼）。2001—2005年，全市万元GDP能耗下降16.5%，年均节能率为3.5%。

“十一五”期间（2006—2010年），2007年8月，市政府印发《上海市节能减排工作实施方案》，明确重点支持工业、建筑和交通领域实施工业用电设备节电、能量系统优化、余热余压利用节能、燃煤工业锅炉窑炉节煤、建筑节能、空调和家用电器节电等工程；绿色照明工程；分布式供能等工程；政府机构节能、城市交通节约和替代石油等10项节能重点工程。在组织实施中，全市共推进节能技改项目804个，累计投资111.7亿元，年均达到节能量245万吨标煤。实现“十一五”万元生产总值能耗下降20%目标。能源消费弹性系数0.46，与“十五”时期的0.67相比大幅下降。2010年，上海万元生产总值能耗水平在全国列前三位。“十一五”期间全市能源利用效率不断提高，供电煤耗、精品钢、整车、大型锻件、醋酸等主要产品单耗，以及航运周转量能耗、航空周转量能耗等主要交通运输单耗，均比“十五”时期有明显下降。全市火电机组供电煤耗从2005年的343克/千瓦时下降到316克/千瓦时。此期，能源结构持续优化。煤炭占一次能耗消费中的比重从2005年的52.8%下降至2010年的49.9%；天然气所占比重由2005年的3.1%提高到2010年的6.3%；2010年可再生能耗、外来核电水电等非化石能源占一次能源消费比重达到6%左右。要求重点工程项目推广节能产品，具体包括开展节能技术改造、发展循环经济、进行落实后产能调整、建设重点节能改造工程、鼓励可再生能源应用、鼓励分布式供能项目、实施节能产品惠民工程。截至2010年底，落后产能调整完成奉贤塘外等4个重点专项，基本完成浦东张江等2个重点专项，共计调整企业313家，腾出土地3 466亩。推进电力行业“上大压小”，关停南市电厂、杨树浦电厂、吴泾热电厂等小火电机组29台，共计178.5万千瓦，相当于节约100万吨左右标准煤。实施节能技术改造重点工程804项，涉及工业锅炉（窑炉）改造、电机系统改造、余热余压利用、能量系统优化等领域，节约能源245万吨标准煤。我国首座独立自主建设的大型海上网电示范项目——东海大桥10万千瓦海上风电场投产，全市风电装机达到20万千瓦左右，比“十五”末增长了10倍。全市已建成投运分布式供能项目18个，总计装机12兆瓦，在建项目11个，总计装机16.5兆瓦。出台上海市地方配套补贴政策，得到居民、生产企业、销售企业等方面的欢迎和认可；推广节能空调164万台，年节电量约2亿千瓦时，推广高效节能灯具近2 400万只，年节电量约12亿千瓦时。

“十一五”期间，上海推进节能减排科技攻关和研发，取得一系列重大突破。(1) 燃煤发电方面，支持上海锅炉厂组织上海交通大学、上海理工大学和上海发电设备成套设计研究院等单位进行联合攻关，成功研制具有自主知识产权的超超临界电站名锅炉。(2) 智能电网方面，支持上海电力公司与中科院上海硅酸盐研究所联合研究出650安时钠硫电池，是公开报道的最大容量单体钠硫电池。(3) 新能源汽车方面，上海市燃料电池汽车研发处于国内领先地位，已进入规模化示范运行阶段;混合动力汽车研发技术进步显著,弱混、中混混合动力轿车已经产业化;纯电动汽车进入商业化运行阶段。(4) 碳捕捉与封存方面,支持石洞口电厂建成年产 10 万吨二氧化碳捕集装置,为世界上规模最大、拥有自主知识产权的燃煤电厂烟气二氧化碳捕集示范项目并开展微藻吸收二氧化碳制油、电站锅炉富氧燃烧等低碳前沿技术的研究。此外,还支持在吴泾化工区、张江工业区、万科朗润园、浦东国际机场二期、虹桥交通枢纽、城市公交和轨道交通等地区和领域开展一大批节能低碳示范项目,为上海市实现"十一五"节能减排目标提供了有力科技支撑。

三、节能降耗效果

"十一五"期间,上海分产业与公共部门节能降耗取得良好效果。

工业方面,全市规模以上工业单位增加值能耗累计下降 28%左右(当量法),高于全市平均水平。建立全国首个省级工业能将监控平台,对 663 家年综合能耗 5 000 吨标煤以上的工业重点用能单位能源消费情况,实现月度监控、预测分析和综合评价。同时,锁定 60 多家重点监控企业和 14 个重点用能产品,建立产品单耗指标月度分析制度。对工业重点用能企业实行市区两级管理,全面建立能源利用状况报告制度,实现报送率 100%,分批推进能源审计和能效检测,推进 700 家企业能源审计并实施 50 家企业强制能源审计和 300 多家企业电能平衡工作。推进 720 家企业开展清洁生产审核,完成各类改造方案 3 237 项,节约能源 118.8 万吨标准煤。

建筑业方面。初步建立国家机关办公建筑和大型公共建筑节能监管体系,并建立能效公示制度,全市共完成 284 幢国家机关办公建筑、1 041 幢大型公共建筑的能耗统计工作。新建民用建筑 100%按照节能标准设计和建造,全市现有节能居住建筑和节能公共建筑占比分别达到 46%和 34%。加强施工降耗管理,先后发布《关于加强建筑施工节能降耗工作的管理规定》《上海市建筑工程节约型工地考核标准》《上海市创建节约型工地的指导意见》《进一步加强全市 700 家建筑业重点施工企业节能降耗监管办法》等,开展绿色施工节约型工地创建活动,推动全市 216 个建筑施工企业创建了 765 个节约型工地,节能量达到 6.4 万吨标准煤。

交通运输业方面。成立上海交通运输节能减排工作领导小组和办公室,建立了领导小组联席会议制度和办公室联络员定期例会制度。2010 年,研究制定《上海市交通节能减排专项扶持资金管理办法(试行)》,首次扶持推进港区集装箱轮胎吊"油改电"等一批交通节能技改项目。进一步发展公交优先战略,建立和完善道路运输车辆燃料消耗限值核查制度,严格限制高能耗车辆进入营运市场。

公共机构方面。节能表率作用明显,市政府机关事务管理局监管的 76 家市级国家机关能耗总量比 2005 年下降 11%,在各主要用能领域中,唯一实现用能总量下降。市级医院单位医疗业务量综合能耗下降 6%左右,教育系统生均单位面积能耗比 2005 年有所下降。市有关部门印发《关于加强本市空调运行管理的通知》《上海市教育系统加强节能工作实施意见》等一系列规范性管理文件。组建上海市公共机构节能管理议事协调机构,逐步形成相应的能耗统计和目标约束机制。全市建立能源计量与远程监测系统,实现了对部分公共机构能源消耗状况的实时监测。政府节能产品采购大幅提高。2010 年,市级政府机关共采购八大类 6 038 批次节能产品,价值 3.7 亿元。

旅游与商业方面。全市绿色旅游饭店总量达到 161 家,其中金叶级 41 家,银叶级 120 家;建立星级旅游饭店能耗统计监控制度,对全市三星级以上(含三星)的旅游饭店加强能耗数据统计和定期报送,加强行业内能耗分析和监控;组织开展了对三星级以上(含三星)旅游饭店、部分非星级旅游饭店近 250 家饭店的能源检查。在此基础上，基本编制完成《上海市旅游饭店建筑用能指南》；除了地源热泵、空气源热泵和高效照明产品得了广泛应用外，有 46 家宾馆实施了太阳能光电光热利用工程，11 家宾馆推进既有建筑综合节能改造并获得市建筑节能专项资金支持。市商务委以市属商业集团和年耗能超过 5 000 吨标准煤的商业企业为重点，下达商业集团、重点大型商业设施、有关连锁经营企业节能目标和工作任务；组织开展对全市 5 000 平方米以上购物中心、百货店、大型超市、家电专业店和 3 000 平方米以上餐饮店、浴场的能源检查，涉及 17 个区县、21 家重点商业企业、458 家门店。在此基础上，基本编制完成《上海市商业用能指南》；支持和推进大型商场、超市开展节能技术改造，设置高效节能商品导购标识，严格实施"限塑令"。

举办历史上第一次"低碳世博"。上海世博会前，发布《中国 2010 年上海世博会"低碳世博"总体方案》。在世博园规划、建设、运营各环节，全面展示和实践低碳理念措施，各类新能源汽车总量超过 1 000 辆，大力推广江水源热泵调控室温、生态绿墙、保温隔热、节能节水等绿色技术的应用；在中国国家馆、英国馆、世界气象馆等多个世博场馆集中展示低碳理念、技术和实践。上海世博会在世博会百年历史上首次提出碳中和目标，并通过清洁能源项目、绿色出行、植树造林、自愿碳减排等多种形式，实现碳补偿。其中，超过 4 000 人、十余家企业，以及万科馆、联合国馆、英国馆、民营企业馆、广东馆和黑龙江馆等多家世博场馆通过参与自愿碳减排活动，抵消自身参加世博会所产生的碳排放，取得很好反响。

不断增强适应气候变化能力。上海建立"政府主导、部门联动、社会参与"气象灾害防御体系，初步形成城市多灾种（气象及次生灾害）早期预警体系，使上海城市灾害预警能力接近世界先进水平。2008 年，启动了世界气象组织（WMO）国际示范项目和中国气象局和上海市政府部门合作项目多灾种早期预警系统，将气象应急减灾融入城市网络化管理平台。市气象局组织开展了"上海城市化导致的气候变化及其与能源消费的相互影响"和"华东区域气候变化评估报告"等一批适应气候变化研究项目，提供领导决策。

四、发展循环经济

1998 年，上海可持续发展考察团赴德国考察，引入循环经济理念。1999 年，市政府在编制《中国 21 世纪议程——上海行动计划》时，将循环经济作为专门一章列入其中，并纳入"十五"计划。

2001—2005 年，市政府确立以循环经济为导向的专项计划，重点抓好生活垃圾、水系整治，城市绿化和崇明综合生态岛等几项关键任务。2005 年 1 月，市发展改革委主编、出版《上海循环经济发展报告（2005 年）》。同年 8 月，市政府制定《实施意见》，部署近两年内要重点做好节地、节能、节水、节材、资源综合利用、制度保障以及组织协调等 7 个方面共 35 项具体工作。

2006 年 1 月，市政府在编制"十一五"规划纲要时，把"发展循环经济和建设资源节约型环境友好型城市"列为核心内容之一。同年，市政府制定《上海市循环经济试点工作实施方案》，通过国家发展改革委评估后，由市政府印发各区县、部门贯彻落实。

从 2006 年初开始，市政府授权市经委会同市发展改革委、市环保局联合编制的《上海市工业区循环经济建设指南》，提出工业区建设循环经济要坚持适宜性、多样性、高效性、渐进性和动态性的原则，遵循"社会层面侧重回收再用、园区层面侧重集成共享、企业层面侧重绿色制造、产品层面侧重绿色设计"的生态化导向，重点建设物资集成利用、水资源集成、能源供给集成、共享信息集成、配套设施集成、技术研发集成系统等六大系统。还提出建立经济运行、资源消耗、循环再用、废弃排放、建设保障和发展潜力指标六大类30个分指标的循环经济建设评价指标体系。2006年8月,市政府提出要在加快实施十大节能重点工程、着力抓好主要污染物减排工程建设、落实重点领域节能减排任务、强化重点单位节能减排管理等四个方面取得突破。

2007年11月,上海莘庄工业园区、宝钢股份公司、伟翔环保科技发展(上海)有限公司被列为国家循环经济第二批试点单位。

2008年6月,市发展改革委、市经委和市环保局从区县、园区、企业和社区四个层面组织开展循环经济试点。28家单位列入市循环经济试点名单,包括宝山等2个区县,上海金桥出口加工区等6个园区,上海通用汽车等13家企业,同济大学等7家单位。此外,还开展多种形式的单项试点,如汽车零部件再制造试点、节水型示范单位试点等。当年,上海化工区工业水重复利用率为97%,获得首家"上海市节水型工业园区"称号。

2009年,市政府相继制定《上海市脱硫石膏综合利用和安全处置实施方案》《上海市循环经济发展和资源综合利用专项扶持暂行办法》和《上海市秸秆综合利用规划(2010—2015年)》。同时,制定2009年度财政补贴资金计划,补贴项目21个,累计补贴资金5 000余万元。

市政府在第四轮三年环保行动计划中(2009—2011年),增设循环经济和清洁生产专项。至该计划期末,8个循环经济试点项目已完成各项试点任务。与此同时,开展8家生态工业示范园区创建工作,其中莘庄工业园区和金桥出口加工区完成国家验收。老港填埋气发电项目基本完成,风力发电项目建成。全市以脱硫废渣综合利用、旧沥青回收利用为突破口,着力引导资源综合利用行业逐步向产业化、规模化方向发展。其间,共有1 042家企业开展清洁生产审核工作。

第五节　高新技术产业

一、政策措施

50年代末60年代初,上海响应中央提出的"向科学进军"和赶超世界先进水平的号召,采取多种措施发展高新技术,并在运载火箭、电子计算机、原子能、激光等领域取得重大突破,获得一批科研成果。从中共十一届三中全会召开到80年代末,是上海高科技产业起步发展阶段。1978年4月,上海开展了大规模集成电路、计算机技术及应用、光纤通讯、超导技术、环保技术等10项科研任务的会战。1987年8月,市八届人大常委会第三十次会议审议通过《上海市发展新兴技术和新兴工业暂行条例》,市政府成立上海市发展新兴技术和新兴工业领导小组,市委书记、市长江泽民任组长,进一步协调推进新兴技术向产业化延伸。

90年代,是上海高科技产业得到重点扶持发展的阶段。1992年8月,市委、市政府作出《关于发展科学技术依靠科技进步振兴上海经济的决定》,提出重点抓好现代通信、现代生物与医药、微电子与计算机、光电技术等领域产业发展。1993年,市政府决定以计算机、现代生物与医药及新材料作为高新技术产业的突破口,加速发展。1994年,市政府拨出5 000万元专款,用于贷款贴息,支持骨干项目启动。1995年8月30日,市委、市政府召开上海市科学技术大会,作出"科教兴市"的战略决策,进一步加快科技发展步伐。1998年5月31日,市政府发布《上海市促进高新技术成果转化的若干规定》,加大对科技成果转化的支持力度。

2000—2005年,市委、市政府从战略规划、政策扶持、项目支持、基地布局等方面入手,不断优化高技术产业及战略性新兴产业的发展环境。为贯彻落实国务院印发的《关于鼓励软件产业和集成电路产业发展的若干政策》，2000 年，市政府发布《关于鼓励软件产业和集成电路产业发展的若干规定》，促进软件和集成电路产业发展。2003 年 12 月，市委八届四次全会通过《上海实施科教兴市战略行动纲要》，市政府设立上海市科教兴市重大产业科技攻关项目专项资金。

2006 年进入“十一五”时期，受各类资源要素刚性约束，制造业资本驱动力日趋弱化，上海进入高新技术产业发展的关键时期，加快从传统制造业生产向高新技术和新兴产业为主导的先进制造业转变日益迫切。2009 年 5 月，市政府发布《关于加快推进上海高新技术产业化的实施意见》(以下简称《实施意见》)，成立上海市推进高新技术产业化领导小组及工作小组，组建上海市高新技术产业化促进中心，作为市政府面向社会服务并推进高新技术产业化的平台。《实施意见》提出，重点推进新能源、民用航空制造业、先进重大装备、生物医药、电子信息制造业、新能源汽车、海洋工程装备、新材料、软件和信息服务业等高新技术产业化发展的 9 个重点领域。同时，市政府设立高新技术产业化专项资金，用于扶持高新技术产业化项目；发布《上海市自主创新和高新技术产业化资金管理办法》。

2010 年 10 月，国务院发布《关于加快培育和发展战略性新兴产业的决定》，提出大力发展战略性新兴产业的重大决策。上海从 16 个国家科技重大事项中，承担大型客机、核高基①、核电等 5 个民用事项和载人航天、探月工程等 5 个军用事项任务。市委、市政府开始进一步制定上海市战略性新兴产业发展的实施意见和发展规划。

二、重点项目

1978—2000 年，上海在高新技术领域陆续启动支持一批科技攻关和产业化项目。其中，1986—1990 年，在微电子技术、电子计算机、生物技术、光纤通信、激光技术、新材料、机器人等 7 个高新技术领域，共安排市级科研攻关项目 470 项，投入科研资金 4 500 万元；安排产业化项目 508 项，投入经费 4.64 亿元。1993 年，高新技术产业被列为上海经济三个生长点之一，市话数字用户复用设备，厚膜混合集成电路，γ-干扰素，Ru486 等一批高新技术骨干项目开始实施。

2000 年后，上海在高新技术产业领域，陆续启动了科教兴市、自主创新与高新技术产业化、战略性新兴产业发展专项项目。其中 2004 年 7 月至 2006 年底，全市共启动实施包括百万千瓦核电、开放式集成电路中试线、自主混合动力轿车开发、移动通信基带芯片等在内的 53 个科教兴市重大项目，专项资金支持 27 亿元，带动各方资本投入 130 亿元。2009 年 11 月至 2010 年底，全市陆续启动第三批、第四批高新技术产业项目。在第三批中，市经济信息化委启动项目 227 个，安排事项资金 26.15 亿元；市科委启动项目 33 个，安排专项资金 2.76 亿元。在第四批中，市经济信息化委启动项目 87 个，安排事项资金 3.78 亿元；市科委启动项目 30 个，安排事项资金 6 155 万元。特别是聚焦国家战略，安排专项资金支持启动上海华力“909”升级改造项目，建设我国第一条自主可控的 12 英寸集成电路芯片生产线等。

三、主要成果

1978—2000 年，上海在高新技术产业领域，陆续取得一系列重大科技突破。包括以上海为主

① 核高基：为“核心电子器件、高端通用芯片及基础软件产品”的简称。

研制的运载火箭,首次成功地把1组3颗不同用途的物理探测卫星送进轨道;研制成功的上海"四号机器人",达到国际同类产品的先进水平;国内首次研制成功的新闻系统"光纤计算机"区域网技术,标志着我国光纤技术取得重大突破;γ-干扰素中试研究取得了重要突破;在基因工程药物和天然资源药物领域取得突破,成功培育出中国第一头乳汁中含有药物蛋白的转基因羊,并首创受体介导的靶向性基因转移系统等。

2000年后,尤其是通过科教兴市重大项目的实施,上海实现了国产百万千瓦超超临界火电机组零的突破,研制成功国产第一根大功率船用柴油机曲轴,销售了国产第一台1.25 MW级大型风机;成功自主开发TD-SCDMA基带芯片,填补了我国移动通信核心芯片的空白,被誉为上海企业自主创新的典范。

2006—2010年,尤其是随着2009年高新技术产业化政策及相关重大项目的实施,上海高新技术产业领域涌现出高端硅基SOI材料、高温超导材料、7 500吨全回转浮吊等一批自主创新成果。核电承担了第三代AP1000引进消化吸收和自主开发CAD1400任务。风电实现了2 MW路上风电机组规模化生产和3.6mw海上风电机组自主设计,高效晶体太阳能电池提前两年达到1GW产能。"909"升级改造集成设计能力突破45纳米,新型显示已完成TFT-LCD的5代线重组。离子刻蚀机、先进封装光刻机等高端装备实现销售,半导体清洗设备、11.22米大直径泥水平衡、地铁盾构等先进装备走向国际市场。高端化学原料药、中药及天然提取物,生物药物和数字化高端医疗设备取得重大突破,推进一批新药临床前及I期临床公关。上海光源、蛋白质设施等一批国家重大科学设施落户上海。上海成为我国"综合性国家高技术产业基地"和国家微电子产业、软件产业(出口)、生物产业和民用航天产业基地,以及高端装备、民用航空等领域的国家级新型工业化示范基地。

据市统计局数据,2010年,上海高新技术产业化9个重点领域产业规模达到8 859.2亿元,同比增长23%。其中,新能源245.02亿元,同比增长94.6%;民用航空制造33.5亿元,同比增长48.8%;先进重大装备1 109.46亿元,同比增长14%,生物医药588.03亿元,同比增长29%;电子信息制造业1 901.27亿元,同比增长29%;新能源汽车23.77亿元,同比增长60.10%;海洋工程装备894.65亿元,同比增长1.4%;新材料1 531.48亿元,同比增长36.1%;软件和信息服务业2 532.02亿元,同比增长20.1%。

第六节　工业污染治理

一、治理工业"三废"

60—70年代,市政府提出"集中处理与分散处理相结合,以分散处理为主"和"处理与综合利用相结合,以综合利用为主"的治理方针,并开展以工厂治理为主要形式的废水、废气、废渣单项污染源的点源治理。70年代后期,全市在向污染严重的行业实施治理实践中,逐步形成"条条(局)治理,块块(区、县)监督"的机制。

为贯彻市政府提出的污染治理控制目标,1980年,市经委编制以调整产业结构和厂群矛盾为主的中心城区工业污染治理规划。1982年,市政府提出在工业生产每年增长的条件下,工业污染排放量不仅不能增加,而且要降低到1982年排放水平以下的目标和要求。

"六五"期间(1981—1985年)。1982—1984年,对611家工厂700台工业炉窑的烟尘和138家工厂的161个废气项目进行治理；1983—1985年，对206家工厂每天排放42万吨废水组织治理；1984—1985年，对128家工厂的固定噪声源安排治理。1983—1985年，煤渣、冶金渣、粉煤灰及化工渣分别占当年工业固体废弃物总量的81.7%、83.5%和80.3%。工业固体废弃物的综合利用量为392万吨、443万吨和515万吨，分别占当年数量的58.1%、63.4%和71.3%。综合利用率在全国各省市中处于领先地位，每年利用废渣所产生的价值超过1.5亿元，环境、经济及社会效益十分显著。

"七五"期间(1986—1990年)。依据市委、市政府对工业污染治理的总体要求，市经委成立"三废"治理领导小组和治理实施工作小组。从1986年开始，对和田路、新华路地区和桃浦工业区等环境污染严重地区进行综合治理；并对黄浦江上游污染企业开展综合治理。1988年，着手对苏州河截流区内的污染企业进行治理，并对南洋电机厂、上海印刷器材厂等54家废气排放企业，通过采用新工艺、新技术、新设备以及安装净化处理设施等，使这些企业废气排放浓度低于国家规定的排放标准；每天净化废气达1.4亿立方米。同时，对上海柴油机厂、上海碳素厂等84家企业的烟尘、粉尘进行治理，每天新增烟尘、粉尘捕集处理能力81吨，每天回收处理烟尘、粉尘20吨。当年，又有135家企业通过调整产品结构、废水清浊分流，以及安装先进的废水治理设施，使废水排放符合国家规定的排放标准。每天新增废水处理能力10.2万吨。其间，全市完成治理项目4 626项，实际投资14.05亿元，新增废水处理能力70万吨/日，废气处理量3.53亿标立方米/日，减少烟尘和粉尘排放86吨/日。

"八五"期间(1991—1995年)。工业污染防治有效实施三大战略性转移，即污染浓度控制转向总量控制，分散治理转向集中治理，末端治理转向全过程控制。市有关部门采用搬迁、治理、改造相结合的方法，对电镀、化工、医药、纺织等重污染行业和企业进行治理。累计完成各类废水治理项目3 100余项、废气治理项目1 800余项、烟尘、粉尘治理项目1 120余项。在800家电镀企业中，已有300多家实行关停并转迁，其余460家也分别采取集中治理、技术改造等措施，基本达到排放标准。至1995年，经过综合治理，全市冶金钢渣、粉煤灰、锅炉煤渣利用量分别为2 246万吨、1 343万吨、600万吨，利用率分别为85%、97%、100%。据1995年底统计，主要工业局13种污染物的排放量，与市环保局下达的1982年排放量相比，虽然工业生产增长数倍，但排放量稳定地降低在1982年排放水平以下，完成市政府提出的污染控制任务。

"九五"期间(1996—2000年)。市政府落实国务院1996年发布的《关于环境保护若干问题的决定》中提出的"一控双达标"①要求，加大环境保护工作力度。至2000年9月，全市3 702家工业企业全面实现工业污染源达标排放。其中，占全市污染物排放量65%的重点排污企业189家，占污染物排放量20%的主要排污企业462家；一般排污企业3 051家。工业企业12项污染物排放指标与1990年相比，大幅度下降，全部达到国家要求和上海市规定的排放标准。主要污染物排放年削减量分别为：化学需氧量34 647吨、石油类970.99吨、烟尘8 632.97吨、二氧化硫20 536.52吨、工业粉尘21 342.97吨。全市环境质量有了进一步改善，并且部分指标有所削减。

"十五"期间(2001—2005年)。市委、市政府确定实施城市管理与环境保护"三年行动计划"。根据城市布局和环境保护总体要求，第一轮"三年行动计划"期间，市政府发布实施《上海市燃料含硫量限值》(DB31/267-2002)，严格控制电厂用煤和其他燃煤的含硫量，全市完成3台机组的脱硫

① "一控"：指的是污染物总量控制。"双达标"：指的是工业污染源要达到国家或地方规定的污染物排放标准；空气和地面水按照功能区达到国家规定的环境质量标准。

试点工程建设;对中心城区重污染企业和行业实施大范围关闭、停产、合并、转移、转性等。第二轮“三年行动计划”期间,调整中心城区96家环境污染严重的企业;加强吴淞、桃浦和吴泾工业区的环境综合治理;推进燃煤电厂脱硫改造、关停小机组、淘汰落后产能、深化工业锅炉治理等。在工业固体废物治理中,坚持“资源化、减量化、无害化”的原则,每年综合利用率保持在93%以上。2003年,“以新带老”处置利用往年积存的工业固体废物达270万吨。2005年,除综合利用外,还采用工业锅炉焚烧处置量约13万吨;自设焚烧炉处置量约3万吨;委托危险废物焚烧处理量约4万吨;填埋处置45万吨。

“十一五”期间(2006—2010年)。2006年,市政府批准实施《燃煤电厂脱硫工程实施方案》,并将全市现役电厂脱硫工程项目列入第三、第四轮城市管理和环境保护“三年行动计划”(2006—2011年)之中。市级财政安排3.2亿元专项补贴资金,并对正常运行脱硫设施的公共发电企业予以每度电提高1.5分的上网电价。2009年,市政府印发《上海市国家鼓励的资源综合利用认定管理办法》,组织开展资源综合利用企业认定工作,245家企业享受国家规定的税收优惠政策。改造7家水泥厂喂料系统19条粉磨生产线,消纳脱硫石膏44万吨;冶炼渣、粉煤灰、脱硫石膏等工业固体废弃物综合利用率均达到97.8%,综合利用工业低热值可燃排气300亿立方米。至2011年,全市所有燃煤电厂均安装了脱硫设施,共计1 412.4万千瓦电厂机组脱硫设施投入运行,关停178.4万千瓦燃煤电厂小机组;并开展电厂脱硝及高效除尘试点工作。同时,全部完成上海石化火炬气回收能力等3个治理项目,全面完成高桥石化液态烃、汽油氧化脱硫醇尾气治理等两个项目建设,并投入运营。全市开展脱硫废渣综合利用工作,首期外高桥、宝钢两家电厂3万余吨脱硫废渣实现当年排放,当年利用。

二、推进清洁生产

1989年5月,联合国环境规划署(UNFP)理事会会议决定在世界范围内推进清洁生产,清洁生产的理念和方法开始引入我国。

1995年开始,上海开展清洁生产试点示范工作。市环保局利用英国政府的赠款,在化工、纺织、制药、冶金等行业中选择30家企业,进行清洁生产技术示范;并对17家企业进行清洁生产审核,选择6家企业作详细审核。1997年,市环保局成立上海市清洁生产中心,同年对上海焦化总厂、上海钛白粉厂等3家企业开展清洁生产示范工程的评估和实施工作。至1998年,全市清洁生产示范工作全部结束。

1999年,国家经贸委下发《关于实施清洁生产示范试点计划的通知》。市政府编制《上海市清洁生产实施方案》,并报送国家经贸委,上海正式被列入国家清洁生产试点城市。2000—2002年,上海硫酸厂等11家企业成为清洁生产试点企业。

2002年6月29日,九届全国人大常委会第二十八次会议通过并公布《中华人民共和国清洁生产促进法》,自2003年1月1日起实施。上海开始进入依法全面推行清洁生产的阶段。

2003年11月10日,在对40家企业、5个工业园区和1家养殖场进行调研,并在收集国内外清洁生产信息的基础上,市政府办公厅转发市经委、市科委、市环保局《关于本市推进〈中华人民共和国清洁生产促进法〉的实施意见》,提出清洁生产三年工作目标,并建立由市经委负责牵头,市环保局、市科委等有关部门参加的推进清洁生产联席会议(简称“联席会议”)。联席会议每年定期召开,主要任务是研究和协调全市清洁生产推进工作。其中,市经委负责组织、协调全市清洁生产促进工作,会同有关方面制定清洁生产推进规划;市环保局负责对清洁生产的实施进行监督;市科委负责清洁生产的科学研究和技术开发。联席会议下设市推进清洁生产办公室,负责全市清洁生产推进的日常管理工作。

在推行清洁生产过程中,上海按照“积极主动、先易后难、持续实施”的原则,结合企业装备技术、生产工艺和过程控制等,进行技术、经济、环境的可行性分析,制定切实可行的实施方案。2003—2005年,全市以化工、轻工、钢铁、医药等行业为重点,选择有代表性的上海氯碱化工股份等50家企业开展清洁生产试点示范。各个试点示范企业的清洁生产方案涉及产品设计、清洁工艺、清洁设备改造、过程控制、清洁产品、清洁能源、余热利用、废弃物循环利用、有毒有害原料替代、水的重复利用等方面。至2006年1月,其中26家企业通过清洁生产试点示范项目验收。第一批50家清洁生产试点示范企业共实施777项清洁生产方案,投入资金5.36亿元,实现年新增经济效益3.73亿元,节约水890万吨、电1 768万度、标煤近7万吨;减少排放烟尘780吨、二氧化硫803吨、废水906万吨、CODcr(化学耗氧量)45吨、固体废弃物12.5万吨。

2006—2008年,市政府继续选择50家企业开展清洁生产试点示范,并加强对“双超”和“双有”①重点行业和企业的清洁生产工作。在沪的一批外商投资企业也自愿开展清洁生产工作。

2008年,财政部印发《中央补助地方清洁生产专项资金使用管理办法》,市经信委、市财政局制定《上海市鼓励企业实施清洁生产专项扶持实施办法》,对企业采取改进设计、使用清洁能源和原料、采用先进工艺技术与设备、改善管理以及实现资源综合利用等的清洁生产项目,给予财政专项扶持。“十一五”期间(2006—2010年),企业累计获得各级财政支持6 840万元。

2010年,全市建立持续清洁生产工作机制,组织开展对已通过清洁生产验收企业的年检工作。同时,在第三产业中的宾馆服务业率先实施清洁生产,并在闵行、杨浦等区陆续推进,如上海帝璟丽致酒店、汉庭快捷酒店、上海新凤城迎宾馆,不断提升宾馆服务业节能减排意识。

① “双超”“双有”:“双超”,指污染物排放超过国家和地方规定的排放标准或者超过经地方政府核定的污染物排放总量控制指标的企业;“双有”,指使用有毒、有害原料进行生产或者在生产中排放有毒、有害物质的企业。

第八章　农　　业

上海解放初，郊区共有江湾、吴淞、大场、新泾、龙华、杨思、洋泾、高桥、真如、新市街等10个区，土地面积554平方公里。1949年8月25日，市委决定建立市郊行政办事处，代表市政府领导市郊10个区政府工作，包括管理农业生产。1950年6月，市郊行政办事处撤销，改为由市民政局下设农事处，承担郊区江湾等10个区农副业生产的管理。1952年9月24日，市政府成立郊区工作办事处，统一指导监督市郊10个区的工作，并将民政局的农事处划入郊区工作办事处。1958年，江苏省的上海、嘉定、宝山、松江、金山、川沙、南汇、奉贤、青浦、崇明共10个县划归上海市，划入后，上海市的面积增大到6 340平方公里，郊区土地面积为5 865平方公里，耕地面积37.5万公顷。原江湾等10个上海老郊区随之并入中心城区。归入调整后的郊县成为上海农业生产和农副产品、蔬菜、水产、肉蛋禽供应的基地。为适应辖区扩大，1959年3月，市委决定建立市人委农村工作委员会，并和市委农村工作委员会实行"一套机构、两块牌子"。市农村工作委员会为副省(市)级建制，代表市委、市政府领导郊区党和行政工作。1962年7月，撤销市委农村工作委员会和市人委农村工作委员会，恢复市委农村工作部和新建市人委农业办公室。"文化大革命"中，市革委会成立郊区组(前身为市革委会农村组)，一直延续到"文化大革命"结束为止。1976年，市革委会决定成立上海市农场管理局，统一管理上海市的国营农场及有关公司、工厂。

1980年1月，在原市人委农业办公室的基础上，成立市农委，领导郊区10个县的农副工业生产和行政工作。1990年3月，市政府决定建立市农业机械化管理局，归口市农委领导。1991年10月，市政府决定建立市畜牧局。1992年12月，市水产局进行体制改革，实行政企分开，由市水产办公室行使水产局部分行政职能，由市水产总公司管理所属企业。1994年5月，市水产局撤销，相关职能划归市政府财贸办。1994年9月，市委、市政府同意撤销市农场管理局，组建市农工商(集团)总公司。1995年5月，市委、市政府同意撤销市农业机械化管理局和畜牧局，相关职能划归市农委。2004年1月，市水产办公室划归市农委；7月，市委、市政府同意撤销市农林局，部分职能划归市农委。

农业生产管理方面。市政府一直高度重视农业生产、将其作为各项工作的重中之重，市政府每年初召开全市农村工作会议。同时，根据农业生产需要，召开三夏、三秋、蔬菜、畜牧、水产、家机等会议，部署农业生产工作。

50年代起，市政府把粮食、棉花、油菜等主要农作物产量列入指令性计划指标。郊区粮田面积保持在300多万亩，棉花面积保持在140万亩左右，油菜面积保持在70万亩左右，粮田、棉花田、油菜田面积大体比例为59∶27∶14。市政府每年在财政预算中专项安排支农资金，主要用于兴修大型水利工程、建设农村电网等。1985—1990年，全市开展熟制改革，由原有的三熟制逐步转变为两熟制，粮食产量逐步增长至40亿斤，并开展菜篮子工程建设。1990年浦东开发开放后，城市建设、二三产业和房地产用地不断增加，农业用地相应减少。根据市委、市政府提出的"郊区农民口粮立足于自给，城市主要副食品供应立足于郊区"的方针，郊区增加农业投入，注重科技兴农，调整农业结构，抓好农副食品的生产供应，逐步由城郊型农业向城市型农业转变。1996年制定的《上海市国民经济和社会发展"九五"计划与2010年远景目标纲要》提出，上海要走城市型农业发展新路。进入21世纪后，上海对农村、农业、农民贯彻“多予、少取、放活”的方针，调动农民生产积极性，提高农业综合生产能力。2000年以后，上海蔬菜形成了全国范围的大市场、大流通格局。2003年上海免征农业税。

2007年，市领导提出了发展“高效生态”农业，提升农业的经济功能、生态功能和服务功能的要求。2008年，市长韩正提出“三个丝毫不能”，即“丝毫不能因为大市场、大流通而忽视本地农产品的生产、丝毫不能因为农业比重小而轻视农业、丝毫不能因为粮食比较效益低而放松粮食生产”。至2010年，上海已成为全国单位面积财政资金支持农业投入最高的地区之一。

上海市国民经济和社会发展“九五”计划提出，上海农业要走出一条具有生态平衡、观光休闲、科技示范、出口创汇等多种功能的都市型农业发展新路，为实现由城郊型农业向都市型农业发展奠定基础。上海积极调整农业结构，大力发展创汇农业、观光农业、设施农业、生态农业，努力培育种子种苗基地。加强现代农业园建设。至2005年末，全市建有143个规模化、现代化蔬菜园艺场，12个市级现代农业园区。

80年代开始，市政府组织开展一系列农业资源区划课题研究。2008年编制市农业布局规划。2010年10月，形成《上海市农业布局规划(2009—2020年)》规划成果。2010年，经调查分析，全市耕地资源3 150.79平方公里(472.62万亩)，农民宅基地517.96平方公里(77.69万亩)，县(区)、乡(镇)两级工业用地191平方公里(28.65万亩)潜藏着可利用和再开发的空间。

第一节　农 业 生 产

一、发展粮食生产

1978年起，根据长江以南的积温实际，市郊各县农业部门引导农民改“文化大革命”期间粮食攻总产量的“三熟制”为“两熟制”。

1981年4月，上海调整耕作制度和作物布局。1985年起，按照市委、市政府提出的“郊区农民口粮立足于自给，城市主要副食品供应立足于郊区”要求，根据“稳粮、调棉、保菜，发展市场需要的经济作物”原则，郊区调整种植业结构。80年代后期，进行农业现代化试点，建设现代化粮田，粮食稳产、高产水平提高。

1996年，市政府转发市农委、市计委的意见，到2000年，全市粮食年生产总量稳定在200万吨(40亿斤)。到1999年，全市年粮食总产量保持在40亿斤以上。

2000年起，在全国农业生产结构调整的背景下，市政府要求启动新一轮种植业结构调整，“减粮、扩经、调优、增林”，提高农业经济效益和生态效益。2003年，全市粮食播种面积减少到222万亩，粮食总产量减少到不满20亿斤。

2003年末，贯彻国务院召开的农业和粮食工作会议精神，市长韩正提出要高度重视粮食生产、耕地保护和农民增收。同年，市政府在秋季农业工作会议上，提出了“稳定生产总量，保持生产能力，提高质量效益”的目标。年底，市政府出台首个种粮农户直补政策。

2004年，市委、市政府提出“稳定生产总量，保持生产能力，提高质量效益”的粮食生产目标，要求全年粮食播种面积确保200万亩次，粮食总量20亿斤。同年，根据国务院农业和粮食工作会议要求，市政府提出，在粮食生产和储备上，要做到“确保160万亩粮田，确保100万吨粮食生产总量，确保种粮农民收入增加、确保地方粮食储备160万吨的规模”，并下发《关于本市扶持农业和粮食生产政策措施的通知》。

2008年,国务院召开全国农业和粮食生产电视电话会议后,市长韩正要求梳理上海已经出台的支农惠农措施,按照国务院要求,进一步将支农资金向基本农田保护区倾斜,切实加大对农业和粮食生产的扶持力度。同年,市政府下发《关于进一步加强本市农业和粮食生产的政策意见》,加大对粮食生产和蔬菜等菜篮子产品生产的政策支持力度。

二、促进蔬菜生产

"文化大革命"结束后,为解决市民"吃菜难"的矛盾,市革委会于1977年6月成立市副食品领导小组,制定并实施《上海郊区副食品生产四年发展规划》。1979年,召开市蔬菜工作会议,提出菜区27个乡坚持"以菜为主"的方针,并宣布实行菜农按照居民标准,享受平价商品粮油供应的待遇,相应提高蔬菜收购价格等政策。1981年5月,市委、市政府下发《关于改进蔬菜生产和供应工作的若干规定》,提出贯彻菜区"以菜为主,同时发展其他副食品生产"的方针,并成立市蔬菜领导小组,由市长汪道涵兼任组长。1982年10月,市政府发布《蔬菜保护区暂行规定》,确定近郊以菜为主的公社和远郊以菜为主的大队的耕地,原则上都划入保护区范围;划入保护区的常年菜地为17万亩,连同轮作、间种蔬菜及周围需要成片保护的耕地共27万亩。同年12月,市委、市政府强调,蔬菜地区实行"统一经营,联产(值)到劳"为主的生产责任制。1984年6月,市政府发布《1984～1990上海市蔬菜工作纲要(试行)》,强调保护和稳定常年蔬菜生产基地,确保每个城市人口有2厘常年菜地,郊区常年菜地18.7万亩不得任意占用。

1985年5月,上海蔬菜产销改革实行"管八放二",即"管"占上市总量80%的22个主要蔬菜,仍实行计划种植,计划定购,计划价格;对占上市总量20%的花色品种和主要蔬菜的见新、落令部分(销售时已过时令)由生产队自主种植,自行上市,进场交易,价格掌握在市蔬菜公司公布的行情价上下20%幅度内浮动。1985年10月,市政府发布《关于菜区乡镇企业减免税收与种菜好坏挂钩的规定》,以弥补菜价低,补贴菜农收入。1987年,蔬菜产销实行"管七放三",管的品种由22个减少到17个,放的品种数量增加。

1988年8月11日,市委、市政府召开区县局干部大会,宣布《关于建设郊区副食品生产基地,改革产销管理体制的决定》,市"菜篮子工程"建设拉开序幕。1990年,市委、市政府要求坚持菜区以菜为主和供应以主渠道为主的方针。1991年10月,市政府办公厅转发市政府财贸办、市农委《关于深化蔬菜产销改革的若干意见》。11月1日,上海蔬菜实行放开价格,放开经营。

1992年以后,近郊约有4 700公顷菜地被征用、批租。市政府决定,在1993—1995年的3年间,在中、远郊增加新菜地6 000公顷,每公顷新菜地补助开发费1.5万元,给予无息贷款7 500元;支持新菜区建设简易道路、低压电路、蓄粪池、水泵及拖车等基础设施和设备。1993—1995年,全市对菜地建设的总投资为5.6亿元,菜区建成一批管棚、喷灌、水泥明沟、种苗园艺场,增添了农机具、蔬菜专项用车。1993—1996年,市郊增加新菜田10万多亩,使常年菜田继续保持在20万亩以上。到1996年底,蔬菜生产基地由近郊转向中、远郊基本完成。1998年,全市蔬菜总产量达到301万余吨(包括常年菜田以外的蔬菜总产量),上海蔬菜自给率保持在80%以上。

2000年以后,上海蔬菜形成了全国范围的大市场、大流通格局。上海每年消费的蔬菜达550万吨左右。其中,地产蔬菜340万吨左右,自给率60%左右。上海郊区蔬菜种植面积70万亩左右，从事蔬菜产销的劳动力达45万人(其中包括9万外省的菜农)。2003年，上海蔬菜产业继续优化品种结构，努力开拓国内外两个市场。全年蔬菜种植面积20万公顷次，其中出口菜地0.7万公顷次；产量460万吨，产值46.5亿元，日均上市量1万吨。

2005—2007年，市政府投入建设资金19.6亿元，建设郊区10个区县及光明集团的61个乡镇(农场)，新建基地166个。

2010年，市政府印发《关于贯彻〈国务院进一步促进蔬菜生产保障市场供应和价格基本稳定通知〉的实施意见》，实行“菜篮子”区县长负责制，提高蔬菜生产效益。同年，上海探索在全国首创的菜价保险机制。“冬淡”青菜保险面积超过5.7万亩，共发生赔款424万元。全年地产蔬菜播种184万亩次，上市总量329万吨，产值57.4亿元。地产蔬菜占上海全年消费量的55%左右，其中绿叶菜占市场供应量的90%。

图4-8-1　2004年10月，上海奉贤现代农业园区被农业部命名为“全国农产品加工示范基地”。图为园区采用温室深池浮板栽培出口蔬菜

三、推进畜牧生产

1978年，市委要求增产禽、蛋供应城市。当年，上海家禽上市1 732.5万羽、肉猪出栏299.27万头、鲜蛋上市2.28万吨、牛奶产量6.34万吨。1982年，市政府提出国营、集体、个体一起发展牛奶生产。1984年起，连续7年把增加鲜奶供应列为市政府实事项目之一。从1988年开始，着重筹措副食品生产发展基金，建立稳定可靠的副食品基地和良种、饲料、防疫、加工等社会化服务体系。1990年，全市家禽上市7 356.9万羽，出栏肉猪411.8万头，鲜蛋上市13.63万吨、牛奶产量22.68万吨。市区日供应180万瓶消毒鲜牛奶的原料全部由郊区生产，上市的家禽、鲜蛋分别约占市区供应总量的70%、80%。1992年、1993年、1995年，市政府先后发布《上海市家畜家禽屠宰管理暂行规定》《上海市犬类管理办法》《上海市畜禽污染防治暂行规定》。1997年市政府发布《上海市家畜家禽防疫管理规定》和《上海市家禽屠宰管理规定》。1997年7月，市政府办公厅转发市商委等七部门《关于进一步推进本市猪肉产销体制改革意见》，将猪肉产销体制调整为“产销合同、进场交易、定点屠宰、保淡保节、风险补贴”。

2002年，市政府印发《上海市养殖业“十五”发展专项规划》，明确养殖业的布局结构、品种结构和数量结构调整的目标、任务和措施。2004年3月12日，市政府发布《上海市畜禽养殖管理办法》，2005年，市第十二届人大常委会第二十五次会议审议通过《上海市动物防疫条例》。

2007年后，市政府采取一系列稳定畜牧业生产发展的政策措施，促进处于低谷的都市畜牧业的发展。2007年，市农委、市财政局印发《关于本市畜牧标准化生态养殖基地建设的实施意见》。2008年，市政府办公厅先后印发《贯彻国务院关于促进畜牧业持续健康发展意见的实施意见》，发出《贯彻国务院关于促进奶业持续健康发展意见的通知》。2008 年 12 月，经市政府同意，市农委印发《关于确保本市主要农产品最低保有量的工作意见》，确定上海市 2009—2012 年主要畜产品最低保有量目标为：(1) 生猪年出栏 250 万头，80%出自千头以上规模化猪场。(2) 家禽年上市 5 000 万羽，50%出自万羽以上规模化禽场。(3) 鲜蛋年上市 5.8 万吨，50%出自万羽以上规模化蛋鸡场。(4) 鲜奶年产 26 万吨，奶牛存栏 6 万头，全部出自百头以上规模化奶牛场。2010 年，上海家禽上市 4 082.9 万羽、肉猪出栏 265.98 万头、鲜蛋上市 6.28 万吨、牛奶产量 24.71 万吨。

四、发展渔业生产

【淡水渔业】

70 年代后期，海洋渔业资源衰退明显，经济鱼类的捕捞量逐年减少，上海市场出现“吃鱼难”的矛盾。市委、市政府提出，原有的以海洋渔业为主的生产方式已不能满足上海人民对水产品的需求，需要在市郊建设商品鱼生产基地。1978 年，市革委会农业办公室和财贸办公室印发《郊区水面使用问题的规定》，明确渔业社、队使用的水面，应长期固定，保证其使用权等。同年，又印发《关于发展社、队精养鱼塘的几点意见》，明确建设精养鱼塘时，塘的规格、排灌配套严格按规定标准验收，建塘资金除自筹部分外，政府每亩挖塘土方补贴 450 元、鱼塘配套设施财政无息贷款 250 元，并供应建塘需要的钢材、木材、水泥。

1982 年 2 月 27 日，市七届人大常委会第十九次会议审议通过《上海市水产养殖保护暂行规定》，保障养殖生产者的合法权益。3 月 12 日，市政府发布《上海市水产养殖保护暂行规定》。1983 年 3 月，市委、市政府批转市水产局《关于加速发展淡水渔业的报告》。该报告内容包括：利用现有水面发展精养鱼塘，建立和完善联产承包生产责任制，开展科学养鱼培训科技力量，加强水产供销，全面规划加强领导。同年 5 月，市政府发布《上海市水产养殖保护暂行规定实施细则》。1984 年，国家计委下达给上海《上海市郊区池塘养鱼高产技术大面积综合试验》项目，大面积综合试验的核心技术是改进鱼种、品种放养结构，采取以草、鳊鱼等为主体的放养模式。同年，市政府把发展淡水鱼生产列入政府为民办实事的内容，使淡水鱼养殖进入了一个快速发展时期。1985—1986 年，全市新增鱼塘 5 342 公顷，累计达 9 327 公顷，平均亩产达 357 公斤，年产淡水鱼 6.9 万吨。1986 年 6 月 26 日，市八届人大五次会议把发展水产养殖列入为民实事项目之一。

1987 年 1 月 10 日，市政府与农业部签订《国际开发协会淡水养鱼项目信贷资金转贷及项目执行协议书》。同年 1 月 26 日，市政府委托市水产局与崇明、青浦、松江、南汇、奉贤政府签订项目转贷协议书，明确项目贷款用于淡水养鱼生产。项目实际投资 9 853 万元，其中，世界银行贷款 743 万个 SDR，市财政投入 2 172.8 万元，区县自筹 4 160.2 万元。世界银行对项目验收评价“项目成功，效果显著，组织执行机制富有成效，后续力强，效果令人满意。”同年 5 月 5 日，市政府印发《上海市水产养殖保护规定实施细则》。9 月 24 日，市长江泽民考察淀山湖联营水产养殖场。当年，全市精养鱼塘达 10 453.33 公顷，提前 3 年完成 1 万公顷的目标。淡水商品鱼基地的建成，缓解了上海市民“吃鱼难”问题。

2007 年 10 月，市农委、市财政局印发《关于推进本市标准化水产养殖场建设的意见》，按照“政府引导，多元投入”的原则，全面推进上海市标准化水产养殖场建设，建设一批体现“内部循环、达标排放”特点的现代化水产养殖基础设施。至 2010 年底，全市累计批复建设标准化水产养殖场面积达 6 933 公顷，其中，已建成 1 700 公顷。2010 年，全市水产养殖总产量 16.25 万吨。

【海洋渔业】

1983年3月，在市政府的支持下，市水产局成立远洋渔业筹备组，实行单独经营或与国外合作经营，生产、贸易一起抓的远洋渔业发展方针。1984年6月6日至7月3日，由东海水产研究所的东方号和上海市海洋渔业公司的沪渔801、802组成的船队完成试捕调查任务，迈出了中国远洋渔业的第一步。1985年1月，上海市海洋渔业公司从联邦德国引进国内第1艘3 180吨级“斯图加特号”大型拖网加工船(更名为“开创”号)；“开创”号渔轮6月3日首航北太平洋公海。上海市海洋渔业公司采用“借贷买船→捕鱼还贷→再贷买船→捕鱼再还”的滚动发展模式，先后引进6艘大型拖网加工渔船，成为国内规模最大的大洋捕捞船队。1985年12月26日，市长江泽民考察“开创”号渔轮。

与此同时，市政府支持发展以国际合作为基础的过洋渔业。1985年6月，中国与伊朗签署经济合作备忘录。次年5月，上海市海洋渔业公司首次派出4艘8154型拖网渔轮，进入伊朗海域生产。至2004年，共有71艘近海渔轮先后进入摩洛哥、毛里塔尼亚、阿根廷、也门、乌拉圭、巴基斯坦等国海域生产。1989年2月20日，市长朱镕基考察复兴岛渔业基地，参观远洋渔船“开拓”号。1995年6月14日，市长徐匡迪考察复兴岛渔业基地，慰问即将出航的鱿鱼钓船船员并参观“开丰”号拖网加工渔船。

从2002年开始，在农业部的支持下，上海推进市标准化渔港建设。2007年7月，市农委、市财政局印发《关于促进都市现代渔业发展的若干意见》，一方面，压减近海捕捞渔船，促进渔民转产转业；一方面，对保留的近海渔船在渔民自愿、政府引导和政策扶持下，于2008年开始通过补贴的方式，进行标准化更新改造，提升安全能级，促进节能减排。2009年，上海首批完成改造8艘海洋渔船。2010年1月21日，副市长胡延照和农业部代表出席横沙一级渔港开工仪式。

截至2010年，上海地区拥有8 000吨级大型拖网加工船5艘、大型金枪鱼围网船9艘、大型鱿鱼钓船7艘、金枪鱼延绳钓船11艘以及过洋渔船50余艘，年度产量10万—15万吨，并在马绍尔、阿根廷、斐济建立加工厂。

第二节　农业服务与管理

一、农业科技服务

1978年，市革委会召开市农业机械化工作会议，贯彻第三次全国农业机械化会议精神，提出到1985年前，全市牧、副、渔主要机械化水平达到85%以上。1980年，市政府召开市农业科学大会，推进提高农科水平。1981年，市政府召开郊区水产工作会议，提出市郊水产要尽快完成由依靠野生资源到依靠科学饲养的转变。1986年，市政府召开农牧业技术服务工作会议。1987年，市委、市政府制定“一二三”农业生产发展方针：即城乡发展一体化战略；市副食品供应立足郊区，郊县农民口粮立足自给两个立足点；农、副、工三业协调发展。1988年，农业部与上海市政府共同在上海召开菜篮子工程会议。1989年，中国科学院上海药物所研究项目“青霉素酰化酶基因工程菌”荣获第二届亿利达奖，市委书记江泽民、市长朱镕基出席授奖仪式。1995年，市政府召开“上海市农业科技推广表彰大会”，表彰农业科技功臣。1996年，市委、市政府通过《上海市国民经济和社会发展“九五”计划与2010年远景目标纲要》，提出上海要走都市型农业发展新路。1998年，市委七届三次会议通过《中共上海市委关于奋战1999年以两个文明建设的新成绩迎接新世纪的决定》。《决定》指出:“根据沿海发达地区要率先基本实现农业现代化的要求,大力发展特色农业、生态农业和设施农业,加快农业科技化、集约化,促进城郊型农业向都市型农业转变。”农业科技和高新技术在农业生产领域中的运用,成为推动农业发展的巨大动力。同年,市政府转批市农委、市科委、市教委《关于本市进一步实施科教兴农战略的若干意见》,以加快实现从城郊型农业向都市型农业的转变。1998年起,上海市科技兴农重点攻关项目向全社会科研、教学部门和大集团、大企业公开招标。

2000年,市农业科技服务中心成立。2001年,上海市科技兴农重点攻关项目首次面向海外公开招标。2005年,首次进行课题立项专家意见网上评审,农业龙头企业和园区逐步成为科技兴农服务的扶持重点。

2001—2005年,按照建设都市型现代农业要求,上海建立种质资源基因库和动物胚胎中心,获得一批具有自主知识产权、国际先进、国内领先的科技成果。其中,“海洋渔业遥感、地理信息系统技术应用服务系统”获得2002年度国家科学技术进步奖二等奖;“团头鲂‘浦江1号’选育和推广应用”获得2004年度国家科学技术进步奖二等奖等。

2005年,根据中共中央、国务院《关于加强农村工作提高农业综合生产能力若干政策的意见》和农业部《关于推进农业科技入户工作的意见》,市农委印发《关于2005年上海市农业科技入户工作的实施意见》,重点建设南汇与金山生猪生产、100万亩设施良田和1 000公顷蔬菜设施等。2007年,市十二届人大常委会第三十九次会议通过《上海市促进农业科技进步若干规定》,将科技兴农工作从制度保障提升为法规保障。截至2009年底,上海在水稻、麦子、蔬菜、园艺、果树、生猪、水产等领域开展科技服务和技术指导,辐射带动4万多农户。

2006—2010年,以生物技术为支撑,培育具有上海农业优势的原创性品种,加速现代农业装备技术研究与开发,加强信息农业技术的开发和应用,增强农业的抗波动能力;加强生态技术研究,促进农业循环经济发展。在设施园艺、食用菌、生物技术、粮油作物杂种优势利用、畜禽育种、水产育种与养殖、现代农业装备、农产品安全检测技术等领域,取得了一批国内领先或国际水平的成果。育成世界上第一份杂交节水抗旱稻不育系“沪旱1A”;培育了第一个国家审定的高抗菌核病和病毒病的双低油菜新品种“沪油杂1号”;建立了大麦小孢子培养育种技术体系;国内首次选育出了具有自主产权的、适合工业化生产的真姬菇、杏鲍菇、金针菇品种等。

2010年,根据市农委、市财政局印发的《现代农业产业技术体系(上海)建设实施方案》和市农委印发的《现代农业产业技术体系(上海)创新团队管理办法(试行)》,成立市现代农业产业技术体系建设协调指导委员会,并启动上海市水稻、绿叶蔬菜、西甜瓜、中华绒螯蟹4个产业技术体系建设。

二、农机服务与管理

80年代,市郊推广使用上海50型拖拉机和大型联合收割机,在大型畜牧场、水产养殖场逐步推广应用畜牧机械和渔业机械。90年代开始,结合上海城郊农业发展,引进、研发、示范和推广耕作、种植、收割、植保以及蔬菜温室等先进适用农业机械和装备。

为加强农业机械的安全管理,规范处理农机事故,1989年5月市政府发布《上海市农机事故处理暂行规定》,明确了农机事故范围、调查处理机构程序、责任形式、赔偿裁决等事项要求。1993年7月19日,市政府发布《上海市农业机械安全管理规定》,明确安全管理范围、牌证管理及技术检验程序要求、违章处理处罚措施等。

2004 年，市农委、市财政局发出《关于对 2004 年购置农业机械实施补贴的通知》，补贴对象确定为本市农民个人和直接从事农业生产的农机服务组织，补贴种类为大中型拖拉机和联合收割机，补贴标准分区县由市财政按照购机价的 30%—60%补贴。2005 年，根据农业部、财政部有关文件精神，上海开始实施国家农机购置补贴政策。市农委、市财政局制定《上海市农业机械购置补贴实施细则》，明确了补贴对象、机具种类、标准、资金操作程序和管理监督措施等，各级财政补贴比例高达 50%。市财政购机补贴投入不断增加。2010 年，中央和市级财政补贴比例最高达 50%。购机补贴政策鼓励和支持农民使用先进适用的农业机械，推进了农业机械化进程，提高了农业综合生产能力。2010 年，全市农机总动力达 104.13 万千瓦，以纽荷兰 654 型和久保田 704 型的大马力拖拉机、久保田和约翰迪尔自走式联合收割机、久保田和洋马高速乘坐式插秧机为代表的高性能农业机械成为主流。主要农作物的耕种收综合机械化水平达到 72.3%，标志着上海农机化迈入中高级发展阶段。

2010 年 12 月，市政府修订并发布《上海市农机事故处理暂行规定》《上海市农业机械安全管理规定》，进一步规范农业机械事故定义、主管部门、责任类型、处罚措施等。

三、农产品质量安全监管

1978—1999 年，上海农业主要以保生产、保供应为主，农产品质量安全监管工作未明确列入政府各级部门的职责范围。2000 年 1 月，市政府办公厅印发《关于提高本市农产品安全卫生质量的若干意见》，首次提出提高本市农产品安全卫生质量，促进农业生产由“数量型”向“质量型”转变，建立和健全农产品监测管理体系。

2001 年 7 月，市政府印发《上海食用农产品安全监管暂行办法》，规定各级农业、商业、质监、卫生、工商、环保、出入境检验检疫等部门依据各自职能，在食用农产品安全监管工作中，承担“分段管理”的职责。农业部门负责生产环节食用农产品的种植、养殖、初加工环节的质量安全监管。

2004 年，上海启动食品安全专项整治工作，重点整治农业投入品市场查处经销毒鼠强、甲胺磷和伪劣农药的违法行为；对水产品源头、养殖水域重点污染源加强监管，建立并实施渔业污染事故处置预案，筹建重大突发性水产疾病预警预报系统，防范和控制大规模渔业养殖疾病；加大对兽药、饲料和饲料添加剂等畜牧业投入品的检测、监管力度。同年，市政府批准建立食品安全联席会议制度，对畜牧、蔬菜、水产等职能部门建立工作责任制和责任追究制，按照“条块结合、分块实施、整体部署、分工协作”的模式，开展农产品质量安全监管。

2005 年，上海建立农产品质量安全源头监管长效机制，包括企业自律机制、部门监测机制、社会监督机制和责任追究机制。同年，上海启动食用农产品生产领域质量安全信用体系建设，首批 347 家农业企业面向社会做出守信承诺，涉及蔬菜、生猪、家禽、奶业、种子、饲料、肉鸽、河蟹、西甜瓜和特种养殖等行业。2006 年 3 月开始，市内食用农产品批发市场实行市场准入，对粮食、肉类、水产、蔬菜等食用农产品只有提供质量安全检测合格证明，才准予入市交易。

2007 年 9 月，市政府启动农产品质量安全专项整治行动，市农委成立市农产品质量安全专项整治领导小组及其办公室。同年 11 月底至 12 月初，市政府组织对区县开展农产品质量安全专项整治督查，对全市 106 家蔬菜园艺场(包括专业合作社等蔬菜生产规模化基地)、水产品生产基地 22 万亩 100%纳入质量安全监管范围；对 533 个规模化养殖场、25 个生猪定点屠宰场、29 家兽药生产企业、135 家饲料许可证生产企业的检查达到 100%全覆盖；42 个农产品批发市场 100%纳入监测。

通过对843家农药经营单位进行2 966个次检查,各农药经营企业均无甲胺磷等5种高毒农药的销售;主要蔬菜生产基地未发现使用甲胺磷等5种高毒农药,全市6个区县的202.45亩重污染农田全部退出食用农产品种植。

2008年北京奥运会期间,上海实施对定点生产基地监测,对农副产品批发市场和农贸市场驻点监测,将农产品储运环节纳入监管。有关区县农业管理部门和定点生产基地指派专人作为储运保障人员,共同负责农产品出场前封条、随车押运等环节的监控,以及到点后的移交。同时,全面推进蔬菜田间档案记录制度的执行,加大上市蔬菜质量检测力度,并开展动物卫生及动物产品安全监管五大行动。在完成供奥运食品任务的同时,确保供奥运农产品质量100%合格。

2010年,市农委、市商务委部署和实施市农产品产地准出和市场准入工作,对全市质量安全风险性较高的蔬菜、生猪及生猪产品实行产地准出和市场准入制度。2010年上海世博会召开,市农业、商务、工商等6个部门印发《关于世博期间实行蔬菜、生猪及生猪产品产地准出和市场准入制度的实施意见》,实行蔬菜、生猪及生猪产品产地准出和市场准入,设立"中心厨房",将农产品质量安全关口前移,实现农产品质量安全可追溯,并与20个省级农业行政主管部门建立了省际农产品质量安全监管沟通协作机制。各省市农业部门互通信息,共同做好世博进沪农产品量安全保障工作。上海世博会期间,供应世博园区餐饮单位的地产蔬菜数量达8 500吨;全市农业系统共出动执法人员30 945人次,定量监测蔬菜、水果、食用菌、畜禽产品、生鲜乳和水产品等六大类产品10 978份,总监测合格率99.3%。

四、农业环境保护

1978年起,市政府通过优化农业产业结构,科学使用肥料农药,强化农田土壤监测,常态性改善上海农业生产的生态环境。从2000年起,市政府通过滚动实施环境保护和建设三年行动计划,加大农业面源污染防治力度,提高了农村污染的治理能力和水平,农业农村环境质量总体呈改善趋势。

2000年,市政府批转市建委等六部门《关于加强本市环境保护与建设的实施意见》,第一轮(2000—2002年)环保三年行动计划正式启动。整个计划涉及农业生态环境主要是对畜禽牧场进行治理,要求采取粪尿干湿分离分别处理的模式。开展畜禽粪尿综合治理,完成156个畜禽牧场治理任务。1999年6月29日,市政府批准市农委、市环保局建立秸秆禁烧和综合利用联席会议制度。

2003年,第二轮(2003—2005年)环保三年行动计划启动,农业和农环保是全市六大生态环保领域之一。市有关部门采取关、建、用等措施,在黄浦江上游水源保护区和城镇周边区域内关闭(或搬迁)273家畜牧场,建成5家万吨有机肥处理中心,综合治理180家畜禽场。2003年,全市开展农田土壤环境质量普查,对300多万亩农田进行一次全面"体检",基本摸清农田土壤重金属状况。

2006年,第三轮(2006—2008年)环保三年行动计划启动。农业生态环境保护进一步拓展。种植业面源污染治理方面,第一次提出"优化结构、减少氮肥和中高毒化学农药亩均用量"的防治思路,措施上形成了绿肥种植、有机肥和BB肥推广、植保药械更新换代、高效低毒低残留农药推广和植保统防统治等综合体系。在畜禽污染治理方面,通过扩建或新建5个畜禽粪便处理中心,带动300多家畜禽场的综合治理。在农作物秸秆综合利用方面,累计还田450万亩。在黄浦江上游水源保护区和淀山湖等水域,增殖放流滤食性鱼类50万公斤及其他适宜鱼种50亿尾,提高对水域中浮游生物的消耗量,有效降低水质的富营养化程度。2008年,开展第一次全国农业污染源普查,上海对10个郊区县及光明集团所属农场共17 995个普查对象进行了普查,全面掌握农业污染情况,初步建立普查数据库,为今后农业面源污染防治、推进高效生态农业打下坚实的基础。

2009年,第四轮(2009—2011年)环保三年行动计划实施,治理内容上做到领域全覆盖,包括化肥农药减量化、农作物秸秆综合利用、畜禽场粪尿综合治理、水产场建设与增殖放流,还包括村庄改造等农村环境整治内容,突出"循环、利用"。为保障上海世博会期间空气质量,2010年,市政府发布《关于加强对秸秆露天焚烧和利用管理的通告》,部署落实秸秆禁烧,绿肥作物种植面积达64万亩,从源头上减少秸秆总量。同时,提高机械装备,扩大还田面积,深耕深翻;秸秆利用制食用菌培养料、有机肥辅料等,实现废弃物的资源化。进一步巩固秸秆禁烧工作成效,将上海世博期间的成功经验制度化,长效化。制定农作物秸秆综合利用扶持政策,为全面落实禁烧,提高综合利用水平打下基础。建设标准化畜禽养殖场,配置污水处理设施,该设备累计达到250家。2009年、2010年连续两年,全市有机肥推广数量达15万吨以上。此外,加大沼气工程建设力度;实施家庭农场、规模化畜牧场等种养结合模式,推广粪尿生态试点;建立6个千亩农业面源污染和循环农业示范基地,探索"菜—鹅—肥"、"猪—沼气—肥"、稻田养鸭、秸秆全量还田与生物防治结合等不同模式下的化肥农药减量和农业废弃物循环利用技术。在水产养殖场建设人工湿地,促进水体自我循环和净化;在黄浦江、淀山湖、长江口等主要水域放流鱼种,修复水体生态系统。

第三节 农业投入与基本建设

一、农业投入

80年代前后,上海逐步加大农业投入力度。1986年3月,市政府批转市农委《关于在乡镇企业中建立"以工补农"专项资金的报告》,开始实行"以工补农"政策。"七五""八五"计划期间和"九五"计划前三年,从乡镇工业提取的"以工补农""以工辅副"的资金分别达14.5亿元、16.7亿元和7.5亿元,其中相当部分用于粮、棉、油生产的物资投入。

1985年,上海提出郊区农民口粮立足于自给,城市主要副食品供应立足于郊区。"六五"期间(1981—1985年),上海郊区在实行农村经济体制改革和农业生产结构调整的同时,进行了粮、油、棉生产基地建设,国家和农村集体共投资4.5亿元。基地建设的加强,在一定程度上增强了抗灾能力,提高了技术手段和设施装备水平,为"七五"期间(1986—1990年)农业生产的持续稳定发展奠定了基础。

1986年5月,市政府决定建立发展粮食生产专项基金,重点投向松江、金山、青浦、奉贤、崇明等郊县的115个重点产粮乡。"七五"计划期间,从各方面筹措到粮、油、棉生产基地建设的资金共计9.95亿元。与"六五"期间相比,投资总额增加了121.1%。其中,投放发展粮食生产专项基金3.39亿元,支援粮食生产。据115个重点产粮乡统计,由于专项基金的支持,1990年上海粮食总产比1985年增加13.9%,单产增加17.9%。

1988年,上海实施"菜篮子工程",全市粮食、副食品的生产和供应均有很大改善。各有关部门积极为农服务,全市农业事业支出逐年增长。1991年,全市农业事业支出22 578万元,比1979年增长3.11倍。

进入90年代,上海郊区农业由城郊型农业向都市型农业转变,逐步推进"三个集中"(农业向规模经营集中、工业向工业园区集中、农民居住向城镇集中)。市政府把增强上海农业的基础地位作用作为一项重要任务。1991—2005 年,全市农业事业支出 220.05 亿元,增长幅度超过财政经常性支出增长幅度。1991 年,全市农业事业支出 43 797 万元;2005 年为 36.18 亿元,比 1991 年增长 7.26 倍。

自 1999 年起,上海推进市级现代农业园区建设。“十五”期间(2001—2005 年),累计基础设施建设投入资金达 13.71 亿元,在产业开发上投入 21.67 亿元,其中,政府资金投入 8.16 亿元。截至 2005 年,12 个市级现代农业园区投入各类建设资金 54.82 亿元,引入产业开发项目 128 个,有 163 项科研成果在园区推广应用。

“十一五”期间(2006—2010 年),上海进一步加快现代农业建设,全市农业生产及农业基础设施累计投入达到 140.89 亿元。其中,2010 年农业生产及农业基础设施投入达到 45.95 亿元,比 2006 年增加 2.57 倍。

自 2004 年起,上海加大对农业保险的支持力度,农业保险险种从 2004 年的 19 个扩大到 2010 年的 30 个;保费收入从 2004 年的 7 888 万元增加到 2010 年的 2.45 亿元;农业保险总保险额从 2004 年的 4.42 亿元增加到 2010 年的 80 亿元,占全市农业总产值近 27.87%。

二、农田水利基本建设

【圩区和除涝治渍建设】

70 年代到 2000 年期间,上海进行一系列圩区建设,共完成大小圩区建设 143 个,总面积 58.53 万亩。

1999 年,上海地区遭受百年未遇的特大洪涝灾害,全市累计受淹农田 126 万亩。2000 年,针对低洼圩区内存在的河道调蓄能力差、排涝设施老化、排涝标准低、管理手段落后、科技含量低等问题,市政府批准《低洼圩区达标工程规划》。工程涉及松江、金山、青浦、奉贤 4 区 56 个乡镇 186 个圩区 84.6 万亩农田,建设 433 座水闸、502 座排涝泵站,累计投资 2.174 亿元。项目建成后,大多数圩区的排涝模数达到 1.2 立方米/秒/平方公里,达到 20 年一遇的除涝标准的圩区农田由原来的 44.9%增加到 75.3%,为西部低洼地区抗灾能力的提高奠定了基础。

2005 年后,上海持续对低洼圩区进行改造建设。根据上海市第一次全国水利普查暨第二次水资源普查(2013 年发布公报),全市共有圩区 348 个,总排涝控制面积 206.3 万亩,总圩堤长度 2 517.1 公里,总排涝流量 2 020.45 立方米/秒,总排涝动力 94 259.5 千瓦。此外,市境内共有排涝泵站 1 499 座,水泵 2 359 台,总装机流量 3 114.62 立方米/秒,总装机功率 157 587.3 千瓦。

加强渍害治理方面。郊区的渍害主要有涝渍(包括潜渍)和盐渍两种。80 年代后,上海在涝渍(包括潜渍)型地区大力发展“三暗”(暗灌、暗排、暗降)工程,以降低地下水位,至 1990 年,共埋设塑料暗管 573.91 万米,控制渍害面积 9.27 万亩。在盐渍型地区,通过挡潮拒咸、扩大淡水通道引淡洗盐,共治理 39.81 万亩盐碱地,占总面积的 76.85%。2009 年,根据项目建设经验和实际效果,对粮田和菜地排水设计制定了相关要求,为今后的治渍提供了依据。

【灌溉设施建设】

电力灌溉建设 80 年代起,随着推行联产承包责任制和农作物种植品种变化,原有的电灌机口集中灌水已不适应新的种植需要,早期建造的电灌机口陆续更新机泵设备,进行综合技术改造。近郊菜区原有的电灌机泵,分别被固定和半固定式喷灌泵站替代。

90 年代，根据水利部提出的工程完好率、设备完好率、装置效率、能源单耗、供排水成本、供排水量灌溉泵站“八项技术经济指标”要求，上海每年在小农水资金中，安排部分泵站进行机泵更新改造。

2000 年后，全市实施农田水利基础设施配套工程建设。“十一五”期间（2006—2010 年），上海以设施粮田、设施菜地外围水利配套和中央财政小型农田水利重点县建设为重点，进一步提高农田灌溉保证率和农业节水水平。

根据上海市第一次全国水利普查暨第二次水资源普查，截至 2011 年底，上海境内共有灌溉泵站（机口）6 021 座，配有水泵 7 591 台，总功率 95 731.8 千瓦，总流量 1 676.7 立方米/秒。全市总灌溉面积 273.68 万亩，其中耕地有效灌溉面积 238.64 万亩，园林草地等有效灌溉面积 35.04 万亩，农业灌溉保证率达到 95%以上。

喷灌工程建设　1980 年，上海喷灌已普及到郊区 10 个县、77 个公社和 23 个国营农场（苗圃）。

1982 年起，市蔬菜工作领导小组将喷灌工程建设列为菜地基本建设的主要项目，对喷灌建设实行定额补贴。到 1988 年，在全市 20 万亩市属菜地中，建有喷灌工程的有 16.3 万亩，占 81%。80 年代后期，喷灌设施作为上海“菜篮子工程”建设的组成部分，市蔬菜工作领导小组多次调整喷灌建设补助标。上海喷灌先由移动式为主向半固定式为主转变，再从半固定为主向固定式为主转变。

进入 90 年代，上海郊区城市化迅猛发展，城市建设开发占用了近郊耕地，喷灌面积锐减。1993 年起，市政府决定建设新一轮“菜篮子”工程，新增 10 万亩市属常年菜地，菜地从近郊向中远郊转移，开始了新一轮的喷灌建设高潮。

2000 年起，上海大规模的喷、灌建设停止，转为实施菜地配套建设和蔬菜生产管理以及蔬菜流通市场建设。根据上海市第一次全国水利普查暨第二次水资源普查（截至 2011 年底），浦东新区、闵行区、宝山区、嘉定区、金山区、松江区、青浦区、奉贤区、崇明县共有喷、滴灌面积 3.24 万亩。其中，喷灌面积 2.25 万亩，微灌面积 0.99 万亩。

渠系建设　80 年代初，由于电灌机口逐步向小型化发展，特别是地下渠道的普遍修建，近郊菜区由于喷灌的迅速发展，部分电灌机口已被废弃，衬砌水泥明渠的作用由原来的排灌两用，变成了降低地下水位的排水沟渠。至 1990 年，上海郊区排灌两用明渠尚有 8 443.8 公里。截至 1990 年，上海郊区共建设地下渠道 10 340.6 公里，占灌溉渠道总数的 55%。2000 年后，上海持续更新改造农田灌溉渠系，截至 2008 年，共建设灌溉渠道 75 公里。

据上海市第一次全国水利普查暨第二次水资源普查结果（截至 2011 年底），全市共有渠道总长 18 044 公里。其中，地下渠道 6 871 公里，衬砌明渠 7 873.8 公里，土渠 3 299.2 公里，渠系配套建筑物 58 103 座。

【专项水利配套工程建设】

节水增效示范建设　1996—2002 年，上海共建设嘉定、金山、南汇、崇明 4 个节水增效示范区，发展节水灌溉面积 7 004 亩，合计投资 1 140 万元，进一步提高了农业灌溉效率。

现代农田水利建设　2000—2005 年，郊区共建设 25 个现代水利示范园区，合计投资 1.62 亿元，为郊区产业结构的调整和农业的集约化经营打下了基础。上海明确郊区水利现代化的指标体系，包括河网指标、排灌指标、水体活动指标、合理用水节水指标、生态指标、抗御自然灾害指标、改善农村生活指标、现代化管理指标、水质指标、防污指标、生态建设指标、资源保护指标等定量化、模型化的指标体系。

设施粮田和设施菜地建设 根据市政府关于境内100万亩粮田和1 000公顷菜田生产设施建设的要求以及“挡得住、灌得上、排得出、降得下”的目标,2006—2010年,全市对106万亩设施粮田和5万亩设施菜地进行外围水利配套建设。

第四节 农村改革与新农村建设

一、农业适度规模经营

1978年中共十一届三中全会以后,上海农业实行家庭联产承包责任制基础上的统分结合双层经营制度。1982年12月,市委、市政府召开郊区党员干部会议,传达贯彻全国农村工作会议精神,宣布取消“三不”(即不搞包产到户,不搞分田单干,不分口粮田),倡导在多数社队推广包干分配,即家庭联产承包者责任制。1983年5月,73.5%的生产队实行家庭联产承包责任制。

图4-8-2 1980年9月起,上海郊区开始推行联产承包责任制。图为川沙县北蔡乡农民承包签约

1987年,中共中央下发《把农村改革引向深入》通知,指出“京、津、沪郊区要有计划地兴办具有适度规模的家庭农场或合作农场,也可以组织其他形式的专业承包以便摸索土地集约经营的经验”。市政府部署在郊区进一步推进规模经营,并在一些地方进行农业现代化建设的试点。据统计,到1993年底,全市粮食适度规模经营单位有6 216个,经营面积36.14万亩,占粮田总面积11.46%,占商品粮田的52.29%;蔬菜规模经营单位185个,经营面积13 621亩,占蔬菜总面积9%,平均经营面积73.6亩;经济类作物规模经营单位476个,经营面积29 751亩,平均经营62.5亩。

从2007年下半年起，市政府部署在松江区探索发展家庭农场。到2010年底，该区已有960户家庭农场，经营粮田11.89万亩，占水稻种植总面积的73%。经过三年的探索，家庭农场在上海已成为提高农业组织化程度的有效形式。市农委根据市政府的要求，加强对家庭农场的培育和引导，规范土地流转。明确规定：家庭农场经营者必须自行经营流转的土地，不得转包、分包。选定经营人员，由当地农民自愿向村委会提出经营申请，按照“吃苦耐劳、钻研技术、善于经营”的标准，选择本地专业农民和种田能手，年龄一般不超过55岁，且由夫妻双方共同经营的家庭农场。确定家庭农场规模为100亩—150亩，以确保家庭单位能独立完成经营。凡老年农民自愿退出承包地经营权，实行养老金补贴办法，每人每月补贴150元。为提高种粮补贴，区财政对种植水稻的家庭农场每年每亩给予200元的土地流转费补贴，再加上中央、市的水稻良种补贴、农资补贴等，家庭农场每亩可获得457元的补贴。市、区财政对家庭农场按农机总价的50%—70%进行补贴。区财政出资5 000万元的贷款担保基金，为家庭农场提供贴息贷款扶持，解决融资难问题。家庭农场的水稻保险费全部由区财政承担。

在适度经营探索期间，松江区农委组织对家庭农场经营者进行农业职业技能培训，并派出技术人员到家庭农场现场指导，进行全程跟踪服务。完善农资服务，扩大农资连锁经营覆盖面，做好种子、农药、化肥、农膜等农业生产资料的配送供应服务。区、镇农机服务组织与家庭农场签订农机服务协议，实行农机社会化服务；并推广水稻全程机械化生产方式，减轻农民的劳动强度。松江区农委和电讯部门为全区家庭农场经营者配送一部手机，及时提供气象、植保、市场、价格等各类信息。此外，完善销售机制，鼓励粮食购销部门和粮食加工经销企业实施订单生产或直接上门收购，指导家庭农场实行稻米品牌经营。

二、政社分开与产权制度改革

【实行政社分开】

1983年春，中共中央《关于当前农村经济政策的若干问题的通知》提出，改革人民公社体制，实行政社分设。1984年2月，市委、市政府在市农村工作会议上，部署全面开展政社分设工作，有步骤地改变原来公社、生产大队、生产队三级经济组织的行政隶属关系，使之成为名副其实的合作经济组织，建立起企业式的经济管理体制。至1990年，郊区211个乡(镇)基本上都建立经济联合社(或公司)。改革后的农村集体经济组织，乡为经济联合社，村为经济合作社，主要经营第二、三产业。同时，上海强化双层经营体制，建立健全服务体系，为农副业承包者提供服务。生产队仍然是独立核算的基层单位。

【推进农村产权制度改革】

进入21世纪，市政府大力推进农村集体经济组织产权制度改革。2005年7月25日，市政府召开推进农村产权制度改革现场会，部署建立农民财产积累的机制，推进村级集体资产股份制改革，建立农村集体土地征地留用地制度。让农民有“四金”：一有薪金(推进农民非农就业)，二有租金(推进农村宅基地置换，使农民有房租收入)，三有股金(推进村级集体资产股份合作制和征地留用地制度，使农民增加财产性收入)，四有养老金(推进镇保，完善农保，提高农村合作医疗保障水平)。

2008年起，市政府将推进农村产权制度改革列入农村改革发展制度创新之一。市农委、市发展改革委、市工商局印发《关于本市推进农村村级集体经济组织产权制度改革工作的指导意见》，允许改制后的集体经济组织参照《农民专业合作社法》,成立社区股份合作社。按照市政府统一部署,在改制形式上,由存量折股型为主,逐步转变为存量折股型、增量配股型、土地入股型等多种形式。在登记形式上,由有限责任公司为主,逐步发展到社区股份合作社;探索社区合作经济组织等登记形式。在改制层面上,由村级集体经济改制为主,逐步拓展为村联合改制、镇村共同改制、镇级改制等多层面改制。

2010年底,全市有闵行、宝山、浦东、嘉定、徐汇、长宁等6个区21个镇(含街道、工业区)的69个村(组)级集体经济组织进行了产权制度改革。截至2010年底,共建立64个公司或社区股份合作社(撤销行政村后改制的47家,未撤销行政村建制直接改制的17家),占总村数的4%。全市改制后的新经济组织,年分红3亿元,人均分红4 084元。

三、农民专业合作社

2004年5月,市工商局、市农委发出《关于做好农民专业合作社工商企业登记工作的通知》,开始对农民专业合作社的前身——“合作社有限公司”的受理登记工作。2006年10月31日,《中华人民共和国农民专业合作社法》颁布。2007年5月28日,国务院颁布《农民专业合作社登记管理条例》。2007年7月1日,《中华人民共和国农民专业合作社法》《农民专业合作社登记管理条例》开始实施,将农民专业合作社确认为一种新的市场主体。同年7月2日,市工商局举行“上海市首批农民专业合作社营业执照颁发仪式”,颁发包括上海珠丰甜瓜专业合作社、上海富民蜂业专业合作社、上海三星柑桔专业合作社在内的全市第一批农民专业合作社营业执照。同时,上海制定各项优惠措施,促进全市农民专业合作社的设立及原有“合作社有限公司”的改制工作。至2007年底,全市共有农民专业合作社1 602户。2008年,全市共有农民专业合作社1 602个,出资总额30.67亿元。

2008年12月,市政府印发《关于本市扶持农民专业合作社发展若干政策的意见》,明确加大财政扶持力度、落实税收优惠、加强金融支持、给予用电用地优惠、吸引优秀人才搭建服务平台等六个方面的政策。

2009年,全市共有农民专业合作社1 050个,出资数额13.09亿元。至2010年底,全市共有农民专业合作社3 799户,出资总额48.17亿元。

四、推进村庄改造

1978年以后,上海农村基础设施条件有了显著提升。2006年,中共中央部署社会主义新农村建设,提出了“生产发展、生活宽裕、乡风文明、村容整洁、管理民主”的20字工作要求。2007年,市农委、市建设交通委、市发展改革委、市规划局、市房地局印发《关于开展本市农村自然村落综合整治试点工作的若干意见》,提出改善农村居民最基本的生产生活条件和人居环境。市农委、市财政局发出《关于做好2007年郊区自然村落改造试点工作的通知》,对自然村落改造试点工作实施市级财政专项奖补。2007年4月28日,市政府召开农村自然村落综合整治试点工作会议,对试点工作提出“科学规划,合理布局”“因地制宜,量力而行”“政府引导,农民自愿,社会参与”“先行先试,循序渐进”四点要求。

2008年2月1日,国务院农村综合改革工作小组、财政部、农业部下发《关于开展村级公益事业建设一事一议财政奖补试点工作的通知》,鼓励农民通过“一事一议”筹资筹劳方式,开展村级公益事业建设。2008 年 5 月 27 日，市农委、市财政局、市农村综合改革工作领导小组办公室印发《关于本市农村村庄改造实行“一事一议”财政奖补试点工作的意见》，将财政资金没有覆盖由村民通过一事一议筹资筹劳方式开展的村庄环境整治、村庄基础设施建设和村庄绿化等村级公益事业建设，列入财政奖补范围。2008 年 8 月 21 日，市政府在奉贤区四团镇召开村庄改造现场推进会，强调要通过村庄改造，进一步提高农村基础设施水平，既为农民出行和从事生产提供方便，又为发展农业旅游和“农家乐”从而促进农民持续增收创造条件。

2009 年 2 月 23 日，市政府办公厅印发《上海市 2009 年—2011 年环境保护和建设三年行动计划》《2009 年市政府要完成的与人民生活密切相关的实事》，村庄改造工作被列入上海市环保三年行动计划中的农业与农村环境保护内容。“完成郊区县 100 个村庄改造”被列入 2009 年、2010 年的市政府实事。

2010 年 5 月 11 日，市政府在金山区枫泾镇召开 2010 年村庄改造现场会，副市长胡延照讲话要求认真编制村庄改造规划；稳妥推进村庄改造，处理好与农村集体建设用地流转的关系处理好政府引导和农民参与的关系；完善村庄长效管理机制，处理好建设和管理的关系。2010 年，上海市农村村庄改造项目被城乡建设部评为“人居环境范例奖”。

五、开展农村宅基地置换

2004—2009 年，上海市开展第一轮农民宅基地置换试点。共有嘉定区外冈镇、松江区佘山镇、金山区廊下镇等 11 个乡镇单位，共涉及置换农户 9 702 户，投入资金约 96 亿元。农民集中居住区占地 4 363 亩，住宅 20 296 套(建筑面积 223 万平方米)。试点共节余农村集体建设用地 6 990 亩，增加耕地占补平衡指标 4 673 亩。

2010 年，市政府启动新一轮宅基地置换。市政府办公厅转发市农委、市规划国土资源局《关于本市实行城乡建设用地增减挂钩政策推进农民宅基地置换试点工作的若干意见》，从土地、规划、建设、房产、资金、农民保障等方面明确了一揽子的扶持政策。在农民自愿的前提下，拆除原来布局分散的宅基地并复垦为耕地；在城镇规划区内，建造农民安置小区，实现农民集中居住和土地的集约使用；所节余出来的建设用地进行产业开发或进入土地市场，获得土地出让收益用来平衡农民安置小区的建设成本。

第五节　上 海 农 垦

一、农场建设与改革

【农场建设】

1978 年中共十一届三中全会后，上海农垦经济进入一段快速发展阶段。1979 年，农垦实行经济体制改革，上海农垦作为国家农牧渔业部“农工商一条龙经营”试点单位之一，开始走农工商综合经营的路子。通过调整产业结构，兴办第三产业，市农场局当年实现利润 3 031 万元。截至 1980 年，10 年间上调到市区单位工作的农场知青职工共计 12 万人。1980 年 12 月，海丰农场(位于江苏省大丰县境内)1.36 万余名上海知青转入上海市郊各农场工作。1982 年 6 月，市郊各农场全面推行联产承包责任制。1984 年初，上海农垦作为试点的第一个家庭农场在星火农场三十队建立，首批共批准成立 37 个家庭农场。1986 年,经市人大代表呼吁,市政府开始着手解决农场大龄知青回沪工作问题,共有 3.4 万余名知青职工回沪工作。1988 年,市政府要求上海农垦建成稳定的副食品生产基地、工业扩散基地、出口创汇基地和科研中试基地,重点发展奶牛生产,逐步建成生猪良种繁育基地,并适当发展猪、禽、蛋、鱼,满足上海市场需求。根据市政府的要求,上海农垦提出“提高农业,发展副业,主攻工业,开拓第三产业,综合经营,全面发展;坚持参与城市改造,参与浦东开发,参与国内外市场竞争”的发展战略和“立足农场、办好农场、走出农场、服务全国、面向全国、跨进世界”的经营方针。

至 1990 年,上海农垦为市区输送干部职工 33.92 万人。上海农垦还根据国务院要求,安置 60 年代支疆的 5 988 名原上海籍夫妇及其子女。

1994 年 9 月,撤销市农场管理局,组建上海农工商(集团)总公司。1999 年 6 月 19 日,上海农工商(集团)总公司设立“上海市农场管理局社区管理办公室”,各农场相应成立社区管理办公室。

1997 年,在面临供过于求、市场竞争激烈和发展碰到困难的情况下,上海农垦进入调整期,开始“收缩消肿”,至 2006 年初退出,企业总数由 2 324 户减少为 656 户,其中 277 户实际经营企业成为上海农垦的重要产业基础。

1999 年 1 月,为提高上海绿化率,市政府在五四农场召开专题会议,确定在五四、燎原农场交界处规划建设 9 000 亩人造森林。2003 年 10 月,市政府同意扩大面积 1.6 万亩。2004 年,国家林业总局正式将森林公园命名为“上海海湾国家森林公园”。

2000—2002 年,上海市农工商(集团)总公司在亏损严重、经营困难的情况下,积极寻找出路,经市政府批准,将所属 20 余万亩土地抵债给银行,为上海农垦的重新发展奠定了基础。

2003 年 5 月,上海农工商(集团)总公司对农场型子公司和社区进行整合归并,撤销长江总公司、东风总公司、前进总公司,组建新的长江总公司;撤销跃进有限公司、新海总公司,组建新的跃进有限公司和新海地区社区管理委员会;撤销朝阳总公司、东海总公司、芦潮港总公司,组建新的东海总公司,社区与新组建的农场型子公司分设,组建东海地区社区管理委员会;撤销星火总公司、五四总公司,组建新的五四总公司。

2004 年 5 月,上海农工商(集团)总公司改制重组为上海农工商(集团)有限公司,由国有独资公司转变为投资主体多元化的有限责任公司。截至 2005 年底,该集团总资产 324 亿元,净资产 131 亿元,土地 5.2 万公顷,其中耕地 2.2 万公顷;注册资本 25 亿元。其中,上海大盛资产有限公司占 60%,上海国有资产经营公司、申能(集团)有限公司、上海国际集团有限公司、上海上实(集团)有限公司和上海久事公司分别占 8%。

2005 年,上海农工商(集团)有限公司共有 17 个下属单位,其中,经营性子公司 13 家(包括 3 家上市公司、5 个农场),职工总数 4.5 万人,从业人员 5.7 万人。上海农工商(集团)有限公司是一个多元化经营的企业集团,改制重组后,主营业务格局调整为一业为主、多业支撑的“1+×”结构。“1”,是指都市型农业:“×”,是指连锁商贸业、房地产业、都市服务业、都市工业等若干个优势产业。该公司初步形成一批以国家级、市级为核心的农业龙头企业群。建成光明乳业、农工商、都市农商社、上海鲜花港、海丰米业 5 家国家级农业产业化重点龙头企业,占全市国家级农业龙头企业总量的 45.5%;建成大瀛鸭鸭有限公司、一只鼎食品有限公司 2 家市级农业产业化龙头企业,国家级、市级农业龙头企业占到全市总量的 20%。位于五四农场的“上海海湾森林公园”被林业部认定为国家级城市森林公园。农工商超市、光明乳业在 2004 年上海企业 500 强中,分别排名第 14 位和 22 位。

2006 年 7 月,市委常委会决定,集中光明食品(集团)有限公司、上海农工商(集团)有限公司、上海市糖业烟酒(集团)有限公司、锦江国际(集团)有限公司的相关资产,组建新的光明食品(集团)有限公司。新组建的光明食品集团注册资本为34.3亿元。2006年8月8日,光明食品(集团)有限公司组建大会在上海展览中心举行,市长韩正主持会议。光明食品(集团)有限公司是上海唯一一个集一二三产业为一体的大型企业集团。2007年9月,光明食品(集团)有限公司名列中国企业500强第88位。2010年,光明食品(集团)有限公司实现主营业务收入6 322 298万元,利润总额324 346万元,净利润247 667万元。

【农场改革】

为积极推进国有农场体制改革和减轻农场办社会负担,理顺郊区行政区划体制,加快农场及周边地区经济和社会协调发展,市政府批准,推进农场行政和社会管理等职能属地化移交。

1998年12月,上海市政府同意将市农垦局所属前卫农场划归宝山区管理。2005年8月,上海农工商(集团)有限公司与奉贤区政府就原五四、星火、燎原农场行政和社会管理等职能属地化移交工作签订协议。2006年7月,上海农工商(集团)有限公司和南汇区政府就原朝阳、芦潮港农场行政和社会管理属地化移交工作签订总协议;2006年10月1日起,移交的职能、机构及其人财物全部纳入南汇区。2008年9月,光明食品集团与崇明县政府签署《关于崇明县域内市属农场行政和社会管理等职能属地化移交工作总协议》,双方就原跃进、新海、红星、长征、东风、长江、前进、前哨等农场行政和社会管理等职能属地化移交工作达成协议,将崇明县域内由市属农场承担的行政管理职能、社会管理职能、公共服务职能和社区党群工作移交崇明县政府。

2009年1月,市政府召开专题会议,确定年内完成上海农场、川东农场管理体制调整。2009年7月15日,市劳教局与光明食品(集团)有限公司签订移交协议,上海农场、川东农场实施"所场分开","所场分开"后的上海农场、川东农场移交给光明食品(集团)有限公司管理。

2010年6月,市政府召开的市郊农场危旧房改造会议明确,"市郊国有农场危旧房改造所在区县政府是责任主体,光明食品(集团)有限公司为实施主体"。同年8月,市郊国有农场职工旧住房综合改造联席会议明确了8 902套的改造任务,并制定2010—2012年三年改造计划。2010年12月27日,在长江农场十五连举行市郊农场旧住房综合改造启动暨一期项目奠基仪式。

二、围滩造地

上海扼居长江口,南濒杭州湾,东临东海,江海岸线总长449.7公里。其中,大陆岸线172.3公里,占总长的38.3%;岛屿岸线277.4公里,占总长61.7%,分别隶属宝山,浦东、南汇、奉贤、金山、崇明5个区县,江堤海塘以外有广阔的滩涂水域。80年代,上海地区的围垦主要目的是发展淡水鱼养殖,由农场自己组织滩涂扩围。90年代围垦目的是弥补浦东开发规划实施后郊区耕地减少的缺口,建立"绿色食品"基地和创汇农业基地。

80年代围垦,包括崇明岛东北大新沙围垦、崇明岛北沿中部的百万沙围垦。1981年,进行大新沙第二次扩围,围得土地5 638.1亩。1985年冬至1986年春,大新沙第三次扩围,由前进农场组织机械围堤,围得土地2 432亩。1989年冬,市农场管理局下属长江农场在崇明岛北沿中部的百万沙推虾港东蓟二通港1段组织机械围堤,滩涂全长5.35公里,总土方量31.9万立方米,共围得土地4 000亩。此外,南汇境内的市属国营农场土地总面积为53 571.1亩,1950—1988年,先后经历12次滩涂围垦和开荒。

90 年代,主要是崇明岛东端东旺沙围垦。东旺沙 1977 年围垦之后的 10 余年间,东旺沙东滩长出南北长 1.7 公里、东西宽 4 公里的大片滩涂。1990 年 6 月 25 日,市政府召开专题会议,同意崇明东滩围垦开发规划,由市农场局负责围垦东旺沙,崇明县负责围垦团结沙。1991 年 4 月,市农场管理局正式成立崇明东旺沙围垦指挥部。同年 11 月 26 日,围海筑堤全线开工,以前进农场为主,长征、东风、长江、前哨、跃进、新海等农场参加。12 月 1 日,大坝一次合龙成功。1992 年 3 月 15 日,第一期工程 17.3 公里长的大堤全面竣工。据统计,东旺沙围垦一期工程总投资 7 768 万元,围得土地 6.6 万亩。

按照国家对生态保护的要求,2005 年 7 月,市绿化局编制《上海市湿地保护和恢复规划》《上海市沿海防护林体系建设工程规划》(2006—2015 年)并组织实施。

第九章　国有资产管理

中华人民共和国成立初期，没收官僚资本，形成社会主义性质的国营经济和合作社经济。通过1953—1956年的对私改造，建成以国有为主、公私合营为辅的经济结构。1956年底，全国的计划经济体制基本形成。1966年9月，定息年限期满，公私合营企业变为社会主义全民所有制。1978年起，量大面广的上海国资国企在改革开放中，日益显示国有资产保值增值管理的重要。

1978年12月改革开放后，上海逐步改革传统国企管理体制，减少行政干预。从1985年起，撤销行政性工业公司，先在市机电工业局、市医药管理局两局试点，1986年全面铺开，77个工业公司通过撤、并、转等方式进行改革。同期，行政性商业公司也进行改革。1987年10月，市有关部门印发《关于市、区商业公司体制改革方案》，对商业行政性公司体制进行改革。到1989年底，市、区两级商业行政性公司基本完成职能转变。

1989年4月，市政府同意市财政局设立国有资产管理处，统一对国有资产进行管理。1992年1月，市政府决定撤销国有资产管理处，成立上海市国有资产管理局，其行政和业务仍由市财政局领导。各区县相继成立国有资产管理局(或其他国有资产管理机构)，从加强产权管理、维护国有资产权益入手，开展国有资产管理。

市国有资产管理局行使国家赋予的国有资产所有者的代表权、国有资产监督管理权、国家投资和收益权、资产处置权，组织对国有资产的调查研究及登记管理，监督国有资产的保值与增值，参与国家投资的分配和回收投资的再分配，对各类国家投资公司、投资银行的经营活动进行稽核和监

图4-9-1　2006年12月10日，上海国际港务(集团)股份有限公司集装箱吞吐量突破2 000万箱

督,对国有资产的运用实施检查,会同有关部门对国营企业进行发包、租赁、合资、参股经营等,并参与决定国营企业税后利润分配或合资企业国有资产股权收益的分配;审批国营企业产权变动中的资产评估和财务处理,组织闲置国有资产的处理,提高资产利用率,管理设在中国境外的国有资产,维护其合法权益等。

截至2010年底,全市国有企业资产总额74 396.14亿元,经营性国有资产总量11 020.84亿元。市国资委系统企业国资总量、营业收入分别占全国省市国资委管企业1/8,利润总额近1/7。2010年,全市地方国有企业实现生产总值3 726.72亿元,占全市生产总值比重21.7%;缴纳各类税金总额1 197.24亿元,占全市41.7%。市国资委系统企业形成一批规模或效益名列国际国内同行业前列的企业,国企上汽集团、绿地集团、中国太保、浦发银行、百联集团等先后进入《财富》杂志世界500强;上港集团货物和集装箱吞吐量连续三年排名世界单体港口第一;上海机场货运量连续三年排名全球第三;上海电气成为全球最大的火电设备制造商。

第一节 国资管理体制

上海国资管理,经历1993—2003年的专司管理体制、2003—2010年的统一监管体制两大阶段。

一、专司管理体制

浦东开发开放后,1993年上海加快改革的步伐,提出率先建立现代企业制度的总体思路和工作步骤;并率先建立国有资产专司管理体制。1993年7月16日,市委、市政府宣布成立上海市国有资产管理委员会,由市委书记吴邦国任主任,市政府有关领导任副主任,有关委、办、局的主要负责人任委员。市国有资产管理委员会是上海市国有资产所有权的总代表,是国有资产管理的会议议决机构,依法拥有上海市全部国有资产,行使占有、使用、处分和收益等四项权能,对国有资产保值增值负责。市国有资产管理委员会下设办公室,即市国有资产管理办公室(简称"市国资办"),主要职能是贯彻执行市国有资产管理委员会的重大决策,接受国家国有资产管理局的业务指导,实施国有资产日常管理。市国有资产管理委员会及市国资办成立后,原隶属于市财政局的市国有资产管理局撤销。

在市委、市政府的统一部署下,市国有资产管理委员会及市国资办通过对区县国有资产综合授权、市属国企授权经营、行政事业资产委托监管等方式,形成国有产权关系的"三个层次""两级管理"。"三个层次":第一层次,为市国有资产管理委员会,为上海国有资产总代表;第二层次,为经市国有资产管理委员会授权的授权经营公司;第三层次,为授权经营公司出资的企业。"两级管理",即市和区县两级国资管理体系。

1997年3月6日,市政府办公厅印发市国资办"三定"方案,明确市国资办是市政府主管全市国有资产管理工作的职能部门,是市国有资产管理委员会的办事机构。至2003年专司管理体制结束时,上海共有授权经营公司42家,上海90%以上的经营性国有资产和84%以上的行政事业单位国有资产纳入国有资产管理体制。

二、统一监管体制

2002年,中共十六大明确,建立中央政府和地方政府分别代表国家履行出资人职责,享有所有者权益，权利、义务和责任相统一，管资产和管人、管事相结合的国有资产管理体制。

2003年8月1日，上海市国有资产监督管理委员会（简称“市国资委”）正式组建，成为全国各省市中第一家国资监管机构，为市政府直属的特设机构。市政府授权市国资委代表市政府履行出资人职责，实行管资产与管人、管事相结合。随后，各区县也相应建立区县的国资监管机构。同年11月19日，市政府办公厅印发市国资委“三定”方案，明确市国资委主要职能是：根据市政府授权，履行出资人职责，指导推进国有企业改革和重组；对所监管国有资产的保值增值进行监督，加强国有资产的管理工作；推进国有企业的现代企业制度建设，完善公司治理结构；推动国有经济结构和布局的战略性调整。代表市政府向部分企业派出监事会，负责监事会的日常管理工作。按照法定程序，对市属国有资产营运机构产权代表进行任免、考核并根据其经营业绩进行奖惩；建立符合社会主义市场经济体制和现代企业制度要求的选人、用人机制，完善经营者激励和约束制度。建立和完善国有资产保值增值指标体系，制定考核标准；通过规划、预算、统计、稽核等，对市属国有资产的运行情况进行监管，维护国有资产出资人的权益。起草国有资产管理的地方性法规、规章草案和政策；制定有关国有资产管理的规范性文件；依法对区县国有资产管理进行指导和监督。承办市政府交办的其他事项。

2004年5月，经市政府批准市国资委出资并监管的单位共43家、监管单位12家、出资并委托监管单位20家。

2008年8月，市委、市政府印发《关于进一步推进上海国资国企改革发展的若干意见》，要求“明确各类国资监管的责任主体。市属经营性国有资产统一纳入国资监管范围，遵循国家和本市国资监管制度”。按照“统一授权，统一规则，分类监管”的原则，提高国资监管的规范性、有效性和专业性。以企业市场化改革为核心，通过开放性市场化双向联合重组，资本证券化，规范公司法人治理结构等，建立起“出资监管为主、委托监管为辅”的国资监管全覆盖体系。

2009年7月9日，市国资委改为市政府直属机构。2010年11月8日，市国资委公布管理单位58家，具体是：上海汽车工业（集团）总公司、上海电气（集团）总公司、上海华谊（集团）总公司、上海纺织控股（集团）公司、长江计算机（集团）公司、上海国际港务（集团）股份有限公司、上海地产（集团）有限公司、上海建工（集团）总公司、上海城建（集团）公司、上海交运（集团）公司、上海现代建筑设计（集团）有限公司、锦江国际（集团）有限公司、光明食品（集团）有限公司、百联集团有限公司、上海良友（集团）有限公司、东方国际（集团）有限公司、上海兰生（集团）有限公司、上海市衡山（集团）公司、上海水产（集团）总公司、上海市城市建设投资开发总公司、上海实业（集团）有限公司、上海久事公司、申能（集团）有限公司、上海国盛（集团）有限公司、上海仪电控股（集团）公司、上海世博（集团）有限公司、上海联和投资有限公司、上海化工研究院、上海电缆研究所、上海市建筑科学研究院（集团）有限公司、上海发电设备成套设计研究院、上海电动工具研究所、上海工业自动化仪表研究院、上海勘测设计研究院、上海华虹（集团）有限公司、上海市申江两岸开发建设投资（集团）有限公司、长江经济联合发展（集团）股份有限公司、上海市锦江航运有限公司、上海同盛投资（集团）有限公司、上海机场（集团）有限公司、上海临港经济发展（集团）有限公司、上海市漕河泾新兴技术开发区发展总公司、上海市信息投资股份有限公司、上海市工业区开发总公司、上海国有资本管理有限公司、上海科技投资公司、上海申迪（集团）有限公司、上海绿地（集团）有限公司、上海市供销合作总社、上海市生产服务合作联社、上海市经济管理干部学院（中共上海市国资委党校）、上海联合产权交易所、上海市产权交易管理办公室、上海工业投资（集团）有限公司、上海外经贸投资（集团）有限公司、上海市商业投资（集团）有限公司、上海创业投资有限公司、上海市农业投资总公司。

第二节　国 资 监 管

一、调整国资结构与监管

【调整过程】

1994 年 1 月,市国资委第一次会议提出:“国有资产管理体制改革要与产品结构、产业结构和企业组织结构的调整结合起来,组建一批大型企业集团、综合商社、跨国公司,并进行国有资产授权经营的试点,在市场经济和宏观调控的条件下,做到资源的优化配置。”市国资办在进行国有资产管理体制改革的同时,开展调整国有资产结构的工作。

截至 1997 年,上海国有经济结构渐趋合理。全市国有资产在三次产业中的比重从 1992 年的 2∶36∶62 调整至 1997 年的 1∶42∶57,成为上海实施“三二一”产业发展战略的主导力量。国有资产向主导产业集聚。1997 年,上海汽车、通信设备、电站成套设备和大型机电设备、钢铁、石油化工和精细化工、家用电子电器等“六大工业支柱产业”占有国有资本 1 454.7 亿元,较 1994 年增加 290 亿元,占全市国有经营性资产的比重上升 24.9 个百分点。1992 年末,全市国有大、中、小型企业户数比和占用比分别为 7∶18∶75 和 53∶30∶17,至 1997 年末,分别调整为 7∶20∶73 和 20∶47∶33。

“十五”期间(2001—2005 年)特别是中共十六大以后,上海以国有控股公司改革重组为突破口,推进国有资产的“三个收缩、三个集中”,即:纵向收缩国资投资级次、横向收缩分布跨度和点上收缩股权比重,向优势产业和领域集中、向大型特大型的混合所有制企业集中、向企业的核心业务和核心板块集中,以推进国有经济布局结构调整。至 2005 年,分布于第一、第二、第三产业中的经营性国有资产的比重分别为 0.8%、27.9%和 71.3%,与 2000 年度相比,第一产业下降了 3.7 个百分点,第二产业下降了 5.6 个百分点,第三产业上升了 9.3 个百分点。

“十一五”期间(2006—2010 年),全市地方经营性国有资产总量从 5 315.82 亿元增长到 11 020.84 亿元,年均增长 15.7%。2006—2010 年,地方国有企业累计实现利润总额 2 900 亿元,累计税收 4 100 亿元,分别比“十五”增长 146%、144.3%。国有企业在新能源汽车、先进重大装备、清洁能源、生物医药、节能建筑等多个重点产业领域实现原创性突破;在环境保护、节能减排等方面全面完成国家和市确定的各项任务。

“十一五”期间,全市国有资产的大类行业从 79 个收缩到 70 个。前 20 个行业中的国有资产总额占全市经营性国有资产总量的比重从 2005 年的 85.6%提高到 2010 年的 90.2%。前 10 家大企业集团国资规模占全市出资企业国资总量的比重从 2005 年 70.9%提高到 2010 年 72.6%。2006—2010 年,上海国有企业进行开放性、市场化重组联合,各类重组涉及资产总额约 2 800 亿元,资源进一步向具有主业突出的优势企业集聚。

【调整结果】

至 2010 年,上海国有资产结构调整总体情况为:国有资产在第一产业中占比 0.5%、第二产业占比 19.1%、第三产业占比 80.4%。第三产业比重持续提高,比 2003 年的 72.4%提高 8 个百分点,第二产业从 2003 年的 26.6%下降了 7.5 个百分点,第一产业比重从 2003 年的 1%下降 0.5 个百分点。2010 年,全市有大型国资企业 267 户,国资总量 5 029.96 亿元,分别占全市大型企业数

(户)与大型企业资产总量的2.6%和24.3%;中型国资企业519户,国资总量1 611.64亿元,分别占全市中型企业数(户)与资产总量的5.1%和7.8%;小型国资企业户数9 403户,国资总量14 041.56亿元,分别占全市小型企业数(户)与资产总量的92.3%和67.9%。

2010年,全市国有资产的大类行业70个,比2003年90个行业减少20个。前20个行业中的国有资产总额占全市经营性国有资产总量的比重,从2005年的85.6%提高到2010年的90.2%,上升4.6个百分点。其中,在商务服务、房地产、道路运输、汽车制造、批发等五个行业比重达到66.2%,比2005年59.9%提高6.3个百分点。

2010年,国有独资和多元投资企业占用的国有资产总量为13 352.31亿元。其中,国有独资占用国资4 727.97亿元,占比35.4%;多元投资占用国资8 624.34亿元,占比64.6%。随着现代企业制度改革,国有产权交易出让、其他社会资本进入,与2000年相比国有独资占比下降42.2个百分点,而多元投资上升42.2个百分点。

【战略规划监管】

2003年8月,市国资委印发《上海市国有资产营运机构战略规划管理暂行办法》,要求国资运营机构制定战略规划,分别明确三年和五年的发展目标,重点突出三年发展规划。企业对战略规划实施进行监督控制,包括制定战略规划实施评价的定性、定量标准;建立信息管理系统,及时反映战略规划实施进度;定期分析和评价战略规划实施成果。

2008年,全市共有22家企业集团完成了三年(2009—2011年)行动规划编制,并正式上报市国资委备案。至2010年8月底,共有33家国资委监管企业按照市国资委《关于编制"十二五"发展规划的通知》要求,完成了"十二五"发展规划(2011—2015年)的编制。

【主业管理】

从2007年起,市国资委组织实施企业主业管理,指导出资企业分批开展主业确认。截至2010年底,市国资委分5批明确46家出资企业的主业目录,确定了85项核心主业、34项培育产业,企业核心主业控制在3项以内。产业集团主业从2005年79个大类行业收缩到2010年70个,收缩幅度11.4%。

二、国资财务监管

【清产核资】

1993年8月18日,市政府建立上海市清产核资联席会议,联席会议下设办公室(即市清产核资办公室,简称"市清产办")。市清产办先后归市国资办和市国资委管理,主要负责清产核资日常工作。1993—2010年,市清产办陆续开展国有企业、城镇集体企业、行政事业单位清产核资工作以及日常清产核资工作。

1994年,上海开展国有企业清产核资,全市21个区、县(含金山石化地区)和94个市属局级汇总单位所属的15 232户国有企业参加清产核资工作。15 232户企业单位清查核实后的资产总额4 889亿元,负债总额3 557亿元,资产负债率72.7%;国有资产总额为1 252亿元,其中,经营性资产988亿元,行政事业性资产264亿元。

1995—1996年,上海133户境外企业完成了清产核资工作,清查核实后的资产总额8.05亿美元,负债总额4.39亿美元,资产负债率54.6%,国有权益3.34亿美元;完成了8户金融企业清产核资工作,清查核实后的资产总额696.5亿元,负债总额611亿元,资产负债率87.7%,国有权益11.5亿元。

1996—1999年,上海完成27 007户城镇集体企业的清产核资工作。结果为:城镇集体企业的资产总额1 750.65亿元;负债总额1 305.26亿元,净资产总额445.39亿元,资产负债率74.6%;城镇集体资产238.16亿元。

2000—2002年,上海完成8 002户行政事业单位(包括已转制科研院所)的清产核资工作。结果为:行政事业单位资产总额1 180.32亿元,净资产总额为739.93亿元。1998—2010年,同时开展国有企业日常清产核资工作。

【审计监督】

2003年后,市国资委先后对接受市审计局的经济责任审计的企业集团进行审计整改工作。根据审计报告,市国资委向上述单位法定代表人下达责令整改通知书,对审计发现的问题梳理,要求企业按照"即知即改、清查整改、逐步整改"三个大类进行整改,并要求监事会按照通知书要求,对整改工作进行全过程监督,定期向市国资委汇报整改进展情况;整改工作完成后,由市国资委集中力量进行回访督查,发现问题及时纠正或协助解决。在企业整改同时,市国资委根据审计中反映的共性问题,由点及面采取相应措施,不断放大经济责任审计效应。

2007年,市国资委成立市国有企业经济责任审计整改工作推进小组。2008年,市经济责任审计工作注重深化审计内容,把决策审计作为重中之重,把内控审计作为首要环节,把业绩审计作为必要内容,把法纪审计作为特殊要求。2009年,市国资委成为市经济责任审计联席会议的成员单位,并建立由市国资委主任为组长的经济责任审计工作领导小组。市国资委负责对资产总额100亿元以下的国资企业进行经济责任审计,市审计局负责对资产总额100亿元以上的国资企业进行经济责任审计。2009年9月,市国资委开展上海工业自动化仪表研究所所长的任期经济责任审计试点工作。2010年,市国资委开展对上海兰生(集团)有限公司、上海电动工具研究所主要负责人经济责任审计。

【风险防控】

2003年12月,市国资委采取分批分步方式,推进企业会计制度。

2004年,市国资委制定全面执行《企业会计制度》的总体目标。2005年,市各出资监管企业完成《企业会计制度》申请执行和新旧会计制度衔接中资产损失处置、预计资产损失计提减值准备财务处理的申报,市国资委按照规定程序进行审核。2007—2010年,市国资委集中推进上海市企业全面执行《企业会计准则》。

在执行会计制度的同时,市国资委在国企中开展财务风险防控。按照国务院国资委制定的《中央企业全面风险管理指引》要求,至2010年,市国资委初步形成风险预警框架,针对债务风险、现金流风险、盈利能力风险和投资风险四大类风险,选取了14个具体的财务风险预警指标,并参考全国国企绩效评价标准值及银行资信评级体系等标准,确定各单位财务风险预警指标区间,从绝对数值和相对波动两个方面对预警指标进行监测。风险预警结果采用红、黄、绿三种颜色亮灯状态的方式进行发布。风险预警依托公务网信息系统,采用全过程信息化手段,自动计算并判断风险状态、结果发布、风险处置和过程记录等功能,形成完整、封闭的风险预警管理机制。2010年7月,45家企业正式上线运行，监测结果为：25家企业集团财务风险处于红灯状态，其中风险主要集中在盈利能力风险、债务风险与现金流风险。投资风险基本可控，大部分企业投资情况良好。

【收益管理】

1999年1月14日，市政府批转市计委制订的《关于加强固定资产投资项目国有资本金管理试行办法》，明确由市国资办对上市公司国有股红利进行集中收缴、专户存储。2005年11月22日，市政府批转市国资委制订的《上海市国有资产收益收缴管理试行办法》，明确国资收益的收缴范围、收缴基数、收缴比例等。

至2010年，市国资委共收取6个年度，合计69.98亿元国资收益。其中，2004年度收缴8.42亿元，2005年度收缴9.52亿元，2006年度收缴15.6亿元，2007年度收缴10.58亿元，2008年度收缴12.18亿元，2009年度收缴13.68亿元。同时，市国资委按照规定，进行支出规范管理。

三、国有产权监管

市国资监管部门对国有产权的流动、变动、交易等行为，进行产权登记、清产核资、审计评估。同时，重点进行产权市场建设，把好“交易关”。

【评估监管】

1994年5月，市国资办成立市资产评审中心。经市国资办授权，负责全市国有资产评估项目立项审核和评估结果验证确认。2004年7月，市国资委印发《上海市国有资产评估项目管理暂行规定》，国有资产评估项目管理方式由原评估立项确认审批制度改革为核准备案制，实现评估管理从行政审批管理向出资人管理的转变。2008年起，市国资委和出资企业对评估实施分级管理、分级备案试点工作。至2010年底，推广至市国资委系统42家单位。评估管理出资人责任明确后，市国资委推出了评估管理监督检查、评估管理信息化、评估机构选聘、评估执业质量综合评价、重大项目资产评估专家评审、评估管理人员考试及培训等一系列配套措施，完善评估监管体系。

1994—2010年，全市共确认、核准或备案13 720个评估项目，净资产评估值达13 383.72亿元。经确认、核准或备案的资产评估结果，作为国有资产交易作价的参考依据，维护了国有资产出资人权益。

【交易监管】

1998年12月，市政府印发《上海市产权交易管理办法》，明确要求国有、集体企业产权必须进场挂牌交易。2003年12月，将上海市产权交易所和上海技术产权交易所组建为上海联合产权交易所。该所具有事业法人资格，为集各类所有制的物权、债权、股权和知识产权等各类产权交易服务为一体的综合性市场平台。2004年10月18日，市政府常务会议通过《上海产权交易市场管理办法》。

2005年3月，市国资委会同市工商局、市外资委等有关部门先后印发、发出《上海市产权交易市场管理办法实施细则》《关于本市国有产权转让有关问题的通知》《关于进一步规范本市中外合资、合作企业国有产权交易有关问题的通知》等，确立国有产权“公开挂牌一般、协议转让特殊”的交易原则，强化对国有产权交易的市场监管。市国资委还会同市产权交易管理办公室（简称“市产管办”)等印发《关于进一步规范本市发起设立股份有限公司审批、登记和备案相关事项的通知》《上海市非上市股份有限公司股权托管试行规则》和《上海市非上市股份有限公司股权转让试行规则》等,理顺非上市股份公司股权托管和转让工作,探索建立非上市股份有限公司股份有序流动的有效途径。

2006年8月,市产管办印发《上海市产权转让信息公开发布活动管理规则》;12月,又相继印发《上海市产权转让竞价交易活动管理规则》和《上海市产权交易项目中止和终止暂行规定》,修改产权交易示范合同文本,提出保证金管理办法、国有股转让中其他股东行使优先购买权的交易办法等交易规则,进一步完善产权市场重大争议解决机制和风险防范机制,健全产权交易市场规则体系。2007年7月,为了进一步规范产权市场交易,市国资委立足“预防”和“治本”,围绕“转让主体、交易平台、市场中介”三个环节,强化产权交易领域制度建设,共制定和修订各项制度33项(其中制定9项,修订24项)。2008年3月10日,在国务院国资委组织协调下,上海联合产权交易所(简称“上海联交所”)、北京产权交易所、天津产权交易中心、重庆联合产权交易所正式签署合作协议,约定以上海产权市场交易运行机制和业务流程为主,共同建设统一的交易制度体系和交易管理信息系统。

为了加强产权市场监管,市国资委抓住产权交易前、中、后“三个环节”,以及工商变更“一个终端”,建立上海产权交易预警监测系统;并与国务院国资委产权交易信息监测系统联网。按照预警监测系统流程,对每宗交易进行诊断、跟踪、判别;并以红、黄、橙、绿信号灯的方式进行预警、处置。在2007年国务院国资委等四部委联合检查中,上海产权交易信息化监管系统由于其创新性和信息化水平获中央企业交易平台第一名。2008—2010年,共发生红灯拦截项目21宗,黄灯重审项目315宗,橙灯提高工作效率188宗。

2008年8月,市委、市政府印发《关于进一步推进上海国资国企改革发展的若干意见》,提出“加强产权交易市场建设,将产权交易市场作为实施开放性、市场化重组联合的重要市场平台,推动国资跨集团、跨行业、跨地区和跨所有制流动”。

2009年,在市政府法制办、市工商局、市产管办、上海联交所等部门、单位的配合下,市国资委对《上海市产权交易市场管理办法实施细则》进行修订,并于同年6月由市国资委、市工商局、市产管办印发,这对降低企业产权交易成本、促进国有资产流转、深化国资国企改革发展起了重要作用。

四、国企考核监管

上海国有企业考核采取国有资产保值增值考核、企业效绩评价、企业业绩考核等方式。

1994年起,市国资委提出对授权经营公司进行国有资产保值增值考核。1995—1997年,市国资委分别对国有资产授权经营试点企业、综合授权管理试点区县、委托监管试点行政事业单位实施保值增值考核工作。

1998年10月,市国资办制定上海市企业效绩评价工作方案,对9户企业进行效绩评价综合测试。至2002年,上海国有企业效绩评价范围涉及19个区县、32个授权经营公司、12个委托监管单位、6个企业集团,共有国有企业857户、集体企业22户。1999—2003年,市国资办对全市82—88个行业、合计68 860户国有企业上报的上年度国有资产年报数据,按照财政部印发的《全国国有企业本年度效绩评价标准值》进行测算。其主要内容和目的是:国有企业效绩评价的主要对象为上海市国资授权经营公司和国资委托监管单位所属的国有独资和国有控股企业;探索效绩评价工作和经营者业绩评价考核相结合,使绩效评价工作成为市委组织部职责、流程、制度、标准、考核“五位一体”考核工作的内容之一；探索中介机构参与企业效绩评价工作，使效绩评价结果更科学、更合理。

2003年7月，市委印发《上海市国资营运机构产权代表业绩考核暂行办法》。实施倍率、比率、奖率"三率复合"的薪酬分配模式，形成"岗位薪、绩效薪、福利"的薪酬结构。2004年，市国资委启动产权代表业绩考核，将46户出资监管企业划分为产业类、投资类和科研类企业实施考核，并实行与薪酬分配挂钩的办法。同年12月起，启动4户企业党委书记、董事长任期业绩考核，其特点：按照企业类型实施考核并与薪酬分配挂钩的办法，探索任期业绩考核；并将薪酬分配办法在《任期业绩责任书》中予以约定，将市国资委重点工作纳入考核指标；强调企业领导人员酬薪管理"不得自我分配、不得下挂薪酬分配关系、不得参与下级企业分配、不得有隐性收入"的四项纪律。在实践中，业绩考核逐步形成分层分类考核评价机制。

第三节　国企授权经营与改革

一、实施授权经营

中共十四届三中全会后，市委、市政府按照"政企分开、政资分离"和"精简、统一、高效"的原则，将主管工业局逐步撤销，改建为控股集团公司。

1993年7月至1994年5月，上海先行试点。按照"协调一致，政企分开、保值增值、配套改革、分步实施"的原则，1993年12月，选择纺织、仪电两个企业主管局和电气联合公司作为改革试点，分别成立上海市纺织国有资产经营管理公司、上海仪电国有资产经营管理总公司和上海电气(集团)总公司。

1994年5月至1995年5月，上海扩大授权经营改革试点。1994年上半年，在试点运作的基础上，以组建国有授权经营公司、进行国有资产授权经营试点为主要内容的国有资产管理体制改革开始在一定范围内推行。从1994年5月到1995年5月，共有近二十余家大型集团性公司进行了国有资产授权经营。

1995年5月至1996年10月，上海组建授权经营公司。1995年5月，按照市委、市政府关于上海市工业局的机构改革"成熟一个、改革一个"的方针，市机电管理局、市物资局、市冶金工业局、市轻工业局、市第二轻工业局、市化学工业局先后撤销建制，相应成立机电、冶金、轻工、化工控股(集团)公司。通过资产授权经营，从职能上推动政企分开和政资分开。至1996年10月，全市已基本撤销专业性的企业主管局，组建了国有授权经营公司。

1996年10月至2000年1月，上海调整优化授权公司。以1996年10月上海华谊(集团)公司成立和上海轻工控股公司下放小企业到区县为标志，上海国有资本重组和国有授权经营公司的发展进入一个新阶段，组建一批科工贸为一体的大型企业集团。1996年，上海完成华谊、上实、电气3家授权经营公司的重组；1997年，在对广电、汽车、城投等多家大型企业集团实行资产重组的基础上，进行授权经营。截至1997年底，上海组建和调整为40家国有授权经营公司，覆盖90%以上的经营性国有资产。

二、建立现代企业制度

1984年10月，中央在上海等地进行股份制试点。1984年11月14日，由上海飞乐电声总厂发起成立上海飞乐音响股份有限公司，向社会公开发行50万元人民币股票，上海第一家股份制企业成立。至1992年底，经批准进行股份制试点的企业扩大到61家，发行股票票面总额126.67亿元。其中，国家股占60.4%，法人股占22.3%，个人股占6.7%，外资股占10.6%。

1994年初，中共中央、国务院确定100户企业作为建立现代企业制度的试点企业。上海汽车工业总公司、上海二纺机股份有限公司、上海市第一百货商店股份有限公司、上海锦江(集团)公司等14户企业列入首批全国性现代企业制度试点单位。1994年，市委六届四次全会明确了建立现代企业制度的总体工作思路，制定了建立现代企业制度的方案和有关政策。1994年11月，上海召开全市现代企业制度试点工作会议，确定140家试点企业。1996年，上海试点企业由140家发展到250家。

在现代企业试点工作中，针对上海国有企业存在的“人多、债多、负担重”，及不能独立担负自负盈亏的现状，1995年11月市委务虚会提出：“为盘活工商企业国有房地产，扩大工商企业总资产值，降低资产负债率，推动现代企业制度的建立”，并提出“先点后面、逐步推进”的原则。上海对国有企业采取“六个一块”增资减债的措施，即主体多元吸一块、存量盘活调一块、债权转股换一块、兼并破产活一块、企业发展增一块、政府扶植补一块。1996年1月，上海从大病、住院医疗保险入手，首先对高额医疗费用实行社会统筹，建立覆盖不同所有制企业职工的医疗保险制度。企业医疗费用改革，为国有企业减轻了负担。1996年7月，针对多年积压在企业的冗员，上海在纺织、仪电两个行业开展再就业中心试点工作。1997年扩大到轻工、华谊、电气、冶金、建材等7个控股(集团)公司，托管规模为25万人；动员全社会力量，妥善安置富余人员，使劳动力能在产业之间的实施合理的流动，加快形成职工能进能出的市场就业机制。至1997年底，试点企业中已完成公司制改革的占97.2%。通过三年试点，上海基本建立起以“五个机制”和“五个加强”①为重要标志的现代企业制度基本框架。1998年上海全面推进现代企业制度建设。至2002年底，上海有4 676户国有企业改制为多元投资主体的有限责任公司。企业通过公司化改制，建立了企业法人财务权，成为市场运营的主体。

1997—2010年，上海在国有企业现代企业制度建设中，重点完善治理结构。1997年，上海开展市管企业监事会试点工作，对市管企业外派监事会主席和专职监事，形成“外派为主、内外结合”的监事会模式。2003年，市国资委将监事会监督作为国资监管的组成部分；2005年，对外派监事会主席和监事实行统一管理，形成了一支企业监督队伍。

2009年，上海开展规范董事会试点工作。按照“董事会中外部董事超过董事会全体成员半数；董事会提名、薪酬考核、审计与风险控制等委员会成员外部董事占多数，薪酬考核、审计与风险控制等委员会主任委员由外部董事担任”的要求，建立规范的外部董事资格认定、选任聘任，以及人才储备机制。制订《董事会试点企业治理指引》《董事会建设指导意见》《外部董事管理办法》等文件，基本覆盖外部董事选派、考核，董事会和董事的职责以及决策程序、议事规则等各个环节。截至2010年，18名经过资格认定推荐的外部董事进入上汽、百联、东方、电气、光明和锦江等6家董事会试点单位。同时落实董事会“选人用人、投资决策、考核奖惩、预算审核”等职权。市国资委以公司章程为载体，进一步规范市国资委与企业董事会，董事会与经理层、监事会等各责任主体之间的职责；优化董事结构，规范董事会运作，提高公司治理水平；初步理顺董事会与经理层、监事会之间关系。董

① “五个机制”和“五个加强”：上海市委、市政府提出，用3年时间到2000年，上海要全面建成现代企业制度。其标志是“五个机制”，即破产兼并、优胜劣汰的机制，全社会的保障机制，职工能进能出的就业机制，国有资产保值增值机制和经营者择优录用竞争上岗的机制。“五个加强”，即加强企业的市场拓展、技术改造、技术开发、内部管理和职工队伍素质。

事会重点抓好企业的战略规划、重大决策和风险控制等；经理层按照董事会决策，重点抓好企业生产经营和日常管理；监事会主要抓好经营业绩真实性、经营过程规范性、经营者责任心的检查和后评估。

三、推进国企改制重组

上海国有企业改革重组，围绕实施“大集团战略”“放开搞活小企业”进行。

图 4-9-2　2004 年 9 月 8 日，上海电气集团股份有限公司成立。图为上海电气制造的发电设备

1993—2003 年，上海国有企业改革重组主要在授权公司范围内进行，有三个特点。一是行业内、系统内进行改革重组，二是实施“抓大放小”。1996 年为落实中共中央提出国有企业实施战略性改组。上海选择 54 家优势企业作为政府重点扶持对象。上海通过国资授权经营并结合工业局改制与重组，把化工集团和医药管理局合并，组建华谊集团，把机电控股(集团)公司和电气(集团)总公司合并，组建新的电气集团；上汽集团通过实现跨地区资产重组、广电集团实现投资主体多元化、丝绸集团实现了工业和外贸的联合等等形成一批大企业；运用产权划转等手段促成内外联综合商社并入友谊集团、华亭集团并入锦江集团、上海海外公司并入上实集团。1998—2000 年底，上海国有小企业改制实现国有资产退出的 10 536 户，其中国有资产全部退出的 5 921 户，占 56.20%；国有资产部分股权减持的 4 615 户，占 43.80%；国有资产退出额 75.84 亿元，涉及职工安置费用 29.35 万元。上海集体企业改制实现集体资产退出的 16 874 户，集体资产退出额 165.35 亿元，涉及职工 56.73 万人。三是方式多样化，如债转股、政策性破产等。

2004 年，上海轻工控股(集团)公司实施“市区联手，抓大放小”改革，所属 22 家行业性公司整建制下放各区县。2006 年，上海轻工控股(集团)公司所属上海家化等 5 家集团公司分别划转电气集团公司、大盛公司、盛融公司等，轻工控股关系由重组后的光明集团公司托管，基本完成上海轻工控股(集团)公司改革调整。2003—2009年，上海国有企业改革重组主要通过政府导向，实施“大集团战略”；此阶段，组建大集团情况见表4-9-1。

表4-9-1 2003—2006年上海市组建国有出资市管大型集团资产权益情况表

重组时间	重组项目	涉及出资市管企业	涉及资产总额(亿元)	涉及国资权益(亿元)
2003年4月17日	组建上海百联(集团)公司	一百、华联、友谊、物资集团	250	35
2003年5月23日	组建锦江国际(集团)有限公司	新亚、锦江集团	151	62
2003年12月29日	上海农工商(集团)总公司改制重组	大盛、国资经营、申能、国际、上实、久事	340	150
2004年2月	上海国际港务(集团)有限公司改制	港务集团	187	130
2004年9月24日	设立上海汽车集团股份有限公司	集团内79家企业资产整合	500	300
2004年11月23日	上海电气(集团)有限公司改制、上市	电气(集团)	104	62.61
2004年12月	仪电集团转型	重组有色公司、长江计算机集团、光通信公司	131.4	73.61
2006年6月21日	组建光明食品(集团)有限公司	光明食品、农工商、市糖业烟酒、锦江国际集团	458	108

2009—2010年，按照市委《关于进一步推进上海国资国企改革发展的若干意见》精神，上海国有企业改革重组主要遵循“开放性”“市场化”原则，实施跨国、跨地区、跨部门、跨所有制的改革重组。主要做法：(1)“引进来”提升发展能级。实施上海航空与东方航空、上海广电TFT五代线与中航技集团、发电成套院与国家核电等，与央企重组。(2)“走出去”拓展发展空间。实施上汽集团与南汽集团重组联合。光明食品集团收购云南英茂糖业、四川全兴酒业，上实集团收购常州康丽等并购项目等。(3)上海国有企业内部整合优化资源配置。整合国际集团、国资公司、盛融集团和大盛集团，组建新国际、国盛集团打造金融控股平台和非金融产业运作平台。实施上海实业与上海医药，上海电气与工业锅炉所，上海仪电与上海广电、临港集团与市工业区开发总公司及漕河泾开发区、国盛集团与长江计算机、地产集团与申江集团、纺织集团与纺织有限等联合重组等。(4)通过产权交易市场等多种形式，加强与非公经济合作。绿地集团所属云峰集团与贵州双龙实业共同出资20亿元成立大型煤业集团，预计产能1 000万吨以上、产值可达100亿元。上药集团与博爱医院、仁爱医院、长江医院、远大医院等开展战略合作，提供药品增值等服务。上海城建与民营企业公成建设共同受让上海青浦第二污水厂整体股权。

四、推进国有资本证券化

2004年初，市国资委根据国资布局结构调整的要求，推进上海国有企业充分利用资本市场，实现资产资本化和资本证券化，加快上市发展的步伐。市国资委依据电气集团的发展战略定位，选择作为核心业务资产上市的试点单位。2004 年 3 月 2 日，市国资委批复同意电气集团重组上市的方案，同意组建上海电气集团有限公司，注册资金为 90.11 亿元。其中，电气集团以电站及输配电、机电一体化、交通运输、环境保护设备等四大核心产业企业经审计评估的 62.61 亿元净资产出资，占 69.48%；其他投资者为 30.52%。上海电气集团有限公司经中国证监会批准，在香港联交所上市。此后，市国资委又分别推进上汽集团核心业务整车和关键零部件企业在 A 股市场上市，锦江集团核心业务在香港正式挂牌上市。

2008 年 8 月，按照市委、市政府印发《关于进一步推进上海国资国企改革发展的若干意见》，上海进一步推进国有资本证券化，将符合条件的经营性国资注入上市公司，推进整体上市或核心业务资产上市。在上海电气回归 A 股上市、上汽零部件借壳巴士股份、上海医药 H 股上市等多个项目中，通过优化资产布局，注入和重组资产达 1 300 多亿元。市国资委注重推进企业集团的整体上市，继上港集团整体上市，成为全国第一家省市国资委直接持股的上市公司后，先后实现了上汽集团、上海建工和上海交运等大集团的整体上市。市国资委还充分利用多层次资本市场推进国资证券化。上实集团旗下上实环境实现新加坡主板上市；徐家汇商城、华虹计通分别成为上海第一家登陆中小板、创业板的国有控股上市公司。

至 2010 年底，全市 72 家国有控股 A 股上市公司，总股本 1 268.34 亿股，国有股 516.79 亿股，占 40.89%。资产总额 37 299.06 亿元；股东权益（不含少数股东权益）5 761.62 亿元，其中国有股权益 2 167.18 亿元；平均每股净资产 4.54 元。按照 2010 年 12 月 31 日收盘价计，市值总额 13 809.05 亿元，国有股市值 5 393.10 亿元。全市经营性国资资本证券化率由 2008 年的 17.80%，提高到 2010 年的 30.5%。

五、实施国企跨国(境)经营

上海推动国有企业发展跨国（境）经营。截至 2010 年，市属国有企业境外资产合计 467 亿美元，占全市企业对外直接投资资产总量的 45.6%。投资目的地主要为中国香港、澳大利亚、美国、俄罗斯等。行业分布主要为商务服务业、制造业、采矿业和房地产业。

上海国有企业实施跨国（境）经营，从不发达地区转向发达地区。上汽集团收购英国罗孚、光明食品集团收购澳大利亚玛纳森等国际知名企业，获取其品牌和境外营销网络；上海电气收购日本秋山国际、德国沃伦贝格和美国高斯国际，引进先进技术，提高品牌的全球影响力。锦江国际锦江之星通过品牌联盟、授权等，先后进入法国、韩国和菲律宾。绿地集团投资开发澳大利亚悉尼库克湾新城、韩国旅游健康城等项目。全市优势产业积极对外扩张和市场渗透。上汽集团与美国通用汽车公司合作，成功地进入印度市场；与泰国正大集团签署战略合作协议，在泰国建立起自主品牌的海外生产基地和营销渠道。上海电气与印度签订并推进金额达 82.9 亿美元的电站 EPC 项目合同，海立股份投资 4.5 亿元人民币在印度设立生产基地，目标形成年产空调压缩机 200 万台能力。锦江国际联合美国德尔集团收购美国州际公司和度假村集团，打开了通往欧美的酒店业营销之路。上海国有企业抓住全球产业重组机遇，提升在国际分工和价值链中的地位。上实集团、创投公司、锦江航运等均在中国香港设立专门投资公司，通过境外平台实现融资，降低融资成本。

第十章　民营经济

上海解放初，个体私营经济由市公安局接管，对马路摊贩予以登记，而市属菜场摊贩和行商、经纪人则分别由市税务局和市工商局管理。1950年9月，市政府成立以市工商局为主的上海市摊贩管理委员会，对小商小贩、行商、经纪人等全部予以登记。1953年，个体经济走合作化道路。1956年，社会主义改造完成后，个体工商户、行商和经纪人按行业归口管理。1958年下半年，上海停止个体工商户的申请登记。1963年虽然恢复对个体工商户的登记，但还是采取限制、压缩的方针为主，至1965年底，全市个体工商户减少到3.6万人。"文化大革命"期间，个体工商业基本停止经营。

1978年中共十一届三中全会以后，上海个体私营经济再次经历了从无到有，从小到大，从"拾遗补缺"到中共十二大提出的"必要补充"，再到中共十四大提出"重要组成部分"以及中共十五大确认"初级阶段一项基本经济制度"的过程。其间，个体私营经济总量不断增加，涉及的领域不断拓宽。2005年，国内专家相对"国营经济"提出用"民营经济"取代"个体私营经济"概念，后逐渐被广泛使用。2006年，根据《农民专业合作社法》，规范农民专业合作社设立，由工商行政管理部门受理申请设立登记(详见第八章农业第四节第三目农民专业合作社)。至2010年，民营经济已成为促进上海经济发展最具活力的经济成分之一。

2010年，全市有个体工商户355 684户、437 023人，注册资金70.35亿元；有私营企业645 525户、从业5 725 083人，注册资本14 170.33亿元；农民专业合作社3 799户，出资总额48.17亿元。

第一节　发展与培育

一、个体工商户

"文化大革命"结束后，恢复个体私营经济。1980年4月，上海对个体工商户进行全面整顿、登记、发证。当年，全市有个体工商户11 686户、从业11 686人、注册资金105万元。

1981年5月，市政府决定，允许个体工商户借房开店、租柜经营及请帮工带学徒。1982年5月，市工商局印发《关于扶持城镇个体经济若干规定》，允许个体工商户零售兼批发，允许承包、租赁、租买国营、集体商业网点，扩大经营，向私营企业过渡。1987年6月，全市已有971户雇工8人以上的私营企业。1990年底，上海全市个体工商户有109 389户、161 956人，注册资金3.01亿元，产销额20.74亿元。

1992年，市工商局印发《关于发展上海个体私营经济的若干政策性规定》，结束了上海个体私营经济三年徘徊不前的局面，至年底，个体工商户发展超过此前发展最快的1988年。至1994年底，全市个体工商户总数达146 467户。当年，全市个体、私营经济的产值和营业额达104.3亿元，其中商品零售额约占全市社会商品零售总额的11.7%。

1995年，上海个体经济尽管受到大规模市政动迁的影响，但仍有一定发展。全市个体工商户155 672户、211 349人，户均注册资金上升到0.8万元，注册资金12.02亿元，产销额71.28亿元；

经营商业、修理、服务业等第三产业的占95%。2005年1月24日,经营饰品和工艺品的香港居民胡虹翔领到"上海市静安区虹翔轩商行"的个体工商户营业执照,成为上海第一家香港居民个体工商户。2007年,全市个体工商户294 282户、360 538人,注册资金43.46亿元,产销额430.06亿元。2010年,全市个体工商户355 684户、437 023人,注册资金70.35亿元。

二、私营企业

1983年起,上海出现以雇佣劳动者为基础的私营企业。1987年6月,全市拥有雇工8人以上、主要由私人营运的企业共971户,其中工商备案的企业机构291户,持个体工商户执照经营的388户,挂靠集体企业但完全由私人投资的292户,从业人员达到15 082人,户均劳动者16人。

1987年6月,全市已有971户雇工8人以上的私营企业。1988年4月,上海第一家私营科技型企业登记开业。1988年6月国务院颁布《中华人民共和国私营企业暂行条例》后,上海对符合《暂行条例》的个体工商户、挂靠集体的私营企业重新办理私营企业登记手续,并把生产型、科技型和外向型的私营企业作为发展重点。为加强监督管理,上海制订《私营企业登记须知(试行)》。1988年,上海市私营企业共207户、从业4 224人,注册资本0.18亿元,产销额0.06亿元。

自1991年起,上海私营企业数量年年翻番。1991年,全市私营企业共2 288户、从业36 143人,注册资本0.98亿元,产销额3.32亿元。1992年,市工商局印发《关于发展上海个体私营经济的若干政策性规定》,结束了上海个体私营经济三年徘徊不前的局面,至年底,上海私营企业达4 213户,名列全国大城市之首;并出现4户中外合资或中外合作的私营企业。1994年底,全市私营企业总数达17 214户。一些私营企业逐步向公司化发展,同年底,已有私营有限责任公司9 055户,全市共有各类私营经济开发区45个。到1995年,全市有私营企业39 819户、从业427 987人,注册资本229.51亿元,产销额210.02亿元,而且规模扩大,档次提高,户均注册资金近60万元,高于全国平均水平。注册资本在1 000万元以上的已达30户,出现4家私营集团公司。科技型私营企业达1 400户,领先全国。私营企业中还出现了钟点秘书公司、艺术中心、快递公司、公关公司等新兴行业。

1997年,中共十五大明确提出,非公有制经济是社会主义的重要组成部分,上海私营经济有实质性进展。1999年9月,世界银行国际金融公司向上海中桥基建(集团)股份有限公司提供总额为1 610万美元的股本投资,这是上海私企首次从国际资本市场直接融资。非国有经济在全市GDP比重逐步提高,在全市GDP所占比例在1997—2002年6年间上升幅度超过5%,从原先43.3%上升到2002年的48.4%。私营企业资本规模扩大迅速。

2002年,全市有私营企业224 662户、从业2 506 434人,注册资本2 726.28亿元,产销额3 016.16亿元。当年,私营企业户均注册资本118.78万元,比1997年增加1倍;个私经济上缴税收迅速增加,2002年个体私营经济上缴税收占地方税收比重首次超过10%,达11.1%,私营企业从业人员突破250万人,私营企业从业人员总量约占全市在职职工的1/3,成为扩大就业的重要渠道。2002年,私营企业上海盛光投资有限公司出资1.25亿元入主上海包装造纸(集团)有限公司,拉开了上海轻纺集团推进产权结构改革的序幕。私营企业涉及各经济领域。至2002年底,上海私营企业涉及行业越来越广泛,除在餐饮业、传统服务业中占据大部分市场外,房地产业以及中介、会展、旅游、物流等新兴现代服务业的发展突飞猛进。私营、个体等民间资本投资市政重点基础设施和公益事业项目初露端倪,开始涉及航空、公路等重要行业。2005年7月18日,作为国内首家以低成本、低票价为目标的民营航空公司,春秋航空公司的空中客车 A320 飞机载着 180 位乘客从上海虹桥机场起飞,飞往烟台,开辟中国低成本航空的"处女航"。

2010 年,全市有私营企业 645 525 户、从业 5 725 083 人,注册资本 14 170.33 亿元。

第二节 政策措施

1980 年 4 月 2 日,市工商局《关于恢复个体户登记发证工作若干问题的意见》明确,只要是上海市非农业户口的城镇待业和闲散人员,具有经营场所的,都可以提出从事个体经营的申请登记。同年 10 月,市政府批转市工商局《关于本市适当发展城镇个体经济的意见》,规定个体工商户可以经营的范围和买卖方式,并允许工商户雇用一两个帮工,允许在银行开户和申请小额贷款;对返城知青登记的工商户,给予某些税收优惠。

1982 年 5 月,市工商局印发《关于扶持城镇个体经济若干规定》,明确简化登记审批手续,允许个体工商户从事商品批发和承包、租赁国有、集体商业网点。根据国务院发布的《关于城镇非农业个体经济若干政策规定的补充规定》和《关于农村个体工商业的若干规定》,上海自 1983 年起,简化个体工商户登记审批手续,放宽个体经济管理政策,扩大个体工商户申请登记范围,允许离退休的干部职工和具有经营条件的农村居民从事个体经营;允许外省市个体工商业户来沪开厂设店;允许上海市的个人与外省市国营、集体企事业单位或个人合资经营,也可以接受华侨、港澳台胞的馈赠,独资经营;允许上海郊区的个体工商业户到市区指定地点设摊或流动经营;取消经营范围限制,允许个体工商户可以一业为主,兼营其他项目。在经营方式上,突破个体工商户只准零售,不准批发的限制,允许个体工商户直接与国营、集体企业挂钩,进行代销、经销业务;突破请帮工带学徒人数的限制,对雇工 8 人以上的,可以换发临时经营执照,从而进一步促进了个体经济的发展。

80 年代末期成立的上海主人印刷厂,其股份合作制的探索在上海市集体企业中产生了很大的影响,并引发争论。上海主人印刷厂是公有制还是私有制,上海主人印刷厂是姓公还是姓私? 这场争论一直持续到 1990 年。全国范围的清理"假集体"开始。市人大代表葛修禄直接给市长朱镕基写信:"请准主人印刷厂恢复改革试点,探索搞活集体小企业的途径。"1990 年 12 月 2 日,朱镕基批示:"这个印刷厂不要当假集体清理掉了,可以继续试点,办法可研究修改。"这样,上海主人印刷厂恢复。1991 年下半年起,主人印刷厂的股份合作制改革经验逐步移植到国有小企业,并辐射到国有大企业。

1991 年 5 月 25 日,副市长庄晓天等在市政府接见市出席全国个体劳动者第二次代表大会的代表和受表彰的 12 名全国先进个体劳动者,并向他们颁发证书和奖章。

1992 年 6 月,市工商局印发《关于发展个体私营经济的若干政策性规定》。《规定》明确鼓励企业辞退的富余人员从事个体和私营企业并到私营企业就业;支持引导个体工商户向第三产业和手工业,私营企业主向生产型、科技型、外向型发展;允许个体工商户、私营企业申请从事粮食、肉食品等国家已放开的农副产品经营活动;各区县要开辟新市场,挖掘场地潜力接纳符合规定的人员从事个体、私营经济。支持符合条件的个人到外省市从事个体工商业、私营企业经济并按照规定发经营证明等。同年 11 月,市政府财贸办、市工商局印发《关于发展个体和私营商业的若干意见》,要求按照"谁投资、谁所有、谁受益"原则,实施放宽经营范围和经营方式、调整税收政策、把市场建设纳入区县市政建设规划,拍卖部分亏损微利小型商业给个体营企业等措施,鼓励个人、私营企业兴办商业。

1993年4月，市工商局印发《关于发展个体私营经济的若干政策性规定的补充规定》，包括允许符合条件的“提前退休”的职工从事个体私营经营；上海市农村村民在市内申请从事个体、私营经营的，只需提供本人身份证明和经营场地证明，取消提供村委或乡（政府）证明的规定；允许在职科员和社会科学人员，经单位同意，申请临时营业执照，可利用业务时间到个体工商户，私营经营兼职等；外地来沪人员申请开办私营企业的，直接受理登记；经营范围上，除国家明令禁止项目外，允许具备条件的个体和私营企业经营等。

1995年1月6日，市政府发布《上海市城镇个体工商户及其帮工养老保险办法》和《上海市城镇私营企业职工养老保险办法》。同年3月24日，市社会保险局和市工商局联合召开贯彻实施《上海市城镇私营企业个体工商户养老保险办法》动员大会。4月18—24日，市工商局和市私营企业协会在上海展览中心举办首届上海私营企业形象展示会，副市长孟建柱到会祝贺。

1996年3月3日，根据市政府办公厅转发市工商局等七部门《关于加强本市私营经济开发区规范管理若干意见的通知》精神，市有关部门决定对全市私营企业从事跨区、县经营活动实施双重税务管理。同年8月7日，市政府就私营企业吸纳社会下岗人员情况以及私营企业发展情况进行座谈会，副市长孟建柱和市政府财贸办、市工商局等部门负责人与会。

1998年，市政府印发《关于本市鼓励和引导非公有制经济健康发展的若干意见》。市工商局印发《关于鼓励引导本市个体经营经济健康发展若干实施意见》，分别就申办企业人员身份、鼓励下岗职工办合伙企业、私营兴办集团企业、私营企业收买和参股公有制企业、鼓励私营企业从事高科技产业以及实现行业公平准入等方面作了具体规定。首次规定个体、私营企业经市有关部门批准，可以从事汽车、钢材、煤炭、建筑装潢、电子游戏机、美容美发等经营。同年8月，市商委、市工商局、市国税局、市地税局、市房地局、市劳动和社会保障局印发《关于小型商业企业转为个体私营经济后有关问题的处理意见》，对税收和增值税发票问题作出规定。同年10月13日，上海召开发展个体私营经济工作会议，宣布“上海市1997年度百强私营企业评定结果”并进行授牌仪式，副市长冯国勤等出席。

2003年，市工商局印发《关于在登记注册中扩大出资者范围的试行意见》，当年全市新设立企业91 556家，私营企业在全市企业总数中所占比例为64.2%，规模明显扩大。

2005年5月18日，市政府印发《贯彻〈国务院鼓励支持和引导个体私营等非公有制经济发展的若干意见〉的实施意见》，强调非公经济与其他所有制经济一视同仁，鼓励非公有制科技型企业科技创新、非公有资本发展现代服务业和社会事业、非公有资本进入基础设施和市政公共事业以及投资农业、非公有资本参与国有经济战略性调整。此外，鼓励公众创业、拓展就业新渠道，加大对非公有制企业的金融支持力度，加强和改善对非公有制经济的服务和监管。同年7月11日下午，市长韩正考察市内民营企业，听取发展非公经济的意见和建议。

2008年国际金融危机期间，市委、市政府印发《关于加快促进上海非公有制经济发展的若干意见》。随后，市财政局、市发展改革委等5个部门印发《关于推进经济发展方式转变和产业结构调整的若干政策意见》，提出鼓励非公经济参与产业及配套产业发展、推进中小企业信用担保体系建设、完善担保机构风险补偿机制、加强金融服务、支持上海有条件的中小企业上市等具体措施。市工商局推出11条支持企业发展的政策。市金融办、市工商局和市国家税务局、市地方税务局发出《关于本市股权投资企业工商登记等事项的通知》，推出支持股权投资企业发展9条政策。市金融办、市工商局、市农委、市经委出台《关于本市开展小额贷款公司试点工作的实施办法》。市财政局、市物价局明确上海6类从事个体经营人员可继续享受行政事业性收费优惠政策。

2009年1月,市政府印发《关于进一步做好本市促进创业带动就业工作的若干意见》,加大对有潜力的创业人才的支持力度,帮助一些原本不符合落户条件的创业青年加入上海户籍。成立于2001年的上海赢思软件技术有限公司因成功开发小i机器人,已成为微软全球战略合作伙伴以及微软Windows Live Messenger的官方机器人接入平台。但该公司创始人袁辉的学历并不符合上海市人才引进落户政策,未解决其户籍问题,袁辉及其家人的生活遇上许多不便,袁辉曾一度心生退意,想把公司搬至邻近省市。市长韩正得知此事后,特批解决他的户籍问题,上海最终留下了上海赢思软件技术有限公司。

2009年6月25日,市工商局、市农委发出《关于本市农村社区股份合作社办理工商登记有关问题的通知》,明确社区股份合作社的法律属性、登记依据、登记程序、业务范围、出资方式以及材料规范。

2010年4月,市政府印发《贯彻国务院关于进一步促进中小企业发展若干意见的实施意见》。同年8月,市政府办公厅印发《关于本市加快融资性担保行业发展进一步支持和服务中小企业融资若干意见》,为民营企业发展提供空间。

第三节 管理与服务

为了指导、帮助城乡劳动者个体经济的发展,市政府加强对个体工商户的监督、管理,保护其合法权益,并在扶持个体私营经济健康发展的同时加强了规范与服务。

一、监督管理

1988年7月11日,为贯彻执行国务院、国家工商行政管理局颁布的《城乡个体工商户管理暂行条例》和有关规定,市政府发布《上海市城乡个体工商户管理的补充规定》。《补充规定》明确,申请从事个体经营的人员除应具备生产、经营能力外,还应具备与经营该行业相适应的资金、场地和设备等条件;各级工商行政管理机关、个体劳动者协会应教育广大个体工商户遵纪守法,讲究职业道德,做到文明经营;对模范执行国家法律、法规和规章并有突出事迹的个体工商户,给予表扬或奖励;对个体工商户中的违章违法行为,由工商行政管理机关或其他有关部门依法处理。同年11月26日,上海召开贯彻实施《私营企业暂行条例》座谈会,市有关方面负责人和私营企业代表参加,副市长庄晓天到会讲话。

1989年4月28日,市委常委会批准市政府财贸办、市工商局等《关于整顿个体经营,加强监督管理的意见》,决定成立上海市整顿个体经营领导小组,副市长庄晓天任组长。同年5月20日,市工商局发出通告,规定石油、金属材料、木材、水泥等26种商品不属私营企业个体工商户和个人经营范围。

1994年1月1日,市政府印发《上海市个体工商户管理规定》,对1988年批准的《上海市城乡个体工商户管理的补充规定》进行修订。新《规定》明确:上海市各级政府部门应当鼓励、引导和支持个体经济的发展。个体工商户不得从事投机诈骗,走私贩私;欺行霸市,哄抬物价,强买强卖;偷工减料,以次充好,短尺少秤,掺杂使假;生产和销售不符合卫生标准或者有害人身健康的食品、用品;生产或者销售假冒伪劣商品;印刷、播放、出售或者出租宣传反动、淫秽、色情、凶杀暴力、封建迷信以及有损民族团结的书刊、图片等出版物和音像制品;利用色情手段招徕顾客;招用童工,虐待侮辱帮工,引诱或者胁迫帮工从事非法活动;出租、出借、转让、出卖、涂改或者伪造营业执照;法律、法规和规章禁止的其他违法活动。同年3月28日,市工商局发出《关于加强对集贸市场个体经营登记管理的通知》,要求除在市场内经营的自产自销农民和农业专业户外,其他凡符合个体工商户登记条件的市场内设摊经营者,均核发《营业执照》或《临时营业执照》,对外省人员凭市公安机关出具的寄住证明、身份证以及市场同意进场证明,按照上海市个体工商户的开业要求审核批准。9月7日,市工商局发出《关于开展对农贸市场个体经营实施登记专项管理工作的紧急通知》。11月26日,市政府办公厅转发市工商局《关于整治本市农贸集市、交易点经营秩序意见》,要求各市场管理部门会同个体劳动者协会加强对个体经营者的经营道德教育,把教育寓于管理之中。有条件的农贸集市可单独建立个体劳动者协会市场分会;按照行业划分小组,不断提高个体工商户自我教育、自我管理的能力。

2002年9月29日,市工商局制定《上海市个体工商户登记程序暂行规定》。

2006年12月30日,根据市政府有关要求,市信息化委印发《关于加强中小企业信用制度建设的实施意见》。

根据国家与地方政府制定的法规、规章,市工商局等部门对个体工商户、私营、民营企业进行规范管理。

二、综合治理

【私营经济开发区整治】

1995年,市工商局、市农委、市财政局、市税务局、市审计局、市房地局印发《关于加强对本市私营经济开发区规范工作的若干意见》。提出通过整治,基本达到4个目标:私营经济开发区过多过滥的问题得到制止;私营经济开发区的空壳开发现象基本消除:私营经济开发区对私营企业注册不规范问题基本解决;对在开发区内注册的私营企业及其分支机构的日常监督管理工作基本到位。对不符合建立条件的开发区,予以"关""停""并""转"。同年12月19日,市政府召开上海市私营经济开发区管理工作会议,副市长孟建柱出席会议并讲话。

1996年1月30日,市政府办公厅转发市工商局、市农委、市财政局、市国税局、市地税局、市审计局、市房地局《关于加强本市私营经济开发区规范管理若干意见》,要求健全设立开发区审批制度,加强宏观控制;依法审核,严格规范开发区内私营企业的登记工作;加强日常监督管理,保证开发区健康发展。按照市委书记黄菊、市长徐匡迪对市内私营经济开发区规范管理的批示和副市长孟建柱在上海市私营经济开发区管理工作会议上提出的开展私营经济开发区整治规范工作的要求,全市开展整治规范工作。经整治规范,私营经济开发区关、停的有4家,并、转的有24家,从81家减少到53家,私营经济开发区驻市区办事处也被关闭35处。空壳企业得到了清理,对因资金不实、经营场地不实或未办理前置许可证明件的企业进行了处理,其中对无资金、无场地、无正常机构的企业进行了清理。注销、吊销企业305户,通过企业年检作出注销或变更处理的1 200余户。开发区注册行为得到规范,验资中介机构在对企业验资过程中,一律要在验资报告中附上资金资产的原始凭证人。此外,对整治过程中查出的通过担保、垫资实施验资注册的976户私营企业,督促其资金到位。同年8月6日,市工商局召开上海市经济小区管理工作会议,通报整治规范工作情况。

1997年,市工商局依法吊销、注销经济小区内空壳私营企业4 000多户,对三县一区的30个经济小区作出暂停招商、进行整改的处理决定,以保证私营经济小区规范发展。1998年6月24日,市工商局发出《关于停止受理部分行业跨区县经营的企业在经济小区注册登记的通知》,自7月1日起,凡从事餐饮业娱乐业旅馆业广告业美容美发业投资房地产等咨询业的企业都不得在经济小区(含工业小区)内注册登记。同年,为了防止经济小区内的开发公司非法借贷,为申请人提供验资资金,或验资中介机构出具虚假验资证明,市工商局发出《关于进一步加强经济小区(工业园区)管理工作的通知》。1999年,针对部分非法招商点和招商人员,招商行为不规范导致产生空壳企业乃至发生重大涉税案件的问题,市工商局出台《关于加强对经济小区办事处及招商人员管理的意见》,通过对经济小区招商办事处和人员的检查,重新核定办事处和招商人员。根据市纪委、市监委的指示,针对青浦、松江、金山、宝山、长宁五区县发生重大税案的情况,市工商局迅速对涉案的55户企业的注册登记情况进行调查。

【企业设立“三虚”行为整治】

“三虚”指企业设立过程中虚假验资、虚设注册场所和虚报投资者身份。2007年1月1日,市政府办公厅转发市整规办、市金融办、市工商局《关于本市开展整治企业设立中“三虚”行为工作的意见》,提出整治目标为:“三虚”行为有效遏制;涉及金融风险的垫资验资大案得到严肃查处;市场主体资格存在缺陷的企业逐步规范;加强“三虚”行为监管的制度得到健全。

在规范全市经济小区和招商中心及其招商办事处中,区县对主要由企业或自然村设立的86家经济小区和招商中心予以关闭或合并,对148家委托招商的办事处采取关闭措施。整治中,还发现176户由经济小区设立的专门实施垫资的企业,其资金主要来源于自有资金、财政资金以及个别银行贷款。通过清理,经济小区自行注销了89户,工商部门吊销了17户,其余70户已全部停止垫资验资,所有用于垫资的资金及时予以抽回或归还。

在规范企业登记注册、查处违法企业方面,工商部门对2005年后入驻经济小区、招商中心的企业进行摸底,共发现38 769户企业涉嫌虚报注册资本。其中,虚报注册资本在100万元以下的企业33 075户,占85.3%;虚报注册资本在100万元以上的企业5 694户,占14.7%。对38 769户涉嫌虚报注册资本的企业全部予以监控,在2007年年检期间严格把关,责令其限期改正,通过实行指定审计或重新验资,补足注册资本或减资规范;对不再经营的,责令其办理注销手续;对拒不整改的,予以吊销营业执照。通过整治行动,补充注册资本的企业为6 290户,通过减资规范的企业为1 275户,自行注销的企业为5 753户,规范“三虚”企业17 698户,占总数的45.6%;对拒不整改的“三虚”企业,吊销12 708户,进入吊销程序的为8 363户,总计吊销“三虚”企业21 071户,占总数的54.4%。对虚报注册资本巨大、涉嫌骗取行业资质、存在其他违法行为以及造成严重后果的“三虚”企业,市有关部门加大查处力度,对161户“三虚”企业立案查处,罚没款总计1 333.4万元。

工商部门与公安部门密切配合,加强金融业务监管和资金交易监测,打击“三虚”违法犯罪活动。将3 030户虚报注册资本在100万元以上的企业移送公安部门处理。公安部门共受理“三虚”案件222起,立案114起,破案65起,抓获了涉及虚报注册资本、集资诈骗和提供虚假证明等严重违法的犯罪嫌疑人75人。人民银行上海分行和上海银监局组织全市19家中资银行对2005年以后开立的货币验资账户进行全面自查,共发现有2.32万个账户存在违规行为,占同期验资账户的13%,涉及金额共计35.2亿元。

“三虚”违法行为整治期间,人民银行上海分行和上海银监局成立联合检查组,重点对6家银行及其营业网点进行抽查,针对银行开立账户审查不严谨、资金划转不规范和信贷资金间接挪作垫资资金等突出问题作了业内通报。市财政局组织全市各会计师事务所对验资业务开展自查自纠,重点对2005年后为经济小区、招商中心企业出具的48 320份验资报告进行自查，发现有7%左右的验资报告存在审验程序不规范、证据不充分等问题，要求相关会计师事务所按照进行整改。同时，市财政局重点对多次被投诉举报、内部质量控制薄弱、低价争揽业务的15家会计师事务所开展抽查，对其中5家会计师事务所进行了处罚，其中对严重违法的会计师事务所予以撤销。

2007年，市工商局加大对空壳企业的清理力度，全市共吊销约4.98万家空壳私营企业。同时，各区县加强对经济小区和招商中心的监管，违法违规为入驻企业垫资验资的现象大幅减少，招商引资方式逐步规范。

三、服务扶持

1980年4月，上海市恢复个体工商户的申请登记。1981年5月，允许个体工商户租房开店或借柜经营，可以雇帮工、带学徒。1982年5月，市工商行政管理局发布《关于扶持城镇个体经济若干规定》，放宽个体工商户经营方式，允许其向私营企业过渡。1988年6月《中华人民共和国私营企业暂行条例》公布后，上海把生产型、科技型和外向型私营企业作为发展重点。

市人民政府于1983年3月1日批复同意，由市工商行政管理局负责筹建市和区、县个体劳动者协会。1991年12月27日，上海市私营企业协会正式成立，召开第一届代表大会。1992年，全市各区县全部建立了私营企业协会，并以镇、街道为单位建立区县协会的派出机构——基层工作委员会。

市与区(县)各级个体劳动者协会和私营企业协会成立后，在同级政府和主管机关工商行政管理部门指导下，发挥桥梁和纽带作用，配合政府，服务会员，促进个体私营经济健康发展。为解决企业资金周转困难，为会员单位提供贷款融资服务。1990年起，全市建立个体劳动者互助储金会，至1995年，共建立个体劳动者互助储金和互助基金组织13个，5万多会员参加集资，资金总额240万元。至1998年，全市私营企业互助基金达1 163万元。

1990年起，全市私营企业普遍实行养老医疗保险；市私营企业协会配合市住房公积金中心在私营企业中实行住房公积金制度，有1 000多户私营企业为投资者和员工缴纳住房公积金。

第十一章 开 发 区

上海解放前，主要是沿苏州河、黄浦江发展工业，形成沪东、沪西、沪南三个工业区。中华人民共和国成立后，上海的工业发展在不同历史阶段根据国家对上海的发展要求，逐步改造、拓展、转型，其空间布局也相应演变，又形成了吴泾、高桥、吴淞、桃浦等老工业区。80年代起，上海将资源、政策、环境等要素向开发区集中。浦东开发开放，又为开发区发展提供了良好机遇。经过30多年的发展，上海开发区产业载体地位提升，区域经济辐射能力增强，已成为上海建设"四个中心"和现代化国际大都市的重要载体。截至2006年底，经国土资源部等国家部委审核后联合公告，上海共有41个开发区(其中，国家级15个，市级26个；工业开发区38个，非工业开发区3个)。2009年起，上海在全国率先进行城市规划与土地利用规划"两规合一"，经过梳理确定2010年全市104个重点产业区块，规划面积760.57平方公里。全市已形成国家级、重点产业基地和市级开发区、城镇产业区块的产业分布格局。

第一节 开 发 区 建 设

一、初期建设(1983—2002年)

上海解放前，工业主要聚集在城区。上海解放后，虽建设了一批市郊工业基地和卫星城镇，但作为老工业基地，历史欠账严重，产业基础薄弱，环境日益恶化。

1984年3月，中央召开沿海部分城市座谈会，提出要在有条件的沿海城市兴办经济技术开发区。同年5月4日，经中央批准，上海成为全国沿海14个开放城市之一。市委、市政府抓紧制定并向国务院上报《关于上海经济发展战略的汇报提纲》和《上海市城市总体规划》，先后得到国务院的批复。

为改变全市工业布局，1982年9月，市政府决定建立"闵行新工业区"和"虹桥新区"，并于1983年4月征地动迁和开发建设。

1984年7月，市政府决定筹建上海漕河泾微电子工业区。同年10月，市政府批准筹建市级上海市星火轻纺工业区。1986年8月，国务院批准闵行、虹桥两个开发区为国家级经济技术开发区。1988年6月，国务院批复同意漕河泾微电子工业区扩建为漕河泾新兴技术开发区。1991年3月，国务院批准漕河泾开发区为国家级高新技术产业开发区。

1990年4月18日国务院总理李鹏代表中共中央、国务院在上海宣布开发开放浦东后，同年6—9月，上海外高桥保税区、上海陆家嘴金融贸易区、上海金桥出口加工区先后成立；1992年7月，设立上海张江高科技园区。上述园区均先后被列为国家级开发区。1992年，外高桥保税区为中国第一个对外开放的"境内关外"特殊经济区，陆家嘴园区是全国唯一以"金融贸易区"命名的国家级开发区，虹桥开发区是全国唯一以外贸中心为特征的开发区，也是全国唯一辟有领馆区的国家级开发区。

1994年，市政府批准建立市级松江工业区、康桥工业区、嘉定工业区，新建金山嘴工业区、崇明

图 4-11-1 1990 年 9 月 11 日,上海市外高桥保税区开发公司、金桥出口加工区开发公司和陆家嘴金融贸易区开发公司成立大会

工业园区、上海市高新技术产业区。1995 年,建立青浦工业园区、奉浦工业区和宝山城市工业园区,合并建立市级莘庄工业区。至 1995 年,全市有市级工业开发区 11 个。

至 21 世纪初,上海基本形成"1+3+9"的开发区发展格局。"1"为浦东新区,包括外高桥、金桥、张江、陆家嘴等开发区;"3"是闵行、漕河泾和上海化工区;"9"指崇明、宝山、嘉定、青浦、松江、莘庄、金山嘴、康桥工业区和奉浦综合工业开发区。

进入 21 世纪后,市委、市政府根据《上海城市总体规划(1999—2020 年)》和"十二五"规划的要求,对全市四大功能区域、三条现代服务业集聚带和六大产业基地的发展作出明确部署,先后批准建设嘉定国际汽车城、紫竹高新技术开发区、长兴岛船舶与海洋工程装备产业园、临港综合经济开发区、上海综合保税区等重点项目、重点区域。2010 年,上海积极推进虹桥商务区、国际旅游度假区、临港地区和黄浦江两岸等功能板块的建设,进一步优化城市布局结构,带动产业功能布局战略性调整。

二、清理整顿(2003—2009 年)

【核查核减】

80 年代起,各地出现不顾实际条件,盲目设立、扩建各类开发区,大量圈占耕地,严重损害农民和国家利益现象。2003 年 7 月,国务院办公厅接连下发《关于暂停审批各类开发区的紧急通知》和《关于清理整顿各类开发区加强建设用地管理的通知》。2004 年 3 月,国家发改委等四部委公布《清理整顿现有各类开发区的具体标准和政策界限》,我国开发区进入清理整顿阶段。

至 2003 年底,上海已有各类开发区 177 个。国务院办公厅紧急通知下发后,上海成立由市政府副秘书长任组长的上海市开发区设立审核工作小组,深入到各开发区实地核查并多次进行专题研究,不断完善开发区设立审核方案,将拟申请保留的开发区名单在《解放日报》上公示,接受社会监督。通过审核,上海将原有 177 个开发区核减为 80 个(其中国家级 13 个(不包括 2005 年批准的嘉定出口加工区),市级17个,区(县)级50个),开发区规划面积从原有1 008平方公里,核减为626.5平方公里。

2004年10月,开发区清理整顿由规划审核阶段转为设立审核阶段。至2006年,市发展改革委正式上报《上海市开发区审核工作报告》。根据清理整顿的审核原则和标准,上海最终保留40个开发区,其中,国家级开发区14个,市级开发区26个;核减面积50.82平方公里。2005年12月8日起,国家发展改革委分8批公告通过审核的国家级和省级开发区名单。2007年3月27日,国家发展改革委、国土资源部、建设部联合发布《中国开发区审核公告目录》(2006年版),上海全市最终通过国家审核的国家级、省级开发区共41个。其中,国家级开发区15个(包括国务院新批的洋山保税港区),市级开发区26个。

【"两规合一"】

城市总体规划与土地利用总体规划(简称"两规")的编制管理分置于不同部门,导致城市土地利用与城市规划城镇"两张皮"现象。2008年10月,市政府在新一轮机构改革中,组建新的市规划与国土资源管理局,并自2009年开始,在全国率先进行"两规合一",逐步建立全市城乡建设用地"一张图"(1∶2 000数字版)管理流程和对各类建设项目进行"三条控制线"(基本农田保护控制线、城乡建设用地范围控制线、产业区块范围控制线)管理。

经过"两规合一"和工业区块梳理整顿,至2010年,全市共明确104个规划产业区块。"两规合一"的规划面积为760.57平方公里,包含公告开发区、产业基地、城镇产业区块三部分。三者的规划面积分别为466.4平方公里、181.06和113.11平方公里。位于104产业区块外、且在规划城镇建设区外的现状工业用地,土地面积合计198平方公里,"两规合一"后统称为198区块,此后不断推进减量化,逐步实施整理复垦。

三、转型升级(2009—2010年)

"十一五"期间(2006—2010年),上海各开发区积极应对国际金融危机的冲击,把结构调整和加快推进高新技术产业化作为开发区转型升级的主攻方向。2009年5月市委、市政府发布《关于加快推进上海高新技术产业化的实施意见》,明确了高新技术产业化的9个重点领域。同时,设立100亿元的专项资金。

表4-11-1　2010年国家公告上海市开发区一览表

级别	类型	个数(个)	开发区名称
国家级	经济技术开发区	4	上海漕河泾新兴技术开发区、上海闵行经济技术开发区、上海虹桥经济技术开发区、上海金桥经济技术开发区
	海关监管开发区	8	上海外高桥保税区、上海洋山保税港区、上海金桥出口加工区(南区)、上海松江出口加工区、上海漕河泾出口加工区、上海闵行出口加工区、上海青浦出口加工区、上海嘉定出口加工区
	高新产业区	1	上海张江高新技术产业开发区、
	金融贸易区	1	上海陆家嘴金融贸易区
	旅游度假区	1	上海佘山国家旅游度假区

（续表）

级别	类型	个数(个)	开发区名称
市级	工业园区	26	上海市市北高新技术服务业园区、上海崇明工业园区、上海星火工业园区、上海紫竹高新技术产业园区、上海浦东康桥工业园区、上海化学工业园区、上海新杨工业园区、上海浦东合庆工业园区、上海南汇工业园区、上海奉城工业园区、上海未来岛高新技术产业园区、上海宝山工业园区、上海月杨工业园区、上海富盛经济开发区、上海浦东空港工业园区、上海嘉定工业园区、上海嘉定汽车产业园区、上海莘庄工业园区、上海西郊经济开发区、上海松江工业园区、上海松江经济开发区、上海奉贤经济开发区、上海金山工业园区、上海枫泾工业园区、上海朱泾工业园区、上海青浦工业园区

第二节 开发区管理

一、管理体制

【开发公司模式】

即设立一个开发公司来规划、开发、管理一个开发区，开发公司承担一定的政府职能；不仅开发工业用地，还要进行公共基础设施投资，公共基础设施成本靠工业和商业用地开发收入来补偿。闵行、虹桥、漕河泾等3个国家级开发区从一开始就采取这种模式。2001年11月中国加入世贸组织后，随着政府职能的转变，开发公司已逐步演变成适应社会主义市场经济发展需要，以现代企业制度为构架，以市场化运作和提高经营效率为目标的开发、经营主体。

【“管委会＋开发公司”模式】

管委会作为政府派出机构，经政府有效授权，进行经济开发规划和管理，为入区企业提供服务，拥有一定行政审批权。开发公司负责开发建设、招商引资等工作。这种模式又分为两种：一是政企分离的开发管理模式。管委会只负责行政审批、管理和制定政策，开发经营由开发公司承担，在大规模成片开发时优势比较明显，上海化工区、临港地区的开发就是采用这种模式。二是政企合一的开发管理模式。管委会具有管理者与开发商的双重功能，与开发公司“两块牌子、一套班子”或交叉兼职。这种模式在开发开放初期具有普遍性。加入世贸组织后，上海大多数开发区先后都采用“管委会＋开发公司”的模式。随着政府职能不断转变，开发区成了政府“管理下移、审批前移”的载体，这种模式逐步向“政府主导、公司运作、职能分开、紧密结合”的政企关系演变。

【“功能区＋管委会＋开发公司”模式】

采用的典型是陆家嘴金融贸易区、张江高新技术产业开发区、外高桥保税区、金桥出口加工区等浦东4个国家级开发区。1993年1月1日，浦东新区党工委和管委会成立，新区管委会直接管理这4个国家级开发区。2000年8月，撤销浦东新区管委会建立浦东新区政府，浦东新区政府采用“功能区＋管委会＋开发公司”的管理模式，功能区由区政府设立和授权委托，承担区域内经济管理和社会管理双重职能；而管委会是市、区政府派出机构，受两级政府授权，负责园区内项目审批和规划建设。2010年,功能区取消,新区四个国家级开发区管委会职能和管理范围重新得到强化。

二、规划布局

市人大常委会、市政府对开发区管理进行了战略定位。1988年,市九届人大常委会第四次会议通过《上海市经济技术开发区条例》,明确开发区定位是“以吸收外资发展新兴技术和新兴产业,举办先进技术企业和产品出口企业为主”。进入21世纪后,各开发区纷纷根据定位,制定各自的发展战略和发展规划,开发区的发展目标和方向更加明确,上海各公告开发区逐步形成各自的发展特点和功能优势。

开发区布局事关城市功能和城市未来发展大局。中华人民共和国成立后,上海逐渐从消费城市转变为生产城市,但城市发展重心仍局限在市区及其边缘,工业布局和产业结构很不合理。1986年和2001年,国务院先后两次批复《上海市城市总体规划方案》和《上海市城市总体规划(1999—2020年)》,明确了上海建设“四个中心”和现代化国际大都市的定位,要求合理规划产业布局和用地布局,形成“多核、多轴”市域空间发展格局。

历届市委、市政府十分重视开发区的合理布局,强调开发区建设必须按照城市总体规划,坚持规划引领、“功能规划”先于“形态规划”,坚持做到规划高起点、开发高品质、功能高度融合。1990年,浦东开发开放。1992年邓小平南方谈话发表后,上海进入快速发展阶段。1992年,上海编制《浦东新区城市总体规划》,先后规划建设了陆家嘴、金桥、张江、外高桥、洋山保税港等一批国家级开发区。浦东开发带动了市区的更新改造,也推动着全市的开发区建设。上海城市建设逐步由中心城区转向市域6 340平方公里大范围。

开发区主导产业不同,功能规划也不相同。在建设过程中,各开发区如陆家嘴金融贸易区、张江高新技术产业开发区、上海化工区、临港综合经济开发区等都能不断吸取国内外开发区的经验和教训,坚持设计理念创新,与时俱进推进开发区合理布局。同时,根据上海特大型城市的特点,市政府重视抓好开发区建设的生态平衡、推进产城融合发展,在抓紧老工业区环境整治的同时,抓新建、已建园区的生态建设和“国家生态示范园区”建设。

截至2010年底,上海的产业布局已经形成以六大产业基地为龙头、国家级开发区为先导、市级开发区为支撑、特色产业园区、生产性服务业功能区、都市型工业园为配套的产业开发格局。六大产业基地分别是张江微电子产业基地、安亭汽车制造基地、金山石油化工产业基地、宝山精品钢材产业基地、临港装备产业基地、长兴船舶产业基地。

三、政府管理

改革开放初期,市委、市政府先后制定和争取许多有利于上海发展的政策。1987年12月,国务院批准《上海市土地使用权有偿转让办法》。1988年2月,国务院原则同意市政府《关于深化改革扩大开放加快上海经济向外向型转变的报告》。同年8月,上海首次采用国际招标方式有偿出让虹桥开发区26号地块土地使用权,开了利用外资解决资金困难的先河。1990年,市委、市政府向中共中央、国务院上报《关于开发浦东、开放浦东的请示》。

1988年、1990年市政府先后发布《上海市经济技术开发区条例》和《上海市漕河泾新兴技术开发区暂行条例》,明确规定:“上海市人民政府主管外国投资工作的部门是开发区的管理机构”“开发区内原由市或区人民政府各主管部门分管的基础设施、土地房产、环境保护和……工作,仍由各主管部门负责管理。”开发区早期管理，出现“五龙戏水”“N龙戏水”的局面。

2001年中国加入世贸组织后，市委、市政府强调大力转变政府职能，全面推进依法行政，努力建设服务政府、责任政府、法治政府。政府不再直接参与开发区的决策管理，由直接管理转变为依法行政。对项目管理和审批，海关通关监管等职能实行简政放权、放管结合等一系列改革，推进服务和发展导向。市委、市政府对开发区的支持，逐步由制定各类财政、税收、土地等优惠政策转变为不断创造良好的发展氛围和发展环境。由市发展改革委、市经济信息化委牵头，定期发布《上海工业产业导向和布局指南》《上海产业用地指南》《上海产业能效指南》《上海产业转型升级指导目录和布局指南》，指导各类开发区健康发展、转型升级。2002年起，市政府先后印发《上海市鼓励外国跨国公司设立地区总部的暂行规定》《上海市关于鼓励外商投资设立研究开发机构的若干意见》《关于上海加速发展现代服务业的若干政策意见》《关于加快推进上海高新技术产业化的实施意见》。市人事局先后印发《上海市重点领域人才开发目录》《上海市中长期人才发展规划纲要(2010—2020)》。

四、重大战略决策

【“聚焦张江”】

1999年开始，市政府提出“聚焦张江”战略，在“产业、政策、人才、服务”四个方面进行聚焦，举全市之力推进外资高科技企业落户张江；开创孵化器模式，吸引海归创新创业。2000年1月，市政府发布《上海市促进张江高科技园区发展的若干规定》(简称《若干规定》)，2001年和2007年，又先后修订《若干规定》，对园区从管理机构直到吸引人才等17个方面作出更加有利于创新发展的规定，强调“园区内企业依法实行自主经营、自主用人、自主分配和自负盈亏”。

【建设“产业示范基地”】

2009年7月，工信部提出“创建国家新型工业化产业示范基地”(简称“产业示范基地”)后，市相关部门积极编制创建方案。2010年9月，市经信委牵头召开“上海市创建国家新型工业化产业示范基地暨工业区工作推进会议”。针对上海环境、土地、能源、人口等资源制约日益增加，市有关部门积极推进创建“国家新型工业化产业示范基地”，努力使产业示范基地成为上海低碳、生态、环保发展的产业阵地，促进产业技术创新、土地集约利用、“两化深度融合”，成为承接战略性新兴产业、高端技术产业、先进制造业和现代服务业发展的重要平台。2010年，工信部公布第一、第二批“国家新型工业化产业示范基地”，上海有7个产业基地获批“国家新型工业化产业示范基地”。分别是：临港装备产业基地、航空产业基地、上海化学工业区、长兴岛船舶与海洋工程装备产业基地、嘉定汽车产业园、张江高科技园区和漕河泾新兴技术开发区。

【联动发展、融合发展】

2008年起，市经委(市经济信息化委)、市商务委等部门支持上海市开发区协会联合上海市商标协会，积极开展创建“品牌园区”活动。2008年，有10家园区被命名为“上海品牌园区”，15家园区获“上海品牌建设优秀园区”称号。鉴于一些品牌园区开发资源有限，发展受到一定限制，而另一些开发区资源富有，甚至闲置，上海各开发区以“品牌园区”为抓手，积极探索开发区的“联动发展、融合发展”，形成了市区合作、区区合作和跨地区合作等多种模式。张江高科、漕河泾、金桥、临港等10家开发区通过联动发展，建设了近30家合作园区。此外，还通过品牌合作，“走出去”联动，在江苏、浙江、安徽等省市开展园区共建。由于积极推进“融合发展”,第三产业对上海开发区经济发展的带动和支撑作用日益增强。2010 年,上海各开发区和产业基地的第三产业营业总收入突破 1.3 万亿元,张江高科、漕河泾新兴技术、紫竹高新技术、外高桥保税区、洋山保税区等开发区的第三产业比重大幅度提升,二、三产业的结构逐步趋向合理。

第三节　开发区绩效

一、经济规模与产业发展

【经济规模】

1992 年,上海开发区工业总产值为 73.7 亿元,2003 年为 4 092 亿元,到“两规合一”前的 2008 年达到 12 983.03 亿元。2010 年,上海开发区的工业总产值达到 22 628.83 亿元,占全市工业总产值的 72.9%,其中公告开发区的工业总产值为 16 295.23 亿元,开发区已成为上海工业的主要载体和集聚地。2010 年,上海开发区第三产业实现营业总收入 13 324.71 亿元。其中,公告开发区第三产业实现营业收入 12 642.67 亿元。第三产业对上海开发区经济发展的带动支撑作用日益增长。2010 年,全市 104 区块二、三产业营业总收入达 37 027.77 亿元,比上年增长 34.5%;其中国家公告开发区的二、三产业营业总收入达 29 759.09 亿元。全市开发区二、三产业不断融合,园区规模能级不断提升,产业调整进一步推进,2010 年全市总收入在千亿以上的开发区和工业基地有 9 个,包括外高桥、松江、金桥、漕河泾、张江、康桥、嘉定、莘庄和国际汽车城等。

【产业状况】

在全面贯彻落实科学发展观,努力实现经济又好又快发展方针的推动下,开发区加快产业结构调整,第三产业持续增长,二、三产业比例逐步向以服务业为主的产业结构转变。2005 年起,国家级开发区已基本形成以服务业为主的产业结构,其中外高桥保税区 2010 年第三产业营业收入为 8 256.36 亿元,占公告开发区的 65.3%。结构调整促使开发区经济效益提高,税收增加。2010 年,上海开发区二、三产业比例为 62∶38。同年,全市 104 区块实现利润 2 336.06 亿元。其中,工业利润 1 677.26 亿元,三产利润 658.80 亿元;国家级开发区的工业利润为 540.44 亿元,三产利润 503.19 亿元,分别占公告开发区工业和三产利润的 32.2%和 76.4%。2010 年,全市 104 区块上缴税收 2 099.69 亿元,其中公告开发区和国家级开发区上缴税收总额分别为 1 691.69 亿元和 1 172.84 亿元。2010 年,上海市开发区期末从业人员 196.1 万人,全市开发区年人均收入为 5.7 万元,其中国家级开发区年人均收入达到 10 万元。

21 世纪后,上海各开发区积极推进产业向低碳、生态和环保发展,优化调整产业结构、淘汰落后产能,万元产值能耗连年下降,基本保持在 0.1 吨标煤/万元区间。2010 年,国家级开发区万元产值能耗为 0.028 吨标煤/万元、市级开发区万元产值能耗为 0.165 吨标煤/万元。但工业能源消费总量因产值提高仍在不断增加,2010 年上海公告开发区的综合能耗为 1 523.3 吨标煤,万元产值能耗为 0.098 吨标煤/万元。一些高载能行业所在的开发区必须加快产业结构调整,进一步提高能源利用水平。

2009—2010 年,上海工业向全市现有的 104 个规划工业区块的集中度逐年提升。截至 2010 年,工业向公告开发区集中,集中度为 52.5%,比上年提高 1.6%,比 2005 年提高 14.2%。2010 年,公告开发区的主导产业集聚度为 86.5%,各开发区积极发展战略性新兴产业,加强高新技术产业基地建设力度、加大对先进制造业和生产性服务业项目的投资和引进力度，开发区工业经济结构不断优化，战略性新兴产业和生产性服务业得到较快发展。张江高科技园区贯彻市委、市政府“聚焦张江”战略，先后建立多个国家级基地，吸引集聚了集成电路、软件、生物医学领域的大批著名企业、研发机构和高级人才，形成国内最密集的生物医药研发创新基地。全市 9 个海关特殊监管开发区充分发挥功能优势，积极发展出口加工、现代物流和电子信息等相关产业，其税收产出规模日益扩大。2010 年，税收总额达 1 035.79 亿元，完成进出口总额 1 446.8 亿元，占上海进出口总额的 38.6%。

二、土地开发利用

【土地开发进度】

21 世纪后，在土地资源紧缺的情况下，市政府和各相关部门深化上海节约集约用地机制，着力提高建设用地利用效率，先后推出《上海市产业用地指南》《上海市基础设施用地指标》《上海市土地利用总体规划(2006—2020)》等，不断提高土地管理效率和行政管理效能。上海各开发区通过结构调整、二次创业，加大盘活存量用地、促进资源有效配置等措施努力提高土地利用力度。截至 2010 年，全市现有的 104 个规划工业区块规划面积 834.69 平方公里(“两规合一”的规划面积为 760.57 平方公里)，开发土地面积 553.98 平方公里，土地开发率达 66.37%。其中，公告开发区的开发率为 69.31%，国家级开发区的开发率达 76.78%；已供应土地面积 511.24 平方公里，土地供应率为 92.29%；累计建成土地面积 462.24 平方公里，土地建成率为 90.42%。

【土地投资强度和产出水平】

2010 年，上海开发区“104 区块”工业总产值为 22 628.83 亿元，单位土地产值为 56.46 亿元/平方公里；其中，公告开发区的单位土地产值为 62.96 亿元/平方公里，国家级开发区单位土地产值为 115.29 亿元/平方公里，市级开发区单位土地产值为 52.34 亿元/平方公里。(全市 104 区块、国家级开发区和市级开发区的单位土地投入强度见表 4-11-2)。2010 年，上海开发区“104 区块”上缴税收 1 924.3 亿元，单位土地税收产出为 4.02 亿元/平方公里。其中，公告开发区的单位土地税收产出为 4.92 亿元/平方公里，国家级开发区单位土地税收产出 17.22 亿元/平方公里，市级开发区单位土地税收产出为 2.04 亿元/平方公里。

2010 年前后，上海开发区加大土地资源二次开发力度，不断淘汰劣势企业。2010 年，公告开发区的平均建筑容积率从 2005 年的 0.5 提升到 2010 年的 0.65。截至 2010 年，全市 104 个规划的工业区块已累计供应工业用地 387 平方公里，尚可供应工业用地 183 平方公里，其中公告开发区尚可供应工业用地 141 平方公里。

表 4-11-2　2008—2010 年上海市公告开发区土地开发投入产出统计表

单位：亿元/平方公里

年　份		2008	2009	2010
全市 104 个规划的工业区块	单位土地基础设施投入	3.34	4.24	3.98
	单位土地工业固定资产投入	31.02	35.38	31.03
	单位土地税收产出	2.51	3.71	4.02
	单位土地产值	58.90	57.87	56.46

(续表)

年　份		2008	2009	2010
其中,国家级开发区	单位土地基础设施投入	6.02	7.85	7.53
	单位土地工业固定资产投入	66.26	88.83	76.22
	单位土地税收产出	10.49	14.57	17.22
	单位土地产值	102.83	114.80	115.29
其中,市级开发区	单位土地基础设施投入	2.94	3.52	3.94
	单位土地工业固定资产投入	24.13	26.44	29.17
	单位土地税收产出	1.14	1.53	2.04
	单位土地产值	51.71	46.24	52.34

三、招商引资与科技创新

【招商引资和投资】

自80年代上海建设开发区起,截至2010年,上海各开发区从早期“广种薄收”“政策招商、优惠引资”到“规划领先”“招商选资”、围绕主导产业进行“产业链招商”,不断创新招商引资模式、提高招商引资质量,为开发区调整结构、二次创业奠定了良好基础。

受2008年国际金融危机影响,2009年开发区吸收利用外资有较大幅度下降。2010年,全市开发区在市委、市政府领导下,加大招商引资力度,推进高新技术产业化和产业结构调整,招商引资出现上升势头。全市104个规划工业区块引进外资项目1 005个,其中公告开发区872个;引进合同外资金额60.58亿元,其中公告开发区56.55亿元。2010年,全市公告开发区引进内资项目8 077个,内资注册资金达459.79亿元,均有明显上升。各开发区根据自身产业定位,围绕主导产业、支持创业进行产业链招商,效果明显,项目质量提高,固定资产投资保持增长。

【科技创新】

截至2010年,上海开发区经认定的高新技术企业766家,占全市3 129家高新技术企业的24.5%。其中,经认定的技术先进型服务企业158家,占全市技术先进型服务企业总数的55%;经认定的各级研发机构581家,其中国家级研发机构38家、市级研发机构124家。各开发区还积极开展公共技术和服务平台建设。张江、漕河泾等开发区搭建微电子、系统软件、生物工程、中药现代化、纳米技术、通信技术、新材料等公共技术服务平台,积极营造有利于企业创新的发展环境。

开发区科技活动和研究与开发(R&D)经费投入量逐年增大。2010年,上海开发区从事研发人员数106 128人,研发经费313.8亿元,占销售收入的比重4.1%;其中,张江的研发经费占销售收入的比重达到7.5%。2010年,开发区当年专利申请数4 500项,专利授权数3 667个,累计拥有有效专利14 211件,占全市拥有的专利28%。张江高新区出现了一批国内首创和业内领先的创业创新技术和产品。

第十二章　财　　政

上海解放后至2010年，中央对上海市财政管理体制经历了从“统收统支”到“比例分成”，再过渡到“财政包干”“分税制”的过程。1985年以前，市对区县、区县对乡镇实行财政包干。1985年起，实行“核定基数、收支挂钩、总额分成、一定三年”的体制。1988年起，对区县实行“基数包干、增量分成”。1994年，全国实行国税、地税分税制；市对区县、区县对乡镇划分收入与支出范围。2002年起，实行“两级政府、三级管理”体制，辅之以财政转移支付制度。2004—2010年，上海分步推进“税收属地征管、地方税收分享”。

1949年6月，上海市人民政府财政局成立，行使政府管理财税的职能。同年10月，建立全市经费支出概算和月度预算。1950年，按全国财经统一的要求，全市财政收入全部纳入国家预算。1951年7月，上海市执行政务院颁布的《预算决算暂行条例》，预算编制后，提请上海市各界人民代表会议审议通过。1952年，按照“统一领导、分级管理”的原则，上海市建立年度财政预决算。1955年，全面推广财政预算，建立区级政府预算。1957年，市人民委员会制订《地方公私合营企业1957年预算管理办法暂行规定》，财政预算实行预算内的收支数字和地方自筹资金收支数字两本账，做到“一切公开，没有隐瞒，层次分明，账目清楚，不打赤字”。1958年，江苏省10个县划入上海市。1959年，建立县级财政预算。1960年，上海市地方财政预算贯彻“上下一本账、全国一盘棋”的方针。1961年、1962年和1967年因“大跃进”和“文化大革命”，财政收入下降。“文化大革命”中，预算编制未能正常进行。1979年，市财政局根据国民经济“调整、改革、整顿、提高”的方针，编制收支。1986年9月，上海市建立乡(镇)级预算管理制度。至此，市地方财政形成市、区(县)、乡(镇)三级预算管理体系。1988年，中央对上海市实行“基数包干上缴”的财政体制。1992年，根据国务院《关于财政预算管理条例》的规定，对维护、发展各项事业和完成行政任务所筹集和分配的资金，列为经常性预算；对进行基本建设、技术改造和增加生产周转金而筹集和分配的资金，列为建设性预算。1995年，《中华人民共和国预算法》颁布，上海市贯彻执行。

地方财政决算编审依据政务院1950年、1951年颁布的决算制度和决算暂行条例进行。经过审核的市级和区、县级决算，由市财政局汇总成市地方财政总决算，报市政府审查，再提请市人民代表大会或常务委员会审查批准、报财政部汇编国家决算。80年代，决算编审严格划分年度，分清资金界线。1988年，上海市实行财政包干制，加强财政决算审核，改进决算编报。1990年起，采用计算机输送区、县财政决算表和乡(镇)财政决算表。市财政决算执行的结果，多数年度收支平衡，略有积余，少数年度有财政赤字。财政赤字均动用地方财政积余和多方面调集资金予以平衡。

政府财政部门财务管理包括国营工业、交通、商业、农业以及集体、合作企业、私营企业的管理，涉及固定资产、流动资金、成本费用、利润分配、经营承包、价格补贴等各个方面，并随着各个时期经济体制改革的要求而变化。尤其是改革开放以后，实行两步“利改税”，推行承包经营责任制和现代企业制度，企业的经营自主权和财力逐步扩大，政府直接管理的范围日益缩小，逐步向社会主义市场经济的管理模式过渡。

上海从1950年起，对行政事业单位的财务管理，实行“统收统支”的办法，一切收入上缴国库，一切支出由财政部门按照供给标准照实报销。1952年实行“定员定额”管理。从1953年起，对有部分固定收入的单位实行“全额管理、差额补助、结余留用”;对有固定收入而收支能够自求平衡的房地产管理部门,实行“自收自支、结余留用”。1977年,对文艺演出团体,试行增演增收奖励。1980年起,在全市各级行政事业单位全面试行“预算包干”。1987年,对地方财政拨付的科学事业费,分别采取有偿合同制、申请科技发展基金、经费包干等不同方式拨款。对高等院校全面推行以奖学金为主,贷学金为辅的办法。对卫生系统,按一定比例提取超劳务补贴,奖励有关人员。1991年,对市属房产管理局直属企业上缴的利润,纳入房产特种资金,核定比例,专户管理,用于市房管局直属单位的事业经费。1993年起,市财政局对行政机关的人员经费,采取“增人不增经费、减人不减经费”的办法。

其他财政专项管理,包括预算外资金管理、财政信用管理和各种财政专项资金的清理监督,以及日常的财经纪律检查。上海解放后,对财政资金的各种专项检查与监督管理进行过多次,包括对各类“小金库”、社会集团购买力、冻结清理银行存款的检查,还有对“文化大革命”中抄家财物的处理等。

第一节　财政管理体制与综合性政策

一、中央对上海市财政管理体制

【统收统支(解放后—1957年)】

上海解放初期,全市征收的各种税收收入解入中央金库,只留下零星收入;地方靠开征公用事业费等附加收入,抵充支出。这种体制的特点是“收支两条线”,财政收入同支出不发生直接联系。1951年以后,统收统支体制有过不同程度的改进。随着全国财政经济状况开始好转,财政分配按照中央、大区和省(市、自治区)三级进行划分。1954年,改按中央、省(市、自治区)、县三级建立管理体制,划分收支范围。此期间,中央对上海市的预算收支管理,在划分收支、分级管理的原则下,实行“以支定收、一年一定”为主要特点的统收统支体制。

【比例分成(1958—1987年)】

1978年以前,中央对上海的财政管理体制主要实行计划经济下统收统支的管理模式。其间,从1958年起,实行各种形式的比例分成。

“以收定支、固定比例分成”(1958—1979年)。1958年以后,随着国民经济的恢复和各项事业的发展,中央对经济和财政体制作了重大改革,下放企业、下放财权、下放计划和物资管理权限,试行“以收定支、固定比例分成”。1978年12月中共十一届三中全会后,全国进入改革开放新时期,随着计划经济向社会主义市场经济转变,国家财政管理体制也发生相应变化。1980年,中央对上海实行“定收定支、收支挂钩、总额分成、一年一定”(1980—1987年),并保留原来固定分成和超收分成的办法;1985年和1988年,又进行两次调整。

【财政包干(1988—1993年)】

1991—1993年,上海延续1988年起实行的财政基数包干上缴体制,并以1987年地方财政实际完成的收入165亿元为基数,确定上海地方财政收入从1991年起超过165亿元,超收部分实行对半分成,中央得50%,上海也得50%。另外,1991—1992年,上海分别固定上解中央105亿元和缴

图4-12-1 1991年9月,上海市财政局召开“财政支持改革开放研讨会”

纳贡献款(1991年为5.7亿元、1992年为4亿元)。1993年,上海上解中央包干任务105亿元和4亿元贡献款,以及追加的上缴中央5亿元,实际上解中央包干任务、贡献款等共120亿元。

【分税制(从1994年起)】

为进一步理顺中央与地方的财政分配关系,执行1993年底国务院发布的《关于实行基数包干上缴财政管理体制的决定》,从1994年1月1日起,上海实行分税制财政管理体制。中央政府划分了地方政府事权和支出范围,根据事权与财权相结合的原则,按照税种划分中央与地方的收入,把维护国家权益、实施宏观调控所必需的税种划为中央税;把同经济发展直接相关的主要税种划为中央与地方共享税;把适合地方征管的税种划为地方税,并充实地方税税种,增加地方税收收入。上海与中央的共享收入主要是增值税和证券交易印花税两个税种。其中,增值税,上海分享25%;证券交易印花税,中央与上海各分享50%。1997年起,中央上调该税分享比例,中央为88%,上海为12%。2001年上调为中央94%,上海6%。2002年起中央97%,上海3%。

2002年起,国务院决定实施所得税收入分享改革。除铁路运输、国家邮政、中国工商银行、中国农业银行、中国银行、中国建设银行、国家开发银行、农业发展银行、中国进出口银行以及海洋石油天然气企业缴纳的所得税继续作为中央收入外,其他类型的中央和地方企业缴纳的企业所得税和个人所得税合并为共享税,由中央与上海按照比例分享。中央规定,2002年所得税收入中央分享50%,上海分享50%;2003年所得税收入中央分享60%,上海分享40%。实际执行到2005年底为止,分享比例维持在60∶40。分享比例确定以后,中央与上海确定了所得税分配办法。

【出口退税】

随着改革开放的深入,国家从1985年开始实行出口退税政策,在实施过程中,出口退税机制有过多次调整。1985—1987年,中央和地方按照企业隶属关系分别负担出口退税。1988—1990年,出口退税全部由中央负担。1991—1992年,中央外贸企业的出口退税仍由中央负担。地方外贸企业的出口退税,1991年由中央负担90%,地方负担10%;1992年中央负担80%,地方负担20%。1994—2003年,出口退税改为全部由中央财政负担。2003年,国务院颁布《关于改革现行出口退税机制的决定》,从2004年起、实施出口退税机制改革,本着"适度、稳妥、可行"的原则,区别不同产品调整退税率。同时规定,从2004年起,以2003年出口退税实退指标为基数,对超基数部分的应退税额,由中央和地方按75∶25的比例共同负担。对截至2003年底累计应退未退企业的出口退税款和按照增值税分享体制影响地方的财政收入的,全部由中央财政负担。其中,对应退未退企业的出口退税款,中央财政从2004年起采取全额贴息等办法予以解决。2005年,中央进一步完善出口退税机制,改为对超基数部分按照92.5∶7.5比例,由中央和上海共同负担。

二、市对区县财政管理体制

中央对上海实行财政包干的管理体制后,市政府对区县政府、区县政府对乡镇政府也实行了层层包干的财政管理体制。自1985年起,市政府对中心城区试行以总量分成为特征的"核定基数、收支挂钩、总额分成、一定三年"的财政包干体制,中心城区各区财政收支范围重新划分,自求平衡;对郊县试行以增量分成为特征的"核定收支基数、定比增长分成"的财政包干体制。自1988年起,市政府对12个区和10个郊县实行以"基数包干、增量分成"为特点的财政包干体制。根据各区县不同情况,分别适用"核定收支基数、包干上缴、增收分成、一定五年"或"核定收支基数、前三年递增包干上缴、后二年增收分成"两类办法。

1994年,开始全国实行分税制财政管理体制,按照"统一领导、分级管理"原则,中央对上海、上海对区县、区县对乡镇,分别根据事权与财权相一致的原则,划分收入与支出范围。从2002年起,实行企业所得税和个人所得税中央与地方分享改革,上海市政府对区县、区县对乡镇也相应进行改革。在实行分税制财政管理体制过程中,根据上海实际情况,实行以下放事权与财权为主体的"两级政府、三级管理"体制;并辅之以财政转移支付制度,从而调动了市与区县两级政府理财的积极性。

2004—2010年,上海分步推进以"税收属地征管、地方税收分享"为目标模式的市与区县财税管理体制改革。具体包括:(1)财政管理体制改革与税收征管体制改革同步实施。将原按企业产权隶属关系划分的市与区县两级税收征管体制,调整为除涉及国计民生的特定行业(企业)(主要包括银行、保险、交易所三个行业以及冶金、交通、烟草、高化、石化、通讯、汽车、电力等系统的企业)由市级集中税收征管外,其他企业全部实行税收属地征管。市级集中税收征管企业税收地方收入部分归属市级财政收入,税收属地征管企业的税收地方收入部分,分税种按固定比例由市与区县两级财政分享。(2)财税管理体制改革分步推进,财政收入平稳增长。2004年,在浦东新区先行先试"税收属地征管、地方税收分享"的财税管理体制改革目标模式;2005年,黄浦、卢湾、徐汇、长宁、静安、虹口等6个中心城区和闵行区实行改革目标模式;2006年,其余的11个区县也按改革目标模式全部实施到位。由于分三步实施的区县财税管理体制改革有序衔接,不断完善,有效地确保了全市财政收入持续平稳增长。(3)按照各区县的不同特点和功能定位,在财政体制上分别实行"11863"的差别政策。第一个"1",即对浦东新区先行先试"税收属地征管、地方税收分享、基数差额返还"的财税管理体制;第二个"1",即对崇明县根据崇明生态建设的要求,实行地方税收全返和生态专项资金支持的倾斜政策;"8",即对嘉定、青浦、松江、南汇、奉贤、金山、闵行、宝山8个郊区根据"工业向园区集中”的要求，实行市级工业园区内的市、区两级财政收入增量返还园区的政策，支持郊区发展先进制造业；“6”，即对黄浦、卢湾、徐汇、长宁、静安、虹口等6个中心城区，按照中心城区集聚发展现代服务业的政策导向，将部分服务业企业市级财政收入增量返还所在区；“3”，即对闸北、普陀、杨浦等3个财力相对困难区，作为中心城区产业结构调整的空间，同时享受上述“8”和“6”的政策。(4) 整合财税机构，健全财税职能。为适应财税管理体制改革要求，原有市级财税分局同步整合，9个分局中的市财税四、五分局分别整建制并入浦东新区和金山区税务局，其他7个分局调整为2个征管分局和5个财税监督稽查局，以进一步增强财税监督稽查职能。各区县税务分局也随财税管理体制改革进程逐步充实税收征管力量。(5) 区县以下财政管理体制改革有序推进。市与区县财政管理体制改革到位后，采取一系列切实有效措施，稳步推进区县以下财政管理体制改革。积极推行“乡财区(县)管”财政改革试点，市财政局制定了《完善上海区县以下财政体制的指导性意见》，明确区县以下财政体制的改革办法。各区县均根据本地实际，结合街道和乡镇的不同职能定位，分类分步推进区县以下财政体制改革，逐步过渡到规范统一的分税制目标模式，进一步理顺区县与乡镇、街道的财政分配关系。

三、综合性财税政策

改革开放后，市政府按照财政部、国家税务总局和市委的决策，充分发挥宏观调控、保障资金供给和促进各项事业发展的杠杆作用，实施一系列综合性财税政策。

【支持浦东新区开发与开放】

设立浦东发展基金，改革市与浦东新区的财政体制，中央、市在财力分配上向浦东倾斜，新增财力部分全额留用浦东开发建设。在税收政策上，分别实施进出口税收优惠政策和税收减免政策等，支持浦东的开发开放。

【支持国有企业改革】

主要对国有工业企业和国有商业企业转换经营机制、股份制企业试点、建立现代企业制度、“抓大放小”等方面的改革，制定了财税扶持政策：对试点企业的流转税比照同类产品的工商统一税税率征收，所得税税率为27%；1994年实行新税制以后，国有大中型企业所得税税率由原来的55%，统一改按33%的比例税率征收，税后利润由企业自主支配；股份制企业，减按15%的固定比例税率征收所得税。

【支持高新技术发展】

对经认定的高新技术企业，根据不同情况实施企业所得税“两免三减半”、减按15%或10%低税率征收企业所得税以及允许仪器设备加速折旧等优惠政策。为建立以市场为导向、企业为主体、产学研相结合的高新技术成果转化机制，1995年开始对企业建立技术中心给予相应的支持。1998年，市政府发布《上海市促进高新技术成果转化的若干规定》，此后分别于1999年、2000年、2001年连续3次根据形势的变化进行修订。财税部门从资金投入、贴息贴费、贷款担保、列支成本、土地出让金返还、税收减免等多方面予以政策支持。方式上从最初以财政列收列支、减免税收逐步规范为建立各类专项资金予以支持。随着以信息技术为代表的高新技术突飞猛进，对软件与集成电路产业的支持成为1999年以后财税政策支持高技术发展的重要组成部分,支持的内容包括增值税超过一定税负即征即退、企业所得税"两免三减半"或"五免五减半"、免征关税及进口环节增值税、再投资退税、建立专项资金等。2009年,市政府印发《关于加快推进上海高新技术产业化的实施意见》,决定充分利用高端产业增长空间放大的重要契机,结合国际高新技术产业发展特点和趋势,大力推进高新技术产业化。依据上海的产业基础、科研技术水平和人才支撑条件,确定了九大重点领域,即新能源、民用航空制造业、先进重大装备、生物医药、电子信息制造业、新能源汽车、海洋工程装备、新材料、软件和信息服务业。同时,市政府设立100亿元的自主创新和高新技术产业发展重大项目专项资金,用于扶持九大领域高新技术产业化项目。

【支持房地产市场健康发展】

上海根据房地产市场发展大体经历开发住房制度改革、搞活房地产市场和实施房地产市场宏观调控3个阶段的不同情况,分别实施相应的政策措施。1991年,市政府印发《上海市住房制度改革实施方案》,对推行公积金、提租发补贴、按照优惠价买卖住房等,分别给予明确列支渠道、减免税收等财税优惠政策。1996年起,为搞活房地产二、三级市场,对买卖住房及深化住房制度改革要求,对个人、单位买卖内外销商品房、存量房产、空置商品房、公有住房及自建住房等,分别不同情况,实行减免税收、按照5%综合征收率计征税款或缴纳、个人所得税税基抵扣等财税优惠政策;对个人购买住房的契税,由地方财政贴费50%,对房产租赁则采取按照一定比例综合征收率的办法,计征相应的税款。2004年以后,随着个人投资房地产的意识不断增强,为稳定住房价格过快增长,国家实施了一系列房地产宏观调控政策,如对个人将购买不足2年的住房对外销售的全额征收营业税;个人将购买超过2年(含2年)的住房销售,按照售房收入减去购买房屋的价款后的差额征收营业税等。与此同时,为解决中低收入家庭住房困难,上海在2003年后,开始实施住房贷款财政贴息政策,并逐年调整享受政策的标准,帮助更多的中低收入家庭解决住房困难。

【支持环境综合治理】

1993年起,对因"三废"污染迁建企业上缴的税利返还给该企业,以解决迁建资金问题。1994年起,化学工业行业结合技术改造,解决弄堂小厂和居民住宅混杂、"三废"污染严重的局面,则通过利用原址土地级差效益安排拔点迁建;并以批租优惠方式解决"三废"污染企业迁建治理资金困难并按照规定减免营业税、土地增值税、企业所得税等。1998—2005年,积极争取亚行贷款为苏州河环境综合治理提供资金支持,安排专项资金高起点、高标准地开展城郊河道水环境综合整治。2000—2005年,通过设立专项基金、安排专项资金、优先贷款贴息等一系列政策措施,使吴淞工业区大气环境质量达到同类工业区的先进水平。

【支持就业、再就业】

1990—1992年,继续对安置待业青年的城镇集体企业实行减免营业税、集体企业所得税政策。1992—1995年,财税政策支持的重点是安置待业青年、农转非人员、"两劳"(劳改、劳教)释放人员和精简下来的富余职工的、经认定的劳动就业服务企业,主要是减免营业税和所得税。1996年以后,财税政策的重点转向对下岗再就业的支持,其中1996—2000年,主要是对通过各大企业集团、控股公司再就业服务中心吸纳、分流、安置下岗职工再就业进行支持,包括营业税、所得税等地方税收,免缴其他各类社会性缴费,向再就业服务中心拨付专项资金等。2003—2005年,财税政策的支持则面向所有安置下岗职工的企业，主要是减免营业税、所得税以及对安置下岗职工的劳动密集型小企业给予财政贴息、呆账损失补偿和手续费补助等。2003—2005 年，为促进军转干部、退役士兵及随军家属就业，实施了减免相关税收等优惠措施。

【支持教育科普文化发展】

对教育事业的支持，主要体现在对学校和其他教育机构、校办企业的支持，对高校后勤改革的支持。其中，对学校和其他教育机构的支持，在 2004 年前主要是对符合条件的教育劳务收入减免营业税。2004 年 1 月 1 日起执行财政部、国家税务总局下发的《关于教育税收政策的通知》，对学校和其他教育机构的支持不仅体现在教育劳务，而且涵盖了技术服务、房产、土地、进口仪器设备等多个方面，支持的措施则包括减免营业税、所得税、契税、土地使用税、关税、进口环节增值税、个人所得税、房产税、印花税、耕地占用税、农业税、农业特产税等。2007 年，为进一步支持上海九年制义务教育改革，按照《中华人民共和国教育法》和国家“农村义务教育经费保障机制改革”的各项政策要求，安排财政教育资金，对本市义务教育阶段中小学校实施免除学生课本费政策。对科普事业的支持，从 2003 年 6 月 1 日开始，主要是对综合类科技报纸、科技音像制品和经认定的科普基地实施减免税优惠。1993 年 5 月 1 日至同年底，对文化事业的支持体现在减免相关税收和基金上；1994 年 1 月 1 日起，对因税制改革而增加税负的宣传文化单位实施的财税政策则包括先征后返、减免税、建立文化发展专项资金等多种措施。1996—2002 年，对宣传文化单位实施所得税列收列支政策。2003—2005 年，为适应所得税收入分享改革的需要，对宣传文化单位的支持由所得税列收列支改为预算列支。2004 年 1 月 1 日起，为支持文化体制改革试点，对经营性文化事业单位转制为企业以及试点地区文化产业的发展实施一定年限内保留事业经费、减免相关税收等优惠政策。

【支持重大专项】

主要是为落实市委、市政府的一些重大专项，实施财税优惠政策，包括：为确保成功举办 2010 年上海世博会，对上海世博协调局、上海世博(集团)公司以及国际展览局世博会参与者的优惠政策。为建设上海国际汽车城实施的财税优惠政策。为完成市区范围内 365 万平方米的危棚简屋拆除、改造任务实施的财税优惠政策和自 1986 年开始实施的“94 专项”财税政策。应对突发事件财税政策等。

第二节　财政收支与财政平衡

上海财政收入是上海经济发展的综合体现，按照统计口径，分为全市财政收入和地方财政收入。

全市财政收入是上海地域范围内产生的全部财政收入，包括税务部门、财政部门征收的各项税收收入和财政性收入、海关征收的关税、代征的进口产品消费税、增值税以及中央在沪企业直接上缴中央的所得税、利润、银行利息等收入。从 1949 年 5 月上海解放至 1978 年底，全市财政收入累计 2 518.6 亿元，年均增长 12.33%。1979—1990 年，全市财政收入累计 2 823.18 亿元，年均增长 3.39%。1991—2005 年，全市财政收入累计 23 370.92 亿元，年均增长 19.46%。税收收入是财政收入的主要来源。1991—2005 年，全市税收收入总计达 20 084.57 亿元，占全市财政收入的 86%。

地方财政收入是按照财政体制规定，属于上海地方的财政收入，主要由税收收入，以及企业收入、专项收入、行政事业性收费收入、罚没收入、其他收入和基金收入等非税收入构成。1949—1978年,上海地方财政收入累计1 954.94亿元,年均增长19.74%。1979—1990年,上海地方财政收入累计2 030.06亿元,年均增长-0.11%。1991—1993年,地方财政收入累计603.43亿元,年均增长13.22%。分税制改革后,按照分税制的统计口径,1994—2010年,上海地方财政收入18 658.4亿元,年均增长19.1%。

一、地方财政收入

【税收收入】

1992年邓小平南方谈话发表后,全国改革开放的力度和步伐加大加快、国民经济持续健康稳定发展,加快了财政收入的增长。1991年,上海地方财政收入175.53亿元。1993年,上升为242.34亿元。1994年,财政体制改革以后,随着经济高速发展,上海地方财政收入出现快速增长势头。1995—1997年,地方财政收入年均增长26.19%。1998年,受亚洲金融危机影响,上海地方财政收入增长放缓,1998—2001年,年均增长15.19%。2002年开始,经济回暖,上海地方财政收入又一次进入高增长期。2002—2007年,上海地方财政收入年均增长达23.9%。2008年,受国际金融危机影响,收入增速放缓;2008年和2009年,上海地方财政收入增幅分别为13.3%和6.6%。

在地方财政收入中,税收收入所占比重逐年提高,对财政收入增长影响较大。1979—1990年,全市地方财政收入中的税收收入为1 129.63亿元,占同期全市地方财政收入的55.64%。1994年以后,按照分税制财政体制要求,将税收收入划分为中央税、地方税和共享税。其中,属于上海地方税收收入的有营业税、城市维护建设税、房产税、城镇土地使用税、农业税(2003年停征)、耕地占用税、契税等。列为中央与地方共享税的是增值税、证券交易印花税。原来按照企业隶属关系划分的企业所得税以及作为地方税收收入的个人所得税,从2002年起也列作共享税。1994—2010年,全市税收收入共计17 812.38亿元,占同期全市地方财政收入的比重达到95.5%。

1991—1993年的工商税收,不包括国营企业所得税、调节税收入,以及"农业四税"(农业税、农林特产税、耕地占用税和契税)收入等。1994年后,上海地方财政收入增长迅速,绝大多数年份都超过了GDP的增速。1994—2005年的税收收入,其统计口径分为全口径税收收入、税务部门组织的税收收入和计划口径税收收入。1991—1993年,主要按照纳税人的行政隶属关系划分中央级税收收入和地方级税收收入。烧油特别税和特别消费税也纳入中央级税收收入。这3年,全市税收收入为671.85亿元。其中,中央级税收收入为77.99亿元,占11.61%;地方级税收收入为593.86亿元,占88.39%。1994年,将全部税种划为中央税、共享税和地方税。其中,共享税按照比例或其他方式由中央和地方分享。中央级税收收入包括:中央税收入、共享税收入中的中央分享部分、地方税收入中的不属于地方级收入的部分,以及海关代征税收收入。1994—2010年,全市税收收入为51 388.83亿元。其中中央级税收收入为33 995.21亿元,占66.15%;地方级税收收入为17 393.62亿元,占33.85%。其间,税务部门组织的税收收入为50 794.5亿元。其中,证券交易印花税收入3 908亿元,车辆购置税收入(2005年)226.9亿元。

1991年,上海市税收收入涉及税种(不含关税)32个。经过以1994年税制改革为主的简化合并调整,至2010年,税收收入涉及税种尚余17个,其中最主要的五大税种是增值税、消费税、营业税、企业所得税、个人所得税等。其间,全市税收收入共计52 060.68亿元。

【非税收入】

政府非税收入在改革开放前有各种不同的称谓，长时期统称为预算外资金。预算外资金和非税收入都是财政性资金，非税收入涵盖的内容比预算外收入广泛。1991—2005年，在全市非税收入中，行政事业性收费收入、规费收入及罚没收入共计242.85亿元，年均增长22.62%，占地方财政收入的3.13%。教育费附加收入、排污费收入、水资源费收入、彩票公益金收入等其他全市非税收入累计189亿元，年均增长10.58%，占地方财政收入的2.44%。2006—2010年，全市非税收入总计744.2亿元。

二、地方财政支出

上海地方财政支出主要包括经济建设支出、城市维护支出、教科文事业支出、社会保障与医疗卫生支出、行政管理支出和其他支出等。

1978年前，国家实行统收统支的财政管理体制，上海地方财政支出规模不大：1950年地方财政支出仅为7 988万元，1977年为17.18亿元，1978年为26.01亿元。中共十一届三中全会后，地方财政支出规模不断扩大，国务院财政支出先后两次给上海调整支出基数。第一次是1985年，国务院批准《关于上海经济发展战略的汇报提纲》，实行新的财政管理体制，给上海增加15亿元的支出基数，使上海地方财政支出规模从1983年的20亿元左右，提高到35.68亿元；第二次是1988年，国务院批准上海实行"基数包干上缴"的财政管理体制，又多留给上海14亿元，使上海地方财政支出达到65.88亿元规模。1989年和1990年，上海地方财政支出分别达到73.31亿元和75.56亿元。1978—1990年，上海地方财政支出累计达到538.46亿元。1990年，上海地方财政支出比1978年增加1.9倍。1991—1994年，上海地方财政支出507.22亿元，年增长率27.1%。

1994年起，中央对地方实行分税制财政管理体制，上海市对区县也实行相同的财政管理体制，调动了各级政府增收节支的积极性。用于地方财政支出的资金明显增加，政府财力保障能力增强。1994年分税制改革当年，全市地方财政支出为196.98亿元，1995年上升到267.89亿元，增长36%。1991—2010年，全市地方财政支出21 885.52亿元，年均增长21.2%，比1950—1990年的802.34亿元增加26倍多。

1991—2010年，市财政不断优化支出结构，按照构建公共财政框架的要求，逐步改变财政支出方向，从过去重点投向生产性和竞争性领域，转向满足社会公共需要的科学、教育、医疗卫生、社会保障等公共领域。财政支出的公共性、保障性和均衡性特征进一步体现。

在城市基础设施建设方面，由于历史的原因，改革开放初期，上海的城市基础设施建设"欠账"较多。为尽快改变这种状况，上海遵循邓小平南方谈话精神，力争"一年一个样、三年大变样"。从1992年起，财政部门通过调整支出投向，集中更多资金支持城市建设重点项目，市、区县两级财政除不断加大财政性资金的投入力度外，还通过探索投融资体制改革，拓宽建设资金来源的渠道。1995年起，通过开展土地批租、盘活市政基础设施存量、引进外国政府贷款、发行债券等方式大力推进上海的基本建设，先后建成南浦大桥、轨道交通1号线以及隧道、高架道路、外环及中环线、高速公路等一大批基础性的市政、交通设施，形成"申"字形高架道路、"三纵三横"地面道路、十字形地下交通等市内立体交通网络；浦东国际机场、洋山深水港一期工程等一批航运、水利设施；苏州河综合整治工程、合流污水治理工程等改善城市生态环境的项目；上海博物馆、上海图书馆、上海体育场等一大批多功能、高档次的文化体育设施；上海信息港集约化信息管线工程、科技创业孵化基地等科技创新项目。

在城市维护方面,上海各级财政逐渐扩大支出规模,保证城市基础设施和公共设施的正常运转。1991年,全市的城市维护费支出仅为2.83亿元,2005年达86.46亿元,增加30倍。1991—2005年,基本建设和城市维护支出占财政支出的比重从1991年的19.3%提高到2005年的28.2%,城市综合管理能力得到强化,城市现代化管理水平得到提高,促进了上海城市建设的快速发展。

在维护社会稳定方面,上海各级财政安排的公检法司系统支出每年都有较大增长,用于保证行政政法单位的办公、办案经费和增强政法装备的科技含量及政法队伍的建设。全市的公检法司系统支出从1991年的2.71亿元增加到2005年的88.09亿元,增加31倍;占地方财政支出的比重从1991年的3.15%提高到2005年的5.31%。2010年,全市公共安全支出187.2亿元,占地方财政支出比重为5.67%。

在实施“科教兴市”战略和教育文化卫生事业方面,财政除了在基本建设支出方面给予支持,兴建一大批教育、文化、卫生设施外,还从1998年起,不断增加对事业的投入,大力发展城乡义务教育,鼓励文艺团体和运动队、运动员出精品剧目和成绩。支持高新技术产业化的形成和发展,参与医疗卫生体制改革。“九五”期间(1996—2000年),上海地方财政支出中投入科、教、文、卫事业的资金1 034.14亿元,比改革开放前22年总支出834.20亿元增长123.97%。教科文卫支出从1991年的23.3亿元增加到2005年的306.8亿元。2010年,教育支出417.3亿元,占地方财政支出的12.6%;科学技术支出202亿元,占地方财政支出的6.1%;文化体育与传媒支出55亿元,占1.7%;医疗卫生支出160.1亿元,占地方财政支出的4.9%。

在社会保障与解决民生问题方面,财政部门支持解决就业、再就业,低收入家庭及人员的住房等困难,特殊困难群体的帮困,旧房改造等,从财力上确保对社会保障的投入和合理增长。社会保障补助和抚恤、福利救济支出占地方财政支出的比重从1991年的1%提高到2005年的6.3%。全市抚恤和社会福利救济支出2005年比1991年增加29.38倍。2006—2010年,社会保障和就业支出共计1 356.2亿元。2010年,社会保障和就业支出362.6亿元,占地方财政支出的11%。①

三、地方财政平衡

地方财政收支平衡,主要是年度地方财政收入,加上中央按照分税制财政管理体制的返还收入和专项补助等地方财政总收入与地方财政支出,加上上解中央支出等地方财政总支出的平衡。1993—2005年,上海财政先后实行财政包干体制和分税制财政管理体制,在执行过程中,除1991年和1992年出现赤字外,上海贯彻中共中央、国务院1993年6月发布的《关于当前经济情况和加强宏观调控的意见》精神,积极组织财政收入,合理安排财政支出;以收定支,量入为出,努力做好地方财政总收入和总支出的平衡。1993—2010年,上海财政均做到年度收支平衡,略有结余。

【分税制前地方财政平衡】

1994年以前,上海财政实行包干制财政体制,中央确定上海包干上缴基数以及固定上缴数额。

① 说明:财政部自2007年预算时全面实施政府收支分类改革,为此,2007年及以后支出按照调整后的支出功能分类口径进行统计。

但是由于工业企业经济效益持续下滑，资金紧缺，欠税上升，加上长期积累的深层次问题短期内难以解决，国家新实行的改革措施对财政收支都有一定影响。上海财政在1991年和1992年曾出现赤字；1993年起，上海财政收支平衡，略有结余。

定额上解与补助收入。1991—1993年，上海地方财政继续实行1988年确定的“基数包干上缴、一定五年”财政包干体制，确定上海包干上缴基数为105亿元。1991年上解中央113.08亿元，其中，体制上解105亿元，贡献款5.7亿元，下放港口定额上解0.53亿元，其他专项上解1.85亿元。1992年为114.39亿元，其中，体制上解105亿元，贡献款4亿元，下放港口定额上解0.53亿元，其他专项上解4.86亿元。1993年上解中央122.2亿元。其中，体制上解120亿元，下放港口定额上解0.18亿元，专项上解2.02亿元。从1993年起，每年定额上解中央120亿元。按照财政包干体制的要求，1991—1993年，中央对上海的各项结算补助累计39.96亿元。其中，1991年16.28亿元，1992年13.92亿元，1993年9.76亿元。

年度平衡情况。1991—1993年，上海财政前两年出现赤字。1993年，上海严格执行中共中央、国务院《关于当前经济情况和加强宏观调控的意见》和国务院颁布的《国家预算管理条例》，重新调整地方预算，不安排财政赤字。当年财政收支执行结果，由预算赤字6.5亿元转为结余3亿元左右。在收入方面，国民经济的快速增长和商品流通的扩大，使财政收入中与经济增长密切相关的一些主要税种超收较多。在支出方面，主要是市与区县两级政府按照财政包干体制的有关规定，在完成包干上缴任务后，用增长的收入安排一部分事业发展和改革需要的支出。增加的支出中，重点安排改革资金支持价格和工资制度改革，推动养老保险制度、住房制度等综合改革，支持教育卫生改革，维护社会治安秩序，加快经济开发区建设和城市基础设施建设。

【分税制后地方财政平衡】

1994年起，上海实行分税制财政管理体制，划分中央财政和地方财政的收入支出范围，并改变与中央财力结算方式。在确保上缴中央的基础上，上海地方财力在经济高速发展的基础上也有了快速增长，财权与事权基本一致，财政收支年年平衡，并略有结余。新增财力逐渐向民生倾斜。

1994年实行分税制以后，原来确定的上海120亿元上解额，继续定额上解。1994—2010年，上海累计上解中央支出2 040亿元，另外还有专项上解1994—2010年262.1亿元。其中，税务经费上划11.3亿元，出口退税地方负担部分上解163亿元，世界银行贷款扣款8.9亿元。1994—2010年，上海财政上解中央财政累计达到2 319.4亿元。

1994—2010年，中央对上海的各项税收返还和补助累计5 282.7亿元，包括：增值税和消费税税收返还3 567.2亿元，所得税分成收入776.8亿元，出口退税基数返还50.5亿元，成品油价格和税费改革税收返还83.2亿元，中央专款334.1亿元，其他结算补助等470.9亿元。

第三节　财 政 管 理

一、预算管理

按照国家有关预算管理的要求，上海在预算编制、预算审批、预算执行（包括预算批复、预算执行、预算监督、预算调整等）、决算编审（包括决算批复）等方面，严格执行相关制度规定。在预算管理实施过程中，财政部门除承担必要的管理职责外，还依靠各部门依法协同理财治税，接受市人大常委会的监督。

1994年以前,上海先后执行1950年政务院颁布的《中华人民共和国预算暂行条例》、1991年国务院颁布的《中华人民共和国预算管理条例》。根据这两个条例,市本级与区县级的预、决算统一由市财政局编制,在提请市人大常委会审查批准后,再由市财政局下达到市级预算单位和区县财政局执行。1994—2005年,根据《中华人民共和国预算法》(简称《预算法》)的规定,市财政局只编制市本级政府的预决算,并负责汇总市本级和区县级总预算草案,报市政府审定后,提请市人大常委会审查总预算草案和执行情况的报告,市本级预算和执行情况的报告。区县级预决算根据区县级政府的工作安排和市财政局的部署自行编制,提请同级人大常委会审查批准。

根据《中华人民共和国预算法》的规定,1994—2010年,上海各级财政部门在每年本级人民代表大会会议举行前的1个月,将上年度预算执行情况和本年度本级预算草案的主要内容提交本级人民代表大会的专门委员会进行初审,在本级人代会举行会议时,向大会作关于上年度预算执行情况和本年度预算草案的报告。预算草案经人代会审查和批准后,生效成为法律文件,由财政部门负责批复预算单位执行。上海预算管理实行市、区县、乡镇三级预算体系。

二、政府非税收入管理

政府非税收入在改革开放前,曾有过"特别资金""规费""罚没""地方自筹资金"等称谓,统称为预算外资金。预算外资金和非税收入都是财政性资金。2004年以前,通常按照资金是否"纳入预算"为标准,将财政收入分为预算内收入和预算外收入两大类进行管理。2004年后,按照财政收入是否为"税"为标准,将政府财政收入分成税收收入与非税收入两大类进行管理。非税收入涵盖的内容比预算外收入要广泛,有一些已经列入预算的收入还是属于非税收入。

1991年和1992年,预算外资金收支统计口径分为:地方财政管理、行政事业单位管理和国有企业及其主管部门管理的预算外资金3类。其中,超过50%属于国有企业及其主管部门管理的各种专项资金。1993年,实施《企业会计准则》《企业财务通则》和企业会计制度、企业财务制度后,国有企业的各种专项资金和税后留用资金转为国家资本金或盈余公积金等,不再作为预算外资金管理,行政事业性收费收入成为预算外资金来源的主角,在预算外资金总收入中的占比超过80%。

由于预算外资金或非税收入的主要项目属于行政事业性收费,收费主体多元,管理难度相对较大。上海在1986年以后,在预算外资金或非税收入管理上采取一系列措施和方法。1991年后,继续在资金所有权不变的前提下,对预算外资金采取"财政专户储存、计划管理、财政审批、银行监督"的方式进行管理。同时,对专户储存的沉淀资金实施融通周转。1994年特别是1996年国务院《关于加强预算外资金管理的决定》将预算外资金明确为财政性资金后,上海逐步将行政事业性收费和政府基金纳入财政专户或预算,实行收支两条线管理;不断严格收费项目审批,加大收费项目的清理力度,分期分批取消收费项目近1 000项、降低收费标准近80项;将公安、法院等所有收费项目以及其他部门的157项收费项目纳入预算管理;不断加强收费票据管理,实行以票控款,并逐步将收费票据规范为由财政监制,统一印刷、管理、领用的通用票据、专用票据、定额票据及《非税收入一般缴款书》。

三、国库管理

中华人民共和国成立后,上海地方国库管理工作按照财政部和中国人民银行的规定,一直实行委托国库制。改革开放初期的1980年5月，市财政局与中国人民银行上海市分行、中国农业银行上海市分行制定《关于执行〈中央金库条例施行细则〉的规定》。1986年12月，财政部和中国人民银行总行制定《关于执行〈中华人民共和国国家金库条例施行细则〉(试行)的补充规定》。1989年，正式实施财政部、中国人民银行制定的《国家金库条例实施细则》。两阶段《细则》都明确规定预算收入的收纳、划分、留解和库款支拨，均由中国人民银行分行主管，具体业务由各专业银行办理；金库主任由各级人民银行行长兼任。2000年以前提到的“国库”，一般是指“国家金库”。

1994年，八届全国人大二次会议通过的《中华人民共和国预算法》，对组织预算收入、拨付预算资金以及决算编制和批复等预算执行作出规定。同时，将国库管理作为预算执行工作中的一项管理制度加以明确。尽管《中华人民共和国预算法》明确了国库管理财政预算资金的收与支，但在改革开放初期，国库管理只是作为国家或各级政府财政收支的出纳机关，而财政资金的缴库和拨付主要通过征收机关和预算单位设立多重账户分散进行，管理职能虚弱，无法进行有效监管。

从2000年10月起，财政部先后对部分粮库建设资金和车辆购置税交通专项资金实行财政直接拨付改革。2001年3月起，经国务院批准，国家正式开始实施财政国库管理制度改革。将传统的财政资金银行账户管理体系和资金缴拨方式改革为建立以国库单一账户体系为基础，资金缴拨以国库集中收付为主要形式的现代国库管理制度。当年，上海根据中央的统一部署，将原来归属于预算处的国库业务单列出来，成立国库处，负责国库管理；并以国库单一账户体系为基础，探索建立按照规范程序，财政资金支付到供货商或最终用款单位，取消中间支付环节的制度，使财政资金在未支付到收款人之前一直保存在国库，资金运行过程通过电子化监控系统实时监控，地方财政管理国库的职能得到增强。

四、政府采购

1984年，城乡建设部印发《建筑安装工程招标投标试行办法》。同年，市财政局会同市有关部门对利用世界银行贷款的建设项目实行招标。1995年，上海提出运用政府采购加强财政支出管理的设想，并在卫生系统进行试点，后来逐步扩大到教育、科技等领域。1997年，市财政局会同有关部门制定《上海市财政性专项拨款设备招标管理办法》，各区县也制定相应的实施办法。1998年下半年，市财政局成立政府采购工作筹备小组。1999年1月1日起，《上海市政府采购管理办法》施行。2003年，《中华人民共和国政府采购法》正式实施。上海的政府采购实行委员会领导体制，按照集中采购和分散采购相结合的模式运作。全市政府采购规模从1999年的10.29亿元，增加到2010年的408.3亿元，扩大近40倍。

五、国债、贷款管理

中央自1981年恢复发行国债，当时都是凭证式，又叫国库券。1981—1999年，上海通过市财政部门代理发行的国债品种主要有：国库券、国家重点建设债券、特种债券、保值债券、特种定向债券和转换债券。国债兑付，由银行、邮政系统储蓄网点和财政国债中介机构办理，或实行交易场所场内兑付。

1999年开始，国债发行面向市场，中央将增发的国债转贷给地方，主要用于基础设施建设。在国债兑付期间，针对品种多、数量大、兑换困难的局面，上海采取以旧换新等各种兑付办法，缓解兑付矛盾。随着国债发行的市场化,兑付、经营、管理等也逐步走向市场,由商业银行和上海证券交易所承担。2002年起,上海财政部门不再承担国债的发行和兑付代理工作,主要授权负责对国债市场和中介机构的监督管理。

上海利用国际金融组织的贷款,主要来自世界银行(简称"世行")和亚洲开发银行(简称"亚行")。世行贷款通常包括国际复兴开发银行贷款(硬贷款)和国际开发协会信贷(软贷款)。亚行贷款包括普通业务(类似于世行的硬贷款)和特种业务(类似于世行的软贷款),其中普通业务贷款占亚行贷款的70%,主要用于帮助成员提高其经济发展水平。亚行普通业务贷款利率与世行硬贷款的条件相当。

上海利用世行贷款始于1984年,主要用于城市基础设施建设,大部分项目均为硬贷款。1995年,世行与上海开始采用联合融资方式,由该行出面担保,联合国际上多家银行进行贷款,联合融资不仅期限较长(15年),而且成本较低,具有选择性和竞争性。

亚行是第一家组织外国商业财团开展对华联合融资的金融机构。上海大部分的亚行项目均为普通业务贷款。亚行贷款原由中国人民银行负责管理和对外谈判与磋商,1998年国务院机构改革后,其管理职能划入财政部。

截至2010年,上海共计利用国际金融组织贷款项目42个,协议金额34.78亿美元,项目涉及环保、卫生、教育、城市交通、能源、供水、工业、医疗卫生等领域。其中,世行贷款项目32个(含联合融资),协议金额24.77亿美元;亚行贷款项目10个(含联合融资),协议金额10亿美元。上海通过利用国际金融组织贷款,不仅为项目提供建设资金,也为借款人引进先进的技术和市场化的理念和方法创造条件。

外国政府贷款是经济合作发展组织(简称OECD)成员国按照OECD的规定,每年将其国内生产总值(GDP)的0.75%用于向发展中国家提供具有援助性质的贷款。OECD成员国提供此类援助贷款的目的主要是促进本国向受援国的出口以及扩大与受援国的双边财政合作关系。上海从1984年开始利用外国政府贷款,1984—2005年底,上海市利用外国政府贷款已生效项目共94项,其中1984—1998年底涉及的项目数有79项,1999—2005年底为15项;利用外国政府贷款总金额共20.136 5亿美元,其中1984—1998年底生效的贷款金额为16.644 7亿美元,1999—2005年底生效的贷款金额为3.491 8亿美元。贷款项目涉及城市交通、通讯、化工、能源、轻纺、建材、医疗卫生、冶金、环保、科研和现代农业等领域,其中市政交通领域项目使用的外国政府贷款所占份额最大,约为83%。利用联邦德国、法国、西班牙、瑞典、荷兰、丹麦、意大利、澳大利亚、挪威、日本、英国、奥地利、比利时、芬兰、加拿大、韩国、美国等共计17个国家政府提供的贷款,其中德国、法国和日本提供的贷款额居前三位,占贷款总额的75.05%。

为解决上海中小企业、高新技术企业的资金困难,缓解贷款难、担保难的矛盾,1997年,上海借鉴国外发达国家做法,引入政策性担保机制。1999年5月,经市政府同意,市财政局与中国经济技术投资担保有限公司(系由财政部和国家经贸委联合组建成立的国内首家专业担保机构,后改名为中国投资担保有限公司)合作设立中国经济技术投资担保有限公司上海分公司(简称"中投保上海分公司")。该分公司作为上海首家市政府设立的政策性担保机构,受市财政局委托,管理、运作由市级预算安排的4亿元人民币担保资金。1999—2010年底,中投保上海分公司通过对中小企业实行贷款信用担保,使中小企业获得银行贷款的支持。截至2010年,累计担保项目11 645户,贷款额298.09亿元,担保额256.4亿元。

第四节　其他财政管理

一、财政财务管理

上海财政对行政和企事业单位财政财务管理，在1978年改革开放前，实行的是计划经济下统收统支的模式。改革开放后，逐步向社会主义市场经济的管理方式转变，由原来直接、具体的国营企业财会管理变为运用法律、法规进行间接、宏观的管理。

1978年前，上海财政对国营工业企业和商业企业财务实行全面的计划管理。从1979年起，经济体制改革逐步深入，上海财政逐渐转变对国有工商企业管理方式，先后参与扩大经营自主权、承包经营责任制、转换经营机制、建立现代企业制度的改革。1979年，上海试行企业基金制、利润留成和盈亏包干办法。1983—1984年，上海先后实行两步利改税。1987年，实行承包经营责任制。1991年后，按照“放权让利”的改革精神，上海进一步扩大企业经营自主权。同时，根据中央和市委、市政府的部署，上海积极推行股份制和建立现代企业制度的各项财税改革，理顺国家与企业分配关系。1993年7月1日，工商企业统一实行国务院批准财政部发布的《企业财务通则》和《企业会计准则》。

1992年，上海结束肉、蛋、粮、油凭票定量供应的历史，粮食经营实行政策性业务和商业性经营两条线运行，放开大米及面粉价格，副食品基本上实行开放式经营，自由交易，随行就市。1995年，上海放开主副食品价格，取消购销倒差补贴，逐步取消经营性补贴，改变政策性和经营性业务界限不清导致的企业亏损全依赖财政补贴的局面。建立主副食品风险基金，把政府的储备职能同企业的经营权分离。2002年，上海控制财政补贴的总量，将其纳入市场风险资金（主要用于粮油、副食品政策性储备补贴、地方重要商品储备补贴和其他风险补贴支出）和商业发展资金（主要用于粮油、副食品政策性储备补贴、地方重要商品储备补贴和其他风险补贴支出），将补贴向风险补贴倾斜。随着主副食品流通体制的重大改革，主副食品价格放开，为解决人民群众的困难，上海对职工、城镇居民实行粮油、副食品、水电煤价格补贴。此后由于经济的发展，人民群众生活水平得到了较大提高，改为只对困难群体进行补贴。

上海对行政事业单位改变原来统收统支的管理办法。1980年起，对行政事业单位实行“预算包干、结余留用”的办法。1985年后，市财政分别采取全额、差额和自收自支三种预算管理办法。1996年和1998年起，先后实施财政部发布的《事业单位财务规则》《事业单位会计准则》《事业单位会计制度》和《行政单位财务规则》，对行政事业单位的预算管理办法从原来的全额、差额和自收自支改为核定收支、定项或定额补助；实行预算内外收支统管；改革并实行新的财务管理制度。1998年起，上海试行人员经费按实际、公用经费按定额、专项经费按计划的“零基预算”办法。2001年开始，上海实行部门预算，进一步规范预算管理，并严格实行“收支两条线”，制定预算编制定额，评定财务和预算信用等级等措施，强化预算约束，加强对预算资金的事前、事中、事后全过程的监督和管理，提高财政性资金使用效益。

上海在加快城市基础设施建设的同时，从1996年起，将城市道路、公路、环境保护等事业的管理和维修养护事权下放给各区县，市财政相应把财权也下放至各区县，并通过市财政转移支付方法，增加各区县用于城市维护的支出。1999年，上海将市级城市维护费与公用事业压亏补贴合并建立“公用事业与城市维护管理财政专项资金”，用于全市公用事业政策性亏损补贴和市级城市基础设施的维护及管理支出。

二、会计管理

自1981年全市首家会计师事务所诞生起,上海的注册会计师行业经历了恢复以后的较快发展,规范行业执业行为的法律法规制度及其准则体系不断完善,行政监管和行业自律不断加强。按照1985年1月六届全国人大常委会第九次会议通过的《中华人民共和国会计法》中关于地方各级人民政府财政部门管理本地区会计工作的规定,市财政局自当年3月起设立会计事务管理处,具体负责对全市会计工作的管理。

随着改革开放的深入,市财政部门率先对部分国有企业进行会计制度改革。1991年,提出部分符合股份制企业特点的会计核算方法,后又在国家还未出台统一的相关规定的情况下,较早地对商业代购代销、住房公积金等经济内容制定会计处理的相关制度。自1993年起,上海按照中央的要求,全面实施会计改革,形成以《中华人民共和国会计法》为统领,由会计准则、会计制度、专业会计核算办法及财务会计报告条例等规范企业会计核算的法规体系,初步实现企业会计核算模式与国际惯例的接轨。

1997年,上海市社会审计协会与上海市注册会计师协会两会联合,对会计师事务所和审计事务所(后改名为会计师事务所)一并统一管理,并在全面清理整顿的基础上,于1999年底之前,完成全行业的"脱钩改制",使注册会计师和会计师事务所从原主管单位脱离出来,成为经济的、法律的责任主体。2002年,上海实行注册会计师行业管理职能划转,原委托上海市注册会计师协会行使的行政管理职能重新归回市财政局行使,按照"法律规范、政府监管、市场引导、行业自律"的管理体制和发展导向,有效促进会计师事务所加强内部管理,防范执业风险,提高执业质量。

三、监督评价与信息公开

【财政监督检查】

财政部门对财政资金的筹集和分配活动所进行的检查和监督,贯穿于财政积累和分配的整个过程。1984年,在市审计局成立后,市财政局内不再设监察机构,有关企事业单位的财经纪律检查和专项清理监督工作,改由市审计局和区县审计局办理。财政部门的监督管理工作主要围绕与财政收支相关的财务会计、成本核算进行监督检查。2000年以后,市财政局恢复成立专职财政监督机构。2001年,成立上海市财政局监督局,2005年机构改革,设立5个财税监督稽查局。2009年,财税分设,市财政局内设财政监督处,下设上海市财政局监督检查局。各区县财政局相应成立财政监督科。

【税收、财务、物价大检查】

1985—1997年,根据国务院的统一部署,上海每年都开展税收财务物价大检查,成立市税收财务物价大检查领导小组,由市政府分管副市长担任组长,市人大常委会、市政协以及市财政税务、物价、审计、人民银行、工商、民政、监察、公安等部门和检察院、法院的有关领导作为小组成员。市税收财务物价每年大检查的范围、内容、方法和处理原则都由市大检查领导小组统一部署。

【"小金库"专项清理】

1982年,上海对"小金库"进行清理。清理范围包括企事业单位和行政机关的各种收入;没有上缴财务部门统一入账管理而由私人保管的,包括现金和银行存款。1986年,上海开展清理整顿"小钱柜"工作,要求各级行政、事业、企业单位和人民团体,包括全民所有制单位附属的集体所有制单位及县以上供销合作社,对化大公为小公,化公为私,公款私存,收支未经过本单位财务会计部门列收列支作账务处理的各种资金,均先作为"小钱柜"看待,按照规定清理。对"小金库"的清查,自1987年后并入税收财务物价大检查的内容之一,不再另行单独清查。1995年,市财政局根据国务院通知精神,与市审计局、市计委、中国人民银行上海市分行联合制定清理检查"小金库"的具体规定,指明隐瞒或截留各种收入款项、资金体外循环隐形账、虚报冒领做假账等11个容易形成"小金库"的薄弱环节。2001年,在市委、市政府的部署下,市财政局与市监委、市审计和人行上海分行发出《关于开展清理"小金库"和银行账户工作实施意见》,重点清理各区县委办、市管企业和市级行政事业单位中私设小金库现象,并对清理的范围、重点、政策、方法、步骤等提出明确要求。在各单位自查自纠,主管部门督查整改的基础上,四部门又组织专项检查组,对全市94个单位进行抽查。清理工作中,全市共清理出"小金库"2 962个,涉及金额15 613.9万元;责令违规单位纠正并对有关资金按照财税法规分别进行补税、罚款和没收等处理;对涉及贪污、挪用、私分等支出违规问题进行处理,并追究责任。

2009—2011年,市纪委、市财政局、市审计局、市国资委等部门密切配合,按照中央对"小金库"专项治理的要求,开展工作,取得积极成效。全市党政机关、事业单位、国有企业和社会团体共发现存在"小金库"性质问题单位770户,"小金库"975个,涉及金额28 454万元。

【财政支出绩效评价】

2009年,上海市的"污水治理二期"项目被列为财政部国际司的绩效评价试点项目。同年7月,市财政局会同相关职能部门对南汇、崇明、金山3个区(县)2008年支农资金整合情况进行绩效考评,考评采取区县自评,市级考评的方式进行。通过听取情况汇报、核查相关资料、查看项目现场等方式,对区县整合方案制定、体制机制创新、保障措施、整合资金规模、引导社会投入、资金管理、项目建设以及整合效益等8个方面的工作情况进行打分考核,并形成绩效考评报告上报财政部。

2010年11月,市财政局就"上海市2008—2009年度居民住宅二次供水设施改造项目(虹口区)"进行绩效评价。该项目为市财政部门对市级财政专项资金开展绩效评价试点的首个项目。

2010年底,市财政局根据《中华人民共和国预算法》和财政部制定的《财政支出绩效评价管理暂行办法》,制定《上海市财政支出绩效评价管理暂行办法》,并报市政府印发各区县政府、市政府各委办局,自2011年1月起施行。

2010年12月,市财政局成立绩效评价管理处,专门负责全市绩效评价管理工作。

【财政信息公开】

2010年,上海在公开预算报告的基础上,首次向社会公开2010年市本级预算调整方案说明,以及19张政府预算收支表(其中,2010年市本级公共财政预算支出细化到30个“款”级科目);并首次公开月度(季度)地方财政收支情况,建立定期公开机制;19项市级财政专项资金[①]使用情况,由相关市级资金使用管理部门实施公开。

① 19项市级财政专项资金:1. 服务业发展引导资金。2. 节能减排专项资金。3. 高校帮困助学专项资金。4. 职业教育发展专项资金。5. 促进民办教育发展专项资金。6. 本科教育高地建设经费。7. 重点学科建设经费。8. 城市教育费附加支出。9. 浦江人才计划经费。10. 科技小巨人工程经费。11. 种粮农民直接补贴专项资金。12. 农资综合补贴专项资金。13. 黑臭河道专项整治经费。14. 普通高等院校学生医疗保障专项资金。15. 市民社区医疗互助帮困计划专项资金。16. 城镇老年居民养老保障经费。17. 中小企业发展专项资金。18. 信息化发展专项资金。19. 燃煤电厂脱硫设施超量运行减排奖励专项资金。

第十三章　税 收 管 理

上海解放后，市军事管制委员会派出接管人员，对原国民政府财政部国税署上海货物税局、直接税局、审计部上海审计处、上海市政府会计处、市财政局等机构分别予以接管。同年5月29日，市政府建立新的财税机构，随即制订营业税、印花税、营利事业所得税等单项稽征办法征税。10月，开始建立全市的经费概算，经市政府行政会议通过后执行，并委托中国人民银行上海市分行代理市金库。

1950年1月起，全国统一税政，建立中华人民共和国税收管理制度。市政府制订《上海市营业税稽征暂行办法》《上海市房捐暂行征收办法》等，上海市的税收收入全部纳入国家预算。同年7月，市直接税局、货物税局和财政局的地方税部分实行合并，成立上海市税务局，在市区和郊区建立30个区税务分局，基层税务机构逐步健全。

1951年，按照"统一领导、分级管理"的原则，收入划分为中央收入、地方收入和中央地方的比例解留收入3种。上海的地方税收收入，主要是城市房地产税、车船使用牌照税等一些小税种和地方所属企业的收入，以及地方自筹的附加收入等。1952年7月4日，市委作出《关于加强税收工作的决定》，保障了上海当年收支相抵，还有结余。市税务部门在"一五"期间(1953—1957年)，明确计税界限，促进税收目标实现。1958年6月，上海市制订了贯彻国务院发布的《关于改进税收管理体制规定的实施办法》，并公布试行。同年9月，全国简化税制，试行工商统一税，税收征管也相应简化。1959年，市财政、税务两局合并。

1960—1965年，上海贯彻中共中央关于"调整、巩固、充实、提高"的方针，在税收上加强征收管理，并积极帮助企业加强经济核算，努力扭亏增盈。1966年开始的"文化大革命"，对上海税务工作造成严重损害。1974—1976年，上海连续3年没有完成国家下达的收入指标。1977年，全市开展增收节支，当年地方财政预算内收入(主要是税收收入)比1976年增长8.99%；1978年又比上年增长8.7%。

1978年1月，经市委批准，市、区县的银行机构与财税机构分开设立。1979年1月，上海地方国营企业试行企业基金制。同年7月，在市机电一局所属拖拉机汽车公司和标准件公司等单位，试行不同内容的利润留成和盈亏包干办法，此后逐步推广到全市1 300多户地方国营工业企业。在国营大中型商业企业中实行工资总额与经济效益挂钩、浮动包干的试点。对集体饮食行业实行定额包干经营责任制。到年底，上海在轻工机械公司等单位进行"以税代利"的试点。1983年、1984年，按照国务院的部署，上海全面推行两步"利改税"，按照国家税法规定，逐步建立起多环节、多层次的复合税制，使税收的聚财功能和经济杠杆作用有了进一步发挥。1986年8月，为了鼓励上海工业产品多出口、多创汇，对生产出口产品的企业给予各种形式的低息贷款和税收优惠。1987年，按照国务院的规定，上海分批分期对各类企业实行综合承包经营责任制。1989年4月，市税务局恢复列入市政府编制序列，与市财政局合署办公。

1980—1993年底，随着改革开放和引进外资，全市累计涉外税收收入共为85.83亿元。尤其是1990年开发开放浦东后，1991年浦东新区的开发建设进入实质性的启动阶段，税收优惠政策吸引了大批外商和国内企业前来投资。

1994 年,国家实行新的分税制体制,把上海市的税收收入,划分为中央税、地方税,中央与地方的共享税,实行按比例分成。上海对各区、县也相应实施了分税制的体制。1994 年 8 月、10 月,先后成立市国家税务局、市地方税务局。市地方税务局实行上海市政府和国家税务总局双重领导,以上海市政府领导为主的管理体制。

2009 年 3 月,市政府办公厅印发市地税局机构"三定"方案,国家税务总局批复市国税局机构"三定"方案,上海的税务机构分设后,仍合署办公。

2010 年,上海按照国家税务总局增值税扩大征收范围以及增值税立法工作的计划安排,进行多次典型企业税收数据专项调查。2011 年 10 月 26 日,国务院宣布在上海开展增值税改革试点。

改革开放后,上海经济快速增长,中央与上海市通过税收制度改革,支持全市经济发展和民生改善。1978—2010 年,上海税收收入逐年增加。改革开放初,1978 年各项税收收入总计 52 亿元。1993 年税收总收入 285.55 亿元。1994 年实行分税制,当年税收总收入 429 亿元。2010 年,全市税收总收入 8 003.4 亿元(其中海关代征进口税收 2 082.9 亿元),税务部门征收的税收收入 5 920.5 亿元。按照中央和地方级次分,2010 年市税务部门组织的收入中,中央级税收收入 3 420 亿元,地方级税收收入 2 500.49 亿元。

第一节 税制沿革

一、重构复合税制

中华人民共和国成立后,国家实行高度统一的税收管理体制。1958 年,改进税收管理体制。1961 年,适当集中税收管理权限。1973 年,下放税收管理权限。1977 年,又调整税收管理体制。改革开放初期,基本沿用财政部 1977 年 8 月发布的《关于税收管理体制的规定》。1984 年全国工商税制全面改革后,陆续列出一些新税种,并对其管理权限作出规定,将营业税起征点在幅度内的确定权和筵席税的开征权下放给地方政府等。

1984 年,根据中央要求,上海实行多税种的流转税体系,构建针对不同所有制类型的所得税体系,整合其他税收体系,随着外资和外企快速大量涌入,上海以市人大立法为主,建立涉外税收体系。

1986 年 12 月,根据国务院发布的《中华人民共和国房产税暂行条例》和《中华人民共和国车船使用税暂行条例》中有关减税免税由省、市政府确定等精神,市政府先后发布《上海市房产税实施细则》和《上海市车船使用税实施细则》,对计算房产税的房产余值,规定为原值一次减除 20%后的余值;对减免税,规定为纳税人纳税确有困难的,由市税务局确定定期减征或免征房产税。

1989 年 3 月,根据国务院发布的《中华人民共和国城镇土地使用税暂行条例》中明确的省、市政府可在该条例规定税额幅度内确定所辖地区的适用税额幅度和同年 10 月国家税务总局列举的由省、市税务局确定的一些使用土地的征免税等规定,市政府印发《上海市城镇土地使用税实施办法》,将全市城镇土地分为 9 级。免税单位职工家属的宿舍用地,福利企业用地,集体和个人举办的各类学校、医院、托儿所、幼儿园的用地,按照上海市使用权有偿转让办法获得土地使用权的土地,均免缴土地使用税。

1989 年 3 月,市政府办公厅转发国务院办公厅《关于各部门配合税务机关加强税收征管工作的通知》,强调任何部门、地区、单位不得下达与国家税收法规相抵触的文件;凡涉及税收问题,都必须事前和税务部门协商，一律由税务部门下达。同年 9 月，按照全国税务会议的精神和市政府批准的有关清理整顿减免税的规定，市税务局对前一阶段的清理减免税工作进行了检查。

1990 年 12 月 10 日起，施行《上海市耕地占用税减免管理办法》。该办法明确，各级审批机关不得超越权限，扩大耕地占用税的减免范围；其他任何部门、单位和个人都无权批准减免税。

1991 年 12 月，市政府修改、发布《上海市城镇土地使用税实施办法》。该办法规定，本市土地使用税按照划分的地段等级确定税额。根据地理环境条件，全市城镇土地仍分为 9 级；各地段等级土地使用税每平方米按照等级税额不同。

1993 年底，国家重构的复合税制共 36 种税。其间，上海市政府颁布《上海市城市维护建设税实施细则》《上海市房产税实施细则》《上海市城镇土地使用税实施办法》，并决定对筵席税暂不开征；对上海市地方国营企业、集体企业和事业单位的奖金税及国营企业工资调节税，从 1992 年起暂缓征收。

二、建立新税制

【实行“利改税”】

上海先后执行国务院发布的“利改税”的办法：1983 年实行“第一步利改税”，1984 年实行“第二步利改税”，1991 年试行“税利分流”。为适应国营企业的改革，开征了国营企业所得税和国营企业调节税。1994 年起，统一按照企业所得税征收。

1980 年，上海率先在部分企业试行“以税代利”的办法。从 1980 年起，在上海轻工机械公司、彭浦机器厂和上海柴油机厂等 44 家工业企业中试行“独立核算、国家征税、自负盈亏”的以税代利办法，即在不变动原工商税的基础上，将国营企业上缴利润的一部分改为以所得税、调节税和资金占用费的形式向国家缴纳。

1983 年 10 月，根据财政部发布的《关于国营企业利改税试行办法》，市政府印发《关于本市国营企业贯彻利改税的补充规定》，对有盈利的国营大中型企业（包括商业企业和商办工业）按照实现利润缴纳 55％的所得税。从 1984 年起，上海全面试行第二步利改税，国营企业所得税、调节税的收入逐步取代企业利润在企业收入中的地位。1981—1990 年，两税共收 447.45 亿元，为国营企业收入的 74.7％；其中，国营企业所得税占 87.1％，国营企业调节税占 12.9％。

1991 年起，上海在部分地方国营大中型企业实行“税利分流、税后还贷、税后上缴”的试点。试点企业的国营企业所得税按照 33％的比例税率缴纳。同年 12 月，上海进一步扩大国有大中型商业企业试行“税利分流、税收还贷、税收承包”的办法，从 1992 年起的 3 年内分年逐步实施。

【实行分税制】

1994 年税制改革，国家实行以增值税为主体，消费税、营业税并行，内外统一的货物和劳务税制；将多种企业所得税合并为统一的企业所得税，将个人所得税、个人收入调节税和个体工商业户所得税合并为统一的个人所得税；大幅度调整其他税收。新税制共废止税种 16 个，沿用税种 16 个（其中 1 个未开征，1 个停征），修改税种 5 个，新设税种 6 个（其中 2 个未立法开征）。

1994—2005 年，上海相继发布《上海市屠宰税征收办法》《上海市农业特产税征收实施办法》，继续不征筵席税，对农民实行农业税、农业特产税免征政策。2006 年起，完善货物和劳务税制，结合成品油税费改革调整消费税，初步实现增值税从“生产型”向“消费型”的转变。2007 年 7 月，市政府印发《关于车船税实施办法》。2008年,落实中央完善所得税制精神、将企业所得税、外商投资企业和外国企业所得税合并为统一的企业所得税;调整证券(股票)交易印花税的税率和纳税人,取消筵席税;取消城市房地产税,中外纳税人统一缴纳房产税。

【所得税"两法"合并】

1979年12月,五届全国人大二次会议通过和公布《中外合资经营企业法》。1980年9月,五届全国人大三次会议通过和公布《中华人民共和国中外合资经营企业所得税法》。同年12月,财政部发布《中华人民共和国中外合资经营企业所得税法施行细则》。上海自上述两税法公布之日起,对批准开设的中外合资经营企业(简称"合营企业")的生产经营所得,股息、红利、利息所得和出租或转让财产、专利权、专有技术、商标权、版权等其他所得,即按照《中外合资经营企业所得税法》的规定征收所得税。

1978—1981年,对外商企业总机构在中国境内、而分支机构在国外,或分支机构在中国境内、而总机构在国外的均就其中国境内的总机构或分机构的营业额及所得额,仍按照1950年《工业税暂行条例》的规定课税。1981年12月全国人大常委会公布《中华人民共和国外国企业所得税法》,财政部公布《中华人民共和国外国企业所得税法施行细则》。从1982年1月1日起,对在中国境内设立机构,独立经营或者同中国企业合作生产、合作经营的外国公司、企业和其他经济组织的生产经营所得及其他所得,以及外国公司、企业和其他经济组织在中国境内没有设立机构而有来源于中国的股息、利息、租金、特许权使用费和其他所得,均按照《中华人民共和国外国企业所得税法》的规定征收所得税。1980—1991年6月底止,包括原有4户外资和侨资银行在1980、1981两年缴纳的工商所得税在内,全市共征收外国企业所得税2.87亿元。1982年2月,执行《中华人民共和国外国企业所得税法施行细则》。

截至1991年6月止,上海按照《中华人民共和国中外合资经营企业所得税法》征收的所得税款累计为1.93亿元。自同年7月1日起,改按《中华人民共和国外商投资企业和外国企业所得税法》征收所得税。1991年7月1日起,原执行的《中华人民共和国中外合资经营企业所得税法》和《中华人民共和国企业所得税法》的征管对象需统一执行《中华人民共和国外商投资企业和外国企业所得税法》。同时,为处理好新老税法的衔接问题,上海对新税法公布前设立的合营企业,其税收负担高于新税法施行前的,在批准经营期限内,仍按照其原适用税率缴纳所得税;未约定经营期的,在税法施行之日起5年内,按照其原适用的税率缴纳所得税。新税法公布前,按照原来税法规定享有免征、减征企业所得税优惠的外商投资企业,继续享受到免征、减征期满为止。

1993年底前,国营企业、集体企业、私营企业都有各自适用的所得税税种。1993年12月,国务院发布《中华人民共和国企业所得税暂行条例》。上海对经国务院批准的高新技术产业开发区内的企业,经市科委组织认定为高新技术企业的,按照15%的税率征收企业所得税。对出口产品的产值达到当年总产值70%以上的高新技术企业,减按10%的税率征收企业所得税。上海从1994年1月1日起,把国营企业、集体企业、私营企业各自适用的企业所得税统一合并为企业所得税。

2007年,十届全国人大五次会议通过并公布《中华人民共和国企业所得税法》,国务院颁布《中华人民共和国企业所得税法实施条例》,统一内、外资企业所得税制度,并于2008年1月1日起施行。外商投资企业和外国企业原则上从2008年起不再按照《中华人民共和国外商投资企业和外国企业所得税法》缴纳企业所得税,而是与内资企业一起共同执行《中华人民共和国企业所得税法》和《中华人民共和国企业所得税法实施条例》。

2008 年 1 月 1 日起，上海内资、外资企业统一实施《中华人民共和国企业所得税法》和《中华人民共和国企业所得税法实施条例》，取消原分别征收企业所得税制度。规定内外资企业、事业单位、社会团体及其他取得收入的组织为企业所得税的纳税人，税率为 25%，符合条件的小型微利企业，按照 20%的税率征收，国家需要重点扶持的高新技术企业，减按 15%的税率征收企业所得税。企业所得税征收方式主要有查账征收和核定征收。

三、进一步完善税制

【营业税差额征收】

1984 年 9 月和 1993 年 12 月，《中华人民共和国营业税条例(草案)》和《中华人民共和国营业税暂行条例》先后公布，都列有少量差额征税的税目或项目。1984—1993 年，国家仅对商品批发、调拨差额征税。1994—2008 年，按照国家的规定，上海对交通运输业、服务业、建筑业、金融保险业和文化体育业中的部分规定业务，实行差额征税。2009 年起，将承揽的运输业务分给他人、从事旅游业务、将建筑工程分包给其他单位以及外汇、有价证券、期货等金融商品买卖业务，按差额征税。2010 年 8 月，市地税局印发《营业税差额征税管理办法》，市税务网站向社会公布。截至 2011 年底，上海共批准备案企业 1 620 户，全年共入库营业税额 13 亿元，享受差额征税的抵扣税额达到 75.84 亿元，营业税税负率降低到 0.74%。

【增值税转型】

1984 年，国务院制定《中华人民共和国增值税条例(草案)》，财政部印发《中华人民共和国增值税条例(草案)实施细则》。

上海是增值税转型先期试点之一，1988 年，提出“价税分流购进扣税法”且试行成功。1993 年，又率先在全国统一增值税的抵扣方法，取消实耗法，一律采用购入法计算抵扣税额。1994 年，国家对增值税制度进行改革，新增值税制度在全国施行。上海市认定增值税一般纳税人 13 万余户，核定期初成本中内含已征税款 133 亿元。2004 年初，上海在电气、广电、仪电和汽车四大行业进行转型试点。

2008 年 11 月，国务院颁布《中华人民共和国增值税暂行条例》。财政部、国家税务总局修订的《中华人民共和国增值税暂行条例实施细则》，于 2009 年 1 月起执行。

上海将落实增值税转型改革作为拉动内需、鼓励出口、保增长、保发展和稳定经济重要举措。对涉及转型的全市 271 个行业 20 多万户一般纳税人，进行收入预测算。截至 2009 年底，全市固定资产发生进项税额 8 399 亿元，抵扣 80.41 亿元，留抵 3.58 亿元；有 22.7 万户企业享受到增值税转型的优惠政策。增值税转型改革的配套措施，将小规模纳税人征收率由商业企业 4%和其他企业 6%一并降为 3%。

【“营改增”试点】

营业税改征增值税(简称“营改增”)可以追溯到 1994 年。该年为解决同一货物在生产环节征增值税，在流通环节又征营业税问题，国家将营业税中商品批发、商品零售和临时经营 3 个税目划归增值税。2010 年，上海按照国家税务总局增值税扩大征收范围以及增值税立法工作的计划安排，进行多次典型企业税收数据专项调查。2011 年，经国务院批准，财政部、国家税务总局印发《营业税改征增值税试点方案》,明确从2012年1月1日起,在上海开展交通运输业和部分现代服务业营改增试点。在现行增值税17%标准税率和13%低税率基础上,新增11%和6%两档低税率。纳税人计税依据,原则上为发生应税交易取得的全部收入。服务贸易进口在国内环节征收增值税,出口实行零税率或免税制度。

第二节　税 收 征 管

上海改革开放初期即1978年,全市各项税收收入为52亿元。2010年,市税务部门组织的各项税收收入为5 921亿元,比1978年增长112倍。1978—2010年,市税务部门组织的各项税收收入累计为41 267亿元。

一、税收征管体制

1977年11月,国务院批转财政部制订的《关于税收管理体制的规定》,收回原下放给地方的权限。1982年9月,市税务局根据财政部《关于办理税务登记的通告》,开展全市工商企业的税务登记。1983年3月,为加强对统一发票的管理,市税务局制订《上海市统一发票管理试行办法》。1986年10月,市税务局结合实际,制订《上海市税收征收管理暂行条例实施办法》。1988年9月,市人大常委会决定对个体经营的偷税抗税行为开展专项查处;市人民检察院会同市税务局建立检察院的派出机构——市、区(县)两级税务检察室。1989年,市税务局稽查大队建立,各区县税务部门建立稽查中队,以加强对偷税抗税案件的查处。

税收征管改革历经多个阶段。第一阶段,中华人民共和国成立至80年代初期,为“一员进户、各税统管”的管理模式。第二阶段,80年代中期至90年代初期,以查、管分设或征、管、查分设,探索分责制约的管理办法。第三阶段,1994年,实施新税制,“以纳税申报和优化服务为基础,以计算机网络为依托,集中征收,重点稽查”的新征管模式,专管员由管户向管事转变。其后,第一次改革,税收征管全面引入信息技术,从管户制转为管事制。第二次改革,解决“有事不知谁管、有人不知管啥”,对新体制产生的问题自警和自醒。第三次改革,确定“管什么事”“如何实现”“怎么管理”新型管事体制,本质上是1997年新体制的进一步延续。中央税和共享税由国家税务局负责征收,地方税由地方税务局负责征收。上海市国税、地税两套机构合署办公,征管分工按照规定执行,无相互委托代征情况。

二、税收征管模式

上海执行国家规定的征、管、查的组合税收征管模式,通过依法征管的税收收入总量持续增加。

【税收征管查一体化】

计划经济时期,上海税收征管主要实行“一员到户,各税统管,集征、管、查于专管员一身”的征管模式。1978年改革开放后,原来的单一税制转化为多种税、多环节的复合税制,征税对象和征收内容日趋复杂。各项税收仍归企业所在地税务部门征收。1986年,为与区(县)财税体制相适应,市税务局对市属集体企业和第三产业的集体企业的税收改为由企业所在区分局就地管理。从1987

年起，在试点的基础上，逐步推行征管、检查“两分离”和征收、管理、检查“三分离”的征管模式。

【税收征、管、查“三分离”】

1988 年，市税务局先从检查与征管两分离入手，在全局范围内建立查账组。1989 年上半年，市税务局宝山区分局在全市率先建立税务检查所。1991 年底，全市 26 个基层税务(分)局都建立查账所，基本上实现征管与检查两分离的机制。1992 年，在税务所内实行征管与检查两分离或征管查三分离的有 110 个所。1993 年 1 月 1 日，《中华人民共和国税收征收管理法》颁布实施，上海实施纳税人自行申报制度，逐步做到税清、户清、资料清。1994 年起，在各区县税务局相继建立征收服务大厅，集中办理征收事务。1995 年，在市税务局直属一分局、闸北区税务局和青浦县税务局进行转换征管模式的试点，将税收征管工作划分为管理服务系列、征收数控系列、税务稽查系列和复议应诉系列，变“专管户”为“管户与管事相结合”，使税收征收管理“三分离”模式趋于完善。至 1995 年底，10 个区分局、市直属分局和郊县 40 个税务所相继建立征收大厅，集中办理纳税登记，受理纳税申报和提供税务咨询。

【“信息化加专业化”征管新模式】

1995 年，上海执行国家税务总局《关于推进和深化城市税收征管改革的实施意见》。1998 年，上海建立税务登记信息库。1998 年，根据国务院的决定，上海取消税收财务物价大检查，改为日常、专项和专案稽查。1999 年，根据国务院“加强征管、堵塞漏洞、惩治腐败、清缴欠税”16 字税收工作方针，上海严格执行税收户管政策和户管核准手续。2000 年 9 月 1 日起，上海实施纳税信用等级分类管理。2001 年 9 月—2002 年 6 月，市税务局编写《上海市税收征管业务规程》。2003 年 8 月 1 日起，全市 27 个税务(分)局对所有的增值税一般纳税人实行“一窗式”管理。同年，全市 112 个征收单位的 666 个纳税申报窗口全部实现网络版下的“一窗一人一机”管理。2004 年 11 月，市税务局建立 5 个财税监督稽查局，对内监督财税系统行政执法行为，对外行使财税执法监督检查。2005 年，推进涉税事项“一站式”服务，试点推行纳税人信息“一户式”管理，实现信息共享。

【协税管理】

从 80 年代后期起，上海建立街道协税网络。以街道为单位成立税收征收组，人员一般由税务干部和街道专职经济干部及经聘用的税务助征员组成。1998 年 7 月，市政府办公厅转发市税务局《关于进一步健全本市街道(镇)协管税收网络的若干意见》。街道(镇)协管税收机构统一名称为“协管税收办公室”(简称“协税办”)，明确将农贸、小商品、工艺品等各类市场的税收以及有经营门店的有关行业个体税收等共 6 个方面的税收，纳入街道(镇)协管征收的范围。同年底，全市除个别郊区县继续进行协管试点外，其他区县已全部挂牌成立协税办并全面运作。此外，税务助征员协助税务干部在农贸市场等征税。

第三节　税 源 培 育

一、重点税源管理

1979 年，上海恢复重点税源经常性调查报告制度。1991—2010 年，全市逐步完善考核办法，加强重点税源管理。

【建立税源企业档案】

1991 年 4 月,市税务局按照国家税务总局要求,对全市 8 万户企业根据行业、税收额大小作了分类分级统计和汇总,对税收 1 000 万元以上的 122 个大户分别建立工商税收税源档案。1999 年,列入市税务局、区(县)税务分局、乡镇税务所的三级重点税源管理的企业已达 4 800 多户,这些企业分布在工业、商业、饮食、金融、证券、房地产、通讯等领域,占全市税收收入总额的 65.9%。

【扩大监控范围】

1999 年,上海重点税源监控选户标准是年缴纳"两税"在 2 000 万元以上的增值税纳税人、年缴纳营业税在 500 万元以上的营业税纳税人。2002 年 12 月,全市三级重点税源户有 10 551 户,税额占全市总量的 65.2%,亿元以上纳税大户达 122 户。2007 年,上海将上报国家税务总局监控企业标准调整为上年税收收入合计在 1 000 万元以上、达到国家税务总局下达的监控标准的正常纳税企业。2009—2013 年,监控标准保持不变,比 1999 年监控范围扩大了 63 倍。

【形成分级监控网络】

市税务局对重点税源监控对象制定上报国家税务总局的选户标准、市局级选户标准和分局级选户标准,分级重点税源监控网络初步构成。2010 年纳入全市总局级重点税源监控企业 4 423 户,比上年增加 1 730 户,增长 64.2%;税收总额达 3 546.1 亿元,占全市税收收入(不含免抵)的 64.0%,比上年增长 17.9%。

二、税收政策落实

【沿海开放城市经济发展税收优惠】

1984 年 11 月 15 日,按照国务院发布的《关于经济特区和沿海十四个港口城市减征免征企业所得税和工商统一税的暂行规定》,上海对有关技术引进项目和利用外资建设的生产项目,在税收上予以享受减、免税优惠待遇。1989 年 3 月 28 日,市政府发布《上海市城镇土地使用税实施办法》,开征土地使用税后,原征收的城市房地产税有关地产税部分停止执行。1992 年 4 月 18 日,经市政府批准,市税务局公布市财政税务部门支持改革开放的 10 项政策措施,支持浦东开发,振兴上海经济。2002 年 1 月 1 日起,按照中央的决定,上海实行企业所得税收入中央、市、区县分级分享改革。2004 年 5 月 21 日,市政府批准自 2004 年 1 月 1 日起,上海实行市、区县两级"退税基数共享、增量分级负担"的出口退税分担机制改革。

【经济技术开发区税收优惠】

1986 年 8 月 29 日和 1988 年 6 月 7 日,国务院分别批准上海市建立闵行、虹桥和漕河泾技术开发区,开发区内开办的中外合资经营、中外合作经营、外商经营的生产性企业,企业所得税减按 15% 的税率征收。1987 年 3 月,市政府发布《上海市闵行、虹桥经济技术开发区外商投资优惠规定》,1988 年 11 月,市九届人大常委会发布《上海市经济技术开发区条例》,规定给予开发区内的生产性外商投资企业,1995 年底前免征地方税等税收优惠政策。

【浦东开发开放税收优惠】

企业所得税优惠：1990 年 9 月 10 日，上海执行财政部发布经国务院批准的《关于上海浦东新区鼓励外商投资减征、免征企业所得税和工商统一税的规定》，市政府发布《上海市鼓励外商投资浦东新区的若干规定》，对在浦东新区内开办的中外合资经营、中外合作经营、外商经营的生产性企业以及带项目在成片土地上从事基础设施建设的外商投资企业，企业所得税减按照 15%的税率征收；经营期在 10 年以上的，从开始获利的年度起，第 1 年和第 2 年免征企业所得税，第 3—5 年减半征收企业所得税等优惠政策。先进技术企业按上述规定减免企业所得税期满后，可延长 3 年按 10%的税率征收企业所得税。外国投资者将从企业分得的利润，再投资于本企业或者其他外商投资企业，或举办新的外商投资企业，经营期不少于 5 年的，退还其再投资部分已缴纳企业所得税税款的 40%等税收优惠。

工商统一税优惠：浦东新区外商投资企业生产除原油、成品油外的出口产品等，免征销售和进口环节的工商统一税。

地方税优惠：上海规定，在 2000 年底之前，免征浦东新区内外商投资企业的地方所得税；外商投资企业在浦东新区内自建或购置的自用新建房屋，自建成或购置的月份起，免征房产税 5 年。

外高桥保税区税收优惠：1990 年 9 月 10 日，市政府印发《上海市外高桥保税区管理办法》，对保税区的外商投资企业，除享受《上海市鼓励外商投资浦东新区的若干规定》中所列各项税收优惠待遇外，从中国境外进入保税区的货物免征关税和工商统一税，免税进入保税区的货物再运往非保税区时，照章征收关税和工商统一税。从非保税区进入保税区的货物，符合国家规定出口条件的，免征生产环节的工商统一税；浦东新区企业生产的产品进入保税区直接出口的，免征关税。以上各有关企业所得税优惠规定，自 1991 年 7 月实施《中华人民共和国外商投资企业和外国企业所得税法》后，仍继续执行。涉外工商统一税自 1994 年 1 月起，原享受税收优惠的企业按照新税制增加税负的，可在 5 年内，由企业申请退还多缴的税款。

【支持高新技术企业发展税收优惠】

1991 年 3 月 6 日，上海按照国务院《关于批准国家高新技术产业开发区和有关政策规定的通知》，实行对高新技术企业所得税减按 15%的税率征收等税收优惠政策。同时，实行高新技术成果转化税收政策。1995 年，对经认定为企业技术中心的科技开发设施建设投资按照零税率计征固定资产投资方向调节税；经认定建立企业技术中心的单位，其批量试产的新产品优先列入上海市新产品试产计划，试制产品的所得免征企业所得税，对营业税和增值税实行先征后返；联合的科技攻关和成果转化项目，凡列入国家和市级产学研计划的，其支付给研究院所、高等院校的一部分科技费用可从实施上述优惠政策返回的税款中列支。1998 年 5 月 1 日，市政府发布《上海市促进高新技术成果转化的若干规定》，市国税局、地税局制定了相应的财税支持政策。2008 年起，统一执行企业所得税法，对高新技术企业税收扶持不变。

【环境综合治理与节能减排税收优惠】

1991—1993 年，上海对“三废”（废水、废气、废渣）污染企业享受特殊政策优惠，返还的利税和免缴的“两金”（能源交通重点建设基金和预算调节基金）用于治理“三废”。1994 年起，上海对列入市经委“三废”迁建计划内的工业生产项目，给予按照零税率征收固定资产投资方向调节税照顾。2010 年，全市完成约 4 000 个污染企业或生产线关停并转任务；累计创建约 700 平方公里基本无燃煤区,完成近 6 000 台燃煤锅炉清洁能源替代,创建 3 892 平方公里烟尘控制区,内环线以内实现无燃煤锅炉的目标。

【支持就业与再就业税收优惠】

支持待业人员就业。1979 年 7 月 12 日,上海明确对全年所得额不满 3 000 元的市区街道和郊县镇办、居委会办的集体企业自 1979 年 1 月 1 日起,免征工商所得税。1980 年起,上海对街道集体企业安置待业知青和以安置待业知青为主体、新成立的集体企业,实行减免工商税和所得税。1994 年分税制后,享受优惠政策的待业人员的范围调整为:待业青年、国有企业转换经营机制的富余职工、机关事业单位精简机构的富余人员、农转非人员和两劳(劳改、劳教)释放人员。1996 年起,上海对各类经济组织安置下岗待工人员实行税收优惠政策。2003 年 1 月 1 日起,对下岗失业人员实行再就业财税优惠政策的适用范围是失业、协保和农村富余劳动力再就业的人员。当年,全市享受税收优惠政策的个体经营户 1 425 户。此外,通过增值税、营业税起征点提高的税收优惠政策,使 84 489 户个体经营者享受了政策优惠。

支持残疾人再就业。1991—1993 年,市税务局规定对民政部门、街道、乡镇举办的以安置盲、聋、哑、肢体残疾人员的民政福利企业,继续执行 1990 年国家及上海市制定的财税优惠政策。2006 年 1 月 1 日—2008 年 12 月 31 日,全市商贸企业、服务型企业(不包括广告业、房屋中介、典当、桑拿、按摩、氧吧)、劳动就业服务企业中的加工型企业和街道社区具有加工性质的小型企业实体,当年新招用持《再就业优惠证》人员,与其签订 1 年以上期限劳动合同并依法缴纳社会保险费的,按照实际招用人数,予以定额依次扣减营业税、城市维护建设税、教育费附加和企业所得税优惠。税收优惠政策实施取得了一定效果,2010 年,上海累计安置就业困难人员约 1.9 万人,新增就业岗位 63 万个,城镇登记失业率为 4.2%,连续 6 年控制在 4.5%以内;消除零就业家庭 1 092 户,新安置"就业困难人员"1.88 万人。

【资源综合利用税收优惠】

上海自 1994 年起,企业以国家规定的废弃资源,如大宗煤矸石、炉渣、粉煤灰为主要原料从事建材产品生产的所得,可酌情减征或者免征企业所得税,免税期最长可达 5 年。2008 年 1 月起,企业以《资源综合利用企业所得税优惠目录(2008 年版)》规定的资源作为主要原材料,生产国家非限制和非禁止并符合国家及行业相关标准的产品取得的收入,减按 90%计入企业当年收入总额。

【保障性住房税收优惠】

1996 年,市政府制定《上海市城镇私有房屋租赁税收征收管理试行办法》。1997 年,根据上海市职工所购公有住房出售试行办法,市地税局等部门规定,对职工出售所购公有住房,在交易过户日前后 6 个月内新购进住房的,其出售房收入中用于新购住房的部分免于征收按 5%综合征收率计征的营业税、城市维护建设税、土地增值税、个人所得税、教育费附加、堤防维护费和义务兵及其家属优待金。1998 年,上海试行购房退税政策,按照市政府《关于促进本市住宅产业健康发展若干意见》,个人购买商品房所支付的购房款及购房贷款利息,在 2003 年 5 月 31 日前,可在其上海市计征的个人所得税税基中抵扣。

2000 年 1 月 1 日至 2002 年 12 月 31 日,根据市政府发布的《上海市城镇廉租住房试行办法》,对廉租住房的租金收入,免征营业税、房产税和所得税,捐赠的廉租住房免征营业税。2008 年 3 月,上海执行财政部、国家税务总局《关于廉租住房经济适用住房和住房租赁有关税收政策的通知》。2008 年底，全市累计廉租住房受益家庭 4.457 万户。2009 年底，全市累计廉租住房受益家庭 6.6 万户。2010 年 10 月，市地税局等发布公告，要求贯彻落实中央和市政府关于公共租赁住房的一系列税收优惠政策。同年，全市累计廉租住房受益家庭 7.5 万户。

【落实涉外税收政策】

1978 年，市税务局专门设置涉外税务机构，负责外税征管；对流转税和地方税，按照 1958 年前国家公布的有关税收条例规定执行。1984 年 11 月，上海对外商投资在闵行、虹桥、漕河泾开发区及投资在老市区开办的生产性企业，执行国务院《关于经济特区和沿海 14 个港口城市减征、免征企业所得税和工商统一税的暂行规定》，分别给予减、免税优惠。1986 年 10 月，上海对外商投资于产品出口企业和先进技术企业的，在税收上再给予减税或免税优惠。1990 年 4 月，财政部和上海市政府专门规定对外商投资浦东新区的税收予以减免优惠。1991 年 7 月 1 日，上海对外商投资企业和外国企业按照新的所得税法实施。1994 年起，上海对涉外个人所得税和流转税，统一执行新的税法。

第四节　税 收 服 务

2004 年 5 月，市政府信息公开办公室成立，开设包括税务信息的政府信息公开申请受理点和公共查阅点。每年通过办税服务厅、税务网站、咨询热线、短信平台、专用邮箱等，主动公开信息。2009 年，市税务局内设纳税服务处。

一、纳税服务平台建设

图 4－13－1　1994 年工商税制改革后，上海为方便纳税人办理纳税事项建立办税服务厅

【建立办税服务厅】

1993年,上海部分税务分局试点设立征收台。1994年,闸北区和卢湾区税务局在“税务报缴大厅”试点推行纳税人自行申报制度。1995年,市政府批转市税务局《关于税务报缴大厅税款征收业务的暂行管理办法》,在全市税务机关进行试点运行。全市10个区税务局、市直属税务分局和郊县40个税务所相继建立税收申报征收大厅。1996年,因功能转换,市税务征收大厅改名为办税服务厅。1998年1月,上海唯一的全国征管改革试点单位——闸北区国家税务局正式启用有71项办税服务项目新的办税服务厅,形成“一门式”服务。2002年,税务电子申报被列入2002年市政府实事项目之一,实现税银联网,方便企业在电子申报后由银行实时扣缴税款。2006年,全市办税服务厅实现统一功能定位、统一标识名称、统一窗口设置、统一文字编排和颜色。截至2010年,办税服务更加完善。

【开通12366咨询热线】

2002年10月1日,上海开通“12366”有奖发票真伪查询自动语音功能。2005年10月8日,上海财税“12366”咨询服务热线试运行。2006年1月1日,“12366”上海财税咨询热线开通运行。2010年底,“12366”来电总数108多万个,其中电话人工服务数56.1万多个(社会公众比较关注的发票信息查询、个人所得税问题占人工服务数的30.07%),座席直接回复率达99.29%。

【建立“上海税务”网站】

“上海税务”网站是市政府“中国上海”门户网站的子网站,是市国家税务局、市地方税务局唯一官方网站和各税务基层单位子网站的门户网站。其前身为“上海财税”网站,于2001年9月28日正式开通运行。经过多次改版建设,网站发展成涵盖办事、互动、发布等功能,拥有5个频道、100多个栏目、2万余篇稿件以及19个子网站的全方位、专业性的政府网站,为全市80多万企业纳税人、近1 000万个人纳税人以及广大社会公众提供各种应用、服务的综合性税务服务门户。2010年,“上海税务”网站全面改版建设并于2011年1月1日正式上线运行。“上海税务”网站开通起,访问人次和页面点击率逐年增加,2010年达到6 921万访问人次,比上年增长14.99%,页面点击率1.4万多次,同比增长5.90%。2010年,“上海税务”网站信息发布信息类945件,办事类项目132件,回复互动来件21 799次。

【税款征收信息化】

1991年前,税收业务中会计、统计管理应用计算机技术。1991年后,税款征收作为税收征管信息系统的一项功能纳入开发和应用。1996年9月,市国家税务局被国家税务总局表彰为“全国税务系统计算机应用工作优秀单位”。1996年底,上海纳入计算机管理的纳税户占全市纳税户的90%以上,税款占全市应纳税款的92%以上。2001年3月,市税务局“CTAIS上海税收征管信息系统(一期)”通过技术鉴定。同年11月,全市27个区县税务分局、直属分局的税收征管都开始应用CTAIS(上海)系统。2002年3月23日,CTAIS(上海)系统通过国家税务总局验收。

【金税工程建设】

开展增值税专用发票计算机交叉稽核。1994年7月,上海开展“金税一期”工程,运用增值税专用发票中抵扣联和存根联的内在关系,按照一定标准,将抵扣联和存根联数据分别录入计算机内,然后分层逐级交叉稽核。1995年7月,国家税务总局同意上海先行试点,探索“上海金税二期”。

1997—2000 年，上海市全面推广应用“上海金税二期”。

2000 年，上海成为全国首批“金税工程”开通运行省市之一，全市每月采集的增值税专用发票约 330 万张。2001 年 12 月，上海数据采集率达 100%，超过国家税务总局 99.5%的要求，在全国名次并列第一。2006 年 12 月底，上海对年内已经使用防伪税控开票系统的企业及新认定的增值税一般纳税人全面推行“一机多票”系统。2010 年 10 月，有关部门修订完成《金税工程(三期)第一阶段上海地税建设项目可行性研究报告》，报市发展改革委审定。

【出口退税管理系统建设】

1995 年 9 月，上海开发由申报、审核、统计查询三大业务流转环节组成的出口退税信息系统，实现退税申报审核的电算化。1998 年，开发全市“免、抵、退”税管理信息系统的软件。2002 年，开发市级数据集中的“出口退税子系统”并于 2003 年 4 月在上海正式投入运行。2008 年第三季度末，出口企业网上申报基本实现全覆盖，实行出口收汇网上核销的出口企业均已纳入出口退税免于提供纸质出口收汇核销单试点。

【个人所得税管理系统建设】

1998 年 11 月，上海开发购房者个人所得税应征税基可给予抵扣退税优惠政策软件并投入使用。2002 年，配合 CTAIS(上海)，建立个人所得税征收基础数据档案库。2006 年 1 月 4 日，个人所得税市级生产总库全面上线运行。2006 年，上海开发个人所得税年度网上申报系统。2008 年 3 月 31 日，全市有 29.2 万名年所得 12 万以上纳税人通过上门、邮寄或网上申报等方式自行纳税申报。

【其他应用系统建设】

2003—2005 年，上海完善有奖发票信息系统。2008 年在全市饮食、娱乐、商业零售、服务、文化体育行业全面推进税控收款机应用。2009 年底，超过 1 200 户企业成功实现税控发票远程抄税。截至 2010 年底，全市税控收款机系统用户数已从 2007 年试点之初的 200 多户发展到近 22 万户，税控机 25 万余台。全年购票量 1.68 亿份左右，开票量 1.51 亿份左右。

二、纳税人权益保护

【纳税人权益保护机制】

2001 年颁布的《中华人民共和国税收征管法》，明确了纳税人的基本权益。2007 年 12 月，市国税局印发《关于上海市税务系统纳税服务工作的指导意见》，纳税人的基本权益保护的制度逐步建立。2008 年 10 月，落实国家税务总局《纳税人涉税保密信息管理推行办法》，规范对纳税人涉税保密信息管理。2010 年 1 月，市税务局执行国家税务总局发布的《纳税服务投诉管理办法(试行)》，印发涉税信息保密管理办法，每两年开展全市的纳税人满意度调查。2010 年 11 月，市国税局、市地税局根据国家税务总局《关于纳税人权益与义务的公告》的要求，明确本市依法保护纳税人的知情权、保密权等 14 项权利以及权益保护的方式。全市建立纳税人涉税诉求的收集、分析和处理机制。

【构建纳税人呼声处理机制】

2009 年初，市税务部门提出有理、有解、有复和有纠的纳税人呼声处理“四有”理念；同年 7 月，制定《关于做好本市纳税人呼声处理工作的意见》,实行市、区县两级联动,加强纳税人呼声处理全过程的跟踪管理。

三、纳税信用与纳税评估

【构建纳税信用机制】

自2000年开始,市国税局、市地税局在全国率先探索纳税信用等级评定。2000年9月1日,市地税局制定《关于实施纳税人纳税信用等级分类管理暂行办法》,共对30余万企业按照暂行办法设定的指标实行了纳税信用等级评定。历经2001年、2004年、2005年、2009年4次较大修改,上海形成具有5大类20个细化指标的评价体系,并通过上海税务网站和《中国税务报》公布A、D两类纳税人名单。2010年,市地税局对全市560 924户纳税人实施有效评定,共评出A类信用等级纳税人2 114户,B类信用等级纳税人402 085户,C类信用等级纳税人29 455户,D类信用等级纳税人189户。

【开展纳税评估】

市税务局将纳税评估工作列入"十五"工作规划,并于2004年印发《纳税评估税务约谈制度暂行办法》。2008年,综合征管系统中完成纳税评估模块开发;上海选送的《机械加工(泵加工)行业纳税评估模型》获得2008年度全国纳税评估"百佳"行业评估模型。2009年3月,市税务局印发《纳税评估工作规程(试行)》,确立了市局、分局、管理所三级纳税评估体系。2010年,全年共实施评估企业52 344户,移送稽查65户,经评估入库税款近14.44亿元。

第十四章 市场监管

第一节 工商行政管理

1949年5月28日,上海市军管会财政经济接管委员会工商处接管全市工商行政管理工作。同年9月,成立市人民政府工商局。1953年3月,市政府把市政府工商局划分为市政府工商行政管理局和市政府商业局。1958年8月和1959年4月,市工商行政管理局降格为市第二商业局和市第一商业局内一个处,对外仍挂市工商行政管理局牌子。1962年8月,市人委恢复市工商行政管理局建制,各区县恢复区县工商行政管理机构。"文化大革命"中,上海的工商行政管理机构被紧缩,20个区、县工商行政管理科撤并14个,26个市区市场管理所撤销23个。

1978年9月,国务院下发《关于成立工商行政管理总局的通知》。同年10月28日,市革委会财贸办批准各区(县)恢复建立区(县)工商行政管理局。1996年,市政府办公厅印发《上海市工商行政管理局职能配置、内设机构和人员编制方案》。1999年,根据国家对工商行政管理体制调整要求,全市工商系统由属地管理改为垂直管理。2000年8月,市工商局增加监督管理经纪人、经纪机构以及有关中介服务机构职能,将指导广告业发展的职能交给市商业委员会;将引导个体、私营经济发展的职能交给有关行业协会。2005年1月,市工商局增加查处违法直销和传销案件职能。2008年8月,市工商局负责垄断协议、滥用市场支配地位、滥用行政权力排除限制竞争方面的反垄断执法工作(价格垄断行为除外)。2009年7月,国务院明确国家工商总局"三定"方案,市工商局增加流通环节食品安全监督管理职能。

截至2010年底,全市工商系统包括市工商局1个、检查总队1个、区(县)工商分局17个、工商机场分局1个;共有基层工商所183个、市场监管所7个、检查支(大)队18个、市工商局机关直属单位8个。

一、市场主体准入与管理

【内资企业登记管理】

1978年中共十一届三中全会后,上海恢复"文化大革命"期间停止的工商企业登记管理。1979—1981年,开展工商企业普查登记,建立企业"经济户口"。1984年下半年起,上海出现一股开办公司的热潮,半年间新办各种公司达3 868户,还有党政机关办企业628户。根据国务院《进一步清理和整顿公司的通知》和国务院发布的《关于严禁党政机关和党政干部经商办企业的决定》,同年8月14日,市政府批转《关于清理整顿新办"公司""中心"的请示》,全市停办党政机关开办的企业122户,其余与党政机关脱钩。1989年7月—1990年3月,全市再次清理各类违规公司5 288家。

1990年1月起,上海工商行政管理机关对已经核准的工商企业进行换照,以《企业法人营业执照》取代《营业执照》。截至同年底,全市共有内资企业112 474户,注册资本(金)1 282.42亿元(本文内资企业指全民所有制、集体所有制、合营及其他经济类型等公有制企业)。1994年,市工商局与区县工商局先后设立注册大厅,企业名称查询实行电传。至同年底,全市共有内资企业254 547

户、注册资本 3 490.38 亿元。1998 年,各级工商行政管理机关支持和推动企业改制,全市共有 12 403 户老企业改制为有限责任公司。2000 年,市工商局在全市推广《上海市企业注册登记并联审批办法》,在浦东新区试行企业"告知承诺"制。截至同年底,全市共有内资企业 191 821 户、注册资本 8 653.97 亿元,私营企业 138 189 户、注册资本 1 192.7 亿元。

2001 年 12 月,市工商局印发《关于加强公司注册资本登记管理的若干意见》,规范公司注册资本登记管理;同月,市工商局印发《关于公司制企业股权变更登记有关问题的处理意见》,统一、规范公司制企业股权变更登记。2002 年 11 月,市工商局发出《关于改进本市企业名称登记工作的通知》,自 12 月 1 日推出自助式查询服务。2003 年 3 月,市工商局印发《关于在本市实施企业登记注册"网上并联审批"的意见》。同年 11 月,市工商局印发《关于〈本市在企业登记中扩大出资者范围试行意见〉的施行意见》,准许在职人员向除外商投资企业以外的其他各类企业出资入股。同年底,全市出资的在职人员 2 444 人,共出资设立企业 1 111 户,累计注册资本 14.39 亿元。2004 年 3 月,市工商局发出《关于实行企业名称网上查询的通知》,自 4 月 1 日起,在全市范围内推行企业名称网上查询服务。2005 年 3 月,市工商局在浦东新区试点"企业注册资本分缴办法、人力资本出资办法和企业年检申报备案办法"等促进企业发展的政策。至 2005 年底,全市共有内资企业 111 853 户、注册资本 14 329.93 亿元,私营企业 473 949 户、注册资本 7 209.3 亿元。

2006 年 4 月,为支持浦东综合配套改革,市工商局和浦东新区政府印发《扩大浦东新区分局登记管辖权试行办法》《浦东新区商标专用权出资试行办法》《浦东新区进一步改进部分外商投资企业审批登记试行办法》《企业不良记录相关责任人员的信息纳入个人征信系统的试行办法》。2006 年 10 月,市工商局印发《知识产权作价投资入股登记办法》,促进知识产权通过法定程序转化为资本,帮助原创型、高科技企业解决创业资金不足的问题。

2007 年,市工商局开通"可选用名称查询服务系统",解决企业起名难、查名难的问题。同年 6 月,市工商局印发《关于规范本市内资公司股权出资登记的试行意见》,明确投资人可以以其持有的公司股权作为出资,投资于其他公司。7 月,上海颁发首批农民专业合作社营业执照。9 月,市工商局发布鼓励以多种出资方式在浦东投资设立企业等支持浦东综合配套改革。至 2007 年底,全市共有内资企业 94 947 户、注册资本 15 618.7 亿元,私营企业 561 671 户、注册资本 8 755.93 亿元。

2008 年 8 月,市工商局印发《关于落实市委九届四次全会精神支持企业发展的若干意见》,帮助企业特别是中小企业拓宽融资渠道,支持企业应对全球金融危机的冲击。截至年底,全市按照该政策登记的企业共 244 家,办理股权出质登记 167 件、动产抵押登记 1 023 件,企业由此共获得贷款 450.57 亿元。

2009 年 2 月,市工商局印发《关于鼓励创业促进就业的若干意见》,在全国范围内率先探索大学生创业注册资本"零首付",即毕业两年内的高校毕业生投资设立注册资本 50 万元以下的有限责任公司,可以"零首付"注册,自公司成立之日起两年内缴足注册资本。政策发布后的一年内,全市共设立大学生创业企业 1 452 户,涉及大学生创业者 1 882 人。为规范全市农村社区股份制合作社登记行为,推进农村村级集体经济组织产权制度改革,2009 年 6 月,市工商局、市农委发出《关于本市农村社区股份合作社办理工商登记有关问题的通知》。市政府印发市工商局牵头起草的《关于进一步促进本市中介服务业发展的若干意见》。

截至 2010 年底,上海共有内资企业 83 808 户、注册资本 20 673.51 亿元,私营企业 706 199 户、注册资本 14 170.33 亿元,农民专业合作社 3 799 户、出资总额 48.17 亿元。

【外资企业登记管理】

1980 年 7 月，上海受国家工商行政管理总局委托，办理在上海设立的外商投资企业登记，报国家工商行政管理总局批准后颁发营业执照。

1984 年 11 月，国家工商行政管理总局授权上海核发外商投资企业营业执照及外国(地区)企业常驻代表机构登记证。1985 年，全市登记的外商投资企业 137 户，注册资本(金)13.72 亿元。1990 年 10 月，经国家工商行政管理总局和上海市政府同意，市工商局在虹桥开发区设立外资企业注册登记窗口。截至 1990 年底，全市登记外商投资企业 854 户，注册资本(金)81.94 亿元。

1992 年，上海出现外资进入的高潮，全年新设外商投资企业 2 397 户，全年新设户数相当于前 10 年登记总数的近两倍；新增投资总额近 70 亿美元，新增注册资本近 38 亿美元，比前 10 年累计投资总额、注册资本还要多 10 多亿美元。1993 年，市工商局把外商投资额在 1 000 万美元以下项目的法人资格初审权下放给区县工商行政管理局。1993 年成为改革开放后上海新设外商投资企业最多的一年。全年新设外商投资企业 4 448 户，新增投资总额 161 亿美元，新增注册资本 84 亿美元，来沪投资的国家和地区由 1991 年的 25 个增加到 66 个。1994 年，上海建立外商出资台账制度。至 1998 年底，世界最大 100 家工业公司有 59 家在上海投资。截至 1998 年底，全市有登记的外商投资企业 17 622 户，注册资本(金)498.68 亿美元。

1999 年 5 月，为鼓励和规范设立外商投资企业集团，市工商局等制定《外商投资企业集团审批登记程序规定》。

2003 年初，国家工商行政管理总局将注册地在上海的投资总额 3 000 万美元以上和属于外商投资导向限制类企业的注册管理以及外资银行支行、保险机构、证券公司分支机构的注册登记特别授权给上海市工商局。这是工商管理总局在全国范围内此层级的唯一授权。截至 2003 年底，全市共有登记的外商投资企业 24 133 户、注册资本(金)804.1 亿美元。

2004 年，上海获得国家工商行政管理总局授权，扩大对外商投资企业的登记管理权限，将 169 家外国(地区)企业常驻代表机构、保险公司、广告公司以及银行分行等迁入上海登记，对在沪外资金融公司以及外国银行分行进行直接登记和管理。

2007 年，上海获得国家工商行政管理总局授权，可以登记注册外资法人银行，极大地推进了上海外资银行法人化改制工作。3 月 29 日，汇丰、渣打、东亚、花旗等 4 家银行成为境内首批改制外资法人银行，并获得《企业法人营业执照》。全国 20 个省(市)工商行政管理部门信息共享，使 4 家银行遍布全国的 97 家分支机构在同日挂牌，成为外资法人银行的分支机构。至 2007 年底，全市有登记的外商投资企业 34 218 户、注册资本(金)1 450.25 亿美元。

2008 年，市工商局参与上海世博会筹备工作，制定《上海世博会官方参展者从事商业活动的登记管理办法》。2010 年，市工商局围绕服务保障世博会，做好境外参展者和展区经营者的登记工作，确保各境外展馆和展区服务企业依法取得主体资格。

2009 年，市工商局制定《关于放宽外商投资公司出资期限的暂行规定》，缓解了企业出资难的问题，制定《上海市外商投资企业债权转股权审批登记试行办法》，支持企业实现资产优化重组。

截至 2010 年底，上海共有外商投资企业 55 675 户。其中，法人企业 39 312 户，合伙企业 9 户，其他企业 7 户，分支机构 16 347 户。法人企业中，中外合资企业 6 245 户，中外合作企业 1 448 户，外资企业 31 490 户，股份公司 129 户。外商投资企业投资总额 3 393.85 亿美元，注册资本 2 009.19 亿美元，实到资本 1 845.51 亿美元。外国(地区)企业常驻代表机构 11 809 户，外国(地区)企业承包、开发 396 户。投资总额 1 000 万美元以上的外商投资企业 4 539 户，其中 5 000 万美元以上的有

1 167 户。境外投资者在上海设立总部经济机构 837 户。其中,地区总部 305 户,投资性公司 213 户,研发中心 319 户。

二、市场秩序维护与规范

【集贸市场与商品交易市场】

改革开放初,“文化大革命”中解散的集市贸易得以恢复并逐渐活跃,集市从市区边缘地区向中心区域发展,郊县集市向综合性贸易市场发展。1980 年,市政府允许本市常住户口的待业人员从事个体经营,批准建立手工业小商品市场。同年底,全市集贸市场恢复到 343 个,交易总额达到 11 903 万元。1983 年,上海恢复设立专业旧货市场并允许个体商贩按照规定的经营范围从事贩运。截至 1983 年底,全市共设立菜场 968 个,市区农副产品市场成交总额达到 23 167 万元。1983 年 2 月 21 日,邓小平在市委第二书记胡立教、市长汪道涵、副市长杨堤的陪同下,考察上海胶州路农副产品市场、曲阳新村的集市。

为了既发展集贸经济,又建设良好的市容市貌,1985 年 7 月,市人大常委会通过《上海市城乡集市贸易管理规定》,将集贸市场场地纳入城镇建设规划。1987—1989 年,全市共投资 9 166.89 万元,完成 28.01 万平方米的露天市场改建工程。截至 1990 年,全市共有集贸市场 458 个。其中室内集市 134 个,棚顶集市 230 个。1991 年,市政府印发《关于加快本市市区马路菜场和集贸市场入室工作的意见》,推动集贸市场入室,集市交易环境明显改善。

各类商品交易市场对活跃地方经济,方便人民群众生活起到了积极作用,但也出现假冒伪劣、以次充好、短斤缺两等违法经营行为。为此,2002 年市政府制定《上海市商品交易市场管理办法》,明确开设市场应当设立市场经营管理企业,明确政府部门、市场开办者和场内经营者的权利义务。2005 年 11 月 25 日,市十二届人大常委会第二十四次会议通过《上海市商品交易市场管理条例》,进一步规范市场交易行为。2006 年后,上海商品交易市场在规模化、品牌化、诚信化、电子化、大宗商品市场经营规范化培育与建设方面取得明显进展。新七浦服装市场、吉盛伟邦家居市场、福民街小商品市场、九星综合市场、江桥批发市场、上农批市场等在长三角或全国范围内形成具有一定影响和辐射能力的商品集散、价格形成和信息传递中心。2010 年,全市共有 1 440 个商品交易市场,营业额 6 657 亿元,其中年营业额亿元以上的商品交易市场 1 097 个。

【市场监管与查处经济违法活动】

1978 年,市工商局经济监督管理工作重点主要在打击利用价格双轨制、贩私、制售假冒伪劣商品、淫秽黄色音像制品等违法行为上。1982 年,成立上海市整顿市场秩序取缔无照经营办公室。1983 年起,上海对企业注册资金实行年度检验制度。1986 年下半年,市与区、县工商局分别成立检查大队和检查中队,并在市境内 10 个公路道口设工商行政管理检查组。1987 年 9 月,在全市建立个体工商户验照制度。1989 年上半年,成立市、区县整顿个体经营领导小组和办公室,重点整顿个体饭馆、酒吧、咖啡馆、书店、服装店、百货店、旅社等,查处炒卖外汇和倒卖黄金、卷烟、票证等非法交易。1980—1990 年,市工商局查处投机倒把性质案件 12.7 万件,占同期全部经济违法违章案件的 22.7%。1990 年,市工商局将个体工商户验照和私营企业年检有机地结合起来。同年,市工商局发出《关于对个体私营经济依法管理情况进行检查的通知》,围绕企业与个体户登记管理、违法处理、实地经营状况三环节,对各区,县个体私营企业开业档案及违章违法处理案卷随机抽查。

1993年，第二届华东地区工商行政管理经济检查协作会在沪召开，通过《华东地区打假治劣保优协作办法》，商定六省一市（上海、江苏、浙江、安徽、江西、福建、山东）今后打假中协作配合互通情况。1994年，市工商局整治农贸集市、交易点经营秩序和市区农副产品交易点，并开展“红盾”系列执法行动。1995年，市人大常委会发布的《上海市反不正当竞争条例》实施，市工商局开始试行违法案件公告、抄告制度。同年，市工商局、市农委、市财政局、市税务局、市审计局、市房地局印发《关于加强对本市私营经济开发区规范工作的若干意见》。1997年，上海市在生产资料市场管理方面推行现货交易确认书制度，在市场监管模式上尝试以“巡查制”替代“驻场制”。1999年，市工商局重点查处了支付、收受药品回扣、虚假宣传等违法行为。

2000年，市工商局围绕营造安全健康、规范有序的消费环境，对有毒有害、易燃易爆、走私贩私、非法传销、无照经营开展专项整治，全年共查处各类违法违章案件24 433件。同年，建立工商所综合监管体制，全面推行工商所综合监管信息系统。

2001年，市工商局按照市政府要求，着力净化上海出版物市场环境。2002—2003年，市工商局围绕我国正式加入WTO，以创建和维护公平竞争市场秩序为主业开展经济检查。2002年，市工商局推行网上年检工作和企业免检，并会同市公安局在全市范围内联合开展整顿规范公司出资行为专项行动。2003年国务院颁布《无照经营查处取缔办法》后，市工商局将查处无照经营列为一项重要工作；开展防非典期间（2002年底发现，至2003年中期疫情消灭）的市场整治、“毒鼠强”专项整治、食品市场规范管理专项整治行动和打击走私交易行为；查处反不正当竞争案件2 409件，同比上升43.6%。同年，上海探索建立企业分类管理制度。2004年，市工商局以混淆行为、误导行为、公用企业强制交易等为重点，查处各类经济违法违章案件44 760件。2005年，市工商局制定《浦东新区企业年检申报备案制试行办法》，在浦东新区试行年检申报备案制。

2006年，市工商局牵头开展“平安市场”创建活动，完成全市蔬菜批发市场专项整治工作，查处各类经济违法违章案件4.31万件，查处取缔无证无照经营1.82万户。2007年，市工商局开展4个月的产品质量和食品安全专项整治，完成2007年“上海平安”建设实事项目，全市42个农副产品批发市场经营秩序明显好转。同年，企业年检申报备案制度在全市范围内实行。2008年，市工商局开展“迎奥运，保安全”市场监管集中执法行动；加大反垄断案件执法力度，查办限制竞争案件25件；国务院废止《投机倒把行政处罚暂行条例》，上海市工商部门停止对“投机倒把”行为进行处罚。2009年，市工商局将服务上海世博会与强化行政执法相结合，重点开展无照经营整治。同年，市工商局在浦东新区、长宁、嘉定等试点“无纸化”年检，允许符合条件的企业通过网络全面完成年检所有流程。2010年，上海、江苏、浙江三地工商部门签订《苏、浙、沪工商行政管理局共同推进中国2010年上海世博会期间公平交易执法协作协议》，加强跨地区执法的联手、联合与联动。

2009—2010年，市工商局根据国家工商总局部署，开展2009—2010年度示范市场评定暨创建诚信市场工作。全市共评定出江桥批发市场、武定菜市场、九星综合市场、上钢集贸市场、大不同天山茶城、红星美凯龙家居市场、上海轻纺市场、灯具城市场、云丹茶艺市场、友谊之春百货市场等93家示范市场。同期，为维护网络商品交易市场秩序，全市工商部门共查处网络交易违法案件712件，处罚没款937.6万元，移送司法机关4件。

【商标监督管理】

“文化大革命”期间，上海商标注册管理工作被迫停止。1975年，根据商业部通知，市工商局经市革委会批准，开始办理商标地方注册（上海注册）。1979年1月起，经市革委会工业交通财贸办公室批准,在全市工商企业中开展商标清理。同年11月,上海停止商标地方注册。

1979年全国恢复统一注册商标后,上海市场上出现一些假冒高知名度商标的商品;为此,上海展开一系列整治。1982年,全市共处理商标侵权、违法案件52件,罚款10.5万元,查获假冒“红灯”牌收音机13万台,假冒“红灯”牌标识30余万件。1987年秋,上海市场上假冒上海“凤凰”“金兔”“乐久”“蝴蝶”4个名牌羊毛衫商标的情况严重,经黄浦、卢湾等区的工商局查处,共查获假冒名牌商标的羊毛衫1 700多件。

1987年1月起,市工商局实行商标注册二级核转制。1987年12月,筹建市商标事务所,商标注册工作从二级核转制过渡到注册代理制。1991年,上海市“永久”自行车、“凤凰”自行车、“霞飞”化妆品、“中华”卷烟4个商标入选中国十大驰名商标,另外34个商标获得提名奖。同年9月,市商标事务所成立。1996年起,市工商局开始上海市著名商标认定工作,制定《上海市著名商标认定与保护暂行办法》。1997年,上海认定“三枪”“恒源祥”“美加净”“六神”“龙虎”牌等首批著名商标,共计34个。

2001年,市工商局开展以保护驰名商标、著名商标、高知名度涉外商标及APEC(亚洲太平洋经济合作组织)标志为重点的全市性商标执法检查,全年共查处商标违法案件956件。2002年,市工商局在194家大中型商业企业中,推广应用《上海市商业企业经销商品商标管理软件》。

针对上海的主要商标侵权行为发生在服饰和小商品市场内的特点,市工商局加强对服饰和小商品市场内售假行为的打击。2004年,市工商局在全市服饰和小商品市场发布中文禁售通告,开展禁售“LV”(路易威登)等40件涉外高知名度商标商品工作,全年共查处商标侵权案件1 010件,没收、销毁侵权商品84.28吨,收缴和销毁侵权商标标识150万余件。2005年,市工商局进一步深化巩固“市场禁售”工作,发布英文禁售通告。2006年,全市关闭售假现象严重的襄阳路服饰礼品市场,并关闭“网上襄阳路”网站,组织开展“端窝点、防扩散”“查售假、净环境”“打制假、断源头”和“春秋行动”等商标专项执法行动,全年共查处商标违法案件2 217件。2006年,在“12315”投诉中心增设“12312”知识产权保护热线。2007年,市工商局发布第二号中英文禁售通告,继续在服饰和小商品市场深入开展禁售工作。上海按照国家工商行政管理总局制定的《保护奥林匹克标志专用权行动方案》的要求,2006—2007年,全市共查获侵犯奥林匹克标志专用权案件138件,处罚款54万元。至2007年底,全市禁售商标累计达到60件。同年10月,市工商局与市经委、市质监局、市财政局制定《上海市加快自主品牌建设专项资金管理暂行办法》,并召开上海商标发展工作推进大会。2009年上海世博会筹备和2010年世博会举办期间,全市工商部门集中力量开展世博商标保护工作,其中查处世博会标志侵权案件661件。在2010年开展的打击侵犯知识产权和制售假冒伪劣商品专项行动中,全市工商部门检查各类市场经营主体10.54万户次,立案查处各类侵犯知识产权和制售假冒伪劣商品案件681件,取缔售假窝点45个,向公安部门移送涉嫌商标犯罪案件24件,涉案人员37人。

至2010年,上海有效商标注册量210 263件;全市共认定14批上海市著名商标,其中有效的上海市著名商标793件;上海市经国家工商总局认定的驰名商标累计96件。

【广告监督管理】

“文化大革命”中,橱窗广告、商业广告被语录牌替代,电视、广播、报刊停止播放、刊登广告。

1978年中共十一届三中全会以后,广告事业开始恢复和发展。1979年初,上海市美术公司改名为“上海市广告装潢公司”,恢复经营广告业务。当年,上海电视台、解放日报、文汇报、上海人民广播电台恢复播出商业广告。

1982年2月6日，国务院发布《广告管理暂行条例》。7月，上海市工商局印发《上海关于整顿广告的意见》，全面检查全市广告。截至1983年底，全市经过整顿，共审核批准广告经营单位152家，从业人员1 894人。1987年10月，国务院发布修订后的《广告管理条例》，上海制定了有关广告管理的规范性文件，加强对虚假广告的查处。

1990年7月，上海率先在广告经营单位内部推行广告审查员制度。1991年，上海批准设立两家外商投资广告公司（诺贝广告有限公司、上海奥美广告有限公司）。同年，实施广告业专用发票制度、收费专用章制度、广告审核制度和广告业务员持证制度。1992年，上海开始执行《广告经营单位资质批准（试行）》。1996年2月，率先建立对大众媒体的广告监测制度，对大众媒体发布的广告内容进行监测，对监测发现的违法广告依法查处。1998年，市工商局针对违法情况较为严重的医疗广告、房地产广告、“三招”（招工、招生和人才招聘）广告、店堂广告、印刷品广告等进行重点整治，全年共查处违法违规广告761起。1998年8月组建成立上海市广告监测咨询中心。1999年1月，《上海市户外广告设置规划和管理办法》发布，明确工商行政管理部门是上海市广告业的主管部门和户外广告管理的综合协调部门。同年4月，市工商局等部门印发《上海市户外广告设置的技术标准》。

2001年，市工商部门以医疗广告为重点，对医疗、药品、保健品、房地产、因私出入境服务等关系人民群众身体健康和财产安全的违法广告开展大规模整治活动。同年，市工商局以整治户外广告为抓手，配合申办2010年上海世博会，组织发布公益广告12 587件。

2003年，市工商局建立评估制度和信息披露制度，对医疗广告实行分类管理，使媒体医疗广告违法行为发生率降低了26.3个百分点。建立违法广告警示公示和提示制度，查处广告违法案件1 339件。同年12月，市工商局率先取消店堂牌匾广告登记和店堂广告备案等许可事项，将工作重心从许可管理转向内容管理为主。

2004年，市工商局将涉嫌违法的广告分为严重违法、一般违法和轻微违法，实施分类管理，重点监管严重违法广告。加大对严重违法广告的查处力度，全市各类广告涉嫌违法率为2.73%。

2005年，上海建立整治虚假违法广告专项行动联席会议，初步形成“政府监管、行业自律、舆论监督、群众参与”的综合治理机制。

2007年，市工商局以医疗、药品、医疗器械、保健食品广告为重点，开展虚假违法广告整治，上海市再次被国家部际联席会议列为全国广告整治督查的免检地区。

2008年，市工商局继续以药品、医疗器械、医疗服务、保健食品、房地产、化妆品和投资理财等领域为重点，加大虚假广告整治力度；同时加强北京奥运会期间户外广告监管；并推出基于移动通讯技术的“违法广告短信告知平台”。

2010年上海世博会期间，全市加强涉博广告监管，共监测媒体广告179万多条，监测涉博广告3.3万条。据对主要媒体广告监测，上海广告平均违法率为0.38%，为历史最低。

【直销管理与禁止传销】

90年代初，国外直销企业开始进入中国大陆。直销市场发展不平衡，利用其营销模式的欺诈行为混入其中。1994年，市政府印发《上海市多层次传销管理暂行办法》，通过查处违法多层次传销活动，建立管理规范。1998年4月，国务院下发《关于禁止传销经营活动的通知》。同年5月，上海市贯彻国务院通知，重点抓好退货、转制和外来传销人员的遣送工作。

2001年11月,市工商局、市公安局、人民银行上海分行发出《关于本市开展严厉打击传销专项整治行动的实施意见》,依法坚决取缔各类传销和变相传销;严厉打击跨地域特别是跨省市从事传销和变相传销活动猖獗的非法组织和个人;规范外商投资转型企业的营销活动,清理转型企业雇佣推销员证书。

2002年,在市政府的统一协调下,市工商局会同市公安局查处申齐实业(上海)有限公司传销案,市工商局检查总队对申齐公司作出没收非法所得26 325.65万元,没收各种成品、原料等的行政处罚。这是市工商局至此查处的案值最大、执行金额最高的传销违法案件。该传销案的查处,受到国务委员吴仪的好评。

2005年,国务院颁布实施《禁止传销条例》和《直销管理条例》,市工商局转发国家工商行政管理总局《关于切实做好贯彻实施〈禁止传销条例〉和〈直销管理条例〉有关工作的通知》。2008年底,市政府批准建立上海市打击传销违法和犯罪活动联席会议,由副市长任第一召集人。2010年上半年,各区、县都建立起地方政府负责,工商、综治、公安等有关部门参加的打击传销联席会议制度。

截至2010年,上海有25家直销企业,其中有4家公司总部设在上海,分别是如新(中国)日用保健品有限公司、富迪健康科技有限公司、美乐家(中国)日用品有限公司和克缇(中国)日用品有限公司;有3家公司的最高管理层设在上海,分别是欧瑞莲化妆品(中国)有限公司、康宝莱(中国)保健品有限公司和玫琳凯(中国)化妆品有限公司。

三、消费维权与合同监管

【消费者权益保护】

1986年2月15日,召开上海市消费者协会成立大会。1988年12月22日,市九届人大常委会第五次会议通过《上海市保护消费者合法权益条例》,自1989年4月1日起施行。1998年3月,全市224个工商所和检查总队建立"消费者权益申诉站"。同年8月,全市开展"购物放心街(城)"创建活动,南京东路步行街、淮海中路商业街、徐家汇商业城、新上海商业城等4条放心街(城)被国家工商行政管理局命名为"打假维权消费者满意街"。10月,设立消费者投诉中心;并开通"88315"热线,集中受理全市消费者投诉。1999年10月,"88315"热线更名为"12315"热线。2000年,上海开展"红盾维权进社区"工作,在居(村)委会设立消费者权益保护联络点。

2001年8月,国务院批准《国家工商行政管理总局职能配置内设机构和人员编制规定》,将原由国家质量技术监督局承担的流通领域商品质量监督管理的职能,划归国家工商管理总局。2002年7月,市工商局制定《上海市工商行政管理机关流通领域商品质量监督抽查实施办法》,明确定期开展流通领域商品质量监督抽查,并将抽查结果向社会公布。

2002年2月,市工商局印发《关于进一步加强本市消费者申(投)诉、举报工作的意见》。同年,建立消费者申(投)诉举报市局、分局(区县消协)、基层工商所"三级网络";建立12315"一口受理、分类处理、落实责任"维权机制。2002年10月28日,市十一届人大常委会第四十四次会议通过《上海市消费者权益保护条例》,自2003年1月1日起施行。

2004年,市工商局依托12315平台,推行"内网外网并举、企业社区联动"维权模式。同年3月,联合江苏省工商局、浙江省工商局共同签署《长三角地区消费者权益保护合作协议》,在长三角地区开展消费者异地救济、商品质量监督抽查、12315消费维权网络平台互联互通等方面合作。

2006年3月,市工商局贯彻国家工商行政管理总局《关于大力推进12315行政执法体系建设工作的意见》，强化 12315 平台“一口受理、分类处理、快速反应”工作机制。同年 7 月，市消费者投诉中心增挂上海市保护知识产权举报投诉服务中心牌子，12315 消费维权热线与 12312 知识产权举报投诉热线实现并网运行。

2007 年，上海开通“12315”在线举报系统，开发 12315 信息跟踪督办和信息定位系统。对质量问题较突出、历次质量监测合格率较低的市场、商业街(城)等重点区域销售的家用电器、儿童玩具、汽车配件等 10 类重点商品开展质量安全专项整治。在上海举办女足世界杯、夏季特奥会、F1 世界方程式大赛、上海旅游节等一系列重要体育赛事和重大活动期间，延长 12315 热线人工受理时间，开设绿色通道和英语受理电话。

2008 年 6—8 月，市工商局对全市范围内的超市、商场、集贸市场销售、使用塑料购物袋的情况进行检查。同年 8 月，开展“迎奥运、维权益、促和谐”主题活动，承诺奥运会期间“12315 热线 24 小时人工接听”，设立英语服务岗和维权“绿色通道”。

2009 年，上海推进“12315”行政执法体系“四个平台”建设(即建设工商部门与广大消费者和人民群众信息互动的平台，工商部门畅通民意的平台，工商部门接受社会监督和听取群众意见的平台，工商部门解决人民群众最关心、最直接、最现实利益问题的平台)，拓宽 12315 受理渠道，完善热线、网络、短信、语音信箱等受理模式。2009 年，市工商局开展 12315 进企业、进超市、进商场、进市场、进景区等“五进”工作，制定《关于进一步规范消费者申诉、举报工作的意见》，建立健全信息督查督办、应急处置、统计汇总和发布利用等制度，在全市开展“家电下乡”“汽车摩托车下乡”市场专项整治，对全市流通领域的建材和室内装饰装修材料开展“清新居室”专项执法检查行动。

2010 年，市工商局制定《2010 年上海世博会消费维权工作方案》《上海市工商局 12315 消费维权热线迎世博“窗口”服务规范》和《上海市工商局 12315 消费维权热线“迎世博”服务活动计划》，在世博园区内外建立消费投诉联络点，开辟涉博消费维权绿色通道。

至 2010 年底，市工商局在全市设立消费者权益保护联络点 6 383 个，市工商局 12315 热线已从单一投诉电话发展成消费维权综合服务平台，累计接听消费者来电 350 万个，解答各类咨询近 270 万件，受理申(投)诉举报 85.8 万件。

【合同监督管理】

1981 年 12 月，《中华人民共和国经济合同法》颁布。1982 年 5 月 18 日，市政府下发《关于贯彻中华人民共和国经济合同法的通知》，规定市工商局和区、县工商局是统一管理经济合同的行政机关。1983 年底，市、区县工商局相继建立经济合同仲裁委员会 22 个，并依据《经济合同仲裁条例》开展经济合同纠纷仲裁工作。1995 年 9 月 18 日，上海仲裁委员会依法成立，市、区县工商局原有的经济合同纠纷仲裁职能移交上海仲裁委员会。

1988 年，上海全面开展“重合同、守信用”活动。符合重合同守信用标准的企业经区县工商局审核认可，由区县政府批准授予“重合同、守信用”证书。1995 年，依据《担保法》和《企业动产抵押物登记管理办法》等规定，全市工商系统开始办理企业动产抵押物登记。

2000 年 7 月，市十一届人大常委会第二十次会议通过《上海市合同格式条款监督条例》。2001 年，市工商系统共备案六大类格式合同 3 170 份，发出《修改建议书》666 份，发出《责令限期改正通知书》481 份，作出行政处罚 3 起。2002 年，市工商局探索建立工商部门规制监督、企业自律参加、行业协会推荐、中介机构评估、企业合同信用自律组织认定的企业合同信用评价体系。2005 年，市工商局以房产市场、食品市场、中介市场为重点，开展打击合同欺诈专项执法行动。2007 年，市工商局对全市拍卖企业开展《拍卖法》实施后的首次专项检查,共检查拍卖企业 126 户,现场监管拍卖活动 348 场次。2010 年,市工商局印发《2010 年本市合同格式条款专项整治工作方案》,监督纠正 1 876 个违规格式条款,发出格式条款修改建议书 634 份,发出责令改正通知书 405 份。

第二节 物价监管

解放前夕,上海工商业陷入瘫痪状态。上海解放后,先后建立了市军管会、市政府、市人民委员会的物价管理机构。国民经济恢复初期,物价持续波动,市政府采取抛售物资等行政经济手段平抑市价,恢复农业生产,提高农副产品价格,逐步缩小工农业产品的交换比价,保障人民的基本生活。国民经济恢复时期的后期(1950 年 3 月—1952 年),上海物价基本稳定。"一五"时期(1953—1957 年):上海物价进入全面稳定的新时期。1957 年,开始合理调整物价,禁止部分农副产品流入市场,打击走私投机违法活动。1958—1960 年"大跃进"时期,冒进浮夸,大购大销,国民经济比例失调,有效供给不足,市场供需矛盾突出,许多生活必需品逐步实行凭票定量供应。1961 年,国家开始对国民经济进行调整,敞开供应部分高价商品,稳定和平抑了集市贸易物价。1965 年,随着国民经济的好转,高价商品逐渐减少。

1966 年"文化大革命"开始,物价工作和物价机构陷入混乱,原上海市物价委员会被撤销,物价工作人员疏散。1970 年,国家一度冻结物价。1971—1975 年,国家陆续调整工农业产品、轻工业品和工业品的价格。"文化大革命"期间,价格体系不合理问题愈积愈多,合理的差价被当作资产阶级法权而压缩,甚至取消地区和城乡差价,严重影响生产发展。

1978 年改革开放开始,县以上各级政府陆续建立相应的管理物价的机构。1979 年以后,上海开始进行价格改革。1979—1984 年,重点是调整农产品收购价格和部分副食品销售价格,逐步放开小商品和部分农产品价格。1985—1988 年,放开了大部分农产品价格、部分工业消费品价格,工业生产资料价格实行"双轨制"(计划价格和市场价格);同时注意调整价格结构,理顺工农业品比价和工业品内部比价关系。1985 年,国务院批准将原有的票证供应物资逐年减少(1993 年粮票被正式宣告停止使用)。1989—1991 年改革,采取调、放、管相结合的改革方式,上海采取控制物价上涨的各项措施。市政府狠抓"菜篮子"工程建设,宣布对 19 种基本生活必需品不涨价,对部分商品作出最高限价。1991 年,市政府颁布市管的商品价格和收费目录,所管的品种由原 396 种减少到 146 种。此后,价格改革主要是继续以控制通货膨胀及物价总水平为首要任务。1992 年邓小平南方谈话发表后,上海将市管商品和服务收费项目调整为 15 种。进入 21 世纪,尤其加入世界贸易组织后,2002 年底起,上海除保留垄断性、强制性、公益性和资源性的价格和收费外,其他商品价格原则上全部放开。

一、政府定价管理

【定价目录管理】

上海解放后至 1978 年改革开放前,长期实行高度集中的计划经济和高度集中的价格管理体制,市场价格保持基本平稳。中央与地方根据"统一领导、分级管理"的原则划分物价管理权限,粮、棉、油等重要商品的购销价格由中央制定,其他商品的购销价格由地方管理。商品定价权主要集中在中央一级,按照 1973 年国家计委颁布的价格管理目录,国家管理价格的商品约占市场商品零售总额的93%。

价格改革开始以后，政府管理价格的范围逐步缩小。从1983年开始，上海逐步放开工业小商品价格：1983年5月、1984年6月、1987年12月分三批共放开小商品1 399种；根据小商品的性质和生产、流通特点，由企业按照作价原则自行定价。

1984年10月，中共十二届三中全会《关于经济体制改革的决定》提出，改革过分集中的价格管理体制，逐步缩小国家统一定价的范围，适当扩大有一定幅度的浮动价格和自由价格的范围，使价格能够比较灵敏地反映社会劳动生产率和市场供求关系的变化。1985年，国家取消农副产品收购统购派购，放开计划外生产资料价格和部分工业消费品零售价格。1987年，对价格实行国家定价、国家指导价和市场调节价三种形式管理，进一步缩小政府管理价格的品种。

1990年浦东改革开放以后，上海加快经济建设步伐。1991年底，市政府颁布市管的商品价格和收费目录，市管价格的商品和服务收费，由原来的396种减少到146种。其中，农副产品19种，轻工产品38种，重工产品71种，服务收费18种。

1992年邓小平南方谈话后，上海将市管的146种商品和服务收费项目调整为15类，除具有垄断性质的电力、煤气、自来水、交通、电讯及关系国计民生的重要化工、机电产品继续实行国家定价或国家指导价外，大多数重工产品和生产资料实行市场调节价；除部分中西药品和学生课本等价格外，绝大部分日用工业消费品价格也实行市场调节价；为推动上海第三产业发展，放开饮食、理发、沐浴、旅馆、洗染、照相、修理等服务行业价格，实行市场调节价或行业议价。

1996年，市十届人大常委会第二十八次会议通过《上海市价格管理条例》。为建立、完善市场形成价格机制，进一步规范市场价格行为，1997年9月，市政府批转市物价局修订的上海市分级管理目录。其中，属于市政府及市物价局管理的商品和服务44种(类)，由区县政府及区县物价部门管理的商品和服务价格14种，由市、区县物价部门实行间接管理的商品和服务27种。行政事业性收费未列入目录。

进入21世纪后，为了适应加入世贸组织的新形势，2002年10月21日，市发展计划委发布经国家计委审定的《上海市定价目录》(简称《目录》)，从12月1日起执行。《目录》除保留属于垄断性、强制性、公益性和资源性的价格和收费外，其他原则上都放开。《目录》仅保留15种46个项目(中央15项、地方31项)，比1997年政府管理目录减少65%。《目录》内容包括：(1) 重要储备物资、部分重要商品价格等；(2) 燃气、水价、电热等公用事业价格；(3) 重要交通运输、邮政及电信基本业务等价格；(4) 教育、医疗等重要公益性价格；(5) 属于行业性、技术性强或市场竞争不充分的重要专业服务价格。《目录》执行后，政府定价和政府指导价占全市社会消费品零售总额的3.9%，占农副产品收购总额的2.9%，占生产资料销售总额的3.9%。

【价格管理法制化】

1996年6月，市十届人大常委会第二十八次会议通过《上海市价格管理条例》，上海价格管理进入法制化进程。1998年5月1日《中华人民共和国价格法》实施后，上海价格管理法制化进入全新的阶段。

完善规范性文件　1998年以后，为建立公平竞争的市场秩序，市物价系统制定《上海市物价局关于制止低价倾销行为的试行规定》《上海市律师服务收费管理办法(试行)》《上海市家用电器维修收费规则》《房地产中介服务收费管理办法》等规范性文件。2006年，市发展改革委制定《上海市〈政府制定价格成本监审办法〉实施细则》，加强和规范价格基础工作。2008年，市发展改革委制定

《上海市对部分重要商品及服务实行临时干预措施的实施办法》,依法对市场价格显著上涨实施临时干预措施。

实行调价听证 按照《中华人民共和国价格法》的规定,举行调价听证会。自1998年《价格法》实施以后,上海先后举行过17次价格听证会,分别对公房租金、自来水价格、排水价格、公交地铁票价、公费生高中学费、高等教育收费、计划液化气价格、省际公路春运票价、城市管道煤气销售价格、出租汽车运价油价联动方案等的价格调整举行听证会。

清理法规文件 2000年,全面清理主要法规和规范性文件,确定130件为全市价格行政执法依据的文件,废止文件14件,修订文件12件。2001—2002年,全面清理1980年以后的所有价格法规、规章和规范性文件,废止200余件规范性文件,取消和修订的物价数量占被清理总量的64%。

二、市场价格管理

【明码标价和三色标签】

1989年,上海开始执行明码标价制度。1990年,国家物价局发布《关于商品和收费实行明码标价制度的规定》,上海根据实际情况,逐步推行各类行业的统一标价签。

从1997年11月1日起,上海在部分商业企业试行三种颜色标价的办法(绿色或蓝色为明码实价标价签,黄色为明码削价标价签,红色为明码议价标价签)。1999年4月,上海正式在全市商业零售企业实行蓝(实价)、黄(削价)、红(议价)三色明码标价签制度;并在全市范围内加大推行三色标价工作的力度。2001年4月,国家发展计划委发布《关于商品和服务实行明码标价的规定》。

【价格诚信体系建设】

从1984年起,为规范市场价格行为,保护消费者合法权益,市物价局、市技术监督局、市商委、市总工会、市消费者协会、解放日报社共同组织开展经营者自愿参加的商业竞赛活动。1988年,市政府决定建立联席会议,在全市进一步开展"物价、计量信得过"活动,使"信得过"活动向深度和广度发展。1990年改为"物价、计量、质量、服务信得过"(简称"四信")活动,1995年改为"物价、计量信得过"(简称"双信")活动。竞赛评选每两年进行一次。1990—1995年,评出市物价计量信得过单位39户,全国执行物价计量政策法规最佳单位4户。1999年,评出93户市物价计量信得过单位。2001年,评出金奖单位200个、银奖单位200个、铜奖单位318个。2003年,评出价格计量信得过单位152家。

2003年8月,市政府印发《关于加强本市社会诚信体系建设的意见》和《上海市2003年—2005年社会诚信体系建设三年行动计划》。2004年12月,国家发展改革委下发《关于进一步推进经营者价格诚信建设工作的意见》,上海加快推进价格诚信建设工作,2006年研制"上海市价格信用信息报送系统"软件,并纳入上海市征信系统。"上海市价格信用信息报送系统"主要包括五个模块,信用信息管理,距离监督管理,信息统计分析,信息报送管理,系统维护管理。通过"价格信用信息报送系统",把诚信激励与失信惩戒结合起来,切实推进价格诚信建设工作,在社会信用体系建设中发挥价格部门的作用。

【清理整顿乱收费】

1988年9月,中共十三届三中全会确定"治理经济环境、整顿经济秩序、全面深化改革"的方针。

针对各地一些中、小学校擅自向学生家长收取名目繁多的费用，或向学生家长所在单位摊派索要财物的情况，1989 年 5 月，国家教委、国家物价局、财政部下发通知，清理整顿中小学收费项目。同年 9 月 20 日，市政府发布《上海市行政事业性收费管理暂行规定》，加强对行政、事业性收费的管理。

1990 年 10 月，中共中央、国务院作出制止“三乱”（乱收费、乱罚款和各种摊派）的决定。上海对一些部门利用职权乱收费的不正之风开展专项治理，对有关收费项目进行了清理整顿。

1993 年 10 月，市政府公布取消的收费项目、停止硬性搭配服务的项目和纠正超标准收费的项目，以及治理“三乱”、清理“涉农负担”中取消的不合理收费（集资）项目共计 179 项；11 月，市政府又公布一批取消的不合理收费项目和纠正超标准收费的项目，共计 109 项。

1994 年 2 月，市政府下发通知，进一步开展治理乱收费工作，坚决杜绝国家机关乱收费，严格收费立项和收费标准的审批管理，实行亮证收费，建立收费年审、稽查制度，接受社会监督。同年 5 月，市财政局、市物价局制定《上海市行政事业性收费审批管理试行办法》，严格审批制度。

1997 年 7 月 7 日，中共中央、国务院发布《关于治理向企业乱收费、乱罚款和各种摊派等问题的决定》（简称《决定》）。市政府召开市长办公会议，进行专题讨论，提出加强领导，落实责任制，由市经委牵头，会同市计委、市财政局、市物价局、市监察委、市纠风办、市审计局等部门成立工作协调小组，提出工作要求。由市经委会同市财政、物价、计委等部门按照《决定》，对收费项目进行全面清理，结合实际，搞好清理、自查，对行政事业性收费进行分类清理。同年，上海取消行政事业收费 100 项，建筑收费 43 项。

1998 年，全市按照条、线，对行政事业性收费项目进行分类清理，取消 201 个涉企收费项目。全面推广企业缴费登记卡制度，完善收费年审办法。对 1.28 万户行政事业性单位的收费情况进行审核，并在 2 500 户企业中推行交费登记卡制度。

1999 年，在巩固前几年“清费治乱”成果的基础上，市物价部门与市有关部门配合，加大治理“三乱”的力度。对中央宣布取消的各种基金项目和 486 种收费进行督促落实，对全市 124 项收费采取取消、合并或降低收费标准的措施，进行专项检查或跟踪调查；对行政事业性收费的执收单位，发放“收费许可证”和“收费员证”，实行亮证收费。

2002 年，市物价部门对行政事业性收费进行全面梳理，取消收费 43 项，降低标准 15 个，减轻社会负担 7.69 亿元；实施教育收费公示制度，规范全市 1 600 余所大中小学教育收费的内容和标准，增加教育收费透明度。

2004 年，市物价部门会同市财政部门全面清理行政许可收费，取消行政事业性收费 34 项，降低标准 17 项。

2008 年，市政府要求推行“两高一少”（行政效率最高、行政透明度最高、行政收费最少），进一步清理和规范行政事业性收费；自 7 月 1 日起至同年底，全市取消 148 项行政事业性收费。

2009 年，上海继续贯彻国家清理整顿乱收费要求，取消和停止征收事业单位登记费、职业资格证书工本费、进出口货物许可证工本费等 43 项行政事业性收费。

2010 年，市发展改革委等 11 部门建立联席会议，继续开展治理和规范涉企收费工作，坚决取缔各种乱收费，加强涉企收费规范管理。继续取消一批不合理的行政事业性收费，规范经营服务性收费和社团收费。

【价格公示制度】

2001 年，为制止农村“三乱”，保护农民合法权益，上海加强监管力度，提高涉农价格和收费的透明度,推行涉农价格和收费公示制度,对国家行政事业单位收费项目6大类37项,重要公益性收费项目3大类10项,重要涉农商品及公用事业价格6大类27项,采用多种形式进行公示。利用镇政府的政务公开栏、村委会的村务公开栏等,公示涉农价格、收费内容和价目表;印发农民交费登记卡、收费小册子,发到每一户农民家中;印发涉农价格和收费一览表册。2002年,上海全面推行涉农价格收费公示。市郊139个乡镇公示率达到100%;2 143个行政村公示率为99.4%。郊区共设置涉农收费公示栏(牌)、价目表等共2 809块;发放农民缴费小册子40万本。通过清理排查,各区县共取消部门和乡镇自行设立的不合理收费项目73项(次);查处违法金额1 468.9万元。同时,建立农村三级价格监督网,共设价格监督员1 843人,区(县)、乡镇全部设立价格监督员,76.6%的行政村设立村级价格监督员,加大对涉农价格收费执行情况的监督力度。

2002年起,上海实施教育收费公示制度,规范全市1 600余所大中小学教育收费的内容和标准,增加教育收费透明度。

2004年起,上海根据行政审批改革和政府信息公开要求,全面梳理并上网公布价格政策法规和政策,编制并公示《上海市行政事业性收费项目目录》。

三、价格监督

上海在价格监管工作中,实施多层次全方位的价格监督检查方式。80年代后期至90年代前期,物价检查采用4种方式:全国性物价大检查、市场价格检查、行业价格检查、专项价格检查。90年代中期以后,随着价格违法问题逐渐减少,不再开展全国性物价大检查。上海结合地方实际,安排专项价格检查或者重点检查。

1980年以后,上海成立以退休(离休)工人、干部为主体的群众义务物价监督检查组织(1988年改为群众价格监督站)和上海市职工物价监督总站,协助政府搞好物价管理,开展维护国家和消费者利益的群众性监督活动。

为稳定节日市场价格秩序,每年在元旦、春节、五一、国庆、中秋节期间,市价格检查部门对"帮困户"商业网点、农副产品市场、服装百货商店(市场)、娱乐场所等经营单位进行价格检查,确保节日期间市场安定祥和及价格稳定。

1985年以后,市纪检委发出通知,进行税收、财务、物价大检查。税收财务物价大检查工作一直持续到1997年。在此期间,上海大力整治市场价格秩序,纠正处理了一批价格违法行为。

1992年,中共十四大确立社会主义市场经济体制以后,价格监督工作进入新的阶段。上海根据不同时期市场价格变化的特点,针对某一行业、某一系统、某种商品价格或服务收费执行中的问题,组织价格监督检查人员进行专项价格检查,通过检查一种商品或服务,清理一条线,检查一个行业,整顿一大片。

2001年5月1日,上海开通"12358"价格投诉举报电话。"12358"举报电话开通后,成为市民价格举报的平台,了解价格政策的"窗口",政府联系市民的"纽带"。群众价格投诉举报相对集中在教育收费、房地产中介和物业收费、医疗收费和药品价格等与群众生活关系密切的领域。

2009年,上海大力推进迎"世博"600天行动计划,重新修订"12358"举报电话服务规范,公开价格举报热线监督电话,增设英语受理岗位,公示办事制度和工作流程,设置价格举报文明示范岗位和示范员。

2010年,作为市政府的价格主管部门,市发展改革委(市物价局)研究制定价格监管工作方案,建立工作机制，完善世博价格监测预警体系和投诉应急处置机制；在园区内分片区设组进行价格协调监管，在全市范围内对重点地区、行业进行价格巡查，确保上海世博会期间，“12358”价格举报平台渠道畅通、服务规范、应对迅速、处置及时。

第三节　质量技术监督

上海解放初，市政府主要通过度量衡管理所对市场商用度量衡器具进行管理。1958 年，政府部门开始开展标准化管理。1962 年 8 月，市计量标准管理局建立，同时建立市计量检定所。1963 年起，10 个区、10 个县先后建立计量管理所。1964 年，市测试技术研究所建立。1966 年 3 月，市计量标准管理局改名为市计量测试管理局。“文化大革命”期间，标准计量机构大多被撤销。1972 年，全国军民计量工作座谈会召开，上海市计量工作得到恢复。

1977 年 9 月，市计量测试管理局改为市标准计量管理局。1979 年 7 月，市标准计量管理局在主管全市计量、标准化工作的基础上，增加质量监督管理职能。1980 年，着手组建市产品质量监督检验网。1981 年，市标准化工作的重点转移到采用国际标准和国外先进标准，建立第一批钟表、自行车、机床、轴承等行业 20 个市产品质量监督检验站。1983 年，市政府发布《关于在工业生产中加强质量工作的若干规定(试行)》，成立市质量工作领导小组。1984 年，成立市标准情报研究所和市产品质量监督检验所。1985 年，中国上海测试中心建立。1986 年，建立华东国家计量测试中心。1986 年 11 月，市政府批准各区恢复“文化大革命”期间被撤销合并的区计量管理所，并改名为区标准计量所。1985 年 9 月《中华人民共和国计量法》和 1988 年 12 月《中华人民共和国标准化法》颁布后，上海计量、标准化工作进入法制管理轨道。80 年代中期，对全市产品质量监督检验机构和检测实验室开展计量认证。1989 年 3 月，市政府决定成立市技术监督局，贯彻市长朱镕基提出的“质量是上海的生命”这一指导方针，实现标准、计量、质量三位一体的工作体制。

1990 年，市质量工作领导小组组建。1991 年，市技术监督局成为国家方圆标志认证委员会成员单位。1992 年，市技术监督局创优处增挂质量认证处牌子，归口管理全市质量认证工作。同年起，相继成立上海质量体系审核中心、上海商检评审中心和中国方圆标志上海评审中心等认证中介机构。1992 年 7 月，成立市打假治劣联席会议，统一领导、协调全市的“打假治劣”活动，下设市打假治劣办公室。1993 年，市技术监督局筹备成立中国方圆标志认证委员会上海认证工作站，一年后该站划给市技术监督情报研究所。1995 年，国家规定的 111 种强制检定计量器具全部落实检定机构。同年 5 月，经市政府授权，组成市名牌产品推荐委员会，成为上海名牌产品推荐审定机构。同月，市技术监督稽查大队成立。1999 年 1 月，市委、市政府批准成立由市农委、市商委、市科委和市技监局等 10 个部门组成的市农业标准化工作领导小组，统一管理、协调全市的农业标准化工作。市技术监督局成立市质量体系内部审核员注册资格评审委员会，负责全市内部审核员注册的评定工作。

1999 年 3 月，市纺织纤维检验所更名为“市纤维检验所”，隶属关系由上海纺织控股(集团)公司划给市技术监督局。同年 10 月，市技术监督局更名为“市质量技术监督局”，区、县技监局更名为“区、县质量技术监督局”。2000 年 8 月，市政府办公厅发文，将原由市劳动和社会保障局承担的锅炉、压力容器、电梯、防爆电器等特种设备的安全监察监督管理职能划交市质量技监局。同年 9 月，将市打假治劣联席会议改为市打假治劣领导小组。中国加入世贸组织后，2002 年 5 月，上海成立市技术性贸易壁垒应对工作领导小组，成员包括市质量技监局等 8 家单位。2004 年 12

月,市政府明确将食品生产加工环节的监管职责,由卫生部门划归质量技监部门。至此,市质量技术监督局承担了计量、标准化、质量、认证、产品监督、特种设备、食品生产领域等监督管理和行政执法职能。

一、计量管理

上海解放初,市政府实施"推行公制、沿用市制、限制英制、废除杂制"度量衡管理,在菜场设置标准秤和标准砝码。1959 年,计量由度量衡管理发展到长度、力学、热工、电工等计量器具管理,管理范畴在原长度等基础上,扩展到磁测试、无线电微波测试、精密机械加工测量、真空测量、性能试验、理化分析等。1964 年,上海制订 3 000 多个地方企业标准。80 年代中期,市标准计量局会同市工商局、市消费者协会加强对计量器具的监督管理,对市场上包装商品计量进行联合检查。1984 年 10 月,根据国务院《关于在我国统一实行法定计量单位的命令》,市政府办公厅转发市标准计量局制订的《关于在本市推行法定计量单位的意见》,全面推行法定计量单位。1985 年 9 月《中华人民共和国计量法》颁布后,计量工作进入法制管理轨道。上海市对纳入强制检定范围涉及贸易结算、安全防护、医疗卫生、环境监测的计量器具落实检定机构并进行监督检查。1985 年,上海还对制造、修理计量器具企业实行许可证管理,对计量器具新产品实行定型检定管理和开展计量认证。1987 年 2 月,根据《中华人民共和国计量法实施细则》,市计量管理局开始对产品质量检验机构实施计量认证考核。截至 2010 年,全市获得计量认证的检验检测机构共 611 家(含建设工程检测、环境监测、医疗卫生检测、消防综合检测、特种设备检测、机动车安全检测、农产品质量检测等检验检测机构)。

图 4-14-1　2010 年 9 月,上海市政府实事项目——"水银血压计免费校准和小修"服务现场

1989—2000 年，市技术监督局先后组织上万人次对众多的菜场、商店、个体摊点使用的计量器具及其销售的粮油、化肥、冷冻小包装等定量包装商品，以及涉及保障人体健康和环境监测用的计量器具进行监督检查；先后印发《上海市城乡集市贸易计量管理暂行办法》《上海市贸易结算用计量加油机管理办法》等规范性文件。1994 年 10 月，市政府发布《上海市商品计量管理办法》。1995 年开始，市技术监督局根据《国家技监局关于帮助 100 个企业完善计量检测体系工作的通知》，实施“完善计量检测体系”确认工作。至 2005 年，全市共有 17 家企业通过“完善计量检测体系”评审。1996 年初，市政府印发《上海市计量校准机构管理办法》，对计量校准机构加强管理。1997 年 3 月，市技术监督局制订《上海市计量校准实验室评审细则(试行)》。1998 年 10 月，市计量校准管理办公室发布首批获得认可的市计量校准实验室名单。同年起，市技监局对全市粮、油、食品、化妆品、洗涤用品、化肥、农药等定量包装商品生产企业开展计量评定工作。2000 年 2 月，市质量技术监督局印发《上海市城乡集贸市场计量监督管理细则》。同年 9 月，市十一届人大常委会第二十二次会议通过《上海市计量监督管理条例》。至 2001 年，共有 67 家企业获得计量评定合格证书。2009 年 7 月，市质量技术监督局发布《关于进一步加强对制造、修理计量器具许可证后监管的通知》。1996—2010 年，全市共对 4 488 余万台(件)计量器具进行强制检定。2000 年 7 月，市质量技术监督局开展中小企业计量检测保证能力评定工作，至 2010 年，全市通过中小企业计量检测保证能力评定并在有效期内的企业有 956 家。2001—2010 年，市质量技术监督局共组织对超市、集贸市场、餐饮企业、加油站的 25 万余台电子计价秤、加油机、计价器等进行监督检查。

二、标准化管理

1981 年，根据国家标准局提出的积极引用一批通用的先进的国际标准的精神，市标准化工作重点转移到采用国际标准和国外先进标准。同时，以“沪 Q”为代号的上海市企业标准全面实施。1988 年 12 月，《中华人民共和国标准化法》颁布，标准化工作进入法制管理的轨道。1989 年开始，市技术监督局会同工业主管局和区、县技术监督部门对企业标准实施情况进行监督检查，上海市产品的无标准率从 1990 年的 13.7%降低到 1992 年的 4.8%，达到无标产品率小于 5%的要求。

1990 年、1992 年，市技术监督局分别设立中国物品编码中心上海分中心和市组织机构代码管理办公室，负责组织、管理上海地区的商品条码工作和组织机构代码赋码、发证工作。1992 年 1 月，市经委、市技术监督局制定《关于推进工业产品采用国际标准和国外先进标准的若干规定》，要求技术改造、技术引进、技术攻关与采用国际标准紧密结合。1992—1995 年，上海每年采用国际标准 700—900 项，比 1990 年前每年约 400 项增加 1 倍。截至 2000 年底，全市采用国际标准 10 169 项。1995 年起，市技术监督局组织推进农业标准化示范区工作。1997 年 4 月，市政府批转《关于加强本市农业标准化工作意见》后，市农业标准化工作得到加强。1998 年 10 月，市技术监督局发布《上海市农业标准化三年规划(1998～2000)》。1999 年 3 月，市政府批准成立市农业标准化工作领导小组。2000 年 11 月，召开上海市农业标准化工作会议，市政府领导和国家质量技术监督局领导出席并讲话。

经过“八五”“九五”时期努力，上海标准化工作进一步适应社会主义市场经济的发展，深化管理体制改革。到 90 年代末，全市初步形成了以标准化行政主管部门为主导，企业为主体，协会、标准化技术委员会、技术情报机构为技术支撑的工作机制。进入“十五”时期后，上海标准化工作不断适应我国加入世贸组织要求，大力实施标准化战略。2001 年，上海出台国内首部标准化工作地方性法规《上海市标准化条例》,市质量技术监督局印发《上海市地方标准管理办法》。2002 年 12 月,市政府下发《关于本市推进采用国际标准工作若干意见的通知》。同月,市政府印发《上海市公共信息图形标志标准化管理办法》。2003 年 9 月,市质量技术监督局印发《上海市公共信息图形标志标准化管理办法实施意见》。自 2004 年起,市质量技术监督局设立上海市技术性贸易措施应对专项经费,截至 2010 年底,共有资助项目 107 项。2005 年,上海建立了由分管市领导任总召集人、26 个市政府职能部门组成的"市标准化工作联席会议"机制。2007 年 4 月,市政府办公厅印发《上海市标准化发展战略纲要(2007—2020 年)》,推出与之配套的先进制造业、农业、环境保护、现代服务业、资源节约和综合利用等重点领域标准化三年行动计划。2008 年,经市政府批准,市质量技术监督局、市科委、市财政局设立上海市标准化专项资金,设立 4 000 万元/年的标准化推进专项资金。2009 年 3 月,中华人民共和国 WTO/TBT(技术性贸易壁垒)咨询中心通报表彰市质量技术监督局技术性贸易措施应对工作。

截至 2010 年底,全市共有现行有效地方标准 400 项,其中强制性地方标准 122 项,推荐性地方标准 278 项,涵盖农业、节能、信息、公共卫生、食品卫生、城市公共建设和交通、社会公共安全技术、环境保护、标识标志、安全生产类、服务类、重要检测等标准。全市共建成国家级农业标准化示范试点项目 57 个、市级农业标准化示范试点项目 60 个,共有南汇水蜜桃等 6 个国家地理标志保护产品。全市共建成国家级服务业标准化示范试点项目 5 个,市级服务业标准化示范试点项目 39 个。上海市重点产品采用国际标准累计 19 337 项,采标率达到 88%。汽车、钢铁、船舶、电子信息等重点行业的重点产品采标率达 90%以上。

三、质量管理

1988 年以后,上海以打击制造、销售假冒伪劣产品活动作为质量监督工作的重点。1990 年,根据市委《关于全党重视抓好质量的意见》,市经委、市技术监督局作出《关于加强工业企业质量管理的若干决定》。市技术监督局在国家级、部级、市级优质产品、各行业主导产品及市优先发展产品中选择 500 项,列入《上海市重点产品质量监控计划》。同年,上海开始实行准产证制度,先后对饮料、燃气器具、冷冻饮品、净水器等 10 类产品实施准产证管理。1993 年,《中华人民共和国产品质量法》公布。同年起,全市开展每年 150 项重点产品质量攻关活动。1994 年 8 月,市十届人大常委会第十二次会议通过《上海市产品质量监督条例》,进一步明确产品质量监督的重点。同年,市经委、市技术监督局联合印发《关于工业企业行政正职抓好质量工作的若干意见》;对 5 000 名企业厂长(经理)进行贯彻《质量管理和质量保证》系列标准的培训、教育和考核。1997 年 1 月,市技术监督局制定《上海市质量认证咨询机构备案管理实施细则》。同年 8 月,市政府印发《上海市质量振兴实施计划》。1998 年 11 月,市政府批转市技术监督局制订的《上海市产品准产证管理办法》。同年,市名牌推荐委员会以上海名牌企业为基础群体,首次推出上海名牌产品 50 强。1999 年 9 月,市技术监督局制订《关于加强上海市商品质量管理工作的若干意见》。"500 项重点产品监控"调整为"500 家企业主导产品质量监控"。1992—2010 年,全市共查处 10.8 亿元假冒伪劣商品。

2001 年起,市质量技术监督局与市有关部门组织开展"上海市质量金奖"评选活动。2002 年 6 月,根据国务院办公厅《关于加强认证认可工作的通知》,上海建立认证工作联席会议制度。进入"十五"时期(2001—2005 年)后,通过建立制度,完善认证认可监督机制。上海从 2005 年起,在现代服务业领域试点开展上海名牌服务推荐工作。2008 年 3 月,市政府批准市质量技监局报告,同意设立“上海市市长质量奖”，授予实施质量管理并取得卓越经营绩效的各类组织和为质量振兴事业做出突出贡献的个人。市长韩正强调“质量是上海的生命，是群众的根本利益所在”。2010 年 12 月，上海市政府质量奖审定委员会(由市质量技监局、市发展改革委、市经信委等 13 个委办局组成，办公室设在市质量技监局)合并《上海市质量金奖管理办法(试行)》和《上海市市长质量奖管理办法(试行)》，制定了《上海市政府质量奖管理办法》。2008—2010 年，宝山钢铁股份有限公司宝钢分公司等 4 家单位，范秉勋、刘瑞旗等 2 人获得“上海市市长质量奖”；宝山钢铁股份有限公司等 62 家单位，胡茂元等 57 人获得“上海市质量金奖”。

至 2010 年底，全市有认证咨询机构 32 家，覆盖质量、环境和健康职业安全等 18 大类；各类组织获得管理体系和产品认证有效证书 27 444 张；以汽车制造、通讯信息设备、电子成套设备、钢铁和节材、节水、节能、环保产品以及优质农副产品作为重点，共推荐上海市名牌产品 995 项。

四、特种设备监察

2001 年下半年开始，市、区县质量技监局开展全市锅炉压力容器压力管道及特种设备的普查整治，基本查清在用特种设备的数量和分布，建立了覆盖全市的完整的普查登记数据库。2002 年 9 月，上海市锅炉压力容器压力管道及特种设备普查整治工作通过国家级验收。

2003 年 3 月，国务院颁布《特种设备安全监察条例》，明确特种设备是指涉及生命安全、危险性较大的锅炉、压力容器(含气瓶)、压力管道、电梯、起重机械、客运索道、大型游乐设施；将特种设备的生产(含设计、制造、安装、改造、维修)、使用、检验检测及其监督检查纳入特种设备安全监督管理部门的监管范围。2004 年 5 月，市政府印发《上海市电梯安全监察办法》。同年 11 月，市政府发布《上海市禁止制造销售使用简陋锅炉和非法改装常压锅炉的规定》。2010 年 7 月，市政府印发《上海市大型游乐设施运营安全管理办法》。

2003 年 9 月，上海市工业压力管道普查整治工作通过国家级验收。2004 年 8 月，市气瓶普查整治工作结束。截至 2010 年底，全市有特种设备生产(含设计、制造、安装、改造、维修、气瓶充装)单位许可持证数为 1 522 家。全市在用特种设备总量为 368 354 台(套)。其中，锅炉 12 355 台，固定式压力容器 125 706 台，移动式压力容器 771 台，电梯 133 397 台，起重机械 96 244 台，场(厂)内专用机动车辆 43 707 台，客运索道 1 条；另有气瓶 466 万只，压力管道 10 843 公里。

第四节　食品药品监督管理

上海解放后，1949 年 10 月成立中国土产公司上海分公司，参与中药材购销。1952 年，成立中国医药公司上海分公司和中国医药公司上海采购供应站，国营药业开始控制药械工业生产和市场流通。1956 年 1 月 20 日，市政府批准医药全行业公私合营。50—60 年代，上海研制并投产大批填补国内空白的药械产品，产销量在国内市场的占有率比重较大。“文化大革命”开始后，上海药业受到很大冲击。1976 年 10 月“文化大革命”结束后，上海医药行业建立起工商合一的管理体制。

改革开放后，1979 年 7 月 1 日市医药管理局成立，结束 30 年医药行业分散管理的局面。市医药管理局对上海市中西药品和医疗器械的产、供、销、人、财、物实行统一领导，加强医药产销管理，建立政企合一的管理体制。1985 年 11 月，市委、市政府在市医药管理局进行工业公司体制改革的试点。1986 年 7 月 14 日，市医药管理局撤销行政性公司，即上海市医药工业公司和上海市医疗器械工业公司。1988年9月16日,市政府下发《关于市医药管理局为本市医药行业的主管部门的通知》,明确市医药管理局统一管理全上海市医药行业。

1996年10月,市政府探索国有资产的管理模式,决定撤销市医药管理局建制,改制为政企、政事分开的医药管理局。市医药管理局成为全国首个尝试政事分流、政企分开的政府部门。上海市医药管理局组建了行业协会,辅助政府管理。1998年6月,市医药管理局发出《关于委托上海医药行业协会实施统计工作的通知》,将前期咨询论证、药品定价调价、实施行业统计三大职能委托给上海医药行业协会、上海中药行业协会、上海医疗器械行业协会和上海医药商业协会等4家协会。

2000年4月18日,市政府印发《上海市人民政府机构改革方案》,组建上海市药品监督管理局,将原市医药管理局承担的药品流通领域监管职能和卫生部门承担的药政、药检职能相整合;10月18日,成立市药品监督管理局药品稽查大队;并成立区县药品稽查的分支机构。

2001年5月12日,市政府批转市区、县药品监督管理体制改革方案,决定对全市药品监管系统实行市以下垂直管理;7月27日至8月,19个区县分局正式成立,上海市药品监督管理垂直管理体系基本形成。针对医疗器械管理,市药品监管局建立市医疗器械检测所,承担医疗器械质量监督检验与注册产品标准复核职能,实施企业产品注册申报员制度,建立审评、检测、不良反应监测队伍,为医疗器械监管提供科学公正的技术支撑。

2002年7月20日,根据《国务院批转国家药品监督管理局药品监督管理体制改革方案的通知》精神,市政府批转《上海市区、县药品检验机构改革方案》,确定"6+1"的区县药品检验机构改革方案,即在市药品检验所基础上调整增设闸北、徐汇、松江、金山、青浦、崇明和浦东新区药品检验所。

2003年,根据《上海市人民政府机构改革方案》,设置市食品药品监督管理局,成为上海市政府综合监督食品、保健品、化妆品安全管理和负责全上海市药品监督管理的直属机构。2004年12月11日,市政府印发《关于本市食品安全有关监管部门职能调整的方案》,确立由一个部门为主的综合性、专业化、成体系的食品安全监管模式,由市食品药品监管局负责食品流通与消费环节及保健食品、化妆品的全过程监管。

根据市政府《关于调整本市食品安全有关监管部门职能的决定》,全市"平移"并调整成立上海市食品药品监督所和19个区县食品药品监督所,于2005年1月1日正式对外办公。

2007年3月15日,市食品药品监管局食品药品投诉举报受理中心挂牌成立,全市统一的食品药品监管热线"962727"开通;8月28日,市食品药品安全研究中心成立。2009年,根据《中华人民共和国食品安全法》,上海将食品流通领域的行政许可和监管职责调整到工商部门,食品药品监管局继续承担餐饮服务许可和监管;并承担原由卫生行政部门负责的综合协调、风险评估、标准制定、信息发布、大案要案查处等职能,成为全市贯彻《中华人民共和国食品安全法》的执法主体。

一、药品和医疗器械监管

1978年7月30日,国务院批转卫生部《关于颁发〈药政管理条例(试行)〉的报告》,该条例(试行)规定了中西药品生产单位必须具备的条件。1979年6月8日,国务院同意卫生部、国家计委、国家经委、国家医药管理局等8个部委《关于在全国开展整顿药厂工作的报告》,提出凡不符合条例规定要求的药厂应予关闭。1980年3月31日,上海由市经委牵头,召开市12个委、办、局和驻沪部队负责人会议,研究和布置整顿药厂工作。1981年5月22日,国务院颁布《关于加强医药管理的决定》,上海市根据要求,进一步推动全市整顿药厂,年底逐个验收完毕。1982年起,试行中国医药工业公司制定的《药品生产管理规范》。

1985年7月1日起，施行《中华人民共和国药品管理法》。1985年2月，市医药管理局、市卫生局等发出《关于开展学习、宣传、贯彻〈中华人民共和国药品管理法〉的通知》，对全市药品生产、经营企业检查验收、发放合格证、许可证。1985年7月24日，根据卫生部、国家医药管理局《关于查处假劣药的紧急传真通知》精神，市医药管理局、市卫生局发出《关于在全市范围内查处假药案件的紧急通知》。1989年3月31日，根据同年1月7日国务院批准实施的《中华人民共和国药品管理法实施办法》，市医药管理局和市卫生局发出《关于认真贯彻〈药品管理法实施办法〉的通知》，要求药品生产、经营企业必须按《实施办法》的规定及程序，规定药品生产、经营企业每隔五年须进行合格证、许可证的换证。1990年底，有997家通过验收并取得合格证。1991年，市政府推动市医药管理局引导企业与国际著名的大公司合作，引进外资、外技和管理。1992—1994年，上海医药行业以开发高新技术产品为重点，投入科研开发费2亿多元，从移植型、仿制型向创制型转变，成功研制了培菲康等多个国家一类新药，开发出药械新品300多项，新增年产值3亿多元，新品产值率从1991年的5%提高到1994年的20%，成为上海医药行业快速、持续、健康发展的一个新的增长点。1995年，上海市开展三轮药品质量检查，抽验不合格率为全国最低。

1996年医药转轨改制后，市医药管理部门的工作思路由长期形成的管、帮、促的理念逐渐转变为监督、检查、执法，加大了与卫生药政部门的合作。至1999年，市医药管理局会同市卫生局、行业协会，指导多个企业制定了一大批药品生产的SOP(标准作业程序)，普遍开展关键工艺、设备的质量验证。上海市生产的药品接受国家各级质量监督抽查的合格率达到98%。在医疗器械方面，有计划地抓紧、抓好GB9706.1医用电气设备国家强制性安全标准的贯彻实施。上海市85%的医用电气产品的标准完成了修订，增加附录A安全指标。

2000年4月1日，国务院颁布的《医疗器械监督管理条例》实施。市药品监管局在全市范围开展清理医疗器械注册产品，制定医疗器械行政审批事项的操作程序、审查标准和运行文书100多份。

2001年3月，市药品监管局在药品零售行业开展创建“规范药店”活动，全市1 500家零售药店中的1 413家药店达到标准。同年8月20—31日，市药品监管局在全市范围内组织对药品、医疗器械的“清源行动”，检查生产企业、医院制剂室、零售药店和医院药房的原料药和制剂进货渠道、进口药品注册证等，以及新版药典标准执行情况。

2002年起，上海在药品生产企业推进实施《药品生产质量管理规范》，药品批发企业和零售企业贯彻国家药监局1998年公布的《药品经营质量管理规范》。同年6月20日起，根据1999年6月国家药监局发布的《处方药与非处方药分类管理方法》，要求没有配备药师以上药学专业人员的零售药店不能经营凭医生处方销售的处方药。12月，市药品监管局在大型超市开展乙类非处方专柜试点工作的基础上，印发《上海市从事乙类非处方药销售的若干规定(试行)》。

2003年，市药品监管局依据2002年国家药品监管局修订公布的《药品注册管理办法》，开展新药申请、已有国家标准药品申请和补充申请，以及医疗机构制剂补充申请等在内的受理工作；制定《上海市GSP认证管理办法(试行)》《GSP(药品经营质量管理规范)认证申请须知》《GSP认证检查员手册》等。

2004年，为严厉打击无证生产经营和制售假劣药品、假劣医疗器械等违法犯罪活动，市药品监管局以城乡接合部为重点，开展专项整治行动。为加强沪、苏、浙两省一市之间药品稽查机构的协作，加强药品监督稽查联防工作，严厉打击制售假劣药品、医疗器械违法犯罪活动，三省市药品监督管理局签署稽查联防协作区协议。2005 年,全年进行 7 次专项执法大检查。其中,立案调查涉嫌违法药品、医疗器械、药包材案件数 1 701 件。2006 年 5 月 9 日,按照国务院和国家食药监局的要求,针对“亮菌甲素注射液”等 5 种“齐二药”假药和涉案假药用辅料丙二醇,市食品药品监管局对全市药品生产和批发企业、医疗机构制剂室、药房及所有的民营医院与个体诊所进行全面排查。

2007 年,根据国家食药监局通知要求,上海实行注射剂、生物制品和特殊药品三类高风险品种的生产企业试行“驻厂监督员制度”。

2008 年 4 月 7 日,市食品药品监管局对“汇瑞”涉希腊兴奋剂事件的无证销售、出口兴奋剂等行为进行查处。同年 5 月 12 日,为加强对支援汶川特大地震灾区药品、医疗器械的质量抽验力度,市食品药品监管局成立抗震救灾药品质量保障工作领导小组,筛选指定了 23 家有资质的医疗器械生产企业对汶川特大地震灾区进行医疗支援。

2009 年 2 月,市食品药品监管局对全市药品企业进行风险分类,划分出 58 家高风险企业,实行高风险产品、企业的监管职能以市食品药品监管局为主,低风险产品、企业的监管职能以区县分局为主的监管模式。2009 年 6 月,全国爆发甲型 H1N1 流感,市政府成立防控甲型 H1N1 流感防控工作小组,有效控制上海市流感病情扩散。2009 年,市食品药品监管局、市卫生局、市通信管理局、市经信委、市公安局等十余家委办局联合开展打击利用互联网等媒体发布虚假广告及通过寄递等渠道销售假药专项整治行动取得明显成效,查处违法网站 636 个。

2010 年,市食品药品监管局组织开展上海世博会期间药品零售、含麻黄碱复方制剂及二类精神药品市场专项检查和巡查,开展药品类体外诊断试剂经营企业专项检查,启动医用氧经营登记备案管理;实施平安世博药品安全四号行动;开展 307 种医改基本用药的质量抽验。

二、食品卫生和安全监管

1979 年 8 月,国务院颁布《中华人民共和国食品卫生管理条例》。1982 年 11 月 19 日,五届全国人大常委会第二十五次会议通过《中华人民共和国食品卫生法(试行)》。1985 年起,上海制定和实施《上海市城乡集市贸易食品卫生管理规定》《上海市食品卫生监督处罚办法》《上海市食品卫生监督处罚程序》等 20 余种地方法规及规范性文件。1988 年,上海甲肝暴发后①,上海市建立由分管卫生和财贸的两名副市长主持,有关部、委、办、局负责人参加的食品卫生联席会议。1989 年起,市食品卫生监督检验所、区县卫生防疫站先后建立食品卫生监督员巡回执法队,对重点行业、重点单位及重点品种进行监督执法。1992 年,市卫生局修订 17 个食品卫生管理规定并于 9 月印发实施《上海市生食水产品卫生管理办法》。

1997 年 11 月 11—18 日,市卫生局组织开展以“餐具与健康”为主题,“卫生的餐具、卫生的厨房”为宣传口号的食品卫生宣传周活动。1998 年 11 月 2—8 日,市卫生局组织开展以“防止学生食物中毒”为主题的食品卫生宣传周活动。

2000 年 10 月,上海各级卫生监督部门对食品(尤其是保健食品)、化妆品、一次性医疗用品、消毒产品等与健康相关产品领域中制假、售假的违法行为进行专项整治。

2001 年 6 月 18 日,市卫生局成立整顿和规范市场经济秩序领导小组,以食品、化妆品等与市民

① 1988 年 1 月,上海因部分市民食用带肝炎病毒的毛蚶,出现甲型肝炎爆发流行,至 3 月中旬,全市甲肝流行得到控制,累计甲肝患者达 29.23 万人。

健康相关产品为重点，在全市范围内开展大规模监督检查活动。

2002年10月开始，市质量技术监督局根据国家质检总局的部署，先后对全市小麦粉、肉制品、乳制品、糖果制品等28类食品组织开展食品质量安全市场准入工作。

2003年，市食品药品监管局开始承担食品安全的综合监督、组织协调和大案查处的职能，9月20日—10月20日，开展以幼儿园食堂、学校食堂的学生盒饭生产企业以及食品添加剂生产企业为重点的专项检查。

2004年，根据国家食药监局、公安部等制定的《食品药品放心工程实施方案》，上海作为确定的8个试点省（市）之一，启动食品放心工程。同年4月，安徽阜阳等地劣质婴儿奶粉事件曝光后，安徽省阜阳市工商局、卫生局共公布在多个省市生产、阜阳当地市场流通的45种不合格奶粉名单。上海工商部门立即组织对全市流通领域销售的婴幼儿奶粉展开检查，共查获“飞雀”“飞鹿”“健鹿”“黄金搭档”“贝恩乐”等8个品牌34种不同规格的劣质奶粉762袋；对45种不合格奶粉名单中涉及4家注册在上海的企业（上海佳浓乳制品有限公司、上海牧阳乳品有限公司、上海红市达食品有限公司、上海飞雀乳业有限公司）进行调查；将涉案企业的相关材料移交公安部门立案侦查。5月，中央电视台《每周质量报告》栏目报道了山东省烟台市部分“龙口粉丝”添加有毒化肥的情况，市工商局立即在全市范围开展专项执法检查。5月10日，市政府常务会议决定建立上海食品安全联席会议制度。市食药监管局贯彻实施卫生部《食品卫生监督量化分级标示管理规范》，制定实施食品卫生等级标示管理有关规定并在全市实施食品卫生监督量化分级管理制度。12月，市政府发布《关于调整本市食品安全有关监管部门职能的决定》，将全市除保健食品以外的其他食品生产加工环节的监管职责划归市质量技监局。市工商局“按照现有职责，负责食品生产、流通和消费环节企业营业执照的发放和无证无照经营活动的查处、取缔”。同月，市编委批准建立市食品生产监督所。

2005年，市政府确定食品安全监管12项重点工作。其中，取缔无证无照食品生产加工窝点工作由市工商局牵头负责。同年5月，市工商局印发《关于堵疏结合取缔无证无照食品生产加工窝点的实施意见》。6月，市质量技术监督局制定《上海市食品生产企业区域监管工作规范（试行）》，逐步建立以巡查、回访、抽查、生产备案以及日常检查、专项执法检查、行业整顿等为主要方式的食品生产日常监管制度。8月，市工商局、市房屋土地资源管理局、市食品药品监管局、市质量技监局和市公安局发布《关于禁止为无证无照食品生产加工活动提供场所的通告》；市工商局印发《关于贯彻〈工商行政管理所食品安全监督管理工作规范〉的实施意见》。同年，针对国内外食品安全事件如苏丹红、雀巢问题奶粉等食品安全事件发生的局面，市食品药品监管局委派局专家与美国耶鲁大学中国法律研究中心共同研究制定《上海缺陷食品召回管理规定（试行）》（2006年8月1日在全国率先施行，确保了2006年的上合组织峰会的食品安全保障）。当年，市食品药品监管局组织开展6次以“食监行动”命名的专项检查活动，在全市多点设立污染物监测点，动态监控食品安全状况；并进行风险评估，客观及时发布预警信息，如多宝鱼预警信息引起了较大的社会反响。

2006年1月18日，“上海市食品安全网”正式开通，定期发布食品安全信息，提供信息查询服务。同月23日，上海全面推进餐饮业等级量化管理工作，组建了食品安全专家咨询委员会；同月，市工商局开展以“一次专项清理规范和五次专项执法检查”为主要内容的食品安全集中检查。“一次专项清理规范”为食品经营主体资格清理规范。“五次专项执法检查”为：取缔无证无照食品生产加工窝点和打击制售假冒伪劣食品违法行为专项执法检查，食品虚假违法广告专项执法检查，食品流通安全合同示范文本推广使用情况专项执法检查，食品商标专项执法检查，以及节日市场食品安全专项执法检查。2006年起，全市所有食品生产企业均签订食品安全责任承诺书。至2007年底,上海所有28大类食品生产已经全部纳入市场准入管理,在超市卖场中销售的食品必须100%加贴QS(食品质量安全)标志。2007年,上海市承担女足世界杯和世界夏季特殊奥林匹克运动会等重大活动的食品安全保障任务共244次。

图4-14-2 2008年,上海市计量测试技术研究院积极应对乳制品三聚氰胺事件。图为技术人员正在开展乳制品三聚氰胺检测

2008年3月1日,市食品药品监管局印发《上海市生猪产品质量安全监管办法》,加强肉类食品安全监管。同年3月,市政府办公厅发出《关于印发2008年市政府要完成的与人民生活密切相关的实事的通知》,“在全市所有大卖场、144家中型超市设置QS(食品质量安全)信息便捷查询终端”被列为当年市政府实事项目。5月12日,四川汶川特大地震灾害发生后,市食品药品监管局组织派遣3批食品安全监管业务骨干计117人次赴四川都江堰市开展对口援建工作。8月,北京奥运会期间,市工商局围绕“迎奥运、保安全”主题开展一系列工作,共检查各类食品经营主体4万余户次,查处取缔无证照食品经营748户,查获并退市不合格食品6 605公斤,查处制售假冒伪劣食品案件24件,启动应急预案14次,受理消费者申诉举报833件。9月,石家庄三鹿集团股份有限公司的三鹿牌“三聚氰胺”问题婴幼儿配方奶粉事件曝光,市工商局启动“I级食品安全事故应急预案”,组织力量对市内销售的三鹿牌婴幼儿配方奶粉开展市场清查,对所有含三聚氰胺的问题奶制品实施封存、下架,对问题奶粉涉及的相关企业进行监督调查,共检查奶粉及液态奶经营主体12.71万户次,受理并处理消费者有关申诉150余件,焚烧销毁下架封存、退货的问题奶粉230余吨。12月,300家超市卖场完成了QS信息查询终端的安装调试。2008年,市食品药品监管局圆满完成奥足赛(上海赛区)的食品安全保障工作并且全面推进创建“百条”食品安全示范街工作,启动和推进食品安全企业标准备案和地方标准管理工作,建立了细菌性食物中毒预警系统。

2009年6月1日,《中华人民共和国食品安全法》实施。同年8月,市工商局设立食品处,宣传贯彻《中华人民共和国食品安全法》,组织开展法律法规培训及执法检查,并于2010年12月起草《上海市实施〈中华人民共和国食品安全法〉规定(草案)》,按照程序提请市人大常委会会议审议。

2010年,为全面贯彻《食品安全法》和《2010上海世博食品安全行动纲要》的要求,市食品药品监管局牵头组织起草《2010年上海世博会食品安全保障工作方案》;推进和使用科技监管手段,建立了现场电子化监管、食品安全溯源、温度实时监控、视频远程监控、食品快速检测、细菌性食物中毒预警等六大系统,并在上海世博会期间得到有效运用,形成了重大活动信息化保障体系,并将其纳入市食品药品监管局整体信息化系统中。根据国家食品药品监管局《关于严防“地沟油”流入餐饮服务环节的紧急通知》精神,市食品药品监管局组织各区县食药监部门对餐饮服务单位采购和使用食用油脂情况进行监督检查。同年,市工商局加强上海世博会食品安全监管,选派300多名干部进驻全市 91 个"供博"食品企业发货点实施 24 小时全程监管，共监管"供博"食品 4 400 余吨。

自 2004 年起，市食品药品监管局每年发布《食品安全状况报告》(白皮书)。2005—2010 年上海主渠道供应的各类与人民群众生活密切相关的食品及食品相关产品的评价性抽检结果，总体合格率高于 92％(图 4－14－3)，2004—2010 年公众食品安全知识知晓率评分逐年上升，2010 年为 79.6 分(图 4－14－4)。

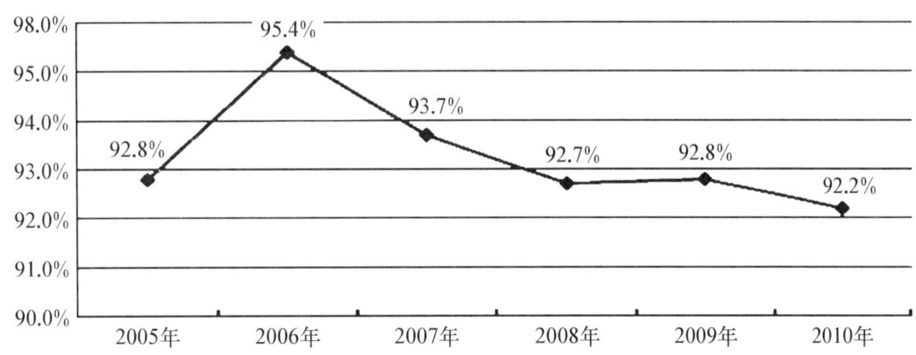

图 4－14－3　2005—2010 年上海市食品安全风险监测总体合格率曲线图

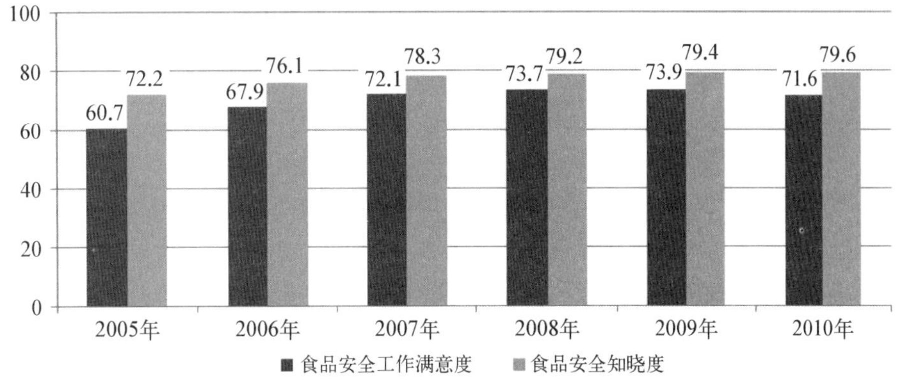

图 4－14－4　2005—2010 年上海市食品安全市民满意度和知晓度条形图

三、保健食品和化妆品监管

2002 年 8 月 23 日，市卫生局、市商委、市工商局、市药监局发出《关于开展本市保健食品专项整治工作的通知》，并组织开展以保健食品监督检查为主题的"卫监九号行动"，组织开展保健食品生产经营单位集中培训及现场监督检查。

2003 年，国家食药监局正式履行保健品、化妆品的注册审批和行政许可审核职能。2004 年，市食品药品监管局推荐市药检所、复旦大学、上海中医药大学、上海中药研究所、第二军医大学、市疾控中心等单位的专家加入新组建的国家保健食品审评专家库。

2005 年，市食品药品监管局承担原市卫生局负责的保健食品和化妆品的生产、流通领域监管职能。同年 5 月 16—30 日，全市开展以保健食品作为专项检查目标的"食监三号"行动，严厉打击有违法掺入化学物质，无证生产或经营具有特定保健功能的食品，提供虚假说明书及不正当宣传等行为的企业；共立案 314 起，涉案金额达 100 余万元。针对执法检查中存在的问题，市食品药品监管局发出《使用食品、保健食品原辅料买卖合同示范文本(2005 版)的通知》，以规范保健食品生产企业内部管理。同年 12 月 6 日,上海率先规定保健食品生产必须达到药品生产质量管理规范(GMP)标准,与药品生产列入统一标准线。

2006 年,市食品药品监管局在国内首次与多家保健食品生产企业签订企业诚信协议。2007 年 7 月 1 日,市有关部门要求各单位统一使用新制定的食品、化妆品卫生行政许可要求。2008 年 6 月 13 日,市食品药品监管局印发《上海市化妆品生产企业卫生许可证管理办法》和《上海市食品、化妆品审核文书规范》,化妆品监管职能由原市卫生局调整到市食品药品监管局。2009 年,市食品药品监管局承担保健食品的生产和流通领域监管职能。同年 6 月 1 日,市食品药品监管局首次编制《上海市保健食品生产企业年报》和《上海市化妆品生产企业年报》;全市组织开展"世博食安四号行动"、减肥类和辅助降糖类保健食品专项监督抽检、保健食品广告监测以及保健食品宣传等工作;制定《上海市保健食品、化妆品属地监管工作试行规范》,推进属地化监管。

2010 年,按照市食品药品监管局《关于各区县食品药品监督所增设内设机构的通知》,各区县监督所增设保健食品、化妆品安全监管内设机构。国家食药监局印发《2010 年保健食品安全整顿工作实施方案》,市食品药品监管局开展保健食品和化妆品"突击三号"和"世博食安五号"行动,打击违法经营行为,为上海世博会成功举办创造良好环境。

第十五章 安全生产监管

1949年9月,上海市人民政府劳动局成立,并设置劳动保护机构,综合管理上海市的劳动安全工作。1955年4月,市人民政府改为市人民委员会,市人民政府劳动局改名为上海市劳动局。1956年,国务院制定《工人安全卫生规程》《建筑安装工程技术规程》《工人职员伤亡事故报告规程》。1963年,国务院发布《关于加强企业生产中安全工作的几项规定》。"文化大革命"期间,1968年5月,成立上海市劳动局革命委员会,内设劳动保护组。1978年3月,撤销上海市劳动局革命委员会,恢复市劳动局,设劳动保护处。各区、县劳动局相继设立劳动保护科(股)。1983年起,上海建立市区两级劳动保护监察机构。随着经济、城市、社会发展,上海进一步全面加强安全生产监管。

第一节 监管体制机制

1983年,上海正式建立劳动安全的国家监察制度。1985年1月,市劳动局将劳动保护处改为劳动保护监察处,各区、县劳动局的劳动保护科(股)也相应改为劳动保护监察科(股),行使国家监察的职能。

1986年10月13日,召开市消防工作会议,市长江泽民在会上提出,"隐患险于明火,防范胜于救灾,责任重于泰山"。同年12月,市长江泽民提出落实安全生产责任制要"纵向到底、横向到边",明确规定企业法人代表为安全生产第一责任人,全面加强各级安全责任制。制定安全生产工作规章,编制安全生产专项规划,从劳动保护监察、安全隐患排查与治违,危险化学品监管等方面,全力做好安全生产工作。1987年3月11日,市八届人大常委会第二十七次会议通过《上海市劳动保护监察暂行条例》,劳动保护监察工作进入法制化轨道。同年6月,上海成立市安全工作委员会和市安全生产领导小组。《上海市劳动保护监察暂行条例》发布后,市劳动局制定《关于〈上海市劳动保护监察暂行条例〉若干问题的贯彻意见》,并制定监察员守则及岗位责任制、职责和纪律。1988年,市劳动局发出《关于加强对本市危险性较大的企业实行重点监察的通知》,明确29家工厂企业作为首批重点监察的单位。1989年,根据监察过程中发现问题的严重程度,市劳动局分别以《上海市劳动保护监察指令书》《上海市劳动保护监察建议书》《上海市劳动保护监察备忘录》下发有关企业督促整改,制定了对监察不服的申诉书和申诉案复查裁决书等7种监察表式。1989年4月,市安全生产领导小组将上海市职工伤亡率和尘、毒点合格率控制考核指标分解下达给各工业局及有关单位。1989—1997年,市安全生产领导小组每年下达职工千人重伤死亡率考核控制数与尘毒合格率,各区、县政府和行业主管部门根据考核控制数与合格率逐级分解。至1990年底,全市劳动保护监察机构对企业发出处罚决定书共4 094份。1995年9月,按照社会主义市场经济体制的要求,市劳动局职能调整,将劳动保护监察处分为安全生产监察处、劳动保护与保险福利处,增挂市安全生产领导小组办公室牌子。

2000年9月,市政府将市安全生产综合管理和监察职能从市劳动和社会保障局划转到市经委,市安全生产领导小组办公室职能同时划入市经委。各区县的劳动保护监察机构也相应划转。2001

年,副市长蒋以任代表市政府与区县政府、委、办、局的正职领导签订安全生产责任书。年底,对28家签约单位、21家控股集团公司实施安全生产履职情况督查。同年10月,市政府批准成立市安全生产监察局(2003年更名为市安全生产监督管理局)。2002年,上海对存在违反安全生产法律、法规的行为和安全管理不严、措施不落实,以至发生重大事故的企业,实施警示与黄牌警告制度、约见制度。2003年,建立和完善"季度自查、年中抽查、年末考核"的考核制度,建立社区安全生产监管机制和社区安全生产监察队伍,安全生产监察工作"重心下移,关口前移"。2004年,市政府分解下达国务院安委会关于工矿商贸、道路交通、铁路交通、火灾、建筑业、农业机械的控制考核指标数,通过安全生产责任书的层层签约,明确目标,落实责任。同年,市安全生产领导小组更名为市安全生产委员会,各区县相继成立安全生产委员会。市整顿和规范市场经济秩序领导小组办公室组织市安全生产监管局、市消防局等部门编制完成《上海市安全生产专项整治三年规划(2005—2007)》,对上海市危险化学品、道路交通、人员密集场所、民用爆破器材和烟花爆竹、水上交通、建筑施工、其他相关领域(特种设备、城市燃气、农机安全等)提出了专项整治的总体目标、主要任务和保障措施。2005年,市政府为突出安全生产、预防为主的宗旨,决定增补上海市安全生产"十一五"专项规划项目,集中开展安全生产责任考核、隐患排查专项治理与打非治违、危险化学品监管等一系列专项工作,严肃事故调查与处理。2006年8月26日,市政府印发《上海市安全生产"十一五"规划》,这是上海市安全生产的第一部专项规划。2008年,市政府向全市50多万企业法定代表人发出《上海市人民政府致各企业法定代表人的公开信》,推动企业落实安全生产主体责任,取得良好的社会反响。2010年10月,市安全生产委员会(以下简称"市安委会")印发《上海市区(县)人民政府安全生产控制考核指标绩效考核办法》,将安全生产控制指标绩效考核结果纳入市委组织部对全市区县党政领导干部绩效考核范围。

图4-15-1 2011年9月23日,上海在黄浦江陆家嘴(外滩)水域举行大型国际邮轮综合搜救演习

第二节　安全生产工作

一、劳动保护监察

1983 年 5 月国务院批转劳动人事部、国家经委和全国总工会《关于加强安全生产和劳动安全监察工作的报告》后，上海开始正式建立劳动安全的国家监察制度，形成企业负责、行业管理、国家监察、群众监督的劳动保护工作体制。1984 年 8 月，市编制委员会增加全市劳动安全监察人员，编制为 140 人。1985 年 1 月，市、区县劳动局先后任命 245 名劳动保护专职监察员、680 名兼职监察员。1991 年，依据《上海市劳动保护监察暂行条例》规定，将劳动保护监察经济处罚所得款全部用作企业改善劳动条件的补贴基金。全年共下达劳动保护技术措施项目 106 项，总投资额 3 979.3 万元。1997 年 8 月，市十届人大常委会第三十八次会议通过《上海市劳动保护监察条例》，强化劳动部门执法监察的职能，加重用人单位的责任。1987 年—1999 年 11 月，市、区县劳动保护监察部门共发出"行政处罚决定书"10 409 份，执行处罚 4 040.4 万元。

2001 年 6 月 28 日，市长徐匡迪带队到上海丹灵化工有限公司、上海市液化石油气经营有限公司、七一蓄电池厂进行安全生产检查。徐匡迪强调，安全生产工作决不能有半点麻痹和松懈，各级政府和企业领导心里要有一张"险情图"。2002 年 7 月 3 日，市委书记黄菊到共和新路高架工程工地看望工地建设者，强调要全力做好防汛防台和安全生产工作，确保上海安全度过汛期。2003 年，为提高安全生产监察工作的效率，及时处置突发事件，市财政局核拨专项资金 200 万元，为安全生产监察配置监察专用车 20 辆。2006 年 1 月 23 日，市长、市安委会主任韩正在全国安全生产工作会议上海分会场讲话，强调安全生产工作要做到思想认识到位、责任落实到位、安全措施到位、执法监管到位；确保不发生有严重社会影响的重特大事故、确保全市安全生产形势始终处于受控状态。同年，市安全生产委员会组织公安、安监、质监、消防、旅游等部门在春节、国庆等重大节日，对人员密集场所开展安全大检查，确保春节等重大节日安全生产平稳有序。据统计，2007—2010 年，上海市地域内企业生产安全事故逐年下降，由 2007 年死亡 383 人下降至 2010 年 290 人。2010 年，全市共检查 186 275 家单位，责令停产整顿生产经营单位 64 个。

二、隐患排查与治违

1978 年，上海市对 100 家安全生产重点企业进行安全检查，发现的主要问题是：有些单位厂房倾斜，墙壁开裂，屋面漏雨；有的设备带病运行和超负荷使用；有的场地狭小，管理混乱，危险物品的堆放问题严重；有的危险品仓库太小，不够用，有的没有危险品仓库，大量的易燃易爆化工原料存放在生产车间或露天厂区，堵塞通道，且不符合防火要求，事故隐患很大。在 100 家重点企业中，涉及冶金、造船、机电、化工、港务、交通、石油化工总厂、宝山钢铁厂筹建指挥部等大型国有企业。还有大量中小企业、弄堂工厂存在安全隐患。其中有的企业曾经发生过重大事故，有的发生事故次数很多，一般事故频率也较高。直至 80 年代，由于资金、场地，技术和设备的短缺，这些显现的隐患只能按轻重缓急逐步解决。1985 年，开展市劳动保护基本状况普查，对全市企业作了一次摸底。根据普查情况，市安全生产领导小组确定了一些急需消除重大事故隐患和实施重点监控的项目。

1986 年 7 月，市长江泽民在市劳动局上报的《本市上半年因工伤亡事故情况报告》上批示，要求对容易发生事故的岗位、修理易产生硫化氢的泵站和管道、检修煤气管道、明火焊接(易爆场所)等制定严格的制度和措施,防止和杜绝同类事故的再次发生。1988年1月,通过调查摸底,全市共排出31个重大危险隐患项目。市政府办公厅发出通知,要求有关企业切实加强安全生产,把消除重大安全隐患作为技术改造的重要内容之一;企业的自有资金应首先用于安全措施项目,以保证生产的正常进行。1989年,上海对31个重大危险隐患项目的整改经费分别在政策上给予优惠,其中化工、医药自1989年起到1991年止的3年内,每年从上年国营工业企业超过承包上缴利润基数后的增长上缴利润以及超过1987年产品税和增值税中提取30%资金作为专用拨款,用于消除企业安全隐患的项目。1995—1998年,上海对一些工艺落后、危险性较大、尘毒危害严重的企业,实行关、停、并、转,消除重大事故隐患。1997年,全市开展第二次企业劳动保护基本状况和重大危险源的普查登记工作,共列出重大隐患治理项目和重点监控100项,有重点、有计划地开展监察和改造。至1999年底,共关闭10家,完成治理18家,采取监控措施、实施重点监控管理的有42家。

2001年,上海对民用爆破器材和烟花爆竹、道路交通运输、公众聚集场所的消防、水上交通运输、化学危险物品储运等方面实施重点整治。据统计,8 539家公众聚集场所中,经整治符合规范要求的达到5 611家。2002年,市安全生产监察局、市公安局等10部门发出《关于本市开展危险化学品专项整治的通知》,全市开展以民用爆破器材和烟花爆竹、道路交通运输、公众聚集场所消防、水上交通运输、危险化学品、建设工程吊装及施工安全为重点的六项专项整治工作,查处非法从业单位34家,发出整改指令书60多份。2005年9月,市公安局等16部门联合制订《本市开展闲置厂房租赁场所安全管理专项整治工作方案》,在全市范围内开展闲置厂房租赁场所安全管理的专项整治工作。截至2005年底,共检查11 660家单位,发现隐患12 419处,消除隐患12 240处,行政处罚325家,停产停业172家,依法取缔111家。2006年6—11月,上海开展地下空间安全管理专项整治,共出动9 887人(次),检查3 268家单位,发现隐患3 116多处,发出整改通知书1 481份,消除隐患2 860处。2007年5月,上海在工矿商贸、交通运输等重点行业领域开展安全生产隐患排查治理专项行动,共查出隐患149 488条,落实整改141 077条,取缔非法建设、非法生产、非法经营单位267家。列入市级督查范围的嫩江路码头等重大隐患得到了有效治理。

2008年,国务院办公厅下发《关于进一步开展安全生产隐患排查治理工作的通知》和《关于开展安全生产百日督查专项行动的通知》,全市各部门、各单位根据通知要求,通过自查、互查、督查等形式,排查出重大隐患873项,完成整改858项,整改率98.3%;基本完成宝山区原步云胶鞋厂区域重大隐患治理工作。同年11月,全市开展打击安全生产非法违法行为专项行动,打击各类安全生产非法违法行为2 264起。

2009年,根据国务院办公厅《关于进一步推进安全生产"三项行动"的通知》和国务院安委会办公室《关于安全生产治理行动实施方案的通知》,上海重点对无证或证照不全从事建设、生产、经营,重大隐患隐瞒不报或不按照规定期限予以整治,其他非法违法建设、生产、经营等7类安全生产违法行为,进行了384 449次执法检查,通过治理整顿关闭和取缔不符合安全生产条件的企业72家。

2010年,上海在深入开展安全生产"三项行动"(执法行动、治理行动、宣传教育行动)基础上,共查出一般隐患320 097项,完成整改307 392项。梳理出全市重大事故隐患37项,其中对上海跃清有色金属公司厂区废弃物处置隐患、"高污染、高能耗、高危险"危险化学品企业布局调整、崇明县亚通南门客运站3号码头运输危险品车辆渡运与一般车辆、旅客混装隐患,宝山区铁路侯家木桥道口隐患、上汽集团怀德路761号闲置厂房出租隐患、吴泾热电厂#2烟囱倾斜及水冷壁管多处爆管隐患、杨浦大桥中心隔离设施不完善的道路交通隐患等7项列入2010年市级重大事故隐患整治项目,30 项列入区县和行业部门重大事故隐患整治项目。至当年底,重大事故隐患治理项目市级完成 6 项,区县、行业部门完成 28 项。同年,市安委会发出《关于印发集中开展严厉打击非法违法生产经营建设行为专项行动实施方案的通知》,启动为期 3 个月的打非治违专项行动。各区县等相关职能部门共查处各类非法违法行为 81 982 起。其中,无证无照、证照不全从事生产经营 21 993 起;违反建设项目安全设施"三同时"规定 47 起;不按照规定进行安全培训或无证上岗的 21 209 起;其他违法行为 38 733 起。

三、危险化学品监管

70 年代中期起,随着金山石化、高桥石化等石油化工和化学工业生产的不断发展,化学危险物品的储存和进出口数量大幅度增长,使用化学危险品的范围也越来越广。为加强对全市化学危险物品的安全管理,严防发生火灾、爆炸、中毒事故.1982 年 2 月,市政府组织专家对 1962 年市人民委员会公布施行的《上海市化学危险物品安全管理暂行办法》进行修订,制定发布《上海市化学危险物品安全管理办法》,由公安、劳动、卫生、环境保护、工商等部门监督实施,并在桃浦车站召开宣传贯彻会议。1994 年 10 月,市十届人大常委会第十三次会议通过《上海市烟花爆竹安全管理条例》。2000 年,市政府下发《关于开展易燃易爆、有毒有害物品生产经营企业(场所)安全专项治理的紧急通知》,各部门经过 4 个多月的地毯式检查,停产整顿 100 家企业,取缔了 77 家企业(场所),收缴烟花爆竹 2 230 箱、液化气钢瓶 566 只、化学危险品 4 280 公斤。2001 年,上海对民用爆破器材和烟花爆竹、道路交通运输、公众聚集场所的消防、水上交通运输、化学危险物品储运等 5 个方面实施重点整治。2002 年,市安全生产监察局、市公安局等 10 部门联合发出《关于本市开展危险化学品专项整治的通知》,成立市危险化学品安全专项整治领导小组,设立 24 小时危险化学品应急救援服务电话,并发出《上海市危险化学品从业单位建立十项基本制度的通知》。同时,根据《危险化学品安全管理条例》,发出《关于贯彻实施〈危险化学品登记管理办法〉〈危险化学品经营许可证管理办法〉及开展上海市危险化学品登记工作的通知》,设立上海市危险化学品登记注册办公室。2003 年,依托闸北区相关资源,建立上海市危险化学品交易市场,规范危化品经营流通市场。市安全生产监管局、市质量技术监督局发出《关于本市开展危险化学品包装物、容器生产企业定点、生产许可证工作的通知》,共受理上海市包装物、容器生产单位 42 家。2004 年 11 月 1 日,开通上海市危险化学品安全生产违法行为举报电话,受理举报 46 起,落实举报奖励 20 起。2004—2005 年,全市累计发放危险化学品经营许可证 4 701 张,发放危险化学品包装物、容器定点生产证书 28 张,受理危险化学品生产许可证申请 38 家。2005 年,市、区县两级政府部门继续加大整治力度,在"关停转迁"生产、储存和使用企业 140 家(累计 265 家)的基础上,重点对不具备安全生产基本条件的企业采取强制措施,提出了第一批责令停产整顿的 23 家企业名单。2006 年 2 月 13 日,市政府常务会议提出"制订本市危险化学品生产、储存企业的布局规划,从根本上解决布局不合理带来的安全隐患"要求。市发展改革委、市经委、市安全生产监管局、市规划局等 19 个部门编制完成《上海市危险化学品安全管理"十一五"规划》及《上海市危险化学品生产储存企业合理布局调整方案》,并报经市政府常务会议通过审议。同年 2 月 16 日,市政府印发《上海市危险化学品安全管理办法》。7 月,实行危险化学品储存备案制度。当年,上海还对全市 128 家危险化学品存储企业开展专项整治,对 16 家企业采取停产、转产或关闭措施。2007 年 1 月,市政府作出《关于本市烟花爆竹安全管理相关行政许可权和行政处罚权实施工作的决定》,由市安全生产监管局依据《上海市烟花爆竹安全管理条例》和有关规定，实施《烟花爆竹经营(批发)许可证》核发工作。当年，完成中环线以内和黄浦江水源保护区内7家生产、储存企业的搬迁调整。2008年，市安全生产委员会组织相关部门集中开展易燃易爆危险场所检修作业安全专项整治，对奥运会比赛场馆(上海体育场足球比赛)、运动员住所等重点目标周边以及内环线以内中心城区安全距离不符合要求的62座加油气站安装了阻隔防爆装置。同年，市政府将危化品企业布局调整工作纳入市产业结构调整的总体战略部署和重点内容。对外环线以内、黄浦江上游水源保护区内以及非工业园区内的25家危险化学品生产、储存企业实施调整，从源头上降低城市的安全风险。在淘汰落后产能和调整产业布局过程中，市政府加大公共财政扶持力度，印发《上海市危险化学品企业调整专项补助暂行办法》。市财政和相关企业投入资金6亿多元，对上海外环线和黄浦江上游水源区等重要区域内存有的82家危险化学品企业进行搬迁调整，减少中心城区及水源保护区内各类危险化学品28.18万吨。2009年，上海开展防范有毒有害危险作业场所中毒事故、易燃易爆危险作业场所检修事故、夏季高温危险化学品运输等各类安全专项整治，进一步落实各项安全管理制度。

2010年，为确保上海世博会举办期间的社会面稳定，启动非工业区危险化学品生产储存企业布局调整，全年完成67家危险化学品企业“进园入区”(工业园区)，共计减少危险化学品36.02万吨，累计落实财政专项补贴资金2.85亿元。当年高温期间，对全市供油、储存系统等易燃易爆危险化学品进行安全检查，共检查油库17座、油罐195座、输油(气)管线608根(含企业内部管线)，落实隐患整改490座(根)。同年8月6日，依据关于废止危险化学品包装物、容器定点生产管理办法等中央6部门规章的决定，取消了危险化学品包装物、容器定点生产许可证工作。4月15日—11月15日，市开展剧毒化学品企业的专项检查，其中责令改正281家，停业整顿1家。2010年，全市共完成138个危险化学品生产、储存项目设立审查，144个项目初步设计审查和124个项目竣工验收审查；累计发放上海市危险化学品经营许可证5 910张、安全生产许可证612张；已备案的危险化学品储存企业124家、使用单位4 400多家、运输单位268家、废弃物处置单位4家；同时开展行政许可信息化工作，实现行政许可“网上受理、即时查询、流程再造、便民高效”。

四、事故调查处理

1979年12月，国家劳动总局下发通知，强调事故处理严格执行“三不放过”的原则，即对每件事故原因未查清不放过，责任者未处理不放过，事故的教训未吸取不放过。1982年9月，市政府发布《上海市工厂企业重大工伤事故调查处理的规定》，明确规定事故调查报告、统计等各项要求。1984年4月28日，市政府召开安全月动员大会，上海海运局局长就1982年5月5日“大庆53号油轮”爆炸事故致20人死亡和1983年11月12日“战斗67号货轮”翻沉致23人死亡事故作出检查。1985年，上海建立劳动保护监察制度，明确了事故处理和处罚的执行实行属地化原则：对上海铁路、公路、航运、航空企业、市属建筑施工企业和某些特定企业及其责任人员的处罚，以及一起事故死亡3人及以上重大事故的处理、处罚，明确由市劳动保护监察机构执行；其余企业事故的处罚，由企业所在地的劳动保护监察机构执行。同年，由于乡镇(村)办企业、街道企业的增加及安全管理的薄弱，职工伤亡人数大幅度上升。市长江泽民批示，“大量农民转业为工人，务必加强安全教育，上岗前一定要严格经过一段培训，千万不要仓促上阵，到头来反而误事，得不偿失”。同年，市劳动局扩大对乡镇(村)企业、街道企业的职工因工伤亡事故的统计和安全管理，这一阶段的年万人死亡率为0.447。1986年，上海依据最高人民检察院和劳动人事部制定的《关于查处重大责任事故的几项暂行规定》，对1986年起所发生的200多起事故中负有领导责任、严重失职的57名厂长、经理分别给予行政警告和记大过处分，4名厂长给予撤职处分。1987年3月，市八届人大常委会第二十七次会议通过的《上海市劳动保护监察暂行条例》，明确对企业发生的伤亡事故，实施调查处理和罚款。1988年11月17日，市长朱镕基针对上海冰箱厂和益民食品四厂两场大火，责成其上级主管部门对这两个厂的厂长作出撤职处分，在全市干部中引起很大反响。1993年，按照劳动部和国家统计局制定的《关于执行新的职工伤亡事故统计报告制度》，事故实行属地化管理和统计，对在上海的外省市企业或建筑施工单位在生产或施工过程中发生的伤亡事故进行调查处理和统计。由于这一时期上海正处于建设高峰，建筑事故不断增加，职工因公死亡人数直线上升。1994年，全市万人死亡率为0.726。1995—1998年，事故开始逐年下降，全市年万人死亡率从0.628下降到0.519。1999—2010年，全市年万人死亡率从0.406下降到0.266。

1997年8月，市十届人大常委会第三十八次会议通过《上海市劳动保护监察条例》，进一步强化劳动部门执法监察职能，加重用人单位的责任，加大了事故隐患和事故处理的力度，对用人单位发生职工因工死亡事故处罚，每死亡1人处以4万元罚款。2001年起，实施国务院《关于特大安全事故行政责任追究的规定》，对发生特大安全事故负有领导责任的，依规定给予行政处分；构成犯罪的，依法追究刑事责任。2001年7月17日，中国船舶工业集团有限公司所属沪东造船厂(集团)有限公司船坞工地发生600吨×170米龙门起重机坍塌的特别重大事故，造成36人死亡、2人重伤、1人轻伤，经济损失约1亿元，其中直接经济损失8 000多万元。市有关部门对14名主要责任者相应追责，其中开除党籍、移交司法机关处理4人，行政撤职、留党察看1年2人，行政处分8人。2003年7月1日，上海轨道交通4号线旁通道工程施工作业中发生大量水及流沙涌入，引起隧道部分结构损坏及周边地区地面沉降，造成3栋建筑物严重倾斜、防汛墙局部塌陷，直接经济损失估算为1.5亿元。市有关部门对上海轨道交通4号线工程事故中的直接责任单位、重要责任单位，分别给予企业资质等级的降级处罚；对主要责任者相应追责，其中移交司法机关处理5人，行政撤职3人，行政处分3人。2009年6月27日，上海闵行区莲花河畔景苑1幢在建的13层七号楼发生倾倒事故，1名作业工人逃生不及，被压窒息死亡，直接经济损失约为114.06万元。梅都房地产开发有限公司董事长兼总经理等7名责任人以涉嫌重大责任事故罪被批准逮捕，4人受到行政处分。2010年11月15日，静安区正在实施节能综合改造施工的余姚路胶州路728弄1号28层教师公寓大楼发生火灾，造成58人死亡、71人受伤，建筑物过火面积1.2万平方米，直接经济损失1.58亿元。26名责任人被移送司法机关依法追究刑事责任；28名责任人受到党纪、政纪处分(企业人员7名，国家工作人员21名)，其中省(部)级干部1人，厅(局)级干部6人，县(处)级干部6人，处以下干部8人。

2004—2005年，上海对发生在生产经营单位内部的机动车交通事故、特种设备事故、火灾事故、急性中毒事故、建筑施工等伤亡事故的处理，明确规定了市安全生产监管局、市公安局交巡警总队、市质监局、市消防局、市卫生局、市建委等职能部门的职责范围。2006年9月，市监察委员会、市人民检察院、市安全生产监管局发出《关于加强监察机关、检察机关及安全生产监管部门在事故调查处理中联系和配合的若干意见的通知》，全市建立事故调查处理协调机制。2009年6月4日，市质监局、市安全生产监管局发出《关于贯彻落实〈特种设备安全监察条例〉有关事项的通知》，明确规定特种设备事故按事故分级和调查处理的权限。2010年2月1日，市安全生产监管局印发《上海市生产安全事故信息报告和处置办法(暂行)》，对事故信息的报告和处理作出具体规定。

第十六章　对口支援与合作交流

上海解放后至改革开放前，上海与各省区市的经济联系主要是按照国家统一计划，以行政指令进行物资供给和产品调拨。1978年中共十一届三中全会后，协作形式由物资串换和来料加工发展到联合开发资源和联合生产，由短期零星的技术输出发展到有计划、有组织的技术协作和科技成果转移，由一般的参观学习发展到有计划的人才培训和人才交流，由单个企业间合作发展到组建权责利紧密结合的经济联合体。

1979年4月，中共中央召开全国边防工作会议。会议确定组织内地发达省市对口支援边疆地区和少数民族地区，指定上海对口支援云南、宁夏，此后调整为，上海对口帮扶云南，对口支援三峡库区、西藏、新疆、青海等地区。

浦东开发开放后，为鼓励和吸引国内其他地区、国务院各部委及所属企事业单位到浦东新区投资及建设，1991年5月市政府批转《上海市鼓励外地投资浦东新区的暂行办法》。1995年12月，市政府办公厅印发《关于促进本市工商企业积极开拓国内市场的若干政策》。1998年5月，市政府印发《关于进一步服务全国扩大对内开放的若干政策意见》，鼓励上海企业走出去开拓市场，进一步扩大对内开放。

按照中共中央总书记胡锦涛提出的上海"服务长三角、服务长江流域、服务全国"要求，上海努力做好对口支援工作。成立市对口支援与合作交流工作领导小组，设立国内合作交流专项资金；坚持选派干部与智力支持相结合、财政援助与社会帮扶相结合、硬件建设与软件投入相结合、解决当前急需与促进长远发展相结合。

第一节　组 织 机 构

一、领导小组

按照中央的要求，上海从90年代初开始，相继成立对口支援三峡、援藏援疆、帮扶云南等3个领导小组，分别由市委或市政府分管领导担任组长。至21世纪初，撤销这3个领导小组，成立1个市合作交流与对口支援工作领导小组，市委或市政府分管领导担任组长、副组长。2010年，该领导小组更名为"上海市对口支援与合作交流领导小组"，由市委书记任组长、市长任第一副组长，市委、市政府分管领导任副组长。

【上海市对口支援三峡工程库区移民领导小组】

1993年1月，市对口支援三峡工程库区移民领导小组成立，副市长庄晓天为组长（任期1992—1993年）。此后，副市长孟建柱（任期1993—1996年）、蒋以任（任期1996—1999年）、冯国勤（任期1999—2000年）、蒋以任（任期2000—2004年）、冯国勤（任期2004—2005年）相继担任组长。

【上海市援藏援疆工作领导小组】

1994年8月，市援藏工作领导小组成立，市委副书记为组长（任期1994—1996年）。1996年11

月，市委、市政府决定将上海市援藏工作领导小组更名为上海市援藏援疆工作领导小组，组长为市委副书记孟建柱（任期1996—2001年）。此后，市委副书记、组织部长罗世谦（任期2001—2003年），市委副书记、组织部长王安顺（任期2003—2005年）相继曾任组长。

【上海市对口云南帮扶协作领导小组】

1996年10月，市对口云南帮扶协作领导小组成立，组长为副市长蒋以任（任期1996—2004年）。2004年3月，市政府决定市对口支援三峡工程库区移民领导小组和市对口云南帮扶协作领导小组实行“一套班子、两块牌子”，并调整领导小组组成人员，由副市长冯国勤任组长（任期2004—2005年）。

【上海市对口支援与合作交流工作领导小组】

2004年6月，建立市国内合作交流工作联席会议，联席会议召集人为副市长冯国勤和市合作交流工作党委书记钟燕群。2005年4月，建立市合作交流与对口支援工作领导小组，其办公室设在市政府合作交流办公室；撤销市援藏援疆工作领导小组、市对口支援三峡工程库区移民领导小组、市对口云南帮扶协作领导小组及3个领导小组的办公室。原上海市国内合作交流工作联席会议及其办公室的工作任务由市合作交流与对口支援工作领导小组及其办公室承担。市合作交流与对口支援工作领导小组组长为市委副书记王安顺（任期2005—2007年），后由市委常委、市委秘书长丁薛祥（任期2007—2010年）接任组长。2010年8月，市合作交流与对口支援工作领导小组更名为“市对口支援与合作交流工作领导小组”并调整组成人员，调整后的领导小组组长为市委书记俞正声（任期2010—2012年），第一副组长为市委副书记、市长韩正（任期2010—2012年）。

二、管理机构

【市政府协作办公室】

为加强与兄弟省市的经济联系，1982年5月，市委、市政府决定成立上海市人民政府协作办公室，主要任务是：根据市委、市政府的指示，进行经济协作的规划、协调，组织各有关部门与兄弟省市洽谈经济联合业务，做好对兄弟省市来沪人员的接待工作；加强对各省市驻沪办事处的有关业务联系。市政府协作办公室成立后，原上海市咨询服务总公司和市计委协作办公室同时撤销。

【市政府接待办公室】

1984年3月，市政府设立市旅游、接待工作小组及其办事机构（市政府旅游、接待办公室）；1987年8月，改名为“市政府接待办公室”。1995年4月，市委批准撤销市政府接待办公室建制，其业务并入衡山集团，对外保留市政府接待办名称。2000年4月，市政府接待办公室的行政职能并入市政府办公厅，市政府办公厅增挂市政府接待办公室牌子。

【市政府合作交流办公室】

2003年8月，市委、市政府决定，在市政府协作办公室、市政府接待办公室的基础上，组建市政府合作交流办公室。市政府合作交流办公室是市政府主管全市合作交流和接待工作的直属机构，挂市政府协作办公室和市政府接待办公室牌子。

“文化大革命”后,市政府驻北京办事处恢复。改革开放后,市政府相继设立驻哈尔滨、西安、武汉、重庆、广州、深圳、海南、秦皇岛、山西、昆明、西藏、新疆、内蒙古办事处。2010年,市委、市政府将驻深圳、海南、秦皇岛办事处分别调整为联络处。

与此同时,各省区市在“文化大革命”期间被撤销的驻沪办事处相继恢复。截至2010年底,北京市、天津市、河北省、山西省、内蒙古自治区、辽宁省、吉林省、黑龙江省、江苏省、浙江省、安徽省、福建省、江西省、山东省、河南省、湖北省、湖南省、广东省、广西壮族自治区、重庆市、四川省、贵州省、云南省、西藏自治区、陕西省、甘肃省、青海省、宁夏回族自治区、新疆维吾尔自治区和新疆生产建设兵团以及沈阳、长春、哈尔滨、南京、杭州、宁波、济南、青岛、武汉、深圳、成都、西安等市在上海设有办事处。

第二节　重大决策与政策

一、开展横向经济协作

1978年后,按照国家关于允许在保证完成计划任务之外,地方可以开展互惠互利的经济协作的精神,市政府大力组织开展地区之间互通有无的调剂活动,把上海市增产的一些计划外产品,用于交换外地原材料。

1983年4月,市长汪道涵在市八届人大一次会议上作的《政府工作报告》中提出,上海对内经济联合的原则是:坚持全国一盘棋,从有利于经济调整出发,按照各自的基础和条件组织协作;坚持互惠互利,调动双方积极性;立足于现有企业的改造,充分发挥双方各自的优势;强调可行性分析,注意投入产出效益;强调相互学习,有层次地传递和交流技术管理经验。

1984年,市政府先后批转《关于兄弟地区来本市开店办厂的暂行办法》《关于本市企业同兄弟地区企业经济技术合作若干问题的规定》,明确各兄弟地区的企业事业单位和个人可以在上海开设商店、货栈或贸易公司,批发、零售各地农副土特产品、原材料、工业品;可以新建、改建、扩建大楼,举办各种旅馆、旅游、饮食、娱乐等服务业,也可以按照上海工业发展方向和城市规划布局开办工厂。

1985年,按照国务院批准的《关于上海经济发展战略的汇报提纲》,上海提出:对内联合,按照3个空间层次有计划、有重点地展开。第一层次,是上海经济区的江苏、浙江、安徽、江西等省市的紧密联合;第二层次,是长江流域包括武汉、重庆等城市的经济联合;第三层次,是与全国各地开展的各种形式的经济技术联合与协作。

1986年2月,上海欢迎沿海开放城市和地市一级政府在沪设立联络处。同年5月,市政府决定在重庆、哈尔滨、广州、武汉和西安等地设立一批市政府驻外地办事机构,以加强与这些地区的横向经济联合。同年6月,市政府印发《上海市进一步推动横向经济联合的试行办法》,规定:“横向经济联合,要以企业为主体,提倡以大中型企业为骨干,以优质名牌产品为龙头进行组织。通过企业之间的横向联合,与兄弟地区共同建立一批优质名牌产品的生产联合体,科研产品的系列开发联合体,重要资源的综合开发联合体和出口货源的配套加工联合体,形成一批跨地区、跨部门的新型企业群体和企业集团。”

1988年1月,市长江泽民率团出访广东。同月23日,江泽民在全市干部大会上,要求学习广东经验,加快上海经济向外向型转变。

1989—1990 年，按照中央“治理整顿、深化改革”总方针，市委、市政府明确，横向经济联合要以经济效益为中心，在“调整、整顿、管理、改革”上下功夫，紧紧围绕工业结构调整，优化生产要素组合，加强横向经济联合项目管理，严格投资项目的审批程序，使横向经济联合的管理逐步实现规范化和制度化。到 90 年代初，各地在沪投资企业共 1 000 多家，注册资金 10 多亿元。

1994 年 7—8 月，市长黄菊率团出访湖南、湖北、安徽、江西、黑龙江、吉林、辽宁等省，提出“优势互补、互惠互利、联合发展、共同繁荣”的原则，与兄弟省、市共同探讨开展新一轮横向经济联合。

1995 年 6 月，市长徐匡迪对建立横向经济协作的运行机制提出需要遵循的 4 项原则：建立互惠互利的新型合作关系；以推进跨地区产业结构战略性调整为主线；政府搭戏台，企业唱主角；优势互补，双向流动。

仅 1995 年，上海与全国各省、市、自治区的各类企业签订各类经济协作项目、意向近 1 000 项，投资总额 6.4 亿元，其中上海企业投入资金 3.7 亿元。同时，各地来沪开店办厂继续增加，全年新增各类内资企业 1 421 户。其中，浦东新区新增内资企业 424 户，累计达 4 229 户。

二、扩大对内开放

1990 年 4 月浦东开发开放后，上海把横向经济联合的重点放在改善投资环境，吸引内资共同开发浦东，推动双向联合。1991 年 4 月，市九届人大四次会议通过《上海市国民经济和社会发展十年规划和第八个五年计划纲要》，提出“开发浦东，振兴上海，服务全国，面向世界”的战略思想，上海要为全国服务，为长江流域乃至全国经济的发展作出应有的贡献。同年 5 月，市政府批转《上海市鼓励外地投资浦东新区的暂行办法》，明确了投资范围、投资形式和审批办法，并在投资计划、进出口、财税、户籍、土地使用、融资等方面，推出 12 条优惠政策，鼓励全国各地来上海投资建设，共同发展。

图 4－16－1　1991 年 5 月，安徽省委、省政府决策在浦东建造裕安大厦，这是浦东开发开放后第一家国内投资建设的多功能楼宇

1992 年 6 月，市政府进一步放宽各地在沪设立办事机构的条件，规定全国各县均可在沪设立工作处。同年 7 月，市政府决定，对前来浦东新区参与发展的长江三角洲及长江沿江地区的省、市及企业给予 8 个方面的“优先”政策。至 1993 年底，浦东新区吸引内资项目累计达 137 个，投资总额 238.24 亿元。

1995 年 2 月，市长徐匡迪在市十届人大三次会议上作的《政府工作报告》中强调，要吸引全国各地参与上海大市场建设，增强上海市场配置资源的中心作用和为全国服务的功能。市委、市政府提出,上海的经济工作要实现5个转变:商品流通由注重自身“万商云集”向积极促进长江沿岸城市商贸共同发展转变;产业结构调整由注重内部战略性调整向积极推动长江沿岸城市产业结构优化和升级转变;基础设施建设由注重城市内部建设和改造向加强枢纽功能的重大项目建设转变;资金融通由注重吸纳向增强对长江流域以及全国各地的辐射转变;企业经营由注重商品、生产经营向开展跨地区资产经营转变。同时,还提出以产业为主线、以市场为导向、以企业为主体、以资产为纽带的经济协作原则。

1997年12月,中共上海市第七次代表大会提出“对内开放做到优势互补,重在服务全国,促进联动发展和共同繁荣”的总目标。市政府将增强中心城市功能、更好地为全国服务作为要重点做好的10个方面工作之一。

1998年5月,市政府印发《关于进一步服务全国扩大对内开放的若干政策意见》,按照“降低门槛,公平待遇,重点扶植,综合配套”的原则,鼓励中央部委和兄弟省、市各种经济成分的企业特别是大企业(集团)到沪投资,注册设立企业,充分利用上海的优势条件,共享发展机遇,促进联动发展,共同繁荣。当年,各地来沪开办企业数达到1 332户,注册资本96.45亿元。至当年底,各地在沪企业累计已达1万余家,年上缴税金近12亿元,成为上海经济发展的新增长点。

2010年,上海世博会举办期间,市政府合作交流办主办“看世博、谋发展、促合作”主题活动,分3批邀请150余家国内优势企业和400余名企业家来沪观博及对接投资需求,促成44家企业签订合作意向,投资规模达466亿元;编印《上海市对内开放服务企业相关政策汇编》和《2010投资在上海》,宣传上海投资发展环境;围绕产业结构调整,开展目标招商。全年新增各地来沪落户企业数(注册资金100万元以上)超过1.7万家,注册资本超过1 800亿元。

三、服务国家战略

【服务长三角】

80年代,依托上海经济区规划办公室和省市长联席会议协调机制,上海开展以品牌和技术等输出为主的横向经济合作,带动苏浙乡镇企业和民营企业的崛起。

浦东开发开放以后,1992年3月,国务院在《政府工作报告》中提出,上海要“逐步发展成为远东地区经济、金融、贸易中心之一”。同年4月27日,由市政府协作办牵头,召开上海、无锡、宁波、舟山、扬州、苏州、杭州、绍兴、南京、南通、常州、湖州、嘉兴、镇江等14个城市协作办(委)首次办公室主任联席会议。1997年,长江三角洲城市协作办(委)主任联席会升格为长江三角洲城市经济协调会,并吸收泰州市为会员。2003年8月,在南京召开长江三角洲城市经济协调会第四次市长联席会议,吸收台州市为会员。2004年11月,长江沿岸经济协调会第五次市长联席会议设立专项资金,确定推进规划、科技、旅游、产权、信息、协作等6个专题合作,实现从议事联谊到务实推进。2010年3月26日,长江三角洲城市经济协调会第十次市长联席会议在浙江省嘉兴市召开,吸收盐城、淮安、合肥、马鞍山、金华和衢州市为会员,长江三角洲经济协调会会员由16个城市扩展到22个。

2001年5月11—12日,沪苏浙三省市经济发展会在浙江省召开。三省市常务副省(市)长及三省市政府办公厅、计委、经委、协作办等部门负责人出席会议。会议交流了各地区在“十五”期间(2001—2005年)的发展计划,研究探讨三省市加强经济合作的形式与内容,明确选择若干重点领域开展交流与合作,并确立三省市经济发展座谈会制度。2009年8月15日,长三角地区合作与发展联席会议第一次会议(原为沪苏浙三省市经济发展会)在江苏无锡召开。上海市委常委、常务副市长杨雄出席会议。会议贯彻2008年12月15日在浙江宁波召开的长三角地区主要领导座谈会精神，围绕落实《国务院关于进一步推进长江三角洲地区改革开放和经济社会发展的指导意见》以及《长三角地区主要领导座谈会会议纪要》确定的重要事项，明确合作工作的方向和重点。

2005年12月25日，苏浙沪两省一市党政主要领导首次座谈会在杭州举行。三方确定：重点推进交通、科技创新、环保、能源等4个平台建设，"十一五"着重在科技合作、产业分工与协作等5个方面加强交流与合作。2006年，着重推进洋山港一期开港后，长三角港口群之间正确处理竞争合作关系；进一步提升长三角快捷的交通网络。

2007年11月30日，在上海召开苏浙沪两省一市主要领导座谈会暨长江三角洲地区发展国际研讨会，商定重点开展区域合作协调机制、政策法规协调机制、涉外服务保障、科技创新政策、信息一体化、破除市场壁垒等六个课题调研，明确区域合作协调机制和区域发展政策法规协调机制由上海牵头组织实施。

2008年12月15日，苏浙沪两省一市主要领导座谈会在浙江宁波举行。会议商定，以交通、能源、信息、科技、环保、信用、社保、金融、涉外服务、工商管理等10个专题为重点，推进专题合作，这标志着长三角区域合作迈向新起点。

截至2010年，苏浙沪两省一市主要领导座谈会、长三角地区合作与发展联席会议、长江三角洲城市经济协调会3个层次区域协商机制基本形成。

【服务长江流域】

1985年，重庆、武汉、南京、上海发起成立长江沿岸中心城市经济协调会，长江沿岸29个城市参加，以开发利用长江资源和促进长江流域经济繁荣与城市发展为宗旨，围绕科技、商贸、物资、航运、电信、环保、旅游、社会科学、经济、信息等10个专题进行研究，并在这些领域开展全面合作。1992年，中共十四大提出以上海浦东开发开放为龙头，带动长江三角洲和整个长江流域地区经济的新飞跃，沿江城市的合作范围和影响力随之扩大。2008年，长江沿岸中心城市经济协调会第十四次会议在武汉召开，会议以推进长江流域产业合作和长江黄金水道建设为主题，签署多边合作协议，发布了长江水资源保护宣言。

1994年1月，上海市政府与四川省政府商定，4月在成都市共同举办"上海商品博览会暨经济技术协作洽谈会"。

1995年12月，市政府办公厅印发《关于促进本市工商企业积极开拓国内市场的若干政策》，明确1995—1997年，由市财政每年安排不低于3 000万元的专项资金作为市场开拓基金，滚动使用，专项用于企业开拓国内市场的重大建设项目的贷款贴息；区域性银行创造条件在长江三角洲及沿江城市开设网点，为促进长江沿岸城市商贸发展提供服务。

2000年，上海市科委分别与云南省、重庆市科委商定，在当地共同建设"上海科技中心"。

2004年起，上海积极推进区域大通关实行"属地申报、口岸验放"模式，范围扩大到沿江江苏、安徽、江西、湖南、湖北、四川、重庆、云南等省市19个口岸，通过简化进出口贸易海关手续支持沿江地区扩大对外经贸合作。

2005年11月28日，上海、湖北、重庆和交通部共同发起，联合江苏、安徽、江西、湖南、四川、云南等省市在北京召开"合力建设黄金水道，促进长江经济发展"座谈会，中共中央政治局常委、国务院副总理黄菊参加会议，上海市和沿江省市主要领导出席会议。会议初步确定，建设长江黄金水道、发展长江水运的总体目标是：到2020年，长江水运实现现代化。适应沿江经济社会发展需要，为沿江经济社会全面协调可持续发展提供安全、高效、畅通和有竞争力的水运服务。

【服务全国】

80年代末，上海提出“开发浦东，振兴上海，服务全国，面向世界”的战略思想；90年代中期，中共中央总书记江泽民要求上海加强与全国各省区市的合作交流。

1995年，上海首次将国内经济协作规划列入全市中长期规划体系。1996年1月，市政府协作办编制完成《上海市国内经济协作“九五”计划及2010年远景目标》。

1998年5月25日，市政府印发《进一步服务全国扩大对内开放的若干政策意见》，2001年6月进行修订。

1999年，上海首次将国内经济协作规划列入全市重点专项规划体系。2000年12月，市政府协作办公室编制完成《上海市国内合作“十五”计划纲要和2015年长期规划》。

中央实施西部大开发战略后，2000年11月27日，市政府印发《关于上海市服务参与西部大开发的实施意见》，提出了上海服务参与西部大开发的17条实施意见。自2000年起，上海每年都组团参加在西部地区，东北地区和中部地区举办的各类经贸会展活动。

2004年，中共中央总书记胡锦涛提出上海要“服务长三角、服务长江流域、服务全国”的要求。同年2月24日，市委、市政府召开市合作交流工作会议，提出合作交流要做到“四个坚持”：一是坚持立足大局、扩大开放、服务全国、互融共进的工作方针；二是坚持优势互补、持续协调、开拓创新、合作共赢的发展思路；三是坚持政府引导、市场运作、企业主体、社会参与的运作机制；四是坚持统筹兼顾、突出重点、分类指导、注重实效的推进方法。市长韩正在会上要求上海合作交流重点加强五方面工作：通过完善机制，加强协调，大力促进上海与长江三角洲地区的联动发展；整合资源，扶贫协作，全面完成中央赋予的对口支援云南和西藏日喀则、新疆阿克苏、三峡地区的任务，变单纯“输血式”帮扶为“输血”和“造血”相结合；共建平台，加强合作，积极参与西部大开发，把上海的综合优势与中西部地区资源优势结合起来；结合实际，重点突破，积极支持参与东北地区等老工业基地振兴；完善措施，优化环境，以多种形式广泛开展与各地合作交流。3月，市委、市政府印发《关于进一步服务全国加强上海国内合作交流工作的若干意见》。

2007年7月13日，市委、市政府召开市合作交流与对口支援工作会议，市委书记习近平、市长韩正等领导出席会议。习近平指出，要更加注重发挥市场机制作用，坚持政府推动与市场机制相结合，努力构建政府引导、市场运作、企业主体、社会参与的合作交流工作机制。要更加注重优势互补、互惠共赢，主动考虑照顾对方利益，以开明睿智的眼光、大气谦和的态度，谋合作、促交流、求共赢。要更加注重学习借鉴全国各地先进经验，以宽广胸怀，虚心谦逊学各地之长，脚踏实地补上海之短，锐意进取创上海之新。上海要站在全局和战略高度，切实增强责任感和使命感，自觉服从服务于国家区域发展总体战略，以更开阔视野、更宽广胸襟、更主动姿态、更有力措施，推动合作交流与对口支援工作向更宽领域、更大范围、更深层次、更高水平发展，为形成东中西协调互动发展格局、为全面建设小康社会作出新贡献，实现上海自身发展的新提升、新跨越。同日，市委、市政府印发《关于进一步加强国内合作交流工作的若干政策意见》。

2009年4月11日，市委、市政府召开市合作交流与对口支援工作会议，市委书记俞正声出席会议并指出，做好合作交流工作，必须站在全局高度和战略高度，进一步增强责任感和使命感，切实增强服务长三角、服务长江流域、服务全国意识，切实增强合作意识、世博意识，紧紧围绕“四个率先”

“四个中心”战略目标，拓宽服务领域、拓宽服务空间，为增强上海的影响力和带动力、为确保经济平稳较快发展作出应有贡献。

2010年，上海进一步深化区域合作，制订2010年推进上海与兄弟省区市合作框架协议工作计划，明确118项工作内容的责任单位、时间节点和推进机制；组团赴黑龙江、吉林、内蒙古、安徽、广西等省、自治区考察，推进工作对接，推进政府间合作协议的落实；先后形成《沪皖两地工作座谈会会议纪要》《2010年桂沪政府部门合作座谈会会议纪要》《广西北部湾经济区与上海浦东新区合作框架协议》以及《上海市推进落实与签约省区政府合作协议工作汇编》等。到2010年，上海在安徽皖江城市带承接产业转移示范区投资项目共1 504个，投资总额3 996.9亿元，实际到位资金540.9亿元。

四、实施对口支援

自1979年开始，根据国务院的规定，上海对口支援地区多次调整，先后有云南省、宁夏回族自治区（1979年）、三峡库区的重庆市万州区（1992年）、湖北省宜昌市夷陵区（1992年）、西藏自治区日喀则地区（1994年）、新疆维吾尔族自治区阿克苏地区（1997年）、喀什地区（2010年）。从1996年起，重点是红河州、普洱市、文山州、迪庆州（2004年）。2010年，上海与青海省果洛州建立了对口支援与对口帮扶关系。另外，2008年汶川特大地震发生后，上海帮助四川都江堰市进行抗震救灾和灾后重建，上海市政府成立对口支援都江堰市灾后重建领导小组，并在前方设立援建总指挥部。2010年灾后重建任务完成后，上海与都江堰市建立长效合作机制。

上海对口支援与对口帮扶工作坚持动真情、办实事、求实效，多次受到国务院的表彰。

第三节　对口支援与对口帮扶

一、支援三峡库区

按照中央“搬得出、稳得住、逐步能致富”的要求，上海先后选派10批27名干部到三峡库区挂职，围绕“移民安置、就业致富、解决库区产业‘空心化’”等问题，重点援建移民新村、移民就业基地标准厂房和社会公益事业项目，实施“五个一”工程（一所希望小学、一所幼儿园、一个文化站、一家卫生所、一个农技站）和广播电视“村村通”工程；并配合当地政府“筑巢引凤”，建设特色产业基地，扶持发展养殖业，引导库区大宗农副产品进入上海市场。

1997年11月10日，国务院召开“三峡工程移民暨对口支援工作会议”，上海市政府被评为对口支援先进集体。

2001年7月15日国务院三峡工程移民暨对口支援工作会议在湖北省宜昌市召开。会议表彰了自1997年三峡工程大江截流起，在移民和对口支援中做出突出贡献的先进单位和先进个人。上海市政府被授予对口支援三峡库区移民先进单位，崇明县政府被授予三峡工程移民工作先进单位。

截至2010年底，上海对口支援三峡库区累计提供无偿援助资金5.08亿元，援建社会公益项目600多项；投入移民经费3亿元，分4批安置三峡移民1 835户、7 519人。

图 4-16-2　2010 年,上海援建三峡库区项目——宜昌市上海中学竣工

二、支援西藏自治区日喀则地区

上海按照"五通五室"(通路、通电、通水、通电话、通广播电视和村委会办公室、综合活动室、电化教育室、科技文化阅览室、卫生室)、"两点两栏"(便民服务点、健身点和村务村规公开栏、法制宣传教育栏)、"一村一品"(培育特色产业)等标准,协助当地开展社会主义新农村建设,着重改善对口地区农牧民上学、就医和文化设施条件,帮助发展社会事业和特色经济。至 2010 年,上海先后选派

图 4-16-3　1999 年秋,上海科技援藏"拉孜县万亩青稞高产示范试验项目"获得成功

6 批 308 名援藏干部到日喀则地区挂职，援建了日喀则自来水厂、上海广场、上海路、地区体育场、广电中心、扎什文化广场、地区职校教学楼、地区实验学校、地区人民医院病房大楼、地区妇幼保健院、制氧厂、桑珠孜宗堡复原等重大项目。

截至 2010 年底，上海市、区县两级财政和社会各界向日喀则地区提供无偿援助资金 14.066 亿元，援助各类项目 860 个，帮助培训各类人才 23 352 人次。

三、支援新疆维吾尔自治区阿克苏地区、喀什地区

上海先后派出 6 批 251 名干部赴阿克苏地区挂职，协助当地政府实施抗震安居工程，推进社会主义新农村整村建设，实现"五通"(通水、通电、通路、通电话、通广播电视)、"五有"(有学校、有医疗保障、有科技文化室、有集体经济收入、有强有力的村级领导班子)目标；发展特色产业；加强人员培训；援建一批文化、卫生、教育事业项目。

上海对口支援阿克苏地区工作历经 13 年。至 2010 年底，上海共无偿援助各类资金、物资 5.75 亿元，援助项目 662 个。

图 4－16－4　2008 年，上海援建的阿克苏博物馆落成

2010 年，上海对口支援新疆阿克苏地区调整为喀什地区的莎车、泽普、叶城和巴楚四县；年内，126 名上海援喀什干部到位。全年上海安排 1.7 亿元财政资金作为援疆试点项目资金，产业合作起步良好。

2003—2010 年，上海连续组织 8 期对口新疆的"银龄行动"，共有 216 名医疗、畜牧、水利、教育等方面的老年专家在新疆的 90 家单位开展传、帮、带、教以及实际帮扶等方式的志愿服务。

四、支援云南省

上海 14 个区对口支援云南文山州、红河州、普洱市、迪庆州四州市的 26 个贫困县，以整村推进为重要载体，围绕帮助改善当地群众基本生活、基本生产、基本卫生、基本教育条件开展对口支援工

作。先后选派 7 批 112 名援滇干部赴云南挂职;8 批 761 名优秀教师赴云南贫困地区支教;11 批 274 名青年志愿者开展扶贫接力。协助当地政府实施整村推进、智力帮扶、发展特色经济,确保帮扶资金、项目进村到户;按照中央要求,帮助人口较少民族德昂族和苦聪人、莽人脱贫。

图 4-16-5　2002 年,上海向云南红河州白玉兰扶贫开发重点村捐赠手扶拖拉机等物资

上海先后援建了温饱试点村、安居温饱试点村、脱贫奔小康试点村、希望学校、乡村卫生院(室)、妇幼保健院、疾控中心、检测检验中心、培训中心、科技中心等各类帮扶项目 4 757 个,培训当地各类人才逾 20 万人次,帮助 40 余万人实现温饱安居,辐射带动周边 70 多万人摆脱贫困;130 多万人获得改善就医、上学等条件。

截至 2010 年底,上海在红河、文山、普洱、迪庆 4 州市 26 个县及德昂族、独龙族聚居区累计投入财政无偿捐赠资金超过 16.52 亿元,援建各类帮扶项目 4 860 个,其中整村推进项目 2 523 个;逾 60 万各族群众直接受益,逐步走上脱贫致富奔小康道路。

五、支援四川省都江堰市抗震救灾和灾后重建

2008 年 5 月 12 日,四川汶川发生特大地震,波及川、甘、陕三省 19 个极重灾县,包括四川都江堰市。同年 5 月 14 日,上海建立援助都江堰市抗震救灾成都工作站,主动加强两地政府、企业间的联系,积极协助四川做好抗震救灾工作。6 月 11 日,国务院办公厅印发灾后恢复重建对口支援的方案,明确上海对口支援都江堰市。6 月 18 日,上海设立上海对口支援都江堰市灾后重建工作领导小组办公室。同时,向灾区派出 57 支专业队伍共计 15 404 人,紧急调运 3 611 吨、价值 1.17 亿元的抗震救灾物资,社会各界向灾区捐款 27.6 亿元,完成搭建灾区过渡安置房 38 035 套。6 月,上海向对口支援灾后重建地区都江堰市选调 34 名干部组成援建指挥部,启动首批援建项目。2010 年 8 月

14日，上海市对口支援都江堰灾后重建项目竣工仪式在都江堰市举行；9月，上海援建项目资产全部整体移交，顺利实现了中共中央、国务院提出的“三年重建任务，两年基本完成”的目标，重建包括医疗卫生、民房重建、教育配套、市政公用、农业等117个民生项目，总投资82.5亿元。

图4-16-6 2008年汶川特大地震后，上海援助四川省都江堰市灾后重建。图为援建的都江堰一街区幸福家园二期安居房

六、支援青海省果洛藏族自治州

2010年8月，上海首批7名援青干部赴对口支援的青海省果洛州及玛沁、玛多、甘德、达日、班玛、久治等县，按照市委、市政府确定的“人员到岗、调研到位、规划先行、试点先推”工作思路和“中央要求、当地急需、上海所能”的原则，积极开展工作。上海从市合作交流专项资金中安排2 500万元，用于启动首批援青试点项目，包括有关县镇的形态功能规划，中心医院、学校的援建，生态移民安居就业设施建设，农牧业、旅游等特色产业培育项目等。同时，注重加强沪青两地干部的挂职交流。计划安排果洛州在沪培训（挂职）学习班18期，培训人员336名，培训内容涉及教育、卫生、工程项目管理，城乡规划管理，以及公共管理、司法、农产品经纪业务等领域。

第四节 合 作 交 流

一、省区市交往

改革开放后，上海每年接待兄弟省区市的代表团都在100批次以上，来沪人员达数千人。与此同时,历届市委、市人大常委会、市政府和市政协领导也多次率团出访兄弟省、自治区和直辖市交流学习,学习各地经济建设、社会治理和改革开放等方面的宝贵经验。考察期间,上海与兄弟省区市签订了一批两地战略合作、框架协议。上海通过建立长效合作机制、促进经济项目合作,注重发挥政府办事机构作用等措施,推进落实两地战略合作框架协议。

据不完全统计,1982—2010年,全国29个省区市正省级领导率领的访问、考察上海的代表团有101个,省级领导有109人次。其间,上海市领导率领上海44个代表团,先后出访26个兄弟省区市。

2010年上海世博会期间,根据市委、市政府统一部署,成立上海世博会接待服务工作指挥部,统筹协调全市的资源和力量,完成了上海世博会期间对省区市的接待服务保障工作。上海世博会后,根据优质、高效、节俭的要求,进一步完善公务接待范围和流程。上海合作交流系统逐步构建市区(县)统一、上下贯通、协调高效的政府公务接待工作体制,建立重要会议、论坛活动和政府间公务往来的服务保障工作机制。

二、区域合作

【长三角合作】

2004年后,在国家有关部委的指导下,经过苏浙沪的共同努力,长江三角洲区域合作取得了阶段性成果。主要有:制定《长江三角洲都市圈高速公路网规划方案》《长江三角洲道路运输一体化合作规划纲要》,完成《长江三角洲城市间综合交通规划研究》,提出区域交通发展框架,初步构筑完成公路、水路、铁路、航空组成的立体交通体系;编制完成《长江三角洲区域"十一五"科技发展规划》,开展18项科技联合攻关,建立长江三角洲区域科学研发仪器设施共用服务平台,实现在线和备案服务;基本完成旅游目的地营销系统一期工程建设,制订《长江三角洲地区旅游景点道路交通指引标志设置技术组别》,10个试点城市完成了主要旅游景点示范性设置;制定《长江三角洲区域产权市场交易规则》,在部分城市完成了产权交易信息平台对接;完成长江三角洲物流信息一体化调研报告,组织实施与南通合作建设"南通港航EDI中心系统开发项目"(EDI,互联网信息共享)一期工程,实现两地EDI信息系统互通;建立长江三角洲用人单位和毕业生资源信息的标准化体系,构建就业信息网络平台;编制长江三角洲人才发展规划,推进城市间专业技术资格互认,签订人事争议仲裁、引进国外智力资源、继续教育资源共享、紧缺人才培训等合作协议;通过《苏浙沪信用体系建设区域合作推进方案》,开通"信用长三角"信息共享平台,实现苏浙沪部分企业信用信息的联网共享查询;建立港口部门联席会议制度,成立港口市场监管、港口安全与环保、港口信息与培训4个合作工作组,推进集装箱运输、大宗散货中转、海进江转运3个体系建设;启动区域大通关改革试点。

2009年,上海与杭州、南京、扬州等24个城市在沪签署《知识产权服务合作共同宣言》,明确在知识产权领域"协同作战,携手共进"。长三角城市在新的合作机制框架内,及时调整自身定位,新设金融、会展、医保等5个城市合作专题,取得了阶段性成果。共安排专项经费3 000万元,开展长三角地区科技合作;在长三角城市,开展100万户规模的高性能宽带信息网的示范应用工作。

2010年,江苏、浙江、上海共建世博安保和交通联动机制,共享电力、宾馆、车辆、通信、信息设备等资源;推进世博体验之旅专题合作与示范点评选,共享世博旅游机遇。2010年,长三角部分城市提出了医保、金融、会展、养老、物流和农业等多个领域的城市合作选题,推出了一系列可操作的方案。

【长江流域合作】

1992年，由沿江31个城市和交通银行及其28家分支行以及386家大中型企业共同投资7.7亿元，组建总部设在上海的跨地区的长江经济联合发展(集团)股份有限公司，并成立由公司控股的南京、武汉、重庆3个区域性公司，促进支持沿江城市经济发展。

1996年2月，由上海市政府协作办公室、华东师范大学、上海市政府发展研究中心、上海浦东发展银行、长江经济联合发展(集团)股份有限公司5家单位发起，联合四川、湖北、湖南、江西、安徽、浙江、江苏、重庆、武汉、南京、宁波等7省4市共同建立长江流域发展研究院。长江流域发展研究院旨在从事对长江流域及长江三角洲地区经济与发展的重大问题进行研究，为国家和地方关于长江流域发展与规划提供咨询服务，为沿江地区培训、培养人才，并就区域联合发展开展国际交流与合作。

1998年4月，长江开发沪港促进会在上海正式成立。该促进会得到国务院港澳事务办公室、上海市政府、香港特别行政区政府的关心与指导，它以经济建设为中心，致力加强沪港两地的携手与合作，促进沪港两地与长江三角洲及长江沿江地区的优势互补，共同推动长江带经济发展。

2004年，长江沿岸中心城市经济协调会第十二次会议在上海召开，会议围绕落实中央领导关于“高度重视水运，充分发挥长江黄金水道作用”的重要指示精神，就合力建设长江黄金水道进行研讨，达成共识。此后，交通部会同沿江七省二市成立长江水运发展协调领导小组，形成了部省市协调机制。同时，制订并签署《“十一五”时期长江黄金水道建设总体推进方案》，重点推动航道治理、港口规划与建设、船型标准化、三峡过坝运输扩能、水运保障、干支联动等六项工程。国家“十一五”期间(2006—2010年)共投资150亿元，加大对长江水运基础设施建设的投资力度，长江黄金水道建设迈开实质性步伐。

上海把联手推进长江黄金水道开发与加快国际航运中心建设结合起来，带动沿江产业的整合与发展。通过投资参股，加强与沿江中心城市港口企业合作，推动沿江各港之间建立高效物流信息平台，加快全线各港物流信息化管理，累计在长江流域合作项目2 000多个，金额约1 900亿元。结合洋山港后续建设工程，共同发展江、铁、海、陆联运及港口、内河集疏运体系，推动江海直达和水水中转，共同带动国际物流和第三方物流等相关服务业和延伸产业的发展。2008年6月，国家交通运输部发布实施特定航线船舶安全检验暂行规定，解决了内河船舶不能直达洋山港的问题，江海直达取得重大突破。上海围绕建设国际航运中心，大力发展航运服务业，加快建设以长江黄金水道和长江三角洲高等级航道网为主要疏运通道的集装箱运输系统、外贸铁矿石及原油海进江中转运输系统和江海物资转运系统。

2010年，长江流域城市加强协作，沪宁、沪杭等12条客运专线或城际铁路全面建设。同年3月10日，上海、安徽两地在为中小企业、行业协会交流合作搭建平台、开展产业园区合作、加强区域科技资源共享服务平台建设、加快建立交通运输合作联席会议机制、加强农业龙头企业有效对接以及扩大旅游业交流合作等方面，达成共识。

【参与西部开发】

在西部地区，上海发挥专项资金的引导作用，积极引导各类优势企业西进。2007年，市合作交流专项资金对到西部和老少边穷地区投资的14家上海企业15个项目补助4 638.7万元。上海多次组团参加西部地区大型经贸活动，签订合作项目296个，总金额达1 072.75亿元。同时，重点加强能源、化工、商贸、金融、人才、卫生、文化、旅游、装备制造、农畜产品深加工、基础设施建设、生态环境保护、科技教育等领域的合作,分别实施了沙漠治理工程、垃圾处理资源化、热电开发、天然气综合利用、草种生产、玉米研究与开发、黄牛基因改良、高档花卉、人才培训、干部挂职、信息化建设等项目。相继完成"西气东输""西电东送"管网配套工程建设,确保西气、西电顺利入沪。上海科技系统投入大量资金,立项支持400多个科技合作项目,建立6个上海科技孵化基地、9个高新技术成果转化分中心和9个科技产权交易分中心,促进高新科技成果在西部地区的转化;选择高新技术和适用技术向西部地区推广,与当地优势资源结合形成特色产业。举办培训班,开展多形式、多内容的人才、劳务技术培训,加强劳务输出协作;发挥白玉兰远程教育网、医疗网、妇女网的作用,加强远程培训;援建希望小学,每年支出上亿元支援西部地区发展教育和开展教育合作。实施"人才西进"计划,加强干部挂职交流,积极动员青年学生、在职干部、退休专家组成"博士服务团""银龄行动"等多种志愿者队伍,从事智力服务。依托"科技农业""种源农业""服务农业"等优势,支持西部地区加快农业发展;输出上海现代农业科技成果,开发"农民一点通"农业信息系统,为西部地区提供信息服务和技术指导;共同组建农产品加工龙头企业,以公司、基地、农户的形式帮助当地发展致富。相继开展"东部文化西部行""西部文化东部行",推动地域文化艺术合作交流。

2004年后,上海在重大经贸活动中,与中西部地区签订合作项目1 376项,资金总额2 701.54亿元。

【参与东北振兴】

在东北地区,上海在深入调研的基础上,提出支持东北振兴的切入点,采取多种措施加强合作。

图4-16-7 落实上海市政府与黑龙江省政府深入发展粮食产销合作协议,2011年10月12日,2 450吨首批黑龙江虎林优质新大米运抵上海

主要有:加强领导互访,签订合作协议,建立东北粮食和蔬菜副食品长期供沪"绿色通道"。2009—2010年,黑龙江供应上海的粮食基本稳定在80万—100万吨;推动宝钢集团、上海汽车集团、绿地集团等一大批企业集团北上发展，参与当地企业的资产重组和老城区改造，参与城市基础设施建设；引导国际资本参与东北老工业基地改造，“以外引外”；鼓励上海民营企业参与东北国有企业改制和重组，输出市场竞争机制，激活经济增长原动力；支持上海企业在东北地区发展新型服务业、连锁商业，合作建立采购中心，帮助建立营销网络，沟通绿色产品出口通道，形成规模效益；鼓励上海中介服务机构组织上海联合产权交易所、技术产权交易所帮助东北企业盘活国有企业存量资产，调整经济所有制结构；支持上海金融机构、投资公司在东北地区建立服务网点，提供企业融资、产品开拓服务；在东北地区探索建立上海产业园区和科技“飞地”，加强深度合作，提高资源利用等级和附加值；依托上海信息产业优势，参与东北地区传统产业的信息化改造，协助东北地区以信息化带动工业化；建立人才和劳动力市场信息交换机制，沟通需求信息，采取多种形式，促进两地人才交流互补。

【参与中部崛起】

上海在原有基础上，充分利用中部投资贸易博览会及各种经贸活动平台，重点加强能源、基础设施、农业、工业、科技、信息、装备制造等领域的合作，积极促进中部崛起。能源方面，上海主要加强与山西、安徽的战略合作，为保持煤炭和电力的稳定供应，加大在晋皖两地的投资力度。上海电气集团与山西国际电力集团签署30万千瓦机组发电工程项目，合同金额达70亿元；宝钢集团、浦东发展银行、东方明珠、绿地集团，宏特化工、德力西电气等一大批有实力的上海大型企业投资山西，金额达150多亿元，涉及能源、电力、冶金、化工、旅游、医药、轻纺等多个行业。上海华谊集团2008年在安徽巢湖无为经济开发区建设煤化工基地，计划投资350亿元，一期工程投入73亿元，是上海与安徽最大的合作项目。基础设施方面，上海绿地、建工等企业在江西、河南、安徽等中部地区投资参与旧城改造和新区建设，推动当地发展旅游、会展等现代服务业。农业方面，上海充分发挥农业科技、农业市场、农产品加工、质量标准认证、农业信息五大优势，服务全国“三农”，重点深化与安徽、湖南、湖北、河南等中部地区的农业合作，建立农业新产品示范基地、种植业和畜牧业基地、水产养殖基地上百个，推广农产品和畜禽新品种200多个；一批中部地区农业生产基地通过了上海跨国采购中心的认定和授牌，大批中部地区农副产品通过在沪举办大联展，进入上海千家万户。

三、做好服务

市政府合作交流办积极开展推进企业“走出去”和“引进来”工作，积极主动为上海市在市外投资企业和外地在沪企业做好各项服务工作。

完善市政府驻外办事处布局，投入资金，改善办事处的硬件设施。市政府驻外办事处配合做好对口支援工作，积极服务在当地的上海企业，主动为上海发展总部经济和现代服务业牵线搭桥。2004年起，市政府驻外办事处促成两地经济合作项目150余个，总额约400亿元。

与此同时，上海加强对各地驻沪机构的联络与服务，举办各种形式的交流活动密切关系；开展驻沪办事机构“双服务”（为派出地、派出单位和上海经济社会发展服务）先进单位评选表彰活动，举办市领导报告会通报上海经济社会发展情况；指导成立“上海市外地投资企业协会”，为在沪企业提供服务；组建“各地名优商品来沪销售信息服务网络”，帮助各地农副产品打开市场。2008年，出台一系列企业扶持政策和举措，帮助企业应对国际金融危机化危为机；2009年，着力推进各地在沪商会优秀企业对接区县优质资源，创新启动了各地在沪商会（企业）区县行系列活动；2010年，举办三次“看世博、谋发展、促合作”主题活动，邀请150家国内优势企业的主要负责人来沪参观世博会，截至10月底，有26个项目落地，落地金额达186亿元。

第五节 赈灾援助

上海坚持把捐赠救助受灾地区作为支援服务全国应尽的义务。1986年、1988年，相继组织资金、物资援助云南、贵州、四川、广西等省区的受灾地区。1990年起，上海进一步做好对各省区市遭受地震、台风、洪涝等重大自然灾害和突发性公共事件的慰问和救灾援助工作。2005年8月，市政府批复同意市民政局、市政府合作交流办《关于本市对兄弟省区遭受特重大自然灾害应急资金援助工作方案的请示》，使全市救灾援助工作更加规范化、制度化。

上海主要应急援助项目有：

1990—1995年，支援安徽、江苏、浙江、贵州、云南、江西、湖南省和西藏自治区日喀则地区抵御洪涝、地震等灾害，合计捐赠钱款(人民币，下同)3 071万元，捐赠救灾物资(新品)折合价值1 909万元，募集衣被2 235.9万件。

1996—2000年，支援云南、湖南、河北、湖北、江西、安徽、黑龙江、吉林省和重庆市、内蒙古自治区、西藏自治区日喀则地区抵御洪涝、地震等灾害，合计捐赠钱款4 360万元，捐赠救灾物资(新品)折合价值7 000万元，募集衣被4 732万件。

2001—2005年，支援云南、安徽、江苏、江西、湖北、湖南、广东、福建、浙江、河北、海南、重庆、内蒙古、新疆(包括巴楚、伽师地区、阿克苏地区)、西藏日喀则地区、广西，抵御洪涝、雪灾、山体滑坡、泥石流、台风、地震、暴雨等灾害，合计捐赠钱款6 540万元，捐赠救灾物资(新品)折合价值490万元，募集衣被6 521.19万件。

2006—2010年，支援江西、湖北、广东、福建、广西、贵州、湖南、四川、重庆、江苏、浙江、云南、辽宁、吉林、安徽、河南、甘肃、青海、河北、山西、内蒙古、辽宁、黑龙江、新疆、宁夏、北京、陕西等省区市和四川汶川特大地震灾区、西藏日喀则地区抵御洪涝、台风、风雹、暴雨、高温、地震、旱灾、雪灾、泥石流等灾害，合计捐赠钱款1.72亿元，捐赠救灾物资(新品)折合价值70万元，捐助大米200吨、棉被3 000条。

据统计，1990—2010年，上海市政府先后向全国受灾的省区市(不包括汶川特大地震等灾区的援助捐助)捐赠救灾钱款总计3.12亿元，捐赠救灾物资(新品)折价9 469万元，募集衣被16 489.09万件，捐助大米200吨。

第五篇

社会发展

中华人民共和国成立后，上海在恢复和发展经济的同时，重视发展社会事业，加强文教工作，增加招收工农子弟入学；开展疫病防治，增加劳工医院医疗设施，改善医疗条件；开展劳动人民的文化娱乐和群众性体育；禁绝旧上海遗留的烟毒、娼妓、赌博等丑恶社会现象。

50 年代初至“文化大革命”前，在教育方面，上海大力发展基础教育和高等教育，为社会主义建设培养大批人才；制订科技发展规划，确定一批重点攻关项目和开展尖端学科的科研，逐步建立一批科研院所，采取科技与生产相结合，取得显著成绩。医疗卫生方面，进行疫病防治，改善医疗条件，开展爱国卫生运动，推行划区医疗制度，建立医疗预防保健服务网络。文艺方面，遵循“文艺为工农兵服务”“百花齐放、百家争鸣”的方针，发展电影、文学、戏剧、音乐等事业，繁荣社会主义文艺。体育方面，在提高市民身体素质，发展人民体育的基础上发展竞技体育。其间，上海各项社会事业有了发展和进步。“文化大革命”导致社会事业发展停滞。

1978 年 12 月中共十一届三中全会后，以恢复高等学校招生制度为开端，上海不断提升居民受教育程度，推行九年义务制教育，促进基础教育的发展；改革科研管理体制和科技投入模式，发展技术市场；恢复建立文化艺术机构和团体，在部分文艺团体进行以承包经营责任制为主要内容的改革，推动文化事业的复苏和发展；加大卫生事业投入力度，加强医疗管理，积极应对 1988 年甲肝疫情；提高市民素质，开展群众体育运动，成功承办第五届全国运动会。

90 年代，上海按照建设一流教育的目标，围绕体制、机制、投资进行“三位一体”综合改革，加大对教育的投入力度，改善教育设施和条件，调整优化高校布局结构，使各级教育、各类教育获得长足发展。实施加快发展高新技术产业战略，发展高新技术支柱产业，兴办高新技术开发区，实施“聚焦张江”战略，提升自主创新能力，构建科技创新体系。深化文化体制改革，促进文化产业发展，发展广播影视、报刊出版、文化娱乐三大主体文化产业，组建文汇新民联合报业集团等五大文化集团。进一步完善三级医疗网分工制度，实施企业医疗属地化管理和医疗机构联合重组两大改革。加快体育社会化、产业化步伐，在各级政府支持下，逐步形成体育竞赛市场、健身娱乐市场、体育彩票市场、体育经纪咨询和培训市场。

进入 21 世纪，上海科学、教育、卫生、体育等各项社会事业不断发展。全市全面实施教育综合改革，全力推进在教育教学、招生考试制度、教育经费投入机制、教育管理体制等方面的改革，促进义务教育均衡化发展，提高教育质量。明晰科技提高自主创新能力的思路，聚焦国家发展战略和重大产业，创新部市合作机制，加强投融资机制创新。加强人才培养，优化人才结构，完善激励人才发展制度。制定《上海文化发展规划纲要(2004—2010 年)》，抓住被列为全国文化体制改革综合试点地区的机遇，进一步深化文化体制改革，建立与市场经济相适应的文化管理体制和运行机制。优化医疗资源配置，推进医疗体制和投融资改革，强化卫生社会管理职能，建立城乡公共卫生体系。实施全民健身计划，推进社区健身苑和其他体育设施建设，推动发展全市体育事业。

经过改革开放三十多年的发展，上海各项社会事业出现了前所未有的繁荣。其间，不断加大知识产权的保护水平和力度，全市形成较完整的知识产权保护管理体系，适应社会主义市场经济发展。此外，上海发展和完善律师制度、公证制度和法律援助制度，推进社会治安综合管理，完善社会治安防控体系，确保社会稳定。

第一章 科学技术

解放初，1949 年 5 月上海只有 18 家专门的科研机构，专业科研人员 300 余人。1956 年，有专门科研机构 29 家，专业科研人员 2 600 余人，全市科技人员共 4.7 万人。至 60 年代中期，创建了 16 个新技术研究基地。截至 1965 年，全市科研机构增至 88 家，专业科研人员增至 1.17 万人，科技人员 15.7 万人。取得人工合成结晶牛胰岛素等一批科技成果，开拓了集成电路、电子计算机、激光、红外、原子能技术等新兴科学技术领域，多项基础理论研究成果达到国际先进水平。

"文化大革命"时期，科技事业遭受严重挫折。"文化大革命"结束后，1977 年起恢复了上海市科委、市科技协会，重建了中国科学院上海分院、上海科学院，科技事业有了新的发展。

70 年代末至 80 年代初，以扩大科研院所经营管理自主权为开端，上海启动了科技体制改革。到 1994 年，58 个试点单位自办和联办的科技企业达 400 多家。塑造了企业的创新主体地位，建立了国家和地方的工程研究中心、工程技术研究中心、企业技术中心；为加强基础研究，建立了国家和地方重点实验室。

90 年代，上海将大力发展高新技术产业作为科技的重点，加快高新技术产业开发区建设。1998 年，形成上海高新技术产业开发区和漕河泾新兴技术开发区、张江高科技园区、上海大学科技园区、中国纺织国际科技产业城、金桥现代科技园、嘉定民营技术密集区"一区六园"的格局。1999 年，又提出并实施"聚焦张江"战略。2006 年 3 月，上海高新技术产业开发区正式更名为"上海张江高新技术产业开发区"，包括原来的"一区六园"及在培育中的闵行紫竹科学园区和杨浦知识创新基地，其中张江高科技园区为核心园区。

1999 年起，上海着力构建城市创新体系，启动科技公共服务平台建设，搭建起由 500 多个产学研机构（单位）、中介组织等构成的服务网络，遍及各区县，覆盖各行业和主要技术领域。

进入 21 世纪后，在电子信息、重大装备、生物技术、新材料新能源等四大产业领域启动实施科技攻关项目，提升自主创新水平，打造了宝钢、振华港机、上海电气等一批先进制造业和高新技术产业品牌。依托"部市合作"等机制，承担包括大型飞机、核高基（核心电子器件、高端通用芯片、基础软件产品）、极大规模集成电路制造装备及成套工艺、重大新药创新等国家重大专项任务，建设了上海光源、上海 65 米射电望远镜、国家蛋白质科学设施等国家重大科学装置。

截至 2010 年，全市拥有科研机构 1 089 家，科技人员 23 万人。同年，全社会研发经费投入 480.18 亿元，占上海市生产总值的 2.8%，科技进步对全市经济建设的贡献率为 65.1%。

第一节 科技规划与体制改革

一、制定科技规划与计划

1977—2010 年，市革委会、市政府先后批准实施由上海市科学技术委员会历次组织编制的科学技术发展长远规划和五年计划。

1977 年 10 月，市革委会召开上海市科技工作会议，制订《上海市 1978—1985 年重点科学技术发展纲要》。1978年2月4日,市革委会召开上海市科学大会,提出要抢时间、争速度,把上海建成为具有世界先进水平的工业和科学技术基地。3月,中央召开全国科学大会,邓小平提出“科学技术是生产力”。1980年8月,市科委拟订《上海科学技术十年长远规划的初步意见》,提出开展应用研究和发展研究,促使科学技术转化为生产力;加强新兴科学技术的开拓性研究和基础研究。1984年,市科委组织编制《上海市科技长远发展规划》《上海市“七五”科技发展计划》,确定重点发展微电子、新材料、光纤通信、激光、生物工程、机器人和海洋工程七大新兴技术,并组织相应的科技会战。

1990年10月,市科委组织编制《上海“八五”科技发展计划》,提出加强科技与生产、贸易结合,有重点发展高新技术,注重高新技术产业化,组织科技支农,提高传统行业技术进步,推动科技体制改革。1992年8月,市委、市政府作出《关于发展科学技术,依靠科技进步振兴上海经济的决定》,确立科学技术在经济建设中的战略地位。1994年,市科委组织编制《上海市科技发展“九五”计划与2010年长远规划》,该计划与规划包括“四大战略”“九大计划”“五大领域”“八大举措”。“四大战略”,即科技经济一体化战略、创新战略、赶超战略、协同推进战略。“九大计划”,即“信息港”计划、高新技术及产业发展计划、制造技术开发推进计划、基础性研究计划、绿色技术计划、城建科技发展计划、科技先导产业发展计划、科普工作发展计划、科技设施建设计划。“五大领域”,即信息技术领域、现代生物技术领域、先进制造技术领域、新材料技术领域、绿色技术领域。“八大举措”,即加强对科技发展的规划和协调管理、进行体制改革、建立创新机制、拓宽资金渠道、加速人才培养、办好高新技术园区、重视引进技术、加强科技法制和知识产权保护。

2000年,市科委组织编制《上海市科技发展“十五”计划与2015年长远规划》,依据国际、国内发展背景和环境,世界科技发展的趋势和上海自身的科技优势,根据上海总体发展计划,从上海经济社会发展和地方特点出发,并与国家科技计划衔接,确定上海科技发展的优先领域和重大项目。

2006年1月,市政府印发《上海中长期科学和技术发展规划纲要(2006—2020年)》,确立以知识竞争力为衡量指标的城市创新体系建设目标,以应用为导向的自主创新发展思路,并提出以重点围绕核心资源形成机制、企业动力激活机制、市场价值实现机制以及科技统筹管理体制的“三机制、一体制”为核心的上海科技创新体系的建设任务;围绕“健康(Healthy)上海、生态(Ecological)上海、精品(Added-value)上海和数字(Digital)上海”四个方面,实施“引领(HEAD)工程”。

按照《上海中长期科学和技术发展规划纲要(2006—2020年)》和上海市“十一五”规划工作总体部署,市科委组织编制《上海“十一五”科技发展规划纲要》,提出重点研发电子标签、半导体照明、混合动力汽车等12项重大战略产品,建设科技世博园、崇明生态岛、智能新港城、张江生物医药基地等4项科技示范工程,建立“生命健康、城市生态、产业技术、计量标准”等创新基地的任务,为上海中长期科技发展目标的实现打下基础。

二、推进科技体制改革

上海科技体制改革起步于1979年,以科技与经济相结合为核心逐步展开。1979—1985年,进入科技体制改革准备阶段,在思想、队伍、微观组织改革形态、宏观技术转移环境等方面进行准备。随着1985年3月《中共中央关于科技体制改革的决定》发布,1985—1990年,上海科技体制改革全面展开,在科技拨款制度、科技人员管理制度、技术成果商品化、发展横向联合和多种所有制结构、企业技术开发体系、农村技术进步新体制等方面，都进行了不同程度的改革探索。1990—2010年，改革进一步深化，建立了科技项目评估制度等，主要推进科技拨款制度和科研机构两方面的改革。

【开展科技拨款制度改革】

1986年8月16日，市政府发布《上海市科学技术拨款管理办法》。1987年，开展科技拨款制度改革，有105个独立的技术开发型科研单位部分或全部核减了事业经费；对基础研究和应用研究单位实行基金制。

1992年8月，上海科技投资新机制开始形成。市委、市政府作出《关于发展科学技术、依靠科技进步振兴上海经济的决定》，提出通过政府拨款、银行贷款、企业投入、社会集资等多种渠道增加科技投入，积极扩大技术开发资金来源。同时，市政府拨出一定数量的启动资金，创办上海科技投资公司，多渠道筹措资金，加快高新技术产业化。

2000年，经市政府同意，市科委出台重大项目招标制、专家评审制、重大项目总协调人制、全成本核算课题制、项目经费拨款制等一系列制度。2000年4月13日，市科委印发《应用开发类科技项目招标投标实施办法》，详细规定了招标、投标、开标、评标、中标、法律责任等事项。2002年8月21日，市科委、市财政局、市计委、市经委印发《上海市科研计划课题制管理办法(暂行)》，对课题立项、评审、经费等方面作出规定。

2005年，市科委印发《上海市科学技术委员会网上评审管理办法》。2006年，市科委印发《上海市科技项目绩效评估管理(暂行)办法》。2010年，市科委、市财政局、市发展改革委和市经济信息化委牵头筹建“政府资助科技和产业化项目信息共享系统”，对提升全市科技和产业化管理整体水平、提高政府公共资金的实际使用效益起到了重要作用。

【科研机构改革】

1979年11月，市科委印发《关于在科研单位扩大自主权试点工作的几点意见》。1986年4月，市政府发布《上海市扩大地方独立科研机构自主权的暂行规定》，从领导体制、计划管理、经费管理、技术转让、研究所内部管理、人事管理、工资和奖励、资产处理、科技外事等方面，对上海事业性质的地方独立研究所扩大自主权改革作了具体规定。

1987—1989年，上海科研机构的内部管理开始引入竞争机制，推行各种形式的承包经营责任制，实行所有权和经营权分离。全市有92.7%的研究所实行所长负责制；75%的单位制订中长期发展规划，并按发展规划的目标制订科研计划；90%的研究所建立了科研计划、经费管理办法；89%的研究所建立了科技成果、科技仪器设备和科技人员奖励办法；60%以上的研究所建立科技人员岗位考核、教育培训等管理办法。

1992年，市科委印发《关于上海开发型科研单位综合改革试点的意见》，确定58家科研院(所)在财税、投入、分配、人事、外贸、运行机制等方面实行综合改革试点。改革主要内容包括实行工效挂钩、全员聘用合同制、兴办科技企业、外贸自营等政策。同年，成立上海市技术合同仲裁委员会，维护科研机构和科技人员的合法权益。1997年，上海研究院(所)实施多模式体制改革。1999年初，国务院下发通知，规定国家经贸委等10个国家局所属的242个科研机构转为属地化管理，其中涉及上海的有16个科研单位，14家转制为科技型企业实行属地化管理划归上海市，1个并入东华大学，1个并入上海汽车集团股份有限公司。

2000年，上海启动地方部门所属开发型研究所的企业化转制。同年3月31日，市政府批转市科委、市经委《关于上海地方应用型研究所深化体制改革的实施意见》，明确通过地方应用型研究所逐步走向市场，促进科技与经济的结合。2004 年 11 月，市政府办公厅转发市发展改革委、市科委、市国资委、市财政局《关于上海市转制科研机构深化产权制度改革的若干意见》，应用型科研机构产权多元化改造启动。2009 年 9 月 16 日，市科委、市发展改革委、市财政局、市工商局、市国资委印发《关于进一步加快转制科研院所改革和发展的指导意见》，倡导建立以推进产业科技进步为宗旨，承担产业基础技术、共性技术和前瞻技术的研究开发及专业技术服务等公共职能及准公共职能的新型科研院所。

三、制定科技政策与法规

80 年代，市政府陆续印发《上海市科技咨询管理办法》《上海市技术转让实施办法》《上海市科学技术拨款管理办法》《上海市科学技术进步奖励的规定》《上海市专利许可合同管理办法》《上海市"星火计划"项目暂行管理办法》《上海市关于扶植和鼓励"星火计划"的暂行规定》《上海市技术合同登记管理暂行办法》《上海市科学技术发展基金管理办法》等文件。

90 年代，上海围绕实施"科教兴市"战略，深化科技体制改革、加速高新技术成果转化等，制定了一系列科技法规政策。1990 年 4 月，《上海市漕河泾新兴技术开发区暂行条例》由市九届人大常委会第二十七次会议审议通过。1992 年 8 月，市委、市政府作出《关于发展科学技术，依靠科技进步，振兴上海经济的决定》。同年，市政府办公厅转发市科委、市体改办等 7 部门《关于上海开发型科研单位深化综合改革试点的意见》。1995 年，市委、市政府印发《关于加速上海科技进步的若干意见》，对实施"科教兴市"战略作出规定。1996 年 6 月，《上海市科技进步条例》由市十届人大常委会第二十八次会议通过。1997 年，市委、市政府印发《关于加快上海市高科技产业发展的若干意见》，就高新技术产业、科技企业、科技成果转化、高科技人才等方面提出了若干规定。1998 年 6 月，市政府发布《上海市促进高新技术成果转化的若干规定》（简称"18 条"），为成果转化创造良好环境。

2001 年，经市政府同意，市科委实施行政审批制度改革，清理 24 件与世界贸易组织规则不相符合的市政府规章和规范性文件，上网公开 17 项审批事项的法律依据、审批程序、申请表格等。同时，完善知识产权管理的法规制度，加大科技立法工作力度，先后印发《应用开发类科技项目招标投标实施办法》《上海市高新技术企业认定办法》《上海市申请国家重点科技项目地方匹配资金试行办法》和《上海市软件著作权登记费资助办法》等文件。

2006 年 5 月 23 日，市政府印发《实施〈上海中长期科学和技术发展规划纲要〉的若干配套政策》（简称"36 条"），涵盖财税、金融、知识产权、人才建设、政府采购、监督考核等环节，以激励为主线，强化对知识、人才、资金等各类要素投入的鼓励；以保障为重点，加强对产学研联合、消化吸收和集群创新的支撑；以引导为切入点，体现政府采购、成果转化和科技创业对成果应用的牵引。"36 条"政策的发布实施，对确保《上海中长期科学技术发展规划纲要》的落实、提升上海的自主创新能力和城市的国际竞争力具有重要意义。

2007 年 8 月 16 日，市十二届人大常委会第三十八次会议审议通过《上海市促进大型科学仪器设施共享规定》。

2010 年 9 月 17 日，《上海市科学技术进步条例》经市十三届人大常委会第二十一次会议修订，于 11 月 1 日起施行。

第二节　技术创新与创新服务

一、推进企业技术创新

从1981年起，市政府决定每年由地方财政拨款1 000万元作为科技成果推广专项资金。至1988年，有420项科技成果推广项目列入计划，市财政拨款加上中央各部委投资和各单位自筹资金，共投入资金1.3亿元。同时，市政府选择331项科技成果作为“星火计划”项目，推向工业化生产，总投资2.9亿元。截至1988年，产值达11.23亿元，利税2.2亿元，创汇和节约外汇0.9亿美元。

1991年，上海率先在开发区内认定高新技术企业。1992年9月，经市政府批准，市经委、市科委、市财政局、市税务局印发《上海市高新技术企业（产品）认定办法》，开始开展开发区外高新技术企业认定。同年，市政府发布《上海市科技成果推广管理实施办法（试行）》，规范各有关部门和单位的职责和工作程序。1994年，随着上海市工业组织结构调整和现代企业制度改革试点，一批大型企业和企业集团在内部建立了技术中心。1996年，市经委、市财政局、市国税局、市地税局、上海海关先后印发《上海市鼓励和支持企业集团和大中型企业建立技术中心的意见》《上海市企业技术中心认定办法》《关于鼓励和支持工业系统独立研究所（院）进入企业或企业集团的若干意见》，并首批批准上海焊接技术和标准件等5个研究所进入企业，建立上海技术中心。1996年，高新技术企业认定重点开始调整，向50家试点单位倾斜，着重推进企业的经营机制转换和现代企业制度的建立，要求高新技术企业增强企业开发新产品、新工艺、新技术的能力和加大R&D① 投入。1999年，上海倡导以企业为主体，吸收高校、研究院所的优势技术力量建立技术中心；研究所进入企业（集团），筹建企业技术中心；与外方合资合作共建技术中心。1999年12月28日，上海技术产权交易所成立；31日，市委、市政府印发《加强技术创新、发展新科技、实现产业化的实施意见》。

2001年，市经委印发《上海市企业技术中心建设评价指标体系》，提高企业技术中心建设质量。2002年，上海市高新技术企业认定注重企业创新能力和拥有自主知识产权；简化软件企业申请高新技术企业认定的程序；开展高新技术企业跟踪调查活动和复审制度。2003年，高新技术成果转化项目全部采用新版认定申报资料，更加突出和细化了项目拥有的知识产权状况的权重。

2006年，市科委、市经委印发《上海市科技小巨人工程实施办法》，小巨人受资助企业分为科技小巨人培育企业和科技小巨人企业两类，当年有20家企业作为小巨人企业、50家企业作为小巨人培育企业，被列入培育计划。

2007年，市科委、市国资委、市总工会印发《上海市创新示范企业试点工作的实施方案》。在高新技术企业认定的过程中，实行公告、网上申报、专家评审、公示制度。

2009年5月15日，市委、市政府印发《关于进一步推进科技创新加快高新技术产业化的若干意见》；16日，市政府印发《关于加快推进上海高新技术产业化的实施意见》，确定新能源、民用航空制造业、先进重大装备、新材料、软件和信息服务业等9个领域为上海推进高新技术产业化发展的重

① R&D（research and development），指在科学技术领域，为增加知识总量（包括人类文化和社会知识的总量），以及运用这些知识去创造新的应用进行的系统的创造性的活动，包括基础研究、应用研究、试验发展三类活动。可译为“研究与开发”。

点领域,并提出建立推进工作体系、明确项目实施主体、完善高新技术产业化服务平台、优先落实支持政策、设立高新技术产业化专项资金、推动产业链配套建设、不断完善产业发展规划、引导推进产学研合作等8项推进高新技术产业化的措施。

2010年,市科委、市国资委、市总工会先后印发《关于推进上海市创新型企业建设的工作方案》《上海市创新型企业评选指标体系》。

截至2010年,上海拥有微创医疗器械(上海)有限公司、展讯通信(上海)有限公司等22家"国家级创新型(试点)企业",其中,上海振华港口机械(集团)股份有限公司、上海电器科学研究所(集团)有限公司等6家为"国家级创新型企业";上海共有市级以上企业技术中心365家,其中,国家认定企业技术中心42家(5家为国家认定企业技术中心分中心),上海市认定企业技术中心323家;上海市累计"科技小巨人企业"135家、"科技小巨人培育企业"459家。2010年,市、区县两级政府支持经费累计13.23亿元。

二、为科技创新服务

1988年,国家科委召开第一次全国火炬计划工作会议,提出建立科技创业服务中心的几点意见,上海成立市科技创业公司。1989年初,上海市科技创业服务中心建立,偏重对创业者及其企业的培育和孵化,又称为"孵化器"。11月,市科技创业公司和市科技创业服务中心合并为上海市科技创业中心。1993—1995年,上海市科技创业中心(创新公司)孵化、投资并重,选择若干高新技术领域,直接投资、控股、参股,建立一批先导型企业和科技实体。与德国杰驰电子有限公司(TEMIC)合资组建上海德律风根微电子股份有限公司,与高通公司合作组建上海高通创新中文电脑有限公司,建立上海科技系统的专业外贸公司上海科技进出口公司等。

1998年6月,上海市高新技术成果转化服务中心成立,提供科技创新政策服务和科技成果转化服务。1999年12月28日,市高新技术成果转化服务中心设在市东部和西部的两大分支机构正式运行。2003年,市高新技术成果转化服务中心设立综合服务热线(53083333),提供全天候"一门式"服务,同时简化成果转化项目审批程序。

2004年7月14日,上海科技研发公共服务平台(以下简称"研发平台")建设推进大会召开,会上开通了研发平台并试运行。研发平台依托"上海科技服务导航"为标志的门户网站(www.sgst.cn),由科学数据共享、科技文献服务、仪器设施共用、资源条件保障、试验基地协作、专业技术服务、行业检测服务、技术转移服务、创业孵化服务和管理决策支持十大系统组成。根据需要,成立由市政府有关领导和相关委办局负责人组成的"指导协调小组",负责协调跨部门工作。此外,还成立上海大型科学仪器设备共享及专业协作网服务管理中心和上海科技数据信息资源共享服务管理中心,负责各自系统和专业领域内的研发平台建设及运行的具体事宜。

2005年,市高新技术成果转化服务中心编印《上海高新技术成果转化服务指南》,建立32家覆盖全市区(县)、大型企业集团、高校和科研院所的工作联络站,实施高新技术成果转化项目网上评审。2008年8月,市高新技术成果转化服务中心被科技部认定为"国家技术转移示范机构"。

2010年3月31日,由市政府设立的上海市创业投资引导基金成立,为采用参股创业投资企业和跟进投资、融资担保等方式运作的政策性基金,总规模为30亿元。该基金设立后,由上海创业投资有限公司管理。基金发挥财政资金的杠杆放大效应,引导民间资金投向上海重点发展的产业领域，特别是战略性新兴产业。

截至2010年底，除市转化服务中心外，还建立了18个区县服务中心、52个服务站点、7家行业协会、30个高新园区、12家技术创新服务平台和786家加盟服务机构，共同形成覆盖全市和相关产业、行业的服务推广体系。

第三节 科研建设与奖励

一、建设研发基地

“七五”期间(1986—1990年)，上海有13个国家重点实验室陆续投入建设，其中7个建成向国内外开放。其间，国家对上海国家重点实验室累计投资(含自筹)6 210万元。1990年，市科委印发《上海市重点实验室建设管理办法》。“八五”期间(1991—1995年)，市科委集中资金3 000万元，重点支持市地方科研单位、地方大专院校中以应用研究为主，并有一定基础条件的20个实验室为上海市重点实验室。1994年，上海成立第一家依托中科院上海冶金研究所的国家金属薄膜功能材料工程技术研究中心。

2003年初，市科委印发《关于进一步加强在沪重点实验室建设和管理的若干意见》，提出依托高水平研究机构、高校和高科技企业，提升优秀的部门(行业)重点实验室，重点支持具有瞄准学科前沿，提高原始性创新能力的专门学科实验室和集成关键性、原创性科技能力的跨学科重点实验室。10月8日，市科委印发《上海市重点实验室建设和管理办法》。

2005年，市科委围绕高新技术、关键共性技术和公益性技术研究，根据上海科技优势和有关产业的需求，筹建药物代谢等7个工程技术研究中心。2006年1月6日，市科委印发《上海工程技术研究中心建设与管理办法(暂行)》。当年，首个国家射频识别(RFID)产业化基地、国家数字媒体技术产业化(上海)基地、国家863软件专业孵化器(上海)基地、全国第一家以集成电路设计为专业特色的国家高新技术创业中心等一批国家基地相继建立。

2009年，市科委修订和完善《上海市重点实验室建设与管理办法》《上海市重点实验室评估实施细则》，印发《上海市重点实验室运行经费使用实施细则》。

截至2010年，上海共有国家重点实验室40家，其中9家国家重点实验室被国家科技部评为“优秀”。上海共有国家工程技术研究中心14家，上海参与建设2家。上海建成市级重点实验室81家，累计批准建设93个上海工程技术研究中心。国家与上海的实验室和研究中心，覆盖全市新能源、民用航空制造业、先进重大装备、生物医药、电子信息制造业、新能源汽车、海洋工程装备、新材料、软件和信息服务业等九大高新技术产业化领域中的主要攻关内容。

二、实施科技奖励

1984年起，国务院颁布《中华人民共和国科学技术进步奖励条例》等一系列科学技术进步奖励条例、发明奖励条例、实施细则。国家科学技术奖包含国家最高科学技术奖、国家自然科学奖、国家技术发明奖、国家科学技术进步奖和中华人民共和国国际科学技术合作奖5个奖项。

1985年12月，市政府成立上海市科技进步奖评审委员会，并发布《上海市科学技术进步奖励规定》。1991年5月，市科委决定从1991年起，设立“科技管理进步奖”。1992年7月，市政府决定设立上海科技功臣奖,每两年评选一次。

2001年3月22日,按照《国家科学技术奖励条例》,市政府发布《上海市科学技术奖励规定》,扩大奖励对象范围,除上海市民、组织外还包括"三资企业"及外国人、外地企业及外地人。2007年1月11日,市政府发布《关于修改〈上海市科学技术奖励规定〉的决定》,按照科技功臣奖、自然科学奖、技术发明奖、科技进步奖和国际科技合作奖5个奖励类别评审,与国家五大科技奖项对接。

1979—2010年,上海属地共获国家科技进步奖、国家技术发明奖、国家自然科学奖合计1 590项。其中,获国家科技进步奖特等奖15项、一等奖77项,国家技术发明奖一等奖5项,国家自然科学奖一等奖2项。2004—2010年,上海属地共获国家最高科学技术奖3项,获国际科技合作奖6项。2002年起,上海获国家科技奖励占全国获科技奖励项目的比重超过10%;2008年达到16.4%。上海在2005年、2009年和2010年获得国家最高科学技术奖,并三度囊括国家五大科技奖。2010年1月11日,2009年度国家科学技术奖励大会在北京举行。上海共有56项(人)分别获得国家最高科学技术奖、国际科学技术合作奖、国家自然科学奖、国家技术发明奖和国家科技进步奖。1980—2010年,上海市颁发的科技进步奖、技术发明奖、自然科学奖、科技功臣奖、国际科技合作奖共9 599项。其中,科技进步奖一等奖644项,技术发明奖一等奖28项,自然科学奖一等奖41项,科技功臣奖24项,国际科技合作奖6项。

表5-1-1 1993—2010年上海获国家科技奖励占全国获奖项目比重统计表

获奖年份	1993	1994	1995	1996	1997	1998	1999	2000	2001
获国家奖情况(项、人)	55	未评	59	46	46	34	36	21	14
占全国获奖项目比重(%)	—	—	—	—	—	6.26	5.98	7.29	6.3
获奖年份	2002	2003	2004	2005	2006	2007	2008	2009	2010
获国家奖情况(项、人)	31	26	42	46	42	54	57	56	58
占全国获奖项目比重(%)	11.8	10.2	14.0	14.3	12.9	15.4	16.4	15.0	16.3

说明:表中全国获奖项目数为属地统计,包括国家在沪专门研究所、中心和驻沪央企研究单位。1994年国家级科技奖未评。

第四节 科学普及与合作交流

一、推动科学普及

1987—2010年,上海通过开展"科普之夏""上海科技节""科普展"等活动,实施科普"四个一百"工程,制定科普"五年计划",推动全市的科学普及。

1987年7月18日,上海市第一届"科普之夏"活动在上海科学会堂开幕,主题为"把科学技术的恩惠洒向人间"。至1990年,上海以不同主题共举办4届"科普之夏"。

1991年10月5日,首届上海科技节在上海友谊会堂开幕,主题为"科学技术是第一生产力",此后每两年举办1届(1995年缺办)。2001年,经国务院批准,把每年5月第三周定为全国"科技活动周",自2001年开始上海科技节与全国科技活动周合并举办。

图 5-1-1　1991 年举办首届上海科技节，之后每两年一届。图为 2008 年 5 月 19 日上海科技节开幕

1995 年，中共中央、国务院印发《关于加强科学技术普及工作的若干意见》。1996 年，上海召开第一次科普工作会议，编制上海第一个科普工作的五年计划，制定上海第一个加强科普工作的政策性文件。“九五”期间（1996—2000 年），市政府推进实施科普“四个一百”工程，即 100 个科普村（里弄），100 个科普教育基地，100 个科技教育特色学校，100 部（本）优秀科普影视、书籍、剧目。随着上海经济发展、社会进步，政府予以投入，除了专业性的科普场馆外，还建有行业性的具有科普价值的场馆。1997 年，极地科普馆开馆。1998 年，以“海洋——人类共同的遗产”为主题，举办海洋科普展。

2000 年，上海制定“十五”（2001—2005 年）科普工作计划，并首次将其列入政府编制计划。

图 5-1-2　2008 年 12 月 3 日，“梦圆神七，辉煌航天——上海 2008 航天科技展”在上海科技馆开展

2003年,上海科技馆举行“中国首次载人航天展”。2006年起,上海先后完成对上海邮政博物馆、上海风电科普馆、上海眼镜博物馆、上海儿童博物馆、上海自来水科技馆、上海青少年科技探索馆等6家场馆的改造提升,并向市民开放。此外,对上海农业科普馆松江馆、上海农业科普馆金山馆、上海纺织服饰博物馆、上海民防科普教育馆等进行改造提升,对上海中医药博物馆、上海昆虫博物馆进行扩建。

2006年,市科委印发《上海市科普事业“十一五”规划》,提出夯实基础设施、科技传媒、科普队伍三类科普资源,关注领导干部和公务员、青少年、农民、在职职工、其他人群五大目标人群,实施科普示范社区、专题性科技类场馆、科技教育特色示范学校、大学生科普志愿者服务社、科普场馆旅游示范线、职工技术创新优秀成果、优秀科普作品七项示范专项。

2007年,经市政府批准,上海市公民科学素质工作领导小组办公室、上海市科普工作联席会议办公室印发《上海市实施〈全民科学素质行动计划纲要〉工作方案(2006—2010)》,市科委印发《2007年下半年—2008年上半年科普工作要点》,推进落实《上海市促进科普事业发展的实施意见》和《上海科普工作任务分解表》等配套政策和阶段任务。同时,完成《上海科普工作绩效评估研究报告》研究,构建科学规范的科普事业。

2010年,《上海市科普事业“十二五”发展规划》编制完成,提出将上海打造成科学素质引领区、科普活动创新区、科普人才集聚区、科普资源共享区和科普市场开拓区。“九五”“十五”“十一五”“十二五”科普事业发展规划,由市委组织部、市委宣传部、市文明办、市科委、市教委等30家市科普工作联席会议成员单位联合发布。

二、促进国内科技合作

【部市合作】

2004年7月14日,科技部与上海市政府签署工作会商制度议定书。2005年8月,正式启动部市合作。部市合作的中心工作是“两大目标、三个聚焦”,即围绕服务国家战略、服务上海经济社会发展两大目标,聚焦重大攻关项目、聚焦创新基地建设、聚焦创新创业环境建设。2007年11月5日,科技部与市政府在上海召开2007年部市工作会商会议,确立共同推进国家重大专项,加强上海世博会世博科技攻关,推进崇明岛生态和经济建设协调发展,推进重大战略产品的研发应用,推进高新区建设,营造自主创新创业环境等新一轮合作工作重点。2009年11月5日,科技部与市政府在上海召开2009年部市工作会商会议,围绕加快培育战略性新兴产业,开展崇明生态岛绿色经济试点示范,全面实施技术创新工程,进一步完善创新创业环境等新一轮合作重点达成共识。至2010年,科技部和上海市(其中包括市财政)共投入8亿多元资金进行技术攻关,累计布局并实施科技攻关项目280项,取得具有自主知识产权的科技成果约1 500项。自部市合作机制建立起,重大科技工程的示范与应用一直是重要工作内容之一。为加速推动科技成果的转化,上海围绕新能源技术与产品、智能电网、半导体照明、三网融合(电信网、广播电视网、互联网)、新一代宽带无线移动通信网络等方面,开展了大量工作。

【院地合作】

1995年8月,中国科学院与上海市政府建立全面合作关系。2001年7月,上海市政府、中国工程院合作委员会组建上海市中国工程院院士咨询与学术活动中心。同年11月23日,中国科学院与上海市政府在上海签署新一轮5年全面合作协议。双方共同组织实施基础性、前瞻性重大科研项目，合力推动技术创新，为上海市传统产业改造和高新技术产业发展作出实质性推动。2010年，上海市政府会同中国科学院部署落实重大项目，加强前瞻技术和高技术产业化布局。

【省区市科技合作】

1987—1989年，上海与全国27个省、区、市建立6 000个各种形式的联合体，其中科研生产联合体有2 000多个。1993年10月6—8日，在上海召开华东六省一市[①]技术市场专题研讨会，研讨建立科技新体制过程中如何加快繁荣和发展技术市场及如何建立技术市场网络问题。同年10月18—20日，京、津、沪及长江沿岸三城市(南京、武汉、重庆)科委主任联席会议在上海召开。

2000年，上海参与和组织召开"华东六省一市科委主任联席会议""上海—苏州—嘉兴市县科委联席会议""上海、重庆、北京、天津科委主任联席会议"和"上海、南京、武汉、重庆市长江沿岸四城市科委主任联席会议"，围绕加强技术创新、科技体制改革的深入进行、高新技术产业化发展、西部大开发与发展高新技术等专题，开展交流和研讨。2002年4月，西部开发科技合作项目信息发布会暨上海市西部开发科技合作项目管理中心成立。

2003年，在科技部的指导协调下，江苏、浙江省和上海市政府签订《关于沪苏浙共同推进长三角创新体系建设协议书》，建立由两省一市主管领导组成的长三角区域创新体系建设联席会议，下设办公室，并设专项资金。

2004年，上海市科委、浙江省科技厅、江苏省科技厅签订联合协议，并于6月24日发布《关于联合开展长三角重大科技攻关的公告》，共征集项目117项，其中上海65项。经三地专家评审后，确认9项(上海、江苏、浙江各3项)为重大科技联合攻关项目。三地科技部门支持经费共计1 000万元。2005年10月22日，长三角大型科学仪器设备协作共用网开通，南通、无锡、扬州、嘉兴、徐州、淮安、马鞍山、上海等14个首批开通城市的入库资源总量达1 500余台(套)。2005年底，苏浙沪两省一市决定重点推进环保、能源、科技资源共享、交通合作等4个专题。2006年，长三角区域创新体系建设联席会议工作会议在上海召开，《长三角"十一五"科技发展规划纲要》的编制正式启动。2007年，建立由30多家科技管理和中介服务机构、高校等组成的国内科技合作联络员网络，形成上海市科技界参与国内科技合作的合力。截至2008年底，上海共征集到东北科技合作项目161项，立项数56项，立项总投资额24 635.1万元。其中，上海投资8 904.7万元，东北投资15 180.4万元。

2008年6月，沪、苏、浙三地联合编制的《长三角科技合作三年行动计划(2008—2010年)》印发，提出推进长三角科技创新与合作的21条政策性建议。2009年，沪、苏、浙、皖科技部门在科技部的指导下，成立联合工作组，启动研究制订推进长三角地区建设国家级自主创新综合示范区建设方案。2009年5月17日，长三角区域创新体系建设工作座谈会暨联席会议2009年工作会议在上海召开，会上"长三角科技资源共享服务平台科技文献共享系统"宣布开通。

2009年，上海继续加强与西部、东北的科技合作，共征集西部项目46项，涉及现代农业、信息网络建设、疾病治疗与药物开发和特有矿产资源开发利用四大领域。同年，参加中国东西部合作与投资贸易洽谈会、中国哈尔滨国际经济贸易洽谈会、中国西部国际博览会、中国昆明大院名校科技成果展示交易会、中国深圳国际高新技术成果交易会、中国科学院—新疆科技合作洽谈会、中国国际

① 华东六省一市，指上海市、江苏省、浙江省、安徽省、福建省、江西省、山东省。

工业博览会等国内科技合作会展项目活动。

截至2010年,长三角协作网已具备基本网络应用、网上仪器设施及相关信息共享等功能,用户可通过用户管理和办事查询等服务系统,获取信息查询、业务咨询、网上办事等在线服务。2004—2010年,长三角联合攻关项目共立项59项,立项总投资约3.6亿元,上海市科委支持4 155万元。

三、支持开展国际科技合作

【科技合作协议】

80年代,为上海科技界国际双边、多边合作的新开端。至1990年底,市科委与60多个国家和地区开展了科技往来,同10多个国际组织建立了联系。在多边关系方面,上海与联合国工业发展组织(UNIDO)、联合国开发计划署(UNDP)、世界银行(IBRD)、世界卫生组织(WHO)、教科文组织(UNESCO)、国际原子能机构(IAEA)、世界粮农组织(FAO)、欧洲经济共同体(CE)等,开展了有实质内容的科技合作。

90年代,上海先后与德国巴登·符腾堡州、美国蒙哥马利郡、越南胡志明市、俄罗斯圣彼得堡市、南联盟、塞尔维亚科技部等国家地区签署合作协议,建立地区间合作关系。

2000年4月,市科委与荷兰交通部签署合作协议,确定开展有关"改善上海市高架道路交通堵塞症结的分析和解决方案的可行性研究"。

2003年12月2日,中科院上海有机化学研究所与巴黎第七大学签署新一轮科技合作协议,将合作重点集中在开展数据挖掘、合理药物设计、绿色农药设计、虚拟筛选、非线性定量结构/特性分析等方面的研究工作,以及高素质人才培养。

2004年12月9日,市科委、漕河泾高科技园区与飞利浦(中国)投资有限公司在荷兰海牙签订合作意向书。根据协议,飞利浦公司在沪建立"飞利浦创新科技园",为上海研究机构提供研发质量管理、知识产权与标准管理方面的培训。同时,参与上海研发公共服务平台的建设,并与有关部门共同建立合作基金,鼓励相关领域的基础研发。11月1日,美国应用材料公司与上海市科委签署合作计划。

2007年10月22日,市科委与加拿大艾伯塔省在上海签订合作备忘录,明确双方共同推动通讯技术、生命科学、纳米技术、环境技术和新能源等领域的交流与合作。

2009年,市科委与丹麦中央大区签署地区政府间科技合作备忘录。

【科技合作研究与项目】

改革开放以后,上海市政府十分重视引进国外先进的科学技术,用于上海城市的改造和建设。市政府有关部门先后与日本国际协力事业团、美国国际开发合作署等合作,对上海地铁、南浦大桥、浦东国际机场等重大建设项目进行规划及可行性方案研究,为市领导的决策提供依据。针对台风季节防风排水缺陷,与欧共体合作建立上海防汛自动测报与决策指挥系统。在城区改造中,先后与法国、荷兰合作进行徐汇区钱家塘街坊改造和静安区张家宅旧房改造研究。上海市有关方面还与英国泰晤士河管委会合作进行水源质量控制和自来水净化研究;与德国研究技术部合作进行城市污水处理和工业固体废物处理研究;与澳大利亚合作进行合流污水外排工程的规划研究;与德国合作开展污水厂污泥处理处置技术的中间试验;与挪威政府开展苏州河治理可行性合作研究;与瑞士合作在上海开展固体废弃物处置技术的研讨,均取得较好的效益。

进入21世纪后，上海对外增加以新能源技术、中医药国际化、智能交通技术和制造业信息技术等为代表的新兴产业领域的科技合作，合作领域涉及生物医药、现代农药、能源环保交通、机电一体化、新材料、计算机软件及通讯等。合作有四个特点：一是合作项目的成果逐步向海外市场拓展。上海杏灵科技药业有限公司与美国昆泰有限公司，就具有中国自主知识产权的心脑血管新药——银杏灵(中国注册名为杏灵颗粒、斯泰隆)的Ⅲ期国际临床研究合作项目正式签约。二是国内有实力的公司走出去，建立海外研发基地。2002年，市科委鼓励全市研究机构和企业走出国门，先后列项支持万达信息股份有限公司和上海复星高科技(集团)有限公司建设海外研发基地，开展国际科技合作。三是通过项目研发，取得关键技术突破，填补国内空白，有的打破了国外垄断。2006年，上海交通大学承担的“人机一体化两足步行假肢研究”项目，开创国内载人两足步行机器人研究的先例。上海大学和上海交通大学共同承担的“细间距/柔性化倒装芯片微凸点的技术与装备开发”项目，利用国际合作优势，开发出具有自主知识产权的电子封装技术。上海化工研究院承担的“重氧水项目”，填补了国内空白，打破了美国等国家的国际垄断，被列为国家发展改革委“高技术产业化示范工程”项目。四是跨国公司研发机构涌现。2003年，市科委、市发展改革委、市外经贸委(外资委)等印发《上海市关于鼓励外商投资设立研究开发机构的若干意见》，市科委、市外经贸委发出《关于对具有研发功能的地区总部享受优惠政策有关事项的通知》，认定联合利华(中国)有限公司等3家跨国公司地区总部为具有研发功能的地区总部，共同批准101家外商投资研发机构落户上海。先后建立上海应用材料研究与发展基金、上海—罗阿大区科研合作基金、上海—联合利华研究与发展基金、上海—蒙彼利埃孵化器合作基金、上海—加拿大国家研究委员会合作基金等。市科委、市外经贸委(外资委)、市财税局等部门对上海阿洛卡医用仪器有限公司等9家外商投资高科技企业申请的知识密集型、技术密集型(双密集型)企业进行了认定。截至2010年，上海共有外资研发机构316家。

第五节　高 科 技 园 区

一、促进园区发展

【一区一园】

1984年3月，市政府决定以微电子技术为突破口，尽快在漕河泾地区建成微电子工业区。1985年1月，漕河泾微电子工业区建立并启动。1988年6月，国务院批准建立漕河泾新兴技术开发区，列为上海市经济技术开发区，实行国务院关于沿海城市经济技术开发区的各项政策规定。1990年4月，《上海市漕河泾新兴技术开发区暂行条例》由市九届人大常委会第二十七次会议审议通过。同年11月，市科委印发《上海市漕河泾新兴技术开发区新兴技术企业认定办法》，对开发区新兴技术企业的类型、必须具备的条件，认定和考核事宜等作出规定。1991年3月，国务院批准漕河泾新兴技术开发区为全国首批27个国家高新技术产业开发区之一，享受国家经济技术开发区的优惠待遇。

【一区六园】

1990年，市政府规划在浦东建立张江高科技园区。1992年6月，市政府办公厅转发市科委、市体改办《关于上海市高新技术产业开发区深化改革的意见》；同年7月，张江高科技园区挂牌开业，园区建设进入运转。同年12月,国家科委批准上海市高新技术产业开发区由漕河泾新兴技术开发区和浦东的张江高科技园区两部分组成。1993年,国家科委批准上海(工业)大学科技园区纳入上海高新技术产业开发区范畴。同年4月,市政府决定成立市高新技术产业开发区管理委员会。

1994年3月,上海市浦东金桥出口加工区开发公司申请将区内已经开发和规划开发的高新技术产业密集的6—8平方公里区域认定为高新技术园区。同年4月,中国纺织总会主办的国内第一家具有行业特色的国家级高新技术开发园区在上海青浦县奠基(1995年进入全面启动、开发阶段),定名"中国纺织国际科技产业城"。同年,嘉定民营科技密集区(由复华高新技术园区、嘉定高科技园区和中科高科技工业园三部分构成)正式启动,作为吸引科研院所、高等院校和出国留学人员创业的基地。

1995年10月,市委、市政府印发《关于加速上海科技进步的若干意见》,提出上海高新技术产业开发实施"一区多园"模式。1998年,国家科委明确上海高新技术产业开发区由一区六园组成,即:漕河泾新兴技术开发区、张江高科技园区、上海大学科技园区(含上海市北上大工业科技园和上海莘莘学子创业园)、中国纺织国际科技产业城、金桥现代科技园和嘉定民营技术密集区。

二、促进张江高科技园建设

2000年,市委、市政府作出"聚焦张江"的战略决策,提出依托上海的综合优势和浦东开发开放先试先行优势,把张江园区建成技术创新和科技成果转化、产业化的示范基地,产学研结合、综合改革的先行先试基地;创新人才、研发机构和高科技企业集聚与辐射基地,与市场经济和知识经济相适应的科技服务基地。

2000年1月,市政府同意成立张江高科技园区领导小组,并发布《关于进一步发展上海张江高科技园区的实施方案》《上海市促进张江高科技园区发展的若干规定》(简称"19条")。2001年7月5日,市政府对19条进行修改并重新发布,要求市政府有关委、办、局将相应的审批权限下放到张江高科技园区领导小组。2003年,上海市高新技术产业开发区全面实施"二次创业"。2005年,经国家发展改革委审核、国务院批准,上海高新技术园区"一区六园"的规划面积为42.13平方公里,其中,张江园区规划面积由原5平方公里扩容为25平方公里,另外5个园区仍维持原规划面积不变。

2006年,经国务院批准,"上海高新技术产业开发区"正式更名为"上海张江高新技术产业开发区"。2007年,《上海张江高新技术产业开发区"十一五"发展规划》发布。更名后,上海张江高新技术产业开发区从主要依靠土地、资金等要素驱动向依靠创新驱动转变,产业发展从大而全、小而全向发展特色产业和主导产业转变,园区建设从主要重视基础设施等硬件建设向注重优化服务等软件建设转变。在主动融入区域和"大张江"整体发展战略过程中,上海高新技术开发区各分园之间形成错位竞争,主导产业和特色产业的集群优势明显。核心园区张江高科技园区形成集成电路、软件和生物医药三大产业,外资研发机构云集;漕河泾新兴技术开发区形成微电子、光电子、计算机及其软件和新材料等四大产业,内外资研发机构和企业众多;金桥现代科技园形成电子信息、汽车及零部件、现代家电、生物医药四大产业,大企业实力强劲;上海大学科技园主要发展新材料、新能源和计算机应用技术;中国纺织国际科技产业城主要发展纺织高科技产业;嘉定民营科技密集区主要发展新材料、激光应用技术、计算机和软件产业。

2010 年，市委、市政府向国务院申报上海张江高新技术开发区（简称“张江高新区”）建设国家自主创新示范区（2011 年 1 月获国务院批准）。同年 6 月，张江高新区管理委员会成立。至当年底，张江高新区集中了全国集成电路领域 40％的企业，芯片制造业产值占全国的 33％，封装测试占 40％，TD－SCDMA（简称 3G）手机芯片占有率超过 70％；形成完善的生物医药研发和产业链，研发各类新药 220 多个，专利授权超过 600 件。

第二章　教　　育

上海解放初，全市每万人口在校学生数为高等学校26人，中等学校135人，小学623人。1949年6月5日，市军管会文化教育管理委员会宣布接管公立学校；市政府发布《上海市国立大专院校及职校学生减免学费暂行办法》《上海市人民助学金暂行条例》，举办夜中学，创办工人夜校、工农学校、儿童晚班，鼓励企业和社会团体自办职工子弟中小学。1958年"大跃进"期间开展"教育大革命"，实行全民办学。1960年11月，全国文教工作会议决定在教育领域贯彻执行"调整、巩固、充实、提高"方针。同年底，全市民办小学在校生48万人，占小学在校生总数的27%；从扫盲班到大专班的各种业余教育在学人数达到上百万人。1961年10月起，上海分三批施行中共中央印发的《教育部直属高等学校暂行工作条例(草案)》(简称"高教六十条")，对高校及其专业进行压缩整顿。

1966年"文化大革命"开始，"停课闹革命"，高中、中专、高校停止招生，职业中学和农业中学被撤销，中小学校处于无序状态。

"文化大革命"结束后，国家恢复高等学校统一招生考试制度。1977—1979年，上海普通高校共招收5.77万人。1978年研究生教育制度恢复，1980年后上海培养研究生的高校由13所增至27所，恢复形成研究生、本科生、专科生3个层次的教育结构。"文化大革命"中被撤并的院校，包括华东师范大学、上海师范学院等相继恢复。1980年1月，市政府批转《上海高等学校校(院)长试行工作条例》，规定实行党委领导下的校(院)长负责制。1981年开始实行学位制度，形成博士、硕士学位授权审核体系。1983年10月，邓小平题词"教育要面向现代化，面向世界，面向未来"。上海自1984年起，试办研究生院；1985年，实行博士后研究制度，全市设立18个博士后科研流动站。1985年5月，中共中央作出《关于教育体制改革的决定》，上海随之制定教育发展战略，普及九年义务教育，初步进行高校管理体制改革。

90年代，上海提出建设"一流教育"目标，推进体制、机制、投资"三位一体"综合改革，创新教育管理和办学体制。基础教育实行地方负责、分级管理，高校教育采取国立、共建、地方统筹。1995年，市教委印发《上海教育事业"九五"计划和2010年规划》，提出建设学前教育、初等教育、中等教育和高等教育相互衔接，普通教育、职业教育、成人教育相互沟通，比例合理、协调发展的开放的教育体系。1997年起，市政府提出基础教育的重点要转向素质教育；全方位引进人才，构筑上海人才新高地。至1998年，上海高中阶段教育入学率达到91.7%，各类普通高等学校招生录取率达到60.3%，有230多万人次接受各级各类成人教育。1999年，上海推行高校后勤社会化改革，上海交通大学、同济大学、上海外国语大学、上海财经大学、上海戏剧学院、上海理工大学、上海师范大学、上海外贸学院8所高校的后勤机构正式从学校分离，以建立实体形式，通过"并入、托管、联办、连锁"等方式，分别进入新成立的高校后勤服务中心和高校后勤发展中心。

进入21世纪，上海按照中央教育率先改革的要求，于2002年10月向国务院提出关于实施教育综合改革试验的申请，2003年初教育部原则同意。上海先后实施深化高校布局结构调整改革，推进义务教育均衡发展和配套政策措施改革，进行课程教材、招生考试制度等一系列综合改革，全面推行素质教育。2010年9月6日，市政府发布《上海市中长期教育改革和发展规划纲要(2010—2020年)》，启动上海市中长期教育改革和发展。

2010年，全市3周岁至未满6周岁适龄幼儿入园率98%；义务教育阶段(6—15周岁)入学率保持99.9%，普及九年制义务教育的各项指标达到或超过国家标准；高中阶段教育新生入学率达96%。当年全市教育部门财政预算内教育事业拨款数342.42亿元，比上年增长19.38%。其中，市级教育事业拨款数82.18亿元，比上年增长34.59%；区级教育事业拨款数260.24亿元，比上年增长15.26%。

第一节　教育管理

一、规划决策

"文化大革命"结束后，职工的文化程度亟待提高。市政府重组初、中等职工教育的师资队伍与管理机构，对成人学校的布局、设点和专业设置进行统一规划和调整，大力发展电视大学、电视中学和职工中专学校、职工业余学校，鼓励普通高校举办函授学院、夜大学、职工专修科，在全市试行高等教育自学考试制度，使成人教育得到较快的恢复和发展。

1977—1978年，邓小平对成人教育地位、作用以及发展成人教育重要意义的讲话，推动着成人教育的拨乱反正。上海有293个企业单位恢复或新办职工业余中学；各区县教育行政部门举办的地区性职工业余中学有25所恢复；成人中等专业学校和成人技术培训班逐步恢复，办学单位恢复到109个。

1978年7—8月，市委召开市教育工作会议，提出整顿学校领导班子、加强学校思想工作、对师资队伍予以充实提高、办好重点学校。1979年3月，市革委会转发市高教局《关于贯彻国务院批转教育部关于〈办好"七二一"大学几点意见〉的意见》，要求各单位切实整顿好"七二一"大学①。1980年4月，市政府批转市高教局、市教育局《贯彻教育部关于〈职工、农民高等院校审批程序的暂行规定〉的意见》，要求各主管部门进一步整顿职工高等学校，在复查基础上进行报批。经过三次整顿，符合办学条件的行业性"七二一"大学改名为职工大学。

1980年7月，市政府批转市工农教育委员会《关于加强本市职工教育工作的意见》，把提高青年职工的文化和技术水平作为职工教育的重点。1982年5月，市委、市政府作出《关于进一步搞好职工教育的决定》，指出职工教育的重点是干部培训及青壮年职工的政治思想教育和文化、技术补课。1983年10月，市政府成立由计划、教育、组织人事、经济等部门联合组成的市人才预测办公室，通过调查发现上海的人才优势正在逐步丧失。为此，1985年，市政府制订上海教育"七五"发展规划(1986—1990年)，提出到1990年，高中阶段入学率由1985年的55%提高到70%—80%(市区达90%以上，郊县达50%—70%)；高校在校生规模由1985年的9万人增加到17万人；全市专门人才总数由1983年的48万人增加到97万人；中高级技工占技工总数的比率由1985年的32%提高到60%。1986年，市委、市政府组织力量开展上海教育总体发展战略的研究，提出"坚持方向，深化改革，增加投入，提高质量，注重效益，适度发展，社会参与，双向协调"的总体发展战略，指出要巩固九年制义务教育，成人教育要以岗位培训为主；为建立完善的终身教育体系作好准备；稳定发展高等教育和普通高中教育。1987年10月，市成人教育委员会修订印发《上海市成人教育"七五"规划纲

① "七二一"大学：1968年7月21日，毛泽东在《人民日报》关于《从上海机床厂看培养工程技术人员的道路(调查报告)》上批示，被称为"七二一指示"，也就是当时提出的教育方向。上海机床厂大学开设了毛泽东思想、劳动、军体以及各专业课程。此后，"七二一工人大学"的这种学制和教学模式逐步向全国的工矿企业推广。1980年，经过整顿，"七二一工人大学"改为职工大学。

要》。同年11月,市政府批转市成教委《关于改革和发展上海市成人教育的意见》,提出把开展岗位培训作为成人教育的重点,调整成人学校(培训机构)的布局、专业设置和办学形式,切实抓好成人基础教育,积极发展成人中等教育(包括成人中专、中级技工和成人高中),有计划地发展成人高等教育。

进入90年代,成人教育重点转向专业技术人员的继续教育、农业系统的科技生产知识培训和再就业培训。1991年9月,市教育工作会议召开,研究制定上海教育事业十年规划和"八五"计划,提出90年代上海教育的指导方针和工作目标。1993年4月,市政府批转《上海市专业技术人员继续教育暂行规定》,专业技术人员继续教育实行全市统一规划、分级管理,采用短期培训班、进修班、研修班、讲座、学术会议、函授、刊授、电化教学、自学活动等,有条件的还可派专业技术人员参加国际学术交流及出国考察、进修。1993年,市委、市政府下发《关于深化上海教育改革的若干意见》;9月召开上海市教育工作会议,再次强调从上海战略目标出发,确立建立"一流教育"的目标,提出到2010年,形成学前教育、初等教育、中等教育和高等教育相互衔接,普通教育、职业教育、继续教育①相互沟通和协调发展的现代化大教育体系,全民受教育整体水平达到发达国家水平,教育基本实现现代化,教育体制和运行机制与上海率先建立社会主义市场经济运行机制相适应,与全方位的开放格局相适应。1995年3月,市政府召开市成人教育工作会议,下发《关于大力发展本市成人教育的意见》。

1995年,市教委印发《上海教育事业"九五"计划和2010年规划》,提出建设学前教育、初等教育、中等教育和高等教育相互衔接,普通教育、职业教育、成人教育相互沟通,比例合理、协调发展的教育体系。

1999年1月,市政府召开上海市成人教育工作会议,提出至2010年,初步建成比较发达的成人教育体系,基本形成与国际中心城市相匹配的成人教育事业发展规模、格局、基地、网络和队伍,以及体现成人教育特点的多种证书制度。同年9月,市教育工作会议提出,到21世纪初,上海教育基本形成以德育为核心、以创新精神和实践能力为重点的素质教育模式,并决定实施八项实事工程,其中"中小学标准化建设工程"为第一项工程。市委、市政府在贯彻《中共中央、国务院关于深化教育改革全面推进素质教育的决定》的意见中,围绕全面推进素质教育的新目标,提出实施素质教育十项行动计划。2001年,开始执行"十五"规划(2001—2005年),上海提出全面普及高中阶段教育,高等教育入学率达55%左右,总人口平均受教育年限达到9年("普九"),新增劳动力平均受教育年限达到14年。中青年的外语普及程度和应用能力显著提高。20世纪的最后几年,终身学习理念在我国广为传播,全市除了37所成人高校、91所成人中专校、917成人职业技术培训学校、368所成人中小学以及部分大型企业、行业的培训中心,还新建了一批社区学院、社区学校、市民学校、老年学校、村民学校等。各类成人学校每年为全市230多万市民提供各类成人教育。上海成人教育的发展,提高了市民素质,促进了经济和社会发展,也为创建学习型城市、构建终身教育体系打下了扎实基础。成人高等教育院校主要有上海电视大学、上海第二工业大学、上海第二教育学院、华东师范大学继续教育学院、上海交通大学成人教育学院、东华大学成人教育学院、上海外国语大学成人教育学院、复旦大学继续教育学院等。

2000年4月,教育部职业与成人教育司发出《关于在部分地区开展社区教育实验工作的通知》。2006年,市教委决定设立上海市社区教育实验街道(乡镇)56个、上海市社区教育实验项目129个。截至2007年,上海分4批先后有闸北、嘉定、浦东新区,静安、徐汇、普陀、长宁、黄浦、青浦、杨浦10

① 普通基础教育分为幼儿教育、小学教育、初中教育和高中教育,其中包括特殊教育和非常生的工读教育;职业教育包括普通中等专业教育、职业高中教育、技工教育和高等职业教育。继续教育是指已经脱离正规教育,参加工作和负有成人责任的人所接受的各种各样的教育。

个区被确定为全国社区教育实验区。

2003年2月10日，市政府作出《关于大力发展本市职业教育改革与发展的决定》，要求大中型企业率先建立和完善现代企业教育制度，实施职业教育八大工程，其中第六项是现代企业教育制度和现代企业教育培训中心建设工程。2004年5月20日，市人大常委会通过《上海市职业教育条例》，用地方性法规的形式，对企业教育的若干重要事项作出规定。同年7月，市教育工作会议提出，到2010年，上海率先基本实现教育现代化。上海教育要大力实施和推进教育综合改革试验，促进学生全面而有个性地发展；建立以开放多样、高标准高质量为特点的现代国民教育体系和以学习型城市为标志的终身教育体系。会议下发市委、市政府《关于全面实施教育综合改革，率先基本实现上海教育现代化的若干问题》《上海市全面推进素质教育、减轻中小学生过重课业负担的若干意见》等文件。

2006年1月，市委、市政府印发《关于推进学习型社会建设的指导意见》，提出到2010年，初步建成"人人皆学、时时能学、处处可学"的学习型社会框架。2006年开始实施"十一五"规划（2006—2010年），提出深化教育综合改革试验，全面实施素质教育，切实提高教育质量。2008年12月20日，市教委印发《关于进一步推进镇（乡）成人中等文化技术学校标准化建设的意见》，对镇（乡）成人学校的建制、编制、校舍面积、师资配备作了明确规定。成人学校从20年前的300平方米发展到2008年的1 500平方米。

图5-2-1　2009年4月14日，上海终身学习网(www.shlll.net)开通

2010年3月30日，市政府发布《上海市中长期教育改革和发展规划纲要（2010—2020年）》（以下简称"纲要"），"纲要"提出了中长期教育改革和发展的总体战略、重点任务、重大项目。2010年7月29日，教育部国家中长期教育改革和发展规划纲要工作小组办公室印发《国家中长期教育改革和发展规划纲要（2010—2020年）》。同年9月8日，上海市教育工作会议召开，对落实国家和上海市中长期教育改革和发展规划纲要作出部署。按照"纲要"目标,2009年,学前三年阶段毛入园率、义务教育阶段毛入学率、残疾儿童义务教育阶段入学率均为95.5%,高中教育阶段毛入学率为90%,每10万人在校大学生4 318人,普通高校在校生中留学生占6.2%,义务教育专任教师中本科及以上学历人员占69.9%,25—64岁大专及以上学历人口占总人口的24%。

二、落实义务教育

70年代末,上海市区已普及初中教育,郊县适龄儿童全部入学,但因学龄儿童流动率高,实际并未达到普及教育目标。1981年,市政府总结推广崇明县竖河公社幼儿、普通、职业、业余教育"四教一齐抓"和农村教育为当地经济建设服务的办学经验,推动郊县普及教育。到1983年底,郊区10个县的小学教育全部达到并超过教育部《关于普及初等教育要求暂行规定》的标准,适龄儿童入学率为99.21%,在校学生年巩固率为98.71%。市政府颁发普及教育合格证书,上海全市普及初等教育的目标基本实现。

1985年7月,市八届人大四次会议通过《上海市普及义务教育条例》,提出"实施小学至初中九年义务教育,并积极创造条件普及高中阶段的教育"。1986年8月,市政府发布《上海市普及义务教育条例实施细则》,规定上海市全体适龄儿童均应入学接受九年义务教育,违反义务教育有关规定的单位和个人要依法处理。市政府从1986年开始,把为教育办实事列入每年政府为民办实事项目,不断推进基础教育建设。

1993年2月,市九届人大常委会第四十一次会议通过《上海市实施〈中华人民共和国义务教育法〉办法》。这一年,上海提前实现基本普及九年义务教育的目标,率先通过国家教委九年义务教育评估验收,普及高中阶段教育也取得新进展。1993年,上海高中阶段教育(普通高中、中专、技校、职校)在校生达30万人,比上年增加3.3万人。1994年,市政府下发《上海市各级政府和有关部门实施九年义务教育的职责》,明确各级政府和职能部门的职责。1995年,市教委印发《2000年普及义务教育标准》,全市21所九年一贯制学校调整学校设点布局,投入6亿元启动"薄弱学校更新工程",推进新课程教材改革。1997年7月,启动"上海市中小学幼儿园标准化建设工程",全面改善中小学幼儿园的办学条件、教师水平和学校管理。当年,如期完成市政府实事项目——改建、新建144所中小学、幼儿园。

1999年,市政府办公厅转发市教委等九部门《关于推进上海市0～6岁学前教育管理体制改革的若干意见》,明确建立0—6岁一体化学前教育管理的新体系。当年,全市0—6岁在学前教育机构的儿童为27.85万人,其中3—6岁儿童24.22万人,入园率为99.42%。

2004年7月,市委、市政府印发《上海市全面推进素质教育、减轻中小学生过重课业负担的若干意见》。10月,市科教党委、市教委提出上海教育十大行动计划,包括基础教育均衡发展、减轻学生过重课业负担等项行动。2006年秋季新学年起,上海开始免除公办学校义务教育阶段学生学杂费。免收的学杂费由政府拨款解决。

2009年2月,市十三届人大常委会第九次会议修订《上海市实施〈中华人民共和国义务教育法〉办法》,明确规定将义务教育全面纳入财政保障范围,不收学费、杂费、教科书费和作业本费,保证教育经费"三个增长"①。在保障非上海市户籍适龄儿童和少年在上海市接受义务教育、保证义务教育

① 教育经费"三个增长":指公共财政预算内教育经费增长高于财政经常性收入增长;生均公共财政预算教育事业费支出实现逐年增长;生均公共财政预算内公用经费支出实现逐年增长。

均衡发展和实施素质教育等方面也作出具体规定。2008—2009 年，累计 152 所农民工子女小学改善办学设施并纳入民办教育管理。2009 年秋季开学，全市 92.7%的非上海市户籍人口子女进入政府委托的民办小学接受免费义务教育。

图 5-2-2　2010 年 9 月 2 日，上海的民工子弟学校首次使用上海市统一教材

2010 年，完成市政府实事项目，新增幼儿园 50 所，平稳完成幼儿园招生工作，14.3 万名儿童入园。完成"进城务工人员随迁子女义务教育三年行动计划"，实现全市 47 万进城务工人员随迁子女全部在公办学校或政府委托民办小学免费就读目标。推进"特殊教育三年行动计划"，聋青技校、盲校的高中阶段学生实行免费教育。

第二节　教育改革

一、实施教育综合改革

2002 年 10 月，上海市政府《关于上海市实施综合教育改革试验的请示》由国务院批转教育部，次年 2 月教育部函复，原则同意上海市政府提出的关于实施综合教育改革试验的意见，在学校和专业设置、招生计划审批、高校办学体制和管理体制、课程教材和招生考试制度、教育经费筹措与收费方面进行改革。

2004 年 9 月，市委、市政府下发《关于全面实施教育综合改革，率先基本实现上海教育现代化的若干意见》。10 月，市科教党委、市教委印发《关于落实上海市教育工作会议精神的实施计划》，制定教育改革与十大发展行动计划。十大发展行动包括：基础教育均衡发展行动、减轻学生过重负担行动、民办教育促进行动、职业教育发展行动、产学研推进行动、高校教学改革深化行动、人才高地构建行动、政府职能规范行动、道德素质培养行动、终身教育体系构建行动。至2005年,上海先后在教育管理体制、办学体制、课程教材和招生考试制度、教育投融资体制等方面进行了教育综合改革。

2010年3月,教育部与上海市政府在北京签订《共建国家教育综合改革试验区战略合作协议》,教育部、上海市政府召开共建国家教育综合改革试验区战略合作领导小组第一次会议,确定双方在探索教育公共管理新体制和新机制等七个领域加强合作。在教育部的指导下,上海在义务教育城乡一体化发展、学前教育、课程改革、教师和校长专业发展、现代职业教育新体系、进城务工人员随迁子女义务教育、高校分类指导和分类管理、住院医师规范化培训及与专业硕士学位的衔接、终身教育体系、民办学校财务管理、中外合作办学、外国人员子女学校管理等方面,开展改革探索和试验。

二、改革办学体制

1978年3月,上海电视大学恢复,开设数学、物理、化学和医学专业,一年后,增设电子、机械专业,转播中央人民广播电视大学课程。1978年6月,上海教育学院、同济大学和华东师范大学的函授教育恢复;9月,上海市科技协会所属业余机械学院和业余科技外语学院复校。1979年,各县乡镇成人学校先后恢复。1981—1985年,上海有近200万青壮年职工和20余万农村青年参加了文化、技术补课,其中大多数人取得了补课合格证。1985年以后,经国家教委、农林部、财政部发文提倡,上海各行业文化、技术补课发展迅速。至1990年,郊县232个乡镇建立了成人中等文化技术学校。

1986年,上海成人高等教育的规模迅速扩大,参加电大、业大、职大、夜大、函大学习的市民累计已达26万人次。1986年7月,上海16家职工大学试办学制2—3年、不同专业的高职班34个,至1989年招收了近1 000名应届高中毕业生、中等专业学校毕业生和职业高中毕业生入学,以后逐步演变成90年代的招生与招工相结合的"双专科"的学历教育班。全市经济管理干部有60%进行了业务轮训,较正规的干部专业教育也有进展,对科技人员进行知识更新和补缺的继续教育已在逐步推进。

1987—1989年,根据国务院批转国家教委《关于改革和发展成人教育的决定》,上海成人教育进行改革。三年中,重点突出岗位培训,各行各业参加各类岗位培训的职工、干部累计达到300余万人次。大规模的岗位培训,有效地提高了企业干部、职工的素质,为80年代末上海经济的发展提供了人才保证。上海先后有37家国有企业参加了国家或上海市的企业教育综合改革试点,并取得一系列成果。1988年,全市社会力量所办学校已有508所,在校学员达25.8万人。1992年起,上海街道社区的成人教育迅速发展。1992—1997年,上海社区成人教育已遍及95%以上的街道,经常性有教学活动的街道约占85%。从内容看,有干部培训、科普教育、法制教育、再就业培训、计算机培训、外语学习、高中文化教育、家政家教、优生优育、医疗保健、外来人口教育和休闲文化技艺传授等。从形式看,有课堂教学、讲座、现场操作、无导师学习小组、电视广播教育等。1989年7月,市政府发布《上海市社会力量办学管理办法》。

1992年邓小平南方谈话后,上海教育界办学体制改革呈现新的气象。当年诞生了5所民办中小学,民办杉达大学获准筹建,打破了教育由政府包揽包办的格局。1993年12月,市政府发布《上海市境外机构和个人在沪合作办学管理办法》,对合作办学的宗旨、办学范围、学校设置、教育管理、法律责任等作出了具体规定。1994 年,市政府颁布《上海市民办学校管理办法》,年内,创办 24 所民办中小学。

自 1995 年起,上海加快成人高校管理体制改革的步伐,基本形成普通高校夜大学与函授教育、面向地区的社区学院、背靠行业的职工大学以及开放大学的成人高等教育框架,逐步实现职前、职后教育沟通。独立设置成人高校数从 66 所减少到 40 所。批准试办金山社区学院、长宁社区学院、南市社区学院、闸北社区学院。1995 年 11 月至 1997 年 5 月,受国家教委委托,市教委组织专家组对全市 21 所全日制高校的函授、夜大学和 43 所独立设置成人高校进行了办学和管理水平的教育评估,上海电力学院、复旦大学等 9 所全日制高校函授、夜大学和上海经济管理干部学院等 12 所独立设置成人高校的等第为优良。1997 年,同济大学、上海第二医科大学、上海第二工业大学、上海电视大学和闸北区业余大学还被国家教委授予"全国成人高等教育评估优秀学校"称号。为了鼓励社会力量办学的积极性,筹建办学经费,有的公立中小学还试行了转制改革,实行"公办民助""民办公助"、社区参与等多种形式。2000 年,基本形成多元化办学的新格局。全市有民办中小学 125 所,公办转制学校 67 所;民办高校、民办职业技术学院 3 所,民办成人高校 1 所,民办高校(筹)12 所。

"十五"期间(2001—2005 年),上海民办高等教育不仅在数量上,而且在办学层次上都有较大的提升。2004 年,全市批准正式设立的民办普通高校 16 所,在校生规模达到 5.28 万人,还新辟两所民办高校可以招收全日制本科学生,提升了民办高校的办学层次。

2010 年,上海加大民办教育政府扶持力度。市教委、市财政局发出《关于做好上海市民办高等教育政府扶持资金申请工作的通知》《关于加强扶持民办中小学发展的通知》等,大幅增加对民办高校和中小学的资金扶持力度。其中,对民办高校开展了两批次的政府扶持资金申请与拨付工作,共拨付扶持资金 1.5 亿元;开展"地方政府促进高等职业教育发展综合改革试点"和"创新政府、行业、企业、高职院校办学体制、机制"改革(均被列为"国家教育体制改革试点项目");设立"上海创意产业投资基金",创新高职教育人才培养模式;推动职业教育集团化办学,在已组建的 5 个行业职教集团和 4 个区域职教集团的基础上,指导建筑、化工、现代农业 3 个行业职教集团和浦东区域职教集团组建成立。

三、改革招生考试制度

"文化大革命"结束后,1978 年春,全国恢复高考制度。同年,打破常规,高等院校一年中再次招生。此后高等院校和其他学校一年一次的招生全面走向正规。

1979—1982 年,高等院校附设的夜大学、函授部,电视大学,市、区业余大学,企业(公司、局)办的职工大学都有进一步发展。"六五"期间(1981—1985 年),全市成人高等学历教育在校人数平均以 19%的速度递增,至 1985 年达到 9.07 万人,比 1980 年 3.8 万人增长 1.4 倍。1981 年 6 月,市政府决定上海试办高等教育自学考试制度,首次考试于 1982 年 1 月举行。在全国,上海是最早按专业开考的试点城市。至 1990 年,主考学校从 5 所增加到 17 所;专业从 6 个发展到 34 个;至 2000 年底,累计参考者达 219.05 万人次,毕业专科生有 48 006 人,本科生有 2 434 人(获学士学位 612 人)。

1985 年 2 月,经市政府批准,上海市高等和中等教育考试中心成立,评定考试成绩和水平。1985 年开始,全市全日制普通高校招生由上海市单独命题,并注重知识和能力的考核。在 1984 年考试与推荐的基础上,特别优秀的高中毕业生免试直升高校,学生填报志愿放在高考以后公布成绩之前进行。1985 年,全市成人高校招生 33 647 人。1986 年开始逐步减少,4 年内平均每年递减

16%,至1989年,招生13 496人。1987年,在郊县进行电视、函授、自学考试三结合开放教育试点,有组织地为2.2万余名自学考生助学,学员能自由选择学习形式,提高了办学效益。成人中等专业教育在招生制度、教学内容、办学模式及学校管理等方面进行了改革,提出了减少考试课目、允许高中毕业生免试入学等一系列办法。成人中专校除办好中专学历班外,还试办干部专修班,兼办中级技工培训班和各种非学历的业务、技术短训班,实行学历证书、专业证书、岗位培训证书三种证书结合的教育。

自1988年起,实行普通高中会考和高考制度改革方案。在全面会考9门课程的基础上,上海普通高校招生考试科目定为4门,即语文、数学、外语加上一门自选课程,称为“3+1”,4门课程总分为600分。

1993年,市政府批准实施《九十年代上海紧缺人才培训工程》,先后开设计算机应用能力考核和通用外语水平等级考试两项社会化培训和考核(试)科目,筹组十大紧缺人才培训中心,建立上海教育电视台等,努力为提高市民素质和城市文明程度服务。1998年,参加市计算机应用能力考核的有38万人,其中21万人获得合格证书;参加通用外语水平等级考试的有11.05万人,其中7.9万人获得合格证书;经十大紧缺人才培训中心所设26大类项目的培训和考核,累计有26 864人取得《上海市岗位资格证书》。紧缺人才培训得到了社会的有力支持。至2000年,参加计算机考核的累计达261万人,其中153万人获得等级证书;参加通用外语考核的累计达47万人,其中获合格证书的31万人。自1994年起,上海教育发展基金会每年资助“紧缺人才培训项目”经费100万元,其资助总数为700万元。

1995年起,上海17所高校实行自主招生。市属高校除师范、农村院校及部分特殊专业外,全部实行缴费上学制度。1998年,上海电视大学招收“注册视听生”7 732人;经教育部批准,试点招收金融专业专升本“注册视听生”1 604人。至2000年,“注册视听生”累计已有20 468人。高等教育学历文凭考试试点学校21所,开设28个专业,招收4 567人,累计9 000余人。此外,设置高等职业技术教育的学校范围从职工大学扩大到地区业余大学,数量从19所增加到22所,专业从49个增加到55个,并进行了高等职业技术教育教材建设。远距离教育在上海形成网络,市电视大学和电视中专,在各区县和有关局、控股(集团)公司、部队都设有分校或工作站、辅导站。

按照教育部《关于进一步深化普通高校招生考试制度改革的意见》,从2000年春季起,上海率先在全国试行春季招生考试制度,上海大学、上海理工大学、上海师范大学、上海中医药大学、上海水产大学、上海电力学院、上海金融高等专科学校、上海立信会计高等专科学校进行试点,打破长期以来“一年一考”的格局,初步形成春秋“两次考试、两次招生”的新格局,当年共招生1 063名。2001年,上海高校招生改革取得突破,把高职高专院校的招生自主权交给学校。2002年,市教委制定政策,允许技校、职校、中专等“三校”应届毕业生报考成人高校举办的高职班。

2003年11月,市教委提出构建中小学评价与招生录取相结合的体系和机制。2004年8月,上海试行把学生初中阶段的学习、德育、体育、社会活动各方面的综合评价作为升入高中新标准。从2005年开始,上海市各义务教育阶段的公办学校实行免试就近入学,不举行与入学挂钩的选拔考试或者测试。同时,试行实验性示范性优质高中部分招生名额按比例均衡分配给所有初中学校的办法。

自2005年起,上海部分高校试点自主招生。2006年,经市政府同意,教育部批准,复旦大学、上海交大率先进行“依法自主选拔录取改革试验”,招收市属各高级中学德智体美全面发展、综合素质高或特长明显的考生。同年,上海中考首设“自主招生”,部分中学拥有5%的自主招生计划数。

2007年9月，市政府提出在继续实施国家统一招生考试基础上，建立“依法自主招生统一考试入学相结合”的高等学校招生考试制度，促进高校自主选拔，学生自主选择。改革研究生考试制度，突出对研究生能力的考核。试行普通高中学校学生综合素质评价，注重学生发展内涵。

2008年，根据教育部深入推进招生考试改革的精神，上海继续实施综合素质评价与初中毕业生学业考试结合的做法，加大综合素质评价在高中招生中所占的权重。2月，市教委提出继续支持复旦大学、上海交大等部属高校实行“依法自主选拔录取改革试验”。上海进一步推进高职高专学校自主招生改革试验，试点学校由11所扩大到16所；继续做好免费师范生的招生工作。

四、推进教学改革

根据市政府的决定，1988年成立中小学课程教材改革委员会，负责全市中小学课程教材的全面改革，组织力量撰写一套中小学教材。1989年，启动第一期课程教材改革。制定中小学课程教材改革总体方案，包括普通教育培养目标及中小学、初中、高中分阶段培养目标、中小学课程设置及课时安排等内容。

1991年，市教育局成立中小学课程教材改革试点领导小组，召开试点工作动员大会，决定自1991年秋季起开始试点。1993年，在全市小学一年级全面推行新的课程方案，课程标准和试用新教材。使用新教材的小学、初中、高中学生约100万人。1995年9月起，小学一、二、三年级和高中一年级实行新课程教材，增加学生活动课和选修课，培养学生动手能力和实践能力。

1998年，上海贯彻落实全国和上海市基础教育工作会议精神，启动中小学第二期课程教材改革工程，试行拓展型、研究型课程，改变学习方式，培养学生的创新精神和实践能力，调整课程结构，精简课程内容，减轻学生课业负担，推进素质教育。

2000年，市教委开始在全市普通高中及部分初中设置研究型课程。2002年，市教委发布普通中小学课程方案（征求意见稿）和学前教育课程指南（征求意见稿），进一步加大二期课改推进力度，在全市179所课改研究基地学校的各学段及其他有关年级开展二期课改课程教材整体实验。通过招标评标，建立编写组，编写出版幼儿园、小学、初中、高中共230个品种的新教材，在50所小学、50所初中、50所高中及29所幼儿园使用。2004年5月，市教委印发《关于推进上海市中小学（幼儿园）第二期课程改革的若干意见》，对二期课改作出制度上的安排，全市648所小学起始年级全面实施新课程，使用新教材。2005年秋在初中起始年级、2006年秋在高中起始年级全面实施新课程，使用新教材。2008年4月，市教委提出从秋季开始，全市中小学各年级全面实施新课程方案。

2005年3月《上海市未成年人保护条例》实施（2004年11月市十二届人大常委会第十六次会议通过），从法规上减轻学生负担。同年起，全面推行《上海市中小学生成长记录册》，从德、智、体、美等方面促进学生综合素质提高。在全市33个培训点、100个培训班举办京昆戏曲、民间工艺、中国书画、民族歌舞、诗词吟诵、民族器乐、中国书法、中国象棋、中国武术和中国摄影等10个培训项目，6 000多名中小学生学员受到良好的民族精神传承教育。

2007年，市教委印发《关于上海市中等职业学校开展半工半读试点工作的意见》，在中职教育推进工学结合、半工半读试点工作，确定15所中等职业学校为半工半读重点试点单位，其中3所学校被教育部认定为全国职业教育半工半读试点院校。

2010年，上海实施卓越科学教育、卓越工程教育、卓越医学教育和卓越文学艺术教育等四大卓越教育计划。上海大学、上海工程技术大学、上海电力学院、上海理工大学等4所高校开展卓越工程教育改革试点;复旦大学、上海交通大学、同济大学、上海中医药大学、上海体育学院等5所高校开展卓越医学教育改革试点。同年12月8日,首届国家基础教育课程改革教学研究成果奖评选揭晓,上海25项成果获奖;其中一等奖8个[①]、二等奖7个、三等奖10个。

五、实施高校共建与布局调整

80年代,上海市将一部分专业设置相近或地域相近的高校进行合并。1991年4月发布的《上海市普通高等教育事业发展十年规划与“八五”计划纲要》提出,进行上海地方高校布局调整。

1994年4月,《国家教委与上海市人民政府共建复旦大学、上海交通大学、上海外国语大学的意见》签订,三校“共建”正式启动。同年9月,召开全市教育工作会议,对理顺上海教育管理体制与调整教育结构和高校布局提出明确要求,并确定改革的基本原则;上海高教布局结构调整和并校工作进入一个新的阶段,先后将上海工业大学、上海科学技术大学、上海大学、上海科技高等专科学校等4所高校合并组建成新上海大学,将上海师范学院和上海技术师范学院合并组建成新上海师范大学。上海高校合并主要有三种形式:一是市属高校合并,二是同一个中央部委所属高校之间的合并,三是不同隶属关系高校之间的合并。

1995年3月,国家教委同意确定上海市为全国高教体制改革试点单位,要求通过共建、联合,加大高校结构调整和合并的力度。卫生部、国家教委、财政部,分别与上海市政府签约,共建上海医科大学、同济大学和上海财经大学,实行部委与上海市的双重领导。1997年4月和10月,教育部与上海市政府分别签署共建华东师范大学、华东理工大学和中国纺织大学的协议。

1998年3月,将4所成人高校改制组建为上海商业职业技术学院。教育部分两批撤销上海已完成学历教育任务的10所区教育学院和7所办学条件明显低于规定标准的职工大学。9月,上海教育学院、上海第二教育学院撤销建制并入华东师范大学,组建华东师大继续教育学院。

1999年,教育部、上海市政府签订共建复旦大学的协议。2000年4月27日,教育部决定复旦大学与上海医科大学合并,组建新的复旦大学。

2000年,根据国务院关于进一步调整国务院部门所属学校管理体制和布局结构的精神,先后有上海水产大学、上海海运大学、上海音乐学院等10所原属中央部委的高校及1999年划转上海的上海理工大学,共11所划转上海,由原属部委局与上海市共建,调整为由上海市为主管理。

2002年开始,市政府依照“2+2+×”,计划实施高校布局的调整。第一个“2”,是指建设南北2个以重点大学为核心的集聚高地,北面以复旦大学为核心,建设包括复旦大学、同济大学等十多所高校在内的杨浦大学城;南面建设以上海交通大学为核心,包括华东师范大学等高校在内的闵行紫竹科学园区。第二个“2”,是指形成东西2个采取政府主导与社会参与建设相结合的大学园区,即松江大学城园区和南汇科教园区。“×”,是指若干个依托产业开发区和工业园区的高校集聚区,如嘉定安亭汽车产业区的同济大学嘉定校区,浦东金桥开发区的上海第二工业大学等。

2003年,经市政府批准,上海第二工业大学、立信会计高等专科学校和上海金融高等专科学校

① 上海市中小学(幼儿园)课程改革委员会的“为每一位学生的终身发展奠基—上海市中小学二期课改的探索与实践”;上海市闸北八中的“成功教育课堂改革新探索”;静安区教院附校的“后‘茶馆式’教学—‘轻负担、高质量’的十年研究实践”;市教委教研室的“新课程和物理实验改革—中学物理数字化实验系统(DIS)的开发与应用”;青浦区教育局的“青浦实验:新世纪教师‘行动教育’”;上海远程教育集团的“探索教学资源共建共享机制促进区域基础教育均衡发展—省市级教育资源库支持课程教材改革的创新实践”;上海市教育学会的“建立中小学学业质量评价、分析、反馈与指导系统的研究与实践”;华东师大课程与教学研究所的“校本课程开发与实施”。

撤销高等专科学校建制，设置为本科高校。立信会计高等专科学校更名为上海立信会计学院，上海金融高等专科学校更名为上海金融学院，从 2004 年春季起列入上海市普通高校本科招生计划。2005 年 6 月，教育部、上海市政府签订《关于上海交通大学、上海第二医科大学合并的原则意见》及《关于继续共建复旦大学、上海交通大学、同济大学的协议》。7 月，上海交大与上海二医大合并组建新的上海交大。

2005 年，市政府决定再建两个新的大学园区，即奉贤大学园区、临港新城科教创新园区。奉贤

图 5-2-3　2008 年 9 月，上海海事大学搬入临港新城

图 5-2-4　2008 年 9 月，上海海洋大学搬入临港新城

大学园区已有华东理工大学、上海师范大学、上海应用技术学院和上海商学院等入驻。2008 年 9 月,上海海洋大学、上海海事大学搬入临港新城科教创新园区并开学。

2010 年,全市共有成人职业技术培训机构 787 所,结业生 180.27 万人次;民办非学历高等教育机构 245 所。

第三节 学科专业与师资队伍建设

一、推进学科建设与专业调整

市教委在重点学科建设方面,主要以市属地方院校为主。从 1985 年起,5 年为一期,第一期至 1989 年、第二期 1990—1995 年;每年投入 1 000 万元,每期 21 个,共建设了 42 个重点学科并通过验收。1995 年起,第三期共建设 79 个重点学科,其中市属高校 26 个,部属高校 49 个,联合学科 4 个。市属高校 26 个重点学科中,共投入建设经费 7 400 万元,新增 4 个博士后流动站、3 个博士点、14 个硕士点;截至 2000 年,共培养博士后 46 名、博士 446 名,新开课程 283 个,新编教材 160 种,促进了高层次人才的培养。

2000 年,市政府决定从市财政拨 6 亿元专项经费,用于"上海重点学科",重点建设一批在全国乃至世界具有优势和特色的学科。市教委在对全市 19 所高校 109 个学科的建设情况调研基础上,印发《关于加强上海市重点学科建设管理的若干意见》《上海市重点学科建设方案》等文件,确定"海洋地质"等 10 个第一批启动的"重中之重"学科。到 2003 年,上海共确定 49 个学科为市重点建设学科,包括 36 个理工医类学科、13 个人文社会科学类学科,其中 9 个学科被列为教育部"高等学校重点学科"。2005 年,将 69 个学科列入上海市重点学科(第二期)建设范围,其中优势学科 15 个、特色学科 39 个、培育学科 15 个。截至 2006 年底,上海 17 所有理工农医类研究的主要高校拥有国家重点学科 103 个、上海市重点学科 69 个、国家工程(技术)研究中心 10 个、国家技术转移中心 2 个。

2002 年 12 月,上海启动高校"E-研究院"①建设计划,首批 6 项,包括上海高校网络建设、计算科学 E-研究院、免疫学 E-研究院、模式生物 E-研究院、都市文化 E-研究院、社会学 E-研究院。市教委印发《上海高校 E-研究院建设计划实施意见》。市政府加大对 E-研究院的资金支持力度,仅 2003 年就投入 2 亿元。到 2006 年底全市建有 12 所 E-研究院,首席和特聘研究员承担各类项目 211 项,其中承担国家级项目 93 项。

2005 年,上海引导职业教育学校不断调整专业设置、优化专业结构,在中、高职学校设置的专业中,第三产业类专业的比例分别为 54.1%和 68.5%,第二产业类分别为 40.5%和 28.3%,第一产业类分别为 5.4%和 3.2%,总体上形成了"三、二、一"产业类专业比例关系,基本适应了上海市产业结构调整的需要。

2007 年,上海按照区域和行业特点,基本完成开放实训中心的专业布点,建成一批既满足学历教育又面向行业、社区和社会,集培训和鉴定为一体的开放实训中心。当年底,全市共有 76 个开放实训中心建设项目通过专家的立项评审,涵盖教育部颁布的 19 大类的专业目录,建筑面积 26.66 万平方米,实训工位 30 473 个。实训中心在地域上覆盖全市 19 个区县,在专业上根据市区域经济的产业规划布局。76 个开放实训中心有 42 个为职业技能鉴定机构,其中国家级技能鉴定站 30 个。

① "E-研究院",是指以信息网络为平台、从事基础理论攻关,全新的具有可变性的研究机构。

2007 年，实训中心面向社会开展各类培训 48 158 人次，面向在校生培训 41 435 人次；面向社会开展技能鉴定 41 408 人次，面向在校生技能鉴定人次 16 193 人次。其中有 2 249 人获得高级证书，10 529 人获得中级技能鉴定证书。

2010 年，上海完成 7 所中职学校开放实训中心验收评估工作，建设金融事务、环境污染监测、烹饪等 10 个开放实训中心，成为市未成年人社会实践基地。

二、加强师资队伍建设

1976 年 10 月起，上海在“文化大革命”期间被迫停办的职工、农民和干部学校开始复校，被迫转业或下放劳动的教师和办学干部逐步归队，各级管理机构逐步恢复。至 1978 年，全市共有 2 000 多名已调出的成人教育专职教师重新返回各级各类成人学校。

1978 年，上海教育学院恢复。该院和各区、县红专学院举办各种培训班，提高中小学教师业务水平。1985 年，《文汇报》首次设立“文汇园丁奖”，以奖励和资助中小学优秀教师。1989 年 12 月，市政府发布《上海市中小学教师进修规定》，建立中小学教师继续教育制度。

1994 年，市政府决定实施“中青年骨干教师培训工程”(即百千万工程)，计划培训 45 岁以下的高校学科带头人 100 名左右、高校中青年骨干教师 1 300 人、40 岁以下的中等以下学校骨干教师 1 万人。到 2005 年，全市小学、初中、普通高中教师学历合格率分别达到 99.6%、99.6%和 98.0%。1995 年起，市教委与上海教育发展基金会推出“曙光计划”，每年出资 200 万元资助优秀青年教师。

1997 年，上海实施《1997—2000 年上海市成人中等教育干部和教师继续教育工作意见》，完成校院长、乡镇成人学校管理干部、成人中等教育教师首轮培训，启动了成人中等教育干部、教师第二轮继续教育以及适应性短期培训，建立了华东师范大学、上海第二工业大学等 7 个培训基地和市、区(县)与学校三级管理网络，初步建立和规范成人教育师资和干部岗位培训和继续教育制度。仅 1998 年，开设成人中等教育教师继续教育 4 门公共课和 31 门专业课，并组织了各行业、地区开展成人中等学校实施干部、教师继续教育制度的检查。“九五”期间(1996—2000 年)上海高校组织实施“215 计划”，即经过 5—10 年时间，到 2000 年培养造就 200 名左右高层次专家队伍，到 2010 年培养造就 100 名左右具有或相当于院士水平的学科带头人，其中 50 名左右达到世界前沿水准。

2000 年，市教委积极引进人才，改善高校教师队伍结构，建立和完善教师队伍优化和流动的机制。

2003 年，内科血液学专家王振义、桥梁工程与力学专家李国豪、音乐教育家周小燕、中国现代遗传学奠基人谈家桢、上海市中等职业教育优秀校长万善正、中学特级校长刘京海、上海市特殊教育名师培养基地主持人何金娣、全国数学教研会学术委员会主任顾泠沅、全国高级中学校长委员会常务理事唐盛昌等 9 位优秀教育工作者获市政府首次评选的“上海教育功臣”金质奖章和证书。市教育党委、市教委特设“上海高校选拔培养优秀青年教师科研专项资金”，从 2003 年起每年进行一次评选，每次选拔 200 名，培养期 2 年，每人资助 2—3 万元。

2005 年，首批选拔《上海实施人才强市战略行动纲要》100 名领军人才，市教委系统入选 20 名。2006 年，为推进城乡教育均衡发展，市教委对 2006 学年招聘到农村偏远地区学校任教的优秀应届高校毕业生给予资助津贴，对郊区农村校长评审特级校长采取加分政策。

2010 年，市科教党委、市教委印发《2010 年上海高校特聘教授(东方学者)岗位计划岗位设置和申报目录指南》[①],全市共有59人(含一团队)入选。截至2010年,曙光计划[②]经过15年实施,形成了以1名院士、9名国家重点基础研究发展计划首席科学家、24名教育部"长江学者"[③]、42名国家自然科学基金会"杰出青年"为中坚的上海高校师资精英群体。

第四节　教育投入与设施建设

一、增加教育投入

1978—1989年,国家投资上海基础教育80.13亿元。其中,财政预算69.7亿元,教育税、费5.17亿元,企业用于中小学经费5.22亿元。上海市全部基础教育经费中,国家投资占86.6%;学校自筹4.21亿元,占4%;社会投入6.28亿元,占6.6%;个人学杂费2.14亿元,占2.8%。

1979—1994年,上海教育基建投资共44.2亿元(包括中央所属大学及专科学校)。其中,高等教育基建投资26.47亿元,普通教育基建投资17.73亿元。地方投资给市高教局所属的13所高等院校用于基建。

1995年,贯彻落实《中华人民共和国教育法》,教育经费在财政预算中单独列项,保证教育经费的"三个增长"[④],全市预算内用于教育的拨款占市财政支出的比例高于20%。1995年,上海各级财政拨款总支出40.68亿元,完成当年财政拨款114.59%。全市中学生实际生均支出1 698.26元,小学生实际生均支出1 212.48元,普通高校生均事业费为12 355元。1995年起,上海开征社会事业建设费,以多方筹措教育经费。同年,薄弱学校更新工程投入资金6亿元。

1997年,上海高校逐步形成比较完善的以奖学金、贷学金、勤工助学、困难补助和学杂费减免为主体的多元化帮困体系。有70%以上高校建立勤工助学(帮困)基金,制定并实施基金管理办法;建立30个勤工助学基地和实体,固定资产304.59万元;设置校内勤工助学岗位3万多个,校外岗位2.5万个,85%以上的困难学生得到资助。

2001年8月21—22日,市政府召开上海市基础教育工作会议,提出力争通过10年努力,构建面向0—18岁适龄儿童与青少年的现代化基础教育体系。

2005年8月22日,市政府办公厅转发市教委、市发展改革委、市农委、市财政局、市民政局《关于上海市进一步做好义务教育阶段帮困助学工作的实施意见》,对在上海市义务教育阶段就近入学的各类公立学校(或区、县教育部门指定承担对口就近入学的民办学校)就读,经民政部门审定的市城乡低保家庭学生、城乡特殊困难家庭学生,实行免杂费、免书本费和补助生活费(两免一补)。至年底,全市有38 285人享受"两免一补"政策,共计金额2 988万元。

从2006年秋季开学起,全市义务教育阶段公办学校学生全部免除学杂费;全市公办中小学课本价格比上年下调约10%。义务教育阶段生均公用经费拨款标准小学和初中分别提高到520元和720元,市财政对低于全市义务教育生均拨款标准的区县按照全市生均拨款标准予以补足,下达专

① 上海高校"东方学者"岗位计划于2007年底正式启动,主要资助从海外引进、在上海高校从事学科建设的高水平学科带头人及其团队。

② "曙光计划":由华南农业大学义工协会创立于2006年2月的一个公益品牌,主要由曙光助学和调研组成。

③ "长江学者":教育部与香港李嘉诚基金会于1998年共同筹资设立的专项高层次人才计划,该计划包括实行特聘教授岗位制度和长江学者成就奖两项内容。

④ 教育经费"三个增长",指公共财政预算内教育经费增长高于财政经常性收入增长;生均公共财政预算教育事业费支出实现逐年增长;生均公共财政预算内公用经费支出实现逐年增长。

项补助资金 2.6 亿元，重点支持崇明、奉贤、金山等远郊地区和财政困难地区。市教育费附加用于资助农村和财政困难地区发展义务教育资金达 3.9 亿元。2007 年，全年投入 4 563 万元改善 240 所农民工子女学校办学条件。市财政对低于全市义务教育生均拨款标准的区县，按照全市生均平均拨款给予补足；市教委在教育费附加中安排 7.83 亿元用于郊区农村义务教育。2008 和 2009 两年累计 152 所农民工子女小学改善办学设施并纳入民办教育管理。2009 年秋季开学，全市 92.7%的非上海市户籍人口子女（大部分为农民工同住子女）进入政府委托的民办小学接受免费义务教育。2010 年，完成“进城务工人员随迁子女义务教育三年行动计划”，实现全市 47 万进城务工人员随迁子女全部在公办学校或政府委托民办小学免费就读目标。为全市 162 所以招收进城务工人员随迁子女为主的民办小学配备标准图书室，增配体育运动器材。推进“特殊教育三年行动计划”，聋青技校、盲校的高中阶段学生实行免费教育。

市政府在 2010 年先期投入 10 亿元，实施上海教育规划纲要确定的十大重点发展项目，包括城乡基础教育一体化建设工程、职业教育示范校和能力建设工程、高水平大学和一流学科专业建设工程、高等学校知识服务平台建设工程、教师专业发展工程、教育国际化重点建设工程、教育信息化公共服务平台建设工程、市民终身学习促进工程、学生实践和创新基地建设工程、学生健康促进工程。

二、加强教育设施建设

1979—1994 年，上海教育基建竣工面积共 941.28 平方米，其中高等教育基建竣工 454.81 万平方米，普通教育基建竣工 486.47 万平方米。

1990 年起，市政府对中等职业技术学校实施重点项目装备计划，到 1995 年实施 3 期，建设了 85 个实训基地，总投资超过 1 亿元，项目装备达到行业同类学校领先水平。

1995 年，上海教育系统校舍建设完成投资 109 707 万元。其中，高校完成投资 42 978 万元（含中央部委高校投资 29 471 万元），普教部分完成投资 66 729 万元。竣工面积总计为 901 823 平方米。其中，高校竣工面积为 135 854 平方米（含中央部委高校竣工面积 94 388 平方米），普教部分竣工面积 765 969 平方米。同年 4 月，市政府召开市教工住房解困工作会议，要求各级政府采取特殊措施，集中资金、房源，解决中、小学教师家庭人均居住面积 4 平方米以下的困难户，作为实施“广厦工程”的第一步目标。到年底，市区 2 434 户中小学教工困难户全部解困，郊县 653 户困难户也解决了 648 户，达 99%。

1996 年，全市投入建设资金 3 亿多元，完成当年市政府实事项目，改建 100 所中小学校舍，在新建住宅区建成 60 所中小学、幼儿园。全市用于基础教育的基本建设项目 581 个，施工建筑面积 1 621 161 平方米，其中竣工 385 个项目，竣工面积 856 564 平方米，完成投资 117 108.11 万元。全市投入仪器设备经费达 19 230 万元，其中财政拨款 1 390 万元。上海教育与科研计算机网开通，实现“一网五环”结构（即总网加上高教、基教、成教、职教和幼教五环），推进上海教育信息化建设。

1998—1999 年，上海大学一期工程完成，占地 100 万平方米，总建筑面积 35.26 万平方米。总投资 14.64 亿元；其中市财力 8.35 亿元，其余由上海大学筹集。2000 年，上海大学二期工程完成，投资 4.54 亿元，新校区学生达 1.4 万人。

1999 年，11 所现代化、标志性寄宿制高中全部建成，可容纳 390 个班级学生 1.95 万人，共拥有校园面积 111 万平方米，校舍建筑面积 48 万平方米，工程建设总投资 22 亿元。2000 年，100 所中小学标准化建设完成，扩建校舍 314 403 平方米，投入 5.15 亿元；10 所现代化标志性中等职业技术学校建设完成,市、区县财政共投入资金12亿元。

2000年,上海青少年素质教育基地“东方绿舟”建设启动。“东方绿舟”位于青浦朱家角地区,占地373.33公顷,总投资11亿元,是集历史文化、科技艺术、体能训练、军事国防、现代农业、生活实践为一体的青少年综合素质教育活动场所。

2001年9月,上海松江大学园区建设工程完工,占地面积165公顷,建筑面积20.91万平方米(生活区6.75万平方米),2003年二期工程建成近18万平方米校舍,占地251公顷。

2001年,南汇科教园区完成第一期建设任务,建筑面积32.4万平方米,总投资近12亿元。同年,完成市政府实事项目,改造建设90所中小学校舍,共征地46公顷,扩建校舍38万平方米,各级政府投入资金7.2亿元。

2002年,第三批中小学校舍标准化建设工程开始建设,总投资40亿元,完成1 569所中小学校舍标准化建设,共征地230公顷,改扩建校舍188万平方米,修缮校舍340万平方米,修建场地220万平方米,新增绿地120万平方米。

2004年,通过市、区(县)两级政府共同投入,在崇明、金山、奉贤、南汇4个郊区县新建4所现代化寄宿制高中,秋季竣工并投入使用,市财政投入3亿元。

2007年,完成492所农村中小学信息化环境设施建设的市政府实事项目。同年,新建、改(扩)建幼儿园152所,面积443 733平方米。2008年市政府重点工作之一“郊区新建50所幼儿园”,实际新建52所,共增加600个班级,增收1.8万余名儿童。推进“学前教育三年行动计划”,年内完成基建项目112个。2009年完成市政府实事项目——郊区中、小学和幼儿园建设项目180个(其中郊区新增幼儿园50个),因人口出生增长导致的学前教育资源紧缺矛盾得到缓解。2008年和2009年,两年累计新增100余所幼儿园、新增幼儿教师2 916人。

2010年,完成市政府实事项目,新增幼儿园50所,加强学前教育资源建设和管理,破解幼儿“入园难”问题,14.3万名儿童入园,比上年增加约2万人。

第五节　教育交流合作

一、国家和地区教育交流

50年代初,上海开始接受外国留学生。截至1978年,46个国家和地区560名留学生到沪就读,所学专业46个。

1977—1988年,上海共派出留学生、进修生5 000多人。1978年9月,上海交通大学组成新中国第一个高校代表团出访美国。80年代中期以后,在沪外国留学生以自费入学者为主。1993—1994年,共向美国、日本、德国、加拿大、英国、澳大利亚等国公费派出890人。1993年、1994年,自费出国分别为3 213人、2 393人。学成归国的2 000多人大都成为新学科或教学、科研事业的带头人与骨干力量。

1979—1993年,有来自世界125个国家和地区的留学生、进修生累计7 657人,在上海20多所高校学习和进修200多个专业。留学生新入学人数从1979年的82人增加到1993年的1 347人。

至1996年底,有来自18个国家的331名外国专家、教师在上海大、中学校长期任教;短期讲学的外国专家、教师1 113人。上海有20所高校接受来自99个国家和地区的留学生达2 754人,其中,攻读硕士以上学位的研究生有273人,短期留学人员3 000人。

1997 年，在上海就读的学制为一年以上的外国留学生达 2 762 人，不到一年的短期留学生 2 297 人次。这些留学生来自 101 个国家和地区，分布在 25 所高校的 99 个专业。420 名外籍专家和教师被聘请在上海大、中学校长期任教；聘请半年以内短期讲学的外籍专家和教师 1 200 余人次；被聘请在上海外籍人员子女学校工作的外籍教师 195 人。同年，市教委办理公派出国团组 835 个，总人数 1 624 人，上海高校、企事业单位及在国家部委直属单位中有 63 人获得国家出国留学奖学金。

1998 年底，上海已有 15 所外籍人员子女学校，初步形成为外籍人员子女提供教育服务的体系；促成上海美国学校浦东校区的建立，促成协和国际学校在浦东新区投资建设。

2001 年，上海交通大学、复旦大学、上海高校科技产业园与爱尔兰国家微电子研究中心的实质性合作项目签约；完成首批 9 名教师赴英国中学教授中文的工作；完成和落实 2001 年上海—澳大利亚昆士兰友好城市教育交流项目第二批互派教师的选送及安置工作。全年审核 600 多名外国文教专家、教师赴各类学校任教。召开上海市第一次中外合作办学工作会议，介绍中国加入世贸组织后教育的对策，交流上海市合作办学的经验，印发《关于做好中外合作办学工作的试行意见》。自 9 月起批准 71 所中小学接受外国学生入学，至年底，共受理 61 个中外合作办学项目的申请；全市长期外国留学生人数为 6 433 人，来自 113 个国家，分布在 23 所高校 140 多个专业中学习。

2003 年，国际巨型大学峰会、联合国教科文组织亚太地区教育局教育创新为发展服务计划(APEID)第八次年会等在沪举行。与墨西哥哈里斯科州、德国巴登—符腾堡州科技教育部、加拿大魁北克省教育部签订教育交流协议，与澳大利亚昆士兰省续签教育合作备忘录，继续执行和法国罗纳大区、韩国釜山等已签订的交流协议。承办世界大学生汉语比赛，有 32 个国家参加。与德国汉斯・赛得尔基金会、美国幼教协会、英国文化教育委员会进行学前教育交流，先后接待了德国、美国、英国等学前教育考察团，与德国汉斯・赛得尔基金会签订的学前教育合作协议开始履行；与英国“0—3 岁儿童早期教养”合作研究项目启动，英方专家来沪共同研讨，修订和完善合作方案。中外合作办学机构和项目达 232 个，其中研究生教育层次 14 个，本专科层次 73 个。一批高水平大学与国外知名大学和国际组织开展合作：复旦大学与新加坡国立大学在苏州工业园区联合举办研究生院，与美国哥伦比亚大学、法国政治学院、伦敦经济学院合作举办新闻专业；上海交通大学与美国乔治亚理工商学院联合培养研究生，合作进行科研攻关；同济大学与法国 11 所工程师学校合作，采用双向培养模式培养硕士研究生等。

2005 年，市教委分别与古巴圣地亚哥市和美国加利福尼亚州教育委员会签订教育合作交流备忘录，与澳大利亚昆士兰州教育部续签教育合作交流协议书。至 2005 年底，市教委已与国外 11 个友好城市的 14 个教育部门签订教育合作交流协议。

2010 年，市教委举办中美华人大学校(院)长双边论坛，组织 80 余名世界知名大学校长出席上海世博会开幕式并参观世博会活动等国际活动。2010 年，共有 177 个国家和地区的 43 016 名留学生在沪就读。全市累计招收留学生院校(所)35 所。其中复旦大学、上海交通大学等高校的留学生规模超过 1 000 人；可接受中国政府奖学金生的院校 15 所，上海市政府外国留学生奖学金资助学校 27 所。

二、与境外合作办学

1993 年，市政府发布《上海市境外机构和个人在沪合作办学管理办法》(1997 年 12 月 14 日修正)。1994年,市教委印发《上海市国际合作办学人事管理暂行规定》《上海市国际合作办学收费管理暂行规定》等文件。1994年11月8日,由市政府与欧共体合作、依托上海交大的合作办学机构——中欧国际工商管理学院正式挂牌。至1995年底,上海与境外机构合作办学有42所。

1995年3月,中德职教专业工作小组会议决定,优先在上海试点,建立中德跨行业培训项目。德国政府援助500万马克,上海市政府配套专项经费。8月,中德跨行业培训项目办公室成立。1995—1996年,开设数控机床操作等27个培训班,有422名中德合资、独资企业的员工接受了培训。

1997年,上海批准成立的合作办学机构达70所。合作办学的专业门类有国际贸易、企业管理、外国语、计算机、汽车修理、房地产及财会等。

1999年,新增中法合作同济大学巴黎工程和管理学院、中加合作华东师范大学国际银行学院、中新合作上海英华美精文专修学院、中美合作上海通用进修学院等。上海电视大学与澳大利亚南十字大学、上海交通大学与澳大利亚阳光海岸大学合作举办两个工商管理研修班;上海电视大学与香港公开大学举办工商管理高级课程班。

2005年,市教委印发《上海市中外合作办学复核工作指导意见》,全市纳入复核的中外合作办学机构和项目为230个,涵盖从幼儿园到研究生不同层次学历和各类非学历教育项目和机构。经过合作办学机构和项目自查、属地归口初查、专家评议、审核、限期整改及复查等程序,基本完成复核工作。

2006年4月,上海交通大学与美国密歇根大学合作共建的交大密歇根学院成立。

2010年底,上海共有中外合作办学机构和项目218个。其中,通过教育部复核的189个,经教育部审批和备案的29个,涵盖学前、中等职业技术、高等及非学历教育等众多领域。

第三章　文　化

上海解放后，市政府对旧政权文化机构实行分类接管、整顿、改造，并新组建了一批国营文化机构和艺术团体。1956年，毛泽东提出在科学文化工作中实行“百花齐放、百家争鸣”的方针。市文化局设立剧团改造办公室，将民间职业剧团改造为国营式民办剧团。至1960年，全市共有艺术表演团体77个，演职人员近5 000人。

60年代中期，上海基本形成了门类齐全、专业分工明确、大中小配套的完整的艺术教育体系。同时，文艺工作者创作、演出了一批反映革命斗争和社会主义建设的作品。

“文化大革命”初，市文艺团体处于停演状态，区县剧团解散，只有少数剧组从事“样板戏”①的演出。“文化大革命”结束后，艺术表演团体恢复。至1979年，上海共有市级艺术表演团体17个，恢复和新建14个区属剧团和11个县属剧团。

改革开放后，80年代起又恢复建立一批文艺机构和团体，全面复演、复映、复刊。进入90年代，根据中央“一手抓整顿，一手抓繁荣”的方针，上海清理整顿文艺创作中的不健康倾向，加强文化市场管理，以文化体制改革为动力，逐步建立与市场经济相适应的文化管理体制和运行机制。

随着文化体制改革的不断深入，截至2010年，上海有事业性质艺术表演团体30家，企业性质表演团体59家、企业性质表演场所45家。文化市场有演出经营单位381家、演出经纪公司244家。在促进经济社会发展和现代化国际大都市建设的大环境下，上海投入大量资金、人力，进行文化遗产和非遗的保护与传承。截至2009年，市级非物质文化遗产名录128项，代表性传承人211名。2010年，上海完成第三次全国文物普查，全市共登记调查不可移动文物4 422处，新发现并登记不可移动文物1 761处。上海外滩建筑群等近20处文物被列入全国重点文物保护单位，150多处被列为上海市级文物保护单位。松江广富林遗址被命名为“广富林文化”。

上海舞台艺术创作成果丰硕，改革开放后，越剧、京剧、昆剧、歌剧、舞剧、音乐剧、电影艺术片在国家级评奖中不断获得“文华奖”“五个一工程奖”“优秀剧目奖”。90年代开始，文化由政府拨款改为社会多元投资。截至2010年，上海已有东方明珠等10多家著名企业和知名文化品牌。文化及相关产业总产出3 958.2亿元。文化产业增加值约占全市总值的5.71%。作为国际大都市，上海举办了上海之春国际音乐节、中国莎士比亚戏剧节（上海地区）、中国上海国际艺术节、上海国际广播音乐节、上海艺术博览会等文化活动。进入21世纪，上海实施精品战略，多部电影作品在开罗国际电影节、欧洲电影节、西班牙巴马斯电影节、纽约国际电影节、威尼斯国际电影节上获奖。公共文化方面，截至2000年，全市有1个市群众艺术馆、28个区县文化馆、216个（家）社区文化活动中心或文化站。21个街镇被文化部命名为“中国民间文化艺术之乡”。上海建设了一大批博物馆和行业展示馆。2009年，上海博物馆等22家博物馆、纪念馆免费对外开放。2010年，上海有上海图书馆等2家市属图书馆，26家区（县）属图书馆。上海共有公共电视节目25套，付费电视16套；全市广播电视综合人口覆盖1 400.7万人，全市数字电视用户235.6万多户。

---

① 指京剧《沙家浜》《红灯记》《智取威虎山》《海港》《奇袭白虎团》，舞剧《红色娘子军》《白毛女》，交响音乐《杜鹃山》。

第一节 文化体制改革与管理

一、推进文化体制改革

上海开展文化体制改革,起步于80年代在文艺院团内部实行承包经营责任制。1980年11月,上海杂技团魔术队实行"集体经营,独立核算,自负盈亏,结余分成"。1983年,上海京剧院组建经济包干责任制演出队。到1985年,越剧、话剧、评弹、淮剧、滑稽以及音乐、舞蹈等艺术表演团体陆续进行了承包责任制的尝试。

1986年开始,根据中共中央、国务院转发文化部《关于艺术表演团体的改革意见》及市委印发的《关于"七五"期间社会主义精神文明建设的实施规划》要求,在上海交响乐团、上海歌剧舞剧院仲林舞剧团、上海越剧院红楼剧团、上海滑稽剧团顺开喜剧社,试行团长负责制、音乐总监制、导演中心制、名角经理制。

1992年7月,市文化局印发《关于艺术表演团体全员聘任制的改革方案》,在上海京剧院、上海沪剧院等4个院团率先实行全员聘任制。1993年,市文化局又在18个艺术表演团体中推行全员聘任制。至1995年,上海文化系统基本完成文艺院团全员聘用合同制改革,实现内部机制转换,精简1 770余人。

1994年2月,市长黄菊在《政府工作报告》中提出,要"加快文化体制改革,逐步形成以政府投入为主、社会共同办文化的新格局,进行文艺院团转制改革试点、增强文艺院团的活力,促进文艺创作和演出水平"。根据市委、市政府要求,1994年将6个市属乐队调整归并为4个;1995年将两个市属话剧团"撤二建一";1997年又将上海歌剧院和上海乐团"撤二建一"。至1998年,全市共有各类艺术表演团体29个、演职员3 015人。

2001年3月,上海改革将16家市属文艺院团分三类实行媒体委托管理:第一类是国家重点保护剧种,包括上海交响乐团、上海京剧院、上海昆剧团,委托上海文化广播影视集团直接管理,主要由政府投入。第二类是芭蕾舞、歌剧等剧种,交给有实力的媒体或其他社会单位管理,政府给以政策优惠予以支持,包括委托上海大剧院管理上海芭蕾舞团、上海广播交响乐团,委托文汇新民联合报业集团管理上海越剧院,委托上海解放日报报业集团管理上海沪剧团,委托上海电视台管理上海歌剧院等。第三类是市场化程度比较高的剧种,如滑稽戏、杂技等,将它们推向市场。以上院团实行委托管理后,性质、建制和编制不变,政府对于文化事业的各类拨款不变,国家支持文化事业发展的经济政策不变。

2003年6月,全国文化体制改革试点工作会议在北京召开。会议决定在北京、上海、浙江、广东等9个省市区和上海世纪出版集团、上海中国画院等35家单位进行文化体制改革试点。同年,上海市委成立试点工作领导小组;9月中共中央宣传部正式批复并原则同意《上海文化体制改革试点工作方案》。该方案提出了上海文化体制改革试点工作的总体目标和指导原则,宏观文化管理体制改革的目标、任务,以及微观领域体制改革、机制创新的目标、任务。

2004年,市委、市政府召开上海市文化工作会议,通过《上海文化发展规划纲要(2004—2010年)》,围绕文化体制改革综合试点工作,强调要继续深化文化体制机制改革。2006年6月,上海市文化体制改革试点工作领导小组更名为上海市文化体制改革工作领导小组;8月推出《上海市深化文化体制改革工作实施方案》。

截至2006年，上海在宏观层面，通过健全文化领域国有资产监督管理体制、建立公益性文化事业资助平台、文化产业投资平台，实行文化市场综合执法，发展文化行业协会等，基本形成新型文化宏观管理体制框架。在微观层面，微观领域文化体制机制改革进一步深化，把市属文化企事业单位划分为国有文化事业单位、重要新闻单位、需要转制的经营性文化事业单位、国有独资文化企业四大类，各有侧重地推进四项改革：稳妥完成上海电影集团、上海世纪出版集团、上海文艺出版总社的整体转企改制；完成上海新华发行集团的所有制改造；完成国有市属文艺院团政府投入方式、政府综合考核和明晰产权的管理体制改革；组建上海大剧院艺术中心，完成东方明珠股份有限公司股权分置改革。2007年，中共十七大作出推动社会主义文化大发展大繁荣的战略部署，上海结合实际，加快"一个中心、三大体系"建设：即加快推进国际文化交流中心建设，推进公共文化服务体系、文化产业和文化市场体系、文化创新体系建设。2009年9月，市委、市政府印发《关于加快上海文化产业发展的若干意见》。同年，上海在全国率先整体实施广播电视制播分离，实现事业和产业分开、宣传与经营分开、制作和播出分离、资源整合和结构优化。撤销上海文广新闻传媒集团，撤销上海电视台、上海人民广播电台、上海东方电视台、上海东方广播电台，合并组建上海广播电视台，属事业体制，由市文广影视局实行行政管理。并实行党委领导下的台长负责制。

截至2010年，上海共有事业性质艺术表演团体30家，其中市属单位17家，区属单位12家，县属单位1家；企业性质艺术表演团体59家，其中区属单位57家，县属单位2家；事业性质艺术表演场所52家。其中，市属单位15家，区属单位36家，县属单位1家。另外，企业性质艺术表演场所45家。其中，市属单位3家，区属单位42家。

二、加强文化市场管理

1979年，市文化局印发《关于茶楼书场的管理和零星艺人演唱管理办法》，恢复和加强对文化市场的行业管理。

1980年7月和1983年2月，市政府先后批转市文化局拟订的《上海市礼堂、俱乐部对外开放演出的管理规定(试行)》《上海市文艺演出管理办法》。1985年7月，市政府批转市文化局、市公安局、市工商局制定的《关于加强舞会、舞厅音乐茶座管理的通知》《上海市舞会管理暂行规定》《上海市音乐茶座管理暂行规定》。1987年11月，市文化局修订印发《上海市舞厅、音乐茶座乐队管理暂行规定》。1988—1989年，市政府陆续公布《上海市社会文化管理暂行办法(1988年)》《上海市营业演出管理办法(1989年)》等规章。80年代末起，上海文化娱乐业逐步实行从业人员持证(《演出许可证》《演员证》)上岗制度。

90年代，随着"两级政府、两级管理"体制[①]的建立，上海文化市场的管理开始向以块为主、条块结合的方式转变。市相关文化主管部门设立图书报刊市场管理处、影视音像管理处、社会文化管理处、版权处等管理机构；文化市场的培育和管理职能逐步放给区、县政府。1992年5月，市政府发布《上海市营业性文化娱乐业管理办法》，市文化局、市公安局、市工商局印发实施细则，规定文化娱乐场所的经理、音响人员必须持证上岗，舞厅、音乐茶座乐手、歌手实行等级证考核，演出队队长实行资格证考核。1990—1999年，市人大常委会、市政府陆续发布《上海市营业性游戏机管理办法(1993年)》《上海市营业性演出场所和营业性电影放映场所管理暂行办法(1994年)》《上海市音像

① "两级政府、两级管理"：市、区(县)两级政府开展两级管理。

市场管理办法(1994 年)》《上海市演出市场管理条例实施细则(1995 年)》《上海市音像制品管理条例(1997 年)》《上海市公众电脑屋管理办法(1999 年)》等法规、规章。

2000 年 1 月,按照市委、市政府的部署,上海开展文化领域综合执法试点工作。根据 1999 年底市政府发布的《上海市文化领域行政执法权综合行使暂行规定》,上海市文化稽查总队(1999 年 12 月成立)正式行使职权,对全市的演出、美术品、文化娱乐和体育娱乐场所,广播、电影、电视、音像制品、图书报刊、电子出版物和文物等文化领域行使综合执法。同年,各区、县相应建立文化市场综合执法机构,在全市文化管理领域形成行政许可与行政执法双向监督、市与区县两级综合执法的新体制。同年 6 月 30 日,国务院办公厅召开全国加强娱乐服务场所管理暨电子游戏经营场所专项治理工作电视电话会议。根据会议部署,市文广影视局、市公安局、市工商局等部门开展电子游戏经营场所专项治理。

2002 年 4 月,市文广影视局、市公安局、市通信管理局、市工商局、市文化稽查总队等部门建立网吧专项整治联席会议制度,开展网吧专项整治,针对全市网吧的经营情况、安全隐患和证照情况进行集中整治。

2004 年 12 月,市政府贯彻中共中央办公厅、国务院办公厅转发中央宣传部、中央编办、财政部、文化部、国家广电总局、新闻出版总署、国务院法制办《关于在文化体制改革综合性试点地区建立文化市场综合执法机构的意见》,作出《关于上海市进一步完善文化领域相对集中行政处罚权工作的决定》,明确市文化市场行政执法总队的法律地位和执法授权。之后,各区(县)也先后成立文化市场行政执法大队,进一步健全市、区(县)两级文化市场管理体制。

2005 年 6 月,市文广影视局发出《关于做好上海市美术品经营单位备案工作的通知》,进一步加强对上海市美术品经营活动的管理。同年 7 月 8 日,文化部召开建立网吧长效管理机制试点工作

图 5-3-1 2009 年 10 月 15 日,上海市文化市场综合行政执法人员在市场巡查

会议，决定在北京、上海、天津等9个城市开展网吧长效管理机制试点工作。10月8日，《上海市建立网吧管理长效机制试点方案》经文化部批准实施。2009年，文化部下发《文化市场司关于转发上海市网络文化市场计算机监管平台通报——〈上海网吧监测〉的通知》，对上海的计算机监管平台的监管特色给予充分肯定。

2006年，市文广影视局先后印发《上海市营业性棋牌室管理暂行规定》《上海市电子游戏经营场所管理试点方案》，将营业性棋牌室纳入娱乐场所管理范畴，实行《文化经营许可证》管理；开始开展包括继续停止游戏机房审批，控制游戏机房总量、提高设立标准等电子游戏经营场所管理试点工作。

2010年，上海文化市场共有演出经营单位381家，演出经纪公司244家，行业从业人员36 482人；持《文化经营许可证》的文化娱乐场所经营单位2 724家，经营场所5 916个；有1 498家取得《网络文化经营许可证》的网吧；艺术品经营机构93家，从业人员971人；文化市场连锁经营机构13家，从业人员656人。

三、保护文化遗产

【物质文化遗产保护】

“物质文化遗产”统称“文物”。解放前，上海无专职文物保护管理机构。1949年9月，市政府组建市古代文物管理委员会，1950年1月改名为市文物管理委员会，1953年8月改称市政府文物管理委员会，1955年4月再次改名为市文物保管委员会（简称“市文管会”）。文物的行政管理和基层文博单位均由市文化局领导。1959年5月，市人委公布《上海市历史文物与革命遗迹保护办法》，使文物发掘、保管、维修趋于规范。同期，市人委核准并公布市级文物保护单位62处。1960年2月起，市文管会与上海博物馆合署办公。1961年3月，国务院将上海市孙中山故居、中国社会主义青年团中央机关旧址、中国共产党第一次全国代表大会会址、鲁迅墓等4处列为第一批全国重点文物保护单位。同年4月，市人委作出《关于进一步加强文物保护和管理工作的决定》。1962年9月，市人委批准公布第三批市级文物保护单位27处。

“文化大革命”开始后，文物管理工作受到很大干扰。“文化大革命”结束后，1977年12月市革委会印发《上海文物保护单位保护办法》《上海市文物保护单位调整方案》，对历史文物、革命文物以及社会主义时期文物进行抢救征集，重新公布第一批市级文物保护单位26处。1986年12月，上海被国务院列为历史文化名城。1988年10月，市政府下发《恢复上海市文物管理委员会名称及调整领导的通知》，决定市文管会为独立建制。1989年，市文管委会同公安、海关、工商等部门共查处文物案件95宗，文物1 283件。

1995年2月6日，根据《中华人民共和国文物保护法》等法律、法规，市政府发布《上海市文物市场管理办法》（1997年12月修订），明确文物和文物监管物品的含义、规定上海市文物行政管理部门负责上海文物市场的统一管理。至1999年，文物管理部门在金属冶炼单位和废杂铜中累积抢救出历代铜器10万件、历代钱币270万枚，其中珍贵文物1 219件，一级文物29件，二级文物235件，三级文物955件，重要文物1 190件。

2001年1月，市政府发布《上海市文物经营管理办法》，进一步加强对全市文物经营的管理；5月，《上海城市总体规划（1999—2020年）》经国务院批复同意，明确“要保护好历史文化名城的整体风貌和环境，保护真实历史遗存，挖掘城市历史文化内涵”的规划目标。2002年7月，市十一届人大常委会第四十一次会议通过《上海市历史文化风貌区和优秀历史建筑保护条例》,进一步加强对全市历史文化风貌区和优秀历史建筑的保护,形成以市文物管理、规划管理、房屋行政管理等部门为主的保护管理网络。2004年,市文管委、市编办、市发展改革委、市规划局、市财政局、市国家税务局、市地方税务局、市建委印发《关于落实“五纳入”精神进一步加强和改善文物工作的通知》,将文物保护纳入经济和社会发展计划,纳入城乡建设规划,纳入各级财政预算,纳入体制改革,纳入各级领导责任制。2005年,市文管委在文物建筑和历史风貌区保护中,逐步建立信息共享制度、行政管理配合机制和专家评估制度。

2007年9月30日,市文物部门贯彻国务院《关于开展第三次全国文物普查的通知》,开展文物普查工作。至2010年,上海完成第三次全国文物普查的实地调查阶段工作,并获国务院普查办验收通过。全市共调查登记不可移动文物4 422处,新发现并登记不可移动文物1 761处。2010年9月1日,上海市文物局成立。

1982—2006年,国务院先后于1982年2月、1986年12月、1988年1月、1996年11月、2001年6月、2006年5月将上海市内的宋庆龄墓、豫园、龙华革命烈士纪念地、松江唐经幢、徐光启墓、松江方塔、真如寺大殿、上海邮政总局、上海外滩建筑群、福泉山遗址、宋庆龄故居、张闻天故居以及龙华塔、国际饭店、马勒住宅列为第二批至第六批全国重点文物保护单位。

1980—2002年,市政府先后于1980年8月、1984年5月、1987年11月、1989年9月、1992年6月、2002年4月公布第二批至第七批包括《新青年》编辑部、徐家汇天主教堂、四行仓库、陈云故居、吴淞炮台遗址、崇明学宫在内的153处市级文物保护单位。

在做好文物保护工作的同时,市文物管理部门持续推进各遗址的考古发掘保护工作。1979—2004年,抢救性发掘出青浦福泉山遗址、青浦金山坟遗址、金山亭林古文化遗址、青浦油墩港崧泽古文化遗址、闵行马桥遗址、松江佘山广富林古村落遗址、普陀区志丹苑元代水闸遗址等。其中,松江广富林遗址在2008年被命名为“广富林文化”。

【非物质文化遗产保护】

2003年,联合国教科文组织第三十二届会议通过《保护非物质文化遗产公约》,上海着手对此项工作进行规划。

2004年初,经市政府同意,市文广影视局建立上海市民族民间文化保护中心,根据“政府主导、社会参与、长远规划、分步实施、明确职责、形成合力”的原则,坚持“保护为主、抢救第一、合理利用、继承发展”的指导方针,承担全市保护民族民间文化工作。

2005年3月26日,国务院办公厅下发《关于加强我国非物质文化遗产保护工作的意见》。7月26日,上海召开非物质文化遗产保护工作会议,会议决定建立上海市非物质文化遗产保护工作局际联席会议制度,联席会议由市文广影视局、市发展改革委等8家单位组成。

2006年,上海将非物质文化遗产保护工作列入构建公共文化服务体系的4个重点内容之一。市文广局印发《上海非物质文化遗产保护“十一五”规划和实施纲要》《上海市非物质文化遗产保护工作资金使用管理办法》,起草《上海市民族、民间、民俗文化保护与弘扬工程实施纲要》《关于把“大世界”建设为非物质文化遗产博物馆的研究报告》等,并根据《国家级非物质文化遗产代表作申报评定暂行办法》,印发《关于建立上海非物质文化遗产名录体系的通知》《上海市非物质文化遗产名录项目申报评审管理暂行办法》。同年5月20日,上海的昆曲、京剧、越剧、沪剧、江南丝竹、锣鼓书、嘉定竹刻、顾绣、乌泥泾手工棉纺织技艺等9项被国务院列入首批国家级非物质文化遗产名录。在

图5-3-2　2006年5月20日,上海的江南丝竹、昆曲、京剧、越剧、沪剧、锣鼓书、嘉定竹刻、松江顾绣、乌泥泾手工棉纺织技艺9个项目被国务院列入首批国家级非物质文化遗产名录。图为传承人在制作"松江顾绣"

6月10日首个中国文化遗产日期间,"文化遗产日"系列活动在全市范围内展开。年底,全市共计上报普查资源1 106项,初步确定近百个重点项目申报市级名录。

2007年1月24日,上海市非物质文化遗产保护中心成立,职能是组织代表性项目和传承人的专家评审,指导保护计划的实施,进行非遗保护研究,举办学术、展览(演)及公益活动。同年6月,市政府公布首批83个市级非遗保护项目。

2008年,上海市向文化部推荐国家级非物质文化遗产名录项目"乌泥泾手工棉纺织技艺""锣鼓书""木版水印技艺"申报列入联合国教科文组织"人类非物质文化遗产代表作名录"。9月,经市文广影视局审定后,确定上海首批传统戏剧、曲艺、传统美术、民俗4类8个非物质文化遗产项目传承基地。

2009年,经市政府同意,市文广影视局印发《上海市非物质文化遗产项目代表性传承人认定与管理暂行办法》,对非物质文化遗产项目代表传承人的认定作了明确界定。至2009年,市级非物质文化遗产名录项目达128项,代表性传承人211名,其中32人经文化部评审认定,为第三批国家级非物质文化遗产项目代表性传承人。

2010年,上海完成《上海市非物质文化遗产保护发展"十二五"规划》编制。市文广影视局公布第二批上海市非物质文化遗产项目代表性传承人130名。

第二节　文化艺术和文化产业

一、促进创作和演出

"文化大革命"结束后,通过拨乱反正,落实政策,上海文艺创作和演出得到复兴,为许多遭受迫害的著名艺术家恢复了名誉,重新登上文艺舞台;音乐、舞蹈、话剧、曲艺等汇演接连不断;新创作的剧目如话剧《于无声处》轰动全国,许多被禁锢的传统剧目和新编剧目陆续上演。1978年中共十一届三中全会后,市委、市政府要求文艺界坚持"文艺为人民服务,文艺为社会主义服务"的方向,创作出鼓舞人民积极向上、振奋民族精神的新作品。1986年,上海新编、新排的剧目以及在上海首次公演的外省市优秀剧目共117台(其中外省市剧团来沪演出47台),平均每3天就有1台。

进入90年代,市委、市政府提出要弘扬主旋律,提倡多样化,要求文艺界创作出一批与国际大都市相适应、具有优秀民族传统和鲜明时代特征的好作品,满足不同层次的文化需要。市政府设立白玉兰戏剧表演艺术奖、上海文学艺术奖等专项奖励基金,扶持高雅艺术和优秀文艺作品,鼓励多出精品。文艺界也创作、改编了一批有较高艺术质量的剧目。其中淮剧《金龙与蜉蝣》、话剧《OK股票》、沪剧《今日梦圆》、儿童剧《雁奴莎莎》《白马飞飞》、京剧《狸猫换太子》(头本)等先后获得中央"五个一工程"奖①。

1998年1月,为加强对文艺创作的领导,市委成立上海市文艺创作领导小组,确定全面繁荣上海文艺创作的工作思路,研究制定《上海新三年文化发展规划》和《上海市文艺体制改革和繁荣发展五年规划》。1998年—2000年10月,上海创作演出新剧(节)目包括:话剧《商鞅》《正红旗下》《中国制造》,京剧《十五贯》《贞观盛事》《狸猫换太子》,昆剧《琵琶行》《牡丹亭》,沪剧《心有泪千行》《星星之火》《董梅卿》,越剧《红楼梦》《梅龙镇》,淮剧《夫差与西施》,评弹《权衡》,舞剧《苏武》《闪闪的红星》《野斑马》,芭蕾舞《梁祝》,歌剧《卡门》,木偶剧《蛤蟆与鹅》等192项;其中13项在国际获奖,130项在国内获奖。京剧《狸猫换太子》、舞剧《闪闪的红星》、儿童剧《享受艰难》、话剧《商鞅》、木偶剧《蛤蟆与鹅》分别获得中宣部"五个一"工程奖、曹禺戏剧奖和文华新剧目奖。舞剧《闪闪的红星》获得第二届荷花奖、全国舞剧比赛"舞剧金奖""最佳编导"等5个奖项;昆剧《牡丹亭》名列首届中国昆剧优秀剧目榜首;京剧《贞观盛事》在第六届中国艺术节获大奖。

2002年,文化部、财政部联合推出大型文化选拔活动——"国家舞台艺术精品工程",上海选送的话剧《商鞅》、京剧《贞观盛事》入选2002—2003年度国家舞台精品工程。

2003年,上海开始实施文艺创作精品、优品、新品"三品"工程,着力在文学、影视、戏剧、舞蹈、音乐、美术等方面加强创作力量,通过建立好的创作、运行机制,鼓励艺术院团不断推出"新品",为上海多出"优品"打下基础,进而打造一批在国内外有影响力的"精品"。为推进"三品"工程,经市委同意,先后成立上海市重大文艺创作领导小组和专家评审委员会。同时,上海文化发展基金会由行政审批向专家评审转变,在全社会开展文化项目资助,为"三品"工程提供财力保障。2005年,全市新创首演舞台艺术剧(节目)174部(个),获得国际国内各类重要奖项47个。多媒体梦幻剧《ERA——时空之旅》首演3个月,观众逾10万人次,被评为2006—2007年度国家舞台艺术精品工程"十大精品剧目"。到2006年,市文广影视局与上海文广集团历时4年实施传统艺术剧(曲)目抢救工作并取得成果,共抢救100多部濒临遗失的传统剧(节)目,完成音频像工作及对老艺术家的访谈和艺术生涯总结。

随着文艺体制改革和文艺配套扶持政策的不断健全完善,上海舞台艺术创作在国家级评奖中收获颇丰:越剧《赵氏孤儿》《玉卿嫂》在首届中国越剧艺术节上获金奖(2006年);舞剧《天边的红

① 1991年1月中共中央宣传部在《一九九一年宣传工作要点》中,要求各省、自治区、直辖市和各宣传、文化、理论工作部门要像抓重点工程那样,有计划有重点地组织精神产品的生产,力争在年内拿出一本好书、一台好戏、一部优秀影片、一部好的电视剧、一篇或几篇有创见有说服力的文章,称为"五个一工程",1995年度起,将一首好歌和一部好的广播剧列入评选范围,"五个一工程"的名称不变。

云》、歌剧《雷雨》、芭蕾舞剧《花样年华》在文化部举办的第四届全国歌剧、舞剧、音乐剧优秀剧目展演中分获一、二、三等奖（2006 年）；京剧《廉吏于成龙》荣获第十二届“文华奖”文华大奖（2007 年）；昆剧《邯郸梦》、话剧《秀才与刽子手》、歌剧《雷雨》分获“文华剧目奖”（2007 年）；京剧电影艺术片《廉吏于成龙》获得第十三届中国电影华表奖“优秀戏曲片奖”和第十八届金鸡百花电影节“最佳戏曲片奖”（2009 年）；京剧《成败萧何》获中宣部“五个一”工程奖（2009 年）；精华版《长生殿》获第四届中国昆剧艺术节“优秀剧目奖”（2009 年）；舞剧《天边的红云》获第七届中国舞蹈“荷花奖”舞蹈诗作品金奖、表演金奖等 4 个奖项（2009 年）；杂技《时空之旅》被文化部评为“优秀保留剧目”（2009 年）。

图 5-3-3　2010 年 2 月 28 日，昆剧全本《长生殿》获中国戏曲学会奖

2010 年上海世博会举行期间，上海文艺院团积极参与世博园区内的演艺活动，承担了“上海宣传文化系统国庆文艺演出”和“世博上海周”等演出。

二、发展文化产业

上海文化产业起步于 90 年代，随着社会主义市场经济体制确立，根据市委七届九次全会提出的“政府财力主要是导向作用，更多地要靠社会融资”的指导思想，上海着力调整文化经济政策，改变投资方式，由政府拨款转向多元投资。

1992 年，通过直接融资，成立东方明珠股份有限公司，强化资本市场对文化发展的支持力度。1996 年，上海首先把“积极发展文化产业，增强文化事业自我积累、自我发展的能力”写入《上海文化发展“九五”计划》。在“十五”计划（2001—2005 年）中，进一步提出“发展文化娱乐业，加快文化产业发展”的思路，通过组建大型文化集团，调整资源配置，初步形成广播影视、报刊出版、文化娱乐三大文化产业发展的主体框架。

2003年,市政府投入2亿元资金,对上海文化发展基金会进行改革,使其成为政府委托的非营利中介机构,负责对全社会文化项目进行遴选、评估和资助。

2004年,根据国家统计局制定的《文化及相关产业统计指标》,上海首次公布文化及相关产业统计数据;市统计局和市委宣传部每年印发《上海文化统计概览》。

2005年4月,国务院作出《关于非公有资本进入文化产业的若干决定》,上海放宽民营资本进入文化产业的门槛。2006年,市文广影视局印发《上海文化产业投资项目指导手册》,向社会公开文化产业投资项目,共汇集560项文化产业投资意向,涉及文化设施、文化产品、文博旅游、节庆会展等。

2007年2月,市委办公厅、市政府办公厅转发《上海市文化发展"十一五"规划》(2006—2010年),全面推进文化产业和文化市场体系建设。2007—2009年,市文广影视局先后印发《上海市文化产业示范基地建设推进办法(试行)》(2008年)、《上海市文化产业园区认定办法(试行)》(2008年)和《关于加快上海文化产业发展的若干意见》(2009年),并建立多个文化产业公共平台,包括与浦东外高桥保税区合作建立上海国际文化服务贸易平台(2007年)、与张江高科技园区合作建立的上海文化产业投融资平台(2007年)、与上海联合产交所合作建立上海文化产权交易平台(2009年)和上海动漫公共技术服务平台(2009年)等。

2009年4月,上海注册成立全国首个文化产业投资基金。同年9月,上海市政府与国家开发银行依照国务院发布的《文化产业振兴规划》开展合作,共同签署《推进上海市文化产业发展合作备忘录》。根据该备忘录,此后5年,国家开发银行对上海文化产业支持的融资规模达300亿元。

2010年,市文广影视局印发《上海动漫游戏产业发展扶持奖励办法》,对12大类63个项目给予资金扶持;会同有关部门发出《关于金融支持文化产业发展的指导意见》,拟订《上海市关于促进电影产业繁荣发展的实施意见》。同年7月19日,市委宣传部、市金融办公室等11个部门发出《上海市金融支持文化产业发展繁荣的实施意见》,提出积极推动文化企业通过上市、发债、股权投资、基金入股等方式来进行直接融资,加强对文化产业的信贷支持、培育文化产业保险市场和促进文化产权交易市场发展等。12月,市文广影视局与上海紫竹科学园区共同推进的首个国家级网络视听基地——"中国(上海)网络视听产业基地"正式挂牌,百事通、土豆网等10家国内知名互联网视听企业首批签约入驻。

截至2010年,上海市已拥有一批如"东方明珠"、上海大剧院、上海联合院线、"盛大网络""第九城市""分众传媒""新华传媒""第一财经""SMG"(上海东方传媒集团有限公司)等有市场影响力的知名文化企业和知名文化品牌,文化及相关产业总产出约3 958.2亿元;文化产业增加值按可比价格计算,年均增长约12.1%;文化产业增加值约占全市生产总值的5.71%。

三、举办文化活动

【上海之春国际音乐节】

上海之春国际音乐节前身是"上海之春"音乐会,创办于1960年。"文化大革命"期间中断。1978年十一届三中全会后,由上海音乐学院、上海歌剧院和上海舞蹈家协会联合主办,至90年代末共举行18届。2001年,"上海之春"音乐会与上海国际广播音乐节合并拓展形成新的上海之春国际音乐节,由市文广影视局、市文学艺术界联合会主办,以"和平、友谊、交流、合作"为宗旨,每年举办1届,至2010年共举办9届。主要活动包括"金编钟"奖评选、国内外音乐舞蹈演出、音乐舞蹈新人新作展演、国际音乐节学术报告会、上海地区群众合唱邀请赛等。

【中国莎士比亚戏剧节(上海地区)】

1986年4月10—23日,首届中国莎士比亚戏剧节(上海地区)在沪举行,由上海戏剧学院、市文化局、中国戏剧家协会上海分会主办,共演出17台莎士比亚剧目,公演53场次,观众总数为55 325人次。1994年9月20—26日,举行第二届上海国际莎士比亚戏剧节,有9台莎士比亚悲剧、喜剧、历史剧等各类型的代表作品参加演出。

【中国上海国际艺术节】

1987年5月31日,首届上海国际艺术节开幕,由市政府主办,市文化局承办。第二届改名为上海艺术节,并决定每两年于5月举行一次,1998年第六届恢复原名。1999年开始每年举行一次,改名为中国上海国际艺术节,由文化部主办,上海市政府承办。至2010年,共举办10届,活动时间为每年10月18日至11月18日,为期1个月。活动内容主要包括舞台演出、群众文化活动、展览博览、演出交易、学术论坛和节中节等六大板块。该艺术节已跻身世界著名艺术节行列。

【上海国际广播音乐节】

1988年5月,上海人民广播电台创办上海国际音乐节目展播,自1989年开始每两年举办1届。1993年4月,第四届上海国际音乐节目展播改名为上海国际广播音乐节,至1999年,共举办7届,2001年与上海之春音乐会合并。活动包括编钟奖音乐广播节目评选、音乐广播学术研讨会、文艺演出专场等。

【上海国际魔术节】

1993年5月,首届上海国际魔术节举行,由中国上海国际艺术节组委会、市文广影视局、市文广

图5-3-4　2009年11月5—8日,第六届上海国际魔术节《国际近景魔术精品展演》举行

影视集团、上海马戏城、上海杂技团等单位承办，来自英国、美国、加拿大、法国、俄罗斯、韩国等国家及中国的魔术大师参加演出，至 2009 年共举办 6 届。

【上海国际少年儿童文化艺术节】

1994 年，上海国际少年儿童文化艺术节举办，由中国福利会、上海市人民对外友好协会主办，每 3 年举办 1 届，至 2010 年已举办 5 届。该艺术节以“和平、友谊、未来”为旗帜，成为社会各界开展“儿童外交”，关注未来，发展友谊，维护和平的一个平台，30 多位国家领导人、政要、社会名人先后为该艺术节题词、致函祝贺。

【上海(美术)双年展】

1996 年，首届上海(美术)双年展开幕，由市文化局和上海美术馆主办，每两年举办 1 届，每届都设立一个反映当代艺术发展的主题。至 2010 年，该展览共举办 8 届，成为中国最具国际影响力的艺术展示平台。

【上海艺术博览会】

1997 年，首届上海艺术博览会举办，由文化部批准，上海文化发展基金会和上海市文化局主办，每年在上海世贸商城举办 1 届。至 2010 年，共举办 14 届。每届博览会展示和交易世界各地的油画、中国画、版画、综合材料、雕塑、艺术陶瓷和民族民间工艺品等，观众在 5 万人次左右。该博览会根据艺术市场的动态，设立不同宣传主题，成为亚洲规模最大、国际化程度最高的艺术博览会之一。

第三节　公共文化建设

一、兴办公共文化

“文化大革命”结束后，上海公共文化场馆恢复活动。至 80 年代中期，上海基本形成市、区、基层三级文化设施网络。1986 年，全市共有 2 000 多个音乐、舞蹈、话剧、戏曲、曲艺等业余艺术团体及 300 多个民间文艺团体。全市各类群众文艺活动有十月歌会、十月业余剧展、法制文艺会演、班组(班班)有歌声、音舞之夏、中秋赏月谜会、青年影视爱好者活动周、中学生艺术节、夏季纳凉晚会、中秋赏月江南丝竹演奏会、元宵民间文艺联谊会等。1987 年 5 月 8 日，上海市群众文化工作委员会召开市区群众文化工作经验交流会，提出共建文化中心是依靠社会力量办群众文化的一条良好途径，以“以块为主、条块结合、立足基层、各具特色”为思想指导开展群众文化活动，由街道牵头和域内的工厂、部队、学校、商店等单位共建文化中心，成立群众文化协调机构，统筹安排群众文化的设施、设备，加强三级群众文化网建设。当年，全市有 82 个街道建立群众文化协调机构，占全市街道总数的 62%。1989 年 4 月，市委书记江泽民倡议举办“我爱中华，我爱上海”群众歌会，在同年 9 月上海艺术节的开幕式上，市委、市人大常委会、市政府、市政协的领导和机关干部参加了群众歌咏大会。

90 年代初，上海群众文化活动逐渐丰富。1990 年，市文化局印发《上海业余艺术教育管理规则》《上海市区县文化馆年度考核评比实施意见》《上海市街道、乡(镇)文化站(中心)等级评定实施办法》。1992年,群众文化事业被列入市委的有关决议和市政府城市总体建设与社会协调发展的规划。全市建立健全三级群众文化活动网络:市群众艺术馆、市工人文化宫、市青年宫、市少年宫、区县文化馆(51所)、街道与乡镇文化站(343家),加上数以百计的工人俱乐部、儿童乐园、老年文化活动中心,以及公共图书馆(513家)。市文化局印发《上海市群众性文化艺术社会团体管理暂行办法》,对文艺社团定义以及组建社团的原则、条件、命名要求等作了明确规定。1993年,上海市举办金孔雀舞蹈节、乡镇企业文化艺术节等多个群众文化活动。文化部在上海举办全国业余摄影大赛、全国民间工艺美术展览、全国现代农民画展览、全国群星奖颁奖大会、全国儿童剧汇演等活动。1994年2月,市文化局首次组织"双周免费音乐会",演出24场,听众超过3万人次。

90年代中期,广场文化活动兴起。1993年11月,"美的旋律"广场音乐会在外滩陈毅广场举办。1994年,全市共举办交响乐、江南丝竹、群众歌咏、少儿歌舞等活动50场。1995年以后,市、区县文化局共同规划、协调各项广场文化活动,形成外滩陈毅广场、人民公园、人民广场、徐家汇、复兴公园为主体的广场文化网络,区县分别形成各自的广场文化活动区。1997年12月10日,市广场文化工作座谈会在刘海粟美术馆举行。至年底,上海已有固定的广场文化活动点70多个,全年安排演出4000多场,参演者逾25万人次,观众800万人次,体现了"政府倡导、社会支持、群众参与、文化部门实施"的机制。

1998年4月1日,市委、市政府召开上海市社区文化工作会议,提出把文化设施建设重点转移到社区公共文化上,促进全市精神文明建设。同年,市政府发布《上海市公共文化馆管理办法》。5月15日,"首届社区艺术展"在上海图书馆展厅开幕。至1999年,上海群众艺术馆、文化馆总计46家。其中,市属单位1家,即上海市群众艺术馆;区属文化馆41家;县属文化馆4家。

2001年4月,市群众文化系列高级专业技术职务任职资格评审委员会组建,负责全市群众文化系列副研究员的审定和研究馆员的推荐。2002年,市文广影视局印发《上海市群众文化三年发展纲要》,确立"十五"后三年(2003—2005年)上海群众文化发展的目标和任务,并提出建立市、区(县)文化行政部门信息联系制度,构建市、区(县)和街道(乡镇)组成的群众文化工作网络。2003年,市文广影视局提出创建群众文化活动特色品牌的要求,至2005年,基本形成一街道一品、一区县多品的格局。"国际艺术节天天演""宝山国际民间艺术节""艺术家进社区""新农村群文优秀节目巡演"等活动成为全市性群众文化活动的品牌。

2004年,上海市社区文化服务工作领导小组成立。当年,市委、市政府发布的《上海文化发展规划纲要(2004—2010年)》《上海市文化设施总体规划》,把建设多功能社区文化活动中心作为2004年后上海公共文化设施建设的重点,列入市政府实事项目。计划4年内完成100个社区公共文化活动中心的建设。8月,市文广影视局印发《上海市社区公共文化活动中心建设总体规划》,明确原则上一个街道(乡镇)建设一个社区文化活动中心,当年完成20个社区文化活动中心建设任务。市文广影视局印发《贯彻落实上海市文化工作会议精神推进上海群众文化创新发展的意见》,列出四大任务:构建15分钟都市公共文化圈;增强群众文化原创力和生命力;打造群众文化交流展示平台;实施群众文化全民共享工程、群文活动品质提升工程、民间文化保护工程、群文队伍百千万培育工程等。

2005年,全市完成30个社区文化活动中心建设。2006年,全市建造80个具有一定规模、设施齐全的社区文化活动中心。2006年2月,市政府批转市规划局、市民政局、市建设交通委、市国资委《关于加强社区公共服务设施规划和管理意见》,进一步推动社区文化活动中心建设。

图 5-3-5　2006 年 9 月 16 日,第五届"金秋闵行"社区文化节开幕

2007 年,市委宣传部、市发展改革委发出《关于加快"十一五"期间社区文化活动中心建设的通知》。全市共新建或改扩建文化广场 6 个,社区文化活动中心 28 个,居委、村综合文化活动室 94 个,如期完成一期建设 100 个社区公共文化中心的规划。市文广影视局先后印发《上海市社区文化活动中心管理暂行办法》《上海市社区文化活动中心基本配置要求(2007 版)》《上海市公共图书馆行业服务标准(试行)》《上海市社区文化活动中心服务标准(试行)》等规范性文件。

截至 2010 年,全市有 1 个市群众艺术馆、28 个区县文化馆、216 个(家)社区文化活动中心或文化站。金山区山阳镇等 21 个街镇被文化部命名为"中国民间文化艺术之乡"。上海学生戏剧节、宝山国际民间艺术节、豫园旅游商城民俗文化活动等 13 个项目和 7 个地区被命名为上海市群众文化活动特色项目或区域。文广新闻传媒集团合唱团、中福会东方小伙伴艺术合唱团等 41 支团队被命名为上海市群众性优秀文艺团队。

二、建设文化设施

解放前,上海公共文化设施规模小,设备简陋,门类不全。中华人民共和国成立后,市政府因地制宜,一方面通过修缮原有文化娱乐场所,发挥其作用;另一方面通过对部分旧建筑的改造利用,建起上海博物馆、上海自然博物馆、上海图书馆、文化广场、上海美术馆等公共文化设施。50 年代初开始,市政府在市区边缘投资新建的工人新村①,也相应进行文化娱乐设施的配套建设。1952—1963 年,先后新建了徐汇剧场、曹杨影剧院、中兴影剧院、闵行剧场等 7 个剧场。

① 50 年代在市区边缘修建的工人新村,有普陀区曹杨新村、闸北区彭浦新村、杨浦区鞍山新村,随着上海的建设发展,这些地区今已属中心城区。

“文化大革命”期间，上海许多文化娱乐设施被挪作他用，布局调整、设施维修等工作也很少进行。

80年代改革开放后，上海在财力十分有限情况下，投资6个亿对原有文化设施进行改造，并建设一批新的大众娱乐设施，投入使用约50余项，主要有：宛平影剧院、新上海影都等影剧场12座；上海图书馆万米书库、上海美术馆、音像资料馆、曲阳文化馆等美术、文化、图书、资料馆15座；上海题桥中波广播发射台、电视14频道和金山、崇明、青浦电视转播台等广播电视设施10余座；上海文艺活动中心、电影艺术中心等大型设施4座以及上海市马戏学校。

1991年12月，市委五届十二次全会通过《关于当前社会主义精神文明建设的若干实施意见》，提出在“八五”(1991—1995年)期间，建设或基本建成市一级文化设施十大工程，包括东方明珠电视塔、上海博物馆新馆、上海图书馆新馆、上海广播电视新闻中心、解放日报新闻大楼、上海书城、上海影城、上海大剧院、东海影视乐园和有线电视网络。至1998年底前，十大文化设施全部竣工。“九五”期间(1996—2000年)新十大文化设施，即上海国际会议中心、上海马戏城、上海美术馆新馆、上海文化大厦、上海话剧艺术中心、上海市历史博物馆、中共“一大”会址纪念馆扩建、上海艺术职业学校等到2000年基本建成。1999年，上海市评选国庆50周年经典建筑，文化设施在10个金奖中占6个、20个银奖中占11个。

“十五”期间(2001—2005年)，上海宣传事业系统总计投资22.9亿元。其中，基本建设项目计12.78亿元，占总投资的55.8%；技术改造项目共计10.12亿元，占44.2%。2002年12月3日，中国成功获得2010年在上海举办世博会的权力，上海文化设施建设迎来新的机遇。2003年，全市宣传文化系统固定资产投资总额为2.6亿元，年内建设和启动的项目有：东方艺术中心项目、上海音乐厅迁建修缮工程、市少年宫综合楼、上海车墩影视基地扩建、上海音乐学院音乐厅等。2004年9月，上海文化工作会议提出上海市文化设施总体布局和文化建设规划，描绘了至2010年上海文化形态布局蓝图——“一轴、两河、多圈、特色街区[①]以及均衡分布的文化服务网点”。文化设施投资呈现出国有、民资、外资多元发展；地方财力积极投入公益性文化设施建设两大特点。当年，上海音乐厅成功平移，东方艺术中心投入运营。

“十一五”期间(2006—2010年)，根据《上海文化发展规划纲要》和《上海文化发展第十一个五年规划》，全市完成上海世博文化中心、文化广场改建，上海市群众艺术馆扩建，外高桥国际文化贸易二期建设等重点项目。“大世界”修缮、广播大厦二期、电影博物馆暨电影艺术研究所、上海图书馆地下广场改建、上海图书馆航头藏书楼等基本建成，进入内部装饰阶段；上海交响乐团迁建、元代水闸遗址博物馆等项目进入桩基施工；上海京剧院迁建、朵云轩艺术中心、文艺活动中心、刘海粟美术馆改扩建、巴金故居修缮等项目进入可行性研究和设计方案深化阶段。

三、建设博物馆(纪念馆)与图书馆

【博物馆、纪念馆】

中华人民共和国成立后，上海市先后投资建设了上海博物馆、上海鲁迅纪念馆、上海革命历史

① “一轴、两河、多圈、特色街区”：“一轴”，横贯中心城区东西向的轴线，西起虹桥商务区，东至浦东金桥、张江。“两河”，黄浦江滨江为北起杨浦区，南至徐汇区的黄浦江沿岸；苏州河滨河为西起普陀区，东至虹口区的苏州河沿岸。“多圈”，全市文化产业园区及创意产业集聚区。“特色街区”，为静安区华山路欧美风情街、长宁区新华路影视文化街、虹口区多伦路文化名人街、虹口区溧阳路雅文化街、杨浦区兰州路滨河休闲街、闵行区江川路中华香樟一条街、杨浦区政通路求知街、杨浦区嫩江路社区休闲街、徐汇区衡山路欧式建筑展示街、嘉定区新城路生态景观街、黄浦区豫园方浜路上海老街。

纪念馆、上海自然博物馆动物学分馆等市级博物馆、纪念馆,并在嘉定、松江、青浦、崇明等县先后建立县博物馆。

“文化大革命”期间,博物馆工作停顿。“文化大革命”时期,上海仅有各类博物馆13家。

1978年中共十一届三中全会后,原有场馆恢复开放,全市先后新建39个博物馆、纪念馆、陈列馆。1987年起,青浦、嘉定、宝山、奉贤、金山、崇明等区县博物馆的基本陈列得到改建,初步形成青浦馆文物考古系列、嘉定馆科举文物系列、松江馆古代人文砚系列和崇明馆古船系列的特色陈列。此外,上海的行业博物馆建设兴起,其中上海公安博物馆、中国烟草博物馆、上海邮电博物馆、上海铁路博物馆、上海纺织服装博物馆、船史博物馆、天文博物馆等开始筹建。

1990年11月,市政府拨款修建龙华烈士陵园第一期工程,邓小平题写园名,江泽民题词“丹心碧血为人民”。1996年6月,上海龙华烈士陵园纪念馆经过改扩建,以全新的面貌对外开放;新落成的烈士纪念馆陈列面积5 000平方米,设8个展厅、1个多功能报告厅,展厅内陈列有代表性的革命先烈、革命先驱235人的事迹,展出实物、文献、图照1 000余件。

1991年,市政府决定投资5.7亿元,在市中心人民广场建设上海博物馆新馆。同年12月8日,市长黄菊考察上海博物馆时提出:“上海要有一流的经济建设成果,也要有一流的精神文明建设成果,要花大力气建设博物馆新馆,要快上,上好。”同时,市政府还将新馆馆舍建造工程列入上海“八五”计划,并作为上海市重点工程项目之一。上海博物馆为上海城市标志性建筑,于1996年10月开馆,总建筑面积3.8万平方米,有青铜器、陶瓷器、书法、绘画、雕塑、玉器、钱币、少数民族工艺等11个专馆和3个临时展厅,陈列中国古代艺术品9 000多件。自开馆至2010年,举办了“新疆丝路考古珍品展”“周秦汉唐文明大展”“美国艺术三百年”“从提香到戈雅——普拉多博物馆藏艺术珍品展”“瑞典银器五百年展”“伦勃朗与黄金时代”“书画经典——故宫博物院、上海博物馆中国古代书画展”等。

1992年,黄炎培故居、张闻天故居先后开馆。1996年5月,上海儿童博物馆开馆。1999年,中共“一大”会址纪念馆、上海鲁迅纪念馆、公安博物馆、监狱陈列馆、崇明博物馆等先后改造、建成开放。截至1999年,上海共有博物馆、纪念馆、陈列馆55座,其中博物馆18座、纪念馆19座、陈列馆18座。

2000年7月,“上海数字化博物馆”在“东方网”推出。开通初期,共有32座博物馆、纪念馆参与。2001年,青浦博物馆、松江博物馆、南汇博物馆、崧泽博物馆的改建、扩建、新建工程启动;乳业博物馆、石库门博物馆、造币博物馆、连环画艺术博物馆、工艺美术博物馆和四海壶具博物馆等一批行业博物馆和私人博物馆建成或开始筹建。2002年6月30日,中共“二大”会址纪念馆开馆。

2004年,根据《上海文化发展规划纲要(2004—2010年)》中关于“建设一批反映城市历史文化发展内涵的各种特色博物馆”要求,市文管委印发《上海市博物馆事业发展总体规划(2004—2010年)》,计划至2005年建设有100座博物馆、2007年有120座博物馆、2010年有150座博物馆。

2008年2月,中共中央宣传部、财政部、文化部、国家文物局下发《关于全国博物馆、纪念馆免费开放的通知》,将中共一大会址纪念馆、上海博物馆、上海鲁迅纪念馆、陈云故居暨青浦革命历史纪念馆列为第一批免费开放范围。市委宣传部等有关部门印发《关于本市博物馆、纪念馆及全国爱国主义教育示范基地免费开放的实施管理办法》,自3月10日起实施。2009年,上海加大免费开放的力度,全市免费开放的博物馆、纪念馆范围扩大到青浦区博物馆、松江区博物馆、闵行区博物馆、崇明县博物馆、上海龙华烈士纪念馆、海军上海博览馆等22座博物馆、纪念馆。当年,全市主要的博物馆、纪念馆免费接待观众约300万人次。

图 5-3-6　2010 年 7 月 5 日，上海中国航海博物馆建成对外开放。图为馆内陈列的明代郑和下西洋主要船型——福船复制品

2010 年 11 月 7—12 日，国际博物馆协会第二十二届大会暨第二十五次全体会议在上海世博中心举行，大会通过《上海宣言》，提倡增强博物馆在文化交流方面的作用与能力，倡导让博物馆在多元文化交流中扮演更加重要的角色。

截至 2010 年，上海地区的博物馆分别为配合孙中山逝世 80 周年、《新青年》创刊 90 周年、郑和下西洋 600 周年、纪念抗日战争胜利暨世界反法西斯战争胜利 60 周年等重大纪念活动，举办了相关的专题展览。

【图书馆】

中华人民共和国成立后，市政府致力于公共图书馆建设，将原跑马总会（位于今人民广场和人民公园一带）办公楼改作上海图书馆。至 60 年代，上海共有区县图书馆 20 余家，街道、公社图书馆 400 多家。经过“文化大革命”，至 70 年代末，区县图书馆普遍破旧、狭小。

80 年代起，上海开展区县图书馆新建、改建、扩建。1979 年，虹口区图书馆新馆率先建成。1982 年后，杨浦、闸北、静安、长宁等区馆的新建、扩建陆续完成。1986 年底，全市共有市、区、县公共图书馆，包括集镇分馆和少儿分馆 49 家。各区、县分别设有街道和乡镇图书室，馆舍建筑 7 万余平方米，藏书 1 400 余万册，9 000 多个阅览座位；每天接纳读者 2.35 万余人次，借阅图书 3.35 万余册次。1987 年，市政府批准，市文化局印发《上海市区县图书馆管理办法》。1988 年底，上海图书馆龙吴路书库竣工，书库面积 1 万平方米，藏书量 250 万册。1990 年，市文化局印发《上海市乡镇图书馆管理条例》。

1991 年，上海图书馆新馆（位于淮海中路 1555 号）被列入上海十大文化设施建设项目之一，1993 年 3 月动工，1996 年 12 月部分建成对外开放，1997 年 5 月全面建成对外开放。上海图书馆新馆占地3.1公顷,建筑面积8.3万平方米,有各类阅览室32个,阅览座位3 036个,藏书容量达1 300万册,开架书刊总量超过100万册;配有演讲厅、展览厅、多功能厅,配置电子导读、电子阅览、电子索书信息传递和电脑控制的自走小车送书系统。

1992—1996年,南市区图书馆新馆、南汇县图书馆新馆、静安区少年儿童图书馆、静安区图书馆新馆、长宁区少儿图书馆、浦东新区杨思图书馆等一批区县图书馆完成新建和改扩建。1995年底,上海有13家公共图书馆被文化部评为一级馆,11家被评为二级馆。1996年11月28日,市政府公布《上海市公共图书馆管理办法》,强调区县、街镇图书馆的公益性质,对里弄和村图书室的设置作了规划,确立形成市、区(县)、街道(乡、镇)三级公共图书馆网络。

1999年5月13日,市政府召开上海市文献资源共建共享工作会议,印发《上海市文献资源共建共享计划》,要求在三年内实现上海公共、高校、科研系统图书馆之间联网,完成数字化图书馆基础建设。至2010年底,上海市文献资源共建共享协作网成员单位从最初的19家增至79家,涵盖上海主要的图书情报机构。

2000年12月,上海市中心图书馆工程启动。上海市中心图书馆建设是以上海图书馆为总馆,区(县)图书馆和部分高校、专业图书馆为分馆,街道(乡镇)图书馆为基层服务点的全市性图书馆联合体。至2010年,上海市中心图书馆成员馆已从最初4家增至260家,构建起由区(县)分馆、高校分馆、专业分馆、基层服务点四大系统组成的覆盖全市城乡的图书馆服务体系。

截至2010年,上海有上海图书馆、上海市少年儿童图书馆2家市属公共图书馆,25家区属图书馆,1家县属图书馆。中心图书馆总分馆"一卡通"图书通借通还量为21 479 817册,文献流通量为18 611 904册。

第四节　广播　电影　电视

一、改革管理体制

上海解放初,解放军军管会对电台、广播、电影的旧政权机构、设施、场所、企业、器材实行军管。1950年3月23日,上海市人民政府设立市文化局,管理范围包括电影行业,局下设上海电影制片公司。此期间,广播、电台实行国家与上海地方双重领导(截至1978年以前经费均由国家统一管理)。1955年9月,国务院发布有关地方人民广播电台管理办法,上海电台成为市人委的直属新闻机构,受市人委和中央广播事业局双重领导,宣传业务受市委宣传部领导。1958年10月,市人委决定成立上海市电影局。"文化大革命"初期,上海广播电台被军管。1973年6月,市委决定成立市广播事业局,与上海电台合署办公。

改革开放后,经济发展促进了城乡电视的逐渐普及。1984年1月,市广播事业局更名为市广播电视局,受市委、市政府和国家广播电视部多重领导。10月,市委、市政府同意市电影局组织上海电影总公司,保留市电影局名义。1987年5月,上海电影总公司被撤销,恢复市电影局,电影制片厂实现厂长负责制。1988年,上海市广播电视局与市财政局签署《实行全面财政总承包改革试点协议》。

1995年8月,市电影局、市广播电视局"撤二建一",成立上海市广播电影电视局,合并同类处室并精简人员。2000年4月15日,上海完成市文化局、市广播电影电视局"撤二建一"机构改革,成立市文广影视局,对全市广播影视行业实施监督管理。2001年4月,上海广电系统实行"局台分离",

组建上海市文化广播影视集团。2009年10月，上海整体实施广播电视制播分离，上海广播电视台由市文广影视局实行行政管理，属事业体制，实行党委领导下的台长负责制；组建由上海广播电视台控股和管理的上海东方传媒集团有限责任公司。

二、建设广播事业

1949年5月27日，市军管会接管旧政权的上海广播电台，成立上海人民广播电台。1987年，上海人民广播电台在体制上实行重大改革，分成新闻教育台、文艺台、经济台。1988年3月，上海人民广播电台英语调频广播开播，至此，该台有9套节目，日均播出115小时47分钟。

1992年6月，为适应浦东开发开放的新形势，市委、市政府决定成立上海东方广播电台。10月28日，东方广播电台开播，成为上海第二家省级广播电台。1993年，东方电台792千赫在国内率先以直播形式24小时播音。1994年11月，上海电台进行第二步体制改革，建立新闻台、经济台、文艺台、浦江之声4个台，实行节目总监制。

1996年10月，上海电台和东方广播电台搬迁到新落成的广播大厦，采用国际最先进的数字音频广播技术设备。至此，上海电台成为拥有新闻、经济、交通、文艺、音乐、教育、外语、对台湾广播等系列台，采、编、播力量较强的地方广播电台。截至1998年底，上海电台已有6套广播节目，频率16个，每天播出总时长达86.5小时，收听范围包括上海及长三角的广大地区。另外，东方广播电台拥有新闻综合台、音乐台、儿童台、金融台4套广播频率及有线电视音乐频道，收听范围以上海为中心，辐射苏、浙、皖、鲁等地区。

2001年4月，上海广电系统实行“局台分离”，成立上海文化广播影视集团，行使“办文化”的职能，实行党委领导下的总裁负责制。同年8月，上海文化新闻传媒集团成立，为上海文化广播影视集团直属子集团，由上海人民广播电台、上海东方广播电台、上海电视台、上海东方电视台、上海有线电视台等广播电视播出制作机构整合而成。

2002年，上海文广新闻传媒集团实施广播频率专业化重组，上海人民广播电台和东方广播电台组合成10个专业频率。同年7月15日，广播专业频率10套全新播出，原有频率的品牌形象和一批名牌节目予以保留。在“上海人民广播电台”呼号下安排新闻、交通、文艺、戏剧4个频率，日播出77.5小时。在“上海东方广播电台”呼号下安排新闻综合、财经、少儿、流行音乐、综合音乐5套节目，另有1套浦江之声广播电台节目与财经频率同频率播出，日播出96小时。

至2010年，上海共有公共广播节目21套(市级11套、区县级10套)，付费节目1套，公共广播全年播出时间为131 432小时，全年制作广播节目85 262小时，购买、交换广播节目时间为11 299小时。

三、发展电影业

【厂公司集团转制】

上海解放后，市军管会于1949年11月成立国营上海电影制片厂。1952年1月，以公私合营长江昆仑联合电影制片厂为基础，吸收8家私营电影企业，成立国营上海联合电影制片厂。1953年2月，上海电影制片厂与上海联合电影制片厂合并为新的上海电影制片厂。1956年，市委、市人委批准上海电影制片厂改组为上海电影制片公司，下设海燕、天马、江南(不久撤销)3个电影制片厂。

1957年,市人委把接管和收购的10多处小型分散的制片生产基地归并,建成上海电影制片厂、上海科学教育电影制片厂(原直属中央电影局管辖)、上海美术电影制片厂、上海电影译制厂和上海电影技术厂。1958年10月,市人委决定成立上海市电影局。“文化大革命”中,电影制片厂和相关单位多被改组、裁并或撤销,成立红旗电影制片厂、东方红电影制片厂、工农兵电影制片厂、红卫兵电影制片厂等。

“文化大革命”结束后,恢复和重建上海电影制片厂、上海科学教育电影制片厂、上海美术电影制片厂、上海电影译制厂等电影创作生产企事业单位。

1988年,市政府对市电影局实行“零承包”政策,将电影系统上缴市政府的税收全部返还市电影局。市电影局在第一轮承包期(1988—1992年)共获资金8 557万元,用于建设上海影城、银星皇冠假日酒店等。

1992年9月,上海电影发展总公司成立。1993年3月18日,上海电影发行放映公司转制为永乐股份有限公司,成为从事电影发行放映、影视作品制作等经营活动的股份制企业。1994年,上海电影制片厂开展建立“自主经营、自负盈亏、自我约束、自我发展”的国有独资有限责任公司性质企业机制的试点工作,规范内部管理,引入竞争机制,淡化行政级别,实行制片人制和影视片的制作基地化;成立创作人员服务公司、人才交流服务公司和实业总公司;分配上实行创作人员的“基薪酬金制”和其他人员的“岗位薪金制”。上海科学教育电影制片厂、上海美术电影厂等制片单位也进行转制。1995年3月,上海电影制片厂组建上海第二家电影发行公司——上海东方影视发行公司,拥有自己的影院和排片线路。

1995年8月,市电影局、市广播电视局实现“撤二建一”,成立上海市广播电影电视局。机构体制改革包括:组建新的局机关,合并同类处室并精简人员;将上海科学教育电影制片厂和东方电视台整合重组,实行“一个实体、两块牌子”,创作人员双向选择,优化组合,并使制作和播出分离;将上海美术电影制片厂和上海电视台整合重组,实行“一个实体、两块牌子”;撤销原上海电影乐团和上海广播电视乐团,以两团原有人员为基础,公开招聘,组建上海广播交响乐团;以上海电影制片厂为母体,吸收上海电影技术厂、上海电影发展总公司、上海东方影视发行公司、新光影艺苑,组建上海电影电视(集团)公司,并保留上影厂厂牌,以创作生产故事片为主,兼摄制电视剧,实现影视录一体化、产供销一条龙。

1996年2月,上海科学教育电影制片厂与上海东方电视台联合重组,实行“两块牌子、一套班子”。同月,上海电影制片厂集合上海电影技术厂、上海电影发展总公司、上海银星皇冠假日酒店和新光影艺苑,组建上海电影电视(集团)公司,实行总经理负责制,实现影视创作、生产、洗印、发行一条龙。7月,上海永乐电影电视(集团)公司成立。

1999年,市广电局对2001—2005年上海电影机构体制改革做出规划,计划在影视制片公司上,合并上影、永乐两个影视集团公司,并将制作基地全部分离出来。

2001年8月,由上海电影电视集团公司,上海永乐电影电视集团公司、上海电影译制片厂、上海科学教育电影制片厂、上海影城等10家单位组成的上海电影集团公司成立,以影视制片、影视发行和其他相关产业经营为三大经济支柱,逐步建立和完善制片、发行、放映一条龙,影、视、录综合发展的运作经营体制。2002年,根据国家广电总局《关于改革电影发行放映机制的实施细则(试行)》的规定,上海组建上海联和电影院线有限公司和上海大光明院线有限公司两条跨省院线,使上海的电影发行形成上海联和电影院线、大光明院线、世纪环球院线和星美院线并起的格局。2003年12月,由上海电影集团公司筹建的“东方电影频道”开播。2004年底,上海电影集团公司宣布由企业化管理的事业单位整体转制为企业，并逐步发展为多元所有制的股份制公司。

2005年，市委、市政府印发《关于振兴上海影视产业的若干意见》，明确上海影视产业发展的目标、原则和任务，提出建立影视产业相关政策的信息公布平台、制定影视人才培养实施方案、设立上海影视业发展专项基金、保护影视作品知识产权等。2010年7月，市文广影视局印发《上海市电影剧本(梗概)备案、立项、电影片初审管理办法》，完善电影备案立项审核和题材发行的引导。

【电影创作与放映】

“文化大革命”结束后，禁映的优秀影片重新放映，大批电影艺术家和电影工作者恢复了艺术生命，上海的电影创作、生产获得转机。1977—1984年，相继摄制故事片《苦恼人的笑》《天云山传奇》《巴山夜雨》《庐山恋》《喜盈门》《月亮湾的笑声》《南昌起义》《牧马人》《城南旧事》《泉水叮咚》《高山下的花环》，美术片《哪吒闹海》《三个和尚》《鹿缘》，科教片《地壳运动》《遗传工程初建》《试管苗》《冠心病》等力作。1984年9月，全市举行《上海电影回顾展》庆祝建国三十五周年，1个月之内在31个影院共放映138场，吸引观众156 440人次。

1985年后，电视、录像等在大众文化消费中占有的份额逐步扩大，影院上座率大幅度下降，电影生产严重滑坡。对此，市政府一方面强调电影等文化部门要积极主动地配合经济建设努力创作；另一方面，从1988年起对电影系统实行财政“零承包”和其他政策。此期，上海电影界创作出故事片《芙蓉镇》《人・鬼・情》《十八岁的男子汉》，动画片《黑猫警长》《葫芦兄弟》《邋遢大王奇遇记》等优秀作品。其中，《芙蓉镇》获第七届中国电影金鸡奖、第十届百花奖最佳故事片奖、第二十六届捷克斯洛伐克卡罗维发利国际电影节“水晶地球仪大奖”等奖项；《人・鬼・情》获第八届中国电影金鸡奖最佳编剧奖、第五届巴西利亚国际影视录像节电影大奖、法国第十一届克雷黛国际妇女节公众大奖。上海还先后与美、英、法、日等国家以及中国港澳台地区的电影企业合作拍摄《太阳帝国》《最后的贵族》《花轿泪》等30多部影片。

90年代，影片风格题材呈现多样化。1992年12月，上海电影制片厂拍摄的《留守女士》获第十六届开罗国际电影节最佳影片奖——金字塔金像奖。1993年，《阙里人家》获国家广播电影电视部优秀影片奖和第十三届金鸡奖最佳录音奖；《走出地平线》在中宣部举行的“五个一工程”表彰会上获入选作品奖；《开天辟地》获第二届上海文学艺术奖优秀成果奖；《三毛从军记》获第十三届金鸡奖最佳儿童片奖。1995年实行影视合并后，市委、市政府强调优势互补和贯彻精品战略精神，影片质量明显提高。上海拍摄的《红河谷》获1995年“华表奖”最佳影片奖。1996年，《我也有爸爸》获第二十届柏林国际儿童电影节评委会特别奖。动画片《宝莲灯》、科教片《毒品的危害》、资料片《上海市重大工程建设》等也赢得多方赞誉。1999年，上海电影产量创历史新高，全年生产故事电影16部、纪录电影1部、美术电影1部。

进入21世纪，上海电影实施精品战略，创作生产了《生死抉择》《新十字街头》《飞天舞》《第一次的亲密接触》《可可的魔伞》《走出西柏坡》《詹天佑》《父亲》《2046》《邓小平・1928》《自娱自乐》《做头》《伯爵夫人》《世界》《如果・爱》《东京审判》《三峡好人》《高考1977》《廉吏于成龙》等一批兼顾思想性、艺术性、观赏性的作品。其中，《父亲》获第二十七届开罗国际电影节最佳导演奖；《自娱自乐》获美国贝弗利电影节最佳外语片；《2046》获欧洲电影节的最佳非欧洲影片奖及意大利“巴索里尼大奖”；《世界》相继获法国维苏电影节评委会大奖、西班牙巴马斯电影节最佳影片和最佳摄影奖、法国多维尔影展的最佳编剧奖；《如果・爱》获第三届纽约Queens国际电影节最佳外语片奖；《三峡好人》获第六十三届威尼斯电影节最佳影片金狮奖。

【影院设施建设】

改革开放初期,上海电影院普遍设施老旧,缺乏保养。1979 年,上海电影发行放映公司根据国务院《关于改革电影发行放映企业管理体制的意见》,实行企业利润留成 80%的办法,集中更多的生产发展(维修)基金,规划在“六五”(1981—1985 年)期间在市郊新建 22 家新影院和改善旧影院。

1981 年,根据“合理布局、填平补缺”的原则,上海投资 2 212.75 万元(自筹和财政拨款),新建一批中型电影院。至 1986 年,市区建有“天山”“燎原”“翔鹰”“长白”“泗塘”“卢湾”“银河”“四平”“兰馨”“沪北”等 10 家影院;郊县建有“金山”“东方”“南翔”“北蔡”等 4 家影院。至 1990 年底,上海已有 25 家专业影院使用立体声设施,占专业影院总数的 49%。

1991 年 12 月 20 日,上海影城建成,以放映电影为主,分布 5 个放映厅,最大放映厅有 1 080 个座椅。同年,燎原影剧院完成扩建工程,整个剧场呈圆形,成为上海首座 360°视角电影院。1992 年,上海电影制片厂以土地置换形式筹集资金,在松江车墩镇与该镇联合建设上海电影外景拍摄基地。坐落于市郊南汇海滨的东海影视乐园初具规模,占地 70 公顷,有 1 000 平方米的大摄影棚。至 1998 年,上海影城和上海永乐宫装备电影数字声还音设备,大光明、国泰、燎原、鑫乐、嘉华海兴等影院也相继具备数字声还音功能。1998 年底,上海已有各类电影放映单位 455 家,其中影剧院 242 家。

2000 年后,上海的电影院建设呈现出一院多厅和大都位于交通便利的中心商业区的特点。2001 年底,3 座具有高科技含量的新样式电影院——巨幕影院、环幕影院、四维影院在上海科技馆落户迎客。2002—2003 年,位于徐家汇港汇广场的永乐电影城、新天地的上海新天地 UME 国际影城、浦东正大广场的正大广场浦东影城、虹桥地区的虹桥世纪电影城、淮海路大时代广场的万裕国际电影城相继建成营业。“四平”“国际”“国泰”电影院完成改建。2006 年 3 月,全国首批“百姓影院”在上海诞生。“百姓影院”依托社区文化服务中心和东方社区信息苑,由上海东方永乐数字电影院线有限公司推出。2009 年,共新建、改建 14 家影院、74 个影厅、14 360 个座位,多为社会资金投资建设。

四、发展电视业

1957 年,上海电视台建台方案被纳入市政建设规划。1958 年 3 月,市委批准筹建上海电视台。同年 10 月 1 日,上海电视台对外试播。70 年代初,市革委会批准上海电视台创建彩色电视中心。进入 80 年代,彩色电视机在上海城乡的普及率迅速提高。1980 年 11 月和 1983 年 6 月,两次向社会公开招聘编辑、记者、播音员和财务人员。1983 年,上海电视 5 频道改转中央电视节目、8 频道改为上海自办节目。1986 年,26 频道开播。1987 年,在上海电台和上海电视台处、科级干部中实行聘任制。上海电视台在全台范围内实行人员流动和优化组合。1987 年 5 月,上海电视台实行体制改革:建立上海电视台一台(8 频道),负责新闻、文艺类节目;上海电视台二台(20 频道)负责经济、体育、社教节目;建立上海电视制作中心。此外,市广电局分别成立技术中心和服务中心,统领全局高周波发射以外的广播电视技术工作和后勤保障。1989 年 10 月,14 频道试播。

1991 年 12 月,市委、市政府将有线电视网络列为“八五”计划(1991—1995 年)文化设施十大工程之一。1992 年初,经广电部和上海市委批准,在浦东新区注册成立具有独立法人资格的上海东方电台和上海东方电视台,接着,又成立上海有线电视台,形成五台竞争、相互促进的新格局。1992 年 12 月 26 日,上海有线电视台(简称有线台)开播,共设 9 个转播频道,自办 1 个综合频道。1992 年,成立东方电台和东方电视台,局内招聘台长。根据国家、集体、个人三兼顾原则,改革分配制度,在全系统实行工资总额与经济效益、社会效益挂钩的办法。同时,贯彻按劳分配原则,严格考核,拉开差距。1993 年 1 月 18 日，经市委、市政府批准成立的上海东方电视台开播，成为上海第二家独立建制省级电视台。同年 10 月，撤销上海电视台电视剧制作中心，先后成立电视剧制作一、二公司和求索电视剧制作社。1994 年 2 月 27 日，上海教育电视台开播，为市教委领导的省级专业台。

1995 年 4 月，市政府批准的上海广播电视国际新闻交流中心（又称“广电大厦”）竣工使用。广电大厦位于南京西路，总建筑面积 3 万平方米，有 1 100 平方米的多功能演播厅，能容纳近千名观众，有广播电视播出中心、技术中心、节目制作传送中心及卫星地面站，以及微波通讯和闭路电视等配套设施。同年 5 月 1 日，东方明珠广播电视塔发射开播。1998 年 3 月，广播电影电视部复函上海市政府，同意上海使用卫星传输电视节目。同年 9 月底，上海广播电视卫星地球站在闵行区陈行镇落成。10 月 1 日，上海卫星电视（简称上海卫视）开播。

1999 年，市广电局对 2001—2005 年上海电视事业体制机制改革做出规划：局、集团两块牌子并存，组建 10 个公司实体，保留若干直属单位，合并上海电视台、东方电视台和上海卫视，除新闻节目外其余节目制作全部分离出去；各单位建立和推行聘用合同制，建立重实绩、重贡献，自主灵活的分配激励机制。同年 10 月，上海广电影视制作公司成立，实行制作与播出分离，上海文广新闻传媒集团成立。

2001 年 8 月，由上海电视台、东方电视台和上海有线电视台三台体育节目合并而成的上海电视台体育频道开播。2002 年 1 月 1 日，上海电视台、上海东方电视台的 11 个电视频道经过专业化重组后全新推出。2003 年 7 月 7 日，经国家广电总局批准，由上海电视台财经频道和上海东方广播电台财经频率整合而成的专业财经资讯平台——“第 1 财经”开播，实现广播与电视在人力、信息和品牌资源上的整合共享。2004 年 12 月 26 日，中国首家“全年龄、全卡通”的专业电视卡通频道——上海炫动卡通卫视开播。同月，东方网络电视在上视大厦举行开播仪式，为电视与互联网联姻的产物。2005 年 6 月，SiTV（上海文广互动电视有限公司）全国有线数字付费频道开通。至 2005 年底，上海电视新媒体已有数字付费电视、宽频电视、IPTV（交互式网络电视）、移动电视、楼宇电视、手机电视和公交电子站牌 7 种产品。

2009 年 10 月，上海整体实施广播电视制播分离，撤销上海文广新闻传媒集团、上海电视台、上海人民广播电台、上海东方电视台、上海东方广播电台、上海文广集团技术中心、上海文化建设发展中心、上海录像公司、上海每周广播电视报社、上海第一财经日报社等事业单位，合并组建上海广播电视台，由市文广影视局实行行政管理，属事业体制，实行党委领导下的台长负责制。同时，将影视剧、动画、少儿、综艺、体育、生活、科技等节目制作业务分离，与经营性资产合并，组建由上海广播电视台控股和管理的上海东方传媒集团有限责任公司。

至 2010 年，上海共有公共电视节目 25 套（其中市级 16 套、区县级 9 套），付费电视 16 套，公共电视全年播出时间 175 304 小时；全市有线广播电视传输网络干线总长 36 211 公里，全市广播电视综合人口覆盖 1 400.7 万人，覆盖率达 100%；有线电视数字化整体转换全面启动，全市数字电视用户总计 2 356 332 户；全市有线电视用户总计 5 730 175 户，农村有线电视用户近 703 700 户、入户率为 80.7%，农村基本实现有线电视“户户通”。

第五节　文化交流合作

一、文化演展交流合作

1978 年，上海评弹团、上海滑稽剧团多次赴日本、美国演出。80 年代，上海民间交流、首创性文化交流、商业性与经营性文化交流增多,交流区域稳定。1984—1986年,市文化局组织与批准的出国演出、展出团(组)共51批、703人次。1986年7月,文化部等国家部委发文,明确上海的民间文化交流(包括友好城市交流和商业性演出、展览等)除按照规定需报国务院批准的以外,其余审批权下放给上海市政府;在国外的创汇收入不再缴文化部,留给上海市统一使用;组团规模内容允许上海有较大自主权;同意上海市单独对国外举办文物展览;支持举办"上海艺术节"等大型国际性文化交流活动。1987年11月,上海在国内率先举办国际音乐创作比赛,共有来自12个国家和地区134人的181部钢琴新作报名参赛,26部作品参加正式比赛。1989年,上海文化系统共出访190批、896人次。

1991年4月,由市文化局主办的法国艺术大师凡·高(Vincent Willem van Gogh)画展在上海美术馆举行。10月,应波兰革但斯克省政府邀请,由上海市政府主办、上海美术馆承办的《上海百景——美术、摄影作品展》赴革但斯克展出。同年,相继有美国夏威夷大学英语京剧团来沪表演英语京剧《玉堂春》;上海时装表演团赴俄罗斯圣彼得堡演出;上海儿童艺术剧院《大森林里的小故事》剧组赴日演出。1992年10月,应台湾新象文教基金会邀请,上海昆剧团赴台演出,成为继中央芭蕾舞团之后,第二个进入台湾演出的大陆文艺团体。1995年5—6月,由市文化局和市美术家协会共同主办的西班牙艺术大师胡安·米罗(Joan Miró)的"米罗:东方精神——米罗艺术大展"在上海美术馆开展,观者累计达5万人次。1998年11月,由市文化局和市广电局主办,法国艺术行动委员会、上海大剧院、上海电视台协办,巴黎喜歌剧院、上海歌剧院联手推出的法国歌剧《浮士德》在沪首演。1999年,经市委宣传部审核、审批的对外文化交流项目共计479批、1 886人次,接待来沪的外国政府文化代表团和其他各类表演、影视交流、新闻等团组1 020批、12 042人次。

2000年11月,由市文广影视局主办,上海东方电视台与上海演艺总公司、美国梅耶斯国际制作有限公司承办的世界超大型景观歌剧《阿依达》在上海体育场上演,总共8万余观众观看演出。

图5-3-7　2005年5月31日,中国的法国文化年上海"马赛周"活动开幕

2001年4月，文化部、外交部、海关总署下发《关于下放对外文化交流项目部分审批权限的通知》。2002年，市文广影视局印发实施意见，构建上海市、区两级对外文化交流行政管理网络。同年，以上海文广新闻传媒集团为主体的“申博”（申办世博会）演出团，围绕文化“申博”的宗旨接连推出今夜星光璀璨——经典歌舞晚会、蓝色畅想——汉堡·上海之夜2002经典盛演、赴巴黎申博陈述大型文艺演出——金舞银饰等大型跨国演出。2004年1—2月，市文广影视局接受文化部“春节品牌”项目任务，组织上海文艺代表团赴非洲5国访演。同年10月，市政府承办国际文化政策论坛第七届部长年会。10月，中法互办文化年法国文化年活动开幕，来自巴黎、马赛等法国各地的50余个精彩项目在上海亮相；“法国印象派绘画珍品展”“太阳王——路易十四展”“蓝色海岸展”等多个世界级艺术精品展举行。法国总统希拉克、总理拉法兰先后抵沪出席相关活动。

2004—2009年，上海陆续举办中国文化年巴黎“上海周”、阿拉木图“上海文化周”、爱知世博会中国馆“上海周”、圣彼得堡“中国年——上海周”等一系列上海文化周活动。2006年，上海成功举办重大国际多边文化交流项目——上合组织峰会5周年庆典晚会演出及成员国第二届艺术节系列文艺活动，受到文化部嘉奖。2009年后，“上海文化周”围绕“迎世博”主题，先后在比利时、英国、美国、安哥拉、日本、荷兰等多个国家和地区举行活动，宣传上海世博会的魅力，展示上海的城市形象和海派文化。

2010年上海世博会举办当年，上海市文广影视对外文化交流工作共完成项目数866批次、14 378人次。其中，从国（境）外引进项目608批次、11 848人次，向国（境）外派出项目258批、2 530人次；实现涉外演出、展览等服务贸易额9 274万元。28批政府代表团和10多批文化机构及使领馆人员来沪访问。

二、电影业交流合作

进入80年代后，上海与世界30多个国家和地区的电影界开展互访、互办电影节以及合作拍片等交流活动。1981年，市电影局共接待外宾167起、700余人次，先后派出14批、22人次出国访问和参加各种国际性电影节活动。1986年7月，国务院有关部委同意上海有权以自产影片与国外友好城市互办电影展，与国外电影机构互换电影资料，并规定“凡上海派出的电影艺术、技术团队，可由上海审批，报广播电影电视部备案”。1980—1993年，有亚洲、欧洲、大洋洲等近20个国家在沪举办电影周或电影回顾展。法、美、英等近10个国家相继举办“中国电影回顾展”“上海电影周”。外国著名电影艺术家频繁来访、研讨、讲学，参加国际会议和电影节。中外合作拍摄故事片《太阳帝国》（中美）、《花轿泪》（中法），动画片《夜莺》（中加）、《小精灵》（中法）等。

1988年11月，首届上海国际动画电影节召开，共有30个国家和地区的386部影片报名参赛，中国水墨动画片《山水情》荣获大奖。1992年，上海举办第二届国际动画电影节，共有37个国家和地区选送354部影片报名参赛，共有1.2万多人次参加活动。1989年，以“生命的科学”为主题的国际科教电影协会年会和电影节暨中国第二届国际科教电影节在沪举行，共有23个国家、44个机构寄来127部影片参赛。

1993年，上海举办首届国际电影节，结束了我国无国际电影节的历史。电影节期间主要举办故事片比赛、电影交易市场、电影论坛、国际影展等活动。至2010年成功举办13届，成为与戛纳、柏林、威尼斯等电影节相媲美的电影节，被国际制片人协会列入世界著名电影节行列。从2001年第5届国际电影节起，上海国际电影节每年举办1届。2010年，第13届上海国际电影节共有81个国家和地区的 2 327 部影片报名参加金爵奖、亚洲新人奖以及国际学生短片大赛。其中,长片 1 299 部,短片 928 部。

三、广播电视业交流合作

改革开放后,上海广播电视加强对外合作交流。1980 年,上海接待了来自 22 个国家和地区的广播电视代表团、电视摄影队和广播采访组 72 批(次)。1981 年 12 月 26 日,日本东京放送(TBS)为庆祝建台 30 周年,在上海进行 8 小时实况转播。1986 年,文化部等中央有关部门同意在对外文化交流方面对上海放宽权限,规定经上海主管部门审查后,进口外国电视剧可以在当地播映,上海生产(包括与其他省市合作拍摄)的电视剧可自行出口,均不再报广播电影电视部审批。同年 3 月,上海电视台第一次向国际传送在沪举行的 9 个国家 114 名运动员参加的国际女子马拉松比赛实况。7 月,上海电视台卫星地面接收站正式建成,此后几乎每年都与国外同行进行卫星实况转播。同年,上海媒体采用机场直播和连续报道等方式,详细报道了英国女王伊丽莎白二世访问上海,并协助英国广播公司(BBC)等 3 家国外和中国香港委托单位完成卫星传送和实况转播。1987 年 6 月中旬,上海人民广播电台《星期广播音乐会》首次跨出中国,与联邦德国北德意志电台合作在汉堡举办《哈啰!汉堡——哈啰!上海》专场音乐会。1989 年,上海共接待来自亚、欧、大洋、美洲等 31 个国家和地区的电视摄影队、广播采访组、访问旅游团以及来参观访问、洽谈业务、传送节目的客人 213 批、727 人次。市广播电视局共组团出访 30 批、70 人次。上海先后与约 40 多个国家和地区、170 多个广播电视机构建立了各种联系。

1990 年,上海广播电视发展公司在海外开设两家公司:美国洛杉矶中国城公司,与日方合资开设在日本长崎的"上海—长崎"广播电视服务公司,成为上海的对外宣传窗口。年内,上海电视台与外国友好电视台的节目交流增多,如《外国祝贺中国春节》特别节目,《海外儿童节目荟萃》《波兰格但斯克电视周》《匈牙利电视周》《卡拉奇电视周》等先后在上海荧屏播出。同时,向 18 个国家的电视台提供了 193 小时的各类电视专题片。1991 年 4 月,华声电视台在美重新开播,上海电视台负责每天提供 1 小时的华语电视节目,包括新闻、体育、文艺、专题、电视剧等。1993 年 5 月,首届东亚运动会在上海举行,上海共提供 18 路国际信号,传送节目 318 小时,录制节目 310 小时,市广播电视局接待了来自日本、朝鲜、韩国、澳大利亚、中国香港和中国台湾等 8 个国家和地区的 19 家广播电视机构的采访,技术人员共 163 人。1998 年 6 月 30 日,美国总统克林顿和上海市长徐匡迪一起作为特邀嘉宾,在上海电台 990 千赫《市民与社会》节目中与听众交谈近 1 个小时,涉及文化、教育、环保、市内交通等话题。这是中国广播史上首次安排一位外国总统参与新闻节目。同年 10 月,由国家广电总局主办、上海市广电局承办的第三十五届亚洲——太平洋广播联盟大会及相关会议在上海举行,来自 38 个国家和地区的 105 个广播电视机构和有关国际组织参会。1999 年,上海电视台、东方电视台和上海卫视向 CNN(美国有线电视新闻网)提供并被采用新闻 120 条,向欧洲卫视提供节目 126 小时 20 分。

2000 年 12 月 29 日,上海东方明珠电视塔与加拿大多伦多电视塔,通过国际卫星跨越太平洋,进行电视史上第一次"新世纪对话"。2001 年 5 月 27 日,上海电视台与法国电视台借助卫星跨越大洋连线,在上海大剧院和巴黎香榭丽舍大剧院联合举办《上海·巴黎——2001 的跨越》卫星双向传送音乐盛典。2003 年 4 月,上海文广新闻传媒集团与 CNBC(美国 NBC 环球集团)亚太财经宣布结为战略联盟。根据协议,上海电视台财经频道每天为 CNBC 财经电视台制作两档直播节目,用英语向全球观众播出中国的财经信息。这是中国媒体与西方主流媒体第一次有实质内容的结盟。同年10月,“上海卫视”更名为“东方卫视”,并在澳门及日本、澳大利亚等地区和国家落地播出。2004年10月,东方卫视北美频道正式开播。2006年,东方卫视通过中国长城(欧洲)电视平台正式在欧洲落地,成为中国辐射海外最广的省级卫视。年内,东方卫视向美国有线电视新闻网(CNN)、日本放送协会(NHK)等海外主流媒体提供新闻近200条(次),向中央电视台CCTV－9提供各类新闻报道1 000多条,向凤凰卫视欧洲台和美洲台提供节目40期计1 000分钟。2008年1月1日,国内省级电视台的首个外语频道——上海外语频道开播,外语频道除做好向CNN、CCTV9、NHK和肯尼亚电视网(KTN)的常规供片工作以外,先后向CNN提供“四川地震救援重建”“2008北京奥运会”等专题系列报道。

图5－3－8　2005年6月15日,第十一届上海电视节闭幕

1986年,市广电局主办国际性电视节。同年12月,上海国际友好城市电视节开幕,着力于与上海结为友城的16个国家、18个城市和23家电视台、电视制作公司加强合作交流。1988年,第二届电视节突破友好城市范畴,共有36个国家和地区的92家电视台、影视公司和电视设备厂商的代表450人参加,120多部(集)的电视片参加评选和展播。2002年后,上海电视节每年举办1届,由国家广电总局和上海市政府主办,市文广影视局和上海文广影视集团承办。1986—2010年,上海共举办16届电视节,成为包含“白玉兰”国际电视节目评奖、国际影视节目市场、国际新媒体与广播影视设备市场、“白玉兰”国际电视论坛等活动的综合性国际文化交流活动。进入21世纪后,上海电视节还根据国际电视发展趋势,增设电视电影创意大赛、电视连续剧互联网大众票选等活动。

第四章　新闻出版

上海解放后，市军管会接管旧政权的新闻出版机构。1949 年 5 月 27 日，市军管会公布《关于上海市报纸、杂志、通讯社登记的暂行办法》；28 日，中共中央华东局和中共上海市委机关报《解放日报》问世，随后《青年报》《劳动报》创刊，《文汇报》《新民报（晚刊）》复刊。50 年代初，上海有刊物 80 余种。

1954—1956 年，市政府通过对私营出版社进行公私合营，采取组建印刷公司、建立新华书店上海发行所、淘汰私营批发企业。1957 年 7 月，成立上海市出版局，统一管理全市出版、印刷、发行业。“文化大革命”期间，上海出版体制遭到严重破坏，许多正规报刊被迫停刊，只剩《解放日报》和《文汇报》2 种大报。“文化大革命”初，以造反组织上海工总司机关报《工人造反报》为代表的“文革小报”遍地开花。1971 年 4 月 9 日，市委作出《关于加强报刊工作的决定》，强调办好《文汇报》和《解放日报》，从 4 月中旬起，《工人造反报》停刊。

“文化大革命”结束后，重新设立市出版局，取消大社体制，各出版单位恢复原建制。《新民晚报》《青年报》《劳动报》复刊，新报纸和各类期刊涌现。1987 年 5 月，市出版局改为上海市新闻出版局，加强对报业、出版业的管理。90 年代起，经济类报纸增加，报纸发行扩展至国外，新闻界与国外交往增加，版面扩展，内容充实活跃，编排印刷设备更新，经营管理水平提高，新闻工作队伍年轻化；出版了《辞海》（1979 年修订版）《中华文化史》《中国戏曲剧种大辞典》《近代中国社会的新陈代谢》等一批优秀书籍。

图 5－4－1　2000 年 10 月 9 日，上海解放日报报业集团成立

1998—2000 年，随着文化产业的发展和现代企业制度的建设，新闻出版业进行了集团化改革。其间，1998 年 7 月 25 日，由文汇报和新民晚报组建文汇新民联合报业集团，下有 17 家报刊。1999

年2月24日，由上海人民出版社、上海教育出版社、上海译文出版社、汉语大词典出版社、上海书店出版社、上海图书公司、《理财周刊》杂志社和《上海商报》报社等组建上海世纪出版集团。2000年9月22日，由上海新华书店、上海发行所、上海书城、中国科技图书公司、上海音乐图书公司等34家企业组建上海新华发行集团。2000年10月9日，以《解放日报》为龙头组建解放日报报业集团，拥有《解放日报》《新闻晨报》《新闻晚报》《报刊文摘》《申江服务导报》《上海学生英文报》《人才市场报》《时代周报》《房地产时报》《支部生活》《上海小说》《新上海人》、解放日报电子网络版、上海沪剧院等。2003年，上海被中央文化体制改革领导小组列为文化体制改革综合试点地区之一，对新闻出版单位中的经营性部分，剥离后实行公司化运作；对经营性事业单位实施转企改制，完成新闻出版领域的政企分开、政事分开。

1999年，上海各出版社共出版图书11 348种。其中，《中国人民解放军70年图集》《男生贾里全传》获中宣部“五个一工程”图书奖，《中华文化通志》(101卷)、《敦煌学大辞典》等10种图书获国家图书奖，《世界科技英才录》等10种图书获上海市优秀科普图书奖。2000年，上海各出版社共出版图书12 682种，包括《中国历史大辞典(上、下)》《现代汉语大词典(上、下)》《新英汉词典(世纪版)》《敦煌石窟全集》《科学与艺术》等一批优秀图书，其中《中国通史(导论)》《高温超导基础研究》《名家讲演录》《中国历代人名大辞典》《世界绘画珍藏大系》《新世纪英语用法大词典(缩印本)》《西方美学通史》《中华本草》《水稻基因组工程》《中国京剧》《辞海(1999年版彩图本)》《中国通史》《十万个为什么(新世纪版)》《中华人民共和国50年图集》《汽车城》《多彩年华特辑》《迎战千年虫》等74种图书分别获各类奖项。

“十五”期间(2001—2005年)，上海编辑出版了一系列重要的古籍、辞典，包括《续修四库全书(2001)》《大辞海(2002)》《二十四史全译》《海外新发现永乐大典十七卷(2004)》《古文字诂林》《话说中国》《彩图科技百科全书(2005)》等。“十一五”期间(2006—2010年)出版《大辞海·军事卷》《上海大辞典(2007)》《辞海(第六版)》《中国新文学大系》等一批重要图书。

2004年7月28日—8月2日，在原上海图书交易会的基础上，首届上海书展在上海展览中心举行，2006年上海书展确立“我爱读书，我爱生活”主题，至2010年已成功举办7届，成为上海品牌文化活动的一项重要内容。

截至2010年，上海共有期刊621种，总发行数1.79亿册，总印张数9亿印张。其中，社会科学类期刊261种、自然科学类期刊360种，从业人员近5 000人。同年，有报纸100种，总发行量171 567.87万份，从业人员4 983人。

第一节　新闻事业

一、新闻事业管理

根据1979年3月中共中央召开的全国新闻工作座谈会精神，上海新闻界在业务上进行改革，报纸报道日益活跃，版面扩大，各种专业性、群众性报纸应运而生。《解放日报》《文汇报》等报纸实行党委领导下的总编辑负责制。

1982年9月20日，市委宣传部印发《关于维护新闻报道真实性的几项规定》。1983年1月，市委宣传部联合中宣部新闻局召开各主要新闻单位总编辑和编辑、记者座谈会。80年代后期，国家财政体制改革，对报刊将其由利润上缴改为照章缴税、盈余归报社所有；允许报社用于技术改造和基本建设的贷款实行(所得)税前还款。1987年、1989年两年,免征所得税。部分报社依靠自身积累和银行贷款兴建业务大楼,引进先进生产设备。1990年5月、1990年末、1994年5月,文汇报社办公大楼、新民晚报社办公大楼、解放日报社办公大楼先后投入使用。进入90年代后,《劳动报》《联合时报》《上海法制报》《上海商报》等多渠道、多方式地解决了办公用房。上海报业改变了近百年办公用房简陋的状况。

1990年9月,新闻出版署印发《报业管理暂行规定》,对创办报刊必备的条件、审批登记手续、报纸内容等作出规定。1993年7月,为了确保报业免受不正之风的影响,中共中央宣传部和新闻出版署下发《关于加强新闻队伍职业道德建设禁止有偿新闻的通知》,市委宣传部和市新闻出版局组织上海各新闻单位学习贯彻,并于同年8月印发《上海市关于加强新闻队伍职业道德建设、禁止"有偿新闻"的规定》。各报社结合实际,制订了具体措施。

1997年11月,市新闻出版局根据新闻出版署发布的《报纸质量管理标准》,将报纸质量分解为办报宗旨与舆论导向、依法出版情况、报纸版面综合质量、编校质量、印刷质量、广告质量等方面。全市有85家报纸参加评估。1998年下半年开始,市委宣传部会同市新闻出版局对报纸进行优化调整,至2000年底基本完成报刊结构调整。调整后,报业集团和出版集团拥有报纸增加到32种,占上海报纸(不含高校校报)总数的43.84%,生活服务类报纸从原来的4种增加到7种,政府部门不再办报纸。

1999年4月,市新闻出版局开展期刊核验和换发期刊出版许可证和期刊登记工作。凡通过年检合格的期刊,发放《中华人民共和国期刊出版许可证》(正副本),有效期为5年。

2001年7月,市新闻出版局分别召开全市小版面报纸总编会议和社科类期刊主编会议,要求从政治导向,坚持办报办刊宗旨,品位格调,遵守宣传纪律,是否刊登虚假新闻及报道严重失实,是否买卖刊号、版面,是否刊发有偿新闻等7个方面进行自查自纠。

2003年7月,根据中宣部精神,市委成立上海市报刊整顿领导小组。同年8月,下发《关于对上海市党政部门主管主办的连续性内部资料性出版物进一步加强管理的通知》。9月,中央下发报刊调整方案,上海共有37种党政机关主管主办的报刊列入治理调整范围;经过调整,党政部门基本退出直接办报办刊范围,上海报刊结构更为合理,市场化程度进一步提高。12月,根据中共中央宣传部、新闻出版总署、国家广播电影电视总局《关于开展新闻采编人员资格培训工作的通知》,市新闻出版局与上海新闻出版教育培训中心开展培训、登记和审核工作。新闻采编人员经过资格培训且考试合格,领取《新闻采编人员资格培训合格证书》,才可换发新记者证。

2004年2—5月,市新闻出版局对129家中央及各省市报刊驻沪记者站进行专项治理及年度核验。同年2月中旬至4月,根据中央治理工作部署,市新闻出版局开展连续性内部资料出版物(以下简称"内部资料")专项治理,规范内部资料出版,制止违规出版和强行征订等行为。

2005年初,市委宣传部、市新闻出版局印发《关于加强上海报业结构与定位管理的若干意见》《关于实施媒体品牌战略的若干意见》《关于加快形成名记者名编辑名评论员名主持人队伍的若干意见》《关于规范上海市报刊社记者署名的通知》《关于建立上海市报纸重大差错报告制度的实施办法》《上海市报纸重大差错处罚细则》和《报社法定代表人、总编辑(主编)岗位任职条件及主要职责》等文件。同年7月上旬,市新闻出版局向全市各有关期刊出版单位发出《关于核发上海市期刊新版记者证的通知》,启动核发期刊新版记者证工作。9月28日,市委宣传部与市纠正行业不正之风办公室、市新闻出版局联合召开规范报刊发行工作会议,解放日报报业集团、文汇新民联合报业集团、上海世纪出版集团、上海文艺出版总社、上海教育报刊总社等50家报社、86家期刊社在会上签订

《加强行业自律自觉维护报刊发行秩序承诺书》。

2006年，市委宣传部、市新闻出版局发出《关于规范上海市报刊出版和经营合作行为的通知》，规定只有经国家批准并获得出版许可证的新闻出版单位才拥有合法出版权，其他任何单位和个人都不得从事出版物的出版业务。同年12月31日，市新闻出版局印发《上海市报刊主管单位审读工作实施办法》。2007年，市新闻出版局结合记者站年检，专项清理整顿中央和外省市媒体驻沪记者站。

2008年10月—2009年3月，市新闻出版局检查在沪出版的期刊、报纸的编校质量，于2009年4月21日向社会公布检查结果。

二、新闻事业改革

1978年中共十一届三中全会后，80年代初起，"文化大革命"期间停刊的上海报刊相继复刊。

"八五"期间(1991—1995年)，市委、市政府在新闻体制改革中，进一步明确各报的专业分工，并结合内部分配制度改革强化报社的经营管理，在财政上实行税前还贷和"零承包"政策，同时对原市财政应拨款的基本建设和技术改造项目不再拨款；对传统的发行机制也进行一系列的改革；扶持报业在市场经济的环境中增强自我积累、自我发展的能力。1996年2月，市宣传工作会议召开，提出"对发展报业集团、加强报社的经营管理方面也要进行研究和尝试"。同年12月，市委六届五次会议《关于加强社会主义精神文明建设的意见》，提出"探索和组建以党报为主体的报业集团"。1998年7月25日，文汇新民联合报业集团成立，为市委宣传部直属事业单位；对经营、财务、广告、发行、物业等10个方面统一管理；对印务中心、报业大楼、实业公司等进行调整、重组。

2000年10月9日，解放日报报业集团成立，对系列报刊确立"六统一，四独立"的原则，即宣传导向、发展规划、内容定位、资产管理、干部任免、财务监管6个方面由集团统一管理，系列报刊实行独立建制、编制、采编、核算。在运行机制上，坚持民主决策、报业经营、竞争激励、监督制约等机制。同时，实现干部任免制度的规范和制度化。

2003年，上海开始文化体制改革试点，对解放日报报业集团、文汇新民联合报业集团的经营部分，剥离后实行公司化运作。解放日报报业集团先后印发《解放日报报业集团新闻宣传管理办法(试行)》等8项管理制度。该集团以《上海学生英文报》为基础平台，2004年组建由集团控股、多元投资的上海解放教育传媒有限公司，进一步面向市场。建立上海解放数字配送投递有限公司，成立由集团控股的上海新闻晚报经营公司，拓展行业的领域和发展空间。文汇新民报业集团实行在集团架构内的二级法人模式，文汇报、新民晚报享有集团授予的内容制作权、相应用人权、经营使用权、广告经营和管理权、产品营销和管理权、机构设置调整权等权利。集团新辟"房产世界""汽车市场""数码时代"等一批经营性专刊。英文版《上海日报》组建多元投资的上海日报社经营发展公司。集团入股东方艺术中心、敬华艺术品拍卖公司等，拓展在文化领域的发展空间。

"十一五"期间(2006—2010年)，在市政府的支持下，上海报业更注重网络与新媒体的建设。2008年4月18日，解放日报报业集团推出新型移动数字报纸《新新闻》。该移动数字报纸依托CDMA无线下载移动电子阅读器，可以按照时间半径进行多种图文资讯实时传播，编辑可以在任何时点将需要传播的资讯内容以版面形式呈现给读者。2009年2月23日，上海市国际文化传播协会主办、文汇新民联合报业集团图片中心集中各自优势资源成立东方图片中心,开拓影像文化国际间交流和影像产业国际化。

第二节　出 版 业

一、出版印刷业管理

"文化大革命"结束后,市出版局于1978年1月重新设立。1987年5月市出版局改为市新闻出版局,加强著作权管理,打击侵权盗版行为。

1990年,经市政府同意,成立市扫黄除"六害"①工作小组,加强书刊市场的管理,严厉查禁有害出版物,查处非法出版发行活动。1991年3月,市九届人大常委会第二十五次会议通过《上海市图书报刊市场管理条例》。同年7月,成立上海市图书报刊市场管理处,依法管理上海图书报刊市场。1993年12月,市政府公布《上海市图书报刊市场管理条例实施细则》(1997年12月修订)。1998年1月,上海市版权局成立,加大对侵权盗版行为的打击力度。同年9月10日,市版权局、市出版工作者协会、市音像协会、市计算机软件协会和市版权保护协会发起成立上海反盗版联盟,通过反盗版信息的集中、反馈,建立发现、检举、调查、鉴定、处罚盗版的行动机制,维护著作权人和与著作权有关的权利人的合法权益。1999年,市新闻出版局会同市公安局、市工商局对全市印刷业进行清理整顿,遏止各种非法印刷经营活动。年底,市新闻出版局印发《上海市新闻出版业务统计实施办法》。

2000年1月,市政府发布《上海市著作权管理若干规定》,市版权局组织反盗版联盟会员单位,与公安部门协调、配合,破获《辞海》《十万个为什么》《大学英语》《上海城市交通图》等55件盗版侵权案,收缴各类侵权复制品17.17万余件。11月,市新闻出版局与市科委集资200万元,设立面向全国的上海科技专著出版基金,吸引全国科技成果到上海发表出版。2001年8月,国务院修订公布《印刷业管理条例》,市新闻出版局、市公安局、市工商局、市经委等7部门发出《关于贯彻〈印刷业管理条例〉及整顿和规范印刷市场秩序的通知》,市新闻出版局对全市印刷企业进行行业管理,负责整顿和规范印刷市场秩序。

2002年2月6日,市版权局与市科委召开新闻发布会,发布《上海市软件著作权登记费资助办法》。经市委、市政府同意,市新闻出版局从5月17日起履行上海市音像制品出版、复制和制作的监管职能。同年10月28日,市第十一届人大常委会第四十四次会议通过《上海市出版物发行管理条例》(2003年1月1日起施行),《上海市图书报刊市场管理条例》废止。该条例分别于2007年11月、2010年9月由市人大常委会两次修订。2003年,经新闻出版总署批准,上海东方网股份有限公司(东方网)、上海数字世纪网络有限公司(易文网)和上海盛大网络发展有限公司获得互联网出版许可证,为全国首批互联网出版机构。

2007年10月15日,市新闻出版局、市版权局印发《上海市出版物进口单位进口图书在沪印制管理办法》,在出版物进口单位和承接印制企业的资质、印制图书的种类和方式、所需备案手续及相关数据统计等方面提出具体的监管措施。同年,市版权局开展打击网络侵权盗版专项行动,查办侵

① 除"六害":1990年5月,公安部下发通知,要求各地公安机关严厉打击卖淫嫖娼、制作贩卖传播淫秽物品、拐卖妇女儿童、制作贩卖吸食毒品、赌博、封建迷信等活动,称之为除"六害"。

权传播电影、音乐、软件、文学等类型网络案件38起，关闭存在侵权行为的非法网站21家，并在每月定期派出执法人员巡回检查。2008年4月14日，市版权局在浦东新区、徐汇区、长宁区、虹口区和杨浦区的版权产业集聚区设立版权服务工作站。同年，市新闻出版局会同市信息化委、市财政局出资2 000万元对16个数字出版项目予以资助。

2009年4月，上海市、江苏省、浙江省新闻出版部门在上海召开长三角新闻出版（版权）协作会议，建立全国首个跨区域新闻出版（版权）合作机制，并签署《关于长三角区域新闻出版合作发展的框架协议》《关于建立长三角区域版权保护和版权服务协作机制的合作协议》，推动形成长三角新闻出版业开放合作和互惠联动的新体制、新格局。同年，市新闻出版局印发《上海市版权公开交易管理方法》，6月15日，上海版权交易中心挂牌运营。2010年，市新闻出版局完成《上海市新闻出版业"十二五"规划纲要》《上海版权工作"十二五"发展规划》的编制工作；其中《数字出版产业发展规划》被列入上海市"十二五"重点专项规划。

二、出版业体制改革

1983年起，市委、市政府对出版体制进行改革，转变主管局职能，实行政企分开，简政放权，给企业经营管理权。1984年起，市政府先后推出减免税负、税后留利、利改税、退税等政策，改变出版系统"统收统支"的财政模式，实行独立核算和事业单位企业管理。1987年，在出版系统推行社（厂）长经理负责制、经济目标责任制、利税承包制。1988年起，全面推行劳动、人事、分配制度等方面的配套改革措施。1992年下半年，出版业推行社会、经济"双效益"。

1996年2月，上海市宣传工作会议提出，"出版行业进行组建集编、印、发为一体的出版集团的试点"。同年12月，市委《关于加强社会主义精神文明建设的意见》明确，"完成出版印刷业的结构调整，组建出版集团"。1998年，国有印刷企业通过资产重组和结构调整，相继组建上海中华印刷有限公司和商务印书馆上海印刷股份有限公司，成为上海最大的彩色印刷生产和书刊印刷基地。同年6月，以原上海中华印刷厂为基础，接收上海美术印刷厂的部分先进设备，组建上海中华印刷有限公司。8月，商务印书馆上海印刷股份有限公司组成，该公司由多家出版社、书店、印刷厂共同投资。1999年2月24日，经新闻出版署和中共上海市委批准组建的上海世纪出版集团，是国内第一家集编、印、发为一体出版改革试点单位，事业单位企业化管理，独立核算，自收自支。2000年6月，上海新华发行（集团）有限公司成立，以上海新华书店及各区县店、新华书店上海发行所、上海书城、中国科技图书公司、上海音乐图书公司等34家企业为基础，经资产重组而组建，在管理体制、机制，经营管理模式及发行体制上进行了一系列改革。该集团于2001年8月，被新闻出版总署列为全国第四家发行改革试点单位。

2003年6月，中共中央宣传部将上海世纪出版集团列为全国文化体制改革试点单位之一。同年9月，市委决定调整加强世纪出版集团，将上海科学技术出版社、上海少儿出版社等7家出版社并入上海世纪出版集团，集团划归市委宣传部领导，市新闻出版局对该集团实行行业管理。12月，市委、市政府决定，以上海文艺出版社、上海文化出版社、上海音乐出版社、上海书画出版社、上海人民美术出版社、上海画报出版社（后更名为上海锦绣文章出版社）、百家出版社（后更名为中西书局）为基础，组建上海文艺出版总社，进行专业出版集团和大社名社发展新路的探索。2003年，上海被中央文化体制改革领导小组办公室列为文化体制改革9个试点地区之一，通过扩充世纪出版集团与组建上海文艺出版总社，基本完成新闻出版领域的政企分开、政事分开。

2004年,根据中央和市委要求,世纪出版集团将集团内经营性资产剥离出来,与上海大盛资产有限公司、上海精文投资公司、东方网股份有限公司等国有投资主体共同发起设立上海世纪出版股份有限公司。同年6月,上海新华发行集团有限公司确定所有制改造工作分三步走。8月,经市国资委批准,上海精文投资有限公司、解放日报报业集团、上海文广影视集团、上海世纪出版集团和上海文艺出版总社等5家国有文化企业成为集团大股东,完成改制第一步,即由原来国有独资企业转变为国有多元企业。9月,上述5家企业通过上海联合产权交易所公开挂牌转让新华发行集团49%股份,上海绿地集团有限公司最终以3.48亿元中标,成为上海新华发行集团有限公司的最大股东,集团完成改制第二步,成为全国第一家混合所有制文化公司。世纪出版集团于2005年11月正式挂牌,成为全国首家由事业单位改为企业的出版单位。

2006年起,上海文艺出版总社及下属各出版社由经营性事业单位转制为企业(2009年6月更名为上海文艺出版集团)。10月,上海新华发行集团借壳"华联超市"成功上市,更名为"新华传媒",完成改制第三步,成为中国出版发行企业中第一家A股上市公司。至2006年,市属宣传系统的世纪出版集团、文艺出版总社所辖共23个出版单位完成整体转企改制。

2007年,市新闻出版局印发《关于深化出版发行体制改革工作实施方案》。同年,华东师范大学出版社和上海财经大学出版社进行高校出版社转企改制试点。2008年,复旦大学出版社、上海外语教育出版社、同济大学出版社、上海交通大学出版社、华东理工大学出版社、立信会计出版社、上海大学出版社7家出版单位列入全国第二批高校出版体制改革单位,共32个出版单位整体转企改制;其中高校出版单位22个,宣传系统出版单位8个,社会出版单位2个。2008年7月16日,由国家新闻出版总署和上海市政府共建的国家数字出版基地在上海张江成立。

2009年,市新闻出版局印发《支持出版产业发展的若干意见》,鼓励、支持转企改制的出版企业在生产经营环节进行改革探索,扩大社会融资能力;鼓励、支持基础好、条件优的高校出版企业和期刊出版单位向专业化出版集团方向发展。同年8月,文汇出版社、复旦大学出版社等32个出版单位的转制方案获得正式批复,全部完成清产核资,75%完成工商登记,50%完成转制程序。至此,上海38家图书出版社和27家音像电子出版社全部转企改制(事业单位转为企业),在全国率先全面完成出版单位转企改制任务。

2010年,在虹口区建立国家数字出版基地首个延伸园区,在金山区建立全国首个国家级绿色创意印刷示范园区;国家音乐产业基地(上海)音乐制作中心启动建设,出版产业集聚效应初具规模。

第五章　医 疗 卫 生

1949 年 9 月，上海市人民政府卫生局成立，全市有卫生事业机构 358 家，有私人诊所 6 000 余家，共有病床 1 万多张。1950 年 8 月，市政府号召社会闲散医务人员组织联合医疗机构，并给予业务用房和资金贷款扶助。1957 年 1 月，市人委下发《上海市推行划区医疗方案》，推行地段基层医疗卫生单位、区级医院、市级医院三级医疗机构网络。全市有联合诊所 216 家、工厂联合保健站 100 家、联合妇幼保健站 101 家，市区基层医疗机构网络初步形成。1962 年，市人委发布《上海市医院工作条例》《上海市联合医疗机构暂行管理办法》《上海市开业医务人员暂行管理办法》，明确三级医疗机构各自的性质、任务和分工。

"文化大革命"中，医疗网络受到严重影响。改革开放后，特别是 90 年代初，随着城市建设，市区人口大量迁移。市政府完善三级医疗网分工，开展医疗单位间的横向协作联系，实行"一网多用"。1993 年起，上海通过撤并、调整，完善医疗机构布局，促进卫生资源合理配置和有效利用。1998 年，将市卫生局所属的市卫生防疫站、市劳动卫生职业病防治研究所、市寄生虫病防治研究所、市结核病防治中心、市皮肤病性病防治中心、市肿瘤防治研究办公室和市心脑血管病防治研究办公室进行整合，成立市疾病预防控制中心和市预防医学研究院。截至 1998 年，上海医疗卫生机构发展到 4 637 家，医院病床 7.02 万张，卫生技术人员 10.84 万人。医疗预防保健网覆盖全市，适应了城乡居民的基本医疗卫生需求。

2009 年 2 月，市卫生局增挂上海市中医药发展办公室牌子，管理上海市食品药品监督管理局和上海市干部保健局。2010 年，上海市有医疗卫生机构 3 270 家，其中万人口医疗机构病床数 74 张，卫生技术人员 13.54 万人；市人口期望寿命达 82.13 岁，主要健康指标达到发达国家和地区水平。

第一节　医疗卫生体制

一、医疗管理体制改革

90 年代初浦东开发开放后，上海进一步完善三级医疗网分工制度，实行"一网多用"。1993 年起，通过撤并、调整，逐步完善医疗机构布局，探索多层次医疗服务提供模式。1998 年将市卫生局所属 7 个防治机构进行实质整合，同年成立上海市疾病预防控制中心和上海市预防医学研究院。同时，加快地段（街道）医院向社区卫生服务中心转换，社区卫生服务中心试点从 5 个增加到 11 个，完成新建 40 个社区卫生综合服务点，巩固、完善社区卫生综合服务点 200 个，为建立集社区预防、保健、医疗、康复、健康教育及计划生育技术指导"六位一体"的社区卫生服务体系打下基础。1999 年，开始实施企业医院属地化管理和医疗机构联合重组两大改革，先后完成上海市纺织第一医院和第二医院成建制从上海纺织控股（集团）公司划转到杨浦区，上海第二医科大学附属瑞金医院与卢湾区中心医院合作，与上海市市政医院合并。

2002 年，市政府印发《上海市区域卫生规划（2001—2010 年）》，对医疗资源配置标准、医护比例、医疗机构布局等作出规定。市卫生局印发《上海市卫生事业发展第十个五年计划纲要》指导全市医疗卫生资源的配置,推进卫生投入机制、医院后勤社会化改革。市委、市政府提出社会事业领域探索投融资改革,成立上海申康投资公司,启动市级医疗卫生机构投融资改革,解决市级医疗机构投资不足的问题。同年,全市建成44所标准化社区卫生服务中心,建立社区居民健康档案,居民得到户籍制保健服务,慢性病给予检测管理。

2003年,各区县开始探索公立医疗机构转制为民办非营利性医疗机构,以及公立医疗机构国有民营、委托管理、跨省市合作等两权分离管理模式。2004年,在全市33个社区卫生服务中心进行改革试点,探索建立以全科团队服务小组为核心的新型社区卫生服务模式。2005年,市委、市政府启动市级公立医疗机构管办分离改革,并在上海申康投资公司基础上组建上海申康医院发展中心,由其承担对医院干部人事和经费预算的管理和监管。长宁、松江两区率先开展社区卫生服务综合改革试点,探索实行医保总额预付和收支两条线管理。2006年,市政府贯彻国务院《关于发展城市社区卫生服务的指导意见》增加静安等9个试点区县,中心城区和郊区有条件的地区共177家社区卫生服务中心实行全科团队服务,组建全科服务团队958个。2007年,社区卫生服务综合改革正式在全市范围推开。

2010年,按照国家医改总体方案精神,上海以公益性为改革核心,通过完善覆盖城乡居民的公共卫生服务、医疗服务、医疗保障、药品供应保障的医药卫生四大体系,建立覆盖城乡、公平可及的基本医疗卫生制度,同时完善相关配套体制机制,保障医药卫生体系有效规范运转。同年,上海郊区三级医院“5+3+1”9个项目全部开工建设。9个项目包括:由市六医院在浦东新区临港新城、长征医院在浦东新区曹路镇、仁济医院在闵行区浦江镇、华山医院在宝山区顾村镇、瑞金医院在嘉定区新城,分别新建5家三级医院,各设床位600张;对崇明、青浦、奉贤3个区(县)的中心医院通过加强人员、技术及硬件设施建设等,达到三级医院评审标准,各设床位800张;金山医院扩大规模、迁址重建。9家医院的基本建设、大型设备、开办经费以及日后的运行经费补助,由市、区两级政府予以保障。

二、医疗费用改革

1983—1993年,上海医疗费用年平均增长率31.8%,其中,1993年增长率高达57.5%,超过同期国内生产总值增长率的16.1%;医院药品费收入占到医院总收入的65%左右。为实现可持续发展,市政府于1993年下半年组织制定医疗费用“总量控制、结构调整”的方案,1994年7月1日起实施。实施后医疗费用逐步下降,到1996年由原先的57.5%控制到15%;此外,医院药品收入占医院总收入,由1994年的62.1%下降到1996年的50%以下;同时增设诊疗费和护理费项目,连续3年逐步提高收费标准,以部分体现医务人员技术劳务价值,并加强医院收费管理,调动医务人员的工作积极性。75%的患者认为医务人员服务态度有所改善。

1998年后,取消单病种费用指标,增加医院药品收入比重指标,加强对医药费用的动态监控。1999年底,实现年初全市医药费用增长幅度控制在11%以内和药品费增长幅度控制在9%以内的目标;药品费用占医院总收入的比重下降到46%。到2002年,各级医疗机构平均门诊人次费用比上年降低2.9%,平均住院床日费用比上年降低0.8%。2003年后,上海不再实施医疗费用总量控制、结构调整政策,医疗费用上涨明显,由2003年的260.8亿元增长到2010年的696.9亿元,年均增长7.6%。

三、医疗人事制度改革

80年代中期，市医疗系统开始人事制度改革。1986年初，市卫生局、上海医科大学、上海第二医科大学、中医学院分别成立卫生系列高级专业技术任职资格评审委员会和专业学科组。1989年，制定各级临床医生岗位职责、培训、考核、晋升办法。1990年，批准成立各区、县中级专业技术评审委员会69个，开展中级专业技术职务评聘。1987—1990年，市卫生局在全市卫生系统组织初级任职资格考试。1992年，聘任范围扩大到农村、里弄基层医疗机构。

1993年，实施"总量控制、结构调整"方案，将方案中增设的诊疗费收入的10%统筹建立市医学领先专业建设和人才培养基金，推动医学领先专业的建设和人才培养计划的实施。1997年，启动"上海市卫生系统百名跨世纪优秀学科带头人培养计划"。1998年，市卫生局、市人事局印发《关于本市医疗机构中卫生中级专业技术人员到农村和城市基层医疗机构定期工作的意见》，要求全市医疗机构中卫生中级专业技术人员在晋升副高级专业技术职务之前，必须到农村和城市基层医疗机构定期工作。同年8月，首批309名医务人员赴农村和城市基层医疗机构工作。

2000年，上海卫生事业单位实行聘用合同制。2002年，逐步由身份管理转向岗位管理，建立以岗位聘用为核心的新用人机制；通过引入竞争，拉大分配差距，使分配向临床第一线和科技含量高、风险大、贡献突出的科室及技术骨干倾斜。2001年起，实行全国统一的初、中级卫生专业技术资格考试制度。2002年起，组织对全国考试中未设置的专业进行技术资格考试。同年，建立卫生高级专业技术人员任职资格统一评审标准。2004年，上海市启动实施《上海市社区全科医师培养三年行动计划》，对1 000名社区卫生服务中心的临床医师进行培训。

2005年，启动医学领军人才培养计划和"上海市优秀青年医学人才培养计划"。2008年，配合完成首批20位上海市领军人才培养对象中期考核工作，16位优秀青年医学人才计划培养对象被列为上海市领军人才后备队伍培养对象；并启动上海市公共卫生优秀学科带头人、优秀青年人才培养计划。2009年，推进分级分类改革，设立"社区卫生高评委"，提升卫生队伍的整体素质。

1980—2002年，上海市卫生系统共有中国科学院院士5名、中国工程院院士10名，5名获得首席科学家称号。2003年，上海市卫生系统又有3人当选为中国工程院院士。截至2010年底，全市卫生系统共有中国科学院院士6名、中国工程院院士16名，获得首席科学家称号22名。

第二节　医疗服务与管理

一、医疗服务体系建设

1978—1990年，上海卫生事业投入逐年增加。1991—1995年，围绕解决"看病难、住院难"问题，完成一批门急诊楼建设、乡镇卫生院改造、县级医院业务用房扩建、住宅小区地段医院配套等项目。各级政府对卫生事业投入从1991年的3.4亿元增长到1995年的7.6亿元。

"九五"期间(1996—2000年)，各级政府对卫生事业投入从1996年的9.2亿元增加到2000年的14.2亿元。医疗服务体系由三级医疗网逐步转向区域医疗中心和社区卫生服务中心的两级构架。1998年，全市共有医疗卫生机构4 637家，其中医院473家，医疗保健站(所)3 988家，疾病预防控制中心和卫生防疫站30家，妇幼保健站(所)11家，高等医学院校6所；万人口医疗机构病床数

52 张,卫生技术人员 10.84 万人。截至 2000 年,相继建成上海儿童医学中心、仁济医院东院、胸科医院门急诊楼、市血液中心、华东医院南楼等现代化医疗卫生设施,总投资 15 亿元,医疗业务用房 44 万平方米。

"十五"期间(2001—2005 年),各级政府对卫生事业投入从 2001 年的 16 亿元增加到 2005 年的 35.7 亿元。全市公共卫生体系建设投入 33.99 亿元,市公共卫生中心、市疾病预防控制中心新实验楼等重大项目建成使用。市、区县分级确定公立医疗卫生机构主体框架,提供公共卫生和基本医疗服务。113 所地段医院和 114 所乡镇卫生院转为社区卫生服务中心。实施曙光医院东迁、市一医院松江分院新建等重大工程,启动长宁、松江两区卫生服务的综合改革试点。

"十一五"期间(2006—2010 年),各级政府对卫生事业投入从 2006 年的 42.2 亿元,增加到 2010 年的 87.4 亿元。实施市第六人民医院门诊医技综合楼等一批市级医院改扩建和郊区三级医院("5+3+1")项目建设;完成高端医疗设备购置;全面公开卫生法规政策、规划计划、行业动态等信息。2009 年 3 月 11 日,市政府分别与卫生部、总后勤部签署部属在沪医院、第二军医大学共建共管协议。部属在沪医疗机构和第二军医大学及附属医院的发展纳入上海市卫生事业发展总体规划。

2010 年,上海有医疗卫生机构 3 270 家(不包括社区卫生服务中心),其中各级各类医院 306 所,万人口医疗机构病床数 74 张,卫生技术人员 13.54 万人;医生 5.13 万人,万人口医生 36 人;市人口期望寿命 82.13 岁,包括外来人员在内的全市孕产妇死亡率降低到 9.61/10 万,婴儿死亡率降低到 5.97‰,主要健康指标达到发达国家和地区水平。

二、医疗管理

【医疗质量与秩序管理】

1989 年,市卫生局印发《上海市行医监督检查处罚程序》《上海市清理整顿社会医疗机构工作实施意见》,对不符合条件的社会医疗机构令其停办。为贯彻卫生部《关于实施医院分级管理的通知》,1991 年 8 月,市卫生局拟定《上海市医院分级管理实施细则(试行草案)》。同年 10 月,成立市医院等级评审委员会,并在 3 个二级医院、4 个一级医院试点,此后扩大。1994 年 9 月,市临床病理质量控制中心成立,负责管理、监督、控制全市临床病理诊断、技术操作的质量和标准执行。自启动评审试点工作起至 1995 年,基本完成第一评审周期的评审任务,全市共评审一级医院 294 所,二级医院 73 所,三级医院 24 所。

1998—2001 年,针对"医托""号贩""药贩"及"职业医闹"等问题,上海开展两次以维护医疗秩序、保障医务人员人身安全为重点的治理行动。2002 年 10 月,市公安局印发《上海市医疗机构治安防范暂行规定》,规定医疗机构及其医务人员依法履行职责受法律保护。2008 年 9 月,市卫生局、市社会治安综合治理委员会办公室、市委宣传部、市公安局、市民政局、市工商局联合开展"平安医院"创建活动,进行医疗机构治安综合治理,优化医疗执业环境。2010 年 10 月,上海加强医疗机构及周边地区的专项整治,构建良好的就医环境。

2005 年,上海市临床输血、血液内科、医疗设备器械管理、院前急救等 4 个专业质量控制中心成立。2007—2010 年,先后有肿瘤化疗、临床药事、肝移植、肾移植、神经内科、肾内科、胸心外科、儿科、病历质量管理、健康体检 10 个市专业质量控制中心成立。2009 年 11 月,市卫生局委托市医院协会组建上海市医院综合评价(评审)中心。2010 年 7 月,启动新一轮医院等级评审,市卫生局印发

《上海市医院综合评审管理办法(试行)》《上海市三级综合医院评审标准(2010 版)》。2010 年底,对拟提升等级的 6 家二级甲等医院进行等级评审。经评审,1 家医院提升为三级甲等,3 家医院提升为三级乙等。

【医疗准入管理】

医疗机构准入管理　1993 年 4 月,市卫生局按照卫生部印发的《关于实施医院分级管理(试行草案)》,发出《关于进行职工医院级别审定工作的通知》。1994 年,市卫生局对包括上海第二医科大学附属第九人民医院、上海市第六人民医院等市 37 所医疗机构进行级别认定。1997 年,市政府发布《上海市医疗机构管理办法》,对全市行政区域内医疗机构的设置、执业许可、医疗执业活动及其监督管理进行规定。2001 年,上海市开展医疗机构分类管理,全市共核定医疗机构 3 080 所,其中非营利性机构 2 445 所、营利性机构 635 所。2003 年,市政府印发《关于促进本市社会办医发展民办医疗机构若干意见(试行)》,明确发展民办医疗机构的目标、原则、形式及配套政策,以推进公立医院转制,营造公平有序的竞争环境。2009 年,市卫生局印发《关于贯彻实施卫生部〈医疗技术临床应用管理办法〉的若干意见》,完善医疗技术准入和管理。

医务人员准入管理　1988 年,市政府印发《上海市开业医务人员管理办法》。1993 年,市卫生局印发《外国医师来沪短期行医暂行管理办法实施细则》。1994 年 12 月,根据《中华人民共和国护士管理办法》,市卫生局印发《上海市护士管理办法实施细则(试行)》。1999 年起,根据《中华人民共和国执业医师法》和卫生部统一安排,市卫生局组织实施医师资格考试。2001 年,市卫生局启动医师执业注册工作,医师取得《医师执业证书》后方可按照注册的执业类别、执业范围、执业地点行医。2007 年,市卫生局印发《关于进一步加强本市医师外出行医管理的意见》,促进医师执业管理。2009 年,根据国务院公布的《护士条例》和卫生部公布的《护士执业注册管理办法》有关规定,市卫生局发出《关于本市办理护士执业注册有关事宜的通知》。同时,根据卫生部有关文件,对香港、澳门特别行政区和台湾地区医师在内地医院短期行医进行管理。

医疗设备准入管理　1979 年起,市卫生局每年向市政府申请计划留成外汇额度用以改善医院医疗仪器设备。1984—1988 年,市卫生局系统共引进仪器设备 2 145 台(套)。1990 年,各级医疗机构基本上都达到Ⅰ、Ⅱ、Ⅲ级仪器设备项目水平的配置标准。1994 年,市政府发布《上海市医疗机构贵重医疗设备装备管理暂行规定》,要求合理配置贵重医疗设备,加强设备管理和医疗卫生计量管理。至同年底,全市 505 家医疗卫生单位共有医械设备 13.95 万台,国有资产价值约 21 亿元。2009—2010 年,市卫生局印发《上海市大型医用设备配置审批程序(2009 年修订版)》《上海市乙类大型医用设备阶梯配置执行标准(试行)》。

【血液管理】

上海医院大都在 50 年代初建立血库,负责医院临床输血。70 年代,部分血库还承担采血、检测、临床供血工作。采供血“三统一”[①]实行后,医院血库只负责临床供血。90 年代起,部分医院成立输血科。

1978 年 7 月 1 日,上海市中心血站成立,以满足临床用血和提高输血技术为工作重点,同时负责全市血源管理。1984 年起,崇明县、浦东新区、金山、青浦、松江、奉贤、嘉定和南汇等 8 个区县分

① 即统一规划设置血站、统一管理采供血、统一管理临床用血。

别设立血站。1987 年 6 月,成立市献血办公室,与上海市中心血站(7 月更名为上海市血液中心)"两块牌子、一套班子"。同年,各区、县相应成立献血办公室。自此,市、区县血液管理网形成。

2001 年 2 月,市献血办公室更名为市血液管理办公室,与市血液中心分设,办公室承担血液管理,负责献血、采血、供血和医疗临床用血的日常管理。2002 年,全市献血模式由政府指令性计划无偿献血向公民自愿无偿献血转变。

2005 年,市卫生局成立市临床输血质量控制中心,推行计划用血,明确临床计划用血的量化目标,进行相应的控制干预;2007 年开始用血培训。

全市血液募集量,1978 年为 16.9 万人份,1999 年为 28.7 万人份,2010 年增加到 46.3 万人份(每人份 200 毫升)。

三、卫生监督

1979 年起,上海市开始实施卫生部颁布的《全国卫生防疫站工作条例》。1993 年,全市 16 个区县成立卫生监督管理机构,其中 11 个区县成立了专门的卫生执法队伍。1997 年 7 月 1 日,市政府印发的《上海市医疗机构管理办法》施行。1999 年起,市卫生局推进区县疾病控制和卫生监督机构改革的进程,至同年底,16 个区县完成疾病预防控制中心和卫生监督所的组建。2001 年,市卫生局将医政执法职能并入市及各区县卫生局卫生监督所,实现综合卫生监督执法。

2003 年,卫生公开办事内容扩充,由市卫生监督部门受理的 24 项行政审批事项实现网上申报办理。同年,全市各医疗机构执行医疗收费明码标价、住院费"一日清",接受社会和群众监督。2006 年 11 月,市卫生局印发《上海市医疗机构不良执业行为积分管理暂行办法》,将不良积分与医疗机构执业许可证校验相挂钩。2007 年,全市取缔无证行医 3 204 户次,对 18 家医院周围的"医托"进行集中整治,对 6 家不良执业行为累计积分满 12 分的医疗机构予以处理。

四、基层卫生服务

1990 年,市区共有地段医院 110 家、病床 3 884 张、卫生技术人员 10 277 人,郊区共有乡镇卫生院 209 家、床位 8 074 张、卫生技术人员 9 423 人,全年诊疗 804.3 万人次。1992 年,对实施初级卫生保健试点的县、乡进行质量评估,嘉定、川沙、上海、崇明 4 个试点县及 15 个试点乡通过国家和市级评审,被卫生部命名为"全国初级保健试点达标县"。上海被命名为"全国初级保健试点达标市"。

1997—2005 年,市政府将社区卫生机构建设列入市政府实事项目。2000 年,全国城镇职工基本医疗保险制度和医药卫生体制改革工作会议召开后,上海街道医院开始向社区卫生服务中心转变,同时探索建立家庭健康档案、落实健康责任制、对全科医师进行岗位培训。2003 年,在 19 个区县 33 个社区卫生服务中心试点。2003—2005 年,114 所乡镇卫生院完成标准化,转为社区卫生服务中心。

2008 年 8 月,上海推进社区卫生服务综合改革。至 2010 年,全市有社区卫生服务中心 240 个、社区卫生服务站 738 个、郊区村卫生室 1 476 个,全科服务团队累计 1 367 支,形成"纵向到底、横向到边"的社区卫生服务网络。社区门急诊(不包括村卫生室门诊量)7 342.23 万人次,占全市门急诊总量的 38.36%。

2010 年,全市新型农村合作医疗(简称"新农合")参保农民为 148.9 万人,参保率保持在 98%

以上，新农合行政村覆盖率100%，五保户、低保户、残疾人应保尽保，全年筹资11.3亿元，年人均筹资达750元。

第三节　公共卫生

一、公共卫生体系建设

1996年，上海成立市卫生局卫生监督所。1998年，上海成立市疾病预防控制中心，各区县相继成立区县疾病预防控制机构和卫生监督机构。至2000年4月，全面完成市、区（县）疾病预防体制改革，全市疾病预防控制网络逐步建成；至2006年，全市卫生监督网络逐步健全。

2003年抗击非典取得重大胜利后，市政府启动实施第一轮“上海市加强公共卫生体系建设三年行动计划（2003—2005年）”，市级基建项目共投入12.17亿元，区县公共卫生体系投入33.99亿元，组织实施169个建设项目。重点建设上海市公共卫生中心、上海市疾病预防控制和应急中心、上海市肺科（职业病）医院，加强疾病预防控制、卫生监督和医疗救治三大网络建设，建设卫生信息、人才、科技三大工程。自此，全市公共卫生体系框架基本形成，疾病防控、医疗救治、卫生监督网络进一步健全，公共卫生机构的硬件条件明显改善，公共卫生服务和突发公共卫生事件处置水平得到有效提升。

2007年，市政府制定并组织实施第二轮公共卫生体系建设三年行动计划（2007—2009年），实施完成市级层面25个项目、71个子项目，区县层面124个项目；市级财政投入7.95亿元，各区县财政和相关单位共投入配套经费13.39亿元。通过实施第二轮三年行动计划，推动妇幼保健工作开启“三大转变”，即从粗放型向责任型服务模式转变、从服务户籍人口向服务全人口转变、从被动管理向主动管理转变；公共卫生应急处置能力重点聚焦应急指挥体系实现功能、应急处置工作水平和应急协调机制多部门联动等三方面的能力提升；预防保健工作创新“三位一体”慢性病管理模式，落实“重心下沉”；公共卫生监测预警聚焦重点传染病监测预警、突发公共卫生事件预警、公共卫生危害因素预防和生活饮用水预警，推动了四个“关口前移”；卫生监能力建设率先推进企业卫生自律工作、率先建立卫生监督管理评估指标体系、梳理和规范行政处罚案由、加强现场快速检测能力建设。第二轮三年行动计划的顺利实施，使得市公共卫生体系构架进一步健全，公共卫生服务功能在原有水平上得到进一步提升。

二、公共卫生应急处置

在市委、市政府领导下，上海成功应对1988年甲肝、2003年传染性非典型肺炎（以下简称“非典”）、2006年人感染高致病性禽流感（以下简称“人禽流感”）、2008年手足口病和2009年新型甲型H1N1流感疫情。

1988年1月，上海暴发甲肝疫情，3个月内共报告31万人发病。疾病防治人员通过流行病学调查和病原学追溯，以及随后展开的被动免疫预防措施，暴发甲肝的病死率仅为1.01/万，疫情得到有效遏制。此次事件，促进了我国传染病防治的立法工作，逐步确立起“大卫生”[①]观念和“预防为

① 大卫生观念是以全民整体健康为内涵，强调卫生与社会经济协调发展，强调政府对人民健康负有责任，强调全社会、每个人积极参与卫生活动。

主”的方针。

1994 年 7 月，市卫生局印发《上海市传染病暴发处理办法》，明确了传染病暴发的定义、报告流程、处理措施、处理流程。

2003 年 4 月，上海市内发现首例非典病例，市政府成立市防治非典领导小组，启动《上海市预防和控制传染性非典型肺炎工作预案》，发布《关于进一步加强传染性非典型肺炎防治工作的通告》，提出防治“非典”八项措施。各级卫生行政部门、医疗机构、疾控机构与社会各方全力以赴防治“非典”。其间，市卫生局防病指挥部统一部署，出动卫生监督员 2 万余人次，组织 6 次监督执法行动，检查食品生产经营单位、公共场所、供水单位共 172 016 户次，取缔无证生产经营单位 846 户，责令停业 1 083 户，先后检查各级医疗机构 1 867 户次，督促数十家医疗机构整改。截至 2003 年 5 月 22 日，上海市内共发现 8 例非典病例，实现了“无医护人员感染、无社区传播、无群体暴发”的目标，受到世界卫生组织专家组的好评。

2005 年 9 月，市政府成立市突发公共事件应急管理委员会(应急办)，负责综合协调突发公共事件应急管理。

2006 年 3 月，上海市内发现 1 例人禽流感病例，通过开展流行病学调查、密切接触者追踪和医学观察、实验室监测等工作，疫情得以有效控制。

2008 年 2 月，上海市公共卫生应急指挥中心启用，以“平战结合、应急优先、做实基础、立足长远”为原则，联通 506 家公立卫生机构的信息网络，实现对 20 万家企业进行卫生信息化监管，支撑 5 万名公共卫生工作者的日常工作，有效提高上海对突发公共卫生事件的应急处置能力。

2008 年 5 月 12 日汶川特大地震发生后，市卫生局向灾区累计派遣 613 名医疗防疫人员、36 辆医疗急救车至四川等地灾区完成国家交给的抗震救灾任务。

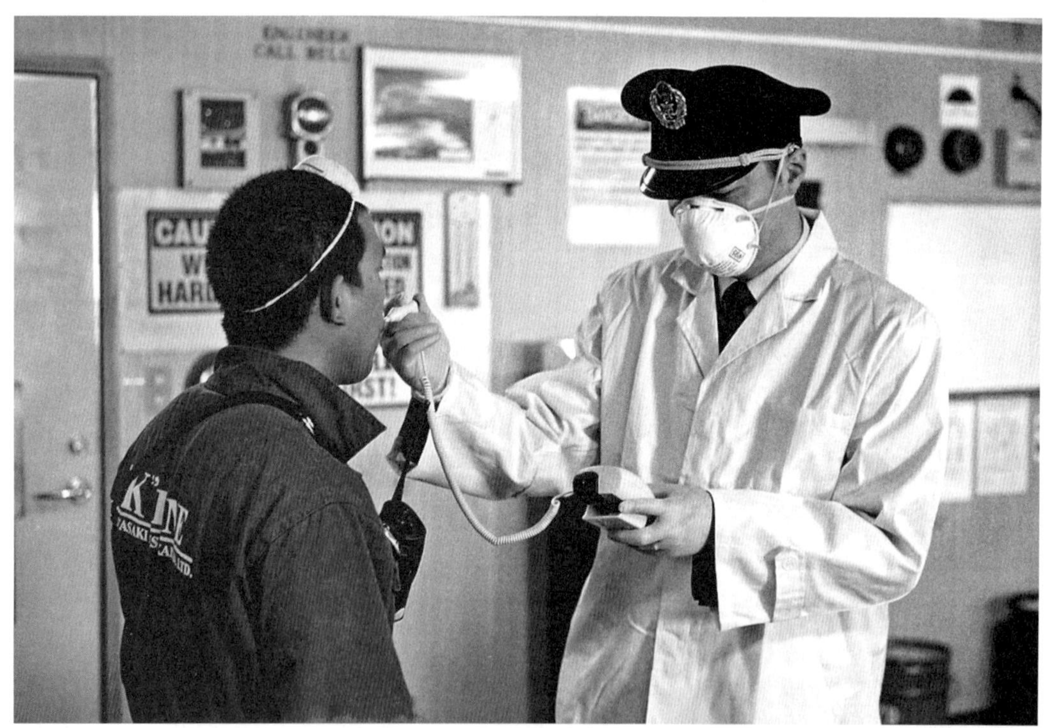

图 5－5－1　2009 年甲型 H1N1 流感流行期间，上海检验检疫局工作人员对入境人员进行体温测试

2009 年，新型甲型 H1N1 流感在全球范围迅速蔓延，市政府成立市防控甲型 H1N1 流感疫情工作小组，落实各项防控措施。市卫生局对全市医疗机构、学校、托幼机构等进行监督检查，加强疫情监测报告；开展病例密切接触者追踪观察、患者医疗救治，完成疫苗接种，有效延缓了甲型 H1N1 流感疫情在上海的传播。

2010 年上海世博会举办期间，市公共卫生部门制定预案，对 8.7 万名世博园区工作人员、志愿者和服务人员进行现场初级急救培训，建立 39 支 24 小时公共卫生现场应急处置队伍。整个世博会举办期间，全面实现“确保世博园区内不发生重大传染病类突发公共卫生事件。同时，确保全市范围内不发生重大传染病类暴发或流行；确保及时发现、处置输入性和新发传染病疫情，将疫情控制在萌芽状态”的目标。

三、疾病预防控制

上海市甲、乙类传染病发病率从 1978 年的 1 700/10 万，降低至 2010 年的 161.17/10 万。法定的 27 种甲、乙类传染病，2 种甲类传染病种中，鼠疫得到消灭，霍乱得到有效控制；25 种乙类传染病中，非典、人禽流感、脊髓灰质炎、布鲁氏菌病、登革热、炭疽、百日咳、白喉、猩红热、钩端螺旋体病、血吸虫病、疟疾等 12 种得到消灭或基本消灭；麻疹、流行性出血热、狂犬病、乙脑、伤寒和副伤寒、流脑、新生儿破伤风等 7 种疾病得到基本控制；艾滋病、病毒性肝炎、淋病、梅毒、结核病、痢疾的增长势头初步遏制。1981 年，上海市停种牛痘。1986 年、1990 年、1996 年，卫生部分别确认上海消灭疟疾、麻风病及丝虫病。防控甲、乙类传染病取得成效的同时，其他传染病的发病也得到有效控制，未出现类似 1957 年、1968 年、1977 年流感暴发流行。

【传染病防控】

1988 年后，上海免疫规划疫苗品种不断扩大，从最初的“四苗防六病”，即接种卡介苗预防结核病、接种小儿麻痹症疫苗糖丸预防小儿麻痹症，接种百白破混合剂预防百日咳、白喉、破伤风，接种麻疹活疫苗预防麻疹，增加到 2001 年的“七苗防九病”，增加了接种乙肝疫苗预防乙型肝炎、接种脊灰疫苗预防脊灰质炎，接种流脑疫苗和乙脑疫苗预防流脑和乙脑；再增加到 2008 年的“十一苗防十二病”，即出生到 6 岁之前接种 11 种疫苗，预防结核、乙肝、甲肝、脊灰、流脑、乙脑、白喉、百日咳、破伤风、麻疹、风疹、腮腺炎等 12 种疾病。

1996 年 12 月，市卫生局修订印发《上海市传染病报告实施办法》，对原办法中的病种、病种分类和疫情归口进行部分变更。1998 年，市卫生局印发《上海市医院肠道门诊工作规范》和《上海市医院计划免疫接种门诊工作规范》。

2005 年，市卫生局印发《上海市接种单位管理办法》《上海市接种门诊工作规范》，强化预防接种门诊标准化、规范化、温馨化建设。从 2005 年 6 月 1 日起，对全市适龄儿童（包括流动人口儿童）免疫规划疫苗实行免费接种。

2010 年，市卫生局印发《上海市新发传染病报告工作方案》，完善霍乱、高致病性禽流感职业人群等 20 项监测，加强传染病网络直报审核，建立疫情定期、动态分析报告制度；印发《关于做好本市预防接种异常反应鉴定工作的通知》。同年，完成对全市 179 万多目标儿童的麻疹疫苗强化免疫接种，实现“接种率 98%以上”的预期目标，受到世界卫生组织和国家卫生部的肯定。

乙肝防治　1979—1985 年，上海开展区域性接种和乙肝疫苗母婴传播阻断。1986 年起开始新生儿乙肝疫苗接种试点。1992年起,将乙肝疫苗纳入上海市儿童免疫规划疫苗范围,在全市中小学生中开展接种。1997年,对在校初、高中、大学生扩大乙肝疫苗接种。2007年,印发《上海市实施〈2006—2010年全国乙型病毒性肝炎防治规划〉工作方案》及技术方案,有效遏制乙肝高流行状态。

图5-5-2 2010年11月29日,上海职工开展“遏制艾滋履行承诺”——红丝带健康行动进企业活动

艾滋病防治 1987年,上海发现首例艾滋病感染者。1988年,市政府公布《上海市艾滋病监测管理实施办法》,成立上海市艾滋病性病防治联席会议。1998年,市政府公布《上海市艾滋病防治办法》,明确规定各级政府防治艾滋病、性病的工作职责,艾滋病防治开始法制化、规范化。2004年起,全市开始落实艾滋病防治“四免一关怀”政策。“四免”分别是农村居民和城镇未参加基本医疗保险等医疗保障制度的经济困难人员中的艾滋病病人,可到当地卫生部门指定的传染病医院或设有传染病区(科)的综合医院服用免费的抗病毒药物,接受抗病毒治疗;所有自愿接受艾滋病咨询和病毒检测的人员,都可在各级疾病预防控制中心和各级卫生行政部门指定的医疗等机构,得到免费咨询和艾滋病病毒抗体初筛检测;对已感染艾滋病病毒的孕妇,由当地承担艾滋病抗病毒治疗任务的医院提供健康咨询、产前指导和分娩服务,及时免费提供母婴阻断药物和婴儿检测试剂;地方各级人民政府要通过多种途径筹集经费,开展艾滋病遗孤的心理康复,为其提供免费义务教育。“一关怀”指的是国家对艾滋病病毒感染者和患者提供救治关怀,各级政府将经济困难的艾滋病患者及其家属,纳入政府补助范围,按照有关社会救济政策的规定,给予生活补助;扶助有生产能力的艾滋病病毒感染者和患者从事力所能及的生产活动,增加其收入。

2005年起,上海逐步开展美沙酮社区药物维持治疗,至2010年,全市已开设14家美沙酮维持治疗门诊。2006年,市政府印发《上海市预防和遏制艾滋病五年行动计划(2006—2010年)》。2008年,撤销市公共卫生联席会议艾滋病防治专业委员会,成立市防治艾滋病工作委员会。至2010年,各区县政府均成立了艾滋病防治工作委员会,进一步健全艾滋病防治组织体系。

结核病防治 1998年,上海建立并完善由疾病预防控制中心、结核病定点医院和社区卫生服务中心组成的“三位一体”结核病综合防治模式,被认为是“中国大中城市结核病控制模式未来发展的方向”,写入卫生部《全国结核病防治规划(2011—2015)》。2003年,市政府印发《上海市结核病防治规划(2003—2010年)》,公布《上海市菌阳肺结核病政府减免治疗办法》。2006年,市卫生局、市财政局印发《上海市菌阴肺结核病政府减免治疗办法》,减免活动性肺结核病人一定的诊治费用。2010年,全市提前5年实现国家结核病控制三大指标要求,即结核病人发现率超过70%,新涂阳肺结核病人治愈率85%,以街道(乡镇)为单位DOTS① 覆盖率达100%,完成《全国结核病防治规划(2001—2010年)》终期评估。

① 即英文 directly observed treatment+short course chemotherapy 缩写,为对非住院肺结核患者实行全面监督化学治疗。

【慢性病防治】

1970—1987年，上海逐步建立基层肿瘤防治网。1992年，上海成立心脑血管病防治研究办公室，创建心脑血管病防治点。1991年、1996年，市卫生局相继印发《上海市脑血管病防治研究十年规划（1991—2000）》《上海市“九五”（1996—2000年）心脑血管病和恶性肿瘤防治工作规划》。从1998年起，上海逐步形成以社区为基础的慢性非传染性疾病防治三级网络，慢性病防治工作由单病种防治模式向社区综合防治模式转变。2000年，市政府公布《上海市预防和控制慢性非传染性疾病中长期规划（2001年—2015年）》，提出“形成政府领导、多部门合作、社会支持、群众参与的慢性非传染性疾病的综合预防控制格局，将慢病防治目标纳入社会发展规划”的工作目标。

【职业病防治】

1983年，市政府印发《上海市工业企业有毒有害作业卫生监督办法》《上海市建筑设计预防性卫生监督办法》。1988年9月—1990年3月，市卫生局会同市经委、市总工会对全市尘肺发病进行调查，摸清发病情况。1990年，市卫生局、市劳动局印发《上海市尘肺病防治实施暂行办法》，加强尘肺病监督执法工作。1991年，市卫生局、市公安局印发《上海市放射性同位素工作许可登记暂行规定》，市卫生局印发《上海市射线装置工作许可暂行规定》《上海市放射工作人员证发放管理办法》，加强全市放射性同位素的管理。1994年6月，上海市职业病诊断鉴定委员会成立。1996年，市第十届人大常委会第二十五次会议通过《上海市职业病防治条例》。同年9月，市卫生局印发《上海市职业性健康检查管理办法》。

2002年，市卫生局、市总工会等9部门联合开展对有毒有害化学品生产、销售和使用的专项整治，对2 005家企业进行监督检查，对357家违法企业实施行政处罚，安排14 631名职工进行职业健康检查。2003年，市卫生局先后批准30家单位为职业健康检查机构，并成立上海市职业病诊断鉴定专家库和市职业卫生评审专家库，参与市级职业病诊断鉴定工作和相关机构认证工作。2004年4月，上海市开展“清查放射源，让百姓放心”专项行动，对放射工作单位进行监督检查，对违法单位进行处罚。

2005年8月，市卫生局、市安监局发出《关于受理用人单位发生急性中毒事故事项的通知》，明确急性职业中毒事故的调查处理职责由安监部门承担。2007—2009年，在青浦区和普陀区开展基本职业卫生服务试点，在加强职业病防治管理、为企业和劳动者提供基本职业卫生服务等方面取得初步成效。

【精神卫生】

1978年5月，市政府恢复成立市精神病防治管理领导小组，办公室设在上海市精神卫生中心。1996年1月，市政府印发《关于进一步加强上海市精神病防治管理工作的若干意见》，全市实施社会看护和重点患者监护制度。1999年9月，市卫生局印发《关于加强肇事肇祸精神病人收治和管理的意见》，要求各级政府、精神科专业防治机构和精防网络贯彻“以防为主，重点收治”的原则，对收治对象、手续、治疗、经费和管理等做出详细规定。2000年，市精神病防治管理领导小组更名为市精神卫生工作领导小组。2001年12月，市第十一届人大常委会第三十五次会议通过《上海市精神卫生条例》，将精神卫生工作纳入法制轨道。2006年，对全市无业贫困精神病人免费提供基本的抗精神病药物，促进患者康复和回归社会。2010年3月，市卫生局印发《上海市重性精神疾病报告管理办法（试行）》，明确重性精神疾病的报告单位、报告流程和管理方式。2010年6月，市精神卫生工作领导小组更名为市精神卫生工作联席会议。全市初步建成以精神卫生专业机构为主体、综合性医院为辅助、社区卫生服务中心和社区康复机构为基础的精神卫生服务网络。

四、卫生保健

【妇幼保健】

1957年上海在推行划区医疗制度的同时,逐步建立和健全三级妇幼保健网。80年代,上海市出现生育高峰,市政府指示增加产科、儿科床位,从市财政拨出专款,改善产房及婴儿室的设备条件。1987年12月,市政府批准《上海市婚前健康检查暂行办法》,把优生工作推进到婚前。

1992年3月,市卫生局印发《上海市妇科疾病普查普治管理暂行办法》,加强妇科疾病普查普治工作。同年5月,市政府印发《90年代上海儿童优生、保护、发展规划》,将妇幼工作的主要指标和优生优育工作纳入市政府经济和社会发展规划。列入市政府"八五"计划(1991—1995年)的产科肝病监护、产科心脏病监护、早产儿医疗护理三个中心按期建成。1995年8月,市政府发布《上海市支持、保护、促进母乳喂养创建爱婴市1995年行动纲领》和《上海市创建爱婴区县标准》,以提高母乳喂养率,增进幼儿健康。1996年12月,市第十届人大常委会第三十二次会议通过《上海市母婴保健条例》,1997年3月1日起实施。1997年12月,联合国儿童基金会和世界卫生组织认定上海市为世界首批爱婴市之一。1998年12月,市卫生局印发《上海市残疾儿童报告实施暂行办法》,确立全市二级及二级以上医疗保健机构实施残疾儿童的首诊报告制。

2001年,市卫生局印发《上海市新生儿听力筛查和诊治方案》,规定各接产医疗机构对所有出生婴儿均应开展听力障碍的筛查,对有听力障碍的儿童做到及时发现、诊断、治疗和干预。至2004年,全市共对107 158名新生儿进行筛查,初筛覆盖率达到93.94%。

2002—2005年,市卫生局相继印发《关于规范和落实女职工两年一次妇科检查的意见》(2002年)、《关于做好本市妇科常见疾病筛查服务执业登记有关事项的通知》(2004年)、《上海市妇科常见疾病筛查技术规范》(2005年)等文件,加大妇科疾病普查普治度。2007年8月,市卫生局印发《上海市出生缺陷报告与管理工作制度》,要求市内各级医疗机构,将出生缺陷的报告范围从怀孕开始至出生后18岁。2008年,全市开始对退休和生活困难妇女进行妇科病、乳腺病筛查,当年筛查52.37万人次。2009年,全市启动"农村妇女两癌筛查""农村孕产妇住院分娩补助""农村妇女增补叶酸预防神经管缺陷"3个国家重大公共卫生服务项目,完成农村妇女宫颈癌检查8 001人、乳腺癌检查14 001人。

2009年,上海建立产前筛查、诊断管理网络,开展唐氏综合征预防干预三级服务网络建设项目试点,加强新生儿疾病筛查和出生缺陷报告管理。新生儿窒息复苏死亡率从2008年的2.49%下降到2.35%,新生儿遗传代谢性疾病筛查率95.29%,提高了0.7%。同年5月19日,成立上海市妇幼保健中心(筹)。

2010年,全市妇科疾病普查88.58万人。截至2010年,全市婚前医学检查率35.42%,孕产妇死亡率9.61/10万,婴儿死亡率5.97‰。

【学生保健】

1978年,高校恢复招生体检;1980年起,上海每年对高小、初中、高中毕业班学生进行健康检查。1985年起,各区县设立212所健康监测点,对学生健康进行动态观察;逐步对中小学生开始常规健康检查，并建立健康档案。1993年起，全市开展视力低下、沙眼、龋齿与牙周疾病、营养不良与肥胖、贫血、肠道蠕虫等学生常见病防治，落实以健康教育和行为干预、普查普治、定期监测相结合的综合防治措施。2002年起，逐步开展学生伤害个案报告工作。2007年6月，市卫生局印发《上海市学校卫生专项检查工作方案》，对全市1 999所各级各类学校的生活饮用水、传染病防治管理和校内游泳场所卫生状况进行专项检查，学校游泳场馆卫生状况合格率92%，学校在传染病防治管理方面法律法规合格率96.7%。2010年，上海启用因病缺勤缺课网络直报系统，提升学校疾病监测及时性。

第四节　发展中医药

一、振兴中医药

1978年，上海贯彻中共中央批转的卫生部党组《关于认真贯彻党的中医政策，解决中医队伍后继乏人问题的报告》，加强中医基础建设。1985年11月28日，市政府召开上海市中医振兴工作大会。1980—1990年间，开展组织中医、中西医结合人员的复训、提高工作；恢复、迁建、新建市中医医院和各区县中医医院。至1985年，全市113所综合(专科)医院中，109所设置中医科。1992年后，继续加强中医机构、内涵建设，提高中医医疗服务质量和科学管理水平。1998年，市十一届人大常委会第五次会议通过《上海市发展中医条例》，市卫生局印发《上海市中医病证诊疗常规》《上海市中医病证护理常规》《中医医院管理评价实施细则》《上海市社区卫生服务中心中医药服务管理基本规范》，推进中医药法制化、规范化、标准化建设。

2000年开始，上海推进中医人才传承与培养工作。2000年举办上海市高层次中医临床人才班，在全市选拔10名学员，于2003年结业。2002年举办上海市中医紧缺专科临床人才班，学制2年，结业学员22名。2004年，上海市在1995年评出57名上海市名中医的基础上，增补20名，推进名老中医学术和临床经验的传承和发展。2005年，市卫生局印发《上海市名老中医学术经验研究工作室建设方案》，启动“上海市名老中医学术经验研究工作室”建设，确定第一批23个上海市名老中医学术经验研究工作室建设项目(2006年新增15个)，其中，专门设立市第一人民医院主任医师张镜人、市第十人民医院主任医师颜德馨、上海中医学院主任医师朱南孙(女)3个“首席名中医工作室”。2006年，开展上海市高层次针推伤临床人才培养项目，学制2年，27名学员结业。同年，实施20名上海市老中医药专家学术经验继承高级研修班，培养新一代中医名家。

图5-5-3　2009年12月11日，上海近代中医流派临床传承中心“拜师仪式”在上海中医药大学附属岳阳医院举行

截至2010年,全市共开展4期全国老中医药专家学术经验继承班、1届上海市老中医药专家学术经验继承班、1届全国优秀中医临床人才研修项目。

"十五"期间(2001—2005年),随着上海中医药大学搬迁至浦东张江,上海中医药大学附属曙光医院在浦东张江新建东院。上海7所中医、中西医结合医院列为全国重点中医医院建设项目。上海开展中医工作融入社区(郊区)试点,加强基层中医药服务推广工作。2005年12月26日,成立上海市中医药社区服务研究中心,组成市讲师团对各区县举办讲座,编写《社区常见病症中医药适宜技术(验方)应用百例》等4本社区适用的中医药健康丛书,在全市社区卫生服务中心推广12项中医药诊疗适宜专项技术和100项社区常见病的中医药适宜技术。

"十一五"期间(2006—2010年),嘉定区、奉贤区、南汇区被国家认定为全国农村中医工作先进县,闸北区、徐汇区、长宁区、虹口区、静安区、普陀区、宝山区、浦东新区、杨浦区等先后通过全国中医药特色社区卫生服务示范区检查评估。2008年,国家发展改革委、国家中医药管理局共同确定了16家国家中医临床研究基地建设单位,上海中医药大学附属龙华医院作为建设单位之一,承担恶性肿瘤和骨退行性病变2个重点病种的研究。2009年5月,市政府同意设立市中医药发展办公室(挂靠市卫生局)。2009年12月,国家中医药管理局同意《浦东新区创建国家中医药发展综合改革试验区方案》。

2009年,上海市裘沛然、颜德馨、张镜人等3人被人力资源社会保障部、卫生部、国家中医药管理局授予首届"国医大师"荣誉称号。

2010年6月,市政府印发《关于进一步加快上海中医药事业发展的意见》《上海市进一步加快中医药事业发展三年行动计划(2010—2012年)》。同年7月,上海市中医药事业发展领导小组成立。同月22日,市政府召开上海市促进中医药发展大会。截至2010年,全市各类医疗机构中共有中医执业医师、执业助理医师5 151人,占医师总数10.87%;中医医疗机构实有床位6 881张,其他医疗机构中医、中西医结合科室实有床位1 605张,占全市医疗机构床位数8.15%;中医、中西医结合科室的门急诊人数占全市医疗机构门急诊人数的14.12%,出院人数占8.31%。全市共有公立中医、中西医结合医院24所,各类中医门诊部、诊所303所,基本形成城乡一体化中医药服务网络。

二、开展中医专科建设与促进中西医结合

【中医特色专科建设】

1985年,市卫生局进行全市中医专科专病医疗协作中心建设。"十五"期间(2001—2005年),共有56项中医专科列入上海市中医特色专科建设项目(其中9项为后备项目)。市卫生局印发《上海市中医特色专科建设方案》等6个配套文件,明确有关规定和保障措施,使每个入选项目资金不少于15万元,重点建设项目30万元,优先安排特色专科人才进修、培养及出国深造等。2006年8月,市卫生局印发《上海市中医临床优势专科建设方案》《上海市中医临床优势专科建设标准》,首批确定中医临床优势专科建设项目17项、后备项目5项,2008年确定第二批18项。中医特色专科、中医临床优势专科通过三年建设,取得较好成果。其中,列为《上海市中医病症诊疗常规》中医特色诊疗方案76项,国家中医药管理局特色诊疗技术9项,新开发特色制剂25种,建立中医病种诊疗质量控制标准71项。这些专科共承担国家自然基金课题34项,实现成果转让和新药合作开发59项。其间,有27名中青年中医师入选国家中医药管理局优秀中医临床研修项目和全国老中医药专家学术经验继承班,30人入选各类市级人才培养计划,培养博士后、博士生和硕士456名;6个专科入选国家中医药管理局重点专科,3个专科成为上海市临床医学中心,10个专科承担教育部重点学

科的建设任务。"十五""十一五"期间，上海有32个中医专科(专病)列入国家中医药管理局重点专科(专病)建设项目。

【中西医结合发展】

1956年，市卫生局举办首届西医离职学习中医研究班，至1989年共办9届，累计毕业学员671人。至90年代，全市中西医结合人员达1 070余人。2000年开展上海市高层次中西医结合临床科研人才选拔培养，经过三年26人经考核结业。2004年，启动上海市高级西学中研修人才培养，32人入选。2009年，第二期50名西医学习中医班开班。"九五"期间(1996—2000年)，上海中西医结合研究获国家科技进步奖1项、获卫生部医药卫生科技进步奖2项、获国家中医药管理局科技进步奖(基础研究奖)19项、获上海市科技进步奖33项。

至2010年，上海有三级中西医结合医院1所、二级中西医结合医院5所。其中，上海中医药大学附属岳阳中西医结合医院被列入国家中医药管理局第一批全国重点中西医结合医院，上海市中西医结合传染病医院被列为国家中医药管理局中西医结合传染病临床基地。同时，上海中医药大学附属龙华医院、曙光医院被列为国家中医药管理局中医、中西医结合急诊临床基地。

第五节 开展爱国卫生

一、创建卫生城市

50年代，市政府积极开展群众卫生运动，成立上海市爱国卫生委员会。50年代和60年代初，消灭病媒虫害成为全市爱国卫生运动的重点工作之一。80年代起，病媒控制工作取得成效，上海先后被命名为"灭臭虫先进城市""灭鼠先进城区"和"灭蟑螂先进城市"。

80年代，市爱卫会制订一、二、三级卫生街道(镇)的标准和考核办法。在全市开展市级卫生街镇创建活动。1990年起，在全国爱卫会组织的4次全国城市卫生检查评比中，分别被评为全国十佳卫生城市、全国卫生城市和全国卫生先进城市。

1995年6月，全市各区灭蝇工作通过考核，取得阶段性达标成果。每年开展的季节性灭蚊活动，使上海的蚊密度得到有效控制。"四害"密度的下降和其他防疫措施的落实，有效预防和控制出血热等虫媒疾病。

2000年11月，全国爱卫会印发《国家卫生区标准》(试行)，在北京、天津、上海、重庆4个直辖市开展创建国家卫生区工作。至2008年，上海市共计46个镇被命名为国家卫生镇(县城)，11个区被命名为国家卫生区，并先后通过2008年、2009年、2010年的国家卫生城市、区、镇复审。

二、建设健康城市

建设健康城市，是世界卫生组织(WHO)在80年代，面对城市化问题给人类健康带来挑战而倡导的一项全球性行动战略。根据WHO关于健康城市的标准和指标系列，2003年8月，上海市政府印发《上海市建设健康城市三年行动计划(2003—2005年)》。规划的重点为开展"保护'母亲河'""清洁空气""爱绿护绿""人人动手、清洁城市、美化环境""健康身心""婚育新风进万家""人人运动""健康校园""让虫害远离生活""健康家园""三讲一树"(讲文明、讲卫生、讲科学、树新风)。

2003年10月,市政府同意建立上海市建设健康城市联席会议制度。至2005年底,城市环境明显改善,医疗服务、医疗保障体系和居民健康水平不断提高,上海市各项生态环境指标和总体环境质量排名均居全国大城市前列,市民健康综合素质得到进一步提升。

2006年7月,市爱卫会增挂"上海市健康促进委员会"牌子。同年8月,市政府下发《上海市建设健康城市2006—2008年行动计划》,探索"条块结合、以块为主"的健康场所建设模式,开展针对性的健康教育和健康促进活动。整合健康服务、健康食品、健康环境、健康行为活动,推进健康社区、单位、村和家庭实事工程建设。12月,市爱卫会、市健康促进委印发《上海市百万农民健康促进行动规划(2006—2010年)》。2007年,上海市被列为全国建设健康城市试点。截至2008年第二轮三年行动计划(2006—2008年)确定的40项指标完成39项,完成率97.5%。

2008年12月,市政府办公厅印发《上海市建设健康城市2009—2011年行动计划》,该行动计划包括"人人动手清洁家园""人人劝阻室内吸烟""人人坚持日行万步""人人掌握控油控盐""人人学会应急自救"五项行动。至2011年底,第三轮三年行动计划总体目标基本实现,41项工作指标中,有40项工作指标按期完成。

三、开展健康教育

【教育宣传与活动】

1977年11月,恢复上海市卫生教育馆原名。1985年11月23日,世界卫生组织上海卫生教育合作中心成立。1990年9月,市卫生教育馆更名为市健康教育所。1991年,市卫生局和市爱卫办在上海举行首届"健康教育周"活动,主题为加强食品卫生、预防冬季"甲肝"小高峰等内容。此后,每年举行"健康教育周"活动,至2010年共举办了20届。

1994年8月,世界卫生组织上海卫生教育合作中心改为世界卫生组织上海健康教育与健康促

图5-5-4 2008年4月25日,上海市卫生局在徐汇区康健园举行扩大免疫规划宣传活动

进合作中心。2003 年 4 月，在抗击非典期间，市健康教育所开设上海市防治非典健康热线 52285500。此后，每当突发公共卫生事件，市健康教育所第一时间向市民传播防控信息。

2010 年，市卫生局重点做好上海世博会保障工作，先后开展“迎世博，健康促进志愿者队伍建设和志愿服务行动”“健康生活更美好，世博你我一起创”、医学专家世博大巡讲、上海市健康大讲堂、全民健康生活方式行动、城乡社区健康教育示范项目、“健康世博行”大篷车江浙沪大型宣传等活动。同时，每月在世博园区大型会馆开设一期健康教育互动讲堂，全年共举办 12 期。

【禁烟教育与控烟】

90 年代，全民禁烟为全市健康教育工作的重点。1991 年，选定在上海县首先开展农民吸烟行为调查。1994 年，开展上海市民戒烟大赛，连续开展 5 年。1994 年，市政府公布《上海市公共场所禁止吸烟暂行规定》(1997 年修改)，要求各区(县)卫生局负责本区域内公共场所禁止吸烟的监督和管理；民航、铁路、交通部门负责卫生防疫的机构，对管辖范围内的吸烟工作实施监督和管理。1995 年起，市精神文明办、市卫生局、市爱卫会及市控烟协会在全市工厂、机关、学校、医院中开展“无烟单位”“无烟场所”的创建。

2005 年，市文明办将“无烟单位”创建工作纳入申报上海市文明单位的考核标准。2006 年北京奥运会申办期间，上海入选“无烟奥运”运动六大城市(北京、天津、上海、沈阳、青岛和秦皇岛)之一。世界卫生组织、卫生部《烟草控制框架》培训班、世界卫生组织《烟草控制框架公约》履约控烟政策开发培训班分别于 2007 年 11 月、2008 年 3 月在沪举办。2009 年 12 月，市第十三届人大常委会第十五次会议通过《上海市公共场所控制吸烟条例》，实行“限定场所、分类管理、单位负责、公众参与”的控烟原则，禁止在公共场所吸烟。

2010 年上海世博会成为首个世界卫生组织《烟草控制框架公约》(2005 年 2 月生效)生效后举办的世博会。市爱卫办、市卫生局、上海世博局、市食品药品监督局和复旦大学公共卫生学院、市控烟协会等单位推进“无烟世博”。在上海世博会开幕前，撤除上海中心城区、特别是世博会核心区域及其周边道路所有户外烟草广告。世博会期间，禁止携带打火机和火柴进入园区，在园内设置 43 个室外吸烟点，商业零售点禁销烟草制品，园区餐饮、厕所等重点场所设置禁烟标识和控烟温馨提示卡，通过手机短信和园区大屏幕播放禁烟规定，组织控烟志愿者入园劝阻违规吸烟者。2010 年 10 月 29 日(10 月 31 日世博会闭幕)，经过卫生部和世界卫生组织人员实地考察，宣布“无烟世博”目标实现。

【卫生公益电话】

2006 年 12 月 8 日，“12320”上海市公共卫生公益电话①正式开通，集市民保健、疾病预防、卫生法规等内容咨询和投诉举报服务于一体，后逐步合并艾滋病防治、心理援助、生殖健康、孕产保健、儿童保健等内容。至 2010 年 1 月，已将卫生部原定的 16 大类服务领域扩展到 23 大类；开通英文坐席；建立全国 12320 上海培训基地；承办 2008 年全国 12320 工作会议；建立志愿者培训基地；开通短信服务平台等。2010 上海世博会期间，“12320”被批准作为世博会卫生系统服务热线和投诉电话，24 小时为世博会服务。世博会结束后，市民通过“12320”，对医疗纠纷、医德医风、诊疗效果、医院管理、红包回扣、非法行医、乱收费等进行投诉和举报。

① “12320”属于卫生行业政府公益热线，是卫生系统与社会和公众沟通的一条通道，是社会公众举报投诉公共卫生相关问题的一个平台，是向公众传播卫生政策信息和健康防病知识的一个窗口。

第六章 体 育

1949年10月13日，上海市体育会筹备委员会成立。截至1954年，上海的体育活动由市体育会筹委会、市教育局等单位举办。1951—1954年，市政府先后拨款建成虹口、山东路、静安、沪西、沪东体育场和南市、卢湾、虹口工人体育场。1955年，全市各类工人运动队共有1.19万个，各种锻炼小组1 008个。“文化大革命”期间，体育活动受到严重干扰，《青少年体育锻炼标准》停止执行，体育设施建设基本停顿，基层体育场地和设施被占作他用。

改革开放后，1978年上海市体育工作会议召开，提出把学校体育作为体育工作战略重点来抓。80年代起，在上海举办的重要赛事逐年增加，体育场馆设施不断完备。1979—2008年，举办国际性比赛400次、全国性比赛713次。

90年代以后，上海加快体育社会化、产业化。体育事业经费由国家包办改为社会集资、国家拨款、经营筹措。1993年，上海承办东亚运动会时，首创国内市场化体育赛事运作模式。此后，在市、区县政府的支持下，体育竞赛市场、健身娱乐市场、体育彩票市场、体育经纪、咨询和培训市场逐步形成。

截至2010年底，上海共有社区公共运动场316处、健身苑201个、健身点4 586个、农民健身工程1 033处、健身步道322条、百姓健身房117个、百姓游泳池34个，形成500米“体育圈”。市民走出家门500米就能享受到公益性体育设施；利用公共交通15分钟可到达综合性体育设施场所。同时，全市80%中小学校体育场地向社区开放，共有社会体育指导员2.62万余名，达到上海市常住人口的1.5‰；社会体育健身团队1.2万余支，社区体育健身俱乐部108家，社区健身团队1万余支；体育产业不断发展。

第一节 开展全民健身

一、倡导全民健身

80年代，健美和娱乐体育得到开展。网球、桌球、桥牌、棋类、保龄球、垂钓、保健气功、自行车等活动参加者增多；晨跑、拳操活动活跃。进入90年代后，市委、市政府倡导全民健身。1993年，上海市百万市民健身活动被列入“上海市提高市民素质、提高城市文明程度工程计划”。

1994年9月，上海市全民健身动员大会召开，提出加强全民健身活动的8条措施，并在10月组织“全民健身运动”宣传周活动。一周内，14个区共组织30余次丰富多彩的大型活动，其中马路运动会成为具有上海特色的体育活动。同年12月31日，市政府公布《上海市体育场所管理办法》，对公共体育场所进行管理和规划，对非公共体育场所的经营和开放进行指导。

1995年初，市委、市政府将全民健身列入《上海市1995—1997年精神文明建设发展规划》。1995年6月，国务院颁布实施《全民健身计划纲要》。6月23日，国家体委下发《关于贯彻〈纲要〉实施“全民健身一二一工程”的意见》，倡导全民、家庭、社区、学校做到“一二一”①齐锻炼。8月，市政府印发《上海市全民健身实施计划》，要求在20世纪末建立较完善的全民健身组织机构；建立一支素质好的社会体育指导员队伍和管理干部队伍；建立较完善的全民健身规章制度；群众性体育的场所和经费基本落实；公共体育场地达人均1平方米；体育场增长速度每年不低于10%；全年参加体育锻炼人数达到全市人口的40%以上，学生体质在全国列中上水平。同年，市政府批准成立“上海市全民健身领导小组”，由市领导任组长，市各相关委、办、局的分管领导参加，对全民健身计划的实施进行研究部署、检查监督和工作决策。各区县把抓好社区（街道、乡镇）体育，建立一批社区体育指导站，培养建立一支社会体育指导员队伍。

1996年，市体委提出提高学生身体素质、体育场馆向社会开放和加强社区体育建设三个目标。6月，市体委印发《上海市公共体育场所开放规定（试行）》，全市有55个公共体育场馆向市民开放。同年，市体委印发《上海市社会体育指导员技术等级制度实施细则》（修订稿），全市形成由300人组成的社会体育指导员队伍。12月1日，上海市举办第一届全民健身节，截至2010年，连续举办15届，每次参加活动百万人以上。

1998年，市第一批社区健身苑点建设被列为市政府年度实事项目。1999年，市政府发布《上海市室外公共场所体育健身活动暂行规定》，市体委印发《上海市社区健身场所管理办法（试行）》。2000年，市政府召开上海市社区健身设施管理工作会议，通过《关于加强本市社区健身设施管理的意见》。

2000年12月，市第十一届人大常委会第二十四次会议通过《上海市市民体育健身条例》，规定每年6月10日为体育健身日。2001年6月10日，第一个法定体育健身日，上海市举办“关爱生命、关注健康”主题活动。

2002年，市体育局与市精神文明办公室发出《关于开展上海市“体育进社区活动”通知》，并与市农委印发《上海市郊区体育工作规定（暂行）》，将社会体育指导员纳入社区管理。上海市社区市民健康体质监测站建设启动。2003年，市委、市政府作出《关于加快上海体育事业发展的决定》，印发启动《上海市“人人运动”三年行动计划》，号召市民人人学会、喜爱并参与一项体育运动。

2004年，市政府公布《上海市全民健身发展纲要（2004—2010年）》，提出建设“136工程”：创建1个科学、健康、文明的体育生活环境；构筑日常、双休日、节（长）假日3个体育生活圈；完善运动设施、团队组织、体质监测、健身指导、体育活动、信息咨询6个体育服务网络。2004—2007年，推行“人人运动行动计划”；2008—2010年，推进体育生活圈建设和全民健身服务网络建设。

2007—2010年，上海先后承办2007年世界夏季特殊奥林匹克运动会、2008年北京奥运会上海赛区足球比赛和2010年上海世博会。以此为契机，上海市连续开展“全民健身与奥运同行”“全民健身与世博同行”等系列主题活动。2009年5月1日，世博会倒计时1周年之际，举办首届中国上海国际大众体育节，8月8日全国首个“全民健身日”期间举办市民建康跑。2010年世博会期间，全市有11个区的26项群众体育活动在世博园内展示。

① “一二一”：用体育队列操练中“齐步走，一二一”的口令，既寓示全民健身计划启动，又形象地提出了第一阶段的任务。即倡导全民做到每人每天参加一次以上体育健身活动，学会两种以上体育健身方法，每人每年进行一次体质测定；倡导家庭做到每个家庭拥有一件以上体育健身器材，每个季度全家进行两次以上户外体育活动，每个家庭有一份（册）以上体育健身报刊或图书；倡导社区做到提供一处以上体育健身活动场所，每年组织两次社区范围体育健身活动，建立一支社会体育指导员队伍；强调学校做到保证学生每天参加一小时体育活动，每年组织学生开展两次远足、野营，每年对学生进行一次体检。

图5-6-1 2010年8月8日,"全民健身日"活动中的外滩滨江乒乓球赛

二、加强学校体育

"文化大革命"结束后,学校体育走回正轨。1984年10月5日,中共中央下发《关于进一步发展体育运动的通知》,强调"重点抓好学校体育,从少年儿童抓起……重点增加学校体育设施"。市体委和市教育局印发《关于各区县学校体育工作综合评比办法》,将课外活动列入学校的教学计划,保证课外活动的时间与次数。1986年2月,市政府办公厅转发市教育局、市体委等部门《关于进一步加强中小学体育工作的若干意见》,提出健全学校体育机构,保证学校体育经费,修订体育教学大纲,确保学生每天一小时体育活动和开展学校业余体育训练等要求。1987年,市教育局和市体委印发《关于进一步加强中小学课余训练工作的意见》,要求市区85%的中学,70%的小学,郊县50%的中小学建立运动项目、学生、教师及训练时间"四固定"的运动队,每周坚持三次训练。

1990年1月,经国务院批准,国家体委发布《国家体育锻炼标准施行办法》,要求学校把标准的施行纳入学校工作计划。1995年,全国人大通过《中华人民共和国体育法》,强调各级各类学校必须开设体育课,并将体育课作为考核学生学业成绩的法定科目。同年,国务院颁布《全民健身计划纲要》,明确规定以青少年和儿童为重点,搞好学校体育工作。随后,上海发布《全民健身实施计划》,重点依然是儿童、青少年,并且对学校体育教学和锻炼达标等提出明确目标。

2000年12月,市人大常委会通过的《上海市市民体育健身条例》再次强调各学校要保证学生每天参加体育健身活动的时间,增强学生体质。

2001年,教育部、国家体育总局、共青团中央、全国少工委下发《关于实施"全国中小学生课外文体活动工程"的通知》。2003年,市教委、市体育局、共青团上海市委和市少工委发出通知,实施课外文体活动工程,并先后于2005年、2007年组织全市性评选,命名"上海市中小学生课外文体活动工程示范区"。

从2002年开始,市教委和市体育局在全市推行教育部创编的第二套全国中小学(幼儿园)系列广播体操，组织170多名体育教师进行培训。同时，在各类学校试点推行教育部和国家体育总局制定的《学生体质健康标准》。

2004年，市体育局和市教委联合发文，要求开展校园田径运动会，决定每年举办一次全市性校园田径运动会。2007年，市教委、市体育局印发《关于进一步加强学校体育工作的指导意见》，重申“保证学生每天一小时体育活动时间”，同时要求从2007年起，全市中小学校调整并增加学生体育活动课时，实行“三课、两操、两活动”：即各年级每周安排3节体育课时、2节体育活动课时，每天安排广播操或健身操（不少于1遍）、眼保健操（不少于2遍）。

第二节　发展竞技体育

50年代，上海抽调人员集训提高竞技水平。1959年参加第一届全运会获44项冠军，居全国第三位。60年代初，市级运动队精简压缩。“文化大革命”中，正规的竞技体育训练与比赛基本停止。改革开放后，竞技体育的训练和比赛全面恢复，形成以上海体育运动技术学院为龙头、在不同层次布局市一线运动队的格局。90年代制定“奥运为国争光，全运名列前茅”的目标，明确田径、游泳、水上项目及诸多球类等项目为上海夺金优势项目。1993年，在全国率先推选职业化运作模式，先后建立上海申花足球俱乐部和东方男、女篮球俱乐部等，涌现出姚明、孙雯、范志毅、诸韵颖等一批著名运动员。2002年，市政府召开全市体育工作会议，确立田径、游泳、水上、射击、体操、击剑和大球等项目为上海竞技体育重点发展项目。2008年，上海体育职业学院挂牌成立，加强体教合作和资源整合。至2010年，上海共有232人次参加8次奥运会，有12人次在10个项目中获得10.5枚金牌；439人次参加9次亚运会，152人次在28个项目中获得117.5枚金牌；5 482名运动员参加11次全运会，获得374.5枚金牌，1 100.5枚奖牌。

一、建设竞技体育队伍

中华人民共和国成立初，为参加全国的竞技体育比赛和全国运动会，市政府同意体育系统采用抽调集训的方式组队比赛。1954年起，主要将上海体育训练班与华东体育训练班合并，集中6个项目134人进行专业训练。1958年，为参加第一届全国运动会，在全市抽调41个项目的1 100多人进行集训。“文化大革命”期间，竞技体育队伍基本解散。

1984年，市体委提出“多种形式、多种渠道、多种层次、相互竞争”的训练改革方案。1985年，成立虹口击剑学校花剑队，以后市体委又在不同层次布局市一线运动队，如在黄浦区设轮滑俱乐部、杨浦区设蹼泳俱乐部、闸北区设女子举重队、卢湾区设射箭队、浦东新区设网球俱乐部等。

90年代，上海加速建设国际、亚洲和国家体育人才培训基地。1999年以“资源共享、责任共担、人才共有、特色共建”为理念，培养竞技体育后备人才。市体育局、市教委建立联席会议，下设体教结合联合办公室。各区县相继成立体教结合工作领导小组，设立相应工作机构。全市基本形成体教结合工作体系。

2002年，市体育局拨款720万元，扶持区（县）业余训练。2003年，制定《上海市培养奥运后备人才行动方案》，落实“千人苗子”计划。2004年，全市大力培育体育传统项目学校，30所学校试办二线运动队。2007—2010年，全市共有172家市级体育传统项目学校，45所区县少年儿童体校，18所体校被国家体育总局命名为“国家高水平体育后备人才基地”；青少年体育俱乐部增至150家，市级体育运动学校3所(含上海体育学院附属竞技体育学校)。2010年11月,市体育局印发《关于进一步深化竞技体育后备人才培养工作的若干意见》,提出要逐步形成以市级体校为龙头、区县体校为基础、普通学校为依托、各种社会力量为补充的竞技体育后备人才培养体系的总目标。

截至2008年,上海正式设立的奥运会、全运会项目运动队有田径、游泳(跳水、水球、花样游泳)、足球、篮球、排球(沙滩排球)、乒乓球、手球、羽毛球、棒球、垒球、网球、曲棍球、自行车、击剑、体操(自由体操、艺术体操、技巧、蹦床)、射击、射箭、皮划艇、赛艇、跆拳道、举重、摔跤(古典跤、自由跤)、柔道、武术、拳击、马术、帆船(帆板)、现代五项等;先后培养出李富荣、徐寅生、张燮林、郑敏之、林慧卿、陆元盛、张爱玲、朱建华、曹燕华、张德英、庄泳、杨文意、乐靖宜、胡荣华、王励勤、陶璐娜、常昊、姚明、刘翔、孙雯、刘子歌、吴敏霞、火亮、邹市明等世界级优秀运动员,涌现出胡鸿飞、孙海平等优秀教练员。

进入90年代,为提高足球运动水平,从国外聘请教练和运动员,田径、游泳、射击、体操、划船、击剑、自行车等项目聘请外籍教练,帮助运动队进行培训和参加比赛,提高上海竞技体育运动的水平。为提高上海竞技运动水平,上海每年派若干名游泳运动员到水平较高的国家进行短期培训,同时派出多批体育科研人员出国进修。

二、参加国内外赛事

【组团参加国际赛事】

参加奥运会 1984年7月,中国派出由225名选手组成的代表团,首次参加在美国洛杉矶举行的第二十三届奥运会,获得金牌15块,跃居世界第四位,代表团中来自上海的教练7人、运动员27人。至2008年第二十九届北京奥运会,共有来自上海的运动员232人、教练59人、裁判7人。其中,杨文意、庄泳分别夺得1992年第二十五届巴塞罗那奥运会游泳女子50米、100米自由泳金牌,同时,杨文意打破世界纪录。乐靖宜在1996年第二十六届亚特兰大奥运会上,夺得女子100米自由泳金牌。2000年9月,在第二十七届悉尼奥运会上,陶璐娜获女子射击10米气步枪冠军,为中国代表团赢得首金;王励勤与队友获乒乓球男子双打冠军。2004年8月,在第二十八届雅典奥运会上,刘翔夺得田径110米栏金牌并打破奥运会纪录;吴敏霞(与队友合作)夺得跳水女子双人3米板金牌。2008年8月,在第二十九届北京奥运会上,吴敏霞、火亮分别与队友合作夺得跳水女子双人3米板、男子双人10米台金牌;刘子歌夺得女子游泳200米蝶泳金牌并打破世界纪录;王励勤与队友获得乒乓球男子团体冠军。

参加亚洲运动会 1974年9月,中国派出269人代表团首次参加亚洲运动会,即第七届德黑兰亚运会,获得33枚金牌,位列第三。代表团中来自上海的运动员28人、教练5人,2名上海运动员分别与队友获得男子体操团体、女子乒乓球团体冠军。至2010年第十六届广州亚运会,共有来自上海的运动员502人、教练62人、裁判8人参加。其中,朱政在1978年第八届亚运会上获体操平衡木冠军;吴佳妮在1982年第九届亚运会上获体操高低杠、平衡木冠军;在1990年第十一届亚运会游泳项目中,沈坚强获得5枚金牌,庄泳、杨文意各得4枚金牌,谢军得3枚金牌;徐妍玮在2002年釜山亚运会上获5枚游泳金牌;庞佳颖在2006年多哈亚运会上获女子200米自由泳冠军,季丽萍获女子50米蛙泳冠军,唐奕、庞佳颖和队友夺得女子4×200米自由泳接力金牌,孙获亭、吴怡文与队友在花样游泳集体项目中夺冠。黄雪辰、吴怡文与队友在2010年第十六届亚运会获花样游泳组合和集体项目金牌。

市委、市政府对在奥运会上取得成绩的上海籍运动员发出贺电，为表彰在奥运会、亚运会上作出贡献的运动员，市政府给予通令嘉奖。

【组团参加全国运动会】

历届全运会上海代表团均由市政府组织，由分管体育工作的副市长担任代表团团长；市体委(体育局)主任(局长)任常务副团长。

第四届全国运动会　1979 年 9 月 15—30 日在北京举行。上海代表团共有 518 名运动员参加比赛，共获得 36 块金牌、32 块银牌、32 块铜牌，平 1 项世界纪录，2 人 3 次破 2 项亚洲纪录，15 人 1 队 30 次破 17 项全国纪录，2 人 1 队 3 次破 3 项全国青少年纪录。

第五届全国运动会　1983 年 9 月 18 日—10 月 1 日在上海举行。上海代表团共有 391 名运动员参加比赛，获 33 块金牌、34 块银牌、31 块铜牌。奖牌数居全国之首，金牌数居全国第二。有 1 人 2 次破 1 项世界纪录，1 人 2 次破 1 项亚洲纪录，8 人 2 队 16 次破 8 项全国纪录。

第六届全国运动会　1987 年 11 月 20 日—12 月 5 日在广州举行。上海代表团有 571 名运动员参加 40 个大项比赛，获冠军 32 项、亚军 29 项、季军 24 项，金牌数居全国第三，团体总分第二(全运会自第六届开始设团体总分)。有 1 人 2 次超 2 项世界纪录，4 人 8 次破 6 项亚洲纪录，9 人 2 队 22 次破 17 项全国纪录。

第七届全国运动会　1993 年 7—9 月分别在四川、秦皇岛、北京三个赛区进行。上海代表团共 477 名运动员参加 29 项决赛，获 29 块金牌、22 块银牌、17 块铜牌，金牌数与团体总分均居全国第三。有 2 人 1 队 4 次超 3 项世界纪录，1 人 1 次平世界纪录；5 人 3 队 11 次创 9 项全国纪录。

第八届全国运动会　1997 年 10 月 12—24 日在上海举行。上海代表团共 570 名运动员参加所有 28 个项目比赛，获 42 块金牌、34 块银牌、32 块铜牌。金牌数与团体总分均居全国第一。有 6 人 17 次破 11 项世界纪录，5 人 9 次超 7 项亚洲纪录，6 人 9 次创 8 项全国纪录。

第九届全国运动会　2001 年 11 月 11—25 日在广州举行。上海代表团共有 570 名运动员参加 26 大项、234 个小项的比赛，获 30.5 枚金牌、24.5 枚银牌、25.5 枚铜牌。金牌、奖牌数和团体总分均居全国第三。有 2 人 2 次超 2 项世界纪录，1 队 1 次创 1 项亚洲纪录，2 人 2 次超 2 项亚洲纪录。

第十届全国运动会　2005 年 10 月 12—23 日在南京举行。上海代表团共有 651 名运动员参加 29 个大项、256 个小项的比赛，夺得金牌 26 枚、银牌 48 枚、铜牌 44.5 枚。奖牌数和团体总分均居全国第三，金牌数列全国第七。

第十一届全国运动会　2009 年 10 月 11—28 日在济南举行。上海代表团共有 775 名运动员参加 29 个大项、282 个小项的决赛，夺得 41 枚金牌、34 枚银牌、46.5 枚铜牌，金牌牌数、奖牌数和总分全面超越上届，金牌数列全国第五。1 人次打破 1 项世界纪录。

第三节　承办、举办体育赛事

改革开放后，1978—2010 年，上海除承办第五、第八届全国运动会外，还承办 1993 年第一届东亚运动会、1996 年第三届全国农民运动会、2007 年世界夏季特殊奥林匹克运动会、2007 年女足世界杯、2008 年北京奥运会足球上海赛区比赛、第四届世界杯跳水赛、第四十八届世界乒乓球锦标赛等赛事。其间，上海还成功举办 1999 年第七届亚洲女子垒球锦标赛、2001 年第二十一届亚洲男子篮球锦标赛、2002 年首届世界杯武术散打赛、2002 年射击世界杯赛、2003 年第十八届世界中学生足球锦标赛、2004 年第十二届世界蹼泳锦标赛、2004 年 F1 世界摩托艇锦标赛(上海站)、2006 年第八届国际泳联世界短池游泳锦标赛、2006 年国际体联体操世界杯赛(中国站)等赛事。

此类赛事绝大多数由上海市政府承办,由市长、分管副市长担任筹备委员会(组织委员会)主任,并在办赛的人力、经费、场地、交通、医疗、后勤供给等方面提供保障,确保赛事成功举办。

一、国际赛事

【综合赛事】

第一届东亚运动会 1992 年 1 月,上海开始筹办第一届东亚运动会,并成立组织委员会,由市长黄菊任组委会主席。1993 年 5 月 9 日,第一届东亚运动会在虹口体育场开幕,国家主席江泽民和国际奥委会主席萨马兰奇出席,18 日在上海体育馆闭幕。共进行 397 场比赛,有 9 个代表团 1 283 名运动员参加。其间,接待近 30 个国家和地区的 3 180 名境外贵宾和 830 名境内外记者。

第十一届世界中学生运动会 1998 年 10 月 13—18 日在上海举办,这是世界中学生运动会首次在欧洲以外的地方举行,市长徐匡迪任组委会主任,有 28 个国家和地区的 1 387 人(其中运动员 773 人,教练 160 人,裁判 454 人)参加,设田径、游泳、体操、艺术体操四个大项共 78 个小项的比赛。

第十二届世界夏季特殊奥林匹克运动会 2007 年 10 月 2 日在上海体育场开幕,国家主席胡锦涛出席开幕式,11 日晚在江湾体育场闭幕。该赛事首次在亚洲、在发展中国家举办。共有 165 个国家和地区,9 593 名运动员、教练员参加。设游泳、篮球、体操、田径、保龄球、排球、乒乓球、网球等 21 个正式比赛项目,舞龙舞狮、龙舟等 4 个表演项目和运动员健康计划、娱乐计划、社区接待计划、特奥会体验计划等 9 个非体育项目。

【单项赛事】

第四届世界杯跳水赛 1985 年 4 月 25—28 日在上海游泳馆举行,有澳大利亚、加拿大、捷克斯洛伐克、联邦德国、民主德国、英国、意大利、韩国、墨西哥、新西兰、美国、苏联和中国等 14 个国家队共 67 名选手参加比赛。市长汪道涵、国家体委副主任路金栋出席开幕式,这是上海历史上首次举办世界杯跳水赛。

第四十八届世界乒乓球锦标赛 由国际乒乓球联合会主办,上海市政府和中国乒乓球协会承办,共有 147 个国家和地区的 1 500 多名运动员、教练员、官员参加,其中报名参赛的运动员有 104 个队、574 人。2005 年 4 月 30 日在东方明珠广播电视塔广场开幕,全国人大常委会委员长吴邦国、市长韩正和国际乒联主席沙拉拉出席并致辞,5 月 6 日晚在上海体育馆闭幕,国务院副总理黄菊出席并致辞。

2007 年女足世界杯 在天津、成都、武汉、杭州(含义乌)和上海五个赛区举行,上海承担开幕式、闭幕式、半决赛、决赛以及包括揭幕战在内的 6 场小组比赛。2007 年 9 月 10 日在虹口足球场开幕,国务委员陈至立、市委书记习近平、国家体育总局局长刘鹏、市长韩正出席,国际足联主席布拉特出席并致辞;30 日在虹口足球场闭幕。共有来自德国、日本、英格兰、阿根廷、尼日利亚、美国、朝鲜、瑞典、挪威、加纳、澳大利亚、加拿大、中国、新西兰、巴西、丹麦等国 16 支队伍参赛。

【品牌赛事】

上海国际马拉松赛 由中国田径协会和上海体育总会主办,始于 1996 年,至 2010 年已连续举办 15 届，比赛规模逐年扩大，从第一届 10 多个国家和地区的 5 000 余人参赛，到 2010 年第十五届有 52 个国家和地区的 2.2 万人参赛。比赛设男女马拉松、男女半程马拉松以及男女健身跑等 6 个项目。

网球大师杯赛和 ATP1000 大师赛　世界男子职业网球巡回赛的年终总决赛即网球大师杯赛，始于 1999 年 12 月，在世界各大城市轮流举行。上海承办了 2002 年和 2005—2008 年共 5 届比赛。2009 年起，网球大师杯赛由 ATP1000 大师赛取代。2002 年 11 月 12—17 日，网球大师杯赛在上海新国际博览中心举行，2005 年以后的赛事在旗忠网球中心举行。

F1 中国大奖赛　由国际汽车运动联合会、国家体育总局、上海市政府主办，中国汽车运动联合会、上海市体育局、上海久事国际赛事管理公司承办，是 F1（世界一级方程式锦标赛）年度分站赛中的一站，与奥运会、世界杯足球赛被列为世界三大顶级体育赛事。2004 年 9 月 24—26 日，F1 大奖赛首次登陆中国，在上海国际赛车场举行。至 2010 年共举办了 7 次，每次都吸引法拉利、雷诺、迈凯轮等 10 多支参赛车队的 20 多位车手参加角逐。

图 5-6-2　创办于 2005 年的上海国际田径黄金大奖赛，为中国举办的国际顶级田径大赛，每年 9 月下旬在上海举行。图为 2008 年大奖赛比赛中

上海国际田径黄金大奖赛　国际田联正式批复的室外赛事之一，是中国举办的规格最高的田径赛事，首届比赛于 2005 年 9 月在上海体育场举行。2005 和 2006 年设 14 项比赛项目，2007—2009 年为 16 项，每年都有 120 名左右外国选手和 30 名左右中国选手参赛。从 2007 年起，国际田联将赛事从特许赛升格为巡回赛。2010 年 5 月，国际田联钻石联赛（上海站）举办，取代上海国际田径黄金大奖赛。

汇丰高尔夫球冠军赛　亚洲地区的顶级高尔夫球赛事，自 2005 年起每年 11 月在上海佘山高尔夫球俱乐部举行。选手主要包括四大顶级高尔夫球职业巡回赛的冠军球手、世界排名前 50 位的职业选手。2009 年升级为世界高尔夫球锦标赛。

世界斯诺克上海大师赛　世界职业斯诺克协会官方排位赛，也是每年赛季揭幕战，由中国台球协会和上海市体育总会主办，每年举办 1 次。参赛选手为当年世界排名前 16 强和预赛决出后的 16

强再加 8 名亚洲及中国外卡选手,总共 40 名选手参赛。2007 年 8 月 6—12 日,在上海体育馆举行首次比赛,至 2010 年共举办 4 次。

二、国内、市内赛事

【全国运动会】

1979—2010 年,国家举办了第五至第十一届全国运动会,其中,上海市承办了第五届、第八届全国运动会。第五届全国运动会筹备委员会主任为市长汪道涵,第八届全国运动会筹备委员会主任为副市长龚学平。

第五届全国运动会 是新中国建立后首次在首都以外举行的全国运动会。1983 年 9 月 18 日在上海江湾体育场开幕,国家副主席乌兰夫、国务院副总理万里和国际奥委会主席萨马兰奇等人出席。10 月 1 日晚在上海体育馆闭幕。设田径、游泳、跳水等 25 个比赛项目和武术 1 个表演项目。参加运动会的有各省、市、自治区和解放军体协、火车头体协共 31 个代表团、8 943 名运动员、1 431 名裁判员。

第八届全国运动会 为上海第二次承办的全国运动会。1997 年 10 月 12 日在上海体育场开幕,中共中央总书记、国家主席江泽民和萨马兰奇出席开幕式;10 月 24 日在上海体育馆闭幕,国务院总理李鹏出席。运动会设 28 个大项、319 个小项。各省、市、自治区及各行业系统的 46 个代表团、7 600 多名运动员参加比赛,有 3 014 名裁判参与执法。

【全国性赛事】

1979—2010 年,上海先后举办各类全国性体育赛事 800 多次。

第三届全国农民运动会 由上海承办,主会场在松江体育场。1996 年 10 月 12 日在虹口体育场开幕,国务院副总理姜春云、市委书记黄菊、全国政协副主席董寅初、农业部部长刘江、市长徐匡迪等出席开幕式;10 月 19 日晚在嘉定南翔环球乐园闭幕。比赛项目有田径、篮球、乒乓球、中国式摔跤、游泳、舞龙、象棋、自行车载重、武术、民兵军事等,表演项目有毽球、风筝等。参加运动会的总人数达 2 394 人,其中运动员 1 894 人,内有来自 14 个少数民族的 140 名少数民族代表。

第五届全国残疾人运动会 由中国残联、国家体育总局、中国残疾人体协主办,上海市政府承办。2000 年 5 月 6 日,在上海体育馆开幕,中共中央总书记、国家主席江泽民发来贺信,全国政协主席李瑞环、市委书记黄菊出席开幕式。5 月 14 日在上海东方明珠广播电视塔广场闭幕。设田径、游泳、乒乓球、举重、盲人柔道、羽毛球、盲人门球、轮椅篮球、坐式排球、射击、轮椅网球等 11 个比赛大项 450 个小项,另有轮椅飞镖 1 个表演项目。各省、市、自治区和新疆生产建设兵团以及香港、澳门特别行政区代表团 6 000 多人参加,其中参赛运动员 1 805 名。

第七届全国大学生运动会 由教育部、国家体育总局、共青团中央主办,上海市政府承办。2004 年 8 月 28 日晚,在上海松江大学园区开幕,9 月 6 日晚在上海大剧院闭幕。比赛项目有田径、游泳、篮球、排球、足球、乒乓球、健美操、武术、定向越野等,表演项目桥牌。各省、市、自治区及香港、澳门特别行政区的 33 个大学生体育代表团共 3 430 名大学生运动员参加。

【上海市内赛事】

上海市运动会 1953 年 5 月 30 日—6 月 6 日,举行第一届上海市运动会,比赛设 4 个大项,共有 28 个代表团 11 223 人参赛。至 2010 年共举办 14 届，第二届至第十届都在 5 000—10 000 人之间，第十一届有 46 个代表团 13 332 人，第十二届有 41 个代表团 21 758 人，第十三届有 67 个代表团 28 794 人，第十四届有 60 个代表团 22 317 人。从第四届开始，分市区和郊县两组；第七届后增加市区少年组；第十一、十二届分为成年组与少年组；第十三届分青少年组、大学组和成年组，青少年组设 30 个大项、大学生组设 19 个大项、成年组设 45 个大项；第十四届分青少年组、高校组和大众组，青少年组设 31 项，以奥运会、全运会项目为主，高校组设 21 项，以大学生运动会项目为主，大众组设 41 项，以全国体育大会项目为主。

上海市老年人运动会　由上海市老龄工作委员会、上海市老年人体育协会联合举办。1986 年 8 月举办第一届，20 世纪 80 年代每两年举行 1 届，90 年代每三年举办 1 届，进入 2000 年以后每四年举办 1 届，到 2008 年为第八届，每届会期 2—8 月不等。比赛项目由第六届前的 10 余项，发展到第八届的 38 项。参赛运动员前六届均为 5 000 人左右，第七届 8 434 人，第八届 13 047 人。

上海市农民运动会　1958 年 12 月 7—8 日，在虹口体育场举行第一届上海市农民运动会，设置田径、拔河、自行车、射击、举重等比赛项目，参赛农民运动员、教练员 900 余人。此后长期未再举行全市性的农民运动会。改革开放后，为促进郊县农村体育运动，1988 年 4 月 14—23 日，在崇明县举行第二届农民运动会，设 5 个比赛项目和武术表演项目，参加运动员 500 人。此后规定每四年举办 1 届，到 2007 年为第六届。从第三届开始，每届比赛项目与参赛人数逐届增多，第三届设 9 项，798 人参赛；第四届设 10 项，1 400 余人参赛；第五届设 14 项，1 395 人参赛；第六届设 16 个大项 76 个单项，1 500 余人参赛。

图 5-6-3　2008 年 7 月 8 日，上海市学生运动会开幕

上海市学生运动会　由市教委和市体育局共同举办的综合性学生运动会。上海解放后举办过 6 届大学生运动会、9 届中学生运动会、8 届小学生运动会、3 届中职运动会和 5 届青少年运动会，以后统筹整合为上海市学生运动会，4 年 1 届。第一届于 2008 年 7 月 8 日开幕，12 月 28 日闭幕。设高校组、高中组、初中组、小学组、市职组5个组别,38个大项,940个小项,参赛学生总人数达22 170人。

第四节 场馆建设与体育产业

一、建设体育场馆

1972年,国家投资3 268万元,在漕溪北路中山西路口兴建上海体育馆(万人体育馆),1975年8月建成,成为国内大型的体育馆之一。改革开放后,上海市、区政府不断增加体育场馆与设施的投入,上海体育设施开始向高水平、配套成龙的方向发展。

1980年,为承办第五届全国运动会,市政府批准新建黄浦、闸北等综合型体育馆和上海游泳馆、上海水上运动场等专项体育场馆。同时,对虹口、卢湾等30多个体育场馆的设施进行改造。1978—1985年,上海用于建设体育设施的投资为4 186万元。

"七五"计划期间(1986—1990年),市政府先后筹措资金约2.3亿元,新建、改造梅陇运动员训练基地一期工程、莘庄自行车赛场、淀山湖水上运动场二期工程、上海奥林匹克俱乐部等体育设施1 405个,竣工面积11万平方米。"八五"计划期间(1991—1995年),上海新建改建各种体育设施近百个,总建筑面积50多万平方米,实际总投资38亿元,是"七五"计划期间投资的16倍。至1997年8月,第八届全国运动会所需的38个体育场馆(新建34个,改建4个)全部竣工,共占地193.05万平方米(其中新建场馆占地179.4万平方米),总建筑面积84.39万平方米,其中上海国际体操中心、上海国际网球中心、上海射击运动中心、静安体育中心游泳馆、浦东游泳馆等均达到国际一流水平。作为八运会主会场的上海体育场(八万人体育场),于1994年9月开工,占地19万平方米,总建筑面积17万平方米,可容纳近8万名观众,工程概算总投资12.9亿元,是我国规模最大、设施最为先进的大型室外体育场之一。1997年,容纳3 600名观众的仙霞网球运动中心建成;上海市体育宫由黄陂北路迁建至大渡河路。

进入21世纪,上海进一步加快体育场馆建设,新建上海国际赛车场、上海旗忠森林体育城网球中心,改建上海体育馆、江湾体育场等一批大型体育场馆;源深体育中心、奉贤体育馆、卢湾体育中心、南汇体育中心等区县体育场馆投入使用。2000年,新建东方绿舟体育训练基地和乒乓球、排球、篮球、游泳等运动场馆。

2007年3月24日,上海获得第14届国际泳联世界锦标赛的举办权,为此于2008年12月30日开工建设东方体育中心,2010年12月28日落成,占地面积34.75万平方米,建筑面积18.8万平方米,包括可容纳1.8万人的主体育馆、5 000人的游泳馆和5 000人的室外跳水池,总投资约28亿元。

二、发展体育产业

上海体育产业起步于80年代初期,市体委提出体育场馆"以体为主,多种经营"的方针。1980年,上海各体育场馆经营收入合计426.23万元,1984年为904.2万元,1990年为4 669.4万元,10年内经营收入增长10倍多。

1993年5月,首届东亚运动会在上海举办,通过在全国范围内发行奖券,募集资金近2.4亿元,使得大型运动会的筹办第一次摆脱了"一切资金靠政府"的历史。在此基础上,上海成立一批产业集团及经营公司,陆续承接了八万人体育场、上海国际网球中心的筹建任务。

90年代以后，尝试实施俱乐部制。1993年12月，在市委、市政府支持下，黄浦区政府和申花集团联合创办申花足球俱乐部，后相继有上海世界女子乒乓球俱乐部、豫园足球俱乐部、浦东足球俱乐部、东方篮球俱乐部、有线排球俱乐部成立。俱乐部所属的运动队大都与市体委“脱钩”，实行企业化管理。俱乐部由董事会聘任总教练，总教练在招收队员、训练、管理、发放奖金等方面有自主权。

1995年7月，市体委制定上海体育产业的发展规划，筹建上海体育实业公司，以足球为龙头，培育球市，并初步形成了竞赛市场。至1995年底，上海体育产业的年销售收入达5亿元，其中体育系统的销售收入为2.5亿元。

1996年，首届全市体育产业工作会议召开，提出上海体育产业从多种经营创收活动向挖掘体育自身的功能和价值转变；社会各界从对体育偶然的、零星的赞助行为向经常的、系统的投资经营活动转变；体育部门从办体育向管体育、管办结合的方向转变。上海加快体育市场的建立，申花足球俱乐部、大鲨鱼篮球俱乐部、圣雪绒男子乒乓球俱乐部的相继出现，开辟了企业赞助竞技体育的新领域。1998年开始，向社会输送合格体育经纪人，体育经纪人涉及赛事运作、赞助招商、运动员转会以及体育表演等领域。1998年，体育产业的年产出达到52.5亿元，体育服务业的总产出为12.99亿元，经营性体育场所达997家。

1999年3月25日，市政府发布《上海市体育竞赛管理办法》，推动体育比赛逐步走上规范化运作轨道。2001年，北京获得2008年奥运会举办资格，上海市体育局着手申办国际顶级单项赛事，与北京、广州等地举办的诸如奥运会、亚运会等大型综合类运动会形成错位办赛。2002年12月，市委、市政府作出《关于加快上海体育事业发展的决定》，提出将上海建成亚洲一流体育中心城市。上海市体育事业发展“十五”规划(2001—2005年)提出积极申办、承办具有世界一流水平体育赛事的战略方针。2001—2007年间，基本形成网球大师杯赛、F1中国大奖赛、国际田径黄金大奖赛、国际马拉松赛、高尔夫球冠军赛和世界斯诺克上海大师赛等品牌赛事。

2006年11月29日，市体育产业工作会议召开，讨论《上海体育产业发展纲要》，提出形成以竞赛表演业、健身服务业、体育彩票业为支柱，体育培训、无形资产、中介服务等多业并举，全社会共同参与的格局；做大做强拥有自主创新和知名品牌的体育产业类大中型企业，培育具有竞争力的优势企业，增强上海体育产业的区域竞争力和国际竞争力；建立开放透明、良性运行、公平竞争的市场环境和运行机制。2009年9月，市政府印发《2009—2012年上海服务业发展规划》，提出发展体育竞赛表演、产品研发、健身指导、场馆运营等体育服务业。

2010年2月22日，市政府工作会议要求全力做好重大体育赛事筹备和参赛，完善体育产业发展机制。同年3月，国务院办公厅下发《关于加快发展体育产业的指导意见》。此后，市政府提出，上海体育产业应该转方式、调结构，充分利用场馆、赛事，推动体育产业与文化、旅游、科技、金融、教育、创意、制造等融合，把体育产业培育成为现代服务业的组成部分及国民经济新的增长点。截至2010年底，上海市有经营性体育场所达5 200多家，从业人员超过5万人；体育经纪公司32家，执业体育经纪人500人；上海红双喜股份有限公司、上海气枪厂进入中国体育用品20强企业榜，红双喜、乔山、回力等品牌体育用品远销海内外。

三、发行体育彩票

1978年后，国家体委尝试通过发行体育彩票，筹集部分体育事业发展资金。

1993年,国务院批复同意在上海发行两亿元东亚运动会体育基金彩票,是新中国成立后首次在上海公开发行体育彩票,实际销售1.7亿元,为第一届东亚运动会集得资金5 000万元。1995年4月,市机构编制委员会批复市体委同意成立上海市体育彩票管理中心,负责对上海电脑体育彩票销售系统的直接管理。1996年,市体育彩票管理中心为第三届全国农运会销售彩票6 500万元,筹集资金1 625万元;为第八届全国运动会发行3亿元面值的体育彩票,销售1.1亿元,30%用于第八届全国运动会。上海体育彩票集资市场初步形成。

上海体彩事业发展经历了即开型规模销售阶段,随后开始了电脑彩票销售的摸索和试点。1998年10月18日,第一期电脑型体育彩票在全市300个网点上市发行,1999年实现电脑销售网点各区县全覆盖。2005年开始,陆续推出超级大乐透、顶呱刮即开票、竞彩等新产品。至2010年底,全市销售网点增至2 173个,上海体育彩票累计销售量突破100亿元。

1993—2010年,上海体育彩票共为国家筹集公益金31亿多元,除上缴中央财政外,上海公益金留成近17亿元。其中60%用于全民健身工程,40%用于竞技体育奥运战略,支持上海市"全民健身计划"和"奥运争光计划"的实施。

第七章　民族　宗教

第一节　民 族 事 务

近代起，随着上海城市的发展，因经商、婚嫁、求学、从业的少数民族人口陆续迁居上海。中华人民共和国成立后，市政府推进民族团结进步，重视保障少数民族权益。随着改革开放不断深入，人口流动越来越大，西部地区来沪少数民族人数逐年增加。1982 年，上海全市有少数民族 39 个、少数民族常住人口 49 748 人。截至 2010 年，全市有少数民族 55 个、少数民族常住人口 276 163 人。

一、保障少数民族权益

为了切实保障少数民族在人民代表大会中的参政权利，上海市历届各级人民代表大会都选举产生少数民族代表。1977 年 12 月至 2010 年，经过选举产生的第五至第十一届全国人大上海市代表中，少数民族代表有 20 人(次)。1977 年 12 月至 2010 年，第七至第十三届上海市人大代表中少数民族代表累计 147 人(次)。

历届上海市各级政协都协商产生一定数量的少数民族委员。1977 年 12 月至 2010 年，上海市第六至十一届全国政协委员中有少数民族委员 14 人(次)。1977 年 12 月至 2010 年，第五至第十一届上海市政协委员中有少数民族委员 123 人(次)。

上海市各级党政组织十分注重培养、提拔少数民族干部。1990 年统计，全市有各级少数民族干部 7 675 人。其中，局级干部 29 人，处级干部 222 人、科级干部 745 人。1993 年，开始实施《上海市培养少数民族干部工作八年规划》。

1994 年 2 月，在市十届人大二次会议上，马人斌等 22 位人大代表提出《请加速制定上海市散居少数民族权益保障条例》的议案，市人大常委会和市政府高度重视。同年 12 月，市十届人大常委会第十四次会议通过《上海市少数民族权益保障条例》，1995 年 3 月 1 日施行。按照该条例规定，在市、区(县)党政机构相继有一批少数民族干部走上领导岗位。

为尊重少数民族饮食习惯，保障少数民族合法权益，加强清真食品行业生产经营管理，维护民族团结。1998 年 6 月，市民族委员会起草《上海市清真食品管理条例(草案)》，2000 年 8 月市十一届人大常委会第二十一次会议通过该条例，2001 年 1 月 1 日起施行。

2001 年，市委组织部、市委统战部、市人事局、市民族宗教委要求进一步做好培养选拔少数民族干部工作，进一步为西部地区和少数民族地区干部队伍建设作贡献。同年，上述 4 部委局召开经验交流会，各区县组织部、民宗办和社会主义学院开办少数民族干部培训班，建立后备干部数据库，并开展少数民族干部挂职轮岗。

截至 2010 年统计，在上海市各党政机关、国有事业单位(含参公事业单位)、国有和集体企业中，少数民族干部共有 16 651 人(占全市干部总数 1.53%)。在党政机关、事业单位中(不含企业)，少数民族省部级干部 1 人(占全市同级干部比例 1.92%)，局级干部 23 人(占 1.14%)，处级干部 317 人(占 1.05%)。

二、帮助少数民族发展经济和文化教育

【帮助发展经济】

“文化大革命”结束后,1978 年 11 月市民委机构恢复,逐步加强对少数民族人员的就业培训,要求各区县少数民族联合会创办经济实体安排少数民族职工就业。1985 年,推广黄浦区经营大众化点心穆斯林饮食店经验,区县创办 20 多个经济实体。1995 年 3 月 1 日,市人大常委会通过的《上海市少数民族权益保障条例》实施,全市多家单位提出,多给少数民族职工一次上岗机会,安排下岗少数民族职工再就业。1995 年初,全市民委系统有经济实体 63 个。1997 年后,又创办了上海明珠大饭店、上海民族旅行社、上海穆斯林开发有限公司等实体,安排一批少数民族人口就业。

区县少数民族办的经济实体多为第三产业,主要是清真餐饮、副食品店等,市场放开后价格竞争处于弱势,部分企业被迫歇业。2001 年,市民族宗教委与市商务委、市财政局等协商,对清真食品行业在相关范围内予以政策扶持:清真饮食、食品网点装修改造费用由市、区财政分别补贴 1/3;清真食品、副食品专柜改造补贴,由市、区财政分别补贴 1/3;清真食品、副食品专柜(专摊)租金补贴,由市或区财政每年每户补贴租金 5 000 元;清真食品企业生产经营流动资金银行贷款利息补贴,市属企业由专项资金补贴 2/3,区(县)属企业由专项资金和区(县)财政各补贴 1/3。清真食品基本供应点经营获得改善。

【帮助发展文艺体育】

发展少数民族文艺 1978 年以后,上海先后举办第一至第三届“民族杯”小歌手邀请赛、首届中华民俗风情大型游艺会、’95 上海中国民族风——全国 56 个民族音乐舞蹈邀请展演、’95 上海中国民俗风情欢乐节等活动;同时,还组团参加第二至第三届全国少数民族文艺会演,举办“洪长兴

图 5-7-1 2005 年 12 月 21 日,在闸北区共康中学举行上海市内地西藏班办班 20 周年庆祝大会

杯”上海市少数民族业余歌手比赛、上海戏剧学院西藏班创作排演等。1978—2010年，中央民族歌舞团以及西藏、青海、新疆、云南、内蒙古、贵州、广西、甘肃等省、自治区少数民族歌舞团先后来沪交流演出，上海京剧团、上海音乐学院、上海戏剧院藏族班等文艺团体亦到外省市交流演出。上海还举办民族服饰与用品、西藏大型文化艺术、各族著名国画家作品等展览。上海音乐学院共培养少数民族文艺骨干近千人，其中一些著名歌唱家在全国音乐比赛中屡屡获奖。静安区百灵民族合唱团长期活跃在文艺舞台上，成为民族文化的窗口。

发展少数民族体育　1982年9月至2007年11月，上海组团参加第二至第八届全国少数民族传统体育运动会，竞赛项目有滚灯、武术、押加、蹴球、射弩、珍珠球、板鞋竞速、陀螺等；表演项目有心意六合拳、太极拳、八卦拳、迷踪拳、醉拳、硬气功、滚灯、牧羊鞭、骏马奔腾、热巴鼓韵等。

【帮助发展教育】

1985年起，根据中央第二次西藏工作座谈会精神，市政府接受中共中央、国务院智力援藏任务后，分别在上海市回民中学（后迁至共康中学）、上海市行政管理学校开设内地西藏初中班。1999年9月，国务院办公厅转发教育部、国家计委、财政部和国家民委《关于进一步加强少数民族地区人才培养工作的意见》，上海从2000年起，开办内地新疆高中班。2002年起，又分别在复旦大学附中、复兴中学开办内地西藏高中散插班。同时，在上海音乐学院、上海戏剧学院、上海交通大学、华东师范大学、上海外国语大学、东华大学、华东理工大学、上海中医药大学、上海应用技术学院等高校开设民族班。至2010年，全市有1所回民寄宿制完全中学、4所回民小学、16所民族幼儿园和托儿所；各区县开办的西藏班中，初中班有827人、高中班有148人、高中新疆班有3 051人；全市在校少数民族大学生共计17 913人。

三、尊重少数民族风俗习惯

1978年1月起，市有关部门发文，恢复供应清真食品。1978年9月，市劳动局、市财政局发文，提出对没有条件设立清真专灶的本市回民等少数民族同胞，每月补贴伙食费4元。1979年12月、1987年6月、1988年6月、1992年6月、1996年4月，市粮食局等部门先后发文，对回族等少数民族及其职工实施副食品价格补贴。

为尊重回族、维吾尔族等10个少数民族土葬的习俗，1979年4月，市民政局、市民委发文决定，在青浦区徐泾镇卫家角原吉安公墓旧址恢复回民公墓，占地6.34公顷。1985年，市回民公墓由市民政局移交给市民委管理。1986年10月，成立上海市回民公墓管理所。2003年7月，市民族宗教委印发《上海市回民公墓殡葬管理办法》。至2010年，市回民公墓内已落葬10 882墓穴。

四、开展民族团结进步表彰

【国务院表彰】

1988—2010年，国务院5次进行全国民族团结进步表彰：1988年上海市有9个集体、7名个人，1994年上海市有11个集体、7名个人，1999年上海市有12个集体、7名个人，2005年上海市有13个集体、7名个人，2009年上海市有16个集体、7名个人被表彰为模范集体、先进个人。

【国家民委表彰】

1990年上海市有17个民族团结进步先进集体、18名先进个人,1998年上海市有29个先进集体、19名先进个人获国家民族事务委员会表彰。

【市委、市政府表彰】

1988—2010年,市委、市政府多次召开上海市民族团结进步先进集体和先进个人表彰大会。1988年表彰大会表彰26个先进集体、34名先进个人;1995年表彰34个模范集体、29名模范个人;1998年表彰29个集体、19个先进个人(本次为国家民委、上海市政府联合表彰)。1999年,市政府代表国务院向荣获国务院第三次全国民族团结进步表彰大会表彰的模范集体和模范个人授奖。2005年市委、市政府召开上海市民族工作会议,向荣获国务院第四次全国民族团结进步表彰大会表彰的模范集体和模范个人授奖。2009年市促进民族团结进步大会举行,市委书记俞正声、市长韩正会见上海荣获国务院第五次全国民族团结进步表彰大会表彰的集体和个人。

【市民委表彰】

1984—2010年,市民族宗教委多次表彰民族团结进步先进集体先进个人。1984年表彰先进集体65个、先进个人158名。1988年表彰先进集体35个、先进人物116人、民族团结先进个人35名。1995年表彰先进集体19个、先进个人28人。2000年表彰先进集体49个、先进个人10人。2002年表彰先进集体34个、先进个人31人。2006年表彰先进集体91个、先进个人29人。2007年表彰模范社区15个、优秀社区82个、达标社区16个、先进个人29人。2009年表彰模范社区31个、优秀社区96个、达标社区20个、先进个人29人。

五、支持市少数民族联合会工作

1987年9月17日,上海市少数民族联络委员会成立,1994年7月7日更名为上海市少数民族联合委员会。至2010年,市少数民族联合会共换过6届理事会,有团体会员51个,基层联络组261个,联络员2 481人,志愿者2 666人。市少数民族联合会成立后,主要开展少数民族妇女、青年、老年人工作;发挥民族联合会桥梁、纽带作用,开展服务和帮扶;宣传民族政策、法规,坚决维护国家统一、反对分裂,维护少数民族合法权益,协助政府妥善处理纠纷化解矛盾。2010年上海举办世博会期间,市少数民族联合会组织上海市少数民族志愿者服务总队参与服务,被中共中央、国务院授予“世博会先进集体”。

第二节 宗教事务

近代起,佛教、道教、伊斯兰教、天主教、基督教五大宗教在上海建立了各种宗教团体、学校、医院、文字出版机构等。1949年5月上海解放后,政府保护公民的宗教信仰自由,引导宗教教职人员和信教群众爱国爱教。50年代中期,全市宗教团体、宗教活动实现了由中国人独立自主自办。“文化大革命”期间,宗教活动被迫中止。“文化大革命”后,宗教活动恢复,政府宗教工作不断完善。

截至2010年12月,全市五大宗教已登记的宗教活动场所共有409处,其中佛教98处、道教27处、伊斯兰教8处、天主教107处、基督教169处。全市宗教教职人员有1 777人,其中佛教1 163

人、道教 121 人、伊斯兰教 15 人、天主教 164 人、基督教 314 人。全市宗教团体有 87 个，其中市宗教团体 9 个、与宗教有关的市社会团体 2 个（上海基督教青年会、上海基督教女青年会）、区县宗教团体 76 个。在沪宗教院校有天主教佘山修院、基督教华东神学院、上海佛学院、上海道教学院 4 所。全市宗教出版机构有上海佛学书局、天主教光启社 2 家，另有在沪全国性宗教团体 2 个（中国基督教三自爱国运动委员会、中国基督教协会），与宗教有关的全国性社会团体 2 个（中华基督教青年会全国协会、中华基督教女青年会全国协会）。

一、支持爱国宗教团体

"文化大革命"结束后，1978 年上海市佛教协会、上海市天主教爱国会恢复活动。1979 年，上海市伊斯兰教协会恢复活动。1980 年，上海基督教青年会、上海基督教女青年会相继恢复。1981 年，成立上海市道教协会筹备委员会。1982 年，上海市基督教三自爱国运动委员会恢复；上海市天主教爱国会第二届代表会议、第一届上海市天主教教务委员会代表会议召开。1985 年，上海市基督教教务委员会成立。1986 年，上海市天主教知识分子联谊会第一届代表会议召开。1987 年，上海市佛教居士林恢复。

截至 2010 年，上海市佛教协会共召开 4 届代表会议，市道教协会召开共 5 届代表会议，市伊斯兰教协会共召开 7 届代表会议，市天主教爱国会共召开 10 届代表会议、市天主教知识分子联谊会共召开 6 届代表会议，市基督教三自爱国运动委员会共召开 9 届代表会议、市基督教教务委员会共召开 6 届代表会议。

二、落实宗教政策

【重新开放宗教场所】

"文化大革命"中，全市所有的教堂、寺庙被迫停止宗教活动，房屋被占用、教职人员被遣散。1978 年以后，大批宗教活动场所，如玉佛寺（1978 年）、小桃园清真寺（1978 年）、沐恩堂（1979 年）、国际礼拜堂（1980 年）、徐家汇天主堂（1980 年）、怀恩堂（1980 年）、龙华寺（1982 年）、佘山圣母大堂（1984 年）、静安寺（1985 年）、董家渡天主堂（1985 年）、白云观（1986 年）、松江清真寺（1989 年）、上海城隍庙（1995 年）等，相继恢复开放并修缮（时间见括注）。至 2010 年底，全市依法登记开放的宗教活动场所有 409 处。1980—1987 年，市政府先后制定相关政策文件，落实宗教政策，并对房屋拆迁、土地批租中涉及宗教房产的政策予以明确，保障了宗教界的合法权益。1996 年 3 月施行的《上海市宗教事务条例》，对宗教财产受法律保护作了明确规定。

【发展宗教教育文化】

1978 年以后，全市各宗教团体先后成立或恢复出版机构。1980 年，中国基督教三自爱国运动委员会和中国基督教协会会刊《天风》在上海复刊。1984 年天主教上海教区成立光启社。1986 年，上海市佛教协会创办会刊《上海佛教》。1988 年，上海市道教协会创办会刊《上海道教》。1991 年，上海市佛教协会恢复上海佛学书局。

1982—1986 年，各宗教团体先后开办上海伊斯兰教经学班（1982 年）、天主教佘山修院（1982 年）、上海佛学院（1983 年）、基督教华东神学院（1985 年）、上海道学班（1986 年）。

三、制定宗教法规规章

上海制定全国第一部保护宗教信仰自由的地方性法规。1991年4月,14名宗教界及其他方面的代表在市第九届人大四次会议上,联名提出"制定上海保护宗教信仰自由的地方性法规"的意见,被大会立为议案。市九届人大常委会决定,由市人大华侨民族宗教委员会和市宗教局联合成立《上海市宗教事务条例(草案)》起草小组,起草工作历时5年。1995年11月,《上海市宗教事务条例》由市第十届人大常委会第23会议通过。

1995年5月,市政府发布《上海市宗教活动场所管理规定》,自7月1日起施行。1997年12月,市政府发布《上海市宗教印制品管理办法》,自1998年3月1日起施行。

2004年3月,为贯彻国务院发布的《全面推行依法行政实施纲要》,市民族宗教委对涉及民族宗教行政审批事项进行梳理。2006年起,市民族宗教委设立行政审批受理室。经过历次行政审批制度的改革,至2010年,市民族宗教委调整后的行政许可有寺观教堂设立、修建大型露天宗教造像、外国人集体宗教活动临时地点审批等13项。

依据《中华人民共和国境内外国人宗教活动管理规定》《中华人民共和国境内外国人宗教活动管理规定实施细则》,2007年2月8日,市政府发布《上海市在沪外国人宗教活动临时地点指定办法》,自同年5月1日起施行。

四、加强宗教事务管理

随着改革和浦东开发开放,90年代初上海已有数万外国人,其中绝大多数有宗教信仰。经市宗教局批准,1993年4月,天主教上海教区在君王堂开设英语弥撒。1995年6月,市基督教两会在国际礼拜堂开设英语专场礼拜。2007年2月8日,市政府公布《上海市在沪外国人集体宗教活动临时地点指定试行办法》。至2010年,上海已开设外国人集体宗教活动专场或临时活动地点15处,包括涉外基督教专场活动或临时活动地点8处,涉外天主教专场活动6处,摩门教临时活动地点1处;涉及语种有英语、法语、德语、韩语等。每周约有1.2万名外籍信徒在上海参加集体宗教活动。

2004年,市民族宗教委提出,用10年时间,全面提升上海教职人员的综合素质,培养爱国爱教宗教队伍。2007年9月3日,市委书记习近平批示:"只有大力培养爱国爱教宗教人才,才能使宗教与社会主义社会相适应。上海民宗委此举扎实有效,应长期实施。"2004—2010年,经过办高复班补习高中课程、参加秋季成人高考统一入学考试等步骤,委托华东师范大学继续教育学院进行大专学历教育,连续6年先后共举办16个宗教文化大专班、英语班,学员通过3年学习,共有883名教职人员达到大专学历。在此基础上,又相继办了4个本科班,有170名教职人员完成本科学历教育。此外,还有5名教职人员分别在复旦大学、华东师范大学等高校完成在职硕士、博士研究生学习。

2004年,国务院颁布实施《宗教事务条例》。2006年,上海推出创建"文明宗教活动场所"活动,市民族宗教委、市精神文明办印发《上海市文明宗教活动场所创建暂行办法》。至2010年,该活动共进行3轮,2007年为第二轮,2008—2009年为第三轮。2010年,国家宗教事务局开展创建"和谐寺观教堂"活动,上海在创建活动的基础上,将更名为创建"文明和谐寺观教堂";获"上海市文明宗教场所"称号的由2006年的52处增加到2009年的138处。

依据国家宗教事务局发布的《宗教教职人员备案办法》，上海于2007年9—12月，完成由市宗教团体认定的宗教教职人员备案。2008年1—2月，完成各区县宗教团体认定的宗教教职人员向所在地的区县政府宗教事务部门备案。截至2010年底，全市共有177名教职人员备案。

2007年起，市民族宗教委在崇明县对基层宗教事务实施委托管理试点；至2010年，全市共有148个街道（乡镇）实施委托管理。

第八章　公 安 工 作

1949年5月27日上海解放，6月2日市人民政府公安局成立，会同解放军收容旧政权的散兵游勇、肃清敌特、缉捕盗匪，整顿治安、交通与消防。1950年底至1953年，在镇压反革命运动中，上海公安机关参与肃清土匪、恶霸、特务、反动党团骨干、反动道会门头子，稳定社会秩序。1953年后，上海公安机关通过人口普查健全户口管理，加强对经济建设和社会发展的保卫。1958年"大跃进"运动，公安机关也出现浮夸风弄虚作假。60年代初"三年困难时期"，在"左"的思想影响下，上海公安机关出现办案扩大化问题，办了一些冤假错案。"文化大革命"中，上海公安机关遭到严重破坏，社会秩序混乱，打砸抢横行；大批干部群众惨遭迫害。直至1976年江青反革命集团被粉碎，上海公安机关得以全面开展平反工作。

1978年底改革开放，上海公安机关逐步以维护社会稳定、保障经济建设发展为中心，不断深化公安工作体制机制，加强队伍业务建设，不断提升维护国家安全、社会稳定和上海城市公共安全的能力。1978—2010年，上海公安工作经历了恢复发展、深化改革和深入发展三个阶段。三个阶段除了围绕国家部署，结合重大政治社会情况、重大活动开展打击刑事犯罪斗争外，还常规性进行了治安管理、道路交通管理、消防管理、出入境管理等方面的建设。

1978—1989年，是"文化大革命"后上海公安工作拨乱反正恢复发展时期。1980年、1981年先后开展"打现行、挖团伙、破大案"，依法从重从快从严打击刑事犯罪、整顿社会治安。1982年，在全市推行安全保卫责任制。1983年，根据全国政法工作会议精神，开始开展严打斗争（为期3年）。1984年，推进公安队伍"革命化、现代化、正规化"建设。1987年"严打"结束，上海公安工作转移到加强基层基础建设，打击现行犯罪等经常性工作上来。1988年，建立健全人防、物防、技术防相结合的社会防范机制。1989年，重点进行基层派出所建设，把警力摆到街面上，加强治安巡逻，现场及时处理治安问题。春夏之交政治风波中，市公安机关出动警力，清除路障，恢复交通，坚决打击社会上打砸抢等嫌疑犯罪分子，维护了社会的生活、生产秩序，稳定了改革开放的大局。

1990—1999年，上海公安工作随着浦东开发开放，先后围绕中国特色、时代特征、上海特点，从严治警，率先推进建设一支高素质的公安队伍、率先走上科技强警之道、率先构建上海现代警务机制。全市初步形成以110报警服务台为核心，以巡警为主体，车巡、步巡、点线面结合的治安巡逻网络。1992年，上海公安机关提出"清理法规、简化手续、下放权力、放宽政策、转变作风、积极参与、加强管理"七个方面服务改革开放与经济建设的措施。此期间，坚持"严防"与"严打"并举。1990年结合第十一届亚运会、1993年结合东亚运动会的安保，1997年围绕"迎接香港回归"，开展了"扫黄""除六害"斗争与治理交通等专项行动。改革开放后劳动力自由流动，外来流动人口大量进入上海，促进了上海经济社会的发展，但犯罪也呈高发势头。上海公安机关对旅店、娱乐场所开展了专项治理，对流动人口多的社区加强管理。1997—1999年，上海公安机关结合体制机制改革，推进队伍规范化建设，完成治安、户政、消防、外管等警种的警务信息上网工作，提高公安"窗口"的服务质量。

2000—2010年，上海公安工作围绕上海建设现代化国际大都市和"四个中心"，探索以社区警务、虚拟社会、实有人口等的社会管理创新。同时，提高应急反应、治安防范和打击犯罪的能力。这些确保了2000年全国残疾人运动会、亚洲企业家年会、2007—2010年上海世界博览会的顺利筹办和举办。此期间，上海公安机关立足特大城市公共安全保障，建立健全现代警务运行机制；开通“中国上海”门户网站公安主页；完成公共信息网络安全监控上海分中心一期工程的建设。2009年，上海公安机关围绕“保增长、保民生、保稳定、保世博”的大局，以社区警务、虚拟社会、实有人口三项管理为重点，强化制度建警，提高公安队伍正规化建设的水平。2010年12月27日，在中共中央、国务院举行的“中国2010年上海世博会总结表彰大会”上，上海公安机关有36个集体、57名个人获得表彰。

第一节　治安管理

解放初，上海市治安管理主要包括收容遣送盲流人员、公共场所和特种行业管理、枪支弹药及危险物品管理等。1978年改革开放后，劳动力市场放开，人口流动迁徙成为常态。2003年8月，收容遣送盲流人员改为社会救助，由民政部门负责。公安部门除继续进行公共场所和特种行业管理、枪支弹药及危险物品管理外，增加了社区、街面及企事业单位治安管理。

一、收容遣送盲流人员

“文化大革命”结束后，1977—1992年，全市共收容遣送各类流浪人员23.62万余人次。浦东开发开放后，外省市来沪人员骤增，一方面为上海的建设和经济发展作出了贡献，另一方面也给上海的城市管理带来压力，少数违法犯罪分子流窜作案影响社会治安。1992年12月，市九届人大常委会第三十次会议通过《上海市收容遣送管理条例》，从“落脚点”入手，对外来“三无”（无合法证件、无固定住所、无正当工作或经济来源）盲流人员聚居地采取清查整治，增设临时收容站，加强收容遣送。1993—1998年，全市共收容遣送“三无”盲流人员45.87万余人次。

2003年6月20日，国务院颁布《城市生活无着的流浪乞讨人员救助管理办法》，废止《城市流浪乞讨人员收容遣送办法》。当年，上海市公安部门通过“110”进行社会救助41 153起，告知、引导、护送生活无着的流浪乞讨人员800余人。（2003年8月以后至2010年社会救助，见本志第五篇民生保障第四章社会救助第二节实施专项救助五、流浪乞讨人员救助）

二、公共场所和特种行业治安管理

【公共场所治安管理】

1978年以后，上海公共场所逐步恢复，种类和总量扩增迅速。1986年10月，市政府发布《上海市公共场所治安管理办法》，明确公共场所指从事文娱、体育、贸易等活动而形成的群众集散场所，凡开办此类场所须经上级主管部门和文化、工商行政等部门批准后，向所在地公安机关申领《治安管理合格证》。1988年，上海对全市公共娱乐场所进行审证，限期整改单位110家，停业整顿46家。

1991年6月，市公安局、市文化局印发《营业性台球、电子游戏机管理暂行规定》，将营业性台球、电子游戏机等项目纳入许可审批管理。1992年5月，市政府发布《上海市营业性文化娱乐业管理办法》，规定凡开展营业性文化娱乐活动，必须取得《上海市文化经营许可证》《治安管理合格证》《卫生许可证》和营业执照。1994年12月，市政府修订发布《上海市公共场所治安管理办法》，营业性台球、电子游戏机等行业项目纳入公共场所治安管理范围。1997 年 12 月,市十届人大常委会第四十次会议通过《上海市特种行业和公共场所治安管理条例》,规定公安机关要加强对旅馆、印章刻制、印刷、旧货、音像制品复制等特种行业和营业性娱乐场所,设置按摩项目的服务场所,经营酒类的餐饮场所、咖啡馆、茶座,体育场(馆)、游泳池(场)、溜冰场、营业性射击场,大型公众性临时活动场所加强治安管理;工商行政、劳动、文化、体育、旅游、广播电影电视、园林、商业、卫生和新闻出版等行政管理部门要按照各自职责,做好特种行业和公共场所治安管理工作。市公安、文化、工商等部门贯彻市委、市政府提出的"不能以任何借口对一些有伤社会风化、危害社会治安的事开口子,不能以牺牲精神文明为代价来换取暂时的经济利益",努力遏制"黄、赌、毒"等社会丑恶现象滋长蔓延。1998 年,全市共查处违法经营的行业、场所 4 000 余家,查处"六害"案件 2 万余起,涉案嫌疑人 5 万余人。

2006 年 9 月,根据国务院颁布的《娱乐场所管理条例》,市公安局印发《关于执行〈娱乐场所管理条例〉的若干规定(试行)》,推行"分类分级"管理。

【特种行业治安管理】

改革开放后,逐步完善特种行业管理规章。1981 年 8 月,市政府批转市公安局、市出版局、市工商局拟订的《上海市印铸刻字业管理规定》。1985 年,市政府发布《上海市旅馆业治安管理暂行规定》,对开办旅馆、检验旅客身份等作出规定。1988 年,市公安局要求典当行业建立治保组织,建立典当物品登记保管、通缉协查和发现可疑情况及时报告等制度。1989 年 9 月,市政府批准市公安局印发《上海市旧货业治安管理办法》。1990 年 7 月,市政府发布《上海市旅馆业治安管理实施细则》。1993 年 12 月 11 日,市商委印发《关于本市典当行开业审批程序的补充通知》,规定典当业需申办特种行业许可证和营业执照。1995 年 5 月 19 日,公安部发布《典当业治安管理办法》。

2000 年,公安部作出《关于将接待旅客住宿的洗浴单位作为旅馆业进行治安管理的批复》。2001 年 8 月 8 日,国家经贸委发布实施《典当行管理办法》。2005 年 6 月,市公安明确将洗浴场所、公寓式酒店纳入旅馆业管理范畴。8 月 26 日,为贯彻商务部、公安部《典当行管理办法》,市公安局印发《关于贯彻执行〈典当行管理办法〉的实施意见》。2010 年,上海市公安局制定《旅馆业单位住宿登记规定》;4 月 15 日发布《关于加强留宿场所安全管理的通告》。

三、枪支弹药及危险物品管理

【枪支弹药管理】

1981 年,市公安局印发《〈中华人民共和国枪支管理办法〉的实施意见》,规定全市非军事系统持有的枪支、弹药均由公安机关管理,收缴非法收藏的枪支和子弹。同年,全市非军事系统登记各类自卫手枪和业务用枪共 4.82 万支,收缴非法收藏的枪支 23 支、子弹 2.61 万发。1982 年,市公安局印发《加强枪支、弹药管理的意见》,严禁非军事系统的任何单位和个人私自制造、经销、购买、持有、转让、修理枪支、弹药。1985 年 5 月,市公安局执行公安部下发的《关于建立枪弹痕迹档案的通知》,对全市非军事系统 160 个单位持有的 7 975 支手枪进行审验,建立枪弹痕迹档案。

1993 年,结合保卫东亚运动会和重大节日的安全,市公安局等部门对全市非军事系统的枪支弹药进行安全检查。1997 年,全市 345 家单位的射击运动枪支由各区、县体委有关部门集中保管。1998 年,全市厂矿企业单位使用的枪支弹药全部上缴市公安局保管。1999 年,市公安局印发《公安机关公务用枪管理使用规定》，缩小配枪范围和配枪数量。2005 年 3 月 26 日，市公安局印发《上海市公安局公务用枪管理规定》，完善公务枪支管理职能分工、配置、保管、使用、勤务（保养）、检查、业务用枪“四簿二表”管理制度。2008 年，全市共有公务用枪单位 660 家、各类公务用枪 19 747 支。

【危险品治安管理】

1979 年，上海实行使用放射性同位素许可证制度。1982 年 2 月，市公安局会同市物资局、市医药管理局印发《上海市化学危险物品安全管理办法》，规定三氧化二砷、氯化汞、氰化钠、磷化铝、马钱子碱及其盐类、硫酸二甲苯酯等 157 种为剧毒物品，统由公安消防部门监督管理，实行凭证采购。1987 年 10 月后，改由市、区（县）治安管理部门负责对全市剧毒物品生产、使用、经销、储存、运输进行监管。同年，全市共有生产剧毒物品单位 12 家，使用剧毒物品单位 1 002 家。1988 年，市公安局会同有关部门印发《放射性同位素治安管理制度（试行）》，确保使用放射性物品的安全。

1990 年，市公安局、市卫生局、市环保局召开贯彻执行《放射性同位素与射线装置放射防护条例》工作会议，并组织对使用、存放放射性同位素单位进行安全检查。1992 年，上海将全市 1 049 家生产、使用、经销、储存、运输剧毒物品的单位，编为 84 个剧毒物品治安联管组，发现隐患，及时整改。1993 年，对全市 1 047 家剧毒物品应用单位进行审验换证。经审检，为 846 家单位换发“上海市剧毒物品购买、使用许可证”，并与厂方负责人签订《剧毒物品治安管理责任书》；全年消除隐患 52 起。1994 年，将液氯（剧毒气体）列入治安管理范围，对年产、销约 10 万吨液氯的 2 家化工厂和 139 家液氯应用单位进行登记发证，帮助建立安全制度。2004 年，全市剧毒化学品从业单位 913 家，涉放射性同位素从业单位 273 家。

2010 年，市公安局会同市安全生产监管局等推行“安全管理责任”公示制度，与 1 700 余家危险物品单位逐一签订安全管理责任书；共检查危险物品单位 47 986 家次，责令整改安全隐患 1 528 家，停业整顿 7 家，吊销执照 2 家。

四、社区街面及企事业单位治安管理

【社区治安管理】

1978 年 9 月，市区街道、企事业单位和郊县乡（镇）相继恢复建立治安联防组织。1988 年，公安部明确城市派出所应当“以治安管理为中心，以户口管理为基础”。1996 年，上海确立并推行社区警务，促进派出所将主要精力放在社区治安管理和防范上。至 2008 年，市公安局相继印发《关于上海市公安派出所（警察署）社区民警责任段设置及规范管理的暂行规定》《关于落实社区民警责任制加强社区警务工作的实施意见（试行）》《加强派出所（警察署）工作三年建设纲要（2000—2002 年）》《关于进一步加强社区警务建设的若干意见》《关于上海公安机关实施社区和农村警务战略的工作方案》《关于进一步加强社区和农村警务工作的指导意见》等社区治安管理的规范性文件。2006 年，市公安局启动抓基层、打基础、苦练基本功“三基”工程建设，全市警务区、警务室（工作点）和社区民警配比达到了 100∶105∶114。2007 年，全市基本实现社区警务工作全覆盖。

【街面治安巡逻】

随着经济社会发展，流动人口不断增多，上海的街面治安日趋复杂。1984 年，市公安局治安处设治安大队负责社会面的管控，处置突发事件。1989 年 2 月，上海组建专门负责街面治安的巡逻部门。1992年6月,市第九届人大常委会第三十四次会议通过《关于在本市部分地区试行人民警察综合执法的决定》。同年10月,市政府发布《上海市人民警察巡察暂行规定》。1993年7月,市十届人大常委会第三次会议通过《上海市人民警察巡察条例》,市公安局先后印发《上海市人民警察巡察处罚程序规定》《巡警警务制度》等规章制度。2010年,全市325个派出所建成图像监控室,投入使用监控探头4.2万余个,实现"视频巡逻"。该年,全市运用图像监控系统侦破刑事、治安案件3 625起,逮捕拘押犯罪嫌疑人7 317人。

【企事业单位内部安全保卫】

1980年,公安部召开全国经济文化保卫工作会议,明确了"坚持党委领导、群众路线,贯彻预防为主,确保重点,打击敌人,保障安全"的内保方针,并将安全防范工作作为内保工作的主要任务。1981年9月,市公安局印发《关于加强安全防范工作的若干规定》,要求各单位建立健全各项安全防范制度,改善安全防范的设施和环境。截至1982年底,全市80%以上的工厂企业制定贯彻规定的实施细则,建立了治安责任制。1992年4月,市九届人大常委会第三十三次会议通过《上海市社会治安防范责任条例》。2004年9月,国务院颁布《企业事业单位内部治安保卫条例》,重新确立"预防为主,单位负责,突出重点,保障安全"的治安保卫工作方针,明确单位的主要负责人对本单位的内部治安保卫工作负责。2005年7月,市公安局发出《关于认真贯彻执行〈企业事业单位内部治安保卫条例〉的通知》,全面推进内保工作的标准化、规范化,法制化建设。

五、治安查禁与打击

【查禁赌博】

1982年2月,全市开展禁赌活动,对3.3万名经常参赌人员进行教育,挖出赌博团伙346个,破获刑事案件320起。1985年4月,市政府发布《上海市严禁赌博条例》,明确赌博是违法、犯罪行为。1985年12月1日至1986年1月20日,全市开展严厉打击刑事犯罪第三战役第一仗,处理赌博人员3.8万余人。1988年,市公安局发出《关于坚决取缔街头设摊赌博的通知》。1989年4月,市九届人大常委会第六次会议修订《上海市严禁赌博条例》。1993年,市文化局、公安局发出《关于进一步加强游戏机经营活动管理的通知》,对利用游戏机进行赌博的,依照法规、规章予以处罚。2002年,开展"禁赌"专项整治行动,共查处聚赌案件1 437起,查获赌博团伙207个,查处6 462人。2003年,全市开展打击聚众赌博活动等专项行动,破获以香港来沪人员为首的地下赌球团伙,抓获主要成员及参赌疑犯36人,缴获赌资折合190余万元。2004—2005年,开展打击网络赌球专项行动,全市共查获网络赌博案件8起,抓获犯罪嫌疑人93人,冻结涉案现金及银行账户资金1 056.7万元。2008年,侦破"9·23"特大网络赌博案件,抓获涉案犯罪嫌疑人73人,查获涉案银行账户242个、金额100余亿元。2010年,全市治安部门共侦破网络赌博案件140起,抓获违法犯罪嫌疑人700人,缴获赌资970余万元,查扣涉案电脑330台。

【查禁卖淫嫖娼】

1984年6月,成立上海市收容教育所,对达不到逮捕、劳动教养标准的卖淫妇女收容教育。1987年9月,成立上海市第二收容教育所,对达不到逮捕、劳动教养标准的嫖娼人员予以收容教育,当年收容嫖娼人员1 570人。对容留、介绍卖淫嫖娼的行业单位负责人和从业人员,分别给予刑罚和治安行政处罚。1997—1998 年，贯彻公安部《关于进一步加大工作力度严厉打击卖淫嫖娼活动的通知》和《关于加强治安案件查处工作的通知》，上海加大对卖淫嫖娼违法犯罪的打击力度。2001 年，共查处违法经营的歌舞娱乐服务场所 3 722 家，其中查处涉黄案件 972 起，查处人员 2 391 人。2005 年 7—10 月，组织开展"加强娱乐、休闲等服务场所治安管理，严厉查处卖淫嫖娼等违法犯罪活动专项行动"，有 2 963 家发廊、429 家沐浴(足浴)店关、停、转。2009 年，全市开展"迎世博、保平安"打击整治攻坚战，共查处涉黄案件 11 868 起、19 215 人，查处违法经营场所 3 036 家。

【打击涉毒违法活动】

80 年代初，受国际制、贩、运毒品活动影响，中华人民共和国成立后几近绝迹的毒品违法犯罪死灰复燃且迅速蔓延。市公安局根据全国人大常委会《关于禁毒的决定》，严厉打击涉毒违法犯罪行为。1988 年 3 月，上海公安机关破获境外贩毒集团与国内犯罪分子相勾结的锦鲤鱼贩毒案。1991 年，公安机关破获 4 起国际贩毒案件，涉案 6 名毒贩均为外籍人员。1991 年 9 月，市政府批准建立上海戒毒所(1992 年 7 月更名为戒毒康复中心)。1997 年，建立上海市毒品检验中心，在市公安局刑侦总队增设"缉毒侦察支队"，严厉打击并遏制毒品犯罪的高发势头。1991—1998 年，共收治吸毒人员 1 万余人；1999—2010 年，共收治吸毒人员 73 175 人。2003 年，根据市委政法委《关于开展集中收治吸毒人员的通知》，上海先后开展 5 次集中收治吸毒人员专项行动，对全市在册吸毒人员进行全面梳理，共新增吸毒人员身份、户籍等各类信息 7 万余条，对吸毒人员基础信息进行了全面维护和更新。2007 年，市法院、市检察院、市公安局、市文广影视局、市工商局、市文化执法总队 6 个部门印发《关于依法处置涉毒文化娱乐场所经营者和违法犯罪人员的若干意见》，对文化娱乐场所涉毒违法犯罪行为和处罚措施予以明确。2008 年，市禁毒办联合公安、文广、工商、市场执法等部门印发《关于建立健全严厉打击文化娱乐场所涉毒违法犯罪行为有关工作制度的规定》，再次强化公安机关对文化娱乐场所涉毒活动的整治打击和明查暗访协作机制，明确查处场所涉毒行为后的报(备)案和抄告程序。

第二节　道路交通管理

一、道路交通秩序管理

改革开放初期，上海对道路交通管理的主要依据是 1955 年实施的《城市交通规则》、1960 年实施的《机动车管理办法》《公路通行规则》以及 1972 年实施的《城市和公路交通管理规则》。其间，由于多头管理，公安、交通、农机等部门职责交叉，责任不明，城乡标准不一。1984 年，上海开始建设高速公路，市公安局实行《上海市高速公路交通管理暂行办法》，规定机动车在高速公路行驶，最低时速不得低于 50 公里，最高不得高于 110 公里，严禁非机动车和行人在高速公路上通行。1986 年，国务院下发《关于改革道路交通管理体制的通知》，决定全国城乡道路交通由公安机关统一管理。1988 年，国务院颁施行《中华人民共和国道路交通管理条例》。同年 8 月，市政府作出《关于近期改善市内道路交通的决定》，明确和统一了道路交通管理的基本原则。

1993 年 7 月，市十届人大常委会第三次会议通过《上海市人民警察巡察条例》，规定市和区、县公安机关设立巡察部门，负责本辖区道路、广场上的巡察工作，对违规占道施工等危及道路、广场等场所公共安全的行为以及违章停车、闯红灯等违章的行为明确了处罚标准。1994 年内环高架建成通车后,市公安局印发《上海市高架道路交通管理暂行办法》,规定高架道路专供机动车通行,在高架道路上行驶的车辆不准掉头、倒车;禁止二轮摩托车、拖拉机、带挂车的汽车、载重量在8吨以上的机动车和行人、非机动车在高架道路上通行。1997年7月,市十届人大常委会第三十七次会议通过《上海市道路交通管理条例》,对上海市道路交通管理工作作了系统、全面的规定。1993—2001年,市政府相继发布《上海市助动自行车管理暂行规定》《上海市交通违章抄告暂行规定》《上海市外地来沪机动车交通安全管理办法》《上海市非机动车管理办法》等规章,明确了对道路交通管理的违法处罚、非机动车管理、外来车辆管理等方面要求。

2003年起,上海实施7:30—9:30和16:30—18:30禁止外省市号牌小型客车等车种在内环、中环、沪闵等高架道路通行的措施。2004年《中华人民共和国道路交通安全法》正式实施,为道路交通管理提供了法律依据,特别对高速、高架道路行驶的车辆作了规定。

二、车辆和驾驶员管理

【机动车辆管理】

1977年底,上海机动车保有量为6.3万辆。90年代起,全市机动车保有量成快速增长态势,1990年机动车保有量为21万辆。到2000年,机动车保有量达到103万辆;其中主要是摩托车保有量的增长。此后,汽车保有量持续增长,截至2010年底,全市机动车保有量达2 487 744辆。其中,小型客车保有量从2000年的28.8万辆增长至2010的135.5万辆,摩托车保有量从2007年开始呈递减态势。机动车管理主要有机动车登记、检验、特种车辆管理等内容。

1997年6月30日,机动车登记全国统一规范。2001年,公安部确立机动车登记制度。2004年《中华人民共和国道路交通安全法》实施后,机动车登记制度实现法定化。2010年,机动车登记主要分为注册登记、变更登记、转移登记、抵押登记和注销登记5类,准予登记的机动车应当符合机动车国家安全技术标准。

【非机动车辆管理】

1980年1月1日起,上海非机动车牌证归属公安部门管理。1980年4月10日开始,市公安局正式换发非机动车牌证。80年代,上海公安非机动车管理主要是人工办理上牌等业务,随着社会经济发展和计算机的普及,逐步推广计算机管理。2005年,市公安局车管所完成了非机动车计算机管理系统升级、联网工作,上海非机动车管理进入全市联网实时管理。截至2010年底,上海市共有非机动车1 360万辆。

【驾驶员管理】

80年代以前,上海的驾驶员培训单位多是由国营运输单位和有车单位自行组织的培训班。这些培训单位须向车辆管理机关登记,可自行组织结业考试,此结业考试可视为公安交通管理部门的初考。

1996年后,公安部相继印发《机动车驾驶员考试办法》《机动车驾驶证申领和使用规定》,细化规范考试内容、考试标准、考试设施和车辆、考试员等具体内容。其间,机动车驾驶证也几经变化,分为职业、非职业、实习驾驶证、学习驾驶证、临时驾驶证等。2004年《中华人民共和国道路交通安全法》实施后,取消了学习、实习驾驶证,全国只有一种机动车驾驶证。2000年,上海的驾驶员保有量为 1 503 770 人，到 2010 年增至 4 502 607 人。

三、交通安全宣传教育

市交警部门通过报刊、电台等媒体，有针对性地开展道路交通安全宣传。80 年代，先后在人民广场、南京路、外滩等人流量较大区域设立屏幕、灯箱、宣传牌加强道路交通安全宣传，编写了《小学生交通安全》等读本。1982 年 11 月，市政府下发《关于加强对青少年进行交通安全教育的通知》。80 年代，市公安局交通警察总队创办《城市交通安全报》(后改为《上海法治报・交通安全周刊》)、《人与车》等报纸杂志，拍摄了《车祸与预防》等科教电视片，在上海人民广播电台设立《上海交通》专题节目，在上海电视台开辟《上海交通》专栏。1986 年，上海人民广播电台交通信息台开播，即时提供道路交通动态信息。

90 年代，在上海有线电视台综合、信息频道开辟《上海交通素描》专栏，在东方电视台开播《路况报道》。1993 年，以迎接东亚运动会为契机，在全市车辆单位、驾驶员和百万市民中进行道路交通安全宣传。1997 年，市人大常委会将每年 5 月 5 日定为“无违章、无事故道路交通安全宣传日”。2001 年起改为 5 月 25 日，称为上海市“5・25”交通安全系列宣传活动，以“保护生命、平安出行——遵章守法，文明行路，从每一步做起”为主题。

2001 年 10 月，上海交通安全信息网上线。2002 年，与上海文广新闻传媒集团合办交通法制栏目《第四焦点》。2004 年开始，根据公安部要求，在全市范围内开展以进农村、进社区、进单位、进学校、进家庭为主的“五进”宣传活动。同年 6 月，经市政府同意，成立上海市道路交通安全工作联席会议，开展市、区县两级交通安全隐患道路排查、挂牌、治理工作，在全市定期开展道路交通安全工作“评优推先”活动，对各单位、各系统道路交通安全管理干部、驾驶员等个人和各类先进集体进行评选和表彰。2010 年，市公安局和市精神文明办成立市文明交通行动计划领导小组及其办公室，推进“文明交通行动计划”。

四、交通事故和违章处理

1981 年，经市政府批准，市公安局印发《上海市处理交通事故试行规定》《上海市处理交通违章试行办法》。交通事故试行规定对原有规定作了较大修改和补充，处理交通违章试行办法对机动车、非机动车、行人、占用道路的违章行为处罚作了具体规定。1989 年 8 月 11 日，市政府发布《上海市道路交通管理处罚办法》，对违反道路交通管理行为的处罚定为警告、罚款、拘留、吊扣驾驶证或车辆牌证 12 个月以下、没收违章物资 5 种，共列 13 类 95 种违反道路交通管理行为。

90 年代起，上海推出道路交通管理巡察制度、违章抄告制度和处罚记分制度、电子警察执法制度，将交通违法罚缴分离，开启交通事故快处机制。1995 年 2 月，市政府发布《上海市道路交通事故处理若干规定》，对道路交通事故担保、道路交通事故责任认定等作了原则规定，并对道路交通事故责任者吊扣机动车驾驶证、损害赔偿责任承担比例等作了明确规定。1997 年 11 月，市公安局重新制定印发《上海市机动车驾驶员交通违章记分办法》，明确了相关违章行为的记分分值，并对机动车驾驶证到达一定分值后的教育、注销等进行规定。1998 年起，全市建立了第一批 113 套电子警察设备，查处道路交通违章。

进入 21 世纪，上海开创性地推出机动车保险费率浮动，并根据国家规定进行修订。同时，完善事故快处制度,减少事故对道路的影响。2005 年 2 月,市十二届人大常委会第十七次会议通过《上海市机动车道路交通事故赔偿责任若干规定》。市公安局印发《关于道路交通事故责任认定的若干规定》,对事故责任认定进行规定,并对 4 项 26 条道路交通事故当事人严重过错行为认定和 6 类路口、8 类路段以及 8 类其他常见道路交通事故的责任认定特别规则进行明确。2006 年 9 月,市公安局、上海保监局印发《上海市机动车互碰物损交通事故自撤现场的赔偿处理办法(试行)》。2008 年,上海引入 5 家"交通事故保险快速理赔服务中心",为发生事故的当事人提供更加便捷的"一站式"服务。截至 2010 年,全市机动车物损交通事故保险理赔服务中心增加至 20 家,已建并在用的固定电子警察设备达到 1 355 套。

第三节　消 防 管 理

一、防火安全措施

80 年代改革开放后,上海根据"谁主管、谁负责"的原则,加强消防工作的宏观控制。1984 年 1 月,市政府成立市防火安全委员会,由分管副市长任主任,对全市防火安全工作进行指导、监督和协调,各区县、乡镇街道相继成立防火安全委员会,同时,全市每年举行"防火安全日"或"防火安全周"活动。1986 年 10 月 13 日,市长江泽民在市消防工作会议上提出,"隐患险于明火,防范胜于救灾,责任重于泰山",这后来成为我国消防工作重要指导思想。

1991 年 11 月 9 日,上海开展"119"消防活动。1992 年,公安部决定,将每年的 11 月 9 日(简称"119")定为全国的"消防活动日"。1997 年 7 月,市规划委批准实施由市消防局、市规划局、市城市规划研究院编制的《上海市消防站布局规划》。1998 年 4 月《中华人民共和国消防法》颁布后,全市 100 余万名学生、数百万市民接受宣传教育。

2002 年,上海建成城市火灾自动报警信息系统。2004 年,市消防局天山消防中队成为首批全国消防科普教育基地。2005 年,建成网络视频监控系统,实现对城市主要区域的消防高空监测。2007 年,上海消防博物馆、新消防指挥中心大楼建成。2004—2010 年,政府挂牌督办 291 家有重大火灾隐患的单位,经整治均排除了隐患。市政府三令五申,在环线内重要路段禁止燃放烟花爆竹,并加强对伪劣烟花爆竹的查禁力度,减少由此引发的火灾。

2010 年,全市消防站增至 116 个;公安消防队、政府、企事业专职消防队和志愿义务消防队分别为 8 800 人、3 399 人、40 万余人;城市火灾自动报警信息系统联网单位增至 4 800 余家。同时,引入消防安全第三方评价机制;定期和不定期地开展消防安全大检查,对检查中发现的问题,发出《消防监督检查意见书》或《火险隐患整改通知书》;印发《上海市消防发展"九五"计划和 2010 年规划》《上海城市消防规划(2003—2020)》。1978—2010 年,上海火灾总量基本可控。

二、群众防火工作

80 年代后期,市公安局消防部门帮助基层消防组织设置灭火工具,开展消防训练,在居民小区内开展联防互助以及创建"119"安全群防小区。1986 年 9 月 18 日,市第二轻工业局大楼发生特大火灾,市长江泽民要求将群众性防火安全工作纳入各部门、各地区管理。1987 年,国务院下发《关于防止重大火灾事故的紧急通知》,提出"谁主管、谁负责",要求各级政府加强防火安全管理。

1993 年，全市消防部门对火灾多发的地下人防工程、高层建筑综合楼，农村仓库及易燃易爆化工企业开展消防安全治理，使其标准化、规范化、制度化。1994 年起，全市实行企事业单位法定代表人为消防安全第一责任人制度。1996 年和 1997 年，市政府把为市区居民配发灭火器列为实事项目，两年内配发灭火器 130 万户。2003 年，把为 9 万户老式居民住宅楼住户安装消防设施列为市政府实事工程。2010 年，把整治居民小区消防安全问题、加强全民消防安全演练和消防知识普及列为市政府实事工程，提高市民灭火防灾的能力。

三、应急救援与火灾扑救

1982—1988 年，上海公安消防部门开展应急救援、抢险救灾 382 次。2000—2010 年，开展应急救援、抢险救灾 75 203 次、出动车辆 94 538 辆（次）、出动人数 829 673 人（次）。

图 5－8－1　2009 年 11 月 2 日，上海科技馆举行大型消防演习

2001 年，对高层、地下建筑和化工、船舶等开展灭火救援模拟实战练兵。2002 年，开展地下窨井救人、高架道路汽车火灾扑救和气体泄漏、防毒、防爆等近百个项目的实战训练。2005 年，消防实现垂直供水高度 246 米。2009 年，建立 54 个救援专业队和 3 个安检排爆专业队，对全市 3 500 幢高层商务楼逐一实地演练。2010 年，成立上海市典型灾害事故应急救援预案编制工作组。

2007 年 6 月起，公安部将特大火灾、重大火灾、一般火灾三个等级调整为特别重大火灾、重大火灾、较大火灾和一般火灾 4 个等级。2010 年 11 月 15 日，上海市静安区胶州路 728 号公寓大楼发生特别重大火灾事故，造成 58 人死亡，71 人受伤，直接经济损失 1.58 亿元。事故发生后，市委书记俞正声、市长韩正等领导第一时间全力组织灭火救援，迅速成立事故善后处置领导小组，统一指挥协调伤员救治、遇难者家属安抚、受灾群众安置及人员抚恤、财产赔付等善后工作。

1978—2010 年，上海累计发生火灾 92 429 起，扑灭特大火灾 24 次，损失 81 007.57 万元，死亡

1 436 人,受伤 2 691 人。在历次重特大火灾中,市领导亲临现场指挥调度,公安消防部门奋力扑救,力争把伤亡和财产损失降到最低。

第四节　出入境管理

1978 年,在沪常住外国公民 257 人,1990 年 3 665 人,2000 年 44 587 人,2010 年 162 481 人。90 年代后,外国公民申请常住的总数逐年增长,夫妻团聚人员和亲子团聚类占多数,特殊人员和任职人员增长明显。2010 年,上海市永久居留外国公民总数达 929 人。

华侨与市民出入境方面。1979 年恢复华侨来去自由,并制定公民出入境管理法规。市民往来上海与香港、澳门、台湾之间,凭特许的通行证出入。

一、公民出入境管理

【因私事出国管理】

1976 年 5 月实行"出入境登记卡"制度,简化出入境人员的登记手续。1980 年 5 月,《中华人民共和国护照签证条例》施行。1982 年起,规定经公安机关批准因私事出境的中国公民,其外国签证统一由中国旅行总社签证代办处代办。1983 年 7 月,市公安局成立外国人管理出入境管理处(2000 年 1 月更名为市公安局出入境管理处)。1984 年 7 月起,公民因私出国可自行或委托办理前往国签证。1985 年 1 月起,凭我国有效护照、签证和前往国签证出境,取消出境回执手续。1986 年 2 月 1 日,《中华人民共和国出境入境管理法》实施。

1992 年 7 月 1 日起,上海市居民出国境凭普通因私护照、前往国的有效签证即可出境,取消出境卡。同年 8 月,上海试点签发新版护照。1993 年 4 月 1 日,全国启用新版护照。1994 年 11 月 1 日,闵行、南市公安分局和松江县公安局组建出入境管理办公室。至 1997 年 3 月,上海所有区县均成立出入境管理办公室,隶属各公安分局、县公安局领导。1995 年由"私人事务"出境改为"非公务活动",放宽因私出境的限定。1996 年,公民因私事出国申请护照"统一申请办法、统一审批条件、统一办事时限、统一收费标准"。

2000 年 6 月 1 日,上海在全国范围内率先签发 1997 版《中华人民共和国护照》。2002 年 9 月,上海在全国率先实行公民因私出国按需申领护照。2003 年 1 月,经市委、市政府同意,成立市公安局出入境管理局,对外称上海市出入境管理局。2004 年 5 月,我国在全国大部分地区实行公民按需申领护照。2007 年启用 97 - 2 版护照,取消护照延期手续;下半年起,全市分、县局出入境办公室均可办理证件受理业务。2010 年,启用电子护照,由原来的 5 年有效期设定为 10 年有效期。因公护照仍由上海市政府外办统一管理。

【因私往来港澳台地区管理】

因私往来港澳管理　1953 年起,对内地因私事去香港、澳门的人数进行适当控制。1982 年 9 月,上海根据国务院批复同意的公安部《关于内地居民合法去港问题请示》的规定,实施内地居民合法去香港实行单程、双程办法。1983 年 7 月起,上海正式向去香港、澳门定居的内地居民签发《前往港澳通行证》;向短期去香港、澳门探亲、会亲的内地居民,签发《往来港澳通行证》。1986 年 12 月,我国实施对内地公民因私事前往港澳定居实行定额审批。1993 年 12 月起,上海可签发多次往返香港的证件。1996年4月，上海开始对申请单程赴香港者实行打分制。1997年5月，《内地居民赴港澳地区定居审批管理工作规范》正式实施，全国实行内地公民赴港澳定居打分排队办法。2001年12月，公安部出入境管理局调整内地居民赴港澳地区商务签注有效期限，根据不同情况，实行一次14天、3个月多次、1年多次或3年多次等多种签注，取消3个月以下商务签注的纳税、创汇数额限制以及提交境外邀请函的规定。2002年3月起，进一步放宽内地居民往来港澳，推出多项简化手续和放宽条件限制的政策。2002年5月，启用2000版前往港澳通行证。2003年9月1日，上海居民赴港澳旅游实施按需申领证件，开放了个人赴港澳旅游。

因私往来台湾地区管理　80年代初，市出入境管理部门对前往其他国与中国台湾亲属见面的申请均批准出境。80年代后期，根据国务院规定，对两岸人民往来实行便利措施；台湾当局也有限制地放宽两岸人民往来。1987年11月，台湾当局允许一般民众来大陆探亲；1988年11月，允许大陆居民赴台探亲、奔丧，但来往均须经香港、澳门或外国转道。1990年1月，为便利台湾同胞来上海投资或进行经贸活动，上海允许投资者本人及其亲属可办理多次入出境证件。1992年5月，国务院《中国公民往来台湾地区管理办法》施行。1996年6月，大陆居民前往台湾的《大陆居民往来台湾通行证》（公安部印发）正式启用。2004年1月，2003年版《大陆居民往来台湾通行证》及大陆居民前往台湾贴纸签注启用。

【华侨出入境管理】

1978年5月，公安部、外交部、国务院侨务办公室下发《关于放宽和改进归侨、侨眷出境审批的意见》。归侨、侨眷申请出境除特定6种情况外，均可批准出境，其中途经香港的，不受去香港控制人数的限制。1985年6月，公安部、外交部、国务院侨务办下发《关于旅居国外的华侨临时回国不必办理签证的通知》，规定华侨短期回国（入境），凭有效护照或旅行证件入境不需办理签证。2003年开始，华侨申请回国（入境）定居无须再提交《上海市港澳居民及华侨暂住证》以及健康证明。

【打击妨碍国(边)境管理犯罪】

1975年8月，市公安局在海员俱乐部设立外轮船员签证室，旨在防范外轮船员（包括中外籍）的违法犯罪活动。1986年2月1日，《中华人民共和国公民出境入境管理法》施行，维护中国公民出入中国国境的合法权益，为打击妨碍国（边）境违法犯罪活动提供法律支撑。1978—2010年，上海发生的妨碍国（边）境案件由单一的伪造假护照，发展到迂回偷渡第三国等多种方法的特点。2004年，上海建立跨省市、跨区域协作办案机制。同年3月起，先后开展了“捕蛇”“秋风”“春雷”等反偷渡专项整治行动。

二、境外人员出入境管理

【外国人居留证件办理】

1974年，市出入境管理部门执行公安部指示，对现行外国人入境、居留、旅行等入出境手续作了统一修改，尽可能给予便利。1983年6月起，上海对来沪投资的中外合资、合作企业中的外方人员及其家属，在居留、旅行、出入境签证等方面提供便利。凡在沪居留半年至1年的，发给居留签证；超过1年的，发给居留证；最长不超过5年。其中需要多次出入境的，签发多次出入境签证。同年9月，对来沪定居的外国专家（包括外籍华人），可延长居留期，有的可给予永久居留权，并为其办理长期有效的多次出入境签证。1985年11月22日,《中华人民共和国外国人入境出境管理法》颁布实施。上海对来沪进行投资或同中国企事业单位进行经济、科学、技术、文化合作及其他需要在上海长期居留的外国人,经批准给予长期居留或永久居留资格;允许持有居留证的外国人到对外国人开放的地区旅行。

1992年6月,上海制定关于境外人员申领在沪居留证明的规定。1994年7月13日,国务院批准修订《中华人民共和国外国人入境出境管理法实施细则》,该实施细则增加发给来中国常住外国记者的签证等规定。1998年9月,上海在外国人办理1年期居留证件的基础上,制定了办理2—5年期及永久居留的暂行规定。1998年11月,上海对来沪就业、经商,进行经济、科技、文化交流以及对上海经济建设作出贡献的常住外国商人办理长期居留证件手续和授予永久居留资格,长期居留有效期为2—5年。

2000年3月,公安部印发新的签证规范,分别对两类外国人办理定居或长期顺延签证手续:一是中国公民的外籍配偶;二是在沪购买房产、年满60周岁的外籍华人。为了鼓励外商来沪投资,促进上海经济建设,上海还推出了其他外国人在沪居留的政策措施。如持"F"(访问类)签证来沪进行商务活动的,一年内延期次数不限,也无须再去市外经贸委申请;对在沪工作的外籍人员,其家属办理居留证的范围扩大至父母。2004年8月,经国务院批准,公安部、外交部发布《外国人在中国永久居留审批管理办法》。2004年12月,公安部制订新的《外国人签证和居留许可工作规范》《外国人口岸签证规范》。2009年7月,市出入境管理局为外国籍高层次人才和投资者推出"获得'白玉兰纪念奖'的外籍人员可申请5年的居留许可"等7项出入境便利措施,在浦东新区先行先试,于2010年在全市推广。

【港澳人员入境证卡办理】

1979年8月,经公安部批准,港澳人员可通过港澳中旅社或广东省中旅社向广东省公安机关申领护照。1981年12月1日,启用10年有效的《港澳同胞回乡证》。1984年11月底,港澳人员入境时,填交《港澳同胞回乡入境卡》,凭《港澳同胞回乡证》入境。出境时,填交《港澳同胞回乡出境卡》。1999年1月15日,启用新的《港澳居民来往内地通行证》。2002年4月1日起,持用《港澳同胞回乡证》入出境旅客,不再在《港澳同胞回乡证》上加盖验讫章。

【台湾居民来往居留证件办理】

1990年1月起,由各省(自治区、直辖市)公安厅(局)和深圳、珠海、汕头、厦门市公安局出入境管理部门为台湾居民核签一年多次有效的《中华人民共和国入出境通行证》,特殊情况下可签发一年以上的多次有效的入出境通行证。1992年5月1日起,台湾居民来大陆启用《台湾居民来往大陆通行证》并委托外交部驻香港、澳门签证办事处和香港、澳门中旅社签发此证件。2004年4月1日起,对台湾居民来往大陆扩大长期居留和多次入出境签注适用范围。2004年11月,启用新版一次有效《台湾居民来往大陆通行证》《台湾居民来往大陆签注》《台湾居民居留签注》。

【基层公安机关对境外人员管理】

1996年4月起,市公安局各分县局建立出入境管理办公室,承担部分出入境管理工作,改变了上海境外人员管理工作长期由市公安局直管的办法。同年9月,公安部下发《关于加强基层公安机关境外人员管理工作的通知》,对境外人员管理工作包括各项措施落实到基层警署、派出所,发挥公安管理的整体效应。1997 年 8 月，公安部印发《基层公安机关境外人员管理工作规范》，随着规范贯彻落实，境外人员管理工作全面推向基层，实行属地化管理。2004 年，上海公安机关进一步规范处置涉外案事件的程序及工作机制，建立了局、处两级处置突发涉外案事件现场负责制度。2009 年，市公安局等部门加强对境外人员聚集区、聚集地、部分人群管理。

【临时来沪境外人员管理】

境外人员临时来沪人次：1978 年，67 127 人；1990 年，853 415 人；2000 年，1 814 027 人；2010 年，7 100 473 人。1980 年 6 月，上海出台有关规定，要求持 6 个月以下签证的外籍人员来沪必须申报，应在指定的旅馆住宿，填写《外国人临时住宿登记表》等。1982 年 3 月 11 日，上海发出相关通知，要求华侨、港澳台同胞抵沪后，24 小时内向当地派出所及时申报，走时注销。1986 年 9 月 28 日，上海境外人员户口管理小组成立。1998 年 1 月 1 日起，全市公安派出所受理境外人员临时住宿登记。1999 年 7 月，市公安局印发《关于取消定点住宿后加强上海市境外人员临时住宿登记管理的暂行规定》。2006 年 9 月 19 日，市公安局印发《〈境外人员临时住宿登记单〉及“境外人员住宿登记专用印章”管理规范》，明确上海市各公安派出所及部分宾（旅）馆作为境外人员临时住宿登记申报点。

【打击外国人“三非”案件】

70 年代末，根据公安部、外交部印发的规定，上海简化外国人入境签证手续，外国人入境数量逐渐增加。在境内违反外国人入出境管理案件也逐渐上升：1985—1995 年，查处相关案件 4 353 起；1996—2005 年，查处 8 931 起；2006—2010 年，查处 11 614 起。从查处情况看，1996 年起，外国人非法入境、非法居留、非法就业（简称“三非”）发案在上海有蔓延之势，上海多次开展打击“三非”案件的专项整治活动。1996 年，上海与吉林、江苏、浙江、福建、广东 5 省出入境管理部门建立跨省、市长效协作办案机制。2004 年 9 月，有关各方签署《关于吉、沪、苏、浙、闽、粤五省一市公安厅（局）协助办案的工作机制》，加强对跨省、市外国人“三非”和出入境违法犯罪行为的查处和打击。

第九章 司法行政

1950年1月,华东军政委员会设司法部,管理华东地区司法行政事宜,上海司法行政工作由上海市人民法院管理。1955年6月1日,上海市司法局成立,1959年5月被撤销。1978年中共十一届三中全会提出加强社会主义法制后,1980年1月上海市司法局恢复重建,各区县也先后建立司法科(1984年改为司法局)。1982年8月,市司法局根据规定将有关法院的司法行政工作划归市高级人民法院自行管理。1983年7月,市劳改、劳教工作由市公安局整建制地划归市司法局管理。上海的监狱、戒毒、社区矫正、法律服务、法律援助、人民调解和法制宣传等均由司法行政系统管理,司法行政工作不断得到完善与发展。

第一节 法律服务

一、律师事务管理

1980年3月,上海市律师协会恢复建立。同年,成立市属第一、第二法律顾问处及崇明县法律顾问处,办理刑事辩护办案1 087件。1983年,全市22个区、县都成立法律顾问处,市属法律顾问处增至9个。同年8月,市政府同意市司法局制定的《上海市兼职律师管理办法》。1984年,经市政府批准,全市法律顾问处一律更名为律师事务所。1986年9月,首次举行全国律师资格统一考试,上海有1 056人参加,其中872人合格。1988年1月,市第六律师事务所经市司法局批准率先试办合作制律师事务所,其后一批合作制律师事务所相继成立。1988年7月,市政府发布《上海市企业法律顾问工作暂行办法》,规定企业可根据需要设置法律顾问室或配备专(兼)职法律顾问。至1990年,全市律师事务所发展到60家,律师增加到2 334名,其中专职628名;有法律顾问的单位11 446家。1994年12月,市政府发布《上海市律师管理办法》,规定市司法行政机关管理和监督全市律师工作,市律师协会是律师自律管理的社会团体法人。1995年8月,浦东新区在全国率先推行公职律师制度。1996年4月,首批28位公职律师授证仪式在浦东新区举行。

2000年,上海律师事务所全部改制为合作、合伙律师事务所。2001年,特邀律师废止。2001年9月,市第六次律师代表大会选举产生由专职律师担任会长的新一届理事会,设置监事会,标志着上海律师工作管理体制逐步由司法行政管理为主,向司法行政管理和行业自律管理相结合转变。2003年12月,市首批85名公职律师、46名公司律师试点颁证仪式举行。2005年3月,市第七次律师代表大会换届选举,实现了律师协会常务理事会完全由执业律师组成。2008年,修订后的《中华人民共和国律师法》实施,全市所有合作制律师事务所全部完成改制,律师事务所组织形式只有合伙和个人两种形式。2008年5月,市律师协会设立区县律师工作指导委员会。2010年,市委办公厅、市政府办公厅印发《关于充分发挥律师在法治政府法治社会建设中重要作用的若干意见》,对各级政府及其部门聘请律师担任政府法律顾问提出明确要求。

至2010年,全市律师事务所发展到1 064家。其中,合伙所865家,个人所199家。全市律师增加到12 298名。其中,专职律师11 749人、兼职律师549人;公职律师490人,公司律师239人;全市律师担任540家政府法律顾问，企业法律顾问单位为30 023家；发生民事代理案件76 891件、刑事辩护案件14 927件、行政代理案件1 116件，非讼事务案件33 180件；法律咨询解答77 722人次。

二、完善公证制度

“文化大革命”结束后，1980年4月，以市高级法院公证处为基础，恢复重建上海市公证处，当年即办理国内公证456件、涉外公证5 306件。

1981年起，市司法局督促和帮助各区县政府逐步筹建区县公证处。同年6月，川沙、宝山两县在全市率先建立公证处。至1985年，全市各区、县都建立了公证处。1984年9月，市政府批转市司法局《关于进一步开展经济合同公证工作的意见》，经济合同公证业务开展。1985年，经济合同公证以承包为重点，1986—1987年，增加办理企业租赁、经营、抵押，个体户借贷，农村重点户、专业户、各种经济联合体合同公证等业务。1987年，涉外公证业务超过3万件，公证文书使用地扩展到80个国家和地区，业务项目增加1/3。同年11月2日，市公证处开始办理赴台亲属关系、台胞到沪探亲、处理大陆遗产等各类涉台公证。1989年，市政府办公厅转发市司法局《关于制止向公证机关提供假证明材料的意见》，制止隐瞒事实伪证、假证。同年，经济公证业务开展企业拍卖、经营者聘用、工程招标等，并为146家企事业单位提供常年公证服务。

80年代末90年代初，公民因私出国（境）申办各类公证逐年增加。1991年起，上海开展营业证书、法人代表资格、授权委托等涉外经济公证业务。1993年后，“出国热”降温，涉外民事公证业务逐年递减。1993年4月29日“汪辜会谈”在新加坡举行后，上海公证行业在向台湾海基会递送公证文书方面，迈出了实质性一步。至1993年8月底，上海送台湾海基会公证书副本达515份，台湾海基会送上海公证协会的公证书副本118份。1994年，经济公证业务开展国有资产管理、金融投资以及产权交易等公证业务，国内经济公证业务发展到100多项。1996年3月，市十届人大常委会第二十四次会议通过《上海市公证条例》（2010年废止），使房地产公证、抵押贷款公证、证据保全、现场监督公证等与国计民生紧密相连的公证得到规范。1996—1998年，国（境）内经济公证办结27.52万件。

2002年起，进行公证机构改革。根据国务院批准的《关于深化公证工作改革方案》和司法部《关于深化公证工作改革方案的若干意见》，市司法局印发《关于公证机构改制若干问题的实施意见》。至2002年底，全市22家公证机构全面完成从行政体制改为事业体制。当年，全市有公证员244名、公证人员362名，公证机构22家，公证办证总量474 242件。其中境内经济公证143 913件，涉外公证238 919件，港澳台公证4 836件（1996年起，把港澳台公证从涉外公证数中分离出来单独统计）。

2006年后，根据《中华人民共和国公证法》的规定，市司法局将22家公证机构统一设置在市级，按照“上海市＋字号＋公证处”的方式冠名，每家公证处均可在全市范围内办理公证业务。2008年，各公证机构统一变更名称。2010年底，上海市浦东公证处和上海市南汇公证处合并。至此，全市共有公证机构21家，公证人员844名，其中公证员359名；涉外民事公证年办证突破20万件。

三、规范人民调解

“文化大革命”结束后，人民调解组织恢复建立。至1979年，全市共恢复建立人民调解委员会

(简称调委会)4 522 个。其中,街道里弄调委会 1 551 个、公社生产队调委会 2 871 个;共有调解人员 2.69 万人。1977—1979 年,全市调处各类民间纠纷 32 万余件,为同期人民法院受理的民事案件总数的 12.8 倍。

1980 年,吴泾化工厂率先在工厂企业中建立调委会。1984 年起,闵行、杨浦、宝山、徐汇等区县的部分地区先后建立工厂和地区间的联合调解组织。至 1986 年,全市企业共有调解组织 5 000 多个、调解人员 2.37 万余人。1989 年 6 月,国务院公布《人民调解委员会组织条例》。1993 年,全市基本建立街道(乡镇)、居委会(村委会)、居民组(村民组)三级调解工作网络。

1996 年,市司法行政部门在成建制的外来人员单位和集贸市场、物业管理单位等建立调解组织。至 2000 年底,全市共有各级人民调解组织 8 920 个。其中居(村)调委会 6 188 个,企事业调委会 2 119 个,联合调委会 74 个,集贸市场调委会 155 个,流动人口聚居区调委会 103 个,其他调委会 281 个;居(村)委调解主任 6 188 人,调解委员 32 758 人,调解信息员 61 309 人。

2003—2005 年,市消费者权益保护委员会人民调解委员会共调解消费纠纷 1 000 多起,为消费者挽回经济损失 400 余万元。截至 2007 年底,全市 19 个区县 210 个街道、乡镇调委会已全部组建人民调解"工作室"。2006 年 2 月,市司法局、市高级法院印发《关于规范民事纠纷委托人民调解的若干意见》。同年 5 月,市公安局、市检察院、市高级法院、市司法局印发《关于轻伤害案件委托人民调解的若干意见》。2006 年后,普陀、浦东、徐汇等区司法局和卫生局共同组建了医患纠纷人民调解委员会,调解医疗机构与患者之间的民事纠纷。

图 5-9-1　上海市人民调解员在社区对纠纷当事人进行说服规劝,化解矛盾

2007—2010 年,市司法局分别与市公安局、市房屋土地管理局、市卫生局、上海保监局、市人力资源社会保障局联合印发《关于治安案件委托人民调解的若干意见》《关于规范人民调解组织参与房地产和物业管理纠纷调解的若干意见》《关于规范人民调解组织参与医患纠纷调解的若干意见》

《关于规范人民调解组织参与交通事故争议调解的若干意见》《关于规范人民调解组织参与劳动争议调解的若干意见》，民事案件、轻伤害案件、治安案件、物业纠纷、劳动争议、医患纠纷、交通事故纠纷等七大类行业性、专业性纠纷成为人民调解工作的重要领域。

2010 年末，全市及各区县 6 312 个居村委配备人民调解员 34 114 名，其中专职人民调解员 8 229 名，包括市联合调委会配备 276 名，街镇调委会配备 1 175 名，居(村)委调委会配备 6 778 名。同年，全市共调解七类行业性、专业性纠纷 154 222 件，占人民调解组织受理纠纷总量的 66%。

四、开展司法鉴定管理

1998 年 6 月 18 日，上海市司法鉴定工作委员会成立。2000 年 8 月，市司法局设立司法鉴定管理处，与同年 7 月成立的市司法鉴定中心合署办公。

1999 年 2 月，上海市人身伤害司法鉴定专家委员会和精神病司法鉴定专家委员会成立。同年，确定市高级法院法医室、市检察院法医室、市公安局法医鉴定中心、上海医科大学法医学系等 9 家单位为首批司法鉴定机构。2000—2007 年，相继成立文件检验、司法会计、法医毒物、法医物证等司法鉴定专家委员会。

2001 年 9 月，确定复兴会计师事务所、市司法会计中心等 36 家单位为首批司法会计鉴定机构，对会计凭证、账簿、报表等资料财务状况进行鉴定。2003—2004 年，批准设立 5 家民办非企业司法鉴定机构。

2004 年 7 月，对 603 名鉴定人执业考核并颁发《司法鉴定人执业证》。2005 年 9 月，贯彻落实全国人大常委会《关于司法鉴定管理问题的决定》，对全市 48 家司法鉴定机构、460 名司法鉴定人员重新登记。2009 年 10 月，市发展改革委、市司法局发出通知，执行国家发展改革委、司法部印发的《司法鉴定收费管理办法》。

截至 2010 年，上海市司法鉴定业务范围包括法医病理鉴定、法医临床鉴定、法医精神病鉴定、法医物证鉴定、法医毒物鉴定、文书司法鉴定、痕迹司法鉴定、微量物证鉴定、计算机司法鉴定、声像资料司法鉴定等传统鉴定类别和司法会计鉴定、建筑工程司法鉴定和知识产权司法鉴定等其他司法鉴定类别，法医类、物证类、声像资料类(含计算机)等传统三大类鉴定类别在司法鉴定业务中占比达到九成以上。同年，全市有司法鉴定机构 108 家，司法鉴定人 1 504 人。其中，三大类(含计算机)司法鉴定机构 21 家，司法鉴定人 486 人；知识产权司法鉴定机构 4 家，司法鉴定人 71 人；建筑工程司法鉴定机构 26 家，司法鉴定人 339 人；司法会计鉴定机构 57 家，司法鉴定人 608 人。

五、完善基层法律服务

1984 年 11 月，南汇县大团镇法律服务所成立。1987 年，司法部先后发布《关于乡镇法律服务所的暂行规定》《乡镇法律服务业务工作细则》，明确业务范围，强化服务体系。1989 年，市司法局先后印发《关于乡镇法律服务所和县律师事务所、县公证处联合办理有关业务收入收费分成的暂行规定》《上海市乡镇法律服务所业务工作程序(试行)》和《上海市乡镇法律服务业务卷宗归档管理办法(试行)》。截至 1989 年 8 月，全市 227 个乡镇街道都成立了法律服务所，与乡镇政府司法所“政事合一”。

1990 年 7 月，市政府发布《上海市乡镇法律服务所工作暂行规定》，要求各服务所建立接待、登记、回访、请示报告、档案等制度。1993年1月，市司法局印发《上海市乡镇法律服务所见证业务暂行规定》，提出乡镇法律服务所“对本乡镇辖区范围内内容单一、权责明确、标的额小、履行期短的协议、合同或民事行为办理见证的业务”。1998年8月，市司法局发出《关于加强基层法律服务所管理的通知》，明确“发挥便民、利民的优势，为本地区公民、法人和其他组织提供法律服务”。

进入21世纪后，基层法律服务所的职能、体制和目标定位几经变化。2000年3月，司法部颁发《基层法律服务所管理办法》《基层法律服务工作者管理办法》，将原来的乡镇法律服务所正式扩大为基层法律服务所，由乡镇政府和街道办事处组建，独立承担民事责任，对基层法律服务工作者实行资格考试和考核。同年9月25日，司法部下发《基层法律服务机构脱钩改制实施意见》，将基层法律服务所列入清理整顿范围，脱钩改制。2001年基层法律服务所为200家。2002年9月，司法部下发《关于加强大中城市社区法律服务工作的意见》，提出基层法律服务工作者要从诉讼领域逐步退出。2003年初，市司法局发出《关于进一步加强基层法律服务所为社区服务职能的通知》。2004年完成脱钩改制后，全市有基层法律服务所148家。2009年全市乡镇机构改革后，基层法律服务所有86家。截至2010年底，全市有基层法律服务所85家，基层法律服务工作者563人。

六、推进法律援助

1994年3月，普陀区司法局首先设立法律咨询部，组织律师义务接受群众法律咨询。1995年8月，浦东新区成立法律援助中心。1997年6月，经市政府批准，上海市法律援助中心成立。至2000年，市和各区县全部建立法律援助机构。

2000年5月，市高级人民法院、市司法局印发《关于办理指定辩护案件法律援助暂行办法》。同年7月，上海贯彻执行最高人民检察院、司法部《关于在刑事诉讼活动中开展法律援助工作的联合通知》。9月，市人民检察院、市司法局印发《关于在检察阶段对未成年犯罪嫌疑人实施法律援助的办法》。2001年10月，市公安局、市司法局印发《关于在公安侦查阶段对犯罪嫌疑人实施法律援助的规定》。

2001年，市政府将“建设20个规范的法律援助中心”列为市政府实事项目。2002年9月，司法部下发《关于加强大中城市社区法律服务工作的意见》，加强法律援助工作在社区综合功能的发挥。2003年9月，国务院颁布《法律援助条例》。2006年4月，市十二届人大常委会第二十七次会议通过《上海市法律援助若干规定》。2008年上半年，全市形成市、区(县)、街道(镇)、居(村)委法律援助四级网络。

2008年9月，市高级人民法院、市司法局印发《关于加强司法救助与法律援助衔接工作的若干意见(试行)》。2009年8月，市司法局印发《关于加强和改进法律援助工作的若干意见》。

至2010年，全市法律援助机构共受理法律援助案件74 294件。其中，刑事法律援助案件38 811件，民事、行政法律援助案件35 483件；接待法律咨询91.5万余人次；“12348”法律咨询专线接答法律咨询115.8万余人次。

第二节　法制宣传教育

1980年1月市司法局重建后，下设宣传教育处，主管法制宣传。1984年，宣传教育处分为法制宣传处和教育处。各区、县司法局(科)建立后，设宣传教育科(股)，管理本区县的法制宣传。1985

年8月，上海市普及法律常识办公室成立，与法制宣传处合署办公，1990年3月，市普及法律常识办公室更名为市法制宣传教育办公室。1996年，成立上海市法制宣传教育领导小组，2004年1月改为上海市法制宣传教育联席会议，市委政法委书记、市委宣传部部长、市人大常委会分工联系的副主任、市政府分管副市长和市司法局局长为联席会议召集人，市委组织部、市委宣传部、市委政法委、市教育卫生工作党委等27家成员单位分管负责人为联席会议成员。

一、普法宣传

中共十一届三中全会后，1979—1985年，上海法制宣传的重点是国家新颁布或重新修正颁布的法律，如《中华人民共和国宪法》《中华人民共和国刑法》《中华人民共和国刑事诉讼法》《中华人民共和国经济合同法》等。中共中央、全国人大常委会决定，1985年起，国家开始以5年为期限，开展全体公民普及法律常识宣传，至2010年共举办了5个“五年普法”宣传教育。

【“一五”普法宣传】

1985—1990年实施“一五”普法，主要内容是普及《宪法》《刑法》《刑事诉讼法》等“十法一例”法律常识。其间，上海市组织编写普法教材、辅导读物50多种，总发行量达500多万册，组织了1 200人的普法讲师团，举行普法电视讲座和全市法律知识统一考试，培训法制宣传员4.55万人。至1988年底，全市有757.2万人通过法律常识学习和考核，占应普法总人数的93%。1989年，市人大常委会作出决议，规定每年12月4日新宪法颁布日所在的周为上海市“宪法宣传周”，每年确立一个主题，各区县法制宣传部门围绕主题因地制宜开展形式多样的基层宪法宣传活动，在广大市民中进行广泛深入的宪法教育，提高市民的宪法意识和国家意识。

【“二五”普法宣传】

1991—1995年实施“二五”普法，主要内容是以《宪法》为核心，以专业法为重点。其间，全市编印《上海市干部“二五”普法读本》《上海市公民“二五”普法读本》及中小学法制课本、辅导教材共150多万册，组建市高级法制讲师团，培训法制宣传员5.5万人。至1995年底，全市有850万人通过法律常识学习和考核，占应普法总人数的94%；此外，还举办5届“宪法宣传周”活动，同时加强对外来人员的法制教育。

【“三五”普法宣传】

1996—2000年实施“三五”普法，主要内容是《宪法》、基本法律和社会主义市场经济法律知识。至2000年底，全市共编印《公民法律基本知识》等通俗法律知识读本6种，建立10 379名专（兼）职法宣干部和49 019名法制宣传员的队伍，举办5届“宪法宣传周”活动，举办1 608次有177 922人次处级以上领导干部参加的法制讲座以及有124万市民参加的法律知识竞赛，召开全市学法用法经验交流会、依法治理工作研讨会。

【“四五”普法宣传】

2001—2005年实施“四五”普法，主要内容是与公民权利义务密切相关的法律法规、社会主义市场经济法律法规、我国加入世界贸易组织后公民需要熟悉的法律法规和加强社会治安、维护社会稳定方面的法律法规。其间,市及各区县成立由法律专家学者组成的讲师团,共计 557 人,举办处级干部法制讲座 1 523 次、295 805 人次参加,成立由 150 位资深律师组成的律师志愿团,帮助市民依法解决动拆迁中存在的问题。编发 60 期《法治参阅》,举办 2004 年上海市青少年暑期网络法律知识竞赛,开通“东方法治网”,围绕“8.16”依法治市宣传日、禁毒宣传月、消费者维权日等重大宣传节点,开展系列法制宣传教育活动。

图 5-9-2　2008 年 12 月 1 日,上海市司法工作人员在法制宣传日接受市民法律咨询

【“五五”普法宣传】

2006—2010 年实施“五五”普法,主要内容是宪法和国家基本政治法律制度及与经济社会发展、法治政府建设、社会管理、资源节约利用和生态环境建设、迎世博文明行动计划等相关的法律法规。“五五”普法首次提出了“法律进机关”“法律进乡村”“法律进社区”“法律进学校”和“法律进企业”的基本途径,市司法局、市法宣办分别会同相关部门制定印发实施意见。其间,开展以化解社会矛盾为主线的“推进平安建设,构建和谐上海”大型主题宣传活动 30 余次,举办 1 250 余场领导干部法制讲座、5 000 余场公务员法律知识讲座、150 余场“市民与法”系列讲座,免费发放 10 万余册普法读本《生活中的法》,编印发放 20 余万份中英文对照的法制宣传明信片,编排沪剧、小品、评书、相声、舞台剧等法制文艺节目 100 余个,到基层社区农村巡回演出,举办“学法律、知荣辱、讲文明、促和谐”农民工风采大赛,开展“法与我同行,做遵纪守法的上海人”系列宣传活动和“迎世博”百万农民工基本素质教育活动。

二、法制教育

1983 年 6 月,成立市政法干部自修大学。1984 年 11 月,市政府批准成立市政法管理干部学院。1989年4月，市政府法制办在华东政法学院举办首期政府法制干部培训班。1990年，全市举办多期《行政诉讼法》和《行政复议条例》培训班。同年底，市司法局、市教育局印发《关于加强本市中小学、中等职业技术学校法制教育的意见》《上海市中小学、中等职业技术学校法制教育纲要（试行）》。1994年，成立市涉外法律人才培训中心。同年9月，市政府法制办、市人事局、华东师范大学联合筹建的东方法商学院开学。12月，市政府法制办、市人事局、上海电视大学联合举办行政执法人员执法基本法规电视讲座，对全市行政人员开展《行政诉讼法》《国家赔偿法》《行政复议条例》电视培训。

“二五”普法期间，市委宣传部、市司法局举办两期有600多名法制宣传骨干参加的市场经济法律培训班；另有1.6万名处级以上干部以脱产轮训、党校学习、系列讲座、学法日等形式参加学习。教育系统编写法制系列教材，小学以法制启蒙教育、中等学校以法律常识教育、大学以法学系统教育为主。

“三五”普法开始，全市普遍建立各级党委中心组学法制度，各级党校成为领导干部法制培训的主阵地。全市共举行处级以上干部法律知识考试633次，51 252人次参加；举办法制专题班874次，处级以上干部39 548人次参加。1996—1997年，全市行政机关组织《行政处罚法》学习和培训，6.5万名行政执法人员参加培训和考察。1997年2月—1998年12月，举办全市政府法制干部双月法律知识讲座12次，共有3 500余人次参加。

“四五”普法期间，全市各区县和部分委办局在同级党校设置了干部法制培训基地，举办处级干部法制培训班（研修班）658期，50 950人次参加。仅2004年，市委党校就举办各类法制培训班20余期、近4 000人次参加。此外，2001年起全市所有学校都相继配备分管法制副校长或法制辅导员。

“五五”普法期间，全市举办法制专题研修班250余期。

第三节　监狱工作

1949年9月，上海市人民法院监狱成立，1951年移交市公安局，更名为上海市监狱。1964年12月，市公安局劳改处改称市公安局劳改局，1980年7月改为市劳改局（副局级），1983年7月划归市司法局，1994年5月升格为正局级，1995年6月更名为上海市监狱管理局。市监狱管理局作为上海主管监狱工作的行政机构主要承担对被判处死刑缓期二年执行、无期徒刑、有期徒刑的罪犯执行刑罚；对罪犯实施狱政管理、教育改造和劳动改造。

一、监狱管理

1978—1982年，通过改制、撤销，市劳改局所辖14个劳改单位减少到8个劳改单位。1983年8月，上海投资5 000万元新建一批关押点；90年代，又新建青浦、女子、宝山、新收犯监狱和易地重建市少年管教所。至2010年，通过接收、改造、调整和建设，市监狱管理局共辖12个监所（即提篮桥、五角场、周浦、北新泾、青浦、白茅岭、军天湖、女子、新收犯、宝山、南汇监狱和市少年管教所）及监狱总医院、司法警官学校等单位。

1979年起对老病残犯进行清理，至1981年共清理298人。1982年5月，宽大释放原国民党县团以下党政军特人员28人。1993年起，通过保外就医、监外执行、减免余刑，对在押犯人实施清理释放。1994 年,清理 164 名;1996 年 7 月至 1997 年,清理 1 188 名;1998 年下半年,清理 437 人。

改革开放后,上海的监管实施“计分考核”“分级处遇”等管理制度,将罪犯的改造表现同其狱内处遇、奖惩(行政奖惩和司法奖惩)挂钩,调动了大多数罪犯改造的积极性。据统计,1978—2010 年,各监狱累计减刑 10.32 万余人次,假释 1.07 万余人次。

1988 年,市劳教局以第二劳改总队教导大队为示范,推行大队规范化建设;至 1998 年,上海监狱系统全部建成规范化大队。1994 年,随着《中华人民共和国监狱法》颁布实施,上海监狱系统推行“文明执法十项措施”,至 2009 年 8 月,所属 12 所监狱全部建成现代化文明监狱。

80 年代,市劳改局以第二劳动改造管教总队实验大队为试点单位,开始探索罪犯分类改造,根据罪犯犯罪类型实施分管分押。至 1993 年 4 月,实施分押罪犯占全局押犯 67.8%;分管罪犯占全局押犯 97%。1996 年 3 月起,各监狱从制度上保证执法的严肃性和准确性,确保监管场所安全稳定。1998 年起,无重大恶性事故;2003 年起,无罪犯脱逃;2007 年起,无非正常死亡。

二、教育改造罪犯

70 年代末,上海劳改场所陆续恢复罪犯文化学习。1979 年,少管所开设中小学 10 个班级。至 1986 年,市劳改局共设有初、高中文化班 570 个,11 715 名犯人参加学习。80 年代中后期,上海劳改单位创办特殊学校。70 年代末至 1994 年,先后组织罪犯开展揭批“四人帮”、整顿监管改造秩序、学习新宪法、宣讲《邓小平文选》活动,对罪犯进行形势、政策、法制和监规等教育。1997—2007 年,先后组织罪犯开展“七不”规范、“在刑意识”“八荣八耻”教育。1987—2010 年,有 9 861 名犯人脱盲;19 459 名犯人获小学文化(含)以上毕业证书。

改革开放初,上海劳改场所陆续开展缝纫、裁剪、木工、电工、泥工、烹饪、理发、机械、钟表修理等职业技术培训。80 年代初,建立犯人技术考核制度,评定技工等级。1985 年下半年,逐步按技工学校的要求试办正规的职业技术培训,并由劳动部门发放技术等级证书。1985 年,163 名犯人首次参加市劳动局的通用工种三级技工应会考试,137 人获结业证书。此后,罪犯技术教育开设工种、规模逐步扩大,学习人数逐步增多。1997 年开始,技术教育纳入地方劳动部门对口管理。2004 年起,市监狱管理局建立了机械制造、炊饮技术、特种工技术等 5 个犯人技术培训基地,上海籍服刑人员参加培训项目列入政府补贴目录。1985—2010 年,有 31 456 人次犯人获技术等级工证书。

至 2010 年,上海的监狱先后在罪犯中开展“走向明天”读书、演讲、演出及各类体育比赛辅助教育;开展分类教育、监区文化建设和心理矫治;开发罪犯智力,开通“希望热线”;拍摄专题片《上海监狱纪实》、故事片《少年犯》,创办《上海劳改报》等,以加强罪犯教育改造。

三、改革监狱体制

2003 年 1 月,国务院批转司法部《关于监狱体制改革试点工作指导意见》,确定从 2003 年起,在上海市及部分省进行监狱体制改革试点,试点地区省级人民政府负责组织实施。

2003 年 5 月 19 日,市政府常务会议听取监狱体制改革试点工作汇报,明确要求根据司法部“全额保障、监企分开、收支分开、规范运行”的目标,开展上海监狱体制改革试点工作。同年 7 月 10 日,经市政府同意,成立监狱体制改革领导小组,随之制定《上海市监狱体制改革试点实施方案》,由市政府于 8 月 19 日送报司法部,经过财政部、人事部等 16 个监狱体制改革部际联席会议成员单位审核，司法部于9月15日发文同意《上海市监狱体制改革试点实施方案》。

2004年7月起，市监狱管理局根据《上海市监狱体制改革试点实施方案》，将负责生产经营管理工作的机构从市监狱局分离出来，组建上海申岳实业发展(集团)有限公司(简称申岳公司)，各监狱同时将负责监狱生产经营管理工作的机构分离出来，组建为申岳公司所属的15个子公司。在监社分开方面，皖南白茅岭、军天湖两所监狱将社区与监狱分离，在明确政府承担办社会责任前提下，由市政府委托市司法局管理，分别建立社区管理委员会。在全额保障方面，实行"支出全额保障，纳入预算管理；收入全额上交，纳入专户管理"的监狱经费保障体制。同时，对市监狱局内设机构进行调整和完善，增设刑务部和后勤保障部，将狱政一处、二处分别更名为刑罚执行处、狱政管理处。

在上海等省市进行改革试点的基础上，2007年11月，经国务院批准，司法部决定从2008年起，在全国全面实行监狱体制改革。

第四节　劳动教养(戒毒)与社区矫正工作

一、劳教(戒毒)工作

1983年7月，劳改、劳教工作由市公安局整建制移交市司法局管理。1995年5月，市劳教局成立，下辖第一劳教所(上海农场)、第二劳教所(川东农场)、第三劳教所(青东农场)、劳教收容所、女劳教所等5个劳教所。1996年，建造少年教养所，2006年更名为未成年人劳教所；1997年建立市戒毒劳教所(2008年更名为第五劳教所)，作为市集中收容吸毒劳教人员的专门场所。1999年，建立第四劳教所。除第一、第二劳教所在江苏省外，其余均在上海市境内。

80年代中期，试行劳教人员分类编队，逐步按照劳教人员管理等级，给予不同处遇。至1992年，依据违法性质，结合恶习程度及劳动教养阶段分别建立盗窃型、赌博型、性罪错型、滋扰型和"多进宫"人员大队与出入所大(中)队的分类管理模式。1993年起，开始推行对劳教人员进行复合式分类教育：一是分入所、常规和出所三个教育阶段；二是按违法性质分吸毒、财产、滋扰、性罪错等类型，施以不同的教育内容；三是按照恶习程度区分不同心理状态，推行教育矫治个别化。1995年起，以课堂化教育为主导，不断丰富教育内容和方式，组织开展法律常识、思想道德、形势政策、文化知识和职业技术等方面教育培训活动。引入社会资源对劳教人员进行职业技术教育，形成5类20多个培训项目。

2004年，市劳教局印发《关于全面推进心理矫治工作的实施意见》。2006年，市劳教局设心理矫治工作指导中心，在各劳教所教育科设心理矫治机构，建立心理辅导室，组织专兼职心理咨询师队伍，对劳教人员加强心理矫治，开展心理健康教育。

2005年6月，市劳教局印发《劳动教养人员分级管理办法(试行)》，将劳教人员服教期划分为封闭式、半开放式和开放式三段，明确分级标准、分级处遇；在劳教所逐步建立封闭式、半开放式和开放式管理大队或中队，推行以半开放式管理为重点的三段式管理模式。2007年4月起，按照司法部要求，在各劳教所全面实施三段式管理模式。同时，加强劳教人员生活卫生、习艺劳动、考核奖惩、收容遣送、通讯会见、财物管理等方面规范化建设。

2007年，根据司法部《关于依托劳教场所建立戒毒康复中心试点的意见》，在戒毒劳教所建立集"戒毒、治疗、劳动、康复、就业"为一体的上海市司法局青浦戒毒康复中心，开展戒毒康复中心试点工作。2008年6月，《中华人民共和国禁毒法》实施后，各劳教所不再收容吸毒劳教人员，9月增挂强制隔离戒毒所牌子,接收第一批强制隔离戒毒人员,探索戒毒规律,落实分期、分类、分级的戒治管理要求,开展强制隔离戒毒人员戒治康复工作。

根据司法部创建现代化文明劳教所的规定,市劳教局坚持按照"改造质量社会效益好、所政设施建设好、所政管理好、生产劳动好、教育效果好、民警队伍建设好"等六好标准,加强场所建设。同时,加强辅助教育和社会帮教,充分利用所报、黑板报、广播、电视、电影、图书、计算机等,开展各项主题教育、文化体育活动,建立兴趣小组,组织外出参观,邀请社会人士来所帮教,创建健康向上的所区文化。截至2010年底,第一劳教所、第三劳教所、第五劳教所和女劳教所等4个劳教所被司法部授予"部级现代化文明劳教所"称号。

二、社区矫正工作

2002年8月6日,经市委、市政府同意,市委政法委印发《关于推进本市社区矫正工作的实施意见(试行)》,在徐汇区斜土路街道、普陀区曹杨新村街道、闸北区宝山路街道率先试行。

2003年7月10日,最高人民法院、最高人民检察院、公安部和司法部下发《关于开展社区矫正试点工作的通知》,上海市被列为全国开展社区矫正工作六个试点省市之一。8月,上海进一步扩大社区矫正试点范围,将浦东新区和卢湾区纳入试点,试点范围扩大至5个区59个街道(镇)。10月,上海市社区矫正工作办公室成立,次年初划归市司法局。

2003—2008年,市高级法院、市检察院、市公安局、市司法局等部门陆续发出、印发《社区服刑人员日常行为奖惩规定(试行)的通知》《社区矫正工作流程的通知》《关于全面推进社区矫正工作的意见》《上海市社区服刑人员分类矫正暂行规定》《关于办理减刑、假释案件实施细则(修订)》《社区服刑人员违反社区矫正规定的处置办法(试行)》《上海市社区服刑人员分类矫正规定》《上海市非监禁刑罚执行衔接工作规定(试行)》等一系列文件,对社区矫正工作的职责进行划分,对社区服刑人员日常行为管理、法律文书转递及衔接、减刑假释的适用条件、矫正与罪犯假释工作的衔接及违反社区矫正管理规定行为的处罚等进行了规范。至2007年8月底,上海市223个街镇(开发区、工业园区、农业区)的社区矫正达标率为100%。

2009年,市、区县、街镇政府加强社区矫正场所和街镇级公益劳动基地建设,统一制作标牌和徽章发给基层司法所。2009年末,全市18个区县有60个司法所建立了规范化的社区矫正宣告室,222个司法所均建立1个以上的街镇集中式公益劳动基地。

2010年1月,市矫正办开展"认罪、悔罪、赎罪指标体系"试行工作,共测试社区服刑人员2 184名。其中,达到认罪标准2 003名,认罪率达91.7%;达到悔罪标准929名,悔罪率达42.5%;达到赎罪标准217名,赎罪率达9.9%。

第十章 知识产权

1982年起，国家及上海市人大常委会先后颁布涉及知识产权的法律、法规。上海市政府发布有关规章，市政府其职能部门印发保护知识产权的文件。上海各级政府知识产权管理，主要包括开展产权管理与行政保护、鼓励创造与开展知识产权服务、开展知识产权宣传和人才培养、开展知识产权交流合作，制订知识产权战略纲要，印发知识产权执法行动实施方案等等。

1984—1999年，上海相继成立市专利管理局等知识产权管理机构。2005年，上海专利交易中心成立。2007年，上海知识产权司法鉴定中心成立。此外，还成立了上海知识产权园和专利审查员浦东张江实践基地，同济大学设立国家知识产权培训（上海）基地。部分高等院校先后成立知识产权研究中心和知识产权研究院。

截至2010年，上海11次被作为全国专利代理人资格考试考点城市；全市有91家市知识产权示范企业。2000年起，市知识产权局每年均公布上海知识产权状况白皮书。上海知识产权有关部门、组织与社会团体联合举办上海知识产权事业回顾展、宣传周等活动。在知识产权合作交流方面，通过举办、承办、参加知识产权研讨会与国际论坛等，加强与外国和中国港澳台地区的合作交流。至2010年底，上海累计立案受理调处专利纠纷案件561件。1985—2010年，全市专利申请量与专利授权量分别为42万余件与22.5万余件。

第一节 知识产权管理与行政保护

一、实施知识产权管理

1980年6月4日，中国加入世界知识产权组织。全国人大常委会于1982年、1984年、1990年和1993年，先后颁布《中华人民共和国商标法》《中华人民共和国专利法》《中华人民共和国著作权法》和《中华人民共和国反不正当竞争法》。自1985年起，中国陆续签署保护工业产权巴黎公约、集成电路知识产权保护、商标国际注册马德里协定、世界版权公约、录音制品公约和专利合作条约等。80年代、90年代，上海市人大常委会、市政府陆续发布《上海市音像制品管理条例》《上海市专利许可合同管理办法》等相关法规、规章，上海市商业委员会、上海市工商管理局等部门相继印发《上海市著名商标认定与保护暂行办法》《商业企业经销商品商标管理办法》等规范性文件，为知识产权保护工作的开展打下基础。

1984—1999年，上海相继成立市专利管理局、市工商行政管理局商标处、市中级人民法院知识产权庭、市版权局、奉贤县专利工作部等机构。1994年，为贯彻国务院《关于进一步加强知识产权保护工作的决定》，市政府建立上海市知识产权联席会议，加强对知识产权工作的管理和协调。

2000年1月，市政府印发《关于加强本市知识产权工作的若干意见》，对专利、商标、版权和商业秘密等知识产权工作从增强意识、加强管理、落实奖酬、加大保护、费用资助等各个方面提出要求和实施意见。同年4月，市专利局更名为市知识产权局，为市政府直属机构。6月，市政府召开上海市知识产权工作会议。

2001年9月,市政府重新组建市知识产权联席会议,由市知识产权局、市工商局、市版权局等19个成员单位和市人大、市政协、市法院等8个列席单位组成。2002年,全市19个区县相继成立知识产权局。

2003—2004年,市政府相继印发《关于进一步加强本市知识产权工作的若干意见》《上海知识产权战略纲要(2004—2010年)》《上海市开展保护知识产权专项行动实施方案》。其中,《上海知识产权战略纲要(2004—2010年)》提出,建立科学有效的知识产权工作机制,形成以人才高地为支撑的城市知识产权创新体系,完善行政与司法并行运作的知识产权保护体系,形成全社会共享的知识产权公共服务体系。

2005年9月,市政府同意市知识产权局、市版权局等单位制订的《上海市鼓励创建知识产权示范企业实施办法》,提出要组织开展知识产权示范企业创建工程,鼓励创建知识产权示范企业,开展"上海市知识产权保护十佳卫士""上海市知识产权保护十家先进单位"双十佳活动。到2008年,共认定了3批共60家知识产权示范企业。

2007年1月,市长韩正在《政府工作报告》中指出:"要着力营造良好的创新环境,继续实施以专利技术产业化为核心的知识产权战略,健全知识产权保护体系"。

2008年9月,为贯彻国务院发布的《国家知识产权战略纲要》,结合实施《上海知识产权战略纲要(2004年—2010年)》,市政府发布《上海市实施国家知识产权战略纲要若干意见》,在完善地方知识产权法规、政策,促进知识产权创造和运用,加强知识产权保护,加强知识产权行政管理,发展知识产权中介服务,建设知识产权人才队伍,推进知识产权文化建设,扩大知识产权国内外交流合作等方面提出了具体实施意见。

二、实施知识产权行政保护

从1986年市专利管理局受理第一起专利纠纷案件至2010年底,市专利行政管理部门累计立案受理调处专利纠纷案件561件,结案544件;查处假冒专利行为案件203件,结案203件。

1999年,市专利管理局与市商委发出《关于加强上海市场专利商品管理的通知》,对商业系统企业开展专利法培训、宣传和指导工作。2002年7月1日起,市十一届人大常委会第三十五次会议通过的《上海市专利保护条例》实施。

2003年7月,市政府印发《关于进一步加强本市知识产权工作若干意见》,强调加强知识产权执法工作,建立保护知识产权的良好市场环境。市知识产权局、市经委、市食品药品监管局先后印发《关于加强商业单位专利工作的若干意见》《关于加强专利药品管理的若干意见》和《关于开展"商业系统专利试点单位"工作的意见》,在全市商业系统开展专利保护试点工作。至2006年,试点工作培育两批共71家商业系统专利保护工作示范单位,培训了180余名商业企业管理人员。

2004年11月,市政府印发《上海市开展保护知识产权专项行动实施方案(2004—2005)》。根据该方案,市知识产权联席会议办公室与市整顿和规范市场经济秩序领导小组办公室把"坚决堵住知识产权侵权商品的各种通道"和"大力推广使用正版软件"作为关键环节,以重点地区、商品、场所、对象为突破口和着力点,协调工商、版权、公安、城管、文化执法、海关、知识产权等部门,开展各项知识产权保护专项行动。

2005年7月,市知识产权局印发《上海市加强展览会专利保护实施细则》。

2006年,根据市委、市政府要求,市知识产权局、市经委、市食品药品监管局、市工商局、市版权局先后印发《关于上海市开展商业系统知识产权保护试点工作的意见》《上海市商业系统知识产权保护试点工作考核办法》，在商业流通领域营造尊重和保护知识产权的社会环境，规范市场经济秩序，树立上海商业系统尊重和保护知识产权的良好形象。

2006年6月30日，市政府决定关闭以贩售假冒世界名牌而“名声赫赫”的襄阳路服饰礼品市场，显示了保护知识产权、打击假冒侵权行为的决心。2008年6月，国务院副总理王岐山在美国《华尔街日报》上发表文章，以上海襄阳路市场的关闭为例，证明中国的知识产权保护工作取得了成效。

2006年7月4日，市政府印发《上海市保护知识产权行动工作方案(2006—2007年)》。根据该方案，市知识产权联席会议办公室与市整顿和规范市场经济秩序领导小组办公室组织开展保护知识产权“春秋行动”，针对商标、音像、图书等重点内容，多次开展“反盗版天天行动”“春季(夏季)集中执法季行动”“阳光行动”“扫黄打非春季(夏季)战役”等。

2008年1月，市知识产权局印发《上海市创意设计登记备案服务指南(试行)》，将政府部门推动创意产业知识产权保护工作的关口前移。同年北京奥运会举办期间，市有关部门开展以“迎奥运”为主题的严厉打击知识产权侵权违法行为。2008年3月27日，上海市知识产权援助中心成立；10月29日上海知识产权仲裁院成立。

2009年，市知识产权局制定“雷雨”“天网”等知识产权执法专项行动实施方案，组织全市专利行政执法人员对大型商场、商品批发市场及社会影响较大的展会进行检查。10月，市知识产权局会同市商务委、市食品药品监管局、市工商局、市版权局启动全市“销售真牌真品，保护知识产权”承诺活动。

2010年，市知识产权局根据国家知识产权局的部署，印发《知识产权执法专项行动实施方案》《知识产权执法专项行动实施方案区(县)工作指导意见》和《知识产权保护宣传方案》，明确职责，对区县知识产权局行动进行指导。

此外，上海积极开展2010年上海世博会知识产权保护工作。2009年6月29日，市知识产权局会同市知识产权联席会议成员单位印发《保护世博会知识产权专项行动方案》，提出了10个方面的世博会知识产权保护工作，并于2009年7月至2010年10月在全市范围内组织开展。2010年4月，上海世博会参展者知识产权服务中心成立，在世博园内接受各参展方有关知识产权的咨询，指导各参展方相关知识产权事务，协调和解决各参展方有关知识产权纠纷。2010年5月1日至10月31日世博会运行期间，共处理参展者有关知识产权业务500余例。

第二节　鼓励创造与开展知识产权服务

一、鼓励知识产权创造

1997年5月，市专利局、市经委、市科委根据中国专利局、国家科委印发的《企业专利工作办法》，制定《上海市企业专利工作办法(试行)》，将专利工作纳入企业经营管理，明确企业专利申请量、获权量和专利实施效益情况是衡量企业技术进步、经营管理水平的重要标志。

2000年1月，市十一届人大常委会第十六次会议通过《上海市鼓励引进技术的吸收和创新条例》(2002年2月，市十一届人大常委会第三十六次会议修改)。随后，市政府及相关部门相继出台专利申请资助政策，对促进技术创新知识产权的管理和保护提供有力的政策支持和制度保障。

2003年9月，市知识产权局、市教委印发《关于进一步加强上海市高等学校知识产权工作的若干意见》,推进高校知识产权行动计划和硕士生博士生专项资助、创建示范高校、培养人才规划,全方位加强上海市高校知识产权工作。当年上海高校专利申请1 794件,比上年增长99.8%。

2004年4月,经市政府同意,市经委、市财政局、市知识产权局印发《上海市专利新产品认定实施办法》,编制并实施《上海市专利新产品认定目录》。2006年,市知识产权局修订《上海市专利费资助办法》,提高对发明专利申请的专项资助金额,规范专利费资助的办理程序,印发《上海市专利费资助办法实施细则》。同年5月,印发《上海市发明创造的权利归属与职务奖酬实施办法》,规定单位从专利纠纷处理、诉讼和仲裁中获得的赔偿也应当视为许可实施发明创造的收益,向发明人或设计人支付报酬。同年8月,市政府发布《关于促进上海服务外包发展的若干意见》,明确将符合条件的服务外包企业列为市知识产权工作试点、示范企业、并给予相应的支持;将外包服务业务中取得重大社会或经济效益的知识产权项目列入市政府奖励范畴,以激励企业自主创新。

2007年2月1日,市知识产权局、市财政局印发《上海市专利资助办法(附实施细则)》,鼓励发明创造向自主知识产权转化为首要目标,规范专项资助的各个环节,使专项资助经费有效使用,发挥最大作用。2008年10月,市知识产权局印发《上海市知识产权试点园区工作方案(试行)》,确定知识产权试点园区从上海市级工业园区、科技园区中选取。

在一系列政策支持下,上海专利申请的数量和质量有了较快增长和提高。1985—2010年,全市专利申请量与专利授权量分别是422 091件、225 052件。其中,1985—1999年,专利申请量为32 902件,专利授权量为20 358件;2000—2010年全市专利申请量与专利授权量分别达到389 189件、204 694件,授权量增长9倍。1985—1999年,非职务专利申请数量、授权数量分别为17 299件、10 106件;职务专利申请数量、授权数量分别为15 603件、10 252件。2000—2010年,非职务专利申请数量、授权数量分别为57 344件、28 553件;职务专利申请数量、授权数量分别为331 845件、176 141件。职务专利数量的申请数量大幅度上升。2010年,上海每百万人口发明专利授权量达到298件。

二、开展知识产权服务

全国专利代理人资格考试上海考点工作自1993年开始,当年共有349名考生参加考试,其中114名考试合格取得专利代理人资格。至2010年,上海11次作为全国专利代理人资格考试考点城市。

1996年,市教委印发《上海高等学校知识产权管理办法(试行)》,对全市高校知识产权工作进行指导。1997年,市专利局、市经委、市科委印发《上海市企业专利工作(暂行)办法》,提出《关于上海市开展专利试点工作的意见》,确定上海宝山钢铁(集团)公司等10家企业为上海市企业专利试点单位。1998年,宝山钢铁(集团)公司、上海轻工业研究所、上海复星高科技集团公司、江南造船集团有限公司、上海大学、上海南洋模范学校等6家单位被列为全国企事业单位知识产权保护试点单位。

2000年12月19日,上海市知识产权服务中心成立,协助市知识产权局等政府部门做好知识产权(专利信息)公共服务平台的建设、运行维护、推广应用等方面的工作。

2002年12月,市知识产权局、市教委印发《上海市高等学校知识产权管理办法》。

2003年7月28日,上海专利集市开张,为中小企业的创业者和投资者提供专利项目、专利技术服务。同年10月,市知识产权局、市经委、市食药监管局印发《关于开展"商业系统专利试点单位"

工作的意见》。11月6日，对上海新世界、农工商、一德大药房、东方商厦、华氏、国大、复星药业等44家首批商业系统专利试点单位授牌。市教委、市知识产权局实施“推进上海高校知识产权工作行动计划”，推动了上海市高校知识产权拥有量的增长和管理质量的提高。

2004年开始，市政府决定每年拿出20亿元，用3年时间滚动实施一批具有自主知识产权的重大产业科技攻关项目。市知识产权局按照市长韩正提出的“重大产业科技攻关项目要留下知识产权成果”的要求，制定实施向上海重大产业科技攻关项目派遣专利特派员的制度。同年，上海市知识产权园区在杨浦区成立。

2005年4月25日，上海专利交易中心成立。2006年，市卫生局、市知识产权局印发《关于推进上海市卫生系统知识产权工作的若干意见》，发出《关于开展上海市卫生系统专利试点、示范单位评选工作的通知》。同年7月27日，上海市保护知识产权举报投诉服务中心成立，并开通12312热线电话。12月，“国家(上海)专利技术展示交易中心”(国家知识产权局2007年11月授牌)在上海知识产权园落地。

2007年3月6日，上海知识产权司法鉴定中心成立。同年11月16日，首届“中国·上海专利技术展示交易周”在上海知识产权园开幕。至2010年，上海共举办了4届专利科技周。

2008年，市工商局、市知识产权局、市版权局等单位组成上海市知识产权示范企业创建工程推进委员会，开展知识产权示范企业认定。同年10月，市知识产权局印发《上海市知识产权试点园区工作方案(试行)》，内容包括建立园区专利管理的制度和网络、制定和实施园区知识产权规划、开展园区知识产权宣传和培训、提高园区专利申请的数量和质量、加快实施园区专利技术产业化、加强专利信息利用。漕河泾新兴技术开发区、浦东新区金桥功能区、莘庄工业园区、虹桥临空经济园区成为上海首批知识产权试点园区。

2009年4月，上海知识产权(专利信息)公共服务平台通过市经济信息化委组织的专项验收并投入运行，该平台具有专利检索与在线分析、专题数据库制作管理、专利信息定制和预警、专利交易与价值评估、知识产权综合管理和其他延伸服务六大应用功能系统。同年8月1日，市十三届人大常委会第十二次会议通过的《上海市推进国际金融中心建设条例》正式实施。其中，“完善知识产权质押制度”被列为“先行开展金融业务等方面的改革与创新，创新科技贷款体制机制”领域的重要工作。

截至2010年，上海共认定91家市知识产权示范企业。解放军第二军医大学、复旦大学附属中山医院等9家单位被确认为“上海市卫生系统知识产权示范单位”；上海中医药大学附属岳阳中西医结合医院等8家单位被确认为“上海市卫生系统知识产权试点单位”。

第三节　知识产权宣传和人才培养

一、知识产权宣传

1984年，《中华人民共和国专利法》颁布，市专利局深入企事业单位宣讲，听讲人员达上万人次。之后，结合《专利法》几次修订，市知识产权局举办多次宣讲培训。至2010年，市知识产权局对企业举办了百场知识产权宣传培训活动，内容包括知识产权法律法规、重要知识产权政策、专利信息利用等。1999年，在第一届上海国际工业博览会上，市专利局设专门展位宣传专利知识。

从2000年起，市知识产权局每年公布年度上海知识产权发展与保护状况白皮书。2001年，市知识产权局会同市科协组织对青少年开展“尊重、保护知识产权——上海科技行动传播日”活动,举办3场知识产权大型科普报告会。

2001年起,世界知识产权组织把每年4月26日定为“世界知识产权日”。上海市知识产权相关部门于“世界知识产权日”,举办上海保护知识产权宣传周,在全市公共场所举办大型宣传咨询宣传活动;同时,配合宣传周活动,市知识产权联席会议办公室组织市知识产权局、市工商局、市版权局、市公安局、市城管局、上海海关、市文化执法总队等部门开展“宣传知识产权,保护知识产权”为主题的执法专项行动。截至2010年,上海共举办7次知识产权宣传周。

2001年10月,抓住我国加入世贸组织的契机,市知识产权部门举办全市高级领导干部应对入世的研讨班,对近两千名领导干部宣讲知识产权的基本知识,以及上海知识产权面临的形势和任务。2002年,市委组织部、市委党校和市知识产权局组织举办局级领导干部知识产权专题研修班,此后逐年举办。

2003年,市知识产权局与市教委共同组织讲师团,对高校学生和部分管理干部开展“科技创新与知识产权”等十几个专题的巡讲。针对全市干部,2004年,编写出版《上海知识产权干部读本(附光盘)》,结合我国及上海的知识产权法制建设和工作实践,普及现行知识产权法律制度。

2008年,市知识产权局组织开展“纪念改革开放三十周年——上海知识产权事业回顾与展望”系列活动,组织编写《改革开放三十年中的知识产权》。9月24日,市政府新闻发布会解读《国家知识产权战略纲要》。12月10日,市知识产权联席会议办公室、上海市法学会联合举办“改革开放三十周年——上海知识产权法治建设”报告会。

2009年11月15日起,上海市精神文明建设委员会办公室和市知识产权联席会议办公室主办“知识产权与世博同行文艺巡演活动”。同年12月1—10日,上海世博局、市工商局、市知识产权联席会议办公室于上海世博会展示中心联合举办“上海世博会知识产权保护展”。2010年4月8日,世博专题新闻发布会发布上海世博会知识产权保护工作情况。

二、知识产权人才培养

1980—1984年,中国专利局上海分局及市专利管理局采用讲座、宣讲会、短训班等形式,普及专利知识,并在上海地区和兄弟省市宣讲《专利法》,培训专利代理人。到1995年,上海市累计举办57期音像市场经营管理人员培训班,5000多名考试合格人员取得“上海音像工作资格证书”。1995年,市专利管理局采取上门办班培训的方式,在奉贤、南汇、松江、青浦、金山、宝山等区县多次举办企业专利工作者培训班,对企业专利工作者进行专利、商标、版权、关贸总协定等知识产权相关知识培训。

1994年9月,上海大学率先成立知识产权学院。1995年,复旦大学、上海政法学院分别成立高校知识产权研究中心、国际知识产权研究中心。2003年3月、11月,同济大学、华东政法大学的知识产权学院先后成立。

2006年,上海开始启动专利工程师培养计划。2007年,举办首次“专利管理工程师资格考试”,164人参加考试合格并取得“专利管理工程师”证书。截至2010年,上海共举办4次“专利管理工程师资格考试”,共有630人通过考试,取得“专利管理工程师”证书。

2007年,国家知识产权局专利局会同上海知识产权园、浦东新区政府在张江建立“专利审查员上海浦东张江实践基地”,让审查员深入企业,对接企业,同时为审查员搭建实践学习的平台。从

2007年开始，国家知识产权局组织实施“百千万知识产权人才工程”，并发布《2007—2010年“百千万知识产权人才工程”实施方案》，启动了以高层次人才队伍建设为重点的各类知识产权人才培养工作。截至2010年，上海共选派11人参加“百千万知识产权人才”培养工程。

2010年，国家知识产权局批复同意在同济大学设立“国家知识产权培训（上海）基地”。

第四节　知识产权交流合作

一、与省区市交流合作

2001年9月，上海市知识产权局与江西省知识产权局签署《加强知识产权工作合作交流协议》。

2003年11月，上海市知识产权局与福建、江西、浙江、安徽、山东、江苏省知识产权局共同建立华东六省一市知识产权工作协作机制，六省一市知识产权局局长以及长江三角洲地区16个城市知识产权局代表在沪共同签署《加强知识产权保护倡议书》，提出“联合打击知识产权重大违法行为，实现异地举报和跨省市维权，建立案件转办移交快速通道”等合作举措。同年，上海市知识产权局与北京、天津等16个省、区、市的知识产权局签订《省际间专利行政执法协作协议》。

2004年5月17日，上海开出第一辆“专利大篷车”，50多名专利项目人携带80多个专利项目随车到无锡，参加上海知识产权服务中心和无锡市知识产权局举办的“锡沪首届专利集市”。

2004年11月，上海市、江苏省、浙江省知识产权局在扬州市联合召开长三角地区16个城市知识产权协作会议，决定建立以“沟通信息、协调利益、联合行动、共同发展”为宗旨的长三角知识产权联席会议制度。

2005年9月，长三角地区知识产权合作与交流圆桌会议在沪召开，上海市、江苏省、浙江省知识产权局和苏浙两地24个城市、上海19个区县知识产权局代表参加会议，共同签署《长三角地区知识产权局系统专利行政执法协作协议》。同年，上海市知识产权服务中心组织召开长三角地区知识产权服务研讨会，开通“长三角地区专利交易合作网”，并将“专利大篷车”驶入长三角地区，先后在无锡、温州等地举办了“上海专利集市”。

2006年8月，长三角地区专利行政执法协作会议在沪召开，会议围绕推进专利行政执法协作问题，就组建和启动联席会议办公室、设立执法协作网页、加强地区行政执法研讨与培训等多项议题达成共识。

2007年7月，上海市与江西省就进一步加强知识产权工作合作交流达成新的协议，决定在知识产权管理工作信息互通、知识产权文化建设、知识产权人才培养、知识产权中介服务机构建设、专利行政执法、专利技术成果转化、企业专利工作等方面加强合作交流。同年9月，市知识产权局、市教委与苏浙两省知识产权局、教育厅在上海组织举办“长三角青少年知识产权教育校长论坛”。11月，北京市、天津市、上海市、重庆市知识产权局在重庆共同签订了《京津沪渝知识产权联席会议制度协议》，根据协议，京津沪渝知识产权局在实施国家知识产权战略、构建知识产权资源共享机制、推动知识产权服务体系建设、开展知识产权人才队伍培养、建立知识产权保护协作机制等五个方面开展交流与协作。全国4个直辖市和15个副省级城市共同组成的“十九个城市知识产权协作机制”建立。同年，上海市、江苏省、浙江省知识产权局联合发起了“长三角地区企业知识产权工作巡讲活动”，各自组建“企业知识产权工作报告团”进行交叉巡讲。

2008年11月，市知识产权局承办国家知识产权局召开的深入学习实践科学发展观——长三角地区知识产权局局长座谈会，进一步推进长三角地区知识产权工作联动发展。

2009 年 4 月，上海市、江苏省、浙江省知识产权联席会议办公室在上海首次召开长三角地区知识产权发展与保护状况新闻发布会，签署《长江三角洲地区知识产权发展与保护合作框架协议书》。上海市知识产权服务中心举办长三角地区知识产权服务合作会议，发表《长三角地区知识产权服务合作共同宣言》。2010 年 4 月，上海市、江苏省、浙江省知识产权联席会议办公室在南京再次召开长三角地区知识产权发展与保护状况新闻发布会。

二、国际交流合作

2000 年，市知识产权局成立后，市政府赋予其统筹协调涉外知识产权事宜，开展专利工作的对外和对港、澳、台地区的合作与交流活动的职责。2003 年 8 月，市知识产权局设立国际合作交流处。

【知识产权研讨会与国际论坛】

2001—2010 年，市知识产权局多次承办国家知识产权局与相关国外知识产权组织在沪举行的会议、活动。其中包括：2001 年 6 月，国家知识产权局与世界知识产权组织主办的“知识产权保护高级研讨会”；2003 年国家知识产权局与欧洲专利局局长会议；2004 年 12 月，国家知识产权局与世界知识产权组织(WIPO)主办的“WIPO 亚洲地区中小型企业知识产权研讨会”以及 2010 年“第四届中国—新加坡知识产权研讨会”“中国国家知识产权局与欧洲专利局局长会谈”“中欧知识产权合作 25 周年新闻发布会”等。

2002—2009 年，市知识产权局先后与有关国家、地区知识产权机构在上海合作举办各类研讨会、交流会。2002 年与美国、英国等国家的知识产权机构在沪合作举办了“国际知识产权案例”“欧洲专利制度及最新发展”“英国专利审查制度、专利执法”“美国生物领域专利保护”“中美高校知识产权保护与技术转让”等研讨会或交流会。2004 年 10 月，与美国教育基金会举办“中美(上海)知识产权人才培训研讨会”。2005 年 6 月，与上海美国商会知识产权分会举办以“专利申请与诉讼策略”为主题的中外企业专利管理高层研讨会。2008 年，举办“欧洲知识产权有效策略研讨会”“亚洲知识产权法律框架中国研讨会”“中国—欧盟知识产权保护项目二期项目交流研讨会”“中美互联网知识产权保护研讨会”等会议。2009 年，举办“中欧专利执法”“中英知识产权实务”“中法创新与价值创造”“应对美国 337 条款诉讼法律策略”“跨国公司专利管理与中国高科技企业跨国战略”“东亚地区知识产权法律”等研讨会或交流会。

2003 年 11 月上海国际工业博览会期间，市知识产权局、市工商局、市版权局、市经委、市科委、市科协、上海文广集团联合举办以“知识产权战略与企业核心竞争力”为主题的第一届上海知识产权国际论坛，以后每年以不同主题举办。2008 年起，根据上海市政府与国家知识产权局部市合作协议，上海知识产权国际论坛由上海市政府与国家知识产权局共同举办，至 2010 年，共举办 7 届。

2005 年 11 月，商务部、上海市政府在沪举办中美知识产权圆桌会议上海分会，美方在给市政府的信函中表示“之所以选择在上海召开中美知识产权圆桌会议，是因为上海位于充满活力的长三角地区，拥有最多数量的美国工商团体，在中国知识产权保护方面处于领先地位。”

2006 年 10 月，上海市政府与荷兰政府经济部共同主办“企业知识产权运用与管理”论坛。

2010 年上海世博会期间，上海市知识产权局协助欧洲专利局在欧盟馆举行了欧洲专利局主题日活动，并召开中欧知识产权合作25周年新闻发布会，还协助波兰国家专利局在波兰馆举办了中波知识产权交流会。

【知识产权人才国际培养合作】

从2001年起，为培养高端知识产权精英人才，上海市与欧盟、美国、澳大利亚等国家开展深度合作，对外开展合作培训项目。市知识产权有关部门先后组织企业、高校、科研单位、政府部门等单位人员到美国、欧洲等知识产权发达国家进行短期培训。2001年，市知识产权联席会议成员单位及有关单位21人赴欧洲参加"世界贸易组织TRIPS协议与知识产权管理"培训。2002—2003年，市知识产权局组织来自政府部门、司法系统、企业、高校、中介机构的相关人员赴美国进行专题培训。2002年、2004年和2005年，市知识产权局组织政府部门、企事业单位相关人员赴欧洲、比利时进行专题培训。2007年，上海市知识产权局组织市知识产权联席会议成员单位及区县知识产权局人员赴澳大利亚进行专题培训。

2004年3月，市知识产权局与美国教育基金会签署知识产权人才培养合作项目协议书，计划2005—2010年，由美国教育基金会资助，上海分三批派出50人赴美国进行知识产权专题培训，该项目也称"650项目"。2005年8月，"650知识产权人才合作培养工程"启动，至2010年，50名知识产权人才完成培训。

2009年3月，市知识产权局在上海承办由国家知识产权局和中欧知识产权保护项目工作组共同主办的中欧专利执法培训研讨班。

【知识产权对外宣传】

2001年3月22日，市知识产权联席会议办公室首次召开由外国驻沪领事馆官员参加的"上海市知识产权保护状况通报会"，此后每年召开一次。从2005年起，通报会的出席范围增加外国在沪商会、外商投资企业代表和境外驻沪媒体记者。通报会主要宣传上海市政府对保护知识产权的立场、观点和态度，宣传上海知识产权最新发展与保护状况，树立上海知识产权保护良好国际形象。会上发放中、英文版的年度《上海知识产权保护状况白皮书》。

2002年5月和2004年8月，市知识产权局与美国驻沪领事馆举办两次"中美知识产权电视电话会议"，在上海与华盛顿设两个会场，分别就"互联网知识产权保护""生物医药专利技术"等进行对话探讨。2003年3月，市知识产权联席会议有关单位应邀出席芬兰驻沪领事馆主办的芬兰在沪企业知识产权工作座谈会，就我国知识产权法律法规、政策措施以及政府知识产权事务行政管理部门的职能进行宣讲。2005年8月，市知识产权联席会议办公室组织召开"外国在沪商会知识产权保护座谈会"，听取在沪外国商会以及外资企业对上海知识产权保护工作的意见与建议，介绍上海知识产权保护工作情况，解答提出的问题。

三、与中国港台地区合作交流

2003年10月，市知识产权局组织召开台湾在沪投资企业知识产权座谈会。2005年5月，市知识产权局与香港知识产权署在沪举行会谈，就拓展沪港两地知识产权合作交流达成共识；上海知识产权园在香港举办推介活动，引起香港产业界、投资界、新闻界的关注。2006年2月，台湾资讯智慧财产权协会到访上海市知识产权局，就加强知识产权领域交流合作进行沟通。同年11月，市知识产权局组织全市商业系统知识产权保护工作试点单位赴香港,学习考察香港知识产权署推行的"正版正货承诺"活动,之后在上海商业系统启动"销售真牌真品、保护知识产权"承诺活动。2007 年 11 月,市知识产权局与台湾智慧财产局共同委托国家(上海)专利技术展示交易中心、上海知识产权园、台湾中华智慧资产经营管理协会联合在复旦大学新闻学院举办"海峡两岸知识产权经营管理论坛"。

第十一章　人口人才管理

第一节　人　口　管　理

解放初，全市户口登记由市政府民政局管理。1950 年 3 月开始，户口登记归公安局管理。同年，试行人口异动和常住人口登记制度。1953 年起，粮油统购统销，户口管理与粮食计划供应挂钩。1956 年 8 月，上海市户口工作会议明确户籍管理工作的基本任务：证明公民身份，方便公民行使权利和履行义务；统计人口数字，为经济、文化、国防建设提供人口资料；发现和防范刑事犯罪分子活动等。

户籍管理属公安部门工作，包括户籍迁移、身份证和户口办理等。中华人民共和国成立后，国家进行了 6 次全国人口普查。普查期间，上海市各级政府建立由统计部门和有关部门组成的普查机构负责组织实施；村民委员会、居民委员会协助做好人口普查；国家机关、社会团体、企业事业单位参与并配合人口普查。普查后，政府发出人口普查公报。

一、人口管理与变动

1950 年 1 月 8 日，确定上海常住人口 1 025 126 户、5 029 160 人。1958 年《中华人民共和国户口登记条例》颁布，户口划为家庭户、集体户、船舶户 3 类，在城镇实行常住、暂住、出生、死亡、迁出、迁入、变更更正 7 项登记管理；在农村实行出生、死亡、迁出、迁入 4 项登记管理。1971—1980 年是新中国上海第一个出生低谷期。1978—1980 年，全市年均出生 13.48 万人，年均出生率 12.07‰。

1982 年 7 月，结合第三次全国人口普查，开展户口核对，换发市区户口簿。1986 年 8 月，上海实行居民身份证制度，对年满 16 周岁公民颁发居民身份证；重新填写"常住人口登记表"。1981—1989 年，上海处于新中国第二个出生小高峰期，9 年间户籍人口出生 159.88 万人，户籍人口出生率在 12‰—19‰。

1989 年开始，上海统计常住人口出生数。2000 年以前，全市外来流动人口总量小，故常住人口出生率相当于或略低于户籍人口。2001 年起，全市流动人口增加，导致常住人口出生数量显著增加。2004 年，全市常住人口出生超过 10 万人，2010 年达到 17.51 万人。此期出生率，常住人口略高于户籍人口。

1990—2003 年，上海户籍人口出生处于低谷期，出生数从 1990 年的 13.12 万人，降低到 2003 年的 5.73 万人；出生率从 1990 的 10.25‰，降至 2003 年的 4.28‰。2000 年前，由于流动人口在常住人口中所占比例较小，常住人口死亡率接近户籍人口死亡率。2003 年以后，流动人口在沪死亡人数开始上升，常住人口每年死亡数比户籍人口多 0.5 万—1 万人左右；由于常住人口基数较大，常住人口死亡率低于户籍人口 2 个千分点左右。

1992 年 8 月起，上海建立人口信息计算机管理系统。1978—2010 年的 33 年间，上海户籍人口出生 369.94 万人，年均出生 11.21 万人，年均出生率 8.98‰；死亡率一直在 6‰—7‰水平小幅波动；妇女总和生育率均在更替水平(2.1)以下，总体呈逐步下降态势。1993—2010 年，户籍人口自然变动负增长 41.1 万人,年均自然增长率−1.725‰。2004 年常住人口自然增长率为 0‰,此后至 2010 年常住人口自然变动均为正增长,自然增长率处于 1‰—3‰之间。

二、户籍人口与外来人口管理

【户口迁移管理】

1958 年起,上海控制外省人口迁入和郊县人口迁入市区。1960 年后,全市企业机关事业单位精简职工,动员职工回乡、人员外迁,至 1963 年净迁出 31.88 万人。"文化大革命"中,上海组织干部和知识青年上山下乡。1968—1976 年,全市净迁出 84.26 万人。

改革开放后,上海放宽对外省人口迁入的限制。迁入条件为外省市到沪投亲的职工配偶及未成年子女;上海市职工留在农村的未成年子女;要求到沪投亲的丧失劳动力的 65 岁老人;分居两地年满 40 周岁以上贡献较大的中级以上科技人员夫妻;原由上海迁出,倒流回沪满 10 年以上者;原由市区调至郊县工作的夫妇;原支内、支边职工未成年的子女到沪照顾祖辈;上山下乡的知识青年回沪。1977—1986 年,全市人口净迁入 67.2 万人。1987 年 1 月,市政府发布《控制本市人口机械增长若干问题的试行规定》,建立由市计委、市公安局等 8 个部门组成的联席会议制度。1991 年,开始进行外省市人口迁入统计,当年迁入 103 384 人。1994 年,市公安局印发《上海市市内户口迁移暂行办法》。1995 年,上海迁入 127 847 人。2000 年,对《上海市市内户口迁移暂行办法》进行调整。2000 年,迁入 143 219 人,2005 年迁入 129 875 人,2010 年迁入 172 418 人。

【常住人口户籍管理】

1958 年 1 月 9 日,《中华人民共和国户口登记条例》发布,由各级公安机关主管户口登记,登记内容包括常住人口、暂住人口、出生、死亡、迁出、迁入、变更更正等 7 项。1998 年 7 月,公安部下发《关于办理户口、居民身份证工作规范的通知》。同年 12 月,市公安局印发《上海市公安局办理户口、居民身份证工作规范》。

2000 年 2 月,市公安局印发《上海市户口管理暂行规定》,要求户口登记的唯一性,增加"出生、收养的户口登记""入伍、复员、转业和退伍的军人户口""被逮捕或者收容劳动教养人员户口""死亡注销户口""户口事项变更""集体户""户口证件签发""居民身份证申换补领""违规处罚"等条款。

2005 年 5 月,市公安局印发《上海市常住户口管理规定》,2008 年、2010 年作了两次修订。2010 年 11 月,市公安局印发《上海市常住户口管理规定(修正本)》,增加了"公共户"条款,即上海市居民(含户口待定人员)因房屋出售、房屋拆迁、婚姻关系变化、租赁房退租等原因确无他处落户的,或因家庭矛盾、集体户所在单位不同意迁入等原因造成不能办理正常落户手续的,可向落户地公安派出所申请在"公共户"办理户口登记。

【户口农转非】

90 年代起,上海郊区农村劳动力剩余、乡镇企业发展及城镇第三产业兴起,农业户口转非农户口(简称"农转非")不断增多。

1995 年 10 月起,上海在宝山、闵行、金山、青浦、崇明、南汇等 5 区 4 县 28 个乡镇实行农村城市化的小城镇改革,有 7 934 家农户、16 969 个农民就地转为城镇户口。1998 年 7 月,经市政府同意,市公安局印发《关于上海市小城镇户籍管理制度改革试点工作的实施意见》,继续进行小城镇户籍制度改革试点。

2002年5月，根据“农民居住向城镇集中、工业向园区集中、农业向规模经营集中”和“农业现代化、农村城市化、农民市民化、城乡一体化”的总体目标，市政府批转《关于将本市农业人口转为非农业人口若干意见的通知》，逐步建立城乡统一的户口登记制度。2002—2004年，农业人口共减少60.6万人。

2002年5月开始，上海对小城镇户籍制度和农民子女“农转非”制定政策，原农业人口的新生儿(2001年1月1日以后出生)一律报入城镇户口，对征地农民实施同步变更户籍属性。2002年7月，根据《上海市常住户口管理规定》，上海市农民与城镇居民结婚，不受年龄、婚龄限制，可以将户口迁入配偶所在地并办理“农转非”手续。农业户口居民以购买、继承等合法方式取得住宅商品房、售后公房等住房所有权的，经区、县公安机关批准后，本人及其配偶、未成年子女可以在房屋所在地公安派出所办理户口迁移，并登记为非农业户口。2006—2008年，上海农业人口共减少20.3万人。2009年8月，市政府印发《关于上海市投靠类户口迁移的若干实施意见》，规定被批准落户的农业户口人员，一律登记为非农业户口。

2010年11月，根据《上海市常住户口管理规定(修正本)》，市农业户口居民经迁(移)入区、县公安机关批准，可以迁(移)入本市非农业户口配偶、父母、子女处，并登记为非农业户口。2000—2010年，全市户籍人口中，农业户籍人口总数从335.4万人减至157.3万人。

【外省来沪人员管理】

50年代起，外来人口管理主要是减少流动人口，减轻城市就业和供应的压力。改革开放后，80年代中期起，来沪务工、经商流动人口不断增多。1984年11月，市政府批复同意市公安局《上海市外来寄住户口管理试行办法》，明确对来沪务工、经商的外来人员试行登记、发证管理。1988年6月，市政府发布《上海市暂住人口管理规定》，规定凡外省市来沪人员在上海暂住3日以上及上海市民在区与县之间和县与县之间来往暂住3日以上的，均须办理暂住登记；外省市来沪从事经营活动的人员在本市暂住3日以上的，须办理寄住登记；暂(寄)住时间拟超过3个月的，须申领《暂(寄)住证》；寄住人员随带家属的，须申领《寄住户口簿》。

为了吸引资金、引进人才，1994年2月1日起施行市政府发布的《上海市蓝印户口管理暂行规定》(1998年修订)。蓝印户口成为在上海市投资、购买商品住宅或者被单位聘用的外省市来沪人员，具备规定条件后经过公安机关审批后的一种户口凭证，与上海市常住户口在诸多方面享受同等待遇，并可以转为常住户口。

1996年9月，市十届人大常委会第三十次会议通过《上海市外来流动人员管理条例》，规定各级政府的公安、劳动以及其他有关行政管理部门是外来人员管理工作的职能部门；各级政府以及街道办事处设立外来人员管理的协调机构，负责协调、指导督促相关真正管理部门的外来人员管理工作。

2000年，市人事局印发《上海市引进人才工作证实施办法》，规定“外来人才凭《引进人才工作证》可到暂住地公安派出所机构办理暂住户口手续”，并享受医疗福利、技术职务评定及子女教育。

2001年后，上海取消《上海市外来流动人员管理条例》中涉及外来劳动力审批及房屋租赁治安许可证核发等内容，将来沪人员的限制予以放松。此后，上海按照国家户籍管理制度改革的方向，实施居住证制度。2002年4月1日，上海停止受理申办蓝印户口。同年6月15日，市政府发布施行《引进人才实行〈上海市居住证〉制度暂行规定》，明确具有本科以上学历或者特殊才能的国内外人员,以不改变户籍或者国籍的形式来本市工作或者创业的,可以申领《上海市居住证》。2004 年 3 月,市政府下发《关于完善上海市外来人口管理体制的若干意见的通知》,完善全市外来人口管理。2004 年 8 月,市政府发布《上海市居住证暂行规定》,规定境内来沪人员应当根据国家有关规定办理居住登记,符合规定要求的可以申领《居住证》。《居住证》的申领对象从引进人才拓展到来沪从业人员和投靠、就读人员。根据《〈上海市居住证暂行规定〉实施细则》,上海市居住证件包括《上海市临时居住证》和《上海市居住证》。其中,《上海市居住证》包括引进人才类、从业类、投靠就读类三种。2009 年 8 月,市政府公布《持有〈上海市居住证〉人员申办本市常住户口试行办法》,在户籍管理和居住证制度之间形成了相互衔接的“居转常”制度,拓展各类人才进沪的渠道。上海居住证制度已基本覆盖所有来沪人员。截至 2010 年底,全市登记来沪人员总数 899 万余人。

【“实有人口、实有房屋”全覆盖管理】

2008 年 10 月,为加强全市实有人口管理,市公安局、市住房保障和房屋管理局、虹口区政府联合召开加强实有人口管理试点工作动员会,在虹口区凉城新村、江湾镇街道开展实有人口和实有房屋全覆盖管理试点工作。市公安局抓住“房”与“人”的基本要素,通过全面采集、核对、关联房屋、人口信息,达到“以房找人,以人找房;查房知人,查人知住”的要求。2009 年 3 月,市公安局印发《关于开展实有人口、实有房屋“两个实有”全覆盖管理扩大试点工作方案》,将“两个实有”全覆盖管理扩大试点工作在虹口全区 10 个街道和全市 18 个区(县)35 个街道(乡镇)展开。至 2009 年底,上海市房屋(人口)基础信息采集系统已录入门弄牌信息 255 万余条,登记房屋信息 1 142 万余条,户籍人员信息 1 397 万余条,来沪人员信息 659 万余条,境外人员信息 25 万余条,基本实现实有人口、实有房屋“两个实有”的全覆盖管理,并建立健全长效工作机制。

三、人口普查

中华人民共和国成立后,先后于 1953 年、1964 年、1982 年、1990 年、2000 年、2010 年进行了 6 次全国人口普查。上海相应成立市人口普查领导小组,由常务副市长或分管副市长担任组长,市统计局局长任副组长。每次普查结束后,均发表公告。

1982 年 7 月 1 日零时,开始第三次人口普查。全市总户数 315.17 万户;全市总人口 1 185.97 万人,其中男性人口 591 万人,女性人口 594.97 万人。

1990 年 7 月 1 日零时,开始第四次人口普查。全市总户数 409.96 万人;全市总人口 1 334.19 万人,其中男性人口 680.61 万人,女性人口 653.58 万人。

2000 年 11 月 1 日零时,开始第五次人口普查。上海从人口和可持续发展的需要出发,增加了外来流动人口普查。全市常住人口为 1 640.77 万人,其中,男性人口占 51.4%,女性人口占 48.6%。全市常住人口年龄结构为 0—14 岁的人口占 12.2%;15—64 岁的人口占 76.3%;65 岁及以上的人口占 11.5%。全市各少数民族人口为 10.41 万人。全市共有家庭户 529.91 万户,家庭户人口为 1 478.72 万人,平均每个家庭户的人口为 2.8 人。外来流动人口为 387.11 万人,其中,男性为 223.02 万人,占 57.6%,女性 164.09 万人,占 42.4%,性别比为 135.9(以女性为 100)。市外来流动人口来自全国各省市(不含港、澳、台),其中来自华东地区的占 77.1%。外来流动人口主要分布在城郊接合部,浦东新区、闵行区、宝山区、嘉定区的外来流动人口占全市外来流动人口总量的 47.4%。

2010 年 11 月 1 日零时，开始第六次人口普查，此次人口普查首次将我国境内的境外人员作为普查对象，全市共有 12 万普查工作人员。经过普查，全市常住人口为 2 301.92 万人，其中，外省市来沪常住人口占 39%。全市常住人口中，男性人口占 51.5%，女性人口占 48.5%。全市 0—14 岁的人口占 8.63%；15—64 岁的人口占 81.25%；65 岁及以上的人口占 10.12%。全市各少数民族人口为 27.58 万人。全市共有家庭户 825.12 万户，家庭户人口为 2 058.14 万人，平均每个家庭户的人口为 2.49 人。在沪境外人口 20.83 万人。

第二节　计划生育管理

1962 年，国家开始提倡计划生育、优生优育。1982 年 9 月，按照人口政策有计划的生育被定为基本国策。1982 年，上海成立市计划生育委员会。1990 年，区县计划生育委员会列入区县政府序列。1991 年，市计划生育委员会列入政府序列。1978—2010 年，上海计划生育管理经历严控人口出生、稳定低生育水平提高人口素质、稳定低生育水平统筹解决人口问题三个阶段。

一、管理体制

按照国家规定，由政府人口计划生育部门控制人口数量和促进优生优育。1962 年，中共中央、国务院下发《关于认真提倡计划生育的指示》。1973 年，我国提出“晚、稀、少”的生育政策。1980 年，我国提倡一对夫妇只生育一个孩子。1982 年，中共十二大确定“实行计划生育，是我国的一项基本国策”。

1982 年 12 月，上海市计划生育委员会成立。1986 年 7 月，市长办公会议决定，市计生委与市卫生局分署办公。1990 年 3 月，市政府决定，各区、县计生委列入政府序列。1991 年 1 月，中央机构编制委员会批复同意，上海市计生委列入市政府序列。1996 年 8 月，市委、市政府成立上海市人口与计划生育工作领导小组。2000 年，根据《上海市政府机构改革方案》，市计生委更名为上海市人口和计划生育委员会。2003 年 5 月，市政府决定，在已有市人口和计划生育领导小组、市控制人口机械增长联席会议和市外来流动人口管理领导小组的基础上，成立上海市人口综合调控领导小组。2006 年，市政府成立上海市人口和计划生育工作联席会议。

二、政策与管理

改革开放后，1978—2010 年上海计划生育政策与管理经历了三个阶段。

【严格控制人口出生阶段】

该阶段为 1979—1989 年。自 1979 年起，全市逐步形成市——区(县)——街道、镇(乡)——居(村)委——居(村)民小组五级计生管理服务网络。1979 年，市革会公布《关于推行计划生育的若干规定》，要求晚婚、晚育、少生，提倡一对夫妇只生一个孩子，生育第二个孩子与第一个孩子间隔 4 年。1980 年中共中央《公开信》发表后，上海全面加强了以控制人口出生为主的计划生育工作，大力推行提倡一对夫妻只生育一个孩子的政策。1981 年 8 月，市政府重新修改下发《关于推行计划生育的若干规定》：晚婚、晚育、少生、优生，普遍提倡一对夫妇只生一个子女。坚持以思想教育为主，辅之以必要的经济和行政措施;提出"严格控制生育第二胎";经区、县计划生育办公室批准,可以有计划地安排生育第二胎。1983年10月,市委、市政府批转市计生委《关于计划生育工作情况和今后意见的报告》,就"城镇婚后5年不育""夫妇双方均为独生子女的",以及农村生育第二个孩子的条件,作进一步补充规定,并对再婚夫妇生育孩子的条件作出规定。1987年4月,市政府办公厅转发市计生委《关于"七五"到2000年上海人口自然增长规划及生育政策的方案》,规定郊县育龄夫妇生育第二个孩子的条件。

【稳定低生育水平为主兼顾提高人口素质阶段】

该阶段为1990—2003年。1990年3月,市九届人大常委会第十六次会议通过《上海市计划生育条例》,确定全市生育政策。城镇居民可以生育第二个孩子的条件有6种,农村农民有12种。同时规定,有特殊情况需要生育第二个孩子的,须经区、县计生委审核,报市计生委批准。同年10月11日,市政府发布《上海市计划生育条例实施细则》。1991年,中共中央、国务院作出《关于加强计划生育工作严格控制人口增长的决定》,提出要坚定不移地贯彻落实现行生育政策,严格控制人口增长。根据中央要求,上海计划生育工作进一步加强。2000年5月,市委、市政府作出《关于进一步加强人口与计划生育工作的决定》,在严格控制人口增长、稳定低生育水平的基础上,把加强优生优育和提高生殖健康水平摆到了重要议事日程。经市政府同意,市计生委和市人口与计划生育工作领导小组办公室印发《上海市育龄群众享有基本生殖保健服务工作规划》《关于本市提高出生人口素质工作的意见》,从源头上促进人口素质的提高。2003年12月,市十二届人大常委会第九次会议通过《上海市人口与计划生育条例》,对生育政策进行调整,取消原《条例》中"允许生育第二个孩子的夫妻,其生育间隔时间应当在四年以上"的规定。

【稳定低生育水平的基础上注重统筹解决人口问题阶段】

该阶段为2004—2010年。2004年4月15日,《上海市人口与计划生育条例》正式施行,提出控制人口数量,提高人口素质,改善人口结构,促进人口合理分布。2006年,中共中央、国务院作出《关于全面加强人口和计划生育工作统筹解决人口问题的决定》,提出我国人口和计划生育工作要稳定低生育水平、统筹解决人口问题、促进人的全面发展。2007年3月,市委、市政府下发《关于贯彻〈中共中央、国务院关于全面加强人口和计划生育工作统筹解决人口问题的决定〉的意见》,要求探索特大型城市统筹解决人口问题的新路子,加强人口综合调控度。据第六次人口普查,2010年全市常住人口中65岁及以上有232.98万人,占常住人口总数的10.12%。按照65岁以上老年人口占人口总数7%的标准,上海已进入老龄化社会。

第三节　引进与开发人才

80年代起,上海加强干部队伍宏观控制与计划管理,实现人才跨区域、跨部门流动。1981—1989年,市人事部门先后印发《干部调配工作暂行规定》《关于上海市从外地调入专业技术干部的暂行办法》《关于认真做好从外地调入专业技术干部工作的通知》等文件,规定干部调配的范围、条件和程序。90年代以后,干部调配工作从以行政手段实行计划调配逐步转变为发挥市场机制在人才资源配置中的作用,在调配政策、调配形式、工作形式等方面进行了一系列的改革。

一、建设人才市场

1984 年 7 月，市人事局开始建立全市各区县人才交流机构，至 1985 年发展成为有 160 个人才交流机构的多层次服务网络。1988—1989 年，经市政府批准，市人事局印发《上海市专业技术人员辞职暂行办法》《专业技术人员聘用合同制暂行办法》《上海市专业技术人员争议处理暂行办法》《上海市专业技术人员待业保险暂行办法》等文件，对确立人才市场与单位的主体地位、实现人才资源配置由"统包统配"模式向"人才市场"模式的转变奠定基础。

1994 年，市人事局印发《关于进一步做好从外省市调入专业技术人员和管理人员工作的意见》，规范全市的人才引进工作。同年 10 月，人事部与上海市政府在上海建立国家级区域性人才市场——中国上海人才市场。

1999 年 5 月，为吸引国内优秀人才来沪工作，促进上海经济建设和社会发展，加快构筑上海人才资源高地，经市政府同意，市人事局印发《上海市吸引国内优秀人才来沪工作实施办法》。规定凡上海市经济和社会发展所需要的国内优秀人才均可在沪自主择业，用人单位同意录用或聘用的，由用人单位申请引进。

2000 年，上海开始施行只流动智力，不流动人事关系的"柔性流动"政策。引进的拔尖人才在沪工作期间，可享有上海市民同等待遇。

2002 年，市人事局印发《上海市人才中介职业资格制度暂行规定》等一批规范性文件；组建人才市场监督管理处，成立全国首家人才中介行业协会。将上海人才市场改制为上海市人才服务中心和上海人才有限公司，建立统一的公共人事服务平台和网络，规范市场准入；举行人才中介职业

图 5-11-1　2009 年 6 月 17 日，上海市总工会联合 886 家单位在卢湾体育馆举行大型人才招聘会

资格考试，完成首批中介职业资格人员的登记和注册。至 2002 年底，全市人才中介机构共 269 家。其中，民营机构 154 家，中外合资合作机构 9 家，国有集体机构 106 家。

2004 年以后，市政府提出人才引进工作按照“保证重点项、优先高层次、导向居住证”的思路，采取“条件＋指标”的模式。主要引进用于高层次的人才，以及国家和上海市确定国家重点产业振兴计划、市高新技术产业化九大重点领域、总部经济以及高新技术企业、高新技术成果转化项目等优先发展产业和重点支持项目的紧缺人才。

2010 年 8 月，市政府发布《上海市引进人才申办本市常住户口试行办法》，明确规定按照优先服务国家战略，优先服务上海国际经济、金融、贸易、航运中心建设重点领域的原则，引进人才实行条件管理，明晰分类。9 月，市人力资源社会保障局印发《上海市引进人才申办本市常住户口试行办法实施细则》，对用人单位引进符合条件的、在沪工作稳定的人才，专业(业绩)与岗位相符，给予申办本市常住户口。

二、制定居住证制度

《上海市居住证》是引进国内优秀人才来沪工作的重要方式。随着经济社会的发展，《上海市居住证》历经“工作寄住证”“工作证”、引进人才《居住证》和《上海市居住证》等发展阶段。

1992 年，为贯彻《上海市促进专业技术人员和管理人员流动的暂行规定》，市人事局印发《上海市引进人才实行工作寄住证暂行办法》，规定本市全民所有制企事业单位、集体所有制企事业单位、股份制企业、外商投资企业、外国商社驻沪办事处、私营企业和民办机构均可申请聘用外省市专业技术人员和管理人员来沪工作，办理《引进人才工作寄住证》。该证使用期半年至 5 年。

1998 年，为了加强外来人才就业管理，积极吸纳和集聚优秀人才，根据市十届人大常委会第三十二次会议通过的《上海市人才流动条例》，市政府批转《上海市外来人才工作寄住证实施办法》，明确规定，“本市及在沪用人单位(以下简称用人单位)聘用无本市常住户籍的外省市专业技术人员或者管理人员到专业技术岗位或者管理岗位上工作的，必须为其申办《工作寄住证》”。原《上海市引进人才实行工作寄住证暂行办法》停止执行。

2000 年，市人事局、市劳动社会保障局印发修订后的《上海市引进人才工作证实施办法》，明确凡是持有《引进人才工作证》的各类人才在上海工作、生活，无须另行申办《工作寄住证》和《外来人员就业证》；具有大专及以上学历或中级及以上专业技术职务任职资格的外省市人才，只要被上海市用人单位聘用到专业技术岗位或管理岗位工作，不管是否办理户口和档案调动关系，都可以办理《上海市引进人才工作证》，以取得在沪合法工作资格，并凭证在暂住地公安派出所办理上海市暂住户口手续。该实施办法还规定，持有《引进人才工作证》的各类人才免缴再就业基金；在同一个用人单位连续工作 3 年以上(含 3 年)、业绩突出、该单位要求为其办理行政关系转移及户口迁移手续的，可以按照有关规定申请办理调动手续；在沪工作期间，由用人单位到上海市社会保险机构或者委托承办单位为其办理养老保险的参保事项；因公负伤，可以享受用人单位职工同等医疗福利待遇；非因公负伤或者患病，其医疗福利待遇由用人单位与个人协商，并在聘用(劳动)合同书中作出详细规定；可以按照上海市有关规定申请评定专业技术职务任职资格；其子女可以按照上海市有关规定申请在上海就学。

2002 年，为促进人才流动，加大国内外人才引进力度，市政府发布《引进人才实行上海市居住证暂行规定》，开始实施居住证制度，鼓励具有本科以上学历或者特殊才能的国内外人员，以不改变其户籍或者国籍的柔性流动形式来上海工作或者创业。持有《居住证》的境内外人才在创办企业、科技活动、行政机关聘用、资格评定考试、子女就读、基本养老保险、基本医疗保险、住房公积金、实施专利奖励、因私出国、外汇兑换、居留签注签证等方面享有基本市民待遇。人才居住证的申办范围除本科以上学历外，还包括紧缺急需的具有大专学历的人才、投资创业人才、特殊专门人才、高技能人才以及优秀农民工等特殊群体。

2004 年，市政府发布《上海市居住证暂行规定》，规定引进人才、外来从业人员和来沪投靠亲友就读的三类境内来沪人员，可以分别申领人才类、就业类和投靠就读类《居住证》，并明确了居住证持有人在子女就读、计划生育、卫生防疫、社会保险、驾照办理、科技申报、资格评定考试、参加评选等方面的相关待遇。

2009 年，为规范全市实有人口服务和管理，维护社会管理秩序，市政府发布《上海市实有人口服务和管理若干规定(暂行)》，进一步明确《上海市临时居住证》持有人享有的待遇，包括证照办理、计划生育、公共卫生、子女教育等服务。

三、实施人才发展战略

90 年代初，上海制订《上海人才发展十年规划》和《“八五”计划纲要》，提出上海人才资源开发和人员管理制度改革必须适应社会主义市场经济的要求，建立新的人才管理体制和运行机制。

2006 年 5 月 8 日，市人事局印发《上海市“十一五”人才发展规划纲要》，指出“十一五”期间(2006—2010 年)，要加强高层次人才队伍建设、提升人才国际化程度等目标和举措。

2010 年，全市党政人才、经营管理人才和专业技术人才总量为 391.08 万人。其中，具有大专及以上学历或中级及以上职称的有 248.04 万人。非公有制领域人才 274.67 万人，占 70.2%。全市人才占常住人口及从业人员的比重分别为 17%和 35.9%；具有大专及以上学历或中级及以上职称的人才占常住人口及从业人员的比重分别为 10.8%和 22.7%。全市留学人员总数 9 万余人，高技能人才占技能劳动者比重为 25.01%，技能劳动者初、中、高三者比例为 37.5∶37.5∶25，等级结构趋向合理，高技能人才建设取得了一定的成效。农村实用人才 8.38 万人。

第四节　专业技术人员管理

上海对专业技术人员的管理，原由市人事局和市政府科技干部处负责。1986 年机构改革后，两局、处合并，增挂市科技干部局牌子。2008 年机构改革后，不再增挂市科技干部局牌子，由市人力资源和社会保障局负责专业技术人员管理。

专业技术人员管理包括专业技术人员的职称(职务)评聘、继续教育、各类专家选拔、博士后管理等。根据分级管理的原则，国内一流水平的专家和二级以上高级专业技术人员由中央政府管理；三级以下的高级专业技术人员由省(自治区、直辖市)政府管理；中级专业技术人员由地市级单位(含厅局)管理；初级以下专业技术人员由县级单位(含相当于县级的公司)管理。凡属上级主管的人员，下级单位予以协助管理。中央和地方双重管理的单位，以部、委管理为主的，由主管部、委负责，地方协管；以地方管理为主的，由地方负责，各部、委协管。

一、开展专业技术职称(职务)评聘

50年代初,国家实行专业技术职务任命制和职务等级工资制。1956年后,国家建立一种有别于职务,用于标志学术、技术水平的称号制度,先后制定了高校教师、研究人员和工业、农业、医药、卫生、科学技术、经济等专业人员评定技术称号的条例和办法。1966年"文化大革命"开始后,评定工作中止。

1977年9月,中共中央在全国科学大会上提出恢复技术职称制度。至1978年,上海完成了对全市11万名科技人员的职称评定。

1980年4月,市政府下发《关于贯彻国务院颁发的(工程技术干部技术职称暂行规定)的意见》,当年共有96 472名工程技术人员完成各类套改。同年12月,市政府组建上海市高级科学技术干部技术职称评定委员会,设农业系统、工业系统、建设系统、中科院在沪单位、自然科学研究、卫生系统6个分会,负责全市科学技术干部的高级职称评审。1982年7月,市政府成立上海市社会科学专业干部技术职称评定工作领导小组,组建了统计、外语翻译、经济、会计、编辑和新闻记者6个高级评审委员会,负责全市社会科学领域的职称评定工作。中级(含中级)以下由各系统政府工作部门负责评定工作。1983年9月,由于职称制度本身的缺陷,中共中央、国务院决定暂停职称评定。

1986年,上海按照中央职称改革领导小组的部署,开始实行专业技术职务聘任制度。3月,市政府成立上海市职称改革工作领导小组,下发《上海市关于专业技术职务任职条件评审组织的有关规定》和《上海市实行专业技术职务聘任制的组织实施意见》,首先在高教、科研、卫生等部分事业单位试点;1987年起在事业单位全面实施。1988年底,完成首次专业技术职务评聘工作。1989年起,上海市专业技术职务聘任工作转入经常化、制度化。

随着职称改革工作的不断深化,90年代中期,上海开始探索实施专业技术职称(资格)评定与专业技术职务聘任相分离。1999年5月,经市政府同意,市人事局印发《上海市专业技术职称(资格)评定与专业技术职务聘任相分离的暂行办法》,明确上海职称评审工作不再受职称指标限额的控制,改为"个人申报、社会评审、单位自主聘任",实行专业技术职称(资格)评定与专业技术职务聘任相分离,专业技术人员工资福利待遇按所聘任的岗位(职位)确定的制度。

2004年,市人力资源社会保障局印发《上海市专业技术水平认证暂行规定》,发出《关于上海市专业技术职称(职务)评聘工作有关事项的通知》。2005年6月22日,为落实《上海实施人才强市战略行动纲要》,市人力资源社会保障局印发《上海市重点领域人才开发目录》,规定凡符合《目录》的留学回国人员申报专业技术职称(资格)时,可根据其在国外取得的成果,参照同类人员,直接申报相应的专业技术职称(资格)。2006年8月4日,上海颁发第二批《目录》。

二、推行专业技术人员继续教育

1979年,联合国教科文组织发起并召开世界继续工程教育大会,"继续教育"概念引入我国。1982年开始举办"上海市经济管理电视辅导班",全市4万余名经济管理干部参加培训。1984年开始,市电子计算机和大规模集成电路工作领导小组办公室等部门在全市范围内,对非计算机专业的科技人员有计划地开展普及电子计算机应用知识的培训。1986年开始,连续举办4届"上海市专业技术人员英语电视授课班",9万余人参加。

1986 年，上海继续工程教育协会(SACEE)成立，承担专业技术人员知识更新、补充和拓展，提高专业技术队伍整体素质的工作。1987 年，市经委、市科技干部局、市科协印发《企业科技人员继续教育暂行规定》，开始对企业科技人员实施知识更新和补缺、全面提高科技人员素质的计划。1988 年 3 月，市经委、市成人教委、市劳动局、市人事局转发国家经委、国家教委、劳动人事部《关于引导企业职工立足本职学习技术(业务)的意见》，开始把在职人员的岗位培训和智力开发纳入厂长(经理)任期目标，作为考核厂长和企业工作的重要内容。

1990 年 10 月，市经委、市人事局发出《关于试行专业技术人员继续教育登记制度的通知》，开始在全市工业系统试行专业技术人员继续教育登记制度，将继续教育的考核结果作为对专业技术人员专业技术职务聘任的必备条件之一。

1993 年，市政府批转市人事局、市成教委制订的《上海市专业技术人员继续教育暂行规定》，明确提出继续教育的对象和任务、内容和形式、基地和条件、权利和义务、管理和制度，继续教育进入规范发展阶段。市政府办公厅转发《九十年代上海紧缺人才培训工程实施计划》，通过实施紧缺人才培训过程，培养金融保险、房地产开发经营、城建工程项目、涉外商务、涉外法律、高级财会、旅游、专业外语以及企业家后备力量等九类紧缺专业人才。与此同时，普遍提高从业人员的外语水平与计算机应用能力，培养和造就一大批适应九十年代上海经济发展的高层次、复合型、外向型人才。

随着知识经济时代的到来，新技术新发明日新月异，上海的专业技术人才队伍增长迅速，对继续教育的需求日益突出，并呈现多层次、多样化的特点。上海较为雄厚的经济实力和良好的教育资源，为继续教育的全面发展提供了良好的基础，继续教育活动逐渐发展成为一种系统的、有组织的、广泛的教育方式。

2006 年 12 月，上海工程师研修基地及高校毕业生就业见习示范基地在上海建立。

三、提高专家待遇

1983 年 3 月 24 日，中共中央书记处第五十次会议指出："对那些在国内外有名望的中青年科学家生活待遇方面的问题，加工资问题、级别问题、住房问题、两地分居问题、医疗问题等，中央组织部应作为特殊的情况，立即同有关部门协商加以解决。"1984 年 1 月 27 日，中共中央组织部、中共中央宣传部、劳动人事部、财政部下发《优先提高有突出贡献的中青年科学、技术、管理专家生活待遇的通知》，对有突出贡献的中青年科学、技术、管理专家的选拔范围、选拔条件、选拔程序、优先提高有关生活待遇等作了规定。有突出贡献的中青年科学、技术、管理专家，主要在科学研究、技术(包括工、农、医)、高等教育、管理等领域内从事研究、技术、科技管理和教学工作的专业技术人员中选拔。上海市从 1984 年进行首批选拔，以后每两年选拔一次。至 1998 年，上海市有突出贡献的中青年科学、技术、管理专家 340 人左右。入选者提高工资 1 至 2 级档次，享受干部医疗保健待遇(只限 1997 年前入选的专家)，定期组织休假，优先提高生活待遇，改善住房和工作条件等。1999 年以后，国家停止选拔工作。

1989 年初，中共中央、国务院决定，给全国 1 000 名左右有卓越贡献的科学家、专家和著名教授、学者发给每人每月 100 元的特殊津贴，列为国家财政专款。上海分配到 26 名推荐名额，经市委、市政府审定后报人事部。1990 年 7 月 28 日，人事部、财政部下发《关于给部分高级知识分子发放特殊津贴的通知》，批准各部门、各地区推荐的首批享受特殊津贴的人选；以后每两年选拔一次。2008 年起，首次将高技能人才纳入享受国务院颁发的政府特殊津贴人员选拔范围。

1995年,人事部下发《关于从1995年起实行政府特贴发放办法改革的通知》,从当年起,对新选拔的享受政府特殊津贴人员由逐月发放津贴改为一次性发放5 000元,2001年起津贴增加到1万元,2004年起津贴增加到2万元。2008年,人力资源社会保障部下发《关于调整政府特殊津贴标准的通知》,对1994年底前享受政府特殊津贴人员,从2009年1月1日起,按月发放的政府特殊津贴标准由每人每月100元调整为每人每月600元。

截至2010年,上海市市属单位享受国务院颁发的政府特殊津贴人员共4 100余人,其中高技能人才22人。

四、实行博士后制度

1985年7月,国家开始在高等院校和科研院所实行博士后研究制度。同年底,复旦大学招收进站全国第一位博士后研究人员,标志着国家和上海博士后培养工作正式启动。1992年9月,经市政府同意,市人事局印发《关于进一步做好上海地区博士后管理工作的意见》,进一步加强上海地区的博士后研究人员的培养和服务工作。1994年10月,上海宝山钢铁总厂设立全国首家企业博士后科研工作站。2000年1月,"上海浦东新区企业博士后科研工作站"成立。2004年4月,上海进一步改革和创新博士后培养机制,在区县创建博士后创新实践基地。

截至2010年,上海已在31所高校、科研院所设立176个博士后科研流动站,在100家企业设立博士后科研工作站,在10个区县创立博士后创新实践基地。累计招收博士后研究人员8 800余名,已经出站的有6 100余名。

第六篇

民生保障

上海解放初，大部分劳动群众居住在老旧简屋和棚户区，人均住房面积仅 3.4 平方米左右，城市道路狭窄，民用设施落后，物资供应短缺，失业者众多。为此，市政府迅速医治战争创伤，积极组织恢复生产和市民正常生活秩序，并贯彻为生产服务、为劳动人民服务的方针，在财力十分困难的情况下，逐步改善民生。

50 年代初起，市政府在市区(今中心城区)边缘兴建一批工人住宅和文化设施，改善工人居住条件；增设劳工医院开展疫病防治，改善医疗条件；采取组织生产自救、动员回乡等办法广开渠道，解决城镇失业；通过定期定量救济，扶持无依无靠老人及因病因残无法生活者。1956 年，国家完成对私营资本主义工商业社会主义改造，对劳动就业实行统包统配，工资执行国家制定的统一标准。当时，粮食等农产品由国家统购统销，城镇居民的粮油棉制品等各种日用生活必需品，实行凭票定额供应(上海最后的粮油票证于 1993 年 4 月取消)。上海作为全国最重要的工业生产基地，承担着全国大量日用工业品供给和税源，并不断支援内地建设。“大跃进”“三年困难”与“文化大革命”时期，市民生活受到经济失误、政治干扰严重影响，生活水平有所下降。但经济影响波动程度与全国相比，上海相对平稳。在此阶段，市政府进行了几次较大规模的就业安置和精简。1958 年“大跃进”，上海的劳动力需求猛增，职工队伍迅速扩大。1961 年，国民经济调整收缩，上海大量精简职工。“文化大革命”中，经济停滞，高校停止招生。1968 年底开始，此前滞留的 66 届以下各届及应届中学毕业生被大规模动员去外地和市郊农村“上山下乡”，三年后逐步减缓，大量企业则人浮于事。70 年代后期，大批知青返城，上海需安置的待业人员和新成长劳动力高达 63 万人。1978 年改革开放前，受经济制约，上海职工平均收入长期维持在较低水平，物资供应短缺但物价还属稳定，企业福利待遇有所提高，职工实行公费医疗，住宅建设量有限，但由国家无偿调剂分配并实行低租金制度，职工的福利及其家属困难由企业单位负责解决，政府适当提高贫困人员的救济标准。

进入 80 年代，市政府在推进改革、发展经济的同时，努力改善人民生活。1980 年开始，上海试行劳动合同制，改革与计划体制相应的统包统配的劳动就业制度和工资分配制度。90 年代末，全市国有、集体企业普遍实行劳动合同制，企业自主用工、劳动者自主择业格局形成。效益不好的国有企业破产，职工下岗分流。1995—2000 年，上海全面实施再就业工程，通过创新思路，建立再就业中心，实施政策聚焦，动员全社会广开门路，解决了百万职工下岗再就业的难题。在劳动就业制度改革和大规模解决下岗人员的实践中，构建起政府促进就业的责任体系，尽可能保证充分就业，并在加快市场化就业机制形成的过程中，逐步建立和完善社会保障制度。

改革开放前，上海职工退休养老费用由各单位自己承担。1986 年 10 月起，上海先后在全民所有制企业和各类集体所有制企业实行退休费统筹。通过不断探索实践，1993 年，上海在全国率先建立社会统筹与个人账户相结合的养老保险制度，并相继出台和完善养老、医疗、失业、生育、工伤等五大内容的保险办法，至 2004 年，形成“五险”合一①，统一登记、征缴的劳动保障制度。在建立完

① “五险”合一：指城镇职工基本养老、城镇职工医疗、失业、工伤和生育五项社会保险(统称“社会保险”)实行统一登记、统一基数、统一征缴和统一稽核。

善职工保障制度同时，上海市民的救助制度也随之完善。1978 年，上海各类救济对象救济标准在每人每月 12—60 元，至 1992 年，提高到每人每月 83—148 元。1993 年，市政府确立上海城镇居民最低生活保障线和职工最低工资标准线，在全国最早实施地方性最低生活保障制度。在此基础上，上海于 2006 年解决高龄无保障老人的养老和医疗保障问题，开启了城镇居民社会保险之先河。到 2008 年，全市医疗救助实现城乡低保、低收入家庭的全覆盖。残疾人保障事业方面，90 年代起，市政府对残疾人保障事业的扶持力度加大，建立健全相应的保障和服务体系，不断将保障范围扩大到全社会，不断提高保障水平。

上海是人口高度老龄化城市，2010 年户籍老年人口占比 23.4%。过去，上海仅有为数不多供养城乡“三无”老人①和“五保”老人②敬老福利机构，没有面向社会老人的养老机构。80 年代起，政府政策扶持和大力推动养老服务，到 2010 年底，全市养老机构为 625 家，养老床位近 10 万张，还为 25 多万老人提供居家养老服务。

改革开放后，上海居民社区建设得到长足发展，将城市居委会和农村村委会干部由政府任命改由居民选举产生，推进自治。街道乡镇、社区在体制设施及人财物等得到全面保障和加强。社区公共服务从政务办事到物业维修，从文化娱乐到养老健身，从慈善捐助到扶贫助困，从介绍就业到法律援助等，不断拓展，方便了市民生活。上海的社会组织数量由 1981 年的 633 个，发展到 2010 年底的 9 900 个，并通过管理整顿促进规范运行，发挥了很大作用。

80 年代初，市政府决定加快住宅建设。80 年代前 5 年，住宅投资总额超过此前 28 年总和的 2 倍，竣工面积连年超过 400 万平方米。为解决历史积累的住房特困户，市政府在 1987—1999 年完成人均面积 2—4 平方米困难户的解困任务。1991 年，全市实施住房制度改革，推行住房公积金，开始可售公有住房的出售。1998 年起，上海停止住房实物分配，全面推进住房分配货币化、住房供给商品化、社会化的住房新体制，加上大面积的旧区改造，居民居住条件得到逐年改善。进入 21 世纪，在住房市场化推进过程中，居民住房需求日益旺盛，一线城市房价连年攀升，住房在市民家庭财产中的比值不断增长。2010 年，上海市民人均居住面积达 17.5 平方米。为解决市场化条件下贫困居民居住问题，市政府在全国率先推出廉租房制度，并逐步完善住房保障体系。

80 年代初期，市政府确定要为民办实事，实施若干实事项目，以解决严重影响人民生活的突出矛盾。1986 年，市长江泽民在市人大会议上明确，以后每年都要这样做，形成制度。此后，这一制度得到历届市政府的重视并逐步完善。实事项目因与市民衣食住行、生老病死直接相关，受到人民群众的密切关注。至 2010 年，实施的实事项目涉及城市交通、环境治理、食品供应、公用设施、医疗卫生、养老服务、社区管理等各个方面。实事项目立项程序规范，接受市民监督，确保限时完成，从总体上推进了市民生活环境和生活质量的改善和提高。

改革开放后的数十年间，随着上海经济的快速发展，市民生活实现了由低水平保障向较高水平小康社会目标的转变。上海职工年平均工资由 1993 年的 5 650 元，提高到 2010 年的 46 757 元，翻了三番多。上海农村经济依托城市产业，非农产业发展迅速。2006 年，国家免去农业税，实施农村税费改革。上海在减轻农民负担的同时，推行一系列农民增收计划，增加农民收入。至 2007 年，上海农民年收入突破万元。

---

① “三无”老人：指城镇居民中无劳动能力、无生活来源、无赡养人和扶养人，或者其赡养人和扶养人确无赡养或扶养能力的 60 周岁及以上老年人。

② “五保”老人：即农村对无劳动能力、生活无保障的成员实行社会救助，包括保吃、保穿、保住、保医、保葬“五保”供养。

第一章　劳动就业

1949 年 6 月 1 日，上海市政府成立劳动行政机构，主管全市劳动就业。解放初期的上海，遗留和新增大批失业人员，政府实行介绍就业和自谋职业相结合，发展生产自救，形成了一套解决失业人员就业的办法。"一五"时期(1953—1957 年)，上海安置失业人员就业加快，各企业、事业单位编制劳动力招收计划，经市劳动局审核平衡后办理招收手续。1958 年在"大跃进"高指标的影响下，上海各业劳动力需求剧增，致广大家庭妇女纷纷走出家庭参加社会劳动。1961 年起调整国民经济，上海开始精简职工，生产秩序逐步正常。"文化大革命"期间，就业困难突出。中学毕业生除部分参军外，均按照面向农村、面向边疆、面向工矿、面向基层的原则分配。10 年间，上海有 100 余万知识青年上山下乡，部分符合留城条件的被分配进企事业单位。

1978 年后，上海结合安置大批返城的上山下乡知识青年和"文化大革命"期间积累下来的待业人员就业，实施就业制度的改革。1980 年，先在轻工、手工、纺织、零售商业等行业进行社会新招工人实行劳动合同制试点。1984 年 9 月起，全市国营企业从社会上招收工人实行劳动合同制。1991 年，全市 56 家企业率先进行以全员劳动合同制为中心、以改革固定工为重点的劳动制度综合配套改革试点。至 1995 年底，全市所有城镇企业基本上都实行了全员劳动合同制；全市共有职业介绍机构 77 个，包括街道、镇的劳动服务所在内，有 406 个机构从事职业中介服务。1995 年 5 月 1 日《中华人民共和国劳动法》实施，上海在加强对下岗人员转岗培训的同时，逐步向培训各类高层次人才方向发展，分行业实施上海紧缺人才培养工程。

改革开放推动上海劳动就业体制变革，除推行劳动合同制外，还实施下岗再就业工程、构建政府促进就业责任体系、改善就业环境；实施劳动仲裁、劳动监察、协调劳动关系、建立企业欠薪保障金；对本地劳动就业，以及外来务工人员进行职业介绍服务与组织职业培训；改革职工工资制度。1978 年将原平均发放的附加工资改为奖励工资。80 年代外商、中外合资企业自行制定工资标准。国营、集体企业先后实行职工工资总额同企业经济效益挂钩。2010 年，全市职工年均工资为 46 757 元。全市企业职工月最低工资标准为 1 120 元，农民年均纯收入 13 746 元。

第一节　就业制度改革

一、就业体制变革

【推行劳动合同制】

上海解放后，曾长期采取统包统配的劳动就业办法，普遍实行固定用工制度。1980 年改革开放初，上海开始试行劳动合同制，通过签订劳动合同，确定劳动者和用人单位双方的责、权、利关系。1983 年 2 月，劳动人事部门下发《关于积极试行劳动合同制的通知》。同年，上海规定全民所有制单位从社会招收的新工人，除学徒工以外全部实行劳动合同制。1984 年 8 月，市政府发布《上海市国营企业实行劳动合同制的暂行规定》，明确上海国营企业因常年性生产或工作岗位需要，招收录用的新工人全部实行劳动合同制。1986 年 8 月，市政府转发国务院发布的《国营企业实行劳动合同制暂行规定》,规定企业在国家劳动工资计划指标内招用常年性工作岗位上的工人,除国家另有特别规定者外,统一实行劳动合同制。同年,国务院颁布四项规章制度,完善劳动合同制、雇佣程序、劳动保险、劳动纪律和管理者权利等方面的规定。同年10月1日,劳动合同制正式成为我国的就业政策,并在全国范围内实施推广。与此同时,80年代后期,上海工业、基建、交通、财贸系统共有500余家全民所有制企业在约60万职工中,不同程度地开展搞活固定工制度的试点工作。

1990年,全市合同制工人达34.4万人。上海劳动就业逐步走上双向选择、多元分流的轨道。1991年第三季度,上海开始在工业系统进行国有企业转换经营机制、放开经营和全员劳动合同制等改革试点。1993年全市劳动工作会议后,劳动制度改革由试点转为全面推广,在有条件的企业实行全员劳动合同制和上岗合同改革。至年底,全市有6 200家全民所有制企业、164万职工实行了全员劳动合同制,还有1 811家企业、86.6万职工执行上岗合同。1994年7月《中华人民共和国劳动法》颁布,再次确认劳动合同制的实施,明确劳动合同是劳动者与用人单位确立劳动关系、明确双方权利和义务的协议,建立劳动关系应当订立劳动合同。市政府要求上海国有、集体企业在当年底前,全面实行劳动合同制。同年11月,市政府发布《上海市劳动合同规定》。当年,除已经申请破产的企业、经市和区县政府批准关闭的企业、由各级主管部门批准即将被兼并的企业外,全市国有、集体企业基本实行劳动合同制;劳动合同签约占应签订劳动合同职工的95%。同时,在乡镇企业、私营企业推行劳动合同制。截至1998年底,全市国有、集体企业实行劳动合同制职工人数达352.5万人,占应当实行人数的98%以上;全市乡镇企业实行劳动合同制职工人数达45.6万人,占应当实行人数的73.3%;私营企业实行劳动合同制职工人数达9.6万人,占应当实行人数的63.6%。随着《中华人民共和国劳动法》实施和劳动合同的普遍签订,实行多年的劳动力计划调配和安置基本取消,上海形成企业自主用工、劳动者自主择业格局。

2001年,市人大常委会通过《上海市劳动合同条例》,明确劳动合同的订立、履行和变更、解除和终止等情形,并明确,工会依法维护劳动者在订立和履行劳动合同中的合法权益,用人单位与劳动者建立劳动合同关系应当到劳动行政部门进行用工登记。2007年6月29日,第十届全国人大常委会第二十八次会议通过《中华人民共和国劳动合同法》,将劳动合同制纳入法制轨道。该合同法明确,建立健全协调劳动关系三方机制,各级政府行政部门对劳动合同制度的监督管理,解除劳动合同限制条件。随着市政府同意市劳动保障局制订的《上海市发展和谐劳动关系三年行动计划(2007年—2009年)》的实施,规范和指导企业用工行为的工作得到进一步加强。2007年底,全市劳动合同签订率达到96.4%。为贯彻《中华人民共和国劳动法》《中华人民共和国劳动合同法》,结合实际,2007年8月,市人大常委会制定了《上海市集体合同条例》。2008年,全市加大工资集体协商推进力度,完成工资集体协商覆盖劳动者人数比上年增长10%的目标。至2009年底,全市工资集体协议覆盖人数达到165万人。至2010年底,全市工资集体协议覆盖人数达到192万人。

【实施下岗再就业工程】

进入90年代,随着上海产业结构、产品结构调整,国有企业改革力度加大,出现职工大量下岗。1991年,全市新创办28个生产自救基地,增强吸纳待业人员重新就业的能力。同年起,市工业系统通过实行企业自行消化一批、转岗培训一批、允许挂职自谋出路一批、集体劳务输出一批、提前退休一批等办法,连续4年每年减员10万人。1992年,市主管部门和劳动部门积极为企业录用富余人员提供服务,允许企业富余职工停薪留职,要求各企业在招用待业人员时,优先录取企业富余人员。1993年,贯彻国务院发布的《国有企业富余职工安置规定》,上海鼓励和帮助富余职工组织起来就业和自谋职业;允许企业之间调剂职工;富余人员待业期间,依法享受待业保险待遇;要求企业招收劳动力,贯彻"先城镇、后农村"的原则,控制使用外地劳动力。1994 年起,市政府开始实施"再就业工程",鼓励下岗人员自谋职业,鼓励企业办"三产"吸纳富余人员,完善企业内部提前退休制度等,推动了产业结构的调整。同年,市政府决定选择 18 个街道进行再就业工程试点。同年 5 月,市政府发布《上海市劳动就业服务企业管理实施办法》,明确劳动就业服务企业享受相应的减免税优惠。7 月,市政府发布《上海市职业介绍管理暂行规定》,建设全市职业介绍体系。从当年第四季度起,上海再就业工程的试点范围扩大到企业下岗待工人员。10 月,市政府召开企业下岗待工人员再就业工程动员大会,动员全社会力量,广开渠道,转变观念,鼓励企业发展第三产业,安置下岗待工人员;鼓励下岗待工人员走出企业自谋职业,开展适合下岗待工人员特点的职业技能培训,促进其重新走上工作岗位。至年底,全市认定的劳动就业服务企业发展到 2 936 家,共安置失业人员和企业富余人员 14.95 万人。

1995 年,上海全面实施再就业工程。同年,市职业介绍中心建成投入运行,全市经劳动行政部门批准成立的职业介绍机构共 406 个,形成以市职业介绍中心为龙头、以区县职业介绍所为基础、以行业和社会团体等举办的职业介绍机构为补充的职业介绍服务体系。1996 年 7 月,市政府成立由两位副市长任组长,有关委、办、局及市总工会、市妇联等单位领导为成员的市再就业工程领导小组。同年 10 月,市再就业工程领导小组办公室印发《关于鼓励下岗人员从事非正规就业的若干试行意见》。至 1996 年底,纺织、仪电再就业服务中心共托管下岗职工 11.5 万人,分流安置 5.8 万人次。1997 年亚洲金融风暴后,经济下行,就业困难,"下岗再就业"成了举国关注的重要工程。据统计,1993—1997 年,全市共分流安置下岗职工 127 万人,地方国有企业职工从 135 万人减少到 85 万人,累计有 113 户企业破产、915 户企业被兼并。1998 年初,上海进一步将再就业服务中心试点政策享受范围扩大到区、县所属困难企业和农工商、水产等 10 个行业。至 1998 年底,全市共建立再就业服务中心 308 个、分中心 1 800 余个,涉及企业 8 046 家,基本形成市、区县、街道三级特困对象就业托底网络。为了帮助职工解决生活困难,上海实施下岗职工基本生活保障制度、失业保险制度、城市居民最低生活保障制度,维持下岗职工、失业人员和特困职工的基本生活。

1999 年初,上海市再就业和社会保障工作会议召开,市长徐匡迪在会上强调,确保国有企业下岗职工基本生活,确保企业离退休人员的养老金按时足额发放,促进下岗职工再就业。1999 年底,全市再就业服务中心由 1998 年底的 308 个减少到 298 个,原 9 个试点行业中,广电、仪电、建材 3 个中心下岗人员已全部走出再就业服务中心。1999 年,上海进一步完善再就业特困人员的就业托底机制,发展公益性劳动组织,把这些组织作为安置再就业特困人员的托底基地;扶持和发展非正规劳动组织就业。至年底,全市已先后认定非正规劳动组织 7 048 户,涉及餐饮、清洗、修理等多个行业,从业人员已达 7.1 万人。同时,全市建立公益性劳动组织 167 个,安置再就业特困对象 1.1 万人、就业困难对象 3.6 万多人。这部分困难对象经认定,给予每月 200—400 元的岗位补贴。

2000 年,为了支持大龄失业人员自主创业,帮助其解决融资难的问题,上海出台相关开业贷款政策;组织 200 多名企业经营、管理专家和 20 多个相关社会团体成立开业指导专家志愿团,免费为下岗失业人员自主创业提供咨询服务;有关方面与 5 家银行建立合作关系,为其开业提供资金支撑。1995—2000 年,全市累计有近百万下岗人员通过再就业服务中心走向市场,为全市国有企业结构调整和机制转换作出历史性贡献。截至 2000 年底,全市累计进入再就业服务中心人数为 98.5 万人,分流出再就业服务中心 91.4 万人,滞留再就业服务中心 7.1 万人,分流出再就业服务中心率达 92.8%。全市已有 100 多个再就业服务中心完成了历史使命予以撤销,占全部中心数的 1/3 以上。其间，上海进一步完善“协保”(协议保留劳动关系)政策，协保人员的社会保险费一次性缴至退休；经过区县政府和控股集团公司的共同努力，45 万协保人员绝大部分落实了社会保障。截至 2001 年底，上海最后一批 7.1 万下岗人员已基本分流出再就业服务中心，全市各类再就业服务中心陆续撤销，实行下岗职工基本生活保障和失业保险并轨。

【构建政府促进就业责任体系】

2000 年，市政府决定建立政府促进就业责任体系，实施创造就业岗位三年计划，要求全市每年净增就业岗位 10 万个，3 年增加 30 万个，并将创造就业岗位计划列入市政府实事项目。

创造就业岗位三年计划将政府许多工作与增加就业岗位联系起来。对经济发展较好或需要重点发展的区县和产业部门，市政府下达净增就业岗位的目标任务。对经济发展较困难、结构调整任务重的产业部门，市政府下达控制岗位总量或保持现有就业岗位的目标任务。对各政府综合部门，市政府要求根据职能，在资金、信贷、规划、税费、社会保障等方面，为创造就业岗位提供社会环境。其间，“再就业基金”更名为“促进就业基金”。从 2000 年起，上海建立以净增就业岗位为主要内容的政府责任体系，并每年根据劳动力市场的突出矛盾，确定一个执行主题。2000 年是实施创造就业岗位计划的第一年，完成了净增 10 万个就业岗位的市政府实事项目。随着区、县政府承担创造就业岗位的主要责任，委、办、局创造就业岗位减少。2001 年，针对就业最困难的女 40 岁以上、男 50 岁以上人员，上海推出“4050 工程”，解决就业困难群体的就业。全年“4050 工程”解决就业 3 万人，开发“4050”项目 765 个。2002 年，上海以实施“就业援助行动”为执行主题，继续推进“4050”工程，援助一般困难群体。实施“政府部门承诺安排力所能及的就业岗位，就业特困人员承诺服从安排”的就业双向承诺；推出“见习补贴制度”，选择一批知名企业作为“职业见习基地”。上海创造就业岗位三年计划实施的结果是，2000—2002 年累计净增就业岗位 35.09 万个。其中，2000 年净增就业岗位 10.68 万个，2001 年净增就业岗位 12.58 万个，2002 年净增就业岗位 11.83 万个。上海实施创造就业岗位计划，其中非公经济组织成为净增就业岗位主体，失业、协保人员成为净增岗位最大受益者。

2003 年起，上海建立政府促进就业责任考核体系，每年初对各级政府和有关部门下达相应年度考核指标，并层层分解，年中加强督促落实，年底进行考核。2003 年，全市新增就业岗位 46 万个，加强就业服务。市、区县两级就业服务机构继续完善硬件设施机构，重点加强软件建设，形成市、区县、街道、居委会四级就业和社会保障服务网络。同年 9 月，“万人就业项目”启动。在上海推进就业和社会保障工作会议上，市长韩正提出，政府将继续购买公益性岗位，对低保家庭就业困难人员实施就业托底。2004 年底，万人就业项目(包括千人、百人项目)共吸纳各类就业困难群体 6.6 万人，全年提供“一对一”的职业指导服务超过 120 万人次，介绍成功 31.6 万人。“专业人员招聘网”初步形成稳定的网上劳动力市场供需平台，日均有效岗位保持在 8 万个左右。2004 年，全市城镇登记失业人数为 27.4 万人，城镇登记失业率为 4.5%，第一次出现城镇登记失业人数和低保人数“双下降”局面。

2005 年，市人大常委会通过《上海市促进就业若干规定》，首次就促进就业进行综合性立法，明确政府加大投入力度，政府促进就业情况每年向同级人大及其常委会报告。同年 9 月，市人力资源社会保障局印发《关于促进就业专项资金担保开业贷款的实施意见》，加强对高校毕业生就业工作指导，建立高校毕业生就业联席会议制度，把高校毕业生就业列入全市就业工作重要组成部分。全年新增就业岗位 65.1 万个。其中，为农村富余劳动力提供非农就业岗位 15.2 万个，城镇登记失业人数为 27.5 万人。城镇登记失业率为 4.4%。

2006 年,市政府下发《关于进一步加强本市促进就业工作的通知》,强调完善以政府责任体系为主的就业促进社会责任体系,鼓励企业承担稳定就业岗位、增加就业机会、提高就业质量的社会责任。有关方面完善"双困"人员就业托底机制,继续开发"万、千、百人就业项目",完善"双困"人员认定、安置、推出的动态管理机制。对公益性劳动组织出现的"双困"人员,按照规定给予岗位补贴与社会保险费补贴;改善困难群体的就业环境,对农村征地劳动力、大龄协保人员以及青年失业者等就业矛盾比较突出的群体,开展指导、服务和培训,提升他们就业、创业能力。2006 年,全市新增就业岗位 66.3 万个,其中,郊区农村富余劳动力非农就业 13.7 万个,城镇登记失业率为 4.4%;为全市 30 万就业有困难人员建立个人职业培训补贴账户,完成 5 万名郊区农民职业教育培训任务。

2007 年,上海以各类高校或高职、中职学生为主要培养对象,建立校企合作高技能人才培养制度,全年完成校企合作培养高技能人才 5 199 人。启动实施 5 000 人的培养计划,对于家庭困难的青年学生,通过职业培训个人账户给予补贴,通过公共职介开展有针对性职业指导。对市郊区农村富余劳动力实施跨区非农就业岗位补贴。全年全市新增就业岗位 70.3 万个,其中,农村富余劳动力非农就业岗位 15.1 万个,城镇登记失业人数为 26.78 万人;城镇登记失业率下降到 4.3%以内。

2008 年,在全球经济危机影响下,企业用工增幅大幅下降。2009 年,市委、市政府提出"帮企业、保就业、促稳定"的要求,针对农民工、大学生、沪籍就业困难人员等重点人群,实施积极促进就业政策。同时,制定实施"创业带动就业工作三年行动计划(2009—2011 年)",从小额贷款担保、初创期扶持、创业培训等方面制定了系列扶持措施,实施稳定岗位、职业培训、就业援助三项特别计划,帮助企业稳定岗位,尽量不裁员、少减员。

2010 年,上海世博会成功举办,对就业产生了明显推动效应。"创业带动就业工作三年行动计划"有效推进,全年扶持成功创业 1.2 万人;高校毕业生、就业困难人员和进城务工人员等人群就业总体平稳。全年完成劳动者职业技能培训 41.1 万人,外来进城务工人员技能培训 12 万人。全市新增就业岗位 63.15 万个,其中非农就业 12.18 万个。至当年底,全市城镇登记失业人数为 27.73 万人,城镇登记失业率为 4.2%。

二、就业环境建设

【开展劳动仲裁】

1956 年公私合营后,劳动争议由企业行政和基层工会协商解决。进入 80 年代,劳动关系发生变化。1986 年,国务院发布《国营企业实行劳动合同制暂行规定》和《国营企业辞退违纪职工暂行规定》,规定了履行劳动合同和不服辞退发生争议的处理程序。同年 11 月,市政府批转市劳动局《关于建立本市劳动争议仲裁机构意见》。

1987 年 2 月,市劳动争议仲裁委员会建立,全市 22 个区县在上半年先后建立劳动争议仲裁委员会。同年 7 月,国务院发布《国营企业劳动争议处理暂行规定》,明确履行劳动合同的争议当事人,可以自愿向企业调解委员会申请调解,也可以直接向仲裁委员会申请仲裁。还明确劳动仲裁体制三方原则,即劳动行政机关代表、总工会代表、与争议事项有关的企业主管部门代表或者企业主管部门委托的有关部门代表,三方代表人数相等。劳动争议仲裁委员会对受理的争议案件调解不成的,由仲裁委员会作出裁决。当事人一方或双方对仲裁委员会裁决不服的,可以向人民法院起诉。1987 年 12 月,市人大常委会通过《上海市中外合资经营企业劳动人事管理条例》,规定合营企业与职工之间发生劳动争议，当事人可以向市劳动争议仲裁委员会申请仲裁。

1995 年《中华人民共和国劳动法》实行，全员劳动合同制实施，劳动争议仲裁适用范围扩大，劳动者维权意识增强。1995—2000 年，上海各级劳动争议调解组织和仲裁机构受理的劳动争议案件以每年超过 30％的幅度增长。2001 年，上海试行社会仲裁员制度，聘请具有劳动保障理论和法律知识的专家学者担任社会仲裁员。2002 年，上海通过推动企业内部工会和雇主协商解决劳动争议，有效降低单位、劳动者解决劳动争议的成本；培育和发展社会仲裁员队伍，为社会仲裁员经常性参加劳动争议仲裁创造了条件。2003 年起，上海陆续建立市、区县人事争议仲裁委员会，并在人事行政部门内设仲裁委员会办公室。2004 年 7 月，上海根据劳动和社会保障部要求，将地方仲裁委员会的办事机构作为一个实质性工作机构。

2006 年，上海启用仲裁管理信息系统，充实仲裁队伍，推动地区建立调解机制。同年 10 月，国务院批转《劳动和社会保障事业发展“十一五”规划纲要》，明确全面推进劳动争议仲裁机构实体化建设，逐步在市（地）级以上城市及有条件的县（市、区）建立实体性的劳动争议处理机构。当年，全市各仲裁机构共收到劳动争议申诉 2.87 万件，经审查受理立案 2.42 万件，处理结案 2.35 万件。其中调解结案占 66.1％，劳动者胜诉或部分胜诉比例为 86.4％。2008 年，《中华人民共和国劳动合同法》和《中华人民共和国劳动争议调解仲裁法》实施，上海进一步理顺劳动争议处理体制机制，依法稳妥处理劳动争议。2009 年 12 月，市劳动争议仲裁委员会和市人事争议仲裁委员会撤销，成立市劳动人事争议仲裁委员会。2010 年 4 月，市劳动人事争议仲裁院挂牌成立，作为仲裁委员会的办事机构。随后，各区县撤销原有机构，分别成立劳动人事争议仲裁院。

【开展劳动监察】

1993 年，劳动部发布《劳动监察规定》。1994 年，经市政府同意，市劳动局印发《上海市劳动监察实施办法》，明确在劳动部门设立劳动监察机构，实行劳动监察员制度。1995 年实施的《中华人民共和国劳动法》，明确了劳动行政部门的监察职责。1996 年，各区县劳动局都建立了劳动监察科，全市实行统一的劳动监察机构办案制度和处罚标准。同年，针对单位使用外地劳动力、外商投资企业和国有企业推行劳动合同制等情况，开展了全市性专项大检查。1997 年，根据劳动部《关于建立劳动用工年检工作制度的通知》，市劳动局印发《上海市劳动用工年检试行办法》，纠正违法行为。1998 年 9 月，市人大常委会通过《关于加强本市城镇职工养老保险费征缴的若干规定》，明确授权劳动监察机构负责对养老保险费缴纳的监察。同年 12 月，市劳动监察总队成立；全市 20 个区、县相继成立监察大队。1999 年，在全市近 210 个街道（镇）成立社区保安队劳动监督分队。

2000 年，市政府发布《上海市劳动监察规定》，明确劳动监察机构履行主要职责，规范单位用工行为，促进劳动关系和谐。2001 年，全市完善劳动监察两级体制，加强市、区协调配合；对各类企业劳动保障动态信息库进行开发建设，采用新型劳动保障网检手段；探索分区域对所有单位按户建卡的劳动保障监察和监督模式。2003 年下半年开始，上海取消劳动保障监察年检制度，实施对用人单位的网上劳动保障监察。2004 年，配齐 500 人规模的市、区县两级劳动保障监察人员，撤销社区保安队劳动监督分队，组建 2 500 人规模的劳动保障监察协管队伍；形成以市、区县监察队伍为核心、协管队伍为配套的劳动保障监察体系。2005 年，贯彻国务院颁布的《劳动保障监察条例》，上海进一步完善网络化、网格化监察，“两网”联动；依托“12333”热线实行“24 小时接受举报，365 天监察无休”。2006 年 10 月，市政府发布《上海市实施〈劳动保障监察条例〉若干规定》，对劳动监察的管辖、对投诉的处理、对用人单位阻挠监察的处理等进行详细规定。2008 年，全市加强对用人单位劳动保障信息的动态监控;推进劳动保障诚信体系建设,对守法企业和违法企业实施分类监管。

2010 年,上海进一步推进网格化和网络化联动监管,形成以主动预防为主的监管模式。加大对欠薪、欠保和违法职业介绍等行为的查处力度,保障上海世博会期间劳动关系的和谐稳定。

【协调劳动关系】

1995 年,市劳动部门加强劳动合同鉴证工作,推行格式化劳动合同标准文本;同时,稳妥地进行签订集体合同试点工作。该工作在实行现代企业制度改革试点企业和部分基础管理较好的外商投资企业、股份制企业及私营企业中试行,在其他企业探索签订劳动报酬、福利待遇等专项性的集体合同。1996 年,上海扩大集体合同签订的试点范围,市劳动部门把好集体合同审核关。至年底,全市签订集体合同的企业达 2 240 余户。1997 年,根据劳动部发布的《集体合同规定》,市劳动局印发《上海市集体合同审核管理办法》。2001 年,通过推动,全市工资集体协商试点企业增至 3 500 多家。同年,上海探索劳动关系长效机制的调整,推进政府、工会和企业(雇主)三方协调机制和企业内部集体协商、集体合同机制的建立。2002 年,上海建立政府、企业、工会三方劳动关系协调联席会议制度。在三方机制中,确立政府的主导地位,统一协调全社会劳动关系的调整。2003 年,上海重点推进工资集体协商,全年共受理、审核集体合同 4 200 余份,涉及职工约 75 万人。2004 年,各区县三方联席会议制度基本建立,街镇一级三方协调机制也逐步建立。2005 年,市劳动关系三方联席会议将调整最低工资标准、实施工伤保险配套办法纳入协商范围。

2006 年,上海进一步完善多层次劳动关系协调机制,明确市、区两级三方协调联席会议的工作重点,以及市级三方协调联席会议要就最低工资等劳动标准的制定、调整等涉及劳动关系和谐的重大问题开展协商,加强化解劳动纠纷矛盾的职能。2007 年 8 月,市人大常委会通过《上海市集体合同条例》,规范集体协商和签订、履行集体合同的行为。2007—2009 年,上海市开始实施发展和谐劳动关系三年行动计划,推进调整劳动关系的地方立法,进一步完善多层次劳动关系调整机制,依法理顺劳动争议调处仲裁体制,完善企业普通职工工资正常增长和保障机制,加大劳动力市场监管力度。

2010 年 10 月,市委办公厅、市政府办公厅转发《关于本市全面推进集体协商机制建设的意见》,要求全市贯彻落实国家关于协调劳动关系三方深入推进集体合同制度。

【建立企业欠薪保障金】

1999 年 11 月,市政府印发《上海市小企业欠薪基金试行办法》,着力解决小企业因业主隐匿或清算不足造成偿还困难的矛盾。2000 年 8 月,市政府批转《关于本市小企业欠薪保障金收缴的实施意见》,正式启动小企业欠薪保障金制度。2007 年 6 月,市政府发布《上海市企业欠薪保障金筹集和垫付的若干规定》,适用于全市范围内企业缴纳欠薪保障费,以及劳动者因企业欠薪而申请先行垫付的处理。欠薪保障金的规定由市政府规范性文件上升为政府规章,提高了立法层次;适用范围从 300 人以下小企业扩大到在上海市范围内所有企业;降低了缴费数额,调整了垫付事项,简化了审批流程;申请主体由劳动监察部门或法院等单位变为劳动者本人。2008 年,受国际金融危机影响,上海部分中小企业出现关停、业主隐匿等情况,欠薪矛盾上升。为进一步完善欠薪保障金垫付工作,当年 12 月,市政府采取两项特殊措施:提高区县审核决定权,将各区县审核决定权从 50 万元提高到 300 万元;实行备用金制度,向每个区县下拨 300 万元备用金。2009 年,市政府发布修订后的《上海市企业欠薪保障金筹集和垫付的若干规定》,明确市、区县两级的垫付权限及相应责任。2010

年，上海进一步发挥欠薪保障金快速垫付作用，并采取欠薪垫付的追偿办法。

第二节　就业服务与培训

一、职业介绍服务

改革开放初期，国家改变“统包统配”的劳动就业政策，上海开始建立职业介绍等就业服务体系。

1982年1月，市政府批转市劳动局《关于本市劳动服务公司若干问题的暂行规定》，明确市、区劳动服务公司基本任务包含介绍就业。1984年，市政府在作出国营企业实行劳动合同制的暂行规定时指出，全市国营企业在劳动力计划范围内可以向所在地区劳动服务公司申请招工。1987年，全市有9个区、5个县先后试办了劳动力供需洽谈会，由劳动服务公司为洽谈会提供服务。在此基础上，发展劳务市场。1991年，上海成立市职业介绍服务中心，属上海劳动服务公司领导。1993年11月22日，全市第一家大型固定场所的东区劳务市场启动。此后，各区也建立有固定场所的劳务(劳动力)市场。

1994年7月，市政府发布《上海市职业介绍管理暂行规定》，鼓励、扶持为求职人员提供无偿服务的职业介绍机构，适度发展非营利性的收费职业介绍机构，有限制地开办营利性的收费职业介绍机构。规定还明确市劳动行政部门是本市职业介绍活动的主管部门，区县劳动部门负责本行政区域内职业介绍活动的管理和指导工作。1995年7月，市政府批转《关于本市企业1995年底前全面实行劳动合同制的若干意见的通知》。同年，上海市职业介绍中心建成运行，形成以市职业介绍中心为龙头，以区、县职业介绍所为基础，以行业和社会团体等举办的职业介绍机构为补充的职业介绍服务体系；全市经劳动行政部门批准成立的职业介绍机构共406个。到1996年底，市劳动部门所属的职业介绍所全部实现劳动力供需信息计算机联网，全年全市帮助下岗职工和社会失业人员再就业达10万余人次。1996年11月15日，劳动部决定推荐上海市职业介绍机构为全国示范职业介绍机构。

1997年11月10日，中共中央政治局常委、中共中央书记处书记胡锦涛考察上海西区劳动力综合市场，勉励下岗职工转变就业观念、学习新技能，实现再就业。同年，上海建立职业需求预报、收集、整理分析制度，并实行劳动力信息电脑联网。自1998年起，每个季度定期发布上海市劳动力市场的职业供需信息分析报告，受到各大媒体和求职者、用人单位的欢迎。同时，依托“上海热线”网站，设立“上海就业”网页，用户可了解全市劳动力市场供需情况及有关政策。1999年，职业介绍网络扩大到郊县职业介绍所。上海还通过有线电视、“上海热线”，滚动发布市场招聘信息。

随着职业介绍范围的扩大，2000年，上海各区县开辟了各具特色的专业人员职业介绍场所，并在全市职业介绍机构和试点的街道设立多媒体查询设备，便利查询市场招聘信息。

2002年，覆盖全市的公共职业介绍局域网运行，实现全市职业介绍所联网实时操作。网络联通1个市级、46个区县级和266个街道乡镇的职业介绍机构。当年，上海平均每天有9万余名求职人员进入公共职业介绍机构，查询信息，寻求指导，办理手续。上海在居委会和村委会层面，陆续建立起一支5 000人的就业援助员队伍，帮助介绍就业。

2005年5月8日，上海公共招聘网开通。至年底，上海公共招聘网共发布有效招聘岗位47万个，有36万名求职人员在网上应聘。“十一五”期间(2006—2010年)，“上海公共招聘网”日均有效招聘岗位保持在12万个左右,平均每年有400多万人次上网求职。2009年,受国际金融危机影响,高校毕业生就业工作面临前所未有的压力和挑战,全市各有关部门和各高校密切合作,保持了毕业生就业率的基本稳定。

2010年,上海继续实施促进高校毕业生就业的专项计划,举办各类面向高校毕业生的招聘活动143场,提供招聘岗位15.8万个,应届高校毕业生就业率超过90%,高于上年同期水平。同年11月,为解决上海世博会后服务接待工作人员的就业问题,全市共举办招聘会18场,吸引求职者4.1万人次,达成意向录用7 600人次(其中上海世博会工作人员4 300人次)。

二、扶持创业

1980年8月,中共中央转发全国劳动就业会议有关进一步做好城镇劳动就业工作的文件,要求各地鼓励发展个体经济,扩大就业容量。同年9月,上海市劳动就业工作会议提出,用发展个体经济的办法,广开生产和就业门路。10月,市政府批转《关于适当发展城镇个体经济的意见》,明确上海市城镇常住户口、具有一定的劳动经营能力或业务技术的待业人员,都可以申请个体工商户营业执照。1982年前,城镇待业青年和回沪知识青年从事个体经营0.41万人。至1995年底,全市个体工商户总数达15.57万户,从业人员21.13万人。

1996年,上海引用国际劳工组织提出的非正规就业,把下岗人员组织起来,通过参与社区的便民便利服务,市容环境建设中的公益性劳动,为企事业单位提供各种临时性、突击性的劳务以及家庭手工业、工艺作坊等形式进行生产自救。政府运用扶持非正规就业劳动组织的形式,实施税费减免、贷款担保和贴息、免费培训、房租补贴等优惠政策,鼓励下岗失业人员从事各种形式的非正规劳动组织就业,扶持小型、微型企业发展。2000年5月,上海组建市开业指导专家志愿服务团,重点为本市失业、协保人员和农村富余劳动力中的自主创业者,以及非正规劳动就业组织人员提供服务。2001年,上海推出"4050(40岁以上的女性、50岁以上的男性失业者)工程",推动大龄失业人员实现非正规就业。同年12月27日,全市积极发展非正规就业劳动组织的做法被国际劳工组织命名为"上海模式",向全世界推广。"上海模式"主要针对上海户籍失业和下岗群体,由地方政府加以组织,创造就业机会,使其实现再就业。2002年7月,上海先后公布6批"4050"项目1 121个,其中实施项目达到765个。上海在"4050工程"实施中,创建项目由民间机构和个人担任的设计人、评估监理人、招标人、出资人、执行人"五人运作机制"。政府为"4050"项目提供的服务包括:聘请社会机构对项目免费提供开业指导和技术培训;实行三年内减免税,以及开业贷款担保等优惠政策。2003年,上海将"4050"创业平台与电子商务平台对接,推出网上创业平台,孵化出一大批网上"4050"创业者群体。至2004年,全市非正规劳动组织总量达3.1万家,累计吸纳从业人员27.4万人,其中有1 300多家非正规劳动组织成功转制为正规的微小型企业。

2005年3月,市政府批准设立上海市大学生科技创业基金,用于资助上海高校(含科研院所)毕业生以其科研成果或专利发明创办科技企业,推动科技成果产业化。高校与区县财政按照一定比例与市大学生创业基金匹配,共同建立面向全市大学生的科技成果孵化基地或上海市大学生科技创业园区,为拥有科技成果的高校毕业生提供成果转化为产品的场地和服务,构建政府扶持大学生科技创业的工作体系与服务平台。同年5月,市政府下发贯彻《国务院关于鼓励支持和引导个体私营等非公有制经济发展的若干意见》的实施意见,提出开发建设非正规就业劳动组织创业园区;非正规就业劳动组织以及提前转制为小企业或个体工商户的原非正规就业劳动组织可以申请入驻创业园区。全市16个区县建设54个创业园区,吸纳2 500多家非正规就业劳动组织,新增就业岗位1.2万余个。

2006年,开业指导专家志愿服务团实现"三个延伸",即专家服务向社区、园区、校区等多个领域延伸,向网络、讲座、跟踪辅导等多种形式延伸,从指导"开业"向指导"开好业"延伸。2007年8月,上海市开业指导专家志愿服务团获得先进表彰,受到市委书记习近平、市长韩正等市领导的接见。

2008年,上海开展的"完善扶持创业带动就业的政策、办法与机制"研究列入市委课题调研。2009年1月,市政府下发《关于进一步做好本市促进创业带动就业工作的若干意见》,启动实施2009—2011年鼓励创业带动就业三年行动计划,目标实施创业教育和培训6万人,建立创业园区和孵化基地50个,帮助成功创业3万人,创业带动就业20万人。2009年11月10日,由人力资源社会保障部与上海市共建的中国(上海)创业者公共实训基地正式揭牌对外运营,是国内首个针对大学生创业者建立的技术先进、资源共享、功能齐全的国家级创业公共服务平台。

2010年7月,各区县都成立了开业指导专家分团,全市共有近600位专家志愿者。上海市开业指导专家志愿服务团形成了门诊式、会诊式、上门指导、一帮一结对子、网上咨询和举办专家讲座"5+1"的服务形式,社区、校区、园区咨询指导站点为平台的服务机制。2000—2010年的10年间,专家们累计咨询指导19万多人次,推荐开业贷款1万多笔共8亿元。

2010年调查报告数据显示,全年全市的整体创业活动率为7.7%,即在100名16—64周岁的市民中,有近8人正在进行创业活动;每位创业者平均可提供5个就业岗位。

三、组织职业培训

"文化大革命"以后,我国青壮年职工的文化技术水平与现代化建设的需要极不适应。1978年,上海掀起职工学文化、学技术的热潮。1979年,上海大量"上山下乡"回沪知青进入企业,大批老工人退休,工人技术水平下降。1980年,上海加强对1968年后进企业的青年工人进行技术培训。市政府在批转市工农教育委员会《关于加强本市职工教育工作的意见》中,强调把提高"文化大革命"起参加工作的青年职工的文化和技术水平,作为职工教育的重点。1981年,中共中央、国务院提出"搞好青壮年职工的文化、技术补课"的要求。80年代初,上海企事业单位普遍开展文化、技术补课工作。1984年起,补文化、技术课的"双补"成为在职技工培训的主要内容。同年12月,市政府办公厅转发市工农教育委员会、市劳动局《关于抓紧时机,积极培训中、高级技术工人的报告》,成立上海市工人技术考核领导小组,并提出有比较显著成绩的工人,可评为助理技师、技师、高级技师。全市广泛开展中、高级工技术培训。

1986年4月,上海召开工人技术业务培训工作座谈会,全市在职工人普遍开展上岗、转岗、班组长等岗位职务培训。1987年,市人大常委会通过《上海市职业技术教育暂行条例》,明确职前教育体系,强调全面提高就业人员素质。当年8月,市政府召开市成人教育会议,要求把技术等级培训与技术工人的岗位培训工作结合起来。当年培训中级工8万多人,高级工8 000多人。1987年,劳动人事部发布《关于实行技师聘任制的暂行规定》和贯彻意见。1988年5月10日,上海召开工人技术培训经验交流大会,扩大试点,进一步做好技师聘任工作。至1989年底,全市共评出技师5 100人,上海核准首批高级技师38人。1989年12月15日,这批高级技师参加了全国首批高级技师颁发证书大会。

1990 年 1 月,市政府办公厅转发《关于培训就业和培训上岗的实施意见》,规定全民和集体企事业单位招收的新工人必须经过培训;按照政策吸收和其他特殊照顾的人员应进行上岗前培训。同年 7 月 12 日,劳动部发布《工人考核条例》。上海健全工人考核制度,实行培训、考核、使用、待遇相结合,并通过岗位练兵和开展各种操作技术比赛,不断提高工人的技术水平。1992 年 1 月,按照劳动部《关于制定工人岗位规范的通知》,上海明确,国有大中型企业在一两年内逐步完成本企业工人岗位规范,特别是主要岗位和关键岗位规范的制定工作,并逐步做好岗位规范的修订和完善工作。1994 年 8 月,上海实施社会化职业技能培训、考核(鉴定)、发证管理。

1995 年实施的《中华人民共和国劳动法》,明确各级政府应当把发展职业培训纳入社会经济发展的规划,鼓励和支持有条件的企业、事业组织、社会团体和个人进行各种形式的职业培训。同年 9 月,根据劳动部印发的《职业技能鉴定规定》,上海实行职业资格证书制度。1996 年 10 月,上海首批对交通行业的汽车驾驶员、汽车维修工,技术监督行业的长度量具计量检定工、长度量仪计量检定工,电子工业行业计算机专业的计算机文字录入处理员、微型计算机操作员等 3 个行业 6 个工种实施全市统一职业技能鉴定和考核。1997 年 11 月,上海组建的就业培训信息网络正式启动。1998 年,全市通过网络实施再就业培训 11.4 万人。同时,上海组织开展"企业创办者"培训班,全年培训 447 人。1998 年开始,上海建立面向社会培训机构免费开发、无偿使用的天山路公共实训基地,基地包括服务业中心、工业中心和新产业中心。

图 6-1-1 加强职业培训,促进就业。图为上海市人力资源和社会保障局所属天山路实训基地培训场景

2001 年,全市以网络为依托,完善政府购买培训成果的招投标运作机制。2002 年,全市完成 20.1 万人的职业培训。同年,上海实施"职业见习"计划,政府给予一定的见习费补贴,援助青年失业人员。同年 2 月 20 日,上海西门子移动通信有限公司、上海贝尔有限公司及上海日立电器有限公司等 40 家沪上知名企业,被命名为首批"职业见习基地"。至当年底,全市共有 5 966 名青年参加职业见习，见习期满学员 2 541 人，一次性就业率 40%左右。2002 年 7 月 9 日，上海 46 名企业负责人取得职业经理人国家职业资格证书，成为中国首批持证的职业经理人。2003 年 3 月 10 日，市长韩正考察职业培训工作并参观天山路公共实训基地。同年 8 月 30 日，国务院总理温家宝来沪考察工作，专程参观天山路公共实训基地。11 月，全市举办上海职业培训国际论坛，同月举行上海“灰领”（既能动脑又能动手的复合型技能人才）职业大赛。一批大赛优胜者作为优秀高技能职业人才在上海市人才工作会议上受到表彰。2004 年，上海开展以“高技能、新技术”和“灰领职业、新型职业”为主题的上海市职业技能竞赛活动，全市授予 20 人“上海市技术能手”称号、14 人“上海市青年岗位能手”称号、50 人“2004 上海市职业技能竞赛活动”个人一等奖，授予 18 家单位团体一、二、三等奖和组织奖。2005 年 5 月，上海市公共实训基地被劳动保障部命名为“中国（上海）高技能人才公共实训中心”。该中心形成综合技术、创意技术、信息技术和数字制造技术四大实训中心，有 28 个实训室，提供 79 个职业类别，覆盖 160 余个职业（等级）的实训鉴定服务。从 2003 年起，上海推出“三年技能振兴计划”，高技能人才占技术型从业人员的比重从 2002 年的 6%提高到 2005 年的 14.98%。2005 年起，上海职业技能鉴定以技能鉴定题库要求为基础，以信息化技术为支撑，对技能鉴定的考核内容、操作流程、人员配备等方面进行整合，建立“考、评、督、巡”整体运作机制，形成一套规范化、程序化的技能鉴定体系。

2006 年，上海实施新一轮“技能振兴计划”，将市民建立职业培训个人账户列为市政府实事项目，全市累计发放 36.3 万张职业培训账户卡。该账户的起始资金为 2 000 元，在取得职业资格证书后，使用账户资金。对参加符合上海市政府补贴规定项目培训，但费用超出账户额度的部分，可在个人取得职业资格证书后，再行注入账户资金。2007 年 1 月 15 日，市长韩正主持市政府常务会议，专题研究职业技能培训工作，强调要发挥政府的引导和扶持作用，通过产学研结合、半工半读、定向培养，探索建立职业教育、产业发展、促进就业紧密结合的高技能人才培养机制。同年，上海启动校企合作的定向培训模式，培养高技能人才 5 199 人。上海还在高校推进“双证书”制度，使大学生毕业在取得学历证书同时，还取得职业资格证书。同时，对参加上海市产业发展急需的高技能培训的大学生，给予一半费用的补贴。

2009 年 3 月，上海实施职业培训特别计划。至年底，全市参加职业培训特别计划的企业培训人数 2.53 万人，培训应届高校毕业学年学生 4.13 万人。上海推出“大学生职业见习计划”，选择沪上众多知名企业作为见习基地，鼓励青年学生在具有一定技术含量的见习岗位上见习。见习期间，学员和见习基地不建立劳动关系，政府给予学员一定的生活补贴，并为其购买特定的综合保险。对见习基地，政府给予一定的带教补贴。

自 2008 年开始，上海在行业企业中推行首席技师制度。2010 年 5 月 22 日，组织实施首席技师培养选拔千人计划，至年底，全市共聘任首席技师 214 人。2010 年，全市共有 25.95 万人参加职业培训特别计划。2010 届大学毕业生参加青年职业见习的累计 7 100 人，结束见习的 3 641 人中，有 2 286 人实现就业。2010 年，全市高技能人才占技术型从业人员的比重提高到 25.01%，技能劳动者初、中、高三者的比例为 37.5∶37.5∶25，等级结构趋向合理，高技能人才建设取得一定的成效。

“十一五”期间（2006—2010 年），上海累计评选表彰市技术能手 389 名、市杰出技术能手 40 名、市突出贡献技师 50 名，并选拔推荐“中华技能大奖”4 人、“全国技术能手”15 人，国家技能人才培育突出贡献奖个人 2 人、单位 3 家，享受国务院政府特殊津贴的高技能人才 22 人。

第三节　职工工资改革与管理

1978年,上海改革奖励制度,把原来平均发放的附加工资改为奖励工资。1977—1979年,上海连续三年调整部分职工工资。1981—1983年,全市机关、事业和企业单位职工普遍增加工资。

80年代,政府对外商投资企业工资分配采取放开政策。1980年7月,国务院颁布《中外合资经营企业劳动管理规定》,明确中外合资经营企业可以自行制定工资标准、分配形式、奖励、津贴等制度。

1985年以前,上海国营企业工资分配是按照国家统一部署调整职工工资,并按照国家统一规定,建立津(补)贴制度和对新参加职工确定工资。1985年,市政府转发国务院《关于国营企业工资改革问题的通知》和劳动人事部等五部门《关于印发〈国营企业工资改革试行办法〉的通知》,明确在国营大中型企业中,实行职工工资总额同企业经济效益挂钩按比例浮动的办法。国家以实际上缴税利的工资总额挂钩指标,核定上海市属企业的全部工资总额,及其随同经济效益浮动的比例,上海再逐级核定每个企业的工资总额和浮动比例。企业实行工资总额随同本企业经济效益挂钩浮动办法以后,企业职工工资的增长依据本企业经济效益的提高。当年,上海少数企业试行工资总额同经济效益挂钩的办法,面上大部分企业实行工资总额包干使用办法。1985年,经市政府批准,上海地区集体工业企业试行工资总额同毛利润挂钩浮动的办法。1986年,上海对地区集体工业企业"工利挂钩"办法予以补充、改进。

1988年,上海全面实行企业工资总额同经济效益挂钩浮动办法。企业在国家规定的工资总额和政策范围内,自主建立符合本企业劳动特点的工资制度和分配形式,安排增资水平,确定调资升级的对象、条件、时间等。企业拥有内部分配自主权后,市劳动部门和企业主管部门主要审查企业内部工资、奖金分配所增加工资的资金是否在国家规定的工资总额范围内,规定调整工资一般掌握的幅度和建立工资储备基金制度。1988年上海规定,企业当年实际使用的工资额度比上年实际发放的工资增长8%以上的部分,必须至少先储备2元,才能使用1元;当年可用工资额度比上年实际增长不足8%时,可动用历年工资储备基金。1989年,根据治理整顿和从严控制消费基金的要求,上海规定增资幅度以企业为单位,掌握在企业职工月平均标准工资一个级差以内,工资基金少的企业只能少增加工资、工资基金多的企业要照顾左邻右舍,工资基金有结余的原则上要如数留作储备,以丰补歉。

1990年1月起,按照国家有关规定,上海企业一律使用全国统一的《工资基金管理手册》。各企业单位根据上级下达的工资总额计划,编制工资基金使用计划,报主管部门审核签章。1994年,上海企业使用《工资总额使用手册》(原称《工资基金管理手册》)。随着改革的深入,1997年起,《工资总额使用手册》要报有关部门备案,2010年以后,无需报有关部门备案。

上海城镇居民的收入主要来自工资。随着企业自主确定本单位的工资分配方式和工资水平,为保障职工的基本生活,1988年4月,上海对实行工效挂钩浮动的企业新招收职工规定最低工资。1993年5月27日,上海组织实施城镇企业最低工资收入试行办法,职工最低工资收入,包括按规定列入工资总额统计的工资、奖金、津贴、补贴等各项收入,不包括职工在节假日或超过法定工作时间从事劳动得到的加班、加点工资,法律、法规和国家政策规定的保险、福利费用。同年6月1日起,上海首次发布职工最低工资收入每月定为210元。此后,最低工资收入水平根据上海市职工生活费价格指数的变动及经济发展的状况等因素,适时调整并公布。1994年7月全国人大常委会通过的《中华人民共和国劳动法》,规定国家实行最低工资保障制度。同年12月5日,市政府发布《上海市企业职工最低工资规定》。1997年12月19日、2002年8月21日和2010年12月20日,市政府三次对《上海市企业职工最低工资规定》进行修改完善,明确最低工资标准综合参考职工本人及平均赡养人口的最低生活费用、社会平均工资水平、劳动生产率、就业状况和上海市城乡之间经济发展水平的差异等因素。最低工资标准规定每年公布1次,一般从当年4月1日起。1995年,上海调整最低工资标准每月270元(1996年300元)。同时,加强对最低工资等标准落实情况的检查、监督,使最低工资标准基本落实。2003年,市劳动保障局印发《上海市企业工资支付办法》,规范企业工资支付中的最低工资支付。当年,企业职工最低工资标准为每月570元。上海市自1993年建立最低工资制度起,除2009年受国际金融危机影响,按照国家统一部署未作调整外,每年都调整最低工资标准。2010年,全市企业职工月最低工资标准调整到1 120元。

劳动力市场工资指导价位制度,是政府对企业工资分配进行指导和间接调控的一种方式。上海从1997年开始着手上海市职位工资价位的调查与分析工作。1998年2月15日,上海率先发布部分行业工资指导线和劳动力市场部分职位工资指导价位,有五大行业工资指导线及55个通用职位工资指导(价位)试行。首次55个职位的工资指导价位,通过汇集8个行业、165户企业、近38万名职工的材料整理而成。工资指导价位制对每个职位的工资水平分高位数、中位数、低位数,后又增加平均数,适合于不同企业的需要。企业工资指导线由基准线、上线(又称为预警线)和下线构成。工资指导线为企业与工会开展工资集体协商及确定工资增长水平提供重要依据。1998年,上海首次发布八大行业人工成本参考水平,从而形成劳动力市场的价格信号体系。

90年代起,随着社会主义市场经济体制的逐步建立健全,上海企业工资增长从计划经济体制下由政府决定的模式,转变为市场引导、效益决定、政府调控的模式。1993年,全市职工年平均工资为5 650元(月平均工资为471元)。1997年,全市职工年平均工资为11 424元(月平均工资为952元)。2007年,全市职工年平均工资为34 707元(月平均工资为2 892元),是1993年全市职工年平均工资的6倍。2010年,全市职工年平均工资为46 757元(月平均工资为3 896元),与1993年全市职工年平均工资相比,翻了三番。

第四节　保障农民收入

“文化大革命”结束后,1977年上海一些地区农民开始自发地采用大包小评、定额记分、八级工分制等方法,使原来“大寨式”评工记分制度发生松动和突破。1979年9月,中共中央发布《关于加快农业发展若干问题的决定》,上海农村为建立农业生产责任制进行积极探索。

1982年12月,上海贯彻全国农村工作会议精神,倡导在多数社队推广包干分配,即实行家庭联产承包责任。第二年,家庭联产承包责任制在上海郊区农村得到全面推行。1986年,上海郊区206个人民公社召开乡人民代表大会,成立乡政府,告别人民公社体制。

1985年起,国家不再下达统派购任务,改为合同定购和市场收购,农产品长期的“剪刀差”逐步取消。为稳定城市供应、保障农民收入,上海对猪、禽、蛋、奶、鱼等生产给予扶持。各级政府扶持农业龙头化企业,改造农村基础设施,建立农村服务体系。80年代后期,上海郊区乡镇工业发展迅速,农民非农收入占比达80%以上。1987—1992年,上海农民人均收入从1 059元增加到2 226元,年均增幅16%,相当于同期城市居民收入的增幅。随着国家和市政府对农产品价格体制改革力度加大,1993—1996年,上海农民人均收入增加到4 846元,年均增幅22%。1997—2001年,受亚洲金融风暴影响,农副产品供大于求,价格下跌,加上郊区工业调整及非农就业增长缓慢等因素影响,上海农民收入年均增幅降至4.7%。

21世纪初,市政府采取推进郊区非农就业力度、加强减轻农民负担监督、推进农村税费改革、扶持薄弱地区转移支付等政策措施,努力增加农民收入。2002年,上海农民年均纯收入突破6 000元。2004年,根据中共中央、国务院《关于促进农民增加收入若干政策的意见》,上海制定贯彻意见,提出具体任务和目标措施。2007年,上海农民年均纯收入突破1万元。至2010年,上海农民年均纯收入13 746元。

第二章　社会保障

上海城镇职工的基本保险制度建设始于1986年。当年10月，上海实行企业退休费社会统筹。1993年，建立社会统筹与个人账户相结合的养老保险制度，并于1998年、2006年两次按照国家的规定，进行修改完善。1996年开始，上海实行城镇企业职工住院医疗保险，一年后推出企业职工门诊大病医疗保险。2001年，建立社会统筹和个人账户相结合的医疗保险制度。1986年，实施企业职工待业保险，后改为失业保险。2001年，出台生育保险办法。2004年，出台工伤保险办法。由此，涉及养老、医疗、失业、生育、工伤五大内容的社会保险基本确立。上海城镇职工社会保险制度特点主要在：参保覆盖面广，涵盖各类机关企事业单位人员及非正规就业等灵活就业的各类人群；基金统筹层次高，相关制度从建立时就实行全市统筹；待遇水平与上海经济发展相适应，平均水平居全国前列，并建立完善逐年提高待遇的机制；"五险"合一，统一开展社会保险登记、统一征收社会保险费，征缴率保持在99%以上；经办管理服务走在全国前列等方面。

上海农村的社会养老保险从1987年起步。1991年，嘉定县成为全国第一个全部乡镇开展农村社会养老保险的县。1992年，郊区各县普遍实行乡镇统筹的养老保险。1996年，形成全市统一办法。2007年，实行区县级统筹，规范管理，逐步提高待遇水平，为后来与国家"新农保"制度的接轨打下了基础。

2006年，上海解决城市高龄无保障人员的养老和医疗保障问题，开启城镇居民社会保险之先河。2010年起，上海实现与国家制定的城镇居民养老保险制度接轨。

根据自身经济社会发展特点，上海于2002年、2003年先后建立外来劳动力综合保险和小城镇社会保险制度，解决外来务工人员和郊区企业及被征地农民的社会保障问题。2010年起，随着《中华人民共和国社会保险法》实施，上海调整社会保障政策，职业人群统一纳入职工社会保险，非在职居民统一纳入城乡居民社会保险。

第一节　推进养老保险

一、城镇职工养老保险

1978年，上海实施国务院颁布的《关于安置老弱病残干部的暂行办法》和《关于工人退休、退职的暂行办法》，干部职工退休(退职)制度恢复正常。至1984年，陆续将合作商店、各类集体所有制企事业人员纳入该制度实施范围。

为巩固发展合作经济，探索解决劳动保险制度范围以外职工的养老保障问题，1983年1月起，上海采用商业保险办法，为合作社企业职工建立养老金保险和医疗保险。1986年6月起，外商投资企业中国职工也按社会化保险机制建立了养老保险。同年9月，为解决国有企业退休费用负担畸轻畸重这一突出矛盾，上海成立退休费统筹管理委员会，开始实行全民所有制企业退休费社会统筹。1988年，将集体所有制企业纳入退休费统筹。

进入90年代，根据国务院《关于企业职工养老保险制度改革的决定》，上海探索建立统一的社会保险制度。1993年2月,市政府成立市社会保险管理委员会,下设市社会保险管理局,统一管理全市社会保险事业。同月,市人大常委会通过《上海市城镇职工养老保险制度改革实施方案》,明确改革目标是逐步建立一个由基本养老保险、单位补充养老保险和个人储蓄养老保险相结合的社会保险体系。1994年,市政府发布《上海市城镇职工养老保险办法》,成为建立上海社会统筹与个人账户相结合的养老保险制度(简称"城保")的标志。该制度覆盖党政机关、事业单位和全民所有制、集体所有制企业的职工,股份制企业的职工,外商投资企业的中国职工,中央各部和外省市在沪单位的职工,在沪部队企业的职工,以及这些单位已退休的人员。截至1995年底,包括个体工商户及其帮工、城镇私营企业职工、合作社职工、外商投资企业中国职工、原实行养老保险费行业统筹的单位职工以及自由职业人员等也纳入了统一制度;全市参保人员中,有427万名职工、181万名离退休人员。

新的养老保险体制将原来由企业负担的养老保险费,改为由国家、单位和个人三者共同承担。单位缴费从税前列支,其基数和费率为单位全部在职人员工资总额的25.5%;2000年,缴费基数调整为"按单位内缴费个人月缴费工资基数之和"计算,缴费比例调低至22.5%;2004年,将缴费比例调低至22%。个人缴费基数为本人上一年度月平均性收入,并将上一年度全市职工月平均工资收入的200%设定为上限、60%设定为下限,1998年上限调整为300%;个人缴费比例设定为本人缴费基数的3%,之后每两年提高1个百分点、至2003年达到8%。

为保证养老保险制度的合理和平稳,上海将实施对象分为"老、中、新"三类人。对养老保险制度实施前参加工作、1995年底前退休或退职的"老人",其养老金先按照以往办法,即退休时本人上月工资的一定比例计算,另按照个人累计缴费额的一定比例增发月养老金;对1996年以后退休的"中人",按照其个人养老金账户储存额乘以规定系数计发养老金;该制度实施后参加工作的"新人",退休时养老待遇完全依照个人账户储存额计发。1998年,养老金计发办法调整为由基础养老金和个人账户养老金组成,其中基础养老金按上一年全市在职人员月平均工资的20%计发,个人账户养老金按个人账户储存额除以120计发,另对"中人"退休时按照一定标准,增发过渡性养老金。2007年,按照国家规定,上海将基础养老金计发调整为以上年度全市职工月平均工资为基数,缴费年限每满1年发给1%,个人账户养老金月标准为个人账户储存额除以规定的计发月数,"中人"的过渡性养老金月标准按照"虚账实记"的金额计发。

上海于1993年建立基本养老金的物价补偿制度。最先几年养老金增长幅度依据上海市职工生活费价格指数上升幅度予以确定。1998年后,养老金增长幅度改为按照上一年度全市在职人员平均工资增长率的40%—60%确定。1999年3月,市政府明确基本养老金的调整原则为:在对全市离退休人员普遍增加基本养老金的基础上,适当向年龄大、工龄长、养老金水平低的退休人员倾斜。2004年起,依据全市居民消费价格指数和职工平均工资增长幅度等综合因素的变化情况,实施基本养老金调整。2006年起,上海按照国家的统一部署调整养老金,对企业退休的具有高级职称科技人员、市级以上劳动模范等人员,在普遍增加基本养老金基础上,专门增加一定标准的养老金。

1998年起,上海在部分破产企业试点养老金社会化发放。至2000年底,全市机关事业单位和企业230余万名离退休人员全部实现养老金社会化发放。

1994年,上海在部分企业中试行企业补充养老保险制度。1997年,市政府制定《上海市企业补充养老保险试行意见》,将实行企业范围扩大到全市。2000年,企业补充养老保险更名为企业年金。当年上海参加企业年金人员为60余万人,次年增加到85万人,居各省市之首。2007年,按照国务院有关要求，上海对企业年金实行管办分离，由新组建的长江养老保险股份有限公司整体接收市社会保险经办机构管理的186亿多元的企业年金，开始市场化管理运营。

为保证社保基金安全运作，1997年，市政府先后制定《社会保障基金审计监督规定》和《社会保障基金监督管理办法》。1998年9月，市政府在修改《上海市城镇职工养老保险办法》时，确定养老保险基金"收支两条线、专项管理、专款专用"原则。2007年，上海成立由人大代表、政协委员及社会知名人士等组成的市社会保障监督委员会，负责研究上海社保监督工作的重大事项，对社保政策执行情况、社保基金管理运营进行监督。同年，养老保险基金被纳入市级财政专户进行管理。

2009年，上海允许符合一定条件的在沪工作的非本市户籍人员参加城保，其中包括外省市城镇户籍人员、外省市非城镇户籍的专业技术人员、外籍人员或取得境外永久（长期）居留权人员和中国港澳台居民等。

二、农村养老保险

70年代起，上海农村以"村集体养老补贴"的形式，补充传统的家庭养老，保障老人的晚年生活。改革开放后，上海农村经济快速发展，农民人均收入居全国之首，但人口老龄化趋势加剧。根据国家"建立健全社会保险制度"，以及在农村经济发达的地区发展以乡镇、村为单位的农村养老保险的要求，1987年，上海开始探索建立农村社会养老保险制度，先在嘉定县的南翔镇、马陆乡开展调查和试点并逐步在郊区各县推广。到1991年底，嘉定县18个乡镇全面开展农村社会养老保险，成为全国第一个实现农村社会养老保险的县。

根据1991年民政部印发的《县级农村社会养老保险基本方案（试行）》，1992年8月，市农委、市民政局等五部门印发《上海市县级农村社会养老保险试点基本方案》，至年底，全市试点单位发展到6个县（区）的38个乡镇。1993年，上海将全面推广县级农村社会养老保险列入市政府实事项目，年底，农保制度全面启动。

1996年2月，市政府发布《上海市农村社会养老保险办法》，适用范围是农村各乡的企业、事业、机关等单位及其在职人员，农、副业从业人员，个体工商户及其帮工。养老保险的缴费，单位按照工资总额15%的比例缴纳，企业和农、副业人员以本乡上一年度劳动力月平均收入为缴费基数，事业单位和机关在职人员，以本人上一年度月平均工资收入为缴费基数，按照5%的比例缴纳养老保险费，建立个人账户；参保人员到龄按月领取养老金。参加农保的外商投资企业、私营企业及其职工、个体工商户及其帮工分别按照城镇职工养老保险同类对象的规定缴费和享受待遇。农村养老保险实行乡镇统筹。至1997年底，市郊200个乡镇全部建立养老保险制度，参加农村养老保险人数达121万，占应参保人数的86%，筹集养老保险基金14.7亿元；有29.5万名农民领取了养老保险金。

为适应城镇化进程需要，2002年，上海开始设计小城镇社会保险（简称"镇保"），经试点于2003年正式实行，镇保是"五险"合一的制度，实行市级统筹，缴费和保障力度高于农保，并设计了在镇保、农保、城保之间的转移衔接办法。被征地农民均参加镇保，原属农保的企事业单位逐步转入镇保，提高了农村整体保障水平。2004年，上海由市、区两级财政投入，建立了农保养老金的最低标准制度，并将65周岁以上的老人全部纳入保障，享受农保养老金补贴。当年的最低养老金标准为，每人每月75元。

2007年9月，市政府部署全面完善农保制度，主要是：实行区县统筹，由区县统一养老保险费的征缴基数、比例和计发办法；加大区县财政的投入力度，实行区县集中管理农保基金；建立增长机制,每年调整养老金。同时,老年农民养老金补贴提高到每人每月85元,并将享受农保养老金补贴的年龄从65岁放宽到60岁。

2010年11月,国务院《关于开展新型农村社会养老保险试点指导意见》发布后,上海开始实施“新农保”制度。凡年满16周岁,未加入城保或镇保的农村居民均为“新农保”参保对象。原参加农保的企、事业单位及其职工全部转入镇保或城保。“新农保”参保人按照年度定额缴费,在500—1 300元之间设5个档次,可自主选择,多缴多得。设集体补助和政府补贴,对参保人缴费给予补贴,多缴多补,鼓励农民选择较高档次缴费。重度残疾人等困难群体,由区财政和残疾人就业保障金按年为其代缴。养老金待遇由基础养老金和个人账户养老金组成,基础养老金标准由区县确定,各区县确定的基础养老金标准集中在320元、330元、370元3个档次,并建立基础养老金调整机制。资金由中央、市、区县、乡镇财政共同承担。个人账户养老金为账户储存额除以139;领取养老金人员死亡后,其家属可以申领丧葬补助费。

2010年,上海的农村养老保险参保人数为69.06万人。截至2011年底,上海实现“新农保”全覆盖。

三、城镇居民养老保险

2006年9月,上海将全市城镇高龄无保障老人纳入社会保障。对象为本市城镇户籍,年满70周岁,在沪居住满30年且拥有上海户籍满30年,未享受养老、医疗待遇的老人。月养老待遇460元。医保待遇为门、急诊医疗费用报销50%;住院医疗费报销70%。当年纳入社会保障6.28万人。2008年12月,将保障对象的条件放宽,调整为年满65周岁,在沪居住满30年且拥有上海户籍满15年。月养老待遇提高至500元。

2011年7月1日起,上海贯彻国务院《关于开展城镇居民社会养老保险试点的指导意见》,开始施行城镇居民社会养老保险。城镇居民社会养老保险参保对象为年满16周岁的城镇非从业居民;参保人按年度定额缴费,在500—2 300元之间设10个档次,由个人自主选择;设集体补助和政府补贴,多缴多补;重度残疾人等困难群体,由区财政和残疾人就业保障金按每年1 100元为其代缴;参保人年满60周岁可享受养老金,待遇分为基础养老金和个人账户养老金。基础养老金的月计发标准为400元,累计缴费超过15年的,每超过1年,其基础养老金增加10元;个人账户养老金为账户储存额除以139;丧葬补助费为3 600元。原享受高龄纳保待遇的对象统一纳入城镇居民养老保险。2011年底,上海实现了城镇居民养老保险制度全覆盖。

第二节　实施医疗保险

一、职工医疗保险

从50年代起,上海实行企业劳保医疗和机关、事业单位公费医疗制度。1982年起,上海开始探索合作社职工和外商投资企业中方职工用商业保险以及医药费用定额包干等办法,改进医疗保障管理问题。随着企业职工不断增加,1983—1993年11年间,上海医疗费用平均每年递增31.8%,1993年增长率高达57.5%。公费、劳保、商业保险三种医疗保障模式并存,难以长久;职工医疗待遇不一致,新老企业负担畸轻畸重,困难企业拖欠职工和医院医药费情况严重,许多职工医药费得不到报销。

1994 年,上海确定“总体规划、分步实施、逐步推进、不断完善”的指导方针,推进医保制度改革。1995 年 3 月,上海成立由市卫生局和市社会保障局双重领导的市医疗保险局,各区县成立医疗保险办公室,全市选择部分机关企事业单位和医院,进行职工医保改革模拟运转。1996 年 5 月起,市政府制定的《上海市城镇企业职工住院保险暂行办法》《上海市城镇私营企业职工和个体工商户及其帮工医疗保险暂行办法》《上海市城镇职工门急诊部分项目医疗保险暂行办法》《上海市城镇企业退休人员门急诊医疗保险暂行办法》等 5 个文件先后实施,逐步将全市各类型企事业职工、离退休人员、个体工商户及其帮工、自由职业人员纳入医疗保险。1998 年,全市参加职工医疗保险的企业 2.98 万余家,事业单位 1 103 家,以参保单位为基数,参保率为 98.29%,参保职工 514.98 万人。

2000 年 10 月,市政府根据国务院《关于建立城镇职工基本医疗保险制度的决定》,制定《上海市城镇职工基本医疗保险办法》,建立社会统筹和个人账户相结合的城镇职工基本医疗保险制度。2001 年,上海机关事业单位 90 万名职工纳入医保。至该年底,将 919 家医疗机构及其分支机构、定点零售药店、企事业单位内设医疗机构等纳入医保计算机联网结算范围,并为全市参保人员建立个人医疗账户。2002 年底,上海实现社保卡和医保卡的两卡并轨,全市 620 万参保人员可持卡就医,基本医疗保险制度基本覆盖城镇所有的从业人员。

此期间,上海配套实施困难群体医保减负、公务员医疗补助、总工会医疗互助保障计划、职工医疗救助等措施。2002 年,由政府各级财政出资,全部还清困难企业拖欠职工医药费共 18.4 亿元。2003 年初,将近万名挂靠单位领取生活费的残疾人纳入医保;通过实施小城镇医保制度,将失地农民及郊区新建单位内从业人员等纳入基本医疗保险。自 2004 年度开始,实施综合减负政策,对自负医疗费超过其上年收入一定比例以上部分减负 90%;对支内、支疆、知青退休回沪定居人员,实施社区医疗互助帮困;为方便群众,扩展医保定点药店 184 家。2005 年起,上海将 4 万多名历史上精简退职回乡老职工纳入社会统筹范围。

统账结合的城镇医保制度建立后,上海在职职工的基本医疗保险费按照其本人上一年度月平均工资 2%的比例缴纳;用人单位按照其职工缴费基数之和 10%的比例缴纳,并按照 2%的比例,缴纳地方附加医疗保险费。国有企业医疗费比改革前占工资总额 23%下降一半左右,减轻和均衡了企业负担。同时,医保基金有了稳定筹资来源,得到制度保证。

2008 年 3 月,市政府修订《上海市城镇职工基本医疗保险办法》,将单位缴纳的基本医疗保险费计入个人医疗账户的资金,从过去区分 5 个年龄段按照上一年度全市职工年平均工资 0.5%—4.5%的比例分别计入,改为以单位缴纳基本医疗保险费的 30%左右,按照 5 个年龄段以绝对额分别计入个人医疗账户,对计入个人医疗账户的具体标准适时进行调整;将个人自负标准从上一年度全市职工年平均工资的 2%—10%,改为在职职工 1 500 元,退休人员区分年龄段,分别为 300 元或 700 元;将统筹基金的最高支付限额从上一年度全市职工年平均工资的 4 倍,改为 7 万元。

截至 2010 年底,上海城镇职工基本医疗保险参保人数达 860.8 万人。

二、居民医疗保险

1987 年 1 月,市政府探索用商业保险办法,解决市郊农民大病重病高额医疗费补偿问题。1991 年和 1993 年,上海用商业保险办法相继推出全市中小学生、幼儿园儿童住院医疗保险、婴幼儿住院医疗保险。2002 年,市政府推动将原全市郊区农村合作医疗,逐步转化为由政府财政投入为主、以家庭为单位参保、按照人数缴费、重点解决农民患大病医疗费补偿问题的新型农村合作医疗。2010年，上海新型农村合作医疗的实际参保率达98.3%，人均筹资水平达到750元。

2006年，上海启动居民基本医疗保险改革。同年8月，试行中小学生和婴幼儿住院、门诊大病基本医疗保障办法。保障基金由医保基金和财政资金共同承担，医保基金承担70%、财政资金承担30%。家长统一缴费，住院不设起付线，住院和门诊大病医疗费用由保障基金支付50%。9月，实施城镇高龄无保障老人基本医疗保障办法。保障资金由财政和医保基金以1∶1比例共同承担，个人无须缴费，发生的门急诊和住院医疗费用由统筹资金分别支付50%、70%。2007年4月，实施普通高等院校学生基本医疗保障办法，医疗保障资金由财政核拨，住院和门诊大病实行定点医疗，住院起付标准以上和门诊大病医疗费用全部由保障资金支付，门急诊医疗费用由补助资金支付80%—90%。同年7月，实施重残人员基本医疗保障办法，医疗保障资金由市残疾人就业保障金和市福利彩票公益金共同出资，门急诊和住院医疗费用由保障资金报销50%—70%。

2008年1月，根据国务院《关于开展城镇居民基本医疗保险试点指导意见》，上海将已出台的高龄老人、重残人员、大学生、中小学生和婴幼儿医保办法通过归并和整合，纳入统一的居民基本医疗保险制度。城镇无医保居民都有保可参，在制度上实现了全覆盖。居民医保基金由个人缴费、政府财政补贴、职工医保基金划转(原由企业负担的家属劳保部分的费用)和专项资金组成。居民医保基金的筹资标准以及个人缴费标准，按照参保人员的不同年龄分四段确定。从婴幼儿到70周岁以上人员，筹资标准每人每年260元—1 500元，其中个人缴费60元—240元。住院医疗费用，由居民医保基金支付50%、60%、70%；门诊急诊医疗费用，由居民医保基金支付50%。

第三节　完善失业工伤生育保险

一、失业保险

1984年9月起，上海国营企业新招用职工均实行劳动合同制。合同期满如不再续约，则处于待业状态，转由各级劳动服务公司管理，其保障包括一定的生活补助费、70%的医药费报销、特殊情况下的困难补助。

1986年10月，市政府印发《上海市国营企业职工待业保险实施办法》。企业按月缴纳待业保险费，缴费标准是企业职工人数乘以全市国营企业职工月平均工资的1%；待业期间的待遇包括待业救济金、医疗补助费。待业救济金设最低保障标准，当年为每月30元。如本人死亡，其家属可享受丧葬补助费及供养直系亲属抚恤费、救济费等。市政府还先后出台《上海市地区集体企事业职工待业保险暂行办法》和全民所有制事业单位实行的《上海市专业技术人员待业保险暂行办法》。

1992年11月，市政府发布《上海市待业保险暂行规定》，各类企事业单位和国家机关团体均纳入统一制度。参保单位缴纳待业保险费的标准是：单位在职人数乘以全市上年职工月平均工资的5‰。为了鼓励待业职工重新就业，自谋职业的待业人员可将尚未领取的待业救济金一次性领取，作为生产扶持资金使用。允许符合国家规定退休条件的待业职工在待业期间办理退休手续。1993年11月，中共中央《关于建立社会主义市场经济体制若干问题的决定》中，提出了“失业保险”的概念，要求完善失业保险制度。1995年8月，市政府将《上海市待业保险暂行规定》，修订为《上海市失业保险办法》。失业保险费缴费基数调整为参保单位上一年度在职人员月平均工资总额，费率提高到1%，失业救济金标准也相应提高。

1998年10月,为配合落实下岗职工基本生活保障和再就业工作,上海将失业保险费缴费比例由1%提高到3%,并由单位单方缴纳改为单位和职工个人共同缴纳,单位缴纳2%,职工个人缴纳1%。缴费基数统一按照养老保险的缴费基数确定。1999年国务院颁布《失业保险条例》后,市政府对《上海市失业保险办法》进行修改,将城镇个体工商户及其帮工等从业人员也纳入保障范围,提高失业待遇标准并增加"失业补助金"项目;延长大龄失业人员的待遇期限,最多可延长24个月。

上海建立失业保险基金,除支付失业救济金外,还用于促进就业。1986年失业保险制度建立时,设置了"待业职工的转业训练费"和"扶持待业职工的生产自救费"支付项目。1997年起,开始尝试将失业保险基金用于对就业弱势群体的援助。针对"丧劳特困人员""再就业特困人员""协议保留劳动关系人员""非正规就业人员"等对象,上海设置"社会保险缴费补贴"和"医疗费补助""生活费补贴""培训费补贴";建立了促进就业专项资金,以"开办费补贴""培训费补贴""岗位补贴"的方式,支持"万人就业项目"和"青年见习计划"的实施。2006年1月,国务院同意在北京、上海等7省(市)开展适当扩大失业保险基金支出范围的试点。同年7月,市政府批准用失业保险基金对协保人员开展特殊援助,大龄协保人员在实行市场化就业期间按月给予"就业补贴",患大病或大部分丧劳影响就业导致生活困难的给予"生活补贴费"。2008—2010年,对受国际金融危机影响的困难企业,上海采取援助措施,帮助稳定就业、减少裁员,用失业保险基金给予420多家企业社会保险费补贴或岗位补贴,涉及职工11万人。

二、工伤保险

1950年,国家规定了机关事业单位工作人员因公伤亡抚恤标准。1951年,政务院颁布《劳动保险条例》,规定企业职工的工伤待遇。上海在百人以上企业实施,而后逐步在百人以下企业推开。70年代初,市区集体所有制单位实行劳动保险待遇,80年代在街道集体、新办集体建立劳动保险制度。知青合作社和外商投资企业也承担劳动保险制度规定的工伤待遇。

80年代末期,随着经济发展加快,国家原有的工伤待遇标准已明显偏低,工伤认定和劳动鉴定制度不健全等问题越来越明显。1992年9月,上海调整企业职工工伤政策,确定以"本市上年度月平均工资"作为计算各项待遇的依据,建立每年调整工伤待遇的机制;根据国标《职工工伤与职业病致残程度鉴定标准》,规定了不同伤残级别所享受的相应工伤待遇。1994年7月,《中华人民共和国劳动法》颁布,提出建立工伤保险制度。1995年3月,为了解决外来从业人员受到工伤事故伤害后的保障问题,市劳动局制定《上海市外地劳动力工伤待遇的规定》,强制性要求各单位对外地劳动力在规定的情况下负伤、致残或者死亡的,给予相应待遇。1996年8月,劳动部发布《企业职工工伤保险试行办法》。同年12月,上海就企业职工工伤范围和认定、工伤职工的劳动能力鉴定和工伤待遇等问题作出规定,明确企业在承担职工工伤待遇上的主体责任。

2002年9月,市政府发布《上海市外来从业人员综合保险暂行办法》,明确由用人单位缴纳综合保险费,将外来从业人员纳入保险范围,其中包含工伤保险,按照工伤人员伤残等级和年龄计发工伤待遇。考虑外来从业人员生活基础在外省市,按月领取有所不便,工伤保险待遇实行一次性支付。

2004年1月,国务院颁布的《工伤保险条例》施行。同时,劳动和社会保障部发布工伤认定、供养亲属范围等相关配套规定。市政府制定《上海市工伤保险实施办法》,自2004年7月1日起施行。该办法的工伤保险覆盖范围广,除国家条例规定的企业单位外,还覆盖到机关、事业等单位;明确将非正规就业组织及其从业人员、协保人员也纳入制度范围;建立工伤保险基金,实行市级统筹;缴费基数按用人单位缴纳养老保险费的基数确定,实行基础费率和浮动费率,基础费率统一为0.5%,浮动费率根据用人单位工伤保险费使用情况、工伤事故发生率情况每年进行考核后确定;浮动费率每档为0.5%;基础费率加浮动费率最高不超过3%,最低不低于0.5%。待遇标准提高,其中一次性工亡补助金标准为50个月的上年度全市职工月平均工资。2005年4月起,上海将全市总数约3万人的老工伤人员的待遇,逐步转由工伤保险基金支付,纳入统一制度。2009年7月1日起加快推进实施,并做到老工伤人员待遇不降低,原有待遇高于现工伤保险制度规定的部分仍由单位按照原约定支付。

截至2010年底,上海市工伤保险参保人数达到556.12万人。自2004年7月1日施行新的工伤保险办法到2010年底,累计有6.3万人享受了工伤保险待遇。

三、生育保险

根据1951年《中华人民共和国劳动保险条例》及其相关法规,上海企业及机关事业单位的在职生育女性享受56天产假,对于难产或双生的增给产假14天,对于流产的根据不同情况给假15天或30天。产假期间单位照发工资,生育期间相关医疗费用亦由单位支付,并享受劳动保险基金支付的生育补助费4元。

"文化大革命"开始后,生育补助费于1966年11月取消。女职工产假待遇仍保留,生育期间相关医疗费用也仍由单位支付。

1987年,市政府发布《上海市女职工劳动保护暂行规定》,对符合计划生育政策的女职工,正常生育的给予产假90天,难产或多胎产的另增产假15天,流产的也增至30天或45天。产假工资及生育期间相关医疗费用规定仍沿用以往规定。1990年起,多胞胎生育的,每多生1个婴儿,增加产假15天。

1994年,劳动部发布《企业职工生育保险试行办法》。1996年5月,上海实施城镇企业职工住院医疗保险暂行办法。按照该暂行办法,职工生育期间住院就医费用由企业及职工本人分担,超过一定标准后的费用由住院医疗保险基金支付85%,产假工资仍由单位发给。2000年12月,上海实施城镇职工基本医疗保险办法后,生育住院产生的部分医疗费用由医疗保险基金支付。

2001年,《上海市城镇生育保险办法》发布。该办法规定,参加城镇职工社会保险的单位均参加生育保险,生育保险费由用人单位以缴纳养老保险费缴费基数的0.8%比例缴纳,个人不缴费。生育保险基金用于支出生育生活津贴和生育医疗费补贴,用人单位不再支付职工产假工资和生育期间相关医疗费用。为不增加企业负担,生育保险基金暂从城镇养老保险和基本医疗保险基金中划转。

2004年8月,《上海市城镇生育保险办法》作部分修改,用人单位缴纳生育保险费改按0.5%的比例缴纳,不再从城镇基本养老保险基金和基本医疗保险基金中划转;为不增加企业负担,上海将城镇养老保险缴费比例从22.5%调低至22%,并相应提高生育生活津贴和生育医疗费补贴支付标准。与此同时,对低收入从业生育妇女及失业妇女给予政策倾斜,采取生育生活津贴最低标准制度予以托底。该办法还将参加上海市小城镇社会保险的生育妇女纳入实施范围。2009年3月,上海对城镇生育保险基金支付管理及部分计发标准作了具体规定。

第四节　小城镇社会保险

90年代中后期，上海城市化速度不断加快，郊区小城镇从业人员和被征地农民的社会保障和就业问题逐步突出。在城镇职工养老保险制度的确立和发展过程中，上海结合现行社会保险制度改革，探索建立一种适应当时经济状况，介于城保和农保之间，利于推进城乡一体化的社会保险模式。

2002年开始，上海在建设“一城四镇”（松江新城、朱家角镇、安亭镇、浦江镇、高桥镇）地区的新建企业中进行小城镇社会保险试点。2003年10月，市政府印发《上海市小城镇社会保险暂行办法》，正式推出小城镇社会保险制度（以下简称“镇保”）。镇保制度是上海社会保险体系中的一项基本制度，包括养老、医疗、失业、生育、工伤等基本社会保险和补充社会保险，其中基本保险实行社会统筹，补充保险实行个人账户。全市郊区用人单位及其上海户籍从业人员、被征地人员、原已参加农村社会养老保险的用人单位及其从业人员，以及经市政府批准的其他人员均属于参保范围。参保人员的基本社会保险费由用人单位按月缴纳，个人不缴费。缴费基数按照上年度全市职工月平均工资的60%，乘以本单位应当缴费的人数确定，缴费比例为24%（其中，养老保险缴费比例为17%，医疗保险缴费比例为5%，失业保险缴费比例为2%）。从业人员在城保、镇保、农保的缴费年限可按照规定衔接或者折算。缴费年限（含按照经认定的1992年底前的连续工龄）不低于15年，其中参加基本社会保险后按月缴费年限不低于5年，到龄可以按月领取养老金。养老金按照办理手续时上年度全市职工月平均工资的20%计发，缴费年限每增加1年，相应增加上年度全市职工月平均工资的0.5%的养老金，但最高不超过上年度全市职工月平均工资的30%。参保人员发生住院、门诊大病的可以享受医疗保险待遇。参保满1年后失业的人员可以领取失业保险金。生育的妇女生产或者流产后可以享受生育保险待遇。另外，根据经济能力及有关规定，参保人员可以参加补充社会保险。对于参加镇保的被征地人员，镇保制度坚持“社会保障与土地处置、户籍转性整体联动”原则，并在参保、缴费、保险待遇等方面有一些特别规定。

自2004年起，上海根据全市职工平均工资增长幅度和居民消费价格指数的变化情况，每年对镇保养老金计发标准定期调整。同年7月，上海开始实施工伤保险办法，规定参加镇保的用人单位工伤保险基础费率为缴费基数的0.5%。8月，上海修订城镇生育保险办法，规定参加镇保的用人单位生育保险缴费比例为缴费基数的0.5%。镇保缴费总比例为25%。镇保制度覆盖人群，2003年底为2.2万余人，至2008年末已达148万余人。

为贯彻实施《中华人民共和国社会保险法》，2011年7月，市政府调整镇保制度，规定郊区范围内用人单位及其具有上海户籍的从业人员，全部参加市城镇职工社会保险。已参加镇保的单位及其从业人员，其工伤保险、生育保险和失业保险的缴费办法按照城镇职工社会保险相关规定一步到位，基本养老保险和基本医疗保险的缴费办法从当时起至2014年3月设定为过渡期。过渡期内，缴费基数仍按照上年度全市职工月平均工资的60%确定，缴费比例逐年提高。过渡期满后，单位和个人的缴费基数和比例全部按照城镇职工社会保险相关规定执行。调整后，被征地人员仍保留在镇保制度中。

第五节　实行外来从业人员综合保险

改革开放后，上海外来劳动力逐年增长。1995年，市劳动局对来沪外地劳动力的工伤待遇作了规定,对在上海行政区域内务工的外地劳动力因工负伤、致残或者死亡的,由用工单位支付其相关待遇,包括伤残补偿金、因工死亡抚恤金,待遇标准逐年提高。1996 年,增加外来劳动力因工死亡丧葬费。2000 年,增加了伤残人员购置、安装假肢等补偿功能器具费。

2002 年 9 月,市政府发布《上海市外来从业人员综合保险暂行办法》,保险内容包括工伤(或者意外伤害)、住院医疗和老年补贴等 3 项。保险费由用人单位缴纳,缴费基数为使用外来从业人员的总人数乘以上年度全市职工月平均工资的 60%,费率为 12.5%。外来从业人员老年补贴待遇为:连续缴费满 1 年的,可以获得 1 份老年补贴凭证,其额度为本人实际缴费基数的 5%。男年满 60 周岁、女年满 50 周岁时,可以凭老年补贴凭证一次性兑现老年补贴。住院医疗待遇设起付标准。起付标准为上年度全市职工年平均工资的 10%,住院医疗费起付标准以上的部分,综合保险基金承担 80%,个人承担 20%。住院医疗待遇的最高限额为上年度全市职工年平均工资的 4 倍。外来从业人员在参保期间发生工伤或患职业病的,经认定后,保险金数额根据上年度全市工资水平以及工伤人员的年龄和伤残等级确定,一次性支付。因工死亡的抢救医疗费、丧葬补助金、因工死亡补助金、供养亲属抚恤金,待遇水平根据上年度全市工资水平确定,保险金一次性支付。在上海建筑施工的外地企业中外来从业人员也予参加综合保险,保险内容为工伤(或者意外伤害)、住院医疗两项,缴费比例为 7.5%。市劳动和社会保障局负责综合保险的统一管理,社会保险经办机构负责收缴保险费,委托商业保险公司支付、运作。

2004 年 8 月,市政府对《上海市外来从业人员综合保险暂行办法》作了修改。2005 年 4 月,上海实行新的《外来从业人员综合保险暂行办法实施细则》,外来从业人员工伤保险待遇标准与本市劳动者工伤保险待遇标准接轨。享受老年补贴凭证的条件由连续缴费满一年调整为累计缴费满 1 年,老年补贴额度由本人实际缴费基数的 5%调整为 7%。增加了每人每月 20 元的日常药费补贴项目,参保人可持卡在医保定点零售药店购药。外地施工企业的缴费比例由 7.5%下调至 5.5%。2009 年 7 月起,上海开始将外来从业人员中的专业技术人员纳入城镇职工社会保险。

至 2010 年底,上海综合保险参保人数达 404.8 万人。2010 年以后,市政府调整外地劳动力参保政策,外来从业人员均参加上海城镇职工社会保险。

第三章　住房保障与制度改革

上海解放初，市区有各类住宅 2 359 万平方米，分别为公寓、花园住宅、新式里弄、旧式里弄和棚户简屋。市区劳动群众居住的旧式里弄和棚户简屋占 66%以上。相当长一段时期，上海市民住房处于比较窘迫的状态。从 1950 年起到“文化大革命”结束，全市人均住房面积只有 3.85 平方米。

解放初期，政府接管旧政权及逃亡人员房产 250 万平方米，为最早政府直接管理的公房。市政府不承认外国人在中国境内的土地所有权，1951—1964 年对外国人在沪房地产进行清理登记，根据不同情况按照政策处理。其中，房屋面积 765 万平方米，被认定的无主产业由政府代管。上海原私有房屋占房屋总数的 60%，其中的 70%，即 1 935 万平方米是私有出租房。1956—1958 年，国家对私有房产进行社会主义改造，将其中 1 403 万平方米私有出租房归国家直接经营管理(1965 年又补入 1 918 户)。国家同时对私有房地产核发土地所有权证，办理房屋产权登记，准许正当买卖和转移过户；对公有住房使用实行实物分配和低租金的租赁制度。

解放初到 1978 年改革开放前，市政府曾采取多种措施，缓解居民居住困难。1951 年起，全市先后建造总建筑面积 60 万平方米的“1 002 户”“2 万户”工人住宅，至 1966 年共建住宅 896 万平方米。这些“火柴盒”式分给职工居住的工房构造简单，房间空间局促，大部分是煤卫合用，只能缓解部分市民居住之困。50 年代后期起，上海在各区成立住房交换所，帮助职工解决工作单位远离住处、方便调换工作地点和住处的“两调”工作，并通过就近增配、挖潜改造改善住房条件。“文化大革命”时期，上海城市建设停滞。随着人口不断增长和 70 年代末“上山下乡”知青大量返城等原因，市区住房矛盾仍十分突出。

图 6-3-1　80 年代危棚简屋中一家三代同堂，老少共居一室的生活场景

改革开放后，上海随着经济不断增长，城市改造步伐逐步加快，住宅建设和房地产业得到较快发展。上海自1991年实施住房制度改革，通过推行住房公积金制度，实行公有住房出售，调整公有住房租金，实施货币化分房等政策措施，由福利分房转换到以货币化分配体制。住房制度的改革，改变了市民的住房消费观念，推动了房地产市场的建立和发展。通过加快住房建设、推进住宅商品化，大规模的旧区改造，市民居住水平逐步提高。住宅市场化条件下，上海的房价处于不断攀升中，截至2010年，上海城镇人均住房居住面积达17.5平方米。

上海住房保障工作始于住房解困。1987—1988年，解决人均居住面积2平方米以下的特困户；1991—1992年，解决人均居住面积2.5平方米以下特困户。1995年，市政府提出到2000年末解决市区人均居住面积4平方米以下困难户。到1999年，上述住房解困任务全部完成。

2000年，上海在全国率先实施廉租住房制度，经过多年发展，逐步形成较完整的保障体系。2007年起，上海按照“保基本、全覆盖、分层次、可持续”的要求，逐步构建并基本形成了廉租住房、共有产权保障住房(经济适用住房)、公共租赁住房(单位租赁房)、征收安置住房(动迁安置房)“四位一体”、租售并举的住房保障体系。其中，对城镇户籍的低收入住房困难家庭，主要实施廉租住房制度；对城镇户籍的中等及中等偏下收入的住房困难家庭，主要实施共有产权保障住房制度；对存在阶段性居住困难的青年职工和引进人才、来沪务工人员等有稳定工作的来沪常住人口，主要实施公共租赁住房制度。同时，还结合旧城区改建，定向供应征收安置住房，改善房屋征收区域内住房困难家庭的居住条件。上海不断在实践中探索，形成以“居住为主、市民消费为主、普通商品房为主”的房地产市场体系和住房保障体系的住房发展思路。

第一节　住房制度改革

上海的住房制度改革大体分三个阶段：1980—1990年为探索起步阶段；1991—1994年为全面推进阶段；1995—2010年为持续深化阶段。

1980年，上海明确要求企业事业单位职工的住房由本单位负责解决，有条件的部门和单位由内部挖潜，自建职工住宅，并每年从国家统建住宅中拨出一部分房屋，按质论价，出售给工厂企业、团体或个人，实行住房商品化试点。1986年7月，上海创办全国第一个住宅合作社“新欣住宅合作社”，探索城市居民采取互助方式解决住房问题的新途径。合作社所在单位住房困难职工可自愿参加，合作社建房资金由社员承担总造价的1/3，其余资金由社员所在单位资助和向银行贷款，住房的建造、分配和管理由合作社负责。

1988年2月，国务院印发《关于在全国城镇分期分批推行住房制度改革的实施方案》，明确提出住房改革的目标。同年3月，根据实施方案和全国住房制度改革工作会议精神，市政府成立上海市住房制度改革领导小组，下设办公室，组织力量对全市的住房情况进行调查，历时5个月，共完成167万余户调查，占租公房面积总户数93.8%。1989年2月10日，市政府办公厅转发市建委《关于本市“联建公助”建设住宅有关问题请示》，通过各区住宅建设主管部门把辖区范围内无独立建房能力的单位联合起来集资建房，并在建材供应和市政配套等方面给予资助，逐步实现住房商品化和“自住其力”(住房以自己的财力解决)。1990年，市政府组织有关部门研究制订《上海市住房制度改革实施方案(草案)》；市长朱镕基多次召开会议，研究确定住房制度改革的基本思路。同年9月，《上海市住房制度改革实施方案》通过媒体公布，发动市民讨论，80%居民参与了讨论。据对全市职工1%抽样调查，对房改方案表示赞成和可以接受的占84.6%，不赞成的占9.7%，持无所谓态度的占5.7%。

1991年2月8日，市九届人大常委会第二十四次会议通过《上海市住房制度改革实施方案》。实施方案明确的原则是：逐步实现住房商品化和自住凭其力；改变低租金、无偿分配住房制度，建立国家、集体、个人三结合筹资建设住房机制；推行公积金、提租发补贴、配房买债券、买房给优惠，建立房委会。同年3月10日，市政府印发实施方案。4月29日，市政府印发《上海市公积金暂行办法》《上海市公房提租和补贴实施办法》《上海市住宅建设债券发行和认购办法》《上海市优惠价房出售管理办法》《上海市住房委员会章程》等配套文件。1993年10月，经市政府批准，全市推出85幢5 760套成套独用公有住房作为出售试点。1994年5月，市政府批转《关于出售公有住房的暂行办法》，按照“购房自愿，产权归己，维修自理”的原则，凡成套独用、一般标准、作居住使用的公有职工住宅，除按照规定个别不能出售的情况外，均列入出售范围。1994年7月1日开始，市政府确定公有住房出售成本单价为902元/平方米建筑面积，实际计算时再乘以成新折扣、地段、层次、朝向调节系数和其他优惠折扣；职工家庭的住房按不同的人口或职级，有相应面积控制标准，超过面积控制标准部分实行市场价。

1995年10月，市政府印发《至本世纪末上海市深化住房制度改革规划》，提出以巩固完善公积金制度，积极推进租金改革，稳步出售公有住房，加快安居工程建设，推动上海的住房制度改革向纵深发展。1996年4月12日，市政府发布《上海市住房公积金条例》，同年7月1日起实施，以加强住房公积金管理，保障职工对住房的基本需求。1999年10月27日，根据国务院《进一步深化城镇住房制度改革加快住房建设的通知》，市政府发布《关于进一步深化本市城镇住房制度改革的若干意见》，提出以住房分配体制改革为核心，建立新的住房供应体系。停止住房实物分配，逐步实行住房分配货币化；逐步形成市场化、社会化的住房供应机制，对不同收入的职工实行不同的住房供应政策。住房实物分配停止后，各单位新建住房和腾空的可售公有住房原则上只售不租。

1999年11月26日，市政府发布《关于进一步推进本市公有住房出售的若干规定》，扩大公有住房出售范围，放宽公有住房出售的对象和条件，规定未领取房地产权证的独用成套公有住房，可以由专门机构代为出售。自2001年1月1日起，上海将新中国成立后竣工的独用成套多层和高层公有住房的成本价调整为每平方米建筑面积1 295元。2009年1月1日起，上海实行新的住房公积金个贷政策，对首次购房及为改善居住条件再次贷款购买第二套经认定的普通住房的职工家庭，将每户家庭基本住房公积金最高贷款限额提高到60万元。同时，将购买普通住房的最低首付比例调整至20%，鼓励和支持职工家庭购买自住住房。同年10月，上海推出《上海市职工提取住房公积金支付房屋租赁费用实施办法(试行)》，对包括廉租住房对象、经济适用住房承租户和通过市场租赁且房屋租赁费用超出家庭收入一定比例的家庭等三类对象，可以申请提取住房公积金账户储存余额，用于支付房屋租金。该政策的主要受益对象是上海市中低收入家庭，尤其是享受廉租房政策的职工家庭。

第二节　解困与住房保障

一、住房解困

中华人民共和国成立后，我国长期实行职工福利分房，至“文化大革命”结束，职工住房欠债太多。1987年3月，市长江泽民在市房管系统先进劳模座谈会上宣布：把解决人均居住面积2平方米以下特困户工作摆上市政府重要议事日程,并把先解决其中的6 000户列为1987年市政府为民要办的15件实事之一。同年4月27日,市政府批转市建委、市总工会、市房管局《关于解决人均居住面积2平方米以下特困户问题的报告》,在明确解决目标、解决渠道、解决房源与资金的同时,批准建立上海市解决居住特困户联席会议(简称"市解困联席会议"),负责审议平衡全市解决住房困难的计划、房源、资金等事项。市解困联席会议下设市住房解困办公室。当年10月,市政府下达的住房解困实事任务提前超额完成。1988年5月,市政府将"全面完成人均居住面积2平方米以下特困户的解困任务"列为当年市政府要办的9件实事之一。同年9月底,人均居住面积2平方米以下特困户的解困任务提前一季度完成。两年内共解决15 221户人均居住面积2平方米以下特困户。

1991年1月3日,市长朱镕基向市民宣布,"在三年以内解决人均居住面积2.5平方米以下特困户"。7月13日,市解困联席会议提出了三年解困目标和解困措施。1992年1月29日,市长黄菊要求,"提前一年全部解决人均居住面积2.5平方米以下特困户"。对无房源的单位,向全市房地产开发经营单位下达指令性任务,提供一定比例开发住房用作解困住房。同时,委托市居住区开发中心和有关区住宅建设部门,在已开发的住宅基地建设15万平方米多层住宅,专项有偿提供给无房源的单位用于解困。同年12月5日,上海解决人均居住面积2.5平方米以下特困户,比原定计划提前一年完成解困,共解决31 808户。

1995年6月29日,市政府在上海展览中心召开人均居住面积4平方米以下困难户解困工作动员部署大会。1995—1998年,全市连续三年超额完成市政府下达的住房解困实事任务,人均居住面积4平方米以下困难户累计解决63 862户,占解困总数的88.2%。1999年底,全市72 392户人均居住面积4平方米以下困难户全部解决,提前一年完成市政府住房解困任务。

1987—1999年,历时13年,上海通过实施住房解困,先后解决了市区人均居住面积2平方米、2.5平方米以下特困户和4平方米以下的困难户近12万户,直接受益居民近50万人。上海住房解困共投入资金约35亿元,解困用房建筑面积460万平方米。1995年9月,该项目在中国居住环境建设成就展览会上,获"最佳参展奖",1995年10月和1996年6月,又分别获"联合国人居奖"和"联合国百家最佳范例"。

二、住房保障

1998年7月3日,国务院下发《关于进一步深化城镇住房制度改革加快住房建设的通知》,明确要求在1998年下半年开始停止住房实物分配,逐步实行住房分配货币化。

1999年10月27日,市政府下发《关于进一步深化本市城镇住房制度改革的若干意见》,上海停止住房实物分配,实行住房分配货币化,逐步形成市场化、社会化的住房供应机制,对不同收入的职工家庭实施不同住房供应政策。

2007年12月,市政府下发《贯彻〈国务院关于解决城市低收入家庭住房困难若干意见〉的实施意见》,此后,编制印发《上海市解决城市低收入家庭住房困难发展规划(2008—2012)》,将住房保障落在实处。保障性住房作为上海住宅建设的重点,对其优先安排土地供应,确保加快建设、尽早供应。

2010年,上海基本建成以解决住房困难家庭的廉租住房制度、供应以动迁家庭为主的动迁安置房、以中低收入家庭为主的经济适用住房、面向阶段性居住困难的公共租赁住房"四位一体"住房保障体系。

【经济适用住房】

1998年，上海经济适用住房建设和配售工作启动。除部分集中建设外，主要由上海企事业单位利用自有存量土地立项建造经济适用住房，部分开发企业将空置的商品住房申请转化为经济适用住房。1999年11月25日，上海将已出售的经济适用住房与普通内销商品住房、侨汇房、售后公房、动迁房、职工住宅以及其他划拨土地上的住房交易，统一归并为内销商品住房交易。

2007年8月7日，国务院发布《关于解决城市低收入家庭住房困难的若干意见》，市委、市政府本着建立健全住房保障体系、解决中低收入家庭住房困难的宗旨，要求加大经济适用住房建设和供应工作力度，并形成相关政策制度。经济适用住房采取“共有产权”的运作机制：在经济适用住房出售时，参考周边普通商品住房房价，根据经济适用住房中政府直接或间接的各种投入和购房人的投入所占的不同比例，设定政府和购房人不同比例的产权份额，并在销售合同中予以约定。购房人按照规定5年后上市转让的，政府有优先购买权，购房人和政府按照各自产权份额，分配上市转让的总价款。

2008年1月21日，市政府印发《上海市解决城市低收入家庭住房困难发展规划(2008—2012年)》，明确在规划期内，累计筹集和建设廉租住房、经济适用住房2 000万平方米，占同期全市住宅建设总量的20%。同年8月15—16日，上海经济适用住房首批市级项目分别在徐汇区华泾基地、闵行区浦江基地和南汇区航头基地举行开工仪式。11月26日，市长韩正在浦东三林经济适用房基地，明确2008年经济适用住房建设项目列入市重大工程。2009年初，市政府确定在闵行、徐汇两区开展经济适用住房申请审核和轮候供应试点工作。同年6月24日，市政府发布《上海市经济适用住房管理试行办法》。

图6-3-2　2009年11月，徐汇、闵行两区率先试点经济适用房。图为闵行区经适房政策咨询点前市民咨询相关政策

2010年7月2日,市政府明确,凡新出让土地、用于开发建设商品住宅的建设项目,均应当按照不低于该建设项目住宅建筑总面积5%的比例配建经济适用住房。8月7日,市政府批转住房保障房屋管理局制订的《2010年经济适用住房准入标准和供应标准》,放宽经济适用住房准入标准:3人及以上家庭人均月可支配收入从2 300元调整为2 900元、家庭人均财产从7万元调整为9万元;2人及以下家庭人均月可支配收入和人均财产标准可上浮10%。至12月底,1 819户申请家庭完成签约购房,占选定住房户数的93.8%。上海初步形成一套较为完整的经济适用住房申请审核、轮候排序、销售供应等运行机制。

【廉租住房】

1999年,上海在完成人均居住面积4平方米以下住房解困工作基础上,在全国率先探索实施廉租住房制度。

2000年9月5日,市政府批转市房地资源局制订的《上海市城镇廉租住房试行办法》,并在长宁、闸北两区开展廉租住房试点。试点时的准入标准为:本市城镇户籍满5年、户籍所在地满2年;人均住房居住面积5平方米以下;收入符合城镇最低生活保障标准(当年为人均月可支配收入280元以下)。2001年6月7日,在徐汇、卢湾、杨浦、普陀、虹口、宝山、闵行、浦东等8个区扩大试点。2002年,把“全面实施廉租住房制度,改善最低收入住房困难家庭居住条件”列入当年市政府实事项目。全市19个区县的廉租住房工作全面推开。2003年3月31日,上海将廉租住房申请家庭的人均居住面积准入标准由原来的5平方米放宽到6平方米。同年12月24日,进一步放宽到7平方米。2004年1月13日,建设部召开全国建设会议,“上海实施廉租住房制度工程”被建设部授予中国人居环境范例奖。

图6-3-3 上海全面推进廉租房、经适房、公租房、动迁安置房“四位一体”的住房保障体系建设。图为宝山区顾村镇馨佳园项目签约现场

2005年,上海调整城镇最低生活保障标准,廉租住房收入准入标准同步调整为人均月可支配收入300元以下。2006年调整为500元以下,2007年调整为600元以下,2008年调整为800元以下。2009 年 11 月，上海将廉租申请家庭收入准入标准从人均月收入 800 元调整到 960 元以下，家庭财产准入标准从 9 万元以下调整到 12 万元以下。同年，国务院总理温家宝批示，认为上海不断放宽廉租住房准入标准做法值得重视。

2010 年 6 月 7 日，市政府印发《低收入家庭承租公有住房租金减免纳入廉租住房保障的暂行办法》，明确享受公有住房租金减免且家庭人均居住面积低于 10 平方米，享受民政部门最低生活保障的、烈属、因公牺牲军人家属，一至四级残疾军人或一至四级残疾军人的配偶等重点优抚对象和家庭，人均居住面积低于 10 平方米、人均月收入符合廉租住房申请条件的家庭可以实行廉租住房公有住房租金补贴；其补贴标准为应缴付的公有住房月租金与自负租金(即原实付租金)之间的差额。同年 8 月 9 日，市政府将廉租申请家庭人均月收入放宽至 1 100 元以下。至 2010 年底，全市廉租住房累计受益家庭达 7.5 万户。

【动迁安置房(配套商品房)】

2003—2005 年，配套商品房连续 3 年被上海市政府列为为民办实事项目。2005 年 3 月 26 日，副市长杨雄在全市房地产专题会议上宣布，确保 2005 年两个“1 000 万”的配套商品房和中低价位普通商品房的建设目标；实现可预售 2 000 万平方米，将以配套商品房为主的中低价普通商品住房供应占供应总量的比重提高至 65%。配套商品房除了明确原有的嘉定江桥镇、宝山顾村镇、闵行浦江镇基地的扩大选址外，增加了宝山罗店镇、浦东曹路镇和南汇航头镇等基地。从开始兴建配套商品房起至 2005 年底，全市共开工建设动迁安置房 2 072 万平方米，搭桥供应 1 587 万平方米。“十五”期间(2001—2005 年)，结合市重大工程和旧区改造，全市共拆迁各类旧房 2 765.9 万平方米，动迁居民 32.8 万户。其中，改造二级旧里以下房屋 700 万平方米，受益居民约 28 万户，基本完成了新一轮旧区改造任务。

2008 年，全市新开工动迁安置房 538 万平方米，搭桥供应 674 万平方米。2009 年，配套商品房更名为动迁安置房，正式将其作为解决上海旧区改造中中低收入动迁居民家庭住房困难的主要途径。2009 年，全市新开工动迁安置房 836 万平方米，搭桥供应 558 万平方米，完成投资 207.93 亿元。2010 年，全市新开工动迁安置房 806 万平方米，搭桥供应 772 万平方米，完成投资 361.07 亿元。

“十一五”期间(2006—2010 年)，结合“迎世博”，上海继续抓紧推进成片二级旧里以下房屋改造，结合大型居住社区建设开工建设动迁安置房 3 260 万平方米，搭桥供应 3 168 万平方米，满足市重大市政和重点旧改项目的动迁需要。全市共改造成片二级旧里以下房屋 343 万平方米，受益居民约 12.5 万户。

【公共租赁住房】

2009 年 8 月 23 日，市政府印发《关于单位租赁房建设和使用管理的试行意见》，对利用单位(园区)自用土地建造人才公寓、职工宿舍以及利用农村集体建设用地建造公共租赁住房的行为予以鼓励和规范。

2010 年 9 月 4 日，在广泛听取各方建议、公开征求市民意见的基础上，市政府发布《本市发展公共租赁住房的实施意见》。公共租赁住房制度将全市住房保障覆盖面从户籍人口扩大到有基本稳定工作的本市青年职工、引进人才和来沪务工人员等城市常住人口。申请公共租赁住房的人员不设收入线，不设上海户籍，但应当具有《上海市居住证》2 年以上，连续缴纳社会保险金 1 年以上，并且已与市内就业单位签订一定年限的劳动或工作合同。公共租赁住房租金略低于市场水平,实现有期限的租赁合同,总共年限一般不超过6年。同年9月30日,市政府印发《关于鼓励本市国有企业集团利用存量工业用地建设保障性住房的若干意见》,规定国有企业集团产业“退二进三”项目建设的保障性住房可以用作廉租住房、经济适用住房、公共租赁住房及动迁安置住房等。

第四章　社会救助

政府社会救助工作包括实施基本生活救助，具体是实施城镇最低生活保障和农村低保及“五保”老人供养；实施医疗、教育、就业等专项救助与流浪乞讨人员救助；开展社会帮困互助；促进社会慈善事业发展。

中华人民共和国成立初，在百废待兴、财政困难的情况下，面对遗留的数以百万计的灾难民、失业人员和城市贫民，上海市政府贯彻“生产自救、群众互助、辅之以政府必要的救济”方针，资助40万灾难民回乡生产，组织以工代赈的灾民10万人左右；对无依靠、无生活来源的孤老残幼进行收养。1952年后，制订救济办法，逐步完善救济制度，生产自救组织分布城乡各地。1956年对私改造完成后，郊县农村实行“五保户”制度，生活得到基本保障。1963年开始，对国民经济调整时期精简退职老弱残职工实行救济。“文化大革命”期间，社会救灾救济工作受到干扰，停滞不前。

1978年改革开放开始，由于经济社会不断发展、社会多元，上海民政救济对象范围逐步扩大，救济标准有所提高。农村实行联产承包制后，全市开展以扶持发展生产为主、形式多样的扶贫工作。至1997年，郊县(区)已脱贫1 176户，在扶4 689户。尚有“五保”老人4 642人，采取进敬老院和分散供养的办法，安度晚年。90年代中期，企业实行合资、股份制，产业结构调整，企业大量职工下岗、待业，城市居民中困难群体增多。为保持社会稳定和改革发展的顺利进行，上海在全国各省、市率先制定城镇居民最低生活保障线，明确以经济状况确定社会救助标准，建立和完善新的救助运行机制。至1997年底，全市城镇社会救助对象达48.2万人。2003年，国务院颁布办法，改收容遣送为社会救助。改革开放后，上海慈善事业活动包括“蓝天下的至爱”、慈善助学、慈善助医、慈善帮困、支援困难地区和困难灾区、发行福利彩票。

截至2010年底，全市有各类救济对象43.84万人。其中，城镇35.37万人，低保标准每月450元；农村8.11万人，低保标准年3 600元；“五保”供养对象3 600人。由于基本医疗保险制度与补充医疗保障制度的建立，总体上缓解了低收入家庭大病重病引发的困难。2005—2010年，全市义务教育帮困助学47.91万人。2003—2010年底，全市救助站救助各类人员22万人次。2010年，全市登记的慈善组织1 500多家。

第一节　实施基本生活救助

一、城镇最低生活保障

【完善最低生活保障制度】

1978年中共十一届三中全会后，“文化大革命”前的社会救济逐步恢复，上海市救济制度逐步完善，救助对象范围逐步扩大。80年代，劳动者主要通过单位获得保障，其家属生活困难，由单位给予定期或临时补助。市政府对社会孤老残幼“三无”人员、享受原工资40%的精简退职回乡老职工实行救济，对农村五保户实行供养；对散居市内的归侨、外国在沪侨民、宽释人员、残疾知青、起义投诚人员、平反纠错人员、右派摘帽人员、港台回归人员、潘案人员(潘汉年错案涉及人员)、特赦托派人员等16类人员进行救济,各类人员的救济标准不尽相同。救济标准1978年每人每月12—60元,至1992年提高到每人每月83—148元。

90年代初,随着产业结构调整和国企改制,出现职工失业下岗,部分职工生活困难,困难群体增多。市政府组织探索与经济体制改革相配套的社会保障和救济制度。1993年1月,市政府批转市民政局等部门《关于解决本市市区部分老人生活困难的意见》,将"靠企业职工遗属补助的孤老;独生子女判刑期间无经济来源的;子女残疾虽有工作,但只能维持其自家生活的;独生子女残疾无业,媳妇或女婿虽有工作但孙辈尚未参加工作"等4种情况的生活困难老年人纳入民政救济范围,要求区或街道建立"生活困难老年人救助基金",用于以上4种情况生活困难老年人的临时性补助。同年4月,市政府要求民政等部门制定一条随物价指数进行调整的最低生活保障标准线,作为全市统一的实施困难补助的基本标准,最终决定建立城镇居民最低生活保障线(月人均120元)和职工最低工资标准线(月人均210元)。5月7日,市民政局、市财政局、市劳动局、市人事局、市社会保险局、市总工会发出《关于建立本市城镇居民最低生活保障线的通知》,6月1日起实施;城镇居民最低生活保障资金分别由政府和单位承担,形成了我国最早的地方性最低生活保障制度。

1996年11月,市政府发布《上海市社会救助办法》,对确定和调整最低生活保障标准的原则和程序,社会救助经费的来源、使用、管理、监督和相关人员的法律责任作出规定。1997年4月,市民政局制订《关于实施〈上海市社会救助办法〉的若干规定》,对城乡最低生活保障的规定作了细化。1998年7月,市政府开始试点改革低保金负担方式,将全市108家困难企业职工家属纳入政府的最低生活保障范围。1999年10月,将原来由企业承担的职工定期生活困难补助纳入统一的政府救济范围。至此,上海城镇低保在制度上实现最低生活保障对象的基本覆盖,上海社会救助制度为建立独立于企事业单位的社会保障体系创造了基础条件。

截至2001年,全市城镇低保对象从改革之初的8 000多人增加到33.8万人,约占全市城镇人口的3.4%。上海城镇低保对象包括:"三无"人员;领取失业保险金或失业保险期满仍未能重新就业,家庭人均收入低于最低生活保障标准的居民;在职人员在领取最低工资、下岗人员领取基本生活费、离退休人员领取养老金后,其家庭人均收入仍低于最低生活保障标准的居民;原民政部门负责的特殊救济对象;全市所有在职职工、下岗职工、失业人员、离退休人员家庭人均收入低于低保标准的全部纳入政府的救助范围。

截至2010年底,全市各类救济对象43.84万人,其中,城镇居民最低生活保障对象35.37万人(含城镇重残无业人员2.9万人)。全市各级政府支出城镇最低生活保障金13.27亿元。上海最低生活保障标准建立经过多次调整:1992年的标准调整,综合运用市场菜篮法和恩格尔系数方法;1997年标准调整,依据社会人均实际生活水平、维持最低生活水平所必需的费用、物价指数和经济发展水平及财政状况。1993—2010年,上海先后14次调整城镇低保标准,城镇低保标准从最初的每月120元提高到2010年的每月450元。

【健全社会救助机制】

1997年,市政府组织建立社会救助"一口上下"的机制,各区县成立社会保障委员会等综合保障协调机构。全市313个街道(乡镇)全部建立社会救助管理所,使用社会救助计算机网络管理系统。

2002年,市政府印发《关于进一步加强本市社会救助工作的意见》,提出健全、完善现代社会救助体系:以"应保尽保"作为基本目标,以分类救助实施针对性的救助保障,包括医疗救助、教育救助、住房救助、就业救助等。管理上由民政归口、统分结合，运作上依托街镇“一口上下”；即一个口子向上申请，所有的救助款物通过一个口子向下发放，救助信息也通过“一个口子”实现汇总，所有救助资金均通过银行卡实施社会化发放。

鉴于居民经济状况核查是实施救助的基础，上海建立面向全市居民家庭的收入、财产支出核对的综合信息处理平台和核对办法。2007 年，浦东新区和卢湾区进行经济状况核对工作试点，次年在全市各街道乡镇展开。信息平台建设的重点是建立“电子比对专线”，涵盖全市民政、人保、公安、经信委、统计、税务、房地、工商管理、交通、银行、证券、银监、保监、公积金等 14 个部门和单位，把相关经济状况收入信息通过核对系统进行最大效率的整合和利用。

二、农村低保和“五保”供养

【建立农村最低生活保障制度】

上海郊区农民在城乡二元的保障结构中，主要依靠传统的家庭养老和土地保障。90 年代起，随着经济建设和城市化进程加速推进，农村人口转城市人口的速度加快，青壮年大批居住迁移，加速了农村人口老龄化，农村社会救助的迫切性日益突出。

在实施城镇低保制度的同时，市政府积极建立农村居民的最低生活保障制度。1994 年 5 月，市政府批转市民政局、市农委《关于做好本市农村扶贫工作的意见》，对全市农村扶贫工作原则、扶贫对象范围、扶贫线标准和扶贫资金来源作了规范性要求，启动了农村最低生活保障标准。该保障 1996 年被纳入市政府发布的《上海市社会救助办法》。2002 年，市政府批转市民政局、市财政局、市农委《关于确保本市郊区农村居民最低生活保障的意见》。此后，在多次调整完善农村低保标准的同时，农民医疗和农民子女教育方面的救助得到一并考虑。

1994 年起，上海对农村与城镇年低保标准实施按比例联动调整。1994 年，上海农村低保标准分为近郊 850 元/年、远郊 750 元/年、海岛 700 元/年 3 档。到 2001 年，农村低保标准经过 8 次调整，分别达到 2 200 元/年、2 000 元/年、1 800 元/年。2002 年，农村低保标准由原近郊、远郊、海岛三条标准线归并为郊区、海岛两条标准线，并且确定城镇与农村郊区最低生活保障标准比例为 1.5∶1，城镇与农村海岛最低生活保障标准比例为 1.7∶1，实施联动调整。2005 年，将农村两条保障线归并为全市统一的农村最低生活保障标准，并确定按照农村低保标准与城镇低保标准 1∶1.5 的比例关系，调整农村低保标准。2008 年，根据联动调整原则，农村低保标准调整为 3 200 元/年。到 2010 年，上海农村低保标准历经 10 次调整，提高到全市农村统一的 3 600 元/年。

上海农村低保资金的来源，1994 年由县(区)、乡(镇)、村三级按照 4∶4∶2 的比例落实，所需经费分别列入各级财政预算。1999 年开始，农村低保资金改为由县(区)、乡(镇)各承担 50%。2002 年，为促进农村地区应保尽保目标的落实，市政府对经济薄弱的奉贤、南汇、金山三区和崇明县给予低保资金 30%的补贴。2006 年，对崇明县补贴比例提高到 50%。

【变革“五保”供养】

80 年代改革开放后，上海农村“五保”供养工作经历了重大变革，从农村老、弱、孤、寡、残社员的救济补助，发展到建立包吃、包穿、包住、包医、包葬的“五保”供养制度；从以生产队为单位、公益金供给，发展到村提留、乡统筹的供给制度；从农村集体福利发展到由财政供养的国家福利。

改革开放之初，农村救济工作基本按照《农村人民公社工作条例(试行草案)》的规定，将农村老、弱、孤、寡、残社员列为“社队供给对象”:由公社、大队补助,救助以实物为主,水平较低;生产队提供粮食和烧柴,公社、大队从公益金给予一定补助。此为农村“五保”制度的雏形。1982年3月,上海完成农村“五保”对象的普查、评定。1983年,全市58个公社创办收养“五保”对象的敬老院,收养1 000余人。

1994年,国务院颁布《农村五保供养工作条例》,农村“五保”对象规范为:无劳动能力,无生活来源,无法定扶养义务人或者虽有法定扶养义务人,但是扶养义务人无扶养能力的老年人、残疾人和未成年人。“五保”对象供养标准为不低于当地村民的一般生活水平,供养“五保”对象所需经费和实物,由村级经济提留或者乡统筹经费中列支。全市5 000余名“五保”供养对象中,近50%入住乡镇敬老院;分散供养的,由所在乡镇帮助提供住所和生活照料。1996年,“五保”老人年人均生活供养标准达到2 000元。2005年,上海集中供养老的五保户平均供养标准为年人均4 326元。

2006年,国务院修订《农村五保供养工作条例》,上海农村“五保”供养资金由原村、乡负担转变为各级政府财政预算安排,主要由区县财政承担。这样,集体福利制度由此提升为国家福利制度。供养标准从“不应低于当地村民的一般生活水平”,提高到“不得低于当地村民的平均生活水平”。2007年,上海农村“五保”对象日常生活费标准为每人每年5 460元。在医疗、教育、住房、丧葬等方面都有专项保障措施,其经费由财政按照实际支出列支。

截至2010年底,上海农村最低生活保障对象8.11万人(含农村重残无业人员1.23万人),农村“五保”供养对象0.36万人。各级政府支出农村最低生活保障金1.27亿元,“五保”供养资金0.27亿元。

第二节　实施专项救助

一、医疗救助

2000年1月,市政府制定的《上海市城镇职工基本医疗保险办法》实施。截至2010年,上海已建立以基本医疗保险为主体、补充医疗保障为辅助、医疗救助为扶助的医疗保障体系,缓解了低收入家庭由于大病重病所引起的突出困难。

【民政传统救济对象的医疗补助】

1982年,市民政局印发《关于改进城市贫民医疗补助办法的意见》,按照“自行就医、重点补助”的方针,对社会救济户、社会困难户的急重病治疗进行补助。1990年,市民政局印发《上海市贫困市民急病医疗困难补助办法》,对享受民政部门定期定量救济的传统救济对象进行了医疗困难补助,对象范围限定于享受政府特殊救济待遇的民政传统救济对象。

【建立制度性医疗救助】

1997年,市政府要求民政部门开展医疗帮困工作,并由市财政拨款500万元,专项用于特困家庭的医疗补助。由于资金总量限制,对特困患大病重病人员的补助只能是当年底一次性的,受益人数仅限数千人。2000年,上海首次通过福利彩票公益金出资1 000万元,用于医疗救助,将救助对象从城镇特困家庭扩大到农村贫困户。

2000年10月20日,市政府发布《上海市城镇职工基本医疗保险办法》,同月31日,市政府印发

《关于促进本市发展多层次医疗保障的指导意见》，明确医疗救助工作由民政部门按照“一口受理”的原则归口管理。随后，市政府办公厅发出《关于加强本市职工医疗互助救助工作的通知》，要求在多层次医疗保障体系中，通过医疗救助给予低收入困难职工和因病致贫人群必要的帮助。同年，市政府将医疗救助资金 5 000 万元列入财政预算。其中，市财政 3 000 万元，市医保基金 1 000 万元，市福彩基金 1 000 万元。2001 年，市民政局、财政局和医保局相继制定医疗救助工作一系列政策措施。全市医疗救助资金总额比上年增加近 5 倍，市级医疗救助资金为 5 000 万元，区县按不低于50％的比例配套。

2001 年，上海首先将低保家庭中部分患大病重病人员和低收入家庭中患大病重病的医保对象纳入医疗救助范围。2005 年，将城镇低保家庭及低收入家庭成员全部纳入医疗救助范围；2007 年，对城乡低保家庭子女参加少儿住院医疗互助基金个人缴费实施减免；2008 年，将农村低收入家庭成员发生大病重病影响基本生活的纳入医疗救助范围。至此，全市医疗救助政策实现城乡低保、低收入家庭的全覆盖。2010 年，上海支出的医疗救助资金为 2.38 亿元。

二、教育救助

1999 年，市教委制定办法，对全市中小学生实行规范的学杂费减免和助学金制度，当年有 6 027 名中小学生得到帮助。同时，对在上海高院校就读的大学生开展帮困。2000 年，全市教育部门为贫困学生减免学杂费和发放助学金 2 154 万元，为上海高校的贫困学生支出约 1 007 万元高校帮困资金。2001 年，闸北区成立久隆模范中学，吸收接纳久隆电力公司及其他社会资金，免费接纳该区困难学生接受高中阶段教育；奉贤区教育、民政、残疾三个部门联合兴办惠敏学校，免费接纳残疾儿童住宿就读。同年 9 月至该学期结束，全市共有 11 026 名中小学生得到学杂费减免和助学金补助的教育帮困。2005 年，上海开始对城乡低保和低收入家庭中九年义务教育制学生实行“两免一补”（免杂费、免书簿费、补助生活费），并实现助学帮困责任主体从学校到各级政府的转移。2005—2010 年，全市义务教育帮困助学 47.91 万人次。

三、救助与就业联动

2002 年，上海推出低保家庭中有劳动收入人员基本生活费抵扣标准的政策。从 2005 年 1 月起，将低保家庭中有劳动收入人员基本生活费抵扣标准改为就业补贴标准；即在低保标准的基础上，按月增发一定的就业补贴费。在计算家庭收入时先按照就业生活补贴标准从其本人实际收入中先予扣除，以降低准入低保保障的门槛，促进困难人员自立脱贫。与此同时，对低保家庭中的就业年龄段内且有劳动能力的人员，在享受最低生活保障时就业上岗后给予一定的照顾，以达到促进就业、稳定岗位的目的。同时，实施救助渐退政策，对政府托底安置而退出低保的家庭，一次性发给 6 个月的低保金补差；对自谋职业而退出低保的家庭，一次性发给 12 个月的低保金补差。

四、实物帮困

1994 年，针对主副食品上涨情况，市政府决定根据城镇居民生活指数，对各类优抚对象、各类定期定量对象、享受“一老养一老”定期困难补助的离退休人员实施实物补助，给予10公斤米、0.5公斤油、0.5公斤糖等实物。至年底，实施对象增加了60周岁以上无固定单位无固定收入的老年人。1995年7月，市政府决定改革全市的主副食品补贴机制，将城市粮油补贴政策由“普遍补”改为“特殊补”，向本市城镇家庭人均收入低于230元的低收入家庭发放粮油帮困卡，可以领取价值15元的粮油制品。粮油帮困卡价值1996年调整为20元，1997年调整为25元。

图6-4-1　1995年，上海实施城镇低收入居民实物补贴和粮油供应帮困卡措施。图为帮困粮油供应点

随着社会帮困的力度逐渐加大，城乡低保低收入家庭的生活困难得到一定的缓解。1999年，上海进一步规范粮油帮困卡发放范围，将粮油帮困卡对象调整为城镇低保家庭中的老、弱、病、残等7种对象。2005年，将城乡低保低收入家庭粮油帮困卡标准调整为40元，对城乡低保低收入家庭中老年人实行临时帮困措施的仍发放15元粮油帮困卡，一并归入粮油帮困制度，实际标准按照1994年实施该制度时文件确定的供应量。直到2010年，虽多次调整折算价格但供应量不变，确保困难对象足量领取帮困粮油。

五、流浪乞讨人员救助

1982年，国务院颁布《城市流浪乞讨人员收容遣送办法》，民政部、公安部印发《城市流浪乞讨人员收容遣送办法实施细则(试行)》。1992年12月，市人大常委会通过《上海市收容遣送管理条例》。2003年6月20日，国务院颁布《城市生活无着的流浪乞讨人员救助管理办法》。同年7月21日，民政部印发《城市生活无着的流浪乞讨人员救助管理办法实施细则》，将原强制性收容遣送改为关爱性救助管理，建立以自愿受助、无偿救助为原则的新型社会救助制度。

救助管理工作是对城市生活无着的流浪乞讨人员实行临时性社会救助措施，主要解决其临时生活困难，并帮助其返回家庭或所在单位。2003 年 7 月 23 日，市政府下发《关于做好本市生活无着的流浪乞讨人员救助管理工作的通知》，明确市、区县民政局负责此项救助工作。同年 8 月 1 日，原市收容遣送站与 14 个区县收容遣送站全部更名为救助管理站。同时，原没有设站的 5 个区县也全部建立救助管理站。2004 年，市公安、民政、卫生、建设、环卫、市容等部门下发一系列文件，构建市、区县、街道(乡镇)三级救助管理服务网络。各救助管理站通过硬件改造，设立阅览室、棋牌室、电视室、淋浴房等，改善救助对象生活环境；对受助对象中行动不便的老年人、残疾人、智障人员提供生活照料服务；对遭遇挫折和困难的受助人员提供相关法律咨询和进行心理疏导；对返回原籍的提供车船票。

从 2003 年 8 月到 2010 年底，全市救助管理站共救助各类人员 22 万人次，其中 18 周岁以下未成年人 31 940 人次。

第三节　开展社会帮困互助

一、社区市民综合帮扶

从 80 年代开始，上海普遍开展节日“帮困送温暖”活动。90 年代，每年元旦、春节前夕，市政府召开帮困送温暖大会并发文，对“帮困送温暖”工作作出部署，市、区县、街道乡镇各级领导走访慰问贫困家庭，社会各界开展形式多样的助困活动。“帮困送温暖”活动形成了制度。

2001 年，市政府明确“民政牵头、部门尽责、依托社区、社会参与”的节日帮困互助工作体制。全市充分利用救助帮困“一口上下”运行机制的功能，以街道救助所为平台，将民政、劳动、工会、妇联、两新组织、统战、红十字会、慈善基金会等部门的帮困政策资源进行调度和整合，将各个条线的帮困名单与居(村)委上报的帮困对象进行比对，分门别类落实到每一户困难家庭，使各项帮困措施落实到位。上海其他各类社会互助活动也在救助帮困中发挥重要作用，如工、青、妇等组织政社联动。通过政府救济与社会互助相结合、社会募捐与结对帮困相结合，上海建立和完善全社会普遍参与帮困工作的长效机制。

政府部门和各社会团体在综合帮扶中，开展多种形式有效活动。其中，有市红十字会的“千万人帮万家”、市慈善基金会“蓝天下的至爱”“慈善助学”、市老年基金会“关爱老人”和市民帮困基金会对因病因灾困难市民的帮扶等活动。1996 年，上海广泛开展“一对一”的结对帮困，有 4 522 个单位帮助了 1.5 万名特困对象。1999 年，全市有 2 万多家单位和个人与 2.5 万余困难对象结对帮困。同年，全市建立各类帮困基金，总额达 21 508 万元。1999 年元旦、春节期间，全市慰问各类社会救助对象 13 万人次，各级财政、社会各界支出救助经费和社会帮困资金 3 500 余万元。

2006 年，市民政局发出《关于开展社区市民综合帮扶试点工作的通知》，在杨浦、黄浦等 4 区进行试点，针对社会救助政策无法覆盖或政策覆盖后还有特殊困难的家庭，运用特定帮扶形式给予资金、实物或劳务帮助。2007 年，11 个区县从资金、政策、信息上给予支持，共筹集 2 218 万元资金，帮扶人数 6 609 名。2008 年，市民帮困互助基金会募集 3 000 多万元资金，指导区县以“个案帮扶为主，项目帮扶为辅”，在各区县和农场局所属社区成立爱心帮扶服务社，把部分市民生活、医疗、教育等方面特殊困难化解于社区。2010 年，全市进一步加大工作力度，形成对城乡低保制度和医疗、教育、住房等单项救助政策的补充，实施综合帮扶 14.22 万人次，支出帮扶资金 7 830 万元。

二、建立经常性社会捐助网络

2001年,上海建立经常性捐赠接受网络的试点。2003年,在扶贫济困送温暖动员大会上,市政府提出要探索社会捐赠工作长效机制。自2004年起,在普陀区9个街镇进行经常性社会捐助接收点试点基础上,上海探索以政府购买服务,委托民间组织具体运作的形式,开展社区经常性社会捐赠接收点的推广,以方便群众随时就近捐赠。随着社会捐赠工作的发展,社会可动员的资源以及愿意参与社会互助的人数不断增加。截至2008年底,全市累计在19个区县先后建立306个经常性社会捐赠接收点,基本实现各区县的全覆盖。华东师范大学成立的经常性社会捐赠点"慈善爱心屋",成为在高校推广的一种有效的助困模式。

第四节　发展慈善事业

一、建立慈善组织

改革开放之前,上海的慈善组织很少,具代表性的是上海市红十字会。80年代初起,现代意义上的慈善事业产生。1984年11月,为残疾人服务的非营利性社会团体——上海市残疾人福利基金会成立。同年12月,上海市老年基金会成立,其募集资金主要资助老龄事业,帮助困难老人。1986年,由中华人民共和国名誉主席宋庆龄所创办的中国福利会发起的上海宋庆龄基金会成立,围绕教育、文化、医疗卫生等社会领域开展公益活动。进入90年代,上海的慈善事业在政府倡导和推动下,发展较快。

1994年5月,上海市慈善基金会成立,其宗旨为"安老、扶幼、助学、济困"。同年10月,上海市青少年发展基金会成立,主要是动员社会力量参与希望工程,服务西部和上海对口帮扶地区的青少年教育。1995年4月,上海市拥军优属基金会成立,依托社会力量为部队官兵和优抚对象做好事、办实事。此外,上海还有一大批慈善类的非公募基金会、基金,民办非企业单位、社会团体,如市慈善基金会以已故副市长倪天增名义、面向单亲和残疾人家庭设立的"倪天增慈善教育基金"和2005年以市委原第一书记陈国栋名义成立的"国栋慈善助学基金"。2006年成立的上海市安济医疗救助基金会,向社会中最贫困、最弱势的人群提供医疗救助、健康教育及赈灾救援。2008年成立的上海真爱梦想公益基金会,致力于推动素质教育发展。截至2010年底,全市登记的慈善组织达到1 500多家。

从2000年起,市政府把发展慈善事业写入上海国民经济和社会发展"十五"计划纲要、"十一五"规划纲要。2010年,市委办公厅、市政府办公厅印发《上海市慈善事业发展指导纲要》,此系上海市首个有关慈善事业的发展纲要。该纲要充分肯定了改革开放后上海慈善事业在赈灾、扶老、助残、救孤、济困等方面发挥的重要作用,明确了上海慈善事业发展的指导思想、主要目标和基本原则,提出了今后发展慈善事业的任务和措施。

二、开展慈善活动

【"蓝天下的至爱"活动】

1995年起,每年元旦、春节期间,上海市慈善基金会都集中开展"蓝天下的至爱"新年慈善系列活动。活动内容包括新年慈善音乐会、万人上街募捐、春节万户助困、爱心全天大放送、慈善大乐园、大型慈善晚会、情暖孤残儿童以及各种义演、义拍、义卖、义诊、义赛等，吸引社会各界参与捐款，奉献爱心。每年募集基金均超亿元。市、区（县）政府分管领导参加启动开幕活动。1996 年开始，上海市慈善基金会创立“慈善一日捐”活动，一年内募捐超千万元。此后这一形式成为全市各级党政机关和许多企事业单位募捐的经常形式。

【助学助医助困】

慈善助学　截至 2009 年 5 月，上海市青少年发展基金会为全国援建希望小学 1 800 余所、救助失学儿童 13 万人次，培训希望小学教师 1.86 万名、捐赠希望书库、三辰影库 3 032 套。上海市慈善基金会设立“中华慈善教育基金”“倪天增慈善教育基金”等专项教育基金，发动单位和市民与困难学生结对助学，组织国际友人捐资助学，实施“爱心午餐”和“助你回家看看”等形式助学。

慈善助医　2002 年 1 月，浦东新区政府和上海市慈善基金会浦东办事处发起建立上海浦东慈善医院，这是中国大陆首家和上海唯一一家完全依靠社会力量支持运作的慈善医院，经民政部门认定符合条件的弱势人群，每年可享受 800 元的免费医疗。该医院成立十多年，慈善医疗服务的受惠人群达 40 万人次。

慈善助困　1997 年，为配合政府的再就业工程，市慈善基金会推出万人慈善教育培训项目、万人慈善医疗救助项目。自此，年年实施春节万户帮困和“温暖送三岛”（崇明、横沙、长兴三岛）活动。同时，建立嘉定区众仁花苑、慈善服务中心众仁老人乐园、金山众仁护理医院、闵行众仁伤残儿童康复中心等。众仁乐园为市慈善基金会和市民政局出资兴办的慈善安老实体改扩建工程，市政府将其作为“十一五”（2006—2010 年）规划建设养老床位的组成部分。

【支援贫困地区和灾区】

1986 年秋，政府组织上海市民捐募寒衣，支援云南、贵州、四川、广西灾区，捐得衣物 602 万多件，达 237.5 吨。1991 年，江苏、浙江、安徽和上海市郊部分地区遭受严重涝灾，上海各界捐赠衣被 2.15 万吨，价值 2 026 万元的各类物资 4 512 吨，捐款 3 700 万元，救援灾区。1998 年抗洪救灾中，

图 6-4-2　2008 年冰雪灾害期间，上海市慈善基金会在火车站紧急发出爱心专列支援灾区。图为杨浦区捐赠发运仪式

上海市共捐款 1.7 亿元、衣被价值 1 912 万元。2003 年抗击“非典”中,上海共捐款 3.752 亿元。2004 年援助印度洋海啸灾区,1 个月内上海捐款总数达 7 788.7 万元。2008 年汶川特大地震抗震救灾中,短短的几个月,上海捐款 25.25 亿元,累计接收救灾物资折价约 2.52 亿元。2008 年 10 月,在全国开展“捐赠衣被、温暖灾区”活动时,上海集中为地震灾区捐款 5 100 多万元,筹集衣被 700 多万件。

2009 年 1 月,召开首届上海慈善大会,市政府为参与慈善事业的民间组织、企业及个人设立颁发“上海慈善奖”和“抗震救灾捐赠特别奖”,共有 106 个单位及个人获奖。2009—2010 年,全市有 12 位爱心捐赠个人、21 个爱心捐赠企业、15 个优秀慈善组织、30 个优秀慈善项目和 12 位慈善行为楷模受到表彰。

三、发行福利彩票

1987 年 7 月 28 日,经市政府批准,成立上海市社会福利有奖募捐委员会及其办公室。1995 年 6 月,成立上海市福利彩票发行中心。上海从 1987 年 7 月起,试发行社会福利有奖募捐券(1995 年 1 月更名为福利彩票),此后坚持“安全运行、健康发展”的工作方针,成功举办即开票“大奖组”,首创“网点销售、电视开奖”的“上海风采”套票,建立全国第一个电脑福利彩票全热线系统。

按照“扶老、助残、救孤、济困”的福利彩票发行宗旨,市民政局等部门对需要资助的社会福利事业、公益事业项目进行严格审查、跟踪审计,确保公益金安全投入使用。1987—2010 年,全市福利彩票所筹集的公益金共计 65 亿元。其中,上缴国家财政 30 亿元,留存市级公益金 24 亿元,留存区县公益金 11 亿元;投入资助民政福利设施项目超过 4 000 个,受助困难群众 280 万余人次。投入项目主要为城乡社会福利设施建设、优抚安置设施建设、流浪乞讨人员救助设施建设、社区服务设施建设和其他设施建设,资助项目有扶老类、助救类、救孤类、济困类以及其他社会公益事业项目。

第五章 社 会 事 务

民政部门的社会事务管理，主要是发展社会福利、双拥优抚、民政专项事务、社会组织管理等。

社会福利事业包括孤残儿童福利事业、养老服务事业、残疾人保障事业、扶持福利企业。上海解放初，对原福利机构进行接管、整顿和改造，予以安置、收容残老、孤幼、游民。上海在50年代后期，逐步实行救济与收容教养分离。1963年，提出对残疾儿童实行“养、治、教”三结合方针。1978年中共十一届三中全会后，上海倡导并扶持区(县)、街道和乡镇兴办各类福利事业。区县社会福利院、街道敬老院、残疾儿童日托所、精神病工疗组等相继开办。上海福利事业也逐步由供养型转变为供养与康复相结合，由国家独办转变为国家、集体、行业、民间共同办。2007年底，全市福利企业参保42 858人。2010年底，上海共有市级儿童福利机构7家，养老机构625家，残疾人服务机构2 000多家。

中华人民共和国成立后，逐步建立和完善“国家、社会、群众”三结合的优抚制度，“民拥军、军爱民”蔚然成风。烈属、军属得到国家和社会的优待抚恤，革命伤残军人得到妥善安置。“文化大革命”期间，有些优抚对象遭到诬陷和迫害。中共十一届三中全会后，上海扩大优抚范围，不断调整提高优抚标准。1979—1997年，全市抚恤事业费共计24 277万元。同时，上海加强烈士褒扬工作，建立和健全优抚法制，并广泛开展创建拥军优属、拥政爱民模范城活动，从社区到工厂普遍建立拥军优属服务网络；在全国率先建立省市一级的拥军优属基金会，实现优抚工作法制化、经常化、社会化。截至2010年，全市绝大多数区县获得“全国双拥模范城(县)”称号。

民政专项事务管理方面。1952年，上海开始进行婚姻登记，成立市、区县专门登记部门。2001年，上海实现国内婚姻全市联网登记。2004年成立上海市婚姻登记中心。1978—2010年，全市办理结婚登记412万多对、办理离婚44.7万多对；办理涉外、涉侨、涉中国港澳台结婚登记62 847对。

社会工作方面，1993年，上海成立市社会工作者协会。截至2006年，全市4 743人取得社会工作者职业资格。2010年底，全市有社工机构41家。

殡葬管理方面，中华人民共和国成立初，市政府对公墓、火葬场、殡仪馆制定管理规则。80年代中期，火葬场改名殡仪馆。90年代初，上海依法平迁私建坟墓复耕土地。中期起规范丧葬用品市场，打击非法“殡葬一条龙服务”。政府倡导葬式改革，骨灰安置多样化。截至2010年底，上海共举办164次骨灰撒海活动。同时，上海推广壁葬、塔葬、树葬、草坪葬、花坛葬。

上海解放初，政府对社会团体管理由市民政局负责，主要是社团清理登记。1999年，成立上海市社会团体管理局。2000年开始，进行民办非企业单位登记。截至2010年底，上海共有社会组织9 900个。

第一节 发展社会福利

一、推进孤残儿童福利事业

1978年后，在市、区县政府主导和社会团体参与下，孤残儿童福利事业得到迅速发展。1992年

4 月《中华人民共和国收养法》颁布实施后,收养工作归口民政部门管理。

市政府先后于 1997 年批转《关于扶持上海民政事业发展的若干意见》,2001 年批转《关于加快实现上海社会福利社会化的意见》,2004 年批转《关于进一步做好本市孤残儿童工作的意见》,鼓励社会力量参与孤残儿童福利事业;要求政府相关部门形成合力,推进社会福利工作开展。在政府支持下,福利机构设施标准普遍提高。2001 年,投资 1.5 亿元的上海儿童福利院迁建工程竣工,融抚养、照料、特教、治疗、康复为一体,开展周日寄托、家庭寄养和机构寄养。2004 年 1 月,成立上海市婚姻(收养)登记中心,承办上海市居民收养市儿童福利院抚养的弃婴以及涉外(包括港澳台)收养登记事务。

至 2010 年,上海共办理被境内外家庭收养登记 1.57 万件,其中,涉外国人、华侨、中国香港、澳门、台湾地区居民收养登记 1 139 件。上海福利机构有百余名成年孤儿实现了就业安置。市属儿童福利机构通过进一步加强规范化管理,在弃婴接收与照料、儿童的医疗保健、生活护理、传染病防控、疾病防治、教育、康复、寄养、国内外收领养等方面有序推进,得到较快发展。至 2010 年底,上海有市儿童福利院、上海广慈残疾儿童福利院等 7 家儿童福利机构。其中,政府办 2 家,社会办 5 家。

二、推进养老服务事业

上海是我国最早进入人口老龄化的城市。1979 年底,全市 60 岁及以上老年人占户籍人口的 10.2%。此后 30 年间,人口老龄化程度列全国各省区市之最,并趋于高龄化。2007 年底,全市老年人口占户籍人口的 20.8%。2010 年,全市老年人口已达 331.02 万人,占全市人口的 23.4%。

1979 年,上海只有 4 家市级社会福利院、4 家区属社会福利院、42 家农村敬老院,主要供养城市“三无”老人与农村“五保”老人,不面向社会老人。1984 年,市政府根据民政部漳州会议提出对原有福利体制开放转型的要求,确定市、区县、街道乡镇、村居委四个层次“一条龙”,重点发展街道乡镇敬老院。90 年代中期,上海初步实现每个街道、每个乡镇都建有 1 所敬老院。至 1997 年末,全市共有养老机构 385 家,其中社会办 20 家,床位 1.65 万张。1998 年,市政府发布《上海市养老机构管理办法》,鼓励社会各界兴办养老机构。市政府自身把每年新增养老床位列入为民办实事项目。市政府及其职能机构,通过推进民办公助、公办民营、连锁经营、品牌加盟、管理输出等社会化、集约化运作方式,鼓励社会力量兴办公益性社会福利设施;建立政府购买服务和养老服务需求评估,发布养老机构分类分级、社区居家养老服务的标准,引入商业保险,促进养老福利服务事业规范发展。

图 6-5-1 建立社区助老服务社、老年人日间服务中心、社区老年人助餐服务点等服务实体。图为静安区的一处为老助餐点

2001 年,市政府批转《关于加快实现上海社会福利社会化的意见》,对投资创办公益性养老机构,在建设用地、小区规划、公用事业收费、税收等 16 个方面给予政策优惠。同年起,市民政局会同

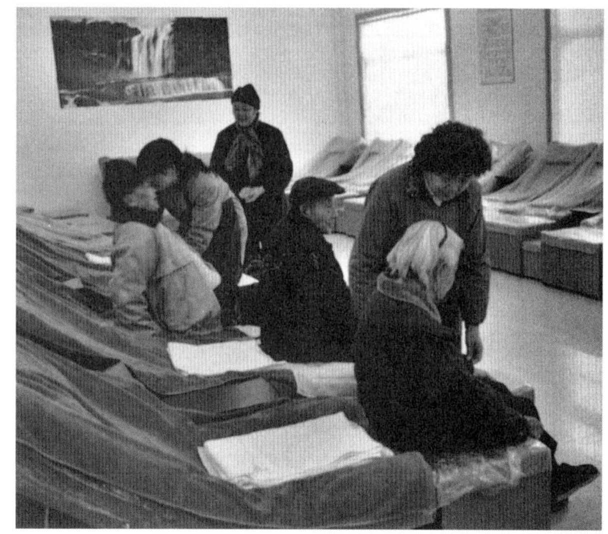

图 6-5-2　宝山区罗店镇金星居委会的“老年人日托服务中心”

有关部门先后印发《关于全面开展居家养老服务的意见》《关于进一步深化居家养老服务试点工作的通知》《进一步规范居家养老服务补贴经费和管理使用的通知》《上海市老年人日间服务机构管理办法》等文件。2004 年，社区居家养老服务被列入市政府实事项目，在全市范围推开，并与当年开展的“万人就业项目”联动，服务补贴经费纳入财政预算。2005—2006 年，市有关部门先后在养老床位补贴、建设财力补贴、社区助老补贴、医疗卫生服务、促进就业扶持、养老设施建设与统筹、工作经费和医保结算等方面，采取了 30 项扶持措施。“十一五”期间(2006—2010 年)，市政府将社区居家养老服务人数、新建老年人日间服务中心和社区老年人助餐服务点列入市政府实事项目，并将社区居家养老服务人数发展到 25 万人纳入市“十一五”规划指标。此期，居家养老服务人数以年均 4 万名左右的速度递增。

2010 年 2 月，经市质量技术监督局审查批准，上海《社区居家养老服务规范》实施。同年，市民政局等部门对全市 2009 年底之前执业的养老机构，从设施设备和环境、服务、管理、队伍建设等 4 个方面对 27 类 87 个项目进行检查，达标率 97%。全市 541 家养老机构 52 816 张养老床位投保综合责任险，缴纳保费 686 万元。全市医保联网的养老机构达 72 家。养老机构发生意外责任风险的善后处置能力提高。当年，13 万名老人经评估得到服务补贴，约占服务总人数的 52%；服务补贴总金额约 3 亿元。其中，市级财力投入 12 743 万元，区级财力投入 15 295 万元，市、区两级福利彩票公益金资助 2 000 万元。自费购买服务的老人共有 12.2 万名，约占被服务总人数的 48%；另有 8 000 名老人的养老服务补贴带入养老机构。同年，全市拥有社区老年人日间照料中心 303 家，为 9 000 名老年人提供日间照料服务；拥有社区老年人助餐服务点 404 家，受益老人近 4 万名。

截至 2010 年底，上海共有养老机构 625 家。其中，市、区县政府办 33 家，街道乡镇办 260 家，社会办 332 家。全市社区助老服务社 233 家，工作人员近 3.3 万名，共为 25.2 万名老人提供了居家养老服务。全市养老床位 97 841 张，占市户籍 60 岁以上老年人口的 3.1%。其中，市、区县政府办的 9 065 张，街道、乡镇办的 36 591 张，社会办的 52 185 张。

三、推进残疾人保障事业

解放后，上海残疾人工作归属民政部门管理，建立公办福利机构对残疾无助老人、孤残儿童予以收容、养教。1961 年，成立上海市盲人聋哑人协会等社团。

改革开放后，1984 年，成立上海市残疾人福利基金会。1988 年成立上海市残疾人联合会。1990 年底，各区县均组建残疾人联合会。1991 年，市残疾人事业领导小组成立，1993 年更名为市政府残疾人工作协调委员会，2006 年更名为市政府残疾人工作委员会，综合协调全市有关残疾人事业方针、政策、计划的制定与实施工作，协调解决全市残疾人工作中的重大问题。据全国抽样调查统计,1987 年,上海约有残疾人 49.3 万人;2006 年达到 94.2 万人,占全市常住人口的 5.29%。

1992 年 8 月,市政府印发上海残疾人工作的第一个五年计划,提出“八五”期间(1991—1995 年)残疾人康复、教育、劳动就业、文化生活、社会环境、法制建设、扶贫等方面的发展要求。此后,各个五年计划均确定具体发展目标。1993 年 2 月,市人大常委会通过《上海市实施〈中华人民共和国残疾人保障法〉办法》。2000 年 5 月,市政府对 1993 年 11 月发布的《上海市残疾人分散安排就业办法》进行修订,规定全市的机关、社会团体、企事业单位,均须按照本单位上一年度在职职工平均人数 1.6%的比例,安排残疾人就业;未达到规定比例的单位,按照本单位上一年度职工工资总额 1.6%的比例,缴纳残疾人就业保障金。

90 年代起,市政府对残疾人保障事业的扶持力度不断加大,对残疾人采取“先保障、后救助、再福利”的方针,残疾人保障内容的项目大部分被列入当年市政府实事项目。上海自 90 年代起,推进残疾人无障碍设施建设,2002 年成为全国城市无障碍设施建设的示范。2003 年,为近万名城镇残疾职工补办参保手续并补缴社会保险费。2004 年,开发社区残疾人工作助理员岗位,推进农村残疾人养老、医疗全覆盖。2005 年,以街道、乡镇为单位,为智障人士建立提供教育培训、康复训练、简单劳动、文化娱乐等托养服务的“阳光之家”,两年后发展到 240 多家。2006 年,为残疾人提供就业岗位 8 891 个,为 4 835 位重残无业人员提供养护服务,对 3 万名聋哑人给予手机短信费补贴。2007 年,提升改造“阳光之家”,建立 50 所接纳轻度智障人士从事非正规就业的“阳光工场”,约定 87 家专业机构对 2 000 多名残疾儿童实施康复救助和服务。2008 年,为 4.5 万名视力残疾人给予固定电话本地通话费补贴。2010 年,建成 170 个集生产劳动、职业康复、就业指导等为一体的“阳光职业康复援助基地”,使残疾人的潜质得到开发,技能有所增加,并获得基本的生活保障,促进其与社会融合。

图 6-5-3　虹口区曲阳街道“阳光之家”成为残障人士的温馨之家

90年代起，上海加大残疾人事业国际交流力度，上海残联组织与50多个国家、地区残疾人组织建立合作关系。2007年，展示残疾人事业发展和人道主义精神的世界特殊奥运会在上海举办，共有165个国家和地区参加，国家主席胡锦涛出席开幕式。在2010上海世博会上，园区专设“生命·阳光”馆，以“消除歧视、摆脱贫困、关爱生命、共享阳光”为主题，体现上海残疾人事业所取得的成果。

2007—2010年，上海为残疾人保障事业投入资金共40.97亿元，构筑了比较健全的市、区、街道乡镇三级残疾人工作组织体系，并建立相应的社会保障体系和服务体系。全市有各类为残疾人服务机构2 000家，残疾人康复养护服务由机构、社区、家庭互补，120余万人次得到康复、培训、助学，10万余困难残疾人得到最低生活保障和各类救助。2010年3月，中国残疾人联合会授予上海市“全国残疾人工作示范城市”称号。

四、扶持福利企业

上海残疾人有在社会分散就业的，还有在福利企业集中就业的。50年代末，政府为解决城区无业贫民和有一定劳动技能的聋哑人就业，组织一些生产自救性的生产小组，帮助解决温饱问题。此后，部分区将稍具规模的生产自救小组合并成区属盲聋哑福利工场。60年代初，规模较大的福利工场合并归属为市民政局直属企业。80年代起，国家对残疾人员占生产人员35%以上的福利企业免缴所得税，市政府还通过政策及优势企业给予扶持帮助。上海福利企业逐渐形成市直属、区县直属和街道、乡镇、村所属的多元格局。1997年，全市福利企业发展到4 204家，集中就业的残疾人职工9万多人。

随着产业结构结构调整加快和市场化程度不断提高，福利企业的生存和发展遇到许多新情况新问题，企业数量和职工人数逐年减少，残疾人集中就业的形式面临挑战。投资主体单一的上海福利企业开始了改革改制，有限责任公司、股份合作制企业、抵押承包经营、租赁经营、集体参股和部分资产置换组建股份合作制形式出现。2006年7月，财政部、国家税务总局在辽宁、上海等地开展调整完善现行福利企业税收优惠政策的试点。2007年7月1日，税收新政策在全国正式实施。政策经调整后，福利企业投资主体放开，只要安置残疾人员达职工人数25%且满10人以上的，即可按照企业实际安置残疾人员的人数定额退还增值税或减征营业税，每位残疾人员每年可退还的增值税或减征营业税数额最高不超过3.5万元。截至2010年底，上海共有社会福利企业1 455家，残疾职工36 559人，占职工总数的33.68%。

在残疾人职工保障上，1994年，市政府将市民政直属福利企业职工全部纳入社会统筹参加养老保险，1998年参加医疗保险。2001年，市、区县以及福利企业共同筹资，解决街道、乡镇办社会福利企业中城镇户籍和分散就业残疾人职工的参保困难。2003年，社会保险覆盖全市福利企业的残疾人职工。2007年底，全市福利企业残疾人职工参保人数为42 858人。同时，福利企业中的残疾人职工的社会保险开始由农保逐步向镇保、城保转变，残疾职工社会保障水平逐步提高。

第二节　双拥优抚

一、开展拥军优属

解放后，上海各级政府的双拥工作主要是开展军政间节日互访慰问，举办军民联欢会、座谈会，为军烈属服务解决困难，为部队驻军排忧解难等。改革开放后，上海逐步建立“十个一”双拥品牌项目,即上海市拥军优属基金会、双拥大厦、军人学校、双拥工作展览馆、双拥艺术团、双拥号游轮、卫星传输远程教育网络、黄山荣誉军人疗休养活动基地、随军随调军队干部家属数据库和国防教育实践活动。截至2010年,全市建立1 600多个国防双拥教育基地,优抚园、烈军属之家、志愿者队伍等基层群众性服务组织遍布城乡。

1991年11月,市双拥工作领导小组成立,市长黄菊担任组长,成员为市政府有关委办局和驻沪部队各单位领导。此后,区县相继成立双拥工作领导小组,建立双拥服务中心。街道(乡镇)设立双拥服务站。国有企业和居(村)委会配有双拥联络员。1995年,成立上海市拥军优属基金会,先后投入近3亿元,用于解决部队官兵和优抚对象急难愁问题,受益人数达20万余人次。

1998年,市委、市政府批转市双拥办《关于进一步支持军队建设做好拥军优属工作的若干意见》,要求全市配合驻军做好战备训练和后勤保障工作,在住房、就业、就学等各方面为优抚对象提供优待服务,并规定设立义务兵风险保障专项基金和拥军优属社会保障金。2004年1月,市政府印发《关于本市加强拥军优属工作若干规定》,各有关职能部门随即制定了配套的实施细则,对驻沪部队和广大优抚对象重点关注的科教拥军、司法维权、生活保障、就业安置、子女考学、住房解困、医疗服务等热点、难点问题进行规范。2007年,市双拥办公室会同市有关部门就进一步做好随军随调军队干部配偶就业和生活保障工作制订了实施意见和相关细则,解决军嫂就业难问题。

2010年上海世博会期间,按照市委、市政府的要求,全市15家大中型企业与从异地调入的世博任务部队师(旅)级以上单位签约结对共建,全市与团级以下单位结对共建的街(镇)有200多个、企事业单位237个,实现每支安保部队都有"一个街道乡镇、一个企业、一个医疗机构"结对共建。

90年代起,民政部、解放军总政治部开展创建"全国双拥模范城(县)"活动。1992年,上海市黄浦区、嘉定县首次获得全国双拥模范城(县)称号,其后至2010年,全市绝大部分区县都单次或多次获此称号。

二、实行优待抚恤

解放后,上海的烈属、军属得到国家和社会的优待抚恤,革命伤残军人得到妥善安置。改革开放后,优抚工作和保障程度有较大提高。1986年,市政府发布《上海市优待烈军属和残废军人办法》。1991年,市政府发布《上海市优抚对象优待办法》,明确优抚对象可享受的保障和优待。1997年和1998年,市委、市政府连续发文,进一步加强拥军优抚工作。

1993年起,上海在全国首先开始建立优抚对象抚恤补助标准自然增长机制。2003年,市政府对烈属的就业、生活和医疗保障问题又作了具体规定。2004年市政府印发的《关于本市加强拥军优属工作的若干规定》,着重解决优抚对象较为突出的就业保障问题,并包括涉及教育、交通、文娱、医疗、法律援助等方面的优待措施。2008年3月,上海进一步完善优抚对象的医疗保障政策,当年有4 705名重点优抚对象受惠。上海烈属、伤残军人可以免费乘坐市内交通、参观观瞻场所,并享有短期疗休养等待遇。2010年底,全市优抚对象共有50万人,其中享受政府抚恤优待的重点优抚对象共32 213人(户)。

三、褒扬革命烈士

50年代初,为将分散安葬的烈士墓适当集中,政府先后兴建了宝山县烈士公墓和高桥烈士墓;

此后，其他区县也修建和迁建了一批烈士墓(陵园)。

截至2010年，全市共有烈士纪念设施68处。其中，烈士陵园14处，全国重点烈士纪念建筑物保护单位有龙华烈士陵园、高桥烈士陵园2处，市级烈士纪念建筑物保护单位有宝山、嘉定和松江烈士陵园3处，区县级保护单位9处，共安葬烈士7 493位(含无名烈士)；另有金山的2处烈士散葬墓和奉贤的4处烈士纪念碑由相应区县级保护单位代管。此外，民政部门还参与管理4处烈士散葬墓和5处其他形式的烈士纪念建筑物。全市还有其他烈士纪念建筑物共39处。其中，有5处是散葬墓。

龙华烈士陵园始建于1967年，当时以龙华公墓为基础，集虹桥、江湾、大场等公墓烈士遗骸迁葬于此，1978年向社会开放。1982年，邓小平、胡耀邦在一份关于修建龙华烈士陵园建议信上作出批示。1985年4月，中央办公厅、国务院办公厅批准筹建上海市龙华烈士陵园(纪念馆)，为此，上海成立筹建领导小组。以龙华革命烈士纪念地、龙华公园和迁建的上海烈士陵园为基础，1990年动工，至1997年5月全面建成。邓小平题写“龙华烈士陵园”园名，陈云题写“龙华烈士纪念馆”馆名，江泽民题写纪念碑“丹心碧血为人民”。该陵园占地面积19公顷，安葬烈士1 700多名。每年清明，上海党政军领导及各界人士在此举行祭扫仪式。

四、安置双退军人

1959—1969年，上海市接收安置复员退伍军人办公室设在市民政局。1969年，该办公室由上海警备区领导；1978年复归市民政局。1980年10月，市委、市政府决定成立上海市复员退伍军人安置工作领导小组。1981年9月，成立上海市政府退伍军人和军队退休干部安置工作领导小组，1984年8月改称为上海市政府退伍军人和军队离休退休干部安置领导小组(下称“领导小组”)。历届领导小组组长均由分管副市长担任。

【退役士兵安置】

改革开放初，上海的退役士兵安置沿袭传统做法，即“从哪里来，回哪里去”。1983年起，对城镇退伍军人开始实行区别安置，对立功和获奖、或超期服役以及参战的退伍军人，优先选择安排去向和工种。同年，对农村退伍军人安置工作转向以开发使用退伍军人军地两用人才为重点。回郊县农村的退伍军人，通过乡镇企业吸纳、优先招工、扶持从事个体经营等渠道安排，使用率达95.4%。同年起，上海开始接收转业志愿兵。1986年10月起，对应征的城镇高(初)中学生和待业青年，实行入伍与就业一并安排的做法，即在批准入伍的同时，由劳动部门对应征城镇学生、待业青年先落实工作单位，退伍后复工。1989年4月，市政府发布《上海市退伍义务兵安置条例实施细则》，规定凡有增人指标的单位，应优先接收安置退伍军人；对原是农业户口，曾参战立功和获奖或因战因公伤残和生病、乡镇安排有困难的，可以安置到区县企事业单位，转为非农业户口。1997年10月，上海把安置工作引向市场，逐步建立以社会保障、政府优待、个人努力相结合的三位一体培训安置新体制。2002年10月，市政府发布《上海市退役士兵安置工作暂行办法》，改变原来安置模式，对退役士兵在政府一次性安置的基础上，由个人同接受单位进行双向选择，鼓励自谋职业并给予一次性经济补助。不久，市民政局会同有关部门发文，规定退役士兵退役后一年内报考本市高等院校的，给予加分，进中等专业学校可免试入学；退役士兵退役后就业前，可免费享受职业培训。2004年10月，市政府办公厅发文规定，退役士兵自谋职业的可在就业服务和社会保障、个体经营、税收贷款以及户籍等方面享受优惠。2010 年 5 月起，根据市委、市政府办公厅《关于进一步做好本市退役士兵文化教育和职业技能培训工作的意见》，全市构建了全方位、多层次的退役士兵教育培训体系。据统计，2006 年冬季至 2010 年冬季，上海的城镇退役士兵安置率为 100%。2006 年，城镇退役士兵选择自谋职业的比例占应安置总数的 67.7%，有 44 名退役士兵被高等院校录取；2007 年达 72.7%；2008 年达 77.4%，有 45 名退役士兵被高等院校录取；2009 年达 77.6%；2010 年达 81.2%，有 38 名退役士兵被高等院校录取。

进入 21 世纪后，上海逐步消除城乡退役士兵安置待遇上的差别。2003 年开始，上海对农村退役士兵，帮助他们实现非农就业，对其中优秀者注意培养，推荐担任农村基层干部。2004 年开始，有条件的逐步提高农村退役士兵的安置补助标准，并在教育培训、就业指导和服务上享受与城镇退役士兵同样的优惠政策，推进安置工作城乡一体化。

【复员转业干部安置】

1969—1975 年，军队退役干部全部办理复员手续，上海对接收安置的复员军人及其随军配偶、子女，在本人和家属的住房分配、工作安排、子女就学等问题给予妥善解决。1980 年，根据中央有关规定，上海对一批复员干部改办转业手续。1993 年，根据国务院文件精神，提高复员安家费，复员后自谋职业，政府部门不予安排；复员干部创办经济实体和开办私营企业，政府给予低息贷款和减免营业所得税。

2001 年，根据国务院、中央军委发布的《军队转业干部安置暂行办法》，上海对军队转业干部实行计划分配和自主择业相结合的方式安置。计划分配的，由地方负责安排工作和职务；自主择业的，由政府协助就业、发给退役金。

对复员干部的住房困难，由市统一拨房，专房专用，区分情况，分批分期地加以解决。1993 年，改为由录用单位按照解决本单位职工的住房办法，优先给予解决。对复员干部个人修建私有住宅的，享有与转业干部同等的优惠待遇。2003 年，市政府就军队复员干部住房问题作出规定，军队复员干部的住房纳入安置地住房供应保障体系，主要采取购买经济适用住房、现有住房或者修建自有住房等方式解决。

【军队退休干部安置】

1983 年 2 月，市政府印发《关于接收安置军队退休干部几个问题的意见》，明确上海接收安置军队退休干部的范围。1985 年 9 月，市政府批转市民政局《关于加快军队离休退休干部接收安置工作的请示》，对加强军队离休退休干部安置工作的机构和人员、建房进度和住房分配、经费和物资管理使用、加快交接安置步伐及军队离退休干部随迁家属、政治待遇落实、医疗等问题作出具体规定。

第三节　民政专项事务管理

一、婚姻登记管理

上海的婚姻登记工作从 1952 年 12 月 20 日开始。1986 年 3 月，民政部发布《婚姻登记办法》，上海成立市级和区县级的婚姻管理专门部门。1990 年，成立上海市婚姻管理处。2004 年 1 月，成立上海市婚姻(收养)登记中心。

1995年9月，市政府发布《上海市婚姻登记管理办法》。2003年10月，国务院颁布新的《婚姻登记条例》，取消了内地居民办理结婚、离婚登记需要单位出具证明的规定，改为当事人签字声明。《上海市婚姻登记管理办法》同时失效，结婚需要单位证明和婚检证明从此结束。

21世纪初起，上海建立婚姻登记档案管理和查询制度。2001年1月起，上海实现国内婚姻全市联网登记，形成婚姻登记信息化工作平台和数据库。2003年，婚姻登记机关可以根据系统的信息，为居民出具(无)婚姻登记记录证明。2004年1月，市民政局推行结婚登记特邀颁证师制度，在喜庆节日、重大日子为结婚当事人颁证。1978—2010年，上海结婚登记数4 123 887对；办理离婚登记447 064对(不包括人民法院受理的离婚诉讼)。

在涉外婚姻方面，1978年，上海建立受理跨国(涉外)婚姻临时机制，由市政府外事办公室会同市民政部门办理涉外婚姻登记。1983年，国家取消了涉外婚姻的外办政审。1985年7月1日起，由市民政部门直接办理涉外国人、外籍华人结婚登记；1986年1月起，扩展至涉华侨、涉中国港澳台居民在内的婚姻登记。1995年2月，市政府发布《上海市涉外婚姻管理暂行办法》。1998年，市人大常委会通过《上海市居民同外国人、华侨、香港特别行政区居民、澳门地区居民、台湾地区居民婚姻登记和婚姻咨询若干规定》。1978—2010年，全市共办理涉外、涉侨、涉港澳台结婚登记62 847对，涉及73个国家和地区；办理涉外、涉侨、涉中国港澳台离婚登记3 682对。

二、社会工作推进

上海是中国内地最早开展社会工作探索和实践的城市之一。1993年，成立市社会工作者协会。2000年，成立市社会工作培训中心。2003年2月，市长在《政府工作报告》中，提出“探索建立社会工作者职业制度”。2003年3月，市人事局、市民政局印发《上海市社会工作者职业资格认证暂行办法》。同年11月22—23日，上海举办首次社会工作者职业资格考试，共有5 586名考生参加考试。2003年12月和2004年1月，在市政府推动下，“上海市自强社会服务总社”“上海市新航社区服务总站”“上海市阳光社区青少年事务中心”3家社工机构成立，通过政府购买服务的方式，聘用专业社会工作者开展禁毒、社区矫正和青少年工作。市民政局印发《上海市注册社会工作者继续教育暂行办法》和《上海市注册社会工作者守则》，规范社会工作者的执业行为，提高专业化水平。2004年5月，上海举行首批社会工作者职业资格证书颁发仪式。至2006年，上海共有4 743人取得市初级、中级社会工作者职业资格。

2006年，《上海市国民经济和社会发展第十一个五年规划纲要》中明确指出，“推进社区专业社工和义工制度建设”。2006年9月，市人口计生委与市民政局联合推进人口计生系统社会工作。随后，市妇联、市民族宗教委、市政府侨办、市委统战部、市残联等部门先后与市民政局发文，就本系统推进社会工作提出意见。2008年汶川特大地震发生后，上海民政等系统组织4支社会工作服务队进驻对口援助重建的都江堰市开展工作，得到国务院总理温家宝的肯定，并获得最具影响力的年度“中华慈善奖”。在各级政府的支持下，至2010年底，全市已培育发展专业社工机构41家。

三、殡葬服务与管理

解放初期，市政府对公墓、火葬场、殡仪馆等制定管理规则。当时，市区有殡仪馆33家，火葬场4家，公墓170余家，郊区还存在土葬。至1966年，市区有殡仪馆、火葬场9家，公墓35家。“文化大革命”期间,上海的殡仪馆全部被取消,公墓被平毁,郊区出现骨灰乱葬乱埋现象;市区仅剩龙华火葬场和西宝兴路火葬场,承担全市50%以上的殡殓和火化事务。1984年起,上海相继恢复、新建乐乡公墓、滨海古园、卫家角息园、枫泾公墓、淀山湖归园(华侨公墓)、松鹤墓园、福寿园等公墓。川沙、上海、嘉定、松江等县陆续开办经营性骨灰寄存堂。

1984—1985年,市区和郊县的火葬场改名为殡仪馆。1985年、1987年,宝山县的横沙、长兴两岛相继建殡仪馆(火葬场)。至此,上海10个郊县和海岛均有了殡仪馆。1986年12月,依据国务院有关规定,市政府发布《上海市殡葬管理实施办法》,规定实行火葬,禁止土葬,提倡文明、节俭办丧事,反对封建迷信和铺张浪费,禁止制作、出售丧葬迷信用品;规定郊县禁止集体和个人占用耕地作葬地等。1987年2月,市政府发布《上海市殡葬行业的申报、审核登记等若干规定》。

1991年10月起,上海依法平迁私建坟墓15.88万余座,复耕土地98.4公顷。1995年6月,位于老沪闵路1500号的益善殡仪馆建成使用。1996年以后,上海对丧葬用品生产、销售状况进行全面调查,对封建迷信丧葬用品进行收缴和销毁,规范全市丧葬用品市场,打击非法“殡葬一条龙服务”。1997年8月,市人大常委会通过《上海市殡葬管理条例》。1999年后,地处市区的龙华和宝兴殡仪馆火化业务全部移至益善殡仪馆。此后几年,上海市相继对宝兴殡仪馆、龙华殡仪馆及郊区的嘉定、青浦、崇明、长兴、横沙等殡仪馆进行改造扩建,殡葬服务设施得到根本性改善。截至2010年,上海共有殡仪馆15家,每年遗体火化量约10万具左右;有经营性公墓44家、经营性骨灰堂10家。

90年代,市政府倡导葬式改革,骨灰安置多样化。1991年3月,市政府批准举办骨灰撒海,将长兴岛中部至横沙岛东端(南支)的海域作为骨灰撒海地点。2003年,市政府开始实施海葬补贴制度,户籍居民每份骨灰补贴150元。此后,四次提高海葬补贴标准,到2008年提高至400元。至2010年底,上海共举办164次骨灰撒海活动,21 196位亡故者骨灰撒入大海。1991—2010年,海葬人数以每年10%的速度递增,占死亡人数的1.5%。在倡导海葬的同时,大力推广壁葬、塔葬、树葬、草坪葬、花坛葬等多种节地葬式,严格控制墓地面积,推广占地面积1平方米以内的小型墓。2010年,共销售小型墓44 534穴,占年度墓穴销售总数的51.7%。

每年的清明、冬至,市民集中祭奠先人和办理落葬,市民政、公安等部门采取各种措施,确保出行祭扫者的安全。2008年,清明节成为国家法定假日,市政府于每年清明前夕成立由民政、公安、交通、消防、工商、卫生等部门组成的市清明节工作指挥部,运用卫星远程监控系统,对公墓、主要高速公路和收费口实施动态监管,确保祭扫活动安全有序。

第四节　社会组织管理

上海解放初期,社团工作由市民政局主管。1952年开始,社团工作重点是对旧社会社团的清理,共清理社会团体223个。1956年8月,市人民委员会同意将没有进行清理的旧社团和部分自发筹组的303个团体交有关业务部门改造和处理。1958年10月,上海停止社团登记。改革开放后,上海的社会团体数量由1981年的633个增至1989年的4 290个,基金会和民办非企业单位也迅速兴起。1978—1989年,上海社会团体的审批和管理均由各部门或各单位自行负责,没有统一的审批、登记的主管机构,缺少规章制度。

1989年10月,国务院颁布《社会团体登记管理条例》,明确“双重管理”体制,即民政部门负责社会团体(含基金会)的登记和监管,业务主管部门负责社会团体(含基金会)登记前的审查以及业务指导。1990 年 2 月，市政府批准市民政局设立社会团体管理处，负责社会团体的登记管理工作。根据国家部署和要求，上海分别于 1990 年 7 月—1993 年 1 月和 1997 年 7 月—1999 年底，对社会团体进行了两次清理整顿，以促进其规范有序发展。1998 年，国务院颁布新的《社会团体登记管理条例》和《民办非企业单位登记管理暂行条例》，首次将民办非企业单位纳入民政依法登记管理范畴，并将社团、民非的业务主管部门称之为业务主管单位。1999 年 8 月，上海在全国率先成立社会团体管理局。2000 年 4 月，上海正式启动民办非企业单位复查登记工作。2001 年，成立上海市社会团体监察总队。2004 年，根据国务院颁布的《基金会管理条例》，上海将基金会作为单独的一类社会组织进行登记管理。

根据国务院颁布的《社会团体登记管理条例》有关规定，1994 年起，市政府及市民政局先后制定《上海市社会团体管理规定》《上海市社会团体组织通则》《社会团体的统一代码标识制度》《上海市社会团体会计制度》《上海市社会团体财务制度》《社团换届审计制度》等一系列政府规章及规范性文件，从法律制度上管理、指导、协调社会团体的发展和运行。截至 2010 年底，上海共有社会组织 9 900 个。其中，社会团体 3 560 个，民办非企业单位 6 225 个，基金会 115 个。

第六章　社 区 建 设

上海解放初期，民政部门承担基层民主建政的具体工作。1954 年 12 月第三次全国民政会议后，民政部门不再承担此项工作。"文化大革命"期间，街道办事处、城镇居民委员会和农村村民委员会以"抓阶级斗争"为主，遭到严重破坏。改革开放后，1982 年起，民政部门重新承担基层政权建设工作，指导居民委员会和村民委员会的组织建设和制度建设，培训街道办事处主任和乡镇长、村(居)民委员会主任。1985 年居民委员会整顿、改选后，管辖范围和任务作了调整，使居民委员会基层自治作用得到发挥。农村村民委员会是 1982 年以后采用"一大队一村"的办法建立起来的。村民委员干部依法选举产生，制订必要的规章制度和村规民约，开展村民自治示范活动，实现村民的自我管理、自我教育和自我服务。1985 年与 1995 年两次体制改革，根据上海特大城市的特点，赋予街道一级政府的部分行政权力：建立街道财经机制、居民代表会议制度，组成街道监察队，形成市、区"两级政府、三级管理"的格局。2000 年市政府召开社区工作会议，提出进一步开拓新的社区工作的要求。

截至 2010 年底，全市共有 99 个街道、3 747 个居民委员会；创建了一大批示范街道(镇)、示范居委会、模范街道(镇)、模范居委会；创建了一批市和谐社区建设示范街道(镇)和示范居委会、一批市村务公开民主管理示范镇、示范村；通过"撤二建一""撤三建一"的合并调整，城市化中建成区的建制村撤销。2010 年底，全市共有 109 个镇、2 个乡、1 692 个村民委员会。在社区公共服务方面，80 年代至 2010 年，先后创建"市、区、街道、居委会"四级福利服务网络、社区志愿者服务协会、社区服务中心、社区生活服务中心、社区服务热线等组织团体与单位，实现了社区事务一门式服务。

第一节　推进基层社区建设

一、城市街道工作和社区建设

【街道办事处和居民委员会建设】

1978 年，上海恢复街道办事处和里弄居民委员会名称。1984 年城市经济体制改革开始后，街道办事处事实上突破派出机构的性质，起着基层政府的作用。

1983—1985 年，市民政局会同有关部门对居民委员会和街道办事处分别进行了整顿改选和行政管理体制改革。1983 年，首先在 10 个区的 25 个街道办事处选择 54 个居民委员会进行试点。1985 年 7 月，整顿改选结束，全市居民委员会由 1 884 个增加到 2 831 个。居民委员会干部由居民民主选举产生，改变了过去由政府任命的做法。改选后的居民委员会，设人民调解、治安保卫、公共卫生、民政福利等工作委员会。

1985 年 10 月，上海对街道办事处进行行政管理体制改革。1986 年 2 月 15 日，《上海市城市居民委员会工作条例(试行)》正式实施。1988 年 4 月，全市 132 个街道办事处全部建立居民代表会议制度。1987 年 2 月，市政府发布《上海市街道办事处工作暂行条例》。1994 年 11 月 10 日，市政府发布《上海市街道办事处工作规定》，突出街道办事处在加强城区管理中的综合协调作用。1995 年

5 月起，上海在黄浦区人民广场街道等 10 个街道办事处分别开展职能调整的试点。街道辖区各有关单位部门共同组成城区管理委员会，分清政府、社会、企业三方职责，实行有偿服务和义务服务双管齐下的管理城区方法，成立综合执法队伍。1996 年 3 月，市委、市政府召开上海市城区工作会议，明确“两级政府、三级管理、四级网络”的社区管理体制。同时，市委、市政府下发《关于加强街道、居民委员会建设和社区管理的政策意见》，理顺街道办事处辖区内区职能部门派出机构的条块关系；在新增财政收入中增拨一定的专项经费用于街道、居民委员会发展各项事业；明确办公用房面积、干部收入标准和办公经费及来源。

1997 年 1 月 15 日，市人大常委会审议通过《上海市街道办事处条例》，强化街道办事处的综合协调和人事协管权。1999 年以后，按照《中华人民共和国城市居民委员会组织法》，上海以规范居民委员会换届选举、推进社区事务民主自治等方面为重点，开展直接选举试点并不断提高面上直接选举比例。2007 年 5 月，市委办公厅、市政府办公厅发出《关于进一步加强本市居委会建设的意见》，提出规模设置、经费保障、成员待遇等规范化建设措施。至 2010 年底，全市共有 99 个街道、3 747 个居民委员会。

【城市社区建设】

1986 年 4 月，上海召开首次街道工作会议，1988 年召开第二次街道工作会议，提出构建覆盖老年人、残疾人、优抚对象等社区居民生活的社区服务体系的目标。1991 年 3 月，召开第三次街道工作会议。同年底，市委下发《关于当前加强社会主义精神文明建设的若干实施意见》，明确提出“积极创建社会安定、环境优美、生活方便、文化体育生活健康丰富的文明小区”。从 1992 年起，社区服务中心和敬老院等社区设施的建设和改造连年被列入市政府实事项目。1994 年 5 月，上海召开第四次街道工作会议，会上印发《关于加强城市街道工作的意见》，明确街道在加强城区管理中起着综合协调作用。

1996 年 3 月召开的上海市城区工作会议明确，到 2000 年，初步形成安定安全的社区治安秩序、便民利民的社区服务网络、团结和谐的社区人际关系、健康向上的社区文化氛围，并为建成配套设施齐全、环境舒适优雅、管理规范有序、保障功能完善的现代化社区奠定基础。会议下发《关于加强街道、居委会建设和社区管理的政策意见》，解决社区管理体制、执法队伍、人员编制、财力机制、设施建设等五方面突出问题。1998 年 5 月，召开上海市城区工作会议，研究制订并组织实施以物业管理改革为重点、以增强政府职能部门服务职能为目标的五项政策措施，进一步形成条块结合、共同做好社区工作的整体合力。

2000 年 4 月，市委、市政府召开市社区工作会议，提出了进一步开拓创新的社区建设工作要求。同年 11 月，中央办公厅、国务院办公厅转发《民政部关于在全国加强社区建设的意见》，上海认真贯彻，各区县形成“党委、政府领导，民政部门牵头，有关部门配合，社区居委会主办，社会力量支持，群众组织参与”的格局。

2001 年，根据中央办公厅、国务院办公厅转发民政部《关于在全国推进城市社区建设的意见》和民政部印发的《全国城市社区建设示范活动指导纲要》，上海在 4 个区、25 个街道、50 个居委会中，开展社区建设示范活动试点。2004 年，上海在创建社区建设示范城区、街道(镇)、居委会的基础上，继续开展社区建设示范(模范)创建活动。截至 2010 年底，全市共创建示范街道(镇)134 个、示范居委会 3 301 个，模范街道(镇)123 个、模范居委会 2 726 个。2007 年，全市开展和谐社区建设示范单位创建活动。截至 2010 年底，全市共创建市和谐社区建设示范街道(镇)80 个、示范居委会 1 194 个。

1999 年，卢湾区在全国率先建立居民区层面的听证会、协调会、评议会制度。2001 年，评议会、听证会、协调会“三会制度”在全市居民区推广。此外,居务公开、居民代表常任制、弄管会、民管会、大楼自管小组等社区民主自治举措也不断产生。2002年12月,市委、市政府下发《关于进一步推进本市民间组织参与社区建设和管理的意见》,加大培育社区中介组织力度,老年协会、社会发展基金会、民间组织服务中心等社会组织陆续在街道成立,与社区居民、驻区单位、群众团队等共同搭建社区代表会议等社区层面的共治平台。专业化、职业化的社会工作者队伍进入社区开展服务,为上海推进社工制度探索了经验。2010年上海世博会期间,全市选出21个居委会自治家园,通过中外游客亲临体验,展示了上海的基层社会创新和居民自治生活。

二、农村基层政权与村民自治

【乡镇政府和村民委员会建设】

根据1982年12月通过的新《宪法》和1983年10月中共中央、国务院《关于实行政社分开建立乡政府的通知》,1983年4月3日,嘉定县曹王乡在全市第一个挂起乡政府牌子。同年9月,上海结合县、乡、镇人民代表大会代表换届选举,在市郊全面开展建乡工作。1984年5月,郊县共建立205个乡政府,改变了农村“政社合一”的体制。

在建立乡政府的同时,还保留人民公社管理委员会作为乡一级经济组织,党、政、社三套班子并列。1984年下半年,在10个郊县各选择1个乡,进行乡级体制改革的试点,撤销公社管理委员会,把领导和管理经济的职能归还给乡政府。1987年9月,乡级体制改革基本结束。至1995年6月,全市216个乡镇中,有140个乡撤乡建镇。

上海积极推进农村基层政权建设,1989年1月28日,市九届人大常委会第六次会议通过《上海市乡人民政府工作暂行条例》。1983年3月23日,嘉定县曹王乡施庙大队在全市第一个建立村民委员会,村民委员会下设人民调解、治安保卫、公共卫生3个委员会,并以原生产队范围设立村民小组。此后,采用“一大队一村”的做法,通过民主协商和群众选举,建立村民委员会。至1985年1月,郊区各县共建立村民委员会3 028个。1987年4—12月,全市村民委员会进行整顿,改选村委会领导班子。各村建立健全了民政调解、治安保卫、文教卫生、公益事业等各工作委员会,制定各项工作制度和村规民约,发挥村民委员会自我管理、自我教育、自我服务的作用。

此外,上海从90年代开始,对部分规模不大的建制村开展了“撤二建一”“撤三建一”的合并调整。由于新城区的不断扩大,建成区内的一批建制村被撤销。截至2010年底,全市共有109个镇、2个乡、1 692个村民委员会。

【村民自治】

1987年11月24日《中华人民共和国村民委员会组织法(试行)》颁布后,根据“村民委员会主任、副主任和委员,由村民直接选举产生”的规定,上海开始民主选举村民委员会成员。1990年,除金山、青浦县的村民委员会任期未满外,郊区7县1区(宝山区)分别进行村民委员会换届选举。

1996年,村民委员会换届选举,改变以往村委会成员由村民代表或者户代表选举产生的做法,实行由村民直接投票选举,实现了村民委员会副主任和委员的差额选举。1999年6月1日,市人大常委会通过《上海市村民委员会选举办法》。2000年9月22日,市人大常委会通过《上海市实施〈中华人民共和国村民委员会组织法〉办法》,对民主决策、民主管理、民主监督的内容、形式和程序作了规范。

1999年,上海进行村民委员会换届选举,由村民直接提名、差额选举,实行“海选”(不设定候选

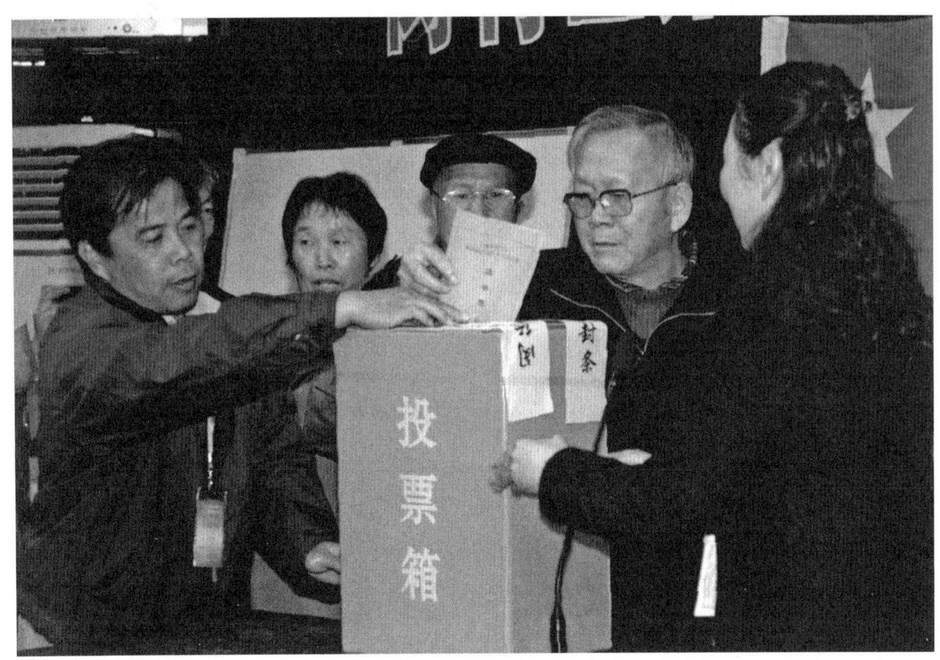

图6-6-1　选民参加乡镇人大换届选举。图为选民投票现场

人，由村民直接投票选举村民委员会成员）的村有1 165个，占总数的43.2%。此后至2009年，上海依法实现了村民委员会每3年定期换届选举（为与居委会换届选举同步，2005年的换届选举延期至2006年进行）。在2009年村民委员会换届选举中，"海选"比例达到75%。

按照民政部文件精神，1991年1月，市民政局发出《关于开展村民自治示范活动的通知》。1992年8月，市政府转发市民政局《关于在本市农村开展村民自治示范活动的通知》。同年，全市有473个村民委员会开展村民自治示范活动。到1994年4月，市郊农村已有739个村开展村民自治示范活动。至2004年，全市郊区全部符合村民自治达标的要求。同时，在民政部组织开展的四年一次的评比活动中，闵行区、松江区、嘉定区先后被命名为"全国村民自治模范区"，旗忠村等8个村民委员会被评为"全国模范村民委员会"。

1997年3月起，上海开展推行村务公开（公开村民委员会事务）活动。1998年6月，市民政局会同市有关部门召开深化村务公开工作会议，对村务公开工作提出了"五规范一满意"（内容规范、时间规范、程序规范、阵地规范、管理规范、群众满意）的要求。2009年起，按照全国村务公开协调小组提出的认定参考标准，全市确定210个不能按期换届选举的暂缓选举村作为"难点村"，开展重点治理。至2010年底，共创建"上海市村务公开民主管理示范镇"75个、"上海市村务公开民主管理示范村"1 334个。

第二节　社区公共服务

一、社区服务中心与网络建设

【社区服务中心建设】

80年代初，上海创造了市、区、街道、居委会"四个层次一条龙"福利服务网络的经验，标志着上海的“民政服务”开始向社区转移。1987—1991年,上海以“立足民政、适度拓宽、便民利民”为原则,民政服务突破传统的“民政对象”,社区服务由点向面逐步兴起。

1987年,民政部在武汉市召开全国城市社区服务工作经验交流会。会后,上海及时展开社区服务实践。1989年9月23日,卢湾区打浦桥街道成立全市第一个街道社区服务中心。1990年3月,南市区豫园街道成立全市第一家社区服务志愿者协会。

1991年,由市民政局、市老龄委、市卫生局、市劳动局、市工商局等16个部门组成上海市社区服务联席会议(1996年更名为“上海市社区服务协调委员会”)。1992年起,上海连续把社区服务设施建设列为年度市政府实事项目。1993年,市区共有13个区先后建立由区领导负责、区民政局及相关部门领导参加的区社区服务协调机构。1994年,市区117个街道(镇)建立115个社区服务协调机构。同年,将改扩建社区服务中心列入当年市政府实事项目。

1996年,为实行“两级政府,三级管理”的社区管理新体制,市政府调整充实“上海市社区服务协调委员会”的管理机构,并在区、街道及居委会层面,建立起各级社区服务中心。截至同年底,全市各街镇共建成社区服务中心115个,使用面积近5万平方米;市区居委会中,共有社区服务分中心2 000多个,分中心的服务设施近1万个,还建立了1 000多个残疾人服务设施、3 000多个优抚对象服务设施、135个“社区服务一条街”和1.5万多个便民利民社区服务设施。社区服务项目拓展到社区养老、社区扶弱、社区家政、社区慈善、社区交融、社区治安、社区就业、社区教育、社区卫生、社区文化、社区体育、团体综合、农村服务等10余个大类。社区服务队伍以专业人员为骨干,以志愿者为基础,并与解决下岗职工再就业相结合。到1996年底,全市居委会社区服务分中心共有专职人员4 800多名,分中心共有工作人员2.1万多名;共有2.4万多支社区服务志愿者队伍,人数达72万多人,其中志愿者为60.4万人,志愿服务的内容涉及照顾、咨询、帮教、调解和法律援助等多个方面。当年,社区服务设施规范被市建委列入《城市居住区公共服务设施设置标准》,社区服务设施建设被正式纳入上海城市基础设施建设总体规划。

1997年7月,上海市社区服务中心正式成立,负责组织全市社区服务业实施行业化管理,推动公益性服务项目和经营性项目共同发展,负责社区服务网运作管理,负责社区服务业务培训工作。社区服务资金来源除市、区县政府专项投入,福利彩票基金投入外,还有社会投入和部分服务项目的收费。市政府以及相关职能部门在住房、水电、用工、税收和办证费用等方面采取优惠政策,调动社区居民参与社区服务的积极性。到2007年底,全市共建成14个区级社区服务中心,总使用面积1.2万余平方米;122个街镇建立社区服务中心,总使用面积11万余平方米,每个社区服务中心平均使用面积约900平方米。全市3 525个居委会和近1 600个村都建立了社区服务分中心或活动中心,总使用面积71万多平方米。拥有专职工作人员3 900余名,工作人员和志愿服务人员2万余名。社区服务中心基本实现全覆盖。此后,社区服务中心建设转向社区生活服务中心建设,截至2010年底,全市共建成社区生活服务中心19个。

其间,2003年上海推出“社区服务超市”的服务理念,以上海社区服务网和上海市社区服务热线为信息交换和服务管理平台,通过有效沟通社区服务的提供方和需求方,整合社区内各类服务实体资源,推动实现服务数字化、商品化、标准化。同时,对所提供的服务加以引导调控、管理监督和评估仲裁。至2010年底,全市“社区服务超市”已开办家政中介、物业维修、家电维修、社区事务处置以及特需服务等50多个服务项目,加盟“社区服务超市”的各类服务单位共有148家,受理居民服务需求9.8万余次,提供上门服务7.2万余次,服务规模和社会影响不断扩大。社区服务还逐步向远郊农村延伸,在村民委员会推进了以“三室一站一店”为特色的农村社区综合服务中心建设,即标准卫生室、事务代理室、文化活动室(含农家书屋)、为农服务站、便民农家店。

【社区网络建设】

1997年底,卢湾区首先建成社区10个电脑服务亭。截至1998年底,社区服务网在普陀、徐汇、长宁、卢湾和黄浦5个区建立,全市共建成400个电脑服务亭,并实现ISDN(电路交换网络系统)连接。1996年,市政府信息港办公室将“上海市社区服务网(SES)”列为信息港五大骨干工程之一,1998年正式开通。该网主要由社区公共服务、社区生活服务和社区志愿服务三大板块组成,使传统的以单个社区为界面的服务资源和服务对象拓展到全市社区资源和全体市民。1998年11月23日,社区服务网主页初步开放,8个区的区域概况、政务办事指南、社区服务设施和单位情况等基本信息上网。2000年,对网站栏目进行三次重大改版,优化了网站结构。1998年6月15日,开通“88547”上海市社区服务热线(2003年5月号码改为“962200”)。当年底,全市建立了市、区、街道、居委会四级热线服务网络,接听市民求助电话1.1万余只。到2010年,社区服务热线全年接听处理市民来电近45.36万多个,接通率100%,处理率98.77%,满意率94.6%。

二、社区事务“一门式”服务

1998年,卢湾区五里桥街道率先建立社区事务受理服务中心,开展在街镇层面一门承接政府职能部门依法延伸的政务类服务工作的探索。2000年4月,全市在街道层面实行社区事务处理一门式服务的初步探索,主要是实现各职能部门的集中联合办公。2004年,市民政局牵头在全市街镇展开社区事务受理中心建设试点,组织25个街镇为试点单位,推进街镇受理中心建设标准化工作。

图6-6-2 2006年10月,全市第一家区级政务服务中心——浦东市民中心正式运行,实行“一站式”服务

2005年5月18日,市政府召开推进社区事务受理服务机构建设座谈会,要求把“一门式”作为社区建设中服务群众的重要工程抓好抓实。2006年,全市建设100个受理中心列入市政府实事项目。同年7月,市政府办公厅印发《关于加强和推进社区事务受理服务中心建设的意见》,要求让“群众少跑一趟路、少跨一个门槛、少走一道程序”,逐步实现“前台一口受理、后台内部协办”的“一门式”工作机制;各街道、镇(乡)均设置一门式服务机构,统一冠名为“××区(县)××街道(镇、乡)社区事务受理服务中心”。

2006年,“上海市社区事务受理服务中心‘一门式’系统”应用软件研发完成,并通过了由国家信息办、国务院发展研究中心、市信息委等组成的专家评审小组的专业评审。至当年底,全市90个受理中心完成该应用系统的安装并试运行,初步实现了政务类服务认证体系的建立和受理服务中心局域内的资源共享。同年,郊区镇乡也开展了相应的建设工作。

2007年6月22日,上海召开推进社区服务“三个中心”建设电视电话会议。同时,市政府下发《关于完善社区服务促进社区建设的实施意见》,要求在街道、镇(乡)建立社区事务受理服务中心,全面推进标准化建设,在全市实行基本服务事项、办事流程、建设规范、标识标牌、管理软件和评估体系等运行机制和管理模式的规范统一。市民政局制定《上海市社区事务受理服务中心规范手册》,作为受理中心建设和服务的地方标准正式立项,并向劳动和社会保障部申报了“社区综合政务办理员”的国家职业标准。2007年内,全市30个街镇受理中心进行“一口受理”试点,使“前台一口受理,后台内部协办”的“一门式”工作机制逐步成为现实;10个街镇进行“一头管理”试点,实现在现有行政管理体制下受理中心机构对所属人员的统一考核、统一调配、统一培训、统一管理。至2008年底,全市实现了街道、镇乡社区事务受理服务中心全覆盖。

2009年,市民政局会同市质监局制定《社区事务受理服务中心建设服务规范》,并由市质监局向社会发布。至同年12月中旬,全市17个区县按照服务规范的规定,实施管理标准件统一配送;实行受理中心人员持证上岗,完成“社区事务综合办理员”职业培训大纲及教材编纂,并通过人力资源和社会保障部专家组审定。

2010年,按照“全年无休、全市通办”的目标要求,在徐汇、黄浦、静安三区开展“全年无休、全区通办”试点,并形成实施方案,逐步在全市推广。同时,在不断完善“一头管理”的前提下,逐步实施“一口受理”。

第七章　市政府实事项目

上海市政府为民办实事项目起步于改革开放初期。随着上海经济社会发展和财力增长，市政府实事项目逐步从解决当前突出问题，延伸到满足人民群众基本需求，不断提升生活品质，共享改革发展成果。1983—2010年，共完成306个市政府实事项目。

第一节　实事项目的实施与绩效

1983—1985年，市政府利用有限财力，安排了32个与人民生活密切相关的项目，市长汪道涵将其列入年度政府工作。1986年，市长江泽民提出：要少说空话、扎扎实实，从上海经济发展战略出发来选择恰当的近期目标，用每年限时完成十几件看得见、摸得着实事的办法，处理好治标与治本的关系，最大限度地解除市民的后顾之忧。每年所办实事，第二年初要公布结果，接受群众的监督检查。在当年市人代会上，市长江泽民宣布："以后每年都要这样做，形成制度。"从此，政府实事项目每年实施推进，历届市政府领导高度关注。

1990年3月，市长朱镕基在市党政干部会议上表示，将建立"菜篮子"工程、解决以道路交通为中心的各项基础设施建设、解决市民住房困难问题作为任期里至少为上海人民办的三件实事、大事。1995年2月，市长徐匡迪表示，力争在任期内，上海人民在衣食住行等实事方面要有较大的改善。到20世纪末，全市人均住房面积从不到7平方米提高到10个平方米以上，在交通方面建成"三环十射"（即内环、外环和郊区环线，十条放射形的道路），完成地铁一号线和二号线的通车。

1996年1月，市政府举行"上海为民办实事十周年"座谈会，市委书记黄菊在会上指出，坚持为民办实事，是在新的历史时期坚持立党为公、执政为民，全心全意为人民服务根本宗旨的具体实践。今后要把实事工程办成鼓舞人心、振奋人心、凝聚人心的民心工程，改革、发展、稳定的配套工程，上海"两个文明"建设的示范工程。2010年1月，市长韩正在市政府常务会议上指出，实事项目从群众中来，是做好为民办实事工作的一条重要经验，也是决定项目实施效果的关键。要坚持网上公开征询，通过各种途径征集民意的方法，不断加强实事项目建设。

在市政府为民办实事实践中，通过不断优化项目立项、过程管理、绩效考核等机制，逐步形成了项目从市民群众中来，实施由各部门协同推进的工作格局。政府实事项目的制度化，确保了项目资金、计划、进度的落实。实事实办基本程序是：先由市政府办公厅制订实事建议征集方案，向市民公开征集项目建议，起初通过座谈会、访谈听取，从2002年起，由市政府门户网站向全社会公开征集。汇集的建议经筛选分类后分别转各有关部门酝酿、论证，再由各部门报送实事项目意向，就实施计划和资金安排等征求市发展改革委和市财政局意见，一般项目所需资金均列入部门财政年度预算。协调一致后，由市政府办公厅形成初稿，听取市政府有关领导意见，最后经过市政府常务会议审议确定。项目确定后，市政府办公厅对实施计划、进度、任务、责任单位、配合单位等具体内容进行细化，发文向社会公布，主动接受监督。在项目实施过程中，市政府通过指挥调度系统，统一协调，确保按照时间节点完成任务。市重大工程建设办公室每月汇总项目进展情况，并在市政府门户网站向市民公布。从2004年起,每年实事项目完成后,通过网上评议、委托统计机构社会调查、人大代表和政协委员评议等方式,对实事工作进行评议,并及时向社会公布结果,结果作为部门绩效考核的主要依据。

为民办实事在改善民生方面,解决了一大批市民群众反映突出的就业、就学、就医、为老服务等问题。2003—2010年,全市累计增加就业岗位414余万个。针对适龄儿童入园高峰,累计新建幼儿园210所。在医疗救护方面,安排增加"120"急救车辆,开展肿瘤晚期病人舒缓疗护项目,免费孕前优生健康检查,为贫困的白内障患者实施复明手术,为特殊群体提供医疗保障服务等项目。从1997年起,市政府连续14年将新增养老床位列为实事项目。

为民办实事在公共服务方面,促进了基本公共服务均等化,尤其加大了对农村地区和农民的公共服务投入力度。为改善农村村庄基础设施,2009年起,上海连续多年将农村村庄改造列入市政府实事项目,至2010年,全市已累计完成218个。为提高农村基本公共服务水平,大力改善郊区学校教学配套设施;2003—2010年,完成村卫生室标准化建设1 530所;全市农村户籍人员养老保障覆盖面近100%。2005年起,列入实事项目、参加职业培训的郊区农民工近20万人。

为民办实事在城市管理方面,更加注重实事项目的功能性,突出向社区倾斜。2003年开始,在全市213个街镇建设社区"一门式"服务机构;2005年,为中心城区高架路安装交通诱导系统,方便市民及时掌握道路交通状况;2008年起,连续3年推进食用农产品流通安全信息追溯系统建设,实现从肉类、蔬菜到禽类、水产等农副产品安全监管的全覆盖;实施i-Shanghai建设项目①,推动城市信息化水平提升;连续多年安排迎世博行动计划项目,促进了城市管理水平和市民文明素质的提升。

在2004—2010年对实事工作的评议中,市民评议分值均在80分以上;市民群众总体满意率达到94.2%,其中,50%为"基本满意",31.6%为"比较满意",12.6%为"非常满意"。

第二节 历年完成的实事项目

一、1983—1998年实事项目

1983—1998年,共完成市政府实事项目181件,大批市民群众"急难愁"问题得到解决,城市面貌得到很大改善。1983—1988年,连续6年每年竣工住宅400万平方米以上。1986—1987年,完成市区4—6岁幼儿基本入园、路远职工就近上班。1988年,完成人均居住面积2平方米以下特困户的解困。1989年,保证29种人民生活必需日用工业品的生产和供应等。1990年,完成新增小包装猪肉2.2万吨副食品供应等。1991年,建成市区首座跨越黄浦江的南浦大桥、吴淞路桥闸等交通设施。1992年,在市区100个街道建立社区服务中心。1993年,在市区95%街道(镇)建立社区服务中心。1994年,市区内环线高架建成通车、第一条地铁贯通。1995年,建成贯穿市区的南北高架道路、地铁1号线投入运营。1996年,延安路高架西段竣工和延安路东段过江隧道复线通车。1997年,完成延安路高架东段、徐浦大桥等一批骨干道路工程。1998年,建成50个市级文明小区、10个市级文明社区。

① i-Shanghai是由上海市政府牵头,基础电信运营企业(包括上海电信、上海移动、上海联通)承建并运营的无线局域网络(WLAN),服务标识统一为i-Shanghai。

二、1999—2010年实事项目

1999—2010年,共完成市政府实事项目125件。

【1999年12件实事项目】

(1) 拆除"365"范围内危棚简屋50万平方米;建成配套齐全的完整街坊50个。(2) 新建公共绿地350公顷,人均公共绿地达到3.15平方米;在中心城区种植大树3万棵;建成3 000平方米以上公共绿地25块。(3) 拆除违法违章建筑100万平方米,建成400个无违法违章建筑新村(街坊);内环线内10个占路菜场实施入室。(4) 确保离退休人员养老金足额发放,80%企业退休人员养老金实施社会化发放;完成再就业培训15万人次。(5) 新增养老床位2 500张;建立10个老年医疗机构。(6) 实现信息资源共享,完成金融IC卡、城市交通IC卡、市民保障IC卡"一卡通"主体工程。(7) 拆除市区尚剩的138个给水站,完成2 900户居民引水入屋工作;在市中心主要商业街、旅游景点新建、改建公厕15座。(8) 完成市区及郊区区县政府所在城镇路名牌、门(弄)楼牌以及市区公交站牌整顿补缺及更新工作。(9) 实现市区社区服务热线联网;设立10个旅游咨询服务网点。(10) 完成26家重点工业企业污染物排放达标治理;建成LPG加气站20座;实施50个基地场的畜禽粪便治理;内环线内500台小型燃煤锅炉改用燃气等清洁燃料。(11) 建成3所寄宿制高中、3所现代化中等职业技术学校、3所高等职业技术学校。(12) 新增22个社区全民健身活动场所,在全市居委会建成900个小型健身设施。

【2000年10件实事项目】

(1) 完成26.5万平方米原定"365"范围内危棚简屋拆除工作;居民多层住宅平屋面改坡顶1 000幢;建成配套齐全的完整街坊60个。(2) 新辟、延伸57条公交线路,改善76个新村居民小区公交出行条件;完善12个体育场馆以及机场、火车站、客运码头等主要交通枢纽的无障碍设施。(3) 建成上海个人信用联合征信服务系统;银行IC卡、公共交通卡、社会保障卡"一卡通"开始在全市范围推广使用并形成相关产业。(4) 完成市中心区9个重点易积水点的治理工作;实施好本市西部地区防洪除涝配套工程建设。(5) 拆除违法违章建筑100万平方米;内环线内尚剩的21个马路菜场、集贸市场入室经营;实施中心商业区橱窗布置内光外透工程。(6) 新建公共绿地500公顷,人均公共绿地达到4平方米以上;在中心城区种植大树2.5万棵;建成延安中路大型生态绿地一期工程;建成开放浦东公园等7座公园;建成25幅3 000平方米以上城市景观绿地。(7) 完成居民居住区内700台(眼)1吨/小时以下燃煤小炉灶清洁能源改造;建成液化石油气和压缩天然气加气站32座,改装压缩天然气公交车300辆。(8) 完成天原化工厂等10家重点废气、废水、固体废弃物"三废"企业治理工作;建成生活垃圾压缩收集站50座;在郊区60个乡镇建成生活垃圾收运处理系统;实施50个基地场的畜禽粪便综合治理。(9) 在全市25个街道实行社区事务处理一门式服务,完善社区服务热线;新增养老床位2 500张;城区地段医院全部建成社区卫生服务中心,建设20个示范性社区卫生服务中心;建立促进就业责任体系,创造10万个就业岗位。(10) 完成100所中、小学达标建设;建成高校学生公寓30万平方米;新增30个社区健身苑,建成800个小型健身点;完成主要旅游景点公厕达标工程,新建10个旅游咨询点。

【2001年10件实事项目】

(1) 实现高清晰度数字电视在有线电视网上试验播出;建成并开通市民信息化服务热线;实施上海市社区服务信息网推广工程;完成1 000个行政村的有线电视网络建设。(2) 实施外滩、陆家嘴、淮海路等部分区域商办楼内光外透工程,中心商业区橱窗透亮延伸工程;完成40万户居民分时计价电表改造。(3) 完成市中心10个主要积水路段改造;完善主要道路交通标志标识。(4) 完成1 500幢居民多层住宅平改坡工程,1 000个住宅楼屋顶水箱改造;建成配套齐全的完整街坊65个。(5) 新建公共绿地600公顷,人均公共绿地面积达到5.2平方米;建成延安中路绿地二期工程、徐家汇公园一期工程和华山路绿地一期工程;实施破墙透绿2万米。(6) 建立20个规范的法律援助中心。(7) 净增10万个就业岗位;建成上海市劳动和社会保障电话咨询系统。(8) 完成市区450台(眼)居民区1吨/小时以下燃煤小炉灶及内环线内4吨/小时燃煤锅炉清洁能源改造;实施50个基地场畜禽粪便综合治理;建成市区30座小型生活垃圾压缩收集站;在郊区80个乡镇建成生活垃圾收运处理系统。(9) 建立主副食品流通安全防范检测网络。(10) 完成90所中小学校舍改造达标建设工程;完成40个社区卫生服务中心标准化建设;建成20个街道(乡镇)健身苑和400个居委会(村委会)健身点;新增2 500个养老床位;建成100个标准化居委会老年活动室。

【2002年12件实事项目】

(1) 方便市民办事,社保卡补(换)卡、身份证办证拍照、购房者个人所得税税基抵扣、住房公积金封存和查询业务、非机动车办理牌照以及婚姻登记等事项实行休息日办理。(2) 全面实施廉租住房制度,改善最低收入住房困难家庭居住条件。(3) 净增就业岗位10万个,重点对困难群体实施就业援助。(4) 在"中国上海"政府门户网站上提供教育、医疗卫生、民政和社会保障等便民服务查询50项和设立国家助学贷款申请、电子报税、工商年检等办事项目。(5) 实施完成14个易积水点改造,缓解市中心居住区暴雨积水矛盾。(6) 实施市中心18条瓶颈、堵头、错位路段改造,疏通中小道路网络。(7) 拆除苏州河长寿路桥以东沿岸环卫码头,完成龙华港水系一期、松江新城龙兴港、嘉定墅沟等河道综合整治13公里,提高水环境质量。(8) 在社区建40个老人日托机构、150个老年活动室,新增养老床位2 500张,构建为老服务信息库,建立居家养老、托付养老服务系统。(9) 为普通中小学校增配电脑2万台,实施"校校通"工程,推进普教信息化建设。(10) 扩大本市生产和经销的蔬菜、肉类等食用农副产品抽检覆盖面,保障市民食用农副产品安全。(11) 建立社区废品回收利用交投、分拣场(站)24个,建成居民生活垃圾压缩收集站50座,推进废弃物处理减量化、资源化、无害化。(12) 推进街道、乡镇司法、信访综合服务窗口建设,为市民提供就近、良好的信访和法律服务。

【2003年12件实事项目】

(1) 改造17家市级医院急诊室,改善市民就诊条件;对40所乡镇卫生院实施标准化建设,为市郊群众提供综合卫生服务。(2) 竣工重大工程配套商品房100万平方米,为市民提供合适房源。(3) 取消内环线内及虹桥开发区、古北新区白天影响交通的道路停车泊位;新辟调整12条公交线路,缓解边远新村小区居民出行困难。(4) 新增就业岗位40万个,建立城乡一体化的促进就业机制。(5) 在奉贤、金山、南汇、崇明各建一所市重点高中,提高市郊教育质量。(6) 为9万户居民的老式住宅楼增添消防安全设施,保障市民居住安全。(7) 推进残疾职工社会保险纳保工作,做到应保尽保;实施220个公共场所无障碍设施改造、完善工程,城市道路新增盲道40公里、坡道1 000

个。(8) 启动实施“百万家庭网上行”计划，对10万社区居民进行信息化培训。(9) 建立废品回收利用网络，建设社区废品回收利用交投站130个、分拣场1个。(10) 新建生活垃圾小型压缩站、综合处理站共50座，改善居住区环境质量。(11) 在社区建40个老人日托机构、100个老年活动室，新增养老床位2 500张；扩大为关怀服务援助系统，用户达到20 000户。(12) 对漕河泾(闵行段)、张家塘港(闵行段)、蒲汇塘(徐汇段)、走马塘河道进行综合整治，配合苏州河治理，提高水环境质量。

【2004年10件实事项目】

(1) 实施以社会公益服务为主体、以就业特困群体为主要对象的“万人就业项目”12项；构筑和完善全社会的就业责任体系，新增就业岗位50万个。(2) 落实交通排堵保畅措施，缓解新建小区市民出行困难；完成外滩、铁路上海站、陆家嘴、豫园、人民广场等5个重点区域的交通主干道人行道综合整治；新辟调整13条公交线路，设置出租汽车候客站点350个。(3) 建成300万平方米中低价商品住房，为动迁居民提供合适房源；改善居民居住条件、优化小区环境，完成30个旧居住区综合改造。(4) 均衡城乡义务教育水平，改善355所郊区初中、小学教学设施；构筑城乡一体化医疗防治体系，完成40所乡镇卫生院标准化建设。(5) 推进农村残疾人养老保险、合作医疗工作，实现全员覆盖；改善老年教育条件，兴办10所、完善80所老年学校；新增养老床位2 500张；为2万名生活难以自理的困难老人提供就近上门照料服务；建成社会救助三级网络信息系统，及时为救助对象提供服务。(6) 建立市民信息服务平台，为市民提供24小时公用事业缴费及政府相关信息服务。(7) 完成4 000个生活垃圾箱房给排水设施配置；新建生活垃圾小型压缩站50座，提高居住区环境卫生水平。(8) 新建公共绿地1 000公顷，在中心城区建成3 000平方米以上公共绿地12块。(9) 推进科普教育和社区文化工作，改造10所科普教育基地；建设20个社区文化活动中心。(10) 方便市民就近开展科学健身活动，完成30个社区绿地公共小型运动场地；20个社区市民体质健康监测站的建设。

【2005年10件实事项目】

(1) 鼓励创业，全年新增就业岗位65万个，为计划的130%，其中为农村富余劳动力提供非农就业岗位15万个，为计划的150%。(2) 在全市完成246个街道、乡镇医保事务服务点建设，同时完成10个标准化医保事务中心建设。全面完成郊区24所乡镇卫生院标准化建设。(3) 全面落实140万70岁以上老人就医便利和公园、部分文化场馆门票优惠措施；为16万独居及其他需特殊照顾的老人提供上门照顾等服务；新增养老床位10 094张，为年初计划的168%；为5.5万名老人提供居家养老服务，为计划的183%；为1.3万户独居老人为重点的纯老家庭安装紧急呼叫援助装置，为计划的130%；新建、改建400家老年活动室，为计划的133%。(4) 中心城区新辟20.83公里公交专用道开通并投入使用；基本建成中心区高架路交通诱导系统；45个轨道交通车站导向标志改造全部完成。(5) 完成53.9万亩基本农田有机肥推广使用，为计划的106.2%；建成5个有机肥料处理中心；完成在线监测信息平台建设，实现对51家重点企业在线监控。(6) 建成重大工程动迁配套商品房319.31万平方米，为计划的106%；完成旧居住区综合改造60个，为计划的150%。(7) 全面完成100家准入规范、功能齐全、卫生达标的标准化菜市场建设。(8) 完成67 550名郊区农民职业培训任务，为计划的135%。(9) 组织完成10 919名智障人士参与培训、康复、简易劳动，为计划的109%，提高了其日常生活能力和社会适应能力。(10) 实现“网上家庭教室”开通，为市民提供家庭教育、心理咨询、青少年保护等综合信息服务工作;30个社区文化活动中心建设全部完成。

【2006年10件实事项目】

(1)全年新增就业岗位50万个;为全市30万就业有困难人员建立个人职业培训补贴账户;完成5万名郊区农民职业教育培训任务。(2)完成300所郊区村卫生室标准化建设;新建15个标准化医疗急救分站。(3)新建、改建100个社区"一门式"服务机构,其中乡镇新建80个。(4)完成300家菜市场标准化建设,实行规范化管理;在60万亩基本农田推广使用有机肥。(5)完成838条同名道路整治工作;完善高速公路和外环线内所有道路交通标志、标线和信号灯的规范设置。(6)新增1万张养老床位;完成2万名独居老人紧急呼叫装置安装;新增5万名居家养老服务对象;新建20家示范型老年人日间照料中心。(7)完成40个小区、共400万平方米平改坡综合改造。(8)为3 500名重残无业人员提供养护服务;为3万名听力障碍者生活和工作提供信息沟通服务。(9)新建15个公共消防站;完成100万个危险化学品气瓶的电子标签标识;建设覆盖全市的800兆数字集群应急救援政务共网。(10)实施迎世博行动计划,推进城市化地区市容环境综合整治,开展百万家庭文明素质培训工作。

【2007年11件实事项目】

(1)新增50万个就业岗位,其中农村富余劳动力非农就业岗位10万个;完成5万名郊区劳动力职业教育培训;组织3万名青年参加职业见习实训。(2)完善全市240所"阳光之家"建设,包括建立50所接纳轻度智障人士从事非正规就业的"阳光工场";对2 000名7岁以下残疾儿童实施康复救助。(3)新增1万张养老床位;完成2万名独居老人紧急呼叫装置安装;为13万名老人提供社区居家养老服务;新建20家老年人日间服务机构。(4)完成400所村卫生室标准化建设;加强医疗急救网络建设,新增100辆救护车;为本市3 000名白内障贫困患者免费实施复明手术。(5)完成400所农村中小学信息化环境设施建设;在100万户家庭推广使用"家校互动"系统。(6)对50万农民工进行安全生产培训;将外来从业人员参加综合保险人数扩大至300万人。(7)在300条内环线内及部分跨内环公交线路实施公交空调车优惠换乘;对内河区域15个渡口、30艘渡船实施改造;取消市区与崇明固定电话区间通话费。(8)完成200家菜市场标准化建设,实行规范化管理;在60万亩基本农田推广使用有机肥。(9)完成100万个家用液化气等危险化学品气瓶的电子标签标识。(10)规范全市所有学校、幼儿园周边道路交通设施设置;对全市370辆中小学、幼儿园自备校车统一标志标识和规范管理。(11)实施迎世博行动计划,开展百万家庭文明素质培训活动,组织系列活动为市民提供参与世博的渠道和平台;推进社区文化建设,新建20家社区文化活动中心。

【2008年9件实事项目】

(1)新增就业岗位50万个,其中农村富余劳动力非农就业岗位10万个;完成40万人职业技能培训。(2)帮助200万城镇非职工居民参加本市居民基本医保制度;完成本市10万名农民纳入养老保障体系工作。(3)为17万老人提供居家养老服务,对其中10万名生活困难且需照料服务的老人给予政府服务补贴;新建100家老年人日间服务中心;新设200个社区老年人助餐服务点;新增1万张养老床位。(4)为本市4.5万名视力障碍者提供信息沟通服务;为本市6万名依靠轮椅出行的残疾人提供"阳光车队"优惠乘车服务。(5)加强医疗急救网络建设、新增120辆救护车;完成郊区

300 所村卫生室标准化建设;为 30 万退休和生活困难妇女免费提供妇科病、乳腺病筛查;完成 3.5 万名“红十字”救护员和 35 万人群众性现场初级急救培训。(6) 在 600 家标准化菜市场、11 家批发市场、15 家屠宰场、133 家大卖场、20 家外省市肉类加工场建成猪肉流通安全信息追溯系统;在全市所有大卖场、144 家中型超市设置 QS(食品质量安全)信息便捷查询终端。(7) 改善崇明岛、长兴岛、横沙岛地区水上客运设施,缓解当地居民出行困难。(8) 完善本市所有中小学、幼儿园的技防设施;完成 60 所农民工子女学校办学设施改造,并纳入民办教育管理。(9) 完成 100 万个家用液化气等危险化学品气瓶的电子标签标识;对 50 万在沪农民工进行安全生产培训;完善 500 个封闭型小区技防设施。

【2009 年 10 件实事项目】

(1) 新增就业岗位 59.6 万个,为计划的 119.2%,其中农村富余劳动力非农就业 11.2 万个,为计划的 112%;完成外来农民工职业技能培训 11.2 万人,为计划的 112%;推进本市农民纳入养老保障体系,全市农村户籍人员养老保障覆盖面达到 99.1%。(2) 综合改造多层旧住房 3 114 万平方米,为计划的 119.8%;综合整治高层旧住房 1 178 万平方米,为计划的 117.8%;整修清洁重点范围、重点路段和重点区域 8 451 万平方米建筑外立面,为计划的 101.8%。(3) 完成城市道路车行道整治 750 万平方米、人行道 200 万平方米、高速公路和普通公路 350 公里,为计划的 100%;外环线以内苏州河桥梁及铁路跨线桥综合整治全部完成;制作并安装完成门弄楼牌 143.6 万块,为计划的 109.8%。(4) 完成郊区县 118 个村的村庄改造,为计划的 118%;完成郊区县 2 000 户农村低收入户危旧房翻建、修缮,为计划的 100%。(5) 新建 41 处社区公共运动场,为计划的 102.5%;完成 12 座老公园改造,为计划的 100%;新建 122 座公共厕所,为计划的 101.7%,其中,中心城区新建公厕 86 座,为世博公共厕所应急保障系统配置的拉臂式应急厕所 36 组。(6) 为 21.9 万名老人提供了居家养老服务,为计划的 104.3%,并对其中 12.9 万名生活困难且需照料服务的老人给予政府服务补贴,为计划的 102.4%;新增养老床位 10 187 张,为计划的 101.9%;新建老年人日间服务中心 52 家,为计划的 104%;新设 119 个社区老年人助餐服务点,为计划的 119%。(7) 完成郊区县 426 家村卫生室、43 家社区卫生服务分中心、5 家社区卫生服务中心标准化建设,800 所村卫生室实现新农合实时报销,为计划的 100%;完成对 3.57 万名“红十字”救护员的培训,为计划的 102%,完成 35.6 万人的群众性现场初级急救培训,为计划的 101.7%。(8) 在郊区县新建 50 所幼儿园,为计划的 100%;完成 86 所农民工子女学校办学设施改造并纳入民办教育管理,为计划的 172%。(9) 在标准化菜市场安装食品安全信息查询机 613 台,为计划的 102.2%;完成 100 万个家用液化气等危险化学品气瓶的电子标签标识,为计划的 100%;成对 51.7 万名农民工的安全生产培训,为计划的 103.4%;在 102 个街道、镇推行社区综合保险,为计划的 100%,全市社区综合保险覆盖率达到 100%;为全市 9 124 个小区配置社区民众安全防护应急箱,为计划的 100.3%。(10) 建成 521 个“农家书屋”,实现农家书屋行政村全覆盖;在郊区县完成 3.27 万人的信息化培训和 30.8 万人的宣传普及,分别为计划的 109%和 102.7%;完成对 491 万名重点行业从业人员和学生等开展迎世博礼仪培训,为计划的 1 636.7%。

【2010 年 10 件实事项目】

(1) 新增就业岗位 50 万个,其中农村富余劳动力非农就业 10 万个;创建 100 个阳光职业康复援助基地为就业困难残疾人提供就业援助。(2) 开建 29 条区域对接道路,完成 10 条区域对接道路建设;在城市快速路46个上匝道,建设控制及引导系统;在64个道路断面,建设道路交通事件视频监测技术系统;为700条线路9 000辆公交车配置手持式交通卡读卡器。(3)完成郊区县100个农村村庄改造;完成2 500户低收入农户危旧房改造。(4)为25万名老人提供居家养老服务;新增养老床位1万张;新建老年人日间服务中心20家;新设50个社区老年人助餐服务点。(5)实现郊区540所村卫生室和145家社区卫生服务中心新型农村合作医疗实时报销;免费为30万台家庭用水银血压计进行校准和小修;实现市民手机呼叫"120"实时定位。(6)推广使用节能灯1 200万只,其中对2.3万户重点优抚对象赠送4.6万只。(7)新建50所幼儿园;为全市160所招收来沪务工人员子女为主的民办小学配备标准图书室、增配体育运动器材;实施"千村万户"农村信息化培训普及工程,在郊区县完成1万人的信息化培训和20万人的宣传普及。(8)在市郊大型居住社区等地,新建1 000台银自动提款的ATM机;新建改建40个上海旅游咨询服务中心;在市内轨道交通站点和上海世博园区,设置方便市民和游客报警的标志标识。(9)在5家蔬菜批发市场和100家标准化菜市场,建设蔬菜流通信息追溯体系;对30万来沪务工人员进行安全生产培训;向全市25万户家庭提供免费急救包并开展应急逃生培训;完成2.5万名"红十字"救护员和25万人的群众性现场初级急救培训。(10)新建40处社区公共运动场;完善2 800余座厕所的设施设备和导向标志。

第七篇

城乡建设与管理

上海解放初，市长陈毅提出，城市建设要贯彻“为生产服务，为劳动人民服务，并且首先是为工人服务”的方针。市军管会、市政府对供水、供电、交通邮电等要害部门实行军事管制，并把有限的资金用于维修养护道路、桥梁及排水等市政设施，恢复城市正常的生产和生活秩序，对原有基础设施逐步进行改建、扩建，扩大提高了服务和供应能力。

1951年，市政府编制《上海城市发展方向图》。1959年，市委、市人委组织编制《关于上海城市总体规划的初步意见》，提出“逐步改造旧市区，严格控制近郊工业区规模的继续扩大，有计划地辟建卫星城市”。60年代初，随着国民经济调整，压缩基本建设规模，上海城市建设投资减少，主要通过挖潜改造增加供应能力，提高服务质量。“文化大革命”期间，上海城市建设投资锐减，交通难、住房难等矛盾突出。

改革开放后，为适应经济建设及社会发展的需要，上海市政府于80年代中期制订《上海市城市总体规划方案》，1986年10月上报国务院批准。按照总体规划，市政府加强城市基础设施建设，改变长期靠国家和地方财政拨款进行城市建设的做法，探索吸引外资、土地批租和社会集资等多渠道筹集资金，调动区、县积极参与城市建设，使上海城市建设有了突破性的进展。

道路交通方面。90年代，为落实中央开发开放浦东的战略决策，按照建设“一个龙头、三个中心”的要求，推进以“三港两路”为代表的连接国内外功能性的基础设施建设。先后建成沪宁、沪杭高速公路上海段；完成虹桥国际机场国际候机楼的扩建工程，建成浦东国际机场一期工程；完成外高桥港区一期工程，进行深水港建设的前期准备工作，为把上海建成国际航运中心创造条件。同时，按照“远近结合、标本兼治、综合治理”的方针，在“一年一个样，三年大变样”的推动下，中心城区建成内环高架路、南北高架路、延安高架路和“三横三纵”的地面主干路等一批大型骨干工程，基本形成城市立体快速道路骨架。2000年以后，以举办上海世博会为契机，全面加大城市基础设施建设投入力度，推进枢纽型、功能性、网络化现代城市基础设施建设。陆续建成上海浦东、虹桥两个机场6条跑道、4座航站楼，洋山深水港一期、二期、三期工程和外高桥四期、五期、六期工程相继投入使用。建成“申”字形高架道路、卢浦大桥等5座跨黄浦江大桥和越江隧道等一大批重大市政工程；初步建成市域高速公路网。至2010年底，上海轨道交通开通运营12条线，运营线路总长度达到452.6公里，包括磁浮线1条，运营线路长度29.8公里，轨道交通形成“十字加环、八向辐射”“覆盖中心城区、连接市郊新城、贯通重要枢纽”的公共交通运营网络。

生态环境保护方面。在1979年市环境保护局成立，至1990年区县相继建立环境保护局的基础上，全市以推行建设项目“三同时”①、环境影响评价、排污收费三项环境管理制度为重点，实施环境管理和环境执法。其间，主要以末端治理为主要形式，开展工厂废水、废气、废渣治理；以黄浦江

① 环境保护建设项目“三同时”：1979年，《中华人民共和国环境保护法（试行）》对“三同时”制度从法律上加以确认，第6条规定：“在进行新建、改建和扩建工程时，必须提出对环境影响的报告书，经环境保护部门和其他有关部门审查批准后才能进行设计；其中防止污染和其他公害的设施，必须与主体工程同时设计、同时施工、同时投产；各项有害物质的排放必须遵守国家规定的标准”。1989年12月26日通过并实施的《环境保护法》，将“三同时”的表述调整为：“建设项目中防治污染的设施，必须与主体工程同时设计、同时施工、同时投产使用。”

上游水源保护为重点，开展水环境治理；以消烟除尘为主，开展大气环境治理；对新华路、和田路、桃浦等环境污染严重地区进行综合整治等，尽力偿还生态环境历史欠账。进入90年代，环境保护开始作为基本国策，贯穿上海经济社会发展的各个领域。环保投入逐年增加，特别是2000年以后，环保投入占全市生产总值的比例一直保持在3%左右。2003年，设立市环境保护和建设协调推进委员会，以环保三年行动计划、污染减排、迎世博环境整治等为抓手，紧扣水、大气等突出环境问题，全面推进绿化建设，大力改善生态环境质量。2003年底，经国家验收通过，上海市正式成为国家园林城市。城市建成区绿化覆盖率从1978年的8.2%提高到2010年的38.15%，人均公共绿地面积由“一张报”（约0.47平方米），增至“一间房”（约13平方米）。城市主要污染物排放总量实现大幅下降，环境质量总体持续改善，全年空气质量优良率从2000年的80.8%提高到2010年的92.1%。经过30多年的发展，上海环境保护逐步实现了从点上污染治理到面上环境综合整治，从加快还清历史欠账到建设生态城市，从末端污染治理到推进结构调整等源头防控，从中心城区到城乡一体等重大战略转变；环境基础设施体系渐趋完善，节能减排取得明显成效，重点地区环境整治取得重大进展；“政府主导、市场运作、全社会共同参与”的环境保护格局基本形成。

住宅建设和旧区改造方面。80年代开始，上海积极探索城市土地有偿使用制度和住房制度改革，重点化解“居住难”问题。市政府提出住宅建设与城市建设相结合、新区建设与旧区改造相结合、新建住宅与改造修缮旧房相结合的方针，原来由政府统包建房，改变为国家、集体、个人相结合，调动各方面积极性，共同解决住房问题。1980—1990年，先后分4批在中心城区边缘新辟了曲阳居住区、彭浦居住区等74个居住区，广大市民的居住条件得到了较大改善。90年代开始，通过推广土地批租，加快旧城改造，进行住房制度改革，逐步恢复重建房地产市场。市政府大面积改造棚户、危房、简屋，完成了365万平方米危棚简屋的拆除改造任务。之后，又采取拆、改、留并举的方法，继续推进新一轮旧区改造。在大规模住宅建设过程中，加强住宅质量管理和市政公建配套建设，积极创建“四高”①优秀小区，使市民的居住条件得到进一步改善。1998年以后，进一步深化住房制度改革，停止福利分房，实行住房分配货币化和住房商品化，更大程度地满足市民居住需求。同时，不断规范房地产市场。特别是2004年以后，根据房地产市场的实际情况，在商品房供应和销售方面实施双向调控，促进房地产市场健康平稳发展。2010年，全市商品房销售面积达到3 665.4万平方米，市区居民人均居住面积由1978年的4.5平方米增至约17.5平方米，住宅成套率从32%提高到95.8%。

信息化发展方面。80年代初，上海开始进行以组织推广计算机应用为主要内容的信息化建设。进入90年代，上海加快信息化进程，在经济和社会发展各领域采用现代信息技术，加强信息基础设施建设，大力发展信息产业，建立和完善信息化环境。进入21世纪，上海在信息港主体工程的基础上，全面推进信息基础设施建设；积极推进“三网融合”（电信网、广播电视网和计算机通信网），促进信息网络资源的综合利用和社会共享。至2000年底，上海信息港建设的结构框架基本完成，建成5项关键性骨干应用工程，即上海信息交互网（SHII）、上海社会保障网（SSS）、上海国际经贸电子数据交换网（EDI）、社区服务网（SCS）、金卡与商业增值网（GCSPOS）。至2010年底，上海光纤宽带网络、下一代广播电视网（NGB）实现规模部署；第三代移动通信（3G）网络率先建成，全市3G宏基站累计建成近6 500处；城市光纤宽带网络建设在国内率先启动，光纤到户覆盖超过120万家庭；NGB建设成为全国首个示范城市，NGB网络覆盖100万有线电视用户；全市信息基础设施的

① “四高”：高起点规划、高水平设计、高质量施工、高标准管理。

普遍接入能力显著增强,市域范围内已基本实现信息通信服务的按需接入。

经过30多年的发展,上海公用事业的服务供应能力进一步提高。上海平均日供水能力从1978年的266.4万立方米,增加到2010年的1 131万立方米,自来水普及率99.99%;发电量从1978年的139.71亿千瓦时,增加到2010的942.96亿千瓦时;天然气从无到有,城市燃气实现结构多元化、供需基本平衡,城市完成全气化,郊区农村也使用上燃气。上海电信服务主要业务从电报、长途电话和本地电话,转向电信增值业务及互联网业务。同时,公共汽电车和出租车数量大幅度增加,市民出行条件有了明显改善。

第一章 城乡规划

50年代初,市政府确立按照城市规划进行城市建设管理的指导思想,着手拟制《上海城市发展方向图》,后又在国家建筑工程部城市规划工作组协助下,编制《上海城市总体规划草图》,并编写《关于上海城市总体规划的初步意见》。"文化大革命"期间,上海城市总体规划工作处于停顿、半停顿状态。

"文化大革命"结束后,根据国务院召开的第三次全国城市工作会议精神,1979年12月,市政府开始组织编制上海市城市总体规划。截至2010年,组织制订了《1986年上海市城市总体规划方案》《上海市城市总体规划(1999—2020年)》,并根据城市总体规划,先后编制了一批近期建设规划。为深入实施《上海市城市总体规划(1999—2020年)》,2003年10月召开的市规划工作会议,确定了中心城坚持"双增双减"①、郊区坚持"三个集中"②的发展方针,并将其纳入《上海市城市规划条例》(2003),作为一个长期发展战略。

在城市总体规划和近期建设规划的指导下,市政府还组织编制了黄浦江两岸地区规划、2010年世博会地区规划、苏州河滨河地区规划、虹桥商务区规划、临港新城总体规划、上海国际旅游度假区规划、历史文化风貌保护规划、工业用地布局规划等多个重点地区规划。

第一节 上海市城市总体规划

一、1986年城市总体规划方案制定

1979年12月,市政府组织编制上海市城市总体规划。1980年1月,完成《上海市城市总体规划纲要(草案)》。1981年3月,市政府召开市第一次城市规划工作会议,部署编制市城市总体规划和加强规划管理工作。1982年6月,市政府印发《上海市城市总体规划纲要》,要求全市各单位结合编制"六五"规划和"七五"设想,抓紧编制本地区和本专业的初步规划,以便综合编制好上海城市总体规划。1983年10月,完成《上海市城市总体规划方案(送审稿)》。同年12月,市八届人大常委会第六次会议审议并原则通过《上海市城市总体规划方案》。

1984年2月,市委、市政府将《上海市城市总体规划方案》上报中共中央、国务院审批。1985年2月,市政府根据国务院批准的《关于上海经济发展战略的汇报提纲》和市委《关于制定上海市"七五"计划的建议》,对编制城市总体规划方案的指导思想以及城市性质、规模、发展方向和布局结构作了修改与补充。1986年4月2日,市委、市政府向中共中央、国务院上报《上海市城市总体规划方案的汇报提纲》。

1986年4月14日,中共中央总书记胡耀邦主持中共中央书记处会议,听取并审议上海市城市总体规划。上海市长江泽民、副市长倪天增等参加会议并作汇报。同年7月22日,市委、市政府向

---

① "双增双减":增加公共绿地,增加公共空间;减少容积率,减少建筑容量。
② "三个集中":工业向工业园区集中,人口向城镇集中,土地向规模经营集中。

中共中央、国务院上报根据中央书记处审议意见再次修改后的《上海市城市总体规划方案》。

1986年10月13日,国务院批复,原则同意《上海市城市总体规划方案》。这是上海历史上第一部经国家批准的城市总体规划方案。上海的城市性质被确定为我国最重要的工业基地之一,也是我国最大的港口和重要的经济、科技、贸易、金融、信息、文化中心,还应当建设成为太平洋西岸最大的经济贸易中心之一。

二、上海市城市总体规划(1999—2020)制定

进入90年代,随着浦东开发开放的加快和城市经济社会的发展,1986年批准实施的《上海市城市总体规划方案》需要调整和完善。1991年初,市政府决定修订《上海市城市总体规划方案》。同年6月,副市长倪天增召开专题会议,部署城市总体规划修订工作。8月,市政府成立上海市城市总体规划修订工作协调小组。

1992年4月,市政府批复,原则同意市规划局《关于修订上海市城市总体规划方案若干问题的请示》,明确城市总体规划的修订,是从优化城市布局结构、城市土地使用功能、城市基础设施、城市生态环境和健全城市防护防灾体系等方面充实、调整、完善,而不是作全面的重新编制。同年10月,中共十四大提出,以上海浦东开发开放为龙头,进一步开放长江沿岸城市,尽快把上海建成国际经济、金融、贸易中心之一,带动长江三角洲和整个长江流域地区经济的新飞跃。市政府把中央这一战略决策贯彻到《上海市城市总体规划方案》修订中。同年底,编制完成《上海市城市总体规划修订纲要(征求意见稿)》。

1993年6月,市政府召开上海市第三次规划工作会议,提出用三年时间,编制好一个面向21世纪新上海的《上海市城市总体规划》。市长黄菊作题为《为新世纪的上海规划新蓝图》报告,指出要从规划上体现并落实中央确定的上海城市功能和目标;上海的规划不能囿于过去那种传统的上海城市的概念,必须树立大上海的整体观念,把视野扩展到6 300平方公里的整个上海;明确上海未来城市发展的大致框架设想是,基本形成现代化国际大都市的城市规模,基本形成多心组团式都市圈,基本形成具有世界一流水平的国际化大都市;强调上海实现大蓝图,要有大举措,包括加快形成中心商务区和中心商业区,建成国际一流大都市水平的现代化、高标准的交通通讯体系,按照国际大都市的格局,调整产业结构布局,集中力量成片开发大型现代化居住区,建成大型绿化圈,把上海建成一个清洁、优美、舒适的生态城市,制订合理配置资源的土地政策等。

1994年10月,市政府召开上海市第四次规划工作会议,进一步修订和完善上海市城市总体规划。市长黄菊作题为《新阶段、新起点、新蓝图:修订好迈向21世纪的城市总体规划》报告。报告阐述了新一轮上海市城市总体规划的指导思想:着眼于建成国际经济、金融、贸易中心之一,并崛起成为国际经济中心城市的战略目标,面向21世纪,面向世界,面向现代化,实现上海经济、社会、环境"三位一体"协调发展。报告提出,迈向21世纪的上海经济、社会、城市形态规划大致设想:一是确立创建国际经济中心城市的战略目标;二是培育服务全国、面向世界的城市功能;三是形成合理的城市空间布局和产业结构布局;四是建设现代化城市基础设施。修订规划一定要充分体现上海发展的战略目标,坚持以人为本的宗旨,突出经济社会发展规划和城市形态规划相统一。副市长夏克强作题为《齐心协力为规划建设现代化城市的基础设施而奋斗》的报告。会议还举办了"迈向21世纪的上海——城市发展总体规划方案征询展示"展览会,全市5万多名市民参观,收到书面意见300多份。同年,市政府先后召开迈向21世纪的上海经济社会发展战略国内专家研讨会和第六

次上海市市长国际企业家咨询会，向国内外城市规划专家、学者征集意见、建议。

1996年，参照《迈向21世纪的上海经济社会发展战略》研究成果，结合《上海市国民经济和社会发展"九五"计划与2010年远景目标纲要》编制，完成了《上海市城市总体规划》(征求意见稿)。

"征求意见稿"在规划目标、规划内容、规划范围上取得新的突破，但是在与社会经济发展计划的衔接、深水港港址规划论证，以及近期建设规划深度方面尚存不足。1997年，市政府决定分三个层次进行深化细化工作：第一层次，研究明确上海2000年和2005年的城市建设目标、方针和具体实施项目；第二层次，研究上海中长期发展框架；第三层次，研究与上海发展关系密切的长江三角洲大都市圈的战略规划。

1998年，市政府又重点对上海市城镇体系、市域综合交通网络、工业用地规模和布局、历史文化街区保护、城市环境建设等问题进行深化研究。同时，吸取兄弟省市在城市规划建设方面的经验，组织市规划委员会各专业咨询委员会的专家对城市总体规划编制中的重要问题进行专题论证，并对"征求意见稿"的内容作了相应调整。

1999年初，新一轮上海市城市总体规划基本完成。该总体规划依照1986年国家公布上海为国家历史文化名城的要求、1996年1月国务院提出要建设上海国际航运中心的目标、1997年9月中共十五大明确上海在中国改革开放发展中的地位和作用，将上海城市性质调整为"我国最大的经济中心和航运中心，国家历史文化名城，并将逐步建成国际经济、金融、贸易中心城市之一和国际航运中心之一"。

1999年10月，市长徐匡迪主持召开市政府工作会议，通报上海新一轮城市总体规划修编工作的基本情况。同年11月，市委召开七届五次全会，听取市长徐匡迪作的新一轮上海市城市总体规划的编制情况说明，审议并原则通过新一轮上海市城市总体规划。年底，市政府邀请建设部专家组对上海市城市总体规划进行了预审，并报市人大常委会审议。

2000年1月，市十一届人大常委会第十六次会议审议通过《上海市城市总体规划(1999—2020)》。根据市委、建设部专家组、市人大常委会审议的意见和建议，市政府组织对《上海市城市总体规划(1999—2020)》作进一步完善后，同年4月上报国务院审批。

2000年9月21日上午，建设部召开由13家单位代表出席的部际联席会议，审议《上海市城市总体规划(1999—2020)》。当日下午，建设部部长俞正声主持召开建设部部务会议，听取部际联席会议审议《上海市城市总体规划》情况的汇报，审议并原则同意《上海市城市总体规划(1999—2020)》。同年10月，市政府组织有关部门对建设部部务会议以及部际联席会议在审议中提出的意见和建议进行研究，对《上海市城市总体规划(1999—2020)》作了相应修改，报建设部审查。

2001年2月2日，国务院总理朱镕基主持召开国务院总理办公会议，听取并审议《上海市城市总体规划(1999—2020)》。上海市委书记黄菊、市长徐匡迪、副市长韩正等参加会议。会议认为，该规划论证充分，令人鼓舞，特别是在综合考虑经济、社会和城市发展方面，在避免中心城区"摊大饼"式的发展方面，在结合产业调整和人口外移发展郊区城镇方面以及在重视环境保护等方面，很有特色。国务院原则同意上海市城市总体规划，强调上海的城市定位应当是现代化国际大都市，并逐步建成国际经济、金融、贸易和航运中心之一。

2001年5月11日，国务院批复，原则同意《上海市城市总体规划(1999—2020年)》(简称《城市总体规划》)。《城市总体规划》主要内容包括指导思想、规划期限与范围、城市性质、城市发展规模、城市发展目标、城市发展方向、市域空间布局结构、中心城布局等。此外，还包括产业发展、对外交通、市域交通、环境景观、城市历史风貌保护、住宅发展、科教与社会事业发展、市政基础设施、城市防灾和地下空间等专业规划。

2003年10月,市委、市政府召开上海市第五次城市规划工作会议。市长韩正在会上讲话,总结90年代起城市规划工作在上海大发展、大建设、大变样中取得的成绩,全面部署新时期上海城市规划工作任务。提出要适应上海新一轮发展的新形势、新情况、新要求,适时调整规划实施的内容;优化人口、产业、城镇布局,促进土地和空间资源合理配置;完善规划体系、管理体制和法制,建立与现代化国际大都市相适应的城市规划管理框架;加强机制、技术、人才、组织保障,确保规划实施和管理的各项措施落到实处等,大力推进实施城市总体规划,全面开创新世纪上海城市发展的新局面。会议讨论了《关于进一步加强城市规划管理、实施〈上海市城市总体规划(1999—2020年)〉的纲要》(以下简称《纲要》)和《上海市城市总体规划(1999—2020年)中、近期建设行动计划》提交。《纲要》在指导思想和基本原则,以及优化人口布局、城镇布局、产业布局,加强城市环境建设、城市基础设施建设,加快社会事业发展,加强城市历史文化风貌保护区和优秀历史建筑保护、完善城市规划体系和城市规划管理体制,加强城市规划管理的法制建设等方面,提出了实施《城市总体规划》的重点和步骤。同年12月,市政府先后印发这两个文件,要求全市认真贯彻执行。

三、城市近期建设规划制定

1986年,市政府依据国务院颁布的《城市规划条例》①,结合《上海市城市总体规划方案》制订,同步编制完成近期建设规划。1998年初,市政府在新一轮城市总体规划深化细化的同时,编制完成至2005年的《上海市城市近期建设规划》。2003年初,市政府根据建设部对近期建设规划编制工作的要求,组织编制《上海市城市近期建设规划(2003—2007)》。该规划考虑到与2010年世博会的举办相衔接,对重大设施的布局设想延伸至2010年。同年6月,市政府批准并印发该规划。

2006年8—9月,市政府党组、市委常委会先后听取并审议《上海市城市近期建设规划(2006—2010年)》。同年9月18日,市政府批复,原则同意《上海市城市近期建设规划(2006—2010)》。该规划主要内容包括:(1)提出总体目标,贯彻科学发展观,落实"科教兴市"主战略,实现经济社会又快又好发展,办好一届成功、精彩、难忘的世博会,形成国际经济、金融、贸易、航运中心的基本框架,积极推进社会主义新郊区新农村建设,取得社会主义现代化国际大都市建设的阶段性进展,增强国际竞争力,为上海新一轮发展奠定坚实基础。(2)坚持长江三角洲区域联动发展,加强区域城镇群、综合交通、能源、生态环境保护和科技创新服务等方面规划衔接。在市域范围内,逐步构建中心城、新城、新市镇和中心村四个层次的"1966"城乡规划体系,构筑有序的城乡空间布局。到2010年,城市化水平约85%。(3)坚持"三、二、一"产业发展方针,优先发展现代服务业和先进制造业,构建现代化农业框架。重点建设外滩—陆家嘴金融贸易区等20个左右现代服务业集聚区,重点发展微电子等六大产业基地,确保农业生产用地规模。(4)中心城坚持"双增双减",有序推进旧城改造;郊区坚持"三个集中",加快推进新郊区新农村建设。(5)围绕建设生态型城市的目标,重点推进外环生态专项工程、世博会园区等绿化项目建设。到2010年,人均公共绿地面积达到13平方米。(6)按照建设"创新型城市"的目标,将上海建设成为国家重要的知识生产中心、知识服务中心和高新技术产业化基地。(7)进一步推进以"三港两网"(海港、航空港、信息港,轨道交通网、高速

① 1984年1月,国务院颁布《城市规划条例》规定,城市总体规划的内容应当包括拟定实施规划的步骤和措施,并与国民经济和社会发展计划相衔接,编制城市近期建设规划,确定城市近期建设的目标、内容和具体部署。

公路网)为主导的城市基础设施建设。(8) 依托全国支持,举全市之力,围绕“城市,让生活更美好”的主题,举办一届成功、精彩、难忘的世博会。(9) 继续发挥上海市城市总体规划对城市发展方向的导向作用,充分发挥上海市城市近期建设规划对城市近期建设的指导作用,全力推进重大建设项目实施。

四、城市总体规划实施评估①

2001年5月国务院批复,原则同意《上海市城市总体规划(1999—2020)》(简称《城市总体规划》)以来,通过10多年的建设发展,截至2012年,上海规划的国际经济、金融、贸易、航运“四个中心”框架基本形成,国际大都市发展目标基本实现。上海世博会地区、黄浦江两岸、虹桥商务区、国际旅游度假区、临港地区等重点区域的建设取得重大进展,重点新城建设加速,城乡统筹的市域空间格局不断优化。国际集装箱枢纽港、亚太地区航空枢纽港、现代化信息港和高速公路、高速铁路“三港两路”的基础设施基本建成。保障性住房建设和旧区改造力度加大,公共绿地、生态环境和各项公共设施建设成效显现。《城市总体规划》的目标基本实现。

对照《城市总体规划》,2012年全市经济总量实现20 101亿元。服务产业融合发展与新型服务业态成为重要增长点,电子商务、现代航运服务业和战略性新兴产业等加快增长。加快推进的中央商务区和市级公共活动中心建设,成为上海国际金融中心、国际贸易中心的主要载体。2012年末,全市各类金融单位1 124家,其中在沪经营性外资金融单位208家,外资金融机构代表处210家。按规划建设的洋山深水港、虹桥综合交通枢纽以及一批大型产业基地,推进了上海国际经济中心和国际航运中心的建立。国际航运中心主要业务量指标持续稳居世界前列。2012年,上海港口货物吞吐量7.36亿吨,连续8年居全球第一;港口国际集装箱吞吐量3 252.94万国际标准箱,连续3年居全球第一;浦东、虹桥两大国际机场全年共起降航班59.67万架次,进出港口旅客7 870.84万人次,浦东机场货邮吞吐量连续5年居全球第三;上海海关进出口总额8 013.1亿美元,占全国的1/5。

上海世博会园区建设,将黄浦江两岸的工业地带转换为金融贸易、旅游文化、生态居住,以满足市民公共活动需求。临港新城、虹桥商务区、洋山深水港、虹桥综合交通枢纽的规划建设,加速形成以服务业为主体的产业结构,强化了上海对于区域辐射带动作用。国际旅游度假区规划建设促进了上海旅游服务业,促进了浦东地区新市镇的功能和空间整合。《城市总体规划》实施后,截至2012年,全市拆除旧区住宅建筑面积超过6 000万平方米,动迁居民超过50万户。为解决中低收入居民家庭住房问题,建立了一批经济适用房、公共租赁房、廉租房和动迁安置房。城镇居民人均住房建筑面积33.9平方米,折合人均住房居住面积17.3平方米,住宅成套率96.3%(2012年上海市国民经济与社会统计公报按户籍人口计算)。

城镇建设方面。从“十五”时期(2001—2005年)的“一城九镇”试点城镇建设,到“十一五”期间(2006—2010年)推进1个中心、9个新城、60个5万人左右的新市镇、600个左右中心村的城乡规划体系建设。城市空间的拓展开始呈现出城市区域化的国际大都市的特征。

历史保护和生态保护方面。上海中心城划出了12片历史文化风貌区范围,总用地面积26.96

① 2012年10月,上海市规划和国土资源管理局组织启动上海市城市总体规划实施评估研究工作。为更加完善全面地反映城市总体规划实施情况,本条目各项统计数据以《上海城市总体规划实施评估报告》为依据。

平方公里,确定了4批632处,共计2 138幢优秀历史建筑和144条历史风貌道路、街巷。郊区确定了32个历史文化风貌区,总面积约14平方公里。金山枫泾、青浦朱家角、南汇新场等被列为国家级历史文化名镇。全市建立了最严格的历史建筑的保护制度。上海城市绿地与林地系统建设稳步推进,城市生态环境建设取得了显著的成效。2012年,全年环境空气质量优良率(API)达到93.7%,全市建成区绿化覆盖率达到38.3%,森林覆盖率达到12.6%,污水处理率达到85.6%。连续开展苏州河综合治理环境保护三年行动计划,以及万河整治、中小河道治理等工作,全市河道水质明显改善。以延中绿地、世博园区绿地和滨江森林公园等为代表的中心城大型绿地先后建成。中心城外环线环城绿带建成宽度100米林带,已建面积超过26平方公里,占规划总面积的42%。在郊区,大力推进沿海、沿江防护林、水源涵养林、通道防护林、防污染隔离林等生态公益林和经济果林建设,相继建成4座国家森林公园,形成15片千亩以上大型生态林。

基础设施建设方面。上海世博会的举办,加快了上海市政交通基础设施的建设速度,上海基本形成衔接国内外、辐射长三角的快速、便捷的对外客货运交通运输网络。建成并投入13条共468公里轨道交通线路(含磁浮线路29公里),加快了以轨道交通为主导的综合交通网络建设,市域骨干路网体系初步成形,道路系统逐步完善。上海加大城市资源供给和保障设施的建设力度,不断提高城市安全的保障能力,全市资源供给系统框架基本建成。先后确立"两江(长江、黄浦江)并举、多源互补"的水源地格局,形成了以外高桥、石洞口、吴泾—闵行、漕泾、临港等市内五大发电基地为主,西南水电、安徽火电等市外电源为辅的"5+2"电源格局,以及以天然气和人工煤气为主,液化石油气为辅的燃气供应结构。污水和固体废弃物的处理处置基本实现"清洁、高效、环保"的目标。城市防灾、抗灾、减灾的综合体系逐步健全,中心城应急避难场所规划编制及试点建设基本完成。

第二节　中心城与郊区(县)规划

一、中心城规划编制

2001年5月国务院批准的《城市总体规划》,明确上海中心城范围为外环线以内区域,面积约660平方公里,是上海政治、经济、文化中心。中心城区规划由城市总体规划、中心城分区规划、控制性编制单元规划、控制性详细规划4个层次组成。2003年10月,市政府召开上海市第五次规划工作会议,强调建立覆盖全市、层次清晰、目标明确、管理有序的城市规划体系,根据城市总体规划,加快编制中心城区分区规划、控制性编制单元规划和控制性详细规划。

【分区规划】

50年代,上海进行过以行政区为单位的规划编制。60年代,上海编制过各行政区综合规划。

1986年,根据国务院批准的《上海市总体规划方案》,上海中心城按照合理布局、各项功能相对平衡、结构多心开敞、有机疏解、有利生产、方便生活的规划思想,打破行政区界限,分解成11个综合分区。其中,中山环路内2个,即南分区和北分区;中山环路外9个,浦西为五角场、彭浦、真如、虹桥、漕河泾、长桥,浦东为高桥、陆家嘴、周家渡。1987年,完成近郊9个分区规划的编制。1990年,完成南、北分区规划的编制。

1990年4月,《中华人民共和国城市规划法》颁布实施,明确在城市总体规划基础上,可以编制分区规划。同年,根据中共中央、国务院关于开发开放浦东的决策,浦东城市化地区范围扩展。

1992年编制的浦东新区总体规划，将原周家渡、陆家嘴、高桥3个分区扩大为外高桥—高桥、庆宁寺—金桥、陆家嘴—花木、北蔡—张江、周家渡—六里5个分区，使中心城共划分为13个分区。1995年，完成了外高桥—高桥、陆家嘴—花木、北蔡—张江(张江高科技园区)3个分区的规划编制。

2001年5月，国务院原则同意的《城市总体规划》提出，按照现状自然地形和主要公共中心的分布以及对资源优化配置的要求，合理调整上海分区结构。上海将中心城规划为中央分区、北分区、西分区、南分区、东北分区、东南分区6个具有综合功能的分区。各分区在功能定位、形态布局等方面的整体协调，实现跨区域主要基础设施配套相互统一。

2001年以后，分区规划重点从人口和建筑容量、土地资源、产业发展、社会公共服务和基础设施配置、生态和人文环境塑造等五个方面进行系统编制。从规划管理出发，结合行政区划，将分区规划的内容细化分解为"分区—次分区(行政区)—社区(街道)"三个层次，分类、分层落实相关规划。2004年底，上海编制完成中心城6个分区规划。

【控制性编制单元规划】

80年代初，市政府在上海城市规划管理中，探索和实践分区规划，使城市总体规划的内容在中心城得到有效实施。由于分区规划用地规模为几十平方公里，仍难以指导详细规划的编制。90年代，市政府提出了介于分区规划和详细规划之间的"结构规划"层次。

2003年10月召开的上海市第五次规划工作会议提出，完善城市规划体系的核心是增加控制性编制单元1个层次。新增的控制性编制单元规划介于分区规划和控制性详细规划之间，起到承上启下作用。控制性编制单元规划由6个强制性规划要素构成：土地使用性质、建筑总量、建筑密度和高度、公共绿地、地下空间利用，主要市政基础设施和公用设施。这6个规划要素，既是总体规划和分区规划要求在编制单元上的分解，又是指导下一层次控制性详细规划编制的强制性要求。同时，编制单元还有3个指导性指标：重要地区的城市设计、轮廓线规划要求和特殊颜色限制。2003年11月，市人大常委会发布实施《上海市城市规划条例》，明确了控制性编制单元规划的法律地位。

2004年，根据市委、市政府对城市管理实施"网格化"，城市规划实行"无缝衔接"全覆盖管理的要求，市规划局在规划确定6个综合分区的基础上，遵循逐级分解、层层落实的原则，对中心城区街坊开展现状普查。通过普查，将中心城区划分为23个次分区242个规划编制单元。2004年底，编制完成全市中心城区242个控制性编制单元规划，实现了中心城区控制性编制单元规划全覆盖。

【控制性详细规划】

1982年，上海市虹桥开发区首次尝试通过编制详细规划，对地块的开发进行规划控制。1984年，国务院颁布《城市规划条例》，规定应当根据批准的城市总体规划，组织编制详细规划。1990年4月，《中华人民共和国城市规划法》颁布实施，明确编制城市规划一般分总体规划和详细规划两个阶段进行。

1991年，在建设部制定的《城市规划编制办法》的指导下，依据城市总体规划、分区规划，并参照《上海市城市规划管理技术规定(土地使用建筑管理)》，上海开始进行控制性详细规划编制。1998年10月，为强化和规范城市详细规划的编制和审批，市政府发布《上海市城市详细规划编制审批办法》，2002年和2010年，又对该办法进行了两次修正。

2003年，市政府制定《关于进一步加强城市规划管理、实施〈上海市城市总体规划(1999—2020)〉的纲要》，强调要建立科学、完整的城市规划体系。同时，提出控制性详细规划要依据控制性编制单元规划所明确的强制性控制要求和指导原则,对编制单元内的土地使用强度、空间环境、市政基础设施、公共服务设施等作出具体的控制性规定,为建设项目提供管理依据。

二、郊区(县)规划编制

1984年,上海制定了全国第一个城市经济发展战略,率先提出“城乡一体”等发展理念。1986年,市政府提出“加快城乡一体化建设,坚持两个立足点(农民口粮立足自给,城市主要副食品供应立足郊区),促进三业(农副工,后改为农工商)协调发展,建设四个基地(大工业扩散基地、副食品生产基地、外贸出口基地、科研中试基地)”的“一二三四”工作方针,城乡封闭的体制逐渐被打破。1986年10月,国务院批准《上海市城市总体规划方案》,提出要推进城乡协调发展,把中心城、卫星城、小城镇和农村集镇建设作为一个整体来考虑,有计划地疏解中心城,有重点地综合开发卫星城,通盘规划小城镇和农村集镇,从而形成合理的生产力布局和城镇体系。

90年代初,随着浦东开发开放,上海城市规模大大拓展。位于市郊的闵行、嘉定、宝山3个县先后撤县建区成为上海市区的组成部分。郊区经济迅速发展,城镇规模有了长足进步,促使上海农村城镇化进程加快。

1993年6月,上海市第三次规划工作会议提出,建立城乡一体化的结构网络。1994年10月,上海市第四次规划工作会议强调加快郊区城镇建设,推进郊区城镇化步伐,把郊区作为上海城市发展的重要方向,使上海城市拥有一个地域宽广、经济发达、城镇化水平较高的“大郊区”。

2001年1月,为落实中共中央、国务院《关于促进小城镇健康发展的若干意见》和市委七届六次全会提出“中心城区体现繁荣繁华,郊区体现实力水平”的精神,市政府印发《关于上海市促进城镇发展试点意见》,决定在“十五”期间(2001—2005年),实施以新城和中心镇为重点的城镇化战略,加快郊区城市化步伐。以“一城九镇”规划建设为试点,借鉴国际经验,实现高起点规划、高质量建设、高效率管理,建设各具特色的新型城镇。

2001年5月,国务院批准《上海市城市总体规划(1999—2020)》,同意上海在行政辖区内,实行城乡统一规划管理;依托市域高速公路网络和重大市政基础设施,加速产业和人口集聚,发挥规模效应,推动郊区城市化进程。市域城镇体系由中心城、新城、中心镇、一般镇和中心村5个层次组成,形成相对独立、功能完善、各具特色的郊区城镇。

2002年4月,市委、市政府召开上海市郊区工作会议,强调上海郊区发展要围绕城乡一体化,加快农村城市化,推进农业现代化,实现农民市民化。城市基础设施建设重心将由内向外转移;生产力布局重心也将由内向外转移。按照现代化国际大都市要求,因地制宜、有特色、高起点地编制好规划。同年7月,市政府常务会议讨论全面开展上海郊区城镇规划编制工作。8月,市政府批转市规划局、市农委《关于推进上海郊区城镇规划编制工作的指导意见》。上海郊区城镇规划编制范围为外环线外的约100个城镇(不包括崇明、长兴、横沙三岛)。

2003年10月,上海市第五次规划工作会议提出,郊区是上海未来城市发展的重点,要着眼于城乡一体化发展,进一步优化城市布局,推进郊区城镇化发展,促进郊区“三个集中”发展战略。

2004年11月,市政府印发《关于切实推进“三个集中”加快上海郊区发展的规划纲要》(简称《郊区规划纲要》)。《郊区规划纲要》提出,要牢固树立和落实全面、协调、可持续的科学发展观,全面实施“科教兴市”战略,全面提升上海郊区的综合实力和竞争力。切实推进郊区“三个集中”,加快中心城和郊区的联动发展,逐步消除城乡二元结构,全面提高郊区生产力和人民生活水平。同时,对郊区城镇体系、产业发展、基础设施、公共服务、生态环境、配套政策、规划管理等，特别是对新城、新市镇建设提出了规划要求。依据《郊区规划纲要》，市规划局与相关区（县）政府先后组织编制、完成了奉贤、金山等区域规划纲要和新城总体规划。

2005年7月，市委常委会专题审议崇明、长兴、横沙三岛规划和联动发展功能定位等问题，统筹谋划三岛整体发展。明确将崇明作为未来上海可持续发展的重要战略空间，坚持三岛功能、产业、人口、基础设施联动，分别建设综合生态岛、海洋装备岛、生态休闲岛，把崇明建成环境和谐优美、资源集约利用、经济社会协调发展的现代化生态岛。2006年3月，市政府批准《崇明三岛总体规划（崇明县区域规划）2005—2020年》。

2006年7月，市政府研究促进试点城镇建设和发展工作，结合推进建设社会主义新郊区新农村，提出赋予试点城镇建设和发展新内涵，把“一城九镇”试点与“1966”城乡规划体系建设结合起来，争取新的突破。市委八届九次全会审议通过《关于上海市推进社会主义新郊区新农村建设的决议》，明确上海建设社会主义新郊区新农村的总体要求为，“规划布局合理、经济实力增强、人居环境良好、人文素质提高、民主法制加强”；提出覆盖全市范围的“1966”城乡规划体系，是上海“十五”规划纲要的一个重大突破，要加快编制规划的进度，确保年内完成全部新市镇规划，并抓紧编制好试点中心村的规划，确保郊区建设及早有序地开展。此外，市政府专题会议研究新农村先行区试点工作，提出着力解决郊区农村地区存在的突出问题，探索发展现代农业、解决农民居住和完善基础设施等新农村先行区建设的有效途径。

2009年7月，市政府常务会议研究小城镇发展改革试点政策，提出要在土地利用总体规划和城市总体规划“两规合一”的基础上，加快形成城乡经济社会一体化发展格局。按照中央精神和市委要求，上海加快崇明县陈家镇等10个第二批全国发展改革试点小城镇工作。同年8月，市政府印发《关于本市开展小城镇发展改革试点政策意见》，提出通过5年左右或者更长时间的努力，把全市第二批全国发展改革试点小城镇建设成为与现代化国际大都市要求相适应，具有较强产业承载能力、人居环境优良、资源节约、功能完善、社会和谐、各具特色的郊区示范城镇。

三、“双增双减”和“三个集中”实施

2003年10月，上海市第五次规划工作会议明确，中心城实施“双增双减”，即增加公共绿地和公共空间、减少容积率和建筑容量；郊区大力推动“三个集中”，即工业向工业园区集中、人口向城镇集中、土地向规模经营集中。同年12月，上海将中心城坚持“双增双减”、郊区推进“三个集中”作为一项长期战略写入《上海市城市规划条例》。

【中心城“双增双减”】

2003年12月市人大常委会修订《上海市城市规划条例》（简称《规划条例》）后，市政府及时修订《上海市城市规划管理技术规定》（简称《技术规定》）。鉴于新法规无法追溯以往，按照“双增双减”的要求，依据《规划条例》和《技术规定》，对历史上已批项目协商处理，进一步优化规划方案，努力降低建筑容量；对新批项目，严格按新颁布标准执行。对2003年12月1日以后审批的建设项目，一律按照新标准进行严格审核，建筑容积率大幅下降。建筑基地面积大于3万平方米的必须编制详细规划，并按照批准规划实施建设。同时，降低单个基地容积率指标。有些项目根据控制性编制单元规划的要求，进一步减低建筑容量。此外，市规划局还印发文件，严格控制科教文卫体和其他非

居住用地转性为住宅用地,控制住宅建筑总量。

2005 年 10 月,为了进一步落实《规划条例》和上海市第五次规划工作会议精神,加强对市现有及规划的市政公用设施、公共服务设施等专用土地的规划管理,保障基础设施建设,改善城市交通,严格控制中心城人口规模和建筑总量,增加公共服务设施、公共绿地和公共空间,促进中心城区功能提升、环境改善和人口疏解。市政府办公厅转发市规划局《关于进一步加强本市规划管理若干意见》,强调要严格按照规划审批建设项目,各项建设工程必须符合上海市城市总体规划的要求。工程项目所在地区的控制性编制单元规划或控制性详细规划已经批准的,必须严格按照已批准的规划执行。项目审批中,不得擅自改变批准的规划建设用地性质、规划建筑容量、建筑高度。

中心城在减少容积率、减少建筑容量的同时,加大公共绿地和公共空间的建设力度。在此期间,筹建静安雕塑公园,加快黄浦江两岸、北外滩滨江以及苏州河沿岸等一大批绿地建设;逐步打通苏州河沿岸地区公共道路,加强沿岸地区公共通道管理。

【郊区“三个集中”】

2001 年 5 月,国务院批复同意的《上海市城市总体规划(1999—2020 年)》明确:按照城乡一体、协调发展的方针,节约土地资源,促进“三个集中”,归并自然村,加强中心村规划建设。2003 年 12 月,市政府印发《上海市城市总体规划(1999—2020 年)中、近期建设行动计划》,要求:(1) 深化城市总体规划,切实落实郊区人口、城镇、产业和生态布局范围;(2) 推进专业规划的全覆盖;(3) 加快郊区轨道交通、高速公路、综合枢纽建设;(4) 加快公共设施、生态环境建设向郊区转移;(5) 加大对郊区规划管理的力度。2004 年,为加快郊区城市化进程,市政府印发《关于切实推进“三个集中”加快上海郊区发展的规划纲要》。2005 年 10 月,市政府进一步提出,郊区规划建设推进“三个集中”,不得擅自改变经批准的规划用地性质、规划控制线等各项强制性内容。按照体系成梯度、布局成组团、城镇成规模、发展有重点的原则,完善郊区“新城、新市镇、居民新村”三级城乡居住体系;郊区以农民宅基地置换为突破口,确定 15 个农民宅基土地进行置换试点,推进郊区“三个集中”规划建设;郊区工业发展,做到整体规划、分步实施、有序建设。

第三节　城乡规划管理

一、管理体制与机制

【市规划委员会】

1984 年 10 月,成立市城乡建设规划委员会,市长汪道涵兼任主任,统一领导城市规划工作。1986 年,市城市建设规划委员会更名为市城乡规划环境保护委员会(1988 年 3 月,明确由市建委代行其职责);1990 年,成立市规划环保委员会。1994 年 7 月,为了强化城乡规划的权威性、战略性、整体性和规范性,市委、市政府决定重新组建经济、社会和城市发展规划三位一体的市规划委员会,负责重要城市规划方案和规划管理事项的协调,市长黄菊兼任主任。1996 年 10 月,市政府调整市规划委员会成员,市长徐匡迪兼任市规划委员会主任。1997 年 4 月,市规划委员会组建经济与社会发展、城市空间与环境、市政交通建设 3 个专业委员会。1998 年 9 月,徐匡迪为各专业委员会特聘专家颁发聘书。2007 年,市规划委员会建立专家咨询机制,成立市规划委员会专家咨询委员会,重要规划由专家咨询委员会先行审议,再提交规划委员会审定,以提高规划决策的科学性和民主性。

市规划委员会专家咨询委员会由名誉专家和社会经济发展、城市空间与环境、历史文化风貌区和优秀历史建筑保护、市政交通建设4个专业委员会组成。同年7月，市长兼市规划委员会主任韩正向受聘的专家颁发证书。8月，市政府批转上海市规划委员会运作规则。

【两级政府、两级管理】

上海城市规划长期实行集中统一的管理。80年代后期，为适应改革开放的需要，市委、市政府提出在集中统一领导的原则下，实行市、区县分级负责，各司其职，充分发挥区县在城市建设方面的积极作用。

1992年5月，按照分权明责的要求，将部分建设用地和建设工程的规划管理权下放给区县，实行市、区县两级管理，规定一般地区内区属单位建设项目，由区规划管理部门负责审批。1995年6月，市人大常委会审议通过的《上海市城市规划条例》明确，市政府负责全市城市规划的制定和实施；区、县政府根据全市城市规划的要求，按照规定权限，负责本行政区域城市规划的制定和实施。

1996年3月，市政府下发《关于进一步完善"两级政府、两级管理"体制的政策意见》，进一步向区县下放权力，将原由市政府或者市规划管理部门行使的部分规划管理权委托区县政府和区县规划管理部门行使。具体为：将重要地区和道路的范围划小；将地区详细规划编制任务全部委托所在区县政府编制；将部分重要道路和地区范围内建设项目的"一书两证"以及部分18层以上建筑的设计方案等委托所在区县规划管理部门依法审批。

2000年4月，市政府下发《关于进一步完善"两级政府、三级管理"体制的若干意见》。2001年5月，市政府明确：在加强长效管理的前提下，对不属于政府职能，以及不应由政府直接管理的事项，取消审批；凡是区县政府能够承担主要责任的规划和规划管理审批事项，坚决下放；对属于微观领域的管理权限，特别是直接面对企业、公民的事项，市政府及其规划管理部门原则上下放给区县政府管理；对同一事项涉及多家审批的，采取一家为主、并联审批，减少环节。2002年12月，市政府办公厅印发《关于规范本市行政审批工作的若干意见》。

2003年起，在贯彻依法治国方略，执行《中华人民共和国行政许可法》进程中，市政府深化政务公开，明确规划审批、重大建设项目等行政审批事项在审批前，必须充分听取社会公众意见；加强规划行政监督，实行责任追究制度。2009年，全市总体规划和国土资源管理"两规合一"，把规划和土地的行政审批，包括选址和土地预审、建设、批后管理等程序进行归并，纳入市政府网上行政审批平台。

二、规划管理法治化

50年代，市政府批准施行《上海市建筑管理暂行办法》等，初步建立起城市规划管理法规体系框架。1980年，市政府印发《上海市建筑管理办法(试行)》等，提出"一切建筑工程都要按照城市规划的要求进行建设"。1986年1月，市政府发布《上海市城乡规划、建设用地、建筑执照审批程序的暂行规定》，明确城乡规划审批、建设用地审批、建筑物的规划设计方案审批、建筑和管线工程执照审批的程序。1989年6月，市九届人大常委会第九次会议通过《上海市城市建设规划管理条例》，规定各项建设活动必须服从本市城市规划，不得妨碍公共安全、公共卫生、道路交通和市容景观。同年8月，市政府印发《上海市城市规划管理技术规定(土地使用建筑管理)》(简称《技术规定》)。

1994年8月，市政府修订《技术规定》，对城乡规划建设用地、建筑容量、建筑间距、建筑物退让、建筑物高度、建筑基地的绿地、特别地区(如外滩、南京路、淮海中路、金陵东路)在土地使用和建筑管理等作出明确规定,使城市规划管理有章可循,从定性转为定量管理。2003 年 10 月,市政府进一步修订《技术规定》,对“加强城市规划管理,保证城市规划的实施,提高城市环境质量”作了明确规定。

1995 年,市人大常委会通过《上海市城市规划条例》(简称《规划条例》)。市人大常委会于 1997 年 5 月对《规划条例》进行第一次修订,2003 年再次修订,把中心城坚持“双增双减”、郊区推进“三个集中”等作为长期战略,纳入法治化轨道;对历史文化风貌区、外环绿带等特定地区,在规划的审批、调整上设定更为严格的程序;规定公众参与规划编制的方法和途径、各层次规划的编制依据、中心城控制性详细规划编制单元的制定以及对违法建筑的处罚等。

1998 年,市政府印发《上海市城市详细规划编制审批办法》,并于 2002 年、2010 年进行两次修正。

2008 年 1 月 1 日《中华人民共和国城乡规划法》实施后,2010 年市人大常委会对《规划条例》重新修订,更名为《上海市城乡规划条例》(简称《城乡规划条例》)。《城乡规划条例》明确“城乡规划的编制应当依据国民经济和社会发展规划,与土地利用规划相衔接”;规定“行政区域跨中心城和郊区的,其位于中心城范围内的区域纳入中心城分区规划编制范围,编入分区规划的部分并入本行政区的总体规划”的同时,增加了城乡建设和发展应当注重地下空间的开发和综合利用的规划管理规定,明确了人大、政府、社会公众对规划工作进行监督等。

此外,市政府组织起草了《上海市历史文化风貌区和优秀历史建筑保护条例》等一批地方性法规草案,陆续报市人大常委会审议通过并发布。经过 30 多年的建设,形成了上海城乡规划的法规、规章体系。

第二章 城市基础设施建设

第一节 道 路

上海解放初期，城市道路网还是40年代留下的格局，仅有711.1公里，主要集中在原租界地区，沪东、沪西等居民集聚区道路稀疏；由于租界割据，造成“断头路、瓶颈路”多，主干路缺少。郊区公路524.3公里，路网密度低，有相当部分乡村不通公路，郊区没有一条高等级公路，还有泥土路。此后，政府配合工人新村建设，新建了曹杨路、肇家浜路、控江路等道路，但道路建设受投资不足影响，始终处于配套地位，总体格局变化不大。1980年，上海城市道路总长905公里，人均道路仅2.1平方米，居国内各大城市末位。中心城区道路交通拥堵为城市一大难题。80年代，市政府把道路建设作为城市建设的“重中之重”，道路建设集中在中心区和城市周边新开发的大型住宅区，并对一批城市道路进行改扩建。90年代初，确立市、区县两级政府分工，市政府集中力量进行快速路网建设，市、区县两级政府联手建设主干道，区政府承担次干路和支路建设，道路建设资金实现多元化。进入21世纪，围绕建立“枢纽型、功能性、网络化”现代化交通设施的目标，加快中心城区“快速路网”和郊区“高速公路网”建设。

一、道路改扩建

1977年开始，为加强市区与南北两翼的联系，南面改建拓宽沪闵路，北面改建逸仙路。为配合1983年第五届全国运动会在上海举行，拓宽市中心通往江湾地区的四平路、黄兴路、邯郸路等干道，建成真北路、大连西路等车行立交桥及延安东路、西藏中路、武宁路等20座人行立交桥，缓解了要道口的拥挤状况。

1985年起，国务院批准上海增加地方财政支出基数，主要用于城市基础设施建设，改善投资环境。自此，市政府每年都把市政工程建设列入为民办实事项目。针对市政基础设施落后、不适应经济和社会发展需要，1986年3月召开的中共上海市第五次代表大会决定，把市政工程建设作为上海城市基础设施建设和改善投资环境的主要任务之一。1988年8月，市政府作出《关于近期改善市内道路交通的决定》，决定采取“远近结合、标本兼治、综合治理”的方针，把市内道路建设作为城市基础设施建设的重点优先安排，集中力量建设一批骨干工程，同时强化交通管理，逐步解决市内交通拥挤的矛盾。通过5年的努力，日趋恶化的交通状况得到基本控制。此后，陆续拓宽改建了上海铁路新客站附近的天目路、恒丰路、恒丰路桥和恒丰北路车行立交桥、市区通往虹桥机场的延安西路、十六铺客运码头附近的中山东二路，使上海水、陆、空三大窗口的道路交通条件有所改善；在浦西，先后打通北京西路、定西路、延平路等“断头路”，拓宽河南中路、北京东路、徐家汇路、长宁路、四川北路、曹杨路、武宁路、西藏南路、吴淞路、中山东一路、江苏路等干道，提高了道路通行能力；在浦东，拓宽改建杨高路、张杨路、浦东南路、浦东大道，又相继建设了罗山路、张杨路、东方路、世纪大道等一批主干路，极大改善了浦东地区道路状况。2000年9月23日，华山路(江苏路—淮海西路)拓宽改建工程完成，市中心区“三纵三横”地面主干路全面形成。“三纵三横”主要干道：东纵，自中山南路、陆家浜路路口起,沿中山南路—中山东二路—中山东一路—吴淞路—四平路至中山北二路路口。中纵,自鲁班路、中山南路路口起,沿鲁班路—重庆南路—成都北路—共和新路至中山北路路口。西纵,自漕溪北路、中山西路路口起,沿漕溪北路—华山路—江苏路—江苏北路—曹杨路至中山北路路口。南横,自陆家汇浜路、中山南路路口起,沿陆家浜路—徐家汇路—肇嘉浜路—虹桥路至中山西路路口。中横,自延安东路、中山东一路路口起,沿延安东路—延安中路—延安西路至中山西路路口。北横,自周家嘴路、黄兴路路口起,沿周家嘴路—海宁路—天目东路—天目中路—天目西路—长寿路—长宁路至中山西路路口。

2005年以后,市政府推进"区区道路对接",打通"瓶颈、堵头"路120余条,改善了次干路、支路的通达性。随着城市化地区发展,中心城各区政府在本辖区内,利用土地批租、旧区改造,结合经济建设和社会发展,扩建、改建北京路、西藏路、河南路、龙吴路、石门路等一大批主干路,主干路路容量有了进一步提高。郊区政府结合新城和新城镇建设,在松江、嘉定、安亭、青浦、南桥、陈家镇等新城区,建起了一批城镇区域主干路。

随着中心城区域扩大,上海城市主干道从90年代的79条、64公里,发展到2010年底的主干道219条、675公里(含越江通道里程),比1978年增长3.5倍;人均道路面积18平方米,比1978年增长7.8倍。

在郊区,加快国省干道的建设,密切与长江三角洲地区的陆路交通联系。80—90年代相继改建、扩建了"204""312""318""320"国道,道路标准由原来三级公路提高至一、二级公路,通行能力成倍提升。2000年以后,陆续新建、改扩建了沪太、宝钱、蕴川、松卫等直接连接外省市的干道公路。同时,为加快市域经济发展,尽快让郊区农民富起来,自1983年乡村自筹资金建成第一条乡村公路——九新公路以后,市政府不断出台政策鼓励支持乡村公路建设。1998年,乡乡通公路。2006年,村村通公路。至2010年,建成乡村公路7 931.15公里,乡村公路成为上海公路网的基础骨架。

二、快速路建设

80年代末90年代初,城市主要道路交叉口拥堵严重,刚拓建的道路不久又堵了,媒体戏称拥堵"搬场"。为此,市政府领导要求城建部门研究出一条符合上海情况解决道路交通拥堵的路子。市相关部门组织国内外交通专家专题研究,专家们提出11种方案。其中一个方案提出,上海市区建筑与居住密度高,大规模拆迁建路既不经济,也不利社会稳定,为减少拆迁,应当"借天"建高架路。该方案获得采纳,市政府决定在市内交通最繁忙的中山北路率先建设高架路。1992年12月,中共上海市第六次代表大会明确要求坚决贯彻城市基础设施先行的方针,确定了"南北高架路"在内的十大项目,把建设城市"快速路"提上议事日程。

1992年12月,中山路高架(盘湾里—沪太路)一期工程开工。1993年10月,动工兴建南北高架(时称成都路高架,柳营路—鲁班路、中山南路),这是上海市区第一条南北向快速路。高架路路宽25.5米(地面宽50—70米)、设三来三去六车道、设计车速每小时80公里,道路全长6.4公里,并配套建设了共和新路、延安路、鲁班路三座立交。在成都路高架建设的同时,市有关部门开始筹划建设延安路高架,该路规划路幅宽25.5米,六车道,全长15公里,分3期建设。首先开工的是西段工程(外环线—内环线),其次是东段工程(南北高架—外滩),最后是中段工程(南北高架—内环线)。1994年12月,浦西地区内环线高架全线建成,浦东地区地面道路贯通。同时,为减少过境车辆对市区交通的干扰，进一步完善上海城市道路网络，开始着手筹划建设外环线。1996年12月，外环线一期工程开工建设，1998年12月竣工通车。1999年9月15日，延安高架路(中段)通车。该段工程通车，标志着总投资182亿元、全长64公里的中心城区"申字型"高架基本建成。1999年，首次引入外资建成逸仙路高架，该路南接内环线、北抵宝山长江路。2002年，共和新路(柳营路—外环线)高架建成，南北高架向北延伸至外环线。2003年，卢浦大桥建成，并同步建成浦东济阳路高架，南北高架跨过黄浦江向南延伸至外环线。同年，沪闵路高架建成，该路南起莘庄外环线、北接中山西路内环线。

2000年，随着中心城区扩大至外环线，外环与内环之间路网缺乏快速路联通的矛盾凸显，市政府决定在原规划城市"辅环"的基础上，新建"中环线"。2002年第二十次市政府常务会议审议并原则同意"中环线"方案。2003年4月，中环线五角场立交桥率先开工。中环线路辐宽80米、设"三来三去"六车道，全长71.8公里。其中，浦西37.8公里、浦东34公里。2006年6月，"中环线"浦西段建成通车，全线形式多样，有高架、地道、路堑、下穿式地道以及地面道路。同时，配合虹桥商务区建设，在城市西部规划建设嘉闵、北翟路、中春路、北虹路等高架路，并通过"中环线"、延安路高架，与快速路网相连。2009年9月，浦东建成"中环线"和华夏路高架。中环线工程是上海中心城区道路交通"三环十射线"骨架路网的重要组成部分，以客运交通为主，具有分担内、外环线交通流量的功能。中环线工程建成后，中心城由内向外形成功能定位各有侧重的内环、中环、外环"三环"依次环绕的格局，进而与10条快速连接线构成城市快速路系统，并与市域高速公路网相衔接。

图7-2-1　2008年，建设中的浦东中环立交桥

至2010年，城市快速路网全长114公里。据市快速路网监控中心测定，快速路网以7%的路容量，承担了市区36%的车流量，有效地增加了道路的容量，提高了运行效率，疏解了中心城区的道路拥塞"节点"。同时，行车安全性、舒适性、经济性有了明显提高。

三、高速公路建设

80年代初,根据市领导要求,城建部门借鉴国外经验开展建设高速公路的可行性研究,提出在市区与嘉定之间建一条“汽车专用道”。1984年12月,我国大陆第一条高速公路(时称汽车专用道)——沪嘉高速公路开工,至1988年10月,全长20.5公里的沪嘉高速公路建成通车。

1992年,根据交通部制定的《全国高速公路网建设规划》,市有关部门着手编制《上海市公路网规划》,确定将高速公路作为上海公路建设的重点,并决定与江苏省、浙江省同步兴建沪宁高速公路(上海段)和沪杭高速公路(上海段)。1996年9月,沪宁高速公路(上海段)与江苏省同步建成通车;1998年12月,沪杭高速公路(上海段)与浙江省同步建成通车。

1997年8月,外环线开工建设,工程分3期建设,西南段(沪嘉高速公路—浦东杨高路延长线)率先启动,接着建设西北段(沪嘉高速公路—泰和路),最后建成浦东段(杨高路延长线—外环隧道)。外环线全长97.37公里,是一条按全封闭、全立交城市快速干道标准设计的高速路,其中外环隧道和徐浦大桥是跨越黄浦江的“节点”工程。该路规划路幅宽100米,按照50—80米宽实施。该路既是城市交通的“保护壳”,免使大量的过境交通进入市区,又是城市路网联系郊区公路的便捷通道。2003年6月,外环隧道建成通车,外环线全线贯通。

按照上海市城市总体规划提出的建设“枢纽型、功能性、网络化”的现代化交通基础设施体系的要求,1998年11月,市委、市政府主要领导带队赴江苏、浙江两省考察,回沪后提出“争取在‘十五’期间在郊区形成市域高速公路网,并同长江三角洲地区的江、浙两省高速公路连接起来”。1999年8月17日,市政府原则同意《上海高速公路网规划(1999—2010年)》,即“153060”高速公路网规划(重要工业区、重要集镇、交通枢纽、客货主要集散地15分钟进入高速公路网,中心城与新城、中心城至省界30分钟互通,高速网上任意两点间60分钟内到达)。该规划明确,从2000—2010年,分三阶段建设650公里高速公路,其中改建220公里、新建340公里。

规划确定以后,市政府决定采用公开招商吸引社会资金建设高速公路,投资者按规划实施建设,建成后按照规定收费22—25年。1999年10月,招商建路首先在“沪嘉浏高速公路”试行,并获得成功。2000年1月,市政府办公厅转发市计委等七部门《关于加快本市高速公路网建设若干政策意见》,支持社会投资建设高速公路。同年6月,市政府授权市政局将沪青平(一期)、同三国道(上海段)和莘奉金(四号线)三条高速公路项目向社会招商,3个项目公司分获3条高速公路中1条的建设及其25年经营收费权。此后,又分批将沪芦高速、嘉金高速、郊环高速等项目进行招商。

2002—2009年,上海先后建成莘奉金高速、沪青平高速、同三国道(上海段)、沪芦高速、嘉金高速(一期)、郊环高速(北段)、郊环高速(东段)、新卫高速、亭枫高速等一批高速公路。至此,上海市域高速公路网初步建成,“153060”高速公路网规划第一阶段目标实现。上海世博会开幕之前,上海又进行新一轮高速公路建设。2010年前后,相继建成沪陕、沪苏、申嘉湖、沪常上海段等一批高速公路。

截至2010年底,上海高速公路总里程达775.17公里,比1978年增长7.2倍,与江、浙两省7条高速公路、42条车道相连接。

第二节　桥梁、隧道

解放初，上海地区黄浦江上无大桥、江底无隧道；苏州河上桥梁少，且分布不均、结构简单、桥面狭窄、承重量小。这些，严重影响了黄浦江、苏州河两岸交通。此后，市政府投资维修加固并逐步改造苏州河上的木质桥梁，在工厂稠密的沪西北地区新建一批跨苏州河的桥梁，包括长寿路桥、武宁路桥、中山西路三号桥等，改变了苏州河桥梁东、西分布不平衡的状况。1970年9月，建成第一条黄浦江越江隧道——打浦路越江隧道。1976年6月，在松江县境内黄浦江上建成1座公路铁路两用桥——松浦大桥。浦东开发开放后，加快促进了黄浦江桥梁、隧道建设；随着经济发展和技术的成熟，上海把大桥、隧道建到了长江上、东海上。

一、桥梁建设

【黄浦江与苏州河桥梁】

1979年4月，市政府开始研究在市区建造黄浦江大桥的方案。1982年6月，上海在松江县内黄浦江支流大泖港上建成全国跨度最大的预应力混凝土双塔斜拉桥—泖港大桥（主跨200米），为此后建造南浦大桥、杨浦大桥等更大跨度的斜拉桥积累了经验。1987年7月6日，市长江泽民主持召开市政府常务会议，在听取专家论证情况汇报后，决定把建设黄浦江大桥列为重大市政工程之一，着手筹建。1988年3月，市政府成立黄浦江大桥工程建设指挥部，大桥定名为“南浦大桥”，并于12月开始施工。1991年12月1日，南浦大桥正式通车。邓小平为南浦大桥题写桥名，李鹏为南浦大桥剪彩。南浦大桥是上海市区第一座跨越黄浦江的大桥。

1992年中共上海市第六次代表大会提出，要紧紧抓住城市基础设施建设，改善上海的投资环境和生活环境。为进一步缓解苏州河以北地区越江交通的紧张状况，市政府反复权衡利弊，决定建设宁国路越江大桥（后称杨浦大桥）。1993年9月20日杨浦大桥建成通车，提高了苏州河以北地区越江通行能力，缓解了市中心交通拥塞的状况。同年，罗山路、龙阳路两座互通式立交桥建成，进一步提高了杨浦大桥、南浦大桥和杨高路的通行能力。

继南浦大桥、杨浦大桥建成之后，为缓解闵行与奉贤西渡过江车辆拥挤的矛盾，由地方集资于1994年3月开工建设奉浦大桥。1995年10月，完成奉浦大桥一期工程。与此同时，市政府决定在浦西龙华至浦东三林塘间再建1座徐浦大桥，作为外环线的过江节点。1997年6月，徐浦大桥建成通车，为外省市车辆进入浦东地区提供了快速便捷的通道。

2003年6月28日，卢浦大桥建成通车。卢浦大桥北起浦西鲁班路，穿越黄浦江，南至浦东济阳路，全长3.76公里，主桥为全钢结构“中承式拱桥”，桥长750米，宽28.75米，采用一跨过江，由于主跨跨径达550米，居世界同类桥梁（钢管拱桥）之首。卢浦大桥在设计上，融入斜拉桥、拱桥和悬索桥三种不同类型桥梁设计工艺，是世界上单座桥梁建造中施工工艺最复杂、用钢量最多的大桥，也是上海第一座采用“特许经营模式”由社会资本投资建设的黄浦江大桥。

2006年12月，建成松浦二桥。2009年12月，松浦三桥竣工。2009年12月，闵浦大桥建成通车，这是一座公路铁路两用桥。2010年5月，闵浦二桥建成通车。至2010年底，黄浦江上共有桥梁10座。其中，市区段4座，郊区段6座。

改革开放后，随着曹杨路桥的竣工，苏州河上的木桥全部改造完毕。1991年，建成吴淞路闸桥(2009 年拆除)。之后,又新建一批苏州河桥梁,如真北路桥,祁连山路桥,泸定路桥、镇坪路桥等;改建一批苏州河桥梁,如西藏路以西地区的长寿路桥、武宁路桥、古北路桥、乌镇路桥、新闸路桥、江宁路桥、浦济路桥等,西藏路以东地区的西藏路桥、福建路桥、河南路桥等。至 2010 年底,从黄浦江、苏州河口的外白渡桥至北新泾桥,苏州河上有各类桥梁 31 座,平均约 1 公里有 1 座桥梁。

【崇启大桥】

崇启大桥是上海至西安国家高速公路的组成部分,也是长江三角洲高速公路网以及江苏省、上海市高速公路网的组成部分。崇启大桥起自上海崇明岛陈家镇,接在建的上海长江越江通道工程,经中兴镇、富民农场,跨越长江口北支,经江苏省启东市城市规划区东侧,接已建成的南京—南通—启东高速公路,全程约 52 公里。其中,长江大桥长约 7.2 公里。全线采用高速公路标准建设,项目总投资 75.89 亿元,工程于 2010 年 10 月建成通车。

【东海大桥】

东海大桥是上海在东海上建起的第一座海上大桥,全长 32.5 公里。2001 年,市政府成立"上海市深水港工程建设指挥部东海大桥分指挥部"。2002 年 6 月 26 日,中国港湾建设(集团)公司打下了东海大桥建设"第一桩"。2004 年 12 月,洋山深水港一期建设主体工程的小洋山港区与在建中的东海大桥实现对接。2005 年 5 月,连接颗珠山岛与小洋山岛深水港港区的颗珠山斜拉桥合龙;东海大桥主通航孔斜拉桥的最后一块钢箱梁桥面板吊装到位,斜拉桥结构工程完成。2005 年 5 月 25 日,东海大桥全线贯通。

二、隧道建设

【越江隧道】

自 1970 年建成第一条黄浦江越江隧道——打浦路越江隧道后,1980 年 11 月国家计委批复同意在延安东路——陆家嘴路一线建设第二条越江隧道,并列为国家重点建设项目。1989 年 5 月 1 日,延安东路越江隧道正式通车运营。两条越江隧道的建成,使市民在恶劣天气时可从隧道过江。1996 年 11 月,延安东路隧道复线工程竣工通车。延安东路南线隧道与北线隧道共同构成互不干扰的双向通道,成倍提高了通行能力,改善了隧道内的空气质量。

1996 年 4 月,市政府印发《上海市国民经济和社会发展"九五"计划与 2010 年远景目标纲要》,提出在 2005 年前,建成吴淞口、大连路、复兴东路 3 条越江隧道,缓解过江难的矛盾,实现浦东、浦西联动。2003 年 6 月,采用"沉管法"施工的外环隧道建成通车。2003 年 9 月,大连路隧道建成通车。2004 年 9 月,采用"双层通行模式"建设的复兴东路隧道浦西段隧道建成通车。2005 年 12 月 31 日,翔殷路隧道建成通车。为筹办 2010 年上海世博会,2005 年 11 月开始,先后开工建设西藏南路隧道、打浦路隧道(复线)等一批越江隧道。

2009 年 1 月 21 日,上中路隧道南线投入运行,2010 年 5 月,北线运行。该隧道是"中环线"过江节点。2010 年 4 月 29 日,上海世博会开幕前,西藏南路隧道、打浦路隧道(复线)、龙耀路隧道、新建路隧道、人民路隧道等一批隧道建成通车;7 月,虹梅路隧道开工,系双向 6 车道,为上海隧道工程中最大的单体工程。

截至2010年底,全市有黄浦江越江隧道12条。

【外滩“井字型”通道】

2005年,为畅通外滩、陆家嘴地区的交通,市有关部门提出在浦西外滩和浦东的浦东大道、浦东南路建设“地下道路”,并用两条隧道将其连接起来(时称“井字型”通道规划)。在筹办上海世博会过程中,市领导要求在外滩地区率先实施“地下通道”工程。工程的首要目标是,将地面交通流量引导到地下去,尽力恢复外滩景观功能。2007年3月19日,常务副市长杨雄主持召开工程建设联席会议,提出“外滩是历史的馈赠、城市的名片、发展的窗口,要集各方之智,汇全市之力,加强沟通和协调,充分发挥各家之长,将外滩工程建设成体现上海水平和形象的精品工程”。2007年7月,市政府组建“上海外滩地区交通综合改造工程建设指挥部”,统筹协调工程建设。

图7-2-2　2008年4月,具有百年历史的外白渡桥(除桥墩)被拆下送往上海船厂大修,2009年3月原地安装修葺一新。图为2008年借助涨潮浮力将外白渡桥南跨桥体成功浮移

2007年8月18日,外滩地区综合交通改造工程开工。同年9月19日凌晨,外滩人行天桥拆除。2008年6月6日,延安路高架“亚洲第一湾”拆除。同年4月6—7日,外白渡桥上部结构成功整体搬移。2009年1月24日,直径14.27米的盾构“出洞”,盾构向南穿越浦江饭店、外白渡桥、地铁2号线等,同年8月,盾构抵达福州路工作井。其间,还拆除了吴淞路闸桥。2010年3月,外滩地区交通综合改造工程全面竣工,开放交通。

外滩通道主线起于中山南路、东门路口,沿中山南路、中山东路向北延伸,止于海宁路。另有两条支线,一条是延安路支线,与延安路高架相连;一条是长治路支线连接北外滩地区。隧道全长3 720米,地下道路3 300米。

三、长江隧桥

崇明人民盼望建座大桥到上海市区盼了几十年,每年市人代会都有崇明代表提议案,要求建大桥。1993 年 5 月,国家科委在沪召开“长江口通道工程重大技术经济问题前期软课题工作会议”,决定成立上海、北京、江苏南通三个课题、26 个分课题,组织各方专家学者开展研究。1994 年 10 月,完成《长江口越江通道重大技术经济问题前期研究报告》。2001 年初,市领导再次要求加大崇明越江通道工程前期工作力度,加深技术储备的“厚度”。2001 年 4—8 月,在国际范围开展崇明越江通道工程方案招标,有 11 家中外机构组成了 3 个联合体参加,共提出工程方案 18 个,其中全隧方案 6 个、全桥方案 7 个、南隧北桥方案 5 个。2002 年 8 月,市市政局召开“崇明越江通道”工程桥梁、隧道方案咨询会,邀请国内 21 位桥梁、隧道专家和交通部、中咨公司有关领导参加,中科院、中国工程院院士李国豪,中国工程院院士钱七虎分别担任桥梁组、隧道组的专家组长。2002 年,国务院常务会议批准长江隧桥工程项目建议书。2004 年 7 月,国务院常务会议审查通过项目可行性报告。2005 年 9 月,长江大桥动工建设;2009 年 9 月,桥隧全线贯通,10 月 31 日 18 时投入运营并向社会开放。

该工程起于上海市浦东新区的五号沟,经长兴岛到达崇明县的陈家镇,全长 25.5 公里。其中,长江隧道长 8.95 公里,西起五号沟郊区环线立交,在长兴岛新开河处登陆,水下部分 7.5 公里。隧道直径 15.2 米,隧道分上下两层,上层行车、下层预留轨道交通。隧道设计行车速度 80 公里/小时。长江大桥起于隧道长兴岛登陆点,沿地面横穿长兴岛,由长兴岛东部偏北跨越长江口东北港水域至崇明岛陈家镇,全长 16.65 公里。其中跨江桥梁 9.97 公里,设计车速 100 公里/小时。桥面两侧预留空间,供轨道交通使用。跨江桥梁总共 154 跨,其间设有满足远期 3 万箱级集装箱及 5 万吨级散货船的主通航孔,3 000 吨级船舶通行的辅通航孔。

第三节 轨 道 交 通

一、地铁

50 年代,上海市委、市人委根据中央关于加强战备的指示以及改善市内交通的要求,提出修建地下铁道。1958 年 8 月,成立市地下铁道筹建处,进行方案论证。1964 年 11 月,在衡山公园至襄阳公园间实施地铁试验性建设,后因“文化大革命”中止。改革开放初,1978 年,在西区漕宝路建成长约 1.2 公里的地铁试验段。1986 年 7 月,市政府向国务院上报《上海市关于建设新龙华至新客站地下铁道工程项目建议书》。1988 年 2 月,市政府成立上海市地铁工程建设指挥部,承担上海地铁 1 号线、2 号线的具体建设任务。1990 年 1 月,国家计委批准上海建设轨道交通 1 号线,自此轨道交通建设在上海展开。

1990 年 1 月 19 日,轨道交通 1 号线开工,一期工程南起锦江乐园,北至铁路新客站,全长 16.21 公里,工程总投资 59.5 亿元,动迁居民 4 000 余户、单位 400 多家,拆除各类建筑 27 万余平方米。1992 年 1 月,上海市地铁运营公司成立,负责地铁运营管理。1993 年 5 月 28 日,轨道交通 1 号线南段(锦江乐园站—徐家汇站)投入试运营,上海城市轨道交通实现零的突破。轨道交通 1 号线途经商业、交通、文化娱乐繁盛地带,与多处交通集散点和公交线路交汇,开通后缓和了沿线交通紧张状况，沟通了铁路新客站（位于闸北区）与规划建设的铁路南站（位于徐汇区）间的联系，也为建设联结金山、宝山两大工业区的快速有轨交通体系奠定了基础。为改善沪闵路沿线及莘庄地区的交通拥挤状况，1994 年 12 月，市政府和闵行区政府共同投资 6.03 亿元，兴建轨道交通 1 号线向南至闵行区莘庄的地面延伸段。工程于 1996 年 12 月通车，1997 年 7 月与轨道交通 1 号线南段联通运营。

1996 年 3 月，成立市轨道交通 2 号线工程建设领导小组。轨道交通 2 号线是上海城市轨道交通网络中的东西向骨干线路，规划线路西起虹桥国际机场，东至浦东龙东路，全长 27 公里。项目规划时，市委、市政府对 2 号线的东段线路进行调整，线路从南京路穿越黄浦江抵达浦东花木，最终到达浦东机场。工程采用分期建设、分期开通方式建设。1995 年 12 月，2 号线浦东杨高南路站（现称科技馆站）开工，2000 年 6 月 10 日，2 号线（一期）工程开通运营。一期工程总投资 120 亿元，采用“三三”制模式筹融资，即 1/3 由市政府投资，1/3 利用国外优惠贷款，1/3 由地铁沿线 4 个区分解承担，区政府第一次以投资者的身份在重大市政工程中担纲角色。

1996 年 12 月，成立市轨道交通 3 号线工程建设领导小组。轨道交通 3 号线又称明珠线，是上海城市轨道交通网络中的南北直径线，规划线路南起闵行，北至宝山，全长约 62 公里。工程一次规划，分期建设。一期工程自徐汇区漕河泾至虹口区江湾镇，全长 24.98 公里，利用沪杭铁路内环线和淞沪铁路支线 18 公里，沿途设高架站 16 个、地面站 3 个，2000 年 12 月 26 日建成运行。

2000 年，市政府批准上海城市轨道交通网络及建设规划。上海继续建设 1 号线北延伸一期、二期，2 号线东延伸段，3 号线北延伸，4 号线，5 号线等，开工建设 6 号线、8 号线、9 号线等。

2004 年 4 月 16 日，市政府原则同意市发展改革委、市建委《关于进一步深化完善轨道交通“四分开”体制的改革方案》，即投资、建设、运营、政府监管“四分开”。轨道交通建设通过加大市、区两级政府投入力度、土地入股、贷款融资、发行债券、盘活存量、资产运作等方式，逐步形成多元化的投融资机制，为轨道交通建设大发展提供了资金保障。同时，实现“三个统筹”：建设资金和运营维护资金统筹解决，郊区线路的项目贷款与市区线路的项目贷款统筹解决，不同线路融资优惠政策统筹解决。

2004 年 8 月，成立上海轨道交通建设指挥部。该指挥部为在市委、市政府统一领导下，对全市轨道交通规划、投融资、建设、运营等涉及的重大问题和政策进行协调决策的议事协调机构，由分管副市长任总指挥，市政府分管副秘书长任常务副总指挥，市发展改革委、市建委、市规划局、市交通局有关领导、相关区县分管领导和投资建设及运营方面的负责人为成员。

2005 年，国家发展改革委批准《上海市城市快速轨道交通近期建设规划》，原则同意上海在 2005—2010 年开工建设 11 条线、400 多公里的轨道交通。2005 年 11 月 17 日，市委、市政府召开轨道交通专题会议，要求紧紧抓住 2010 年上海世博会契机，坚持把加快发展轨道交通作为实施公交优先战略的重中之重，集全市之力，突破建设瓶颈、确保工程节点进度，强化工程质量、加强安全管理，切实加快上海城市轨道交通建设，迎接世博盛会，方便市民出行。2005 年底，上海轨道交通运营线路长度达 123 公里，形成了“申”字形网络基本骨架。

2007 年 12 月 29 日，上海轨道交通“三线两段”（6 号线、8 号线一期、9 号线一期、1 号线北北延伸段、4 号线环通段）通车仪式在人民广场站举行。上海轨道交通线路增加到 8 条线路、161 座车站、234 公里的运营线路，初具网络功能，市民出行更便捷。2010 年 4 月 10 日，10 号线开通试运营，上海轨道交通路网运营里程突破 400 公里。

图7-2-3 2007年12月29日,上海轨道交通同时开通6号线、8号线一期、9号线一期和1号线北延伸段、4号线环通段("三线两段")。图为开通的9号线列车

2005—2010年,轨道交通里程增加324公里,年均增长54公里。建设高峰期间,全市有近百座地铁车站、100多公里区间隧道在城市地下施工。截至2010年末,上海轨道交通网络开通运营12条线(含磁浮线),运营线路总长度达到452.6公里,其中磁浮线1条,运营线路长度29.8公里,轨道交通形成了"十字加环、八向辐射""覆盖中心城区、连接市郊新城、贯通重要枢纽"的公共交通运营网络。

二、磁悬浮(上海)线

1999年,国家在进行京沪高速铁路预可行性论证的过程中,部分专家提出"高速磁浮交通系统具有无接触运行、速度高、启动快、能耗低、环境影响小"等诸多优点,建议在京沪干线上采用高速磁浮技术。专家达成共识,先建设一段商业化运行示范线。此建议得到国务院领导的支持,随即在北京、上海、深圳三地比选,2000年6月确定先在上海建设。2001年3月1日,磁悬浮(上海)线开工建设,2006年4月27日投入商业运营。该示范运营线采用德国常导高速磁悬浮技术,是世界上第一条商业示范运营的磁悬浮交通线路。正线全长29.87公里,西起轨道交通2号线龙阳路站,东至浦东国际机场。双线上下行折返循环运行,设2个车站、2座牵引变电站、1个运行控制中心和1个维修基地,初期配车3列,每列5辆编组。设计最高运行时速430公里,单向运行时间7分20秒,最小发车间隔10分钟。

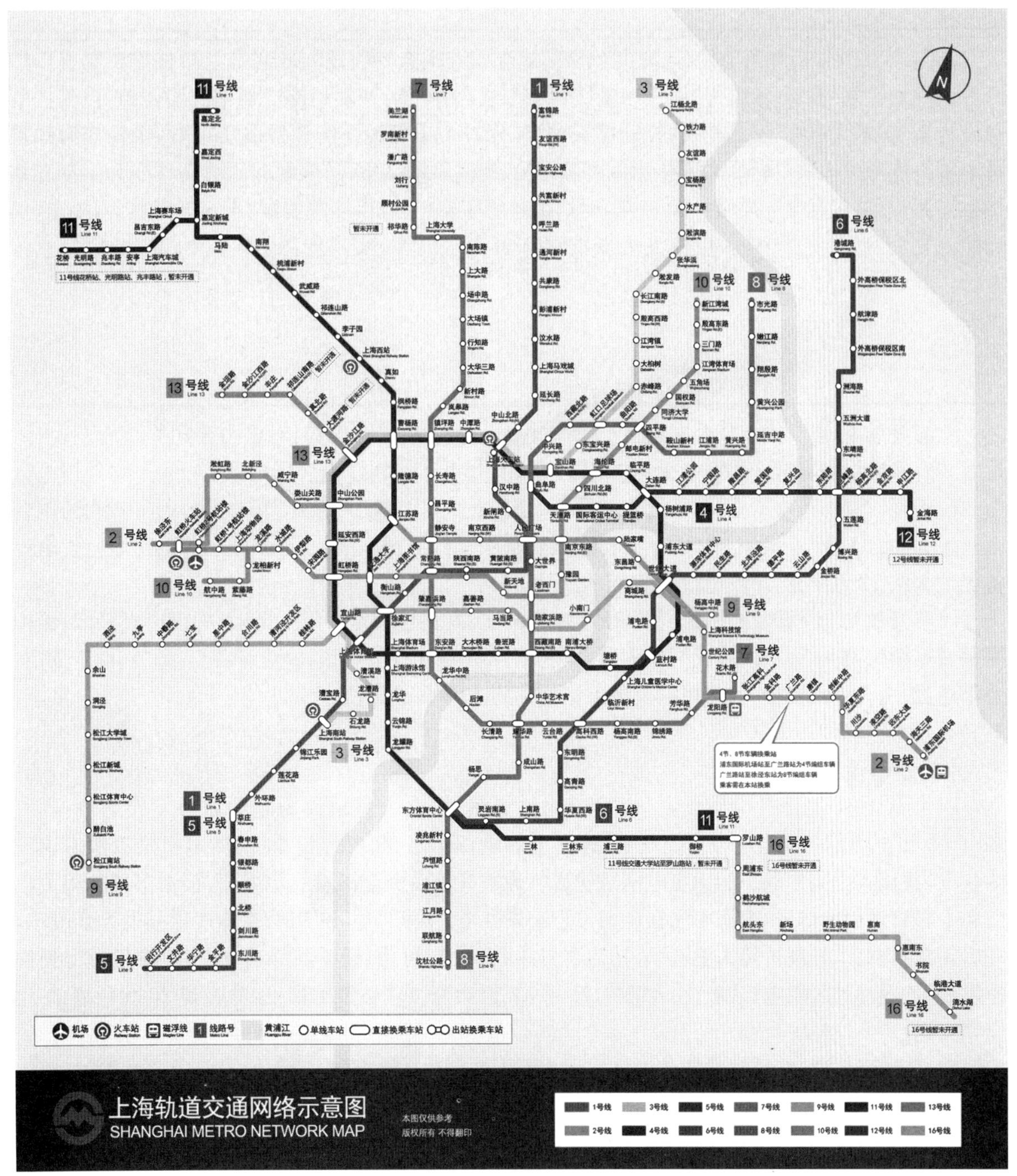

图 7-2-4　2010 年上海轨道交通网络示意图

第四节　能 源 发 展

1978 年以后，上海加强能源基础设施建设，采取集资和多渠道投资，保障能源安全和能源供给。1999 年，市政府印发《关于加快上海能源结构调整的若干规定》，明确能源结构调整的方针、目标和任务，提出加快上海能源结构调整的政策和措施，能源供应和能源价格逐步由政府定价、计划供应转向市场配置。

2001 年 11 月,市政府印发《上海市"十五"能源发展重点专项规划》,这是上海首次编制五年能源专项规划。规划以国家推进"西气东输""西电东送"为契机,开发和推广利用清洁能源,以天然气建设为重点,扩大电力、燃气消费,控制煤炭消费,保护生态环境。能源发展实现"两个转变",即从被动解决能源供应缺口转变为调整优化能源结构、提高能源品质,从限制能源消费转变为主动开拓优质能源市场、提高服务质量。2006 年 9 月,市政府印发《上海市能源发展"十一五"规划》,提出"保障能源安全,强化能源节约,重视发展新能源和可再生能源,实现能源与环境协调发展"的总体方针。

一、电力

上海解放前,有 6 家电气公司,电网分割,电压等级复杂。解放初,对电力公司军事管制,上海地区共有发电设备容量 25.96 万千瓦,年发电量 10.09 亿千瓦时,占全国的 23.4%,人均年用电量为 201 千瓦时。对私改造期间,采取收归公营、公私合营、租赁赎买等方式,电力公司逐步改为国营企业。为配合工业"卫星城"建设,上海先后兴建了闵行、吴泾等电厂。至 1978 年,上海地区发电设备容量 197.72 万千瓦、年发电量 139.71 亿千瓦时。

改革开放初,上海发电厂小、绝大部分为燃煤机组,发电能力总体不足,人均用电水平低,输配网是城乡两张网,中心城区输配网较为薄弱,农网普及率低,农村用电困难。截至 2010 年,经过 30 余年建设,上海电网安全、人均用电等各项指标达到国内领先水平。

【电源建设】

80 年代,随着经济社会发展,上海城市用电量激增,电力短缺成为制约城市发展的"瓶颈"。1984 年,市电力部门制定电力系统规划,针对上海电源不足、装机容量小、高压电源难以送入市区的状况,提出大力兴建电厂和输变电网络建设。为破解建设资金严重不足局面,根据国务院相关部门和上海市政府的部署,上海率先在全国推行集资办电、多家办电,利用外资等多项办电方式改革,先后新建石洞口、外高桥等大型电厂,扩建吴泾电厂,改造闸北、杨树浦等老电厂,电源建设得到快速发展,使上海地区发电厂从 1990 年的 11 家,装机容量 468.67 万千瓦,发展到 2005 年底的 26 座,装机容量 1 334 万千瓦。

随着上海经济社会迅猛发展和人民生活水平迅速提高,特别是空调大量的使用,"峰谷差"逐年扩大,夏季用电"高峰",靠限电、拉电渡难关。为了减少对燃用煤炭的依赖并改善环境,1996 年,上海采用项目融资的办法引进外资,新建了装机容量为 40 万千瓦的闸电燃机工程,并为兴建华能石洞口、临港等燃机电厂提供了经验。2004 年初,市委、市政府提出夏季高温"坚持限电不拉电,确保市民生活用电不受影响,确保符合产业政策的重点企业生产需要,确保城市生产生活正常有序"的要求,市政府相关部门与电力部门一方面加强用电"需求侧管理",另一方面大力推进电源建设。"十五"期间(2001—2005 年),全市投资 400 多亿元,新建石洞口三期,外高桥二期,吴泾八期等电厂,增加电力供应。同时,在中央相关部委支持下,积极引进"外电",得到安徽、湖北等省的大力支持和配合。到 2010 年,上海接受外来电最高达到 987 万千瓦,约占全市最高负荷的 36%。

2001 年 11 月,奉贤海湾风力发电项目获批开工建设,这是上海第一个风力发电项目,工程分二期,总装机容量 3 400 千瓦。2007 年,上海东海大桥海上风电场开建,为我国第一个大型海上风电场，由 34 台国产 3 000 千瓦风电机组组成，总装机容量 10.2 万千瓦。2010 年 7 月，项目运行并网发电。到 2010 年底，上海风电装机规模达 20.1 万千瓦，占全市电力总装机容量的 2%左右。

“十一五”(2006—2010 年)是上海电力建设发展最快的五年，上海电力建设投资超过 800 亿元。全市新投产大容量、高参数、低排放发电机组近 800 万千瓦，市内装机容量达到 2 011 万千瓦。同时，关停“小火电”，治理燃煤电厂，发展清洁(电力)能源，利用垃圾焚烧发电。

【输电网建设】

60 年代，上海有了 220 千伏超高压第一条线路和第一座变电站。至 70 年代末，已建有 220 千伏西郊、漕溪、吴泾电厂、闵行电厂、浦东、闸北电厂、蕰藻浜、西郊变电站的环网，建成 220 千伏线路 511 公里、电缆 6.9 公里、变电站 8 座，变电总容量 138 万千伏安。80 年代中期至 90 年代初，为解决市中心区迅速增长的用电需求，规划建设了全国第一座 220 千伏人民广场地下变电站和天宝站(市东)、华山站(市西)、瑞金站(市南)、会文站(市北)等一批深入市中心区的 220 千伏输变电工程，为配网建设和改造奠定了基础，基本解决了市中心的供电电源问题。

80 年代，上海建成第一条安徽淮南到上海 500 千伏超高压线路和第一座 500 千伏黄渡变电站，成为“淮电入沪”的重要通道；建成全国第一条湖北葛洲坝至上海南桥的±500 千伏直流输变电工程，实现了华东、华中两大区域电网的联网。到 2003 年，上海建成从黄渡变电站起，经泗泾、南桥、杨高、顾路、外高桥电厂、杨行、石洞口电厂、徐行到黄渡变电站，并跨越吴淞口的 500 千伏双环网。到 2010 年又建成泗泾、练塘、洞泾、远东、顾路等 500 千伏输变电工程，形成了 500 千伏“8”字形双环网。

图 7－2－5　2009 年 12 月 22 日，世博变电站电缆敷设全线贯通

2005 年 12 月，上海开工建设国内首座将 500 千伏电源引入大都市中心区域的 500 千伏静安(世博)地下变电站，并同步配套建设全长 15.26 公里的地下电缆专用隧道。2010 年 4 月该地下变电站投运后,为上海经济社会发展和上海世博会的成功举办作出了贡献。

2010 年 7 月,世界上电压等级最高、输送距离最远、容量最大的直流输电工程——四川向家坝水电站至上海奉贤±800 千伏特高压直流输电示范工程建成投运,该项目与长江三峡至上海两条±500 千伏直流输电工程一起,源源不断地向上海输送电力。

【配电网建设】

改革开放初期,城市配电网薄弱陈旧,仍是上海城市电网的"卡脖子"问题。随着家用电器使用普及,居民户均月用电从 80 年代初的不足 3 千瓦时,上升到 1987 年的 20—35 千瓦时,夏季用电高峰时有些地段电压降至 120—130 伏,导致电灯昏暗、日光灯不能启动和家用电器损坏等现象。90 年代初"空调热"出现后,居民用电量每年以 20%—30%的速度增长,黄浦、静安、南市、卢湾区等老城区用电尤为紧张。

90 年代初,为解决城市电网、配电网供用电矛盾,市电力公司邀请国外专家参与上海城市电网的规划,并选定黄浦区进行试点规划设计。1991 年 4 月,市电力公司编制完成《上海市区配电网改造和发展规划》。此后,通过应用和实践,不断滚动完善。市电力公司分别于 1993 年、1996 年和 2001 年编制印发新规划。从 1995 年开始,上海城市配电网建设发展进入"黄金期"。1995 年,仅市区供电局范围内就有 9 座 35 千伏变电站投运,并新建配电站 145 座,增装杆上变压器 960 台,完成低电压路段改造 175 个,受益居民 25 万户;电网建设投资 6.99 亿元。此后的 3 年中,城市电网投入建设和改造资金 39.8 亿元,超过前 40 年的投资总和。从 1995 年开始,故障由"面"缩小为"点",48 个"热点"地区供电状况得到改善,用电故障数 1995 年比 1994 年下降 26.7%,1996 年又比 1995 年下降 20.5%,其中配电网故障下降 74%,基本消除中心城区的用电低压区(段)。

1998 年开始,按照国务院的统一部署,上海开始新一轮的城市电网改造。同年 8 月,国家计委批准《关于上海城市电网建设改造(1998—2000 年)项目可行性研究报告书》,上海抓紧组织实施。1998—2002 年,上海投入 40.04 亿元,建设和改造城市电网,新增 220 千伏变电站 3 座、110 千伏变电站 2 座、35 千伏变电站 10 座、10 千伏及以下杆(箱)式变压器 2 156 台,变电总容量达 719.4 万千伏安。

【农村电网建设】

改革开放初,上海农村电网涵盖宝山、浦东、南汇、奉贤、闵行、嘉定、松江、青浦、金山、崇明 10 个区(县)。1980 年,农村用电 12.23 亿千瓦时(含农业、农村居民用电),不到全市售电量 10%。1998—2003 年底,根据国家统一部署,上海启动两轮农村电网建设和改造工程,共投入资金 47.62 亿元,重点完善农村变电站布点,解决供电瓶颈问题。

2001 年底,实现城乡同网同价,直接受益农民 130 万户左右。2003 年,实现农村"一户一表"。随着浦东开发开放和郊区城市化进程加快,2003 年,上海农网与城网最终相融合,覆盖包括崇明、长兴、横沙三岛。

表 7-2-1　1978—2010 年部分年份上海电力行业指标统计表

年　份	发电设备容量(万千瓦)	发电量(亿千瓦时)	最高负荷(万千瓦)	用电量(亿千瓦时)	人均用电量(千瓦时/人)
1978	197.72	139.71	199.40	147.68	1 300
1990	468.67	284.10	410.70	264.74	2 063

（续表）

年　份	发电设备容量（万千瓦）	发电量（亿千瓦时）	最高负荷（万千瓦）	用电量（亿千瓦时）	人均用电量（千瓦时/人）
2000	1 057.59	557.75	1 041.70	559.45	4 233
2010	1 855.38	942.96	2 621.20	1 295.90	9 175

二、燃气

解放初，上海地区共有煤气厂两家，年供气量 2 967 万立方米，煤气作为“奢侈品”，主要供应原租界地区。1949 年，全市人工煤气日均输气量为 9.3 万立方米，煤气管线总长度为 414 公里，用户 18 649 户，煤气普及率仅为 2.1%。1952 年 11 月，市煤气公司成立后，通过修复、挖潜改造等措施，增加制气能力，扩大用户规模。1959 年，建成投产吴泾炼焦制气厂（后更名为上海焦化总厂）。

1978 年，上海城市燃气品种主要为人工煤气，液化石油气作为供应补充，尚在起步阶段，且燃气供应严重短缺，有相当部分市民使用不上。80 年代初，上海城市煤气有 3 个气源厂，即杨树浦煤气厂、吴淞煤气厂和上海焦化厂，最大产气 323 万立方米/日。1990 年 4 月，市委、市政府提出，用 3—5 年的时间，解决上海煤气供不应求的矛盾，基本实现全市煤气化。上海先后新建浦东煤气厂、上海焦化总厂三联供和石洞口煤气厂，扩建吴淞煤气厂，实施液化石油气“三点一线”工程。“三点一线”工程被列为 1993 年市政府重点实事工程之一，包括在金山建设一座 4 200 立方米的储罐站、在闵行扩建一座 5 000 立方米的储罐站，扩建江杨南路、浦东储罐站，以及建设金山至闵行 47 公里液化气专用管道建设工程，气源主要来自高桥石化公司和上海石化总厂。至 1994 年末，上海煤气、液化石油气供应能力分别提升到 818 万立方米/日、10 万吨/年，基本保证了煤气大发展对气源供应的要求。与此同时，加快民用气发展步伐，1991—1995 年，市煤气公司共发展用户 141 万户，超额完成上海市委、市政府提出的“八五”计划期间（1991—1995 年）发展 110 万户燃气用户的目标，上海城区家庭燃气气化率达到 86.59%。1995 年，上海城区基本实现煤气化。

1997 年 7 月，撤销上海市煤气公司，成立上海煤气制气（集团）有限公司和上海煤气销售（集团）有限公司，实现了制气和销售分离。

1999 年 4 月，东海平湖油气田开发首期工程建成投产，上海浦东地区和部分浦西地区率先用上天然气，上海城市燃气供应开始出现结构性调整，燃气天然气化自此起步。同时，燃气应用进一步向交通领域拓展，发展了 2.5 万辆液化气出租车和 300 辆压缩天然气（CNG）公交车，建设了 3 座 CNG 加气站和 70 座车用液化气加气站。

2000 年 9 月，为适度开放市场，引入竞争，撤销上海煤气制气（集团）有限公司和上海煤气销售（集团）有限公司，成立上海天然气管网有限公司等 9 家企业。

“九五”时期（1996—2000 年），上海进一步加快城市燃气基础设施的建设，新增储气能力 40 万立方米/日及管网 3 326 公里，人工煤气供应能力达到 944 万立方米/日。至 2000 年底，全市燃气管网总长度达到 7 112 公里，其中天然气 780 公里。人工燃气销售量 18.4 亿立方米/年、天然气销售量 2.16 亿立方米/年、液化石油气销售量 45.94 万吨/年、家庭用户 501.45 万户。实现城区燃气全气化，农村基本实现燃气全气化。

2003 年 12 月，组建上海燃气（集团）有限公司，为申能（集团）有限公司全资子公司，负责全市燃

图 7-2-6　1998 年,建设中的东海平湖油气田海上平台,此系上海城市天然气主要来源之一

气安全生产、服务供应和投资建设的任务。

“十五”时期(2001—2005 年),根据《上海市天然气主干管网系统规划》,启动了天然气主干管网一期工程建设,顺利实现接收西气,并实现东气、西气互通,初步形成了“东西互补、南北贯通、两环相连”的天然气主干网系统,上海自此进入天然气快速发展阶段。建成天然气超高压和高压管线约 300 公里,天然气次高压管线约 200 公里,中低压管线约 3 000 公里。至 2005 年末,天然气输配管网总长度达到 6 370 公里,人工煤气输配管网 8 468 公里。天然气供应量达到 18.66 亿立方米/年。

为进一步改善城市环境,市政府要求大力发展和使用清洁能源——天然气。此期间,上海的化工、发电、钢铁等工业领域的用气量快速增长,改变了燃气供应的传统结构。

为了保障城市燃气安全供应,2007 年 1 月,开工建设进口液化天然气(LNG)接收站一期工程,设计接收能力 300 万吨/年(约 40 亿立方米)。2008 年 11 月,五号沟 LNG 事故备用站一期扩建工程竣工投产。2009 年 11 月,液化天然气接收站向管网输气。2010 年 3 月,“川气东送”天然气向上海供气。至此,上海形成了“4+1”多气源①保障供应的格局。

“十一五”时期(2006—2010 年),上海天然气主干管网一期工程建成投运,上海天然气主干管网二期工程有序推进。至 2010 年底,上海天然气主干管网总长达 574 公里,覆盖除崇明县外的 16 个区,区域管网总长达 1.3 万公里,管网输送能力明显提升。同时,加快开展崇明三岛天然气供应前期工作,上海天然气“一张网”功能进一步完善。天然气供应量达到 45.01 亿立方米/年。启动燃

① 通过西气东输一线和西气东输二线输入的新疆、中亚气源;通过川气东送工程引入的普光气源、东海平湖气源及进口液化天然气(LNG)

气行业特许经营制度试点，燃气价格体系不断完善，上下游价格联动调整机制逐步理顺。

随着天然气转换工程的推进，人工煤气逐步退出。继1999年8月杨树浦煤气厂关闭以后，2009年起，制气厂的重油炉煤气、水煤气、机炉煤气、液化气掺混制气等生产线相继停产退出。经过三十多年建设发展，上海燃气实现结构多元化、供需基本平衡，城市全气化，郊区农村也使用上燃气。燃气成为上海经济社会发展重要的能源来源之一。

三、新能源

上海的太阳能、风能等可再生能源建设从“十五”期间（2001—2005年）开始起步发展，至2005年，全市风力发电装机容量达到2.44万千瓦，太阳能光伏发电累计达到195千瓦，并在全国率先实施绿色电力机制。

2008年，市发展改革委、市财政局印发《上海市可再生能源和新能源发展专项资金扶持办法》，市发展改革委印发《上海市太阳能光伏发电项目管理暂行办法》。2009年，市政府印发《关于促进上海新能源产业发展的若干规定》，提出了支持新能源产业发展和加大新能源开发应用力度的多项政策措施。到2010年，全市风力发电装机容量达到20万千瓦，太阳能光伏发电累计达到20兆瓦。

第五节　供水与防汛排水

一、供水

上海解放时，全市只有5家自来水厂，日供水能力79万立方米，局部地区经常缺水，居住人口超过百万的棚户简屋地区无自来水供应。市政府决定用消防给水龙头改建或增建零售给水站。截至1966年，全市有给水站3 909处，用水达160万人。1985年起，市政府结合旧区改造，对成片危房棚户简屋拆除改造，公用给水站减少，1999年6月20日，最后1座公用给水站拆除。

1978—1995年，上海公共供水能力从320万立方米/日增加到823万立方米/日。截至2010年，全市供水能力达1 131万立方米/日，供水面积6 340平方公里，自来水普及率99.99%；供水管网总长度31 182公里，供水量308 999万立方米。

【原水工程】

70年代以后，黄浦江中下游水质下降，市政府决定将自来水取水口移至黄浦江上游地区。1985年2月，黄浦江上游引水一期工程在临江取水口开工，1987年7月建成投产，至1988年取水能力达230万立方米/日目标；黄浦江上游引水二期工程取水口向上移至松江区松浦大桥附近，1997年12月建成通水。黄浦江上游引水工程总投资近33亿元。1992年6月，位于宝山罗泾的陈行水库建成，首次实现从长江引水。

2002年，市政府批准《上海市供水专业规划》，确定城市供水水源的发展要逐步从分散取水向集中取水过渡，从内河向黄浦江和长江口转移，规划新建大型水厂的水源取自长江和黄浦江上游水源地。

2007年6月5日，位于长江口南支北港的青草沙水源地工程开工。2010年2月4日，青草沙水源地原水过江管工程输水隧道全线贯通。12月1日，青草沙原水工程金海支线暨金海水厂正式

图 7-2-7　2010 年,位于长江口长兴岛的青草沙水库全部工程完工;2011 年 6 月,青草沙水源地原水工程全面建成通水,超过 1 100 万市民喝上了优质的长江水

通水。2011 年 6 月,青草沙水源地全线贯通后,约 1 300 余万人用上青草沙优质的长江水。

【水厂建设】

1978 年后,上海加大水厂建设和改造力度。80 年代,杨思水厂(浦东新区),闵行第二水厂(闵行区),居家桥水厂(浦东新区),长桥水厂(徐汇区),以及月浦水厂(宝山区)等新建、改建并投入运行。其中,月浦水厂(使用陈行水库的原水)1992 年 6 月通水,使上海居民首次饮用长江水。

90 年代,闸北水厂(闸北区)、凌桥水厂(浦东新区)、泰和水厂(宝山区)、临江水厂(浦东新区)、大场水厂(宝山区)等新建、扩建并投产通水。其中,闸北水厂在国内首次引进美国加矾、加氯净水处理系统,大场水厂是我国第一家以 BOT(建设—运营—移交)形式建设的自来水厂。

2003 年,上海全面启动以黄浦江为水源的水厂深度处理工程,开展了闵行水厂 60 万立方米/日、杨树浦水厂 36 万立方米/日、南市水厂 50 万立方米/日、临江水厂 60 万立方米/日深度处理工程。其中,南市水厂深度处理改造,改善了出厂水的色度、嗅味、氨氮和有机污染物等指标,2009 年率先竣工并为世博园区供水。同期,还建成源江水厂、金海水厂一期 40 万立方米/日工程(浦东新区),开工建设奉贤第三水厂 30 万立方米/日的扩建工程。

【农村自来水工程与市区二次供水设施改造】

80 年代以前,上海郊区农村用水主要取自当地河水、井水。1982 年 2 月,市政府批转《上海农村改水 10 年规划设想》,决定在农村地区建设一批小水厂,普及自来水。1986—1988 年连续 3 年农村改水工程均列入市政府年度实事项目。1994 年 12 月,上海在全国率先完成农村改水工作,自来水普及率达 99%以上。1981—1995 年农村改水工程实施期间,上海共计投入资金 7.44 亿元。其中，国家补贴 1.08 亿元，集体投资 3.21 亿元，农民集资 3.16 亿元。

2000 年后，上海加大郊区集约化供水力度，逐步推进原水统筹、水厂归并、一网调度、规模经营、优质服务的供水方式，先后关闭一批郊区中小型水厂、内河取水口及深井水厂。2002—2010 年，上海累计关闭郊区中小型水厂 152 座、内河取水口 102 个、公共深水井 179 口，中心城区供水水质综合合格率 95%、郊区 90%，基本形成原水统筹、水厂集约、管网优化、分片调度的供水格局。

2007 年，为适应社会从水量满足向水质提升需求，综合实施“迎世博 600 天行动计划”，上海启动二次供水设施改造工作，按照“政府补贴一点、供水企业自筹一点和住宅维修资金承担一点”原则，筹措改造费用。2007 年 8 月，市政府批转市水务局等六部门《关于本市中心城区居民住宅二次供水设施改造和理顺相关管理体制的实施意见》。至 2010 年，上海对黄浦、卢湾、徐汇、静安、长宁等 13 个区、5 908.48 万平方米建筑面积的二次供水设施进行改造，占计划 110%。其中，外移水表 86.16 万只，改造水箱 3.29 万只，改造水管 963.65 万米，惠及居民 98.1 万户、294.03 万人。

二、防汛排水

解放初，上海地区海塘基本是土堤，黄浦江虬江码头以下筑有江堤，市区其他河段基本无堤；市区有排水泵站 11 座、雨水管道 531 公里，排水能力仅 16 立方米/秒，市区绝大部分地区依靠自流。1956 年，上海确定建江堤挡潮，建地下管网、泵站向江河排水。此后，规划建设防汛排水设施，海塘（海堤）按照“五十年一遇”标准建设，再后来将城市化地区提高至“二百年一遇”，非城市化地区提高至“百年一遇”。黄浦江江堤市区段按照“百年一遇”标准修建，后提高至“千年一遇”；市区划分成若干排水区域，分别进行下水道和泵站建设。截至 2010 年，上海防汛工程已建成沿江沿海千里海塘、黄浦江两岸千里江堤和水利分片综合治理的防汛排水体系，相继修建沿江沿海主要干、支河口及控制圩区水闸 2 203 座，太浦河工程、拦路港工程、红旗塘工程（上海段）等治理太湖流域的行洪工程。

【防汛排水工程】

海塘　50—70 年代，上海不断修建护岸和丁坝、顺坝、护坎等，海塘基本稳定。1995 年 6 月，市政府作出《关于大力加强水利工作的决定》，提出防洪防潮安全目标是“郊区海塘普遍达到防御 50 年一遇高潮位加 11 级风的标准”。1996 年，完成《上海市海塘规划》，1997 年开始大规模进行海塘工程建设。按照规划，海塘建设目标为：城市化地区 200 年一遇潮位加 12 级风，非城市化地区 100 年一遇加 11 级风。同时，统筹海塘、保滩、防风林、绿化建设，提高海塘综合防汛能力。1997 年，市委、市政府决定在全市范围开展海塘护坡达标工程建设。工程内容包括海塘护坡达标建设和保滩建设两部分。经过 6 年的努力，工程于 2002 年 9 月基本完成，市级财政共投资 7.95 亿元。通过这次达标建设，全市除淤涨区域海塘外，总计 317 公里海塘的防御能力基本达到上述规划确定的近期目标。海塘防汛能力得到全面提高，有效防御了 2000 年“派比安（0012 号）”“桑美（0014 号）”和 2005 年“麦莎（0509 号）”等多次台风、高潮位的袭击，保障了城乡经济社会的平稳运行。

江堤　1956 年前，苏州河市区段防汛不设防。1956 年起，上海陆续修建防汛墙，但标准不高，难以确保市区防汛安全。1974 年起，上海对市区防汛墙普遍进行加固加高和改建，改建、新建防汛墙 158 公里。

1981年9月1日,上海遭受“8114号台风”侵袭,黄浦公园站出现超纪录的5.22米高潮位,与标准规定的防御潮位仅差8厘米。1982年8月,市政府、水电部、交通部联合召开上海水利座谈会,讨论长江口整治和黄浦江综合治理问题,研究对策确保上海市区防汛安全。1984年9月,水电部批准上海市区按照“千年一遇”高潮位标准设防。1988年,经国家计委批准立项,实施黄浦江干流防汛墙加高加固工程。工程对市区防汛墙按“千年一遇”潮位、地震烈度7度设防和一级水工建筑物结构加高加固。该工程包括新建苏州河口开敞式挡潮闸1座,加高加固黄浦江干支流市区段防汛墙201.66公里,新建改建加高加固黄浦江支流河口水闸38座。工程于1988年10月开工,历时13年,于2001年5月全部竣工。

江堤加固后,据市防汛指挥部统计,1989—2000年,黄浦江黄浦公园水文站共出现超过警戒水位的高潮位132次,其中受“9711台风”和2000年“派比安”“桑美”台风影响,有5次超过5米的高潮位,最高达到5.72米,市中心区安然无恙。

2006—2011年,上海实施苏州河环境综合整治三期工程,苏州河市中心城区段的防汛墙改建列入其中。工程范围西起真北路桥,东至苏州河河口,河段总长16.52公里,两岸防汛墙改造总长度为33.46公里。工程防潮标准按照太湖流域50年一遇、远期过渡到100年一遇的标准设计;工程排涝标准采用20年一遇最大24小时降雨量180.2—211.2毫米设计;抗震标准按照7度设防。

城镇排水与除涝 1954—1957年,市财政投资624.3万元全面整治肇嘉浜,建设肇嘉浜排水系统。1978—1995年,先后新建改建芙蓉江、泗塘、临平等74个系统的管道和泵站,每年约有4个排水系统投入使用,城市排水系统逐步健全。2001—2010年,新建和续建87个排水系统,完成肇嘉浜、鲁班、大柏树等一批低标排水系统改造,新增城市雨水排水能力1 130立方米/秒。2004年,建成宜昌排水系统调蓄池,容积2.5万立方米;2005年,建设完成成都排水系统调蓄池,容积0.74万立方米。同期,实施114个中心城区积水点改造项目,解决172条市政道路的积水。至2010年底,全市规划雨水排水系统366个,规划服务面积约855平方公里;建成雨水排水系统261个,服务面积约537平方公里,管网覆盖率为67%。

【防汛指挥体系】

防汛指挥组织体系 1955年6月10日,在市政府领导下,成立上海市防汛总指挥部,有关部、委、办、局领导为成员。80年代起,上海市防汛总指挥部组成单位主要有市计委、市经委、市建委、市交通办、市财贸办、市农委、市教卫办、市外经贸委和市水利局、市政工程局、市公安局、市气象局、市海洋局、市民政局、市财政局以及驻沪部队、武警上海市总队等。1988年,建立全市、区县、街道乡镇三级防汛领导机构,配备专职干部。企业由主管局组织防汛。

2003年8月8日,市十二届人大常委会第六次会议通过《上海市防汛条例》,明确各级政府组织有关部门、单位动员社会力量,做好防汛工作。防汛工作实行行政首长负责制,统一指挥、分级分部门负责。市和区、县政府依法设立防汛指挥机构,其办事机构设在同级水行政主管部门。乡镇政府和街道办事处在区、县防汛指挥机构的领导下,做好防汛工作。

防汛应急响应体系 自1985年汛期开始,上海每年制订特大灾害应急措施的预案。1990年制定的水灾应急预案明确:应急标准为预报有风力12级、日雨200毫米,黄浦公园水文站潮位在5米以上,遇到这种情况,由分管副市长召集紧急会议,部署组织抢险救灾。

2003年8月8日市人大常委会通过的《上海市防汛条例》明确:防汛预案是指对台风、暴雨、高潮和洪水可能引起的灾害进行防汛抢险、减轻灾害的对策、措施和应急部署规定。市防汛预案由市水行政主管部门根据市防汛专项规划、防汛工程设施防御能力和国家规定的防汛标准，组织有关部门编制，报市政府批准后实施。区、县防汛预案由区、县水行政主管部门根据市防汛预案和区、县防汛专业规划的要求，组织有关部门编制，报区、县政府批准后实施，并报市水行政主管部门备案。2006年，为完善、规范防汛防台预警和应急响应机制，按照国家规定的“蓝、黄、橙、红”四色预警和相对应的“Ⅳ、Ⅲ、Ⅱ、Ⅰ”四级响应的要求，制定了《上海市防汛防台应急响应规范》。

第三章　交通运输　邮政电信

第一节　发展公共交通

1957年，上海每4 561人口有1辆公交车。1958年以后，公共交通有新发展：淮海路和南京路上的有轨电车线路更新为无轨电车营运；开辟新线路填补工人新村和新工业区线网空白点；首创开辟通宵线；发展通往江、浙、皖省市际长途班线；淘汰陈旧的有轨电车和小型火车。“文化大革命”期间，公交线路、设施及管理、运行发展缓慢。

改革开放后，市政府着力构建轨道交通为主体、公共汽（电）车为基础、出租车为补充的服务网络。1996—2010年，共推进三轮公交改革。2002年，市政府提出实施公交优先政策，并要求不断提高公交出行比例。2006年起，持续实施公交优先战略，使公交服务水平和市民出行条件明显改善。截至2010年，全市轨道交通建成12条线（含磁悬浮），地面公交运营线路1 165条。公共交通日均客运量1 623万乘次，人均享受公交各项优惠政策284万人次。上海世博会期间，公交系统经受住了世博园区7 308万总参观人次、单日（10月16日）园区103万人次超大客流的考验。

一、公交客运

【公共汽、电车和轨道交通】

改革开放后，市政府通过增加车辆，新辟、延伸、调整线路，改进线网布局，缓解市民“乘车难”矛盾。1978年恢复因“文化大革命”中断的轨道交通试验。1986年起，连续把解决公交供求矛盾、改善市民出行条件列为市政府实事项目。1990年，全市公交线路增加到390条，线网长度18 593公里，市民乘车条件得到改善。

图7-3-1　1987年，为方便职工上下班、解决乘车难，市政府实施实事项目开通连接西南部偏僻新村的第一条公交高峰线401路

1992年起，市政府连续制定并实施三个“三年大变样”[①]的目标任务，1992—1994年主要解决城市交通问题。“八五”期间（1991—1995年），相继建成南浦大桥、杨浦大桥、内环高架路、南北高架路等一批重大工程，市内交通逐步形成平面立体并举、浦东浦西贯通的格局，对缓解交通拥挤矛盾发挥了重要作用。1990年1月，国家计委批准上海轨道交通1

① 1992年2月，邓小平在上海提出“一年一个样，三年大变样”的要求。

号线建设;1993 年 5 月 1 号线南段(锦江乐园站—徐家汇站)投入试运营,上海轨道交通实现零的突破。“九五”期间(1996—2000 年),加快枢纽功能性交通设施建设,“三纵三横”“三环十射”[①]等重大工程形成了中心城区立体道路网络。1996 年 11 月,上海市政府与铁道部联合成立轨道交通 3 号线(原称明珠线)建设项目领导小组。2000 年 6 月,贯通浦江两岸的轨道交通 2 号线通车。同年 12 月,第一条高架轨道交通 3 号线(明珠线)一期通车,形成“十字加半环”的轨道交通线[②]。公共汽、电车线路通过新辟、延伸、调整为 978 条,内外环线之间的线网密度提高到 1.6 公里/平方公里,填补了 43 个新建小区公交空白,地面公交初步形成网络,“乘车难”明显改善。

“十五”期间(2001—2005 年),上海以轨道交通网和高速公路网建设为重点,加快形成快速、便捷、立体的综合交通体系,轨道交通基本形成总长为 245 公里,由“十字加环”和若干射线组成的网络框架;市域高速公路网络基本框架初步实现“153060”目标;中心城区交通以公交优先、道路畅通、方便快捷、环境净化为目标,一批地面交通与轨道交通、市域交通与对外交通相衔接的换乘枢纽相继建成,逐步完善道路网络。同时,市政府坚持道路建设和车辆控制、公共交通与个体交通、轨道交通与地面交通的协调发展,完善交通政策,优化交通布局,建立健全特大型城市的综合交通管理体系。

“十一五”期间(2006—2010 年),市政府确定了“依托举办世博会契机,全面推进综合交通发展”的总体目标和全力推行公共交通优先的具体任务,把加快发展大容量的轨道交通作为实施公交优先战略的重中之重,要求确保网络规模达到 400 公里,其中中心城区 300 公里;加快公交专用道建设;构筑城乡一体化的多级公共交通线网;推进公交站点、停车场站建设;提高车辆装备的服务和环保水平;合理控制出租车总量规模,提高车辆里程利用率;改善越江公共交通服务水平,丰富市民出行方式选择等。

2009 年 2 月,市政府审定新一轮轨道交通建设规划和网络规划,布局覆盖到所有新城、未来大规模保障性住房基地和下一轮城市拓展功能区,并按照长三角地区一体化发展的总体要求,研究与周边城市的衔接方案。2010 年 12 月,《上海 2010—2015 年轨道交通建设规划》获得国家批准,规划到 2016 年底,轨道交通线路达到 18 条,通车里程约为 787 公里,承担客运量比重达到 49%。

截至 2010 年,上海市轨道交通共建成投运 12 条线(含磁悬浮),中心城区站点 600 米服务半径覆盖四分之一的土地面积和 42%人口,上海率先成为国内首个轨道交通运营里程突破 400 公里的城市并在世界大城市中位居前列。公共汽、电车服务范围不断拓展,运营线路 1 165 条、营运车辆 17 442 辆、日均运营里程 300 万公里,站点 500 米服务半径覆盖率 80%以上,郊区行政村的公交通达率 95%,全市基本形成了覆盖城乡的地面公交网络。高等级公交车辆逐步投放,公交车辆基本实现空调化。公交智能管理、公交一卡通系统、停车诱导系统等信息化管理广泛推广使用。

【出租汽车和轮渡】

出租汽车　1983 年后,上海推出多层次、多渠道的措施,使出租汽车运能快速增长,缓解市场“叫车难”的供需矛盾。1985 年,市政府发布《上海市出租汽车客运管理规定》,出租汽车实行多家经营、统一管理。1988 年起,出租汽车实行公司化管理,市长朱镕基亲自抓出租汽车市场整顿。

---

① “三环十射”公路快速交通网络:“三环”指市区的内环、中环、外环;“十射”指逸仙路高架、共和新路高架、A12(沪嘉)入城段、A11(沪宁)入城段、A9(沪青平)入城段、沪闵高架、济阳路、罗南大道、龙东大道、五洲大道向郊区和江苏、浙江省辐射。

② “十字加半环”的轨道交通线:东北向西南轨道 1 号线与东西向 2 号线在人民广场呈“十”字交叉;“半环”为环线地铁 3 号线一期工程完成了“半环”。

1992年,全行业推行"大承包"经营。1995年6月16日,市十届人大常委会第十九次会议通过《上海市出租汽车管理条例》。1996年,开始对出租汽车实行总量控制。

2001年,配合整治郊区非法营运,上海率先在国内推出区域性出租汽车。2002年,针对出租车行业发展迅速、从业人员素质参差不齐、群众反映大的问题,加强精神文明建设,全市形成了大众、强生、巴士、海博、锦江和蓝色联盟、法兰红等七大品牌。2003年8月,出租汽车行业第一次被评为上海市文明行业。

2005年,贯彻国务院办公厅《关于进一步规范出租汽车行业管理有关问题的通知》,上海在出租汽车行业开展规范经营权有偿使用,减轻出租车驾驶员负担,打击"黑车"非法营运专项活动。2006年以后,全行业4次下调承包指标。

2009年9月、10月,闵行区和浦东新区先后发生采用不正当手段取证(也称"倒钩")的交通行政执法事件。市政府常务会议要求坚决禁止这种取证行为,成立由分管副市长任组长的整顿交通营运市场秩序、规范交通行政执法行为的专项工作组,开展大检查。浦东、闵行两区政府向社会公布事件调查处理结果,对相关责任人进行问责。同年11月,市政府下发《关于进一步促进本市出租汽车行业健康持续发展的意见》,指导主管部门改革出租汽车承包制度、明确运力投放原则、实施中心区出租汽车候客站设置标准及试点区域分布等。为应对油价变动影响,通过第三方测算出租汽车行业合理的成本及利润水平,上海按照"岗位为主、身份为辅"原则逐步完善社会保障,稳步提高驾驶员收入。2010年1月1日,上海正式实施为提高出租汽车驾驶员收入水平而制定的降低承包指标、规范企业收费项目及限额、做好油价补贴等9项措施。当年,出租汽车行业圆满完成上海世博会交通保障任务。

2010年,全市共有出租汽车企业147家,其中区域性出租汽车企业19家,个体工商户3 154户;共有出租汽车50 007辆,其中区域性出租汽车5 009辆;日均客运量314万人次,电调量5.76万车次;单车日均载客车次35.5次、营收884元、营运里程367公里、里程利用率约61.4%。全市出租汽车除1 300多辆个体工商户车辆外,均安装GPS车载终端。

轮渡 80—90年代,轮渡设施建设被列为市政府实事项目。90年代中期,随着越江隧桥相继建成,"过江难"状况得到缓解。1996年12月16日,"强家角渡"开出最后一班轮渡,结束了苏州河长达85年的船渡历史。2000年,黄浦江轮渡客运量1.8亿人次,比1998年2.45亿人次大幅下降。2002年,市政府根据越江设施的建设规划,将轮渡的运营功能调整为"更多地为自行车过江提供服务",逐步解决轮渡存在的基础设施老化,轮渡站与城市道路、公交站点配套衔接不完善以及抗灾能力较差等问题。2007年,上海郊区的乡村渡口共有15个,市政府将完成内河渡口及30艘渡船的改建、改造列为当年实事项目并顺利完成。2008—2010年间,市中心的轮渡结合市政工程及世博会水门站点建设,实现了售、检票系统的智能化。2010年4月,市政府批准《黄浦江两岸轮渡布局规划》,在黄浦江全长约82公里沿岸,布局轮渡线路20条、轮渡站40个。

二、公交改革

90年代初,市政府领导明确指出上海公交的出路在改革,不能靠财政补贴过日子。1995年10月,市政府原则同意以票制、体制、机制即"三制"改革为主要内容的公交改革方案,启动公交第一轮改革。1996年1月1日,上海公交取消多年的月票,实行普票。改革初期,公交企业一度出现客流下降、营收减少、资金紧缺等困难。市委、市政府要求坚持改革不动摇,确定"三年分三步走"的目标。“三制”改革到1998年基本完成：全行业实现减亏持平的目标；服务面貌改观，线路和车辆总数比改革前增加一倍多；劳动生产率提高，人车比从8.4∶1下降到5∶1。

进入21世纪，公交企业仍因自身结构及体制机制不适应，经营困难、缺乏后劲。2001年底，市政府审定《关于进一步深化完善公交改革的方案》，推出公交第二轮改革，主要措施为实行政企分开和区域差别化管理。到2003年底，改革任务基本完成：常规公交运营企业按产权关系划归各集团公司管理，基本理顺了政府与投资方、运营企业三者关系；企业内部按照现代企业制度理顺关系、进行整合及适度竞争，解决了上一轮资产重组的遗留问题；市财政拨款设立“公交专项基金”，并落实对公交的其他扶持政策，定向用于引导和调节行业发展。两轮改革之后，2008年市委、市政府明确，要进一步突出公交行业公益性和运作市场化相结合的机制，加大政府的投入力度，不断提高公交服务质量。

2009年2月，市政府审定《关于进一步深化公交改革方案》和《上海巴士公交集团管理体制及运作机制改革方案》。同年3月，市政府批转《进一步深化本市公交改革的方案》，公交第三轮改革全面开展。此轮改革的具体措施为：在中心城区组建浦东和浦西两大国有公交集团公司，重组现有公交企业并进行运营管理；各郊区（县）公交公司实行“一区一骨干”运营管理；完善政府对公交的扶持政策；从制度上提升服务能级和供应水平；改善公交职工福利待遇，保障其合法权益等。2009年底，全市基本形成浦东、浦西和郊区相对区域经营的市场经营格局，巴士公交等资产从上市公司退出；公交汽、电车行业全面推行成本规制，统一企业主要收入和支出核算制度，并推行适度竞争；制定实施《上海市公共汽车和电车客运服务规范》《关于加强公交职工工资收入分配工作的指导意见》和《关于推进本市大型居住区市政公建配套设施建设和管理的若干意见》等。这轮改革，促进了公交线网不断优化和车容车貌改善，公交服务的均衡性、便捷性和安全环保性有了提高。

三、公交优先战略

90年代中期起，随着上海经济社会发展和房地产开发，中心城区人口大量向郊区转移、城市总人口迅速增加。市政府把贯彻落实公交优先、逐步降低市民出行成本作为工作重点之一，在轨道交通、部分地面交通、城乡道路建设、公交车辆更新等方面给予巨额投入，增强公共交通的服务能力。

1997年底，市政府决定编制上海市城市交通政策与规划。经过三年多时间，市计委、市规划局、市交通局等部门完成了《上海城市交通政策研究》《上海市综合交通规划》等10多项“十五”期间城市交通专项规划。2000年，市政府邀请两家国外咨询公司进行为期半年的技术咨询服务，在充分吸收咨询成果和广泛征求社会各方意见的基础上，2002年4月发布《上海市城市交通白皮书》。“白皮书”明确，从上海特大型城市的特点出发，实施公交优先政策，即优先保证合理的公交用地、资金投入、高效运营和换乘方便，通过积极引导不断提高公交方式出行比重，逐步形成以公共交通为主的交通模式。围绕贯彻公交优先政策，市、区县两级政府在加大交通基础设施建设力度、保障规划落地、扩大线网覆盖、提高服务水平、降低市民出行成本等方面作出了很大努力，公交出行条件明显改善，初步形成了一体化城市公共交通体系的框架。

2005年10月，根据国务院办公厅《转发建设部等六部门〈关于优先发展城市公共交通意见〉的通知》，市政府组成由多部门参加的工作小组，就优先发展城市公共交通进行调研。2007年，市政府印发《关于优先发展上海城市公共交通的意见》，并制定《上海市2007—2009年优先发展城市公共交通三年行动计划》,提出上海城市公共交通以亚洲先进水平为目标,建设以轨道交通为骨干、地面公交为基础、出租汽车为补充、信息系统为手段、交通枢纽为衔接的科学合理的城市公共交通体系;建立科学合理的公共交通票价机制,调整优化公交线网,提高公交车辆舒适度和环保标准;确立公共交通在市民出行中的主体地位,为市民提供安全、快速、准时、便利、可靠、经济的优质公共交通服务。同时,明确四项重点工作:举全市之力推进轨道交通建设,全面加快地面公交基础设施建设;降低市民出行成本,包括实施换乘优惠、老人免票乘车、统一城乡票价结构等政策;政府加强公交行业监管、完善公交市场格局、加大政府投入力度;优化调整公交线路、推进交通节能减排、提高公交信息化服务等。

图7-3-2　2009年1月1日起,上海市开始实施70周岁以上沪籍老年人持敬老服务专用卡免费乘地铁与公交车。同年6月26日0时,改为实施老年综合津贴制度

2006年11月起,全市实施公交优惠乘车措施。2007年10月21日起,全市实行持有上海市红色社保卡的70岁以上老年人在工作日非高峰时段和节假日可免费乘坐公共交通。

2008年1月,市长韩正在市十二届人大一次会议上作的《政府工作报告》中,把"落实公交优先交通发展战略,切实解决人民群众的出行问题"作为新一届市政府的主要工作目标之一。同时提出加大政府对公交的投入力度,建成500公里左右的轨道交通运营线路、400公里公交专用道和100个公交枢纽,轨道交通客运量占公共交通客运量的比重达到40%以上;加强地面公交与轨道交通的衔接,加快新建居民小区公交配套;完善公交扶持政策,采取减免票价、换乘优惠的多种措施,降低市民公交出行成本;改善公交行业一线职工工作条件和待遇。

2008—2010年,每年《政府工作报告》都提出要落实公交优先发展战略的具体政策、措施,包括改善公交行业一线职工工作条件和待遇;在重要交通枢纽、集散地与大型居住区之间,开通低价、便捷的社区巴士线路,完善公共交通"村村通"等。

第二节　道路运输管理与整治

一、道路运输管理

80 年代，在交通部“有路大家行车，有水大家行船”的方针指导下，上海道路客货运输引入市场机制，国营、集体、个体及外地在沪经营户大发展。至 1987 年，全市非公有制经济成分的运输经营户占 82.2%，完成货运量占 61.8%。市政府逐步将以国有企业为主的部门管理转变为跨系统、跨所有制的全行业管理，道路运输经营许可制度全面实施。1979—1990 年，上海的车辆和运力年均增长为 7.41%和 5.78%，同时也产生运力大于运量的矛盾和争抢货(客)源、恶性竞争现象。1990 年，市政府批准实施《关于治理整顿道路、水路运输市场的意见》，开展近一年的集中整顿；除国家重点企业、疏港疏站、外贸等有关国计民生货物运输和抢险救灾、军备等物资运输外，其他全部实行市场调节。1992 年，上海对新增营运车辆实行“先审批、后购置”制度。1994 年，上海开始调整运力结构，专用、特种车辆不少于总数 40%；1995 年，在全市范围内开展个体货运经营额度有偿竞购。

“九五”期间(1996—2000 年)，上海高速公路运输为主的快速客、货运输迅速发展，物流业开始兴起，企业股份制改造顺利。1996 年 1 月 26 日，实施市十届人大常委会第二十五次会议通过的《上海市道路运输管理条例》。同年 4 月，市交通运输局改制为市交运集团公司。1996 年起，开展客运站站级核定，采取迁、撤、并、建并举的方法，改变省际客运站布局不合理、等级低的状况。1998 年，把建设散客自助旅游集散地列入当年市政府实事项目，组建了上海旅游集散中心。1996—2000 年，市政府及其主管部门根据国务院颁布的《中华人民共和国道路运输条例》，先后发布并实施一系列规章及行业管理的规则、细则，加强对运输市场的管理和日常稽查、专项整治等行政执法力度。

进入 21 世纪，市政府先后印发“十五”“十一五”期间上海市综合交通规划和交通重点专项规划，对道路运输采取完善枢纽场站设施建设、提高运输组织效率、规范车辆使用管理等措施，加快形成专业化、集约化、社会化的发展模式。2001 年，按照“企业分级，业务分类”原则，引导小企业进行资产重组，促进客运行业集约化、规模化经营。2002 年，市政府发布《上海市城市交通白皮书》，明确对客货运营实施“改革审批制度，加大监管力度，提高依法行政水平，保障服务，提高效率，规范市场”的管理政策。同年 10 月，组建上海市陆上货运交易中心，该中心是根据交通部确定的全国 45 个公路运输主枢纽规划而构建的，具有道路货运交易和道路货运信息两项基本功能的大型功能性要素市场和现代物流信息平台。2003 年起，根据上海“十五”规划，完善、优化全市站点布局，撤并、调整了设在南京路、西藏路等中心区域的简易客运站，按照与水、铁、空运输衔接原则，利用各种渠道资金，兴建了一批新的省际客运站。2004 年，对道路货运行业实行分类管理。

2005 年 8 月，上海启动省际包车客运企业的新一轮资产重组和兼并。2006 年起，对长途客运的线路进行全面梳理，整合短途及重复线路，重点发展铁路、民航不能直达地区的班线，推进长三角道路客运的联盟化和公交化。上海世博会前，全市基本形成“东、南、西、北(在建)、中”的省际客运主站点的格局。货运方面，2009 年，市有关部门引导道路运输企业向品牌化、专业化方向发展，对道路货运(物流)重点企业进行认定，开展中心城区危险化学品零星配送、城市现代商业(冷藏)配送网等项目的试点运作。同年 8 月，江、浙、沪三地签订《推进长三角地区道路货运(物流)一体化发展若干意见》，建立区域性交通运输信息资源的开放共享机制。2010 年 1 月，根据国家经贸委、交通部关于加快我国集装箱运输的通知要求，上海选择不同类型运输企业开展甩挂运输试点，并采取调整运营方式及征收通行费等措施，鼓励甩挂等新兴运输方式[①]发展。

同时，上海推进道路运输信息化建设。先后建立集装箱运输车辆RF卡(射频卡)运营管理及信息交换平台，上海陆上货运交易平台(56135公共信息平台)，上海交通综合信息平台等一系列交通运输服务平台，实现了交通信息资源在行业管理部门之间的交换和共享。2010年5月，全市跨省市客运班车全部安装GPS及视频监控设备，由“上海跨省市客运车辆GPS动态监管系统”实行全覆盖实时监控。同年8月，上海公路客运信息平台完成升级改造，全市省际客运站联网售票，通过互联网向旅客提供多种形式服务，管理部门实施动态监管。

截至2010年底，全市道路运输市场基本实现“宽进严管”，在诚信制度基础上推行承诺制，依法加强日常稽查、行政监管执法成为行业管理的主要内容。除集装箱堆场(集装箱场站)、货运出租等业态仍执行政府指导价外，道路运输价格全面放开。全行业完成税费改革，全部停征行业管理费。道路运输行政许可事项由190余项精简至17项，一门式的行政许可初步实现。

二、道路运输专项整治

【建筑渣土运输整治】

1992年1月，市政府发布《上海市建筑垃圾和工程渣土处置管理规定》，对承运单位、车辆实施管理，依法颁发运营资质和专用标志，实行工程土方招标，保证重点工程运输需求和执行运价政策。公安、交通等六个部门联合开展建筑渣土车辆规范运输专项整治，重点检查承运单位的运输车辆，从源头上遏制违规行为。年底，全市渣土运输车辆基本安装电子标签和行驶装卸记录仪；各区制定运输指导价，落实了对口消纳处置卸点，全面实施建筑渣土卸点付费信息系统管理；违规企业受到追究责任直至取消专营资质处分，整治成效显现。2009年3月，渣土运输处置费实行政府指导价管理，当年全市渣土运输总量为1999年的381%。2009年1月和2010年4月，市政府分别发布《关于加强本市建筑垃圾和工程渣土处置管理的通告》和《关于加强本市建筑垃圾和工程渣土运输安全管理的通告》，并对1992年起实施的《上海市建筑垃圾和工程渣土处置管理规定》进行修订，固化“卸点付费”等处置模式和管理方式。

【“三车”管理】

90年代，上海城市道路上大量无牌无证机动三轮车、黑车、残疾车(简称“三车”)载货载客、非法营运，严重影响交通秩序和市容环境。1999年，市委、市政府按照“依法治市、加强管理、依法保障、维护权益”和“建管并举、以管为主”的方针，实施对“三车”管理。当年，市人大常委会审议通过《关于修改〈上海市道路交通管理条例〉的决定》和《关于修改〈上海市实施《中华人民共和国残疾人保障法》办法〉的决定》。全市纳入管理范围的“三车”约有4万辆。为满足市民需求，对有牌有证的货运机动三轮车(简称“黄车”)采取收购旧车和推出新型货运出租车两种方式替代。第一批投放2 800辆车辆额度，组建5家货运出租公司。同年8月5日，首批380辆货运出租汽车上街运营，副市长冯国勤出席首发式。8月21日，副市长韩正出席“黄车”从业人员疏解安置签约仪式。9月底，占总数70%以上停驶并退出市场的“黄车”从业人员自愿选择从事货运出租行业。1999年底，全市

---

① 甩挂运输：就是带有动力的机动车将随车拖带的承载装置，包括半挂车、全挂车甚至货车底盘上的货箱甩留在目的地后，再拖带其他装满货物的装置返回。

共为原“三车”从业人员提供近 2 000 个就业岗位，通过收缴、置换和取缔等措施消除了 4 万余个“残疾车”“黄车”带来的流动污染源，机动车与非机动车混行的局面改观。

对“三车”集中管理后，1999 年 12 月至 2000 年 7 月，全市连续开展大规模的货运市场集中整治行动，查处了一批非法揽货“黑车”；市政府发布《上海市货运出租汽车运输管理暂行规定》，对货运出租车进行统一规范管理，严格控制小型货车投放发证，严格限定各区县厢式货车经营范围和经营领域；公安交警部门通过核发专用牌照，为货运出租汽车提供通行及停车便利。

因货运出租吸纳了大量原“三车”人员，自组建货运出租企业起，市政府同步确定了两项配套扶持政策：一是拨专款用于人员安置及购置车辆补贴；二是减免企业的养路费、运管费和营业税（“两费一税”）。2007 年底第三期优惠计划到期，又明确在国家成品油价税费改革后，市财政分 3 年安排对原“三车”退养人员补助的资金缺口。2008 年 6 月，国家上调燃油价格，上海出台货运出租运价调整政策并建立油价运价联动机制。1999—2010 年，货运出租历经 6 次调价。2010 年起，货运出租调整车型结构，向城市配送、合同物流业务转型。截至 2010 年，全市共有 9 家货运出租企业，出租汽车额度 3 397 辆，已购车辆 2 692 辆。

【危险品运输管理】

1997 年，针对各种成分、不同性质经营者进入危险品运输市场带来的新情况，市政府发布《上海市营业性危险货物道路运输管理办法》，规定从事危险货物运输经营活动单位应具备的资质条件。1998 年，上海采取联合、重组、委托管理等手段，加快危险货物运输公用化、专业化。到 2000 年，全市危险品运输专用车辆的比例从 1998 年的 23.5%提高到 32.1%。2001 年 5 月，上海集中开展针对道路化学危险货物运输的专项整治，停止生产企业的自备车辆（非营业性车辆）从事化学危险品运输的审批，禁止个体运输户和车辆从事道路化学危险货物运输经营活动。2001 年，危险品经营户降幅为 31.3%，营运车辆降幅为 21.1%，一级标准车占总数 98.2%，全市无个体运输户和车辆从事道路化学危险货物运输经营活动。2002 年起，上海实施道路危险货物运输的分类分项管理。同时，推广先进科技成果和安全保护装置，以实现科技管运的目标。2004 年，上海对危险货物运输车推广安装符合国家标准的技术装备，从技术手段上加强车辆监管，并实施危险品车辆承运人责任保险。2006 年，上海提高危险化学品道路运输准入门槛，发布《道路危险货物运输技术规范》实施意见，确定从严控制危险货物运输经营户数量，限制盲目扩张，对全行业危险货物运输企业实施安全评估，提高存量企业的科技含量和管理水平。由于控制严格，2006—2010 年，全市危险货运企业增减幅度不大，基本维持在 260 家左右。2006 年 1 月，长三角地区建立道路危险货物运输安全监管联控机制。2009 年，市政府发布《关于严禁携带易燃易爆危险品乘坐公共交通工具的通告》。2009 年 1 月，《上海市道路危险货物运输车载卫星定位系统使用和管理规定》正式实施，当年底全部车辆安装卫星定位车载终端。2010 年，危险货物运输企业的在线监控率为 99%，应答率为 92%。同年 3 月，江、浙、沪三地政府签署协议，强化危险化学品道路运输安全联控机制。

第三节　铁 路 运 输

一、铁路网与高铁建设

改革开放后，市政府贯彻“上海服务全国、铁路服务上海”的方针，加强与铁道部合作，加快上海铁路建设。1983年,沪宁复线通车。1984年,宝钢支线建成,张庙、杨行开站。1985年,南翔站建成中国第一座计算机控制的驼峰溜放自动化设备。1987年起,沪杭复线工程在上海境内加快建设,1991年12月沪杭复线工程竣工,全线投入运营。沪杭铁路复线全线贯通,使上海至杭州的客车行驶时间缩短两个多小时,货运量增加近一倍。1998年,根据国务院批准的《上海市城市总体规划》,市政府确定推进建设京沪、沪杭高速铁路,形成5个方向7条干线的对外铁路格局。

2004年,为落实国家"东部铁路率先实现现代化"的战略构想,依据"国家中长期铁路网规划"和《上海市城市总体规划》,市政府与铁道部签订协议,共同推进京沪高速铁路建设、枢纽布局优化和上海铁路建设,围绕长三角铁路网的规划目标,形成以上海、南京、杭州为中心的"1—2小时交通圈"。2004年2月,市政府与铁道部签署《关于加快铁路建设工作的会议纪要》,明确为配合上海城市建设规划,通过改建利用既有铁路支线和规划,建设浦东铁路。2006年7月,市政府与铁道部签署《关于"十一五"上海铁路建设有关问题会议纪要》,进一步明确合作加快上海铁路建设。

"十五"和"十一五"期间,上海铁路进入大规模建设。2005年12月,浦东铁路开通运营,全长117公里,是上海洋山保税港区的配套工程、铁道部和上海市合资建设的第一条铁路。2008年4月,京沪高速铁路全线动工建设,2011年6月通车运营。这条复线铁路全长1 318公里,是世界上一次建成线路最长的高速铁路,全程运行5个小时,年单向输送旅客8 000余万人次。2008年7月,沪宁城际高铁开工建设,2010年7月通车运营。2009年2月,沪杭城际高铁开工,2010年10月通车运营。沪宁城际和沪杭城际高铁最高时速均达到350公里,有效缓解了上海对外通道容量有限和铁路运能严重不足的矛盾,为促进长三角一体化奠定了基础。其间,上海铁路先后进行6次大面积提速调图,沪杭高铁运行试验时速达到416.6公里;京沪高铁先导段创造了时速486.1公里的世界运营铁路试验最高速,标志中国高铁发展跨越到新的阶段;同时客货列车牵引动力逐步更新。2006年11月,上海铁路局辖区段开始进入动车组时代。2010年开通的沪宁高铁、沪杭高铁,全部采用微机联锁设备,新一代调度系统发挥了铁路调度集中的优势。

二、铁路枢纽建设

1981年6月,国家批准建设上海新客站,建设工作由上海市统一领导。同年8月,市政府成立上海新客站工程指挥部。1986年初,成立上海新客站工程领导小组,市长江泽民为组长,副市长倪天增为副组长。1987年12月,上海新客站建成投入运营。2000年,市政府与铁道部商定启动上海站南立面改造工程,并列入年度市重点工程,同年10月工程竣工并启用。

1986年11月,市政府与铁道部就建造铁路上海南站事宜进行磋商。2000年11月,市政府与铁道部联合成立上海南站建设领导小组。经国务院批准,上海南站交通枢纽总投资33.8亿元,其中上海市投资近20亿元,配合主体工程进行轨道交通1号线、3号线站点改建以及新建一批配套工程。2002年7月工程开工。2006年7月1日,市政府与铁道部举行仪式,宣布上海南站正式开站运营。

2005年3月,市委、市政府规划在虹桥机场西侧建设综合交通枢纽。同年5月,市政府与铁道部签署《关于加快上海铁路建设有关问题的会议纪要》,明确将京沪高速铁路上海车站选址调整为虹桥站,由部、市共同将其建成现代化交通枢纽客运中心。2006年3月,成立虹桥综合交通枢纽项目指挥部,副市长杨雄担任总指挥。按照构建"枢纽型、功能性、网络化"交通基础设施的思路,建成高速铁路、城际和城市轨道交通、公共汽车、出租车及航空港紧密衔接的国际一流的现代化大型综合交通枢纽,并利用枢纽综合优势,适度发展现代服务业。2008年1月,虹桥站正式施工。2010年

图 7－3－3　2006 年，在建中的上海铁路南站

7 月 1 日，虹桥站与沪杭高速铁路同步投入运营。

2008 年，为改善上海西站（真如站）地区的交通环境，实施该站综合改造，利用地下空间衔接铁路与轨道交通、地面公交换乘。2010 年 7 月，随着沪宁城际铁路开通运营，上海西站综合交通枢纽部分启用，成为上海铁路枢纽“四主三辅”客站[①]中的辅助客站和集城际铁路、轨道交通、地面公交一体的交通枢纽。

第四节　水 路 运 输

一、港口建设

改革开放后，上海港货物迅速增多，但码头通过能力不足，出现压船压港，对此交通部和上海市领导十分重视，把新港区规划列入重要议事日程。1984 年，上海港货物吞吐量达 1 亿多吨，成为当时世界为数不多的亿吨大港。1986 年，上海港实行双重领导，副市长倪天增在 5 个月内召开 4 次现场办公会，解决港口建设和发展难题。

1995 年 8 月，市委、市政府确定以发展现代集装箱运输为重点，“三步目标、三管齐下、三个积极性”。“三步目标”是，按照上海港口的集装箱处理能力设计，吞吐量 2000 年达到 250 万—300 万标准箱，2010 年达到 800 万—1 000 万标准箱，2020 年达到 1 600 万—2 000 万标准箱，10 年再翻一番。“三管齐下”，一是抓紧洋山深水港区方案的论证和制定，力争在“九五”期间（1996—2000 年）开始着手第一期建设；二是积极促进长江口航道治理；三是呼应长江口航道治理，加快沿江陆地顺岸式码头的建设，在罗泾地区、浦东外高桥及五号沟改建和新建集装箱泊位，扩大上海港区的规模。

① “四主三辅”铁路客站：上海站、上海南站、虹桥站、上海东站为主和上海西、安亭、松江站为辅。

“三个积极性”,指按照国家计划,发挥中央有关部委的积极性和江、浙、沪地方的积极性,还有调动外商积极性。

【外高桥新港区】

80年代末90年代初,市政府力推外高桥新港区建设。1989年8月,市长朱镕基在考察黄浦江两岸老港区和外高桥新港址时指出:上海是靠上海港发展起来的,进一步发展也要认真考虑港口发展;没有一个新型的国际大港,上海就不可能成为真正的国际城市。他要求港口发展必须同城市总体规划、疏解市区、开发浦东结合起来。同年,市政府致函交通部,建议“八五”期间(1991—1995年)在继续改造老港区的同时,紧密结合浦东开发,跳出黄浦江建设新港区。1991年7月开工的外高桥港区一期多用途码头是浦东开发开放的龙头工程,市长朱镕基提出28个月建成,建设大军全力以赴,该工程于1993年10月竣工交付使用。1996年起,实施外高桥一期码头全集装箱化改造,同时加快二三期集装箱码头建设。2000年3月,市政府审议同意上海港外高桥港区建设规划,要求确保四期工程在2003年形成生产能力,原有港区增加集装箱装卸作业线,充分挖掘生产潜力,并决定将外高桥港区二期工程工作小组更名为上海市外高桥港区工程建设工作领导小组,常务副市长任组长,副市长任第一副组长。2000年,外高桥四期开工建设。2001年2月,上海“十五”规划明确加快外高桥港区建设,合理调整黄浦江岸线功能,初步构建上海国际航运中心的基本框架。1997—2005年,外高桥港区先后完成一期集装箱化改造,新建二、三、四期,五期工程和配套内支线码头工程,实现了集装箱业务规模化经营。2010年12月,上海港首个具备汽车滚装和集装箱运输功能的六期工程竣工投产,全港外贸集装箱船舶全部由黄浦江沿线码头移至外高桥和洋山港区。外高桥港区经过持续建设,成为上海港的集装箱主体港区,吞吐量占全港60%,还确保了长三角及长江流域每年新增集装箱箱量的转运需求。

【洋山深水港区】

1995年8月,市委书记黄菊带队到浙江省舟山市大、小洋山岛考察,决定将其作为首选的深水港址。同年9月,市政府正式向国务院提出在大、小洋山岛建设集装箱深水枢纽港的设想,提出深水港是上海迈向21世纪过程中最为重要的基础设施项目之一,是上海国际航运中心建设的关键。1996年5月,成立上海国际航运中心上海地区领导小组办公室,组织全市和中央在沪10多家科研、设计、勘察单位开展洋山深水港建设论证和前期工作。1997年11月,市政府批准《上海国际航运中心新港址论证报告》并报送交通部。1999年初,决定邀请国外著名港口工程咨询公司对洋山深水港建设前期工作进行评估。1999年10月,国家计委经请示国务院领导同意后,在沪召开洋山深水港区宏观经济、技术经济两个专题的专家论证会议,市政府领导参加会议并作陈述。专家论证的意见是:建设大、小洋山深水港区是非常必要的,宜早不宜迟,早作决策。2000年12月,市长徐匡迪专程与浙江省领导共商合作建设洋山深水港区事宜,提出上海市与浙江省联合建设洋山深水港坚持“四个不变”原则:即行政区划不变,国家规定的税收属地化原则不变,实行多元投资建设的原则不变,上海对大、小洋山建设深水港中涉及的动迁、安置等工作给予大力支持的原则不变。

2001年2月,国务院批准洋山深水港区一期工程项目立项。同年7月,市政府成立深水港工程指挥部,下设港口、大桥和港城3个分指挥部,副市长韩正兼任总指挥;8月、12月,韩正率市计委等部门负责人到浙江,双方商定联合建设原则和建立工作联络机制。其间10月,市政府向国家计委正式报送《上海国际航运中心大、小洋山深水港区一期工程可行性研究报告》。2002年2月,沪浙两地政府签署合作协议，确认"四个不变"原则作为联合建设洋山深水港的基本原则，两地共同组建联合公司。同年3月，国务院审议通过洋山深水港区一期工程可行性研究报告和开工报告，市政府决定分类分层建立健全运行机构和机制，抓紧做好港、桥、城全面开工准备。2005年5月，东海大桥全线贯通；12月10日，洋山深水港一期工程建成，上海国际航运中心洋山深水港区开港暨洋山保税区启用仪式举行。2006年8月，海港新城建设一期工程通过国家验收。2006—2008年，先后建成洋山二期、三期工程。2008年12月，洋山深水港北港区主体工程全面建成。

二、集疏运体系建设

1995年9月，市政府推进将长江口深水航道治理列入国家"九五"计划，与国家计委、交通部、江苏省一道向国务院上报了有关长江口深水航道治理工程前期工作的报告、工程项目建议书及一期工程可行性研究报告。1997年4月，国务院同意实施长江口深水航道治理一期工程，市政府协调推进工程前期工作，解决工程配套选址和施工基地。到2011年5月，长江口深水航道治理全部三期工程竣工并通过国家验收，长江口入海主航道水深由原先的7米增至12.5米，极大缓解了上海港水深不足的矛盾。

图7-3-4　1998年，长江口深水航道治理工程经国务院批准实施，2011年5月完工。图为施工现场

1998年，市政府组织编制《上海内河航运发展规划》，提出重点建设"一环十射"高等级航道网①，促进内河集装箱运输、调整内河港区布局，推进内河运输船舶标准化的总体规划框架。2000

① 上海内河"一环十射"高等级航道网："一环"即黄浦江、大浦线、赵家沟、藻浜、油墩港、黄浦江。"十射"即杭申线、太浦河、苏申外港线、苏申内港线、罗河、川杨河、大芦线、金汇港、龙泉港、平申线为骨架的主干航道。其中，黄浦江、赵家沟、大芦线、太浦河、大浦线和杭申线被列入国家级内河水运主通道。

年,将内河航运发展列入“十五”规划,明确以建设集装箱集疏运通道为重点,加快内河航道整治,形成“一环十射”为骨架的内河航道网。2001 年 2 月,市长徐匡迪明确提出“加快建设高等级的内河航道网,完善港口集疏运网络系统,初步构成上海国际航运中心的基本框架”。“十五”期间(2001—2005 年),对内河航道建设给予较大的资金投入和政策支持。2002 年 1 月实施的市第十一届人大常委会通过的《上海市内河航道管理条例》,将内河航道规划、建设纳入法制化轨道,明确各级政府应当采取积极措施,保障航道建设、养护资金投入,支持和鼓励内河航道的开发、利用。2003 年,调整内河航运管理、建设和投融资体制,加大财政投入,一批内河航运建设项目相继开工并投入运营。2005 年 1 月,交通部、上海市政府批复同意《上海市内河航运发展规划(修编)》,将内河运输的功能定位为上海国际航运中心集疏运体系的重要组成部分,上海高等级内河航道建设全面启动。

“十一五”期间(2006—2010 年),上海高等级内河航道建设项目被列入交通部与沿江七省二市共同制定的国家“长江黄金水道建设”总体推进方案,重点推进启动大芦线、赵家沟、苏申内港线、杭申线等航道工程,使内河集装箱运输网络与江苏、浙江两省对接,与外高桥和洋山港区联通。为加强对内河航道建设领导,2009 年 11 月,成立上海内河航道建设指挥部,副市长沈骏担任总指挥。截至 2010 年底,苏申内港线、赵家沟等航道工程相继竣工,内河航运条件改善,适应了船舶大型化趋势和内河航运由大宗建材为主向综合物流及沿江、沿河、临港产业复合功能转型。

三、航运服务体系建设

90 年代中后期,市政府贯彻建设上海国际航运中心的国家战略,吸引海外船公司特别是著名大公司进驻上海。至 1995 年 7 月,有 7 家外国(地区)著名船公司在沪开设独资子(分)公司,78 家外国(地区)船公司在沪设立办事处。1997 年 7 月,由上海、广州、大连海运(集团)公司等组建的国家级大型航运企业集团——中国海运(集团)总公司在沪成立。同年 12 月,中国远洋运输(集团)总公司集装箱运输总部(简称“中集总部”)由北京迁至上海。1998 年 1 月,由中集总部组建的中远集装箱运输有限公司在沪成立,其拥有和经营的集装箱船舶总载箱量位列全球第五位。

1994 年下半年,市政府积极争取将加快培育航运交易市场列入交通部试点并获批准,“加快组建上海航运交易所”列入“九五”规划。1996 年 11 月 28 日,国家级的航运市场——上海航运交易所正式开业。1998 年 8 月,市政府支持航运所积极配合口岸“大通关”改革试点,组建上海国际航运服务中心,将涉及航运有关的港、航、货、代企业及海关、商检、边防、金融保险、法律咨询等单位引入集中办公,为会员企业提供“集中、便利、经济、高效”的“一门式”服务。此后,有关经验复制到全国各大口岸。1998 年起,上海航运交易所相继发布中国出口集装箱运价(CCFI)等多个运价指数。2009 年起,相继推出国际集装箱班轮等运价备案制度。2010 年起,“中国船舶交易信息平台”接受全国各船舶交易市场的成交信息报送,进行重点船舶交易公示,并首创运价衍生品的集中交易平台。

1999 年 11 月,市长徐匡迪在国际海事技术学术会议上讲话,明确上海将在 2010 年初步确立国际航运中心的地位。为此,上海着力完善国际航运中心的软环境,进一步加大国际海事服务业的对外开放力度,围绕加强海事法规建设,营造公正、公平、公开的海事商务环境,依法保护各种国际海事商务活动的顺利进行。加强国际航运信息系统的建设,提高国际海事商务活动的信息化水平,完善上海航运交易所的功能、服务领域和范围,逐步向国际航运信息中心的方向发展。同时,大力发展国际海事咨询、金融、保险、中介、法律服务等海事服务业。

2001 年 10 月,针对周边港口的激烈竞争,副市长韩正牵头研究改善和优化上海港口岸集装箱运输的服务环境，要求各有关部门和单位适应卖方市场特点，促进集装箱吞吐量增长，调动船公司积极性，改善港口软件和硬件设施。

2006 年 1 月，市长韩正在《政府工作报告》中提出，“十一五”时期（2006—2010 年）上海要实现航运中心建设的新突破。2008 年 8 月，韩正向市人大通报热点问题时指出，推进上海国际航运中心建设，重点是完善优化集疏运和现代航运服务“两个体系”。现代航运服务体系主要发展多种航运融资方式，大力发展航运金融服务，优化航运金融服务发展环境，加强航运市场体系建设。

2009 年 5 月，市政府对加快推进国际航运中心建设提出实施意见。“十一五”后期，上海全方位开展现代航运服务体系建设，航运服务产业初步集聚，有 1 000 余家各种资本类型的国际海上运输及辅助单位在上海开展经营活动；全球九大船级社①均在上海开设了办事处、代表处；上海国际航运研究中心、上海海事仲裁院、上海国际航运仲裁院、中国国际集装箱班轮运价备案中心、上海国际航运信息中心等机构相继成立。

第五节　航 空 运 输

1985 年 12 月，上海组建国内第一家自主经营国内航线干线客货运输的地方国营航空公司——上海航空公司（简称“上航”）。2002 年 10 月，上航成为国内唯一完成整体上市的航空企业，2010 年 2 月，上航与东方航空集团重组成功，向网络型航空公司转型。

1993 年 9 月，虹桥国际机场经国务院原则同意移交上海市管理。1994 年 9 月，市政府成立市空港管理委员会，副市长夏克强任主任；主要负责上海空港建设和管理的议事协调工作。1995 年，市政府提出重点建设以“三港两路”②为核心的现代化城市基础设施系统；1995—1996 年，进行虹桥机场国内候机楼扩建及机坪一、二期建设，改善使用条件和运行能力。1996 年 6 月，国务院、中央军委批复同意新建浦东国际机场和一期工程项目建议书。

“九五”期间（1996—2000 年），根据国家民航总局“以老带新、以老托大”要求，市政府以“完善虹桥、加快浦东”的发展思路，开创国内首个“一个城市、两个机场”的运营管理模式。1997 年 3 月，成立上海机场控股（集团）公司，对上海地区的民用航空机场实行统一管理，初步形成浦东、虹桥两个机场统一互补格局。1998 年，《上海市城市总体规划》中明确建成以浦东空港为主、虹桥空港为辅的组合型国际航空枢纽港。1998 年 5 月，机场管理体制进行重大调整，上海机场控股（集团）公司更名为上海机场（集团）有限公司，着眼长远发展，合理调配、使用资源及盘活资产存量，适应“一市两（机）场”格局。

2003 年，根据国家民航总局关于北京、上海、广州三地打造具有国际竞争力大型航空枢纽代表国家参与国际航空市场竞争的战略，市政府组织制定上海航空港枢纽规划，确定以“超越航空、超越上海”理念和浦东、虹桥两机场共同推进建设的发展战略。同年 8 月，市政府审议同意以浦东国际机场为主，将上海机场建成亚太地区国际航空枢纽港，并要求针对国际航空枢纽港建设软硬件以及体制机制方面存在的差距，改革管理体制。市政府与民航总局共同组成推进上海航空枢纽港建设联合领导小组（简称“联合领导小组”），市长韩正、国家民航总局局长杨元元担任组长。2004 年 11 月，联合领导小组通过《上海航空枢纽战略规划》，明确其功能定位为集本地运量集散功能、门户枢

① 全球九大船级社：印度、挪威、意大利、德国劳氏、美国、韩国、日本海事协会、英国劳氏、法国国际验船协会等船级社。

② “三港两路”：“三港”即国际集装箱枢纽港、亚太地区航空枢纽港、现代化信息港；“两路”即高速公路、高速铁路。

组功能、国内中转功能和国际中转功能为一体的大型复合枢纽。2009年9月,市政府批准上海机场集团有限公司开展沪港两地机场项目合作,引入国际一流的机场管理集团参与管理。

2003—2010年,上海进行大规模的机场设施建设。2005年6月,虹桥国际机场改扩建工程竣工。2010年3月,虹桥国际机场T2航站楼启用,虹桥综合交通枢纽东交通中心同步启用。2008年3月,浦东国际机场T2航站楼正式启用,同年8月第三条跑道投入运营。2010年,国内第一家公务机候机楼在虹桥机场建成;3月,浦东国际机场综合保税区(一期)封关运作。同年,浦东国际机场成为全球第一个同时吸引两大国际物流集成商建立地区级转运中心的机场。

"十一五"期间(2006—2010年),在国家有关部委的支持下,上海解决了航权资源、财税政策等制约航空枢纽港发展的瓶颈问题,共安排70亿元资金,用于机场硬件设施建设。2010年,设立专项资金,支持主要基地航空公司枢纽网络建设。上海世博会期间,浦东、虹桥两个机场实现了空中飞行能力较大幅度扩容。2006—2010年,上海地区飞机起降、旅客及货邮吞吐量三大指标年均复合增长率分别占全国175个机场总量的10%、12.7%和32.8%,国际旅客和货邮吞吐量分别占全国机场总量的1/3和2/3;浦东国际机场货邮吞吐量连续3年排名世界机场第三。

第六节　邮 政 电 信

一、邮政

上海解放初,市区有邮政支局23个、汽车行动邮局3个、邮亭14个。1949年5月,市军管会接管市邮政管理局。上海邮政通信指标从国民经济恢复时期起,比解放前有显著提高。"文化大革命"期间,邮政通信管理工作受到严重干扰,数个邮政局、所被关闭,通信事故时有发生。"文化大革命"结束后,通信业务秩序逐步趋于正常。

1978年3月,撤销上海市邮电管理局革命委员会,恢复上海邮电管理局名称,并实行以邮电部领导为主的部、市双重领导的管理体制。1979年,国家和市政府给予邮政行业"以邮养邮"等优惠政策。上海国内国际邮政特快专递业务、国内快件业务相继开办,邮政储蓄业务恢复办理。邮局与报社等单位开展早报投送"一条龙"服务,受到社会各界好评。

自1980年起,全市各邮电所由市政建设部门统筹安排,定点定面积建设。1984年,市通信建设领导小组成立。市通信建设领导小组会议先后决定:支持在市区增设零售网点,对零售报刊给予免税;郊县邮电局房建设纳入各郊县规划统一安排,对挂号邮件和印刷品收取地方附加费,专款专用发展邮政建设。1991年,市通信建设领导小组第八次会议决定解决邮政建设资金的问题。之后,恢复对给据邮件和汇票收取地方附加费;将邮电所的建造标准纳入居住区的公建配套和开发成本,无偿提供给邮电局用于邮政通信服务;在老市区,按照每个街道新建一个邮电所的规划,由市邮电局与有关区政府本着"互惠互利、优先提供、优先服务"的精神磋商解决。1998年起,市委、市政府大力支持邮政书报亭的建设发展。1999年元旦,全市1 012个东方书报亭正式对外营业。

1999年,根据国务院关于邮电分营的要求,在信息产业部的统一领导和部署下,成立上海市邮政局,将邮电管理体制改为邮电分营,由国家邮政局和上海市政府双重领导。市政府相继建成上海速递邮件处理中心、浦东邮件处理中心、浦东国际机场邮件转运站、上海南站邮件转运站等一批重点邮政枢纽。2001年,信报箱设置作为强制性标准纳入《上海市"十五"住宅设计标准》。2003年,《住宅信报箱标准图集》实施。

图 7-3-5　2007 年 2 月 26 日，上海市邮政公司成立挂牌，与上海市邮政管理局实施政企分开

2005 年 12 月 1 日，市政府根据《中华人民共和国邮政法》和《中华人民共和国邮政法实施细则》发布的《上海市邮政设施管理办法》施行。2006 年 9 月 6 日，根据国务院批准的《邮政体制改革方案》提出的“实行政企分开、改革邮政主业、改革邮政储蓄”的要求，成立上海市邮政管理局，由国家邮政局直接领导，对全市邮政企业、快递企业、邮政用品用具企业和集邮市场进行管理。上海市邮政局更名为“上海市邮政公司”，作为中国邮政集团公司垂直管理下的国有邮政企业运营。2007 年 2 月，市邮政管理局、上海市邮政公司挂牌。2008 年 1 月，上海市邮政储蓄银行挂牌成立。

2009 年 8 月，市政府下发《关于推进本市大型居住社区市政公建配套设施建设和管理若干意见的通知》，提出“邮政配套设施由邮政企业按成本价收购后及时开办”等配套政策。

2010 年 5 月，市政府办公厅转发市建交委、市发展改革委等十三部门《关于本市推动农村邮政物流发展的若干意见》，要求发展农村邮政服务，支持邮政企业开展农村物流分销。同年，市政府出台政策，对此后 5 年累计 750 辆普遍服务车辆新增额度免征车牌费。2010 年，上海邮政速递物流公司成立，普遍服务与竞争性业务实现了分业经营。

到 2010 年底，全市共有邮政支局和邮政所 593 个，报刊图书销售点 1 868 个，邮政信筒信箱 3 568 个，以及在社区、学校、商厦设立邮政综合服务亭(点)2 100 余个，邮政普遍服务网点实现全覆盖、全自办、全业务和全电子化，邮件实现妥投到户。全市邮政业收入(不含邮政银行直营收入)达 175.5 亿元，年均增长 20.3%；其中，快递服务实现收入 135.2 亿元，年均增长 25%以上。

二、电信

上海解放前夕，共有电话用户 6.78 万余户，“租界”和“华界”的电话分别经营，不能互通直拨。

上海解放后,市军管会接管上海电信局和国际电台。1957 年 1 月 1 日,经国务院批准,上海市邮电管理局成立,统一领导和经营上海市的邮电通信业务。"文化大革命"期间,成立上海市邮电管理局革命委员会,1968 年 2 月 22 日,对市邮电管理局实行军管。1978 年 3 月,撤销上海市邮电管理局革命委员会,恢复上海市邮电管理局名称,并实行以邮电部领导为主的部、市双重领导的管理体制。1979 年开始,国家和市政府实施"以话养话"等政策,对电信发展的资金投入不断增加,建设项目、建设规模逐年扩大。1984 年 7 月 16 日,在市长汪道涵和邮电部原部长、全国人大常委会副委员长朱学范的协调下,市政府和邮电部向国务院上报《关于加快上海通信建设的报告》,提出邮电部和市政府联合成立指挥机构进行建设;当月,国务院批复同意。

1994 年 6 月 14 日,市第十届人大常委会通过《关于修改〈上海市保护和发展邮电通信规定〉的决定》,对电信发展的规划和建设、电信设施的安全和保护、电信服务的监督与管理等进一步加以明确。1994 年 11 月和 1996 年 12 月,市政府先后发布《上海市公用电话管理办法》《上海市电信业务经营管理办法》等,对公用电话的设置、经营、管理、法律责任及电信业务的资质管理、经营管理、法律责任等作出明确规定。1995 年 1 月 28 日,市通信建设领导小组召开最后一次会议。该领导小组自 1984 年成立以来,先后审定了上海市"七五""八五"通信发展规划和"九五"发展目标等;落实了长途通信枢纽、郊县电话自动化、印度洋卫星地球站、中日海光缆、市话号码升 7 位等;制定了将市内电话市政附加捐返回用于电话建设、安排引进设备所需外汇额度、将邮电局所和电话局房管线建设列入新建住宅区的公建配套范围等各项优惠政策,对加快上海通信事业发展,发挥了重要的作用。1995 年 11 月 25 日,上海电话网使用 8 位号码制网,成为国内最大的城市电话网;电话交换程控化以及通信卫星、海底和陆地光缆及扩容得以发展或完善。1998 年,信息产业部成立后,将上海市邮电管理局经营的固网通信业务分离出去,使其成为纯粹的电信行业管理部门。

2000 年 11 月 13 日,经信息产业部批复,上海市通信管理局成立,替代市邮电管理局履行上海电信行业的管理职能。上海市通信管理局依据《中华人民共和国电信条例》赋予的管理职责,对本地区公用电信网、专用电信网实行统筹规划与行政管理。2001 年 6 月 4 日,市政府就市信息化办公室和市通信管理局职责分工问题召开专题会议,形成《市信息办和通管局职责分工问题的协调意见》,明确市通信管理局是国家明确的地方电信管理机构,负责本市电信行业的监督管理工作。

截至 2010 年底,经过三十多年的发展,上海电信服务主要业务从电报、长途电话和本地电话,逐步向电信增值业务及互联网业务发展。全市共有 33.8 万个网站主办者,共开办 38.1 万个网站;网站主办者和开办的网站数量在全国各省区市位列第五,开办的网站数占全国网站总数的 8.59%;获准经营移动信息服务的企业共 773 家,2010 年 12 月的短消息发送总量为 34 亿条,彩信发送总条数 1.4 亿条;在沪经营 IDC 业务①的企业有 20 家,经营 ISP 业务②的企业有 206 家;共有 151 家企业获准经营呼叫中心业务,总座席数超过 6 万个,明显高于全国平均水平;手机上网用户达到 1 355 万户,3G 用户达到 197 万户,IPTV 用户③达到 130 万户。全市固定电话用户 935.9 万户,普及率 48.7 线/百人;移动电话用户 2 361.6 万户,普及率 122.9 部/百人;互联网用户 1 239 万户,普及率 64.5%;互联网宽带接入用户 545 万户,普及率约 28%。

---

① IDC 业务:为互联网内容提供商(ICP)、企业、媒体和各类网站提供大规模、高质量、安全可靠的专业化服务器托管、空间租用、网络批发带宽以及 ASP、EC 等业务。

② ISP:互联网服务提供商,即向广大用户综合提供互联网接入业务、信息业务和增值业务的电信运营商。

③ IPTV:即交互式网络电视,是一种利用宽带网,集互联网、多媒体、通讯等技术于一体,向家庭用户提供包括数字电视在内的多种交互式服务的新技术。

第四章　房地产与建筑建材业

第一节　房 地 产 管 理

一、房产管理

【房产登记发证】

解放前，上海房屋产权在土地地籍资料中有简单的记录。解放后，上海市地政局办理土地登记时，地上有房屋的同时办理房屋所有权登记，发给收据。1950年6月，市政府公布《上海市房地产登记规则》，但未实施。

1980年10月，市房地局在长宁区江苏街道3个居民委员会区域内，对私有房屋进行产权登记试点。1982年2月，市房地局要求各区试点。1986年2月，城乡建设环境保护部下发《关于开展城镇房产产权登记、核发产权证工作的通知》。同年7月，上海在全市范围内开展房屋普查。1987年10月5日，市政府批转市房管局《关于本市开展城镇房屋产权登记核发产权证工作的报告》，决定按照街道（镇）分期分批开展房产登记发证工作；市政府建立上海市房产登记发证联席会议指导全市房产总登记业务。1988年、1989年，市房产登记发证办公室、市房管局先后发布《开展城镇房屋总登记的公告》《上海市城镇房屋产权登记暂行办法》。1992年7月，全市房产登记发证基本完成，共核发所有权证223 338本。登记房屋总面积19 954.2万平方米，公房发证率95%；私房合法产权证172 304本，房屋面积1 029.3万平方米，发证率为73.4%。1995年11月30日，市第十届人大常委会通过《上海市房地产登记条例》，在全国各省市中率先将《土地使用权证》与《房屋所有权证》两证合一，建立房地合一的上海房地产登记体制。

2002年10月31日，市人大常委会通过修订的《上海市房地产登记条例》。修订的《上海市房地产登记条例》创设预告登记、异议登记和更正登记等登记种类，并对房地产登记机构的分工、审查职责等内容作了调整完善；明确依法登记的房地产权利受法律保护，未经登记的房地产不得转让。2004年4月14日，市人大常委会通过《关于修改〈上海市房地产登记条例〉的决定》，对条例进行补充和完善。2006年7月20日，市政府下发《上海市城市地下空间建设用地审批和房地产登记试行规定的通知》，对地下建（构）筑物的房地产权利登记、测绘等进行规定，这是国内首个此项管理规定。为适应2007年3月16日通过的《中华人民共和国物权法》实施的需要，市人大常委会修订通过《上海市房地产登记条例》，对原《条例》中与《物权法》不一致的内容进行补充、修改和完善，并于2009年7月1日起施行。2010年，全市办理各类房地产登记124.68万件。

【私房与公房管理】

私房管理　对资本主义工商业实行社会主义改造前，全市私有房屋占房屋总数的60%，其中用于出租收益的1 935万平方米，占私房总数的70%。1956—1958年，通过公私合营和储存修理保养费两种方式，对私房出租实行社会主义改造，将市区1 403.5万平方米原私有出租房纳入国家直接经营管理的范畴。1965年，通过全面查漏，又补改造1 918户。“文化大革命”中，房主的自住房、改造时明确划留的房屋和改造起点以下的少量出租房以及华侨、侨眷、归侨的房屋，被勒令上缴或没收归公。

1980年5月，市政府批转市基本建设委、市政府侨务办《关于落实华侨私房政策的请示报告》，要求借用占用华侨、归侨、侨眷私房的单位做好私房清退。1981年11月，市委、市政府批转市委统战部、市基本建设委等部门《关于进一步落实私房政策的报告》，提出要一户一户地、一批一批地进行督促检查，占用的私房一律退还；借故拖延，顶住不办，或乘机要挟，不服从动迁的，予以严肃处理。1982年2月，市政府成立市落实私房政策领导小组，采取统建和单位自建两种办法，提供104万平方米建筑面积的新建住宅，用于清退被占的私房。1991年，该项工作基本完成。

1987年，上海城镇有私房2 060万平方米，占全市居住房屋面积的25%，私房住房40余万户。同年6月17日，市房产管理局印发《上海市私有居住房屋租赁管理暂行办法》，强调出租私有居住房屋必须是出租人自住有余的房屋，产权必须明确。2004年8月30日，市政府发布《上海市居住房屋租赁管理实施办法》，租赁实行属地管理。由于流动人口的不断增加，2007年整治“群租”被列入上海平安建设实事项目，并列入全市住宅小区综合管理三年行动计划的组成部分。截至2009年底，全市共整治“群租”1.1万多户，700多个住宅小区基本消除“群租”。2010年，市政府对《上海市居住房屋租赁管理实施办法》进行修订，按照综合管理和属地化管理的原则，进一步强化居住房屋租赁管理。

公房管理 1950年9月，市军管会发布《上海市公共房屋租赁暂行办法》。为保证政权机构用房，市军管会设立公共房屋分配(管理)委员会，由市长陈毅兼主任，检查各系统接管使用的房屋，以便统一管理和调配使用。50年代，为解决职工住处远离工作地点、交通不便的困难，市政府决定开展为这部分职工调整工作地点、调换住房的“两调”工作。

“文化大革命”期间住房欠债多，80年代住房更加紧缺，市政府再次建立“两调”协调联席会议制度和办公室，继续开展“两调”工作。1980年8月，市政府批准发布《上海市公有房屋租赁管理办法(试行)》。1986—1987年，市政府连续两年将“两调”工作列入为民办实事项目，路远职工的突出矛盾趋于缓和。1988年1月，市政府撤销市“两调”联席会议及办公室，将“两调”转交市劳动局、市人事局、市房产局，分别负责工人、干部调动和住房调换。

1990年4月，市人大常委会发布《上海市城镇公有房屋管理条例》，规定公有居住房屋承租人不得转租或变相转租；公有非居住房屋不得擅自转租或变相转租，经出租人同意，承租人可用房屋作为与其他企业、事业单位等联营的场所，重新签订租赁合同，以杜绝产生新的“二房东”。1991年1月，市政府发布《上海市公有房屋管理条例细则》，规定租用公房凭证中承租人一方保证遵守的事项为承租人和出租人双方各自遵守的事项，明确和加重了出租人的义务。1993年，市政府决定通过房屋置换，恢复外滩金融街功能，把这一区域建成上海中央商务区。1994年1月，市政府召开第一次外滩地区房屋置换联席会议。同年2月，市长黄菊在市十届人代会上作的《政府工作报告》中，要求“近期内要采用房屋置换，公开拍卖等各种形式，腾出机关用房，加快金融机构向外滩地区集中，并首先形成金融一条街”。8月23日，市政府印发《上海市外滩地区公有房屋置换暂行规定》；11月，市政府成立上海外滩房屋置换公司，负责外滩地区房屋置换；12月14日置换工作启动，首批18幢用于行政办公的昔日银行大楼向海内外各大金融机构、著名财团招商。至1998年底，外滩金融街的基本格局初步形成。

截至2010年底，市、区县直管公房尚有59万户，系统公房25万户，另有市、区县代管产、宗教产、私房落政代经租产等按照市政府规定的租金标准执行的房屋4万户，总计建筑面积3 989万平方米。其中,居住房屋 86.63 万户,建筑面积 3 551.77 万平方米。

【物业管理】

90 年代以前,公有房屋由政府建立的房管所管理,租金低,政府财政出资维修。1991 年,伴随着住房制度改革,上海逐步建立了新的房屋管理体制及物业管理行业。同年 11 月,上海第一家物业管理企业——沪港合资的安居乐物业管理公司成立。

1997 年 5 月 28 日,市人大常委会通过《上海市居住物业管理条例》,这是上海在物业管理方面第一个地方性法规。1997 年底,市区 167 个房管所全部转制为 99 家企业性质的物业管理公司。1998 年 8 月 4 日,市政府办公厅转发市房管局《关于加强本市居住物业实施意见》。2003 年 9 月 9 日,市政府发布《上海市实施〈物业管理条例〉的若干意见》。2004 年 8 月 19 日,市人大常委会发布《上海市住宅物业管理规定》;9 月 30 日,市政府批转市房管局《关于实施上海市住宅物业管理规定若干意见》。2007 年 6 月,市政府办公厅印发《上海市加强住宅小区综合管理三年行动计划(2007—2009 年)》。至此,市、区(县)、街道(乡镇)三级住宅小区综合管理联席会议制度基本建立,住宅小区综合管理协调机制形成。

截至 2010 年底,上海共有物业服务企业 2 427 家,各类物业面积 7.01 亿平方米。其中,居住类 4.27 亿平方米,占总量 61%;非居住类 2.7 亿平方米,占总量 39%。共有住宅小区 1.08 万余个。其中,商品房住宅小区 5 500 余个,占 51%;售后房和公房住宅小区近 5 300 个,占 49%。已经成立业主大会的小区 6 114 个,占符合成立条件的住宅小区总数的 83%。实施专业化物业管理的小区 7 817 个,项目覆盖率达 72.4%,面积覆盖率达 97%,管理物业类型已经覆盖到不动产管理的所有领域。

二、土地管理

80 年代以前,在计划经济体制下,国有土地的使用长期实行无偿无限期的行政划拨制度。1979 年,上海依据《中外合资经营企业法》,开始向外商投资企业征收土地使用费。80 年代,市政府着手研究土地使用制度改革。目标是在坚持土地公有制的前提下,实行土地所有权与使用权分离,逐步变土地无偿无限期使用为有偿有限期使用;土地使用权进入市场,为城市建设开辟资金来源。

【土地使用制度改革】

1986 年 7 月,市政府成立市土地批租领导小组。同年 10 月 30 日,市政府发布《上海市中外合资经营企业土地使用管理办法》,规定中外合资经营企业使用国有土地必须缴纳土地使用费,收费标准按照土地的用途和位置分为 5 类 10 级,每年每平方米最高缴纳 100 元,最低为 0.5 元;中外合作经营企业、外资企业使用国有土地参照此办法。该办法还规定,土地使用费收费标准的调整间隔不少于 3 年,每次调整的幅度不超过 30%。1987 年 11 月,市政府发布《上海市土地使用权有偿转让办法》,明确由市土地管理局与受让人签订出让合同,出让的最高年限居住用地 50 年,商业、旅馆、娱乐用地 40 年,工业、科技、文体、卫生、综合或其他用地 50 年;出让合同规定的使用期满,该地块的土地使用权及该地块上的建筑物和其他附着物即由市土地管理局同时无偿收回。1988 年 10 月,市政府发布《上海市土地使用权有偿转让房屋经营管理实施细则》《上海市土地使用权有偿转让房地产登记实施办法》,规定在土地使用权出让实施过程中,先后采用招标、协议、补地价和成片出让4种方式。1988年,上海将非农业用地的计划管理纳入市国民经济和社会发展计划体系。同年3月22日,上海第一次以国际招标的形式出让虹桥经济技术开发区26号地块的使用权,土地使用年限50年。11月1日,市政府发布实施《上海市土地使用权有偿转让办法》。

1990年3月28日,上海首次以协议方式,出让漕河泾的一块工业用地,基地面积4 272平方米,使用期限50年。同年10月30日,位于虹桥路的日航龙柏饭店首次以补地价方式取得土地使用权。日本日航投资株式会社补缴1 380.9万美元的土地出让金,取得日航龙柏2.19万余平方米50年的使用权。1991年6月22日,市政府以内部转账方式,向浦东新区陆家嘴金融贸易区、金桥出口加工区、外高桥保税区3个开发公司成片出让551公顷的土地使用权。1992年起,上海在控制全市土地批租供应总量,落实基础设施配套,确保动迁用房,搞好同群众生活密切相关的文化教育、商业网点、交通线路、医疗卫生等配套设施建设的基础上,在市中心推出批租土地,把曾经规划的23片棚户区中相对集中危房、棚户、简屋面积占50%以上的改造地段作为重点。1992年1月25日,卢湾区打浦桥斜三基地批租,海华房产有限公司出资2 300万美元,受让建造4幢31层高的外销商品房。1993年12月28日,市政府批准《上海市利用外资开发经营内销商品住宅暂行规定》,鼓励外商投资企业在危棚简屋、二级旧里集中的地区和须搬迁的“三废”工厂基地进行内销商品住宅开发。1994年,将存量经营性用地纳入计划管理。同年2月4日,市人大常委会通过《上海市实施〈中华人民共和国土地管理法〉办法》,将新增的商业、旅游、娱乐、金融、服务业、商品房等内资6类项目用地纳入有偿使用范围。

1995年8月,市政府发布《上海市利用外资开发经营内销商品住宅规定》。1999年,上海对农用地转用计划指标实行分类设置下达,实行指令性管理。同年5月,市政府发布《上海市国有土地使用权租赁暂行办法》,施行国有土地以一定年限出租给土地者,将一次性支付的出让金转变为分年支付土地租金的有偿使用方式。

2001年,上海施行内外销商品住房并轨,对境内外的企业、组织和个人推行统一的土地使用权出让招标、拍卖申报和公告制度。同年5月14日,市政府修改《上海市土地使用权出让办法》。7月1日,商业、旅游、娱乐、金融、服务业、商品房等项目的土地使用权出让,施行招标拍卖制度。11月,市政府印发《农村集体土地使用权流转试点意见》,在金山、松江等区县开展农用地和建设用地有偿、有期限流转试点改革。2004年6月,市政府发布《上海市土地储备办法》。同年10月,市政府发布《上海市土地储备办法实施细则》,明确储备范围、规划计划、储备补偿等具体事项。

2005年,市政府批转市房地局等三部门《农村集体征地留用地制度的暂行意见》,探索征地留用地制度。2007年1月1日起,上海停止协议出让工业地块,实施工业用地招拍挂制度和工业用地出让不低于国家工业出让最低标准制度。2008年3月1日,市政府印发《上海市土地交易市场管理办法》。2009年,全市实施土地出让预申请制度。同年,在闵行、松江等区县组织开展农村集体建设用地建设租赁房。2010年,在奉贤、松江等区县探索城乡建设用地增减挂钩政策与农民宅基地置换联动试点;在浦东新区合庆镇益民村等6个村开展农村集体建设用地流转试点。

【土地征用与建设用地管理】

1978年改革开放以后,随着上海经济建设迅速发展,征地数量猛增。1980年10月,市政府发布《上海市基本建设征用土地管理办法(试行)》,规定基本建设征用生产队土地,公社、生产大队兴办社队企业等使用土地,以及社员建房使用土地,凡在10亩以上的,须经市规划建筑管理局审核后报市政府审批。1982年2月,市政府下发《关于严格控制征用郊县土地的紧急通知》,明确已下发的审批权限收归市政府。1986 年 1 月，市政府规定凡征用耕地、园地 1 000 亩以上的，由市土地管理局报市规划委员会、市农委审核后报市政府上报国务院审批。同年 6 月，市政府规定市区重要地区、路段的各项建设用地和市属单位用地，由市土地管理局审批。

1990 年起，市政府组织在郊县推行居住向城镇、工业向园区、农田向规模经营“三个集中”。1992 年，市政府发布《上海市建设用地管理办法》，明确建设用地征用主要选用空地、劣地、少用耕地，确需征用菜地随征随补。1992 年 5 月，市政府批转市建委《关于向区、县简政放权的若干意见》，明确建设用地审批的原则为总量控制、委托审批、两级政府两级管理，并对区、县政府的审批权限重新作了规定。市政府在向区、县放权的同时，要求有关职能部门对区、县建设用地进行检查，加强管理。1993 年 6 月，市政府同意市建委继续简政放权，规定浦东新区和南汇、松江、金山、青浦、奉贤、崇明区县的土地批租自行办理，出让金除 5%缴中央外，其余留给区县用于动迁、市政配套建设等；中心城 10 个区及近郊宝山、嘉定、闵行 3 个区仍按照 1992 年的规定办理。1994 年 2 月，市人大常委会通过《上海市实施〈中华人民共和国土地管理法〉办法》，对市、区县政府在建设用地和土地使用权出让方面的审批权限进一步作了具体规定。上海施行土地分级限额审批制度，县、远郊、近郊政府的占用耕地审批限额分别为 50 亩、30 亩、15 亩。1998 年，全市实行“总量控制、用途管理”和经营性用地计划管理。

1995 年，市政府组织在中心城区实施低效、闲置土地的“退二进三”①和存量建设用地二次开发。2001 年 1 月，上海由分级限额用地审批调整为用途管理和农用地转用、土地征收审批。2004 年，在土地预审阶段实施“批项目、核土地”制度，按用地定额标准控制用地规模。2007 年，市政府印发《上海市土地资源节约集约利用“十一五”规划》，明确实施用地总量控制、基础设施集约化利用等六大措施。2008 年，全市土地补偿标准划为 30 个区片、14 个等级。2009 年起，市发展改革委和市房地局牵头组织编制《上海市社会事业用地指南》，对全市 40 个国家公告开发区引入土地绩效评价。1993—2009 年，上海 5 次依发展和实际变化对征地土地补偿费、青苗补偿费附作物等的标准作出调整。

第二节　住宅建设与旧区改造

上海解放时，有 100 万职工及家属共 300 万人居住在简陋不堪、缺水少电的旧式里弄和棚户简屋地区，市区人均居住面积 3.4 平方米。解放后 50 年代至 60 年代初，市政府采取“重点建设，一般维持”的方针，在棚户简屋区建设市政公用设施，改善居住条件；同时，市委、市人委明确住宅建设贯彻“两条腿走路”的方针，既要新建住宅，又要对旧住宅进行改造，棚户简屋和危房的改造摆到了重要位置，逐步进入统一规划、成片改建阶段。“文化大革命”期间，住宅投资和竣工面积减少，仅对危险房屋作些零星改建。

一、住宅建设

1980 年，为解决市民住房困难，市长汪道涵多次召开座谈会，研究加快住宅建设。同年 3 月，市住宅工作会议召开，提出住宅建设与城市建设相结合、新区建设与旧区改造相结合、新建住宅与改造修缮旧房相结合的方针，鼓励企业和个人建房，改变原来由国家包下来的建房分房政策，并逐步

① “退二进三”：调整城市市区用地结构，减少工业企业用地比重，提高服务业用地比重。

推行住宅商品化。为保证配套建设资金,1987 年 10 月,市政府决定统一征收住宅建设配套费。1980—1990 年,全市共批准住宅建设征地约 3 892 万平方米(不包括郊县城镇),先后分 4 批,在中心城区边缘新辟了曲阳、彭浦、田林、梅陇新村、潍坊等 74 个居住区,完成住宅投资 157 亿元,新建住宅 4 574 万平方米。全市人均居住面积从 1979 年的 4.3 平方米,提高到 1990 年的 6.6 平方米。

图 7-4-1　1992 年,上海启动危棚简屋改造工程。至 2000 年,基本完成 365 万平方米危棚简屋改造,64 万户市民住进新居。图为改造后新建的中远两湾城

90 年代,上海出现房地产开发高潮。许多新居住区由于与住宅配套的市政公用和公共服务设施建设滞后,出现了居民出行难、购物难、就医难、就学难等。90 年代中期开始,市政府从规划、计划管理入手,推进完整街坊、示范居住区建设。具体抓好高起点规划、高水平设计、高质量建设、高标准管理"四高"小区建设。1995 年 12 月,市政府批准调整和提高住宅建设配套费的征收标准,每平方米从 1987 年的 95 元调整到 370 元。1996 年 1 月,市政府印发《上海市新建住宅配套建设和交付使用管理办法》,规定未达到配套交付使用要求的不予入户不得交易。同年,市政府将"完整街坊建设"列入市政府实事项目,并印发《全面建成住宅小区和完整街坊的审核标准》。新建住宅小区和街坊建设根据"谁开发,谁配套"的原则,配建满足入住居民的基本生活条件的市政公用和公建配套设施。

1997 年 3 月 21 日,市政府转发市建委、市住宅发展局拟订的《上海市开发建设示范居住区实施纲要》,提出按照"大众性、超前性、科学性、示范性"的要求,开发建设示范居住区。同年,成立由分管副市长任组长的市示范居住区开发建设领导小组。1999 年,按照市委、市政府提出的"不断提高人民生活质量"的要求,市建委、市住宅发展局对《上海市开发建设示范居住区实施纲要》作了修改,将经济适用房纳入示范居住区的建房规范中。

2000 年,全市开展创建"四高"优秀小区的工作。2005 年,创建"四高"优秀小区扩展到中低价动迁商品房、农民宅基地置换小区。2000—2010 年,全市创建的"四高"优秀小区共 718 个。

2006 年 9 月 30 日,市政府印发《上海市住房建设规划(2006—2010 年)》,提出坚持住房建设与资源环境承载力相协调,以"资源节约、环境友好"为导向,推进住宅产业现代化,降低资源和能源的

消耗，推动建设节能省地型住房。上海在住宅建设的每一个环节，从节能、节水、节地、节材到资源的综合利用，坚持推进科技进步，不仅在住宅建设的数量上，而且在总体质量上都上了一个台阶。

二、旧区改造

【危旧房成片改造】

1980年6月，市委、市政府要求对重要地段的棚户简屋分期分批进行成片改造。1983年11月，市政府提出，“市区旧房改造，也要突出重点，相对集中”“在安排好住宅、基础设施和公建配套的同时，要重视发挥城市综合功能的要求，建设比较完整的综合小区”。

80年代中期，市政府规划集中改造23片旧区。这23片旧居住区占地面积410公顷，涉及300多个街坊，需拆除危旧房屋330余万平方米。其中，危旧房集中地区有久耕里（虹口区）、药水弄（普陀区）、市民村（徐汇区）、西凌家宅（南市区）等。

1986年，市政府启动在“七五”期间（1986—1990年）搞二、三小片旧房综合改造试点。当年9月，首先选择南市区复兴东路地区、虹口区嘉兴街道和静安区张家宅街道进行旧房综合改造试点。通过改造，这三个地方建筑面积由12.48万平方米增加到14.65万平方米，每户厨、卫独用。公共服务设施建筑面积由原来的36 731平方米增加到79 370平方米，绿化面积由131.646平方米增加到380.751平方米。

图7-4-2　卢湾区以上海近代石库门建筑为基础，开挖太平湖，兴建太平桥公园绿地，对旧房进行保护性改造，形成具有上海历史文化风貌、中西融合的新天地都市旅游区。图为改造后的新天地

1987 年 10 月,市区有危房 4 566 幢、8 673 户,建筑面积 190 303 平方米。市政府提出用 3 年时间,在 1990 年底基本完成"解危"目标。此期间,全市共拆除、改造旧居住房屋 577.6 万平方米,其中棚户、简屋 123.1 万平方米。

【"365 危棚简屋"改造】

90 年代初,市区还有 1 500 多万平方米二级旧式里弄以下旧住房,其中成片危房、棚户、简屋 365 万平方米(简称"365 危棚简屋")。1991 年 3 月,市委、市政府召开住宅建设工作会议,决定按照疏解的原则,改造危房、棚户、简屋,动员居民迁到新区去,旧式里弄通过逐步疏解,改造成具有独立厨房、厕所的成套住宅,以改善居民的居住条件。1992 年中共市第六次党代会提出,到 20 世纪末完成市区 365 万平方米危棚简屋改造,住宅成套率达到 70%的目标,并确定 63 个地段作为重点改造基地。

1992 年 1 月 25 日,市土地管理局与上海海华房产有限公司签订第一号《土地使用权出让合同》,将位于原卢湾区打浦桥斜三地块中 19 790 平方米使用权有偿转让给该公司,建设海华小区,成为上海第一块毛地批租的开发外销商品房的项目,开创了改革开放后吸引外资进行旧区改造的先河。同年 4 月和 9 月,市长黄菊两次召开土地批租工作座谈会,进一步提出市区批租以危房、棚户、简屋以及一级以下旧式里弄集中的地块为主,要求从土地批租中探索出一条利用国内外资金加快旧区改造的路子。当年,共批租土地 116 幅,拆除危房、棚户、简屋 54.56 万平方米,3.1 万户居民迁入新居,形成浦西市区土地批租以旧房改造为主的格局。

1996 年起,市政府连续 3 年将旧住房成套改造列入市政府实事项目。1997 年 3 月 13 日,市政府批转市房地局《关于加快旧住房成套改造的实施意见》,并建立由市政府分管副秘书长牵头,市计委、市建委、市规划局、市公用局、市政工程局、市住宅发展局、市供电局、市邮电局、市房地局和各区县政府参加的市旧住房成套改造联席会议。

从 1998 年起,市政府连续 3 年将"365 危棚简屋"改造列为市政府实事项目。1998 年 5 月,市政府印发《关于促进本市住宅产业健康发展的若干意见》和《关于加快中心城区危棚简屋改造的试行办法》,鼓励大企业集团、市区土地发展中心、房地产开发公司和"三资"企业利用空置住宅参与危棚简屋改造,规定销售用于危棚简屋居民动迁安置的空置商品住宅,所缴纳的营业税可由同级财政予以返还。年内,全市实际消化空置商品住宅面积 138.04 万平方米,同时完成 48.99 万平方米危棚简屋拆除任务。至此,全市"365 危棚简屋"改造完成 79%。

1998 年 8 月 25 日,市政府发布《加快本市中心城区危棚简屋改造的实施办法》。1991—2000 年 10 年中,财政先后补贴 10 亿元,共拆除房屋面积 3 223 万平方米(含非居住),动迁居民 67.4 万户。其中,改造包括"365 危棚简屋"在内的二级旧里以下房屋 1 200 余万平方米,受益居民约 48 万户;城镇居民人均居住面积达到 11.8 平方米。至 2000 年底,成套率提高到 74%。全市 19 个区县还有旧里以下的旧房及不成套住宅总建筑面积为 3 068.7 万平方米,保护性改造建筑总建筑面积为 1 019 万平方米,全市整街坊、成片改造地块总数 941 块,需成套改造的旧房总量为 353.7 万平方米。

【新一轮旧区改造】

2000 年 12 月 26 日,市政府召开推进新一轮旧区改造工作座谈会。新一轮旧区改造采取拆、改、留并举的方法,拆除二级旧里以下为主的旧住房,对质量较好的不成套旧房进行成套率改造,对优秀历史建筑和具有历史文化价值的房屋进行保留保护改造。同时,选择适量的多层住宅进行"平改坡”[①]，并结合屋面水箱改建、外立面整治，完善住宅功能，美化城市景观。

2001—2002年，全市确认旧区改造地块共307块，但在推进中，动拆迁进展缓慢，旧区改造难度增大。2008年初，市委将《创新旧区改造机制、完善旧区改造政策调研课题总报告》列入市委重大调研课题，主管部门专门成立旧区改造推进小组。2009年2月，市政府印发《关于进一步推进本市旧区改造的若干意见》，实施旧区改造新机制。地块启动，实行事前征询制度；动迁补偿，实行“数砖头加套型保底”的办法；解决住房困难，实行与住房保障相衔接的办法；动迁安置，实行选择性的安置方式；动拆迁过程引入第三方参与模式。出台“数砖头加套型保底”为主要内容的《关于调整完善本市城市房屋拆迁补偿安置政策试点工作的意见》，并在黄浦、杨浦、卢湾、闸北等区进行试点。此期间，市房管局与市建交委发出《关于开展旧区改造事前征询制度试点工作的意见》；开展“创建规范拆迁示范点”活动，推进“房屋拆迁工作五项制度”（公示制度、信访接待制度、承诺制度、举报制度和监管制度），新开拆迁基地全面推进补偿安置结果公开，实现“阳光动迁”，大大加快了旧区改造速度。

2009年，上海推进“数砖头加套型保底”拆迁政策试点，不断完善拆迁补偿安置政策；加大旧区改造拆迁力度，推进旧改“事前征询制”和推进“阳光动迁”，实行拆迁补偿安置结果公开；全市共有在拆基地956块，共拆平基地419块，实际拆迁居民65 439户。实施多层旧住房综合整治4 702万平方米，竣工4 454万平方米；实施高层旧住房综合整治1 510万平方米，竣工1 297万平方米；清洁重点范围、路段、区域建筑外立面9 771万平方米，竣工9 514万平方米。全面完成修整风貌历史建筑600天行动计划，徐汇区武康路和卢湾区田子坊、思南路完成成片保护改造，虹口区犹太难民纪念馆、徐汇区武康大楼、静安区静安别墅、卢湾区南昌大楼、闸北区原福新面粉厂等整治项目体现“修旧如故”原则。

2001—2010年，结合上海世博会主展区的动迁，全市共改造拆除旧房8 000万平方米（含非居住），拆除二级旧里和危房简屋1 043多万平方米左右，使受益居民46.5万户。截至2010年底，上海城镇房屋面积共93 591万平方米，其中居住房屋建筑面积52 639万平方米；城镇居民人均住房建筑面积34.6平方米，住宅成套率达95.8%。

第三节　房地产市场发展与调控

一、房地产市场发展

在计划经济体制下，土地由行政划拨，无偿、无限期使用；住房由国家统建、统配，只收象征性的租金；房地产业转化成为不赢利的、以保障社会住房需要为职能的房地产部门管理。随着土地使用制度改革、住房制度改革以及房地产管理体制改革，房地产市场逐步发展。

1978年7月，市革委会批转市外办、市财贸办《关于积极争取侨汇的请示报告》，同意“在市区每年新建工房中拨出一定比例的住房，供侨眷、归侨凭建筑侨汇购买或承租”，由此迈出住房商品化的第一步。1979年，上海开展一般商品住宅出售试点。80年代，放开私有房屋买卖。1982年11月，市政府作出《关于加快住宅建设若干问题的决定》，改革统建统分的住房建设体制，同时进行住房商品化探索。1984年起，侨汇房售房对象扩大到港、澳、台胞在上海市有常住户口的亲属或代理人，后包括上海市有支付能力的居民；侨汇房改称高标准内销商品住宅。1984—1987年，为一般商品

① 平改坡：指在建筑结构许可条件下，将多层住宅平屋面改建成坡屋顶，并对外立面进行整修粉饰，达到改善住宅性能和建筑物外观视觉效果的房屋修缮行为。

房出售扩大试点时期,并改为补贴出售方式,一般标准商品住房每平方米建筑面积出售基价为360元,职工承付价款不少于1/3,剩余部分由国家或企事业单位补贴。1988年之后,各企事业单位自建的住宅向职工按照优惠价出售,每平方米建筑面积售价为250元,称为优惠价房。

1986年,市政府作出《关于加强本市私有住房买卖管理工作的批复》,允许私有房屋转让给本市居民,征收私有房屋超标准费,并成立市、区县两级房产交易所。1988年3月8日,上海举办解放以来第一次房产公开拍卖会,共有88个单位(含个人)报名参加,其中有30多位个体经营户。首次拍卖的是两处位于市中心的沿街铺面房。

1992年,上海对原有的房地产开发经营政策进行调整,将各类商品房划分为内销商品房和外销商品房两大类,价格随行就市。1994年7月1日起,上海内销商品房实行预售许可证制度;8月1日起,外销商品房实行预售许可证制度。

1996年,市政府将已购公房提前上市交易,在长宁等区进行试点。同年8月25日,市政府批转市房地局等六部门《关于搞活本市房地产二、三级市场若干规定》,扩大新建内销商品房的买受对象,已购公房提前上市交易,降低房地产交易税费,购房可申报蓝印户口。1997年,已购公房提前上市交易逐步扩大至全市。同时,存量房买受对象也随新建内销商品房一并扩大至全国范围,卖旧房、买新房的房地产二三级市场联动机制逐步显现。1996—2003年8年间,全市存量房成交面积分别为82万平方米、155万平方米、315万平方米、510万平方米、778万平方米、1 422万平方米、1 790万平方米、2 306万平方米。1996—2002年间,外省市单位和个人累计购买上海商品房73 504套,占同期商品房交易11.5%,其中申报蓝印户口约4万套。1997年、1998年,市政府连续印发鼓励住房消费、消化空置商品房文件。1999年11月,市政府批转实施市房地局制订的《关于内销商品住房种类归并若干规定》。

2001年7月,市政府批转市计委等六部门《关于本市内外销商品住房并轨的若干意见》,在内销商品住房种类归并的基础上,实施内、外销商品住房的并轨,从而加快上海房地产市场对外开放。2002年,购房申报蓝印户口政策停止实施。11月,市人大常委会通过《上海市消费者权益保护条例》,首次把商品房纳入调整范围。2003年3月,经市政府同意,取消上海国有土地上的各类非居住房屋的租售对象限制。2004年,上海存量房交易面积首次超过新建商品房。

2006年8月,市政府批转市房地资源局制订的《上海市存量房经纪合同和交易合同网上备案办法》。2009年6月,上海存量房成交量为3.127 5万套,月度成交量首破3万套;11月成交3.243 2万套,一年内月度成交量再破3万套。2009年,成交面积为2 490.58万平方米,创下最高年度成交纪录。2009年,存量房成交均价逐月攀升,到11月已达1.379万元/平方米,创历史最高均价。

2010年,全市新建商品房屋销售套数16.39万套,面积1 698.7万平方米,金额2 175.9亿元;存量房成交套数20.25万套,面积1 966.7万平方米。

二、房地产市场调控

1993年6月,中共中央、国务院印发《关于当前经济情况和加强宏观调控意见》,加大房地产市场清理整顿力度。下半年,上海通过采取自查与检查相结合的方法,对全市1 300家房地产开发公司进行检查,被责令停业整顿和吊销营业执照的有4家。

2004年,针对房价快速上涨的情况,上海确立年度调控目标。同年2月,启动房地产预警预报指标体系。3月,市政府印发《上海商品房销售合同网上备案和登记办法》,全面实施新建商品房销售合同网上备案和登记;4月,禁止期房转让。

2005年3月初，上海调整个人售房的税收政策，对购房后居住不满1年出售的，按照差额征收5%的营业税及附加；4月，停止所有的转按揭办理；5月底，规定购房后居住不满2年出售的，按照全额征收5%的营业税及附加，居住满2年的免征营业税。同时，加大市场监管力度，规范房地产市场秩序。同年4月中旬至6月底，检查1.4万多家中介企业和门店、221个重点楼盘，对违规行为进行处理；推进房地产企业诚信建设，对4 600多家房地产开发企业、5 600家房地产经纪企业和1.3万多名执业经纪人建立信用档案。6月，市政府出台《关于当前加强房地产市场调控促进房地产市场持续健康的若干意见》，明确房地产市场调控"以居住为主、以市民消费为主、以普通商品住房为主"的原则，确定普通住房标准。

2006年7月，建设部、商务部等六部委印发《关于规范房地产市场外资准入和管理的意见》。上海确定操作口径，明确港澳台地区居民、华侨和在沪工作、学习时间超过一年的境外个人可以在上海购买一套自住商品住房，但不得购买非居住商品房；境外机构在境内设立的分支代表机构，可以根据实际需要，在上海购买自用非居住商品房，但不得购买商品住房。

2007年3—9月，中国人民银行先后进行5次加息；9月，上海对商品房预售的最小规模做出限制性规定。

2008年11月，上海将普通住房单价标准调整为总价标准，提高享受税收优惠政策的普通住房比例。2009年12月，国务院常务会议决定，个人住房转让营业税征免时限由2年恢复到5年。上海对个人将购买不足5年的非普通住房对外销售的，全额征收营业税。

2009年9月28日，市政府办公厅转发市住房保障房屋管理局制订的《市属配套商品房已安置房源回购试行办法》，明确已安置房源取得房地产权证不满5年需要转让的、已安置房源取得房地产权证满5年需要转让的，按照该试行办法的相关规定实施回购。回购房屋必须用于市重大工程、重点旧改项目动迁安置，并在动迁协议中明确安置用房的土地使用年限。回购房屋供应后，不受5年内不得交易的限制。

2010年1月，国务院办公厅下发《关于促进房地产市场平稳健康发展的通知》。同年4月，国务院下发《关于坚决遏制部分城市房价过快上涨的通知》，之后连续出台一系列房地产调控措施，上海坚决贯彻执行。具体包括，二套房贷款首付不低于40%(4月15日改为50%)；首套而且套型90平方米以上的家庭贷款，首付款比例不得低于房价的30%；商品房供应紧张的地区，商业银行根据风险，暂停发放购买第三套及以上住房的贷款。对不能够提供一年以上当地纳税证明或社会保险缴纳证明的非本地居民暂停发放购房贷款。同年7月，上海执行国家二套房贷认定标准，即"认房认贷认调查"；9月，实施"一房一价"审报、按审报价格销售的制度；10月，严格执行差别化信贷政策，提高贷款首付款比例和贷款利率；停止发放购买第三套及以上住房贷款；动迁安置房提前上市交易，由取得房地产权证5年调整为3年。

表7-4-1 1995—2010年上海市房地产开发统计表

年份	房地产开发投资额(亿元)	房地产开发住宅投资额(亿元)	房地产开发办公楼投资额(亿元)	房地产开发商业营业用房投资额(亿元)	房地产开发企业施工房屋面积(万平方米)	房地产开发企业竣工房屋面积(万平方米)	商品房均价(元/平方米)
1995	466.20	—	—	—	5 074.80	700.39	—
1996	657.79	—	—	—	6 005.46	1 207.86	—

(续表)

年份	房地产开发投资额(亿元)	房地产开发住宅投资额(亿元)	房地产开发办公楼投资额(亿元)	房地产开发商业营业用房投资额(亿元)	房地产开发企业施工房屋面积(万平方米)	房地产开发企业竣工房屋面积(万平方米)	商品房均价(元/平方米)
1997	614.23	—	—	—	5 343.20	1 465.98	—
1998	577.12	—	—	—	5 416.10	1 565.34	—
1999	514.83	324.49	81.26	60.42	5 083.18	1 468.62	3 422.00
2000	566.17	408.82	57.47	51.51	5 523.23	1 643.62	3 565.00
2001	630.73	439.17	26.22	62.70	5 986.18	1 791.36	3 866.00
2002	748.89	567.76	33.52	62.49	6 857.00	1 984.70	4 134.00
2003	901.24	676.28	66.67	67.82	8 267.51	2 491.84	5 118.00
2004	1 175.46	900.67	83.24	78.93	9 481.61	3 443.02	5 855.00
2005	1 246.86	920.84	102.18	102.61	10 462.39	3 095.74	6 842.00
2006	1 275.59	835.63	124.29	155.07	10 938.75	3 274.27	7 196.00
2007	1 307.53	837.53	157.51	158.94	10 766.72	3 380.12	8 361.00
2008	1 435.73	875.46	194.08	176.73	10 784.23	2 570.74	8 195.00
2009	1 462.07	918.68	187.93	184.61	9 949.45	2 104.98	12 840.00
2010	1 980.68	1 229.83	224.46	244.70	11 295.03	1 941.25	14 464.00

资料来源：国家统计局网站。

第四节 建筑建材业

一、建筑业管理

上海解放初，建筑施工项目列入国家基建投资，工程施工统一由政府机关层层分配下达，建筑材料由物资部门和建材供应单位按计划供应。建筑施工企业没有独立的经营职能，只有实施计划的施工管理职能。1956年后，建筑施工企业基本实现国有化。此后，各区、县又建立了一些集体所有制的施工企业。企业内部管理体制和管理职能，与国家的计划经济体制相适应。“文化大革命”中，企业生产秩序混乱，建筑工程建设处于徘徊不前的状态。

1977年11月，成立上海市基本建设委员会(简称“市基建委”)，负责全市城市建设和基本建设的管理工作。1978年3月，恢复成立隶属市基建委的市建筑工程局(简称“市建工局”)。1980年10月，市政府发布《上海市建筑管理办法(试行)》。1984年5月，市长汪道涵提出，建筑系统的改革要先行一步，建筑业的经营采取招投标、发包、承包的办法，建工系统以公司为独立的承包单位，主管局帮助组织协调。同月，市政府批转《关于本市国营建筑施工、勘察设计单位经济改革试行办法》。1984年7月，市建委成立上海市建设工程质量监督站。根据国务院发布的《关于改革建筑业和基本建设管理体制若干问题的暂行规定》，上海制定《上海市建设工程招标、投标试行办法》。1985年11

月，市政府发布《上海市国外设计施工单位承接建设工程管理规定》，将国外设计、施工单位经营活动纳入统一管理轨道。

1986年3月，针对建筑市场上出现的无证施工、越级承包、倒手转包、高估冒算、偷工减料、行贿受贿等违法违章现象，市政府召开整顿动员大会，并成立市整顿建筑市场领导小组，开展全市的清理整顿。同年4月，市基建委改名为"上海市建设委员会"(简称"市建委")。5月，成立市建筑工程安全监督站，并制定建筑工程质量和建筑施工安全监督等规章制度。1987年12月，市政府批转《关于今冬明春整顿建筑市场，打击基建中贪污、受贿、投机诈骗活动的意见》。1988年3月，市政府批转将市建工局改制为市建筑工程管理局(简称"市建管局")，市级层面的监督机构划转为市建管局管理。同年6月，市政府发布《上海市建设工程施工招标投标管理暂行办法》，并成立市建设工程招标投标管理办公室。11月，市建管局印发《建设工程质量监理程序》。同年，市建委将工程定额管理、工程质量监督、外省市建筑企业管理、整顿建筑市场、建筑施工安全监督和管理、建筑施工队伍管理体制改革等职责移交市建管局。从1989年起，各级质量监督机构对受监工程实施基础、结构、竣工"三步到位"验评。1991年后，随着建筑业体制改革，作为建筑业管理职能之一的质量安全监督也由市建管局逐步转到市建委。

1991年9月，市政府办公厅发出《关于增强本市国营建筑企业活力问题的通知》，鼓励建筑企业"一业为主，多种经营"，压缩使用外包工和外发包费用开支，严禁层层转包。同月，市政府办公厅发出《关于改进建筑行业管理问题的通知》，将建筑行业中综合性强、带有全局性的管理职能交由市建委行使；市建管局行使建筑施工的行业管理职能。1992年，市建委设立市建设工程质量监督总站。同年10月，市人大常委会通过《上海市建筑市场管理条例》，进一步规范建筑市场的运行。1993年11月，市政府决定将市建筑工程管理局改制为上海建工(集团)总公司。上海建工集团、城建集团、住总集团等先后与政府脱钩，企业成为市场的主体。1994年，市建设工程质量监督总站增挂市建设工程安全监督总站牌子；各专业局设监督站，区县设监督分站。1994年12月，市政府发布《上海市建设工程质量监督管理办法》(1997年12月修订)，并以此为依据，制定规章制度和技术文件。同期，建立建设监理制度，形成"政府监督，社会监理，企业自控"的建筑工程质量管理体系。

1996年11月，市政府同意成立市建设工程交易管理中心，实现建筑市场"从无形到有形，从无序到有序，从隐蔽到公开"的转变，进一步规范建筑市场的运作。12月，市政府印发《上海市建设工程承发包管理办法》(2010年10月修订)。1998年，针对上海多层住宅不均匀沉降、屋面渗漏、楼面地面开裂等突出问题，市建委印发《关于提高本市住宅工程质量的若干暂行规定》《施工现场安全生产保证体系》和《上海市建筑事故企业安全生产管理考核暂行办法》，对管理职责、安全生产保证体系，事故隐患的控制、纠正和预防措施等作出规定。1999年，依据《上海市建筑市场管理条例》，市建委制定《关于进一步加强上海市建设工程施工招投标管理的若干规定(试行)》。

2000年8月，市政府决定，市建委与市市政管理委员会办公室合并，设置市建设和管理委员会(简称"市建管委")。2001年初，根据国务院和建设部的统一部署，上海正式实施建筑工程竣工备案制度和建设工程施工图设计文件审查制度。随着建筑业体制改革，市工程质量监督总站和市建设工程安全监督总站更名为"市工程安全质量监督总站"。2002年初，市政府将市建管办所属10个事业单位调整精简为市建设工程招标投标管理办公室、市建设工程安全质量监督总站、市建筑材料质量监督站、市建设工程资质和资格管理办公室、市建设工程标准定额管理总站、市建筑材料发展应用管理办公室等6个具有管理职能的事业单位。2004年7月，贯彻《中华人民共和国行政许可法》，上海取消外省市建筑业企业进沪许可制度；同时，实施《上海市在沪建筑业企业诚信手册使用办法》,建立健全在沪建筑业企业诚信档案。2005 年 1 月,市政府同意市建管委更名为市建设和交通委员会(简称"市建交委")。下半年,市建交委将建筑市场 6 家管理单位整合为市建筑建材业受理服务中心、市建筑建材业市场管理总站、市建设工程安全质量监督总站。2005 年 10 月,贯彻国务院颁布的《建设工程安全生产管理条例》,市建设工程安全质量监督总站和市建筑材料质量监督站合并,成立新的市建筑工程安全质量监督总站。

2006 年 2 月,根据国家招标投标法规定,上海将监管工程设备监理招投标纳入建设工程管理流程。同年,上海推行建筑建材业受理"一门式""一体化"和"一网通"改革。2007 年开始,逐步推行网上招投标和网络信用体系建设。

二、建材业管理

解放初,上海只有水泥厂 2 家、砖瓦厂 4 家以及少量生产石灰、石棉瓦、纸胎油毡等产品的建材厂,不少企业被迫歇业。市政府积极扶持建材业发展。1950 年 11 月,国家对水泥实行"统购统销",以后又对玻璃、砖瓦等"定产定销"。"文化大革命"结束后,上海经济发展和城市建设加快,建材供需矛盾突出。1977 年 10 月,市革委会成立市建筑材料工业管理局,负责上海建材工业的规划和管理。

80 年代初,上海住宅建设增多,建材产品紧缺。1982 年 8 月,市政府作出《关于加快住宅建设若干问题的决定》,确定"建筑业和建材业应该成为国家经济发展的一大支柱"。《决定》要求有关部门充分利用工业废渣,大力发展建材工业,财政部门在价格和税收政策上给予扶植,并下决心兴建、改建或从国外引进一批先进技术项目,加强对新型建筑材料、墙体材料、装饰材料和涂料的研究和试制,尽快地改变建材工业的产品结构。1983 年,市政府成立市建材工业规划领导小组,负责建材业重点建设项目决策和政策研究。1984 年,市政府建立建材统筹发展基金,市财政、税务、金融、物价、劳动等部门提出了扶持建材业发展的措施。同年,市建筑材料及构件质量监督站成立,负责对水泥和水泥制品等 100 多个建材产品的质量进行检测。为保护生态环境、节约资源,市政府鼓励大力发展新型墙体材料,推广水泥散装化。1985 年 8 月,市政府批转市建材局《关于加快发展本市散装水泥的意见》。同年,成立市散装水泥办公室。1986 年 7 月,市政府要求市建材局将经营管理权全部下放给企业,上海的建材企业逐步走向市场。1987 年 4 月,市政府发布《上海市粉煤灰综合利用管理暂行办法》,鼓励开发、使用粉煤灰水泥、粉煤灰墙体材料等制品。1989 年,成立市粉煤灰开发利用协调小组。

进入 90 年代,上海建材业吸引外资,引进先进技术和设备,技术改造步伐不断加快。1990 年 1 月,市政府发布《上海市鼓励发展新型墙体材料管理办法》,并先后成立市发展新型墙体材料协调小组和上海市发展新型墙体材料办公室,负责组织实施全市新型墙体材料发展工作。同年 3 月,市政府发布《上海市散装水泥管理办法》,从资金、物资、税收等方面鼓励发展散装水泥,限制使用包装水泥。同年,市政府发布《上海市鼓励发展新型墙体材料管理规定》,鼓励充分利用工业废渣和长江粉细沙等资源,发展新型墙体材料,限制生产和使用实心黏土砖,达到节土、节能的目的。1993 年底,市政府决定将市建材局改制为上海建材(集团)总公司,其行政管理职能由设在市建委的市建材业管理办公室承担。改制后,变原有的行政隶属关系为新型的资产纽带关系,实行以国有资产保值、增值为中心的资产经营责任制。1994 年 10 月,市重大工程——上海水泥厂日产 2 000 吨窑外分解干法水泥生产线技改项目建成投产,使该厂年生产能力达到 125 万吨,改变了沪产高标号水泥常年紧缺的状况。此期间，多种新型防水涂料、装饰材料、卫生洁具也相继投入生产。1995年，市建委批准施行《上海市粉煤灰综合利用管理规定》。1996年1月，市粉煤灰综合利用办公室成立。同年，市建材业质量监督管理中心成立。

从1996年开始，上海在建设工程中，推广应用塑料排水管雨水管、塑料给水管、埋地塑料排水管、新型建筑防水材料、建筑涂料、塑料门窗。1997年，上海全面淘汰铸铁管，推广应用UPVC排水管、雨水管。1999年11月，市人大常委会通过《上海市建设工程材料管理条例》，依法加强对建材市场及建材产品的管理，禁止销售和使用耗能和伪劣建材。

2000年10月，市政府发布《上海市禁止和限制使用黏土砖管理暂行办法》。2002年，市政府同意将市散装水泥办公室、市墙体材料办公室、市粉煤灰利用办公室等机构合一，组建市建筑材料发展应用管理办公室。同年，市建材业质量监督管理中心更名为"市建筑材料质量监督站"。2010年，上海墙材生产量53.44亿标砖，其中新型墙材生产量52.32亿标砖；水泥用量2 289.26万吨，散装水泥使用率达80.45%；燃煤电厂粉煤灰综合利用528.14万吨，利用率95.01%。

第五章　环境保护与治理

第一节　环境与生态保护

上海解放前，居住区与工业区混杂，加上租界分割，对环境污染不能统一治理。解放后，集中力量进行工业化建设，却对环境保护认识不足，工业生产和人民生活产生的废弃物越积越多，大大超过环境的自净能力。从50年代末开始，黄浦江水质受到轻度污染，水生生物逐渐减少；60年代后，污染日益加剧，夏季出现"黑臭"。70年代，城市噪声成为新的污染。城市快速发展，带来各种水、大气、噪声等污染，生态环境恶化成为影响上海经济社会发展的突出问题。改革开放后，成立市环境保护局，积极探索环境管理的新体制和新机制。1991年以后，上海持续加大对环保的投入力度。特别是从2000年起，设立环境保护和建设协调推进委员会机制，以环保三年行动计划、污染减排、迎世博环境整治等为抓手，紧扣水、大气等突出环境问题，逐步实现从点上污染治理到面上环境综合整治。上海努力实现环保战略转变，包括从加快还清历史欠账转向建设生态城市，从末端污染治理转向推进结构调整等源头防控，从中心城区转向城乡一体。到2010年，基本形成"政府主导、市场运作、全社会共同参与"的环境保护工作格局，主要污染物排放总量实现大幅下降，环境质量总体持续稳定改善。

一、环境保护管理

【体制建设】

1978年2月，市治理"三废"领导小组办公室改为市环境保护办公室。1979年3月，成立市环境保护局，对全市环境保护工作实施统一监督管理。至1990年，各区县相继成立环境保护局。2001年，上海深化区县政府机构改革，理顺环保分级管理体制，19个区县均设立独立的环保局。2009年7月，市环保局由市政府直属机构升格为市政府组成部门，增强了源头预防、控制污染、修复生态和落实减排目标等宏观管理职能。

在完善管理体制的同时，上海探索"大环保"管理机制。1991年10月，建立市城市环境综合整治联席会议制度，设置城市环境综合整治办公室，初步形成由市长统一领导、各部门分工负责、市民积极参与、环保部门统一监督管理的综合整治管理机制。2003年5月，成立由市长任主任、副市长任副主任，各委办局和区县政府为成员单位的上海市环境保护和环境建设协调推进委员会，市政府各有关职能部门分别牵头建立专项工作组，建立"责任明确、协调一致、有序高效、合力推进"的综合协调机制。

【环保执法】

进入80年代，上海环保法制建设的步伐加快。1980年，市政府发布《关于对企事业单位排放污染物实行收费和罚款的办法(试行)》。1983年，市政府发布《上海市防止新污染暂行办法》。1985年，市人大常委会通过上海市第一部地方环保法规《上海市黄浦江上游水源保护条例》，此后又通过了《上海市环境卫生管理条例》。1995 年 5 月，开始实施市人大常委会通过的《上海市环境保护条例》。“十五”期间(2001—2005 年)，市人大常委会于 2001 年 7 月通过《上海市实施〈中华人民共和国大气污染防治法〉办法》，2005 年 10 月修订《上海市环境保护条例》。此期间，市政府先后发布《上海市饮食服务业环境污染防治管理办法》《上海市实施〈中华人民共和国环境影响评价法〉办法》《上海市扬尘污染防治管理办法》《上海市禽畜养殖管理办法》等 7 个政府规章。“十一五”期间(2006—2010 年)，上海加快环保立法。2007 年 10 月，市人大常委会修订《上海市实施〈中华人民共和国大气污染防治法〉办法》，2009 年 12 月发布《上海市饮用水水源保护条例》等法规。市政府先后制定出台《上海市医疗废物处理环境污染防治规定》《上海市放射性污染防治若干规定》等规章，还颁布了机动车大气污染物、污水等地方污染物排放标准，使环境保护法律法规覆盖大气环境、水环境、固体废物、噪声、土壤、核与辐射等各个环境领域。

为加强环保执法力度，从 1986 年开始，上海采取普查、单位自查、区县突击检查和市政府联合检查等形式，在全市开展一年一度制度性的环保执法检查。1997 年，市政府对各区、县和有关部门执行《国务院关于环境保护若干问题的决定》进行检查，重点是检查浦东新区环境保护、桃浦地区环境综合整治、苏州河治理和污染严重企业等。2000 年起，环保执法以突击抽查和巡查相结合，重点聚焦污染事故和纠纷调处、“护考绿色行动”、建设项目防治污染设施与主体工程同时设计、同时施工、同时投产检查，以及炉窑冒黑烟、交通运输污染源、农业面源污染等检查。2003 年起，上海每年开展清理整顿不法排污企业保障群众健康专项环保行动，解决了一批群众反映强烈、举报和投诉集中的难点热点环境问题。通过对污染企业进行取缔或关闭、限期治理、经济处罚、违法曝光等惩罚措施，有力推动了全市的污染治理。

【环保规划】

80 年代初，市政府制定环境保护“六五”计划(1981—1985 年)，并将其纳入市国民经济和社会发展计划。1983 年开展“黄浦江污染综合防治规划方案研究”，市政府决定投入巨资，建设自来水上游引水工程、苏州河地区合流污水截流外排工程和黄浦江上游水源保护区重点污染源治理工程。“八五”期间(1991—1995 年)，编制环境保护“八五”计划、《上海市环境总体规划》《上海市城市环境综合整治规划》《浦东新区环境保护规划》《重点污染地区环境综合整治规划》等综合性、地区性和专业性环境规划。1993 年，市政府提出环境保护 3 年、8 年、18 年的“三个阶段、三个台阶”的环境保护目标，确定了到 1995 年，上海进入全国城市环境综合整治定量考核前 10 名的目标。此目标于 1994 年提前一年实现。1995 年，上海在全国城市环境综合整治定量考核的排名上升到第七名。1997 年，市政府批准《上海市环境保护“九五”计划和 2010 年远景目标》。

1999 年，市政府编制《上海市“两控区”①二氧化硫污染综合防治规划》和《上海市近岸海域环境功能区划》。2001 年，《上海市“十五”生态环境建设重点专项规划》《上海市水环境治理与保护规划暨“十五”计划》启动实施。2003 年，市政府批准实施《上海市“十五”大气环境保护规划》，提出“到 2005 年使上海大气环境质量的主要指标接近或达到发达国家同类型特大城市 20 世纪 90 年代后期的平均水平”的目标。2006 年，市政府批准《上海市畜禽养殖业布局规划(2003～2007)》，确定至 2007 年畜禽生产总量在 2003 年基础上调减 40％左右的目标。2006 年，市政府印发《上海市环境保护与生态建设“十一五”规划》，提出“到 2010 年，基本建成生态型城市框架体系，以良好的环境质量

① 两控区：酸雨控制区，二氧化硫污染控制区。

迎接上海世博会的召开”的环境保护目标。2010年,市政府印发《上海市主要饮用水水源保护区边界划定和调整专项规划》。

【环保三年行动计划】

1999年9月,市政府召开加强环境保护和建设工作会议,公布《上海市关于进一步加强环境保护和建设若干问题的决定》和《关于进一步加强上海市环境保护和建设若干问题的实施意见》,启动第一轮环保三年行动计划,并提出要力争通过若干个三年行动计划,把上海建设成生态型城市。

第一轮环保三年行动计划(2000—2002年),提出了“标本兼治、重在治本”的原则,重点解决面上环境污染问题,设置水环境治理、大气环境治理、固体废物处置、绿化建设、重点工业区环境综合整治等5个领域,共110个项目,总投入约340亿元。

第二轮环保三年行动计划(2003—2005年),提出了“四个有利于”的指导思想和“三重三评”工作原则,重点是全面推进环境基础设施建设,在原设置的5个领域的基础上,新增农业生态保护与建设领域,共计6个领域289个项目,总投入约660亿元。“四个有利于”,即有利于城市布局的优化,有利于产业结构的调整,有利于城市管理水平的提高,有利于市民生活质量的改善。“三重三评”,即重治本、重机制、重实效,社会评价、市民评判、数据评定。

第三轮环保三年行动计划(2006—2008年),提出了“加快还清环境污染历史欠账,大力推进生态型城市建设”的工作目标,突出“预防为主、标本兼治”的原则,除了继续强化环境基础设施建设外,着力推进重点领域污染治理和管理体制机制完善,新增了循环经济和清洁生产、农村环境保护、世博园区和崇明岛生态建设等内容,共256个项目,总投入约700亿元。

第四轮环保三年行动计划(2009—2011年),提出了“以人为本、治本为先、城乡一体、争创一流”的工作思路,把完成污染减排指标和世博环境保障作为中心任务,强调把环境保护作为转变经济发展方式的重要抓手和突破口,将循环经济和清洁生产单列为专项领域,并将固废专项领域拓展为固废和噪声领域,共计7个领域260个项目,总投入约700亿元。

四轮环保三年行动计划的实施,加快了上海建设资源节约型、环境友好型城市的步伐。

【环保投入】

环境保护投资主要用于老污染源的治理、新建项目“三同时”的环保投资、城市基础设施的建设、区域环境综合整治和环保部门的自身建设等。1990年起,市政府加大对环保的投入力度。1998年,全市环保投入资金首次突破百亿元。在第一轮环保三年行动计划(2000—2002年)中,明确全市每年的环保投入占GDP3%以上。上海环保投入逐年快速增加,2010年达到507.54亿元,占上海生产总值的比例一直在3%左右,在国内城市中保持领先。经过持续高强度的投入,有力地支持了一大批环境基础设施建设、生态建设和污染防治项目的实现,取得显著的成效。

表7-5-1 1998—2010年上海环保投资额统计表

年 份	环保投资(亿元)	所占GDP比例(%)	年 份	环保投资(亿元)	所占GDP比例(%)
1998	102.13	2.8	2001	152.93	3.1
1999	111.57	2.8	2002	162.39	3.0
2000	141.91	3.1	2003	191.53	3.1

（续表）

年　份	环保投资(亿元)	所占 GDP 比例(%)	年　份	环保投资(亿元)	所占 GDP 比例(%)
2004	225.37	3.0	2008	422.37	3.0
2005	281.18	3.0	2009	460.42	3.1
2006	310.85	2.9	2010	507.54	3.0
2007	366.12	2.9			

二、污染防治

【水污染防治】

上海的水污染防治主要包括黄浦江水源地、苏州河、中小河道整治和水环境基础设施建设等。80年代乡镇工业大发展，受上游水源地在内的大量工业废水和生活污水排放的影响，苏州河、黄浦江污染日趋严重。1985年，黄浦江水质恶化，全年黑臭期156天。1987年，市政府投资4.77亿元，建成黄浦江上游引水一期工程，使市区400万居民受益。此后，贯彻市人大常委会发布的《上海市黄浦江上游水源保护条例》，全市加强对水源保护区内的企业排污管理。80年代后期，市政府组织国内外专家对城市污水治理进行研究，完成《上海市区污水治理战略方案研究报告》，确立以集中处理外排和分散处理相结合的污水治理方针。1988年3月，成立苏州河合流污水治理工程指挥部，8月第一期工程开工，市委书记江泽民、市长朱镕基出席开工典礼，并分别题词，“决心把苏州河治理好”，“配套建设、保证质量，提高效益，彻底治好苏州河”。

1993年，投资16亿元的苏州河合流污水治理主体工程建成通水，设计截流污水量为170万吨/日。1996年，市政府成立市苏州河环境综合整治领导小组，印发《上海城市管理和环境建设三年目标的实施意见》，启动苏州河综合整治一期工程。同年11月，市政府下发《关于加强苏州河环境综合整治工作的通知》，提出把以苏州河治理为重点的全市河道整治列为今后三年城市管理和环境建设的“重中之重”。1997年，全市城镇污水处理厂有19座，污水处理量为247.4万立方米/日，污水处理率为32.1%。1998年，市政府成立市河道污染综合整治领导小组，制定中小河道污染综合整治工作计划，全面启动以“面清、岸洁、有绿”为目标的大规模河道整治。此后，开展近郊黑臭河道整治和郊区骨干河道整治。2000年后，上海加大投资力度，加快还清历史旧账，把环境基础设施建设作为城市建设的重点予以推进。按照中心城区集中处理、郊区相对集中处理的思路，通过实施环保三年行动计划水环境工程项目，建成了石洞口、白龙港、竹园第一污水处理厂以及一大批郊区城镇污水处理厂。其中，日处理能力200万立方米的白龙港污水处理厂是亚洲最大的城镇污水处理厂，基本实现了中心城建成区污水收集管网全覆盖、郊区镇镇有污水处理厂网覆盖。截至2005年，全面关闭水源保护区内规模化畜禽养殖场173座。2006年，又启动以镇村河道为主的“万河整治”行动，通过截污治污、生态治理、综合调水和建立长效管理机制等措施，切实推进水环境质量改善。至2008年，苏州河环境综合整治历经3期工程，总投资约140亿元，以苏州河为代表的中心城区河道基本消除黑臭。

2010年，长江口青草沙水源地建成，总投资170亿元，受益人口超过1 000万人，上海形成了黄浦江、长江“两江并举，多源互补”的原水供应格局。同年，黄浦江上游两侧200米水源涵养林基本

图 7-5-1 2008 年 10 月 8 日,亚洲规模最大、位于浦东新区合庆镇的白龙港污水处理厂建成

建成。至 2010 年,全市共整治河道 2.3 万多条段,长 1.7 万多公里,郊区大部分河道水质得到改善;全市共有城镇污水处理厂 53 个,污水处理量为 518.94 万立方米/日,城镇污水处理率为 81.9%。作为上海主要出境控制断面的黄浦江杨浦大桥断面水质显著改善,化学需氧量比 2000 年下降 53.7%,上海地表水质量得到持续改善。

【大气污染防治】

上海的大气污染防治主要包括煤烟型污染防治、扬尘污染防治和机动车污染防治等。1982—1986 年,全市开展了量大面广的炉窑灶改造,市区 12 个区、市区新扩大地域和郊县城镇全部建成"基本无黑烟区"。1986—1995 年,市区共建成"烟尘控制区"470.2 平方公里,覆盖率达 100%。90 年代中期起,机动车保有量快速增长,机动车尾气污染日益凸显。1996 年,上海推广机动车安装尾气净化装置;1997 年实行车用汽油无铅化,1998 年环境空气中铅浓度较上年同期下降 43%。1998 年,市政府成立以副市长韩正为组长的市机动车污染防治领导小组,编制防治规划,制定轻型车(新车)尾气污染物排放标准(相当于"国一标准"),加强公交柴油车"黑尾巴"整治,推广机动车液化石油气燃料。至 2000 年,通过控制燃煤含硫量和燃煤锅炉烟气脱硫治理,使二氧化硫排放量明显下降。

2000 年起,上海启动燃煤锅炉清洁能源替代。2002 年 6 月,全面启动"基本无燃煤区"和"无燃煤区"创建工作,并扩大"烟尘控制区"成果。2003 年 3 月起,上海市对新车提前实施国家机动车第二阶段排放标准(简称"国二标准",等效于欧盟Ⅱ标准)。2004 年 7 月起,市政府启动实施《上海市扬尘污染防治管理办法》,加强对建设工地、市政施工、道路保洁、散货堆场和渣土运输等过程的扬尘污染监督管理。2005 年起,实施燃煤电厂烟气脱硫工程。

2006 年,上海将扬尘污染控制工作纳入第三轮环保三年计划的重点任务,积极推进"扬尘污染控制区"创建工作。2006 年 2 月起,在中心城区对不能达到国一排放标准的高污染机动车辆实施限行措施。同年7月31日起，在公交、出租行业率先执行国家机动车第三阶段排放标准(简称“国三标准”，等效于欧盟Ⅲ标准)；截至2008年底，全市完成9 000多辆公交车和4.5万多辆出租车的更新，淘汰各类高污染机动车辆25万辆、燃油助动车50多万辆；共创建728平方公里“扬尘污染控制区”，有效降低了颗粒物污染。2009年8月起，高污染车辆限行扩大到中环。同年11月起，对在上海新注册登记牌证的所有轻型汽油车以及公交、环卫、邮政、市政建设用车，提前实施国家机动车第四阶段排放标准(简称“国四标准”，等效于欧盟Ⅳ标准)。

截至2010年底，上海对近6 000台燃煤设施实施了清洁能源替代，创建了682平方公里“基本无燃煤区”和3 892平方公里“烟尘控制区”，大幅度降低近地面污染排放。全市完成所有1 000余万千瓦燃煤电厂机组脱硫设施建设，关停78万千瓦中小燃煤机组。推进公交优先战略，加大轨道交通建设力度，开辟公交巴士专用道300公里，实施私车牌照定期定量拍卖制度严控私家车数量。通过“车、油、路”等多种管控措施，有效地控制了城区机动车尾气污染。此外，还通过推行集中联片供热、提高城市煤气化率、强化节能措施，对大气污染进行综合治理。监测数据显示，上海市二氧化硫、降尘等污染因子均持续改善，空气质量优良率逐年向好，环境空气质量优良率(API)从2000年的80.6%提高到2010年的92.1%，创近11年新高。

【噪声污染防治】

上海的噪声污染防治主要包括区域噪声防治、交通噪声防治等。1986年2月，市政府批转《固定源噪声污染控制管理办法》和《上海市区域环境噪声标准》，促进全市固定源“低噪声控制区”的建设。至1991年，全市146个街道全部建成“低噪声控制区”，共建立环境噪声达标区面积164.47平方公里，占城区面积的42.4%，使市区范围内的环境噪声在车辆保有量和建筑工地等污染源有较大幅度增加的情况下得到控制。1994年起，上海加强对机动车禁鸣喇叭的监督管理，中山环路内全天禁止机动车鸣喇叭，内环高架路和南北高架路设置防噪声隔离护墙。

“九五”期间(1996—2000年)，上海市的噪声达标区面积扩大到504.15平方公里，噪声达标区覆盖率为80.7%。“十五”期间(2001—2005年)，建筑施工噪声扰民得到一定的遏制。此期间，上海加快市政道路、高架道路和轨道交通建设，道路交通拥堵状况得到明显改善，但道路交通噪声仍未得到有效控制。社会生活噪声污染引起的矛盾呈缓慢上升趋势。2006年1月起，上海禁止燃油助动车上路行驶，改以燃气或电动车替代，使助动车噪声污染大幅下降，并采取机动车、非机动车禁鸣执法、禁止河道挂桨机船通航和对铁路机车限制鸣笛等管理措施。

至2010年，上海基本解决了工业噪声污染，“环境噪声达标区”面积达到1 068平方公里，共创建120个“安静居住小区”，创建面积1 192万平方米，受益群众约33万人；累计建成道路声屏障298.2公里，交通噪声总体保持稳定。

【工业污染防治】

上海的工业污染防治包括严格产业环境准入、污染防治和产业结构调整，以及重点区域环境综合整治。上海作为全国重要的工业基地，多年来形成一些工业集中区域。由于产业及能源结构不合理，工厂与居民住宅、学校、医院犬牙交错，一些工厂的生产设备和工艺落后，排放的废气、废水、噪声直接影响居民、学生和病员的身体健康，导致厂群矛盾突出。上海是开展环境影响评价工作比较早的地区，1979年，启动对新建的宝山钢铁总厂的环境影响评价。从80年代起，上海开始对新华路、和田路和桃浦、吴淞等工业重污染地区进行综合整治。1988年1月，市政府发布《上海市建设项目环境保护管理办法》,规范建设项目环境影响评价制度和环保设施“三同时”制度。“八五”期间(1991—1995年),上海工业污染防治由分散治理转向集中治理与分散治理相结合、由浓度控制转向总量控制与浓度控制相结合、由末端治理转向生产全过程控制,采取排污许可证管理和对污染企业实行关、停、并、转、迁并重,加快调整城市布局和产业结构。

“九五”期间(1996—2000年),全市实行污染物排放许可证制度,削减污染物排放量,实施总量控制,加快环境质量改善。2000年起,工业污染防治坚持中心城区“退二进三”和郊区“三个集中”战略,对中心城区重污染企业和行业实施大范围调整、转移、转性,加快推进工业向园区集中。新华路地区、和田路地区、桃浦地区分别于1994年、1995年、1997年摘掉严重污染地区的“帽子”。1998年,吴淞工业区整治工作开始启动,市政府成立吴淞工业区环境综合整治领导小组,确定分阶段治理目标和工作框架。2000年12月,市政府批准实施吴淞工业区环境综合整治《规划》和《实施计划纲要》。同年,桃浦工业区启动环境综合整治。

“十五”期间(2001—2005年),市政府先后投入巨资,开展重点工业区整治,带动传统产业结构升级和企业技术改造,改善区域环境质量,缓解厂群矛盾。2003年起,启动了规划环评试点工作,从规划与决策源头解决布局性、结构性污染问题,为城市发展提供科学合理的建议。2004年5月,市政府发布《上海市实施〈中华人民共和国环境影响评价法〉办法》,进一步细化建设项目环评要求。此后,上海市不断加强建设项目环境影响评价分级管理、公众参与、集体审查、信息公开等制度建设,制定并实施了“批项目、核总量”、区域限批、行业限批等管理手段,不断强化环境影响评价制度“控制闸”的作用,推进工业向工业园区集中、环境基础设施建设、污染物总量控制等重大战略的实施,从源头上预防和控制污染。2005年,市委、市政府提出“到2010年实现化学需氧量排放量比2005年削减15%、二氧化硫排放量比2005年削减26%”的目标。至2006年,桃浦工业区关停和治理污染企业21家,消除了工业区恶臭对周边环境的影响,使之从传统化工工业区转变为都市型工业区。此外,对吴淞工业区总投资约28亿元,调整和关闭污染严重的企业17家、生产线40条,治理重点污染源43个,烟粉尘排放量比整治前下降了66.8%,完成1 515户居民的动迁,使该工业区环境质量达到国内同类工业区先进水平。

“十一五”期间(2006—2010年),上海以结构调整和节能减排为重点,加快淘汰高污染、高能耗、技术工艺落后的企业,推动宝山大场、金山石化、塘外工业区等区域的产业结构调整和技术升级。全市累计淘汰企业3 000余家,着力推进产业发展从粗放型向集约型转变。2006年1月,市政府批准实施吴泾工业区环境综合整治《实施规划》。同年2月,上海焦化有限公司举行1号焦炉关停仪式,标志吴泾工业区环境综合整治全面启动。2006年,市政府作出《关于进一步加强节约能源工作的决定》。2007年6月,市政府决定成立由市长韩正担任组长的市节能减排工作领导小组,全面推进上海节能减排工作。同时,制定并实施《上海市节能减排工作实施方案》,强化污染减排目标责任制,建立工作推进机制和统计、监测与考核等制度,通过加强污染源头控制、污染企业结构调整、建设污水厂网和电厂脱硫等基础设施、出台污染减排激励政策等措施,使污染减排工作取得显著成效。2009年7月,正式实施《金山卫化工集中区域环境综合整治方案》。2010年,根据宝山南大地区(核心地带是祁连山路南大路)环境综合整治一揽子方案,建立市、区联动推进机制,启动污染企业关停和拆除违章建筑等工作。截至2010年,完成杭州湾化工石化集中区域环评以及上海化学工业区等50多个工业区和开发区发展规划的区域环评工作。吴泾工业区环境综合整治总投资46.35亿元,关停上海碳素厂、上海焦化有限公司4台焦炉等企业和生产线52项,完成污染源治理项目45项,动迁居民2 450户,污染物排放量大幅削减,大气主要指标达到国家二级标准。金山卫化工集中区动迁居民 3 044 户、关停企业 21 家，建成污水厂、集中供热系统等一批环境基础设施和污染源监控系统，区域环境质量趋于好转。污染减排方面，2010 年，全市化学需氧量排放量为 21.98 万吨，比 2005 年减排 27.71%（减排比例全国第一），完成“十一五”减排目标的 187%；二氧化硫排放量为 35.81 万吨，比 2005 年减排 30.2%（减排比例全国第二），完成“十一五”减排目标的 116.48%。

【农村污染防治】

主要包括畜禽污染防治、化肥农药控制、秸秆综合利用和村庄改造等。随着城市化逐步向农村延伸，农村环境保护压力凸显，主要的环境问题集中在粗放式农业生产、畜禽养殖和农村生活产生的污染。

“八五”期间（1991—1995 年），市政府安排大中型畜牧场畜粪治理项目 86 个，对控制郊区水环境恶化和改善黄浦江上游水源水质起到积极作用。90 年代起，上海强化对化肥、农药污染的控制。1995 年 3 月，市政府发布我国第一部防治畜禽污染的地方性规定《上海市畜禽污染防治暂行规定》。1999—2000 年，上海投资 1.52 亿元，用于关闭规模化畜禽场 36 家、治理 110 家，建设肥料厂 2 家。

“十五”期间（2001—2005 年），市政府要求基本关闭黄浦江水源保护区、城镇周边等禁养区内畜禽养殖场 259 家；配套建设郊区 5 个年总产量 9 万吨的有机肥处理中心，带动周边区域 86 家规模化畜禽牧场治理。

2001 年，上海推广水稻、二麦秸秆机械还田达 156.45 万亩，还田率为 54%。加快引导农民通过还田、制作有机肥辅料、制作食用菌培养基等方式，加强对秸秆进行综合利用。2003—2005 年，上海通过农业种植结构调整、推广使用有机肥、实行绿肥养地轮作休耕制度，削减 7 万吨化肥和 735 吨农药施用量。此后，滚动实施环保三年行动计划农业专项，开展 6 个千亩农业面源污染防治示范基地建设，有机肥、绿肥得到持续推广应用，化肥农药施用总量逐年下降。2007 年，上海启动郊区村庄改造项目，以完善农村基础设施、环境卫生整治、健全公共服务设施等公益事业为重点，开展了道路改造、河道疏浚、生活污水处理、宅前屋后环境整治、村庄绿化、公共服务场所建设等工作。

2010 年 4 月，市政府决定在上海世博会期间，禁止任何单位和个人在市内露天焚烧秸秆；各级农业、环保部门建立市、区县、乡镇、村组的四级巡查网络和队伍以及巡查机制，有效减少了秸秆焚烧现象。同年，上海市水稻、二麦秸秆机械化还田面积达到 198 万亩，还田率达到 79.5%。2009 年、2010 年，村庄改造被列入市政府实事项目。至 2010 年，全市完成村庄改造的行政村 349 个，受益农户 9 万余户，改善了农村基础设施条件和环境面貌。

三、生态保护

【野生动植物保护】

50—60 年代，上海郊区野生动物资源渐趋减少。为了保护上海地区的野生动物，根据国家规定，从 1982 年开始，上海每年 4 月上旬都要开展“爱鸟周”宣传教育活动。1986 年 4 月，成立上海野生动物保护协会。从 1991 年起，上海在每年冬季开展保护野生动物宣传月活动。1993 年 12 月，市政府发布《上海市重点保护野生动物名录》。1997—2000 年，上海开展野生动植物资源普查工作，市有关部门编写了《上海市陆生野生动物资源调查报告》《上海市国家重点保护野生植物资源调查报告》。2003 年 7 月，市政府下发《关于本市严禁非法猎捕和经营利用野生动物的意见》，明确相关部门职责分工和保障措施,建立市野生动物保护管理工作联席会议制度。2003—2010年底,上海开展陆生野生动物疫源疫病监测防控工作,全市建成5个国家级、20个市级和30多个区级野生动物疫源疫病监测站(点),1个市级和10个区级监测管理站,组建200余人的监测队伍,监测覆盖面积达900平方公里,国家和上海安排经费1 415.2万元,加强设施设备建设和监测防控工作,全市陆生野生动物疫源疫病监测防控体系基本形成,有效保障城市公共卫生安全。2008年,市政府明确9个中心城区的绿化管理部门为野生动物保护工作管理部门,完善了市、区(县)两级野生动植物及湿地保护管理体系。按照国家法律法规规定,上海依法建立健全野生动植物许可证管理制度,规范野生动植物资源利用,加大对破坏野生动植物资源违法犯罪行为的打击力度。至2010年,全市有4个自然保护区、1个禁猎区、12块野生动植物重要栖息地,约80%的野生动植物种群得到较好保护和管理。全市分布的陆生脊椎动物有460余种,其中国家重点保护野生动物有76种,地方重点保护野生动物有46种。全市分布的国家重点保护野生植物有天竺桂、香樟、舟山新木姜子3种,仅存在于金山三岛海洋生态自然保护区内。

【湿地保护】

上海的湿地保护工作起步于80年代中期。1991—2002年,上海相继建立金山三岛海洋生态自然保护区、崇明东滩鸟类自然保护区、九段沙湿地自然保护区和长江口中华鲟自然保护区,其中崇明东滩等3个保护区设置专门管理机构。2000年9月,崇明岛、长兴岛和横沙岛、金山三岛3处湿地列为国家重要湿地。2002年11月,崇明东滩列入国际重要湿地名录。2004年9月,市政府下发《关于加强本市湿地保护管理的通知》,规定建设项目占用自然湿地的要依法进行环境影响评价,有关区县要依法制止、打击各种破坏湿地的违法行为。2005年7月,国务院批准崇明东滩和九段沙湿地两个保护区为国家级自然保护区。同年开始,上海开展湿地保护立法前期调研工作,先后编写《上海湿地保护与利用现状的研究》《国内外湿地保护立法比较研究》,起草《上海湿地立法调研报告》和《上海湿地保护管理条例(草案)》。2007年9月,建立南汇东滩野生动物禁猎区。同年12月,市林业局与世界自然基金会在上海签署《关于上海湿地保护2007—2011年合作框架协议》。世界自然基金会还分别与青浦区政府、崇明东滩保护区就共建淀山湖湿地生态恢复工程、国家示范自然保护区签署5年合作备忘录。2007年起,崇明东滩湿地、青浦淀山湖湖滨带、浦东新区南汇东滩、崇明西沙湿地、市化学工业区、苏州河梦清园、炮台湾湿地、黄浦江后滩湿地等开展湿地生态治理与修复工作,总面积700余公顷。其中,崇明东滩湿地生态保育与修复示范区取得良好的治理效果,鸟类栖息数量和种类逐渐增多,记录到珍稀濒危鸟类鸳鸯和黑脸琵鹭等44种5 000余只。2008年2月,长江口中华鲟保护区入选国际重要湿地。至2010年,建成崇明西沙国家湿地公园、吴淞炮台湾湿地森林公园、东滩湿地公园以及南汇嘴观海公园、世博后滩公园、明珠湖公园等一批湿地公园,总面积约2 000公顷。2012年上海市第二次湿地资源调查结果显示:全市面积在5公顷及其以上的湿地2 983块,总面积为46.69万公顷(不含水稻田湿地),全市湿地保护率达25.76%。

第二节　园林绿化与林业

一、园林绿化管理体制

上海解放前,上海市工务局设园场管理处。解放初沿旧制,1956年市人委会设园林管理处。

1958 年，中央批准将江苏省 10 个县划入上海市，为郊区林业发展奠定了基础。1958—1962 年，市区行道树、街道绿地及大部分公园下放给各区管理。1960 年起，郊区林业生产交由市园林处管理，1963 年 3 月起，郊区林区划归市农业局负责管理。

1978 年，市园林管理处改制为市园林管理局，园林绿化重新纳入城市建设规划。市农业局负责全市林业建设管理。1979 年，建立市林业站，加强林果业、平原绿化和防护林建设。80 年代前期，市园林局直接管理全市大多数大、中型公园、市区主要干道的行道树及街道绿地及多个园林企事业单位。1982 年，成立市绿化委员会，推动义务植树活动，协调全市绿化工作。80 年代中期到 90 年代初，上海先后将行道树、街道绿地及大多数公园下放给各区管理，又把多数市属的园林企事业单位组建为上海园林（集团）公司，实行事权下放、政企分开。市园林局逐步把工作重心转移到宏观管理，以切实履行作为全市园林绿化行政主管部门的职责。1985 年，市林业站增挂上海市林业病虫防治检疫站的牌子，加强林业病虫测报防治和植物检疫工作。“七五”期间（1986—1990 年），市政府逐步向区县放权，园林绿化工作实行“统一规划、分区负责”的体制，将原市管公园的建设和管理权下放给区县。1997 年，市农业局更名为市农林局，主管全市种植业、林业。同年，上海划定沿海国家特殊保护林带，并设立 263 块保护标志，强化沿海基干林带的管理和保护。

2000 年，市园林局更名为市绿化管理局，上海园林绿化事业进入市区与郊区绿化同步协调、跨越式发展阶段。2004 年，市绿化、林业主管部门“撤二建一”，成立新的市绿化管理局（增挂市林业局牌子），全市园林绿化、林业行业围绕建设生态型城市目标，按照“绿林统筹、城郊一体”发展战略，构建城市森林绿地系统网络，推进中心城区公共绿地、市郊生态公益林建设。2008 年，成立市绿化和市容管理局（增挂市林业局、市城市管理行政执法局牌子），承担全市园林绿化、林业、市容环卫、城管执法的政府职责。

二、公园绿地建设

上海解放时，市区有公园 14 个，面积 66.5 万平方米，市区人均公共绿地为 0.16 平方米。1950—1952 年，全市新建 9 个公园，重建、扩建 2 个公园。1953—1957 年，辟建公园 15 个，新建街道绿地 27 处。1958—1959 年，全市新开发公园 14 个。1960 年后数年因国家经济困难，园林绿化建设处于低潮。50—60 年代，上海林业管理主要抓大规模植树造林后的林木管护工作，按照《农村人民公社工作条例（修正草案）》的规定，确定林木所有权，防止乱砍滥伐。“文化大革命”期间，上海园林和林业遭受破坏。截至 1976 年 10 月“文化大革命”结束，上海主要综合性绿地公园有黄浦、复兴、中山、人民、长风 5 个公园，区域性绿地公园主要有浦东、襄阳、天山等 15 座。

改革开放后，“六五”期间（1981—1985 年），上海新建、扩建彭浦公园、内江公园、宜川公园、长青公园、梅园等公园 13 个。“七五”期间（1986—1990 年），市政府逐步向区县放权，将人民公园、复兴公园、虹口公园、中山公园等原市管公园的建设和管理权下放给区县，调动起区县发展绿化的积极性，公园建设速度明显加快。到 1990 年底，全市公园数达到 83 个，面积增加 299.6 万平方米。

“八五”期间（1991—1995 年），上海城市园林绿化建设进入快车道。1993 年，市政府提出，在外环线外侧建设一条宽度 500 米，环绕市区的大型绿化带（即环城绿带），全长 98 公里，总面积 6 208 公顷，涉及浦东新区和闵行、嘉定、宝山、徐汇、长宁、普陀等 7 个区。1994 年，为市政府确定的环境保护年、城市绿化年，在中心城区建设 3 000 平方米以上公共绿地。1995 年，跨世纪绿化工程——外环线环城绿带启动建设。环城绿带分为 100 米林带、400 米绿带和主题公园三种类型。绿带形态为“长藤结瓜”式,“藤”以生态防护绿地(即100米林带和400米绿带)为主,围绕“藤”结的“瓜”,主要有上海滨江森林公园、顾村公园、闵行体育公园及华夏公园、金海湿地公园、高东生态园、黎安公园和闵行七宝文化公园等8个大型主题公园,总面积达900余公顷。

“九五”期间(1996—2000年),上海在1997年提出“点上绿化成景、线上绿化成荫、面上绿化成林、环上绿化成带”目标;1998年实施“大树引入城市”计划,让老百姓提前十年享受绿化成果,拉开中心城区园林绿化超常规发展序幕。世纪公园、黄兴公园等特大型公园绿地建成,提升区域环境质量,破墙透绿、垂直绿化、屋顶绿化等立体绿化弥补局部区域平面绿化不足。2000年,市委、市政府提出,结合重大市政工程建设、旧城区改造、产业结构调整和房地产开发辟建各类绿地。陆家嘴中心绿地、长寿公园、新虹桥中心花园、徐家汇公园、延安中路大型公共绿地、大宁灵石公园、上海古城公园等标志性公园绿地在中心城区相继建成,成为市中心“绿肺”。同时,市政府提出创建国家园林城市设想,在2—3年内,建成国家园林城市,把其作为民心工程、实事工程和基础工程。

“十五”期间(2001—2005年),2002年,全市开展“百万市民百万树”活动,倡导“人人为城市添绿,人人为城市美化作贡献”社会风气。2003年,创建国家园林城市主体工程被列为市重大工程项目“一号工程”。同年10月,建设部对上海创建国家园林城市工作进行全面考核、验收,考核指标全部优于达标值。2004年1月,在建设部召开的“2003年中国人居环境范例奖和国家园林城市颁奖大会”上,上海获得第七批“国家园林城市”称号及“国家园林城市”奖牌。2009年3月,通过建设部对上海国家园林城市复查。2005年起,上海对90年代以前建设的公园启动老公园改造工程,主要是完善功能布局、共享绿色空间、改造基础设施、提升文化内涵、丰富植物群落、改善景观品质等,并列入市政府实事项目。2001—2005年5年间,中心城区建成大批公共绿地,郊区建成大规模人工生态林,建成浦东新区、闵行区和金山区3个国家级园林城区及松江、嘉定、宝山、青浦、奉贤区等5个市级园林城区。上海城市园林绿化建设初具国际化大都市绿化网络系统和“环、楔、廊、园、林”全面发展格局。

图7-5-2 吴淞炮台湾湿地公园(2007年)

“十一五”期间(2006—2010 年)，结合筹办上海世博会，全市建成上海世博会配套公园——世博公园、后滩公园和白莲泾公园，完成老公园改造 53 个，推进街道绿地改造、旧居住区绿化调整及“春景秋色”示范工程。2006 年，环城绿带改名为外环生态专项并启动建设。外环生态专项是国务院批准的上海城市总体规划组成部分，为上海建设现代化国际大都市生态环境的标志性工程。

图 7-5-3　虹桥绿地(2008 年)

2010 年，外环生态专项工程累计完成新建绿化 591 公顷，相继完成上海滨江森林公园一期、吴淞炮台湾湿地森林公园、宝山顾村公园一期、闵行体育公园等大型公共绿地，启动建设上海辰山植物园。同年，城市公园达 157 座，中心城区每区至少建成 1 块 4 公顷以上大型公共绿地，市中心 500 米绿化服务半径盲区基本消除；完成浦东、虹桥国际机场绿化配套工程和全市主要道路绿化工程及苏州河、黄浦江景观绿地建设等。全市人均公共绿地面积由 1978 年的“一张报”(约 0.47 平方米)，1998 年的“一张床”(约 2.96 平方米)，增加到 2010 年的“一间房”(约 13 平方米)。

三、林业建设与管理

中华人民共和国成立初，在“谁种谁有”的林业政策指引下，上海郊区广大农民纷纷在宅前屋后和承包土地周围植树、种果、栽竹。50 年代末 60 年代初，郊区大部分县都建立国营林场和苗圃。70 年代引进水杉、欧美杨等优良树种。农村路旁、沟旁、渠旁、宅旁“四旁”树木迅速增多，沿海防护林不断扩展。

1980 年起，上海林业贯彻多林种、多树种、林果花草总体推进的发展方针，经济果林发展很快。1987 年以后，上海开展平原绿化达标工程、沿海防护林体系工程和淮河太湖流域综合治理防护林体系工程三大国家重点林业生态工程建设。1988 年，成立上海市护林防火办公室。1989 年 5 月，上海施行林木采伐许可证制度。1995年,市政府办公厅发文,要求严格执行关于征用林地、占用林地要先经林业主管部门初审同意,严格履行审批手续的规定和使用林地许可证制度。同年9月,市政府印发《关于加快实现上海郊区平原绿化步伐的意见》。1996年3月,市政府与郊区3区6县和浦东新区政府签订平原绿化达标责任状。1998年起,在郊区实施市级林业生态示范工程。同时,按照区域化布局、规模化推进、标准化生产和品牌化经营,引导以经济果林为主的经济林发展。至2000年,郊区10个区县全面完成平原绿化达标任务。累计建成沿海防护林带2 315公顷,大陆海岸线基干防护林带基本合拢;在太浦河、淀浦河、黄浦江、油墩港、大盈港等主要河流两侧,建成全长200余公里、面积240余公顷的护堤护岸林和水源涵养林;建成45个市级林业生态示范工程,成片造林1 330余公顷。全市经济果林面积1.29万余公顷,年总产量22.3万吨,形成南汇水蜜桃、松江蜜梨、宝山柑桔、嘉定葡萄、奉贤黄桃、金山蟠桃等特色品牌。

进入21世纪,上海林业快速发展。2002年,市政府发布以林养林、以房养林、以项目带林等促进林业发展的政策。2003年11月,市政府批准《上海城市森林规划》,同时下达2003—2007年林业建设任务,市级财政共投入15.6亿元,用于林业建设,并连续实施3轮林业建设三年计划,继续推进生态公益林、经济果林发展,林业发展实现"稳中有增"目标。2006年,在《上海市土地利用总体规划》中,划定2.39万公顷属性为林地。2007年2月12日,市政府召开专题会议,提出要把林业建设发展重点从提高森林数量转向提高森林质量上来。2008年12月,市委、市政府下发《关于推进林业健康发展促进生态文明建设的意见》,提出进一步促进城市生态环境建设、促进农民增收的各项举措,明确推进林业健康发展的主要任务。2009年,市政府相继发布《上海市森林管理规定》和《关于进一步加强森林防火工作的通知》《关于本市建立健全生态补偿机制的若干意见》,建立健全森林资源管理和保护长效机制,加强森林资源管理,保护林业发展成果。随着各项建设项目日益增多,上海依法实施林业用途管制,将林木采伐纳入全国森林采伐限额管理体制,对年度需要征占用的林地和采伐的林木实行限额指标控制;强化林地和林木养护管理,并实施生态补偿制度。

至2010年,全市林地总面积达到9.9万公顷,森林覆盖率12.58%;建成千亩以上大型林地16片,区域面积7 727公顷,造林面积5 480公顷;建成4座国家级森林公园,以及70余个乡村森林旅游场所;初步形成以生态公益林为主体,经济林和苗木基地为补充的林业建设发展格局,森林生态网络框架体系基本形成。

第三节 环卫管理

一、市容环卫管理体制

1949年5月10日,上海解放前夕,第三野战军司令员兼政委陈毅在江苏省丹阳县召开准备接管上海的会议上,就要求进入上海要做好城市环境卫生工作。1963年,上海市环卫局成立,并制定环卫作业(管理)标准,全市推行清洁、清运、清道、清厕工种和定人、定时、定点、定量"四定"责任制。"文化大革命"期间,市环卫局被撤销。

1978年6月,市环卫处成立。1983年10月,恢复建立市环卫局,1984年6月,市环卫局开始下放事权。1986年起,实行环卫市、区分工,区(县)政府开始承担区域环卫管理和环境卫生清除、清扫、清洁作业管理。自1987年起,市政府相继对城镇环卫设施设置、水域环境卫生、建筑垃圾和工程渣土处置、集镇和村庄环境卫生管理、机动车清洗保洁、道路和公共场所清扫保洁、一次性塑料饭盒管理、生活垃圾收运和处置等立章建制。至1990年底，基本形成市、区、街道(镇)三级环卫管理体制。1997年，按照市委、市政府对环卫作业经营服务改革的要求，探索环卫管理与作业分离，为培育环卫作业市场迈出了先行步伐。

2001—2003年，市市容环卫局直属系统形成行政、管理、执法、作业4个边界清晰、相对独立的板块。2004年5月16日，市政府常务会议原则同意《上海市容环卫行业市场化改革方案》。同年6月9日，市政府召开市容环卫行业综合改革动员大会。按照改革方案责、权、利一致的原则，明晰了市、区(县)管理职责，原由市负责的生活垃圾(粪便)长途运输和处置，以及部分水域、河道保洁、渣土管理等具体事权全部下放给区(县)，由市财政承担的生活垃圾(粪便)长途运输和处置经费也同步改由区(县)财政支出。同时，按照整体设计、分步推进的步骤，全市完成市容环卫作业服务单位从事业性质向企业性质的转制，职工由事业身份向企业身份的转变。市市容环卫局直属的振环实业总公司和废弃物处置公司等企业整建制划转，组建上海环境(集团)有限公司(2006年2月整建制划入上海市城投总公司)。2008年10月起，由市绿化市容局承担全市市容环境卫生政府职能。

二、城市环卫公共设施建设

上海在50年代，简易公厕、垃圾箱、废物箱等环卫公共设施增建较多。1973年，试建倒粪站，经全面推广后，在4—5年里得到普及。1979年，陆续出现与机械装卸垃圾配套的垃圾桶，安置垃圾容器的垃圾箱房。1981年，上海市区公共厕所只有740多座，市中心区不少地段发生“上厕所难”问题。市环卫局决定先在外滩、南京路两侧等繁华地段，新建、扩建公共厕所。1990年以后，市政府数次将新建、改造公共厕所列入市政府实事项目。1997—1999年，全市对沿街及居住区的垃圾箱(房)逐步进行“拆、并、改”，拆除市区道路两侧的垃圾箱1 200余座。此后逐年对7 534间垃圾箱(房)进行上、下水设施改造，以改善市民居住环境质量，提高垃圾间的保洁水平。2000年后，上海在道路两侧设置便于分类投放的废物箱。“九五”“十五”期间，上海共投资2.8亿元，新建公厕255座，改建公厕1 594座，设置移动公厕243座，基本实现市区出门300米见厕所的目标。2007年，市市容环卫局编制完成《上海市公厕建设和管理发展纲要(2006—2010)》，公厕配置满足婴儿、残疾人等特殊人群的需求，并提供必备的服务。2010年1月1日起，全市环卫公厕全部实行免费开放。

至2010年，上海有环卫公共厕所(含农村公厕)6 618座、社会单位对外开放厕所2 695座、化粪池43 170个、倒粪站1 900个、生活垃圾收集点30 645个、环卫工人作息场所525处、废物箱74 658只、生活垃圾中转设施57座；作业能力、处理垃圾产生量731.6万吨，清运粪便约200万吨，道路清扫面积15 879万平方米；市容环卫装备有压缩式、自装卸式等垃圾车3 607辆，吸粪车456辆，扫路车、洗扫车、清洗车共1 098辆，环卫船舶254艘，总36 219吨。

三、城市生活垃圾管理

50年代，上海市区生活垃圾和粪便收集后，由水路转运至市郊和江苏、浙江农村作为农肥。1958年江苏10个县划入上海后，市区生活垃圾和粪便收集后主要作为10个郊县的农家肥。

80年代，生活垃圾、粪便以有机肥还田的方式难以为继，上海呈现生活垃圾出路难的矛盾，粪便由粪船运往郊县的贮粪池或城市污水管排放。对此，市环卫局提出“先易后难、标本兼治、分步安排、变害为利”，分三步进行处理。第一步，郊区及邻近上海江浙一带租赁闲置的农田，落实垃圾分散消纳点;第二步,上海建设大型废弃物处置场,从分散堆放为主过渡到集中堆放为主;第三步,分批分期建设垃圾无害化处理厂,实现垃圾处理无害化、资源化、减量化的目标。1985 年 12 月,市政府决定在南汇县东海之滨的老港,建设全市最大的废弃物处置场。1987 年,普陀区曹杨街道试行垃圾袋装化收集取得成功后在全市推行。

1991 年 4 月,日处置垃圾 3 000 吨的老港废弃物处置场一期工程建成。同年 8 月,老港废弃物处置场被国家环保局和建设部评为全国城市环境整治优秀单位(以后分 4 期扩建至日处理 4 900 吨)。1992 年,市政府把实行生活垃圾 100%封闭化运输列为市政府为民办实事项目之一,全市共更新 379 辆垃圾运输车,使市区生活垃圾基本实现封闭运输。1996 年 8 月,上海试行住宅小区小型生活垃圾压缩收集站的收集方式取得成功,至 1998 年,全市建成小型生活垃圾压缩收集站 34 座,撤除和取代近千个生活垃圾箱(房),有效地改善了部分居住区的生活环境。同年,上海生活垃圾分类收集起步,进行收集废电池、废玻璃试点。

2000 年以后,城市生活垃圾、粪便收集处置成为全市环境综合整治的重要组成部分。2001 年,浦东御桥生活垃圾焚烧厂投入使用。2002 年,市政府批准发布《上海市固体废弃物处置发展规划》,加上国家实行城市垃圾处理产业化政策,使上海垃圾处理大中型基础设施得到跨越式发展。2003 年,上海江桥生活垃圾焚烧发电厂一期工程试运行。2004 年,上海首座花园式生活垃圾中转站在静安区建成并投入运行。中心城区的生活垃圾开始通过中转站压缩后,由大型集装箱转运至垃圾焚烧厂处置。此后,黄浦、虹口、杨浦、浦东等也相继建成生活垃圾中转站。同年 9 月 23 日,经市政府批准,上海实行对单位征收生活垃圾处理费。"十一五"期间(2006—2010 年),市区初步建成生活垃圾集装化转运系统,无害化处理率达到 80%以上。

图 7-5-4　2010 年底,上海组成一支由 35 艘集装箱垃圾船组成的船队。图为集装箱垃圾船投入使用

2008年4月，启动建设上海市区生活垃圾内河集装化转运系统，该项目总投入近10亿元，设计规模为日均转运生活垃圾6 300吨，同时预留应急及其他垃圾700吨的转运能力。2009年，内河集装化转运系统被列入上海市政府第三轮三年环保行动计划。该系统由60辆短驳运输车、1 500个集装箱、16艘500吨级集装箱船组成，通过设在蕰藻浜和徐浦两个转运码头内的垃圾中转站，把城市生活垃圾压缩装箱、装船，由集装箱运输船运至老港垃圾填埋场码头，再由自卸式集装箱运输车运至垃圾填埋场。2010年，从徐浦码头到老港水陆联运系统开通。

截至2010年，全市建成829座小型生活垃圾压缩收集站，19个区(县)共建设生活垃圾中转站57座，3个大型生活垃圾焚烧厂，5个卫生填埋场，5个生活垃圾综合处理厂，年处理城市生活垃圾731.63万吨。上海市区的粪便经收集或纳管后，通过生活污水预处理厂无害化处理，排入城市合流污水管道深海排放，年处理量约200万吨。

四、城市保洁管理

城市道路、水域和公共区域的清扫保洁是政府承担的公共服务。上海在50年代，开始试制纯扫式机动扫路车，用于道路保洁。70年代，集中开发机动扫路车系列产品。1980年，机械化清扫在主要道路已初具规模，全市已有各类扫路车598辆。1984年，中国第一艘双体水面清扫船投入使用，上海水域开始以机械清除和人工打捞相结合方法，扩大水面漂浮垃圾保洁范围。1992—1994年，市政府拨款1 900万元，更新进口扫路机和国产扫路车58辆。1996年，推行新型道路保洁作业法，集管理、保洁、宣传、执法为一体，以机械化清扫为主体，配合人力巡回保洁、宣传和巡查。1999年，为加强建(构)筑物外立面清洗保洁管理，成立上海市环卫协会建(构)筑物清洗保洁专业委员会，以行业管理的形式，对日益增长的楼宇保洁业务进行引导和规范。上海79条主要道路沿线1 000余幢楼宇的外墙立面，有了定期保洁措施。

图7-5-5　新型绿色节能环卫车在南京路步行街作业(2008年)

2000年以后,市、区县两级政府对环境卫生保洁设施设备的投入逐年增加,道路保洁运用吸扫、喷洒清洁剂、磨洗、冲洗、吸干、巡回拣扫、擦洗等"组合保洁法",机扫率逐年提高。中心区域一批公共广场基本达到"席地而坐"的洁净标准。2002—2005年,开展水域水生植物整治,3年共打捞306万吨,有效控制了水生植物对苏州河、黄浦江景观水域的污染。

图7-5-6 2010年上海世博会期间,"世博之光"保洁船在黄浦江上作业

至2010年,市中心主要道路建(构)筑物保洁清洗率超过90%。道路清扫做到"夜间作业、白天保洁"机械化清扫和冲洗全覆盖,基本实现白天保洁不见大扫帚,垃圾滞留时间低于20分钟。黄浦江、苏州河景观水域保洁,实现全天候视频监控,通过主干流6个监控点和1个主控中心,实施"控制、作业、缓冲、禁止"四大区域分区监控预警机制,以机械打捞船与定人、定点、定时守候清除水面漂浮垃圾相结合的保洁作业方式,确保景观水域整洁、有序、优美。嘉定、青浦、长宁等10个区共计建成64处亲水观景示范区域。

五、郊区环卫管理

50年代,上海结合开展爱国卫生运动,发动郊县城镇居民,清除垃圾堆,填平臭水浜,整顿露天粪(坑)缸,铲除蚊蝇滋生地。60年代,城镇清洁所先后建立,组织环卫专门队伍,设垃圾箱,建公共厕所,清扫街道,统一管理粪便、垃圾的清除运输和处置。

80年代,上海郊区对粪便、垃圾采取堆、贮办法,用作农家肥。1987年,市政府批准《上海市城镇环境卫生设施设置规定》。1994年,市政府发布《上海市集镇和村庄环境卫生建设和管理暂行规定》,郊区的环境卫生建设和管理逐步跟上全市的发展步伐。同年,在农村"改水"(饮水卫生)完成后,成立市农村粪管改厕工作联席会议办公室(简称"市粪改办")。市粪改办负责推进市郊133.16万农户的粪便管理和厕所改造。1995—1998年,市郊农村粪管改厕连续4年被列为市政府实事项目,实施奖补政策。奉贤、松江、嘉定、闵行、金山、青浦、宝山、浦东、南汇和崇明县等10个区(县)先后通过综合验收。市郊共建造农户卫生户厕123.4万座，占总农户数的92%以上。

2000年，市政府决定建立农村生活垃圾收集处置系统并将其列为市政府实事项目。至2002年底，覆盖市郊10个区(县)203个乡镇2 850个行政村的处置系统建立，清除大量陈旧生活垃圾，农村居住环境得到改善，受益农户占总农户数的95%。2003—2005年，市郊关闭、归并镇级简易填埋场97座，取缔村级生活垃圾临时堆点1 252处，淘汰1 105辆拖拉机运输农村生活垃圾，基本建成“户集、村收、镇运、区(县)处置”为主要模式的农村生活垃圾收集处置系统。

2006年起，上海结合第三轮环保三年行动计划的实施，在市郊10个区(县)加快生活垃圾末端处理设施建设，相继建成嘉定区生活垃圾堆肥厂和残渣填埋场、崇明县生活垃圾卫生填埋场、青浦区生活垃圾综合处置场等生活垃圾无害化处理设施，使市郊农村生活垃圾无害化处理率达到94%以上。同年，实行市郊农户粪缸改造与实施粪便纳管处理工程建设相结合，提高粪便无害化处置率。至2008年底，农户卫生户厕改造累计完成129.746 4万户，其中纳管处置10.376 4万户，卫生厕所普及率96.42%。

第四节　市容管理

一、市容管理执法体制

改革开放前，上海没有城管执法机构。1977年，成立市、区县、街道三级整顿马路、整顿交通、整顿市容领导小组及办公室(简称“三整顿”办公室)。1979年，市公安局招收200名卫生警察，每个街道配备2名，重点查处违反市容环境卫生管理规定的行为;实施一年后转为治安交通管理。1983年，恢复市环境卫生管理局(简称“市环卫局”)。1986年，建立市交通市容管理委员会(简称“市交容委”)，同时撤销市“三整顿”办公室。同年9月，成立上海市市容监察大队。

1990年，成立市市政管理委员会(简称“市市政委”)，同时撤销市交容委。1996年3月，市委、市政府确定从街道到区(县)再到市级层面分“三步走”，建立城市管理领域相对集中行政处罚权制度。1997年起，上海全面组建街道监察队，并先后在市级重点地区、交通枢纽、主要商业街等特定区域成立综合监察队，依据1997年1月市人大常委会颁布的《上海市街道办事处条例》和同年4月市政府发布的《上海市街道监察处罚暂行规定》，进行简易的综合执法。至1998年底，全市15个区共建立街道监察队100个，有队员1 535人，累计处理各种违章120余万件。

2000年，组建上海市市容环卫局，负责全市市容和环境卫生管理。同年12月起，在市建设和管理委员会主管下，中心城区先后归并街道监察队、特定区域综合监察队、区市容环卫、绿化、路政等专业执法队伍，组建区城市管理监察大队，开展城市管理综合执法。2004年1月起，各区县开展城市管理领域相对集中行政处罚权工作，城管综合执法推行到区级层面。

2005年，建立上海市城市管理行政执法局(简称“市城管执法局”)，负责全市城市管理相对集中行政处罚权工作，下设上海市城市管理执法总队(简称“市城管执法总队”)。市和区县城管执法部门依据同年6月市政府修改发布的《上海市城市管理相对集中行政处罚权暂行办法》，行使市容环境卫生、市政工程、绿化、水务、环境保护、公安交通、工商、建设、房地产和城市规划管理等方面的全部或部分行政处罚权，有269项行政处罚事项。2006年9月1日起，浦东新区城管执法部门依照《上海市人民政府关于扩大浦东新区城市管理领域相对集中行政处罚权范围的决定》，行使行政处罚权。上海的城管执法工作经历了从专业执法到综合执法的转变。

2008年,市城管执法局挂牌在新组建的市绿化和市容管理局。2009年1月,市委、市政府决定成立各区县城管执法局。

二、市容环境整治

上海解放后,日常的市容管理由市和区县两级公安、规划、市政、卫生等职能部门,分别根据各自的职责进行。逢重大节日或全市性重要活动,由市政府作统一部署、动员,开展有针对性的市容卫生整治。80年代,对城市的交通市容进行综合治理。1983年,上海开展市容环境卫生“五创建”活动(创建整洁街道、菜场、集贸市场、施工工地、窗口单位等),重点整治环境卫生薄弱环节和控制脏源。1990年起,结合全国卫生城市检查和开展重大活动(东亚运动会、八届全运会等)和重点工程建设(南浦大桥、杨浦大桥、内环高架路建设等),全市开展集中整治,清理道路1 700多条、卫生死角8 000余处,清除垃圾1.4万多吨。1997年,第八届全运会在上海举办期间,150条主干道、内环线、南北高架两侧和体育场馆周围市容景观面貌得到明显改观。

1994年起,上海开始景观路线的整治和建设。1997年起,对连接外省市的主要公路干道入城段实施净化、绿化、美化工程。2000年,开展“六项市容环境卫生达标活动”(居住区环境卫生、河道环境卫生、绿地环境卫生、集市菜场环境卫生、洗车场(站)环境卫生、交通集散地环境卫生)。2001年APEC会议期间,全市长达100多公里的景观灯光保持了最佳状态。

2004年,上海开展79条交通干道和重点地区市容环境综合整治,以创造一流市容环境迎世博。同年底,市政府决定建立“上海市容环境综合建设和管理工作联席会议”(简称“联席会议”),分管副市长为第一召集人,市政府副秘书长为第二召集人,成员单位包括市建委、市经委、市国资委、市文明办、市财政局、市市政局、市工商局、市规划局、市交巡警总队、市房地局、市交通局、市绿化局以及各区县政府。联席会议主要负责协调跨部门、跨区域的重大市容环境综合管理事项和市容市貌管理中的难点、顽症治理以及市容环境综合管理总体推进工作。联席会议下设办公室,具体负责督促、检查、指导、协调全市市容环境综合管理的实施情况,探索网格化管理(执法、保洁、管理和门责单位“四位一体”)、堵疏结合、综合考评和社会市民参与等长效管理机制。

2005年,市政府办公厅印发《关于本市加强市容环境综合管理工作的方案》,各区县相继建立市容环境综合管理工作联席会议。各有关部门、各区县围绕道路、绿化、工地、交通集散地、环卫设施、水域环境、居住区、机动车清洗场站、集市菜场、沿街建(构)筑物、灯光广告等11个达标目标,开展创建市容环境“三类区域”(示范区、规范区、达标区)活动。该活动连续两年列入市政府实事项目和重点工作。2006年,上海合作组织“六国峰会”期间,按照呈现“天蓝水清地绿城洁”的市容标准,市容环境保障工作分发动部署、全面整治、全面保障三个阶段进行,对中心城区乱设摊严加治理;通过建立疏导点,实施严禁区域、严控区域、控制区域差别化管理,市容市貌跃上新的台阶。2008年,市政府办公厅转发《迎世博600天行动计划纲要》,提出围绕“美好环境、美好生活”构想,在创建市容环境“三类区域”基础上,开展市容环境建设和整治,实现市容市貌改观、市民生活环境改善、城市管理水平提高为主要内容的城市容貌大变样。城管执法部门拆除违章建筑,查处占路无证设摊,整治河道及河道两岸影响市容的问题。2009年,市政府发布通告,加大对“五乱”(乱刻画、乱涂写、乱散发、乱张贴、乱悬挂宣传品)的处罚力度,集中力量查处偷倒乱倒建筑渣土,拆除违规的户外广告及指示牌。同时,将市容管理与道路保洁结合起来,实现中心城区主要道路两侧7:00—21:00时段基本无污染现象。这项工作取得明显实效。

2010年上海世博会举办期间，全市共创建市容环境示范区域61块，面积150平方公里；规范区域71块，面积200平方公里；达标区域200块，面积750平方公里；达标街道（镇）136个，城镇化地区“三类区域”达标率在95%以上。

三、市容环境建设

【景观灯光工程建设】

上海解放后，夜景灯光基本上是传统型的，一般在庆祝国庆等重大节日活动时，在一些主要街道临时布置彩灯、彩车等，节后拆除。1989年夏天，在筹备迎国庆40周年时，市长朱镕基指示，上海要成为国际化大都市，必须使城市夜晚明亮起来。黄浦区在中山东一路外滩实施沿街建筑物泛光照明一期工程。国庆节期间，有13幢大楼亮起了灯光。1990年，市政府组织建设南京路商业街夜景灯光工程，完成南京东路（西藏路至浙江路）一期灯光工程和外滩24幢临黄浦江建筑物的二期灯光工程。1993—1999年，上海相继建成虹桥至外滩灯光景观线和人民广场、外滩、豫园、铁路新客站、徐家汇、静安寺等灯光景点以及南浦、杨浦两座大桥和浦东小陆家嘴地区的立体灯光群。1998年，上海建成景观灯光监控中心。此后，各区（县）也相继成立监控机构，对重要地区的景观灯光实现全市联网联控。

2000年起，上海实施“橱窗透亮”工程，先在淮海路从重庆南路至陕西南路段1.1公里两侧商店试行，晚上10时至次日凌晨不关灯。2001年，“橱窗透亮”延伸至南京东路、南京西路、淮海中路、四川北路、华山路、控江路、吴江路以及上海新客站西块，透亮延伸路段长达6.3公里，实现了开闭灯电脑集中控制。主要商业街“橱窗透亮”从成线到成片，形成了都市旅游新景观。同年6月，市政府

图7-5-7　2008年，外滩灯饰工程之一——上海环球金融中心试灯成功

决定在办公楼宇比较集中的小陆家嘴地区、虹桥开发区、徐家汇和淮海路绿地周边的商办楼宇进行“内光外透”,并将该建设项目列入当年市政府实事项目,共有60幢商办楼实现“天天亮灯”。

2004年,LED节能型新光源应用逐渐开始普及,东方明珠电视塔灯饰改建,首次引用LED新光源,耗电量比原来降低70%,260米的观光层和350米的太空层两个转动的球体以及两球间共安装了576个闪烁光源点,成为黄浦江两岸标志性景观灯光之一。2005年,淮海路35座跨街景观灯进行节能改造后,用电量降为原来的10%。至2006年,LED、冷凝(阴)极管、冷光带、无极灯等现代高效节能灯具,成为上海商业街、建筑物景观灯光建设的主要光源。

图7-5-8 豫园中国古典建筑灯光群

2010年,上海建成外滩欧式建筑泛光照明群、浦东新区陆家嘴的现代建筑灯光群、豫园中国古典建筑灯光群等十大类特色灯光群。260余幢楼宇实现“内光外透”,162幢楼宇灯光参与“世博灯光秀”演绎。全市景观灯光观灯路线总长度达100多公里,“浦江映辉”“星光灿烂”“窗口形象”三大标志性主题灯光群,全面贯通浦东、浦西的11个区(中心城区各区)的灯光夜景。到上海看夜景灯光,成为上海旅游业的一张名片。

【户外广告设施管理】

解放初,上海只在南京路、淮海路、西藏路等商业街的一些大型商店、商场有灯光店招和霓虹灯广告,营业时间开启,一般晚上9点之前关闭。改革开放后,1985年12月,国际饭店楼顶首次出现霓虹灯的“东芝”广告,引起很大反响。1986年,为迎接英国女王伊丽莎白访沪,从虹桥机场到虹桥路上,搭建了数公里以欢迎其访沪为主要内容的公益宣传和商品代理户外广告长廊。

90年代,在上海主要商业街,其人行道上的落地式和立杆式灯箱广告得到快速发展,楼顶、墙面,使用新材料、新结构的户外广告开始普遍设置。1991年12月,市政府批转《关于加强本市户外广告管理的意见》，规定凡在人民广场、淮海路、南京路等重要地区、重要道路以及市级保护建筑上设置户外广告的，由市、区两级政府审定，市、区两级政府建立、健全户外广告管理机构和审批制度，户外广告成为展示上海改革开放新形象和经济发展的标志之一。户外广告在发展中，也出现了多头管理、良莠不齐的状况。

图 7－5－9　城市副中心之一的五角场灯光夜景

1998 年 12 月，市政府决定对重要道路、重点地区户外广告设施设置加强规划和管理。2004 年，市政府发布《上海市户外广告设施管理办法》，对管理体制、审批流程等作了修改：发布者只需到市容管理部门申请，其他部门的意见通过内部流转代为征求；对公共阵地使用权进行招标拍卖，市容管理部门负责审批；建立户外广告设施安全检测制度，广告牌设置期满两年需提交相关的安全检测报告，有关单位落实户外广告设施防台防汛安全措施。“十五”期间（2001—2005 年），市质监局、中国工程建设标准化协会先后印发《户外广告设施设置技术规范》《户外广告设施钢结构技术规程》，确保管理工作规范有序。2008 年起，全市开展迎世博户外广告整治行动。2009 年，市政府相继发布加强户外广告设施管理和流动户外广告管理两个通告，批复上海市户外广告设置阵地规划，有力推进了户外广告的整治。

图 7－5－10　浦江两岸建筑灯光群

第六章 信息化建设

第一节 规划与监管

一、机构设立

80年代初,上海开始进行以组织推广计算机应用为主要内容的信息化建设。1986年5月,市政府成立市经济信息管理领导小组,拉开上海信息化建设的序幕。1987年1月,市经济信息中心成立,进行经济信息系统总体规划,重点组织推进政府、统计、财税、城建等15个城市信息系统的建设和开发。

进入90年代,上海加快信息化进程,在经济和社会发展各领域采用现代信息技术,加强信息基础设施建设,推进和完成上海信息港基本框架"1520"工程①,大力发展信息产业,建立和完善信息化环境。1994年,市委、市政府提出建成地区性"信息高速公路",使上海成为以信息资源网络化为主体的国际信息港,即国内外信息的汇集点,进一步增强上海中心城市的综合服务功能和辐射功能。1996年3月,国家对建设大规模集成电路芯片生产线的项目正式批复立项(简称"909"工程),同年12月该工作正式启动,标志着上海集成电路产业形成规模化发展。

1996年5月,市政府制定信息化行动计划,并成立上海市信息港领导小组及办公室,主要负责研究制订全市信息化工作的方针、政策、规划,组织协调跨部门、跨地区重大信息化工程的建设,加强对上海信息网络、信息市场等监管。1997年4月,市政府成立上海市计算机信息网络国际联网安全工作小组。1998年6月,为了进一步加强上海国民经济和社会信息化工作,市政府将市信息港领导小组、市通信产业发展领导小组、市计算机应用与产业发展领导小组等9个领导小组或办事机构合并,其职责全部归入新建的上海市国民经济和社会信息化领导小组及办公室。2000年2月,上海市国民经济和社会信息化领导小组办公室更名为"上海市信息化办公室",为市政府直属机构,也是国民经济和社会信息化领导小组的办事机构。

2003年8月,市信息化办公室更名为"市信息化委",作为市政府综合管理全市国民经济和社会信息化的直属机构,同时又是市国民经济和社会信息化领导小组的办事机构。2004年7月,上海成立网络与信息安全协调小组(简称"市网安小组"),成员单位包括市委办公厅、市委宣传部、市委政法委、市政府办公厅、市发展改革委、市信息委等19家单位,主要负责组织贯彻落实中共中央、国务院下达的有关信息安全保障工作的重要文件和精神,协调部署国家有关部门下达的信息安全重大项目和任务,对上海市信息安全相关机构的设置、安全管理制度的建立、跨部门专项任务的部署以及信息安全重大项目的投资等进行研究并作出决策;审定上海市信息安全保障工作发展规划和有关政策性文件。市网安小组办公室设在市信息委,为市网安小组的日常办事机构。同年10月,市成立互联网舆论宣传领导小组(简称"市网宣小组"),主要负责互联网舆情的研判和引导,从责任

① 即建成1个网络平台框架(ATM带宽带信息主干网络)、5项骨干工程(上海信息交互网、上海国际经贸电子数据交换网、上海社会保障网、上海社区服务网、上海金卡与收款系统)以及20个重点信息应用系统项目(行政决策服务、城市规划、财政税务、工商管理、就业培训、人才培养引进及公共信息服务等)。

制、等级保护制度、数字认证制度、监督管理制度等方面，对全市信息安全情况进行把控。

2008年10月，市政府机构改革将市信息化委的职责整体划入市经济和信息化委员会，不再保留市信息化委。2009年9月，市政府发布信息化和工业化“两化融合”的实施意见，典型示范效应不断显现。同年，结合中央和上海机构调整工作，市网安小组相关组成人员和机构也进行相应调整。

二、规划决策

1996年7月，市信息港领导小组及其办公室发出《关于把上海建成现代化国际信息港的实施意见》，提出运用计算机和现代通信技术，进行骨干工程建设，推动各行各业的信息化进程，促进计算机、通信产业和经济、社会的快速发展。同年10月，市政府决定由市计委和市信息港办公室共同牵头，会同市计算机产业办、市通信产业办等有关部门组成规划编制小组，编写《上海市信息港建设“九五”发展规划(纲要)》。

1998年10月，市政府印发《上海市国民经济和社会信息化发展计划纲要(1998—2000年)》，指出上海信息化目标分两步实施：到2000年，初步建立上海国民经济和社会信息化体系；到2010年，基本实现上海国民经济和社会信息化。

2002年6月，市政府印发《上海市“十五”国民经济和社会信息化重点专项规划》，提出在“十五”期间(2001—2005年)，上海国民经济和社会信息化的发展战略是全面推进城市信息化，以信息化带动工业化、以信息化推动现代化。总体目标是到“十五”期末，使上海拥有发达的信息产业、先进的信息基础设施、丰富的信息资源、便捷的信息服务、活跃的电子商务市场；信息化综合指数居国内领先地位，城市信息化整体水平达到或超过发达国家中心城市的平均水平，成为中国乃至亚太地区信息经济最繁荣的城市之一，为2010年上海基本实现国民经济和社会信息化奠定坚实基础。

2005年，市信息化委开展“十一五”规划编制。在研究信息化发展战略、城市信息化水平指标体系、信息化规划执行情况评估体系、信息化标准体系、信息产业、信息基础设施、电子政务、电子商务、信息安全等领域的“十一五”发展思路及对策的基础上，编制《上海市国民经济和社会信息化“十一五”重点专项规划(草案)》。2006年，市信息委以规划衔接为重点，完善信息化规划的框架与内容。

2007年7月，市政府印发《上海市国民经济和社会信息化“十一五”规划》，提出上海信息化整体水平要继续走在全国前列，主要指标基本达到发达国家中心城市先进水平，把上海建设成为信息技术创新与应用能力强、信息资源开发与利用程度高、信息产业国际竞争力明显提升、信息安全保障体系健全、亚太地区信息通信枢纽作用突出的城市，在2010年上海世博会上，充分展示以信息化为重要特征的现代化国际大都市形象，为上海迈向信息社会奠定坚实基础。

2010年，上海市政府提出“创建面向未来的智慧城市”。市长韩正在2011年市十三届人大四次会议所作的《政府工作报告》中指出，要大力推进“智慧城市”建设，全面提高城市信息化水平。

三、行业监管

2001年7月—2009年6月，市政府批转《上海市宽带用户驻地网管理办法》《上海市贯彻〈电信业务经营许可证管理办法〉的实施意见》《关于加强本市TD－SCDMA等第三代移动通信建设实施意见》等文件。在软件与电子信息产业领域，自2000年12月—2010年7月29日，市政府办公厅转发《关于本市鼓励软件产业和集成电路产业发展的若干政策规定》《上海市法人信息共享与应用系统管理办法》等文件。在信息安全领域,2002年11月—2010年8月,市信息化委、市经济信息化委先后印发《上海市公共信息系统安全测评管理办法》《上海市公共信息系统突发事件处置办法》等。在信息化环境建设领域,自2001年7月—2008年11月,市信息化委印发《上海市市级电子信息产业园管理办法(试行)》,市经济和信息化委出台《关于推进信息化与工业化融合促进产业能级提升的实施意见》等文件。在无线电领域,2010年4月,市政府发布《上海市无线电管理办法》。

第二节　信息基础设施建设

90年代,对信息基础设施的投资和进口产生极大的需求。为此,1994年,市委、市政府率先提出"信息港"概念,提出花15年左右时间,在2010年率先建成地区性"信息高速公路",把上海建成以信息资源网络化为主体的国际信息港,进一步增强上海中心城市综合服务功能和辐射功能。

1996年7月,市政府转发《关于把上海建成现代化国际信息港的实施意见》。规划建设的上海信息港是由覆盖全市并与国内外信息网络互连的高速、大容量的信息传送网和社会应用、服务系统所组成。"九五"期间(1996—2000年),上海信息化基础设施建设取得较快进展,骨干工程建设取得阶段成果。在互联网国际出口带宽、城域宽带主干网、通信业务、高性能计算等方面的基础指标领先于国内各大城市,部分指标达到国际大城市和发达地区的平均水平。1999年,上海率先提出"城市信息化"的新命题,迎接21世纪经济全球化的新浪潮。截至2000年底,上海信息港建设的结构框架基本完成,全市信息基础设施建设取得突破性进展,上海信息港建成高速、大容量的信息传送平台;建成五项关键性骨干应用工程,即上海信息交互网(SHII)、上海社会保障网(SSS)、上海国际经贸电子数据交换网(EDI)、社区服务网(SCS)、金卡与商业增值网(GCSPOS)。

在主干网方面,完成集约化信息管线200多沟公里的铺设,地铁全线40余公里光缆系统贯通;建成由8个核心节点、90个边缘节点组成的世界最大的宽带ATM城域主干网,主干节点交换容量为40G,主干传输带宽最高可达2.5G;初步完成宽带IP城域主干网建设,主干节点交换容量达40G,主干传输带宽达2.5G。国际出口带宽从几十兆提高到1.5G以上。建成宽带的互联网络交换中心,各大网络间的本地交换能力达到100兆以上,实现上海信息网络间的高速互联,并开始为周边地区提供高速交换服务。在宽带接入网方面,城域宽带网已覆盖市区90%以上的大楼和小区。有线电视总户数达到315万户,有线电视网双向改造完成100万户的规模,电信网宽带改造已接入13 000线,并开始提供面向企事业单位和家庭的宽带信息服务。同时,开始应用光纤和无线等宽带接入方式。在高性能计算能力方面,建成运算能力达到3 840亿次/秒的上海超级计算中心及其应用网络,基本形成有利于信息化建设的发展环境。

"十五"时期(2001—2005年),上海信息基础设施建设在信息港主体工程的基础上继续全面推进,以推进信息基础设施的规划和有关规范工作为重点,保持上海在信息基础设施建设的领先优势,积极推进"三网融合",促进信息网络资源的综合利用和社会共享,信息基础设施能级显著提升。截至2005年底,上海本地信息网络覆盖拓展到全市6 340平方公里,形成广泛覆盖、高速互联的主干网络,建成世界最大的宽带ATM城域主干网和有线电视城域双向网,城域宽带网络已覆盖市区大部分的大楼和小区;中心城区新建住宅和郊区新建高档住宅已实现五类线普遍接入,部分中高档商务楼、星级宾馆和重要公共场所实现宽带无线网络覆盖。信息通信管线、无线通信基站、信息通信局房、室内无线通信覆盖集约化建设初见成效;全市建成主要通信局房约250多座,无线通信基站 5 000 多处，卫星站点 900 多处，亚太地区重要信息通信枢纽功能初步显现。作为亚太国际通信海光缆重要登陆点以及国内三大国际通信出入口局之一，上海拥有 6 个系统 9 条海光缆，通信容量达到 260G，占全国总量的 70%；互联网络国际出口带宽达到 30G，占全国的 22%以上；长途通信光缆长度从 2000 年的 1 400 公里增加到 2005 年的 5 141 公里。功能型设施的公共服务能力显著提高，上海超级计算中心运算能力从“十五”期初的 3 840 亿次/秒提高到期末的 11 万亿次/秒。信息通信网络交换能力大幅增强，上海本地网络交换中心实现与各信息网络间的高速互联，全年总交换流量从 2000 年 40 千兆字节增至 2005 年 1 300 太比特字节；基本建成覆盖中心城区的集约化信息通信管线网络，累计敷设长度达 1 621 沟公里。

图 7-6-1 2010 年 7 月 1 日，国务院办公厅公布包括上海在内的首批电信网、计算机网和有线电视网“三网融合”试点城市名单。图为上海“城市光网”进入市民家庭

“十一五”期间(2006—2010 年)，上海以提升信息通信综合服务能级为重点推进信息基础设施建设，即完善信息基础设施布局、推动信息通信网络向下一代网络演进、增强亚太地区重要信息通信枢纽功能、建设和完善功能型信息基础设施、完善信息基础设施服务管理体系、健全通信服务保障体系，从而使上海信息基础设施能级快速提升，普遍接入能力显著加强。上海光纤宽带网络、下一代广播电视网(NGB)实现规模部署，第三代移动通信(3G)网络率先建成。截至 2010 年底，全市 3G 宏基站累计建成近 6 500 处，无线局域网(WLAN)热点累计超过 7 000 个，城市光纤宽带网络建设在国内率先启动，NGB 建设成为全国首个示范城市。在市域范围内基本实现信息通信服务的按需接入。光纤到户覆盖超过 120 万家庭，NGB 网络覆盖 100 万有线电视用户，WLAN 热点覆盖部分商业密集区、会展中心和机场等公共区域。功能服务设施不断发展，上海超级计算中心高性能计算系统总计算能力达到 230 万亿次/秒，主机资源和服务能力保持全国领先。全市 IDC 机架总数突破 1.2 万架，在国内率先推出云存储、云计算等新型服务模式。深入推进集约化建设，集约化信息通信管道在中心城区的道路覆盖率达 80%，在郊区新城的道路覆盖率超过 30%。

第三节　发展信息产业

一、推进信息产业发展

上海信息产业在全国起步较早。1958 年,上海研制成功国内第一台电子管计算机。1965 年底,研制出国内第一台晶体管计算机(第二代),并开始应用于科学计算和计算机辅助设计与管理。1975 年,上海研制出国内第一台微型计算机。

1978 年 4 月,按照全国科技大会精神,市委、市革委会决定开展大规模集成电路、计算机技术及应用、光纤通信等 10 项重点项目科研会战。截至 1981 年底,上海生产的计算机已占全国总量 2 354 台的 47.5%。1985 年 3 月,国务院同意上海进一步实行对外开放,加快利用外资、引进先进技术的步伐,重点发展微电子、光纤通信、智能机器人等 7 个方面的新技术。同年 10 月,中国与比利时合资的上海贝尔公司开工投产。至 80 年代末,上海计算机设备制造处于全国领先地位。

为发展高新技术,市政府决定把现代通信产业作为重点,加快发展数字程控设备、数字移动通信、光纤通信设备等产业。1988 年 2 月,市政府决定将 S－1240 专用大规模集成电路国产化作为专题来抓,并由上海贝尔公司和上海无线电十九厂合资组建上海贝岭微电子公司,落实有关国产化任务。1992 年 5 月,成立市通信产业发展领导小组,市委书记吴邦国任组长。市委、市政府给予通信产业"三无税""零承包"等 10 条优惠政策,使产业布局逐渐完善,形成有线、无线、终端、配套元器件四大领域,自主开发能力逐步增强,产值连年保持高速增长。1993 年,市政府拨款 1 亿元,成立市科技投资公司,重点发展通信、计算机等高新技术产业。同年 12 月,成立市计算机应用与产业发展领导小组,由市委副书记陈至立任组长,全面推进计算机应用、产业发展和软件集成开发。1994 年 2 月,上海召开计算机应用与产业发展动员大会,市委、市政府明确提出把计算机产业列为起带头作用的上海经济新一代支柱产业。1998 年,上海计算机产业产值达到 236 亿元,比 1995 年增长 88.8%,3 年内年均递增 23.7%;通信产业成为上海的支柱产业。

1995 年 11 月 23 日,按照电子工业部《关于"九五"期间加快集成电路发展的报告》,上海提出实施"909"工程。1996 年 3 月,国家对建设大规模集成电路芯片生产线的项目正式批复立项。同年 12 月 6 日,在中央经济工作会议分组会议上,电子工业部部长胡启立作了题为《发展我国集成电路产业是重中之重》的发言,提出在"九五"期间发展的重中之重,是集成电路产业,并建议中央安排专项资金,用来实施"909"工程计划。12 月 13 日,"909"工程正式启动。1996 年 1 月,国务院总理李鹏、副总理吴邦国以及胡启立等专程到上海,就"909"工程进行考察和会商。国务院在上海召开现场办公会议,确定"909"项目,并决定由胡启立兼任董事长。同年 3 月 29 日,国家计委正式批复"909"项目立项。4 月 9 日,"909"工程的主体承担单位——上海华虹微电子有限公司成立,启动运营。上海市第四建筑有限公司第四项目经理部承担"909"生产厂房施工,被列为国家和上海市重点工程,这是以 8 英寸 0.5—0.35 μm 硅芯片为主要产品的集成电路超大型生产项目。2001 年 9 月 25 日,在上海召开"909"工程上海华虹 NEC 电子有限公司集成电路芯片生产线项目竣工验收会。验收结论是:芯片加工生产线及其配套的动力设施系统都达到世界先进水平,项目资金来源及使用符合初步设计批复总体的要求和有关规定。该项目正式投产比计划提前 7 个月,达产提前 5 个月。

"九五"期间(1996—2000 年),信息产业在上海经济发展中的先导地位基本确立,信息产业成

图 7-6-2 成立于 1997 年 7 月 17 日的上海华虹 NEC 电子有限公司

为全市增速最快的行业之一。信息产业总产值年均增长 49%,大大高于其他行业增长幅度。信息产业对经济的贡献率不断提高。截至 2000 年底,信息产业年产值达 1 031 亿元,年增加值 350.4 亿元,占全市 GDP 的比重为 7.4%。其中,信息产品制造业 2000 年总产值已达 796.4 亿元,年均增长 48%。上海信息产业在国内具有较强竞争能力。全市初步形成大规模集成电路、计算机与软件、通信、数字音视频产品和信息服务等产业体系,其中,集成电路、程控交换机、光传输设备和光纤在全国市场占有较大的市场份额。初步建立信息技术创新体系,在重大信息技术产品开发、创新基地建设和创新人才培养等方面取得一定进展,整体创新能力明显增强。完成集成电路设计、生产工艺技术以及 GSM 移动通信设备等有影响的科技攻关项目;取得高清晰度数字电视、超级计算机等关键技术的突破;建成国家火炬计划上海集成电路设计中心、浦东软件园等产业基地,形成以华虹为代表的微电子产业群;实施光通信等新一代通信设备研制等大项目。

"十五"期间(2001—2005 年),为贯彻国家"优先发展信息产业"战略,上海利用国际国内两个市场、两种资源,通过政策聚焦和市场培育,使信息产业快速成长为具有较高国际化程度的第一支柱产业,其增加值占全市生产总值的比重由 2000 年的 7.4%上升为 2005 年的 12%,从业人员达到 45 万人,出口额约占全市 1/3,在集成电路、通信设备、软件、信息服务等领域形成较强的竞争优势,特别是软件业和集成电路业实现跨越式发展。软件业连续 5 年保持 50%以上的增速,成长为具有一定规模的新型产业门类,2005 年经营收入和出口额分别是 2000 年的 9.5 倍和 13.6 倍,分别占全国的 11.7%和 19.7%左右;集成电路产业创新能力不断增强,形成较为完整的产品链,2005 年销售收入是 2000 年的 5.4 倍;超大规模集成电路销售收入占到全国 70%以上。

"十一五"期间(2006—2010 年),面对国际金融危机和自身产业结构调整压力加大的形势,上海电子信息制造业保持了稳步增长势头,产业规模进一步扩大。到 2010 年,上海电子信息制造业工业总产值达到 7 022.46 亿元,比"十五"期末增长 1.4 倍;工业总产值占全市工业总产值的比重达到23.3%，居工业六大重点行业之首，对全市工业增长的贡献率达到35.8%，成为稳定上海经济的重要支撑和上海工业产品出口的主力军。上海已形成以计算机、通信和网络设备、电子元器件为主的产业体系，并在部分重点技术上取得突破性进展。在集成电路产业领域，规模已占全国1/3，设计和制造能力达到国际主流的12英寸65纳米工艺水平，高密度等离子刻蚀机等集成电路关键设备打破国际垄断，实现产业化；TD领域，构建涵盖系统设备、芯片、终端、测试仪器等关键环节的完整产业链，汇集一批国内外领先企业；在汽车电子产业领域，集聚国际排名前10位的跨国公司及其技术中心，自主品牌在车身电子、车载电子等方面实现产业化应用突破。“十一五”期间，上海牵头承担42个国家科技重大专项课题、24个联合课题，获得国家支持13亿元以上。同时，初步形成以国家级信息产业园区为骨干、市级工业园区为补充的产业布局体系。上海贯彻落实《国务院关于加快培育和发展战略性新兴产业的决定》，从产业政策引导、产业基金扶持、公共服务建设、加强对外交流等方面，优化产业发展环境。市经济信息化委先后印发《上海市推进电子信息制造业高新技术产业化行动方案(2009—2012年)》《上海市推进物联网产业发展行动方案(2009—2012年)》。上海市软件和集成电路产业发展专项资金采取无偿资助、专项补贴、贷款贴息、创业风险投资等方式，支持关键技术研发、产业发展和公共服务平台建设等项目，累计资助20多亿元。上海建成多个电子信息制造公共技术服务平台。2007年，上海集成电路研发中心被国家发展改革委批准为国内唯一的国家级集成电路研发中心，已累计申请专利200多项，成为国内生产线建设的重要技术来源之一；上海硅知识产权交易中心承担“IP嵌入式内核测试”国家IP(“网协”)核标准制定，并为数十家国内制造和设计企业的研发提供支持；上海集成电路测试平台已申请专利和国家软件著作权登记50多项，并为国内100多家集成电路企业的300多种集成电路产品提供测试技术服务；工业和信息化部电信研究院华东分院、数字电视国家工程研究中心等纷纷落户上海，进一步提升了上海电子信息制造领域的公共服务能力。

二、促进信息化与工业化融合

2007年，中共十七大提出大力推进信息化与工业化融合(简称“两化融合”)战略举措，上海将“两化融合”作为贯穿全市信息化建设、工业化发展的主线。2009年9月3日，市政府印发《关于推进信息化与工业化融合促进产业能级提升的实施意见》及其附件《上海市推进信息化与工业化融合行动计划(2009—2011年)》，对“两化融合”作出总体规划。同年9月22日，市政府召开市推进信息化与工业化融合工作会议，工业和信息化部向上海市颁发“国家级推进信息化和工业化融合试验区”铭牌。上海实施以“1010工程”为主要内容的“两化融合”推进策略，即聚焦航空、钢铁、石化、汽车、船舶、重大装备等10个重点产业门类，推进工业软件、节能控制、中小企业信息化应用、公共服务平台、电子商务等十大重点工程。确定两化融合4个研究中心和10个重点实验室，即复旦大学、上海交通大学、同济大学和市互联网经济咨询中心，成立两化融合研究中心；依托宝信软件、泛亚汽车、中国商飞、振华重工、电气集团、上海焦化、上海电科所、超算中心、三菱电梯、自动化仪表所10个企业，成立信息化与工业化两化融合重点实验室。

2010年3月19日，市政府印发《上海市推进信息化与工业化融合研究中心和重点实验室2010年工作指导计划》。按照国家推进“两化融合”战略要求，上海市深化国家级“两化融合”试验区建设，为全市产业结构优化升级和经济发展方式的转变提供支撑。同时，加强产业链信息化联动发展，开展“十二五”(2011—2015年)的“两化融合”专项规划调研和编制工作；发布《上海推进物联网产业发展行动方案》和《上海推进云计算产业发展行动方案》;实施"2200 两化融合人才培训计划",确定首批 4 个人才培训机构成员单位并构建 5 个实训点,全年累计培训人数超过 2 200 人。

第四节　保障信息安全

一、信息安全管理

1998 年 12 月,上海 CA 中心成立。作为中央密码领导小组批准的唯一一家试点单位,上海 CA 中心成为国内第一家第三方电子认证服务机构。1999 年 9 月,上海计算机病毒防范服务中心成立。

2000 年,上海开始建立信息安全保障体系,由各委办局、重点企事业单位以及高校研究所等 400 多家成员参加,覆盖全市的计算机病毒防范工作网络。同年 1 月 22 日,中国国家信息安全测评认证中心上海中心揭牌。上海开始逐步实行信息系统安全保护等级和信息安全适应性就绪状况评估制度。同年,上海健全和完善信息安全责任体系,建立全市信息安全快速响应机制。

2003 年 1 月 22 日,市信息化委印发《上海市信息系统安全测评管理办法》,要求对全市信息安全重要单位的信息系统进行安全测评。市信息委、市国密办和市保密局联合制定印发《上海市数字认证管理办法》,并授权上海 CA 中心从事全市性的数字认证工作。

2004 年 10 月,市委办公厅、市政府办公厅发出《关于进一步加强上海市信息安全保障工作的实施意见》。同年 10 月 12 日,国家保密局涉密信息系统安全保密测评中心(上海市)系统测评分中心在沪举行揭牌仪式。

2005 年 2 月,国家互联网信息办公室在全国部分省市及部分行业开展信息安全风险评估工作试点。上海成立由市信息化委、市国家保密局及试点单位组成的市信息安全风险评估试点工作领导小组和信息安全风险评估试点工作小组,制定《上海市信息安全风险评估试点工作计划》和《上海市信息安全风险评估试点实施方案》。同年 4 月,《中华人民共和国电子签名法》颁布实施。2007 年 12 月,市信息化委会同市国家保密局、上海市国家密码管理委员会办公室发布《上海市数字证书使用管理办法》,规范数字证书使用过程中涉及各方主体的行为。

2006 年,上海对信息系统的安全方案审核、信息系统全生命周期管理和测评收费机制等作出规范。同年,上海重新梳理全市重要信息系统与信息安全责任制重点单位的情况,进一步完善全市信息安全责任制网络,形成新的 163 家重点责任制单位名单及其二级责任制网络。同年 5 月 7 日,市政府印发《上海市公共信息系统安全测评管理办法》,要求对公共管理部门和公共服务单位实施两年一次的信息系统安全测评制度。10 月,市政府印发《上海市网络与信息安全事件专项应急预案》,完成《上海市网络与信息安全应急预案编制指南》。

2007 年 6 月,公安部、国家保密局、国家密码管理局、国务院信息化工作办公室 4 部门印发《信息安全等级保护管理办法》。同年 7—8 月,上海成立重要信息系统安全等级保护技术专家组。

2008 年,上海统筹建设全市信息安全应急管理体系,完成网络与信息安全应急处置的相关基础调研,推进立法工作。

2009 年,市公安局、市经信委、市国家保密局、市密码管理局成立上海市重要信息系统安全等级保护工作协调小组。由市网安办牵头,对上海市市级信息安全应急预案进行调整,并于同年 6 月底向全市发布实施。同年,上海推进重要信息系统安全监管规范化、标准化。

2010 年,上海结合政府信息系统安全检查、等级保护检查,加强信息安全综合检查。

二、重大信息安全专项

【解决计算机2000年问题】

计算机2000年问题，指在早期的计算机软、硬件系统中，为节省存储空间，只采用两位十进制数记录年份的最后两位。解决计算机2000年问题，事关上海经济和社会发展的全局。1998年8月，市政府办公厅转发《国务院办公厅关于解决计算机2000年问题通知》，并于10月30日成立计算机2000年问题联席会议，下设计算机2000年问题工作组。

1999年，解决计算机2000年问题被市政府列为1999年的重点工作，市有关部门按照《Y2K问题应急计划制定指南》，在全市举办14期应急计划培训班。12月31日22时30分，市科技系统、电力、自来水、煤气、宝钢、卫生、银行、广电、机场集团、上海航空、地铁、邮电、浦东新区、中远集运、中海集团等分指挥中心相继向市指挥中心汇报零点过渡的准备情况。2000年元旦0时15分，各分指挥中心相继传来报平安的喜讯，上海成功迎战“千年虫”。

【建立国信安基地】

国家信息安全成果产业化(东部)基地(简称“国信安基地”)，又名上海863信息安全产业基地有限公司，是由科技部立项的国家863计划重点项目之一。国信安基地于2001年7月成立并开工建设，占地28.31公顷，分4个国家级研究中心和2个地方性研究服务中心、产业化社区、孵化区、管理中心大楼四大功能分区。2001年7月6日，国信安基地正式展开各项建设。2003年，国信安基地基础配套设施与生活服务配套齐全，完成了信息安全孵化楼二期建设。同年11月，占地面积约3 652平方米的企业孵化区三期培训中心项目开工，并于2005年底竣工。

截至2009年底，国信安基地共拥有孵化面积3.5万平方米，在孵企业68家，累计孵化企业82家，累计毕业企业32家。在“2008年度上海市科技企业孵化器评价”中，国信安基地孵化器被评选为浦东新区“A级孵化器”，并受邀成为上海市科技创业中心孵化平台研发的合作单位。至2010年底，入驻国信安基地的企业达到180余家。

【保障上海世博会信息安全】

2007年，《上海市信息安全“十一五”专项规划》提出世博信息安全要与世博信息化同步规划、同步建设、同步实施。同年，市网安办与上海世博局、市公安局等单位组织制订《2010年上海世博会信息安全保障规划》。2008年4月，市网安办印发《迎世博信息安全保障两年行动计划》。2009年7月31日，市政府与上海世博局、市金融办、市人力资源社会保障局、中国电信上海公司4家单位签订《2010年上海世博会信息安全保障工作责任书》，随后，全市其余152家信息安全重点单位也签署了责任书。上海世博会信息安全保障的主要对象是世博官网、网上世博会等47个世博信息系统，以及全市156家信息安全重点单位、274个等级保护定级在三级以上重要信息系统和198个重要网站。保障周期从2010年4月20日世博会试运行起至11月15日，共195天。

上海世博会期间，共完成47个系统的等保定级和测评、5次风险分析、6轮239次的渗透性测试，累计发现近3 195项问题，发出519份整改通知；监控总量2 400个用户的专网终端接入，实现了数百万次的无线和有线接入控制；进行近5 000次巡检，监控到91万多次信息安全告警，识别并处置1 268起各类信息安全事件，对2 000G的审计数据进行了分析和统计，对3 400台套机器分发

图 7-6-3　2010 年上海世博会出租车调度平台

190 多个安全补丁，每天进行病毒库更新。世博信息系统未发生重大信息安全事故和事件，未因为信息安全攻击、病毒等信息安全事件影响上海世博会展示活动的开展、影响参观者的正常参观、影响媒体对世博的报道，也未发生信息安全事件所导致的对世博会的负面影响。全面保障了 4 类 47 个信息系统的安全，涉及近 5 236 台套的终端设备、469 台服务器、406 台网络设备、大于 80G 的网络带宽。

第八篇

外事　港澳台
事务　侨务

中华人民共和国的建立，结束了上海自1840年起的半殖民地半封建的屈辱历史。中国在独立自主外交方针的指引下，遵照毛泽东关于“另起炉灶”“打扫干净屋子再请客”的指示，清除了帝国主义的残余势力，开启了在互相尊重和互利基础上建立与发展对外交往的新历程。五六十年代，上海一直为多数外国人士访华的必到之地，是经济、文化对外交流最多的城市。

50年代，由于国际社会处于“冷战时期”，亚洲、苏联及东欧国家的人员到访较多；60年代前中期，亚非拉国家领导人到访增加。60年代后期，受“文化大革命”影响，上海对外交往严重受阻，对外交流合作基本中断。70年代，联合国恢复中华人民共和国合法席位，中美关系结束长期对峙局面开始走向正常化，西方国家普遍与中国建交，上海各方面的对外交往日趋扩大，亚非拉国家的元首、政府首脑到上海访问成倍增加，美、日、西欧国家(包括南欧、北欧)和加拿大、澳大利亚、新西兰等国政府、议会、政党人士和民间人士到访也迅速增多。至1979年，当年访沪的外国人15.27万人，是70年代前3年年均1.6万人的9倍多。

1978年改革开放后，上海的对外交往和地方外事工作迎来发展机遇。尤其是从1990年浦东开发开放起，上海作为中国改革开放的窗口，成为外宾到中国进行国事访问、了解中国改革开放成就的重要城市之一。在上海举办的重要国际会议和活动越来越多，上海的国际影响力越来越大，成为国家开展外交活动的“重镇”。外国驻上海的领事机构和媒体机构不断增多，是中国除首都北京以外最多的城市。与上海结为国际友好城市的国家和地区逐年增加，友好城市交流合作的成果遍及各领域。到上海投资经商、留学、工作和从事其他事务的常驻外国人(持6个月以上签证)逐年增多，尤其是90年代后，呈现爆发式增长。截至2010年底，在沪外国人来自123个国家共162 481人，是1950年登记在册11 939人的13倍，比改革开放初400多人增加400多倍，比外侨集中最多年份1942年150 931人多11 500多人。在市委、市政府的领导下，上海积极贯彻执行中央对外开放政策，坚持外事工作为国家外交大局和地方经济建设、社会发展服务，实现了外事工作由部门“小外事”向全市“大外事”格局的转变，妥善处理了外事工作遇到的各类问题和涉外事件，圆满完成了中央交给上海的各项外事工作任务，有力推动了上海地方外事工作健康发展。

上海是内地与港澳地区经济、文化交流频繁的城市，往来源远流长。解放前夕，上海有一批工商、知识和文艺界人士及其家属移居港澳地区，数百家企业在香港注册。解放后，港澳同胞与上海重新往来沟通。1950年，港澳工商界观光团多次访沪，至1959年中华人民共和国成立10周年，港澳同胞到上海参观旅游、探亲访友在千人以上。1966年“文化大革命”开始，人员往来骤减至中止，直至改革开放后，恢复出入境，互访日趋频繁。1979年，上海工商界经济代表团赴港访问，成为“文化大革命”后上海市第一个出访团组。此后，沪港往来与日俱增。1977—1990年，上海共接待港澳同胞1 175 847人次，港澳各界访问团络绎不绝。上海因公赴港澳人员也日渐增多，至1997年香港回归祖国前，达到5 500余人。1997年香港回归祖国之际，上海南京路街头出现“百米长画迎回归”，上海举行各界喜庆香港回归祖国大会。1999年澳门回归之时，黄浦公园举行上海市迎澳门回归倒计时仪式。香港是改革开放后境外在沪投资项目和兴办实业数量最多、数额最大的地区，上海第一家中外合资企业、第一幢涉外商业办公楼都有来自香港的投资。2003年6月29日，中央政府与香港特别行政区政府签订《内地与香港关于建立更紧密经贸关系的安排》后，沪港在教育、科技、文化、医药、卫生、体育等方面交流合作的层次不断提高。

1949 年 5 月上海解放，一批沪籍人员随国民党集团退往台湾，台湾与上海航运中断，两地人员交往断绝。据 1986 年市政府台湾事务办公室普查，1945—1949 年，从上海到台湾的人员有 96 915 人，在沪的去台人员家属(简称“台属”)50 358 户、215 821 人。1979 年元旦，全国人大常委会发表《告台湾同胞书》。1980 年 12 月 30 日，中共上海市委对台工作小组成立，下设办公室，为“一套班子、两块牌子”(中国共产党上海市委员会台湾工作办公室、上海市人民政府台湾事务办公室)。按照中央精神，至 1985 年，上海为在“文化大革命”中受迫害的台胞台属平反冤、假、错案 1 504 件。沪上还建立接待站，为到沪避风的台湾渔船提供补给、修船等服务。1987 年 10 月，市委、市政府批转市对台工作小组《关于做好台湾同胞来沪探亲、旅游工作的意见》，要求全市干部群众做好台胞接待工作。1987 年 11 月，台湾当局有限制地开放台湾民众赴大陆探亲，两岸 30 多年完全隔绝的状态被打破。1988 年元旦起，上海民间对台新闻综合性电台“浦江之声”开播。随着台湾在大陆投资和大陆人员赴台旅游规模的不断增大，沪台交往日益频繁。1994 年 12 月，市政府下发《关于进一步发展沪台经济关系的通知》，鼓励台商到沪投资兴业。2005 年 11 月 1 日，市政府批准成立上海市台胞服务中心，为在沪台胞提供政策咨询、法律咨询、投诉协调等综合服务。2010 年，台湾方面应邀到沪参加上海世博会，并建上海世博会台湾馆，展示台湾经济文化。同年，总部在上海的交通银行在沪首开人民币与新台币双向兑换业务。自 2010 年起，每年在上海、台北两地轮流举办“上海台北城市论坛”。依托该论坛，两市在教育、环保、交通、文化、体育、城市规划、社区、农产品运销等领域建立交流机制。2010 年 6 月 25 日，中国国际航空股份有限公司开通上海虹桥国际机场至台湾松山机场的定期航班。改革开放后至 2010 年底，台胞到沪累计 955.72 万人次，上海居民因私因公赴台 30 万余人次，包括每年赴台就读的上海学生。沪台两地交流往来形成了全方位、宽领域、多层次的格局。

上海是中国重要侨乡之一。解放后，市政府十分重视侨务工作，调动海外侨胞、归侨侨眷的积极性参与上海经济建设。“文化大革命”期间，侨务工作中断。改革开放后，市政府在保护海外侨胞、归侨侨眷合法权益方面做了大量工作。据 2011 年侨情调查，当年底，上海共有海外华侨华人 108 万人，分布在 159 个国家和地区。华侨华人最多的国家是美国、澳大利亚、日本和加拿大。许多华侨华人成为工业、交通、金融、贸易及传统食品、饮食业企业家，不少成为科技教育、文化艺术等领域杰出的代表，为所在国做出较大贡献，并进入了主流社会。同时，不少华侨华人为上海的改革与发展献计献策。随着中国和上海在世界经济地位逐步上升，上海成为海外华侨华人和学成归国留学生投资、创业、工作、生活、居住的主要选择地之一，在沪华侨华人日渐增多。至 2011 年，全市共有归侨 16 821 人，侨眷 102 万人。与 2004 年上海市侨情调查时相比，归侨增长 152%，居住在沪的华侨华人增加近三倍(包括港澳居民)。其中，2004 年后到沪归国留学生占改革开放后归国到沪留学生近一半，约占全国 1/4；享受国务院特殊津贴、获得省部级以上科技成果奖励或先进荣誉称号有数百人；两院院士有 163 人，其中马来西亚归侨、肝胆外科专家吴孟超获国家最高科技奖。

第一章　外事服务管理

改革开放后，外事工作涉及全市各个行业和领域。80年代以前的外事工作模式，已不适应对外开放要求，涉外环境的改善，也迫切需要外事管理向依法行政、公开透明的政务管理模式转变。80年代起，在中央授权范围内，上海外事管理实行部分分口管理、分级负责和简政放权的做法，依据外事工作变化，加强外事工作的归口管理和统筹协调。90年代中期，为加强外事工作的统一领导和集中管理，成立市委外事工作领导小组，由市委、市政府主要领导负责，统筹规划全市的外事工作。进入21世纪，根据中共中央、国务院有关文件精神，上海进一步完善外事规范细则，促进外事工作健康有序发展。

第一节　归 口 管 理

归口管理是外事工作集中统一管理的重要方面。市委外事工作领导小组办公室设在市政府外办，由其负责归口管理的日常工作，根据不同时期外事工作的要求，召开全市外事工作会议，进行工作部署；加强因公出国管理以及涉外管理，搞好外事培训、外事干部队伍建设。

一、外事工作会议

1984年4月10日，召开改革开放后首次市外事工作会议，副市长阮崇武就上海贯彻执行中央对外方针政策，开创外交、外事工作新局面提出具体意见。

1987年5月14日，市长江泽民在市外事工作干部会议上强调，要“统一思想认识，正确贯彻执行中央对外方针政策，严格遵守外事纪律”和“加强外事工作的集中统一领导”，明确指出“一些重要事情同市外办磋商，很有必要”。会议确定按照“分口管理，分级负责”原则，加强外事工作的统一领导和管理。

1991年10月11日，召开全市外事工作会议，学习传达全国外事工作会议精神。市长黄菊强调，在苏联解体、东欧国家易帜等复杂的国际环境中开展对外交往，要保持高度的政治警觉，坚决抵制和反对国外敌对势力对我进行颠覆、渗透与“和平演变”；按照中央精神，加强对本市外事工作的统一领导和归口管理；加强外事队伍建设，进一步做好上海的外事工作。

1995年7月11—12日，副市长沙麟在全市外事工作会议上，强调要针对改革开放不断深入、经济发展不断发展的实际，发挥地方外事的优势。外交部副部长戴秉国到沪出席会议，结合国际形势作党的对外方针政策报告。会议将“树立新的国际形象，建设新的投资环境，发展新的友好关系，拓宽新的合作领域，开创新的外事局面”，作为今后三年上海外事工作的主要任务。

1997年4月15日，市委主要领导在市委、市政府召开的全市传达贯彻中央关于加强地方外事工作会议精神会上强调，上海坚决贯彻中央精神，一要坚定不移地扩大改革开放，提高上海对外交往水平，以一流的精神面貌、一流的工作水平开展对外交往；二要进一步加强全市外事工作集中统一领导，加强归口管理力度，健全和完善外事工作体制；三要充分利用上海外事优势和渠道，多开展实质性的工作，更好地服务中央的总体外交和上海的经济建设和社会发展。

2005年9月7日，市委、市政府召开全市外事工作会议。市长韩正主持会议，市委主要领导和分管副市长唐登杰分别讲话。会议强调，要把上海得天独厚的外事资源转化为加快改革发展的巨大优势；善于把握外事活动中的潜在机遇，为经济建设创造良好的外部环境和发展条件；坚决维护国家安全，不断提高地方外事工作水平。

2007年8月7日，为贯彻落实中央外事工作会议精神，结合上海市第九次党代会精神，市委、市政府召开全市外事工作会议，研究部署此后一个时期的全市外事工作。会上，市委书记习近平强调，要发挥上海的外事资源优势，努力服务好中央总体外交大局；紧紧围绕中心任务，服务好上海经济社会发展大局；抓住历史机遇，全力以赴办好2010年上海世博会。要坚持党对外事工作的集中统一领导，构建协调高效的"大外事"工作机制，努力造就一支高素质的外事干部队伍，不断提高应对国际局势和处理国际事务的能力。市长韩正主持会议，要求各区县、各部门增强大局意识、创新意识和协作意识，共同开创上海外事工作的新局面。

二、因公出国管理

因公出国管理是归口管理的一项重要内容。80年代，上海依照中央的授权，对因公出国实行归口管理、分级审批的原则，陆续放开授予市外经贸委等部门因公出国自主审批权，改变了以往统一管理、统一审批的高度集中办法。

90年代初，上海浦东开发开放后，本着"新事新办、特事特办、简化程序、提高效率"的精神，授予浦东新区因公出国自主审批权，推动浦东新区积极扩大对外交往和合作，吸引外资和国际跨国公司入驻。随着全面实施"走出去"战略，支持高校科研院所和企事业单位包括民营企业参与国际合作与竞争，因公出国成为上海加快与世界对接的主要渠道。1994—2008年间，上海因公出国人数年均达到5万人次左右。与此同时，加强管理，纠正因公出访中的不正之风。1994年初，上海对违反因公出国管理规定的团组进行查处，并加强出国行前教育，刹住和纠正公费出国旅游等不正之风。1995年，根据外交部关于加强因公出国管理的文件精神，市外事部门制定组团标准和审批程序两个实施细则，重点解决执行公务走因私渠道出国(境)的问题，对违反规定的因公出国(境)团组进行处理。1998年，市政府外办会同有关部门制定《关于坚决制止公费出国(境)旅游的意见》，从严控制党政机关领导干部出访，制止一般考察和出访目的不明确、任务不具体、考察内容重复雷同、变相出国旅游的公费出访。当年，共对300多批因公出访团组作出调整。1999年，上海着重对"双跨团组"(指上海市人员参加中央部门及其他省市组织的跨地区、跨部门的因公出访团组)中出现的管理漏洞进行清理整顿，查处并通报一批违纪案例。

2005年，针对因公出国工作中存在的个别领导干部出访过于集中、时间过长及无实质内容等问题，市政府办公厅印发《关于进一步加强本市党政领导干部因公出国管理的意见》，要求把因公出国管理工作和党风廉政建设结合起来，开展监督检查，切实遏制照顾或轮流出访等不良现象。2008年，上海开展制止党政干部公款出国旅游专项整治，由市政府外办会同市财政、监察等部门组成专项工作机构，对违规、违纪团组进行查处，使团组数、人数基本控制在规定范围内。因公出国超时、绕道及以公务之名行公费旅游之实的现象得到遏制。2010年，按照市委、市政府的要求，市政府外办等部门发文，作出党政干部出国计划报批、量化管理、归口审批、审批原则等10个方面规定，明确经费使用及监督管理等具体要求，使因公出国的经贸团组比例迅速上升，党政干部团组比例在可控范围内。

三、外事培训与队伍建设

80年代起,通过组织全市国内外形势与政策报告会,邀请中央部委领导、外交官、专家学者任报告人,对全市各级领导干部和外事干部进行形势政策教育。截至2010年,先后有外交部部长钱其琛、杨洁篪,中联部部长戴秉国,外交部副部长张业遂、崔天凯,外交学院院长吴建民,驻美大使周文重等到沪作专题辅导报告。

图8-1-1 2010年1月6日,上海市领导干部提高应对国际局势和处理国际事务能力专题研讨班开班式在中共上海市委党校举行

此外,市政府外办组织全市外事系统的专职干部开展进修培训,开办为期半年的外事干部进修班,主修外事业务知识,由复旦大学教师、上海国际问题研究所研究员和市政府外办负责人授课,考试合格后发给结业证书;对全市各委办局、区县100多家单位的200多名专职外事干部进行轮训。90年代后,除了开展外事干部进修培训和英语强化外,还结合上海举办的重大国际活动,开展各类大型活动专题培训,组织外事干部轮岗、挂职、出国进修。进入21世纪,新增局级干部培训班、在职外事干部"国际关系专业硕士研究生班"(后改为"硕士研究生班外交学专业")。

第二节 涉外服务

改革开放后,外国各类机构在沪设立的分支机构或办事处渐渐增多。上海不断采取措施,支持、帮助这些新增机构开展正常公务活动,寓管理于服务中,实行政务公开,努力改善涉外环境,逐步将涉外管理朝着依法行政和公开透明的方向发展。

一、公开外事行政

80年代后期，上海在中央授权范围内，尝试外事行政实行“分口管理、分级负责”的管理办法，在对外邀请、外事接待和因公出国审批等方面，授予市有关管理部门在业务范围内有部分自主审批权限。1987年，市政府印发《关于市政府外办与各外事、涉外工作分口管理部门协调配合中若干应掌握的原则》，就对外各项工作的接口、权限、报批程序和协调管理等作出原则规定。90年代，针对上海“私营企业对外交往”“与驻沪领事机构交往”“引进外国专家”“对外劳务合作”“涉外婚姻”“外国人领养小孩”等出现的新情况，制定和公布暂行管理办法和规定，部分成为国家有关部门研究制定地方外事政策的参考。进入21世纪，随着2001年12月11日中国正式加入世界贸易组织和2004年7月1日《中华人民共和国行政许可法》实施，市外事部门对不适应世界贸易组织规定的各类规范性文件进行清理和删改，将部分涉外管理事项从内部文件中剥离，公开有关外事审批业务的操作流程和办理程序，增加外事管理的透明度，提高政务信息公开力度。在涉外服务方面，市政府外办陆续编发《领事工作法规汇编》《领馆人员在沪指南》《领馆公务效率手册》《外国驻沪记者工作指南》等小册子，为驻沪外国领馆人员公务活动和外国记者到沪采访提供便利。同时，根据中共中央、国务院有关文件精神，制定和印发贯彻全国外事管理工作若干规定的“实施细则”，就外事工作的管理体制，归口审批和管理的外事事项，因公出国和对外邀请的审批权限、原则要求，外事纪律和监督等作出明确规定，进一步规范了地方外事职责划分、内容事项、审批权限、监督检查和追究处罚，从制度上为上海外事工作健康有序发展打下了基础。

二、优化涉外环境

图8-1-2　2009年5月5日，市政府外办举行外国驻上海领事馆通气会

80年代中期,上海建立并不断完善新闻发布会制度,向外国驻沪记者和驻沪领事机构等主动介绍上海经济社会发展情况。市领导在每年的领馆官员见面会、信息发布会等多种场合,就外方关心的问题回答领事官员及媒体记者的提问。进入90年代后,上海外事系统根据全市因公出国需要,把护照签证申办的工作流程、工作日、各国驻沪领事馆对签证的具体要求等编印成册并在办公点张贴公布,此后又逐步开发建设和不断完善因公出国审批互联网上办事系统和因公出国审批、护照签证申办声讯查询系统,在市政府"中国上海"门户网站增加链接,方便对外交往需要。进入21世纪,上海建立新闻发言人制度,由市政府各委办局领导担任新闻发言人,在对外新闻发布会上介绍情况。市政府出台重大举措或上海社会发生重大事件,及时组织召开专题介绍会或情况通气会。每年邀请驻沪领事馆官员列席市人大、市政协会议("两会")的开、闭幕式等重大活动,组织外国驻沪领事馆官员参观考察上海重大市政工程项目,如浦东国际机场、浦东软件园和南方基因中心基地、洋山深水港、虹桥交通枢纽工程、世博会场馆建设等。为配合西部大开发,上海还先后组织驻沪领事馆官员赴贵州、甘肃、新疆、西藏、云南等地考察,受到当地政府的热情接待。

三、处理涉外事件

改革开放初期至80年代,上海涉外重大事件不多,较有影响的事件事故有:1979年7月初,上海纺织工学院因数名非洲留学生滋事生非挑起部分中外学生冲突斗殴;1987年前后,日本语言学校从上海招收自费就读生日方未给予签证,致使3.5万名申请赴日就学青年蒙受经济损失;1988年3月24日,铁路上海站311次客车在上海嘉定县封浜地区与迎面驶来的208次列车相撞,造成311次车上日本高知学艺高等学校访华旅行团190人中27人不幸罹难、37人受伤。以上事件发生后,在市政府领导下,有关部门和当事单位配合,积极做好应急处置、伤员救治、善后处理及教育处罚等工作,维护了上海社会的安全稳定和有关方的合法权益。随着对外开放的深入,90年代以后上海涉外事件增多,由每年十多起增到百余起,涉及行业和领域越来越广,处理的较大涉外事件有涉外公民权益、涉外非法活动、涉外应急救治事件、境外突发事件、境外炒作事件、国际事件引发市民群愤等六类:

重大涉外公民事件主要有:1999年4月15日16时,韩国一货机在上海莘庄地区坠毁事件;2003年1月23日上午,法航AF112班机在上海浦东国际机场降落时坠人事件;2003年3月1日,美国驻沪总领事馆副领事包某交通肇事案等。这些事件发生后,市政府指示有关部门及时处理,或通过法律途径,或通过协商,缓解涉事双方矛盾,维护了上海市民的合法权益。

重大涉外非法活动主要有:1995年5月,日本山多拉斯多(音译)株式会社在沪非法设立办事机构,从事涉外婚姻介绍;1996年6月,美国商人威廉平·陈进口生活垃圾;1996年6月12日中午,国际绿色和平组织"MV绿色和平"号船擅自闯入上海附近中国内水等。事发后,上海市有关部门依照我国法律,采取正当措施,使当事人当场接受处理。

重大涉外应急救治事件主要有:2007年3月21日下午上海接到外交部通知,对在浙江省宁波市遭遇车祸生命垂危的俄罗斯公民尤莉娅紧急救治;2010年4月30日上午10时,对应邀到中国出席上海世博会的马耳他总统乔治·阿贝拉在下榻宾馆不慎摔伤进行救治等。上海迅速组织力量,对伤者实施最佳治疗和医疗服务。

重大境外突发事件主要有:2004年12月10日,上海某集团公司4名出访人员在墨西哥被当地移民局以"护照签证问题"为由扣留;2009年1月30日,上海一旅游团组在美国亚利桑那州遭遇车祸致7死10伤;2010年6月28日,上海某船务有限公司租赁的货轮和船上19名中国籍船员在索马里被劫持等。上海市有关部门派出人员,依靠中国驻外使馆与外方积极协调联系,使这些境外突发事件得到妥善解决。

重大境外炒作事件主要有:1996年初,国际上一股反华势力收集和炮制歪曲事实的"上海儿童福利院迫害残疾儿童"材料,通过境外媒体进行炒作。上海市有关部门组织各外国驻沪领事馆和媒体机构实地参观考察,召开新闻发布会和座谈会及时通报情况,用事实说话,使各国驻沪总领事和驻沪记者及时了解事实真相。

第三节　涉外荣誉表彰

1987年,市政府批转市政府外办《关于本市授予外国人名誉称号问题的请示》。1992年,经市政府批准,市政府外办印发《关于设立"白玉兰荣誉奖"和"白玉兰纪念奖"的暂行规定》(2000年市政府正式批转此规定)。1993年,市政府办公厅转发市政府外办《关于做好授予外国人"上海市荣誉市民"称号工作的几点意见》;1998年8月18日,市十一届人大常委会第四次会议通过《上海市授予荣誉市民称号规定》,这是上海涉外管理中第一个地方性法规。截至2010年底,上海共表彰作出积极贡献的境外友人1 020人次。其中,获"上海市荣誉市民"称号的33人,获"白玉兰荣誉奖"的235人次,获"白玉兰纪念奖"的752人次。

一、上海市荣誉市民

上海市荣誉市民是上海授予有突出贡献境外友人的最高荣誉。1997年,为上海经济建设和社会发展作出突出贡献的美国国际集团董事长格林伯格、日本八百伴集团董事长和田一夫、上海贝尔电话设备制造有限公司比利时籍副董事长莫瑞尔、上海大众汽车有限公司德国籍第一副董事长波斯特、上海爱思旅行用品有限公司日本籍名誉董事长新川柳作、上海新晃空调设备有限公司日本籍总经理关长臣、日本川崎医院福利大学校长江草安彦等8位外国友人首批获此称号。同年6月2日,市长徐匡迪向其中7位外国友人颁发"上海市荣誉市民"的证章和证书。11月3日,徐匡迪向罗丹姆库公司英国籍董事长麦克米伦颁发此荣誉证章和证书。此后,除1998年和2006年空缺外,截至2010年,又有25名境外友人陆续获此殊荣。

二、白玉兰奖项

"白玉兰纪念奖"首次颁奖在1989年1月20日,副市长顾传训和市外事部门负责人分别为美国、英国、日本、德国、加拿大、泰国籍的18位专家、企业高管和2名日本常驻记者颁发该奖。同年荣获"白玉兰纪念奖"的,还有来自澳大利亚、哥伦比亚等国家的专家和企业高管15人,其中,大众有限公司德国籍技术经理保尔由市长朱镕基颁奖。此后,历年获该奖人数除1992年是个位数外,其余年份都达两位数。特别是2006年以后,每年获奖人数超过40名,最多的2009年,有60名境外人士获得此奖。

"白玉兰荣誉奖"从1993年开始颁发。同年1月18日,上海新晃空调设备有限公司日本籍总经理关长臣等9位在沪工作的外籍人士被授予"白玉兰荣誉奖";11月26日,日本大阪市前市长大岛靖于被授予该奖。此后除个别年份外,市政府几乎每年都要隆重举行颁奖仪式。1999 年,获“白玉兰荣誉奖”17 人,其中的日本早稻田大学校长奥岛孝康因故未能出席颁奖仪式,2010 年 2 月 28 日市长徐匡迪专为其举行仪式授奖。从 1996 年起,几乎每年都有 10 多位境外友人获得该荣誉奖,其中最多的是 2003 年,有 26 位境外友人获此殊荣。

三、国家“友谊奖”

国家“友谊奖”是由国家外国专家局根据《对外国专家奖励办法》规定,于 1991 年 10 月 1 日起设立的奖项。上海第一批获得国家“友谊奖”的是上海地铁公司马来西亚籍工程顾问刘本福和上海三环润滑设备厂德国籍技术顾问鲁道夫·奥托。至 2010 年,上海共有 43 名外国专家获得该奖。

第二章　对外交往

改革开放后，上海对外交往日益频繁，外交部、中联部等中央部门安排访沪的国际友人络绎不绝，上海市各部门邀请访沪的国外团组更是数不胜数。日渐丰富的对外交往，让世界各国人民了解上海，了解中国，又不断提升了上海在国际上的知名度，推动上海逐步融入世界。每年市领导的公务出访，从地方政府层面，既加强了上海与国外城市更多领域的合作交流，又在服务国家总体外交中发挥了地方外事独特作用。民间对外交往，作为上海对外交往重要组成部分，从建立与国外民间团体、民间组织联系，到推动这些团体、组织与上海相关地区、部门互动，促进了上海人民与世界各国人民的了解和友谊，发挥了民间外交作用。

第一节　重要来访

一、浦东开发开放前重要来访

改革开放初，一些国家的元首和政府首脑访华，外交部都会安排他们到上海参观访问。此期间，亚、非、拉美国家元首和政府首脑访问上海是主流。日本各界在中日邦交正常化后，出现了与中国发展友好关系的热潮，是访问上海人数最多的国家。到沪访问的日本各界人士从 1972 年的 2 221 人猛增至 1979 年的 47 749 人。美国仅次于日本居第二位，1978 年到访上海的美国人已逾万人，比 1972 年尼克松总统访华当年增长 10 倍。80 年代前后，到上海参观访问的各国元首和政府首脑已遍及五大洲，亚、非、拉美等国家元首和政府首脑继续频繁造访。亚洲国家中，1988 年 12 月 23 日印度总理拉吉夫・甘地访沪，是 60 年代中印关系恶化后首个访沪的印度政府首脑。西欧(包括南、北欧)国家和美国、加拿大、澳大利亚、新西兰等国家元首、政府首脑先后至上海访问。1978 年 1 月 23 日，法国总理雷蒙・巴尔是改革开放后最先正式访问上海的西欧国家政府首脑。1982 年 9 月 23 日，英国首相撒切尔夫人在访沪中出席江南造船厂为香港环球航运集团建造的第二艘 2 万 7 千吨散装货轮“世谊号”的命名、交船仪式。1983 年 5 月 7 日，法国总统密特朗访问上海，向著名作家巴金颁发法国三级荣誉勋章——骑士勋章。1984 年 4 月 30 日，美国总统里根访沪参观中美首家合资企业——上海福克斯・波罗有限公司，并以“同中国著名学府的年轻人谈谈未来，谈谈我们共同的未来”为主题，在复旦大学作了长篇讲话。1984 年 10 月 12 日，联邦德国总理科尔抵沪访问，与国务院副总理李鹏一起在上海出席中德合资上海大众汽车有限公司签约奠基仪式。1986 年 10 月 15 日，英国女王伊丽莎白二世访沪时，国家主席李先念应邀出席其在停泊黄浦江畔的英国皇家游艇“不列颠”号上举行的答谢宴会。曾因 70 年代中苏关系恶化，与中国中断往来的苏联和东欧国家，此期间与中国关系有所恢复，一些国家元首和政府首脑访华期间先后到上海参观访问。1989 年 5 月 18 日，苏共中央总书记、苏联最高苏维埃主席团主席戈尔巴乔夫访沪时，向中共上海市委书记江泽民和市长朱镕基表示，苏中关系“过去的已经过去，今后将重新开始”。1989 年春夏之交，发生政治风波，以美国为首的一些国家干涉中国内政，中美、中欧高层往来中断，但仍有美国政界人士、议员、州市领导人和企业界、民间知名人士到上海参观访问。日本是这些国家中率先恢复与中国经济和各方面来往的国家。此后，欧洲不少国家也重新恢复同中国的交往和合作。

二、浦东开发开放至20世纪末重要来访

90年代，上海经济建设发展迅速，城市面貌发生巨大变化。尤其是1990年4月18日中共中央、国务院正式宣布开发开放上海浦东后，上海对外交往达到新的高潮。上海每年接待外国重要嘉宾数量呈两位数增长，接待外国元首和政府首脑多达20多批，占访华总量的2/3，接待副总理级以上代表团数十批，部长级代表团数百批，加上接待议会、政党、地方政府代表团和民间友好团体，上海成为国际嘉宾造访聚焦的主要城市。亚洲、非洲、拉丁美洲等一些发展中国家的嘉宾对浦东开发开放政策、基础设施建设、吸引外资优惠条件和措施、重点规划领域和项目等表现出兴趣，希望借鉴浦东开发开放的经验，促进本国经济的发展。欧美，澳大利亚、新西兰等一些发达和中等发达国家的外宾则是希望通过看到浦东开发开放的实践，检验中国改革开放政策效果和未来走向，以其经济和技术优势占领中国市场的制高点。浦东成为上海对外交往的一张名片，成为各国大型企业集团和国际跨国公司竞相投资、落户的热土。中国与欧盟关系基本恢复正常，欧洲国家成为访问上海频率最高的地区，每年来自欧洲国家的元首和政府首脑络绎不绝。1996年4月26—27日，俄罗斯总统叶利钦作为中俄两国在原中苏友好关系基础上正式建立外交关系后访沪的首位俄总统中国、俄罗斯、哈萨克斯坦、吉尔吉斯斯坦、塔吉克斯坦。五国元首在上海签署了关于在边境地区加强军事领域信任协定。1998年6月29日—7月2日，美国总统克林顿在中美关系微妙时刻访华，在上海的“圆桌讨论会”上重申，美国不支持“台湾独立”，不支持“两个中国”“一中一台”，不支持台湾加入那些以主权为先决条件的，必须由国家参加的国际组织的“三不政策”。日本因中日经济合作日益紧密，依然保持访问热度。其间，天皇明仁和皇后美智子(1992年10月27日)、首相细川护熙(1994年3月21日)、首相村山富市(1995年5月5—6日)先后访问上海。

三、21世纪前10年重要来访

进入21世纪，全球经济一体化快速发展，经济外交成为国际交往中重要因素。上海在中国改革开放和发展中的重要地位，吸引着外国元首和政府首脑纷至沓来，寻求经济合作。2000—2010年，外国元首和政府首脑访沪往往有一批经济、企业界人士随行，到沪参加各类经济活动，希望在经济合作中得到更多的商机。

亚洲周边国家与中国合作有着地缘优势，经济上互补性强。菲律宾总统阿罗约在沪出席“有线电视及电话网络”项目合作备忘录的签字仪式。韩国总理李汉东出席“中韩移动通信企业合作研讨会”和合作项目签字仪式。新加坡总理吴作栋为“中新合作三林城住宅项目建成纪念碑”揭幕、植纪念树。马来西亚总理巴达维出席上海宝世威石油钢管制造有限公司开业仪式。越南总理阮晋勇参加了上海—河内至胡志明市直飞航线开航仪式。蒙古总统、印度尼西亚总统、印度总理、斯里兰卡总统、巴基斯坦总统等分别出席有关“经贸合作论坛”“能源论坛”“信息产业论坛”“投资、贸易、旅游研讨会”和企业合作备忘录签字等仪式。韩国总统、越南国家主席分别在相关的经济界人士午餐会、见面会上发表演讲。

到上海参观访问的非洲国家元首和政府首脑都希望利用上海的资金、技术、管理经验帮助该国开发资源，投资办厂，促进和推动当地经济发展。刚果总统、毛里求斯总理、莫桑比克总统和总理、

加纳总统、塞内加尔总统、莱索托首相、肯尼亚总统、几内亚比绍总统等分别在与中方企业家见面会、午餐会、早餐会或双方企业家座谈会上，介绍了本国的投资环境和政策，希望有更多的上海企业去落户、投资发展。卢旺达总统、南非总统、喀麦隆总统、加蓬总统、毛里求斯总理、纳米比亚总统等在沪参加经贸洽谈会、商务研讨会、国家经济日、中国出口铁路装备装船仪式时，都表示将为前去投资的上海企业家提供最大支持和帮助。

欧洲是世界多极演变中重要一极，访沪成为欧洲各国加强对华经济合作的重要一环。欧洲各国元首和政府首脑访沪人数多、规模大，众多工商界人士随行。他们希望在上海能找到合作商机，进行投资。俄罗斯和东欧国家全面提升了与中国的战略伙伴关系，俄罗斯总理卡西亚诺夫出席在上海举行的中俄总理第七次定期会晤。爱沙尼亚、斯洛文尼亚、罗马尼亚、捷克、匈牙利、波兰、塞尔维亚、斯洛文尼亚、保加利亚、克罗地亚、斯洛伐克等国元首和政府首脑分别出席各种形式的经贸合作"研讨会""洽谈会""商务论坛"，以及由双方经济界人士、企业家参加的"午餐会""见面会"和谅解备忘录签字仪式。西、北欧和中、南欧各国领导纷纷到沪参加各种形式的经济活动，如德国总理、英国首相、法国总统、比利时首相、卢森堡首相、冰岛总统、芬兰总理、瑞士联邦主席、奥地利总统、葡萄牙总统等在沪出席了一系列合作项目庆典、签约、奠基、揭牌、开业、投产仪式。英国、爱尔兰、荷兰、挪威、瑞士、希腊、西班牙、奥地利、马耳他、意大利等国元首和政府首脑分别参加了本国在沪举办的"食品饮料研讨会""旅游推介会""商务论坛酒会""投资研讨会""海事研讨会""制造业论坛"和双方企业家峰会、午餐会、洽谈会、情况介绍会和经贸合作论坛、经济论坛。

美洲大多是发展中国家，与中国一直保持着良好的传统友谊。这些国家元首和政府首脑纷纷在沪会见上海有关部门、行业和各大集团领导，就共同开发或提供投资开发的领域进行座谈，介绍投资优惠政策，希望吸收中国的资金和技术，实现经济互补与合作。墨西哥总统、牙买加总理、厄瓜多尔总统、巴西总统、智利总统分别在"墨西哥投资和经贸机遇研讨会""中国—牙买加经贸合作论坛""中厄经贸研讨会""中巴经贸研讨会""智利、中国在拉丁美洲的战略伙伴"企业家论坛上演讲。阿根廷总统、秘鲁总统、安提瓜和巴布达总理出席双方企业家早餐会、见面会。乌拉圭总统出席了乌中有关合作生产协议书的签字仪式。美国和加拿大政要、议员纷纷到沪，探寻增进双方关系和经济合作的新途径。2009 年 11 月 15—16 日，新当选的美国总统奥巴马访华先抵上海，在沪与 410 名来自沪上 8 所高校的学生进行对话，发表了 15 分钟演讲，近 200 名中外记者进行现场采访。加拿大总理让·克雷蒂安三次到上海，为上海——蒙特利尔互联网开通剪彩、植树留念，签署友好项目交流备忘录，出席中加企业项目签字仪式和加"青年数据库"开通、工厂开工典礼等。

大洋洲国家和南太平洋岛国在经济上与中国有着很大的互补性。随着中国与澳大利亚、新西兰经贸往来快速增长，以及南太平洋国家在推进地区合作和一体化进程中更加倚重中国的支持和帮助，上海也成为澳大利亚、新西兰和南太平洋国家访华的主要城市之一。2001 年 4 月 18—19 日，新西兰总理海伦·克拉克访沪期间，出席了新西兰教育情况介绍会、旅游说明会、上海外国语大学与新西兰怀卡多大学交流协议签约仪式，以及"新西兰之窗"揭幕仪式和新中企业家见面会，考察了新西兰航空公司上海办事处、锦麟天地新西兰之窗。2005 年 10 月 12—14 日，澳大利亚总督迈克尔·杰弗里访沪期间，参加了复旦大学与澳大利亚教育机构合作项目的师生见面会。2010 年 7 月 31 日至 8 月 12 日，斐济总理姆拜尼马拉马访华，在沪会见多位中国企业负责人，希望中国企业到斐投资兴业，更多的中国人赴斐旅游。密克罗西亚总统法尔卡姆在沪达成上海电气(集团)总公司去密建造电厂项目的初步意向。巴布亚新几内亚总理、萨摩亚总理兼外长访华时，分别与上海贸促会、上海电力和能源专家进行座谈。

第二节 市政府领导出访

上海市领导的公务出访,大致分为三类,即参与国家层面双边活动、开展友好城市交往和参加国际重要活动。

一、参与国家双边活动

1991 年 4 月,已被任命为国务院副总理的上海市市长朱镕基率上海市代表团先后访问意大利、荷兰、比利时、法国、西班牙、德国 6 国,参加了 50 余场次的公务活动,包括会见政界、企业界重要人士,出席了 3 次大型研讨会和情况介绍会,广泛介绍中国政治、经济形势和上海浦东新区建设规划及优惠政策,希望与各国加强经济技术合作。1992 年 4 月末,上海市市长黄菊和中国人民对外友好协会会长韩叙共同率中国代表团赴美国纽约参加纪念中美《上海公报》发表 20 周年活动。之后黄菊率上海市代表团访问华盛顿、旧金山等地,与美国政界、金融界、企业界等各界重要人物和知名人士广泛接触会晤,向他们介绍中国和上海建设、浦东开发开放情况,就双方共同关心的问题和合作交流事宜进行商讨。2004 年 3 月,上海市副市长杨晓渡出席中法文化年组成部分的里尔"上海一条街"开幕活动;6 月,由市委副书记、市长代表殷一璀率领上海市代表团赴法出席中法文化年"马赛上海周""巴黎上海周"活动。2005 年 5 月,上海市市长韩正作为中国政府代表团成员,随同国务院副总理吴仪出席日本爱知世博会"中国馆日"活动,并在中日两国政府有关部门共同主办的 21 世纪城市发展论坛上,作题为《抓住世博机遇,加快城市发展》的主题演讲。2007 年 6 月,韩正率上海市代表团访问俄罗斯,出席中俄国家年中国展组成部分圣彼得堡"上海周"开幕式暨"波罗的海明珠"商务中心落成仪式,并向圣彼得堡市长马特维延科颁发上海市"白玉兰荣誉奖"。2009 年 4 月,上海市常务副市长杨雄率团赴阿根廷、秘鲁、日本,进行中国 2010 年上海世博会促展和推广工作。

二、出访国际友好城市

国际友好城市是改革开放后上海对外交往的重要窗口和渠道。汪道涵任市长期间(1981 年 4 月—1985 年 7 月),分别率上海市代表团于 1982 年、1983 年和 1984 年访问朝鲜的平壤、咸兴、开城,日本的大阪、横滨和东京,美国的芝加哥、旧金山市,巴基斯坦的卡拉奇市,荷兰的鹿特丹市和比利时的安特卫普市。访问中,汪道涵一行分别拜会了这些国家、地方领导人,与咸兴市人民委员会委员长、横滨市长、卡拉奇市长、旧金山市长、鹿特丹市长和安特卫普市长分别签署缔结友好城市关系协议书、友好交流的声明和年度友好交流项目备忘录;主持在旧金山市举行的"上海博物馆馆藏珍品——六千年中国艺术展览"开幕式,并赴波士顿接受塔夫茨大学授予其公共管理学荣誉博士学位。江泽民任市长期间(1985 年 7 月—1988 年 4 月),分别于 1986 年、1987 年和 1988 年率上海市代表团访问德国、澳大利亚、美国、瑞典、荷兰和比利时等国,与这些国家的友好城市签署建立友好合作关系声明,互换友好交流项目备忘录和友好交流补充项目备忘录,商讨决定建立中比联合咨询工作小组和办好旧金山"国际商业经理班"事宜,并考察澳大利亚、美国城市市政建设和管理情况,向美国各界人士介绍上海改革开放和经济建设情况。朱镕基任市长期间(1988 年 4 月—1991 年 4 月),分别于 1988 年、1989 年、1990 年、1991 年,率上海市代表团访问朝鲜平壤、咸兴,日本大阪、横滨，新加坡和欧洲6国的米兰、鹿特丹、安特卫普、罗·阿大区、马赛、巴塞罗那、汉堡等7个友好城市，参加朝鲜40周年国庆纪念活动、庆祝上海与大阪两市结好15周年活动、横滨建市100周年和开港130周年纪念活动，出席中日经济研讨会、“上海·横滨友好园”开园仪式和“’89横滨博览会‘上海日’”纪念仪式，以及由大阪电视台进行直播的关于发展双方经贸合作问题的领导人座谈会，并与朝鲜、新加坡、欧洲6个国家领导人和咸兴、大阪、横滨、欧洲6国的7个友好城市等地方政府广泛交谈，商议、签署合作交流项目，介绍上海浦东建设规划和各项优惠政策。黄菊任市长期间（1991年4月—1995年2月），分别于1992年、1993年和1994年率上海市代表团访问日本、美国、意大利、德国、澳大利亚、新西兰，与这些国家的友好城市签署年度友好交流项目备忘录和缔结友好城市协议书，向这些国家金融、贸易、企业、新闻等各界人士介绍上海重大建设项目、浦东开发开放规划和对外国投资优惠政策方面情况。徐匡迪任市长期间（1995年2月—2001年12月），分别于1995—2001年8次率上海市代表团访问美国、英国、埃及、以色列、俄罗斯、日本、加拿大、澳大利亚、新西兰、巴西、法国、德国、土耳其、南非、摩洛哥、荷兰等国家，就上海与这些国家的友好城市交流合作进行会谈，签署建立友好合作关系和合作交流备忘录、协议书、年度友好合作与交流项目备忘录；分别与横滨市长、澳大利亚昆士兰州总理共同签署“上海横滨缔结友城25周年共同声明”和“上海市与昆士兰州面向21世纪友好关系的联合声明”，发表题为《发展友好关系，共同迈向21世纪》演讲，在旧金山举办的“‘95上海经济贸易洽谈会”开幕式上作报告，出席由美国前总统布什主持召开的“21世纪——亚洲时代的曙光”国际研讨会。2002年，市政府主要领导率领上海市代表团访问法国、葡萄牙、西班牙等国友好城市，拜会法国总理拉法兰和西班牙外交大臣约赛普·皮克；考察里斯本世博会和塞尔维亚世博会场址，出席国际展览局第131次会议（在法国巴黎举行）和132次会议（在摩纳哥蒙特卡洛举行），为中国上海申办2010年世博会作陈述，上海在国际展览局第132次会议上经4轮投票选举，赢得2010年世博会主办权。2003—2009年，市长韩正5次率上海市代表团分别访问英国、德国、奥地利、美国、加拿大、古巴、墨西哥、阿联酋、土耳其、西班牙、法国、瑞士、匈牙利、克罗地亚等国，与这些国家的友好城市签署友好交流合作备忘录、合作会议纪要，出席“上海—旧金山结好25周年”“上海—芝加哥结好20周年”“上海—蒙特利尔结好20周年”庆祝活动和在古巴圣地亚哥省、土耳其伊斯坦布尔市举办的上海图片展和“上海周”系列活动开幕式，并在世博会国际展览局第145次会议上，向阿尔卡特朗讯等23家法国大企业负责人作上海情况介绍主题演讲；在瑞士由世博国际组织举行的推介会上，向14家联合国机构和国际组织领导人介绍上海世博会参展情况；出席巴塞罗那市两个案例参展中国2010年上海世博会“城市最佳实践区”的签字仪式。

三、出席国际重大活动

改革开放后，80年代上海市领导应邀参加国际重大活动日渐增多。1980年，以副市长韩哲一为团长，由北京、上海、天津三市及中国城建总局组成的代表团赴意大利，出席联合国人口活动基金会在罗马举行的“人口与城市未来”国际会议。1982年，副市长赵祖康赴日本出席在横滨举行的“联合国亚洲太平洋地区城市会议”。1984年，副市长叶公琦率团出席在米兰举行的第62届国际博览会开幕式；副市长阮崇武赴日本出席在大阪举行的第四次“国际大城市市长会议”。1986年，市长江泽民率团出席在巴塞罗那召开的“联合国人口与城市未来”国际会议。1986年和1987年，副市长倪天增赴日本出席在横滨举行的“港口未来开发国家研讨会”，在名古屋市、横滨市举行的“亚太地区人类居住发展第二次地方领导人会议”和“亚太地区城市管理、技术合作网第一次工作会议”。

1989 年,副市长顾传训率团赴法国参加“里昂国际博览会”。

90 年代,除各类通航、庆典、展览等双向活动外,上海市政府领导率团参加更多的是国际研讨活动。1991 年,市长朱镕基率团赴荷兰参加“世界论坛”研讨会,并作题为《中国的改革开放和发展》的演讲。1994 年,副市长夏克强率团赴日本福冈参加“亚太城市会议”,副市长谢丽娟率团赴法国巴黎出席第三届保护儿童市长国际会议。1995 年,副市长华建敏率团赴日本东京出席“亚洲的未来”国际研讨会,副市长沙麟率团赴瑞士出席联合国贸易效率大会。1996 年,副市长赵启正率团赴美国出席世界银行会议,副市长左焕琛率团赴日本神户出席世界卫生组织(WHO)卫生发展中心咨询委员会会议。

进入 21 世纪,上海市领导应邀出席各种国际重大活动更为频繁,尤其在 2002 年上海申办世博会成功前后,市政府组织参与大量的宣传推介工作。2000 年,副市长蒋以任率团参加德国汉诺威世博会开幕式;副市长周慕尧率团参加加拿大蒙特利尔市立体花坛开幕式。2002 年,副市长周慕尧率团出席在西班牙举行的世博会主办城市大会及在韩国釜山举办的第 14 届亚运会开幕式;副市长韩正率团赴南非约翰内斯堡接受联合国对上海为可持续发展所作贡献的特别奖。2003 年,副市长杨晓渡赴菲律宾,出席世界卫生组织西太区第 54 届大会,赴日本出席世界卫生组织卫生发展中心召开的“城市卫生规划与服务咨询会议”;副市长周太彤率团赴爱尔兰,出席第 11 届夏季世界特奥会。2004 年,副市长姜斯宪率团出席在比利时举行的“创造性地区论坛”;副市长唐登杰率团赴日本出席横滨工业技术展。2006 年,副市长周太彤率团出席长野冬季特奥会,副市长周禹鹏率团赴日本出席爱知世博会开幕式。2008 年,常务副市长杨雄率团出席西班牙萨拉戈萨世博会闭幕式。2009 年,副市长赵雯赴意大利出席国际泳联第 14 届世锦赛接旗仪式。2010 年,副市长沈晓明赴日本神户出席 WHO 卫生发展中心咨询委员会会议。

第三节 国际友好城市

建立和发展友好城市及友好城市交流合作关系,是改革开放后上海对外交往的重要渠道,已成为上海借鉴世界各地城市发展经验,推动上海经济建设和社会发展的桥梁与纽带。上海与外国城市建立和发展友好关系始于 70 年代前期,此后全面发展,稳步推进。

一、友好城市建立与发展

1973 年 11 月 30 日,上海与日本横滨市正式结为友好城市,这是上海与外国城市正式建立友好关系的第一对城市。1974 年,上海又与日本大阪市结为友好城市。改革开放后的 1979 年,上海相继与意大利米兰市、荷兰鹿特丹市建立友好城市,这是上海对外建立友好城市的初创起步阶段。80 年代,随着上海对外交往的迅速发展,许多外国政府领导人和地方政府领导人在访华期间或访沪结束后,纷纷向中方提出结好建议,有的还通过双方的使领馆转达愿望,希望本国的相应城市与上海结好。到 80 年代末,上海建立的国际友好城市已遍及五大洲的 19 个国家 23 个城市,还与 2 个外国城市建立了友好交流关系。90 年代起,上海浦东开发开放带动友好城市的发展进入迅速壮大时期,平均每年新增近 3 个,交流合作的广度和深度都有突破性发展,呈现出全方位、宽领域、多层次交往的特点。截至 2010 年,经全国友协批准,上海已与世界 52 个国家的 70 个城市(或省、州、区、府、道)结为友好城市。其中,市级友好城市 57 个,市级友好交流关系城市(指尚未签署正式结好协议，已有相互交流活动的结对城市)5个，区镇级友好城市8个(均见表8－2－1)。另有已签订协议(备忘录)，处于相互交流阶段的外国城市22个。其中亚洲11个，分别是土耳其安卡拉市，韩国忠清南道，韩国济州特别自治道，菲律宾马尼拉市，塞浦路斯尼科西亚市，日本新潟县，日本新潟市，日本熊本县，日本山梨县、静冈县和神奈川县(以上3个县联合与上海签署协议)，日本大分县，日本冲绳县；非洲1个，南非约翰内斯堡市；欧洲6个，分别是意大利伦巴第大区，德国柏林市和莱比锡市，斯洛文尼亚卢布尔雅那市，保加利亚索菲亚市，希腊雅典市；美洲2个，分别是美国休斯敦市和纽约市；大洋洲2个，分别是澳大利亚维多利亚州和新南威尔士州。

表8－2－1　截至2010年12月31日上海市国际友好城市及友好交流关系城市一览表

(一)市级国际友好城市[Shanghai's International Sister Cities]

编号	城　市		国　家	所属洲	结好时间(年月日)
1	横滨市	City of Yokohama	日　本	亚　洲	1973.11.30
2	大阪市	Osaka City	日　本	亚　洲	1974.4.18
3	米兰市	Milan	意大利	欧　洲	1979.6.25
4	鹿特丹市	Rotterdam	荷　兰	欧　洲	1979.11.23
5	旧金山	San Francisco	美　国	美　洲	1980.1.28
6	萨格勒布市	Zagreb	克罗地亚	欧　洲	1980.6.18
7	大阪府	Osaka Prefecture	日　本	亚　洲	1980.11.21
8	咸兴市	Hamhung	朝　鲜	亚　洲	1982.6.18
9	大马尼拉市	Metro Manila	菲律宾	亚　洲	1983.6.15
10	卡拉奇市	Karachi	巴基斯坦	亚　洲	1984.2.15
11	安特卫普市	Antwerp	比利时	欧　洲	1984.5.27
12	蒙特利尔市	Montreal	加拿大	美　洲	1985.5.14
13	比雷埃夫斯市	Piraeus	希　腊	欧　洲	1985.6.24
14	滨海省	Pomorze	波　兰	欧　洲	1985.7.4
15	芝加哥市	Chicago	美　国	美　洲	1985.9.5
16	汉堡市	Hamburg	德　国	欧　洲	1986.5.29
17	卡萨布兰卡市	Casablanca	摩洛哥	非　洲	1986.9.8
18	马赛市	Marseilles	法　国	欧　洲	1987.10.26
19	圣保罗市	Sao Paulo	巴　西	美　洲	1988.7.7
20	圣彼得堡市	St. Petersburg	俄罗斯	欧　洲	1988.12.15
21	昆士兰州	Queensland State	澳大利亚	大洋洲	1989.5.24
22	伊斯坦布尔市	Istanbul	土耳其	亚　洲	1989.10.23
23	亚历山大省	Alexandria	埃　及	非　洲	1992.5.15
24	海法市	Haifa	以色列	亚　洲	1993.6.21

(续表)

编号	城　市		国　家	所属洲	结好时间(年月日)
25	釜山市	Busan	韩　国	亚　洲	1993. 8. 24
26	胡志明市	Ho Chi Minh City	越　南	亚　洲	1994. 5. 14
27	维拉港	Port Vila	瓦努阿图	大洋洲	1994. 6. 8
28	达尼丁市	Dunedin	新西兰	大洋洲	1994. 10. 21
29	塔什干市	Tashkent	乌兹别克斯坦	亚　洲	1994. 12. 15
30	波尔图市	Porto	葡萄牙	欧　洲	1995. 4. 15
31	亚丁省	Aden	也　门	亚　洲	1995. 9. 14
32	温得和克市	Windhoek	纳米比亚	非　洲	1995. 11. 1
33	圣地亚哥省	Santiago Province	古　巴	美　洲	1996. 8. 28
34	罗萨里奥市	Rosario	阿根廷	美　洲	1997. 6. 17
35	埃斯波市	Espoo	芬　兰	欧　洲	1998. 9. 4
36	哈利斯科州	Jalisco State	墨西哥	美　洲	1998. 11. 18
37	利物浦市	Liverpool	英　国	欧　洲	1999. 10. 18
38	马普托市	Maputo	莫桑比克	非　洲	1999. 10. 25
39	清迈府	ChiangMai Province	泰　国	亚　洲	2000. 4. 2
40	迪拜市	Dubai	阿联酋	亚　洲	2000. 5. 30
41	夸祖鲁-纳塔尔省	KwaZulu Natal	南　非	非　洲	2001. 5. 16
42	瓜亚基尔市	Guayaquil	厄瓜多尔	美　洲	2001. 7. 6
43	瓦尔帕莱索市	Valparaiso	智　利	美　洲	2001. 7. 10
44	巴塞罗那市	Barcelona	西班牙	欧　洲	2001. 10. 31
45	奥斯陆市	Oslo	挪　威	欧　洲	2001. 11. 10
46	康斯坦察县	Constanta County	罗马尼亚	欧　洲	2002. 4. 15
47	科伦坡市	Colombo	斯里兰卡	亚　洲	2003. 8. 11
48	哥德堡市	Gothenburg	瑞　典	欧　洲	2003. 10. 23
49	布拉迪斯拉发州	Bratislava Region	斯洛伐克	欧　洲	2003. 11. 10
50	丹麦中部大区	Central Denmark Region	丹　麦	欧　洲	2003. 11. 10
51	科克市	Cork	爱尔兰	欧　洲	2005. 5. 19
52	东爪哇省	East Java	印　尼	亚　洲	2006. 8. 30
53	巴塞尔州	Basel-stadt	瑞　士	欧　洲	2007. 11. 19
54	罗纳-阿尔卑斯大区	Rhone-Alpes Region	法　国	欧　洲	2008. 5. 21
55	金边市	Phnom Penh	柬埔寨	亚洲	2008. 10. 8
56	大伦敦市	Greater London	英　国	欧洲	2009. 3. 31
57	萨尔茨堡市	Salzburg	奥地利	欧洲	2009. 9. 3

(二) 市级友好交流关系城市[Shanghai's International Friendship Cities]

编号	城　　市		国　家	所属洲	结好时间(年月日)
1	符拉迪沃斯托克市	Vladivostok	俄罗斯	欧　洲	1993.4.27
2	全罗南道	Jeollanam-do	韩　国	亚　洲	1996.4.19
3	伦敦金融城	City of London	英　国	欧　洲	1996.9.4
4	长崎县	Nagasaki Prefecture	日　本	亚　洲	1996.10.14
5	全罗北道	Jeollabuk-do	韩　国	亚　洲	2003.4.17

(三) 区(镇)级国际友好城市[Shanghai Districts' International Sister Cities]

编号	城　　市		结好时间(年月日)
1	日本八尾市—嘉定区	Yao—Jiading	1986.9.13
2	日本枚方市—长宁区	Hirakata—Changning	1987.12.16
3	日本寝屋川市—卢湾区	Neyagawa—Luwan	1994.5.12
4	日本泉佐野市—徐汇区	Yizumisano—Xuhui	1994.10.21
5	纳米比亚奥卡汉贾市—马桥镇	Okahandja—Maqiao Town	1998.12.16
6	德国汉堡中区—虹口区	Hamburg—mitte—Hongkou	2007.6.21
7	以色列科瑞阿特·海姆区—虹口区	Kiryat HaimDistrict—Hongkou	2009.11.26
8	新西兰豪拉基市—嘉定区	Hauraki District—Jiading	2010.9.8

二、友好城市交流合作成果

与上海结为友好城市的外国城市一般都是所在国的重要港口、工商业城市或经济、金融、文化中心,其地理环境及其在本国的经济地位与上海有许多相似地方,在经济建设和城市发展中与上海一样面临许多共同的问题,同时又有很强的互补性。改革开放后,上海充分利用友好城市这个平台,不断借鉴各友好城市的先进理念和经验,在经济、贸易、科技、文化、教育、医学、体育以及人文环境、城市建设、社会保障等各个领域结下交流合作的成果。

首先,助推上海的国际大都市和"四个中心"(国际经济、金融、贸易、航运中心)建设。通过与各友好城市互派经贸团组、召开经贸研讨会和经济技术交流会、举办经贸展览会等形式,为上海引进了来自对方国家的技术、资金,也为上海企业走向世界提供了渠道和商机。许多海外投资项目、跨国集团公司落户上海,以及上海在海外投资的"波罗的海明珠"等重大项目,都是在友好城市交流中,通过双方牵线搭桥促成的。有许多外国友好城市在沪设立经贸代表处,上海一些集团和机构也在外国友好城市设立办事处或地区总部,为促进双方的经贸合作发挥了积极作用。被誉为"世界的银行"伦敦金融城与上海结好后,促成上海证券交易所与伦敦证券交易所交流合作关系正式建立,并在各类金融服务领域展开深入研讨,为上海建设国际金融中心带来许多借鉴和启示。上海港先后与11个友城的港口缔结为友好港,占全国友好港总数一半,为上海发挥区位优势,建设国际航运中心创造了有利条件。通过友好城市渠道派往美国、加拿大、澳大利亚、德国、日本等国进修、培训的管理、技术人员达数万人次,为上海培养了一批批高层次经贸、金融、科技、港务等急需的现代化专业人才。

其次,引进新观念、新思路,提升上海城市建设管理水平。在城市规划上,结合上海特点,汲取先进理念。如"临港新城"规划、黄浦江沿江地区的交通规划和开发、南北高架路规划、罗山路立交桥规划、浦东花木地区道路和地铁规划等,都吸收许多友好城市的有益经验。在城市旧区改造上,借鉴友城建设和发展的理念,注重传承文化与更新发展并举。静安区张家宅街坊住房改造试点工程、徐汇区 21 世纪里弄住宅模式项目等,就有荷兰鹿特丹市专家帮助完成建筑艺术保护和改造规划制定的可行性研究。英国利物浦市政府支持的"上海沪利建筑及都市改造基金会"在沪成立,对参与上海旧城改造、创新城市改造发挥了积极作用。在新城镇建设上,得到欧洲新城镇联盟和相关友好城市的支持,参考国外中小城镇发展模式,把上海"一城九镇"①作为"十五"至"十一五"期间(2001—2010 年)的重点项目,认真规划,稳步推进,努力建设成为规划科学、规模适度、功能完善、风貌各异、生态环境优良,能体现 21 世纪国际大都市郊区特色风貌的城镇。松江区的"松江新城"建设项目,就是通过与英国利物浦城市规划专家探讨,并经实地考察利物浦南北部的城市建设风格,借鉴和汲取其有益经验,再进行规划和实施建设的。在城市管理上,紧跟国际潮流,落实可持续发展。通过与大阪市、大阪府、鹿特丹市、哥德堡市、罗阿大区、亚历山大市、埃斯波市、汉堡市、奥斯陆市、丹麦中部大区、大伦敦市等 10 多个友好城市在环保方面的合作和交流,在环境卫生、大气污染防治、城市噪音防治、城市垃圾处理、污水处理、控制水源污染等许多方面都取得积极进展。

再次,保障和改善民生,积极推进上海社会事业发展。通过加强医疗卫生技术领域交流,切磋技艺,提高技能,改善和提高上海医疗设施、技术水平和医院管理水平。通过互换教育资源,为培养具备国际视野的人才铺路,其内容涵盖基础教育、高等教育、职业教育和成人教育等各个方面,为提高上海教育行政管理能力和师资水平、开拓教师和学生视野等起到积极作用。通过在社会福利领域开展多方面合作项目,为上海养老事业的改革和创新提供经验。通过城市周、城市日、周年庆活动和"文化之夜"、艺术节、展览会、文化讲座等形式,积极开展公共外交,加强中外文化交流,推进上海文化建设发展。通过友好城市参与上海世博会,举办"世博——友城行动"大型采访活动,"世界百位名人谈上海世博"等活动,有力推进上海世博会成功举行;13 个友好城市和友好交流关系城市的 14 个案例入选,首次在世博会中设立"城市最佳实践区"展示;180 批 3 433 人次友好城市代表团参观上海世博会,其中 47 位友好城市市长亲自率团参加。

① "一城九镇":上海构筑特大型城市的城镇体系,从"十五"(2001—2005 年)起,重点发展"一城九镇",即松江新城,以及朱家角、安亭、高桥、浦江、奉城、枫泾、罗店、周浦、堡镇等 9 个中心镇。

第三章　国际性会议与活动

从80年代起，上海陆续承办、举办了一些国家部委和国际组织联合召开的专题性国际会议。90年代，国际会议和活动日趋增多，其中不乏一些级别高、人数多、影响大的重大国际会议和活动。21世纪前10年，在上海举办的国际会议和活动每年多达100个以上，其形式内容不断丰富多样，几乎涵盖各个领域。为适应举办重大国际会议和活动要求，上海逐步构筑"大外事"工作机制，由市委、市政府统一领导、统一部署、统一指挥，各有关部门、单位分工负责，各司其职、协调配合、形成合力。组织者、参与者、志愿者全身心投入，无论是各级政府、各个单位还是普通市民，都作出了巨大努力和无私奉献，保障了各次重大国际会议和各项重大国际活动的成功举办，为提升国家形象赢得了荣誉。

第一节　重大国际会议和活动

在上海举行的由中国国家领导人出席，参与国家多、来宾层次高、国际影响大的国际会议和活动，是国与国和地区之间开展双边、多边和首脑外交的重大外交活动，受到国际社会普遍重视和关注。重大国际会议和活动有上海合作组织会议、亚太经合组织(APEC)第九次领导人非正式会议和2007年世界夏季特殊奥林匹克运动会、中国2010年上海世界博览会(上海世界博览会记述见本章第四节)。

一、上海合作组织会议

1996年4月26日，中国、俄罗斯、哈萨克斯坦、吉尔吉斯斯坦、塔吉克斯坦五国元首在上海举行会晤。自此，"上海五国"会晤机制正式建立。中国国家主席江泽民、俄罗斯总统鲍里斯·尼古拉耶维奇·叶利钦、哈萨克斯坦总统努尔苏丹·阿比什维奇·纳扎尔巴耶夫、吉尔吉斯斯坦总统阿斯卡尔·阿卡耶夫、塔吉克斯坦总统埃莫玛利·拉赫莫诺夫在上海共同正式签署五国《关于在边境地区加强军事领域信任的协定》。这是亚太地区首份加强国家间相互信任、睦邻友好、维护和平与稳定的多边政治军事文件，其表现的"上海五国"精神，为世界各国所瞩目。国际舆论普遍认为这是"和平解决国界争端的创举""将对亚太地区乃至世界各地的和平与稳定产生深远影响"。

2001年6月14—15日，"上海五国"元首第六次会晤在沪举行。6月15日，中、俄、哈、吉、塔以及开始以完全平等成员身份加入"上海五国"进程的乌兹别克斯坦六国元首，就"上海五国"机制的发展以及深化六国在安全、经贸等多领域的合作充分交换意见，达成共识，一致决定在"上海五国"基础上建立涵盖多领域的区域性合作组织，名称为"上海合作组织"。当日上午，中国国家主席江泽民、俄罗斯总统普京、哈萨克斯坦总统纳扎尔巴耶夫、吉尔吉斯斯坦总统阿卡耶夫、塔吉克斯坦总统拉赫莫诺夫、乌兹别克斯坦总统卡里莫夫等六国元首在上海浦东香格里拉大酒店举行的会议上，共同签署《"上海合作组织"成立宣言》，并签署了《打击恐怖主义、分裂主义和极端主义上海公约》。这是欧亚大陆上一个崭新的区域性多边合作组织，也是第一个在中华人民共和国境内诞生并以中国城市命名的国际组织。六国元首在会上和会见记者的讲话中,一致表示将共同致力于"上海合作组织"这个新生区域性合作组织的建设和发展,为深化和拓展成员国之间的有效合作,推动世界多极化和国际关系民主化作出贡献。至 2010 年,上海合作组织举行了 10 次元首理事会峰会。

2006 年 6 月 15 日,"上海合作组织成员国"元首理事会第六次会议在上海国际会议中心举行,联合国秘书长安南发来贺电。"上海合作组织"6 个成员国的元首,中国国家主席胡锦涛、哈萨克斯坦总统纳扎尔巴耶夫、吉尔吉斯斯坦总统巴基耶夫、俄罗斯总统普京、塔吉克斯坦总统拉赫莫诺夫和乌兹别克斯坦总统卡里莫夫出席会议。列席会议的还有 4 个观察员国的元首和国际组织的代表:伊朗总统内贾德,蒙古总统恩赫巴亚尔,巴基斯坦总统穆沙拉夫,印度政府代表、石油和天然气部长德奥拉,以及主席国客人、阿富汗总统卡尔扎伊,国际组织的代表、独联体执行委员会主席鲁沙伊洛和东盟副秘书长比利亚科塔。中国国家主席胡锦涛作为轮值主席国元首主持会议并作题为《共创上海合作组织更加美好的明天》的讲话。六国元首共同签署了《上海合作组织五周年宣言》《上海合作组织成员国元首关于国际信息安全的声明》,批准了新版《上海合作组织秘书处条例》和《上海合作组织成员国打击恐怖主义、分裂主义和极端主义 2007 至 2009 年合作纲要》,并出席了本组织成员国全权代表签署安全和经济、教育等合作一系列重要文件的签字仪式。六国元首还集体会见了刚刚成立的上海合作组织实业家委员会代表,观看庆祝上海合作组织成立 5 周年文艺晚会。

二、亚太经合组织(APEC)第九次领导人非正式会议

2001 年 10 月 21 日,亚太经合组织(APEC)第九次领导人非正式会议在上海举行。中国国家主席江泽民、澳大利亚总理约翰・温斯顿・霍华德、文莱苏丹哈吉・哈桑纳尔・博尔基亚、加拿大

图 8-3-1　2001 年 8 月 27 日,APEC 中小企业工商论坛在上海开幕

总理让·克雷蒂安、智利总统里卡多·拉戈斯·埃斯科瓦尔、中国香港特别行政区行政长官董建华、印度尼西亚总统梅加瓦蒂·苏加诺、日本首相小泉纯一郎、韩国总统金大中、马来西亚总理达图·马哈蒂尔·宾·穆汉默德、墨西哥总统比森特·福克斯·克萨达、新西兰总理海伦·克拉克、巴布亚新几内亚总理梅克雷·莫劳塔、秘鲁总统亚历杭德罗·托莱多、菲律宾总统格罗丽亚·马卡帕加尔·阿罗约、俄罗斯总统弗拉基米尔·普京、新加坡总理吴作栋、泰国总理他信·钦那瓦、美国总统乔治·沃克·布什、越南总理潘文凯共 20 位 APEC 经济体领导人出席会议。会议主题为:"新世纪、新挑战：参与、合作、促进共同繁荣。"中国国家主席江泽民主持会议,作了题为《加强合作,共同迎接新世纪的新挑战》的讲话,并与其他领导人就全球与地区宏观经济形势、人力资源能力建设以及 APEC 的未来发展方向等议题进行了务实友好、坦诚热烈的讨论,达成广泛共识。会议通过了《领导人宣言》,发表了《亚太经合组织领导人反恐声明》。会议期间,身着中式对襟上装的与会领导人愉悦地在上海科技馆楼前合影留念,一起观赏了《今宵如此美丽》大型音乐焰火表演。有 534 家境内外新闻机构和 3 257 名记者对这次会议作采访报道。此前,在沪举行的 APEC 一系列会议,为这次领导人非正式会议奠定了基础。

三、2007 年世界夏季特殊奥林匹克运动会

2007 年 10 月 2—11 日,2007 年世界夏季特殊奥林匹克运动会在上海举行,主题为"你行我也行(I know I can)",充分体现特殊奥运会强调的参与精神。165 个国家和地区组团参加,其中参赛代表团 164 个,观察团 1 个(朝鲜);参赛的运动员、教练员和其他人员 10 503 人,其中中国代表团 1 713 人。另有 2 万多名运动员家属、政要、名人、记者等与会。特奥会期间,进行 21 个项目比赛和 4 个项目表演,共颁发奖牌 14 162 枚。中国国家主席胡锦涛出席开幕式并宣布运动会开幕。冰岛总统格里姆松、菲律宾总统阿罗约、乌兹别克斯坦副总理伊纳莫娃等国际贵宾,以及国际特奥会主席蒂姆·施莱佛和名誉主席尤妮斯·肯尼迪·施莱佛,中国国务院副总理回良玉、国务委员陈至立、澳门特别行政区行政长官何厚铧等出席开幕式。本届特奥会组委会主席、上海市市长韩正和国际特奥会主席施莱佛分别在开幕式上致辞,开幕式上穿插进行了以"和谐：人类共同的梦想"为主题的盛大文艺表演。其间,还举行"智障人士福利政策全球高峰论坛",论坛以"全情投入、改变人生"为主题,通过了由冰岛总统格里姆松宣读的《支持声明》。

第二节 专题性国际会议和活动

由国家部委和国际组织、机构联合在上海举办的某一领域的专题研讨会,80 年代主要有"基层妇幼卫生保健组织区间讨论会""国际台风学术讨论会""卫星通信国际研讨会""联合国农村综合发展国际研讨会""亚太地区城市技术合作网上海会议";90 年代主要有"1990 年第五届环太平洋港口会议""第三届国际大气科学会议""第二届国际水都会议""迈向 21 世纪的上海发展战略国际研讨会""首届亚太地区特殊奥林匹克运动会";21 世纪初主要有"APEC 第五次电信部长会议""世界中国学论坛""世界工程师大会""第十八届世界翻译大会""第 22 届世界法律大会""联合国全球契约中国峰会""陆家嘴论坛""中国国际友好城市大会""国际博物馆协会第 22 届大会"等。这些专题性国际会议和活动,涉及领域越来越宽泛,专题内容越来越结合世界热点,并呈现出不断增多、越来越活跃的态势。

一、国际海事会议

亚洲地区最具权威、规模最大的海事盛会,由工业和信息化部、上海市造船工程学会与博闻公司、英国海贸集团创办,每两年逢单年的12月在上海举行,至2010年已举办15届,其规模和影响力在全球同类会展中排名前两位。首届于1981年12月10—16日举行,来自20多个国家和地区的国际造船界著名学者、教授等知名人士,以及重要商贸界人士共500人出席会议。这是中华人民共和国成立后,造船工业规模最大的一次对外科技交流活动。2007年11月27—30日举行的第十四届国际海事技术学术会议和展览会以"中国经济和世界海事业"为主题,有30多个国家和地区的1 100多家公司参展,是国际海事会展24年间规模最大的一届。

二、国际行动理事会第十一届会议

1993年5月13—16日在上海举行,会议的专项议题是:"面对苏联解体的后果""世界政治、经济和社会形势"和"关于中国的问题"。国务院副总理朱镕基代表中国政府在开幕式上阐述了中国改革开放、经济发展形势和独立自主的和平外交政策。理事会主席、联邦德国前总理施密特,名誉主席、日本国前首相福田赳夫,副主席、葡萄牙前总理德·平塔西尔戈夫人等20多位理事和中国人大常委会前副委员长黄华、国家体改委副主任贺光辉、上海市市长黄菊等作为特邀客人出席会议。黄菊和贺光辉应邀在理事会第一次工作会议上,分别作题为《阔步走向新世纪的上海》和《回顾展望中国经济体制改革》的发言。会议通过的《最后声明》在"关于中国问题"部分中认为,过去10年中,中国奉行的政策极大地推动了经济和社会的发展,中国在太平洋地区及全世界将发挥重要作用,国际社会应确保中国全面加入国际金融、商业和经济体系。

三、全球城市信息化论坛

前身是由上海市人民政府和联合国经济与社会事务部响应《联合国经社理事会部长宣言》和"联合国千年首脑会议"提出的"消除数字鸿沟"号召,共同倡议召开的亚太地区城市信息化论坛。2000年4月20—22日在上海举行"第一届亚太地区城市信息化高级论坛",来自亚太地区25个国家42个城市的150名市长或市长代表出席。会议围绕"推动城市信息化,共创未来新家园"这一主题,举办了多个专题论坛和系列研讨会,通过了《亚太地区城市信息化高级论坛宣言》(即上海宣言),第一次在全球范围内提出"城市信息化"这个主题。会上还成立了"亚太地区城市信息化高级论坛合作委员会",为城市信息化的区域和城市合作创造了一个良好开端。在2010年9月25日举行的第八届论坛上,亚太地区城市信息化论坛更名为"全球城市信息化论坛"。

四、《福布斯》全球行政总裁会议

2003年9月16—18日在上海举行,全球商界约400名CEO(其中270位来自国外)围绕"中国因素:为全球经济提供活力"这一主题,共同探讨全球经济发展态势及中国在商业、金融和地域方面将发挥的作用。国务院副总理曾培炎出席会议并致辞。上海市市长韩正,福布斯集团总裁兼首席执行官、福布斯杂志总编辑史提夫·福布斯，福布斯集团董事会主席温伯格共同主持题为“发展策略群英会”的首场主题论坛。为期3天的会议共开设12场专题演讲，数十位来自全球商界的精英和来自学术界、政府的专家发表演讲，共有60多名境外记者采访、报道会议的情况。

五、首届全球扶贫大会

2004年5月25—27日在上海举行，这是世界银行首次召开的全球范围扶贫综合性会议，110多个国家和地区以及国际组织的1 200多名代表出席会议。中国国务院总理温家宝出席开幕式并作题为《为减少全球贫困而携手行动》的主旨发言。巴西总统卢拉、坦桑尼亚总统姆卡帕和孟加拉国总理卡莉达·齐亚分别致辞或演讲。中国财政部部长金人庆和世界银行行长沃尔芬森联合担任会议主席并分别主持开幕、闭幕式及全体会议。包括“上海对口云南帮扶协作反贫困”在内的中国8个扶贫案例在大会上作交流。会议发表了宣言性的《上海减贫议程》。中国政府发布《中国政府缓解和消除贫困的政策声明》，并组建中国国际扶贫中心，为总结、交流、推广世界各国扶贫经验提供平台。国务院副总理回良玉出席闭幕式并致辞。法国总统希拉克发来贺电，境内外主要媒体384名记者在报道中对会议的务实、创新特点予以较高评价。

六、“万国禁烟会”百年纪念活动

2009年2月26日在上海举行，100年前参加在上海召开的“万国禁烟会”的中、美、德、英等13个国家和柬埔寨、老挝、缅甸、越南、联合国毒品和犯罪问题办公室、国际麻醉品管制局2个国际组织的代表，以及有关国家的驻华使节等共100余人参加纪念活动。开幕式由中国代表团团长、国务院副秘书长、国家禁毒委员会副主任汪永清主持，国务委员、国家禁毒委员会主任、公安部部长孟建柱代表中国政府出席会议，并为万国禁烟会的百年纪念铜鼎揭幕。上海市市长韩正到会致辞，联合国毒品和犯罪问题办公室主任科斯塔、国际麻醉品管制局主席顾德思也分别在会上致辞。会议通过《上海宣言》。各国代表参观了“中国百年禁毒掠影”图片展，并在100年前举行万国禁烟会的上海和平饭店南楼(原汇中饭店)“万国禁烟会会址”纪念牌前合影留念。

第三节　国际组织地区性年会和活动

在上海举行的由联合国等国际组织、机构和跨国集团公司与上海合作或单独组织的一些年会和地区性会议，如80年代的“世界气象组织主席团年度例会”，90年代的“’99《财富》全球论坛·上海年会”，21世纪初的“世界卫生组织西太平洋地区第55届会议”等。

一、国际商会(ICC)第32届世界大会

1997年4月9—10日在上海举行。中国国务院总理李鹏、副总理李岚清、国务委员李铁映，中共上海市委书记黄菊、市长徐匡迪等和世界各国商界领袖以及来自74个国家和地区的商会会长、银行家、企业家、经济学家、国际组织代表以及有关国家政府高级官员共1 000多人出席会议。国际商会主席赫尔穆特·莫赫在开幕式上致欢迎词，徐匡迪、中国国际贸易促进会会长郭东坡分别致

辞,李鹏作题为《加快亚洲经济发展,促进各国经贸合作》讲话。本届会议由全体会议、分组会议和研讨会三个部分组成,主题为“全球经济中的亚洲”。全体会议议题为:(1)建立新的国际经济秩序;(2)1997年之后的香港及中国的经济特区。分组议题为:地区贸易集团、为亚洲的奇迹提供资金、基础设施、商业纠纷的解决办法、环境管理等。

二、亚洲开发银行(Asian Development Bank,ADB)理事会第35届年会

2002年5月10—12日在上海举行,年会就亚太地区经济金融形势、发展前景及本地区发展所面临的问题展开讨论,并举行一系列多边、双边会议。中国国家主席江泽民出席开幕式并发表题为《加强亚洲团结合作,促进世界和平发展》的讲话。第35届亚行理事会年会主席、中国财政部部长项怀诚在开幕式上阐述中国与亚行的合作。中共上海市委书记黄菊、亚行行长千野忠男和亚行各成员国的政府要员,主要国际金融组织和中外商业金融机构的高层管理人员以及学术界知名人士等3 000人参加了本届年会。会议期间,举行“中国日”论坛和第五届10+3(东盟10国+中日韩)财政部长会议,围绕“加入WTO后的中国:机遇与挑战”这个主题展开对话。财政部长会议发表了《部长联合声明》。闭幕式上,项怀诚代表亚行理事会向上海市政府表示感谢,称赞会议的组织安排工作非常成功。

三、联合国亚太经社会(ESCAP)第60届会议

2004年4月20—28日在上海举行,来自联合国亚洲及太平洋经济社会委员会(简称“亚太经社会”)62个成员和准成员国代表团,及部分成员国的国家元首、政府首脑和联合国高级官员、国际组织负责人等共800余人出席会议。会议主题是“加强发展合作,迎接全球化时代的挑战”。中共中央政治局常委、国家副主席曾庆红出席部长级会议开幕式,并发表题为《走和平发展道路,谋亚太共同繁荣》的讲话。国务委员唐家璇出席开幕式。外交部长李肇星率领中国代表团与会,并担任本届会议主席。联合国秘书长安南发来贺电。国务院前副总理钱其琛、国家发改委副主任张晓强、泰国前总理阿南、所罗门群岛前总理凯尼洛雷亚、巴基斯坦前总统莱加里、菲律宾前总统拉莫斯、新西兰前总理希普利等前政要在各自参与的会议中均作主旨发言和重点发言。会议发表《上海宣言》,签署和通过《亚洲公路网政府间协定》等6项决议。与会代表参观“亚远经委会第一次会议历史回眸展”和黄浦路106号亚太经社会成立旧址(亚太经社会的前身称“亚洲与远东经济委员会”,简称“亚远经委会”)。

四、2007年非洲开发银行(African Development Bank,ADB)集团理事会年会

2007年5月16日在上海举行,这是非洲开发银行(简称“非行”)首次选择在亚洲举行年会,也是非行第二次在非洲以外的地方举行年会。中国国务院总理温家宝出席开幕式并致辞。卢旺达总统卡加梅、佛得角总统皮雷斯、马达加斯加总统瓦卢马纳纳出席会议。该届非行理事会主席、中国人民银行行长周小川和非行行长卡贝鲁卡在开幕式上致辞。中共上海市委书记习近平、市长韩正和各成员国财政、经济、工业部长或中央银行行长,以及世界银行、国际货币基金组织及其他区域开发金融机构、非政府组织代表等2 000多人与会。本届年会围绕“非洲和亚洲:发展伙伴”的主题,

展望区域、国际经济金融形势和合作，讨论非行建设、发展，及非洲基础设施建设、地区一体化以及消除贫困等问题。其间，各国与会代表通过不同形式，表达了与中国开展经济、金融等领域合作的强烈愿望，希望能够学习、借鉴中国的发展经验，分享中国的发展成果。

第四节 中国2010年上海世界博览会

举办世博会是中华民族的百年期盼。经过1 391天的申办、2 705天的筹办，2010年5月1日—10月31日，以“城市，让生活更美好”为主题，中国2010年上海世界博览会(简称上海世博会)在5.28平方公里的黄浦江两岸举办。190个国家和56个国际组织参展，80个经典案例组成世界城市发展的最佳实践区，25个企业共建成18个企业馆。184天展期中，累计接待参观者7 308.44万人次，举办各种论坛61场，进行各类文艺演出活动2.29万余场，圆满实现“成功，精彩，难忘”的目标。

整个申办、筹办、举办过程中，在中共中央、国务院和上海市委的领导下，上海市政府做了大量的组织推进工作，市政府主要领导人在上海世博会组委会、执委会、运行指挥组织中担任重要领导职务，各阶段组织召开涉及上海世博会的多次专题会议，研究解决申办、筹办、举办期间所遇到的各种问题。各区县政府、市政府各职能部门在各阶段均参加或独立组成世博会相关组织机构，为上海世博会的举办做了大量的保障、服务工作。

一、申办

1985年4月12日，上海市市长汪道涵主持召开市政府办公会议，决定对上海举办世博会进行可行性研究。1988年、1991年、1993年，市政府又先后多次研究此事。

1999年2月12日，市长徐匡迪在市外经贸委呈报的《世界各城市申办2010年世界综合性博览会的情况》上批示，“争取承办2010年世博会”。5月31日，市政府第34次常务会议决定启动申办2010年世博会，并成立申办工作筹备小组，常务副市长任组长，两位副市长任副组长。7月21日，市政府向国务院提出申办2010年世博会的请示。11月18日，国务院批复同意上海申办请示。

2000年3月17日，国务院办公厅下发通知，成立2010年上海世界博览会申办委员会。国务委员吴仪担任主任，市长徐匡迪任副主任委员，上海市政府为成员单位之一。6月27日，上海市政府成立2010年上海世博会申办工作领导小组，市长徐匡迪任组长，副市长蒋以任、周禹鹏、周慕尧和市政府秘书长姜斯宪任副组长，成员单位包括25个市政府有关部门、单位和相关企业；下设办公室。7月19日，上海市政府召开申博全市动员大会，会议明确今后的申办工作要从三方面进行，一是高质量完成申办报告，二是积极慎重开展外交游说，三是通过多种方式、多种渠道地宣传，为中国申博营造良好的国内外舆论环境。当年，徐匡迪三次邀请国际展览局名誉主席菲利普森、副主席兼执行委员会主席泰斯蒂、秘书长洛塞泰斯访沪。

2001—2002年召开的市政府常务会议，有7次专题研究部署申博报告、海报、口号，国际展览局代表大会陈述及其代表团考察接待，宣传推广、外交游说等工作。2001年6月6日、11月30日，2002年7月2日、12月3日，徐匡迪等市政府领导先后在国际展览局举行的第129—132次代表大会上作陈述，宣传上海的申博优势。

2001年9月13日，国务院正式宣布世博会场馆确定在上海城区中心的黄浦江沿岸。2002年3

图 8-3-2　2002 年 12 月 3 日,中国成功获得 2010 年上海世博会举办权,消息传来,万众欢腾

月 12 日起,以国际展览局副主席兼执行委员会主席卡门·塞雯女士为团长的国际展览局考察团对上海进行考察。上海市政府向考察团介绍申博的理由和决心、上海的优势及举办的主题、选址、规划、交通、投融资、客源等情况。12 月 3 日,国际展览局第 132 次全体会议召开,经过四轮投票,北京时间 22 时零 7 分,中国以 54 票对 34 票胜出,取得 2010 年第 41 届世博会的举办权。

二、筹办

中国 2010 年上海世界博览会(EXPO 2010)为中国政府举办,国家对上海世博会的筹办提供政策法规、外交、组织等方面保障,上海市具体承办。2002 年 12 月 3 日申办成功至 2010 年 4 月 30 日上海世博会开幕,近 8 年时间为上海世博会的筹办阶段。

2004 年 4 月 20 日,国务院成立上海世博会组委会和执委会。市长韩正任组委会副主任委员,副市长周禹鹏为委员。执委会主要依托主办城市上海,委员以上海市有关部门负责人为主。韩正为执行主任,周禹鹏任常务副主任,上海市市长助理、公安局局长张学兵和市政府副秘书长钟燕群为专职副主任。2006 年 9 月,副市长杨雄接替周禹鹏任组委会委员,并兼任执委会常务副主任。执委会办事机构为上海世博会事务协调局,2003 年 10 月 30 成立,具体负责世博会的筹备、组织、运作和管理工作。周禹鹏兼任上海世博局局长。2007 年 2 月 26 日,市政府副秘书长洪浩接任局长。在市政府的领导下,各区县、各职能部门以及全市市民积极参与世博、服务世博。2003 年 3 月,为动员全市在思想上融入世博,市委、市政府领导全市开展了“世博会与上海新一轮发展”的大讨论。10 月,为承办 2010 年世博会奠定良好的环境基础,上海市启动第二轮环境保护三年行动。自 2003 年起至 2009 年,上海市政府每年 12 月 3 日举办上海世博会申办成功纪念活动,每年 5 月 1 日举办上海开幕倒计时周年庆活动。上海世博会倒计时 1 000 天、600 天、500 天、300 天、200 天、100 天等也都举办了系列宣传推广活动。自2007年8月5日倒计时1 000天起，上海世博局在全国31个省区市及港澳台地区，举办36站“走进世博会”展览。同时，还借助各种机会，在日本、韩国、美国、加拿大等国家开展海外系列主题推广活动。

2004年1月5日，市政府成立上海世博土地储备中心及上海世博土地控股有限公司，解决规划的世博园区的动拆迁和其后园区的市政建设，标志着上海世博园区土地前期开发启动。6月2日，市政府召开企事业单位动迁工作动员大会。9日，市政府发布《中国2010年上海世博会场址房屋拆迁若干规定》。8月28日，上海世博会首批企业迁建和国有土地使用权收购补偿、部分拆迁居民定向安置基地建设框架协议签约仪式举行，上海世博会土地动迁工作启动。根据签约，“江南造船”迁至崇明长兴岛，“浦东钢铁”迁至宝山罗泾镇，浦东新区居民主要迁往本区三林镇三林世博家园，黄浦区、卢湾区居民主要迁往闵行区浦江镇浦江世博家园。12月23日，市政府启动园区动迁。先后动迁447家企业事业单位和18 625户居民。

图8-3-3　为支持2010年中国上海世博会举办，上海实行“阳光动迁”，让1.8万多户动迁居民“笑着签约、笑别家园、笑迎世博”。图为动迁居民的新家——三林世博家园

2005年11月，市政府组建成立上海世博会工程建设指挥部，指挥协调园区世博工程建设。副市长杨雄任总指挥，市政府副秘书长沈骏等6人任副总指挥。2007年11月9日，重组上海世博建设工程指挥部，总指挥杨雄，常务副总指挥洪浩。2006年8月19日，园区建设开始。至2010年4月25日，园区建设全面竣工。共建设场馆300多个，总建筑面积230万平方米，配套服务设施40万平方米，总投资197.37亿元。在市区，市政府还开展了以虹桥枢纽为代表的大规模的市政与配套工程建设。

2006年3月22日，国务院总理温家宝签发中国政府致各建交国的上海世博会参展邀请函。随后，中国驻联合国使团向非建交国，上海世博局向各中外企业、城市、全国各省区市和港澳台发出邀请函。配合邀请，上海市政府组织海关、税务等相关部门制定参展所需的《一般规章》《特殊规章》等法律文件，为参展方提供优惠政策和便利措施。各参展方开始建馆后，上海市政府组织规划、建设管理、消防、税务、工商、海关、环保、出入境等39个部门入驻参展者服务大厅，为参展者提供70多类“一门式”服务。

2008年5月26日,市委、市政府成立推进实施迎世博600天行动计划领导小组,下设社会动员、窗口服务、城市管理三大指挥部。韩正任领导小组组长,杨雄任副组长。副市长沈骏等分别任窗口服务、城市管理指挥部指挥。各区县镇街道相继成立行动计划领导小组。区县多仿照市级领导小组架构,下设三大指挥部。经过600天的行动,全市、世博园周边和园区内在市容市貌、窗口服务、城市管理、城市文明程度、市民素质和精神面貌等方面均有较大提升,展示了"一个更多微笑的上海,一个更加洁净的上海,一个更为和谐的上海,一个更具魅力的上海"。

2009年2月6日,成立上海市世博会筹办工作领导小组,负责世博园区外以及上海世博局难以协调的筹办工作,上海世博局主要负责世博园区内的筹办工作。市长韩正任领导小组副组长。副市长唐登杰、赵雯、沈骏、沈晓明等分别任外事组、旅游组、交通组、科技(环保)组和卫生组、通信保障组组长。

2010年3月10日,上海世博会筹办工作领导小组更名为上海世博会工作领导小组,把原来的9个工作组调整为安保、主运行、外事工作、接待服务、宣传及媒体服务五大指挥部,办公室分别设在市公安局、市政府办公厅、市政府外办、市政府合作交流办、市政府新闻办。市长韩正担任主运行指挥部总指挥,常务副市长杨雄为常务副总指挥,各位副市长任副总指挥。各区县原迎世博600天行动计划领导小组相应改组为区县世博会工作领导小组,副组长或第一副组长由区县长兼任。

园区指挥部是主运行指挥部的前方指挥部,也是上海世博会运行阶段园区运行工作的指挥、协调、调度中心。上海世博局是园区指挥部的日常工作机构,市建设交通委、市经济信息化委、市绿化市容局等27个委办局为成员单位,各成员单位派人至园区办公。园区运行指挥中心是园区指挥部的现场指挥平台。中心设置了园区应急指挥相关的部队、安全、消防、气象、卫生等29个指挥席位。市委、市政府主要领导经常深入园区运行指挥中心进行现场指挥。

通过园区运行指挥中心和上海世博局,形成了园区、片区、场馆三级管理网络,建立了"以片区为基础、展馆为重点、条线(即业务管理部门)为支撑"的园区管理体制和"一体化、扁平化、场馆化、片区化、专业化"的指挥体系。同时,世博安保指挥部与园区指挥部共用园区运行指挥中心一个平台,建立了军警民各方"共同研究、集体决策、统一下令、同时执行"的联合指挥模式。

2010年4月15日,上海市迎世博600天行动总结大会在上海展览中心举行,标志筹办阶段600天行动结束。4月20—26日,上海世博会举行6场累计92.9万人次观展的试运行。世博主运行指挥体系得到了实践检验,为上海世博会正式开园做好了准备。

三、举办

2010年5月1日至10月31日,为上海世博会的举办阶段。

按照客流情况分类,世博运行分为常规运行和高峰期运行。在常规运行期间,主运行指挥部依托园区指挥部、主运行指挥部各工作组及有关单位,做好综合协调、信息运用、情况反馈、应急处置等工作,保障了园区和全市世博会期间运行的平稳有序。园区内交通客运总量为2.1亿人次。

客流高峰期间,中央、上海市领导及时部署,执委会领导现场指挥,园区指挥部会同各指挥部和工作组及浦东新区、黄浦区、卢湾区,科学预测客流,制定应对预案,内外联动,保障安全、平稳运行。184天中,有24天日客流突破50万人次,11天日客流突破60万人次,单日最高客流103.28万人次。市委、市政府制定了世博会安保方案,保障园内交通,增加设施设备,加强环境保洁,实现了园

图 8－3－4 2010 年 10 月 31 日，在世博文化中心举行上海世博会闭幕式演出

区秩序平稳可控、各类设施运行顺畅、各项服务满足游客需求、游客反映总体良好的成效。

世博会期间，主运行指挥部紧紧围绕“园区运行有序、城市运转正常”的工作目标，“以园区运行为重点，全市服务园区、保障园区”的工作格局，准备充分，服务到位，应变快速有力。总指挥、市长韩正亲临一线指导工作，并多次召开会议，研究部署世博运行和服务保障工作；常务副总指挥、常务副市长杨雄坐镇园区，现场指挥协调园区各项运行工作；各位副市长担任副总指挥和各工作组组长，加强协调指导，细化完善相关服务保障。园区指挥部不断提高为参展方、参观者的服务水平；主运行指挥部办公室做好开幕式、开园仪式、国家馆日、高峰论坛、闭幕式等重大活动的组织工作。

市政府各职能部门全力保障世博会举办。市建设交通委、市绿化市容局、市卫生局、市邮政管理局、市商务委、市经信委、市水务局、市食药监局、市气象局、市科委、市环保局、市旅游局、市工商管理局、市质监局等均成立相应的世博保障服务机构，中央垂直领导的上海海关、交通银行、上海海事局、上海检验检疫局、上海铁路局、华东民航管理局等也都成立不同的指挥机构。没有成立机构的部门、机构、单位也对口承担了全国行业观博团的接待任务。

各区（县）区委、区（县）政府精心组织、积极开展与世博会国际参展方友好结对活动，共接待外方人士约 1 600 批次、2.8 万人次，参与了大部分国家馆日（国际组织荣誉日）活动的组织工作；还结合区（县）情，组织开展丰富多彩的特色活动。

上海世博会筹办近 8 年，举办 184 天，参观者 7 308.4 万人次，创世博会历史新纪录。中共中央总书记、国家主席、中央军委主席胡锦涛 2010 年在上海世博会总结表彰大会上说：“面对艰巨繁重的任务和前所未有的挑战，为兑现‘给中国一个机会、世界将添一份异彩’的郑重承诺，我们举全国之力、集世界智慧，坚持发挥我国社会主义制度能够集中力量办大事的政治优势，紧紧依靠人民群众，深入开展园区党的建设，主动加强国际合作，为上海世博会取得成功提供了有力保障。”上海市政府在世博会的申办、筹办、举办中，接受了检验和锤炼。世博会的组织领导及其体系机制，是上海城市系统科学管理的宝贵财富。

第五节　上海市市长国际企业家咨询会议

80 年代改革开放初期,上海为了跳出产业同构竞争的重围,努力从传统工商业城市向现代化经济中心城市转型。市长朱镕基认为,上海的发展需要世界眼光、世界智慧。1988 年,他接受中国国际信托投资公司执行董事、中国国际投资咨询公司董事长经叔平的建议,邀请国际上著名的企业家担任上海市市长顾问。在获得国务院领导同意后,上海市市长国际企业家咨询会议于 1989 年 10 月 9 日在上海西郊宾馆举行第一次会议,通过《市长咨询会议章程》,确定以后每年召开一次会议。经叔平为会议创始顾问。1989—2010 年连续举办 22 次会议,除第五次会议在美国纽约举办外,其余均在上海召开。会议成员由成立最初 8 个国家的 12 名成员,逐渐增加到 16 个国家的 50 名成员(含 9 任前主席)。成员分布地域更趋多元,除了美国、英国、法国、德国、日本等经济发达国家的世界 500 强企业,北欧瑞典、大洋洲澳大利亚,以及新兴市场国家如南美洲智利、巴西、亚洲印度等的世界 500 强企业也加入市长咨询会议成员之列。成员公司行业涉及信息技术、矿业、制药、化工、节能环保等领域,都是当今世界相关行业领头羊和佼佼者,从而使市长咨询会议成员结构更趋合理,代表性更为广泛,为上海绘就高度国际化的城市发展蓝图提供多视角的意见和建议。

1990 年 3 月 16 日第二次会议,主要讨论浦东开发、金融改革、产业结构调整以及上海如何成为长江三角洲和东亚地区物流中心等问题。会议认为要加快浦东开发和加速产业结构调整,需要金融业的有力支持,建议就金融业问题组织一次国际研讨会。会后,市政府采纳了该建议,于 10 月 15 日在上海商城举行"上海金融国际研讨会",会议促进了国际金融界对上海的了解和与上海的合作。

1991 年 10 月 13—15 日第三次会议,主题为上海如何建设成世界贸易和货物集散中心、如何发展上海的中小企业。与会成员分为"金融业""调查上海投资环境""发展上海附加值工业"三个工作小组展开讨论。会议提出建设第三、第四代集装箱深水港的建议,对上海建设国际航运中心产生了重大影响。

1992 年 10 月 5—6 日第四次会议,主题为如何创立中小企业和如何搞活国有企业。会议介绍了世界各国振兴国有企业的经验和做法,还提出调整所有制结构、实行现代企业制度、引入竞争机制、试行职工股权制、建立有效的管理体制等一系列建议。会议期间,咨询会议创始成员单位——全球最大的国际保险机构美国国际集团获准重返其创始地上海,成为改革开放后第一家进入中国的外资保险公司。

1993 年 11 月 8—9 日第五次会议,应成员建议在纽约召开,这是唯一一次在国外举行的会议。会议主要讨论航空运输和电信发展问题。除市长黄菊等上海市领导和会议成员外,中国驻美国大使李道豫、中国驻联合国代表李肇星,以及美中贸易委员会主席、世界银行前行长、美国联邦储备银行前主席、美中关系全国委员会主席等也出席会议。纽约市副市长沙里文专程出席闭幕会,向上海市长赠送象征两市友谊和合作的纽约市金钥匙。上海港和纽约新泽西港于 11 月 9 日正式结为友好港,成为本次会议重要成果。

1994 年 11 月 6—8 日第六次会议,由 13 个国家的 25 名会议成员通过组织工作小组的形式,对"城市规划""人力资源开发""航空运输"和"通讯"4 个专题展开讨论。

1995 年 10 月 29—31 日第七次会议,以回顾金融业发展状况为主题,分为金融服务业专题和集中回答市长关注的焦点问题两部分展开探讨。

1996 年 11 月 3—4 日第八次会议,主题是如何把上海建成国际商贸中心,以及实施下岗待业人员再就业培训。在建立国际商贸中心专题讨论中，成员们引入了“连锁店”“特许专卖权”“中国的食品链”“基础设施的需求和零售业的未来”“品牌保护、公平交易和消费者权益保护”“邮购、直销、娱乐”等概念。这些理念和建议，在上海建设国际贸易中心中得到了充分运用。

1997年11月2—3日第九次会议，主题为“21世纪的规划”。市长徐匡迪在会上作题为《上海的发展形势与前景展望》的演讲。会议期间，为表彰市长国际企业家咨询会议第一任主席、美国国际集团董事长兼首席执行官格林伯格，会议顾问麦克米伦对上海经济发展所作出的突出贡献，上海市政府分别授予两位“上海市荣誉市民”称号。

1998年11月1—2日第十次会议，主题为金融风险管理和咨询会议10年回顾。市长徐匡迪在致辞中，回顾了咨询会议10年成果，对会议成员建言献策为上海发展所作的前瞻性贡献表示感谢。会议还就亚洲金融危机防范等进行讨论。

1999年9月26日第十一次会议，主题为“创新与新兴产业的发展”。与会成员围绕世界新兴产业的发展情况，特别是生物医药、新材料、信息产业的现状及发展前景展开讨论。上海市领导阐述支持发展新兴产业的一系列政策措施。经会议主席提议，本次会议授予会议创始顾问经叔平名誉成员称号。

2000年10月29日第十二次会议，以管理为主题。与会成员和上海市政府领导就上海城市规划、交通和城市管理问题进行深入探讨和广泛交流。会议围绕上海跻身国际大都市亟待解决的政府宏观管理、大都市城区管理、现代企业管理等重大议题，提出了上海由前10年以城市形态开发建设为主，向未来10年以城市功能开发和管理为主的重要转变。

2001年11月4日第十三次会议，以中国加入世界贸易组织后上海的机遇和挑战为主题，围绕入世后上海如何转变政府职能、促进第三产业及国有企业的发展等问题进行讨论。

2002年11月3日第十四次会议，会议就“如何把上海建设成一个世界级城市”的主题展开深入讨论。会上，全体成员联名致函国际展览局秘书长洛塞泰斯，表达他们支持中国申博的意愿。

2003年11月2日第十五次会议，主题是如何举办一届精彩、难忘、成功的世界博览会。会议特邀国际展览局秘书长洛塞泰斯、德国汉诺威世博会负责人波吉特·布鲁尔、葡萄牙里斯本世博会负责人卡多索出席并讲话。与会成员就上海世博会的主题演绎、招展和游客吸引、投融资计划、场馆建设、人才培养等方面提出许多具有操作性的建议。

2004年10月31日第十六次会议，主题为“提升上海的国际竞争力”。与会者围绕“具有国际竞争力城市的主要特点”“上海竞争力现状”和“为上海培养合格的人力资源”三个专题展开讨论。

2005年10月30日第十七次会议，主题为加快发展现代服务业，围绕“发展服务业与构建现代化城市”“举办世博会与上海服务业展望”和“服务业发展与上海制造业升级”三个专题展开讨论。

2006年11月5日第十八次会议，主题为提升城市创新能力，围绕“政府角色与创新氛围培育”“创新与企业发展”及“创新与产学研联动”三个专题展开讨论。这次会议首次采取网上直播形式，增加会议情况报道，提高了会议的透明度。

2007年10月28日第十九次会议，主题为构建资源节约型、环境友好型城市，就“政府责任”“企业作用”和“公众参与”三个专题展开讨论。与会嘉宾就“政府推动环保节能、企业主动减污降耗、公众广泛响应参与”达成一致意见。

2008年11月2日第二十次会议，主题为“回顾与展望—全球化进程中的上海”，就“全球化进程中上海面临的发展环境”和“全球化进程中的上海城市‘软实力’”两个专题展开讨论。市长韩正在会上作题为《面对经济全球化：上海的选择》的主题报告。会议特别组织编制了市长咨询会议20

周年纪念文集《世界智慧　上海发展》和回顾短片光盘,作为市长礼物赠送与会客人。

2009年11月1日第二十一次会议,主题为"积极应对国际金融危机挑战,加快实现上海经济转型"。市长韩正作题为《不失时机加快上海经济转型》的主题报告。会议就如何应对金融危机以及上海经济转型等提出许多富有建设性的意见和建议,内容涉及世界经济走势、上海"四个中心"建设、新能源与低碳经济发展以及职业教育与人力资源建设等方面。

2010年10月10日第二十二次会议,有39位成员出席。会议正值上海世博会举办期间,市长韩正作题为《建设充满活力的创新城市》的主题报告,16位与会成员分别围绕"把握国际产业发展新方向"和"建设充满活力的创新城市"两个专题作大会发言。与会成员与市政府领导就上海如何进一步优化创新环境,提高创新能力,以及后危机时代的新兴战略性产业等问题进行讨论和交流。与会嘉宾在韩正等市领导陪同下,参观上海世博会。

第四章 外国驻沪机构管理

改革开放后，外国各类机构入驻上海呈现爆发式增长，尤其是以西方发达国家和中等发达国家居多。按照国际惯例，上海在不断改善对外环境同时，做好对外国机构入驻的服务、沟通工作，依托上海的国际地位，发挥中外联系的桥梁作用。

第一节 外国驻沪领事机构

1978年改革开放前，外国驻沪领事馆仅有波兰、日本两个国家。1979年中国加入《维也纳领事关系公约》，至80年代末，在沪设领事馆的国家增至11个国家。进入90年代后，随着中国外交事业的发展和上海改革开放的深入，外国驻沪领事机构数量年均递增3个国家，进入一个新的扩展阶段。到2010年12月，外国驻沪领事机构已达64个国家，约占外国驻中国内地的100多个国家领事机构的2/5。此外，有5个国家在上海委派了名誉领事，其中，牙买加首任名誉领事职务终止后，牙方暂未委派新的名誉领事。常驻上海的领事馆官员和行政技术人员达1 000余人，享有领事特权和豁免的领事馆人员(含家属)达2 000余人。设领事馆和委派名誉领事的国家遍及世界五大洲，其中：欧洲国家31个，亚洲国家19个，美洲国家12个，大洋洲国家4个，非洲国家3个。领事区管辖范围主要以长江三角洲为主，一般包括江、浙、皖邻近诸省，有的远达闽、赣、鄂、鲁、湘、粤等省。

与外国派驻中国其他城市的领事机构相比，驻沪领事机构的业务工作范围和功能不仅仅限于经贸往来、签证事务和侨民保护，而是全方位、多领域，涵盖政治、经济、贸易、科技、新闻、文化、教育、安全、农业、旅游等多方面。其中，以促进经济贸易为重，在沪设有商务代表处的领事机构达一半之多。推广本国文化、教育也是驻沪领事馆工作的重点之一，有近20家驻沪领事馆设有文化处或文化教育处，占驻沪领事馆总数的1/3。一些国家设有专职文化、教育领事。驻沪领事馆往往通过自行组织或与其他单位联合举办的方式，开展各种形式的文化、教育交流活动。

外国驻沪领事机构的扩展，为加强上海与各领事机构派驻国的联系与合作创造了更好条件。在上海对外交往中，各国驻沪领事机构积极为中外双方人员互访、考察和交流提供各种便利，协助本国政府、企业或民间团体等开展各类经贸、文化、教育、科技交流活动，及时向本国政府和社会各界传递有关上海经济建设和社会发展的各种信息，多方位为本国参与在上海举行的各类重大国际活动和上海经济建设、社会发展中的各项重大工程、实事项目牵线搭桥。外国驻沪领事馆成为上海与国际社会沟通、交流、合作、参与竞争的重要渠道，成为上海在加快现代化国际大都市建设中的独特资源。

表8-4-1 截至2010年12月31日各国驻沪领事机构一览表

领事馆类型	馆 名	开馆日期(年月日)	领事区范围
总领事馆	波 兰	1954.10.22	沪、浙、苏、皖、闽
	日 本	1975.9.02	沪、浙、苏、皖

（续表）

领事馆类型	馆　名	开馆日期（年月日）	领事区范围
总领事馆	美　国	1980.4.28	沪、浙、苏、皖
	法　国	1980.10.21	沪、浙、苏、皖
	德　国	1982.10.15	沪、浙、苏、皖
	澳大利亚	1984.7.02	沪、浙、苏、皖、赣、鄂
	英　国	1985.2.11	沪、浙、苏、皖
	意大利	1985.6.21	沪、浙、苏、皖
	加拿大	1986.4.30	沪、浙、苏、皖、鄂
	俄罗斯	1986.12.15	沪、浙、苏、皖
	伊　朗	1989.2.20	沪、浙、苏、皖
	古　巴	1990.9.01	沪、浙、苏
	新西兰	1992.7.17	沪、浙、苏、皖
	印　度	1993.1.16	沪、浙、苏
	韩　国	1993.6.11	沪、浙、苏、皖
	墨西哥	1993.10.18	沪、浙、苏、皖、闽、湘、赣
	丹　麦	1994.6.20	沪、浙、苏、皖、赣
	奥地利	1994.7.15	沪、浙、苏、皖
	以色列	1994.9.08	沪、浙、苏、皖
	荷　兰	1994.9.12	沪、浙、苏、皖
	捷　克	1995.1.11	沪、浙、苏、皖
	瑞　士	1995.4.26	沪、浙、苏、皖
	芬　兰	1995.11.01	沪、浙、苏、皖、赣
	新加坡	1996.1.01	沪、浙、苏、皖
	智　利	1996.6.17	沪、浙、苏、皖
	瑞　典	1996.9.16	沪、浙、苏、皖
	挪　威	1996.9.16	沪、浙、苏、皖、赣、闽
	比利时	1996.10.01	沪、浙、苏、皖
	泰　国	1996.11.12	沪、浙、苏、皖
	土耳其	1997.3.18	沪、浙、苏、皖
	塞尔维亚	1998.6.15	沪、浙、苏、皖
	埃　及	1999.5.01	沪、浙、苏、皖
	西班牙	1999.5.07	沪、浙、苏、皖、赣
	柬埔寨	1999.7.02	沪、浙、苏、皖

（续表）

领事馆类型	馆　名	开馆日期(年月日)	领事区范围
总领事馆	马来西亚	1999.12.23	沪、浙、苏、皖
	罗马尼亚	2000.2.01	沪、浙、苏、皖
	阿根廷	2000.5.25	沪、浙、苏、皖
	爱尔兰	2000.8.01	沪、浙、苏、皖、赣
	乌克兰	2002.1.30	沪、浙、苏、皖、闽、赣
	菲律宾	2002.4.18	沪、浙、苏、皖、鄂
	秘　鲁	2002.5.30	沪、浙、苏、皖、闽、赣
	巴　西	2002.9.30	沪、浙、苏、皖、鲁
	南　非	2002.11.08	沪、浙、苏、皖、鲁、闽、粤
	乌拉圭	2003.9.04	沪、浙、苏、皖
	匈牙利	2004.8.16	沪、浙、苏、皖
	斯洛伐克	2004.9.01	沪、浙、苏、皖、闽、赣
	希　腊	2004.10.16	沪、浙、苏、皖、鲁、赣
	巴基斯坦	2004.12.09	沪、浙、苏、皖
	哈萨克斯坦	2005.5.15	沪、浙、苏、皖、闽、赣
	保加利亚	2005.8.25	沪、浙、苏、皖、闽、赣
	斯里兰卡	2005.10.01	沪、浙、苏、皖、湘、闽
	葡萄牙	2005.12.07	沪、浙、苏、皖、赣
	委内瑞拉	2006.1.23	沪、浙、苏
	卢森堡	2006.5.19	沪、浙、苏、皖、闽
	乌兹别克斯坦	2006.6.20	沪、浙、苏、皖、闽、赣
	瓦努阿图	2007.6.25	沪、浙、苏、皖
	越　南	2007.11.30	沪、浙、苏
	尼日利亚	2008.1.16	沪、浙、苏、皖、闽
	白俄罗斯	2008.11.21	沪、浙、苏、皖、闽、赣
	阿联酋	2009.7.06	沪、浙、苏、皖、闽
	厄瓜多尔	2009.8.10	沪、浙、苏、皖
	冰　岛	2009.10.18	沪、浙、苏
	爱沙尼亚	2010.10.25	沪、浙、苏、皖、闽、赣
领事馆	斯洛文尼亚	2010.6.24	沪、浙、苏、皖
名誉领事馆	牙买加	2001.3.26	沪、浙、苏、皖
	摩纳哥	2002.1.25	沪、浙、苏、皖

(续表)

领事馆类型	馆　名	开馆日期(年月日)	领事区范围
名誉领事馆	尼泊尔	2003.1.16	沪
	巴布亚新几内亚	2006.8.28	沪
	马尔代夫	2006.10.31	沪

说明：1. 1991年10月25日，新加坡驻沪领事馆开馆，1996年1月1日升格为总领事馆。

2. 1994年6月，巴西驻沪总领事馆设立，1999年7月31日闭馆。1999年11月16日，巴西驻沪领事馆设立，2002年9月30日升格为总领事馆。

3. 塞尔维亚驻沪总领事馆前身为南斯拉夫驻沪总领事馆、塞尔维亚和黑山驻沪总领事馆，2006年6月易为现名。1998年6月15日，南斯拉夫驻沪总领事馆设立。

4. 2005年10月1日，斯里兰卡驻沪领事馆开馆，2008年4月18日升格为总领事馆。

5. 2007年11月30日，越南驻华大使馆领事部驻上海办公室设立，2010年8月1日升格为驻沪总领事馆。

第二节　外国驻沪媒体机构

上海是改革开放后外国新闻媒体和常驻记者数量在国内仅次于首都北京的城市。随着国际社会对上海城市发展变化关注度日益提高，外国新闻媒体机构陆续在沪设立分支机构。1986年5月经中国外交部批准，日本共同通讯社和日本《朝日新闻》《日本经济新闻》在沪设立分支机构，并派出常驻记者。此后，美国、英国、俄罗斯一些媒体机构也在沪设立分支机构。截至1993年底，外国驻沪新闻机构有4国(日本、英国、美国、俄罗斯)11家，常驻记者11名。采访报道上海，主要以外国常驻北京记者和境外媒体临时到沪采访记者为主。上海浦东开发开放，更加吸引世界各国媒体关注。从1994年起，外国驻沪新闻机构设立呈逐年上升趋势，开始是每年个位数增长，2003—2007年，每年都是两位数增长，至2008年底达到高峰，有20个国家的83家新闻机构先后在上海设立分支机构，派有常驻记者117人，是外国驻沪新闻机构数量最多的时候。2009年，根据国务院有关规定进行清理调整，截至2010年底，仍有19个国家78家媒体驻沪分支机构，派有常驻记者112人。

改革开放后，西方国家主流媒体机构在沪增长最快。2008年为外国媒体机构在沪最多的一年，当年美国增加16家，法国增加7家，德国增加6家，荷兰增加5家，英国增加4家，加拿大、意大利、西班牙、芬兰各增加2家(不包括开设后关闭的)；除美、英外，其余法、德、荷等国都是新开设的。不少国家是随着经济交往的加深而吸引媒体增设了分支机构。中日经济交往和合作是90年代后上海对外经济合作的主流之一，1994年后，日本驻沪媒体从原有的7家(其中1家2000年关闭)，到2006年增加到最多时的19家，成为驻沪媒体最多的国家。芬兰、挪威、丹麦、瑞典等北欧4国也是因中欧经济交往不断扩大，这些国家在沪投资的项目日益增多，促使这些国家的主要媒体在沪新设分支机构。再有，周边一些国家随着与上海经济合作的日益加深，其国家的媒体对上海关注度不断提高，纷纷在沪新增分支机构。韩国、新加坡原来没有驻沪媒体，随着两国在沪投资增长，各有3家媒体在沪开设分支机构。俄罗斯塔斯社新增驻沪分支机构，马来西亚、伊朗等国媒体也陆续开设分支机构。

此外，采访报道上海的境外媒体临时记者数量持续上升，上海市政府外办批准的临时到沪境外媒体记者，从年批量上百批千余人次，增长到年上千批、人数达五六千人次，有的一次大型国际活动就有三千多人次。到沪采访报道的境外媒体记者遍及世界一百多个国家和地区，其中不乏高级记

图 8-4-1　2009 年 4 月 27 日，外国媒体常驻上海记者在外滩通道工程指挥部听取工程介绍并采访

者、资深编辑、专栏主编或主笔、机构负责人、老资格新闻官等。开始到上海大多为文字记者，后来新增摄影、广播、专题片、节目制作等媒体记者；从开始对上海年报道量数十篇，发展到月报道量数百篇。采访报道的内容大致三类：一是反映上海改革开放、经济社会发展的变化情况，新气象、新鲜事，为本国参与上海经济合作、加强投资和抢占有利市场提供新的信息；二是结合双边和多边交往中的一些重要活动和重大事件，到上海进行跟踪报道，尤其当本国有重要贵宾到上海参观访问，或在上海举行重要国际交往活动、开展各项双边或多边的庆典仪式等，该国都要派遣媒体记者组织前期报道或跟踪报道；三是抓住国际社会关注的重大热点问题，挖掘上海动态新闻，如人权问题、知识产权保护问题、中国加入世界贸易组织问题、贸易壁垒和贸易摩擦问题、美国次贷危机问题、2010 年上海世博会等，都是到上海采访报道的热点。

上海按照国务院颁布的各项行政法规要求，为外国媒体记者临时到沪采访提供便利，积极提供经济和社会发展中各类信息，引导外国媒体记者进行客观、公正报道，使世界看到了一个真实的上海、真实的中国，提高了上海的国际知名度。

表 8-4-2　截至 2010 年 12 月 31 日外国驻沪新闻机构一览表

编号	国家	机构名称	开设日期(年月日)
1	日本	共同通讯社	1986.5.2
2		日本经济新闻	1986.5.2
3		朝日新闻	1986.5.9
4		读卖新闻	1986.9.18
5		中日新闻	1987.3.4

(续表)

编号	国家	机构名称	开设日期(年月日)
6	日本	日本广播协会	1987.3.31
7		朝日放送	1992.5.2
8		关西电视台	1994.11.28
9		读卖电视台	1995.12.8
10		时事通讯社	1997.3.26
11		纤研新闻社	2003.2.17
12		每日电视台	2003.4.15
13		东京电视台	2005.1.7
14		化学工业日报	2005.5.30
15		每日新闻社	2006.4.1
16		产业时报社	2006.5.24
17		产经新闻	2006.6.20
18		纤维新闻	2006.9.4
19	英国	路透社	1993.4.26
20		金融时报	1996.11.18
21		英国广播公司	2000.12.11
22		泛思图片社	2006.6.27
23		每日电讯报	2008.7.23
24		英国《艺术报》	2009.2.12
25		英国每日邮报	2010.10.12
26	美国	亚洲华尔街日报	1993.11.9
27		纽约时报	1995.1.24
28		彭博新闻社	1995.1.27
29		道琼斯金融通讯社	1995.5.30
30		新闻周刊	1997.3.24
31		美联社	1998.2.12
32		时代周刊	1998.9.15
33		华盛顿邮报	2000.5.12
34		福布斯杂志	2003.1.13
35		全国公共广播电台	2006.2.23
36		汽车新闻	2006.12.19
37		明尼苏达公共电台	2007.1.4

（续表）

编号	国家	机构名称	开设日期(年月日)
38	美国	塑料新闻(Plastic News)	2007.1.15
39		交流新闻图片公司(Contact PressImages)	2008.6.16
40		美国美联社电视新闻公司	2009.2.20
41	法国	法新社	1994.9.12
42		世界报	2004.10.22
43		法国国际广播电台	2006.1.20
44		翰林影视	2006.3.10
45		巴黎人日报	2007.9.4
46		法国法兰西24电视台	2009.6.19
47	荷兰	自由荷兰杂志	1995.6.6
48		人民报	2004.2.23
49		金融日报	2007.8.9
50		新鹿特丹商业报	2007.10.25
51		荷兰报业联盟	2008.1.29
52		荷兰广播电视协会电视部	2010.3.9
53	新加坡	联合早报	1996.4.3
54		新加坡亚洲新闻台	2005.3.18
55	俄罗斯	国际文传电讯社	1999.12.9
56		俄通—塔斯社	2005.4.5
57	德国	德国广播协会	2000.9.1
58		明镜周刊	2004.7.8
59		美因邮报	2006.9.25
60		外贸新闻	2008.6.17
61		德国金融时报	2008.12.12
62		德国《明星》周刊	2009.3.6
63	韩国	联合通讯社	2003.2.21
64		中国经济新闻社上海分社 (China Economy Newspaper)	2005.1.17
65		韩国广播公司	2005.7.11
66		韩国《易得财经》	2009.5.14
67	瑞典	南瑞典日报	2003.10.13
68	西班牙	世界报	2004.2.23
69		埃菲社	2004.12.3

(续表)

编 号	国 家	机 构 名 称	开设日期(年月日)
70	西班牙	西班牙柯尔比撒通讯社	2009.12.30
71	澳大利亚	金融评论	2004.4.9
72	挪威	贸易风周报	2005.1.24
73	意大利	24小时太阳报	2007.2.6
74	芬兰	技术与经济	2007.4.26
75	丹麦	星期一早晨周刊	2007.7.19
76	加拿大	加拿大邮报传媒新闻社	2007.8.17
77	伊朗	伊朗新闻电视台	2008.6.1
78	土耳其	土耳其阿纳多卢通讯社	2010.10.20

第五章 港澳事务

第一节 高层往来

一、港澳政府代表团访沪

1985年5月7—9日，香港总督尤德和夫人到沪访问，出席在上海展览中心举办的“香港产品展览会”开幕式，参加开幕式的还有以香港贸易发展局主席邓莲如为团长的香港经济贸易访沪代表团。市长汪道涵和尤德共同为开幕式剪彩。90家香港厂商和6家参展银行展出以电子和电器产品、印刷机器、家用消费品、电动工具设备为主的展品，展览面积5 000平方米。

1987年12月1—3日，香港总督卫奕信夫妇到沪访问，出席“香港上海经济区经济贸易合作研讨会”开幕式和香港贸易发展局驻上海办事处的开幕典礼。市长江泽民和市政府顾问汪道涵分别会见卫奕信一行及到沪出席上述两项活动的香港高层经济贸易代表团。副市长李肇基和卫奕信共同为香港贸易发展局驻上海办事处的开幕典礼剪彩。汪道涵和卫奕信还分别在“香港上海经济区经济贸易合作研讨会”开幕式上致辞。

1997年3月25—26日，香港特别行政区行政长官董建华到沪访问，出席由香港贸易发展局主办、上海市对外经济贸易委员会、外国投资工作委员会和国际贸易协会协办的“香港：联系京沪穗、携手创繁荣”研讨会并作演讲。市委书记黄菊会见董建华。董建华在研讨会后专门举行记者招待会感谢上海对会议的重视和支持。10月12—13日，董建华到沪出席第八届全国运动会开幕式，市长徐匡迪会见董建华一行。此后，董建华还多次到沪访问。1999年9月，董建华夫妇应邀到沪参加“’99《财富》全球论坛上海年会”，市委书记黄菊会见董建华夫妇。2000年6月初和2001年4月上旬，黄菊、徐匡迪分别会见到上海访问的董建华。2003年1月，董建华专程到沪出席上海交通大学董浩云航运博物馆的开馆典礼。2004年10月，董建华再次到上海，就沪港两地合作等事宜与市长韩正进行工作会谈。

1999年7月23日，澳门特别行政区行政长官何厚铧在上海参加由中共上海市委宣传部、市政府新闻办和新华社澳门分社等单位联合举办的“迎澳门回归宣传周”活动，市委书记黄菊和市长徐匡迪分别会见何厚铧。2007年10月2日，何厚铧到上海，出席2007年世界夏季特奥会开幕式，市长韩正会见何厚铧。

2006年5月5—7日，香港特别行政区行政长官曾荫权访沪，与市长韩正就加强沪港在金融和证券等领域的合作、赴港申请受理业务、进一步推进香港和上海政府公务员交流等合作事宜交换意见。曾荫权还在沪参观新天地、中共一大会址、洋山深水港港区等。2010年4月26—5月2日，曾荫权访沪，参观上海世博会香港馆和城市最佳实践区，参观中国馆和主题馆，出席上海世博会开幕式，市委书记俞正声和市长韩正分别会见曾荫权。10月18—22日，曾荫权率百余人代表团到沪参加在世博园区内举办的香港活动周庆祝活动，同市长韩正分别在香港活动周开幕式上致辞，并于10月30日—11月1日出席上海世博会闭幕式和高峰论坛。

2010年3月26日，澳门特别行政区行政长官崔世安访沪，考察澳门馆和城市最佳实践区澳门案例,市长韩正会见崔世安。崔世安还于2010年4月30日至5月1日到沪出席上海世博会开幕式及参加澳门馆等活动;于5月24—26日率澳门立法会主席,澳门终身法院院长,澳门地区全国人大代表、全国政协委员,行政会成员,部分立法会议员,社团领袖及代表等约140人赴上海参观世博会;于10月13—15日率150人的澳门代表团参加在世博园区内举办的澳门活动周庆祝活动,与市长韩正分别在澳门活动周开幕式上致辞。

二、上海市政府代表团访问香港

1981年11月1—4日,市长汪道涵率上海市代表团结束访英后抵达香港访问,香港总督麦里浩会见汪道涵一行,双方就城市建设、经济发展、港口设备及人口等问题展开交流会谈。在香港工商界人士联合举行的欢迎会上,汪道涵介绍了国内和上海经济建设的情况及遇到的问题,希望得到香港各界的支持和帮助。

1990年6月8—12日,市长朱镕基率上海经济代表团访问香港,出席"九十年代上海经济发展——沪港经济合作研讨会"并发表演讲。

1992年12月1日,市长黄菊率上海市代表团赴香港访问。其间,黄菊出席了上海港务局与香港和记黄埔有限公司合资经营集装箱码头签字仪式,这是中国交通行业和沿海港口重大的合资项目,总投资约56亿元。香港知名实业家、和记黄埔有限公司主席李嘉诚出席签字仪式。

1998年11月11—13日,市长徐匡迪赴香港参加学位授予典礼,接受香港科技大学荣誉工程学博士学位。

2003年10月26—28日,按照中央政府与香港特别行政区政府签署的《内地与香港关于建立更紧密经贸关系的安排》,市长韩正率上海市代表团访问香港,并在沪港经贸合作会议第一次会议上,和香港特别行政区行政长官董建华分别阐述了在CEPA①框架下推进沪港合作的设想,就商贸、金融、世博等八大领域的重点合作项目达成意向。会议期间,双方举行机场管理合作签约仪式,香港方面董建华和财政司司长唐英年,上海方面韩正和副市长杨雄出席签约仪式。在副市长周禹鹏主持召开的上海市代表团与香港商界的恳谈会上,韩正发表"上海当前经济与社会发展情况和CEPA框架下加强沪港合作"的演讲。香港商界代表陈启宗、郭炳江、梁振英等分别作呼应发言。会后,韩正和董建华共同出席了媒体见面会。国务院港澳办副主任周波、中央政府驻港联络办副主任郭莉,以及两地政府有关人士出席了沪港合作第一次会议。上海市代表团在香港还进行了实地考察,听取香港机场管理局有关机场管理经验的介绍。

第二节 沪 港 合 作

一、沪港经贸合作会议机制

2003年,市政府按照中央政府与香港特别行政区政府签署的《内地与香港关于建立更紧密经贸关系的安排》,加强与香港特别行政区政府沟通协商,经国务院批准,双方于当年10月27日正式

① CEPA(Closer Economic Partnership Arrangement),即"关于建立更紧密经贸关系的安排"的英文简称。包括中央政府与香港特别行政区政府签署的《内地与香港关于建立更紧密经贸关系的安排》、中央政府与澳门特别行政区政府签署的《内地与澳门关于建立更紧密经贸关系的安排》。

建立沪港经贸合作会议机制。沪港经贸合作会议机制规定，由双方协商不定期举行沪港经贸合作会议，主要任务是沟通交流两地合作情况，讨论确定合作交流重要事项，会议议定事项形成会议纪要。沪港合作会议的具体牵头部门为香港特别行政区政府政制及内地事务局和上海市人民政府港澳事务办公室。沪港经贸合作第一次会议于2003年10月27日在香港召开，上海市市长韩正与香港特别行政区行政长官董建华共同主持会议，双方确定了航空港、海港、上海世博会、旅游会展、投资商贸、教育卫生和体育、金融服务、专业人才八大领域的交流合作，签署了机场合作协议。2012年1月5日，在上海举行了沪港经贸合作会议第二次会议。

二、沪港合作项目

沪港合作成果，主要体现在商贸投资、机场合作、金融联系、公务员交流四个方面。

【商贸投资】

香港是上海最大的外资来源地。21世纪初，世界经济持续低迷、跨国投资大幅下降，全球FDI（外商直接投资）增长出现反复，但香港对上海的投资依然保持高速增长，屡创新高。2003年沪港经贸合作会议第一次会议时，香港在沪投资合同外资金额为20.2亿美元，占当年上海吸收外资总额的18.3%；香港在沪投资项目864项，占当年外资在沪投资项目数量的20%。2012年，沪港经贸合作会议第二次会议时，香港在沪投资金额升至120.6亿美元，占当年上海吸收外资总额的54%；香港在沪投资项目1 436项，占当年外资在沪投资项目数量的35.5%。

【机场合作】

2003年10月，沪港机场在香港签订《沪港机场紧密合作框架意向书》，双方在人员培训、业务咨询合作交流等方面开展了一系列合作项目。2009年10月12日，上海机场（集团）有限公司与香港机场管理局在上海举行机场合作项目签约仪式，双方合资成立上海沪港机场管理有限公司，进一步加强沪港两地机场合作。上海市市长韩正、香港特别行政区政府政务司司长唐英年等共同见证签约仪式。根据协议，上海沪港机场管理有限公司受托管理上海机场集团所属的虹桥机场东西两个航站楼、虹桥综合交通枢纽交通中心与旅客流程相关区域，以及航站楼商业零售业务。这项合作对虹桥机场安全运行、服务品质、商业环境等提高改善作用明显，使虹桥机场在全球机场排名从合作前的81位提升至2013年的31位。

【金融联系】

上海市政府金融办与香港特别行政区政府财经事务及库务局于2009年建立沪港金融工作会议机制。上海证券交易所、上海期货交易所分别与香港交易所签署合作协议或备忘录，经过沟通与推动，一系列指数ETF产品已在两地交易所上市。两地金融机构互设不断拓展，汇丰银行等4家总部位于香港的商业银行在沪设立经营机构和代表处。总部位于上海的浦发银行、国泰君安证券、太平洋保险等14家金融机构在香港开展业务。

【公务员交流】

经国务院港澳事务办公室批准，上海市政府外办与香港特别行政区政府公务员事务局通过协商,于2002年7月30日在上海签署《上海市人民政府外事办公室与香港公务员事务局关于沪港两地公务员交流实习活动的实施协议书》,双方商定从2002—2005年,每年至少进行一次为期3—6个月的公务员交流实习活动。2002年9—12月,沪港两地第一次互派4名公务员到对方的政府机构进行实习交流,得到两地政府和参与各方的充分肯定。之后,双方对此交流项目又续签多次,至2010年共进行了8批交流。其中,香港派遣到沪交流公务员共29人次,上海派遣赴港交流公务员共38人次。双方交流范畴从城市建设、交通和环保领域,逐步拓展至工程建设、城市规划、市容美化、港口管理、公共房屋建设与管理、公共卫生、食品安全等更多领域。

第三节　重要活动

改革开放后,港澳地区在沪举办各类宣传推介活动。主要有90年代的"'93国际计算机和应用展览会""澳门旅游暨经贸促销周""香港设计服务博览会";21世纪的"2004香港工展会·上海""CEPA香港澳门(内地)推广周""澳门基本法颁布十周年图片展""香港回归十周年巡回展览上海站""感受澳门"系列宣传推介活动。举办各领域研讨会,比较有影响的有"'96沪港医院管理学术研讨会""沪港住房研讨会""沪港科技合作研讨会""沪港城市卫生管理研讨会""沪港社会福利交流研讨会""发展与交流—沪港专业人士圆桌会议""沪港青年经济发展论坛";还开展了结合形势发展的专题研究,如"沪港合作开发长江三角洲研讨会""中国加入世贸的前奏—国际专家圆桌会议""沪港技术与资本联动研讨会""促进沪港共同发展—首届沪港关系论坛""CEPA框架下沪港行业协会发展研讨会"等。上海赴港澳地区宣传推介活动频频,比较大的活动有"上海文化周"。

一、沪港经济发展与合作研讨会

沪港经济发展与合作研讨会由上海市政府发展研究中心、上海市政府协作办和香港工商专业联合会主办,共举办6届。首届于1996年1月18—19日在上海举行,上海市市长徐匡迪、国务院港澳办副主任陈滋英等出席。会议由徐匡迪和香港工商专业联合会会长罗康瑞共同主持,就"沪港城市规划及房地产发展与合作""沪港贸易及工业发展与合作""沪港金融业发展与合作"等专题进行演讲和研讨。1997年11月10日,第二届研讨会在香港举行,上海市工商联会长任文燕等出席。1998年4月4日,主题为"沪港合作开发长江"的第三届研讨会在上海浦东举行,徐匡迪参加会议并致辞,香港特别行政区行政长官董建华发来贺信,会上还宣布成立长江开发沪港促进会。1999年12月,"第四届沪港经济发展与合作会议—沪港迈向新世纪研讨会"在香港举行。2001年3月1日,第五届沪港经济发展与合作会议在沪举行,徐匡迪、中央政府驻港联络办副主任刘山在、香港特别行政区政府财政司司长梁锦松等出席。2002年11月23日,主题为"上海在区域经济一体化中的地位和作用"的第六届沪港经济发展与合作会议在上海举行,上海市副市长蒋以任出席会议并致辞。香港特别行政区政府工商及科技局局长唐英年作为特邀嘉宾出席会议,并宣读香港特别行政区行政长官董建华为会议发的贺信。

二、沪港大都市发展研讨会

沪港大都市发展研讨会由上海海外联谊会和香港沪港经济发展协会联合举办。2000年6月

2—3 日，以“在中国加入 WTO 以后，沪港两地面临的机遇、挑战和合作前景”为主题的第一届研讨会在上海举行。上海市市长徐匡迪和香港特别行政区行政长官董建华出席开幕式并作演讲。上海市政协副主席、上海海外联谊会负责人黄跃金主持开幕式，香港沪港经济发展协会会长胡法光致辞。与会的沪港两地政界、商界及科研机构的 250 名代表参加研讨。2003 年 11 月 25 日，在上海召开第二届研讨会，主题为“CEPA 框架下沪港合作新机遇”，上海市副市长姜斯宪和香港特别行政区政府财政司司长唐英年莅会作主题演讲，沪港两地 300 余人出席会议。2005 年 12 月 3 日，第三届研讨会在上海召开，沪港两地共有 250 余位行业协会领导、知名企业高层主管以及相关专家学者参加，围绕“加速发展现代服务业，推进 CEPA 框架下沪港经济合作”主题展开研讨，上海市常务副市长冯国勤、香港特别行政区政府财政司司长唐英年在会上作主题演讲。2007 年 12 月 6 日，以“落实 CEPA 加强沪港合作、服务长三角联动发展”为主题的第四届研讨会在上海举行，上海市副市长唐登杰、香港特别行政区政府商务及经济发展局局长马时亨在开幕式上作主旨演讲。2010 年 1 月 19 日，第五届研讨会在上海举行，主题为“国际贸易中心——合作发展新机遇”，上海市委常委、统战部部长、海外联谊会会长杨晓渡，香港沪港经济发展协会会长周亦卿在开幕式上致辞，上海市政协副主席、市工商联主席王新奎做主旨演讲。

三、“2004 香港工展会・上海”活动

“2004 香港工展会・上海”活动于 2004 年 9 月 2—5 日在上海展览中心举行。作为香港四大商会之一的中华厂商联合会，70 年间举办了 37 届后，首次将工展会放在香港以外的地方举办，以借 CEPA 协定推广香港品牌，推动两地的经贸交流和合作。其间，上海市政协主席蒋以任会见以会长杨孙西为团长的香港中华厂商联合会访沪团一行。有 120 家香港企业、商家的名牌日常用品参展，深受上海居民欢迎，每天观展人数逾万，门售入场券出现多年不见的排长队现象，参展商品供不应求。

四、“感受澳门”旅游推广活动

“感受澳门”旅游推介活动于 2007 年 6 月 29 日在沪启动，系澳门特区旅游局在上海首次举办的大型旅游推广活动，目的是让更多的上海市民了解澳门的风土人情、世遗建筑、美食小吃等旅游文化。活动为期 3 天，内容包括“上海—澳门旅游论坛”“上海—澳门旅游业界洽谈会”以及“感受澳门”路展等。澳门旅游业界在南京路百联世贸国际广场为上海市民表演了舞狮、葡萄牙土风舞、魔术等。澳门特别行政区政府社会文化司司长崔世安、旅游局局长安栋梁专程到沪出席活动。上海市委常委、市委统战部部长杨晓渡参加与澳门旅游业界的交流活动。

第六章 台湾事务

第一节 民间往来

一、台胞来沪

【探亲旅游就业定居】

1987年,在祖国大陆的努力和台湾民众强烈要求下,台湾当局开始有限度地开放台湾民众赴大陆探亲。10月,中共上海市委、市政府批转市对台工作小组《关于做好台湾同胞来沪探亲、旅游工作的意见》,明确台胞到沪住宿宾馆、就餐、购买机票和车票,使用出租车等享有与大陆旅客同等待遇。市政府有关部门先后推出为台胞提供方便和优质服务的措施,市政府台办新设接待处。当年11—12月,到沪台胞达3 000多人次。1988年9月,台湾的“昌瑞”“昌鑫”两轮作为两岸探亲客船,从台湾基隆港经日本冲绳岛的那霸抵达上海,两轮共运行12航次,运送台胞1 880人次;当年台胞到沪13.6万人次。此后,台湾同胞到上海旅行参观探亲成为正常化。

台胞到沪探亲旅游,促进了沪台民间交流。1991年,沪台文化、教育、科技、体育、出版、影视等各项交流131项,到沪台胞人数一路攀升。至1995年底,累计达176.79万人次;至2000年底,累计达268.89万人次。2004年后,台胞到沪人数从每年40多万上升到70多万人次,最多年份达90多万人次。

1987—1995年,沪台两地通婚有1 789对,占大陆和台湾两岸通婚总数12%,居全国第二位。通婚的62%夫妇把家安置在上海。2000年后,移居上海的台湾居民逐年增多。至2010年底,约有20万台湾居民居住上海。其中,到沪就业占71.44%,超过一半在台资企业工作;约四成在沪购置住房;居住超过一年的达总数的3/4。2010年是上海世博会举办之年,仅1—5月,就有37.73万台胞到沪参观世博和旅游观光,受到上海市民热情接待。

【台胞入境管理】

台湾居民入境上海口岸分两大类,一类是经上海口岸中转至其他各地(在沪不停留),另一类是在沪入住的。在沪入住的台湾居民又分两类:一类是短期停留,一般在3个月以内,由宾馆、饭店等办理临时住宿登记表,或由住宿地派出所办理在沪临时住宿证明;另一类是指年均在沪3个月以上或常住上海的台湾居民,需出入境管理部门签发多次出入境签注。

根据公安部授权,从2000年1月起,上海口岸为紧急到沪处理丧事的台湾居民,70岁以上的老人和16岁以下的未成年人,以及特邀台湾客人等3类到沪的台湾居民办理一次性台胞证或一次性入出境签注。为适应日益增多的到沪台胞需求,2003年5月市政府向公安部发送《关于申请进一步放宽上海口岸对台湾居民口岸办证、签注权限的函》。同年6月13日,公安部复函市政府,授权上海口岸从当年10月1日起,为直抵上海的台湾居民可审批签发一次性入出境有效的台湾居民来往大陆通行证或入出境有效签注。这项政策的实施,大大方便了台湾居民从上海口岸入境。

2004年起,国务院陆续授权上海等20个省区市公安机关出入境管理部门为在大陆的台湾居民补换 5 年有效台胞证。2008 年 9 月 25 日起，实行台胞证“一人一号，终身不变”。在台胞入境签注方面，设立台胞口岸签注点，为未办妥入境手续直抵口岸的台胞办理一次性有效台胞证和 3 个月一次的有效入出境签注。

【为来沪台胞服务】

台湾渔轮避风泊锚服务　中华人民共和国成立后，沪台最早交往是从接待台湾渔民开始。1973 年 1 月，在长江口外作业的台湾渔轮“全兴 1 号”遇大风浪进水下沉，船长等 7 名船员被上海海洋渔业公司渔轮救起治疗。此后，每年到沪避风、修船、补给、就医的台湾渔民逐年增加。1984 年，市水产局牵头建立台湾渔民接待站。1988 年，市政府拨款在长兴岛建立可同时容纳 200 艘台湾渔轮避风的停泊锚地，服务到沪避风的台湾渔民。80 年代后期，上海有接待台湾渔船避风停泊点 6 个。至 2003 年，共接待到沪台湾渔轮 2 500 余艘次、船员 2 万余人次。随着大陆与台湾交往渠道日益变宽，大陆沿海提供台湾渔民躲避风浪服务的接待站不断增多。2003 年后，到沪避风的台湾渔轮相对减少。上海对 6 个停泊点进行调整：将条件较好的上海水产供销发展公司 6 号码头改建成日常停泊台湾渔轮的专用码头，实行封闭式管理；把长兴岛锚地等 3 个避风点作为备用码头。

在沪台胞入学就医服务　改革开放后，大批台胞在上海经商办企业，不少举家移居上海。90 年代起，上海开始接受台胞子女就读。2000 年后，中共上海市委、市政府要求相关部门做好该项工作，实行“欢迎就读、一视同仁、就近入学、适当照顾”的政策，逐渐形成台胞子女就读市公办中小学为主、上海台商子女学校和国际学校为辅的就读格局；并同意筹设上海台胞子女学校。2005 年 9 月，坐落在华漕镇的上海台商子女学校开学。至 2007 年底，台胞子女在沪就学上升至 5 400 余人(不含上海台商子女学校和国际学校中的台胞子女)。至 2010 年底，上海台商子女学校在册学生达 1 000 多人。

进入 21 世纪，为方便台胞在沪就医，上海采取 3 项措施：一是设立地区台胞就医绿色通道，2001 年率先在闵行区公立医院试点后，其他区县相继设立。二是从 2003 年开始，编印台胞就医指南、上海市三级医疗机构开设特需医疗服务情况一览表等就医信息折页，通过区县台办和市台湾同胞投资企业协会等，发放给在沪台胞。三是市卫生局发出做好台胞在沪就医工作的通知，改善台胞就医服务。

2007 年，上海市台胞服务中心开通“台胞服务网”(www. tbfw. org)，辟有法律规范、政策指导、在线咨询等栏目，为台湾居民提供在沪投资、就业、就学、就医、出入境、公证等资讯服务。

二、上海市民赴台

1988 年 11 月，台湾当局开始受理大陆人员赴台奔丧及探望病人申请。同年 11 月 25 日，虹口区上海铜厂职工许某被批准赴台奔丧，成为中华人民共和国成立后上海市第一位赴台人士。1993 年 2 月，市台办等转发国务院台湾事务办公室等部门《关于大陆公民赴台进行经贸、交流等活动的暂行规定》《关于规范和简化赴台审批手续的通知》。据统计，1988—1995 年上海赴台人员共 8 563 人次。其中，1995 年因公应邀赴台的 723 人，探亲的 1 527 人；探亲人中，探望病人的 342 人，奔丧的 94 人，定居的 256 人。

2008 年 7 月 4 日，大陆居民赴台团队游正式启动。据上海机场边检站统计，自启动大陆居民赴台旅游首发团起，截至 2010 年 7 月 5 日，有超过 26 万人次的大陆居民从浦东国际机场出境前往台湾观光旅游。

第二节 沪台经贸合作

一、政策与机制

沪台经贸合作始于80年代。1989年10月,市政府办公厅转发市计委、市外资委、市外经贸委、市台办《关于进一步做好吸收台资工作的意见》。半年后,市长朱镕基宣布,到闵行、虹桥、漕河泾开发区投资的外(台)商,享受浦东优惠政策。此后,台湾企业家多批次到沪考察,行业涉及塑胶、家具、文体用品、纺织、服装、机械、房地产、建筑业、电子、食品等。同时,海峡两岸经贸、商务协调会,金融、保险、运输、商品检验等专业研讨会和两岸咨询服务业研讨会等先后在沪举办。1991年9月在沪举办的"海峡两岸经济洽谈会"上,上海推出1 000多个项目供洽谈合作。1992年5月,市台办发出《关于认定台商投资项目落实特殊优惠政策的通知》,出台一些优惠政策。1994年12月17日,市政府下发《关于进一步发展沪台经济关系的通知》,鼓励台商投资基础设施、高新技术、沪台金融业合作等领域;鼓励台商发展第三产业,对允许台商先行投资的试点项目,如商业零售业等,在同等条件下优先给予照顾。1995年初,建立"上海对台经济工作联系会议",市台办、市外资委等定期举行会议,及时通报沪台经济合作情况,协调解决重大问题。1995年12月,"上海市台资企业投诉处理协调中心"成立。2008年10月,市委、市政府印发《关于进一步推动沪台经贸合作的若干意见》,明确市涉台综合协调小组、市对台经贸协调小组建立协调机制和工作制度。2009年2月25日,市政府台办和上海仲裁委员会联合组建"上海涉台仲裁中心",采用台籍仲裁员,仲裁案对象扩大至长江三角洲地区。这是大陆第一个专门仲裁涉台案件的地方性仲裁专业机构。

二、沪台贸易

1979年后,台湾渔轮到沪避风时曾进行一些小额贸易。1981年9月30日,全国人大常委会委员长叶剑英发表谈话,欢迎台湾工商界人士回祖国大陆投资和举办各种经济事业。1988年,两地贸易额只有0.56亿美元。

1988年4月,上海永丰贸易发展总公司(简称"永丰公司")成立。该公司主要业务是,接洽与台胞、台胞亲友的经济、贸易、技术合作;兴办合资、合作企业;发展"三来一补"[①]业务;独资或参股与台胞、台胞亲友经营商品房等。次年,永丰公司设立"上海永丰台胞投资咨询中心",为台商到沪投资提供咨询服务。

1990年7月,台湾渔轮"启盛号"冲破台湾当局的禁令,直接从台湾到沪卸下148吨海鱼。当年两地贸易额达到1.75亿美元,是1988年的3倍;1991年达到3.29亿美元,比上年翻了近一番;1993年达到6.07亿美元,台湾成为上海第四大贸易伙伴。

沪台两地贸易初期,各自从对方进口的产品主要是单一的或少数几种民生消费品。到90年代,上海输出的产品主要以中草药、烟草及其制品、水产品、混纺梭织布、金属矿产品等农工原料和劳动密集加工品为主。台湾输入沪上的产品主要集中于人造纤维、机械设备、电机与电子零部件、

① "三来一补":"三来"是指来料加工、来样加工、来件装配;"一补"指补偿贸易,是中国大陆创立的一种企业合作贸易形式。

塑胶材料等。1995 年，沪台两地贸易额突破 10 亿美元。据上海口岸对台贸易统计，进出口总额 1992 年为 8.33 亿美元，2000 年为 51.61 亿美元，2010 年为 323.4 亿美元。其中，进口总额 1992 年 7.08 亿美元，2000 年 38.99 亿美元，2010 年 210.9 亿美元；出口总额 1992 年 1.25 亿美元，2000 年 12.62 亿美元，2010 年 112.5 亿美元。

三、台商投资

1984 年，首家沪台合资企业"上海联华合纤有限公司"在嘉定县成立。起初，由于台湾当局的两岸政策不明朗，台商对上海市场状况不甚了解，投资多为中小企业，投资项目以合资为主。90 年代浦东开发开放后，台商到沪投资加快，有每天 2—3 个台资项目落户上海的记录。1992 年，上海批准设立台资项目 426 项，相当于此前台商投资总和的两倍。1993 年后，上海深化浦东开发开放，台商到沪投资更加踊跃。

1993—1994 年，上海批准设立台资项目 1 514 项，合同利用台资 15.82 亿美元，项目数和合同利用台资成倍增长。1994 年 8 月，沪上台资企业自愿组成经济社团——"上海市台湾同胞投资企业协会"(简称"市台协")，宗旨是为台商和台资企业服务，增强台企间联系及台商与政府间联系，推动沪台经济交流与合作。之后，市台协举办"上海台资企业产品博览会"，协办"北京奥运、炎黄之光—海峡两岸长跑""台商春节包机"等活动，还先后向台湾"9.21"地震、大陆抗击"非典""5.12"汶川特大地震等募集捐款 3 000 多万元。

1996 年，台湾当局抛出"戒急用忍"政策[①]，限制台商尤其是台湾大财团、上市公司和高科技企业到大陆投资。1997—1999 年间，上海批准设立台资项目数量规模明显下降。从 2000 年起，受国际产业调整及台湾岛内经济发展速度降低的影响，台湾大企业开始突破限制，到沪投资设厂，带动了两岸高科技产业的合作。2000 年后，台商投资项目层次提高、领域扩大。2008 年后，台湾工商界普遍看好两岸经贸发展，台湾民众到上海创业、寻找就业机会，沪台经济交往与合作的领域、方式、途径向着更广泛、深入、密切互动的方向发展。

1995—2010 年，上海累计批准设立台资项目 5 945 个，累计合同台资 234.17 亿美元。其中，2006 年、2007 年批准设立台资项目最多，分别为 517 个和 565 个；2005—2009 年合同台资额最高，5 年平均每年在 22.77 亿美元。截至 2010 年，参加市台协的企业会员有 1 202 家，个人会员有 139 人。

四、沪台产业合作

【高科技产业合作】

2000 年前，上海与台湾的产业合作科技含量不高。进入 21 世纪，沪台高科技交流有了发展，台湾科技含量较高的企业到沪投资增加。2001 年 3 月，台湾广达电脑公司在上海松江组建"达丰(上海)电脑有限公司"。同年 4 月，台湾自动测试设备"第一品牌"的德律泰电子公司到沪设点。2003 年 6 月，台湾积体电路制造股份有限公司以直接投资方式，在松江区高科技园区设立上海公司，首

① 1996 年 9 月 14 日，台湾地区领导人李登辉提出所谓"戒急用忍"主张，之后称"高科技、五千万美金以上、基础建设"三种投资应对大陆"戒急用忍"。

期总投资8.98亿美元,计划用地40公顷,是截至2010年在沪投资额最大的台资项目。

2005年,上海建造的“中华和平号”巨轮为17.5万吨散货船,船东是台湾企业,设计在香港完成。一年后,上海为台湾建造了第二艘巨轮“中华富进号”,这是大陆自主开发建造的最大散货轮,设计特点是将燃油舱安置在货舱区顶边舱内,带有双层隔离空舱,以免海损事故中燃油泄漏,被称为绿色环保型船舶。

【金融业合作】

1997年6月,由具台资背景的香港莲花国际有限公司、香港永亨银行和上海浦东发展银行共同出资组建的华一银行在上海正式开业。次年,台湾京华证券上海代表处在浦东成立京华证券国际有限公司上海代表处,为首家获得在大陆设立代表机构的台湾券商。2002年5月,台湾国泰世华银行在上海设代表处,为台湾银行首次在沪设立代表处。至2010年底,上海地区的台资金融机构已有21家,包括银行、保险公司及其代表处和证券公司代表处等。在上海设立分支机构的台资银行,主要有国泰世华商业银行、第一商业银行、台湾土地银行、中国信托商业银行、台湾银行和台湾中小企业银行上海分行等。

【农业合作】

2005年7月,上海举办“两岸农业合作展览暨台湾农产品大型展销会”,参展成员1/3来自台湾。展销会上享受“零关税”的台湾水果受到欢迎,现场零售额达4亿多元,签订意向及合同订单超过23亿元。“海峡两岸(上海郊区)农业合作实验区”成立后,两地同行先后召开“沪台农业合作与发展”“沪台农民专业合作组织”研讨会。台商在崇明合作开发高品质水稻、新品蔬菜瓜果,建立花卉培育示范基地、台湾花莲农场公司等。2007年,“上海西郊国际农产品交易中心”在青浦建立,内设台湾农产品集散点。一年后,“名特农产品国际物流交易平台”在南汇建立,为台湾农产品进入大陆销售,提供现代化流通和交易平台。此后,位于市中心集商业零售、综合办公、公寓住宅、美食广场于一体的大型综合商业体“上海日月光中心”,设立台湾农产品精品店。上海海洋大学与台湾“苗栗县政府”签署“中华绒鳖养殖科技协议”。

第三节　沪台互访交流

一、高层互访

1998年10月14—18日,台湾海峡交流基金会(简称“海基会”)董事长辜振甫应大陆海峡两岸关系协会(简称“海协会”)会长汪道涵的邀请,率董监事一行20人到沪访问,副市长周慕尧参与接待。14日傍晚17时35分在上海和平饭店八楼和平厅,汪、辜两位八旬老人紧紧握手,这是海峡两岸隔绝近50年后台湾当局授权的民间团体负责人第一次踏上祖国大陆,也是汪辜继1993年在新加坡会谈①后再度握手。112家中外媒体的460位记者参与报道。次日16时,“汪辜会晤”在新锦江大酒店四楼白玉兰厅进行。经过2个小时的畅谈,达成了包括辜振甫邀请汪道涵适时访台等四

① 1993年4月27—29日,“汪辜会谈”在新加坡举行。“汪辜会谈”是在两岸两协会于1992年达成的“九二共识”的基础上举行的。在海峡两岸都坚持一个中国原则的基础上,“汪辜会谈”就加强两岸经济合作和科技、文化、青年、新闻等领域的交流进行协商,签署四项协议,受到海峡两岸和国际社会的普遍好评。

点共识。辜振甫一行在沪期间，还与台商餐叙，参观上海证券交易所，游览上海博物馆、豫园、东方明珠广播电视塔等。

2005 年 5 月 1 日下午，访问大陆的中国国民党主席连战率访问团一行 62 人抵沪，国民党副主席吴伯雄、林澄枝、江丙坤，秘书长林丰正同机抵达。连战在浦东机场致辞感叹："59 年前离开上海，今天能再次回来，相隔时间实在是太长了。"当晚，中共上海市委、市政府主要领导在浦东香格里拉大酒店会见并宴请全体来访者。连战在沪共 3 天，其间，举行记者会，阐述与中共中央总书记胡锦涛在京会谈的积极意义；拜会海协会会长汪道涵；与在沪台商代表见面，参观上海博物馆、上海城市规划馆等。临别时，连战说，"自己看到的是一个蒸蒸日上、井然有序、可以发挥巨大动力的上海"。

同年 5 月 7 日下午，访问大陆的亲民党主席宋楚瑜率访问团一行 45 人抵沪，宋楚瑜夫人陈万水，亲民党副主席张昭雄夫妇同机抵达。当晚，中共上海市委、市政府主要领导在上海科技馆会见并宴请全体来访者。8 日上午，宋楚瑜一行主要成员在虹桥迎宾馆拜会了海协会会长汪道涵，下午，宋楚瑜乘机前往湖南访问前，在浦东机场发表简短谈话，对上海巨大进步表示赞赏，说真是"百闻不如一见，上海的进步是全中华民族的骄傲，所有炎黄子孙都会对此感到自豪"。

连战、宋楚瑜访问上海，进一步促进了两地合作和交流。此后至 2010 年上海世博会前，连战又于 2005 年、2006 年、2008 年多次来访；宋楚瑜于 2005 年 9 月率亲民党两岸民间菁英论坛团再度到沪。2010 年 4 月 30 日，连战、宋楚瑜等到沪出席上海世博会开幕式。次日，连战一行和宋楚瑜一行先后参观上海世博园区的展馆。10 月 1 日，宋楚瑜出席上海世博会闭幕式。

在沪台两地政界互访中，多次就上海台北两城市经济、文化和社会发展等酝酿举办"双城论坛"。2000 年 5 月，应台湾生命力基金会邀请，上海都市发展与环境保护学术访问团一行 14 人赴台北参加首次"台北・上海城市论坛"，台北市长马英九出席开幕式。2001 年 2 月，台北市副市长白秀雄一行 22 人到上海参加第二次"上海・台北城市论坛"，市长徐匡迪会见白秀雄一行。2008 年 6 月，台北市市长郝龙斌率团赴上海交流，并邀请上海市市长韩正访问台湾。

2010 年 4 月 6—9 日，市长、上海世博会执委会执行主任韩正率上海市政府访问团一行 264 人访台。4 月 6 日下午，韩正在台北出席"2010 台北・上海城市论坛"并发表主题演讲，宣布了四项决定：一是上海世博会开幕前，交通银行将在上海开启人民币与新台币双向兑换业务；二是上海支持、鼓励浦东发展银行在台北市开设办事处，推动两岸金融合作；三是积极推进上海虹桥机场与台北松山机场直航；四是上海响应台北邀请，积极支持和参与 2010 年 11 月在台北市举行的国际花卉博览会。随后，韩正见证了两市文化、旅游、科技园区、环保 4 项交流合作备忘录和 28 项经贸交流合作协议的签署。在台期间，韩正还向台湾各界推介上海世博会，在台北中山女中向千余名台湾师生赠送 1 600 张上海世博会门票；与岛内政坛高层江丙坤、吴伯雄、宋楚瑜等及工商企业界人士深入交流，与台湾民众广泛接触。这些，受到岛内舆论的好评。同年，上海市副市长胡延照、屠光绍也先后率团访问台湾。

二、文化交流

1986 年 8 月，上海市文艺界、新闻界、出版界知名人士冯英子、谢晋、祝嘉铭、姚昆田等自愿组成民间社团——大地文化社。在台湾当局有限度松动的状态下，大地文化社举办了涉台书画摄影展、沪台文艺电影交流展演，出版音像制品，弘扬中华民族文化，促进沪台民间交流。

1986 年 11 月,大地文化社在上海美术馆举办“郎氏摄影艺术展”,市长江泽民观看该展,并接见郎静山在沪亲属。20 年代后期,郎静山先后是上海《申报》与《时报》的摄影记者、中国摄影学会的创办人,1949 年起定居台湾。此后,沪台两地间科技、教育、文化、体育、新闻等各领域交流逐渐展开。1991 年,台湾影视导演凌峰在沪拍摄的反映祖国锦绣河山的纪录片《八千里路云和月》在台湾放映后,引起很大反响。同年起,上海的歌舞、芭蕾、交响乐、民乐、杂技、木偶、越剧、京剧、昆曲等文艺团体先后应邀赴台演出。

90 年代中后期,沪台文化交流专业性、实用性增强,领域不断扩大。1994 年,应台湾教育会邀请,上海市教育学会组织新中国成立后第一个大陆教育交流团赴台访问,9 个省市的大中学校校长、教育科研机构和校外教育机构负责人共 27 人参加。1997 年中秋节,沪台媒体联合举办《千里共婵娟——中秋夜・两岸情》特别节目,通过卫星双向传送,当晚在两地电视台共同播出,受到两地民众热切关注。之后,台湾媒体派记者驻点上海渐成常态。1998 年,“上海市大学校长团”赴台出席学术研讨会,并发表论文、走访岛内 15 所大学,在台湾教育界产生很大影响。此后沪台高等教育界横跨教育、科技、卫生、体育、文艺、社科、金融、司法等领域交流频繁。

进入 21 世纪,两地深化合作,交流项目层次高、规模大。2000 年在上海举办“海峡两岸陶瓷基与金属基复合材料研讨会”,由中国科学院院士、上海硅酸盐研究所研究员郭景坤与台湾大学教授段维新提议,得到国家自然基金会的支持。两岸 34 位代表参与,提交论文 29 篇。2005 年 8 月,“上海书展”在上海展览中心举办,两岸知名女作家同台演讲后,读者排起长队等候签名购书。2009—2010 年,“上海文化周”与“台北文化周”活动,是沪台文化交流的大项目。2009 年 10 月,“上海文化周”在台北开幕,13 天在台北展演节目近 20 场,有杂技、昆剧、舞蹈、二胡等艺术表演,还举办上海美术馆馆藏作品展、相约上海——2010 上海世博会图片展、《城南旧事》等 6 部上海影片展和文化论

图 8-6-1　2010 年 1 月 14 日,以“交流・服务・发展”为主题的在沪台商新春座谈会在上海举行

坛。岛内人士赞誉“精锐尽出、叹为观止”。次年6月，“台北文化周”在上海开幕，“台北日”活动在上海世博园举办，有视觉艺术展、文艺表演、文化创意展、文化论坛以及花博户外展等，展现出台湾各领域的艺术风貌。

与此同时，市台办与市总工会、市青联、市妇联等与台湾社会各界进行广泛交流。2005年11月，市总工会与高雄市总工会交流劳工维权、职工培训、法律咨询等工会工作。2006年4月，100名台湾青少年应邀到沪参加“龙耀浦江”青年交流活动；同年9月，两地妇女组织在上海共同举办“母亲的艺术·中国女红文化展”等。

第七章　侨务工作

第一节　工作体制

1950 年 6 月，市民政局设立华侨事务科，负责处理涉侨事务。1953 年 2 月，市政府华侨事务处成立。1954 年，市政府侨务处与华东行政委员会侨务处合并，沿用上海市人民政府华侨事务处名称。1955 年 2 月，随着市人民政府改称市人民委员会，市政府华侨事务处改名为市人委华侨事务处。1956 年 9 月，市归国华侨联合会（简称"市侨联"）成立。同年 10 月 15 日，上海市华侨服务社成立（1957 年 3 月更名为"上海华侨旅行服务社"），属市人委交际处领导，负责接待回国探亲、观光的海外华侨华人。1957 年冬开始，市人委侨务处创办胶木加工厂、塑料加工厂和拉丝模具厂安置部分归侨侨眷就业。1958 年 4 月，市人委机关事务管理局接管金门饭店，将其更名为华侨饭店，主要接待华侨华人。

1978 年 8 月 8 日，市革委会侨办成立。随着市政府恢复名称，1979 年 12 月市革委会侨办更名为市政府侨办。1980 年 3 月，市政府侨办从外事系统划出，由市政府直接领导。1982 年 3 月，根据旅游业务归口原则，上海市中国（华侨）旅行社划归市旅游局领导。1983 年 9 月 27 日，为了加强华侨华人、港澳台同胞接待工作，市政府同意将上海市中国（华侨）旅行社由市旅游局划归市政府侨办领导。1984 年 10 月 11 日，市委同意市政府侨办《关于加强区县侨务机构的请示》，建立区、县侨务办公室，与区、县民族宗教机构实行两块牌子合署办公。1995 年 1 月 10 日，上海中旅（集团）有限公司成立。

为了加强对外联络接待和海外联谊工作，1990 年 5 月 9 日，上海市海外交流协会成立，市长朱镕基出席成立大会并致辞。该协会为依托华侨优势，广泛联系华侨华人、港澳同胞和外国友人及其社团，发展友好往来与合作，促进海内外经济、文化交流的民间团体。分管侨务工作的副市长任上海市海外交流协会名誉会长，市政府侨办主任担任会长，并邀请海外知名人士担任协会名誉会长，市政府有关部门负责人和部分海外知名人士任协会顾问或特邀理事。上海市海外交流协会 1990—2010 年先后召开过 4 次代表大会，选举产生 4 届领导成员。

第二节　联络联谊

改革开放后，上海积极开展与海外华侨华人联络联谊工作。1979 年 9 月 7—9 日，上海市第四次归侨侨眷代表大会在上海展览馆举行，选举董寅初为市侨联主席。1983 年 11 月，市长汪道涵会见美籍华人、药物研究员刘承桓和教授方晓阳。1986 年 1 月 31 日，市政府侨办、市侨联在上海展览馆举办春节联谊活动，归侨侨眷和回沪探亲旅游的华侨华人 3 400 人（含港澳台同胞）参加。1986 年 6 月 9 日，市长江泽民会见美籍华人科学家顾毓琇。1989 年 10 月 1 日，市政府侨办、上海市中国旅行社在新锦江大酒店举行国庆 40 周年招待会，侨界代表 100 多人及在沪的 200 多位华侨华人参加，副市长刘振元致祝酒词。1990 年，市长朱镕基会见菲律宾华商朱德俊率领的菲律宾华人访华团。1993 年，市长黄菊出访美国，在中国驻纽约总领馆会见华裔企业家张鼎久。1993 年 12 月，副市长蒋以任会见新加坡中央包装集团公司董事长陈德薰。1995 年，市长黄菊在庆祝上海与日本横滨缔结友好城市活动中，与横滨华侨总会会长马伟鸿、上海海外日本侨领王文献友好交谈。1999年10月6日，市委、市人大常委会、市政府、市政协领导会见赴京出席中华人民共和国成立50周年国庆观礼之后到沪的260多位海外侨胞客人。同年10月，副市长周慕尧会见美国南加州华裔民选官员访华团。2000年10月23日，在"相聚上海·共谋发展"主题活动期间，市长徐匡迪向出席第二届上海国际工业博览会海外来宾发表专题演讲，欢迎华侨华人来沪发展。2001年，市长徐匡迪先后会见美国中文日报访华团和东南亚华文媒体联合访问团。2002年10月12日，常务副市长蒋以任在市政府贵宾厅会见新加坡金鹰集团董事长陈江和。2003年9月12日，市长韩正在市政府贵宾厅会见海外华文媒体访问团，并接受采访。2005年9月5日，市长韩正接受海外华文媒体采访。2006年6月23日，副市长唐登杰在市政府贵宾厅会见由大芝加哥华侨华人联合会(以下简称"华联会")主席、中国侨联海外顾问、芝加哥中国统一促进会名誉顾问丘超濂为团长的大芝加哥地区华联会访问团。2007年6月20—21日，"第四届世界华侨华人社团联谊大会"在京召开。会后，副市长唐登杰在沪会见80多名海外社团代表。2008年1月30日，市长韩正在市政府贵宾厅会见泰国正大集团董事长谢国民和盘谷银行董事长陈有汉一行。2008年9月28日，市长韩正会见来沪参加2008年"相聚上海·共谋发展"的部分海外华侨华人代表。2009年9月19日，在沪召开第五届世界华文传媒论坛，开幕前，中共中央政治局委员、上海市委书记俞正声，全国政协副主席、科技部部长万钢，国务院侨办主任李海峰，中宣部副部长、国务院新闻办主任王晨，上海市委副书记、市长韩正等领导会见与会代表。2010年6月8日，市长韩正在兴国宾馆会见以陈永栽博士为团长的菲华商联总会代表团一行23人。

2003年，市委办公厅、市政府办公厅转发《市政府侨办、市政府外办关于进一步加强本市国外侨务工作的意见》，要求侨务部门根据海外华侨华人的特点及变化，在加强对外联络接待和海外友好联谊工作中，注重做好重点人物和新华侨华人、华裔新生代、新侨团工作。

图8-7-1　2008年9月29日，"相聚上海·共谋发展"——海外华侨华人纪念中国改革开放三十周年论坛在沪举行

自2008年起,市政府侨办启动“50+100计划”,结交50家重点侨社、100位重点侨领。当年接待重点人士近20位。2009年,举办“海外华侨华人纪念中国改革开放三十周年论坛”。

在申办2010年上海世博会期间,市政府侨办会同有关部门通过百家侨团向全球海外侨团和华侨华人发出联合倡议,并向各自所在国家主流社会有影响的官员、议员做工作,取得华侨华人和所在国家政府对中国申办2010年上海世博会的支持。在上海世博会筹办期间,市政府侨办牵头组织海外华侨华人参与网上“世博会与上海新一轮发展”大讨论,邀请世界著名华商出席上海世博会推介会,动员海外华侨华人参与“为中国喝彩,为世博加油”活动,编印《华侨华人回家看世博服务指南》等。2010年上海世博会年,市政府侨办牵头举办“华侨华人回家看世博”“侨商世博行”“世界著名客家侨领乡贤看世博”“光华百年——世界华人庆世博美术大展”“走进世博,共襄盛世——海外华文媒体采访周”等活动,组织近3 000人的华裔青少年“相约上海·欢聚世博”夏令营,举办“世博畅想——世界著名华人艺术家音乐会”“日本横滨华侨黄河之声合唱团”、美国华盛顿地区华侨华人“青春中国”歌舞、洛杉矶张利芭蕾舞校华裔学生“七彩世博　舞动中华”等演出。在上海世博会举办期间,市政府侨办共接待海外团组433批、15 065人次,其中市领导会见58个团组、3 167人次。

1999—2010年,市政府侨办共接待华侨华人、港澳同胞中的企业家、科技专家、侨领(包括侨团、侨媒、华文学校负责人)等2 396批、32 133人次,其中市领导会见重点团组361批、4 186人次。

在做好到沪华侨华人接待工作同时,市政府侨办等部门还走出国门,深入华侨华人社会,了解侨情,加强联谊。1999—2010年,市政府侨办组织侨务出访团组71个,共出访39个国家和地区。在出访中,上海访问团加强与海外华侨华人交往,联络新老侨团、新移民专业社团(协会)侨领、科技专业人士,介绍祖国和上海建设发展情况和相关政策,促进海外华侨华人团结,协助开展与祖国和上海的合作交流。参与海外全球华人促进祖国和平统一大会、世界华商大会等。

1999—2010年,市政府侨办共组织艺术团5个,出访12个国家,演出16场,观众达44万人次。1999年建国50周年,受国务院侨办委托,市政府侨办组织“中国民族艺术团”出访澳大利亚、新西兰,演出6场,华侨华人8 000多人次观看;组织上海市少年宫“小伙伴艺术团”出访美国11个城市演出10场,精彩演出获得观众热烈欢迎。2004年举办“中法文化年巴黎上海周”活动,市政府侨办联络法、意等国28家侨团,组织3 000多名华侨华人参加在巴黎举办的“上海周”开幕式,60名华侨华人和中国留学生担任活动的法语翻译志愿者。

第三节　引资引智

改革开放后,上海采取多种方式引资引智,鼓励海外侨资和出国留学生回国创办高科技企业,为海外侨胞到沪发展事业提供服务。1985年10月,美籍华人林同炎向市政府递交《实现现代化的大上海“全面开发可能性”研究》报告,次年又在此基础上,提出《开发浦东——建设现代化大上海》报告。1987年4月,市长江泽民邀请林同炎到沪,就开发浦东听取其意见。随后,市政府决定成立“开发浦东中美联合研究小组”,聘请林同炎为高级顾问。1988年7月8日,上海首次通过国际招标有偿出让土地使用权,日籍侨商孙忠利获得虹桥开发区第26号地块1.29万平方米土地使用权,建造太阳广场。1990年2月19日,市政府侨办、市侨联在市政府礼堂召开“优秀归侨、侨眷知识分子和企业家授奖大会”。大会受国务院侨办、中国侨联的委托,宣读66名获得全国优秀归侨、侨眷知识分子和企业家称号者名单,并向获奖者颁发荣誉证书,副市长刘振元出席会议并讲话。1990年5月9—12日,市政府侨办举行上海市第一次促进海内外经济文化交流活动和上海市海外交流协会成立大会，11个国家、地区100多位海外来宾参加，市长朱镕基到会讲话。1991年10月5—7日，举行上海市第二次促进海内外经济文化交流活动，22个国家、地区230多名海外来宾参加，市长黄菊，国务院侨办副主任李星浩，副市长赵启正、沙麟出席。1992年10月8日，举行上海市第三次促进海内外经济文化交流活动，12个国家、地区170多名海外来宾参加，副市长徐匡迪、刘振元出席。1993年10月16—18日，举行上海第四次促进海内外经济文化交流活动，19个国家、地区200多名海外来宾参加，达成4.7亿美元的投资意向。1993年，市政府侨办受市政府委托，行使1 000万美元以下外商投资项目的审批权。1994年9月24—26日，“上海市第五次促进海内外经济文化交流活动——’94上海海外华商投资洽谈会”开幕，19个国家、地区560多名海外来宾参加，达成8.25亿美元投资意向。

1996年，市政府侨办与相关部门召开引智工作研讨会，并承担《迈向21世纪上海引进外国专家战略与对策研究》分课题撰稿，完成《上海市新移民的现状及管理对策建议》。同年，邀请美国风洞专家到沪讲学，帮助解决实际问题。1998年，上海市海外交流协会邀请海外高级金融专家到沪举办应对亚洲金融危机讲座。之后，又相继开展引进人才的“千人计划”“海星工程”“为侨资企业服务行动年”和为华侨华人科技创新企业服务活动。市政府侨办等部门开展构建和谐自主创新环境鼓励华侨华人来张江创业的对策研究，研究出台改善人才创业环境、促进中小科技企业融资、改善配偶子女生活条件等措施。还先后举办高新科技和创业讲座进高校活动、上海市“千人计划”引才专窗、华侨华人专业人士回国创业培训班。参加培训班的学员徐华强，受聘担任中国科学院上海药物所主任，并入选中央“千人计划”。

2001年起，市侨务部门邀请海外华商、科技专业人士和上海海外交流协会海外名誉理事、侨领等出席历届“上海国际工业博览会”和“相聚上海，共谋发展”活动，邀请他们参加上海经济发展投资

图8-7-2　2006年9月6日，张江高科技园区成为“国务院侨办引智引资重点联系单位”并揭牌

政策介绍会、海外科技成果创业投资政策介绍会及相关科技成果项目对接会等。还组织华商和在沪侨资企业赴外地考察、参加相关经贸活动、招商会,达成一批投资意向或合资合作合同。如引进全球生物技术工业组织(BIO)在沪设立办事处;帮助印尼融侨集团投资浦东临港和宝山罗店,投资额达7亿元;协助澳大利亚华商邱维廉与燎原农场合资引进种牛等。

2003年起,上海连续实施三轮"万名海外人才集聚工程"。2006年9月,在国务院侨办支持下,张江高科技园区成为国务院侨办引资引智重点联系单位。2008年,上海着力实施中央"千人计划"。市政府侨办会同有关部门创建专利成果与资金相结合的网上交易平台,探索政府引导、社会参与、市场运作的招商引资新模式。利用技术交易所的交易网络,开展网上交易对接,解决海外科技专业人员有技术、有专利却缺资金的困难;运用中小企业服务网络,为他们的技术、专利项目寻找合作伙伴。还通过"关注上海""华商服务信息"电子邮件网络信息平台和"华侨经济技术交流网",向海外华侨华人提供技术项目交流平台和对接商机及相关信息。鼓励海外科技专业人士在张江创办"海外科技创新园"。2009年,市政府侨办海外重点联系的社团美国华源科技协会前会长曾毅敏入选第六批中央"千人计划"。加拿大到沪创业的郑之敏获科技部863项目和上海市科技型中小企业创新基金项目立项,并获首届"上海市华侨华人专业人士杰出创业奖",入选上海首批"千人计划"。美国华人生物医药科技协会会长孙霖博士的"生物石油"等8个高科技项目落户张江。2010年9月,市委办公厅、市政府办公厅发出《上海市实施海外高层次人才引进计划的意见》,提出用5—10年时间,重点引进1 000—2 000名能够促进上海重点行业、重点领域发展的海外高层次人才。为做好这项工作,成立上海市引进海外高层次人才工作小组。

第四节　接受捐赠与华文教育

一、接受捐赠

海外侨胞素有在家乡捐赠公益事业的传统,市委、市政府历来重视华侨捐赠工作。1979年4月,市委同意市政府外办、市政府财贸办、市政府侨办《关于接受海外华侨、外籍华人、港澳同胞捐赠外汇和物资审批权限及手续的意见》。1984年5月,市政府印发《关于华侨捐资举办公益事业的若干规定》,这是市政府对华侨捐赠事宜印发的第一个规范性文件。1988年8月,经市政府同意,市政府侨办印发《关于对华侨捐资举办公益事业的奖励实行办法(试行)》和《关于接受华侨捐赠工作的管理办法(试行)》。1997年4月,市人大常委会通过《上海市华侨捐赠条例》,使上海的华侨捐赠管理工作进一步制度化、规范化。

1978年起,海外华侨较大的捐赠项目有:1978年10月,菲律宾籍华人朱德康、朱德俊兄弟捐赠125万美元,为上海培德玻璃厂引进EF制瓶机。1985年10月,香港企业家包玉刚捐赠,以其父名命名的包兆龙图书馆在上海交通大学内建成。1987年5月10日,日本爱国华侨林三渔捐助建造的上海市实验学校落成,市长江泽民、副市长谢丽娟等出席落成典礼。1988年8月8日,美籍华人吴迅出资在南汇县周西乡捐建的吴迅中学落成。1990年10月12日,美籍华人医师张治道捐资100万美元建造的上海医科大学"治道楼"落成,副市长刘振元出席落成典礼,并代表市政府向捐资者颁发奖状。1994年10月,马来西亚华侨郭鹤年捐赠人民币1 000万元,建造上海国际妇婴保健院格如大楼。1998年,美籍华人丁绍光捐赠其巨型壁画(艺术女神)装饰上海大剧院。2002年,菲律宾庄长江、庄良友兄妹向上海博物馆捐赠家藏的"俩塗轩"书画等共233件,当时估价超过1亿元人民币。2004年之前的10多年间，著名华人企业家、日本三晶实业株式会社原会长傅在源，先后捐赠款物折合人民币2 500万元。2008年，美国福茂集团董事长赵锡成为纪念其夫人赵朱木兰，捐建母校上海交通大学“木兰船建大楼”。2008年，汶川特大地震发生，侨胞纷纷捐款捐物用于抗震救灾、灾后重建。据统计，通过市政府侨办捐赠，金额超过2 000万元的海外捐赠人有20多位。

1996—2010年，上海接受华侨捐赠共760多项，折合人民币约20亿元(包括港澳地区，香港捐赠超过总额的一半)。其中，用于教育事业的金额约占总金额七成。除中国香港外，还有美国、日本、泰国、菲律宾等国家华侨华人捐赠金额较多。

二、华文教育

举办华裔青少年夏令营、华文教育师资培训，是涵养侨务资源，连接中国与华人所在国友好交往使命的基础工作。1999—2010年，上海市侨务、教育等部门及相关单位合作，共举办来自近40个国家华裔青少年参加的夏令营290多个，有8 812人参加。组织培训各国华文教师、校长46批，1 932人次参加。选派52名上海骨干教师赴海外巡回讲学，培训海外教师2 355人，支持海外华文教育事业发展。1999年，在沪举办“第三届国际华文教育研讨会”。2003年，在上海侨务网站开设“华裔青年学生在上海”专版，介绍夏令营、华文教育情况。2007年5月，全国首个地方侨务部门开展华文教育研究机构“上海华文教育研究中心”成立，同时命名首批22个“上海华文教育基地”，使其成为上海开展华文教育的重要依托。2008年，举办首届上海华文教育研讨会。

第五节　归侨侨眷事务

一、落实政策

【错案纠正、私房政策落实】

1978年，按照中央和市委、市政府的有关规定，上海各级侨务部门和相关部门开始对新中国成立后归侨侨眷因“海外关系”等问题受到审查处理，造成的冤假错案进行全面复查。同年5月12日—6月27日，市革委会外办分别召开各区、县、局、大专院校及一些工厂、基层单位会议，落实归侨侨眷冤假错案复查工作。1982年1月，市委组织部、市政府侨办、市公安局、市高级人民法院等8个单位发出《贯彻执行国务院侨办、中央组织部、公安部〈关于善始善终地复查纠正归侨、侨眷中冤假错案工作的通知〉的补充意见》。到1989年，上海平反归侨侨眷因“海外关系”被审查的冤假错案2 058件，并按照政策规定，做好善后工作。从1981年开始，各级侨务部门和相关部门清理区、县、局所属219个单位近10万名归侨、侨眷的人事档案，对其中违反侨务政策的8.85万份材料作了销毁处理。

1978年，上海开始对中华人民共和国成立后历次政治运动中涉及的华侨私房问题进行甄别，落实华侨私房政策。1979年2月，市房地局转发市政府侨办《关于落实华侨私房政策的几点意见》。1980年5月，市政府批转市基本建设委、市政府侨办《关于落实华侨私房政策的请示报告》，要求借、占、用华侨、归侨、侨眷私房的单位，通过挖潜、紧缩、调整，尽快腾出房屋，归还业主。1981年11月，市委、市政府批转市委统战部、市建委、市政府侨办、市房地局《关于进一步落实私房政策的报告》，要求市计委会同市建委拿出一定数量房源，用来落实华侨私房政策，同时明确全市落实私房政策工作由市委统一领导,市政府设立落实私房政策办公室,负责检查落实情况并处理有关工作。1986年1月,市委办公厅、市政府办公厅转发市落实私房政策领导小组《关于加快落实华侨私房政策的报告》。1988年7月,市政府办公厅转发市落实私房政策领导小组制订的《上海市落实华侨私房政策实施办法》,要求按照规定,善始善终做好落实华侨私房政策工作。至2010年,华侨私房落实政策工作基本完成。市侨务部门与相关部门协作归还"文化大革命"被挤占华侨(含港澳同胞)私房1 660户,使用面积20.53万平方米;处理(腾退原房或经济补偿)1950年土地改革中被没收、征收华侨私房66户,建筑面积1.99万平方米;归还1956—1958年私房社会主义改造期间错改造华侨私房510户,建筑面积6.9万平方米。此外,上海在复查归侨侨眷冤假错案和落实华侨私房政策过程中,归侨侨眷中有2 798名知识分子晋升职称,解决住房困难1 363人,解决夫妻分居两地275人,安排子女就业339人。

【实施权益保护】

1980年4月17日,市政府批转市公安局、市政府侨办《关于科技业务骨干因私出境的情况和今后意见》。1982年3月19日,市纪委筹备组、市侨办党组发出《关于严格制止向华侨、外籍华人和港澳同胞伸手要钱、要物的紧急通知》。同年4月19日,市民政局、市财政局、市政府侨办发出《关于做好本市归国华侨救济工作的通知》。同年5月25日,市政府侨办、市人事局、市劳动局等6个单位转发国务院侨办等部门《关于归侨、侨眷职工出境探亲待遇问题的通知》。1983年1月24日,市粮食局、市政府侨办转发商业部、国务院侨办《关于回国定居农村的归侨粮、油供应办法》。同年2月26日,市政府侨办、市人事局、市劳动局、市财政局等单位转发国务院侨办、劳动人事部、财政部《关于归侨、侨眷职工因私事出境的假期工资等问题的规定》。1990年9月,第七届全国人大常委会第十五次会议通过《中华人民共和国归侨侨眷权益保护法》。1992年11月,市九届人大常委会第三十八次会议通过《上海市实施〈中华人民共和国归侨侨眷权益保护法〉办法》(以下简称《实施办法》)。1994年,市政府侨办、市委老干部局印发《关于离休干部因私出境后有关生活待遇的处理意见》。1995年,市政府侨办会同有关部门发出《关于发放早期归国华侨退休生活津贴的通知》和《关于机关、事业单位和企业单位职工出境定居一次性离职费计发问题通知》。1996年,市政府侨办、市民政局、市财政局发出《关于进一步做好早期归国华侨生活困难补助的通知》,上海近百名生活困难的早期归侨每人每月领取257元生活补助。按照市委、市政府保护归侨侨眷权益的要求,1997年市政府侨办与市民政局印发《关于进一步做好本市早期归侨工作的意见》,为全市3 000多位归侨发放《上海市归侨证》;与市民政局、市人事局、市劳动局、市医疗保险局发出《关于出境定居的离休、退休、退职人员临时入境就医报销医疗费用问题的通知》;与市劳动局印发《关于鼓励归侨侨眷职工积极参与"再就业工程"的若干意见》;与市教委、市台办发出《关于鼓励境外儿童来华接受华文教育若干规定的通知》。1998年,经市政府同意,市有关部门把早期归侨退休后每人每月50元生活津贴纳入社会化统筹发放养老金范围。为进一步落实归侨侨眷的权益保护,1999年市人大常委会通过修订后的《实施办法》,于1999年8月1日起实施。2000年,市政府侨办会同市公安局发出《关于在本市定居的归侨、侨眷子女、华侨子女在外地的配偶申报本市常住户口问题的通知》,会同市财政局、市人事局、市劳动和社会保障局发出《关于归侨职工出境探望子女问题的通知》。2001年,市政府侨办与上海人民广播电台合作,在《市民与社会》栏目举行《中华人民共和国归侨侨眷权益保护法实施办法》实施十周年宣传周开播式。2003年,市政府侨办经与相关部门协调,将上海早期退休归侨生活津贴从每人每月50元提高到100元。

2010年4月8日,市政府召开全市维护侨商投资权益联席会议。会议确定,建立上海市维护侨商投资权益联席会议制度。

二、为侨服务

1978年7月18日,市革委会批转市革委会外办、市财贸办《关于积极争取侨汇的请示报告》;10月5日,全面恢复侨汇物资供应,上海华侨商店正式对外营业。1980年1月5日,市政府批复同意市财贸办、市基本建设委、市政府侨办《贯彻执行〈国务院关于提高侨汇留成和改变侨汇物资供应体制的通知〉的请示》,并指出,任何单位和个人都不得以任何借口私分、挪用侨汇物资或留成外汇,严禁买卖侨汇票证。1981年7月14日,市教育局通知各区、县教育局在录取新生时,对归侨青年和归侨子女在与其他考生同等条件下,予以优先录取。1983年6月14日,市政府侨办、市高教局转发国务院侨办、教育部关于《在高等学校毕业生分配工作中对归侨学生、归侨子女、华侨在国内的子女给予适当照顾的通知》。1984年7月,上海市中国旅行社开始承办归侨、侨眷赴东南亚地区的探亲、旅游业务。同年,市房地产管理局调拨市政府侨办特需用房24套,以解决华侨、港澳同胞、外籍华人到沪定居之用。1985年1月31日至5月30日,市政府侨办在全市范围内进行系统的侨情调查,获得全市归侨、侨眷的准确数字,为开展侨务工作提供了基础资料。1986年12月10日,副市长谢丽娟等在青浦参加华侨公墓"归园"的揭幕仪式。1987年2月23日,副市长钱学中召开市政府侨办、市计委、上海外汇管理局、中国银行上海分行、交通银行、爱建金融公司、市政府财办、市财政局、华侨商店等单位负责人会议,协调上海侨汇工作。同年11月10日,上海首家经营对华侨、华人供应国家海关监管进口的免税商品的特种商场——上海中侨外汇免税商场开业。同年12月17日,市政府发文同意建立"上海发展侨务事业基金"。1988年7月27日,市政府侨办、市房产管理局发出《关于适当照顾归侨、侨眷住房困难问题的补充通知》。1991年12月30日,市政府侨办印发《上海发展侨务事业基金区县专项基金管理办法(试行)》,于1992年1月1日起实施。

1994年,市政府侨办组织"侨界人士上海行"活动,历时3个月,8 000名归侨、侨眷参加。1995年1月26日,由市政府侨办牵头,在上海发展侨务事业基金中设立"惠侨专项基金",并与上海捷华律师事务所签订《扶助归侨中高龄孤老和有特殊困难老人协议书》。1995年1月18日,副市长龚学平等慰问朱屺瞻、冯德培、刘曙云、陈泳声等著名归侨、侨眷老人。次日,市政府侨务系统组织人员分4组慰问侨界知名人士和部分生活困难归侨、侨眷,开展为侨界人士送温暖活动。1995年9月,围绕"九九"重阳节,市政府侨办开展'95侨界人士上海行活动,对侨界中的老归侨、老劳模、老科学家、老教师、老侨务工作者进行慰问。

2001年,按照政府转变职能、政务公开的要求,市政府侨办在网上公开了市政府侨办行政审批和公共服务的11个事项及办事程序。2002年,在"全国社区侨务工作示范单位"评选中,上海市黄浦区南京东路街道、长宁区虹桥街道被评为全国社区侨务工作示范单位。2006年,在"全国社区侨务工作先进单位和先进个人"的评选推荐中,上海评选出示范单位5家、先进单位7家、先进个人121位。为进一步做好为侨资企业服务。2007年,成立"上海市侨界企业家协会"。2009年,全市设立120个"涉侨事务受理点(窗口)"。

1991—2010年,市政府侨办共受理归侨、侨眷、海外侨胞和有关方面来信9 400余件,接待来访和电话咨询20 310余人次,其间复信568件;确认归侨身份1 211人。同时,会同公安部门审批华侨回沪定居9 223人次(含港澳同胞);出具境外学生就读证明121份;办理"三侨生"(归侨青年、归

图 8-7-3　2010 年 4 月 8 日市政府召开会议,确定建立上海市维护侨商投资权益联席会议

侨子女、华侨在国内的子女)升学身份证明 522 件;出具自费留学和探亲眷属证明 2 495 多人次;办理馈赠摩托车申领牌照 600 人;出具华侨购房身份证明 434 份(含港澳同胞购房身份证明)。1994—2010 年,市政府侨办会同市人大侨委、市侨联、市慈善基金会开展"侨界送温暖"活动,共慰问归侨侨眷 21 859 人,共计资助款物和发放慰问金 323.09 万元。

在侨务工作对口支援方面,2000 年 4 月,市政府侨办响应国务院侨办号召,开展与云南省政府侨办"结对子"活动,与云南省政府侨办签订"结对子"活动协议书。同时,组织协调有关部门将支援云南华侨农场脱困工作列入上海市对口云南省的工作计划,在原先对口帮扶 3 个农场的基础上,增加了云南保山柯街华侨农场,帮扶资金从 150 万元增加到 200 万元。2000—2010 年,上海支援云南华侨农场实施温饱村建设,援建希望小学、卫生院等,资金总额逾 2 000 万元。

第九篇

人　物

本人物篇，收入1979年12月29日上海市革命委员会改为上海市人民政府起，至2013年2月1日上海市十四届人大一次会议选举出新一届市政府领导期间的市长、副市长任职和履历，共收入市长8人，副市长47人。全篇分市长简介和副市长简介两部分。各部分人物，按照届次先后排列。同届中，按照文件任命排序。由上海调出的，其履历一般记至调任后的首任职务。

第一章　上海市市长简介

彭　冲（1915—2010 年）　福建省漳州（今漳州市）人，中国共产党党员。1979 年 1 月 4 日至 12 月 29 日任上海市革命委员会主任；1979 年 12 月 29 日至 1980 年 3 月任上海市市长。2010 年 10 月 18 日在北京逝世。

30 年代初期参加领导漳州地区的学生运动，1933 年加入中国共产主义青年团，1934 年转为中国共产党党员。任共青团支部书记、党支部书记、县工委组织部部长。抗日战争时期，任新四军江苏高淳办事处主任、中共安徽省当涂县县委书记、新四军苏中三分区独立团政委兼中共泰州县县委书记等职。解放战争期间，历任华中野战军第 6 师 18 旅和华东野战军第 6 纵队 18 师 52 团政治委员、第 18 师副政委等职。

新中国成立后，任中共福建省委统战部部长、省委秘书长兼龙溪地委书记，中共中央华东局统战部副部长，中共南京市委第一书记、南京市市长，江苏省政协副主席，中共江苏省委书记、第一书记，江苏省革委会主任，南京军区第二政委等职。1976 年 10 月起，先后任中共上海市委第三书记、第一书记，上海市革命委员会第二副主任、主任。1978 年 3 月当选为第五届全国政协副主席。1979 年 12 月当选为上海市市长。1980 年 9 月起，先后任第五、第六、第七届全国人大常委会副委员长。系中共第九届、十届中央候补委员，中共第十一届、十二届、十三届中央委员，中共第十一届中央政治局委员、书记处书记。

汪道涵（1915—2005 年）　原名汪导淮，安徽省嘉山县（今明光市）人，中国共产党党员，先后就读于交通大学、光华大学，交通大学毕业。1983 年 4 月 16 日至 1985 年 7 月 28 日任上海市市长。2005 年 12 月 24 日在上海逝世。

1933 年加入中国共产党，1934 年失去组织联系，1938 年重新入党。抗日战争时期，历任新四军四支队战地服务团团长、先遣队政委，淮南抗日民主根据地嘉山县县长、县委书记，淮南津浦路东地区专员、淮南行署副主任、中共淮南地区委员会财经部长。解放战争时期，任苏皖边区政府财政厅副厅长、建设厅副厅长，解放军华中军区、山东军区军工部部长，胶东区行署代主任，山东省人民政府财办主任、财政厅厅长，安徽省财办主任。

1949 年 6 月杭州解放后，任杭州市军管会副主任兼财经部部长。此后历任华东军政委员会工业部部长、党组书记，一机部副部长、党组副书记，对外经济联络委员会第一副主任、党组副书记。"文化大革命"期间在干校学习劳动，后任一机部情报研究所革命委员会副主任。1978 年后，历任对外经济联络部副部长、党组副书记，国家进出口管理委员会副主任、党组副书记。1980 年 6 月起，先后任中共上海市委书记（时设第一书记）、上海市副市长、上海市代市长、上海市市长。1985 年 7 月以后，历任中共中央顾问委员会委员、国务院上海经济区规划办公室主任、上海市政府顾问、市政府市政工作咨询小组召集人、海峡两岸关系协会会长、宋庆龄基金会副主席等职。

江泽民（1926—　）　江苏省扬州（今扬州市）人，中国共产党党员，大学毕业，高级工程师。1985 年 7 月 28 日至 1988 年 4 月 30 日任上海市市长。

1943 年起参加地下党领导的学生运动。1946 年 4 月加入中国共产党，次年毕业于上海交通大学电机系。上海解放后，历任上海益民食品一厂副工程师、工务科科长兼动力车间主任、厂党支部书记、第一副厂长,上海制皂厂第一副厂长,一机部上海第二设计分局电器专业科科长。1955年赴苏联莫斯科斯大林汽车厂实习。1956年回国后,历任长春第一汽车制造厂动力处副处长、副总动力师、动力分厂厂长。1962年后,历任一机部上海电器科学研究所副所长,一机部武汉热工机械研究所所长、代理党委书记,一机部外事局副局长、局长。1980年后,任国家进出口管理委员会、国家外国投资管理委员会副主任兼秘书长、党组成员。1982年后,历任电子工业部第一副部长、党组副书记,部长、党组书记。1982年9月在中共第十二次全国代表大会上当选为中共中央委员。1985年后,历任中共上海市委副书记、上海市市长、市委书记。1987年11月在中共十三届一中全会上当选为中共中央政治局委员。1989年6月在中共十三届四中全会上当选为中共中央政治局常委,中共中央委员会总书记。1989年11月在中共十三届五中全会上当选为中共中央军事委员会主席。1990年3月在第七届全国人大第三次会议上当选为中华人民共和国中央军事委员会主席。1992年10月在中共十四届一中全会上当选为中共中央政治局委员、常委、中央委员会总书记、中央军事委员会主席。1993年3月在第八届全国人大第一次会议上当选为中华人民共和国主席、中华人民共和国中央军事委员会主席。1997年9月19日在中共第十五届一中全会上当选为中共中央政治局委员、常委、中共中央总书记、中共中央军委主席。1998年3月16日在第九届全国人大一次会议上当选为中华人民共和国主席、中华人民共和国中央军事委员会主席。

朱镕基(1928—) 湖南省长沙市人,中国共产党党员,大学毕业,高级工程师。1988年4月30日至1991年4月29日任上海市市长。

1947—1951年,在清华大学电机系电机制造专业学习,1948年12月参加革命工作。1949年10月加入中国共产党。1951—1958年,先后任东北工业部计划处生产计划室副主任,国家计委燃料动力局、综合局组长,国家计委主任办公室副处长,国家计委机械局综合处副处长。1958—1969年,先后任国家计委干部业余学校教员、国民经济综合局工程师。“文化大革命”期间,1970—1975年下放国家计委“五七”干校劳动。1975—1987年,先后任石油工业部管道局电力通讯工程公司办公室副主任、副主任工程师,中国社会科学院工业经济研究所室主任,国家经委燃料动力局处长、综合局副局长,国家经委委员兼技改局局长,国家经委副主任、党组成员、党组副书记。1987—1991年,先后任中共上海市委副书记、上海市市长、市委书记。1991年至1992年任国务院副总理兼国务院生产办公室主任、党组书记,兼国务院经济贸易办公室主任、党组书记。1992年10月当选为第十四届中共中央政治局委员、常委。1993年3月在全国人大第八届一次会议上被任命为国务院副总理。1993年6月至1995年6月兼任中国人民银行行长。1997年9月19日在中共第十五届一中全会上当选为中央政治局委员、常委。1998年兼任国家科技教育领导小组组长。1998年3月至2003年3月任国务院总理。1998年4月兼任国家经济体制改革委员会主任,5月兼任国务院三峡工程建设委员会主任。系中共第十三届中央候补委员,十四届、十五届中央委员、中央政治局委员、常委。

黄　菊(1938—2007年) 浙江省嘉善县人,中国共产党党员,大学毕业,工程师。1991年4月29日至1995年2月24日任上海市市长。2007年6月2日在北京逝世。

1956—1963年,在清华大学电机工程系学习。1963年5月参加工作。1966年3月加入中国共产党。1963—1982年,先后任上海人造板机器厂技术员、厂长秘书,上海中华冶金厂技术员、车间党支部副书记、厂革命委员会副主任、副厂长、工程师,市石化通用机械制造公司副经理。1982—1986年,先后任市第一机电工业局副局长、中共上海市委常委兼市工业党委书记、中共上海市委常委兼市委秘书长、中共上海市委副书记。1986—1991年,任上海市副市长、中共上海市委副书记、上海市常务副市长。1991—1994年,任中共上海市委副书记、市长。1994—1995年,任中共上海市委书记、市长。1995年起，任中共上海市委书记。2003年3月，调任国务院副总理。系中共第十三届中央候补委员、十四届、十五届、十六届中央委员，十四届(四中全会当选)、十五届、十六届中央政治局委员，十六届中央政治局常委。

徐匡迪(1937—) 浙江省崇德县(今桐乡市崇福镇)人，中国共产党党员，大学毕业，教授，博士生导师，中国工程院院士。1995年2月24日至2001年12月7日任上海市市长。

1959年毕业于北京钢铁学院，同年9月参加工作，1983年6月加入中国共产党。历任北京钢铁学院冶金系助教，上海工学院教研室助教、副主任，上海机械学院助教、讲师，上海工业大学冶金系副主任、主任，瑞典兰塞尔公司副总工程师、技术经理，上海工业大学常务副校长。1989年任上海市政府教育卫生办公室副主任兼上海市高教局局长，1991年起任上海市计委主任、上海市副市长(主持常务工作)，中共上海市委常委、副书记。1995年2月起，任上海市市长。2001年底，调任中国工程院党组书记、院长。系中共第十四届中央候补委员，第十五届、十六届中央委员。

韩 正(1954—) 浙江省慈溪县(今慈溪市)人，中国共产党党员，在职研究生学历，经济学硕士，高级经济师。2003年2月20日至2012年12月26日任上海市市长。

1975年12月参加工作，1979年5月加入中国共产党。1975年12月至1990年6月，先后任上海徐汇起重安装队仓库管理员、供销股办事员、共青团总支副书记，上海化工装备工业公司干事、团委负责人，上海市化工局团委书记，上海化工专科学校党委副书记，上海胶鞋六厂党委书记、副厂长，大中华橡胶厂党委书记、副厂长。其间，1983年10月至1985年5月在复旦大学大专班学习，1985年9月至1987年12月在华东师范大学夜大学政教系政教专业学习。1990年6月至1995年7月，先后任共青团上海市委副书记(主持工作)、书记，中共卢湾区委副书记、代理区长、区长。1995年7月至1997年12月，任上海市政府副秘书长，兼上海市综合经济党委副书记、市计委主任、市计委党组书记。1997年12月至1998年2月，任中共上海市委常委、市政府副秘书长，兼市综合经济党委副书记、市计委主任、市计委党组书记、市证券管理办公室主任。1998年2月起，任中共上海市委常委、上海市副市长。2002年后，任市委副书记、常务副市长、市长，代理书记、市长、书记等职。共青团第十一届中央委员，共青团十二届四中全会上增选为团中央常委。系中国共产党第十六届、十七届中央委员会委员，十八届中央政治局委员。

杨 雄(1953—) 浙江省杭州市人，中国共产党党员，研究生学历，经济学硕士，高级经济师。2012年12月至2013年1月任上海市代市长。2013年2月1日起任上海市市长。

1969年11月参加工作。1985年6月加入中国共产党。1969年11月至1978年3月，先后在云南省思茅地区水利建设兵团、勐腊县勐满农场工作。1978年3月，在北京林学院林业经济专业学习。1982年1月在浙江省林业干部学校任教。1982年9月就读于中国社会科学院研究生院，1985年7月毕业。历任上海市经济研究中心副处长，上海实事公司综合信息部副经理，上海市计委长远计划综合处副处长、处长，上海市计委主任助理兼计划投资处处长，上海市计委副主任，上海联和投资有限公司总经理、上海市信息投资股份有限公司董事长、上海航空公司董事长、上海航空股份有限公司监事会主席。2001年2月，任上海市政府副秘书长。2003年2月23日至2008年1月31日，任上海市副市长。2007年5月至2012年5月，任中共上海市委常委。2008年1月至2012年12月26日任上海市常务副市长。在任期间，先后分管城市建设和管理、房地产、水务、交通、市容环卫、绿化、民防、交通安全等工作；分管发展改革、计划、编制、人口综合管理、信息化、上海世博会筹备、统计、物价、能源建设、口岸、建议提案办理、信访、社会稳定等工作。2012年12月26日至2013年1月，任中共上海市委副书记，上海市代市长、党组书记。2013年2月1日起任上海市市长。

第二章　上海市副市长简介

王一平(1914—2007年)　原名王炳真、王一萍,山东省荣成(今荣成市)人,中国共产党党员,师范学校肄业。1979年12月29日至1983年4月27日,任上海市副市长。分管地区和人事等工作。2007年2月28日在上海逝世。

1932年入山东省立第七(文登)乡村师范学校学习,同年10月加入中国共产党,任校党支部书记。1935年11月参加胶东地区"一一·四"暴动,被国民党当局通缉逃亡北平。1936年8月,至西安任东北军抗日先锋大队政治处政工。1937年转往延安,在延安抗日军政大学和中央党校学习并任抗大党支部书记。1938年初派回山东,至抗战胜利,历任八路军山东纵队四支队四团政治处主任,山东纵队政治部组织科科长、一支队(旅)政治部主任,泰山军分区政委,沂蒙军分区政委兼地委书记,中共鲁中二地委书记。抗日战争胜利后,历任鲁中军区前方政治部主任,山东军区第四师(旅)政委,华东野战军第八纵队政治部主任、政委,第三野战军二十六军和二十二军政委、第八兵团政治部主任。

1952年3月起,先后任中共上海市委组织部部长、常委、秘书长、书记处候补书记、书记(时设第一书记)。1972年11月至1979年12月,任上海市革命委员会副主任。"文化大革命"结束后,先后任中共上海市委常委、书记(时设第一书记),上海市副市长,上海市第五届政协主席。系中共第十一届中央委员会委员,第十二届、十三届中央顾问委员会委员。

韩哲一(1914—2011年)　原名韩同臣、韩宝华,山东省禹城县(今禹城市)人,回族,中国共产党党员,高中文化程度。1979年12月29日至1983年4月27日任上海市副市长,分管工业、交通运输等工作。2011年7月7日在上海逝世。

1931年在黑龙江省黑河参加抗日救亡运动。1932年10月,被派往苏联学习。次年,加入共青团。1934年6月,在黑龙江被伪满洲国当局逮捕入狱,1937年6月出狱。1938年8月加入中国共产党。新中国成立前,先后任冀鲁边支队民运股长,冀鲁边支队战地工作团团长,中共高唐、平原、禹城三县边委组织部长、副书记,山东夏津、濮县抗日民主政府县长,中共冀鲁豫卫东地委委员、政权工作部部长,中共冀鲁豫区党委经济部副部长、区党委委员,冀鲁豫行署副主任。

1949年8月后,历任中共平原省委委员,平原省政府副主席,华北行政委员会委员、财经委员会副主任,国家计委副主任兼国家物资供应总局局长,中共中央华东局候补书记、书记。1977年8月后,历任中共上海市委书记(时设第一书记),市革命委员会副主任,副市长。系第六届全国人大常委会委员、全国人大财经委员会副主任委员,第七届全国政协常委、全国政协经济委员会副主任。

陈锦华(1929—　)　安徽省青阳县人,中国共产党党员,中国人民大学工业经济函授专修科、政治经济学专修班和北京电视大学中文系毕业,大专文化。1979年12月29日至1983年2月任上海市副市长,分管经济计划、劳动工资、宝钢建设等工作。

1949—1952年,在中共中央华东局保卫人员训练班学习。1949年2月加入中国共产党,后任上海市军管会轻工业处秘书、华东纺织局秘书。1952—1960年,任纺织工业部部长办公室秘书、纺织工业部办公厅研究室干部。1960—1971年,任纺织工业部办公厅研究室副主任兼党组秘书。1971—1976年,任轻工业部计划组负责人。1976年10月后,参加中央赴上海工作组工作,先后任中共上海市委委员、常委，上海市革命委员会副主任，中共上海市委副书记，上海市副市长，兼任上海市计委主任、市劳动工资委员会主任，宝山钢铁总厂工程指挥部党委副书记、书记兼政委，上海石油化工总厂二期工程领导小组组长。1983年调任中国石油化工总公司总经理、党组书记。

赵行志(1917—2009年)　江苏省武进县(今常州市武进区)人，中国共产党党员，大学文化程度。1979年12月29日至1983年4月27日，任上海市副市长，分管外事、体育等工作。2009年2月20日在上海逝世。

1938年8月参加革命，10月加入中国共产党。同年，在陕北公学和晋东南抗大一分校学习。中华人民共和国成立前，历任八路军山东纵队政治部会计、民运干事、组织干事，八路军山东军区政治部组织部干部科科长、解放军第三野战军警卫旅二团政委。

1949年5月上海解放后，参加接管上海工作，任上海市军管会文教管理委员会秘书主任。此后历任华东军政委员会财政部人事处处长、部党委副书记，上海市政府人事处处长，上海市人事局副局长，市人民委员会文教办公室副主任，中共上海市委教育卫生工作部副部长，中共上海市委外事小组副组长，上海市人委外事办公室副主任。1961年12月起，先后任中国驻日内瓦总领事、外交部亚非司副司长、中国驻喀麦隆大使、中国驻伊拉克大使。“文化大革命”期间遭迫害。1976年12月由中央派往上海工作，先后任中共上海市委书记(时设第一书记)、市革命委员会副主任、上海市副市长、第五届上海市政协副主席。1986年4月至1992年12月，任中共上海市委顾问委员会副主任。

杨士法(1917—2010年)　河北省宁河县(今天津市宁河区)人，中国共产党党员，大学文化程度。1979年12月29日至1983年4月27日任上海市副市长，分管科学技术等工作。2010年3月2日在上海逝世。

1935年12月，参加“一二·九”学生抗日救亡运动。1936年4月，在北平(今北京)参加民族解放先锋队，9月入北平大学农学院农学系学习，11月加入中国共产党，任北平大学农学院支部书记。1937年7月离校，赴山东抗日前线。历任山东第三路军政训处学员政训员、第五战区第二游击队政治指导员、中共山东临沂县委书记、县动员委员会主任，中共鲁南特委统战部部长、鲁南四地委组织部部长。1940年12月至次年9月，在中共山东分局高级党校学习。至1951年12月，先后任中共鲁南三地委副书记、代书记，中共鲁南一地委书记兼军分区政委，中共鲁中南区党委宣传部长，中共临沂地委书记兼军分区政委。

1952年1月后，先后任中共上海沪西产业区委书记，上海市工业局党委书记、局长，中共上海市委工业工作部副部长、上海市工业生产委员会党委副书记、重工业工作部部长、工业工作部部长兼杨浦区委第一书记，中共上海市委常委、组织部部长兼市委监察委员会书记。1972年后，历任上海第一钢铁厂党委书记、上海市机电二局党委书记兼革命委员会主任。1976年11月后，历任上海市革命委员会工交组负责人，上海市科委主任，上海市革命委员会副主任，中共上海市委常委、副书记，上海市副市长，1983年4月至1988年4月任第六届上海市政协副主席。

赵祖康(1900—1995年)　江苏省松江县(今上海市松江区)人，大学毕业。1957年1月至1962年2月、1979年12月至1983年4月，先后任上海市副市长，分管市政工程、公用事业、城市规划建筑管理、房地产管理、园林管理等工作。1995年1月19日逝世。

1922年由唐山交通大学土木工程系毕业后，曾在东南大学、河海大学和上海交通大学任助教兼工程师、秘书，后在交通部韶赣国道工程局、广东省建设厅公路处从事工程技术工作。1927年秋任广西省梧州市工务局局长。1930年1月由铁道部派赴美国康乃尔大学研究院研究道路与市政工程,并在美国纽约、奥伯奈、华盛顿等地公路部门实习和参观。1931年6月回国后,任铁道部工务处技士。抗日战争前夕和抗战期间,先后任全国经济委员会公路处副处长、代理处长,交通部公路管理处处长,公路总局副局长等职。抗战胜利后,任上海市工务局局长。1949年5月24日代理上海市市长。

上海解放后,先后担任上海市政府工务局局长、市政建设委员会副主任、规划建筑管理局局长、副市长。1977年12月起,先后任第五届上海市政协副主席、上海市副市长、第八届和第九届上海市人大常委会副主任。

系中国国民党革命委员会成员,先后担任民革中央委员会常委、副主席、名誉副主席,民革上海市委员会主任委员、名誉主任委员。

王 鉴(1917—) 曾用名王作全、王增明,山东省蓬莱县(今蓬莱市)人,中国共产党党员,初中文化程度。1979年12月29日至1983年4月27日,任上海市副市长,分管政法、公安等工作。

1937年11月参加革命,次年8月加入中国共产党。抗战期间,任山东民主联军鲁南第五旅中队长,山东纵队第二支队连指导员。1940年调延安学习培训,而后在中共中央社会部工作。1945年10月起,先后任沈阳市公安局科长、东北局社会部科长、长春市公安局科长。

东北解放后,先后任东北人民政府公安部处长、东北行政委员会公安局副局长。1954年9月起,先后任公安部副局长、局长。1958年起,任上海市公安局副局长、党组副书记。"文化大革命"期间受迫害。1975年10月起,任上海市公安局副局长。1977年起,先后任上海市革命委员会政法办公室主任、市公安局党委书记、市公安局局长、党组书记,上海市革命委员会副主任,上海市副市长、中共上海市委政法领导小组副组长、市委政法委书记。1979年11月至1985年6月,任中共上海市委常委。1985年7月至1988年5月任上海市人大常委会副主任、党组副书记。

陈宗烈(1924—2000年) 江苏省射阳县人,中国共产党党员,高中文化程度。1979年12月29日至1983年3月,任上海市副市长,分管郊区农业工作。2000年11月18日在南京逝世。

1940年10月加入中国共产党。抗战期间,先后任中共盐城县十四区、建阳县三区、射阳县三区支部书记。解放战争期间,先后任中共射阳县委组织部长、副书记、书记。

新中国成立后,先后任中共建阳县县委书记、淮安县县委书记,中共盐城地委农委书记、地委书记、军分区政委等职。1964—1979年,先后任农业部和农林部粮油生产局局长、农林部党组成员兼农业局长、国务院农机办公室副主任。1979—1983年,先后任中共上海市委常委、上海市革命委员会副主任,上海市副市长。1983年调任中共中央纪委三室、二室主任。

杨 恺(1920—1986年) 浙江省慈溪县(今慈溪市)人,中国共产党党员,大专文化程度。1979年12月29日至1983年4月27日,任上海市副市长,分管文化、教育、卫生、体育工作。1986年8月4日逝世。

1936年4月参加革命,次年11月入延安陕北公学学习。1941年10月加入中国共产党。曾任新四军政治部科员,苏北、苏中三分区政治部宣教科科长,华东野战军第二十三军宣教部部长,华东军政大学政治部宣教部部长,中国人民解放军军事学院政治部宣传部部长。

1966年,任中共中央华东局宣传部副部长。1972年12月后,历任上海交通大学党委书记、上海市政府教育卫生办公室主任兼党组书记、上海市革命委员会副主任。1979年12月29日后,历任上海市副市长、上海市政府顾问、第六届上海市政协副主席等职。

裴先白(1916—) 湖南省澧县人,中国共产党党员,高中文化程度。1979年12月29日至

1983 年 4 月 27 日，任上海市副市长，分管财政、商业郊区副食品生产等工作。

1938 年 3 月加入中国共产党。曾任新四军四支队干事、政治部科长，二师四旅团政治处副主任、主任、团政委。1949 年 5 月上海解放后，历任上海市财委处长、副秘书长，上海市服务局副局长、局长，上海市第二商业局党委书记、局长，上海市政府财贸办公室副主任、主任。1978 年 5 月起，任上海市革命委员会副主任。1979 年 12 月起，先后任上海市副市长、上海市政府顾问，上海市人大常委会副主任、上海市政府市政工作咨询小组成员。

杨　堤（1924—　）　江苏省青浦县（今上海市青浦区）人，中国共产党党员，高中文化程度。1979 年 12 月 29 日至 1983 年 4 月 27 日，任上海市副市长，分管城市建设、公安等工作。

1938 年在皖南新四军教导总队青年队学习，任排长，新四军政治部组织部科员、军法处科员，次年 5 月加入中国共产党。1941—1946 年，先后任中共淮安县委、建阳县委社会部部长兼保安科科长、中共盐城县委社会部部长兼县公安局局长。解放战争期间，先后任苏北盐阜专署公安局科长、中共盐城县委敌工部长兼区委书记，华中公安处科长，苏南行署公安局科长。

中华人民共和国成立后，1949—1952 年，先后任无锡市公安局副局长、局长。1952—1960 年，先后任上海市公安局处长、中共上海市委政法工作部办公室主任。1960—1976 年，任上海市对外贸易局党委副书记。1977—1989 年，先后任上海市邮电管理局党委书记兼局长，上海副市长兼市建委主任、上海市公安局局长，中共上海市委书记（时设第一书记）、副书记。系中共第十二届中央委员会委员，第七、八届全国政协常委。

忻元锡（1919—2004 年）　浙江省定海县（今舟山市定海区）人，中国共产党党员，大学文化程度。1982 年 3 月 23 日至 1983 年 4 月 27 日，任上海市副市长，分管财政、对外经济贸易等工作。2004 年 3 月 4 日在上海逝世。

1936 年 1 月参加革命。1938 年 12 月加入中国共产党。1937 年 11 月，担任由中共上海煤业界地下组织组建的上海煤业救护队队长，率队前往南昌参加新四军，历任新四军印刷厂厂长、第一兵站站长、总兵站代站长，苏中交通总局副局长等职。解放战争期间，历任苏中贸易局、工商局和苏皖分区货管局局长，华中银行总行行长，华中对外贸易局局长，并参加淮海战役支前和徐州市、蚌埠市的接管工作。

1949 年 5 月苏南解放后，历任中国人民银行苏南分行行长、江苏省分行行长、华东区行副行长，华东财政管理局副局长、党组书记，上海市财政经济委员会副主任兼中国人民银行上海市分行行长，中共上海市普陀区、黄浦区委第二书记，中共上海市委财贸工作部副部长，上海市人委财贸办公室副主任，中共中央华东局财政经济委员会副主任。1976 年 10 月粉碎江青反革命集团后，历任上海市财政局局长、党委书记，上海市革命委员会财贸办公室副主任，财政部副部长、党组副书记，上海市副市长，中共上海市委常委，上海市政府顾问。

阮崇武（1933—　）　河北省怀安县人，中国共产党党员，大学毕业，高级工程师。1983 年 4 月 27 日至 1985 年 12 月 27 日，任上海市常务副市长，协助市长主持市政府日常工作，并分管计划、财政、金融、人事、编制、法规等工作。

1951 年北京工业学院汽车系学习；1952 年北京俄语专科学校学习，6 月加入中国共产党。1953—1957 年，在苏联莫斯科汽车机械学院学习。1957—1969 年，先后任沈阳铸造厂研究所技术员、室副主任，一机部上海材料研究所五室副主任、主任、副所长。1969—1971 年，被下放“五七”干校劳动。1971—1978 年，先后任上海科技交流站组长，市科技协会临时领导小组副组长、副秘书长、党组成员。1978—1983 年，任中国驻联邦德国大使馆科技参赞兼教育参赞。1983—1985 年，任中共上海市委书记(时设第一书记)、副书记,上海市常务副市长兼市计委主任、市编委主任。1985年9月调任公安部部长。

朱宗葆(1932—1992年) 浙江省鄞县(今宁波市鄞州区)人,中国共产党党员,大学毕业。1983年4月27日至1986年10月25日,任上海市副市长(1985年9月至1986年10月为常务副市长),分管工业、国防工业、交通(包括邮电通讯)、能源、物资、劳动、内联协作、无线电管理等工作。1992年9月27日在上海逝世。

1949年4月参加工作,同年加入中国共产党。历任共青团上海市卢湾区委学生部部长、卢湾区人委宗教办公室副主任、中共向明中学支部副书记、卢湾区体委副主任。1956年9月至1961年9月,在北京钢铁学院机械系学习。毕业后,任上海广播器材厂、中华造船厂技术员,上海第五钢铁厂车间副主任。1970年2月后,历任上海第五钢铁厂措施组组员、机动部生产副主任、机电部主任、党总支副书记、副总工程师、副厂长、厂长,上海市副市长、常务副市长。1986年3月,任中共上海市委常委。

李肇基(1930—) 上海市人,中国共产党党员,大学毕业。1983年4月27日至1988年4月29日,任上海市副市长,分管外事、对外经贸、利用外资和引进技术、侨务、旅游接待等工作。

1949年初参加工作,1951年毕业于上海大同大学电机系,同年1月加入中国共产党,并参加中国人民解放军。历任解放军华东防空司令部技术员、副股长、雷达副主任,防空军高级防空学校训练部雷达系主任教员,第二十训练基地实验室主任、国防科工委试验基地副处长,航区测量站副站长。1976年转业后,历任上海无线电十八厂副厂长兼副总工程师,上海电视工业公司副经理兼副总工程师,上海市仪表电讯工业局科技处处长、工程师、副局长。1983年4月后,历任上海市副市长,上海投资信托公司董事长。

刘振元(1934—) 江西省萍乡县(今萍乡市)人,中国共产党党员,副博士,研究员级高级工程师。1983年4月27日至1993年2月24日,任上海市副市长,分管科技、新兴产业、人才引进、外事、公安、政法、法制、人民武装、旅游、侨务、文化、体育、广播影视、新闻出版等工作。

1955年毕业于中南矿冶学院,同年10月参加工作。1956年8月加入中国共产党。任中国科学院冶金陶瓷研究所研究实习员。1956年赴苏联莫斯科巴依巴可夫冶金研究所攻读研究生,获副博士学位。1960年回国后,历任中国科学院冶金陶瓷研究所助理研究员、科技处处长、副所长、副研究员。1983年后,历任上海市副市长、上海科技投资公司董事长、上海科技投资股份有限公司董事长、上海市对外文化交流协会副理事长、中国自贸区联合会名誉会长。

倪天增(1937—1992年) 浙江省宁波市人,中国共产党党员,大学毕业,高级建筑师。1983年4月27日至1992年6月7日,任上海市副市长,分管城市建设和管理、市政管理、城乡规划、公用事业、环境保护、交通、邮电通讯、园林绿化、落实私房政策、人防抗震、防汛防台、防火防化等工作。1992年6月7日在北京去世。

1962年加入中国共产党,同年毕业于清华大学土木建筑系,10月参加工作。曾任华东工业建筑设计院副总工程师兼四室主任、副院长兼副总工程师,上海市城市规划建筑管理局局长助理、高级建筑师。1983年4月起任上海市副市长。

叶公琦(1929—) 江苏省吴县(今苏州市吴中区)人,中国共产党党员,大学文化程度,大夏大学(今华东师范大学)肄业。1983年4月27日至1988年4月29日,任上海市副市长,分管商业、物价、集体事业、农业、县政、水产、信访等工作。

1944年11月加入中国共产党,从事上海学生运动和党的秘密工作,任中共沪新中学支部委员,中共大夏大学总支委员，上海地下党交通员等。1949年5月上海解放后，历任中共嵩山区青委代理书记，中共嵩山区委组织委员、组织部副部长、区委常委、工业部部长，上海圆珠笔厂技术科副科长。“文化大革命”期间受迫害。1979年6月后，历任上海电影照相工业公司党委委员、公司行政负责人，市轻工业局党委委员、副局长。1983年4月后任上海市副市长。1988年4月起，先后任上海市第九届、第十届人大常委会主任、党组书记。

谢丽娟(1936—　)　女，浙江省吴兴县(今湖州市吴兴区)人，九三学社成员，大学毕业，副主任医师。1985年7月28日至1996年6月，任上海市副市长，分管教育、卫生、计划生育、市容管理、民政、民族宗教等工作以及文史馆、参事室，协助分管区政、县政工作。

1955年9月至1961年8月，在上海第二医学院医疗系学习。1961年8月至1985年7月，先后任卢湾区中心医院主治医师、副院长。1981年加入九三学社，历任九三学社第八、九届中央委员会常委，九三学社第十、十一届中央委员会副主席，九三学社第十届上海市委员会委员，九三学社第十一届上海市委员会常委，九三学社第十二届上海市委员会常委、主任委员，九三学社第十三、十四届上海市委员会主任委员。1985年7月至1996年6月，任上海市副市长。1996年2月起，任第八、九、十届上海市政协副主席，系第八届全国政协委员，第九、十届全国政协常委。1998年8月当选为全国妇联副主席。

钱学中(1933—　)　浙江省杭州市人，中国共产党党员，大学毕业，高级建筑师。1986年10月25日至1988年4月30日，任上海市副市长，主要分管交通运输、邮电通讯、旅游、侨务、法制等工作。

1955年毕业于同济大学建筑系，同年9月参加工作。1960年12月加入中国共产党。历任城乡建设部民用建筑设计院技术员，上海市规划建筑设计院技术员、生产组及技术组负责人，市民用建筑设计院副总建筑师、院长、高级建筑师。1983年起，先后任上海市建委副主任，上海市政府副秘书长兼办公厅主任，上海市政府秘书长。1986年10月任上海市副市长。1988年8月至1995年4月任上海锦江(集团)联营公司总裁。

顾传训(1935—2010年)　浙江省海盐县人，中国共产党党员，大学毕业。1988年4月30日至1993年2月24日，任上海市副市长，分管工业生产、物资能源、内联协作、安全生产、军工生产、乡镇企业等工作。2010年12月8日在上海逝世。

1953年11月参加工作。1959年5月加入中国共产党。1965年毕业于华东化工学院(今华东理工大学)化工机械系化工机械专业(夜大学)。1953年11月至1958年初，在五四二厂当印刷工人。此后历任上海天原化工厂副工段长、值班主任、副科长、党委副书记，上海石油化工总厂化工二厂筹建组副组长、党委副书记，上海石油化工总厂生产办公室主任、副厂长、厂长。1988年4月起，任上海市副市长。1993年3月起，任长江经济联合发展公司董事长。系中共第十三届中央候补委员。

庄晓天(1932—　)　浙江省镇海县(今宁波市北仑区)人，中国共产党党员，大专毕业。1988年4月30日至1993年2月24日，任上海市副市长，分管商业、农副业生产、物价、区政、县政、工商管理、集体事业、劳动工资、议案提案处理等工作。

1950年6月参加工作。1956年3月加入中国共产党。历任上海市盐业公司营业员、科员、副科长，中共上海市禽蛋公司淀山湖饲养场支部书记，中共上海禽蛋一厂总支书记，中共上海市禽蛋公司委员会常委、副书记，市禽蛋公司副经理。1980年起，先后任上海市第二商业局副局长、党委书记，上海市第一商业局党委书记，上海市财贸党委书记。1988年4月起，任上海市副市长。1993

年 2 月起,任上海浦东发展银行董事长。

倪鸿福(1933—2002 年)　江苏省川沙县(今上海市浦东新区)人,中国共产党党员,高中文化程度。1988 年 4 月 30 日至 1989 年 11 月 18 日,任上海市副市长,分管县政、农副业生产、乡镇企业、人民武装、公安司法、法制建设、信访、档案等工作。2002 年 5 月 15 日在上海逝世。

1951 年 11 月参加工作。1952 年 12 月加入中国共产党。历任共青团上海市高桥区西沟乡总支书记,高桥区团工委秘书、组织部副部长,沙港乡、高东乡人民政府指导员,中共高桥区区级机关总支副书记,共青团高桥区委副书记,中共东郊区委宣传部副部长,中共东郊区东沟乡委员会书记,中共川沙县虹桥乡委员会书记,中共川沙县委副书记、书记,川沙县政协主席、县人武部第一政委,中共崇明县委书记、县人武部第一政委,上海市农村工作党委副书记、书记。1988 年 4 月,任上海市副市长。1988 年 11 月后,历任中共上海市委副书记、市委政法委书记、市社会治安综合治理委员会主任,上海市检察院检察长,上海市法学会会长,第九届全国政协委员。

赵启正(1940—　)　河北遵化县(今遵化市)人,中国共产党党员,大学毕业,研究员级高级工程师。1991 年 6 月 19 日至 1998 年 1 月,任上海市副市长,分管监察、人事、档案、保密、外事、对外经贸、干部出国审批、浦东新区等工作。

1963 年毕业于中国科学技术大学近代物理系,同年 9 月参加工作。1979 年 5 月加入中国共产党。历任核工业部第二设计研究院技术员,上海广播器材厂技术员、工程师、车间副主任、设计科副科长、副厂长、高级工程师、研究员。1984 年 6 月起,历任中共上海市工业党委副书记,中共上海市委组织部副部长、部长,中共上海市委常委、上海市副市长。1992 年 10 月起,兼任中共上海市浦东新区工作委员会书记、上海市浦东新区管委会主任。1998 年 1 月,调任中共中央外宣工作办公室副主任、国务院新闻办公室副主任。

夏克强(1940—　)　浙江省嘉兴县(今嘉兴市秀城区)人,中国共产党党员,大学毕业。1992 年 8 月 29 日至 1998 年 2 月 20 日,任上海市副市长,分管城市建设和管理、城乡规划、环境保护、市政管理、交通运输、邮电通讯、防汛防台、人防抗震、防火防化、交通安全等工作。

1962 年毕业于华东化工学院(今华东理工大学)第二有机工业系燃料化学工学专业,同年 9 月参加工作。1979 年 6 月加入中国共产党。毕业后,历任上海吴淞煤气厂技术员、援助阿尔巴尼亚工作组副组长、研究室副主任、油制气车间主任、副厂长,上海煤气公司浦东煤气厂筹建组副组长、上海煤气公司经理,上海市公用事业局局长。1984 年 12 月后,历任上海市政府副秘书长兼浦东开发办公室主任、党组书记,上海市副市长。1998 年 2 月起,任上海市空港管理委员会第一副主任兼上海市空港管理委员会办公室主任,上海机场(集团)有限公司党委书记、董事长。

孟建柱(1947—　)　江苏省吴县(今苏州市吴中区)人,中国共产党党员,上海机械学院系统工程专业毕业,在职研究生学历,工学硕士学位,高级经济师。1993 年 2 月 24 日至 1996 年 10 月 31 日,任上海市副市长,分管区政、县政、商业、农业、工商管理、公安、保密等工作,协助分管财政金融、物价统计、劳动工资和社会保险。

1968 年 8 月参加工作。1971 年 6 月加入中国共产党。先后任上海市前卫农场供销运输站船队副队长、站副指导员,运输连党支部书记。1976 年起,先后任上海前卫农场党委委员、政宣组组长,场党委副书记兼清查办主任,软木总厂党总支书记,农场政治处主任,场党委副书记、场长。1986 年起,先后任中共上海市川沙县委书记、嘉定县委书记,上海市农村工作党委书记。1992 年起,先后任中共上海市委委员、常委,上海市政府副秘书长,上海市副市长。1996 年 10 月起,任中共上海市委副书记。2001 年,调任中共江西省委书记、省人大常委会主任。

蒋以任(1942—) 江苏省嘉定县(今上海市嘉定区)人,中国共产党党员,大学毕业,教授级高级工程师。1993年2月24日至2002年3月,任上海市副市长;2002年3月至2003年2月23日,任上海市常务副市长,分管工业生产、对外经贸、利用外资、物资、能源、电力生产和管理、质量管理、内联协作等工作。

1966年9月毕业于清华大学动力系燃气轮机专业。1970年12月加入中国共产党。1967年9月至1968年8月,任上海内燃机研究所技术员。1968年8月至1983年8月,先后任上海柴油机厂技术员、党总支干事、宣传科干事、宣传科副科长、政治部副主任、副厂长兼设计科科长。1983年8月至1985年6月,先后任上海市机电一局党委副书记、上海市汽车拖拉机工业联营公司党委书记。1985年6月至1993年2月,任上海市工业党委副书记。其间,先后兼上海市机电局党委书记、上海市经委副主任、主任。1992年10月至1993年2月,任上海市政府副秘书长。1993年2月起,先后任上海市副市长(其间,1996年7月起兼市工业党委书记、市外经贸委党委书记)、中共上海市委常委、上海市常务副市长。2003年至2008年1月,任第十届上海市政协主席、党组书记,系第十届全国政协委员、第十一届全国政协常委。

沙 麟(1936—) 江苏省如皋县人,中国共产党党员,大学毕业。1993年2月24日至1996年2月9日,任上海市副市长,分管外事、对外经贸等工作。

1954年12月加入中国共产党。1960年北京大学物理系毕业,同年9月参加工作。历任北京大学物理系助教、党总支委员、教研室党支部书记。"文化大革命"期间,1969—1972年受冲击,在北京大学鲤鱼州干校劳动。1972年起,任北京大学物理系激光教研组成员、科研组负责人,复旦大学物理系教师、讲师。1981年赴美国麻省州立大学作访问学者。1983年回国后,历任复旦大学科技处处长、副教授、科技开发总公司总经理。1986年起,任上海市科委副主任。1990年起,先后任上海市浦东开发领导小组成员,浦东开发办公室副主任、党组副书记,上海市外经贸委主任、市外资委主任,中共上海市外经贸委党委副书记。1992年11月,任上海市政府副秘书长。1993年2月,任上海市副市长。1996年2月起,任上海市人大常委会副主任。

龚学平(1942—) 江苏省南京市人,中国共产党党员,大学毕业,高级编辑。1993年2月24日至1997年10月16日,任上海市副市长,分管文化、体育、电影、新闻、出版、旅游、民族、宗教、侨务等工作。

1965年11月加入中国共产党。1967年复旦大学新闻系毕业,同年9月参加工作。历任解放军藏字7887部队宣传干事,解放军成字526部队宣传干事,上海电视台节目组编辑,上海电视台新闻部副主任、党支部书记。1983—1985年,任上海市广播电视局副局长兼中共上海电视台党委书记、台长、总编辑。1985年,任中共上海市委宣传部副部长。1985—1993年,任中共上海市广播电视局党委书记、局长兼上海电视台台长,上海市政府副秘书长兼市广播电视局局长。1993—1997年,任上海市副市长。1997年9月起,任中共上海市委常委、副书记。2002年2月起,先后任上海市人大常委会副主任、主任,党组副书记、书记。

华建敏(1940—) 江苏省无锡市人,中国共产党党员,中央党校研究生学历,高级工程师。1994年12月7日至1996年10月31日,任上海市副市长,分管计划、科技、金融、证券、物价、统计、劳动工资、社会保险、电力建设、档案等工作。

1963年清华大学动力系燃气轮机专业毕业,同年9月参加工作。1961年5月加入中国共产党。历任上海汽轮机锅炉研究所技术员、工程师。1975年起,任上海汽轮机厂研究所副所长。1979年起,先后任上海发电设备成套设计研究所科办主任、副所长。1984—1986年,先后在中共中央党校培训部和中共中央办公厅学习、工作。1987年起,先后任上海申能电力开发公司总经理,上海市计委副主任、主任,中共上海市委常委,上海市副市长。1996年10月,调任中央财经领导小组办公室副主任。

左焕琛(1940—) 女,湖南省湘阴县人,中国农工民主党成员,大学毕业。1996年2月9日至2001年5月24日,任上海市副市长,分管科技、卫生、计划生育、参事、文史、市容卫生等工作。

1957年9月至1962年7月,在上海第一医学院医学系学习。1962年9月参加工作,先后任上海第一医学院解剖组助教、医学部教研组讲师、副主任。1984年9月起,任上海医科大学基础医学部副主任、讲师、副教授、主任。1992年11月,任上海医科大学基础医学院院长、解剖教研室教授、博士生导师。1995年12月,任上海市卫生局副局长。1996年2月起,任上海市副市长。2001年5月起,任第九、十届上海市政协副主席。其间,1988年8月起任农工党上海市委副主委、2000年12月起任主委,1999年12月至2007年12月任农工党中央副主席。系第八、九届全国政协委员,第十、十一届全国政协常委。

冯国勤(1948—) 上海市人,中国共产党党员,大学文化程度,中学一级教师,经济师。1996年10月31日至2005年7月,任上海市副市长,2005年7月至2008年1月,任上海市常务副市长。分管区政、县政、民政、商业、农业、工商管理、民族宗教等工作。

1969年12月参加工作。1972年9月加入中国共产党。1969年12月起,先后任上海市严桥中学教师、党支部副书记兼副校长(主持工作),上海市高行中学党支部书记、副校长。1984年3月至1986年3月,在中共上海市委党校党政管理干部专修班学习。1986年3—12月,被借到市农村工作党委组织处工作。1986年12月起,先后任中共奉贤县委副书记、书记,嘉定县委书记。其间,1990年8月至1992年12月,在中央党校函授学院党政管理专业学习。1992年7月起,任中共上海市委副秘书长,1994年4月至1995年4月,兼上海市政府副秘书长。1995年4月,任上海市政府秘书长兼办公厅主任。1996年10月起,历任上海市副市长兼中共上海市级机关工作党委书记,中共上海市委常委,上海市政府党组副书记,常务副市长。2008年1月,任第十一届上海市政协主席、党组书记,系第十一届全国政协委员。

周禹鹏(1947—) 江苏省江阴县(今江阴市)人,回族,中国共产党党员,在职大专学历,经济师。1998年2月20日至2007年2月27日任上海市副市长,分管浦东新区工作和发展计划、人口综合管理、统计、物价、体改、外资外贸、能源建设等工作。

1968年8月参加工作。1975年8月加入中国共产党。先后任黑龙江省八五七农场中学教师、文教科干事、组织科副科长、农场党委组织部副部长。1981年6月起,先后任上海市卢湾区劳动服务公司机关党支部书记,卢湾区劳动局局长、局党组书记,中共上海市卢湾区委常委、组织部部长,副区长,中共上海市卢湾区委副书记、区长。1992年10月起,先后任中共上海市委副秘书长、秘书长。1995年2—12月,在美国纽约大学经济学院学习。1995年12月至1998年2月,任中共上海市浦东新区工作委员会书记、上海市浦东新区管委会副主任。1998年2月起,任上海市副市长兼中共浦东新区工作委员会书记、区委书记,上海市浦东新区管委会主任,中共上海市委常委。2003年任中共上海市委常委、上海市副市长、上海市市政府党组副书记(兼上海世博协调局局长)。2007年2月起,任上海市人大常委会副主任、党组副书记。

周慕尧(1943—) 江苏盐城县(今盐城市亭湖区)人,中国共产党党员,大学毕业,副研究员。1998年2月20日至2003年2月23日,任上海市副市长,分管教育、文化、体育、广播电影电视、新闻、出版、旅游、外事、侨务工作。

1965年8月,毕业于上海科技大学(今上海大学)理化系核物理专业。1965年4月加入中国共产党,同年9月参加工作,在上海科技大学一系、科研处402室,任助教、助理研究员。1985年3月,任上海射线应用研究所所长助理、副研究员。1987年2月起,先后任上海科技大学外事处处长、校党委副书记、副校长(其间,1992年6月后主持工作)。1993年6月,任上海市政府副秘书长兼中共上海市委宣传部副部长。1995年10月至1996年10月,任中共上海市委副秘书长、上海市政府副秘书长,1996年10月至1998年2月,任中共上海市委副秘书长、上海市政府秘书长兼市政府办公厅主任。1998年2月起,任上海市副市长,并先后兼上海市旅游委主任、上海市政府外办主任。2003年2月起,任上海市人大常委会副主任、党组副书记。

杨晓渡(1953—) 上海市人,中国共产党党员,中央党校研究生学历。2001年5月24日至2006年10月26日,任上海市副市长,分管卫生、人口计划生育、文化广播影视、新闻出版、体育等工作。

1970年5月参加工作,为安徽省太和县宋集公社高庙大队知青。1973年加入中国共产党。1973年9月至1976年12月,上海中医学院药学系药学专业学习。1976年12月起,任西藏自治区那曲地区医药公司股长、副经理。1984年1月起,先后任西藏自治区那曲地区医院党委书记,那曲地区行署副专员,西藏自治区昌都地委副书记、行署副专员,西藏自治区财政厅厅长。1998年5月,任西藏自治区政府副主席。2001年5月至2006年10月,任上海市副市长。1998年9月至2001年7月,中央党校研究生院在职研究生班法学理论专业学习。2006年10月至2012年5月,先后任中共上海市委常委、统战部部长、市纪委书记。

严隽琪(1946—) 女,江苏省苏州人,中国民主促进会成员,研究生学历,工学博士学位,教授。2001年5月24日至2007年2月27日,任上海市副市长,分管科技、教育、知识产权、参事、文史、妇儿委等工作,协管国民经济和社会信息化工作。

1962—1967年,上海交通大学机械工程系学习。1967年9月参加工作。1968—1978年,江苏徐州矿务局卧牛矿机电队工人,第一机电修配厂技术员、职工大学教师。1978—1981年,上海交通大学机械工程系硕士研究生。1981—1995年,上海交通大学机械工程系助教、讲师、副教授、教授、博士生导师。其间,1984—1986年丹麦技术大学海洋工程系博士研究生。1995—2000年,任上海交通大学校长助理兼机械学院院长。2000年,任上海市政府信息化办公室副主任。2001—2007年,任上海市副市长。1999年12月任民进上海市副主委,2002年起任民进上海市主委,第十届全国政协常委。2007年调离上海,任民进中央副主席、常务副主席。

姜斯宪(1954—) 江苏省江都县(今扬州市江都区)人,中国共产党党员,研究生学历,工学硕士学位,教授。2003年2月23日至2004年5月20日,任上海市副市长,分管浦东新区工作及外事、涉港澳台事务、民族与宗教、侨务等工作,联系市委统战部。

1972年1月参加工作。1976年3月加入中国共产党。1972年1月至1978年3月,辽宁省大连电机厂工人、党支部书记。1978年3月至1982年7月,上海交通大学机械工程系液压传动及控制专业学习。1985年1月,上海交通大学机械工程系液压传动与气动专业研究生毕业,获工学硕士学位。同年1月起,先后任上海交通大学团委书记,上海交通大学党委宣传部副部长、部长、党委副书记、党委副书记兼副校长。1994年11月起,历任中共上海市委组织部副部长,上海市徐汇区委副书记、副区长、代区长,区长。1998年8月起,历任中共上海市委副秘书长、上海市政府副秘书长、上海市综合经济工作党委书记,上海市政府秘书长兼办公厅主任。2002年8月至2004年4月,历任上海市副市长兼市政府秘书长,上海市副市长、中共浦东新区区委书记、区长。2004 年 4 月,任上海市委常委、组织部部长。2006 年 11 月,调任海南省副省长。

周太彤(1952—) 福建省永春县人,中国共产党党员,在职研究生,经济学硕士,高级经济师。2003 年 2 月 23 日至 2008 年 1 月 31 日,任上海市副市长,分管劳动和社会保障、医保、工商行政管理、质量与技术监督、食品和药品监督、民政、区政、信访、社会稳定等工作。

1969 年 4 月在黑龙江省格球山农场参加工作,1977 年 7 月加入中国共产党。1979 年 9 月后,历任上海市黄浦区烟酒公司经理,黄浦区区财贸办副主任,黄浦区计经委主任,黄浦区区长助理,黄浦区副区长,中共黄浦区委副书记、黄浦区区长。其间,1989 年 9 月至 1992 年 11 月,上海财经大学贸易经济系在职研究生,获经济学硕士学位。1996 年 6 月起,先后任上海市体改委党组书记、副主任,上海市政府副秘书长,上海市体改办主任、党组书记。2003 年 2 月,任上海市副市长。2008 年 1 月,任第十一届上海市政协副主席、党组副书记。

唐登杰(1964—) 江苏省建湖县人,中国共产党党员,硕士研究生,高级工程师。同济大学经济管理学院 93 级工商管理硕士(MBA)。2003 年 2 月 23 日至 2011 年 6 月 9 日,任上海市副市长,分管工业、商业、旅游、农业、电力生产、安全生产、外事、外资外贸、涉港澳台事务、民族与宗教、侨务等工作,联系市委统战部。

1981 年 9 月至 1986 年 7 月,同济大学机械工程系工程机械专业学习。1986 年 7 月参加工作。1991 年 8 月加入中国共产党。1986 年 7 月起,任上海大众汽车有限公司生产规划部工业工程科技术更改员、生产控制股股长。1989 年 8 月,任上海大众汽车有限公司生产规划部工业工程科经理。1994 年 5 月,任上海汽车工业总公司规划发展部副经理;1995 年 6 月,任上海采埃孚转向机有限公司总经理。1997 年 11 月至 2001 年 2 月,任上海汽车工业(集团)总公司副总裁。其间,2000 年 3 月至 2001 年 1 月在中央党校中青年干部培训班学习。2001 年 2—10 月,任上海电气(集团)总公司总裁、党委副书记。其间,1998 年 7 月至 2001 年 4 月在同济大学工商管理专业在职研究生学习。2001 年 10 月至 2003 年 2 月,任中共上海市工业党委副书记、上海市经委主任。2003 年 2 月,任上海市副市长。2011 年,调任中国兵器装备集团公司董事、总经理。

胡延照(1951—) 浙江绍兴市人,中国共产党党员,在职大专,高级统计师。2004 年 5 月 20 日至 2011 年 2 月 23 日,任上海市副市长,分管农业、劳动和社会保障、医保、工商行政管理、民政、质量与技校监督、食品和药品监督、合作交流、区政、人民武装等工作,联系部队。

1968 年 10 月在上海长江农场参加工作,历任副连长、连党支部副书记、书记,营党总支副书记。1973 年 11 月加入中国共产党。1978 年 7 月至 1993 年 6 月,调上海市统计局,历任副科长、副处长、局机关党总支副书记,上海市城乡经济调查队队长助理、副队长。1993 年 6 月至 1995 年 12 月,任上海市计委总经济师。1995 年 12 月起,历任中共上海市普陀区委副书记、代区长、书记、区长。2003 年 1 月至 2004 年 4 月,任中共上海市委副秘书长、市委政策研究室主任。2004 年 5 月至 2011 年 1 月,任上海市副市长并兼上海行政学院院长。2011 年 2 月,任上海市人大常委会副主任。

杨定华(1950—) 女,江苏省无锡市人,中国共产党党员,在职研究生,高级经济师。2006 年 10 月 26 日至 2008 年 1 月,任上海市副市长,分管科技、教育、卫生、人口和计划生育、文化广播影视、新闻出版、体育、知识产权、参事、文史、妇儿委等工作。

1968 年 11 月在上海华丰钢铁厂参加工作。1972 年 3 月加入中国共产党。历任华丰钢铁厂团委书记,上海市拖拉机汽车工业公司团委副书记、书记,上海市机电一局团委副书记。1976 年 3 月至 1992 年 11 月,任上海市委组织部干部一处、研究室干事,市委组织部经济干部处副处长、处长。

1982年9月至1984年8月,在华东师范大学中文系秘书学专业脱产学习。1992年11月至1995年9月,任中共徐汇区委副书记、副区长。1992年10月至1994年3月,在华东师范大学中文系文艺学专业硕士研究生课程进修班学习。1995年9月起,任上海市综合经济工作党委副书记、上海市计委副主任、党组副书记,上海市金融工作党委书记、市金融服务办副主任。2003年4月起,历任上海市政府副秘书长,中共上海市委副秘书长、上海市政府秘书长。2003年9月至2005年6月,在中国上海国家会计学院与美国亚利桑那州立大学合作举办的高级工商管理硕士课程学习。2006年10月至2008年1月,任上海市副市长。2008年1月,任上海市人大常委会副主任。

屠光绍(1959—) 湖北省鄂城县(今鄂州市鄂城区)人,中国共产党党员,研究生,经济学硕士,高级经济师。2007年12月27日起,任上海市副市长,分管金融、人事、编制、监察、档案、外事、涉港澳事务、文广影视、新闻出版、行政学院等工作,协助分管财政、税务、审计等工作。

1977年8月参加工作。1982年7月加入中国共产党。1981年,北京大学历史系本科毕业。1984年,北京大学经济系硕士毕业,获经济学硕士学位。1985年起,任北京市委政策研究室主任科员。1987年,任中共北京市委商贸工作部宣传处副处长。1989—1993年,任中国人民银行综合计划司、金融管理司副处级干部、金融市场报价交易信息系统中心副主任。1993年起,先后任中国证券交易系统有限公司副总经理,中国证监会交易部主任,中国证监会秘书长;上海证交所总经理、党委书记,中国证监会副主席。2007年12月起,任中共上海市委常委、上海市副市长兼上海行政学院院长。2013年1月,任中共上海市委常委、上海市常务副市长。

沈 骏(1954—) 浙江省定海县(今舟山市定海区)人,中国共产党党员,在职研究生学历,工程硕士,高级工程师。2008年1月至2013年1月,任上海市副市长,分管城乡建设和管理、城乡规划、国土资源、住房、交通、环保、水务、市容绿化、民防等工作。

1971年10月在上海市卢湾区房屋修建公司参加工作,1976年4月加入中国共产党,历任上海市卢湾区房屋修建公司团支部书记、党支部副书记、书记。1984年7月起,任卢湾区城市建设委员会党委副书记、纪委书记;共青团卢湾区委书记;中共卢湾区委组织部副部长;卢湾区建设局局长、党委副书记兼区住宅办公室主任。1993年1月后,任卢湾区政府办公室主任,区长助理。1994年10月,先后任卢湾区副区长,徐汇区副区长,中共徐汇区委副书记,徐汇区代区长、区长。2003年4月,任上海市政府副秘书长,上海市深水港工程建设指挥部党组书记、常务副总指挥,上海临港新城管委会第一副主任。2008年1月,任上海市副市长,兼任虹桥商务区管委会主任。

沈晓明(1963—) 浙江省绍兴市人,中国共产党党员,研究生学历,医学博士学位,研究员、教授。2008年1月,任上海市副市长,分管科技、教育、卫生、文广影视、新闻出版、医保、食品药品监督等工作,联系市委宣传部,工青妇群众团体。

1979年9月,温州医学院儿科系儿科专业学习。1984年8月加入中国共产党。1984年9月,温州医学院儿科系儿科专业硕士研究生学习。1987年7月参加工作,为浙江医科大学附属第一医院住院医师。1987年11月,为温州医学院儿科系助教。1988年2月,上海第二医科大学儿科系儿童保健学专业博士研究生学习。1991年2月,任上海新华医院儿科医学研究所主治医师、副研究员、副教授;1994年3月至1996年5月,为美国纽约爱因斯坦医学院博士后。1996年,任上海儿童医学中心研究员、教授,副院长、常务副院长。1998年7月,任上海新华医院副院长、院长,上海儿童医学中心院长。2003年3月,任上海第二医科大学校长。2005年7月,任上海交通大学常务副校长兼医学院院长。2006年2月起,任上海市科教工作党委副书记,上海市教委党组书记、市教委主任。2008年1月,任上海市副市长兼张江高新技术开发区管委会主任。

赵　雯(1956—　)　女，安徽省安庆市人，九三学社成员，在职研究生，管理学博士，教授。2008年2月1日起，任上海市副市长，分管体育、旅游、知识产权、人口和计划生育、文史、参事、妇儿委等工作。

1974年5月参加工作，任安徽省潜山县油坝中学教师。1976年，任南京航道局财务处主办会计。1983年，就读于武汉交通管理干部学院会计专业。1985年，任长江航道总局财务处主办会计。1986年1月，任武汉交通管理干部学院企业管理系讲师。1989—1992年，在中南财经大学会计系审计专业攻读研究生，获硕士学位。1993年，任广东商学院会计系审计教研室主任、副教授。1994年1月加入九三学社。1996年，任上海市五角场高新技术产业园区管委会副总会计师。1997年11月至2001年8月，先后任同济大学商学院会计系副教授，同济大学经济与管理学院会计系副主任(主持工作)、主任，同济大学校长助理。2001年8月至2003年2月，任上海市南汇区副区长。其间，1999—2002年在同济大学经济与管理学院技术经济与管理专业攻读研究生，获博士学位。2002年6月起，历任九三学社上海市委副主委、主委、中央副主席。第十一届全国政协委员。2003年1月起，历任上海市人大常委会委员、市人大常委会预算工委副主任、市人大常委会副秘书长。

张学兵(1955—　)山东省齐河县人，1979年6月加入中国共产党，1972年11月参加工作。在职研究生，工学博士，副研究员。2011年1月任上海市副市长，分管消防、道路交通安全、社会治安综合治理等工作，联系中共上海市委政法委。

1984年上海市徐汇区业余大学中文专业毕业。参加工作后，历任上海市乒乓球拍厂团支部书记，工会代理主席，党支部副书记；上海市文教用品工业公司团委副书记，团委书记，工会主席，党委副书记；共青团上海市委副书记；上海市浦东新区社会发展局局长。其间，1991年获华东师范大学经济学专业硕士学位。1995年8月起，任上海市卢湾区委副书记、卢湾区代区长，书记、区长、区人大常委会主任。其间，1988年获同济大学工学博士学位。2003年2月任中共上海市委副秘书长。2004年5月起，任2010年上海世界博览会执行委员会专职副主任，中共上海市浦东新区区委副书记，浦东新区代区长、区长。2008年2月，任上海市市长助理、上海市公安局局长、党委副书记，上海公安高等专科学校校长。2008年6月被授予副总警监警衔。2008年12月，任上海市公安局党委书记。2011年1月至2013年2月，任上海市副市长，兼任上海市公安局党委书记、局长，武警上海市总队第一政委、党委第一书记。2013年6月，任上海机场集团党委书记。

姜　平(1956—　)　浙江省杭州市人，在职研究生，博士，高级经济师。1981年10月加入中国共产党。2011年1月，任上海市副市长，分管农业、人力资源、社保、工商、民政、质监、合作交流、区政、涉台事务、民族宗教、侨务、行政学院、人民武装等工作。

1975年3月参加工作，先后任上海汽车运输公司修理二厂团委副书记，上海市交通运输局团委书记、机关党委副书记、政策研究室副主任。1993年1月起，历任中共上海市浦东新区工作党委(管委会)办公室秘书处副处长、处长，办公室副主任、副秘书长，浦东新区政法委秘书长；上海市浦东新区副区长，中共浦东新区区委副书记、区政法委书记。2004年6月起，历任上海市政府副秘书长，中共上海市委副秘书长，上海市政府秘书长、办公厅主任，上海市孙中山宋庆龄文物管委会主任。2011年1月，任上海市副市长。

附录

一、上海市人民政府在市人代会上的政府工作报告和专题报告目录

（1999—2012）

市十一届人大二次会议(1999 年 2 月 2—6 日)

1. 市长徐匡迪作《政府工作报告》

2. 副市长作《关于上海市 1998 年国民经济和社会发展计划执行情况和 1999 年计划草案的报告》

3. 市财政局局长刘红薇作《关于上海市 1998 年预算执行情况和 1999 年预算草案的报告》

市十一届人大三次会议(2000 年 2 月 14—19 日)

1. 市长徐匡迪作《政府工作报告》

2. 市发展计划委主任李良园作《关于上海市 1999 年国民经济和社会发展计划执行情况和 2000 年计划草案的报告》

3. 市财政局局长刘红薇作《关于上海市 1999 年预算执行情况和 2000 年预算草案的报告》

市十一届人大四次会议(2001 年 2 月 7—12 日)

1. 市长徐匡迪作《关于上海市国民经济和社会发展第十个五年计划纲要及关于〈“十五”计划纲要〉(草案)的报告》

2. 市发展计划委主任李良园作《关于上海市 2000 年国民经济和社会发展计划执行情况和 2001 年计划草案的报告》

3. 市财政局局长刘红薇作《关于上海市 2000 年预算执行情况和 2001 年预算草案的报告》

市十一届人大五次会议(2002 年 2 月 22—26 日)

1. 代理市长作《政府工作报告》

2. 市发展计划委主任李良园作《关于上海市 2001 年国民经济和社会发展计划执行情况和 2002 年计划草案的报告》

3. 市财政局局长刘红薇作《关于上海市 2001 年预算执行情况和 2002 年预算草案的报告》

市十二届人大一次会议(2003 年 2 月 16—23 日)

1. 市长作《政府工作报告》

2. 市发展计划委主任李良园作《关于上海市 2002 年国民经济和社会发展计划执行情况与 2003 年国民经济和社会发展计划草案的报告》

3. 市财政局局长刘红薇作《关于上海市 2002 年预算执行情况和 2003 年预算草案的报告》

市十二届人大二次会议(2004 年 1 月 12—26 日)

1. 市长韩正作《政府工作报告》

2. 市发展改革委主任蒋应时作《关于上海市 2003 年国民经济和社会发展计划执行情况与 2004 年国民经济和社会发展计划草案的报告》

3. 市财政局局长刘红薇作《关于上海市 2003 年预算执行情况和 2004 年预算草案的报告》

市十二届人大三次会议(2005 年 1 月 18—22 日)

1. 市长韩正作《政府工作报告》

2. 市发展改革委主任蒋应时作《关于上海市2004年国民经济和社会发展计划执行情况与2005年国民经济和社会发展计划草案的报告》

3. 市财政局局长刘红薇作《关于上海市2004年预算执行情况和2005年预算草案的报告》

市十二届人大四次会议(2006年1月15—20日)

1. 市长韩正作《关于上海市国民经济和社会发展第十一个五年规划纲要(草案)的报告》

2. 市发展改革委书面提交《关于上海市2005年国民经济和社会发展计划执行情况与2006年国民经济和社会发展计划草案的报告》

3. 市财政局书面提交《关于上海市2005年预算执行情况和2006年预算草案的报告》

市十二届人大五次会议(2007年1月28日—2月3日)

1. 市长韩正作《政府工作报告》

2. 市发展改革委书面提交《关于上海市2006年国民经济和社会发展计划执行情况与2007年国民经济和社会发展计划草案的报告》

3. 市财政局书面提交《关于上海市2006年预算执行情况和2007年预算草案的报告》

市十三届人大一次会议(2008年1月24—31日)

1. 市长韩正作《政府工作报告》

2. 市发展改革委书面提交《关于上海市2007年国民经济和社会发展计划执行情况与2008年国民经济和社会发展计划草案的报告》

3. 市财政局书面提交《关于上海市2007年预算执行情况和2008年预算草案的报告》

市十三届人大二次会议(2009年1月13—17日)

1. 市长韩正作《政府工作报告》

2. 市发展改革委书面提交《关于上海市2008年国民经济和社会发展计划执行情况与2009年国民经济和社会发展计划草案的报告》

3. 市财政局书面提交《关于上海市2008年预算执行情况和2009年预算草案的报告》

市十三届人大三次会议(2010年1月26—31日)

1. 市长韩正作《政府工作报告》

2. 市发展改革委书面提交《关于上海市2009年国民经济和社会发展计划执行情况与2010年国民经济和社会发展计划草案的报告》

3. 市财政局书面提交《关于上海市2009年预算执行情况和2010年预算草案的报告》

市十三届人大四次会议(2011年1月16—21日)

1. 市长韩正作《政府工作报告》和《关于上海市国民经济和社会发展第十二个五年规划纲要(草案)的说明》

2. 市发展改革委书面提交《关于上海市2010年国民经济和社会发展计划执行情况和2011年计划草案的报告》

3. 市财政局书面提交《关于上海市2010年预算执行情况和2011年预算草案的报告》

市十三届人大五次会议(2012年1月11—16日)

1. 市长韩正作《政府工作报告》

2. 市发展改革委书面提交《关于上海市2011年国民经济和社会发展计划执行情况和2012年计划草案的报告》

3. 市财政局书面提交《关于上海市2011年预算执行情况和2012年预算草案的报告》

二、上海市人民政府规章目录[①]

（1999—2012）

1. 上海市体育竞赛管理办法（1999 年 3 月 25 日市政府令第 66 号发布，根据 2010 年 12 月 20 日上海市人民政府令第 52 号公布的《上海市人民政府关于修改〈上海市农机事故处理暂行规定〉等 148 件市政府规章的决定》修正并重新发布）

2. 上海市国有土地租赁暂行办法（1999 年 5 月 31 日上海市人民政府发布，根据 2002 年 4 月 1 日起施行的《关于修改〈上海市植物检疫实施办法〉等 19 件政府规章的决定》进行修正，根据 2010 年 12 月 20 日上海市人民政府令第 52 号公布的《上海市人民政府关于修改〈上海市农机事故处理暂行规定〉等 148 件市政府规章的决定》修正并重新发布）

3. 上海市社会福利企业管理办法（1999 年 6 月 2 日上海市人民政府令第 67 号发布，根据 2010 年 12 月 20 日上海市人民政府令第 52 号公布的《上海市人民政府关于修改〈上海市农机事故处理暂行规定〉等 148 件市政府规章的决定》修正并重新发布）

4. 上海市货运出租汽车运输管理暂行规定（1999 年 7 月 7 日上海市人民政府令第 69 号发布，根据 2002 年 11 月 18 日上海市人民政府令第 128 号第一次修正并重新发布，根据 2010 年 12 月 20 日上海市人民政府令第 52 号公布的《上海市人民政府关于修改〈上海市农机事故处理暂行规定〉等 148 件市政府规章的决定》第二次修正，根据 2014 年 5 月 7 日上海市人民政府第 16 号令公布的《上海市人民政府关于修改〈上海港口岸线管理办法〉等 8 件市政府规章的决定》第三次修正并重新发布，根据 2016 年 6 月 21 日上海市人民政府令第 42 号公布的《上海市人民政府关于修改〈上海市关于管理外国企业常驻代表机构的规定（试行）〉等 12 件市政府规章的决定》修正并重新公布）

5. 上海市民用机场航空油料管线保护办法（1999 年 10 月 18 日上海市人民政府发布，根据 2002 年 11 月 18 日上海市人民政府令第 128 号修正并重新发布，根据 2010 年 12 月 20 日上海市人民政府令第 52 号公布的《上海市人民政府关于修改〈上海市农机事故处理暂行规定〉等 148 件市政府规章的决定》修正并重新发布）

6. 上海市地图编制出版管理若干规定（1999 年 10 月 25 日上海市人民政府令第 71 号发布，根据 2010 年 12 月 20 日上海市人民政府令第 52 号公布的《上海市人民政府关于修改〈上海市农机事故处理暂行规定〉等 148 件市政府规章的决定》修正并重新发布）

7. 上海市南京路步行街综合管理暂行规定（1999 年 11 月 4 日上海市人民政府令第 75 号发布，根据 2004 年 7 月 1 日起施行的《上海市人民政府关于修改〈上海市化学危险物品生产安全监督管理办法〉等 32 件市政府规章和规范性文件的决定》进行修正，根据 2010 年 12 月 20 日上海市人民政府令第 52 号公布的《上海市人民政府关于修改〈上海市农机事故处理暂行规定〉等 148 件市政府规章的决定》修正并重新发布）

8. 上海市教育督导规定（1999 年 12 月 6 日上海市人民政府发布）

9. 上海市房地产抵押办法（1999 年 12 月 6 日上海市人民政府令第 76 号发布）

---

① 注：收辑 1999—2012 年制定，至 2017 年底仍有效的市政府规章。

10. 上海市旅行社管理办法(1999年12月6日上海市人民政府令第77号发布,根据2006年2月8日《上海市人民政府关于修改〈上海市旅行社管理办法〉决定》修正,根据2010年12月20日上海市人民政府令第52号公布的《上海市人民政府关于修改〈上海市农机事故处理暂行规定〉等148件市政府规章的决定》修正并重新发布)

11. 上海市著作权管理若干规定(2000年1月3日上海市人民政府发布,根据2002年4月1日起施行的《关于修改〈上海市植物检疫实施办法〉等19件政府规章的决定》进行修正,根据2010年12月20日上海市人民政府令第52号公布的《上海市人民政府关于修改〈上海市农机事故处理暂行规定〉等148件市政府规章的决定》修正并重新发布)

12. 上海科技馆捐赠办法(2000年9月20日上海市人民政府令第87号发布)

13. 上海市禁止和限制使用黏土砖管理暂行办法(2000年10月12日上海市人民政府令第90号发布,根据2010年12月20日上海市人民政府令第52号公布的《上海市人民政府关于修改〈上海市农机事故处理暂行规定〉等148件市政府规章的决定》修正并重新发布)

14. 上海市商品住宅专项维修资金管理办法(2000年10月8日上海市人民政府令第91号发布,根据2010年12月20日上海市人民政府令第52号公布的《上海市人民政府关于修改〈上海市农机事故处理暂行规定〉等148件市政府规章的决定》修正并重新发布)

15. 上海市文物经营管理办法(2001年1月2日市政府令第94号发布,根据2010年12月20日上海市人民政府令第52号公布的《上海市人民政府关于修改〈上海市农机事故处理暂行规定〉等148件市政府规章的决定》修正并重新发布)

16. 上海市社会公共安全技术防范管理办法(2001年1月9日上海市人民政府令第93号发布,根据2002年11月18日上海市人民政府令第128号修正并重新发布,根据2010年12月20日上海市人民政府令第52号公布的《上海市人民政府关于修改〈上海市农机事故处理暂行规定〉等148件市政府规章的决定》修正并重新发布)

17. 上海市导游人员管理办法(2001年3月22日上海市人民政府令第98号发布,根据2010年12月20日上海市人民政府令第52号公布的《上海市人民政府关于修改〈上海市农机事故处理暂行规定〉等148件市政府规章的决定》修正并重新发布)

18. 上海市科学技术奖励规定(2001年3月22日上海市人民政府发布根据2007年1月11日上海市人民政府令第67号修正并重新公布,根据2012年12月7日上海市人民政府令第95号第二次修正并重新公布)

19. 上海市盐业管理若干规定(2001年3月26日上海市人民政府令第99号发布,根据2010年12月20日上海市人民政府令第52号公布的《上海市人民政府关于修改〈上海市农机事故处理暂行规定〉等148件市政府规章的决定》修正并重新发布,根据2015年5月22日上海市人民政府令第30号公布的《上海市人民政府关于修改〈上海市盐业管理若干规定〉等19件市政府规章的决定》修正并重新公布)

20. 上海市社会保障卡管理办法(2001年5月12日上海市人民政府令第100号发布)

21. 上海市公用移动通信基站设置管理办法(2001年7月5日上海市人民政府令第104号发布,根据2010年12月20日上海市人民政府令第52号公布的《上海市人民政府关于修改〈上海市农机事故处理暂行规定〉等148件市政府规章的决定》修正并重新发布)

22. 上海市促进张江高科技园区发展的若干规定(2001年7月5日上海市人民政府发布,根据2004年6月24日上海市人民政府令第28号第一次修正,根据2007年3月29日上海市人民政府

令第69号第二次修正并重新公布）

23. 上海市食用农产品安全监管暂行办法（2001年7月23日上海市人民政府令第105号发布，根据2004年7月3日《上海市人民政府关于修改〈上海市食用农产品安全监管暂行办法〉的决定》修正）

24. 上海市城市道路架空线管理办法（2001年8月27日上海市人民政府令第106号发布，根据2004年7月1日起施行的《上海市人民政府关于修改〈上海市化学危险物品生产安全监督管理办法〉等32件市政府规章和规范性文件的决定》进行修正，根据2008年8月1日《上海市人民政府关于修改〈上海市城市道路架空线管理办法〉的决定》第二次修正，根据2010年12月20日上海市人民政府令第52号公布的《上海市人民政府关于修改〈上海市农机事故处理暂行规定〉等148件市政府规章的决定》修正并重新发布）

25. 上海市管线工程规划管理办法（2001年9月14日上海市人民政府令第107号发布，根据2016年6月21日上海市人民政府令第42号公布的《上海市人民政府关于修改〈上海市关于管理外国企业常驻代表机构的规定（试行）〉等12件市政府规章的决定》修正并重新公布）

26. 上海市城镇生育保险办法（2001年10月10日上海市人民政府令第109号发布，自2001年11月1日起施行，根据2004年8月30日上海市人民政府第33号令发布的《上海市人民政府关于修改〈上海市城镇生育保险办法〉的决定》进行修正，根据2009年3月30日上海市人民政府第11号令第二次修正）

27. 上海市婚姻介绍机构管理办法（2001年12月24日上海市人民政府令第112号发布，根据2004年7月1日起施行的《上海市人民政府关于修改〈上海市化学危险物品生产安全监督管理办法〉等32件市政府规章和规范性文件的决定》进行修正）

28. 上海市建设工程抗震设防管理办法（2001年12月28日上海市人民政府令第113号发布，根据2010年12月20日上海市人民政府令第52号公布的《上海市人民政府关于修改〈上海市农机事故处理暂行规定〉等148件市政府规章的决定》修正并重新发布）

29. 上海市水闸管理办法（2002年1月11日上海市人民政府令第114号发布，根据2010年12月20日上海市人民政府令第52号公布的《上海市人民政府关于修改〈上海市农机事故处理暂行规定〉等148件市政府规章的决定》修正并重新发布）

30. 上海市环城绿带管理办法（2002年3月5日上海市人民政府令第116号发布，根据2010年12月20日上海市人民政府令第52号公布的《上海市人民政府关于修改〈上海市农机事故处理暂行规定〉等148件市政府规章的决定》修正并重新发布）

31. 上海市社会保险费征缴实施办法（2002年3月5日上海市人民政府令第117号发布，根据2010年12月20日上海市人民政府令第52号公布的《上海市人民政府关于修改〈上海市农机事故处理暂行规定〉等148件市政府规章的决定》修正并重新发布）

32. 上海市见义勇为人员奖励和保护办法（2002年4月22日上海市人民政府令第120号发布）

33. 上海市外来从业人员综合保险暂行办法（2002年7月22日上海市人民政府令第123号发布，根据2004年8月30日上海市人民政府令第34号发布的《上海市人民政府关于修改〈上海市外来从业人员综合保险暂行办法〉的决定》进行修正）

34. 上海市退役士兵安置工作暂行办法（2002年10月16日上海市人民政府令第126号发布）

35. 上海市民防工程建设和使用管理办法（2002年12月18日上海市人民政府令第129号发

布,根据2007年11月30日上海市人民政府令第77号修正,根据2010年12月20日上海市人民政府令第52号公布的《上海市人民政府关于修改〈上海市农机事故处理暂行规定〉等148件市政府规章的决定》修正并重新发布,根据2015年5月22日上海市人民政府令第30号公布的《上海市人民政府关于修改〈上海市盐业管理若干规定〉等19件市政府规章的决定》修正并重新公布)

36. 上海市公共信息图形标志标准化管理办法(2002年12月27日上海市人民政府令第131号发布)

37. 上海市无障碍设施建设和使用管理办法(2003年4月3日上海市人民政府令第1号发布,根据2010年12月20日上海市人民政府令第52号公布的《上海市人民政府关于修改〈上海市农机事故处理暂行规定〉等148件市政府规章的决定》修正并重新发布)

38. 上海市崇明东滩鸟类自然保护区管理办法(2003年4月3日上海市人民政府令第2号发布,根据2010年12月20日上海市人民政府令第52号公布的《上海市人民政府关于修改〈上海市农机事故处理暂行规定〉等148件市政府规章的决定》修正并重新发布,根据2015年5月22日上海市人民政府令第30号公布的《上海市人民政府关于修改〈上海市盐业管理若干规定〉等19件市政府规章的决定》修正并重新公布)

39. 上海市房地产登记条例实施若干规定(2003年4月23日上海市人民政府令第3号发布)

40. 上海市黄浦江两岸开发建设管理办法(2003年4月30日上海市人民政府令第4号发布,根据2010年12月20日上海市人民政府令第52号公布的《上海市人民政府关于修改〈上海市农机事故处理暂行规定〉等148件市政府规章的决定》修正并重新发布,根据2015年5月22日上海市人民政府令第30号公布的《上海市人民政府关于修改〈上海市盐业管理若干规定〉等19件市政府规章的决定》修正并重新公布)

41. 上海市实施《突发公共卫生事件应急条例》细则(2003年9月27日上海市人民政府令第8号发布)

42. 上海市九段沙湿地自然保护区管理办法(2003年10月15日上海市人民政府令第9号发布)

43. 上海市饮食服务业环境污染防治管理办法(2003年10月15日上海市人民政府令第10号发布)

44. 上海市城市规划管理技术规定(2003年10月18日上海市人民政府令第12号发布,根据2010年12月20日上海市人民政府令第52号公布的《上海市人民政府关于修改〈上海市农机事故处理暂行规定〉等148件市政府规章的决定》修正并重新发布)

45. 上海市畜禽养殖管理办法(2004年3月12日上海市人民政府令第20号发布,根据2010年12月20日上海市人民政府令第52号公布的《上海市人民政府关于修改〈上海市农机事故处理暂行规定〉等148件市政府规章的决定》修正并重新发布)

46. 上海市扬尘污染防治管理办法(2004年5月15日上海市人民政府令第23号发布)

47. 上海市实施《中华人民共和国环境影响评价法》办法(2004年5月15日上海市人民政府令第24号发布)

48. 上海市土地储备办法(2004年6月9日上海市人民政府令第25号发布,根据2010年12月20日上海市人民政府令第52号公布的《上海市人民政府关于修改〈上海市农机事故处理暂行规定〉等148件市政府规章的决定》修正并重新发布)

49. 上海市人民政府关于取消"消费品展销会的核准登记"等66项行政许可事项的决定(2004

年6月24日上海市人民政府令第26号发布)

50. 上海市出口加工区管理办法(2004年9月24日上海市人民政府令第35号发布,根据2010年12月20日上海市人民政府令第52号公布的《上海市人民政府关于修改〈上海市农机事故处理暂行规定〉等148件市政府规章的决定》修正并重新发布)

51. 上海市产权交易市场管理办法(2004年10月25日上海市人民政府令第36号发布)

52. 上海市禁止制造销售使用简陋锅炉和非法改装常压锅炉的规定(2004年11月17日上海市人民政府令第37号发布)

53. 上海市设定临时性行政许可程序规定(2004年12月13日上海市人民政府令第38号发布)

54. 上海市行政许可办理规定(2004年12月13日上海市人民政府令第39号发布)上海市监督检查从事行政许可事项活动的规定(2004年12月13日上海市人民政府令第40号发布)

55. 上海市文化领域相对集中行政处罚权办法(2004年12月24日上海市人民政府令第42号发布,根据2010年5月28日上海市人民政府令第45号公布的《上海市人民政府关于修改〈上海市文化领域相对集中行政处罚权办法〉的决定》进行修正)

56. 上海市餐厨垃圾处理管理办法(2005年1月13日上海市人民政府令第45号发布,根据2010年12月20日上海市人民政府令第52号公布的《上海市人民政府关于修改〈上海市农机事故处理暂行规定〉等148件市政府规章的决定》修正并重新发布,2012年12月24日上海市人民政府令第98号公布的《上海市人民政府关于修改〈上海市餐厨垃圾处理管理办法〉的决定》第二次修正并重新发布)

57. 上海市燃气管道设施保护办法(2005年1月30日上海市人民政府令第46号发布,根据2010年12月20日上海市人民政府令第52号公布的《上海市人民政府关于修改〈上海市农机事故处理暂行规定〉等148件市政府规章的决定》修正并重新发布)

58. 上海市展览业管理办法(2005年3月15日上海市人民政府令第47号发布,根据2010年12月20日上海市人民政府令第52号公布的《上海市人民政府关于修改〈上海市农机事故处理暂行规定〉等148件市政府规章的决定》修正并重新发布,根据2015年5月22日上海市人民政府令第30号公布的《上海市人民政府关于修改〈上海市盐业管理若干规定〉等19件市政府规章的决定》修正并重新公布)

59. 上海市长江口中华鲟自然保护区管理办法(2005年3月15日上海市人民政府令第48号发布)

60. 上海市集体用餐配送监督管理办法(2005年7月11日上海市人民政府令第51号发布,根据2010年12月20日上海市人民政府令第52号公布的《上海市人民政府关于修改〈上海市农机事故处理暂行规定〉等148件市政府规章的决定》修正并重新发布)

61. 上海市邮政设施管理办法(2005年10月28日上海市人民政府令第53号发布)

62. 上海市海域使用管理办法(2005年12月8日上海市人民政府令第54号发布)

63. 上海市公共信息系统安全测评管理办法(2006年5月7日上海市人民政府令第58号公布,根据2010年12月20日上海市人民政府令第52号公布的《上海市人民政府关于修改〈上海市农机事故处理暂行规定〉等148件市政府规章的决定》修正并重新发布)

64. 洋山保税港区管理办法(2006年10月24日上海市人民政府令第63号发布)

65. 上海市实施《劳动保障监察条例》若干规定(2006年10月31日上海市人民政府令第64号

发布,根据 2010 年 12 月 20 日上海市人民政府令第 52 号公布的《上海市人民政府关于修改〈上海市农机事故处理暂行规定〉等 148 件市政府规章的决定》修正并重新发布)

66. 上海市医疗废物处理环境污染防治规定(2006 年 11 月 2 日上海市人民政府令第 65 号公布)

67. 上海市人民政府关于本市烟花爆竹安全管理相关行政许可权和行政处罚权实施工作的决定(2007 年 1 月 11 日上海市人民政府令第 66 号公布)

68. 上海市行政执法过错责任追究办法(2007 年 1 月 20 日上海市人民政府令第 68 号公布)

69. 上海市农村村民住房建设管理办法(2007 年 5 月 26 日上海市人民政府令第 71 号公布,根据 2010 年 12 月 20 日上海市人民政府令第 52 号公布的《上海市人民政府关于修改〈上海市农机事故处理暂行规定〉等 148 件市政府规章的决定》修正并重新发布)

70. 上海市企业欠薪保障金筹集和垫付的若干规定(2007 年 6 月 21 日上海市人民政府令第 72 号公布,根据 2009 年 9 月 21 日公布的上海市人民政府令第 19 号《上海市人民政府关于修改〈上海市企业欠薪保障金筹集和垫付的若干规定〉的决定》修正并重新公布)

71. 上海中国航海博物馆捐赠办法(2007 年 9 月 17 日上海市人民政府令第 74 号公布)

72. 上海市生猪产品质量安全监督管理办法(2007 年 12 月 6 日上海市人民政府令第 78 号公布,根据 2011 年 5 月 26 日上海市人民政府令第 66 号公布的《上海市人民政府关于修改〈上海市生猪产品质量安全监督管理办法〉的决定》修改并重新公布)

73. 上海市空调设备安装使用管理规定(2007 年 12 月 13 日上海市人民政府令第 79 号公布,根据 2010 年 12 月 20 日上海市人民政府令第 52 号公布的《上海市人民政府关于修改〈上海市农机事故处理暂行规定〉等 148 件市政府规章的决定》修正并重新发布)

74. 上海市防空警报管理办法(2007 年 12 月 27 日上海市人民政府令第 80 号公布,根据 2015 年 5 月 22 日上海市人民政府令第 30 号公布的《上海市人民政府关于修改〈上海市盐业管理若干规定〉等 19 件市政府规章的决定》修正并重新公布)

75. 上海市政府信息公开规定(2008 年 4 月 28 日上海市人民政府令第 2 号公布,根据 2010 年 12 月 20 日上海市人民政府令第 52 号公布的《上海市人民政府关于修改〈上海市农机事故处理暂行规定〉等 148 件市政府规章的决定》修正并重新发布)

76. 上海市人民政府关于停止执行 8 件市政府规章中涉及有关行政事业性收费规定的决定(2008 年 6 月 6 日上海市人民政府令第 3 号公布)

77. 上海市城市生活垃圾收运处置管理办法(2008 年 8 月 1 日上海市人民政府令第 5 号公布,根据 2010 年 12 月 20 日上海市人民政府令第 52 号公布的《上海市人民政府关于修改〈上海市农机事故处理暂行规定〉等 148 件市政府规章的决定》修正并重新发布)

78. 上海市长兴岛开发建设管理办法(2008 年 9 月 23 日上海市人民政府令第 7 号公布,根据 2010 年 12 月 20 日上海市人民政府令第 52 号公布的《上海市人民政府关于修改〈上海市农机事故处理暂行规定〉等 148 件市政府规章的决定》修正并重新发布)

79. 上海市旅馆业管理办法(2009 年 3 月 20 日上海市人民政府令第 10 号公布)

80. 上海市门弄号管理办法(2009 年 4 月 17 日上海市人民政府令第 12 号公布)

81. 上海市农药经营使用管理规定(2009 年 4 月 17 日上海市人民政府令第 13 号公布)

82. 上海市居民经济状况核对办法(2009 年 7 月 22 日上海市人民政府令第 14 号公布)

83. 上海港口客运站管理办法(2009 年 9 月 2 日上海市人民政府令第 16 号公布,根据 2015 年

5月22日上海市人民政府令第30号公布的《上海市人民政府关于修改〈上海市盐业管理若干规定〉等19件市政府规章的决定》修正并重新公布）

84. 上海市森林管理规定（2009年9月21日上海市人民政府令第17号公布，根据2015年5月22日上海市人民政府令第30号公布的《上海市人民政府关于修改〈上海市盐业管理若干规定〉等19件市政府规章的决定》修正并重新公布）

85. 上海市建设工程文明施工管理规定（2009年9月21日上海市人民政府令第18号公布，根据2010年10月30日上海市人民政府令第48号公布的《上海市人民政府关于修改〈上海市建设工程文明施工管理规定〉的决定》进行修正）

86. 上海市消火栓管理办法（2009年12月9日上海市人民政府令第21号公布）

87. 上海市轨道交通运营安全管理办法（2009年12月9日上海市人民政府令第22号公布，根据2016年6月21日上海市人民政府令第42号公布的《上海市人民政府关于修改〈上海市关于管理外国企业常驻代表机构的规定（试行）〉等12件市政府规章的决定》修正并重新公布）

88. 上海市放射性污染防治若干规定（2009年12月9日上海市人民政府令第23号公布，根据2015年5月22日上海市人民政府令第30号公布的《上海市人民政府关于修改〈上海市盐业管理若干规定〉等19件市政府规章的决定》修正并重新公布）

89. 上海市地下空间安全使用管理办法（2009年12月9日上海市人民政府令第24号公布，根据2016年6月21日上海市人民政府令第42号公布的《上海市人民政府关于修改〈上海市关于管理外国企业常驻代表机构的规定（试行）〉等12件市政府规章的决定》修正并重新公布）

90. 上海市虹桥商务区管理办法（2010年1月6日上海市人民政府令第25号公布）

91. 上海市无线电管理办法（2010年4月22日上海市人民政府令第43号公布）

92. 上海浦东机场综合保税区管理办法（2010年5月28日上海市人民政府令第44号公布）

93. 上海市大型游乐设施运营安全管理办法（2010年7月23日上海市人民政府令第47号公布）

94. 上海市查处乱张贴乱涂写乱刻画乱悬挂乱散发规定（2010年11月15日上海市人民政府令第51号公布）

95. 上海市城市基础设施特许经营管理办法（2010年12月20日上海市人民政府令第55号公布）

96. 上海市户外广告设施管理办法（2010年12月30日上海市人民政府令第56号公布，根据2017年7月13日上海市人民政府令第53号公布的《上海市人民政府关于修改〈上海市流动户外广告设置管理规定〉〈上海市户外广告设施管理办法〉的决定》修正并重新公布）

97. 上海市流动户外广告设置管理规定（2010年12月30日上海市人民政府令第57号公布，根据2017年7月13日上海市人民政府令第53号公布的《上海市人民政府关于修改〈上海市流动户外广告设置管理规定〉〈上海市户外广告设施管理办法〉的决定》修正并重新公布）

98. 上海市渔港和渔业船舶安全管理办法（2011年1月14日上海市人民政府政府令第59号公布）

99. 上海市基本医疗保险监督管理办法（2011年1月30日上海市人民政府政府令第60号公布）

100. 上海市非居住房屋改建临时宿舍和施工工地临时宿舍安全使用管理规定（2011年3月30日上海市人民政府令第61号公布）

101. 上海市农村公路管理办法(2011 年 3 月 30 日上海市人民政府令第 63 号发布,根据 2015 年 5 月 22 日上海市人民政府令第 30 号公布的《上海市人民政府关于修改〈上海市盐业管理若干规定〉等 19 件市政府规章的决定》修正并重新公布)

102. 上海市实施《地方志工作条例》办法(2011 年 4 月 26 日上海市人民政府令第 64 号公布)

103. 上海市化学工业区管理办法(2011 年 7 月 4 日上海市人民政府令第 67 号公布)

104. 上海市居住房屋租赁管理办法(2011 年 7 月 7 日上海市人民政府令第 68 号公布,根据 2014 年 4 月 1 日上海市人民政府令第 15 号公布的《上海市人民政府关于修改〈上海市居住房屋租赁管理办法〉的决定》修正并重新发布)

105. 上海市集中空调通风系统卫生管理办法(2011 年 8 月 8 日上海市人民政府令第 70 号公布)

106. 上海市国有土地上房屋征收与补偿实施细则(2011 年 8 月 8 日上海市人民政府令第 71 号公布)

107. 上海市建设工程监理管理办法(2011 年 10 月 27 日上海市人民政府令第 72 号公布)

108. 上海市建设工程检测管理办法(2011 年 10 月 27 日上海市人民政府令第 73 号公布)

109. 上海市流动人口计划生育工作规定(2011 年 12 月 22 日上海市人民政府令第 74 号公布)

110. 上海市事业单位登记管理若干规定(2011 年 12 月 22 日上海市人民政府令第 75 号公布,根据 2016 年 6 月 21 日上海市人民政府令第 42 号公布的《上海市人民政府关于修改〈上海市关于管理外国企业常驻代表机构的规定(试行)〉等 12 件市政府规章的决定》修正并重新公布)

111. 上海市建筑玻璃幕墙管理办法(2011 年 12 月 28 日上海市人民政府令第 77 号公布)

112. 上海市建筑消防设施管理规定(2011 年 12 月 28 日上海市人民政府令第 80 号公布)

113. 上海市著名商标认定和保护办法(2012 年 3 月 14 日上海市人民政府令第 82 号公布)

114. 上海市道路和公共场所清扫保洁服务管理办法(2012 年 5 月 2 日上海市人民政府令第 83 号公布)

115. 上海市水文管理办法(2012 年 5 月 24 日上海市人民政府令第 84 号发布,根据 2015 年 5 月 22 日上海市人民政府令第 30 号公布的《上海市人民政府关于修改〈上海市盐业管理若干规定〉等 19 件市政府规章的决定》修正并重新公布)

116. 上海市停车场(库)管理办法(2012 年 8 月 31 日上海市人民政府令第 85 号公布)

117. 上海市实有人口服务和管理若干规定(2012 年 9 月 12 日上海市人民政府令第 86 号公布,根据 2017 年 11 月 27 日上海市人民政府令第 59 号《上海市人民政府关于修改〈上海市实有人口服务和管理若干规定〉的决定》修正)

118. 上海市再生资源回收管理办法(2012 年 9 月 17 日上海市人民政府令第 87 号公布)

119. 上海市行政执法证管理办法(2012 年 9 月 24 日上海市人民政府令第 88 号公布)

120. 上海市地质资料管理办法(2012 年 10 月 25 日上海市人民政府令第 89 号公布)

121. 上海市安全生产事故隐患排查治理办法(2012 年 11 月 20 日上海市人民政府令第 91 号公布)

122. 上海市沿海边防治安管理办法(2012 年 11 月 20 日上海市人民政府令第 92 号公布)

123. 上海市工伤保险实施办法(2012 年 11 月 27 日上海市人民政府令第 93 号公布)

124. 上海市社会生活噪声污染防治办法(2012 年 12 月 5 日上海市人民政府令第 94 号公布)

125. 上海市临港地区管理办法(2012 年 12 月 12 日上海市人民政府令第 96 号公布)

126. 上海市餐厨废弃油脂处理管理办法(2012 年 12 月 24 日上海市人民政府令第 97 号公布)

三、上海市人民政府工作规则

（2005年5月30日市政府第73次常务会议修订通过）

第一章 总 则

第一条 第十二届上海市人民代表大会第一次会议产生的新一届上海市人民政府，根据《中华人民共和国宪法》《中华人民共和国地方各级人民代表大会和地方各级人民政府组织法》，参照《国务院工作规则》，结合本市实际，制定本工作规则。

第二条 市政府工作要以邓小平理论和“三个代表”重要思想为指导，坚持以人为本、全面落实科学发展观，坚决贯彻党的路线、方针和政策，严格执行国家法律、法规，遵循“科学执政、民主执政、依法执政”的原则，按照“发展要有新思路、改革要有新突破、开放要有新局面、各项工作都要有新举措”的要求，求真务实，开拓进取，大力实施科教兴市主战略，着力提高城市的国际化、市场化、信息化、法治化水平，主动服务长江三角洲、服务长江流域、服务全国，努力实现“率先全面建设小康社会、率先基本实现现代化”和把上海建设成为现代化国际大都市和国际经济、金融、贸易、航运中心之一的战略目标。

第三条 市政府组成人员要忠实履行宪法和法律赋予的职责，坚持立党为公、执政为民，坚持解放思想、实事求是、与时俱进，坚持发扬“两个务必”的优良传统，坚持开创性、坚韧性和操作性相统一，坚持连续性、稳定性、开拓性相结合，全面履行职能，切实做到权为民所用、情为民所系、利为民所谋，努力把市政府建设成为忧民所忧、乐民所乐的服务政府，务实高效、廉洁勤政的责任政府，依法行政、公正严明的法治政府。

第四条 市政府在市委“总揽全局、协调各方”的领导格局中开展工作，实行科学民主决策，推进依法行政，加强行政监督，建立健全规范、协调、透明、高效的政府工作制度和运作机制。市政府及各部门要进一步转变政府职能、管理方式和工作作风，推进电子政务，简化办事程序，提高工作效率，发挥综合行政效能，确保市政府的各项工作落到实处。

第二章 组成人员及其职责

第五条 市政府由下列人员组成：市长，副市长，秘书长，市政府组成部门的委、办主任和局长。

第六条 市长领导市政府的全面工作。副市长协助市长工作。

第七条 副市长按分工负责处理分管范围内的工作。受市长委托，可牵头负责协调跨分管范围的工作或其他专项任务，并可代表市政府进行外事活动。

第八条 秘书长在市长领导下，负责处理市政府日常事务。副秘书长按分工，协助副市长联系、协调有关工作。

第九条 市政府序列的各委、办主任和局长按职责范围要求，对本部门的工作负全责。

第三章 全面履行政府职能

第十条 市政府及各部门要以推进依法行政为重点，进一步转变政府职能。要在完善经济调节、加强市场监管的同时,更加注重加强社会管理和公共服务。

第十一条 坚决贯彻执行党中央、国务院的宏观调控政策,结合实际,综合运用经济、法律手段和必要的行政手段,调整产业结构,优化投资结构,引导和调控经济运行,发展对外经济贸易,防范和化解经济金融风险,努力实现就业增加、物价稳定和经济持续增长等宏观经济政策目标。

第十二条 加强市场监管,建立健全行政执法、行业自律、舆论监督、群众参与相结合的市场监管体系,积极推进社会诚信体系建设,实行信用监督和失信惩戒制度,进一步整顿和规范市场经济秩序,创造公平和可预见的法制环境,完善统一开放、竞争有序、诚信运作的现代市场体系,形成与国际通行规则接轨的市场运行制度。

第十三条 认真履行社会管理职能,以加强社区建设和郊区村镇体系建设为抓手,进一步完善"两级政府、三级管理、四级网络"体制。继续加强社会治安综合治理,积极疏导和化解人民内部矛盾,注重解决民生问题,保持社会稳定和谐,促进社会公正。整合社区公共资源,培育并引导各类民间组织的健康发展,充分发挥其作用。建立健全各种预警和应急机制,不断提高政府应对突发公共危机的能力。

第十四条 强化公共服务职能,完善公共政策,均衡公共保障,健全公共服务体系,加快推进公共服务平台信息化建设,创新市场化运作模式,努力增加公共产品和服务的供应,建立健全公共产品和服务的监管和绩效评估制度,简化程序,降低成本,讲求质量,提高效益。

第四章 实行科学民主决策

第十五条 市政府及各部门要完善公众参与、专家论证和政府决策相结合的决策机制,不断优化重大决策的规则和程序。在重大决策过程中,要充分发挥智囊机构和专家学者的咨询、参谋作用,自觉运用前期预测、效益评估、论证听证、比选择优等决策手段,实行依法决策、科学决策和民主决策。

第十六条 凡涉及全市国民经济和社会发展计划、财政预算、城市总体发展战略、重大改革方案和政策措施、重要资源配置和社会分配调节、重大的政府投资建设项目等关系全局的重大决策,以及市政府规章,应由市政府常务会议讨论和决定,或经市政府常务会议、市政府党组会议讨论通过后报请市委决定。

第十七条 市政府各部门提请市政府讨论决定的重大决策建议,必须以基础性、战略性研究或发展规划为依据,经过专家或研究、咨询、中介机构的论证评估或法律分析;涉及相关部门的,应充分协商;涉及地区的,应事先征求区县政府的意见;涉及人民群众切身利益的,一般应事先征询市人大、市政协意见。有的事项,还可通过社会公示或听证会等形式听取意见和建议。

第十八条 市政府在决策中,要科学判断、把握不同时期经济发展与结构调整的特征和规律,针对不同情况,实行分类指导、差别政策,注重政策导向,发挥政策集聚效应,确保决策取得实效。

第十九条 市政府及各部门要建立反应灵敏、协调有效、覆盖全市的决策信息反馈机制和决策后评估机制。市政府及各部门的督查机构要加强对重大决策执行情况的跟踪反馈,为决策的不断完善和优化提供客观依据。

第五章 推进依法行政

第二十条 市政府及各部门要进一步强化法治观念,按照合法行政、合理行政、程序正当、高效便民、诚实守信、权责一致的要求行使行政权力,不断提高依法行政的能力和水平。市政府要严格执行《行政复议法》以及规章备案制度、行政执法责任制度、执法过错追究制度，及时发现并纠正违反法律、法规、规章和其他规范性文件的行政行为，不断加强政府法治建设。

第二十一条 市政府要根据社会主义市场经济发展、社会全面进步和扩大对外开放的需要，与本市改革、发展和稳定的大局及重大决策紧密结合，按照法定程序，适时提出地方性法规草案，制定并颁布政府规章，及时修改或废止不相适应的规章、规范。地方性法规草案、政府规章和规范性文件，由市政府法制办组织起草或预先审查，政府规章的解释工作由市政府法制办承办。

第二十二条 政府规章和各部门的实施细则，必须符合国家法律、法规和政策的规定，并具有可操作性。凡制订面向市民、企业和社会的审批类规章和细则，必须有明确的程序和标准，最大限度地减少和避免自由裁量权。

第二十三条 建立健全政府信息公开制度。除涉及国家机密、商业秘密和个人隐私的事项外，市政府及各部门所掌握的政府信息应当通过有效途径向社会公众和利益相关人公开。建立与人民群众利益密切相关的重大事项的社会公示制度，保障社会公众的知情权和参与权。政府信息公开应当及时、准确、充分。

第二十四条 市政府各部门规范性文件的内容不得与法律、法规、规章相抵触，不得超越本部门的职能范围。凡涉及两个以上部门职权范围的事项，应与有关部门联合制定规范性文件，或者报请市政府制定规章。市政府各部门制定规范性文件，应当经本部门法制机构进行合法性审核，并经本部门常务会议或者办公会议集体讨论决定。

第二十五条 建立健全各区县政府和市政府各部门规范性文件备案制度。各区县政府和市政府各部门制定的规范性文件应当及时报送市政府备案。市政府法制办负责处理区县政府和市政府规范性文件的备案登记和审查工作。审查中发现区县政府和市政府规范性文件存在与上位法抵触或者超越权限、违反程序的，应当报请市政府责令修改或者予以撤销。

第二十六条 按照行政执法与经济利益脱钩、与责任挂钩的原则，逐步转变立法、执法和监督均为同一部门的状况；科学配置执法部门的职责，大力推进综合执法试点，建立完善权责明确、行为规范、监督有效、保障有力的执法体制，促进严格执法、公正执法、文明执法。

第六章 提高工作效能

第二十七条 市政府及各部门要加强工作的计划性、系统性和预见性。市政府根据每年经市人代会批准的有关报告，结合形势发展的实际情况，在明确全年重点工作安排的基础上，按季度提出阶段性目标及相关实施要求；各部门要据此进一步细化任务，组织落实。

第二十八条 市政府及各部门要坚持和完善责任明确、协调有序、运行高效的工作机制。市政府的日常工作，属于各位副市长分管范围内的，由分管副市长全权负责；涉及跨分管范围的重点工作，市政府原则上明确由一位副市长为主牵头负责，相关副市长配合。属于部门职责范围内的工作，各部门应当积极主动、认真负责地办理；凡涉及多个部门职责范围的事项，一般应明确由一个综合部门或主管部门为主牵头负责，相关部门积极配合。

第二十九条 按照《行政许可法》和国务院发布的《全面推进依法行政实施纲要》的要求，进一步推进本市行政审批制度改革，大力压缩行政审批项目。凡不符合《行政许可法》规定的行政审批事项，坚决予以取消。对确需保留的行政审批事项，要精简程序，公开透明，规范操作，并按电子政务的要求逐步实现网上办理。涉及几个部门的审批事项，应当确定一个机构统一受理并转告有关部门分别提出意见后统一办理；有条件的要实行联合办理、集中办理。

第三十条 市政府及各部门要进一步加强督促检查,建立健全规范化的督促检查工作机制,对市政府的重大决策和各阶段的重点工作落实情况,及时进行督促检查,确保政令畅通。

第七章 加强行政监督

第三十一条 市政府各部门要依法接受司法监督和监察、审计等部门的专项监督,同时自觉接受市人大、市政协和广大市民的监督。对监督中反映的问题要认真查处,及时整改。

第三十二条 市政府及各部门要主动征询和认真听取区县政府及基层行政部门对有关工作的意见和建议,并认真改进、设法解决区县和基层单位反映的实际问题和困难。

第三十三条 市政府及各部门要及时向市人大和市政协通报重要工作情况,征询意见;对市人大代表、市政协委员提出的书面意见和提案,要高度重视,认真办理,并不断提高按时办结率和满意率。

第三十四条 市政府及各部门要进一步提高政府工作透明度。要通过市政府新闻发言人、政府网站及新闻媒体,及时公布本市经济社会发展情况,市政府的重大决策和重点工作,以及与市民生活密切相关的事项,接受舆论监督。对新闻媒体反映的问题,要及时整改和反馈。

第三十五条 市政府及各部门要按照《信访条例》的要求,高度重视并做好人民群众来信来访工作。要进一步完善信访制度,确保信访渠道畅通。市政府领导及各部门负责人要亲自阅批重要来信,对来信中反映的实际问题应责成有关部门认真解决,切实为群众排忧解难。

第三十六条 市政府及各部门要逐步建立公正、客观的绩效评估机制。要通过网上评议和组织专家、代表评议等方式,评估政府部门工作的绩效,不断提高各级政府为人民服务的质量和水平。

第八章 会议制度

第三十七条 市政府会议实行市政府全体会议、市政府常务会议、市政府工作会议和市政府专题会议制度。市政府全体会议和市政府常务会议是《地方组织法》明确的法定性会议,是市政府集体决策的主要形式。市政府全体会议和市政府常务会议研究决定的事项,市政府组成人员及各部门均无权擅自更改,必须坚决维护其法定权威性。

第三十八条 市政府全体会议由市政府全体成员组成,由市长召集和主持,一般每年召开一至两次。会议的主要任务是,讨论通过需提交市人代会审议的重要报告,总结和部署年度工作等。

第三十九条 市政府常务会议由市长、副市长、秘书长组成,由市长召集和主持,一般每周召开一次。会议议题由市长和副市长提出,由市长确定。会议的主要任务是,传达国务院及中央有关部门的重要会议、文件精神,研究本市贯彻落实意见;研究需提请市人大及其常委会审议的重要事项;研究讨论地方性法规草案,审议市政府规章草案;研究审议本市社会经济发展中的重大问题以及与人民群众利益密切相关的重要事项。

第四十条 市政府工作会议由市长主持,一般每季度召开一次,出席范围为市长、副市长、秘书长、副秘书长以及市政府各部门、直属单位、区县政府主要负责同志。会议的主要任务是通报和部署阶段性重要工作。

第四十一条 市政府专题会议由市长、副市长根据工作需要不定期召开。会议的主要任务是协调处理市政府日常工作中的重要问题。秘书长、副秘书长受市长、副市长委托,可召集有关部门和区县召开专题会议,就工作中的有关问题进行协调。

第四十二条 市政府全体会议、市政府常务会议和市政府工作会议由市政府办公厅负责安排、办理,会议纪要由市长签发。市政府专题会议由市政府办公厅按领导要求办理,会议纪要由分管副市长或市长签发。各位副秘书长召开专题会议所形成的协调意见，经分管副市长同意后，以抄告单形式转达。经市政府常务会议审议通过或市政府专题会议研究确定的事项，应以正式印发的会议纪要为准；如需各级政府、各部门执行或需向社会公布的，还应以市政府文件形式按规定程序审签后颁发。

第四十三条 市政府及各部门要按照精简、有效的原则，严格控制各类全市性大会。凡以市政府名义召开的全市性大会，统一由市政府办公厅按有关规范办理；市政府各部门召开的全市性大会不得要求各区县领导参加，要按照“分工对口”原则安排；市政府各部门召开的属本系统范围的会议，不得要求以市政府名义召开，一般也不邀请市政府领导出席。全市性大会要尽量压缩规模，尽可能采用电视电话会议等节俭、便捷、高效的会议形式。

第九章 公 文 审 批

第四十四条 各级政府和部门在行文中，应严格执行《国家行政机关公文处理办法》《上海市行政机关规范性文件制定程序规定》。

第四十五条 市政府各部门和各区县政府向市政府的请示，应由主要负责人签发；请示应一事一报，并不得多头主报；需市政府审批的事项，不得直接报送领导个人；请示内容涉及其他部门的，应事先与相关部门充分协商，如有不同意见应如实反映。

第四十六条 属于部门职权范围的事项，应由部门自行发文或由相关部门联合发文；部门或地区之间对有关问题未经协商一致，不得各自向下发文。按规定明确由主管部门审批或需要主管部门先行审核的事项，应直接向主管部门行文，不要通过市政府层层周转。

第四十七条 市政府各部门和各区县政府报送市政府的公文，以及以市政府和市政府办公厅名义印发的公文，统一由市政府办公厅按规定程序办理，并按市政府领导分工呈批。其中，属于法规性公文或需要从法律角度审核的公文，由市政府法制办研究办理或提出审核意见后报领导审批。

第四十八条 需要由市政府上报国务院和中央有关部门审批的请示事项，向国务院、国务院办公厅和中央有关部门报告重要情况，提请市人大常委会审议的事项，颁发市政府规章，印发有关政府依法行政的规范性文件，涉及全市总体发展战略和政策、重大改革方案等事关全市社会经济发展全局和人民群众切身利益的重要公文，应报市长审批或签发。

第四十九条 属于副市长职责范围内的事项和有关市政府重要工作推进过程中需进一步明确、完善和深化的事项，尚属前期调研、协调的事项，以及需以市政府或市政府办公厅名义印发的日常性、实施性文件，由分管副市长审签或批示。

第五十条 属于履行手续的公文和内容已经市政府有关会议决定的公文，经授权，可由秘书长或有关副秘书长审签。

第五十一条 各级政府和部门制发的公文，必须符合法律、法规、规章，党和国家的方针、政策，并遵守 WTO 规则；所提出的措施和办法应切合实际，具有可操作性。凡是面向市民、企业和社会的公文，应通过政府公报、政府网站等，及时对外公布；涉密公文，应严格执行有关保密规定。

第五十二条 各级行政机关要注重行文效用，遵守行文规则；积极推进计算机网络办公系统的应用，不断提高办文效率和公文质量。

第十章 严肃作风纪律

第五十三条 市政府及各部门的领导要积极倡导理论联系实际的学风。要努力学习政治理论、经济知识、科技知识、法律知识和各项业务知识,密切关注国际国内经济社会发展的趋势和规律,研究新问题,不断解决矛盾,勇于突破"瓶颈",努力提高立党为公、执政为民的能力和水平。

第五十四条 市政府及各部门的领导要坚持调查研究制度,不断丰富和改进调查研究的方法、手段,通过现场办公会、专题调研、社情民意调研等多种方式,深入基层听取意见和建议,充分了解社情民意。要善于抓住工作中的重点、难点和热点问题,以点带面,有效指导各项工作的开展。领导下基层要减少陪同和随行人员,做到轻车简从,不扰民;除远郊外,一般不在基层用餐。

第五十五条 市政府及各部门要坚持鼓实劲、办实事、求实效的务实作风,提倡"开短会、讲短话,行短文",大力精简文件和会议。要严格控制各种名目的庆典和达标评比,减少各类事务性活动。市长、副市长原则上不发贺信、贺电,不题词、题名;一般性的会议活动不发新闻报道,确需报道的,内容要精炼、注重效果。

第五十六条 市政府组成人员必须坚决贯彻执行党中央、国务院和市委、市政府的决定,不得有任何与之相悖的言论和行为;未经市政府研究决定的重大问题及事项,不得在个人讲话或文章中擅自对外发表意见。

第五十七条 各级政府机关应健全请示报告制度和请假制度,严格遵守各项政务纪律。市政府各部门和各区县要及时向市政府报告重要情况和重大事件,对职权范围之外的重大问题要按规定程序及时向市政府请示。各级政府领导外出应按规定请假。

第五十八条 市政府及各部门要实行政务公开,规范行政行为,增强服务观念,强化责任意识,坚决纠正部门和行业的不正之风。对职权范围内应该解决的事项,应按程序和时限积极主动地办理;对因推诿、拖延等官僚作风造成影响和损失的,要追究责任;对违规办事、越权办事、以权谋私等违规、违纪、违法行为,要严肃查处。

第五十九条 市政府及各部门的领导要保持和发扬艰苦奋斗的作风,带头严格执行各项廉政规定,坚决反对和制止各种奢侈浪费行为。

第六十条 各级政府和部门要坚持从严治政,严格管理,加强队伍建设。要从体制、机制和法制入手,建立严密的程序、制度和规章,有效地防止、监督和查处各类违规、违纪和违法行为,使各级政府机关和工作人员切实做到廉洁、勤政、务实、高效。

四、上海市人民政府主要部门机构全称、简称对照表

（1980—2010）

全　　称	简　　称
上海市人民政府办公厅	市政府办公厅
上海市发展和改革委员会（上海市物价局）	市发展改革委（市物价局）
上海市发展计划委员会（上海市物价局）	市发展计划委（市物价局）
上海市计划委员会	市计委
上海市经济体制改革办公室	市体改办
上海市经济体制改革委员会	市体改委
上海市劳动工资委员会	市劳资委
上海市经济和信息化委员会（上海市国防科技工业办公室）	市经信委（市国防科工办）
上海市经济委员会（上海市国防科技工业办公室）	市经委（市国防科工办）
上海市郊县工业管理局	市郊县工业局
上海市农业机械工业局	市农机局
上海市商业委员会	市商委
上海市政府财政贸易办公室	市政府财贸办
上海市信息化委员会	市信息化委
上海市信息化办公室	市信息化办
上海市商务委员会	市商务委
上海市对外经济贸易委员会（上海市外国投资工作委员会）	市外经贸委（市外资委）
上海市对外贸易局	市外贸局
上海市进出口办公室	市进出口办
上海市对外经济联络局	市对外经济联络局
上海市教育委员会	市教委
上海市教育卫生办公室	市教卫办
上海市高等教育局	市高教局
上海市教育局	市教育局
上海市工农教育委员会	市工农教育委
上海市科学技术委员会	市科委
上海市民族和宗教事务委员会	市民族宗教委

(续表)

全　　称	简　　称
上海市民族事务委员会	市民族事务委
上海市宗教事务局	市宗教局
上海市公安局	市公安局
上海市国家安全局	市国安局
上海市监察局	市监察局
上海市监察委员会	市监察委
上海市民政局	市民政局
上海市司法局	市司法局
上海市财政局	市财政局
上海市财政局(上海市地方税务局)	市财政局(市地税局)
上海市财政局(上海市税务局)	市财政局(市税务局)
上海市人力资源和社会保障局(上海市外国专家局、上海市医疗保险办公室)	市人力资源社会保障局(市外专局、市医保办)
上海市人事局	市人事局
上海市劳动和社会保障局	市劳动和社会保障局
上海市劳动局	市劳动局
上海市社会保险管理局	市社保局
上海市编制委员会办公室	市编制办
上海市知识青年上山下乡办公室	市知青办
上海市城乡建设和交通委员会	市建交委
上海市建设和管理委员会	市建管委
上海市建设委员会	市建委
上海市市政管理委员会	市市政委
上海市基本建设委员会	市建委
上海市城乡建设规划委员会	市建设规划委
上海市市政工程管理局	市市政局
上海市城市建设局	市城建局
上海市农业委员会	市农委
上海市环境保护局	市环保局
上海市规划和国土资源管理局	市规划国土资源局
上海市城市规划管理局	市规划局

（续表）

全　　称	简　　称
上海市水务局（上海市海洋局）	市水务局（市海洋局）
上海市水利局	市水利局
上海市文化广播影视管理局	市文广影视局
上海市文化局	市文化局
上海市广播电影电视局	市广电局
上海市广播电视局	市广电局
上海市广播事业局	市广播事业局
上海市电影局	市电影局
上海市卫生局	市卫生局
上海市人口和计划生育委员会	市人口计生委
上海市计划生育委员会	市计生委
上海市审计局	市审计局
上海市人民政府外事办公室	市政府外办
上海市国有资产监督管理委员会	市国资委
上海市国有资产管理办公室	市国资办
上海市工商行政管理局	市工商局
上海市质量技术监督局	市质监局
上海市技术监督局	市技监局
上海市标准计量管理局	市计量局
上海市统计局	市统计局
上海市新闻出版局（上海市版权局）	市新闻出版局（市版权局）
上海市出版局	市出版局
上海市体育局	市体育局
上海市体育运动委员会	市体委
上海市旅游局	市旅游局
上海市旅游事业管理委员会	市旅游委
上海市旅游事业管理局	市旅游局
上海市知识产权局	市知识产权局
上海市绿化和市容管理局（上海市林业局、上海市城市管理行政执法局）	市绿化市容局（市林业局、市城管执法局）
上海市绿化管理局	市绿化局

(续表)

全　　称	简　　称
上海市园林管理局	市园林局
上海市农林局	市农林局
上海市市容环境卫生管理局	市市容环卫局
上海市环境卫生管理局	市环卫局
上海市住房保障和房屋管理局	市住房保障局
上海市房屋土地资源管理局	市房地资源局
上海市房屋土地管理局	市房地局
上海市城乡建设和交通委员会	市建设交通委
上海市城市交通管理局	市交通局
上海市人民政府交通办公室	市政府交通办
上海市公用事业管理局	市公用事业局
上海市港口管理局	市港口局
上海市安全生产监督管理局	市安全监管局
上海市人民政府机关事务管理局	市政府机管局
上海市民防办公室(上海市人民防空办公室)	市民防办(市人防办)
上海市人民政府合作交流办公室(上海市人民政府协作办公室、上海市人民政府接待办公室)	市政府合作交流办(市政府协作办、市政府接待办)
上海市人民政府侨务办公室	市政府侨办
上海市人民政府法制办公室	市政府法制办
上海市人民政府研究室	市政府研究室
上海市金融服务办公室	市金融办
上海市口岸服务办公室	市口岸办
上海市人民政府参事室	市政府参事室
上海市粮食局	市粮食局
上海市监狱管理局	市监狱管理局
上海市劳动改造工作管理局	市劳改局
上海市食品药品监督管理局	市食品药品监管局
上海市药品监督管理局	市药监局
上海市医药管理局	市医药局
上海市社会团体管理局	市社团局
上海市公务员局	市公务员局
上海市档案局	市档案局

索　　引

主题索引

K

L

M

N

P

Q

R

S

T

W

X

Y

Z

编 后 记

根据上海市人民政府办公厅2010年2月12日《关于印发〈上海市第二轮新编地方志书编纂规划〉的通知》,《上海市志·人民政府分志(1978—2010)》(以下简称《政府志》)为《上海市志(1978—2010)》系列中的分志,也是继首轮《上海人民政府志》后的第二轮上海人民政府志,由上海市人民政府办公厅承编。在各方积极努力下,历时6年,现付梓出版。

历任上海市委、市政府领导十分重视修志工作。市长在《政府工作报告》中,把编修地方志作为一项重要的工作任务提出来。2013年9月27日,市政府召开《政府志》编纂委员会成立大会,正式启动《政府志》编修工作。常务副市长屠光绍出席大会并讲话,强调"编纂《政府志》是市政府及其各部门责无旁贷的重要任务"。《政府志》编纂委员会(简称《政府志》编委会)主任由常务副市长担任,先后担任《政府志》编委会主任的有屠光绍、应勇、周波、陈寅;副主任由市政府秘书长担任,先后担任副主任的有李逸平、肖贵玉、汤志平、陈靖;委员由相关参编部门主要负责人担任。市政府办公厅设立《政府志》编辑部,市政府研究室、法制办派员参加,具体负责编纂工作。市政府领导多次在春节后到《政府志》编辑部慰问和指导。市政府秘书长、办公厅主任直接指导《政府志》编辑部工作,多次在工作专报上作出批示,肯定成绩,给予鼓励,要求保质保量按时完成修志任务。在市政府领导的关心和市地方志办公室的指导下,《政府志》编纂工作有序开展。

2014年4月《政府志》篇目提纲拟订后,除书面征求《政府志》编委会各委员单位意见外,还书面征求首轮《政府志》记事下限(1998年)后历任市政府副秘书长以上近60位领导意见,并召开专家座谈会,听取意见和建议。有的老领导亲笔提出修改意见,各委员单位及时反馈意见。同年6月,《政府志》编辑部和市方志办市志处联合举办《政府志》篇目提纲研讨会。同时,借鉴兄弟省市政府修志的经验,进一步完善《政府志》篇目提纲。

编纂《政府志》涉及市政府各个部门,《政府志》编辑部与各参编单位密切联系,先后走访50多家参编单位,主动做好服务工作。梳理了历次市政府常务会议的议题,提供给相关部门作为市政府重大决策的线索和依据;帮助参编单位联系市政府办公厅档案室查找档案线索,提供阅档方便。结合编志实践,与市政府办公厅信息中心合作,开发建立志书资料长编著录信息系统。与参编部门撰稿人员一起探讨细化篇目,几经核改部门初稿。2015年6月,各参编单位完成的部门初稿经《政府志》编辑部责任编辑、总纂纂改后,报相关主管部门领导审阅,再由《政府志》编辑部汇总。

在《政府志》编纂工作的每个环节,《政府志》编辑部都得到了市地方志办公室领导与专家的指教和帮助。2015年4月和2016年6月,市政府办公厅和市地方志办公室两次联合召开年度《政府志》编纂工作推进会,请市发展改革委、市经信委、市建管委、市教委、市政府外办等部门介绍经验和做法,并请相关领域的专家进行辅导、现场咨询,解决志稿编写中一些共性问题。

2016年底《政府志》各篇章完成初稿之后,进入全志分纂和总纂合成阶段。《政府志》编辑部集中研究了交叉处理和调整的原则。先由责任编辑对照参编单位反馈意见，对各篇志稿进行分纂，包括从内容、结构和文字规范等方面作进一步加工、修改；然后交总纂负责统稿，主要是确保结构合理，避免机械重复，减少可有可无内容，完善篇下序文，精炼规范文字。经过执行主编审核后，责任编辑再校核，最后由主编统审，于2017年12月形成《政府志》合成稿。

2018年春节前后，《政府志》编辑部继续对《政府志》合成稿核校，形成评议稿，提交内部评审，参加范围包括市政府办公厅和各牵头参编单位的领导、保密部门负责人及有关方面专家、编辑。形成《政府志》评议稿后，分送首轮《政府志》记事下限（1998年）后历任市政府副秘书长以上领导和《政府志》编委会全体委员以及参编单位征求意见，然后由《政府志》编辑部分纂、总纂进一步修订；执行主编、主编再次审核，形成《政府志》送审稿，2019年1月报送市地方志办公室。之后，进行一评议、二审定、三验收，根据市地方志办公室组织专家组对全志评议、审定提出的意见，再次对志书作了修订。2019年9月，志书报送市地方志办公室验收，后续安排出版等事宜。

《政府志》是一部综合性较强的志书。借鉴首轮《政府志》编纂经验，第二轮《政府志》编纂力求突出三个特点：一是突出政府工作的特点。站在全局的高度，详行政决策和职能发挥，简施政背景和实施效果，主要反映改革开放以来，在党中央、国务院和市委的坚强领导下，市政府的重大施政决策、重要政务活动和政府自身建设等情况。二是突出上海国际大都市的特点。如上海外事活动多，对外合作交流广泛，国际性会议和活动层次高，结交许多友好城市，创办国际企业家市长咨询会议，举办上海世博会等，重点记叙这些方面内容。三是突出改革开放新时期的施政特点。承接首轮《政府志》，着力反映改革开放后，市政府把施政重心放在经济社会发展、城市建设管理和民生保障方面。

《政府志》编纂不仅有较强的专业性，更具有很强的政治性。为此，《政府志》编辑部抓好两方面学习。一方面，加强政治理论学习。深入学习领会党的十九大精神和习近平新时代中国特色社会主义思想，认真学习贯彻习近平总书记有关地方志工作的重要讲话和李克强总理关于“修志问道，以启未来”的重要批示，学习领会党中央、国务院和市委、市政府的一系列重要文件和重要会议精神，增强使命感和责任心，把握好修志方向。另一方面，加强业务学习。积极参加由市地方志办公室组织的各类业务培训，学习修志理论和知识；虚心向修志前辈和专家学习，向各参编单位有修志经验的同志请教。《政府志》编辑部还坚持每月例会制度，开展学习交流和业务研讨，搞好工作布置和情况反馈。全体编辑人员把责任担在肩上，把激情倾注笔端，以“凭丹心、下苦功、著华章”的态度投入工作，付出了大量心血和汗水。

《政府志》分概述（陆文兴执笔）、大事记（陈一川责任编辑）和主体部分。主体部分共9大篇，责任编辑分别是政府机构（徐明亮），政务建设（项治平），战略规划与重大改革（陈一川），经济建设（陈一川），社会发展（徐明亮），民生保障（方文辉），城乡建设与管理（徐鹏、吴渊），外事港澳台事务侨务（陆文兴），人物（方文辉）。

《政府志》涉及政治、经济、文化、社会各方面，编纂的整体性、科学性把握与志书体例的执行等有一定难度。限于水平，疏漏和差错难免，敬请读者批评指正。

借此出版机会，谨向所有为《政府志》编纂工作作出贡献、提供帮助的单位和同志表示衷心的感谢！

上海市人民政府办公厅《政府志》编辑部

2019年10月

图书在版编目(CIP)数据

上海市志. 人民政府分志：1978—2010 / 上海市地方志编纂委员会编. —上海：上海人民出版社，2020
ISBN 978-7-208-16597-7

Ⅰ. ①上… Ⅱ. ①上… Ⅲ. ①上海-地方志②地方政府-工作概况-上海-1978-2010 Ⅳ. ①K295.1 ②D625.51

中国版本图书馆 CIP 数据核字(2020)第 128586 号

责任编辑 邵 冲
封面设计 严克勤

上海市志·人民政府分志(1978—2010)
上海市地方志编纂委员会 编

出　版 上海人民出版社
（200001 上海福建中路 193 号）
发　行 上海人民出版社发行中心
印　刷 上海中华商务联合印刷有限公司
开　本 889×1194 1/16
印　张 61
插　页 26
字　数 1,543,000
版　次 2021 年 10 月第 1 版
印　次 2021 年 10 月第 1 次印刷
ISBN 978-7-208-16597-7/K·2980
定　价 398.00 元